做一个理想的法律人
To be a Volljurist

法律人进阶译丛【法学基础】
李 昊 / 译丛主编

刑法总论
杀人犯罪
身体伤害犯罪

德国刑法基础课

第7版

Grundkurs Strafrecht,
7. Auflage

〔德〕乌韦·穆尔曼 /著
（Uwe Murmann）

周子实 /译

北京大学出版社
PEKING UNIVERSITY PRESS

著作权合同登记号　图字：01-2020-3148

图书在版编目(CIP)数据

德国刑法基础课：第7版／(德)乌韦·穆尔曼(Uwe Murmann)著；周子实译． —北京：北京大学出版社，2023.6
(法律人进阶译丛)
ISBN 978-7-301-33847-6

Ⅰ.①德… Ⅱ.①乌… ②周… Ⅲ.①刑法—德国—教材 Ⅳ.①D951.64

中国国家版本馆 CIP 数据核字(2023)第 051500 号

Grundkurs Strafrecht, 7. Auflage, by Uwe Murmann
© Verlag C. H. Beck oHG, München 2022
本书原版由 C.H.贝克出版社于2022年出版。本书简体中文版由原版权方授权翻译出版。

书　　　名	德国刑法基础课（第7版） DEGUO XINGFA JICHU KE（DI-QI BAN）
著作责任者	〔德〕乌韦·穆尔曼（Uwe Murmann）　著　周子实　译
丛书策划	陆建华
责任编辑	陆建华　张文桢
标准书号	ISBN 978-7-301-33847-6
出版发行	北京大学出版社
地　　　址	北京市海淀区成府路 205 号　100871
网　　　址	http://www.pup.cn　http://www.yandayuanzhao.com
电子信箱	yandayuanzhao@163.com
新浪微博	@北京大学出版社　@北大出版社燕大元照法律图书
电　　　话	邮购部 010-62752015　发行部 010-62750672 编辑部 010-62117788
印　刷　者	涿州市星河印刷有限公司
经　销　者	新华书店
	880 毫米×1230 毫米　A5　28.375 印张　830 千字 2023 年 6 月第 1 版　2023 年 6 月第 1 次印刷
定　　　价	148.00 元

未经许可，不得以任何方式复制或抄袭本书之部分或全部内容。
版权所有，侵权必究
举报电话：010-62752024　电子信箱：fd@pup.pku.edu.cn
图书如有印装质量问题，请与出版部联系，电话：010-62756370

"法律人进阶译丛"编委会

主　编

李　昊

编委会

（按姓氏音序排列）

班天可	陈大创	季红明	蒋　毅	李　俊
李世刚	刘　颖	陆建华	马强伟	申柳华
孙新宽	唐志威	夏昊晗	徐文海	查云飞
翟远见	张焕然	张　静	张　挺	章　程

做一个理想的法律人(代译丛序)

近代中国的法学启蒙受自日本,而源于欧陆。无论是法律术语的移植、法典编纂的体例,还是法学教科书的撰写,都烙上了西方法学的深刻印记。即使是中华人民共和国成立后兴盛过一段时期的苏俄法学,从概念到体系仍无法脱离西方法学的根基。20世纪70年代末,借助于我国台湾地区法律书籍的影印及后续的引入,以及诸多西方法学著作的大规模译介,我国重启的法制进程进一步受到西方法学的深刻影响。当代中国的法律体系可谓奠基于西方法学的概念和体系之上。

自20世纪90年代开始的大规模的法律译介,无论是江平先生挂帅的"外国法律文库""美国法律文库",抑或许章润、舒国滢先生领衔的"西方法哲学文库",以及北京大学出版社的"世界法学译丛"、上海人民出版社的"世界法学名著译丛",诸多种种,均注重于西方法哲学思想尤其英美法学的引入,自有启蒙之功效。不过,或许囿于当时西欧小语种法律人才的稀缺,这些译丛相对忽略了以法律概念和体系建构见长的欧陆法学。弥补这一缺憾的重要转变,应当说始自米健教授主持的"当代德国法学名著"丛书和吴越教授主持的"德国法学教科书译丛"。以梅迪库斯教授的《德国民法总论》为开篇,德国法学擅长的体系建构之术和鞭辟入里的教义分析方法进入中国法学的视野,辅以崇尚德国法学的我国台湾地区法学教科书和专著的引入,德国法学在中国当前的法学教育和法学研究中日益受到尊崇。然而,"当代德国法学名著"丛书虽然遴选了德国当代法学著述中的上乘之作,但囿于撷取名著的局限及外国专家的视角,丛书采用了学科分类的标准,而未区分注重体系层次的基础教科书与偏重思辨分析的学术专著,与戛然而止的"德国法学教科书译丛"一样，在基础教科书书目的选择上尚未能充分体现当代德国法学教育的整体面貌，是为缺憾。

职是之故，自 2009 年始，我在中国人民大学出版社策划了现今的"外国法学教科书精品译丛"，自 2012 年出版的德国畅销的布洛克斯和瓦尔克的《德国民法总论（第 33 版）》始，相继推出了韦斯特曼的《德国民法基本概念（第 16 版）（增订版）》、罗歇尔德斯的《德国债法总论（第 7 版）》、多伊奇和阿伦斯的《德国侵权法（第 5 版）》、慕斯拉克和豪的《德国民法概论（第 14 版）》，并将继续推出一系列德国主流的教科书，涵盖了德国民商法的大部分领域。该译丛最初计划完整选取德国、法国、意大利、日本诸国的民商法基础教科书，以反映当今世界大陆法系主要国家的民商法教学的全貌，可惜译者人才梯队不足，目前仅纳入"日本侵权行为法"和"日本民法的争点"两个选题。

系统译介民商法之外的体系教科书的愿望在结识季红明、查云飞、蒋毅、陈大创、葛平亮、夏昊晗等诸多留德小友后得以实现，而凝聚之力源自对"法律人共同体"的共同推崇，以及对案例教学的热爱。德国法学教育最值得我国法学教育借鉴之处，当首推其"完全法律人"的培养理念，以及建立在法教义学基础上的以案例研习为主要内容的教学模式。这种法学教育模式将所学用于实践，在民法、公法和刑法三大领域通过模拟的案例分析培养学生体系化的法律思维方式，并体现在德国第一次国家司法考试中，进而借助第二次国家司法考试之前的法律实训，使学生能够贯通理论和实践，形成稳定的"法律人共同体"。德国国际合作机构（GIZ）和国家法官学院合作的《法律适用方法》（涉及刑法、合同法、物权法、侵权法、劳动合同法、公司法、知识产权法等领域，由中国法制出版社出版）即是德国案例分析方法中国化的一种尝试。

基于共同创业的驱动，我们相继组建了中德法教义学 QQ 群，推出了"中德法教义学苑"微信公众号，并在《北航法律评论》2015 年第 1 辑策划了"法教义学与法学教育"专题，发表了我们共同的行动纲领：《实践指向的法律人教育与案例分析——比较、反思、行动》（季红明、蒋毅、查云飞执笔）。2015 年暑期，在谢立斌院长的积极推动下，中国政法大学中德法学院与德国国际合作机构法律咨询项目合作，邀请民法、公法和刑法三个领域的德国教授授课，成功地举办了第一届"德国法案例分析暑期班"并延续至今。2016年暑期，季红明和夏昊晗也积极策划并参与了由西南政法大学黄家镇副教授牵头、民商法学院举办的"请求权基础案例分析法课程暑期培训班"。2017年暑期，加盟中南财经政法大学法学院的"中德法教义学苑"团队，成功举办了"案例分析暑期培训班"，系统地在民法、公法和刑法三个领域以德国的鉴定式模式开展了案例分析教学。

中国法治的昌明端赖高素质法律人才的培养。如中国诸多深耕法学教育的启蒙者所认识的那样，理想的法学教育应当能够实现法科生法律知识的体系化，培养其运用法律技能解决实践问题的能力。基于对德国奠基于法教义学基础上的法学教育模式的赞同，本译丛期望通过德国基础法学教程尤其是案例研习方法的系统引入，循序渐进地从大学阶段培养法科学生的法律思维，训练其法律适用的技能，因此取名"法律人进阶译丛"。

本译丛从法律人培养的阶段划分入手，细分为五个子系列：

——法学启蒙。本子系列主要引介关于法律学习方法的工具书，旨在引导学生有效地进行法学入门学习，成为一名合格的法科生，并对未来的法律职场有一个初步的认识。

——法学基础。本子系列对应于德国法学教育的基础阶段，注重民法、刑法、公法三大部门法基础教程的引入，让学生在三大部门法领域中能够建立起系统的知识体系，同时也注重扩大学生在法理学、法律史和法学方法等基础学科上的知识储备。

——法学拓展。本子系列对应于德国法学教育的重点阶段，旨在让学生能够在三大部门法的基础上对法学的交叉领域和前沿领域，诸如诉讼法、公司法、劳动法、医疗法、网络法、工程法、金融法、欧盟法、比较法等有进一步的知识拓展。

——案例研习。本子系列与法学基础和法学拓展子系列相配套，通过引入德国的鉴定式案例分析方法，引导学生运用基础的法学知识，解决模拟案例,由此养成良好的法律思维模式,为步入法律职场奠定基础。

——经典阅读。本子系列着重遴选法学领域的经典著作和大型教科书(Grosse Lehrbücher),旨在培养学生深入思考法学基本问题及辨法析理之能力。

我们希望本译丛能够为中国未来法学教育的转型提供一种可行的思路,期冀更多法律人共同参与,培养具有严谨法律思维和较强法律适用能力的新一代法律人,建构法律人共同体。

虽然本译丛先期以德国法学教程和著述的择取为代表,但是并不以德国法独尊,而是注重以全球化的视角,实现对主要法治国家法律基础教科书和经典著作的系统引入,包括日本法、意大利法、法国法、荷兰法、英美法等,使之能够在同一舞台上进行自我展示和竞争。这也是引介本译丛的另一个初衷:通过不同法系的比较,取法各家,吸其所长。也希望借助本译丛的出版,展示近二十年来中国留学海外的法学人才梯队的更新,并借助新生力量,在既有译丛积累的丰富经验基础上,逐步实现对外国法专有术语译法的相对统一。

本译丛的开启和推动离不开诸多青年法律人的共同努力,在这个翻译难以纳入学术评价体系的时代,没有诸多富有热情的年轻译者的加入和投入,译丛自然无法顺利完成。在此,要特别感谢积极参与本译丛策划的诸位年轻学友和才俊,他们是:留德的季红明、查云飞、蒋毅、陈大创、黄河、葛平亮、杜如益、王剑一、申柳华、薛启明、曾见、姜龙、朱军、汤葆青、刘志阳、杜志浩、金健、胡强芝、孙文、唐志威,留日的王冷然、张挺、班天可、章程、徐文海、王融擎,留意的翟远见、李俊、肖俊、张晓勇,留法的李世刚、金伏海、刘骏,留荷的张静,等等。还要特别感谢德国奥格斯堡大学法学院的托马斯·M. J. 默勒斯(Thomas M. J. Möllers)教授慨然应允并资助其著作的出版。

本译丛的出版还要感谢北京大学出版社副总编辑蒋浩先生和策划编辑陆建华先生,没有他们的大力支持和努力,本译丛众多选题的通过和版权的取得将无法达成。同时,本译丛部分图书得到中南财经政法大学法学院徐涤宇院长大力资助。

回顾日本的法治发展路径,在系统引介西方法律的法典化进程之后,将是一个立足于本土化、将理论与实务相结合的新时代。在这个时代中,中国法律人不仅需要怀抱法治理想,还需要具备专业化的法律实践能力,能够直面本土问题,发挥专业素养,推动中国的法治实践。这也是中国未来的"法律人共同体"面临的历史重任。本译丛能预此大流,当幸甚焉。

李　昊

2018 年 12 月

译者前言

2012年,我赴德国弗莱堡大学马普刑法研究所攻读博士学位。2016年年初我完成博士学位论文并提交给了导师阿尔布莱希特(Hans-Jörg Albrecht)教授,但答辩毕业预计还需等待一年。于是,在这比较空闲的一年时间里,我开始着手翻译这本教科书,没承想出版却是在七年之后了。回首七年,只叹时光荏苒,物是人非。

为什么要翻译一本德国刑法教科书呢?其实最初的动机很单纯。尽管我在弗莱堡大学旁听了刑法课程,阅读了一些中外文献,也以中德比较作为博士论文研究的视角,但是自知对于德国刑法理论体系——尤其是刑法总论——的认识仍旧不够全面与深入。因此,我试图通过翻译一本教科书"逼迫"自己系统地学习一遍。事后证明,尽管翻译这本书耗费了我大量的时间与精力,但在翻译中收获的知识对我之后的教学科研都颇有裨益。

为什么要翻译这本德国刑法教科书呢?说来也是缘分。该书是我到德国之后接触最早的一本教科书,当时就对穆尔曼(Uwe Murmann)教授流畅易懂的语言表述印象深刻。后来,我在研究自我答责理论的时候又读到了他的相关专著,对其学术思想的了解进一步加深。更巧的是,他与弗莱堡也颇有渊源,不但曾在弗莱堡大学接受弗里施(Wolfgang Frisch)教授指导撰写教授资格论文、作为梯德曼(Klaus Tiedemann)教授教席代理人进行授课,而且目前也仍住在弗莱堡(毕竟这里的气候环境与自然风光实在太好),只有有课的日子才会乘高铁去往4小时车程的哥廷根。因此,在与他联系之后,我们得以多次见面讨论。

我国刑法学界汲取了大量德国刑法理论,通过一本新教科书引入更多的知识当然是有好处的。在内容上,本书既通俗易懂,适合学生学习,又有各方观点综述与自身学术立场,适合学者研究与进一步查询资料。与之前的德国刑法教科书相比,本书具有以下特点:其一,资料上更新,内容上包含了近年来的重要判决与理论发展,尤其是引注中的信息量很大,方便读者快捷掌握各种观点,也方便学者进一步查询各种学说。其二,在立场上更偏向主流,除了对法益理论的坚守外,本书尤其强调在德国学界占据主流地位的客观归属理论;需要指出的是,本书作者与其导师弗里施教授的立场一致,主张两步骤的客观归属,将自我答责问题放在第一步"创设法不容许的危险"中讨论。其三,在内容上更为全面,除了刑法总论之外,还专门增加了刑法分论的部分内容,即杀人犯罪与身体伤害犯罪两章,该内容在过去的教科书中是没有的,对于中国刑法学界而言具有参考价值。其四,在体系上更为科学,其章节的基本顺序是基本理念、犯罪构造概览、杀人犯罪与身体伤害犯罪、总论各问题详解,让读者先了解基础框架与基本罪名,之后才开始深入地了解总论的各个细节,符合初学者的学习规律。其五,在文字上流畅、易懂,没有使用复杂的长句与晦涩的词语,即使对于初学者而言也并没有太多语言上的障碍。

关于本书的术语翻译需要指出以下几点:其一,在翻译的过程中,我主要借鉴参考了北京大学出版社 2015 年出版的《刑法总论教科书》(金德霍伊泽尔著,蔡桂生译)中的部分术语,尤其是将 "objektive Zurechnung" 翻译为 "客观归属" 而非 "客观归责"。其二,我尽最大可能地遵循了中国刑法学界习惯使用的术语,比如将 "Unwert" 译作 "无价值";将 "Versuch" 通常翻译成 "未遂",但也在个别地方翻译成 "力图";将 "Teilnahme" 翻译成 "共犯" 而非 "参加" 或 "参与",本书中的 "参与" 是 "正犯" 与 "共犯" 的上位概念。其三,我对一些术语的翻译进行了适当的改良,比如我国刑法学界对 "犯" 的使用较为混乱,本书为求区分,"正犯""共犯""教唆犯" 与 "帮助犯" 指的是犯罪形式,"正犯人""共犯人""教唆人" 与 "帮助人" 指的是犯罪的人;本书中的 "教唆犯的未遂"(versuchte Anstiftung)指的是教唆他人犯罪但他人却没有实施犯罪的情形,"未遂犯的教唆"(Anstiftung zum Versuch)是指被教唆人实施了犯罪行为却未遂的情形;"Gutachten"被译为"鉴定报告"而非"专业鉴定";"Gebotenheit"被译为"妥当性"而非"要求性""需要性""必需性";"Übernahmefahrlässigkeit"被译为"承担性过失"而非"超越承担过失"。其四,综合考量使用习惯与真实含义,同一术语在不同地方可能翻译不同,比如"Täter"一词通常被译为"行为人",但在涉及共同犯罪时被译为"正犯人",再如"sukzessiv"在共同犯罪中翻译为"承继的"以符合中国刑法学使用习惯,但是在竞合问题中翻译为"循序的"以更好匹配其真实含义。

另一方面,我也希冀这本书能在教学方面发挥作用,毕竟它本来就是为此而生。近年来,兴起于德国的鉴定式案例分析得到了中国法学界的普遍重视与积极引入。我也在学校承担了"刑法案例研习"课程的部分授课任务,主要的参考书籍正是本书与北京大学出版社 2019 年出版的《德国大学刑法案例辅导》三卷本(希尔根多夫著,黄笑岩译),因而也有一些经验与感悟。刑法鉴定式案例分析包含宏观的思维方式、中观的解题模板与微观的涵摄方法三个层次的特点:(1)在宏观上,以案件事实为出发点,对行为人可能触犯的刑法条文(犯罪构成)进行全面检索,在广泛假设的基础上进行一一求证,最终以竞合的视角得出结论;(2)在中观上,针对既遂犯、未遂犯、不作为犯、过失犯及共同犯罪中的正犯、教唆犯、帮助犯等不同情形设计各种特定的解题框架模板;(3)在微观上,将"三段论"中规范与事实之间的对应问题细化为单个规范要素与事实片段之间的匹配判断,通过设问、定义、涵摄、结论的步骤实现解答。这里需要说明的是,相对于宏观思维与微观方法的普适性,中观的解题模板具有国别性,必须建立在本国的刑法规则与理论体系之上:

其一,刑法规则在国与国之间存在差别,这种差别有时会无可避免地影响解题模板的设计。比如,中德两国刑法关于未遂犯、中止犯的规定存在差异,这种差异就直接导致中国不能盲目照搬德国的解题模板——中国法律明确要求是意志以外的要素才成立未遂,这样一来在客观构成要件里面就必须要考查是否由意志以外的原因所造成，而在德国则不需要，因为中止犯在德国属于未遂犯的一种特殊形式，它与未遂之间不是互斥关系，而是包容关系；相应地，德国将中止犯置于未遂犯考查中的罪责阶层之后附随考查，而我国应当在考查并否定未遂犯成立之后再对中止犯进行单独考查。此外，我国原则上处罚预备犯，而德国原则上不处罚预备犯；在我国，罪量对于犯罪成立有重大影响，而德国在实体法中通常不考虑罪量。因此，需要从中国法律规定本身出发设计预备犯的解题模板、思考罪量的体系地位。

其二，犯罪论体系的差别会对解题模板造成重大的影响，因为解题模板本就是抽象的犯罪论体系在实际案例分析中的具化表现。对于中国而言，要真正推广鉴定式案例教学，一个重要的基础工作是，对解题模板的设计应当达成相对统一的意见。这里涉及的首要问题就是以哪种犯罪论体系作为模板的理论基础。我国刑法学界目前主要存在三种犯罪论体系，即以平面耦合作为特点的传统四要件犯罪论体系、以结果无价值论为指引的日本式（古典式）三阶层犯罪论体系及以行为无价值论为指引的德国式三阶层犯罪论体系。虽然从原理上来说，鉴定式案例分析可以与上述任意一种犯罪论体系相匹配，但是，四要件体系平面耦合的特点并不利于设计解题模板，需要在考查顺序的方向上进行改良，日本学界也没有形成像德国那样成熟的解题模板。因此，即使不去讨论哪个犯罪论体系更具科学性的问题，参考德国成熟的解题模板也显然更为便利。

其三，必须要指出的是，德国的各种解题模板也并非完美与普适的存在。基于不同学术观点的模板之间会存在细节上的差别，比如学术界关于过失犯构造的争议就可以衍生出不同的过失犯考查模板，关于客观归属构造的分歧也会导致略有差别的考查顺序。更重要的是，解题模板的实用功能导向决定了它往往是体系性与现实性相妥协的产物。比如，基于"先客观，后主观"的理念，在德国的解题模板中，构成要件符合性阶层按顺序分为了客观构成要件与主观构成要件两个部分。尽管这种主客观相分离的模式在大多数案件判断中能够得到贯彻，但是在面对特别知识、共同正犯、中立帮助行为等特殊案件时却难以做到泾渭分明，这表现为客观构成要件中无可避免地需要融入主观认识。

我国鉴定式案例分析教学的推动者与实践者多有留德背景，因此，在教学模式与教学内容上具有较为明显的德国色彩。尽管我国刑法学界吸收了大量的德国法教义学知识，在体系与内容上具有共同点与相通性，但是两国在法律规则与法学理论上仍旧存在显著差异，这就要求鉴定式案例分析必须实现本土化改良。总而言之，要真正体会鉴定式案例分析，最好要掌握一定的德国刑法学知识；也只有掌握了这些知识，才能在此基础之上更好地思考中国化改良的方案。

由于没有出版方面的经验，直到 2019 年下半年我才开始找寻出版社出版该书。幸运的是，经江溯老师介绍很快联系上了北京大学出版社的陆建华老师，顺利通过了选题、拿到了出版合同、获得了德国出版社的授权，收录在李昊老师主编的法律人进阶译丛之中。2021 年第六版更新授权之后，年底终于交稿；2022 年突然得知德文第七版将在 10 月出版，因此又抓紧时间升级为了最新版。在此，感谢陆建华老师的尽心帮助，感谢江溯老师的推荐与审读，感谢蔡桂生博士、张志钢博士、吕翰岳博士对本人翻译的启发与指正，感谢张文桢编辑的细心与耐心沟通，感谢帮助过我的老师、朋友们；还要感谢湖南大学法学院对本书出版所提供的充分支持，让我能够无后顾之忧地完成这项在现行科研评价体系之下"费力不讨好"的翻译工作。我相信，天空中每一颗或明或暗的星星，只要努力与付出了，都会为人们眼中的星空增添些许光辉。

周子实
2023 年 5 月于湖南大学法学院

中译版前言

本书在中国的出版，旨在为中国的刑法研究者和青年学子了解德国关于刑法总论及杀人犯罪、身体伤害犯罪的学术文献与司法判决情况提供可靠的信息。重点内容如下：

刑罚在宪法设定的框架内的正当性条件；

刑法的规范理论基础，尤其是建立在其之上的客观归属理论；

客观归属与主观归属的理论；

犯罪的表现形式（未遂、既遂、过失、不作为、参与理论）；

刑法体系的统一性与一致性；

方法论及在具体案件中运用鉴定报告技巧适用法律。

关于教义学思考的背景，我想简要说一说：本书所依托的基础观点是，刑法作为次生性秩序，是为了保护作为自由秩序的法，并在其受损时对其予以恢复。因此，刑罚的正当性有两个阶段：在第一阶段中，禁止一个举止需要有正当性；在第二阶段中，威慑及科处刑罚需要有正当性。对法的损害无视了人的自由权利，是通过侵害法所保护的自由形式（法益）而得以实现的。创设法不容许的危险就是这种侵害的基本形式。不过，这种损害不能仅限于其表面。其原因在于，该举止被赋予法损害意义的根源是，每一个人都与法的建构积极相关，因而也有力量去损害由他参与建构的法。这就解释了在未遂中表现出法敌对意志，或者不履行作为义务，也都被视为法损害的形式。行为人的举止是对法的立场表达，只有当该举止没有被例外允许（违法性）且行为人要对此负有责任（罪责）时，它才会具有损害的意义。

我希望本书能够让中国读者更好地了解德国的教义学与方法论，从而在富有成果的法律文化对话中更进一步。

最后，我要特别感谢本书的译者周子实博士，他为翻译付出了大量心力，而且进行了数次版本的更新，使得中译版实现了与德文最新版的同步。

乌韦·穆尔曼

2022年8月于哥廷根

前　言

本书（也）面向法学新生。它包含了总论的整个课堂教学材料，从基础至（必要的）细节。在分论中，杀人犯罪与身体伤害犯罪通常属于第一学期的教学内容。经验表明，关于鉴定报告技巧的问题会给包括初学者在内的人们带来相当大的困难，因此，除了应当始终对它予以考虑之外，还要单独开辟一章进行介绍。图示及大量示例会有助于清晰地阐释。最后的问题与案例是用来自我检测与练习的。

不过，本书想达到的目的不仅仅"只"是给法学新生一个易于理解而不"平淡"的刑法入门介绍。作为出发点的认识是，检测性考试的重点归根结底就是第一学期的课堂教学材料。因此，本书也面向参加考试的考生，因为他们最大的需求通常是明确且可靠地限制材料的范围。

当然，教学展示本身必须是易于理解的。因此，虽然本书有大量（被挑选出来的）参考文献供您深入地自学，但是在任何时候都不需要通过阅读它们来理解本书。

在本书的新版本中，不仅纳入了新近的司法判决和文献，还对许多表述进行了修订和补充。特别是，考虑到了联邦宪法法院关于分诊问题的判决。此外，非常欢迎并感谢您将批评与建议发送至邮箱 smurmann@jura.uni-goettingen.de。

乌韦·穆尔曼
2022 年 5 月于哥廷根

目 录

第一部分　关于法学学习与本书的若干前言说明

第1章　法学学习：既不无聊，也非前途黯淡！ …………… 003
第2章　本书的理念 ……………………………………… 007

第二部分　法治国刑法的基础

第3章　刑法是法的局部领域 ……………………………… 011
第4章　实体刑法、刑事诉讼法、刑事执行与监狱执行 …… 016
　一、实体刑法 …………………………………………… 016
　二、刑事诉讼法 ………………………………………… 016
　三、刑事执行与监狱执行 ……………………………… 019
第5章　犯罪的实证方面：犯罪学与刑事侦查学 ………… 021
　一、犯罪学 ……………………………………………… 021
　二、刑事侦查学 ………………………………………… 022
第6章　刑事政策 ………………………………………… 023
第7章　刑法的法源 ……………………………………… 024
　一、概览 ………………………………………………… 024
　二、《刑法典》的结构 …………………………………… 025
第8章　国家刑罚的正当性 ……………………………… 027
　一、安全是国家的任务——保护义务理论 …………… 027
　二、刑法是法益保护与法恢复的工具 ………………… 029

三、刑罚的目的（刑罚理论） …………………………………… 032
第9章 制裁理论的基础 …………………………………………… 046
　一、矫正与保安处分 ……………………………………………… 046
　二、刑罚 …………………………………………………………… 048
　三、量刑 …………………………………………………………… 051
　四、刑事诉讼法中的制裁 ………………………………………… 054
第10章 作为刑罚限制法的刑法 ………………………………… 056
　一、刑法是"公民刑法" ………………………………………… 056
　二、刑法的保障功能 ……………………………………………… 057
第11章 德国刑法的适用范围、刑法的欧洲化、国际刑法 …… 062
　一、德国刑法的适用范围 ………………………………………… 062
　二、刑法的欧洲化 ………………………………………………… 067
　三、国际刑法 ……………………………………………………… 075

第三部分　犯罪要件概览

第12章 犯罪构造 ………………………………………………… 083
　一、考查阶层 ……………………………………………………… 083
　二、评价阶层：不法（构成要件符合性与违法性）与罪责之间的区分 …………………………………………………………… 084
第13章 作为行为的犯罪 ………………………………………… 087
　一、不同的行为概念 ……………………………………………… 087
　二、行为在犯罪构造中的相关性 ………………………………… 093
第14章 构成要件符合性 ………………………………………… 096
　一、构成要件的功能 ……………………………………………… 096
　二、客观构成要件与主观构成要件的区分 ……………………… 097
　三、客观的处罚条件 ……………………………………………… 098
　四、犯罪类型 ……………………………………………………… 099

第 15 章　违法性 …………………………………………… 110
　一、作为容许规范的正当化事由 ………………………… 110
　二、单个正当化事由（概览） …………………………… 111
　三、正当化的实质原则 …………………………………… 112
　四、正当化事由的结构 …………………………………… 113

第 16 章　罪责 ……………………………………………… 115
　一、罪责原则（＝罪责基本原则） ……………………… 115
　二、罪责概念的内容 ……………………………………… 116
　三、罪责非难的"内在根据" …………………………… 117
　四、排除罪责事由与宽恕罪责事由 ……………………… 119

第 17 章　处罚的其他要件 ………………………………… 121
　一、属人的刑罚排除事由 ………………………………… 121
　二、属人的刑罚撤销事由 ………………………………… 122
　三、诉讼程序要件 ………………………………………… 122

第 18 章　特殊量刑规定 …………………………………… 124

第四部分　刑法鉴定报告

第 19 章　鉴定报告写作技巧 ……………………………… 129
　一、撰写法律鉴定报告的一般提示 ……………………… 129
　二、引导性语句 …………………………………………… 131
　三、涵摄方法（"鉴定报告文体"） …………………… 132

第 20 章　对刑法条文的解释 ……………………………… 137
　一、文义解释 ……………………………………………… 138
　二、历史解释 ……………………………………………… 140
　三、体系解释 ……………………………………………… 141
　四、目的解释 ……………………………………………… 142
　五、合宪性解释 …………………………………………… 142
　六、遵循法定刑的解释 …………………………………… 143

第五部分　侵犯生命与身体完整性的犯罪（分论）

第 21 章　侵犯生命的犯罪 ································· 147
一、犯罪构成要件的体系 ································· 147
二、人的生命的起始与结束 ······························· 151
三、杀人犯罪详解 ······································· 154

第 22 章　侵犯身体完整性的犯罪 ······················· 196
一、条文体系 ··· 196
二、身体伤害犯罪详解 ··································· 198
三、承诺——《刑法典》第 228 条 ························· 219
四、医疗手术 ··· 222
五、参与斗殴罪（《刑法典》第 231 条） ··················· 224

第六部分　刑法总论

第 23 章　因果关系与结果的客观归属 ··················· 233
一、因果关系 ··· 235
二、客观归属理论 ······································· 245

第 24 章　主观构成要件、故意与构成要件错误 ··········· 305
一、基础 ··· 305
二、特殊的主观不法要素 ································· 306
三、故意 ··· 307
四、构成要件阶层中的错误情形 ··························· 327

第 25 章　违法性 ······································· 350
一、正当化事由在主权（hoheitlich）行为范围内的适用性 ··· 350
二、主观正当化要素 ····································· 352
三、容许构成要件错误 ··································· 357
四、正当化的紧急避险 ··································· 363
五、正当化的义务冲突 ··································· 380
六、紧急防卫（《刑法典》第 32 条） ······················· 387

七、《民法典》第229条与第230条规定的自助权 …………… 414
八、承诺、推定承诺与假设承诺 …………………………… 416
九、惩戒权与教育权 ………………………………………… 434
十、拘捕权（《刑事诉讼法》第127条第1款）…………… 438

第26章 罪责 ……………………………………………………… 443
一、罪责能力 ………………………………………………… 443
二、不法意识（《刑法典》第17条）……………………… 462
三、宽恕罪责的紧急避险（《刑法典》第35条）………… 469
四、紧急防卫过当（《刑法典》第33条）………………… 481
五、法律没有规定的宽恕罪责事由 ………………………… 490

第27章 正犯与共犯 ……………………………………………… 495
一、正犯与共犯的界分 ……………………………………… 495
二、正犯的形式 ……………………………………………… 502
三、共犯 ……………………………………………………… 535

第28章 可罚的预备、未遂与中止 ……………………………… 573
一、可罚的预备行为（《刑法典》第30条及以下）……… 573
二、未遂 ……………………………………………………… 584
三、中止（《刑法典》第24条）…………………………… 625

第29章 不真正不作为犯 ………………………………………… 667
一、基础与构造 ……………………………………………… 667
二、真正不作为犯与不真正不作为犯的区分 ……………… 668
三、作为与不作为的区分 …………………………………… 670
四、不真正不作为犯的构成要件 …………………………… 674
五、不真正不作为犯中的违法性 …………………………… 704
六、不真正不作为犯中的罪责 ……………………………… 705
七、不真正不作为犯中的正犯与共犯 ……………………… 706
八、不真正不作为犯中的未遂与中止 ……………………… 713

第30章 过失犯罪 ………………………………………………… 722
一、基础 ……………………………………………………… 722

二、过失可罚性的要件 …………………………………………… 724
第 31 章　竞合理论 …………………………………………………… 736
　　一、竞合理论的意义与目的 …………………………………… 736
　　二、犯罪单数（第 52 条）、犯罪复数（第 53 条）与法条单数 … 737
　　三、竞合考查的定位与构造 …………………………………… 738
　　四、行为单数与行为复数的区分 ……………………………… 740
　　五、犯罪单数与犯罪复数 ……………………………………… 758
　　六、法条单数 …………………………………………………… 759
　　七、竞合考查概览 ……………………………………………… 770
　　八、犯罪事实不清时发生竞合的犯罪构成要件 ……………… 771

"案例与问题"的答案提示 …………………………………………… 781
关键词目录 …………………………………………………………… 810
缩写目录 ……………………………………………………………… 841
文献目录 ……………………………………………………………… 849

详细目录

第一部分 关于法学学习与本书的若干前言说明

第1章 法学学习：既不无聊，也非前途黯淡！ …………………… 003
第2章 本书的理念 ………………………………………………… 007

第二部分 法治国刑法的基础

第3章 刑法是法的局部领域 ……………………………………… 011
第4章 实体刑法、刑事诉讼法、刑事执行与监狱执行 ………… 016
 一、实体刑法 …………………………………………………… 016
 二、刑事诉讼法 ………………………………………………… 016
  （一）刑事诉讼的目的 ………………………………………… 017
  （二）刑事程序的流程 ………………………………………… 017
 三、刑事执行与监狱执行 ……………………………………… 019
第5章 犯罪的实证方面：犯罪学与刑事侦查学 ………………… 021
 一、犯罪学 ……………………………………………………… 021
 二、刑事侦查学 ………………………………………………… 022
第6章 刑事政策 …………………………………………………… 023
第7章 刑法的法源 ………………………………………………… 024
 一、概览 ………………………………………………………… 024
 二、《刑法典》的结构 ………………………………………… 025

第8章　国家刑罚的正当性 …… 027
一、安全是国家的任务——保护义务理论 …… 027
二、刑法是法益保护与法恢复的工具 …… 029
（一）作为制裁规范的犯罪构成要件 …… 029
（二）前置于刑法的举止规范 …… 029
（三）通过举止规范与制裁规范实现法益保护 …… 030
三、刑罚的目的（刑罚理论） …… 032
（一）"绝对主义"刑罚理论与"相对主义"刑罚理论的区分 …… 033
（二）绝对主义理论 …… 034
（三）相对主义理论 …… 038
（四）并合主义理论 …… 043
（五）关于刑罚理论的概览 …… 045

第9章　制裁理论的基础 …… 046
一、矫正与保安处分 …… 046
（一）一般前提与目标设定 …… 046
（二）各种矫正与保安处分 …… 047
二、刑罚 …… 048
（一）自由刑 …… 048
（二）罚金刑 …… 050
（三）附加刑与附随后果 …… 051
三、量刑 …… 051
（一）量刑的基本原则（《刑法典》第46条） …… 051
（二）行为人与被害人的和解及损害恢复（《刑法典》第46a条） …… 052
（三）污点证人规则（《刑法典》第46b条） …… 053
四、刑事诉讼法中的制裁 …… 054

第10章　作为刑罚限制法的刑法 …… 056
一、刑法是"公民刑法" …… 056
二、刑法的保障功能 …… 057

（一）法定原则与类推禁止 ································· 057
　　（二）明确性原则 ······································· 059
　　（三）禁止溯及既往 ····································· 060
第11章　德国刑法的适用范围、刑法的欧洲化、国际刑法 ······ 062
　一、德国刑法的适用范围 ···································· 062
　　（一）联结原则 ··· 062
　　（二）德国刑法的保护范围 ······························· 066
　　（三）对鉴定报告的提示 ································· 067
　二、刑法的欧洲化 ·· 067
　　（一）欧盟的发展历程 ··································· 067
　　（二）欧盟的组织与行为方式 ····························· 068
　　（三）欧盟在实体刑法领域的权力 ························· 070
　　（四）欧盟在刑事诉讼法领域的权力 ······················· 075
　三、国际刑法 ·· 075
　　（一）正当性 ··· 075
　　（二）法律根据 ··· 076
　　（三）直接适用国际刑法的例子 ··························· 076
　　（四）《国际刑事法院罗马规约》特篇 ····················· 077

第三部分　犯罪要件概览

第12章　犯罪构造 ·· 083
　一、考查阶层 ·· 083
　二、评价阶层：不法（构成要件符合性与违法性）与罪责之间的
　　　区分 ··· 084
　　（一）不法 ··· 085
　　（二）罪责 ··· 086
第13章　作为行为的犯罪 ···································· 087
　一、不同的行为概念 ·· 087

（一）因果行为论 ·· 088
　　（二）目的行为论 ·· 090
　　（三）社会行为论与人格行为论 ·························· 092
　二、行为在犯罪构造中的相关性 ······························ 093

第 14 章　构成要件符合性 ·· 096
　一、构成要件的功能 ·· 096
　二、客观构成要件与主观构成要件的区分 ···················· 097
　　（一）客观构成要件 ······································ 097
　　（二）主观构成要件 ······································ 097
　三、客观的处罚条件 ·· 098
　四、犯罪类型 ··· 099
　　（一）一般犯、特别犯；为他人而行为（《刑法典》第 14 条） ······ 100
　　（二）亲手犯 ··· 101
　　（三）结果犯、行为犯及举止定式犯 ······················ 102
　　（四）实害犯与危险犯 ···································· 103
　　（五）状态犯与继续犯 ···································· 104
　　（六）作为犯及（真正与不真正）不作为犯 ··············· 104
　　（七）既遂、终结、未遂与企行犯 ························ 106
　　（八）故意犯与过失犯及故意与过失的组合 ··············· 108
　　（九）基本犯、加重犯与减轻犯 ·························· 109

第 15 章　违法性 ·· 110
　一、作为容许规范的正当化事由 ······························ 110
　二、单个正当化事由（概览） ································ 111
　三、正当化的实质原则 ······································ 112
　四、正当化事由的结构 ······································ 113
　　（一）客观正当化要素 ···································· 113
　　（二）主观正当化要素 ···································· 113

第 16 章　罪责 ·· 115
　一、罪责原则（＝罪责基本原则） ···························· 115

二、罪责概念的内容 ·················· 116

三、罪责非难的"内在根据" ·················· 117

四、排除罪责事由与宽恕罪责事由 ·················· 119

（一）基本原则：答责性 ·················· 119

（二）排除罪责事由 ·················· 119

（三）宽恕罪责事由 ·················· 120

第 17 章 处罚的其他要件 ·················· 121

一、属人的刑罚排除事由 ·················· 121

二、属人的刑罚撤销事由 ·················· 122

三、诉讼程序要件 ·················· 122

第 18 章 特殊量刑规定 ·················· 124

第四部分 刑法鉴定报告

第 19 章 鉴定报告写作技巧 ·················· 129

一、撰写法律鉴定报告的一般提示 ·················· 129

二、引导性语句 ·················· 131

三、涵摄方法（"鉴定报告文体"） ·················· 132

（一）目标设定 ·················· 132

（二）将规范分解为数个要件 ·················· 133

（三）鉴定报告文体 ·················· 134

第 20 章 对刑法条文的解释 ·················· 137

一、文义解释 ·················· 138

二、历史解释 ·················· 140

三、体系解释 ·················· 141

四、目的解释 ·················· 142

五、合宪性解释 ·················· 142

六、遵循法定刑的解释 ·················· 143

第五部分 侵犯生命与身体完整性的犯罪（分论）

第 21 章 侵犯生命的犯罪 ······ 147
一、犯罪构成要件的体系 ······ 147
（一）对未出生与已出生的生命的保护 ······ 147
（二）杀人构成要件的体系 ······ 148
二、人的生命的起始与结束 ······ 151
（一）未出生生命与已出生生命的区分 ······ 152
（二）生命保护的结束 ······ 153
三、杀人犯罪详解 ······ 154
（一）杀人罪（《刑法典》第 212 条） ······ 154
（二）杀人罪的较轻情形（《刑法典》第 213 条） ······ 155
（三）谋杀罪（《刑法典》第 211 条） ······ 156
（四）安乐死（《刑法典》第 216 条） ······ 186
（五）过失杀人罪（《刑法典》第 222 条） ······ 195

第 22 章 侵犯身体完整性的犯罪 ······ 196
一、条文体系 ······ 196
二、身体伤害犯罪详解 ······ 198
（一）普通身体伤害罪（《刑法典》第 223 条） ······ 198
（二）危险身体伤害罪（《刑法典》第 224 条） ······ 200
（三）严重身体伤害罪（《刑法典》第 226 条） ······ 209
（四）毁损女性生殖器罪（《刑法典》第 226a 条） ······ 213
（五）身体伤害致人死亡罪（《刑法典》第 227 条） ······ 215
（六）虐待被保护人罪（《刑法典》第 225 条） ······ 215
（七）过失身体伤害罪（《刑法典》第 229 条） ······ 218
三、承诺——《刑法典》第 228 条 ······ 219
四、医疗手术 ······ 222
五、参与斗殴罪（《刑法典》第 231 条） ······ 224
（一）背景：犯罪的性质 ······ 224

（二）构成要件 ··· 224
　（三）无可非难的参与（《刑法典》第 231 条第 2 款）·············· 227
　（四）客观的处罚条件 ·· 227

第六部分　刑法总论

第 23 章　因果关系与结果的客观归属 ·································· 233
　一、因果关系 ·· 235
　　（一）等价理论（通说）··· 235
　　（二）相当理论 ··· 243
　二、客观归属理论 ·· 245
　　（一）基础：规范理论的理念 ····································· 246
　　（二）客观归属理论的"基本公式"——构造 ······················ 247
　　（三）对创设法不容许的危险的要求 ······························ 247
　　（四）将法不容许的危险实现为结果 ······························ 283
　　（五）客观归属的特殊情形：《刑法典》第 227 条结果加重犯
　　　　中构成要件的特有关联 ······································· 296

第 24 章　主观构成要件、故意与构成要件错误 ························ 305
　一、基础 ·· 305
　二、特殊的主观不法要素 ··· 306
　三、故意 ·· 307
　　（一）故意的原理与概念 ··· 307
　　（二）故意的对象 ··· 307
　　（三）故意的时间 ··· 310
　　（四）明知的程度 ··· 311
　　（五）故意的形式 ··· 312
　　（六）间接故意与有意的过失之间的界限 ·························· 315
　　（七）特殊问题：择一故意 ······································· 323
　四、构成要件阶层中的错误情形 ····································· 327
　　（一）构成要件错误（= 犯罪情状错误）·························· 327

（二）身份或对象错误 ·························· 329
　　（三）打击错误 ································ 334
　　（四）身份或对象错误与打击错误的区分 ·········· 339
　　（五）所构想之因果历程的偏离 ··················· 340
　　（六）所构想之因果历程的偏离的特殊疑问："概括故意"
　　　　情形 ···································· 344

第25章　违法性 ·· 350
　一、正当化事由在主权（hoheitlich）行为范围内的适用性 ········ 350
　二、主观正当化要素 ·································· 352
　　（一）欠缺主观正当化要素 ························ 352
　　（二）对于正当化事实成立的怀疑 ·················· 354
　　（三）明知要素与意志要素 ························ 355
　三、容许构成要件错误 ································ 357
　四、正当化的紧急避险 ································ 363
　　（一）《民法典》第228条规定的防御性紧急避险 ········ 364
　　（二）《民法典》第904条规定的攻击性紧急避险 ········ 366
　　（三）《刑法典》第34条规定的紧急避险 ·············· 368
　五、正当化的义务冲突 ································ 380
　六、紧急防卫（《刑法典》第32条） ···················· 387
　　（一）规则内涵与背景 ···························· 388
　　（二）紧急防卫的要件 ···························· 389
　　（三）关于原因不法行为的疑问 ···················· 412
　七、《民法典》第229条与第230条规定的自助权 ·········· 414
　　（一）基础 ······································ 414
　　（二）要件 ······································ 415
　八、承诺、推定承诺与假设承诺 ························ 416
　　（一）背景 ······································ 416
　　（二）同意（与承诺的区别） ······················ 417
　　（三）犯罪构造中的承诺 ·························· 417

（四）承诺的要件 ·· 419
　　（五）特殊问题：法益危险化中的承诺 ············· 426
　　（六）推定承诺 ··· 431
九、惩戒权与教育权 ·· 434
　　（一）惩戒权 ·· 434
　　（二）教育权 ·· 438
十、拘捕权（《刑事诉讼法》第127条第1款） ············ 438
　　（一）拘捕权：涉及刚发生的犯罪或因刚发生的犯罪而被追捕 ·· 439
　　（二）拘捕行为 ··· 440
　　（三）主观正当化要素 ································ 441

第26章　罪责 ·· 443
一、罪责能力 ·· 443
　　（一）儿童（《刑法典》第19条） ····················· 443
　　（二）青少年（《青少年法院法》第3条） ·········· 443
　　（三）无罪责能力（《刑法典》第20条） ············ 444
　　（四）疑难问题：答责地引发缺陷状态 ············ 446
二、不法意识（《刑法典》第17条） ······················· 462
　　（一）禁止错误的背景与形式 ························ 463
　　（二）（无法避免的）禁止错误的要件 ·············· 465
三、宽恕罪责的紧急避险（《刑法典》第35条） ······· 469
　　（一）背景 ··· 469
　　（二）《刑法典》第35条第1款第1句的要件 ······ 470
　　（三）《刑法典》第35条第1款第2句的期待可能性 ··· 475
四、紧急防卫过当（《刑法典》第33条） ················· 481
　　（一）背景 ··· 482
　　（二）《刑法典》第33条的要件 ····················· 483
五、法律没有规定的宽恕罪责事由 ························ 490
　　（一）非法定的宽恕罪责的紧急避险 ··············· 490

详细目录　009

（二）良知行为 ··· 493
第 27 章　正犯与共犯 ······································· 495
　一、正犯与共犯的界分 ······································· 495
　　（一）对构成要件的理解与正犯人理论之间的关联 ········· 496
　　（二）主观说 ··· 496
　　（三）形式客观说 ··· 498
　　（四）犯罪支配理论（＝实质客观说） ···················· 498
　　（五）整体观察说 ··· 499
　　（六）可罚的个人声明、亲手犯与特别犯 ·················· 500
　二、正犯的形式 ··· 502
　　（一）直接正犯（与同时正犯）（《刑法典》第 25 条第 1 款第 1
　　　　　变体） ··· 502
　　（二）间接正犯（《刑法典》第 25 条第 1 款第 2 变体） ···· 503
　　（三）共同正犯（《刑法典》第 25 条第 2 款） ············ 523
　三、共犯 ··· 535
　　（一）共犯的不法与结构 ································· 535
　　（二）从属性 ··· 537
　　（三）教唆犯（《刑法典》第 26 条） ····················· 544
　　（四）帮助犯（《刑法典》第 27 条） ····················· 559
第 28 章　可罚的预备、未遂与中止 ························· 573
　一、可罚的预备行为（《刑法典》第 30 条及以下） ··········· 573
　　（一）基础 ··· 573
　　（二）教唆犯的未遂（《刑法典》第 30 条第 1 款） ········ 576
　　（三）其他预备行为（《刑法典》第 30 条第 2 款） ········ 580
　二、未遂 ··· 584
　　（一）未遂的处罚根据 ··································· 584
　　（二）考查未遂的构造概览 ······························· 586
　　（三）预先考查 ··· 588
　　（四）主观构成要件（犯罪决意） ························ 589

（五）客观构成要件（直接着手） …………………… 600
　　（六）特殊情形：未遂的结果加重与结果加重的未遂 ………… 621
　三、中止（《刑法典》第24条） …………………… 625
　　（一）中止的原理与体系地位 …………………… 625
　　（二）单独正犯人的中止（《刑法典》第24条第1款） ………… 628
　　（三）多个犯罪参与人时的中止 …………………… 661

第29章　不真正不作为犯 …………………… 667
　一、基础与构造 …………………… 667
　二、真正不作为犯与不真正不作为犯的区分 …………………… 668
　三、作为与不作为的区分 …………………… 670
　四、不真正不作为犯的构成要件 …………………… 674
　　（一）结果发生 …………………… 674
　　（二）虽有身体上现实的行为可能性而不实施被要求的行为 …… 675
　　（三）不作为之于结果的因果关系 …………………… 676
　　（四）保证人义务与将其损害实现为结果 …………………… 678
　　（五）相符性条款 …………………… 702
　　（六）不作为犯中的故意 …………………… 704
　五、不真正不作为犯中的违法性 …………………… 704
　六、不真正不作为犯中的罪责 …………………… 705
　七、不真正不作为犯中的正犯与共犯 …………………… 706
　　（一）数个不作为 …………………… 707
　　（二）非保证人成为不作为犯罪的共犯人 …………………… 709
　　（三）通过不作为形式参与作为型犯罪 …………………… 710
　八、不真正不作为犯中的未遂与中止 …………………… 713
　　（一）不真正不作为犯的未遂 …………………… 714
　　（二）不真正不作为犯的中止 …………………… 717

第30章　过失犯罪 …………………… 722
　一、基础 …………………… 722
　二、过失可罚性的要件 …………………… 724

（一）过失犯罪的构造 ··· 725
　　（二）构成要件符合性 ··· 730
　　（三）违法性 ··· 730
　　（四）罪责 ·· 733

第 31 章　竞合理论 ··· 736
　一、竞合理论的意义与目的 ······································ 736
　二、犯罪单数（第 52 条）、犯罪复数（第 53 条）与法条单数 ··· 737
　三、竞合考查的定位与构造 ······································ 738
　四、行为单数与行为复数的区分 ································· 740
　　（一）自然行为 ·· 740
　　（二）自然的行为单数 ··· 742
　　（三）法律上的行为单数 ······································ 751
　五、犯罪单数与犯罪复数 ·· 758
　六、法条单数 ·· 759
　　（一）特别关系 ·· 761
　　（二）补充关系 ·· 762
　　（三）吸收关系 ·· 765
　　（四）共罚的事前行为或事后行为 ·························· 768
　七、竞合考查概览 ·· 770
　八、犯罪事实不清时发生竞合的犯罪构成要件 ············· 771

"案例与问题"的答案提示 ··· 781
关键词目录 ·· 810
缩写目录 ··· 841
文献目录 ··· 849

第一部分

关于法学学习与本书的若干前言说明

下文的说明主要针对的是法学新生。不过，其中的部分内容对于高年级学生而言同样是新鲜有趣的。

第1章 法学学习：既不无聊，也非前途黯淡！

法学学生应当不断地与成见作斗争：法学是"枯燥"的，教学材料与学习材料无穷无尽，所有的付出到最后也毫无收获，因为法律人的劳务市场已经饱和了。——如同对待大多数成见一样，我们也需要对此"有所回应"：

1

首先是**职业前景**[1]：德国法学专业毕业生的数量虽然自2000年开始回落，但是相比于1980年已经翻了一番。[2] 从事法律职业的人数显著增加。[3] 不过在过去几年里就业市场呈现出积极的发展趋势。[4] 尽管在此背景之下公职部门所要求的分数有所下降，但是公职部门中传统法律职业——法官与检察官——只占了相对很小的比例。联邦劳动局在2019年就已经警告称，接下来几年学生数量的再次升高可能会导致更大的竞争。[5] 但是，由于法学教育的通用性，以及法律对几乎所有生活

2

---

[1] 更详细的信息可以在联邦劳动局，http://www.arbeitsagentur.de 获取。
[2] 1959年至2017年毕业生人数的发展情况概况，参见 www.lto-karriere.de/jurastudium/wieviel-jurastudierende-gibt-es-in-deutschland，访问日期：2022年2月10日。
[3] 参见 Bundesagentur für Arbeit, Blickpunkt Arbeitsmarkt-Akademikerinnen und Akademiker, 2019, S. 88。
[4] 参见 Bundesagentur für Arbeit, Blickpunkt Arbeitsmarkt-Akademikerinnen und Akademiker, 2019, S. 88。
[5] 参见 Bundesagentur für Arbeit, Blickpunkt Arbeitsmarkt-Akademikerinnen und Akademiker, 2019, S. 88。

领域的渗透，企业、银行、保险、社团等给成倍的法律人提供了工作。不过，大量的法律人还是奔向了律师界。律师的数量已是1980年时的四倍多。[6] 律师之路——无论他处在何种条件下——都经常不符合毕业生们的美好想象。[7] 只有很小一部分律师能在著名的大律所找到职位，这些大律所虽然支付着美梦中的薪水，但是却通常要求着噩梦般的工作时间。[8] 许多律师在小律所工作，有时（只能）当自由雇员，或者一些人独立地作为个体律师。决定以"个体斗士"的身份开业往往是一个绝望之举。

3　　那么，让那些在公职部门、著名律所或大企业工作的法律人与那些未能找到成功职业入口的法律人得以区分的究竟是什么？除了附加资格（尤其是语言能力、国外经历与博士学位），以及一定的"软"因素（比如不可或缺的交流与表达能力），最重要的就是**两次司法考试的分数**，这对于职业前景起着决定性影响。两次司法考试的成绩历来都很差。通常情况下，第一次司法考试的全国卷有着差不多30%的未通过率和大量集中在"及格"与"中等"的分数。[9] 在全国卷中，高分（分数达到"良好"以上）通常——取决于各联邦州——低于20%。如果将第一次司法考试的大学卷——即所谓的专攻领域考试（Schwerpunktbereichsprüfung）——

---

[6] 参见 http://www.lto.de/juristen/statistiken/anwaltschaft/anwaltszulassungen-entwicklung，访问日期：2022年2月10日；www.brak.de/fuer-journalisten/zahlen-zur-anwaltschaft/archiv-statistiken，访问日期：2022年2月10日。关于整体情况也可见 http://www.welt.de/wirtschaft/karriere/article116063801/Vollbefriedigend-sollte-ein-Jurist-schon-vorlegen.html，访问日期：2022年2月10日。

[7] 薪金概览可参见 www.lto.de/juristen/statistiken/gehaltsreports/einstiegsgehaelter-von-rechtsanwaelten-in-kanzleien，访问日期：2021年2月10日。

[8] 参见 www.lto.de/juristen/statistiken/gehaltsreports/einstiegsgehaelter-von-rechtsanwaelten-in-kanzleien；www.lto.de/recht/studium/referendariat/s/einstiegsgehaelter-juristen-beruf-kanzleien-unternehmen；www.lto.de/gehaltscheck-fuer-juristen/gehaltscheck-rechtsanwaelte；www.lto.de/recht/job-karriere/j/juristen-perspektiven-arbeitsmarkt，访问日期：2022年2月10日。

[9] 参见联邦司法局公布的年度教育数据；www.bundesjustizamt.de/DE/SharedDocs/Publikationen/Justizstatistik/Juristenausbildung_2018.html，访问日期：2022年2月10日。第二次司法考试的高分率与不及格率通常都在20%以下，因此2/3的考生在此获得及格或中等的评分。

也计算在内，那么情况就变得好多了。这里的高分率差不多超过了50%。由于专攻领域考试占总分的30%，因此，第一次司法考试的高分率被总体提升至了30%左右。然而问题在于：尽管专攻领域的学习对于一个坚实的法学教育而言具有很高的价值，但是许多潜在的雇主——包括联邦和各州——都以全国卷中所取得的分数为首要依据，这些分数在证书上被单独标记了出来。因此，想在就业市场打开那些美好职位的大门，就必须首先在全国卷中取得高分。谁能以高分通过两次考试，往往就能找到好的工作。

那些打算接过父母律所中稳当职位的人或许只是抱着"通过考试"的态度。而对于其他人的问题则是：**如何才能得到高分**？要回答这一问题，最好先看一看考试的要求。这里主要是要进行五个小时的笔试，对实务案例进行鉴定式论证的解答。因此，**强化的考试训练**是任何法学教育都不可或缺的组成部分。[10] 只有这样才能习得处理陌生案例的必要方法，从基本材料着手并掌握案情，然后拟出提纲，直至进行表达得当的撰写——在进行这一切时还必须注意到通常紧缺的时间资源。

4

在内容方面，要撰写出一份成功的鉴定报告（Gutachten），首先当然需要**坚实的法学知识**。但是一种广为流传的谬论认为，解答案例必要的知识必须是已被教授的，在解题时这些知识似乎只是"重播"。实际上，鉴于理论上可用的专业知识范围之大，要掌握这么多知识是完全无望的。[11] 只有在屈指可数的若干标准问题中，才能对细节性知识有所期待。[12]

5

不过，掌握**一系列法律概念的定义**还是必不可少的。这些定义大多是长久讨论后得出的结论，可以在大量案件中得到检验，而且是许多法律人世代"被凝结的理性"。在考试中，只要提出一个大致相当的定义

6

---

〔10〕 实证研究表明，经常进行考试训练可以提升成绩；对此可见 Towfigh/Traxler/Glöckner, ZDRW 2014, 12 f.

〔11〕 参见 Bock/Hülskötter JURA 2020, 1074（1075）；Rüthers JuS 2011, 865。Gierhake ZDRW 2020, 3 ff. 以《要求不可能的事》为文章标题概述了司法考试的要求，并以充分的理由主张减少教学材料的同时更加强调基础。

〔12〕 参见 Kröpil, JuS 2012, 599。

就行了——因此，人们不需要完全背下来。

7　　必要的细节性知识只有在被内嵌于牢固的基础知识之中时，才能在具体案件中被有意义地使用。对于**各个法领域的基础结构**必须知晓并进行**理解**。[13] 学习成果的衡量标准，并不是所阅读的书本页数，而是是否"掌握"了文字表述最真实含义中的思想。对这类基础的学习与理解并不无聊或"枯燥"。以理解作为基础，学习必要的细节与定义时才不会太累。只有当必要的知识能被归入基础知识的语境且又能被理解时，人们才有机会去掌握这些知识。

8　　**与其他同学进行讨论**，也属于处在"理解性学习"的环境中。建立个人学习小组是很有意义的，不仅能监督自己对已学内容的掌握，还能改善语言表达能力并强化论证能力。当然也不应当害怕在课堂中提出问题并参与讨论。在笔试和口试中，都要求着法律论证的能力。在候补公务员培训（Referendarausbildung）中经常被抱怨的是，学生没有具备这一属于所谓"关键资格"的能力。

9　　因此，这里说的不是"勇于留下漏洞"，而是对**法学学习的知识边界**的认识。但是人们必须知道，哪些漏洞是可以留下的，哪些是不行的。学习文献——包括本书——都将设置重点作为任务。但是，人们应如何对待那些自己并未特别学习理解过的主题？将陌生的问题嵌入笔试中，这正是每一个出题人的志向。这里要考查的正是辨识出优秀法律人的东西，也就是对新问题在法律上进行妥当回答的能力。对此，一方面需要前文提及的基本理解；另一方面需要很好地知晓**法学方法论**的知识，尤其是本书意图传授的解释方法。[14]

10　　**总结**：目标是在考试中得到高分。为了达到这一目标，需要掌握基本知识、获得相关能力并对法学的学习有着必要的认识。不需要进行沉闷的背诵学习。那些觉得法学学习无聊的人，将很难获得成功。法学学习就是需要一点热情！

---

　　〔13〕对此也可参见 *Bock/Hülskötter* JURA 2020, 1074 (1075); *Zaczyk*, FS Puppe, 2011, S. 314 ff. ; 此外还可参见 *Lammers*, JuS 2015, 291。

　　〔14〕肯定性的阐述见 *Rüthers*, JuS 2011, 865 ff. 。

第 2 章　本书的理念

本书的理念是与前述认识相匹配的。从中得出的第一个理念是，专注于基础，并致力于能让该**基础**得以**理解**的描述。从中得出的第二个理念是注重**方法论**，虽然方法论未能单独成章，但是其关联性体现在对**示例**的解答与对**争议情形**的探讨中。从中得出的第三个理念是**放弃那些在考试中不被期待的细节**。

本书的结构秉持体系性原则，也就是按照实际问题进行编排。在内容上，它以**各州的考试规章**为指引〔1〕，同时也考虑实际的考试重点。与大多数教材不同的一个特点是，虽然**重心在于刑法总论**，但是也涉及分论中的重要罪名，即主要的**杀人犯罪与伤害犯罪**。这也与许多大学第一学期所教授的内容相符。其背后是这样的认识：总论的问题并不是孤立的，而应被与分则的构成要件进行有关联的阐释。大量的示例会被用来说明抽象问题、激发思考并模拟考试情景。本书在传授必要的知识时，**既具有抽象性**，又结合了具体案例。

---

〔1〕 参见 § 8 Abs. 2 Nr. 7 JAPrO（巴登-符腾堡州）、§ 18 Abs. 2 Nr. 4 JAPO（巴伐利亚州）、§ 3 Abs. 4 Nr. 2 JAO（柏林）、§ 3 Abs. 4 BbgJAO（勃兰登堡州）、§ 5 Abs. 1 Nr. 2 JAPG（不来梅）、§ 1 Abs. 2 PrüfungsgegenständeVO（汉堡）、§ 7 Nr. 3 JAG（黑森州）、§ 11 Abs. 2 Nr. 2 JAPO M-V（梅克伦堡-前波美拉尼亚州）、§ 16 Abs. 2 NJAVO（下萨克森州）、§ 11 Abs. 2 Nr. 7 JAG NRW（北莱茵-威斯特法伦州）、Buchstabe B der Anlage zu § 1 Abs. 2 Nr. 1 JAPO（莱茵兰-普法尔茨州）、§ 8 Abs. 2 Nr. 4 JAG（萨尔州）、§ 14 Abs. 3 Nr. 4 JAPO（萨克森州）、§ 14 Abs. 2 Nr. 4 JAPrVO（萨克森-安哈尔特州）、§ 3 Abs. 4 JAVO（石勒苏益格-荷尔斯泰因州）及 § 14 Abs. 2 Nr. 3 ThürJAPO（图林根州）。

3 **高效率的学习需要复习!**[1] 这是一个令人讨厌的真相,因为再次钻研那些似乎已经学会的材料会花掉本可能学习其他材料的时间。但是,复习最终是节省时间的。这里需要强调的是,不应在第一遍学的内容几乎被完全忘光时再去对该主题进行第二遍的学习。相反,应尽可能早地对学习材料进行复习,最好是马上,最迟是第二天。如此一来,第二次学习就能与重新认识的经历相结合,忘却的快速过程就能被停止;忘却曲线[2]稳定在高水平。当然也有必要将已获得的知识进行固化并与其他内容进行联系,这样知识间的关联就能得以明确,对已学内容的理解也会得到深化。[3]

---

〔1〕这里吸纳了大脑研究者的观点 Olschner,Juristisches Staatsexamen:Zu viel Stoff für zu wenig Hirn?,in:Legal Tribune Online,6.8.2019,https://www.lto.de/persistent/a_id/36891/,访问日期:2022年3月14日。

〔2〕如下图所示:经典的遗忘曲线,源自 Ebbinghaus(1885),被 Baddeley(1998)所修改;出自:Hasselhorn/Gold,Pädagogische Psychologie,2006,S. 57。

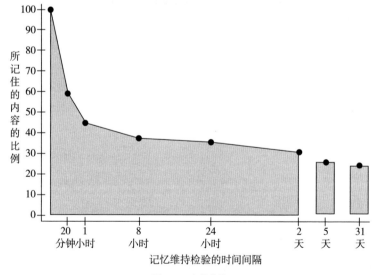

图2-1 忘却曲线

〔3〕参见 Lammers,JuS 2015,290。

第二部分

法治国刑法的基础

第 3 章　刑法是法的局部领域

刑法是法（Recht）的局部领域（Teilgebiet）。关于**法究竟是什么**这一问题在图书馆中有着无数的法哲学文献对其进行阐述。[1] 因此，这里不会回答这个问题。但是，如果不去思考这个问题，人们就无法超越多少带有技巧性的"法律技术"[2]。将法局限在纸面上的法律条文中当然是太狭隘了，因为没有争议的是，不成文的法规则同样有着效力主张（Geltungsanspruch）。法经常被理解为实际有效的规范的总和。这是法实证主义（Rechtspositivismus）的立场，它同时拒绝一个超越实定的、独立于具体法秩序（Rechtsordnung）形态的法。如果法因遵循立法程序而随意可变[3]，那么当然会产生以下问题：反人类的规则——比如，在纳粹体制或前民主德国存在过的那样——也无法被否定法的特征。[4] 有鉴于此，德国《基本法》信奉人的尊严的"不可侵犯性"，以及"不可被剥夺的人权是任何人类共同体的基础"（《基本法》第 1 条第 1 款与第 2 款）。其背后的思想是，人类作为自由的个体，同时也是国家法的根据与目的；国家的存在是为了人类，而非人类的存在是为了国家。[5]《基本法》第 79 条第 3 款的"永恒性保障"也不容许立法者对《基本

---

[1] 好的入门书，比如 *Naucke*, Rechtsphilosophische Grundbegriffe, 5. Aufl. 2005；概况可参见 *Gierhake*, in：Krüper（Hrsg.），Grundlagen des Rechts, 4. Aufl. 2021, S. 22 ff. 。

[2] *Braun*, Einführung in die Rechtsphilosophie, 2. Aufl., 2011, § 1, I ff；*Rüthers*, Rechtstheorie, 12. Aufl. 2022, Rn. 48 ff.

[3] 参见 *Braun*, Einführung in die Rechtsphilosophie, 2. Aufl. 2011, § 3, I ff.；*Seelmann*, Rechtsphilosophie, 7. Aufl. 2019, § 2 Rn. 24 ff.

[4] 参见 *Seelmann*, Rechtsphilosophie, 7. Aufl. 2019, § 2 Rn. 14。

[5] 1948 年关于基本法的基姆湖草案第 1 条第 1 款也肯定了这一点。

法》第1条所确立的基本原则予以修正。所以，法院的判决拒绝承认违反人权的法律条文。因而，那些按照国家命令对"叛逃共和国者"进行射杀（所谓的"柏林墙守卫"）的民主德国边界士兵被联邦最高法院判决有罪。联邦最高法院认为，相应地，民主德国法律"是无效的，因为它明显地、令人无法容忍地违反了正义的基本要求与国际法上所保护的人权"[6]。

2 与《基本法》保持一致的**法**的定义是**自由秩序**（Freiheitsordnung）。法共同体成员的自我决定权在形式方面间接地通过选举与立法程序赋予法律以正当性，而法律反过来保护公民的自由。因此，法的特征是自主（Autonomie），也就是自我立法（Selbstgesetzgebung）。法与纯粹使用暴力之间的区别在于，前者从公民自主中获得了正当性，这里的公民仅仅服从自己的法律。这一思想与《基本法》之下的国家图景是一致的：国家从它维护公民自由的功能那里获得了暴力的正当性。由此建立起来的自由秩序要求正义。[7] 即使人们可以在许多细节问题上争论什么是正义，但是公民在法律面前的平等性无论如何都属于正义（《基本法》第3条）。所以，法律必须具有普遍性。

在这一意义上，康德有过经典的表述：法是"一人的恣意（Willkür）与他人的恣意能够按照普遍的自由法则实现统一的条件之总和"[8]。

3 如果说法是用来保护社会共处之中的自由的，那么可以推论出，内心态度之类的思想不能够成为法的对象。只要公民的思想没有在一个具有社会危害性的举止中表达出来，那么该思想就与国家无关。因此，**刑法不是思想刑法**（Gesinnungsstrafrecht），**而是行为刑法**（Tatstrafrecht）。[9]

---

[6] BGHSt 41,101,111；这一思想可以追溯至拉德布鲁赫（Gustav Radbruch，1878—1949）的法哲学，所以被称为"拉德布鲁赫公式"。

[7] 联邦宪法法院从《基本法》第20条第3款的法治国原则中推导出了对实质正义的主张；BVerfGE 20,323,331；52,131,144 f.；133,168(Rn. 55)。

[8] Metaphysik der Sitten, Rechtslehre, 1797, Einleitung § B.

[9] 对此可参见 *Köhler*, AT, S. 27; LK-StGB/*Schneider* Vor § 46 Rn. 6；专著有 *Timm*, Gesinnung und Straftat, 2012。

实现自由的任务是通过**不同的法领域**得以完成的。[10] 从影响这一目标的种类与方式出发，大体上可以区分为规制公民彼此关系的法（私法）与涉及公民与国家的关系或国家部门之间相互关系的法（公法）。公民彼此处于同一层级，而国家对于公民则行使着主权。因此，在国家与其公民之间存在着一个上下层级的关系，它最终应当用来保护法共同体成员的自由。关于为国家权力扩张的弊端，公民也需要特殊保护以防止国家的侵犯。这些法领域之间的关系可以通过以下粗略的示意图予以展示：

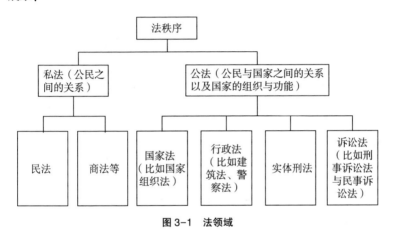

图 3-1　法领域

刑法属于公法。[11] 刑事追诉是一项国家因其权力垄断而必须行使的主权任务。在公法中，刑法突出地表现了**镇压的特征**：它与过去发生的法损害相连，并以刑罚对其进行威慑，以此表达出一个社会伦理上的无价值评价（Unwerturteil）。[12]

当然，**其他法领域中也有制裁**。首先应当与刑法区分的是**违反秩序法**（Ordnungswidrigkeitenrecht）。它的罚款构成要件（Bußgeldtatbestand）

---

〔10〕 关于将刑法归入不同法领域的观点详见 *Wagner* ZJS 2020, 575 ff.。
〔11〕 详见 *Wagner* ZJS 2020, 575 ff.。
〔12〕 对此可参见 BVerfGE 123, 267, 413（里斯本条约）；LK/*Theune*, Vor § 46 Rn. 6。

是用来贯彻行政法条文的。几乎所有对公民提出特定举止要求的法律都通过罚款威慑来保障自己得到遵从。比如，环境法（《联邦自然保护法》第65条第5款），有价证券交易法（《有价证券交易法》第39条）或公司法（《商法典》第104a条、第334条及后续条文、第340条及后续条文、第341条及后续条文与第342e条，《股份法》第405条）。罚款构成要件最主要出现的地方是交通法领域。**刑法与违反秩序法之间的界分**困难且有争议。[13] 尽管罚款也能够达到巨大的数额，但是大多数时候，只有刑罚才能表达出社会伦理上的无价值评价。[14] 与此相应的是，违反秩序法也不能作出剥夺自由的制裁。单纯的行政法通过科处罚款，首先是达到对行为人产生预防——也就是涉及未来的——影响的目的，因为通过其他方式经常无法贯彻禁令。比如，如果超速不会遭受罚款，那么在现实中对最高限速的遵守就全凭交通参与者的喜好。制裁的不同特征可以通过法损害的不同性质得以解释[15]：损害个人法益（见第8章边码8与11）——比如身体完整性——要求着刑罚，而对那些在事前阶段防止危险情形产生的规范予以违反则属于违反秩序法。这也就解释了，当一个一般危险的超速行为（违反秩序）造成了损害其他交通参与者的身体或生命的事故时，就会成为犯罪。

8 与刑罚不同，**民法上的损害赔偿**（Schadensersatz）原则上是以补偿所承受的损失为目的（《民法典》第249条第1款）。但是，民法上的损害赔偿也有着制裁的要素。联邦最高法院在严重的人格权损害案件中认可金钱赔偿（Geldentschädigung），因为"如果损害人

---

[13] 参见 BVerfGE 27, 18, 30; 96, 10, 26; 关于立法者的决定空间可见 BVerfGE 123, 267, 408 f. 。深入阐述可见 *Jescheck/Weigend*, AT, S. 56 ff. ; KK - OWiG/*Mitsch*, Einleitung Rn. 50 ff. 。

[14] 参见 BVerfGE 9, 167 (171); 27, 18 (33); *BVerfG* NJW 2013, 1058 (1059); *Jescheck/Weigend*, AT, S. 59. 对从社会伦理上进行否定的标准进行的原则性批判可见 *Geiger*, Die Rechtsnatur der Sanktion, 2006, S. 82 ff. 。

[15] 对此参见 KK - OWiG/*Mitsch*, Einleitung Rn. 115 ff. ; 参见 auch BVerfGE 9, 167 (171)。

的尊严与名誉的行为总是不会受到制裁，那么就会导致人格权保护日渐萎缩。在损害中——与在抚慰金（Schmerzengeld）中不同——满足被害人的观点通常处于重要地位。此外，它也有着预防作用"[16]。针对文献中的不同观点[17]，联邦最高法院指出，"允许金钱赔偿能在宪法与民法中找到根基，并非刑法上的制裁"[18]。

案例与问题

1. 如何理解法实证主义？
2. 刑法属于私法还是公法？
3. 阐述刑法与违反秩序法之间的基本区别。

---

[16] BGHZ 160,298,302.
[17] 参见 Seitz, NJW 1996,2848。
[18] BGHZ 160,298,302.

第4章 实体刑法、刑事诉讼法、刑事执行与监狱执行

1   刑法自身被区分为各种不同的规则内容,而**本书的重心在于实体刑法**。刑事诉讼法体现为一个独立的领域[1];刑事执行(Strafvollstreckung)与监狱执行(Strafvollzug)通常只在专攻领域的学习中进行详细阐述。

一、实体刑法

2   实体刑法包含了规定以下内容的所有规则,即在哪些条件下,一个举止会受到刑罚的威慑,哪些刑罚会得到考虑,以及要根据哪些指导方针来计算具体的刑罚量。简而言之:它**规定了犯罪行为的要件与法律后果**。因此,实体刑法的条文针对的是法官(而非首要指向犯罪行为人!),并给出他们在案件判决中应注意的内容规定。

二、刑事诉讼法

3   为贯彻实体刑法,还需要一个配置有裁判与强制执行职权的机构和程序,如果没有诉讼法,那么刑法就仅仅停留在纸面上。但是,该程序也必须同时确保程序参与者——尤其是嫌疑人(Beschuldigte)——的权利得到保障。因此,诉讼法承担着复杂的任务:

---

[1] 对此的学习文献有:*Murmann*, Prüfungswissen。

（一）刑事诉讼的目的

实体刑法的实现首先需要**调查真相**。[2] 大学的案例解答以一个确定的案情为出发点，而在司法实践中，首先要重建一个存在于过去的事实，以判断一个人是否实施了犯罪行为且是否能对此承担责任。在这里，真相调查不仅碰触了事实边界，还碰触了法律边界：在一个法治国的诉讼程序中，不能不惜一切代价地去调查真相。[3] 特定的调查手段，比如欺骗或酷刑，鉴于当事人的尊严而被国家所禁止（《刑事诉讼法》第136a条）。相应地，实体刑法的实现虽然也应被争取，但是这并非刑事诉讼的最终目的。除了判决的实体正义（对有罪者科处适当的刑罚，对无罪者宣告无罪）之外，还有引导作出判决的程序的正义（程序正义）。占据统治地位的观点认为，刑事诉讼是用来实现**法和平（Rechtsfrieden）**的[4]，也就是一个民众能够理性地满意于刑事诉讼的结果的状态。[5]

（二）刑事程序的流程

程序目的的实现要经历三个阶段[6]：**刑事程序起始于侦查程序**，比如，由于民众的刑事检举（《刑事诉讼法》第158条）而产生了关于犯罪实行的初步嫌疑。在实践中，侦查工作大部由警察所承担，他们在此受到了作为"侦查程序主导者"（《刑事诉讼法》第160条第1款）的检察院的指令的约束。检察院不仅有调查入罪事实的任务，还有调查出罪事实的任务（《刑事诉讼法》第160条第2款）。刑事追诉机关有着多种多样的措施来获取证据与保护程序，其中有的严重干预了基本权利，比如，搜查（《刑事诉讼法》第102条及以下）、电话监控（《刑事

---

[2] 参见 BVerfGE 133,168,199(Rn. 56). 对刑事诉讼这一目标的深入阐述可见 *Murmann*, GA 2004,65 ff.；更简洁的阐释可见 *ders.*, Prüfungswissen, Rn. 4 ff.；*Kleszewski*, Strafprozessrecht, Rn. 1。

[3] 参见 BGHSt 14,358,365；31,304,309；38,214,220。

[4] 参见 *Blau*, JURA 1993,514 f.；*Ranft*, Strafprozessrecht, 3. Aufl. 2005, Rn. 2；LR/*Rieß*, Einl. Abschn. B Rn. 6 f.。

[5] 参见 *Schmidhäuser*, FS Eb. Schmidt, 1961, S. 521 f.。

[6] 概况可见 *Murmann*, Prüfungswissen, Rn. 7 ff.。

诉讼法》第 100a 条）或待审拘留（《刑事诉讼法》第 112 条及以下）。在侦查中进行干预经常需要一个法官的命令（《刑事诉讼法》第 162 条）。侦查程序的目的是获取一个犯罪事实基础，它允许检察院对以下问题进行判断，即一个法院是否会依据极高的可能性对嫌疑人作出有罪判决（《刑事诉讼法》第 160 条第 1 款）。如果在这一意义上存在着充分的犯罪嫌疑，那么检察院就要向主管法院**起诉**（《刑事诉讼法》第 170 条第 1 款）；否则，它就要终止程序（《刑事诉讼法》第 170 条第 2 款）。

6 不过，在司法实践中，许多侦查程序并不是通过《刑事诉讼法》第 170 条的起诉或终止得到终结，而是通过所谓的**便宜终止**（Opportunitätseinstellung）得到终结。[7] 它允许检察院违背原则上存在的强制追诉要求 [＝法定主义原则（Legalitätsprinzip），《刑事诉讼法》第 152 条第 2 款] 而在侦查程序中终止程序，比如，由于轻微性（《刑事诉讼法》第 153 条）或者嫌疑人履行了特定的负担与指令（《刑事诉讼法》第 153a 条）。这类终止减轻了司法负担，而且嫌疑人得到的好处是他们继续被视为无罪。当然，这一程序的简化也有着弊端与危险[8]：该程序终结通常通过一个书面程序予以实现，因此摆脱了公众的监督。对于案情尚未完全查明，作出决定无需说理论证。

7 起诉就开始了**中间程序**（《刑事诉讼法》第 199 条至第 211 条）。在这一程序阶段，法院考查的是，按照它的观点，是否存在充分的犯罪嫌疑（《刑事诉讼法》第 199 条第 1 款）。如果是的话，那么就开启主程序（《刑事诉讼法》第 203 条）。

8 主程序的核心（《刑事诉讼法》第 213 条至第 275 条）是公开的**主审理**（Hauptverhandlung），其中，起诉书将被宣读（《刑事诉讼法》第 243 条第 3 款）、被告人获得了表达意见的机会（《刑事诉讼法》第

---

[7] 详见 Murmann, Prüfungswissen, Rn. 161 ff.。
[8] 参见 Streng, Strafrechtliche Sanktionen, Rn. 88 ff.；深入阐述可见 Murmann, GA 2004, 65, 80 ff.。

243条第4款)、证据会被提出(《刑事诉讼法》第244条及以下)。在证据调查之后是检察官发言(《刑事诉讼法》第258条第1款、第2款),而被告人则最后发言(《刑事诉讼法》第258条第3款)。之后法院会在"它的自由的、从审理总体中所获取的确信"(《刑事诉讼法》第261条)的基础上作出**判决**。一个有罪判决要求法院相信被告人是有罪责的;存疑时,应按照"存疑有利于被告"作出有利于被告人的判决。

存疑有利于被告原则在法律鉴定报告中也非常重要:如果有待判断的事实存在多种不同解释可能性,而且通过解释无法得出清楚的结论,那么就应以对嫌疑人更有利的选项为出发点。[9]

一审程序终结于判决(《刑事诉讼法》第268条)。若反对这一判决,则可以使用**复审(Revision)**的法律手段,它对一审判决进行法律上的审查(《刑事诉讼法》第333条及以下)。此外,若反对基层法院的判决,则可以向地方法院**上诉(Berufung)**,它使得在法律与事实方面再次进行审查成为可能(《刑事诉讼法》第312条及以下)。如果一个判决没有被认定无效,或者所有的法律手段都被穷尽了,那么它就生效了,并在有罪判决的情况下得以执行。

三、刑事执行与监狱执行

刑事执行(《刑事诉讼法》第449条及以下)是用来**贯彻判决中所作出的裁决**的。负责此事的是作为执行机关的检察院(《刑事诉讼法》第451条)。 9

对自由刑的执行被称作**监狱执行**。自由刑的执行是为了使被监禁人能够"在将来负起社会责任地过上不实施犯罪行为的生活"(《监狱执行法》第2条第1句)。[10] 此外,公众也应得到保护,以免遭受进一步 10

---

[9] 详见 Rotsch, Klausurenlehre, 1/41 ff.。
[10] 详见 SBJS/*Jehle* Kap. 1 C Rn. 14 ff.。

的犯罪侵害（《监狱执行法》第 2 条第 2 句）。[11]

案例与问题

4. 如何理解实体刑法？
5. 刑事诉讼的目的是什么？

---

[11] 参见 SBJS/*Jehle* Kap. 1 C Rn. 23 ff. 随着联邦制度改革，关于监狱执行的立法权被移交给了各州。目前各州都已经使用了这一职权。比如，下萨克森州颁布了《下萨克森州司法执行法》（NJVollzG）。在此也能够找到与联邦法相符的关于执行目标的条文（比如，《下萨克森州司法执行法》第 5 条）。

第 5 章　犯罪的实证方面：
犯罪学与刑事侦查学

刑法学研究的是犯罪行为的规范。与所有法学一样，它体现为一个应然秩序。相反，犯罪学与刑事侦查学涉及的是作为事实现象的犯罪行为，去理解它（犯罪学）或查明它（刑事侦查学）。 1

一、犯罪学

犯罪学[1]（字面上：关于犯罪的理论）是一个实证学科（一个经验学科），其目的在于将犯罪行为作为**事实现象**予以描述与理解。[2] 它的研究对象既有行为人（包含对他进行社会化影响的可能性），也有被害人。 2

犯罪学研究是**跨学科**的，尤其包含了精神病学、心理学、社会学与教育学。犯罪学认识能够反作用于实体刑法。比如，如果证据显示短期自由刑会促进犯罪而非制止犯罪，那么这类刑罚就应尽可能不被使用（《刑法典》第 47 条）。 3

犯罪学包含各种不同的**局部领域**[3]：首先，它描述的是犯罪的表现形式，比如经济犯罪、环境犯罪（**犯罪现象学**）。在涉及各种不同的表现形式时，也要研究其在实践中的频繁性（**犯罪统计学**）。[4] 从事对 4

---

[1] 概况性文章比如有 *Kaspar*, HBStR, Bd. 1, §§ 19, 20; *Schneider*, JURA 2010, 370 ff.。关于德国实证现状的概况可见 *Jehle*, Strafrechtspflege。
[2] 详见 *Schwind*, Kriminologie, § 1 Rn. 14 ff.。
[3] 参见 *Schwind*, Kriminologie, § 1 Rn. 15 ff.。
[4] 对此见 *Heinz*, HBStR, Bd. 1, § 21。

原因的研究(**犯罪病因学**)同时也对回答如何避免犯罪的问题给出了提示。关于被害人的理论(**被害人学**)也为哪些人在哪些情况下尤其容易遭受危险（及如何避免这些危险）提供着知识。其次，与原因研究紧密相关的是对刑罚效果的研究(**刑罚学**)。**法庭心理学**能够让法官了解精神与智力活动，这对于判断证人的可信度是必要的。最后，**法庭精神病学**传授着关于病理精神状况的知识，它的重要性尤其体现在对罪责能力的判断中。[5]

二、刑事侦查学

5　　刑事侦查学首要研究的是**查明**犯罪行为，不过也涉及阻止犯罪行为的措施。[6] 它对于警察的行为尤其重要，因为警察在实际中独立承担着大部分的侦查工作。检察院与法院使用着警方的专家知识，但是，为了履行他们针对警察的监管功能，以及在自行查明工作中（比如，询问证人），同样也需要刑事侦查学知识。

6　　刑事侦查学包括刑事策略（Kriminaltaktik）、刑事技术（Kriminaltechnik）与刑事战略（Kriminalstrategie）。**刑事策略**指的是在技术、心理与经济上查明犯罪与制止犯罪的正确方法。调查策略的方法尤其重要，审问策略也属于此。

7　　**刑事技术**研究的是利用科学知识来查明或者制止犯罪。比如，DNA分析（《刑事诉讼法》第81e条及以下）就属于此，通过它就能够将犯罪现场的微小痕迹（精液、血液、皮肤）与嫌疑人的DNA进行比对。[7] 在此还要提到的是获取电脑或手机中存储的数据（所谓的"在线搜查"，《刑事诉讼法》第100b条）。

8　　最后，**刑事战略**涉及对犯罪的查明与预防的一般性计划与组织。因此，这里涉及的是提出一般性理念。

---

[5] 参见 Schwind, Kriminologie, §1 Rn. 19 f.。
[6] 详见 Schwind, Kriminologie, §1 Rn. 25 ff.。
[7] 详见 Heghmanns/Scheffler StrafVerf-HdB/*Murmann* III Rn. 365 ff.。

第 6 章　刑事政策

作为法律政策的一部分,刑事政策[1]全面涉及**预防犯罪与处理犯罪及其后果**。因此,它打开了对犯罪的影响值得讨论的所有主题(也有其他政策领域),比如,社会政策与教育政策;社会如何对待计算机游戏、网络或者电视;武器法的规则;警察部门与司法部门的人事安排,同样能够成为刑事政策的对象。　　　　　　　　　　　　　　　　1

刑事政策的一个核心问题是对犯罪行为的"正确"反应:究竟哪些　2
行为应当被科处刑罚?哪些量刑幅度是合适的(是"重"还是"轻")?
刑事诉讼的具体建构也是刑事政策决定的对象:被告人有哪些权利?被
害人有哪些权利?此外,监狱执行的建构与对被害人的损害赔偿也应通
过刑事政策进行决定。

与刑事政策讨论相关的观点,部分是通过学术研究得出并提供使用　3
的。因此,研究原因的犯罪学同样要求重视关于刑法决定性的整体理念
的法教义学要求。[2] 由于刑法经常是基于(政党)政策所作出的,因
此,对公正的刑法方案的核心要求总是遭受民粹的侵犯。

政策的边界是约束立法者的**宪法**,甚至只要涉及《基本法》第 1 条　4
与第 20 条之中的基本原则,立法者的修改权就被剥夺了(《基本法》第
79 条第 3 款"永恒保障")。

---

〔1〕 详见 NK/*Hassemer/Neumann*, Vor § 1 Rn. 49 ff.;*Schwind*, Kriminologie, § 1 Rn. 31 ff.。

〔2〕 不过,立法者对于科学研究知识的兴趣日益减少,对此可参见 *Stübinger*, Das „idealisierte" Strafrecht,2008,S. 52 ff.。

第 7 章　刑法的法源

一、概览

1　　在**实体法**中，对于实务与学习而言，处于核心地位的条文被规定在 1871 年**《刑法典》**中。[1] 在那里被包含的、其间当然经过多次修正与补充的构成要件也被称为"核心刑法"（Kernstrafrecht）。此外，其他法律中的构成要件也日趋重要。这些所谓的**附属刑法**（Nebenstrafrecht）大多因此而著称：刑法规范对于特定的规则素材——如外国人法、公司法、麻醉品法——起着辅助作用。很明显，《刑法典》之外的这些规定与分别涉及的法素材（Rechtsmaterie）有着实质关联。比如，附属刑法在经济刑法中发挥着很重要的作用。[2]

2　　**诉讼法**中的核心法律是 1877 年**《刑事诉讼法》**[3]，它对诉讼程序进行了非常细致的规定。公平诉讼的基本要求被**《欧洲人权公约》**（尤其是第 6 条）所规定，它在德国被转化为联邦法的层级，同时，德国法院也应遵守斯特拉斯堡欧洲人权法院依此而作出的判决。[4]**《法院组织法》**完善了诉讼规定，尤其是关于组织问题的规定，也就是法院与检察院的组织机构。

---

〔1〕关于其起源史见 *Koch*, Jus 2021, 1121 ff.。

〔2〕比如，《证券交易法》（WpHG）第 119 条规定了内幕交易的刑事可罚性。

〔3〕《刑事诉讼法》自那时起同样经常被修改。

〔4〕联邦宪法法院在解释基本权利时也须遵守这一义务；可参见 BVerfGE 128, 326, 326 ff.。这来自《基本法》的国际法友善原则与它在内容上对人权的指向" [BVerfGE 128, 326, (326)]。

对于青少年（14岁至17岁之间）与有限范围内的年轻成年人（18岁至20岁之间）而言，《青少年法院法》既包含实体法条文（尤其是涉及制裁），又包含诉讼法条文。青少年刑法是独立的事物，在学习中属于选修类别与专攻领域，因此这里不予展示。[5]

在所有部门法规则中，无论是实体法类型还是诉讼法类型，都应当重视《基本法》。虽然《基本法》对于刑法内容编排的直接规定很少，而且主要涉及诉讼类型（《基本法》第103条与第104条），但是，《基本法》规定的国家与其公民之间的关系**影响着**作为公法一部分的**整体刑法**（见第3章）。[6] 比如，刑罚威慑与犯罪的不法之间必须始终保持着恰当的比例关系。所以，以下阐明不同法源的图表显示出，《基本法》仿佛"漂浮"在各种不同的法素材之上。

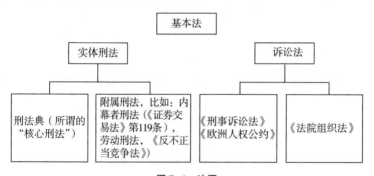

图7-1 法源

二、《刑法典》的结构

《刑法典》被分为总则（第1条至第79b条）与分则（第80条至第358条）。[7]

分则首要包含的是各种犯罪构成要件（Straftatbestand），也就是包

---

[5] 教学书籍 如 Laubenthal/Baier/Nestler, Jugendstrafrecht, 3. Aufl. 2015; Streng, Jugendstrafrecht, 5. Aufl. 2020。

[6] 概览见 Schmahl, HBStR, Bd. 1, § 2。

[7] 详见 Weigend, HBStR, Bd. 1, § 11 Rn. 25 ff. 中的《刑法典》的结构。

含不同类型可罚行为的要件并确定刑罚的法律规则,比如,第211条、第212条的杀人构成要件,第223条至第227条的身体伤害构成要件。不过,分则中也包含其他规定,以补充单个构成要件或一组构成要件,比如,量刑规则(如《刑法典》第213条)或刑事告诉要求(比如《刑法典》第230条)。[8] 分则主要是通过被保护的法益进行划分的。在这里,侵害国家及其机关的罪名处于首位,之后跟随的是其他侵犯公众与侵犯个人的罪名,其顺序排列并未遵循一般性原则。

8　**总则**包含补充分则中构成要件的条文。比如,这里有关于罪责能力、未遂、紧急避险与量刑的规定。由于总则规定对于分则中的许多构成要件至关重要,因此,人们将总则的规定称为"**被提取至括号之前(的公因式)**"(vor die Klammer gezogen)。[9]

在总则与分则的区分背后也存在现实性的权衡:总则的规定避免了内容重复,并承担着对法律进行条理化的功能。但是,这一技术当然要求对《刑法典》进行专业化处理,需要在分则与总则之间"来回跳跃"。

案例与问题

6. 《刑法典》诞生于何时?
7. 如何理解"核心刑法"(及与附属刑法的区别)?
8. 《刑法典》总则的规范"被提取至括号之前",是什么意思?

---

[8] 关于分类的详情可见 *Kleszcewski*,BT,§ 1 Rn. 61 ff.。
[9] *Rengier*,AT,§ 1 Rn. 2;*Gropp/Sinn*,AT,§ 1 Rn. 51。——该句话的意思是总则规定具有普适性。——译者注

第 8 章　国家刑罚的正当性

对一个人科处刑罚——最严重的情况是终身自由刑（比如：《刑法典》第 211 条）——表现出一种极为强烈的、带有特殊性质的侵犯（见边码 16 及以下），因此需要有充足理由。[1] 刑法的正当性与前述（第 3 章）思考相关联：法的基础是公民的自主（Autonomie），他们给自己赋予了一项权利，旨在划出社会交往之中彼此自由领域的界限。从中可以得出一个核心认识：国家刑罚的正当性无法在集体或国家的利益之中找到基础，但是可以在**每一个公民的个体**上找到基础——包括那些承受刑罚的人。将刑罚反过来与个人自由相联系，可以防止因某种"更高目标"而将个人工具化。

一、安全是国家的任务——保护义务理论

由法律所保障的自由总是以一定程度的安全为前提：如果谁离开家时要考虑自己可能会被枪杀，那么他肯定宁愿不上街。安全与自由不可分割地结合在一起，安全是自由的一个方面。[2] 因此，国家承担着保护公民的义务。所谓的"保护义务理论"是由联邦宪法法院从人的尊严保障（《基本法》第 1 条第 1 款："尊重它与保护它……"）及个别基本权利中发展出来的。联邦宪法法院的语句是："自由的基本权利……防止的不仅仅是国家权力对保障着个体的自由领域的侵犯。它更是让国家

---

〔1〕 透彻的阐述参见 Zaczyk, ZStW 123(2011), 693。
〔2〕 恰当的观点见 Di Fabio, NJW 2008, 422 f.。这一关联在新近的国家理论中总是被不断强调，比如可参见 Hobbes, Leviathan, 17. Kapitel; Rousseau, Gesellschaftsvertrag, 1. Buch, 6. Kapitel。

也负起保护与保障这一自由领域的义务。基本权利的客观内容在这一保护义务中展开。"〔3〕

3 　　国家如何实现保护义务，原则上是国家自己决定的事情，这里涉及一个法律政策的问题。但是，在涉及高价值的（hochwertig）法益时，**国家根据宪法也有义务通过刑罚威慑那些损害法的行为**。

当这一问题与**终止妊娠**的规则相关联时，就具有了实务上的重要性，因为后者向来处于孕妇自我决定权与胎儿生命权的对立关系之中。经过激烈的法律政策讨论，立法者在1974年的《第五次刑法改革法》中，用所谓的"期限方案"（Fristenlösung）限制了对终止妊娠的大范围刑罚威慑〔4〕，该"期限方案"允许在怀孕的前12周内堕胎。联邦宪法法院宣告该规则违宪：国家有保护尚未出生的生命的义务，在必要情况下也要动用刑法手段。〔5〕因此，1976年《第十五次刑法修正法》所新增的人工流产规则（Indikationenregelung）只能在很小的范围内实现对堕胎的不可罚，尤其在紧急情况下可以考虑实现正当化。该规则在1992年又被修改后的期限方案所取代。按照新方案，只要注意到那些主要以孕妇医学、社会与法律信息为指向的咨询义务，在前12周终止妊娠就可能是合法的。这也被联邦宪法法院宣告违宪：国家的保护义务虽然在怀孕早期可以由咨询的理念得以满足，但是该咨询必须在创设积极条件以使妇女做出有利于未出生的生命的行为的范围内实现。除此之外，对于那些依据咨询规则实施的终止妊娠，虽然可以不处罚，但是不能认定为合法。〔6〕目前《刑法典》第218条及以下条文中的规则是由1995年《孕妇与家庭帮助修正法》所新增的，当时它正是建立在

---

〔3〕 BVerfGE 92,26(46)；*BVerfG* StV 2017,373(376 f.)（扩大至对有效刑事追诉的主张）；BVerfGE 153,182（Rn. 276）（关于可能引发自杀决定的、涉及自主与生命危险的保护义务）。也可参见 *Isensee* GS Tröndle,2019,249 ff.；*Klesczewski*,BT，§ 1 Rn. 12。

〔4〕 参见 Schönke/Schröder/*Eser/Weißer* StGB Vorb. § 218 Rn. 3。

〔5〕 参见 BVerfGE 39,1。

〔6〕 参见 BVerfGE 88,203,12. und 15. LS。

联邦宪法法院的这些规定之上。[7]（关于当前规则中产生的疑难问题，见第25章边码43与85。）

二、刑法是法益保护与法恢复的工具

在明确了刑法保障自由的作用后，还需要进一步思考，通过刑法手段以哪种方式来实现这一目标。 **4**

（一）作为制裁规范的犯罪构成要件

实体刑法包含所谓"制裁规范"（Sanktionsnormen），也就是回答**"对特定举止方式设置哪项刑罚"**的条文。[8]《刑法典》中分则的构成要件（比如，第223条、第212条），以及总则中对其进行补充的规范就是这种制裁规范。这乍看上去令人惊讶，制裁规范不是由行为人损害的，而是由他履行的：谁"杀死一个人"，实施的恰好就是《刑法典》第212条假设的行为。因此可以说，制裁规范包含的不是对潜在犯罪人的指示，而是对负责判刑的法官的指示。 **5**

（二）前置于刑法的举止规范

因而，《刑法典》的刑法条文并不是直接承担着刑法保障自由的任务，"只有在孩子已经落入井中后"，它们才会介入。行为人侵犯的规范，则属于前置于（vorgelagert）刑法的原生性秩序（Primärordnung）。[9] 原生性秩序中包含的所谓举止规范（Verhaltensnormen）界分了公民彼此之间的自由领域与答责领域，并且以建立尊重他人法益的自由主义关系为目的规制着自然人的社会交往。[10] 因此，举止规范构建了**对于特定法益的危害禁令**。比如，禁止向他人开枪，禁止向他人扔石头，禁止在能 **6**

---

[7] 对此可见 *Otto*, JURA 1996, 135 ff.。

[8] 参见 *Freund/Rostalski*, AT, § 1 Rn. 50 ff.；基础性的阐述见 *Binding*, Die Normen I, S. 1 ff.。

[9] 对此尤其强调的有 *Freund/Rostalski*, AT, § 1 Rn. 12 ff. 深入阐述可见 *Freund*, Erfolgsdelikt, S. 51 ff.；*ders.*, FS Maiwald, 2010, S. 211 ff.；*Freund/Rostalski* GA 2020, 617 ff.；*Frisch*, Vorsatz, S. 118 ff.；*ders.*, Tatbestandsmäßiges Verhalten, S. 70 ff.；*Lagodny*, Grundrechte, S. 77 ff. 关于从个体自由与相互承认人格之中得出举止规范的正当性，见 *Zaczyk*, GA 2014, 73 ff.。

[10] 深入的阐述见 *Gierhake* Jahrbuch für Recht und Ethik 28（2020），171 ff.；*Zaczyk* GA 2014, 83 ff.。

见度差的地方超车，禁止不给危险犬类戴防咬套就出来遛狗，这些都是用来保护他人生命与身体完整性的举止规范。

7 举止规范所表达的命令与禁令，其效力并不取决于侵害这一规范是否可罚（strafbewehrt）。与原生性秩序相比，**刑法体现出的是次生性秩序（Sekundärordnung）**，它用刑罚威慑那些特定的、特别严重的违反举止规范的行为。

举止规范有时候被法律所规定，比如道路交通的规范。但是，**社会生活的许多方面往往是欠缺法律规定的**：比如，一个母亲是否允许她两岁的孩子在火热的厨灶边上玩，以及该采取哪些可能的保护预防，这在任何法律中都没有被规定。如果欠缺实定法的事前规定，那么区分被禁止的举止与被允许的举止就是法官（或考生）的任务（详见第23章边码28及以下）。

（三）通过举止规范与制裁规范实现法益保护

1. 法益的概念

8 举止规范与制裁规范相互配合，共同保护着法益[11]；法益是**自由的值得保护的维度**[12]，比如，生命、身体完整、行动自由、财产、道路交通安全、环境。正如这一列举所展示的，这里既有归属于个人的**个人法益（Individualrechtsgüter）**，也有环境、道路交通安全等**超个人法益（überindividuelle Rechtsgüter）**。即使是公共法益，归根结底也是服务于个人的，比如那些依赖于完好环境的人。

人们不应将法益想象为如同陈列柜中保管的博物馆展品一般的静止状态。[13] 法益是在社会共同生活之中被建立的，也就是由法共同体成员的相互承认所建立的。[14] 比如，对他人进行身体虐待

---

[11] 参见 BVerfGE 45,187,253. 关于法益概念及对于内容与含义的各种不同观点的总结性内容可见 *Gropp*, AT, § 2 Rn. 14 f.; Schönke/Schröder/*Eisele*, Vorb. §§ 13 ff. Rn. 9; *Rönnau*, JuS 2009,209 ff.; 深入阐述可见 *Amelung*, Rechtsgüterschutz und Schutz der Gesellschaft, 1972; 深入阐述可见 *Zaczyk*, Das Unrecht, S. 119 ff.

[12] 参见 *Zaczyk*, Das Unrecht, S. 165; *Kahlo*, FS Hassemer, 2010, S. 410 ff.。

[13] 参见 *Welzel*, ZStW 58(1939),514.。

[14] 深入阐述可见 *Zaczyk*, Das Unrecht, S. 196 ff.,231 ff.。

的行为人不仅仅损害了他人的身体，还损害了与身体完整性相关的注意要求。这里恰恰就发生了法损害（Rechtsverletzung）。

抽象法益应与**具体法益对象**（= 犯罪对象）相区分。[15] 损害具体个人，其法益是身体完整性，或者向特定河流投毒，其法益是环境。

2. 法益的意义

犯罪构成要件服务于法益保护，因此，在**解释犯罪构成要件时**当然要考虑这一目标。[16] 根据所谓的"目的解释"，在解释构成要件时，能够最好实现法条目的的解释是最优先的解释（详见第20章边码12及以下）。

个人法益与公共法益的区分，对于回答**个人是否能够支配法益**的问题是很重要的。因此，一个实现正当化的**承诺**只有由相关个人法益的拥有者作出时，才会得到考虑（第25章边码134）。

如果行为人实现了数个犯罪构成要件，那么法益同样发挥着重大意义。在考查**竞合**（第31章）时需要判断，构成要件相互之间处于何种关系。如果各种构成要件保护的是同一个法益，那么，按照所有构成要件对该行为人科处刑罚，通常就是一种不公正的重复处罚（Mehrfachbelastung）。

最后，这里面临着一个问题，法益是否还发挥着一个**"批判"的功能**，也就是限制立法者权限的功能。联邦宪法法院对此陈述道，比例原则要求"刑法规范是用来保护他人或者公众的（……）。如果一个特定行为在禁止范围之外通过特殊的方式危害社会，对于人类有序的共同生活来说是不可忍受的，阻止它已经非常紧迫，那么刑法就要作为**法益保护的'最后手段'**（ultima ratio）而被投入使用。因为刑罚的威慑、科处与执行表达了社会伦理的无价值评价，所以禁止过度（Übermaßverbot）

---

[15] 参见 NK/*Hassemer/Neumann*, Vor § 1 Rn. 120 f.；Schönke/Schröder/*Eisele*, Vorb. §§ 13 ff. Rn. 9；*Wessels/Beulke/Satzger*, AT, Rn. 14 在相同含义上使用"行为对象"（Handlungsobjekt）一词。

[16] 比如，Schönke/Schröder/*Eisele*, Vorb. §§ 13 ff. Rn. 9a。

14　　文献中通常将这一判断结果与如下努力联系起来:制定关于**法益的质量要求**,尤其是**在涉及单纯的道德观念时否定刑法保护**。[18] 相反的是,联邦宪法法院明确反对从刑法的法益概念出发划定立法者的边界。一个这样的"法益理论批判功能与之存在着矛盾:根据《基本法》的秩序,一个民主且正当的立法者的事情是……规定通过刑法手段保护的利益,并让刑法规范适应社会的发展"。[19] 根据这一理念,刑法虽然服务于法益保护,但是立法者却决定着什么是法益。[20]

15　　上述引文来源于联邦宪法法院的"**乱伦判决**"[21]。根据这一判决,成年兄妹之间乱伦的可罚性(《刑法典》第173条第2款第2句、第3款)是与宪法相符的。这一在联邦宪法法院内部都存在争议的[22]判决在文献中被理所当然地否决了,因为兄妹之间的合意举止并没有损害外人的权利。[23]

三、刑罚的目的(刑罚理论)

16　　刑罚的目的是通过刑法追求实现自由之目的的一个方面。几百年来,关于刑罚的目的争议不断。[24] 这里有着"绝对主义"刑罚理论与

---

　　[17]　BVerfGE 120,224,240.
　　[18]　总结性内容可见(持怀疑态度的)Schönke/Schröder/*Eisele*,Vorb. §§ 13 ff. Rn. 10。关于法与道德之间的关系,比如可见 *Hilgendorf*,HBStR,Bd. 1,§ 1 Rn. 21 ff. 。
　　[19]　BVerfGE 120,224,242;批评的少数派意见有 *Hassemer*,S. 255 ff. und z. B. *Cornils*,ZJS 2009,87 ff. ;*Greco*,ZIS 2008,234 ff. ;*Hörnle*,NJW 2008,2085 ff. ;*Noltenius*,ZJS 2009,15 ff. 。
　　[20]　认为联邦宪法法院的理由之间相互矛盾的观点有 *Noltenius*,ZJS 2009,16;*Roxin*,StV 2009,545。
　　[21]　BVerfGE 120,224.
　　[22]　少数派观点有 *Hassemer*;BVerfGE 120,255 ff. :《刑法典》第173条第2款第2句违反了比例性原则。
　　[23]　对此非常具有启发意义的可见 *Roxin*,StV 2009,544 ff. m. w. N. in Fn. 4;*Fischer* § 173 Rn. 3 f. ;*Kahlo*,FS Hassemer,2010,S. 412 f. ;*Kaspar*,AT,§ 2 Rn. 32 f.将法益理论及联邦宪法法院的判决都追溯至比例性原则。
　　[24]　有启发意义的概况可见 *Lesch*,JA 1994,510 ff. ,590 ff. 。深入阐述可见 *Montenbruck*,Straftheorie,S. 45 ff. 。

"相对主义"刑罚理论的对立，各自的主张中也都有着不同的类型。

(一)"绝对主义"刑罚理论与"相对主义"刑罚理论的区分

一个刑罚理论被称为"绝对主义"还是"相对主义"，取决于是认为刑罚的目的是局限在抵偿已实施的不法（绝对主义刑罚理论），还是认为刑罚的目的在于阻止未来的犯罪（相对主义刑罚理论）。

按照**绝对主义理论**，刑罚的意义是"无条件的"，不去追求任何存在于未来的社会目的。刑罚的正当性在于（作为理性人的）行为人及其所实施的犯罪行为。[25] **因为有不法，所以科处刑罚**（Punitur, quia peccatum est）。

相反，按照**相对主义理论**，刑罚是"有条件的"，取决于特定的社会需求，要么朝着积极影响行为人的方向，要么朝着积极影响社会其他成员的方向（预防）。**为了不出现不法，所以科处刑罚**（Punitur, sed ne peccetur）。因而，对于相对主义理论来说，犯罪行为只不过是外部诱因（Anlass），刑罚的正当性在于它对于未来的意义。

相对主义理论对自己的要求是，给予刑罚实际的社会功用。他们指责绝对主义理论缺少了刑罚的社会目的。相反，相对主义理论以社会需要作为指向也受到了批判，因为为了实现这一目的，被定罪之人被工具化了。[26]

站在支持绝对主义刑罚理论、批判相对主义理论的立场上，康德进行了经典的论述（《道德形而上学》第49章第E篇第1节）："法官判处的刑罚（……）绝不能为了犯罪人自己或者为了公民社会被仅仅作为提升另一美德（Gute）的工具，而必须无论何时都仅仅是因为他犯罪了而被科处，因为人类绝不能为了他人的目的而被作为工具利用，绝不能与物权的对象相混淆，他天生的人格反对这

---

[25] 参见 *Frisch*, in: Schünemann (Hrsg.), Positive Generalprävention, 1998, S. 125 (143 f.); *Zaczyk* ZStW 123(2011), 701 f.。

[26] 比如，*Klesczewski*, AT, Rn. 21; *Wachter*, Das Unrecht der versuchten Tat, 2015, S. 97; 深入阐述可见 *Murmann*, in: Koriath/Krack/Radtke/Jehle (Hrsg.), Grundfragen des Strafrechts, 2010, S. 189 ff.。

些而保护着他,不论他是否很快就会丧失公民资格。他必须先前就是可罚的,而不是要想着该刑罚对于他本人或其他公民能带来哪些好处。"以及:"即使一个公民社会的全体成员一致同意解散(比如,一个岛上居住的人民决定彼此分开,奔赴世界各地),那么被关在监狱中的最后那个谋杀犯也必须被处决,以使得每一个人都承受与其罪行等价之害,也使得血债不由那些没有敦促处刑的人负责;因为这些人会被视为公开损害正义的共犯人。"(所谓的"小岛例子")

(二)绝对主义理论

21 最重要的绝对主义理论是报应理论(Vergeltungstheorie)(见标题1)。此外,赎罪理论(Sühnetheorie)仅仅是一个次要的角色(见标题2)。

1. 刑罚用来重建被损害的法(报应理论)

22 对于报应理论而言,刑罚的目的在于**重建被损害的法**。[27] 由于"报应"的概念不适宜表达这一目的[28],反而与"复仇"(Rache)相关联[29],所以事实上也将其同义地说成"罪责抵偿"(Schuldausgleich)。[30] 理解这一理论的关键在于作为其基础的自然人形象:行为人是**理性人**(Vernunftperson)。通过犯罪行为,他本身损害的不仅仅是一个外部的、对他来说从外设定的秩序,还有一个作为精神秩序的、他

---

[27] 深入阐述可见 Köhler, Strafrecht AT, S. 37 ff. ; ders., Strafrechtsbegründung, S. 50 ff. ; Frisch, FG BGH, 2000, S. 276, 278f. ; Kahlo, FS Hassemer, 2010, S. 417 ff. ; 也可参见 Kleszcewski, AT, Rn. 17 ff., 24 ff. ; Kubiciel, Die Wissenschaft, S. 159 ff. ; Lichtenthäler ZJS 2020, 566 (570 ff.) ; Pawlik, in: Schumann (Hrsg.), Das strafende Gesetz im sozialen Rechtsstaat, 2010, S. 82 ff. ; Walter JZ 2019, 649 ff. 。

[28] 参见 SSW-StGB/Eschelbach, § 46 Rn. 20 f. ; Frisch, FG BGH, 2000, S. 272, 也可见纳粹时期对报应概念的滥用。

[29] 对此可见 T. Walter ZIS 2011, 637 f. 。

[30] 将刑罚视为公正的罪责抵偿的,比如,BGHSt 24, 132 (134) ; BGH NJW 2006, 2129 (2130) ; NStZ-RR 2015, 240。

自己也创建了一部分的法。[31] 他在犯罪行为中表达出来的对禁止规范的藐视是一个理性人对他人权利的态度。这一"对现行法的反对草案"被刑罚所驳回，不仅是为了法共同体其他成员的利益，还是为了行为人自己的利益——通过刑罚，他被作为法个体而得到尊重（不是仅当作教育措施的对象）。因此，"报应理论"涉及的不是对腐朽的复仇欲的追求[32]，而是法的效力主张（Geltungsanspruch）。[33] 因此，绝对主义论据的刑罚不是纯粹的自我目的。[34] 其与相对主义理论之间的区别在于，报应理论下的刑罚目的不在于满足（经验的）社会利益，而在于维护由每个社会成员所承载的法状态。那么，对此必要的刑量就不应当以社会的需求为依据，而应当以行为人所应答责的法损害的分量为依据（见边码23）。

报应理论的现代根基是德意志观念论（Idealismus）哲学，尤其是康德（见边码20）与黑格尔。黑格尔（《法哲学原理》第100章）用他那独有的、略带晦涩的表达方式论述道："犯罪人所遭受的侵害不但本身是正义的，侵害其存在的意志、自由的定在、权利也都是正义的，而且这对于犯罪人本人而言也是一项权利，该权利置于其定在的意志之中、行为之中。因为在其作为理性存在的行为之中存在某种一般性事物，通过该行为表达出一项他自己认可的法则，该法则可以被归入其权利之中。"以及"刑罚被视作由他自己的权利所包含，正是将犯罪人作为理性的存在予以尊敬"。

---

[31] 对此可见 BVerfG NJW 2013, 1058, 1059。还可参见 Gierhake Jahrbuch für Recht und Ethik 28(2020), 171(202 ff.)，有区分性与批判性的观点也可参见 Kubiciel, Die Wissenschaft, S. 161 ff.。

[32] 尽管很难否定其作为社会心理学上所发生的结果而存在，而且若完全不考虑这样的需求就难以实现法和平。

[33] 也可参见 Frisch, FG BGH, 2000, S. 278 ff.; ders., GA 2014, 496 f.。

[34] 参见 Lichtenthäler ZJS 2020, 566 (567); Murmann, in: Koriath/Krack/Radtke/Jehle (Hrsg.), Grundfragen des Strafrechts, 2010, S. 190 f.。

23 报应理论（及罪责抵偿的思想）[35] 在《刑法典》第 46 条第 1 款第 1 句中获得了承认："行为人的罪责是量刑的基础。"[36] 以犯罪罪责为指向，这与人的尊严（《基本法》第 1 条）中所确定的罪责原则（"没有罪责，则无刑罚"）是相符合的。[37] 因此，可以确保的是，既不允许为了教育目的，也不允许为了威吓其他潜在行为人而科处超过了该行为人个体罪责程度的刑罚。[38] 相反，得到保证的是，当行为人不再有丝毫的危险性，而且对于影响公众而言，刑罚也显得不再必要时，刑罚仍然是具有正当性的。如此一来，通过报应理论就可以毫不费力地处罚那些在实施骇人犯罪后已完全融入地生活在联邦德国数十年的纳粹罪犯。

24 报应理论还是以下流行观点的基础，即刑罚（与罚款不同）表达了一个**社会伦理上的责难（Tadel）**。[39] 这一责难只能涉及那些存在于过去、由行为人答责的犯罪行为。

25 刑罚是对因行为人对于过往犯罪行为答责而被创立的社会伦理责难的表达，从这一构想出发会进一步得出以下结论，即**仅仅只有自然人才是可罚的**。[40] 因而不能对法人与非法人团体科处刑罚，尤其是不能对企业科处刑罚，尽管这种刑罚在许多国家是被允许

---

[35] 关于这一概念可参见 SSW-StGB/*Eschelbach*，§ 46 Rn. 20。

[36] 这一规定直接涉及的是量刑罪责。但是显而易见的是，刑罚的量必须与其基础之间具有直接的关联；对此可见 *Frisch*, FG BGH, 2000, S. 269 ff.；*Hörnle*, in：Schumann (Hrsg.), Das strafende Gesetz im sozialen Rechtsstaat, 2010, 107 ff.；*Kahlo*, FS Hassemer, 2010, S. 418 f.；反对的简短观点可见 *G. Merkel/Roth*, in：Grün/Friedmann/Roth (Hrsg.), Entmoralisierung des Rechts, 2008, S. 55。

[37] 参见 BVerfGE 123, 267, 413；133, 168, 197f.；*Kubiciel*, Die Wissenschaft, S. 136 f.。

[38] 相反，*G. Merkel/Roth*, in：Grün/Friedmann/Roth (Hrsg.), Entmoralisierung des Rechts, 2008, S. 82 f. 认为，对于一般预防的需求也限制了制裁。虽然看起来正确的是，对于巩固规范的需求依情况有所不同，比如，取决于行为人是故意行为还是过失行为，但是最终是无法阻止无休止的刑罚需求的。

[39] 参见 BVerfGE 110, 1, 13；133, 168, 198 (Rn. 54)。

[40] 参见 BVerfGE 123, 267, 413（里斯本条约）；对此可见 *Böse*, ZIS 2010, 80 mit Fn. 63；*Grünewald*, JZ 2011, 977；*Meyer*, NStZ 2009, 659 f.。

的。[41] 但是，仍可能按照《违反秩序法》第 30 条科处社团罚款（最高可达一千万欧！），比如，当一个有限责任公司的管理人员在其工作范围内实施了一个犯罪行为。[42]

当然有质疑报应理论的**反对意见**[43]：报应理论的成立与否取决于个人可非难性意义上的罪责能否被创立（见第 16 章边码 6 及以下）。对此，必要的**意志自由**——依据意志自由，个人能够在具体情形中决定作出一个法忠诚的举止——在实证科学上是**无法被证明的**。**在社会共同生活中，对自由的构想与责任最终也是不可证明的**。[44]《基本法》也是通过对人的尊严予以承诺才确立了以个人的自我决定自由为出发点。[45] 此外，对报应理论的质疑还有，它的目的在于实现一个关于正义的形而上学的理念，对此"国家作为一个人类组织，既没有能力也没有资格"[46]。但是，一个不受正义理念所约束的法，与强者——也就是权力与暴力——的法就没有区别了。正义并不是什么奥秘之术，而只是作为精神秩序对法的尘世要求。[47] 最后，反对者还认为报应理论导致了"社会政策上不被期待的后果。一个以施加痛苦为原则的监狱执行无法治愈社会化伤害，而该伤害经常就是犯下罪行的原因，因此，它并非打

26

---

[41] 这一问题是激烈讨论的对象，有启发意义的内容可见 *v. Freier*, GA 2009, 98 ff. 。此外还可参见的比如有 *Laue*, JURA 2010, 339 ff. ; *Murmann*, Unternehmensstrafrecht, S. 69 ff. ; *Scholz*, ZRP 2000, 436。

[42] 参见 *Murmann*, Unternehmensstrafrecht, S. 66 ff. ; *Wegner*, NJW 2001, 1979。按照《违反秩序法》第 30 条第 3 款，以及第 17 条第 4 款，罚款的数额甚至可以更高。

[43] 总结性内容可见 *Roxin*, GA 2015, 187 ff. 。

[44] 参见 *Eser/Burkhardt*, I, Fall 14 A 25；深入阐述可见 *Burkhardt*, FS Maiwald, 2010, S. 79 ff. ; *Montenbruck*, Straftheorie, S. 416 ff. ; s. auch schon *v. Bar*, Gesetz und Schuld im Strafrecht II, 1907, S. 5 ff. 。

[45] 参见 BVerfGE 123, 267, 413; 133, 168, 197 (Rn. 197); BGHSt 2, 194, 201; Schönke/Schröder/*Eisele*, Vorb. §§ 13 ff. , Rn. 110; 也可参见 *Frisch*, in: ders. (Hrsg.), Grundfragen des Strafzumessungsrechts aus deutscher und japanischer Sicht, 2011, S. 13f. 。

[46] *Roxin/Greco*, AT I, § 3 Rn. 8; auch *Frisch* GA 2019, 185 (186 f.) ; *Frister*, AT, 2/7; *Höffler/Kaspar* ZStW 124 (2012), 101; NK-StGB/*Hassemer/Neumann* Vor § 1 Rn. 105（承认在量刑范围内的"绝对主义刑法理论的智慧", Rn. 107）。参见 *v. Liszt*, ZStW 20 (1900), 173: "形而上学上的空想，就算打着受欢迎的'绝对主义刑法理论'的幌子，也与科学无关，因此也与刑法学无关。"

[47] 参见 BVerfGE 133, 168, 198 (Rn. 55); *Zaczyk*, FS Eser, 2005, 211 ff. 。

击犯罪的合适手段"[48]。但是，这一质疑也不具有说服力：刑罚体现痛苦，这根本就是理所当然的。但是，即使从报应理论的立场出发也不能将这一痛苦与功利——尤其是与提供再社会化——之间的关联予以排除。[49]

2. 赎罪理论

27　按照赎罪理论，刑罚是在赎罪的意义上让行为人**内心认可**刑罚是正义的罪责抵偿，改过自新并进而重新找到与自身的和谐（Einklang）。[50] **批评**是显而易见的[51]：这样一个（当然是值得期待的）成就，只能由个体自主地实现；国家不能对公民的思想进行任何要求。此外，赎罪在实践中也不可被强制执行。然而，刑罚必须能够被用到那些被判刑者从一开始就明确不接受刑罚的地方。

(三) 相对主义理论

28　相对主义理论将刑罚理解为**防止将来犯罪**的工具。追求这一预防性目标取向存在两种方式，即要么通过影响行为人（特殊预防，见标题1），要么通过影响法共同体的其他成员（一般预防，见标题2与标题3）。

1. 特殊预防

29　特殊预防意图通过**影响行为人**来防止将来的犯罪。该理论主要可追溯至李斯特（Franz von Listz，1851—1919年）。按照他的观点[52]，刑罚基本上有**两种方式**阻止将来的犯罪。第一种方式是**从心理上影响**行为人，要么是矫正（再社会化）的形式，要么是威吓的形式。不过，这种心理影响的前提是，行为人要么能够被矫正，要么至少是能够受到威吓。如果欠缺了这一点，那么就要考虑第二种影响可能性，即施加**直接**

---

[48]　*Roxin/Greco*，AT I，§3 Rn. 9.
[49]　恰当的观点有 *Vormbaum*，Einführung，S. 41,112。
[50]　深入阐述可见（尽管有着不同的解释）*Montenbruck*，Straftheorie，S. 316 ff.。
[51]　参见 *Lesch*，JA 1994,513；*Roxin/Greco*，AT I，§3 Rn. 10。
[52]　后文可见 *v. Liszt*，Der Zweckgedanke im Strafrecht，in：Strafrechtliche Aufsätze und Vorträge，1. Bd.，Berlin 1905 [所谓的"马尔堡计划"（Marburger Programm）]，S. 126 ff.。也可参见 *Montenbruck*，Straftheorie，S. 250 ff.。

有效的强制，也就是"进行暂时或持续的无害化处理、从社会中驱逐或关押"。

今天，对危险罪犯的（至少是暂时的）"无害化处理"的法律根据在于《刑法典》第61条等条文规定的**矫正与保安处分**（见第9章边码2及以下）。但是，这些处分并非刑罚，因为它们不以行为人的罪责为必要前提。所涉及的反而是"通过对未来犯罪的预防来防范危险的措施"。[53] 30

在现代关于刑罚目的的讨论中，**再社会化**的特殊预防思想——也就是让行为人重返社会——极为重要。再社会化的目的，尤其在自由刑的执行中处于统治地位（《监狱执行法》第2条第1句；前文第4章边码10）。联邦宪法法院从社会国原则（《基本法》第20条第1款、第28条第1款）与一般人格权（《基本法》第2条第1款与第1条第1款）中推导出了再社会化的要求。[54] 31

对特殊预防理论的**批评**首先质疑的是，该理论是否合乎实证前提。尤其是20世纪70年代"再社会化亢进"被中断、其可能性被评估为过于乐观之后，悲观的评估开始抬头（关键词："全部失灵"）。[55] 尤其重要的是关于再犯数据的讨论，该数据显示了有多少被判处过自由刑的罪犯又再次犯罪。[56] 当然，这一数据并没有说明的是，再犯被登记与受过自由刑无关，还是可能甚至是由于受过自由刑才登记再犯，以及是否不可罚的生活恰恰应归因于刑罚执行中的再社会化努力。一个区分化的图景在当时已经在总体上得到了普遍认同，根据这一图景，一个以各 32

---

[53] SSW-StGB/*Kaspar*, Vor §§ 61 ff. Rn. 10; BVerfGE 109, 133, 167 ff.; 128, 326, 391 ff.。欧洲人权法院则错误地从保安监禁的执行外在表现推论出其具有刑罚的性质 [*EGMR* StV 2010, 181（185 ff.）]，而后（Urt. v. 4.12.2018-10211/12, 27505/14, Rn. 210 ff.）基于保安监禁中变更后的法律与事实关系（提供合适的治疗环境）而改变了评价。

[54] 参见 BVerfGE 36, 174, 188; 45, 187, 238f.; 98, 169, 200 ff.。

[55] 参见 *Schünemann* GA 1986, 293（347）。

[56] 参见 *Jehle*, in: Heinz/Jehle（Hrsg.）, Rückfallforschung, 2004, S. 145 - 171; *Jehle/Albrecht/Hohmann-Fricke/Tetal*, Legalbewährung。

个行为人的人格为高度指向的个别化影响完全能够取得成果。[57]

33　如果特殊预防——尤其是再社会化形式的特殊预防——在任何情况下都是一个被期望的**刑罚附随效果**，那么它就不适宜成为一个**它所承载的正当性根据**（Legitimationsgrund）。[58] 如果刑罚的目的是特殊预防的话，那么合乎逻辑的结果是，刑量（Strafmaß）也必须遵循特殊预防的需求，罪责会丧失它的创立与限制的效果。如此一来，一方面，要对于那些轻微犯罪科处严厉的刑罚，如果该刑罚显示出对于再社会化有促进作用的话[59]；另一方面，比如当行为源自一次性的冲突且不会有再犯时（例如，丈夫在经历了50年受尽折磨的婚姻后，杀死了妻子），刑罚就没有了正当性根据。[60]

2. 消极的一般预防

34　消极的一般预防，是通过**威吓**（Abschreckung）**潜在的犯罪者**来进行预防。所以，刑罚的接收者首先并不是行为人，而是所有公民。该理论中至今仍受到认可的理念来自费尔巴哈（Paul Johann Anselm von Feuerbach，1775—1833年），他是德国现代刑法学的创立者。他的思考出发点是以下图景，即人类是理性与欲望的存在体（Vernunft- und Triebwesen）。实施犯罪的人，不是根据理性而是根据欲望行事。从中得出的观点是："对于国家而言，剩下的唯一手段就是用感性（Sinnlichkeit）本身去应对感性，并且用相反的偏好抵消其偏好，用另一种感性动力抵消其犯罪的感性动力。"[61] 按照这一**"心理强制说"**，潜在的罪犯会权衡刑罚之弊与犯罪之利，当刑罚之弊占优时，理性的人会作出反对实行犯

---

[57] 参见 *Conel*, in: Conel/Kawamura - Reindl/Maelicke/Sonnen (Hrsg.), Handbuch der Resozialisierung, 2009, 1/50 ff.; *Kaspar*, HBStR, Bd. 1, § 20 Rn. 108 f.; *Schneider* JURA 2010, 378; *Streng*, Strafrechtliche Sanktionen, Rn. 67 ff., 540 ff.

[58] 深入阐述可见 *Kubiciel*, Die Wissenschaft, S. 141 ff.; 总结性内容见 *Lichtenthäler* ZJS 2020, 566(567 f.)。

[59] 对此也可见 *Roxin*, GA 2015, 191 f.。

[60] 赞成这一观点的有 *Carl Ludwig von Bar*, Probleme des Strafrechts, 1896, S. 6。

[61] *Feuerbach*, Revision der Grundsätze und Grundbegriffe des positiven peinlichen Rechts, Erster Teil, 1799, S. 44.

罪的决意。据此，由于预防效果并非主要出自刑罚的执行，而只是出自刑罚的威慑，因此必须通过一部易懂的刑法，让所有公民都事先知晓一个举止的可罚性（《基本法》第103条第2款）。如果威慑不起作用，犯罪仍被实施了，那么当然必须要展现该威慑的严肃性。科处刑罚的意义在于："如果每一个公民都知道，越轨所产生的痛苦大于因未满足对（作为兴趣对象的）行为的需求而产生的痛苦，那么就会停止越轨。"[62]

对这一理论的**批判**针对了作为其基础的、有着启蒙的理性信仰特征的"经济人"人类图景[63]：与这一构想相反，大多数犯罪人没有对理智的犯罪利益与所要遭受的刑罚予以权衡，而只是毫无算计地冲动行事。如果这得到权衡的话，那么比起犯罪被发现的风险，所遭受的刑罚的程度就起不到什么太大作用。决意犯罪的人大多相信自己不会被逮住，也就不会遭受刑罚。比起这些反对理念论断的质疑，分量更重的是以下反对意见，即犯罪人受到处罚，归根结底不是因为他自己的犯罪行为，而是为了要威吓其他的社会成员。因此，个人罪责无法施展限制作用，刑罚的力度只能以其对民众的威吓需求为导向。[64] 刑罚将人贬低为一个用来威吓他人的物体，他仿佛被置于耻辱柱上一般，从而使作为人的尊严遭受了损害（《基本法》第1条第1句）。[65]

关于损害人的尊严的反对意见，黑格尔指出了要点："通过这种方式证立刑罚，如同人对狗举起了棍子，人不是依其名誉与自由被对待，而是像狗一样被对待。"[66]

---

[62] *Feuerbach*, Revision der Grundsätze und Grundbegriffe des positiven peinlichen Rechts, Erster Teil, 1799, S. 45.

[63] 参见 *Lichtenthäler* ZJS 2020, 566 (568); *Streng*, Strafrechtliche Sanktionen, Rn. 59 ff.; 不过持相对化观点的有 *Naucke*, in: Hilgendorf/Weitzel (Hrsg.), Der Strafgedanke in seiner historischen Entwicklung, 2007, S. 108 f.。对将威吓作为刑罚目的的深入批判见 *Frisch* FS Schünemann, 2014, 55 (57 ff.)。

[64] 当然，这样一来，对规范忠诚自负责任的法共同体其他成员就无法在其责任中得到尊重；*Frisch*, FG BGH, 2000, S. 277 f.。此外，*Carl Ludwig von Bar*, Probleme des Strafrechts, 1896, S. 6 早就已经指出，以威慑需求为指向会导致对犯罪轻重的衡量完全错误：由于民众的盗窃倾向比谋杀倾向更为突出，因此必须受到更为严厉的处罚！

[65] 深入阐述可见 *Badura*, JZ 1964, 337 ff.; *Köhler*, Strafrechtsbegründung, S. 33 ff., 40 ff.。

[66] *Hegel*, Grundlinien der Philosophie des Rechts, Zusatz zu §99.

3. 积极的一般预防

36 积极的一般预防在学术讨论中占据了统治地位,它有着不同的变种。[67] 这一理论着眼于刑罚的强化规范的(所以是"积极的")效果;驱动公民(不仅仅是被判刑者)作出法忠诚举止的,不应是畏惧,而应是理智(Einsicht)。[68] 通过科处刑罚,向法共同体的**全体成员**表明了**规范的效力**。从中产生了三个相互关联的效应(Effekt):

37 **社会教育效应**:公民获知了有效之法,目睹了不守法的后果("践行法忠诚");

信赖效应:刑罚让公民看到规范的坚定不移性(Unverbrüchlichkeit)得到证实;

满足效应:对违法行为的制裁能够让公民平静下来,并让公民认为自己与行为人的冲突已经结束。刑罚这一作为社会整合工具的作用也被称为"整合预防"(Intergrationsprävention)。

38 对这一观点的批评基于以下反对意见:刑罚的创立(及其限制)并不在于犯罪人的个人罪责,而在于社会对于规范稳定化的需求。[69] 如果法信赖(Rechtsvertrauen)在一个社会中特别弱,那么为了增强它则必须让犯罪人"受罪"。在这里,犯罪人归根结底也是为了他人而被处罚,因而被贬低为了一个处于可能不合理的处罚愿望之下的客体(《基本法》第1条第1款)。[70]

---

[67] 比如 Frister, AT, 2/27。关于该理论的不同变体可见 NK-StGB/*Hassemer/Neumann*, Vor § 1 Rn. 288 ff.; *Montenbruck*, Straftheorie, S. 166 ff.。

[68] *Lesch*, JA 1994, 518. 有理由认为,将法予以内化会比单纯的恐惧更有效地防止对法的损害[参见 *Pawlik*, in: Schumann (Hrsg.), Das strafende Gesetz im sozialen Rechtsstaat, 2010, S. 72 ff.]。支持这类预防效果的实证结论有 *Streng*, Strafrechtliche Sanktionen, Rn. 58 ff.; *ders.*, in: Frisch(Hrsg.), Grundfragen des Strafzumessungsrechts aus deutscher und japanischer Sicht, 2011, S. 43 ff.。

[69] 参见 *Roxin*, GA 2015, 192。

[70] 深入的批判见 *Frisch*, in: Schünemann (Hrsg.), Positive Generalprävention, 1998, S. 125 ff.; knapper *Lichtenthäler* ZJS 2020, 566 (569 f.)。关于刑罚力度与社会期待之间的协调问题详见 *Kölbel/Singelnstein* NStZ 2020, 333 ff.。

（四）并合主义理论

对以上不同观点的批评导致的结果是，在今天，占据主流地位的刑罚创立（Strafbegründung）是基于数个理论的，但是在这个所谓的"并合主义理论"中，关于各种方式之间的相互关系如何，又存在着不同的观点。[71]

39

按照**累加型并合主义理论**（additive Vereinigungstheorie），**各个理论之间相互是平等的**。联邦宪法法院在这一意义上进行了解释："对于所实行的不法而言，罪责抵偿、预防、犯罪人的再社会化、赎罪与报应被描述为恰当刑罚制裁的多个方面。"[72]

40

该并合主义理论之所以**有问题**，主要是因为对于各个观点的质疑并未消失，反而随着这些被使用的理论的相加而相加在了一起。[73] 此外，对于那些刑罚目的分别要求不同反应的情形来说，**缺少了一个上位的决定标准**。比如，在某些案件中，罪责很小，但是再社会化作用的需求很高。[74]

41

相反，**预防型并合主义理论**（präventive Vereinigungstheorie）考虑特殊预防与一般预防的利益，而报应发挥不了任何作用。[75] 这里要按照具体情况考虑不同的优先预防目的：刑罚威慑起着一般预防的作用，而在监狱执行中，主要是特殊预防发挥着重要性。[76] 被科处的刑罚兼具特殊预防与一般预防的作用。动用一般预防的刑罚目的的主要情况是，当从特殊预防的角度看，刑罚并非必要而且也不会产生效果。当特殊

42

---

[71] 比如可参见 Gössel，FS Pfeiffer，1988，S. 22 ff.。关于各种不同的变体可见 Montenbruck，Straftheorie，S. 73 f.；Koriath JURA 1995，625；Roxin/Greco，AT I，§ 3 Rn. 33 ff.。

[72] BVerfGE 45，187（253 f.）；Montenbruck，Straftheorie，S. 73 f. 相反，BVerfGE 110，1（13）强调绝对主义理论："施加于行为人的刑罚之害应当与有罪责的规范违反相抵偿；它是报应正义的表达。"

[73] 参见 Kubiciel，Die Wissenschaft，S. 159 f.。

[74] 深入阐述可见 Montenbruck，Straftheorie，S. 144 ff.。

[75] 深入阐述可见 Roxin/Greco，AT I，§ 3 Rn. 37 ff.；ders.，GA 2015，185 ff.；总结性内容可见 ders.，GA 2011，684 f.。

[76] 对依照程序阶段进行区分的批判见 Gössel，FS Pfeiffer，1988，S. 21；Höffler/Kaspar，ZStW 124（2012），104 f.；Hoerster，GA 1970，276。

预防与一般预防之间存在矛盾时，应当让特殊预防获得优先。为了回应那些认为预防理论欠缺刑罚公正性的质疑，刑罚的上限由罪责原则决定。

43 针对相对主义理论的**批评**也同样针对了预防型并合主义理论。此外，不明确的还有如何实现以下两点：一方面，要让报应在刑罚创立中发挥不了任何作用；另一方面，却又要让罪责限制刑罚的力度。[77]

44 **报应型并合主义理论**（vergeltende Vereinigungstheorie）主要在司法判决中发挥着很重要的作用[78]，它建立在报应理论之上：**刑罚由罪责所创立并限制**。相对主义理论的刑罚目的体现的是（所期望的）附随效果。因此，在与罪责相适应的刑罚之内，考虑特殊预防与一般预防是可能的，因为按照占据统治地位的观点，并非仅仅存在一个与罪责相适应的刑罚［所谓的"点刑罚"（Punktstrafe）］，而是存在一个幅度，其中刑罚必然会浮动［所谓的**"幅的理论"**（Spielraumtheorie）］。[79] 在与罪责相适应的量刑幅度内，特殊预防与一般预防的观点对于确定具体的刑罚起着决定性作用。比如，当科处自由刑对于"保卫法秩序是必不可少的"时，那么就应当按照《刑法典》第 47 条第 1 款去考虑一般预防的观点。考虑特殊预防的必要性产生于《刑法典》第 46 条第 1 款第 2 句："应当考虑刑罚对于犯罪人在社会中的未来生活可被预期的影响。"《刑法典》第 44 条第 1 款第 2 句所威慑的禁止驾驶既"对于影响行为人"具有必要性，又"对于保卫法秩序"具有必要性。

---

[77] 刑罚的基础原则与衡量原则之间必须一致，参见 *Arthur Kaufmann*, JURA 1986, 228 f.；*M. Köhler*, Der Begriff der Strafe, 1986, S. 6；*Lichtenthäler* ZJS 2020, 566 (570)；*Otto*, ZStW 87 (1975), 585 f.；也可参见 *Kubiciel*, Die Wissenschaft, S. 160；*Streng*, Strafrechtliche Sanktionen, Rn. 632；此外还可参见 *Höffler/Kaspar*, ZStW 124 (2012), 105 f.。

[78] 参见对此提出了大量证明的 *Frisch*, FG BGH, 2000, S. 270 ff.。

[79] 参见 BGHSt 7, 28 (32)；20, 264 (266)；24, 132；*Meier*, Strafrechtliche Sanktionen 2009, S. 146 ff.；LK-StGB/*Schneider* § 46 Rn. 49 f.；NK-StGB/*Streng* § 46 Rn. 97；反对的观点见 *Frisch* ZStW 99 (1987), 362 f.；*Kahlo* FS Hassemer, 2010, 419；*Köhler*, Strafrechtsbegründung, S. 22 ff.；*Lichtenthäler* ZJS 2020, 566 (570)（不恰当地批判道，在这里刑罚目的仅仅只是"被累加"）。

（五）关于刑罚理论的概览

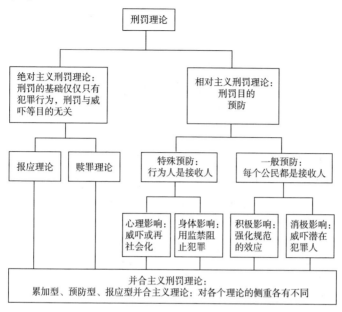

图 8-1 刑罚理论

案例与问题

9. 如何理解保护义务理论？

10. 阐释举止规范与制裁规范的区别。

11. 如何理解法益？立法者是否也可以将非道德的举止通过刑罚予以禁止？

12. 在考虑以下案例的情况下，阐释关于刑罚目的的不同理论（所谓"刑罚理论"），以及与这些理论相关的问题：有多次相关前科的 A 又一次盗窃了自行车。法官 R 认为判处八个月至十个月的自由刑是与罪责相当的。但他又认为，A 只有在监狱待上至少三年才能有机会学习到一门职业，以使得他在将来过上不受刑罚的生活。此外，法官还考虑到，最近这段时间本地区自行车盗窃的数量大涨，许多人认为这一行为只不过是轻微违法而已。

第9章 制裁理论的基础

1　《刑法典》包含了一个区分化的制裁体系。作为基础的是**制裁体系的双轨制**，这一区分意味着一方面是刑罚，另一方面是矫正与保安处分（Maßregel der Besserung und Sicherung）。[1] 刑罚以罪责作为前提，科处刑罚表达着社会伦理上的非难，而矫正与保安处分则是用来保卫社会、防范那些危险的犯罪人。因此，处分虽然在实质上属于危险防御法，但是由于事实关联（Sachzusammenhang）而在刑法中被规定。[2]

一、矫正与保安处分

（一）一般前提与目标设定

2　所有的矫正与保安处分都与实行违法的犯罪行为相联系[3]，但是却并不总以犯罪实行的有罪责性（Schuldhaftigkeit）作为前提。**实行犯罪行为并不是处分的原因（Grund），而仅仅只是处分的诱因（Anlass）**，因为它使得关于犯罪人的危险性预测得以正当化。[4] 于是，处分在防范危险之人的国家保护任务中获得了依据（第8章边码2及以下）。对于那些由于缺乏罪责而根本无法被处罚的人，或者当与罪责相适应的刑罚并不足以实现危险防御时，处分因而得以科处。

---

〔1〕 对这一区分可行性的批判见 *Höffler/Kaspar*, ZStW 124 (2012), 101 ff.。实际上，区分的依据是刑罚的目的是否局限为对预防目的的追求，见上文第8章。

〔2〕 Baumann/Weber/Mitsch/Eisele AT § 29 Rn. 29.

〔3〕 可以按照各州的危险防卫法实施收容，并不以犯罪行为作为前提。此外，自2011年1月1日开始，还可以按照《治疗收容法》（ThUG）进行收容。

〔4〕 参见 BVerfGE 128, 326, 374.

通过对行为人的**特殊预防**的影响去追求危险防御的目标。要么通过矫正处分，即再社会化，要么通过保安处分，即在最极端的情况下通过关押犯罪人来保护民众。只要再社会化存在着成功的前景，那么就应当让再社会化处于优先地位。因此，以再社会化为指向的剥夺自由处分（比如，收容于精神病院或戒瘾机构）原则上是要先于一个可能被同时科处的刑罚而被执行的（《刑法典》第 67 条第 1 款）。不过，如果先执行刑罚能更好地实现再社会化的目标，那么就可以选择相反的顺序（《刑法典》第 67 条第 2 款）。这里适用**替代原则**（Prinzip des Vikariierens），也就是说，监狱执行与处分是可以相互替换的。在处分中度过的时间可以折算成刑罚，进而避免让犯罪人承受双重不利（《刑法典》第 67 条第 4 款）。

3

罪责原则（详见第 16 章边码 2 及以下）无法对处分的期限产生限制，但是应当考虑到**比例性**原则：处分"在以下情况中不允许被命令，即当它与行为人已实行的犯罪和应被期望会实行的犯罪的重大性，以及他自身的危险程度之间不成比例时"（《刑法典》第 62 条）。

4

（二）各种矫正与保安处分

《刑法典》第 61 条包含了关于矫正与保安处分的内容；其中提及的有：

5

  ☞ 收容于**精神病院**（《刑法典》第 63 条），原则上无期限（参见《刑法典》第 67d 条第 6 款）；

  ☞ 收容于**戒瘾机构**（《刑法典》第 64 条），最高期限原则上为两年（《刑法典》第 67d 条第 1 款）；

  ☞ 收容于**保安监督**（Sicherungsverwahrung）（《刑法典》第 66 条及以下）；

  ☞ **行为监督**（Führungsaufsicht）（《刑法典》第 68 条及以下）；

  ☞ **剥夺驾照**（《刑法典》第 69 条及以下）——区别于禁止驾驶（《刑法典》第 44 条，见下文边码 14）；

  ☞ **职业禁止**（《刑法典》第 70 条及以下）。

二、刑罚

6 《刑法典》中的刑罚种类主要是自由刑与罚金刑。此外还有附加刑与大量的补充规定。所有刑罚种类的共同之处在于都为了要实现正义的罪责抵偿。[5]

(一) 自由刑

1. 概述

7 自由刑是（废除死刑之后，见《基本法》第 102 条）最严厉的刑罚。分则中的所有构成要件都将自由刑规定为制裁类型。在监狱（Gefängnis）与管教所（Zuchthaus）的区分被取消之后[6]，其严厉性仅仅取决于被威慑与被科处的刑罚的期限。

罚金刑的背后最终也是自由刑，因为无法征收的罚金刑会用**替代自由刑**（Ersatzfreiheitsstrafe）来执行（《刑法典》第 43 条）。根据《刑法施行法》（EGStGB）第 293 条，州政府有权通过法律规章规定，检察院能够允许让被判刑者参加免费劳动来避免替代自由刑的执行。所有的联邦州都颁布了这种所谓的"勾销条例"（Tilgungsverordnung）。[7]

2. 自由刑的期限（《刑法典》第 38 条与第 47 条）

8 法律区分**终身**自由刑（《刑法典》第 38 条第 1 款）与**有期**自由刑，后者的期限为 1 个月至 15 年（《刑法典》第 38 条第 2 款）。分则中的各个构成要件在这一范围内对各自的量刑幅度予以具体化。比如，如果一个构成要件的法定刑是自由刑 1 年以上，那么其上限就要从《刑法典》第 38 条第 2 款中得出。通常不会处以所谓的**短期**自由刑（即至多 6 个月的自由刑），除非在例外情形中基于特殊预防或一般预防原因而显得必要（《刑法典》第 47 条）。其背后的认识是，短期自由刑通常是有害于而不是有利于再社会化，因为一方面无法在短期内对被判刑者有效地产

---

[5] 参见 BVerfGE 133, 168, 197f.（Rn. 54f.）。
[6] 对此可见 Krause, Geschichte des Strafvollzugs, 1999, S. 92。
[7] 概览可见 LK/*Gruber*, § 43 Rn. 12 ff. 。

生影响；另一方面会将他从自己的社会结构中脱离出来，使他陷入一个容易犯罪的环境。[8]

3. 缓刑考验（《刑法典》第 56 条及以下）

关于缓刑考验（《刑法典》第 56 条及以下）的可能性，应当在考虑公众安全的基础上，在与罪责相适应的刑罚的范围内关注再社会化的利益。一方面，缓刑可以在判决之时就被宣告，前提是科处了两年以下的自由刑且社会预测（Sozialprognose）为良好（《刑法典》第 56 条）。在司法实践中，大约 2/3 的案件会被这样处理。 **9**

另一方面，也可以在**执行了部分自由刑之后**将余刑交付缓刑考验（《刑法典》第 57 条及以下）。对于有期自由刑，最早也要在执行了刑罚的一半之后才能被交付缓刑考验（《刑法典》第 57 条第 2 款），而通常是在执行了刑罚的 2/3 之后才被交付缓刑考验（《刑法典》第 57 条第 1 款）；对于终身自由刑，最早也要在 15 年之后（《刑法典》第 57a 条）。因此，即使是被判处**终身自由刑**的人，也有着重获自由的具体可能性。宪法中对人类尊严的保护要求对这一可能性予以承认。[9] 否则，再社会化的任务就会落空。当然，刑罚执行期限在以下情况中也可以被显著延长，鉴于公众的安全利益，缓刑没有充分的理由（《刑法典》第 57a 条第 1 款与第 57 条第 1 款第 2 项），或者是因为与——由法院查明的[10]——特别严重的罪责相违背（《刑法典》第 57a 条第 1 款第 2 项）。[11] **10**

缓刑考验需要确定一个 5 年以下的**考验期**（《刑法典》第 56a 条、第 57 条第 3 款、第 57a 条第 3 款）。在考验期间，被判刑者将处于**考验协助者的监督**之下，后者能够向前者发出**指令**，前提是该指令对于特殊预防效果来说显得适当（《刑法典》第 56c 条、第 56f 条）。比如，可以指 **11**

---

[8] 参见 Fischer, § 47 Rn. 2. 为了避免这些弊端，《刑法典》第 47 条第 2 款甚至规定，当未被法律所规定时，仍旧存在科处罚金刑的可能性。
[9] 参见 BVerfGE 45, 187, 228, 229, 239。
[10] 参见 BVerfGE 86, 288。
[11] 在这类情形中计算最低服刑期可见 SSW StGB/*Claus*, § 57a Rn. 11 ff.。

令他不得与犯罪被害人或之前的犯罪参与者进行联系（《刑法典》第56c条第2款第3项）。如果考验期中又有新的犯罪被实行，那么**撤销缓刑**是可能的（《刑法典》第56f条）。如果没有撤销缓刑，那么考验期届满之后刑罚就被**免除**了（《刑法典》第56g条）。

（二）罚金刑

1. 日额体系（《刑法典》第40条）

12 罚金刑（《刑法典》第40条及以下）**在实践中极为重要**；所判刑罚中约80%是科处罚金刑。[12] 为了避免偏向富人，要按照日额体系（Tagessatzsystem）对罚金刑进行裁量（《刑法典》第40条）[13]：确定**日额的数量**须主要依据负有罪责的不法，而确定**日额的额度**须依据经济情况。原则上，一个日额应与行为人每日赚取的净收入相当。日额的数量最少为5天（当法律没有规定更高的罚金刑时）最多为360天（《刑法典》第40条第1款）；日额的额度最低为1欧元，最高为30000欧元（《刑法典》第40条第2款）。

> **示例：**
> 与罪责相适应的罚金刑为50日额。被告人的净收入为每天10欧元。所以应判处的罚金刑为50日额、每日额10欧元，被告人必须支付500欧元。

2. 刑罚保留警告（《刑法典》第59条及以下）

13 对于180日额以下的罚金刑，存在着刑罚保留警告（Verwarnung mit Strafvorbehalt）的可能性（《刑法典》第59条及以下）。也就是说，**法院确定了被告人的罪责**，但是鉴于一个特别良好的社会预测而仅作出警告，并**对特定刑罚的判处作出了保留**。它实质上涉及的是一个"罚金刑考验"。只有在规定的考验期内作出错误的举止，尤其是实行其他的犯

---

[12] 参见 NK/*Albrecht*, § 40 Rn. 3。
[13] 尽管如此，还是有人认为罚金刑是"对穷人有敌意的选择"，如此认为的有 Kölbel NK 2019, 249(261)。

罪行为时，才会判处被保留的刑罚（《刑法典》第 59b 条与第 56f 条）。在实践中，刑罚保留警告很少被使用。

（三）附加刑与附随后果

当犯罪显示出与机动车驾驶有关联，或者出于特殊预防或一般预防的原因科处附加刑显得必要时，《刑法典》第 44 条规定了**禁止驾驶**（Fahrverbot），这是能与罚金刑或自由刑同时被科处的刑罚。[14] 禁止驾驶应**区别**于作为矫正与保安处分的**剥夺驾照**，后者只有在行为人被证实不再适合驾驶机动车时才会被科处（《刑法典》第 69 条）。[15] 禁止驾驶的最高期限为 6 个月。

当对重罪（《刑法典》第 12 条第 1 款）判处了 1 年以上自由刑时，《刑法典》第 45 条等规定了**丧失公职资格**、**丧失被选举权**与**丧失投票权**等**附随后果**。在特定的轻罪（《刑法典》第 12 条第 2 款）中也规定了相应的附随后果（《刑法典》第 45 条第 2 款），比如补助金诈骗罪（《刑法典》第 264 条第 6 款）。在科处前述附随后果的可能性背后的思想是，担任公共职务与履行选举权并不相容于实行严重犯罪：行为人已经将自己置于法秩序共同体之外，所以在一段期间内他将被排除参与塑造这一共同体。[16] 在文献中，这一规则有时受到刑事政策上的批评[17]，有时受到宪法上的批评。[18]

三、量刑

（一）量刑的基本原则（《刑法典》第 46 条）

量刑的出发点是法律规定的**量刑幅度**（Strafrahmen），在一定情况下考虑案件的特别严重性（比如《刑法典》第 212 条第 2 款）或较低的严重性（比如《刑法典》第 213 条），以及考虑《刑法典》第 49 条的特

---

[14] 2017 年 8 月 17 日《刑事程序提效与增强实践可行性法》规定，实施了与道路交通无关的犯罪，也可能予以禁止驾驶（BGBl. I, S. 3202）。

[15] 参见 HK-GS/*v. Danwitz*, § 44 StGB Rn. 1; HK-GS/*Braasch*, § 69 StGB Rn. 1。

[16] 参见 SSW StGB/*Claus*, § 45 Rn. 2。

[17] 比如 *Nelles*, JZ 1991, 18; NK/*Albrecht*, § 45 Rn. 1 f.。

[18] 比如 *Stein*, GA 2004, 22 ff.。

别减轻事由。[19] 如此确定的量刑幅度应当从可想象的最轻情形（最低刑）直至可想象的最严重情形（最高刑）。[20] 在如此被确定的量刑幅度之中，应当按照《刑法典》第46条规定的量刑基本原则来确定**具体应科处的刑罚**。[21]

17 根据《刑法典》第46条第1款第1句，量刑的基础是行为人的罪责。此外，也应考虑刑罚对于行为人在社会中未来生活的预期影响（《刑法典》第46条第1款第2句）。**量刑罪责**涉及的不仅仅是在犯罪实行中得以现实化的、与构成要件实现相关的罪责，还延伸至事前举止与事后举止，并涉及行为人犯罪实行与思想中那些在法定构成要件中未能得到考虑的方面。[22]《刑法典》第46条第2款列举了在确定具体的适当刑罚时应当考虑的最重要的**量刑事实**。据此，应考虑的比如有行为人的动因（Beweggrund）与目的、他过去的经历，以及他犯罪之后的举止，尤其是他为恢复损害所做的努力。

显然，从量刑事实中评估出一个具体的刑种与刑罚额度是极为困难的。在实务中，结果也取决于许多与被告人个人罪责完全无关的因素。各联邦州与高等法院辖区之间存在着区别，当然也存在着"较严厉的"法官与"较温和的"法官。[23]

（二）行为人与被害人的和解及损害恢复（《刑法典》第46a条）

18 1994年引入的损害恢复（Schadenwiedergutmachung）（包含行为人与被害人的和解）[24] 经常被描述为**制裁体系中的第三条轨道**。[25] 其与刑

---

[19] 关于法定的量刑幅度的确定可见 Kaltenbach JA 2020, 385 ff.。
[20] 参见 LK-StGB/*Schneider* Vor § 46 Rn. 10。
[21] 概况可见 *Bunz*, JURA 2011, 14 ff.。
[22] 参见 HK-GS/*Kempfer*, § 46 StGB Rn. 12; SSW-StGB/*Eschelbach*, § 46 Rn. 74.; *Schäfer/Sander/van Gemmeren*, Rn. 574。
[23] 对此可见 *Streng*, Strafrechtliche Sanktionen, Rn. 482 ff.; *ders.*, in: Frisch (Hrsg.), Grundfragen des Strafzumessungsrechts aus deutscher und japanischer Sicht, 2011, S. 47 ff.; 深入阐述可见 *Maurer*, Komparative Strafzumessung, 2005, S. 25 ff.。
[24] 关于损害恢复（的进一步）概念与行为人与被害人的和解之间的关系，见 HK-GS/*Kempfer*, § 46a StGB Rn. 4 f.。
[25] 参见 Baumann/Weber/Mitsch/*Eisele*, AT § 2 Rn. 39; *Roxin*, FS Baumann, 1992, S. 243 ff.。

罚与处分的不同之处在于，行为人在此对于自己的犯罪行为自愿地承担起责任。其目标是在行为人与被害人之间实现一个友好的和解，该和解同等地考虑被害人的利益与行为人在责任承担与和解上的可能利益。在公共利益中，可以实现一个促进法和平的作用。行为人通过努力和解，其量刑罪责得到了减轻，预防的紧要性也丧失了分量。因此，《刑法典》第46a条规定了一个《刑法典》第49条第1款中的**刑罚减轻事由**，或者当被科处的罚金刑或者自由刑低于1年时，甚至**免除了刑罚**。[26]

损害恢复在诉讼程序上的保障方式是，检察院与法院有义务在诉讼的每一个阶段都考查嫌疑人与被损害人之间达成和解的可能性（《刑事诉讼法》第155a条）。《刑事诉讼法》第153a条规定以下可能性，即在损害恢复的情况中，刑事诉讼在侦查阶段就已可被终止。 19

（三）污点证人规则（《刑法典》第46b条）

《刑法典》第46b条规定了**减轻刑罚**甚至是**免除刑罚**的可能性，这是作为对**成功帮助查明（或阻止）严重犯罪**（《刑事诉讼法》第100a条第2款所列目录）的回报。[27] 不过，这一优待只适用于以下行为人[28]，即他所实施的犯罪行为面临着法定最低刑高于1个月的自由刑（见边码8）或者面临着终身自由刑。 20

行为人可以报告**他自己所参与的**犯罪行为。在这一情形中，他对查明案件的支持必须超出他自身的犯罪贡献。但是，也要考虑到对查明**他人犯罪行为**的帮助，只要这与行为人的行为之间"存在关联"（《刑法典》第46条第1款）。 21

对污点证人规则（Konzeugenregelung）的适用**在诉讼程序上仅局限**于以下情形，即行为人在主程序开启之前——即最迟在中间程序（第4 22

---

[26] 对行为人与被害人的和解的批判比如有 Loos, ZRP 1993, 51 ff.; Noltenius, GA 2007, 518 ff.。

[27] 总结性内容可见 Malek, StV 2010, 200 ff.; 关于批评也可参见 König, NJW 2009, 2481 ff.; Salditt, StV 2009, 375 ff.。

[28] 对于教唆人与帮助人亦然，《刑法典》第46b条第1款第3句。

章边码 7）——就已经坦白了他所知的信息（《刑法典》第 46b 条第 3 款）。法院之后是否，以及在何种程度上适用《刑法典》第 46b 条，则在于它的义务裁量之中（"可以"），在这里，《刑法典》第 46b 条第 2 款所列的要点应在作出决定时得到考虑。

23　　《刑法典》第 46b 条于 2009 年 9 月 1 日生效，而在**麻醉品刑法**中，《麻醉品法》第 31 条从 1981 年起就已经包含了一个污点证人规则。[29]

四、刑事诉讼法中的制裁

24　　对刑事诉讼过程的阐释（第 4 章边码 5 及以下）已经展示了，对嫌疑人科处刑罚之路是昂贵的。一旦有充分的犯罪嫌疑，检察院就必须负起起诉的责任并直至法院作出判决方能结束程序，那么**司法的人力资源是绝对无法满足这一要求的**。

25　　因此，《刑事诉讼法》在一系列情形之中允许**打破法定主义原则**（Legalitätsprinzip），也就是刑事追诉的义务（《刑事诉讼法》第 152 条第 2 款），而允许按照**便宜主义原则**（Opportunitätsprinzip）（《刑事诉讼法》第 153 条及以下）在侦查阶段就终止程序。对于中等程度以下的犯罪，《刑事诉讼法》第 153a 条允许**在履行负担（Auflage）或指令（Weisung）的前提下终止程序**，如果这样能消除刑事追诉的公共利益的话。在负担中尤其要考虑的是向一个社会福利机构或国库支付一定数额的金钱（《刑事诉讼法》第 153a 条第 1 款第 2 项）。这里的负担在实际中与罚金刑非常相似，但是它并非一个刑罚：只有**经过嫌疑人的同意**，通过履行负担而终止程序才是可能的。这一同意不能替代罪责证据等。嫌疑人因而如同过去一样被视为无罪责。所以，负担或指令并不与刑法所具有的社会伦理上的责难相关联。

---

[29] 关于其发展情况见 König, NJW 2009, 2481 f.。

案例与问题

13. 如何理解制裁体系的"双轨制"?
14. 哪一原则限制着刑罚的程度?哪一原则限制着处分的程度?
15. "终身自由刑"是否真的意味着必然是终身?有期自由刑的最高期限是多少?
16. 请阐释"日额体系"。
17. 在哪些前提下,污点证人规则允许减轻或者免除刑罚?

第10章 作为刑罚限制法的刑法

1 到现在为止，说的主要都是刑法的刑罚创立功能。由于国家权力的介入总是需要正当性基础，因此在那些不允许科处刑罚的地方，刑法也同时起着限制作用。

一、刑法是"公民刑法"

2 目前关于打击有组织犯罪与恐怖主义的最新讨论给强调一些不言而喻的事情提供了动因，尽管这些事情近年来已不再被普遍认可：民主的法治国的刑法是"公民刑法"（Bürgerstrafrecht），**而非"敌人刑法"（Feindstrafrecht）**；刑法不是侵害性的打击[1]；犯罪行为人是且一直是拥有权利的公民；他的尊严是不可侵犯的（《基本法》第1条）。刑法的反应正是对法的重建（Wiederhestellung），因为它的接收者作为理性人能够理解规范的含义，因而也能理解损害规范所伴随的刑罚的意义。

3 在这一背景之下，刑法并非片面地被用来对犯罪行为进行追诉，它同时也用来限制国家权力与保护行为人（在诉讼中：嫌疑人）的权利。

---

[1] 支持"敌人刑法"的有 *Jakobs*, HRRS 2004, 88 ff.; *ders.*, in: Eser/Hassemer/Burkhard(Hrsg.), Die deutsche Strafrechtswissenschaft vor der Jahrtausendwende, 2008 S. 47 ff.。反对的比如有 *Ambos*, SchwZStR 124(2006), 1 ff.; *Gierhake*, ARSP 2008, 337 ff.; *Greco*, GA 2006, 94, *Hefendehl*, StV 2005, 156, 158 ff.; Schönke/Schröder/*Eisele*, Vorb. § § 13 ff. Rn. 6。也可参见以下文集中的论文 *Vormbaum*(Hrsg.), Kritik des Feindstrafrechts, 2009。

根据李斯特的名言，刑法是"犯罪人的大宪章"[2]。

二、刑法的保障功能

刑法的这一保护作用主要体现在刑法的保障功能中。它涉及罪刑法定原则（Grundsatz nulla poena sine lege），"只有可罚性在行为实施之前被法律所规定，一个行为才能够被科处刑罚"（《基本法》第 103 条第 2 款，《刑法典》第 1 条，《欧洲人权公约》第 7 条第 1 款）。这一规则的背景是**民主原则**（Demokratieprinzip）：必须确保的是，对自由的强烈侵犯只能由具备民主正当性的立法者予以决定。[3] 同时，这也显现出**权力分立原则**（Gewaltenteilungsprinzip），因为立法者的决定限制着执行权（行政）与裁判权（司法）。从中可以得出**若干结论：**

4

（一）法定原则与类推禁止

法定原则（Gesetzlichkeitsprinzip），也就是要求可罚性应由**法律**所确定，这确保了刑事司法领域的**裁判权受到法律的约束**（《基本法》第 20 条第 3 款、第 97 条第 1 款），并为公民提供了**指引安定性**（Orientierungssicherheit），让他们事先就知晓何种举止应通过何种方式被惩罚。[4] 由此产生的还有对不利于行为人的**习惯法的禁止**。[5] 从法定原则中产生的还有**类推禁止**：如果一个举止没有被构成要件按其最大可能词义所包含，那么即使它与构成要件的意义与目的相适应，也不能论证

5

---

〔2〕 V. Liszt, Über den Einfluss der soziologischen und anthropologischen Forschungen auf die Grundbegriffe des Strafrechts, 1883 in: Strafrechtliche Aufsätze und Vorträge Bd. 2, 1905, S. 80; v. Liszt/Schmidt, § 4 Fn. 16. 这里提到的是与 1215 年《自由大宪章》的类比：在此声明中，英国国王约翰·奥内兰德有义务承认一些封建法上的权利，而且他违背宪章时，这些权利人享有反抗权。对李斯特这一名言的批评是，它实际上没有融入目的刑的理念之中，Naucke, in: Institut für Kriminalwissenschaften Frankfurt a. M. (Hrsg.), Vom unmöglichen Zustand des Strafrechts, 1995, S. 207 ff.; Vorbaum, Einführung, S. 132 f. 。

〔3〕 参见 BVerfG NJW 2016, 3648, 3649。

〔4〕 参见 BVerfGE 126, 170, 194f.; BVerfG NJW 2016, 3648, 3649 f. 。

〔5〕 参见 BVerfGE 130, 1, 43。

出该举止的可罚性。[6] 在这里，对类似事物进行同等处理的正义要求因而退到了法安定性的利益之后。

> **示例：**
> 帝国法院曾对这样一个案件作出裁判，在该案中，某人"搭到"了他人的电线上并通过这种方式免费用电。由于《刑法典》第242条的盗窃罪以拿走他人可移动的"物品"为要件，并且物品被定义为有体物（《民法典》第90条），因此帝国法院不能按照《刑法典》第242条处罚该行为，尽管从评价的角度看，偷走有体物与抽走电力上的能量之间没有任何区别[7]。——如今这种情形被《刑法典》第248c条所包含。

6　　正确的观点认为，禁止创设不利于行为人的类推与习惯法，不仅适用于可罚性的特殊要件与可能的法律后果，还适用于刑法的**总则**。[8] 这可以从《基本法》第103条第2款的条文中推断出来：总则的条文与原则是被用来创立刑罚的，且仅仅是出于法律技术的原因而被"提取至括号之前"。当然，这也给明确性原则留下了特别广阔的解释空间（见第10章边码7）。

　　相反，《基本法》第103条第2款并未禁止**有利于行为人**的习惯法与类推。但是，法律对法官的约束，以及法安定性的利益要求，只有在狭窄的前提下，这些法律上违背规定的规则才是被允许的。**习惯法在当今被成文法（Gesetzrecht）广泛地取代**[9]，承诺与推定承诺的作为正当化事由，就是有利于行为人的习惯法的例子（见第25章边码115及以下）。[10] 对一个规范进行**类推适用**，其前提是存在一个**违反计划的规则漏洞**，也就是说，必须是那种尽管与法律

---

[6] 参见 BVerfG NStZ 2009,560,561 m. w. N.；BVerfGE 126,170,197；130,1,43. 因此，从其狭义的、技术的意义上看，禁止类推指的不是相应地适用一个规范，而是指对刑法条文超出词义的扩张。关于类推与解释的区分见 *Kertai*, JuS 2011,979 f.。

[7] 参见 RGSt 29,111,112 ff.；32,165,185 ff.。

[8] 参见 *Frister*, AT,4/35；SSW-StGB/*Satzger*, § 1 Rn. 12；*Satzger*, JURA 2016,160 f.。

[9] 参见 *Horn*, Einführung, Rn. 29。

[10] 参见 *Mitsch*, ZJS 2012,38；SSW-StGB/*Rosenau*, Vor §§ 32 ff. Rn. 31；*Satzger*, JURA 2016,157 f.。

规定的案件情况有着实质相似性、但是却意外未被规定的案件。[11]

(二) 明确性原则

只有在可罚性要件与法律后果得到充分的确定时,一个构成要件才符合立法者决定权具备民主正当性的要求和对于公民的指引安定性的要求。所以,从《基本法》第103条第2款中推断出了明确性原则。这里**并未排除**使用那些**需要被解释的法概念**。[12] 其源自以下认识,即涉及构成要件的举止规范经常并不属于纸面上的法(第8章边码6及以下)。即使是一个看起来很明确的构成要件的要件——比如"杀死"一个人(比如《刑法典》第212条与第222条)——也有解释的空间,譬如需要回答以下问题,即将一个危险物品交给被害人而被害人用它来自杀的情况是否满足了构成要件。[13] 还有**总则**中扩张了责任的条文——比如,关于间接正犯(《刑法典》第25条第1款第2变体)、未遂的可罚性(《刑法典》第22条及以下)与不真正不作为犯的可罚性的规则(《刑法典》第13条)——也必须符合明确性原则。但是,联邦宪法法院接受使用那些"可以被不明确地、不普适地规定的且在特别程度上需要法官解释的"法律概念。[14] 如果构成要件的影响距离与适用范围"通过解释而得以查明",那么就合格了。[15]

《基本法》第103条第2款所指向的不仅有对立法者的要求,还有**对法院**的要求:法院不允许"通过一个不着边际的(fernliegend)解释或一个导致不再能认出清晰轮廓的规范理解,去助力提升规范适用范围所存在的不安定性,并因而进一步远离了《基本法》第103条第2款的目标"。[16] 通过解释给予规范一个更精确的

---

[11] 参见 Baumann/Weber/*Mitsch*/*Eisele*,AT § 7 Rn. 25 f. ;*Horn*,Einführung,Rn. 184 ff.
[12] 参见 *Schmahl*,HBStR,Bd. 1,§ 2 Rn. 57 f. 。
[13] 参见 BGHSt 32,38,41。
[14] 参见 BVerfGE 55,144,152;也可参见 BVerfGE 57,250,262;96,68,97f. ;126,170,195 ff. 。
[15] 参见 BVerfGE 96,68,97;*BVerfG* NJW 2016,3648,3650。
[16] BVerfGE 126,170(198);BVerfG, Beschl. v. 9.2.2022—2BvL 1/20(Rn. 96 ff.)[在此,(Rn. 100 ff.)也禁止在解释法定处罚要件时使用,使其失去其独立的、限制处罚内涵的方式,即所谓的"消融禁止"(Verschleifungsverbot)];Baumann/Weber/*Mitsch*/*Eisele*,AT, § 7 Rn. 15;*Schmahl*,HBStR,Bd. 1,§ 2 Rn. 60。

形态，反而恰恰是法院（以及刑法鉴定报告框架下的大学生）的任务。[17] 一个稳固的最高法院判决能够给一个孤立来看有不明确嫌疑的刑法规范划出必要的轮廓。[18]

（三）禁止溯及既往

8 《基本法》第 103 条第 2 款同时也规定了禁止溯及既往（Rückwirkungsverbot）。[19] 在犯罪之后，既不允许修改**构成要件的**条件，又不允许修改它的**法律后果**，以造成对行为人的不利（详见《刑法典》第 2 条）。但是，禁止溯及既往仅仅适用于可罚性的实体要件与法律后果。[20] 它并不适用于**刑事追诉要件**（Strafverfolgungsvoraussetzung），尤其是刑事告诉要求与追诉时效[21]，它们与实体不法是无涉的。[22] 因为并不存在这样一种值得保护的信赖：一个犯罪到了某个特定时间点就过

---

[17] 参见 BVerfGE 126,170,198。

[18] 参见 BVerfGE 126,170,196 f.。有的人认为对此有着充分的理由进行批判。其一，这样一来，基于民主而获得正当性的立法者就将其原本的任务交给了法院；其二，各法院并不受最高法院判决的约束，因此该司法判决并不能为立法者或公民提供可靠性；参见 *Frister*，AT，4/14。

[19] 概览见 *Schmahl*，HBStR，Bd.1，§ 2 Rn.61 ff.。

[20] 按照欧洲人权法院——对于德国有约束力（第 7 章边码 2）——的判决（*Müller*，StV 2010,207 ff.；*Kinzig*，NStZ 2010,233 f.），禁止溯及既往也适用于作为矫正与保安处分的保安监禁。与之相反，联邦宪法法院正确地指出（E 109,133ff = StV 2004,267 m. Anm. *Waterkamp*），这里不适用禁止溯及既往，是因为它并不涉及刑罚。关于生效至 2013 年 5 月 31 日的保安监禁规则的违宪性目前可见 BVerfGE 128,326。

[21] 所以，对于谋杀的追溯时效在 1979 年之前是 30 年，一开始被延长，之后被取消（《刑法典》第 78 条第 3 款）。这主要是为了能对纳粹罪犯的追溯不受时间限制；参见 NK-StGB/*Saliger*，§ 78 Rn.6；http://www.bundestag.de/dokumente/textarchiv/serien/24031343_debatten04/index.jsp。不过对此的批判可见 *Frister*，AT，4/38，21/20。

[22] 对此，BVerfGE 109，133. 也在其判决中正确地废止了 1998 年之前被规定的以下情形中第一次判定的 10 年保安监禁期限，即行为人在法律修改之前被定罪且从那时起基于被修改的法律（《刑法典》第 67d 条第 3 款）因其持续的危险性而仍被保持监禁。相反，欧洲人权法院（StV 2010,181；赞同的有 *Müller*，StV 2010,207 ff.）将保安监禁解释为《欧洲人权公约》第 7 条第 1 款意义上的刑罚，因此不当地认为违反了禁止溯及既往原则。当时，联邦宪法法院虽然认可了对《基本法》第 103 条意义上的刑罚的解释 [BVerfGE 128,326(391 ff.)]，但是认为其是不合比例的，且有悖于《基本法》第 2 条第 2 款第 2 句及第 20 条第 3 款规定的对当事人信赖的保护，因此认为延长溯及既往的效力是违宪的；BVerfGE 128,326(388 ff.)。在作为基础的考量中，联邦宪法法院也考虑到了基于欧洲人权法院的解释的《欧洲人权公约》的评价；深入阐述可见 *Voßkuhle*，FS Frisch, 2013, S. 1359 ff.。

期了；不过，如果追诉期限已经届满了，那么情况就不同了。

案例与问题

18. 请阐述《基本法》第 103 条第 2 款的背景与规则内涵："只有可罚性在行为实施之前被法律所规定，一个行为才能够被科处刑罚。"

第11章 德国刑法的适用范围、刑法的欧洲化、国际刑法

1 国内刑法在今天比以往任何时候都更多地有着**多样化的国际关联**。首先,在那些涉及外国的案件中经常存在的问题是,德国刑法究竟是否可以适用[所谓的跨国刑法(Internationales Strafrecht)[1]或者国内刑法适用法(innerstaatliches Strafanwendungsrecht),见标题一]。其次,国内刑法越来越多地受到欧盟的影响:人们指的是刑法的欧洲化(见标题二)。最后,国际刑法(Völkerstrafrecht)管辖那些严重的、主要由国家所组织进行的人权损害(见标题三)。

2 对于**初学者**而言,建议在第一次阅读时直接**跳过**该部分。因为刑法的各种国际关联不仅与总论问题密切相关,同时还与其他的法——比如欧盟法——密切相关,所以在开始学习时会让人感觉很费力。对于填补漏洞的"正确"时间,没法给出一般性的建议。最有意义的做法是,当大学课堂上涉及该材料时,再有针对性地去学习。

一、德国刑法的适用范围

(一) 联结原则

3 当涉及与其他国家刑法的关系时,德国刑法的效力如何,一直是**国际法上的疑难问题**。一方面应避免出现刑罚的空隙地带;另一方面也应尊重其他国家的主权("不干涉原则"[2]),国内刑法的适用需要一个

---

[1] 不过"跨国刑法"的称呼容易误导人;*Ambos*,§1 Rn. 2;*Satzger*,JURA 2010,109。
[2] 对此可见 *Ambos*,§2 Rn. 2 ff.;*Rath*,JA 2006,435。

正当化的联结点(Anknüpfungspunkt)。[3] 国际法上认可的各种联结点,在《刑法典》第3条至第7条中都找到了它们在德国刑法中的表现形式:

1. 属地原则(《刑法典》第3条)

大多数情况适用属地原则(= 领土原则),按照该原则,德国刑法的效力及于那些在德国国内所实行的犯罪(《刑法典》第3条)。适用《刑法典》第3条的关键在于**在德国国内"实行"**(Begehung)**犯罪**。依据《刑法典》第9条,这尤其应当被理解为——要么是行为人实行的地点(**行为地**),要么是按照行为人构想本应发生结果的地点(**结果地**)。[4]

> **示例:**
> 如果爆炸物邮件是从德国向外国的特定地点寄出的,那么爆炸物刺杀犯罪就是在德国被实行的(行为地);或者相反,从外国寄来的邮件在德国爆炸或本应爆炸(结果地)。

按照通说,在**共同正犯**(《刑法典》第25条第2款)中,如果一个共同正犯人的犯罪地在德国,那么其他共同正犯人的犯罪地也被视为在德国。[5] 在**间接正犯**(《刑法典》第25条第1款第2变体)中,行为地不仅包括工具的行为地点,还包括间接正犯人的行为地点。[6] 对于**共犯人**(教唆人或帮助人,《刑法典》第26条与第27条)来说,犯罪地不仅包括他自己行为的地点,还包括主行为的行为地点(《刑法典》第9条第2款)。[7]

---

[3] 参见 *Ambos* IntStrafR § 2 Rn. 6; *Satzger* JURA 2010, 109; *Valerius*, HBStR, Bd. 2, § 31 Rn. 13。
[4] 概况可见 *Rath*, JA 2006, 436ff; *Valerius*, HBStR, Bd. 2, § 31 Rn. 70 ff.。
[5] 参见 *Satzger*, § 5 Rn. 21; SSW-StGB/*Satzger*, § 9 Rn. 10。
[6] 参见 *Satzger*, § 5 Rn. 22。
[7] 参见 *Ambos*, § 1 Rn. 25f.; *Valerius*, HBStR, Bd. 2, § 31 Rn. 46 f.。

> **示例:**
> 对在外国实施的暗杀犯罪进行教唆,如果教唆者是在德国向外发出暗杀的要求,那么就属于在德国实行。从国外发出在德国实施暗杀的要求,同样也被认为是在德国实行。

6　　**网络犯罪**的犯罪地确定引发了特殊问题[8]:由于在外国发布至网上的内容能在世界范围内——也包括德国——被查看,因此所有陈述型犯罪或传播型犯罪(比如儿童淫秽物品,《刑法典》第184b条)都能在德国产生结果。联邦最高法院的立场是,如果"会在国内造成法益损害,或造成刑法条文旨在避免的危害",那么犯罪就是在德国实行的。[9]

2. 保护原则、(绝对的)积极属人原则(《刑法典》第5条)

7　　与属地原则不同,《刑法典》第5条将德国刑法的适用范围扩张至特定的**国外犯罪**,也就是那些既非在德国实行犯罪行为、也未在德国发生犯罪结果的犯罪。其背后的主要思想是,那些极其**重要的国内法益**(比如民主的法治国)应当处于德国刑法的保护之下,无需取决于犯罪地的法律(**保护原则**)。[10]

8　　不过除此之外,《刑法典》第5条还包含了以下这类国外犯罪,即行为人的**德国国籍**是适用德国刑法的理由(**积极属人原则**;比如《刑法典》第5条第15项)。这一积极属人原则的正当性主要来自以下目的,即防止一个在国外实行了犯罪的德国人通过回到德国来逃避刑事追诉,因为引渡禁令(《基本法》第16条第2款第1句)保护着他。不过,根据《刑法典》第5条中所实现的"绝对的积极属人原则"来适用德国刑法,**不取决于该行为在行为地是否可罚**。因此,即使行为人的行为符合

---

[8] 对此的深化可见 Ambos,§1 Rn.19 ff.;SSW-StGB/Satzger §9 Rn.19 ff.;ders.,JURA 2010,115f.。

[9] 参见 BGHSt 46,212,220. 参见 auch zu abweichenden Positionen-Valerius,HBStR,Bd. 2,§31 Rn. 88 ff.。

[10] 参见 Satzger,JURA 2010,110。

外国法律时，他仍有可能受到德国刑法的处罚。在这一情形下，行为人完全不必为了免受刑罚而进入引渡禁令的保护范围。相应地，在这一情形中，适用德国刑法的正当性是脆弱的。[11]

3. 世界法原则（《刑法典》第 6 条）

世界法原则（Weltrechtsprinzip）也将德国刑法的适用范围扩张至那些与行为人是否是德国人或者该举止按照行为地法是否可罚完全无关的**国外犯罪**。德国刑法之所以要适用于一个外国人在国外对另一个外国人实施的犯罪，其正当性的来源是该犯罪行为所针对的是**被国际所保护的法益**。一个基于现实政策的理由是，这是为了追诉那些对国家共同体造成整体损害的行为。[12]

9

> **示例：**
> 海洋交通安全是一个被国际所保护的法益，所以海盗攻击（按照《刑法典》第 316c 条第 1 款第 1 句第 1b 项可罚）受到德国刑法的规制，即使行为人所针对的船只并未悬挂德国国旗（《刑法典》第 6 条第 3 项）。

4. 消极属人原则（《刑法典》第 7 条第 1 款）

《刑法典》第 7 条第 1 款规定，如果一个**针对德国人**（《基本法》第 116 条）**的国外犯罪**[13]在行为地同样也是可罚的，那么适用德国刑法。也就是说，这一规定是用来保护身处国外的德国国籍者的。[14]

10

5. 积极属人原则（《刑法典》第 7 条第 2 款第 1 项）

《刑法典》第 7 条第 2 款第 1 项规定，**德国人在国外实行的犯罪**适用德国刑法。与边码 8 中《刑法典》第 5 条的绝对的积极属人原则不

11

---

[11] 批判与深化可见 Ambos，§ 3 Rn. 37 ff.。

[12] 参见 Ambos，§ 3 Rn. 95. Problematisch ist freilich, dass der Katalog des § 6 StGB auch Straftaten umfasst, die schwerlich als international geschützt angesehen werden können, Ambos IntStrafR § 3 Rn. 99,108；Valerius，HBStR，Bd. 2，§ 31 Rn. 55。

[13] 在德国定居的法人并不符合条件；BGH NJW 2018,2742。

[14] 详见以下（有争议）的问题，即通过《刑法典》第 7 条会实现哪些原则，Satzger，§ 5 Rn. 84。

同，这里涉及的是一个**限制的积极属人原则**，因为其前提是，**该行为在行为地也是可罚的**。

6. 代理刑事司法原则（《刑法典》第 7 条第 2 款第 2 项）

12 《刑法典》第 7 条第 2 款第 2 项规定，**外国人在国外**所实施的在行为地可罚的犯罪，适用于德国刑法。对于这里涉及的案件情形，外国政府原则上是有权管辖的。但是，如果行为人在德国且没有被引渡，比如因为该外国并没有提起引渡申请，那么适用德国刑法就因对行为地刑法的代理作用[15]而具有合理性了。换言之，这一代理刑事司法的目标是**填补刑事追诉中不恰当的漏洞**。

（二）德国刑法的保护范围

13 如果德国刑法的适用性得以确认，那么还存在的问题是，**国内的犯罪构成要件究竟是不是可以用来保护外国法益**。[16] 如果不是的话，那么就不能按照德国法进行处罚。

> 示例：
> A 在德国教唆 B 在奥地利的法庭诉讼中作为证人进行虚假陈述。

14 在解决这一案件时必须进行以下思考：由于 A 是在德国实行的行为，因此，德国刑法对于他是可适用的（《刑法典》第 3 条，以及第 9 条第 2 款）。但是，证言类犯罪（《刑法典》第 153 条及以下）原则上仅仅是为了保护德国的司法秩序。[17] 根据该条文的意义与目的进行解释（目的解释，见第 20 章边码 12 及以下）会得出的结论是，《刑法典》第 153 条意义上的"法庭"并不指奥地利的法庭。因此，不能按照德国法对 A 进行处罚。与之不同，在那些涉及个人法益（比如生命、身体完整性）的犯罪中，处于德国法保护之下的被害人的国籍则是无关紧要的。[18]

---

[15] 参见 *Ambos*, IntStrafR，§ 3 Rn. 121 ff.。
[16] 参见 *Ambos*, § 1 Rn. 29 ff.; *Satzger*, § 6 Rn. 1 ff.; *ders.*, JURA 2010, 195 f.。
[17] 关于将保护范围扩张至欧洲司法的观点可参见 *Ambos*, IntStrafR, § 1 Rn. 36, § 11 Rn. 22 ff.。
[18] 详见 *Ambos*, § 1 Rn. 29 ff.。

(三) 对鉴定报告的提示

对于鉴定报告而言，首先要遵循一般原则，即只讨论疑难之处。如果——正如考试中的通常情形——案件发生在德国，而且所有参与者都是德国人[19]，那么在鉴定报告中论述德国刑法的适用性就是多此一举。 15

如果案情提示与外国有关，那么就应当在考查构成要件符合性之前探讨德国刑法的适用问题（对此见第 12 章边码 3 及以下的犯罪构造）。[20] 因为只有先确定了德国刑法的适用性，才能够将德国刑法作为考查的标准。在构成要件符合性的范围内同样应考查德国的犯罪构成要件是否是用来保护外国法益。因为关于该规范的保护范围的问题涉及按照其意义与目的来解释该构成要件。[21] 16

二、刑法的欧洲化

关于欧盟对于国内刑法的影响，首先应当关注其发展历程与当前的条约状态［见标题（一）］，其次是关注从中所产生的对欧盟组织及其职权与行为方式的法律规定［见标题（二）至标题（四）］。[22] 17

(一) 欧盟的发展历程

欧盟（EU）[23] 是一个当前有着 27 个成员的国家联合体。其法律基础是 1992 年的《欧洲联盟条约》（EUV =《马斯特里赫特条约》），该条约之后由《阿姆斯特丹条约》（1997 年）与《尼斯条约》（2001 年）修订。欧盟目前的形式是由《里斯本条约》所确定的，该条约于 2009 年 12 月 1 日生效。该条约从根本上重新构造了欧盟的组织。 18

在《尼斯条约》之前，欧盟是由著名的"三支柱模式"所建构 19

---

[19] 如果案情中对于这些问题没有任何说明，那么无需任何论证就可以以适用德国刑法作为出发点。

[20] 参见 *Satzger*，JURA 2010, 111；*Wessels/Beulke/Satzger*, AT, Rn. 105. 案例与详细的解答可见 *Ambos*, Fälle, Fälle 1 und 5。

[21] 参见 *Satzger*, § 3 Rn. 12 f.；*ders.*, JURA 2010, 111；*Wessels/Beulke/Satzger*, AT, Rn. 103；另一种观点见 *Fischer*, Vor §§ 3-7 Rn. 4。

[22] 不错的引言可见 Schorkopf, Der europäische Weg, 3. Aufl., 2020。

[23] 后文可以参见 *Ambos*, § 9 Rn. 1 ff.。

的。按照这一模式，欧盟——被比喻为——建立在三根支柱之上，也就是欧洲共同体（EG 与 EURATOM）、共同外交与安全政策（GASP），以及警察与司法领域中的合作（PJZS）。欧盟还是一个没有自身法人格（Rechtspersönlichkeit）的高级联合组织，其核心是在 1957 年就通过《欧共体条约》（最初来源是《欧洲经济共同体条约》）所建立的欧共体。欧共体相对于其他两根支柱的特征在于，它承接了其成员国自己的主权，因而成为一个具有国际法上行为能力超越国家的组织。与欧共体不同，另外两根支柱（GASP 与 PJZS）没有自己的法人格，因而只是创设共同体法的组成部分。欧盟在此提供了一个机制性框架，在该框架内成员国能够进行国际层面的合作并缔结协议，这些协议按照国际法原则仅仅在缔约国之间具有约束力，且必须由民族国家所贯彻（所谓的政府间合作）。

20 通过《里斯本条约》，欧盟取代了欧洲共同体的地位，成为了它的继受者（《欧洲联盟条约》第 1 条第 3 款第 3 句），并在形式上取得了法人格（《欧洲联盟条约》第 47 条）。各成员国之前被转让给欧洲共同体的主权自此也留给了欧盟。《欧洲联盟条约》还保持着它的名称，而《欧洲共同体条约》被改名为**《欧洲联盟运作条约》**（AEUV）。

（二）欧盟的组织与行为方式

1. 组织

21 **欧盟的机构**是欧洲议会、欧洲理事会、欧盟理事会、欧洲委员会、欧盟法院、欧洲中央银行与欧洲审计院（《欧洲联盟条约》第 13 条）。[24] 欧洲理事会由各成员国的国家元首与政府首脑等组成，它有权决定一般性的政策目标，但没有立法的职权（《欧洲联盟条约》第 15 条第 1 款与第 2 款）。欧盟理事会的职责是与欧洲议会一起作为立法者进行工作（《欧洲联盟条约》第 16 条第 1 款）。它由每个成员国的一名部长级别代表组成（《欧洲联盟条约》第 16 条第 2 款），所以它是"作为

---

[24] 关于通过《里斯本条约》进行制度革新的概况可参见 *Ambos*, IntStrafR, § 9 Rn. 9 (mit Schaubild); *Herrmann*, JURA 2010, 163 f.; *Mayer*, JuS 2010, 190 f.。

条约主体的代表机构""基于国家平等的图景而被组成的"[25]。欧洲委员会是欧盟的执行机构；此外，它独有欧盟立法活动的提案权（《欧洲联盟条约》第 17 条第 1 款、第 2 款）。委员会成员（"欧盟专员"）由成员国政府所任命，但是在履行职责时却是独立的。欧洲议会由成员国中欧盟公民直接选举产生的议员所组成，它的职责是与欧盟理事会一起作为立法者进行工作（《欧洲联盟条约》第 14 条、《欧洲联盟运作条约》第 294 条规定了程序）。重要的是，要认识到欧洲议会并不具有成员国中所选的人民代表那样的民主正当性（后者如德国的联邦议会）。因为选举平等的原则（"一人一票"）并未在欧洲议会选举中得以实现，其原因在于，考虑到它所代表的公民人数，其递减式的比例构成有利于那些较小的国家。比如，一个德国议员所代表的公民人数差不多是马耳他议员的十二倍。[26]

联邦宪法法院在**里斯本判决**（Lissabon-Urteil）中指出，只要欧盟立法活动的展开能够从各国立法者那里获得民主正当性，只要"在联盟管辖权与国家管辖权之间保持均衡的平衡"，欧盟民主构成的这一缺陷就是可以被容忍的。[27]   **22**

即使欧盟现在拥有了自己的法人格，它也仍然只是各个主权民主国家的作品。[28] 它们有责任去限制欧盟的行为权力。各个民族国家并未给欧盟开具"空头支票"；欧盟没有"决定权力的权力"让自身权力扩张（相对于民族国家）得以正当化。[29] 按照**限制的个别授权原则**（Prinzip der begrenzten Einzelermächtigung），欧盟的每一个立法行为都需要有条约中的根据："所有未在条约中转让给联盟的管辖权都由各成员国保留"（《欧洲联盟条约》第 5 条第 2 款）。   **23**

---

[25] BVerfGE 123,267(368).
[26] 参见 BVerfGE 123,267(374 f.); *Ambos/Rackow*, ZIS 2009,397 ff.。
[27] 参见 BVerfGE 123,267(368 f.); 概况可见 *Zimmermann*, JURA 2009,848 ff.。
[28] 参见 BVerfGE 123,267(368)。
[29] 参见 *Ambos*, IntStrafR, § 9 Rn. 19 f.。

2. 行为方式

24 作为所谓的原生法（primäres Recht）的条约，通过限制的个别授权原则为欧盟的机构设置了一个行为框架，在该框架内欧盟的次生法（sekundäres Recht）得以颁布。次生立法的文件尤其是指条例（Verordnung）与指令（Richtlinie）（《欧洲联盟运作条约》第 288 条）。**条例**具有普适性，在所有部分都具有约束力，而且直接对每一个成员国生效。因此，它不需要在成员国内进行转化（"渗透效应"）。与此不同，**指令**仅仅只对指定目标具有约束力。因此，成员国在通过正式法律或法规进行转化时留有一定的回旋余地。

25 欧盟这一通过有约束力的指令与条例进行活动的权力是**由《里斯本条约》所创设的**。在这之前，欧洲共同体的这些行为方式是被保留的（旧《欧共体条约》第 249 条）。在第三根支柱的范围内，也就是在警察与司法合作的问题中，欧盟以前通过框架决议（旧《欧洲联盟条约》第 34 条第 2 款 b 项）进行活动，该框架协议由于其第三根支柱的跨政府属性只能被一同颁布。

（三）欧盟在实体刑法领域的权力

26 "联盟为其公民提供自由、安全、公正且没有内部边界的区域，保障自由的人员流动，以及在（……）预防与打击犯罪方面采取适当措施"。（《欧洲联盟条约》第 3 条第 2 款）。据此，欧盟的刑法政策旨在**建立一个自由、安全与公正的区域**。[30] 在历史上——就算是在今天仍然首要的是——在其背后是统一经济区的利益，该经济区依靠于各地具有同等约束力的法律框架条件。

1. 欧盟的刑法命令权与刑法立法权

27 为了自由、安全与公正的区域，欧盟与成员国之间存在一个所谓"共享的管辖权"（《欧洲联盟运作条约》第 4 条第 1 款、第 2 款第 j 项）。[31] 因此，按照《里斯本条约》，**刑法立法权**原则上保留在**成员国**

---

[30] 参见 *Heger*, ZIS 2009, 408。

[31] 参见 *Heger*, ZIS 2009, 409。

的手中。其背后的思想是，刑法与各国的国家认同紧密相关。联邦宪法法院在《里斯本条约》的判决中就如此阐述："刑法在核心上不是用来实现有效国际合作的法律技术工具，而是关于法伦理底线的极其敏感的民主决定。"[32]

基于这一背景，通说以《尼斯条约》为根据正确地指出，欧洲共同体没有权力通过指令要求各国法律在使用刑法手段时与其保持一致。[33] 与此相反，欧洲法院（EuGH）在以下情况中承认了刑法一致化（Strafrechtsharmonisierung）的附属权力（Annexkompetenz），即当共同体的立法者认为这对于实现共同体的目标是必要时。[34] 倘若不承认欧洲共同体有刑法一致化的权力[35]，那么该一致化就将在欧盟第三根支柱警察与司法合作（PJZS）的范围内作为跨政府合作的对象得以实现。旧《欧洲联盟条约》第31条第1款第e项规定各成员国"逐步采取措施规定关于可罚行为的构成要件要素和有组织犯罪、恐怖主义与非法毒品交易领域中的刑罚的最低限度规则"。在规定最低限度规则时，各成员国要借助所谓的"框架决议"，它（与指令一样）在目标方面具有约束力，但是给各个国家保留了自行选择形式与手段的权力（旧《欧洲联盟条约》第34条第2款第b项）。比如[36]，《2003年7月22日关于打击私立部门贿赂的理事会框架决议》[37] 出台之后，德国新增了《刑法典》第299条第3款，将商业交往中的行贿与受贿构成要件扩张至国外市场竞争中。

28

---

[32] BVerfGE 123, 267 (410). 关于这一判决的意见可见 *Ambos/Rackow*, ZIS 2009, 397 ff.; *Heger*, ZIS 2009, 406 ff.; *Kubiciel*, GA 2010, 99 ff.; *Meyer*, NStZ 2009, 657 ff. 。

[33] 参见 *Ambos*, IntStrafR, § 11 Rn. 36; *Satzger*, § 8 Rn. 18 ff. 。

[34] 参见 Rs. C-176/03 „Kommission ./. Rat", ZIS 2006, 179; 对此的批判可见 *Hefendehl*, ZIS 2006, 161 ff.; Rs. C-440/05, NStZ 2008, 703; 对此可见 *Zimmermann*, NStZ 2008, 663 ff. 。

[35] 这样就在第三根支柱的范围内阻碍了一致化，《欧洲联盟条约》旧第47条; 参见 *Rosenau*, ZIS 2008, 9 f. 。

[36] 大量其他的示例见 *Ambos*, IntStrafR, § 11 Rn. 12。

[37] 参见 Abl. EG L 192 v. 31.7.2003, 53。

29 《里斯本条约》扩张了欧盟在刑法领域内的权力。在欧盟行使其被赋予的权力的范围内，各成员国受到其约束。[38]

30 《欧洲联盟运作条约》第 83 条包含了关于实体刑法领域的指令权。[39] 其第 1 款包含了创设"在极为严重的犯罪的范围内规定犯罪行为与刑罚的最低限度规则"的权力，只要该犯罪显示出了"跨境维度"[40]。该规定包含了一个相关犯罪领域的目录，属于该目录的比如有恐怖主义、腐败、计算机犯罪与有组织犯罪等。在该目录之外，《欧洲联盟运作条约》第 83 条第 1 款第 3 句还包含了一个"动态的空白授权"以依据犯罪发展情况扩张至其他领域。[41] 最后，《欧洲联盟运作条约》第 83 条第 2 款包含了一项附属权力以在已经被一致化的政策领域中颁布对犯罪行为与刑罚的最低限度规则，前提是这对于有效贯彻联盟政策是必不可少的。[42] 因此，欧盟法院的司法判决（见前文边码 28）之前在《尼斯条约》中无法找到足够的支持[43]，但现在在《里斯本条约》中取得了确认。[44] 无论如何，联邦宪法法院都明确表示，应当对《欧洲联盟运作条约》进行限制解释，以避免欧盟的权力被过度扩张。[45]

31 除了这些指令权，《欧洲联盟运作条约》第 325 条还包含了打击那些针对欧盟财政利益的诈骗犯罪的职权。绝大多数人认为，欧盟在这方面也可以自行颁布刑事规定。[46]

---

[38] 参见 *Heger*, ZIS 2009, 409。

[39] 概况可见 *Ambos*, IntStrafR, § 11 Rn. 5 ff. ; *Zimmermann*, JURA 2009, 846 f. 。

[40] 对此可见 *Heger*, ZIS 2009, 411 f. 。

[41] 参见 *Mansdörfer*, HRRS 2010, 16 f. 。

[42] 关于这一权力范围的争议，可以参见 *Mansdörfer*, HRRS 2010, 17。

[43] 参见 Rs. C-176/03 „Kommission ./. Rat", ZIS 2006, 179；对此的批判可见 *Hefendehl*, ZIS 2006, 161 ff. ; *Kubiciel*, GA 2010, 100 f. ; Rs. C-440/05, NStZ 2008, 703；对此可见 *Zimmermann*, NStZ 2008, 663 ff. 。

[44] 对此详见 *Heger*, ZIS 2009, 412 f. 。

[45] 参见 BVerfGE 123, 267 (412 f.)。

[46] 对此可见 *Grünewald*, JZ 2011, 973 f. ; *Kubiciel*, GA 2010, 101; *Mansdörfer*, HRRS 2010, 18; *Mylonopoulos*, ZStW 123 (2011), 634 f. ; *Noltenius*, ZStW 122 (2010), 617 f. ; *Zimmermann*, JURA 2009, 846；不同的观点有 *Böse*, ZIS 2010, 87 f. ; *Heger*, ZIS 2009, 416 (权力依赖于建立欧洲检察院); *Sturies*, HRRS 2012, 276 ff. ; 此外还可参见 *Sieber*, ZStW 121 (2009), 59。

即使联盟是在其职权范围内行事,也必须重视**补充性原则**与**比例性** **32**
原则(《欧洲联盟条约》第 5 条第 3 款、第 4 款)。[47] 因此,如果各成员
国能够自行实现所期望达到的目标,那么联盟就不能够采取行动。此
外,从联盟应当重视成员国民族同一性的义务(《欧洲联盟条约》第 4
条第 2 款,《欧洲联盟运作条约》第 67 条第 1 款)中可以得出**刑法上的**
宽大原则(Schonungsgrundsatz)[48]。因为刑法秩序属于一个国家共同
体的基本价值决定(见边码 27)。所以,一致化措施需要有特别强的论
证理由。[49] 这里还应当看到《欧洲联盟运作条约》第 83 条第 3 款的
"**紧急制动器**",成员国在以下情况中可以用它来阻断欧盟的指令,即
当该指令"会影响到其刑法秩序的基本方面"时。[50]

2. 欧盟对于国内刑法的其他影响

除了命令权与(通说认为成立的,边码 31)刑法立法权之外,刑法 **33**
的欧洲化也通过其他方式得以实现。只要它涉及联盟的法益保护,那么
就可以从**忠于联盟原则**(《欧洲联盟条约》第 4 条第 3 款)中推导出成员
国具有以下义务,即对于这些法益的侵害,要按照违反国内法的相似犯
罪予以制裁。[51] 比如,按照**同等性要求**(Gleichstellungserfordernis),在
处理针对欧盟的补助金诈骗案件时,不应当与处理针对民族国家的补助
金诈骗案件有显著的区别——后者在德国是由《刑法典》第 264 条第 7
款第 2 项所保障的。无论在什么情形中,忠于共同体原则都要求保护联
盟合法利益的制裁是**有效的**、**合乎比例的**并具有威吓力的。

此外,在欧盟法与国内法发生冲突时**优先适用联盟法**[52],从中产 **34**

---

[47] 对此可见 *Mansdörfer*,HRRS 2010,19。
[48] *Ambos*,IntStrafR,§ 9 Rn. 19,§ 11 Rn. 38;*Heger*,ZIS 2009,409。
[49] 参见 *Mansdörfer*,HRRS 2010,19。
[50] 对此详见 *Ambos*,IntStrafR,§ 11 Rn. 11;*Heger*,ZIS 2009,413 ff.;*Zimmermann*,JURA 2009,848。
[51] 参见 EuGHE 1989,2965 = EuZW 1990,99("希腊玉米");*Ambos*,IntStrafR,§ 11 Rn. 39 ff.;关于同等性的持久存在的意义(尽管通过欧盟的发展扩大了一致化的可能性)见 *Asp*,FS Frisch,2013,S. 1389 ff.。
[52] 参见 *Ambos*,IntStrafR,§ 11 Rn. 44 ff.;*Satzger*,§ 9 Rn. 92 ff.。

生了**合联盟法解释**（unionsrechtskonforme Auslegung）的原则。[53] 其背后的思想是，只有当国内的法秩序不会阻碍欧盟法时，欧盟才会实现其将成员国的法予以一致化以作为一个共同市场条件的目标。换言之，优先适用联盟法与合联盟法解释也是忠于联盟原则（《欧洲联盟条约》第 4 条第 3 款）的体现。

> **食品刑法中优先适用的示例**[54]：刑法上禁止流通某种食物，但并非因为其具有损害健康的危险（对啤酒的纯净要求），如果该禁令所涵盖的饮料由另一个成员国生产，那么该禁令在优先适用中就会被牺牲。因为国内（刑）法必须尊重欧盟内的商品流通自由（《欧洲联盟运作条约》第 26 条及以下）。
>
> **《刑法典》第 263 条诈骗罪的合联盟法解释的示例**：一个举止是否属于误导消费者，也取决于消费者的形象（Leitbild）。关于不被允许的商业活动的 2005/29/EG 号指令原则上规定了一个普通的理智与谨慎的消费者。这样一来，只要在基于国内市场利益的国内法中也被规定了统一的标准，那么那些特别容易轻信或者不够谨慎的消费者就可能失去诈骗罪构成要件的保护。[55]

35 联盟法的同化也可以通过明确规定**援用国内法**予以实现。[56]

> **《欧盟法院章程》第 30 条的示例**：对于证人或者专家证人在欧盟法庭上违反誓言的行为，每一个成员国都应当将其当作在本国民事法庭上的行为进行处理。在收到法院的控告后，该成员国要在其自己的法庭上追诉这一犯罪行为。

36 但是，情况也可以恰好相反，即**国内法规定援用联盟法**，并通过这

---

[53] 参见 *Ambos*, IntStrafR, § 11 Rn. 49 ff.; *Satzger*, § 9 Rn. 102 ff.。

[54] 参见 *Ambos*, IntStrafR, § 11 Rn. 44。

[55] 表达了相同含义的有 *Hecker*, JuS 2014, 1045 f.; SSW StGB/*Satzger*, § 263 Rn. 119 ff.。否定的观点有 BGH NJW 2014, 2595 (2596 f.); *Erb*, ZIS 2011, 375 f.。

[56] 深入阐述与批判可见 *Ambos*, IntStrafR, § 11 Rn. 22 ff.。

种方式将欧盟法整合进国内的犯罪构成要件。[57]

> **示例：**
> 《葡萄酒法》第 48 条第 1 款第 3 项规定了一项刑法禁令，禁止实施"违背欧洲共同体或者欧盟的法律文件中直接有效的条文"的特定行为。

（四）欧盟在刑事诉讼法领域的权力

处于刑事诉讼欧洲化中心地位的是成员国之间**相互承认法院判决与裁定的原则**（《欧洲联盟运行条约》第 82 条第 1 款）。[58] 这种相互承认的一个重要例子就是欧洲拘捕令（Europäischer Haftbefehl），它在任何成员国中都应无需审查而得以执行。[59] 国内的刑事诉讼原则上保持不变。通过指令将国内的诉讼秩序予以最低限度的一致化是补充性的，而且也只有当"它对于让相互承认法院的判决与裁定，以及跨境维度的刑事领域警察与司法合作变得容易是必要"（《欧洲联盟运行条约》第 82 条第 2 款）时才是被允许的。

《欧洲联盟运行条约》第 86 条打开了——在 2021 年 6 月建立的——**欧洲检察院**的可能性，该检察院的主要职责应是追诉那些不利于欧盟财政利益的犯罪行为（《欧洲联盟运行条约》第 86 条第 2 款，以及第 4 款中的扩张可能性）。[60]

三、国际刑法

（一）正当性

实现正义需要一个有能力与意愿行使刑罚权的机关。在国家机关实质上丧失了暴力垄断或者滥用了权力的情况下，这样的机关尤其欠缺。

---

[57] 深入阐述与批判可见 Ambos, IntStrafR, § 11 Rn. 28 ff. 。
[58] 对此可见 Ambos, IntStrafR, § 9 Rn. 26; Heger, ZIS 2009, 410 f. 。
[59] 参见（尽管提出了一定的限制）Murmann, StrafProzR, Rn. 74a f.; 深入阐述可见 Ambos, IntStrafR, § 12 Rn. 43 ff. 。
[60] 详见 Ambos, IntStrafR, § 13 Rn. 24 ff. 。

国际刑法的正当性来自以下观点，即**存在着不依赖于国家法律的基本权利，损害这样的权利展现出了应罚的不法**。放弃刑法回应不仅会损害单个国家的法效力，还会损害整个国际共同体的法效力。[61]

（二）法律根据

40　从实体方面看，国际刑法只能包含**数量有限的一些极其严重的犯罪**，这些犯罪在国际上是无可置疑的。这尤其指的是种族灭绝罪、危害人类罪与战争罪。

41　国际刑法的**法源**与国内法的法源有着显著区别。这里不仅要考虑到国际条约，还要考虑到被普遍认可的法律原则及国际习惯法。[62] 适用于国内刑法的原则受到了限制，如果一个犯罪行为在犯罪实行之前按照国际刑法的一般原则就已经是可罚的了，那么罪刑法定（《基本法》第103条第2款，《刑法典》第1条）就已经得以实现。[63] 国际条约尤其包括《伦敦四方协定》与（作为纽伦堡战争罪审判基础的）《国际军事法庭宪章》及（作为海牙常设国际刑事法院基础的）《国际刑事法院规约》。国际习惯法表现在针对前南斯拉夫与卢旺达的特设法庭（ICTY＝前南斯拉夫国际刑事法庭；ICTR＝卢旺达国际刑事法庭）。

42　国际刑法事务中的**诉讼**之所以特别困难，是因为不能轻易将其交到那些对于追诉犯罪可能完全没有意愿或能力的国内刑事司法机关手中。但是，如果规定的情况发生之后，一个民族国家愿意且能够追诉国际刑法上的犯罪，那么**间接贯彻**国际刑法的路径在原则上就是可能的（"间接实施模式"）。德国通过《国际刑法典》创设了自行开展诉讼的条件。但是，通过国际机构**直接贯彻**国际法也是可能的（直接实施模式）。[64]

（三）直接适用国际刑法的例子

43　　☞ 纽伦堡国际军事法庭（法律基础：1945年8月8日的《伦敦四方

---

[61] 参见 Ambos, IntStrafR, § 5 Rn. 3; ders., Oxford Journal of Legal Studies 33 (2013), Heft 2; ders., Treatise, S. 56 ff.。关于国际刑法正当性的困境的一般性阐述可见 Zaczyk, ZStW 123 (2011), 704 f.。

[62] 参见 Ambos, IntStrafR, § 5 Rn. 5 ff.; ders., Treatise, S. 73 ff.; Satzger, § 12 Rn. 5。

[63] 参见 Ambos, IntStrafR, § 5 Rn. 7。

[64] 参见 Ambos, IntStrafR, § 8 Rn. 64; Satzger, § 12 Rn. 9。

协定》[65]及《国际军事法庭宪章》)

☞ **前南斯拉夫国际刑事法庭**(ICTY)(法律基础:联合国安理会关于设立法庭的第 808 号决议;联合国安理会关于附属规约的第 827 号决议)[66]

☞ **卢旺达国际刑事法庭**(ICTR)(法律基础:联合国安理会第 955 号决议)[67]

☞ **国际刑事法院**(IStGH)[法律基础:《国际刑事法院罗马规约》(以下简称《罗马规约》)]

(四)《国际刑事法院罗马规约》特篇

1. 国际刑事法院

随着《罗马规约》于 2002 年 7 月 1 日生效,国际刑法进入了一个新时代。当时有超过 120 个国家批准了该条约(德国于 1998 年批准该条约)。[68] 国际刑事法院作为**常设机构**拥有 18 名法官。《罗马规约》包含了关于程序法和实体法的规定。其调查由一个独立的控诉机关进行,该机关也在主程序中出庭起诉。

44

设立国际刑事法院的**背景**之一是特设法庭遭受了批评,因为联合国决议并非国际条约,因此这种形式的法庭的正当性基础受到了质疑。[69]

国际刑事法院**在业务上管辖**以下案件:

45

☞ 种族灭绝罪;

☞ 危害人类罪;

☞ 战争罪;

---

[65] 四方分别是英国、美国、法国与苏联政府。
[66] 背景主要是在波斯尼亚—穆斯林飞地斯雷布雷尼察所发生的事件。
[67] 背景主要是胡图族杀害了少数民族图西族 80 万人。
[68] 深入阐述可见 Ambos, IntStrafR, § 6 Rn. 22 ff. 。
[69] 参见 Nitsche, Der Internationale Strafgerichtshof und der Frieden, 2007, S. 183 ff. m. w. N。

☞ 侵略罪（禁止发动侵略战争）。[70]

46 **地域管辖**基于以下联结点：

☞ 属地原则；

☞ 积极属人原则。

47 尽管有些属于国际刑事法院实质管辖范围内的犯罪以国际上被保护的法益为对象，因而几乎本可以适用世界法原则（《刑法典》第6条；见前文边码9）[71]，不过该管辖原则上还是局限于那些要么在一个成员国领土上被实施、要么由成员国的人员所实施的犯罪。毕竟还存在一种（尤其不被美国所接受的）可能性，即非缔约国的成员如果在成员国的领土上实行犯罪，也能被国际刑事法院追究责任。

48 《罗马规约》规定的**刑罚**包括终身自由刑、30年以下的有期自由刑与罚金刑。刑罚由成员国在国际刑事法院的监督之下**执行**。

2. 国际刑法在德国的实施：《国际刑法典》

49 2002年德国《国际刑法典》将《罗马规约》的实体法转化为国内法。[72] 这是为了确保德国能够自行追诉与处罚国际刑法中的犯罪。如此一来，《罗马规约》在间接贯彻国际刑法的意义上产生了效力（对此见前文边码42）。

---

[70] 侵略罪一开始由国际刑事法院管辖。由于最初无法就侵略的定义达成共识，因此管辖权的行使应取决于2010年6月11日在坎帕拉举行的审查会议上达成的协议；对此可见 *Ambos*, ZIS 2010, 649 ff.；*Schmalenbach*, JZ 2010, 745 ff.。自2018年7月17日起国际刑事法院可以行使对这一构成要件的管辖权；详见 *Ambos*, IntStrafR, § 7 Rn. 261 ff.。

[71] 参见 *Satzger*, § 14 Rn. 9。

[72] 概况可见 *Safferling/Kirsch*, JURA 2012, 481 ff.；详情可见 *Satzger*, § 17 Rn. 6 ff.；Kommentierung zum VStGB im MüKoStGB, Bd. 8/4, 3. Aufl, 2018。

案例与问题

19. 德国人 A 在奥地利用棒球棍殴打了意大利人 O。在 A 返回德国之后，检察机关获知了这一事件经过。德国法院是否可以按照《刑法典》第 223 条、第 224 条第 1 款第 2 项对 A 进行定罪处罚？

20. 如何理解限制的个别授权原则？

21. 欧盟在多大程度上有权对成员国的刑法立法问题进行命令，或者甚至自行颁布刑罚规范？

22. 国际刑法的法源与国内刑法的法源之间究竟有多大区别？

23. 国际刑事法院有哪些任务？

第三部分

犯罪要件概览

第 12 章　犯罪构造

一、考查阶层

从宪法所确立并限制的刑法与刑罚的目的之中可以得出犯罪行为成立的重要条件。举止（而非仅是思想）是必要的，行为人通过这一举止损害了保护法益的条文（举止规范损害）。此外，可罚性必须产生于体现了必要明确性的法律之中（《基本法》第 103 条第 2 款）。而且与刑罚相关联的非难要求行为人的举止具有罪责。刑法教义学将这些要求及其他要求设置了**考查顺序**，也就是犯罪构造。

犯罪构造展示了刑法案件的鉴定报告式考查都必须遵循的一个**基本结构**[1]：

1. 构成要件符合性（行为人是否满足了分则中的一个构成要件）；
2. 违法性（行为人的行为是否作为例外而被容许）；
3. 罪责（是否可以对行为人进行个人非难）。

只有在前一阶层的要件满足时，才能进入下一个考查阶层。也就是说，只能处罚一个符合构成要件的、违法的且有罪责的举止。**根据案件与需要考查的构成要件**，在这些要件之外可能还**附加有其他的考查阶层**：涉及外国的案情可能会事先提出德国刑法究竟能否适用的问题（第 11 章边码 3 及以下）。此外尚未确定的是，行为人究竟是否实施了该行

---

[1] 这些考查阶层在鉴定报告中也应当作为标题出现，因为无论是对于作者还是读者，这样都表现得清晰而有条理。但是，也有人呼吁放弃这些标题，比如 Kudlich, Fälle StR AT, S. 6。

为。在这种情况下，探讨构成要件符合性之前（详见第13章边码16及以下）"对行为资格（Handlungsqualität）的预先考查"是有必要的。在一些犯罪中，构成要件符合性还要求出现"客观的处罚条件"（objektiven Bedingung der Strafbarkeit）作为附加前提（详见第14章边码9及以下）。对罪责的考查通常而非总是决定着可罚性。比如基于特殊的量刑条文，可能有必要探讨一个补充的考查阶层（见第18章）；在亲告罪（Antragsdelikt）中，刑事告诉的必要性也被作为刑事追诉前提（第17章边码4及以下）。在罪责之后，属人的刑罚排除事由（比如《刑法典》第258条第6款的亲属性质）与刑罚撤销事由（比如《刑法典》第24条的中止）如有必要也应被讨论（第17章边码2及以下）。依此，总共要考虑下列考查阶层：

4 预先考查：
    ——德国刑法的适用性
    ——行为资格
  1. 构成要件符合性
    ——构成要件附加物：客观的处罚条件
  2. 违法性
  3. 罪责
  4. 特殊的量刑条文、刑事告诉、刑罚排除事由、刑罚撤销事由

二、评价阶层：不法（构成要件符合性与违法性）与罪责之间的区分

5 犯罪构造是以**不同的评价阶层**作为基础的。在根本上是**不法与罪责的区分**。[2] 不法由构成要件符合性与违法性的考查阶层所构成。只有在经历完这一阶层之后才能够问，行为人是否也对这一被实行的不法负有罪责。

---

[2] 这里具有广泛的争议；反对与相对化的观点可参见 *Stübinger*, ZStW 123（2011），405 f.。

（一）不法

图 12-1 不法

1. 构成要件符合性

"构成要件符合性"（详见第 14 章）指的是**满足分则中一个构成要件的条件**（比如《刑法典》第 212 条或者第 223 条）。构成要件包含着对举止方式的抽象描述，这些举止方式类型化地——也就是对于通常情形——表现出了不法；人们可以称之为**"类型化的不法"**（typisiertes Unrecht）。比如，对他人进行身体上的虐待就是原则上被禁止的。但是仅仅如此还不能确定行为人实际上也损害了法秩序。

2. 违法性

始终存在的可能性是，符合构成要件的举止因为法（von Rechts wegen）而**被例外地容许**。对于个案之中是否存在该容许的问题，要在违法性阶层中进行考查（详见第 15 章与第 25 章）。这里需要讨论的是，正当化事由如紧急防卫（《刑法典》第 32 条）是否成立。如果成立，那么这一举止尽管符合构成要件，但是实现了正当化，因而没有体现不法。相反，如果正当化事由没有成立，那么符合构成要件的举止同样也是违法的。

3. 不法

如果一个符合构成要件的举止是违法的，那么它必然表现出了不法。"违法性"与"不法"同等描述着一个举止的特性，即该举止**与法秩序存在着对**立。但是，这两个概念的区别在于，违法性仅仅只是相对于构成要件的实现表现出了正当化事由不成立。与此不同，不法是可以量化的。比如，人们可以说谋杀的不法要大于身体伤害的不法，但是，两个举止方式具有同样的违法性。[3]

---

[3] 参见 Kudlich, HBStR, Bd. 2, § 29 Rn. 5; *Wessels/Beulke/Satzger*, AT, Rn. 419; *Welzel, Das neue Bild*, S. 19; *ders.*, S. 52。

（二）罪责

10 仅有构成要件符合性与违法性（不法）尚不能为科处刑罚赋予正当性。与刑罚同时提出的社会伦理的责难（Tadel）其实要以行为人的罪责作为前提（罪责原则，第 16 章边码 2 及以下）。[4] 在罪责的考查阶层（详见第 16 章与第 26 章）要讨论的是，被实现的不法是否也能够用来对行为人进行**个人非难**。如果行为人在实施行为时无罪责能力（《刑法典》第 20 条）或者由于特殊的冲突境地而被宽恕罪责（《刑法典》第 35 条），那么就缺少了个人的答责性。

案例与问题

24. 简述一下刑法犯罪构造中的三个主要考查阶层。
25. 违法性与不法的共同点与区别点是什么？

---

[4] 参见 BVerfGE 20,323,331;25,269,285;50,125,133;50,205,214 f.。

第 13 章 作为行为的犯罪

所有犯罪的主体都是作为法个体（Rechtsperson）的自然人，也就是与其他自然人有社会关联的自然人。人通过行为（Handlung）将社会现实变好或变坏。若仅仅只有思想，则不能被科处刑罚。但是，可罚性并不必然以积极行为作为前提。如果一个自然人什么都不做——也就是不作为——损害了与法益相关的义务，那么他的不作为同样能够改变社会现实。因此，人们也可以用"举止"（Verhalten）作为积极作为与不作为的上位概念来取代"行为"一词。[1]

因为刑法规范包含着对可罚举止的抽象规定，因此它的前提是要理解一个自然人的行为（或举止）是什么。[2] 关于**"正确的"行为概念存在着很大的争议**。

一、不同的行为概念

关于行为概念的认识属于口试的考查知识，讨论这一问题是有教益的，因为关于刑法上概念构成方法的不同观点正是建立在行为概念的基础之上。[3] 这些讨论反映了过去 150 年教义学史上的重要部分，它围绕着以下问题：**刑法是否必须以前法（vorrechtlich）的——所谓"本体

1

2

---

〔1〕 比如 *Wessels/Beulke/Satzger*, AT, Rn. 145 f. 。对此的批评见 *Zaczyk*, GA 2014, 75, 因为只有"行为"概念才特指人，"举止"也可以用来说动物。

〔2〕 参见 *Arthur Kaufmann*, FS Mayer, 1966, S. 81. 同样还有 *Jescheck/Weigend*, AT, S. 218 f.；*Roxin/Greco*, AT I, § 8 Rn. 41；*Roxin*, HBStR, Bd. 2, § 28 Rn. 28；*Maurach/Zipf*, AT/1, § 16 Rn. 1 f；*Naucke*, § 7 Rn. 127。类似观点见 *Jakobs*, AT, 6/67。

〔3〕 参见 *Becker*, JuS 2019, 513 ff. 。

论"（ontologisch）的——事实为取向（如果是：那么是哪些?），或者刑法是否为了追求目标而自主形成它的概念并在"目的论"（也就是说，针对一个目标）的意义上运行。[4]

(一) 因果行为论

3 根据李斯特的经典描述[5]，行为是"可归因于自然人意志的、对外部世界之变化的引发（Bewirkung）"[6]。据此，行为首先以**"恣意的身体动作"**为要件，即"通过观念引发的、通过运动神经支配而导致的肌肉配合（收缩）"[7]。它必须对外部世界的变化——也就是结果——具有原因性。对于理解这一行为概念来说重要的是，**意志内容**是完全**无关紧要的**。[8]

4 因果行为论的基础是带有强烈**自然科学色彩的科学认识**（Wissenschaftsverständnis），这种学术认识在 19 世纪后半叶同样统治着整个法学界。[9] 自然人的身体（"肌肉收缩"）与自然的因果关系[10]对于行为的自然主义规定是很相配的。追溯到自然科学原则得出了**前法的**

---

[4] 概况比如 *Schönke/Schröder/Eisele*, Vorb. §§ 13 ff. Rn. 23 ff.。

[5] 这一行为概念受到了各种不同的修正。由于在不作为犯罪那里需要证明一个通过恣意的身体动作所引发的对外部世界的变化，因此李斯特后来将行为定义为"恣意地导致或不阻止外部世界的变化"（见 *Liszt*, Lehrbuch, 10. Aufl., 1900, S. 102; 也见 *Beling*, Verbrechen, S. 11; 行为是"一个完全由意志承载的身体动作或静止"; 最后主要是 *Baumann/Weber/Mitsch*, AT, 11. Aufl. 2003, § 13 Rn. 11; 行为是"意志承载的人类举止"）。但是这一规定——正如 v. *Liszt*, Lehrbuch, 10. Aufl., 1900, S. 111 所断定的——放弃了身体举止与结果之间的自然因果关联的必要性，因而实际上也放弃了建立自然科学之上的因果行为理论。见 *Maurach/Zipf*, AT/1, § 16 Rn. 35; Otter, Funktion des Handlungsbegriffs im Verbrechensaufbau, 1973, S. 35 f.。

[6] V. *Liszt*, Lehrbuch, 4. Aufl., 1884, S. 128; 也见 v. *Liszt*, ZStW 8 (1888), 151。但是，因果行为论的主张者之间存在的争议是，因果关系与结果仍旧属于行为，还是它们局限在有意的举止中；前者见 v. *Liszt*, a. a. O.; 后者见 *Beling*, Verbrechen, S. 9, 14, 204 ff.。

[7] V. *Liszt*, Lehrbuch, 4. Aufl., 1884, S. 128; 也见 v. *Liszt*, ZStW 8 (1888), 151。

[8] 参见 *Beling*, Verbrechen, S. 11。

[9] 对思想史基础有更深入认识的读物为 *Welzel*, Naturalismus und Wertphilosophie, in: Abhandlungen zum Srrafrecht und zur Rechtsphilosophie, 1975, 29 ff.。

[10] 它是等价理论的对象；见第 23 章边码 6。

行为概念,这一行为概念对于刑法相关行为与刑法无关行为同等地相配。[11]

这一行为概念是"**古典犯罪论体系**"的基础[12],这一体系是由李斯特与贝林(Beling)(1866—1932年)所建立的。这个体系的出色,部分在于与自然主义的行为理解相适应的**构成要件的价值无涉**(Wertfreiheit)。[13] 据此,构成要件符合性是与自然的外部世界结果(比如一个人的死亡)存在因果关联的、恣意的身体动作。作为意志内容的故意并非行为的组成部分,因此在体系上未被归类至构成要件,而被归类至罪责。[14]

因果行为概念遭受到两个主要**质疑**。[15] 一个质疑是,此概念**缺少自然人行为的本质**。属于行为的,不仅仅是身体动作的恣意性,还有意志内容。[16] 更重要的质疑是,因果行为概念虽然以自然的过程为对象,**但是没有以刑法涉及的社会现实中的改变为对象**。[17]

以侮辱作为例子进行阐释,该行为被李斯特描述为"对空气振动与被攻击者神经系统中生理过程的激发"。[18] 但是,侮辱显然不应被理解为因果过程,而应被理解为社会意义上对被害者的贬损。[19] 同样的问题也出现在对不真正不作为犯(第29条)的处理上,在这种情形下,行为人身体动作与结果之间的自然因果关系恰恰是缺失的。

---

[11] 参见 *Otter*, Funktion des Handlungsbegriffs im Verbrechensaufbau, 1973, S. 35 f; *Maurach/Zipf*, AT/1, § 16 Rn. 33。

[12] 对此进行了很好阐释的有 *Ambos*, JA 2007, 1 ff; *Jescheck/Weigend*, AT, S. 201 ff. 。

[13] 参见 *Beling*, Verbrechen, S. 112:构成要件是"单纯描述性的,规范的规定仅是与之相连接"。

[14] 参见 *Beling*, Verbrechen, S. 178 ff. 。

[15] 比如参见 *Jescheck/Weigend*, AT, S. 219 f. ; *Bockelmann/Volk*, S. 43 f. ; *Otter*, Funktion des Handlungsbegriffs im Verbrechensaufbau, 1973, S. 35 ff. ; *Maurach/Zipf*, AT/2, § 16 Rn. 35。

[16] 对此首要的批判来自目的行为论方面,比如 *Welzel*, ZStW 58(1939), 491 ff. 。

[17] 比如可见 *Gallas*, ZStW 67(1955), 3f. ; *Roxin*, HBStR, Bd. 2, § 28 Rn. 9 ff. ; 持这一观点的有 *Georgakis*, Geistesgeschichtliche Studien zur Kriminalpolitik und Dogmatik Franz von Liszts, 1940, S. 44。

[18] *V. Liszt*, Lehrbuch, 2. Aufl. 1884, S. 108。

[19] 参见 *Radbruch*, FG Frank, 1930, S. 161f. ; *Bockelmann/Volk*, S. 44; *E. A. Wolff*, Der Handlungsbegriff, S. 11。

(二) 目的行为论

8　　目的行为论[20]主要是由汉斯·韦尔策尔（Hans Welzel）（1904—1977年）通过反对因果行为概念而提出来的。[21] 但是，如同因果行为论一样，目的行为论也试图提出一个**前法的行为概念**，它之于刑法是确定而不可变动的。[22]

9　　人类行为的本质是**目的性活动**（Zwecktätigkeit），也就是说，人类行事一直致力于实现所计划的行为目标。因此，行为是有目的地着眼于这一行为目标的。"行为是因果关系的'固定岗位'；外在的因果发生是由目的行事的人类所支配性决定（überdeterminieren）的"[23]。因而，相比于因果行为论，它的新意是不再仅仅取决于动作的恣意性，而恰恰取决于意志的内容。[24]

10　　因此，目的行为论是所谓"**人格不法认识**"（personale Unrechtsverständnis）的基础，这一认识不仅仅是通过对结果的因果引发，还通过对这一结果的主观联系而被构成。[25] 因而，除了结果无价值之外，还出现了**行为无价值**。[26] 这对于犯罪构造也有影响后果：目的的行为意志与因而已经

---

[20] 主要参见其创建者 *Welzel* 的作品，比如：*Welzel*, S. 33 ff. ; ders., Das neue Bild des Strafrechtssystems, 1957, S. 3 ff. ; ders., ZStW 51(1931), 709 ff. ; ders., ZStW 58(1939), 502 ff.。新近的文献见 *Küpper*, Grenzen, S. 44 ff. 及 S. 59, Fn. 94 中其他支持者的论证。

[21] 参见 *Welzel*, ZStW 58(1939), 492。

[22] 参见 *Welzel*, Das neue Bild, S. 4："人的行为的目的性结构对于刑法规范而言始终具有决定性。"还有 *Welzel*, S. 37; ders., ZStW 58(1939), 497。也可见 ders., in: Grünhut-Erinnerungsgabe, 174。深入阐述可见 *Küpper*, Grenzen, S. 44 ff. 。

[23] *Küpper*, Grenzen, S. 44; *Welzel*, Handlungslehre, S. 7 f.

[24] 对此可见 *Roxin*, GS Armin Kaufmann, 1989, S. 237 f. 。

[25] 所以人们也可以提及一个主观理论，凭借该理论"人格不法理论"的概念同时也为将个人的法关系置于不法理论核心地位的观点预留了位置。这一意义上的文献有 *Zaczyk*, Das Unrecht, S. 94f. , 105 ff. 。

[26] 参见 *Bockelmann/Volk*, S. 47; *Jakobs*, AT, 6/8; *Lackner/Kühl/Kühl* Vor § 13 Rn. 20; LK - StGB/*Walter*, Vor § 13 Rn. 24; *Maurach/Zipf*, AT/1, § 16 Rn. 46; *Roxin/Greco*, AT I, § 8 Rn. 26。深入阐述可见 *Hirsch*, ZStW 93(1981), 838 ff. ; *Armin Kaufmann*, FS Welzel, 1974, S. 393 ff. 。

属于构成要件的故意没有任何区别。[27] 从其中得出了今天常见的构造图表[28]：

I. 构成要件符合性
  1. 客观构成要件
  2. 主观构成要件
     a. 故意
     b. 其他主观不法要素，比如《刑法典》第 242 条中的据为己有的目的
II. 违法性
III. 罪责

认识到目的性在故意犯罪中属于行为的一部分，这给目的行为论带来了进步。[29] **批评**的观点则认为，目的行为论无法包含过失，因为过失的特征恰恰是欠缺目的性地指向犯罪结果。[30] 在不作为中也出现了困难，因为它缺少了由意志统领的因果关系的行为构成要素。[31] 从总体上看，目的行为论的缺陷在于，如同因果行为论一样，它将现实改变（Wirklichkeitsveränbderung）的外在方面确定为自然的因果发生。[32] 因而，那些对于刑法具有决定性的社会意义内容并没有被包含。例如：有目的地支配声波撞击被害人的耳朵，与侮辱罪的不法内涵并无多大

---

[27] 参见 Armin Kaufmann, ZStW 70(1958), 64; Welzel, S. 64; ders., ZStW 58(1939), 505, 519; ders., Grünhut - Erinnerungsgabe, S. 178. 其他从目的行为论中得出的结论被总结在 Schönke/Schröder/Eisele, Vorb. §§ 13 ff. Rn. 30; LK/Walter, Vor § 13 Rn. 24 f. 。

[28] 比如可参见 Wessels/Beulke/Satzger, AT, Rn. 1319。

[29] 参见 E. A. Wolff, Der Handlungsbegriff, S. 13。

[30] 对目的行为论的这些疑难与解决尝试的总结可见 Bloy, ZStW 90(1978), 639 ff.; Weidemann, GA 1984, 408 ff.; Roxin/Greco, AT I, § 8 Rn. 20 ff.; E. A. Wolff, Der Handlungsbegriff, S. 13 f. 。对批评进行反驳可见 Welzel, JZ 1956, 316 f.; ders., NJW 1968, 425 ff. 。

[31] 参见 Hirsch, ZStW 93(1981), 851; Küpper, Grenzen, S. 73; E. A. Wolff, Der Handlungsbegriff, S. 14 f. 。

[32] 比如可见 Roxin, HBStR, Bd. 2, § 28 Rn. 14 ff.; AK-StGB/Schild, Vor § 13 Rn. 79; Zaczyk, GA 2014, 76。

关系。[33]

(三) 社会行为论与人格行为论

13　　社会行为论致力于将一个前法的、尤其是承认目的结构的行为概念与目的论的、以法的目的为指向的概念构成相连接。[34] 社会行为论[35]被以不同的类型所主张。连接要素是这一认识：行为并不是作为（被目的性地决定的）自然因果事件而具有法的重要性，而是作为与社会相关的举止而具有法的重要性。比如，耶塞克（Jescheck）与魏根特（Weigend）将行为表述为"具有社会重大性的自然人举止"[36]，因吉施（Engisch）认为行为是"对可被预见的社会重大后果的恣意引发"[37]，韦塞尔斯（Wessels）、博伊尔克（Beulke）与萨茨格（Satzger）则将行为定义为"由人的意志所支配的或可由人的意志支配的具有社会重大性的举止"[38]。

14　　所谓的"**人格行为论**"与社会行为论相近，但是更强调行为人个体的决定对（社会）现实的改变。因此，沃尔夫（E. A. Wolff）认为，行为是"自由地、意义相关地抓住一个向个体开放的机会"[39]。罗克辛（Roxin）与格雷科（Greco）在一个更广的意义上将行为视为"人格的表达"，"被归于作为心理—精神的动作中心的自然人"的一切都属于它。[40]

15　　**社会行为论与人格行为论的优点**在于包含了行为的规范维度。在侮

---

[33] 参见 *Roxin*, ZStW 74（1962），525；相反的观点见 *Welzel*, Erinnerungsgabe für Grünhut, 1965, S. 175 f. 。

[34] 比如可见 *Wessels/Beulke/Satzger*, AT, Rn. 145；*Jescheck*, FS Eb. Schmidt, 1961, S. 150 ff. 。

[35] 富有启发性的文献可见 *Bloy*, ZStW 90（1978），609。

[36] *Jescheck/Weigend*, AT, S. 223.

[37] *Engisch*, Vom Weltbild des Juristen, 1950, S. 38.

[38] *Wessels/Beulke/Satzger*, AT, Rn. 144. 相似的阐述可见 *Maihofer*, FS Eb. Schmidt, 1961, S. 178。

[39] *E. A. Wolff*, Der Handlungsbegriff, S. 17, 他当然将他所谓的"个体的行为概念"归类于罪责，并将其作为属于违法性的"社会的行为概念"（S. 35）的补充（S. 29 ff.）。

[40] 参见 *Roxin/Greco*, AT I, § 8 Rn. 44；*Roxin*, HBStR, Bd. 2, § 28 Rn. 70 ff. "相近的观点"见 *ders.*, AT I, § 8 Rn. 46 ff. 。

辱罪中尤其明显的是，处于核心地位的不是外部世界的自然改变，而是行为人与被害人之间的社会关系的改变。该理论要涵盖不作为也毫无困难，因为违反义务的不作为对于社会共处而言是有影响的。所谓的持有型犯罪（不被允许的持有武器、持有毒品）也是具有社会相关性的人格表达，因而属于行为。[41] 相对于社会行为论，人格行为论有以下优越性：社会意义内容不再是从外部归因于一个行为，而是由行为者自己所（共同）建立的。[42]

二、行为在犯罪构造中的相关性

只有当**行为资格存疑**时，行为才需要作为一个独立的考查点**进行论述**。　　17

> **示例**[43]：
> 一只苍蝇穿过降低的车窗飞向汽车司机 A 的眼睛。她在猛然实施护眼动作时失去了对车辆的控制，并撞上了迎面开来的另一辆车。该车司机 O 受了伤。是否可按照《刑法典》第 229 条对 A 进行处罚？

这里的**考查标准**是**因果行为论意义上的行为**。[44] 如果连一个具有　　18
人的意志的身体动作都不存在，那么从一开始就不应考虑一个（积极作为的）犯罪行为。[45] 如果在案件事实中确实存在着质疑举止究竟是否存在的理由，那么应当在"**对行为资格的预先考查**"的范围内对这一问题进行探究。[46] 在构成要件符合性的考查阶层之前，处于无意识中的

---

[41] 参见 Roxin，HBStR，Bd. 2，§ 28 Rn. 127 f. 。
[42] 与批判性观点的争论见 Roxin，HBStR，Bd. 2，§ 28 Rn. 83 ff. 。
[43] 依照 OLG Hamm JZ 1974，716；对此也可见 Blei，JA 1975，39；Eser/Burkhardt，I，Fall 3；Heinrich，AT，Rn. 208；Stratenwerth，FS Welzel，1974，S. 288；此外还可参见 OLG Schleswig VRS 1964，429；Franzheim，NJW 1965，2000；Schewe，Reflexbewegung，Handlung，Vorsatz，1972，insb. S. 34 ff. mit Bespr. Stratenwerth，ZStW 85(1973)，469。
[44] 其他的行为理论依其各自内容在犯罪构造的不同阶层展开，不需要在鉴定报告的考查中特别提及。参见 E. A. Wolff，Der Handlungsbegriff，S. 19 f，35，39。
[45] 比如 Schönke/Schröder/Eisele，Vorb. § § 13 ff. Rn. 37。
[46] 或者认为是在构成要件符合性范围内的观点有 Hardtung/Putzke，AT，Rn. 196；Herzberg，GA 1996,1 ff. ；Kindhäuser/Zimmermann，AT，§ 5 Rn 18 und Otto，AT，§ 5 Rn. 40。

动作[47]、睡觉时的动作[48]或者与疾病相关的身体动作——比如，癫痫发作[49]等——就已经通过这种方式被过滤掉了。

要解决示例中的案件，关键在于以下思考：只有当回避动作（Ausweichbewegung）涉及具有意志的身体动作时，才成立一个行为。这在**反射动作（Reflexbewegung）**中是**缺失**的。[50] 这类身体的反射无需意志的参与，通过神经刺激便可触发。[51] 反射动作是所谓的"**自动化行为**"（＝"半自动反应"[52]），也就是通过经常性的重复将所学到的举止方式（比如驾驶汽车时的换挡与咬合）与所谓的"**下意识反应**"（＝"短路行为"[53]）予以区分。[54] 在下意识反应中欠缺了被训练的要素。它的特点在于，**一个原则上存在的行为准备（Handlungsbereitschaft）被一个"信号刺激"所激活**。[55] 在本案中，主要指的是惊恐反应与防卫动作：根据通说，尽管不再有时间形成一个相反的动力，但是这样的反应并不欠缺意

---

[47] 参见 *Roxin*, HBStR, Bd. 2, § 28 Rn. 115 ff. 。

[48] 示例：按照《明镜周刊》2009 年 11 月 18 日的网络报道，一名英国男子在睡梦中掐死了自己的妻子，因为他梦见自己遭受了数名青年的攻击。鉴定报告撰写者不应当排除这一历程是"睡眠障碍"的结果的可能性。

[49] 参见 BGHSt 40,341 mit Anm. *Foerster/Winckler*, NStZ 1995, 344 f. 。

[50] 占据绝对统治地位的观点可以参见 Schönke/Schröder/*Eisele*, Vorb. §§ 13 ff. Rn. 40。相反，至少是容易被误解的观点有 *Roxin/Greco*, AT I, § 8 Rn. 67，他将下意识反应归类为反射动作，而反射动作不属于行为。*Schmidhäuser*, Studienbuch, 5/20 看来也认为，至少应当例外地认可反射动作具备行为质量。

[51] 比如"膝跳反射"；比如可见 Schönke/Schröder/*Eisele*, Vorb. §§ 13 ff. Rn. 40; *Jescheck/Weigend*, AT, S. 224; *Otto*, AT, § 7 Rn. 109。

[52] *Maurach/Zipf*, AT/1, § 16 Rn. 17.

[53] SK-StGB/*Jäger*, Vor § 1 Rn. 34. 在 *Kühl*, AT, § 2 Rn. 7 那里这些概念也被同义使用。

[54] 参见 *OLG Hamm* JZ 1974, 716 f. 见 *Kühl*, AT, § 2 Rn. 7 f. ; *Wessels/Beulke/Satzger*, AT, Rn. 151 f. ; *Roxin/Greco*, AT I, § 8 Rn. 67 f. ; SK-StGB/*Jäger*, Vor § 1 Rn. 34. 这些概念经常被区分使用。部分人仅仅提及自动化行为（这样一来它会包含下意识反应），持这一观点的比如有 Schönke/Schröder/*Eisele*, Vorb. §§ 13 ff. Rn. 41; *Eser/Burkhardt*, I, A Rn. 82; *Jakobs*, AT, 6/35 ff. 。

[55] 参见 *Wessels/Beulke/Satzger*, AT, Rn. 152; *Eser/Burkhard*, I, A Rn. 86。

志的驱动。[56] 如果人们遵循这一观点，那么就应承认这一行为资格，并进而考查构成要件符合性。相反，少数派观点质疑以下情况中该行为的成立，即当行为人在具体情形下完全没有时间再去作出相反的决定时。[57] 按照这一观点，由于直接引发事故的事件过程已经欠缺了行为资格，因此就不具有可罚性了。那么接下来要考查的是，A 在之前的汽车驾驶中是否有违背注意义务（sorgfaltswidrig）的举止，因为她并没有充分地制止苍蝇从被打开的窗户中飞入眼睛的这一危险。[58] 对于一个精神不集中的汽车司机来说，这里的行为资格是没有疑问的。

案例与问题

26. 因果行为论与目的行为论的核心差异是什么？
27. 如何理解"古典犯罪论体系"及它与因果行为概念的关系？
28. 如何理解"人格不法"及它与目的行为概念的关系？
29. A 患有癫痫病，虽然按照医嘱用药，但是仍旧经常不同程度地发病。尽管他的主治医生提示他不能开车，但是他还是不顾自己的疾病而时常开车。在一次汽车驾驶中，A 毫无预兆地在一瞬间发病，导致他的右腿痉挛。这使得他踩住了汽车的油门，冲向了一队行人，导致一人死亡。A 是否属于实施了行为？（根据 BGHSt 40, 341 mit Anm. Foerster/Winckler, NStZ 1995, 344 f. 改编）

---

[56] 站在这一立场的有 *OLG Hamm* JZ 1974, 717。赞同的观点比如有 *Jescheck/Weigend*, AT, S. 224 Fn. 34; *Kühl*, AT, § 2 Rn. 7; Lackner/Kühl/*Kühl*, Vor § 13 Rn. 7; *Roxin/Greco*, AT I, § 8 Rn. 67; *Roxin*, HBStR, Bd. 2, § 28 Rn. 122; SK-StGB/*Jäger*, Vor § 1 Rn. 34; 批评的观点有 NK-StGB/*Puppe*, Vor §§ 13 ff. Rn. 50。

[57] 站在这一立场的有 *Jakobs*, AT, 6/38; NK-StGB/*Puppe*, Vor §§ 13 ff. Rn. 34。也可见 *Eser/Burkhardt*, I, A Rn. 86 f. 。

[58] 参见 *Hardtung/Putzke*, AT, Rn. 197 ff. 。

第 14 章　构成要件符合性

一、构成要件的功能

1　　一个举止只有在实现《刑法典》(或附属刑法)的一个构成要件时才是可罚的。前文已提及(第12章边码7),构成要件包含所谓的"**类型化的不法**"[1]。这表示,它的对象是严重的举止规范损害,这一损害体现为应罚的不法的一个特定类型,比如身体伤害(《刑法典》第223条)或盗窃(《刑法典》第242条)。依此,该构成要件包含在整体上描述一个犯罪的类型化不法的全部要素,即所谓的"构成要件要素"(Tatbestandsmerkmale)。

2　　时而出现的情况是,《刑法典》也有所谓"**开放的构成要件**",由于其包含的范围过大,对它的实现未创立类型化的不法。[2] 强制罪(《刑法典》第240条)是最重要的例子。根据《刑法典》第240条第2款,只有当强制举止"被视为可被非难"之时,行为才是违法的。但是存在争议的是,是构成要件因而失去了作为不法类型的特征,还是可非难性判断应被移至对构成要件的具体化。[3]

---

〔1〕 *Gallas*,ZStW 67(1955),17;*Klesczewski*,AT,Rn. 77 关于该构成要件概念的这一维度和其他维度,可以参见的文献比如有 Schönke/Schröder/*Eisele*,Vorb. §§ 13 ff. Rn. 43 ff. 。关于构成要件概念的模糊性可参见 *Maiwald*,FS Puppe,2011,S. 695 ff. 。

〔2〕 参见 *Welzel*,S. 82 f. ;此外还可参见的比如有 *Hardtung/Putzke*,AT,Rn. 521 ff. ;AnwK-StGB/*Hauck*,Vor §§ 32 ff. Rn. 2。

〔3〕 反对开放性构成要件的理论,比如有 *Jescheck/Weigend*,AT,S. 249 f. ;Schönke/Schröder/*Eisele*,Vorb. §§ 13 ff. Rn. 66;Schönke/Schröder/*Eisele*,§ 240 Rn. 16。也可参见 *Maiwald*,FS Puppe,2011,S. 699 ff. 。

二、客观构成要件与主观构成要件的区分

通过贯彻目的的犯罪构造，至少在故意犯罪中能够将客观构成要件与主观构成要件区分开来（第13章边码10及以下）。   3

（一）客观构成要件

客观构成要件包含了那些描述一个犯罪行为的外在不法内涵的情形。[4] 虽然有主观特点（Einschlag），但是重点涉及外在犯罪方面的要素，也属于客观构成要件。   4

> **示例：**
> 《刑法典》第211条谋杀罪的残忍性要素要求在客观上施加特别强烈的身体或精神的痛苦。此外，根据主流观点，一个"出于无情、冷酷的思想"的行为也是必要的。尽管如此，不法的重点在于外部的举止。因此，所有的要件——包含主观的思想要素——也都在客观构成要件中进行考查。[5]

哪些客观构成要件要素构成了一个犯罪行为的外在不法内涵，当然取决于具体的构成要件。最低限度的要件是一个适格的行为人[6]与一个犯罪行为，也就是违反一个举止规范。此外，对于特定的犯罪类型也规定了一般性要求，比如结果犯中的客观归属（详见第23章边码28及以下）。   5

（二）主观构成要件

主观构成要件包含仅仅表明不法的内在（心理）方面的情形。根据   6

---

[4] 参见 *Wessels/Beulke/Satzger*, AT, Rn. 198。

[5] 参见 *Eisele*, BT I, Rn. 75; *Eisele*, BT I, Rn. 75; *Rengier* BT II, § 4 Rn. 10。当然，如果人们将思想要素归入罪责，那么当然可以有不同的看法［比如 *Gerhold* JA 2019, 721 (723, 728)］。这样一来，就要把"无情与冷酷的思想"放在罪责中讨论。那么，对于客观构成要件中的处理，仍然可以使用务实的论点，即在考查中不应撕碎一个构成要件要素。

[6] 这在一般犯中不应被特别查明，但是在特别犯（见边码14及以下）中应当被特别查明。

目前占绝对地位的通说,在故意犯罪中,尤其是**故意**——作为在认识客观构成要件所有情状的情况下对于实现客观构成要件的意志——属于主观构成要件(详见第24章边码7及以下)。[7] 这一内在的心理态度属于不法而非罪责,是因为它给犯罪打上了它的特征:故意地损害他人——通过存在于其中的对他人权利的特别蔑视——升高了法益损害的严重程度。在故意犯罪中,行为人不仅表达了一个特别具有法敌对性的思想(rechtsfeindliche Gesinnung),该思想使得一个被升高的罪责非难得以正当,还实现了被升高的不法。[8]

7　　有时候,属于一个犯罪不法类型的,不仅有涉及客观构成要件要素的故意,还有作为主观构成要件中的**其他主观不法要素**而被讨论的其他内在心理态度。[9] 对此,一个重要的例子是所谓的"超过的内心倾向"(überschießende Innentendenz),比如盗窃罪(《刑法典》第242条)中的据为己有的目的(Zueignungsabsicht),它不需要有客观上的实现。

8　　**有争议的**是,在**过失犯**中是否也有主观构成要件。对个人过失的要求,部分处于主观构成要件,但主要上还是处于罪责(第30章边码12及以下)。

三、客观的处罚条件

9　　对于个别构成要件,除了客观与主观构成要件,还需要补充讨论客观的处罚条件的存在。[10] 与客观的构成要件要素不同,客观的处罚条件**不属于犯罪的不法**,因此故意并不需要涉及它。(具有争议的)客观的处罚条件是由此得出的:如果一个不当举止没有产生后果,即"一切再次安好",那么就**缺乏需罚性**(Strafbedürfnis)。[11]

---

[7] 参见 Wessels/Beulke/Satzger, AT, Rn. 313。
[8] 参见 Freund/Rostalski, AT, § 7 Rn. 38。
[9] 参见 Schönke/Schröder/Eisele, Vorb. §§ 13 ff. Rn. 63。
[10] 概况见 Rönnau, JuS 2011, 697 f.。
[11] 参见 Wessels/Beulke/Satzger, AT, Rn. 212;批评意见有 Rönnau, JuS 2011, 698; D. Sternberg-Lieben/I. Sternberg-Lieben, JuS 2012, 887(处罚条件的发生必须是可被预见的)。

> **示例：**
> 在参与斗殴罪（《刑法典》第 231 条）中，单纯地参加斗殴由于具有一般危险性因而符合构成要件。但是，只有出现了严重后果，比如致人死亡，才存在需罚性。在昏醉罪（Vollrausch）（《刑法典》第 323a 条）中，喝醉就已经符合构成要件了。但是，只有在行为人对于醉酒所实施的犯罪因其状况而无法被处罚时，才可对昏醉予以处罚。

在**鉴定报告**中，客观的处罚条件被作为**"构成要件附加物"**进行考查，这清晰地表明，客观的处罚条件处于不法构成要件之外。[12]

客观的处罚条件也体现为德国刑法的可适用性（《刑法典》第 3 条及以下）[13]，但是这在预先考查的范围内已经被论述过了（第 12 章边码 3 及以下）。[14] 因此，对于那些建立德国刑法可适用性的情形，故意也无需涉及。[15]

四、犯罪类型

各种犯罪在具体构成要件的条件上尽管存在差别，但是也经常可以找出共同点，依此**构成要件能够被分配至不同的组别之中**。构造这些犯罪类型的教义学价值在于，可以对跨罪名（deliktsübergreifend）的问题予以命名，并提出相应的解决方案——对于学生而言，这意味着减轻了学习各种构成要件的细节的负担。[16]

---

[12] 参见 Kaspar, AT, § 5 Rn. 159; Rönnau, JuS 2011, 699; Wessels/Beulke/Satzger, AT, Rn. 212. 作为构成要件附加物进行考查具有实际原因，这主要是为了避免可能对违法性与罪责进行的大范围讨论。由于客观的处罚条件处于不法与罪责之外，因此实际上当然在罪责之后被作为可罚性要件进行考查。支持的观点比如有 Hardtung/Putzke, AT, Rn. 518. 支持在客观构成要件之后、主观构成要件之前考查的观点有 Zieschang, AT, Rn. 181（他反对以下观点，即在犯罪构造中至少要在构成要件里进行考查）。

[13] 参见 Ambos, IntStrafR, § 1 Rn. 9（也涉及不同的观点）。

[14] 所以，称之为处罚的"预先条件"看起来是有道理的；Satzger, JURA 2010, 111。

[15] 深入与细化的阐述见 Böse, FS Maiwald, 2010, S. 61 ff.。

[16] 参见 Rönnau, JuS 2010, 963。

(一) 一般犯、特别犯；为他人而行为 (《刑法典》第 14 条)

13 在一般犯（Allgemeindelikte）那里，人人都可能成为行为人。

一般犯的例子有《刑法典》第 212 条与第 223 条（杀人或者虐待他人身体的"人"）。在鉴定报告中，单独考查行为人资格（"自然人"）是多余的。即使是没有达到刑事责任年龄的儿童也能够实现构成要件（但是其行为没有罪责，《刑法典》第 19 条）。

14 相反，**特别犯**（Sonderdelikte）限制了行为人的范围。[17] 在**真正特别犯**那里，只有特别义务者才是可罚的，特别义务者的属性在这里起着创立刑罚的作用。

> **示例：**
> 接受利益罪（《刑法典》第 331 条）的不法只能够由公职人员（《刑法典》第 11 条第 1 款第 2 项）实现，因为只有公职人员才能够损害对公共服务纯洁性的信赖这一法益。

15 与之不同，在**不真正特别犯**那里，特别义务仅仅起到加重处罚的效果。

> **示例：**
> 《刑法典》第 223 条的身体伤害罪是一般犯。如果是公职人员实施这一犯罪且与他的公务履行有关联，那么这就创设了职务上身体伤害罪（《刑法典》第 340 条）升高的不法内涵。

16 如果**特别义务者与行为者之间是分离的**，那么特别犯中对行为人范围的限制可能导致不合理的**刑罚漏洞**。

---

[17] 参见 Baumann/Weber/Mitsch/Eisele, AT § 6 Rn. 39 ff.；深入阐述可见 *Nestler/Lehner*, JURA 2017, 404 ff.。

> 示例：
> A是一家有限责任公司的经理，而该公司正被债权人进行强制执行。A将值钱的物品搬离了公司的经营场所而不让债权人获得。[18]

与此相关的《刑法典》第288条将行为人描述为强制执行所针对的人。因此行为人只能是债务人。示例中的债务人就是有限责任公司。按照德国法律，有限责任公司作为法人是不可罚的。A虽然通过转移财产的方式实行了构成要件中所规定的行为，但是并不是债务人，因此，在他这里《刑法典》第288条的要件并不成立。**法律通过《刑法典》第14条的规定避免了这一不令人满意的结果**[19]：有着代理权或领导职权的代表者也承担着与完成这一任务相关的义务。在示例中，有限责任公司的经理实行行为，如同他作为债务人实行行为。债务人属性的要素被"转"给了经理，因此他成为了《刑法典》第288条中适格的行为人。

（二）亲手犯

亲手犯（eigenhänidges Delikt）指的是**特定的不法内涵只有通过亲手实行符合构成要件的行为才能够得以实现的犯罪**。[20] 一个特定的构成要件是否以亲手作为要件，在许多构成要件中是存在争议的。

亲手犯的常见例子是《刑法典》第316条的醉酒驾驶罪。其理由在于，该举止依其特定的类型与方式恰恰包含了它的无价值内涵，比如汽车司机自己损害了他对于其他交通参与者所负有的义务。类似的考量也适用于乱伦罪（《刑法典》第173条）、证言类犯

---

[18] 关于相似的情形见 Baumann/Weber/Mitsch/Eisele，§ 25 Rn. 8 ff.；*Valerius*，JURA 2013，15 f. 。

[19] 参见 *Nestler/Lehner*，JURA 2017，408 ff. 关于《刑法典》第14条的专著有 *Ceffinato*，Legitimation und Grenzen der strafrechtlichen Vertreterhaftung nach § 14 StGB，2012。

[20] 参见 Baumann/Weber/*Mitsch*/Eisele，AT § 6 Rn. 46；*Nestler/Lehner*，JURA 2017，405 f.；深入阐述可见 *Satzger*，JURA 2011，103 ff. 。要求亲手性所导致的结果比如有，无法根据共同正犯（《刑法典》第25条第2款）或间接正犯（《刑法典》第25条第1款第2变体）的规则将他人的犯罪贡献进行证成正犯的归属，对此可见第27章边码15。

罪（《刑法典》第 153 条及以下条文）及参加汽车竞赛（《刑法典》第 315d 条第 1 款第 2 项）。相反，性强制（《刑法典》第 177 条第 2 款）并非亲手犯，因为对性自主权的侵害并不依赖于亲手实施该特定的行为无价值。[21]

（三）结果犯、行为犯及举止定式犯

18 构成要件也可以按照以下方式进行区分：不法内涵的创设，是否仅通过**行为无价值**——也就是特定的举止，还是必须也添加一个**结果无价值**——即在外部世界发生结果。[22]

19 **行为犯**（Tätigkeitsdelikt）仅仅局限于那些规定被禁止的举止的构成要件。除此之外，无需额外的结果发生。[23]

> 示例：
> 在证言类犯罪（《刑法典》第 153 条及以下条文）中，伪证及其宣誓是被禁止的举止。相反，法院是否被欺骗或者司法体系是否因错判而遭受损失，则是无关紧要的。

20 与行为犯相反，在**结果犯**（Erfolgsdelikt）中，被禁止的举止导致了对一个具体法益对象的侵害或至少是危害结果（见边码 23）。

> 示例：
> 杀人犯罪（《刑法典》第 211 条及以下条文）与身体伤害犯罪（《刑法典》第 223 条及以下条文）是典型的结果犯，因为它们要求，被禁止的举止导致了死亡的发生或者对身体完整性的侵害。

21 在纯正结果犯中，其构成要件对于引发结果的种类与方式没有进一

---

[21] 参见 BGHSt 27, 205; *Laubenthal*, Sexualstraftaten, 2000, Rn. 123, 132; SSW‑StGB/*Wolters*, § 177 Rn. 134。

[22] 比如 Baumann/Weber/Mitsch/Eisele, AT, § 6 Rn. 47 f.; *Kindhäuser/Zimmermann*, AT, § 8 Rn. 19。关于行为无价值与结果无价值之间的关系详见 *Kudlich*, HBStR, Bd. 2, § 29 Rn. 15 ff.。关于结果犯与行为犯的概览见 *Rönnau* JuS 2010, 961 ff.。

[23] 对此的批判见 *Walter*, FS Beulke, 2015, S. 327 ff.。

步的规定[24]，而所谓的**举止定式犯**（verhaltensgebundenes Delikt）则包含了对犯罪行为的特定要求。[25]

> **示例：**
>
> 盗窃罪（《刑法典》第 242 条）要求有一个拿走行为（= 犯罪行为），该行为必须导致对被盗窃之物的占有关系的改变（= 结果）。诈骗罪（《刑法典》第 263 条）要求一个由欺骗（= 犯罪行为）导致的财产损失（= 结果）。

（四）实害犯与危险犯

按照必须对法益对象造成损害，还是只需要对其产生危害，也可以对犯罪进行区分。**实害犯**（Verletzungsdelikt）必然是结果犯，因为法益损害以侵害一个具体的法益对象作为要件。 **22**

与之相反，在**危险犯**（Gefährdungsdelikt）中要进行区分：**具体危险犯**以一个所谓的"危险结果"作为要件，也就是说，一个法益对象必须实际陷入危险之中，而结果未能发生仅仅是出于偶然（"高度生存危机"[26]）。因此，具体危险犯是结果犯。[27] **23**

> **示例：**
>
> 在《刑法典》第 315c 条第 1 款第 1a 项的危害道路交通罪中，醉酒驾驶实现为对他人身体或生命造成的危险。因此，要求一个以"近乎的事故"为形态的"危险结果"。

相反，**抽象危险犯**通常仅以实行一个行为为要件，该行为一般被认 **24**

---

[24] 因此适用因果关系与客观归属的一般要求；见第 23 章。
[25] 举止定式犯的重要性体现在《刑法典》第 13 条第 1 款第 2 半句的所谓"同等性条款"（见 *Wessels/Beulke/Satzger*, AT, Rn. 1204；还可见第 29 章边码 74 及以下）与原因自由行为（见第 26 章边码 11 及以下）之中。
[26] 概念来自 BGH NJW 2018, 3398 (3399)；批评观点见 *Leitmeier* NJW 2018, 3400。
[27] 参见 Baumann/Weber/Mitsch/Eisele AT § 6 Rn. 51。

为对于特定法益具有危险。因此，抽象危险犯大多是行为犯。[28]

> **示例**：
> 按照《刑法典》第316条，醉酒驾驶即使没有导致危急的情形，也满足了其构成要件。

（五）状态犯与继续犯

25　按照以下标准也可以对犯罪进行区分：该犯罪是在创设一个违法状态（既遂）之后就在法律上结束了，还是除此之外也会通过对该状态的继续维持得以实现，以至于犯罪行为在结束违法状态时才得以终结。[29] 在**状态犯**（Zustandsdelikt）中，其构成要件仅仅包含了对法损害状态的引发，而未包含对该状态的维持。这里只涉及结果犯（比如《刑法典》第211条及以下条文）。

26　在**继续犯**（Dauerdelikt）中，虽然对违法状态的引发已经实现了其构成要件，但是对构成要件的满足则持续到了既遂之后行为人维持着这一违法创设的状态的时间。因此，继续犯既可以是行为犯（比如《刑法典》第123条侵入房屋罪），在该构成要件也包含了对法益侵害的维持的情况下，也可以是结果犯。[30]

以结果犯为形态的继续犯的**示例**是剥夺自由罪（《刑法典》第239条）：当被害人的自由被剥夺时，其构成要件就已经被实现，其犯罪行为因而既遂。但是，只有当行为人不再维持这一违法状态时，其犯罪行为才终结。

（六）作为犯及（真正与不真正）不作为犯

27　作为犯（Begehungsdelikt）是可罚举止的原型。所以，大多数的构

---

〔28〕不过它们也可能以一个结果为要件，该结果没有侵害法益对象，而仅仅是蕴含了法益侵害的抽象危险。《刑法典》第306a条第1款中要求向用来住人的建筑放火（＝结果），无需给人的身体或生命（＝条文的法益）带来具体的危险。参见 Kindhäuser/Zimmermann, AT, §8 Rn. 23。

〔29〕参见 Kindhäuser/Zimmermann, AT, §8 Rn. 26 f.。

〔30〕结果犯与继续犯的区分困难可见 Baumann/Weber/Mitsch/Eisele, AT §6 Rn. 59。

成要件也被主动性地（aktivisch）表述，也就是说，按照其文字表述，它们仅仅包含积极的实行。

对此的**示例**比如有《刑法典》第 223 条（"对另一个人进行身体虐待的人……"）或者《刑法典》第 212 条（"杀死了一个人的人……"）。

要证成积极实行在刑法上的答责性，并不存在特殊的困难：每一个人原则上都要对自己的**身体活动承担责任**。[31]

相反，在**不作为犯**（Unterlassungsdelikt）中，举止无价值在于对一个法所要求的举止的不作为。也就是说，与积极实行中的不同，这里被损害的举止规范不是禁止规范，而是一个**命令规范**（Gebotsnorm）。 28

在**真正不作为犯**中，该消极性（Passivität）按照**法律的表述**已经被置于刑罚之下。[32] 真正不作为犯的**一部分是一般犯**，以处罚对团结义务（Solidarpflicht）的损害。比如见危不救（《刑法典》第 323c 条）或不告发被计划的犯罪（《刑法典》第 138 条）。此外，真正不作为犯大多附加于以下构成要件，它们明确规定了对**负有特别义务之人不行动**的处罚。[33] 29

> **示例**：
> 没有履行特别义务而被处罚的情况有遗弃（《刑法典》第 221 条第 1 款第 2 项：有照管义务却抛弃）或恶意疏忽照顾他人义务（《刑法典》第 225 条第 1 款）。

与之相反，**不真正不作为犯**并不独立地成为一个类型。其可罚性产生于各个作为型构成要件，比如《刑法典》第 223 条及《刑法典》第 13 条，后者将结果归属延伸至以下情形，即在这些情形中行为人应当依法使得该结果不发生。也就是说，行为人只能是那些有着旨在保护被威 30

---

[31] 参见 Baumann/Weber/Mitsch, 11. Aufl. 2003, AT, § 8 Rn. 35。
[32] 真正不作为犯与不真正不作为犯之间的界限存在争议，不过案件处理并不取决于此；详见 Roxin, AT II, § 31 Rn. 16 ff.。
[33] 参见 SSW-StGB/Kudlich, § 13 Rn. 2。

胁的法益对象的特别义务的人（保证人义务）。

> **示例：**
> 母亲故意让自己年幼的孩子挨饿：按照《刑法典》第212条（也可能是第211条）与第13条可罚。

（七）既遂、终结、未遂与企行犯

31　　满足了分则中一个构成要件的条件，那么犯罪行为就既遂了。[34] 在一些构成要件中，还要考虑衔接于既遂之后的不法的进一步深化。在这里要说的是终结阶段。因此，与既遂不同，**终结**并不是在形式上涉及对构成要件的满足，而是指对实质不法的完成。[35]

32　　是否需要在构成要件满足之外去考虑不法的进一步深化，取决于**构成要件的结构**。既遂之后的终结阶段首先要在以下构成要件中被考虑：出于刑事政策的原因，既遂的时间点被向前移动，比如具有超过的内心倾向的犯罪（见第24章边码4及以下）正是这种情况。

> **示例：**
> 在《刑法典》第242条中，构成要件的满足仅仅以违法据为己有的目的作为前提。实现据为己有（也就是说，妄求类似所有权人的地位）对于构成要件的满足来说并非必要，但是对于完全实现作为财物转移犯罪的盗窃的不法来说却是关键。因此，只有当行为人在客观上完成了据为己有，盗窃才得以终结。一个反例是《刑法典》第212条：发生死亡结果时，犯罪既遂且同时终结，因为对法益的深入侵害已不再可能。

33　　此外，既遂与终结的分离还可能出现在以下犯罪中：**不法行为超过既遂的时间点之后能够被继续实施，或者一个一次建立的违法状态仍旧**

---

[34] 参见 *Kühl*，JA 2014，907 f.。
[35] 参见 *Wessels/Beulke/Satzger*，AT，Rn. 65 ff.；对于终结的深入阐述可见 *Mitsch*，JA 2017，407 ff.；*Rönnau* JuS 2019，970 ff. 。

持续。

> **示例:**
>
> 进行一次身体虐待,身体伤害罪就已经既遂了。行为人继续殴打被害人,尽管实现了其他的身体伤害结果,但是只成立一个《刑法典》第 223 条的犯罪,该犯罪在第一次击打时就既遂了,但是在最后一次击打时才终结。继续一个一次建立的违法状态的例子是继续犯:《刑法典》第 239 条的剥夺自由罪在关押被害人时就既遂了,但是直到关押结束时才终结(见边码 26)。
>
> 终结的重要性主要体现于以下具有争议的问题:在既遂与终结之间的这段时间里,参与犯罪是否是可能的(所谓的承继参与,详见第 27 章边码 61 与 139)。

34

预备行为原则上是不可罚的(例外:《刑法典》第 30 条),而**未遂**在许多故意犯中是可罚的。在法律技术上,这种情形的出现并非通过建立自己的构成要件,而是通过总则的条文,这些条文将可罚性扩张至构成要件实现的直接的前置阶段(《刑法典》第 22 条及以下)。

35

在(真正)**企行犯(Unternehmensdelikt)**(《刑法典》第 11 条第 1 款第 6 项)中,**未遂与既遂被等同视之**。[36] 对于未遂中原则上存在免除刑罚的中止(《刑法典》第 24 条)的可能性来说,这会造成以下结果:在企行犯中,进入到未遂阶段就同时意味着既遂了,因此中止是不可能的。[37]

36

对此的**示例**有《刑法典》第 81 条、第 82 条、第 307 条第 1 款、第 357 条,还有附属刑法中的《反不正当竞争法》第 16 条第 2 款"累进式招徕顾客广告"(progressive Kundenwerbung)及《胎儿保护法》第 1 条的"滥用生殖技术"。在核心刑法中,(在几个联邦州中)唯一与考试相关的、通常被视为(真正)企行犯的犯罪是《刑

---

[36] 深入阐述可见 Mitsch, JURA 2012, 526 ff.。
[37] 参见 Fischer, § 11 Rn. 28a。

法典》第 238 条第 1 款第 2 项变体中的缠扰罪（Stalking）。[38] 这一犯罪行为在力图建立联系时就已经既遂了。[39]

37　除此之外，还有的构成要件虽然没有明确规定对"企行"一个犯罪行为予以处罚，但是一个作为犯罪行为的"倾向性行为"（Tendenztätigkeit）就已经足够了，而不需要发生一个结果（所谓的"**不真正企行犯**"）。[40] 比如，《刑法典》第 113 条第 1 款的"抗拒"[41] 或者《刑法典》第 292 条第 1 条第 1 款的"追踪野生动物"就应当属于此。[42] 这里最后是一个解释各个构成要件的问题，即从不真正企行犯的特性中可以得出哪些结果。[43]

（八）故意犯与过失犯及故意与过失的组合

38　根据《刑法典》第 15 条，分则中的构成要件受到刑罚威慑的始终都是**故意**的行为。据此，即使具体构成要件中没有明确提及，也应当（在主观构成要件中）考查故意。只有在法律明确规定的情况下，**过失**举止才是可罚的（比如《刑法典》第 222 条与第 230 条）。

39　除了纯粹的故意构成要件与过失构成要件，还有一些构成要件要求举止在涉及犯罪行为时是故意，而在涉及犯罪结果时仅是过失（**故意与过失的组合**）。依据法律规定，这类犯罪属于故意犯（《刑法典》第 11 条第 2 款），它的重要性在于共犯与未遂的可能性。故意与过失的组合的一种下属情形是**结果加重犯**，即至少是过失地引发严重后果会导致加重处罚（《刑法典》第 18 条；例如《刑法典》第 227 条）。[44]

---

[38] 比如可见 *Fischer*, § 238 Rn. 13；SSW StGB/*Schluckebier*, § 238 Rn. 10。曾经，对机动车驾驶员的抢劫型攻击（《刑法典》第 316a 条）是企行犯的知名例子。但是，《第六次刑法改革法》使其失去了企行犯的特征。

[39] 但是，由于"企行"的概念压根没有出现在这一构成要件中，因此更适合归类为不真正企行犯（边码 37）。持这一观点的有 *Mosbacher*, NStZ 2007, 667。

[40] 参见 SSW-StGB/*Satzger*, § 11 Rn. 49；*Kindhäuser/Zimmermann*, AT, § 8 Rn. 30；深入阐述可见 *Mitsch*, JuS 2015, 98 ff.。

[41] *Fischer*, § 11 Rn. 28c，§ 113 Rn. 22；SSW-StGB/*Fahl*, § 113 Rn. 6, 14；*Mitsch*, JuS 2015, 98 f.；深入阐述可见 *Küper*, FS Frisch, 2013, S. 985 ff.。

[42] 参见 Schönke/Schröder/*Heine/Hecker*, § 292 Rn. 10 ff.。

[43] 参见 SSW-StGB/*Satzger*, § 11 Rn. 49。

[44] 对此见 *Rönnau* JuS 2020, 108 ff.。

（九）基本犯、加重犯与减轻犯

围绕着一个特定的不法与罪责类型经常有着各种不同的变型（Abwandlung），比起各个犯罪的"普通情形"（Normalfall），它们有的更为严重，有的则比较轻。这一普通情形就是基本犯[45]，与之相连的则是（加重处罚的）加重犯（Qualifikation）与（减轻处罚的）减轻犯（Privilegierung）。

40

> **示例：**
> 《刑法典》第223条的普通身体伤害罪对于《刑法典》第224条、第225条、第226条与第227条的加重构成要件来说就是基本犯（详见第22章边码2）。

作为基本犯加重不法或减轻不法的变型，加重犯与减轻犯应与那些独立的构成要件相区别，后者具有在本质上不同的不法或罪责内涵。

41

> **示例：**
> 《刑法典》第249条的抢劫罪并非加重的盗窃罪，而是一个独立的犯罪。因为与盗窃罪不同，它不仅仅针对的是财产，还通过强制要素（暴力或胁迫）针对了被害人的意志自由。

案例与问题

30. 如何理解构成要件？
31. 哪些主观要素属于构成要件及为什么？
32. 为什么故意不必要涉及客观的处罚条件？
33. 如何理解基本犯、加重犯与减轻犯？

---

[45] 比如可参见 Kühl, AT, § 1 Rn. 4；与"基本构成要件"的说法同义，比如可见 *Wessels/Beulke/Satzger*, Rn. 168。

第15章 违法性

一、作为容许规范的正当化事由

1 只有在一个举止的构成要件符合性得到肯定之后,才能进入违法性的考查阶层。通过构成要件符合性只能够确定一个举止体现了典型化的不法,但是还存在着进一步的问题,即该举止是否**被例外地容许**。正当化事由正是那些**容许定理**(Erlaubnissätze),**在它们的介入下,行为人的举止与法秩序保持着一致**——这同时意味着,被损害者必须容忍该符合构成要件的侵犯。行为人正当化的另一面因而就是**被害人的容忍义务**。[1]

> **示例:**
> 如果A在行使紧急防卫权时打中了O的脸,那么O有义务来承受这一拳。O并不享有《刑法典》第32条的紧急防卫权。

2 大多数情况下,这些容许原则被法律所规定(比如《刑法典》第32条与第34条),但有时也涉及司法判决与学术研究所提出的正当化事由,比如承诺与推定承诺。[2]

3 对于通常情形来说,如果构成要件实现了,那么举止的不法符合性就得以确定了,而正当化事由的介入只是例外,因此只有存在

---

[1] 比如 AnwK-StGB/*Hauck*, Vor §§ 32 ff. Rn. 5。
[2] 这样的法创造在正当化领域中是可能的,因为它涉及的不是不利于行为人的类推,而是有利于行为人的类推;对此比如可见 AnwK-StGB/*Hauck*, Vor §§ 32 ff. Rn. 11。

正当化事由的介入联结点时，才需要在鉴定报告的违法性中进行深入考查。[3] 否则在"违法性"的标题之下只需要提示："由于未见正当化事由，因此该行为是违法的。"[4]

二、单个正当化事由（概览）

正当化事由不仅存在于《刑法典》中，比如也存在于刑事诉讼法与民法中。根据**法秩序的统一**（Einheit der Rechtsordnung）这一基本原则，其他法领域的容许定理也应在刑法中受到关注。[5] 一个民法上被容许的举止当然不能同时通过刑罚所禁止。

主要考虑下列正当化事由：

☞ 紧急避险（《民法典》第228条与第904条，《刑法典》第34条）；

☞ 正当化的义务冲突；

☞ 紧急防卫（《刑法典》第32条）；

☞ 承诺，推定承诺，假设承诺；

☞ 惩戒权（有争议）与教育权；

☞ 拘捕权（《刑事诉讼法》第127条）；

☞ 自助权（《民法典》第229条；保障房东押金权的自助权，《民法典》第562b条第1款；占有人反抗不法侵夺的自助权，《民法典》第859条；不动产占有者的自助权，《民法典》第1029条）；

☞ 受到名誉损害时对正当利益的维护（《刑法典》第193条）；

☞ 公职人员的职权（Amtsbefugnis）、公务权（Dienstrecht）与特殊干涉权（比如《刑事诉讼法》第81条及以下与第112条及以下，强制执行范围内的措施）。

---

[3] 例外：所谓的"开放的构成要件"，如《刑法典》第240条，在此应当对犯罪行为的卑劣性予以积极确定。

[4] 经常有人说"构成要件符合性指示出了违法性"；*Haft*, AT, S. 66; *Kühl*, § 6 Rn. 2; *Welzel*, Das neue Bild, S. 20, 22 ff.; *Zieschang*, AT, Rn. 183. 对这一表述进行了正确批判的有 *Kindhäuser/Zimmermann*, AT, § 8 Rn. 5.

[5] 比如可见 AnwK-StGB/*Hauck*, Vor §§ 32 ff. Rn. 5; *Satzger*, JURA 2016, 156 f.。

三、正当化的实质原则

6 根据通说,不同的正当化事由并不从属于某个统一的原则。[6] 因而,一个人被容许合法地损害他人利益,其原因根据正当化事由而各不相同:

7 最为重要的是**重大优越利益原则**(Prinzip des überwiegenden Interesses)。它指的是,被害人为了保护更高级别的利益而必须忍受特定的侵犯。对此,典型的例子是**紧急避险**(《刑法典》第 34 条、《民法典》第 904 条)[7]。比如行为人不顾车主的抗议使用了他的汽车(《刑法典》第 248b 条),是为了将再迟便无法被挽救的事故伤者尽快送往医院。单单有重大优越的利益当然还不能解释车主的容忍义务,因为可以提出的观点是,即便是如此大的利益,也与另外一个人无关。还必须附加**团结原则**(Prinzip der Solidarität),从这一原则之中可以产生被害人的以下义务,即在他人法益遭受重大危险的情况下容忍对自身法益的侵犯。[8]

8 自由施展的直接结果就是**自主原则**(Autonomieprinzip),比如在正当化事由中,这主要是由**承诺**(Einwilligung)来发挥作用的:如果被害人对侵犯表示同意,那么行为人仅仅是从表面上看起来损害了被害人,但实际上尊重了被害人的自由。

9 自主原则在**紧急防卫**(《刑法典》第 32 条)中同样发挥着作用,因为攻击者通常自由答责地决意实施侵害,所以被攻击者对自己造成的损害也归因于攻击者自己。在这一答责分配的背后有着所谓的**法确证原则**(Rechtsbewährungsprinzip),根据这一原则,法无需向不法屈服。被违

---

[6] 参见 Baumann/Weber/*Mitsch*/Eisele,§ 14 Rn. 39 f.;HK-GS/*Duttge*,Vor §§ 32–35 StGB Rn. 8;*Jakobs*,AT,11/1;*Kindhäuser/Zimmermann*,AT,§ 15 Rn. 4;*Zimmermann*,HBStrR,Bd. 2,§ 37 Rn. 76 ff.;深入阐述与深化研究可见 *Frisch*,FS Puppe,2011,S. 425 ff.。

[7] 在所谓的防御性紧急避险(《民法典》第 228 条)中,所侵害的法益正是危险的来源,情况则有所不同,因为法益的承载者有着特殊的答责性,*Erb*,JuS 2010,18;*Frisch*,FS Puppe,2011,S. 428 ff.。

[8] 对此的深入阐述可见 *Kühnbach*,Solidaritätspflichten Unbeteiligter,2007。

法攻击的人所保护的因而不仅仅是自身利益，同时还有法本身。[9] 所以紧急防卫权也并不受到比例原则的限制。与攻击者相团结的思想在这里完全退居幕后。

四、正当化事由的结构

(一) 客观正当化要素

按照通说，正当化事由由客观要件与主观要件共同构成。[10] 在客观上，正当化事由要求一个特定的**正当化处境**（Rechtfertigungslage）——即一个正当化事由原则上支持行为人的情形——和一个与该情形相称的**正当化行为**（Rechtfertigungshandlung）。

10

(二) 主观正当化要素

除了客观正当化要素之外，还需要一个主观正当化要素。这意味着，行为人在行为时无论如何都必须**认识到这些情状**——正是由于这些情状，正当化事由能够发挥作用。[11]

11

> **示例：**
> A 认识到 O 没有理由地对自己进行身体攻击，他也看到了能够成功制止这一攻击的最温和的可行手段。因此，行为人认识到了对于《刑法典》第 32 条而言必要的情状。

司法判决中特别要求的不仅有对正当化情状的认识，还有行为人**意欲合法地实行行为**。[12] 在示例中，如果 A 不是为了防卫攻击，而是要将他所痛恨的 O "消灭"，那么正当化就被排除了。文献则对这一意志要求提出了合理的批评，因为它不适当地将思想放上了重要的地位（见第 25 章边码 10b）。

12

---

[9] 参见 *Rengier*, AT, § 18 Rn. 1。
[10] 比如可见 *Rengier*, AT, § 17 Rn. 9。
[11] 概况可见 *Rönnau*, JuS 2009, 594 ff. 。
[12] 参见 BGHSt 2, 111, 114; BGH NStZ 1983, 117; NJW 1990, 2263 f. ; 出自文献 *Wessels/Beulke/Satzger*, AT, Rn. 413; 区分化的观点见 HK-GS/*Duttge*, Vor §§ 32-35 StGB Rn. 12。

案例与问题

34. 构成要件符合性与违法性之间的关系如何?

35. 为什么仅有重大优越利益原则还不能使得对非参与者法益的侵犯正当化?

第 16 章　罪责

尽管罪责属于刑法的核心概念,然而关于**罪责概念的内容与含义**却没有达成一致。联邦最高法院如此陈述:

"罪责是刑罚的前提。罪责是可非难性的(Vorwerfbarkeit)。在对罪责的无价值评定中,行为人被如是非难:他没有合法地作出举止,他作出实施不法的决意,尽管他本能够合法地行为、作出支持法的决定。罪责非难的内在根据在于,人生而拥有自由、答责、合乎道德的自我决定(Selbstbestimmung),因此,有能力作出支持法、反对不法的决定,有能力让他的举止合乎法的应然规范并避免触犯法的禁令,一旦他已获得道德上的成熟且只要这一自由、合乎道德的自我决定设定没有因《刑法典》第 51 条(此为旧版本,现在是第 20 条与第 21 条)提及的疾病事件而暂时瘫痪或被长期摧毁。"[1]

联邦最高法院的刑事大审判庭(《法院组织法》第 132 条)通过这些著名的句子表述了罪责原则(下文标题一)、给出了罪责概念的内容规定(下文标题二)并表明了罪责非难的内在根据(下文标题三)。对于在现实中解决案件而言,主要依靠的是关于各种排除罪责事由与宽恕罪责事由的知识(下文标题四)。

一、罪责原则(= 罪责基本原则)

根据罪责原则,**罪责是刑罚的前提**(无罪责则无刑罚)。"这一基本

---

[1] BGHSt(*Großer Senat*)2,194,200f.

原则根植于作为《基本法》前提,以及《基本法》第1条第1款与第2条第1款规定的宪法强力保护的**人的尊严与自我答责性**,它们在刑法的安排中也应当被关注与尊重"〔2〕。因此,个人的尊严要求一个依赖于罪责的刑罚,因为与刑罚相关联的社会伦理的责难(Tadel)只能针对那些需要对犯罪进行个人答责的人。〔3〕

3 这里当然只勾画了占据通说地位同时也是作为联邦宪法法院与联邦最高法院判决基础的观点的轮廓。在新近的文献中也有**讨论其他的理念**。〔4〕尤其是试图从刑罚目的出发对罪责进行解释〔5〕,这导致了对罪责原则的完全改造。据此,如果出于(一般)预防的角度会有用的话,那么就可以归属于罪责。对刑罚的科处因而取决于必要性或合目的性。这样的路径与人的尊严并不相容。〔6〕

二、罪责概念的内容

4 通说的表述与联邦最高法院一样,"罪责是可非难性"〔7〕。但是,这只给出了一个不精准的简短公式。〔8〕罪责与可非难性不能是同一的,否则罪责就如同非难一样"仅仅只在他人的头脑中"〔9〕存在。因此,

---

〔2〕 BVerfGE 25,269,285;也可见 BVerfGE 20,323,331;50,125,133;50,205,214f.;128,326,376;123,267,413;133,168,197(Rn. 53 ff.)。

〔3〕 参见 *Jescheck/Weigend*, AT, S. 407f.;*Maurach/Zipf*, AT/1, § 7 Rn. 15; Schönke/Schröder/*Eisele*, Vorb. §§ 13 ff. Rn. 103/104;"关于罪责与人的尊严之间的关联"的有启发意义的阐述见 *Otto*, GA 1981, 481 ff.;详细与在法哲学方面予以深化的阐述见 *Kaufmann*, Schuldprinzip, S. 115 ff.。

〔4〕 总结性内容可见 *Eser/Burkhardt*, I, Fall 14 A 2 ff.。

〔5〕 尤其是 *Jakobs*, Schuld und Prävention, 1976, S. 3 ff.;*ders.*, AT, 17/18 ff.。

〔6〕 对这一理念的批评可见 *Arthur Kaufmann*, JURA 1986, 225;*Schöneborn*, ZStW 92 (1980), 682 ff.;*Stübinger*, KJ 1993, 33 ff.;*Zaczyk*, in: Neumann/Schulz(Hrsg.), Verantwortung in Recht und Moral, 2000, S. 105。

〔7〕 BGHSt 2, 194(200);*Fischer*, Vor § 13 Rn. 47; Lackner/Kühl/*Kühl*, Vor § 13 Rn. 23;*Maurach/Zipf*, AT/1, § 30 Rn. 7;*Welzel*, S. 138 ff. 基础性的阐述见 *Frank*, FS Juristische Fakultät Gießen, 1907, S. 529; *ders.*, , S. 136。

〔8〕 表达了相同含义的比如有 *Otto*, GA 1981,484; Schönke/Schröder/*Eisele*, Vorb. §§ 13 ff. Rn. 114。深入阐述可见 *Kaufmann*, Schuldprinzip, S. 178 ff.。

〔9〕 *Rosenfeld*, ZStW 32(1911), 469。

非难仅能够与行为人的罪责相连接。首先必须存在一个心理的基础,这正是非难所涉及的。[10] 所以,罪责的内容必须是一个行为人对于法秩序的特定的、在不法中被宣告的精神态度。如此一来,比如行为人的**"在法上有缺陷的思想"**(Gesinnung)[11]就被描述为罪责评价的对象。

在上述所谓**规范的**罪责概念获得承认之前[12],在古典犯罪论(第13章边码5)中被支持的是一个**心理的**罪责概念,据此罪责仅限于行为人对于犯罪——故意或过失——的心理关系。[13] 基于规范的罪责概念,现在认识中要考虑的是,罪责不能够仅仅局限于一个价值中立的心理状态,而必须——作为与刑罚相关联的无价值判断的联结点——对心理态度的价值违反性具有决定性作用。比如,只有以规范的罪责概念为基础,才能够论证存在精神疾病时为何无罪责,尽管对于犯罪的心理关系——比如在伤害故意的形态中——非常可能存在。[14]

三、罪责非难的"内在根据"

"罪责非难的内在根据在于,人生而拥有自由、答责、合乎道德的自我决定,因此有能力作出支持法、反对不法的决定"[15]。借此,联邦最高法院承认了人的**决定自由**,但这受到了很多批评,因为联邦最高法院关于这一立场并没有提出证据。[16] 关于人的意志自由的问题,是**决定论**(所有决定在事前就已被确定了)与**非决定论**(人在作出决定时

---

[10] 参见 *Kaufmann*, Schuldprinzip, S. 182 f. ; *Lampe*, ZStW 77(1965), 275 f. 。
[11] 参见 *Jescheck/Weigend*, AT, S. 422。
[12] 这首先要追溯到 *Frank* 的论文; 见 *Frank*, FS Juristische Fakultät Gießen, 1907, S. 529; *ders.*, S. 136。
[13] 对此比如可见 *Jescheck/Weigend*, AT, S. 420; *Wessels/Beulke/Satzger*, AT, Rn. 626; 深化至思想史的关联可见 *Zaczyk*, in: Neumann/Schulz (Hrsg.), Verantwortung in Recht und Moral, 2000, S. 103 ff. 。
[14] 对此可参见 *Jescheck/Weigend*, AT, S. 420。
[15] BGHSt 2, 194(200); 同样的还有联邦宪法法院 [BverfGE 123, 267 (413)]。
[16] 比如可见 *Frister*, JuS 2013, 1059 ff. ; *Jakobs*, in: Henrich (Hrsg.), Aspekte der Freiheit, 1982, S. 69 ff. ; *Herzberg*, ZStW 124(2012), 12 ff. 。深入且方法有所差异的见 *Streng*, HBStrR, Bd. 2, § 43。

有——至少是有限的——自由）之间古老的争论对象。[17]

7　　近年来，**一些大脑研究者的论文**[18]**又使得这一争论得以复兴，根据这些论文，被人们感觉为自由的决定完全是由神经所决定的**。[19] 人的深处那关于自由与答责的意识在某种程度上只是"自然的把戏"，这一把戏将复杂社会中的共同生活给简单化了。基于这样的想法，被抽去根基的不仅仅是罪责刑法，而是所有自由的、建立在人的尊严之上的法。[20]

8　　站在支持联邦最高法院的立场上可以这样说：这一争论根据自然科学标准无法作出决断，在争论中最终发挥决定性作用的必须是——**对于主体而言，对自由的认可是一个无法被欺骗的事实**。[21] 所有的伦理问题，乃至于权力与权利的区分，都依赖于自由。因为"对于一个思考应否作为或不作为的人来说，决定论正确与否是一个纯粹的理论难题。他作出决定的困难与对于他关于情况的思考的分量在每一个案件中都是不变的"[22]。人们在现实行动多种多样的情况下提出"我应该做什么"的问题，暗示着决定选项（Entscheidungsalternativ）的必然存在，行为者

---

[17] 详见 *Dreher*, Die Willensfreiheit, 1987, S. 1 ff.。

[18] 大脑研究对此也尚未形成统一观点。所以，*Libet*, in: Hillenkamp (Hrsg.), Neue Hirnforschung-Neues Strafrecht?, 2006, S. 124 f. 得出了如下结论："自由意志的存在，就算不是更好的选项，也比用决定论来否定它好。"相似的阐述可见 *Grothe*, in: Hillenkamp (Hrsg.), Neue Hirnforschung-Neues Strafrecht?, 2006, S. 35 ff.，他还告诫他的同行应当态度严肃。总结性内容可见 *Jäger*, GA 2013, 3 ff.; *Weißer*, GA 2013, 26 ff.。

[19] 也可参见专著研究 *Herzberg*, Willensfreiheit und Schuldvorwurf, 2010（对此的批评性评论见 *Rath*, GA 2011, 731 ff.）与 *Merkel*, Willensfreiheit und rechtliche Schuld, 2008 (mit krit. Bespr. *Zaczyk*, GA 2009, 371 ff.); 此外还可参见的比如有 *Adam/Schmidt/Schumacher*, NStZ 2017, 8 ff. 及文集 Duttge (Hrsg.), Das Ich und sein Gehirn, 2009 中的论文。

[20] 恰当的观点有 K. *Günther*, in: Institut für Kriminalwissenschaften und Rechtsphilosophie Frankfurt a. M., 2007, S. 72："如果个体自由这样的基础都受到质疑，那么受到处置的不仅有罪责概念与刑罚，还有整个法。"更多证明参见 *Duttge*, in: ders. (Hrsg.), Das Ich und sein Gehirn, 2009, S. 16 f.; *Murmann*, in: Koriath/Krack/Radtke/Jehle (Hrsg.), Grundfragen des Strafrechts, 2010, S. 192 f.。

[21] 表达了相同含义的比如有 *Eser/Burkhardt*, I, Fall 14 A 25; *Jescheck/Weigend*, AT, S. 412; *Otto*, GA 1981, 488. Vertiefte Begründung bei *Köhler*, AT, S. 9 ff.。

[22] *Eser/Burkhardt*, I, Fall 14 A 25; 深入阐述可见 *Burkhardt*, FS Maiwald, 2010, S. 79 ff.。

在其中能够根据自己设定的理由进行选择。[23] 这一自由意识禁止在刑法中从其他的观点出发，只能从以社会生活为基础的观点出发，在这里对错误的举止予以非难而对正确的举止予以赞赏是理所当然的。联邦宪法法院也是这样认为的："《基本法》第1条第1款对人的尊严的保护的基础是将人想象为一个精神——道德的存在，该存在被设定为自由的自我确定与施展。"[24] 因此，对错误的——也就是违法的——决定进行非难，其内在根据就是这一决定自由。

四、排除罪责事由与宽恕罪责事由

（一）基本原则：答责性

对于成年人（与《刑法典》第19条的儿童和《少年法院法》第3条的青少年不同），刑法**在原则上是认为其具有刑法答责性（Verantwortlichkeit）的**。[25] 但是在例外情形中，罪责既可以因为排除罪责事由也可以因为宽恕罪责事由而缺失。[26]

对于鉴定报告而言，从这一通常或例外关系中可以得出，只有当案情包含行为人罪责存疑的具体联结点时，才需要进一步的阐述。否则，这样的确认就够了："没有涉及排除罪责事由或宽恕罪责事由存在的联结点，因此行为是被有罪责地实行。"

（二）排除罪责事由

排除罪责事由指的是，行为人在实施犯罪时**没有决定支持法并反对不法的可能性**。[27] 因此，这里缺乏提出罪责非难必要的"内在根据"（上文边码6）。这一方面涉及**无罪责能力**的行为人的情况（《刑法典》第19条与第20条，《青少年法院法》第3条）：没有能力认识行为不法的人与没有能力根据这一认识去实施行为的人一样，都没有作出反对法

9

10

---

[23] 参见 *Stelzer*, in: Dilcher/Hoke/Pene Vidari/Winterberg (Hrsg.), Grundrechte im 19. Jahrhundert, 1982, S. 30 f.。

[24] BVerfGE 133, 168, 197 (Rn. 54).

[25] 比如可见 *Hörnle*, JuS 2009, 873。

[26] 对此比如可见 Schönke/Schröder/*Sternberg-Lieben* StGB Vorb. §§ 32 ff. Rn. 108.

[27] 参见 *Wessels/Beulke/Satzger*, AT, Rn. 682.

的决定；另一方面，由于在**禁止错误**（《刑法典》第 17 条）中的行事者也缺少实行不法的认识，因此他也不能作出反对法的决定。

（三）宽恕罪责事由

11 宽恕罪责事由的特征是，行为人有机会去决定反对不法，但是由于其犯罪行为**被显著降低的不法内涵与罪责内容**而未能达到应罚的罪责门槛。[28] 宽恕罪责事由介入了人类生活的"边缘情形"，在这些情形中符合规范的举止不再表现得有期待可能性。在这里，犯罪行为仅仅是在完全被减弱的意义上表现为对违法决定的表达。在特殊处境的背景之下，它反而是可以被理解的。换言之，犯罪行为是可以被宽恕罪责的。法律规定的宽恕罪责事由有**宽恕罪责的紧急避险**（《刑法典》第 35 条第 1 款，见第 26 章边码 55 及以下）与**防卫过当**（《刑法典》第 33 条，见第 26 章边码 76 及以下）。此外，还要讨论**法律规定之外的一些宽恕罪责事由**（见第 26 章边码 92 及以下）。

案例与问题

36. 如何理解罪责原则？

37. 请阐述排除罪责事由与宽恕罪责事由的区别！

---

[28] 比如可见 Freund/Rostalski, AT, § 4 Rn. 6; Kühl, AT, § 10 Rn. 5; Wessels/Beulke/Satzger, AT, Rn. 682。

第 17 章　处罚的其他要件

通常情况下，刑法上的考查到了罪责就完结了：如果行为人符合构成要件、违法且有罪责地实行行为，那么他就是可罚的。但例外的是，一个有罪责的举止出于刑事政策的考量或欠缺需罚性（Strafbedürftigkeit）而仍然不可罚。[1] 对此的一个例子就是欠缺前文提及的客观的处罚条件（第 14 章边码 9 及以下），但是这通常基于考查经济性的原因（免除对违法性与罪责的多余阐释）而被作为构成要件附加物予以处理。[2] 在鉴定报告中，罪责之后的单独考查阶层能够讨论属人的刑罚排除事由（Strafausschließungsgrund）与刑罚撤销事由（Strafaufhebungsgrund）及诉讼程序要件（Prozessvoraussetzung）。

1

只有存在相关阐释的具体诱因时，才能在鉴定报告中加入这一罪责之后的附加考查阶层。

一、属人的刑罚排除事由

属人的刑罚排除事由建立在以下事实上，这些事实在实行犯罪时就已经存在于行为人自身并排除掉了需罚性。[3] 尤其应考虑的是类似紧急避险的处境。[4] 相关例子有终止妊娠未遂的孕妇（《刑法典》第 218 条第 4 款第 2 句）与阻挠刑罚罪中的所谓亲属特权（《刑法典》第 258 条第 6 款）。

2

---

[1]　参见 *Kindhäuser/Zimmermann*, AT, § 6 Rn. 16 ff.。
[2]　参见 *Kindhäuser/Zimmermann*, AT, § 6 Rn. 22。
[3]　深入阐述可见 *Satzger*, JURA 2017, 649 ff.（对于认识错误情形亦然）。
[4]　关于各类排除刑罚的背景事由详见 *Satzger*, JURA 2017, 650 ff.。

二、属人的刑罚撤销事由

3　　属人的刑罚撤销事由**追溯性地**取消了可罚性。最重要的例子是**中止**（《刑法典》第 24 条）：已经实现的未遂刑罚（《刑法典》第 23 条）因为中止而又被撤销了。在一些既遂阶段很早就达到而不再会有中止的构成要件中，行为人仍能够通过**真诚悔过**（tätige Reue）来获取刑罚撤销。比如，对经济关系予以欺骗已经成立了一个既遂的信贷诈骗（《刑法典》第 265b 条）。如果行为人自愿地阻止信贷提供者给付款项，那么他就可以获得刑罚免除（《刑法典》第 265b 条第 2 款）。

三、诉讼程序要件

4　　诉讼程序要件指的是诉讼程序的可被受理性所依赖的情状，欠缺这些情状则会造成**程序障碍**（Verfahrenshindernis）。[5] 在属于诉讼法的大量诉讼程序要件[6]中，实体刑法的鉴定报告首先要重视的是亲告罪中的**刑事告诉要求**（《刑法典》第 77 条及以下条文）。[7] 在这里，立法者给予被损害者决定是否追诉犯罪的权利。其理由在于，在一些构成要件中仅有轻微的不法内涵（比如盗窃与侵占价值很小的物品，《刑法典》第 248a 条），而在另一些构成要件中行为人与被害人之间的关系具有需保护性，比起犯罪行为，刑事诉讼对这些关系的妨害要大得多（比如同居者与家庭内部的盗窃，《刑法典》第 247 条）。而在其他构成要件中，法益损害与行为人和被害人之间的关系这两个方面，都发挥着作用，比如侵入房屋罪（《刑法典》第 123 条第 2 款）、侮辱罪（《刑法典》第 194 条）、身体伤害罪（《刑法典》第 230 条）与损坏物品罪（《刑法典》第 303c 条）。在**绝对**亲告罪中，决定权只在被损害者的手中（比如《刑法典》第 123 条第 2 款）。在**相对**亲告罪中，当检察院认为基于特殊的

---

[5] 参见 Beulke/Swoboda, Strafprozessrecht, Rn. 426；Ranft, Strafprozessrecht, Rn. 1103。
[6] 参见 Ranft, Strafprozessrecht, Rn. 1106 ff.。
[7] 对此可见 Bosch, JURA 2013, 368 ff.；Kett-Straub, JA 2011, 694 ff.；Mitsch, JuS 2014, 1 ff.。

公共利益而有必要进行刑事追诉时,也可以依职权对犯罪行为进行追诉(比如《刑法典》第230条)。

在鉴定报告中应当注意: 案情中经常包含着一个刑事告诉已经被提起了的提示。那么,在鉴定报告中只需要指出满足了刑事追诉要求即可。如果案情没有包含这样的设置,那么对于刑事追诉要求进行简短提示即可,而且在相对亲告罪中,如果检察院肯定了刑事追诉中的特殊公共利益,还要对依职权追诉的可能性予以提示。对《刑法典》第77条及以下条文中的刑事告诉要件进行深入考查通常是不需要的,它只在以下情形中可被期待,即案情中说明了提起刑事告诉的情状。

案例与问题

38. 在亲告罪中,告诉要求应在犯罪构造的何处进行考查?绝对亲告罪与相对亲告罪之间的区别是什么?

第 18 章　特殊量刑规定

1　　在鉴定报告中**不要探讨具体的量刑**,因为量刑是一个复杂的过程,不可能从考题中简单描述的举止中得出,而且在没有对被告人产生亲身印象的情况下也是不可能量刑的。基于同样的原因,对于那些没有提及的量刑幅度变更事由(Strafrahmenänderungsgrund),比如一些构成要件中所规定的"较轻情形"(比如《刑法典》第249条第2款),也不要在鉴定报告中进行论述。[1]《刑法典》第21条的减轻罪责能力也只体现了量刑因素,同样也不需要讨论。

2　　相反,如果一个量刑规范被规定得与一个构成要件类似,有着**具体的减轻处罚要件或加重处罚要件**,那么就应在鉴定报告中对它也进行考查。比如,这适用于《刑法典》第213条的受到挑衅后杀人(但是不适用于在同一条文中规定的其他较轻情形)。

3　　尤其重要的是被所谓"**常例**"(Regelbeispiel)所具体化的极其严重情形。法律在这里对一个极其严重的情形"通常"何时成立(比如《刑法典》第243条)举了例子。依此,常例的成立与否仅仅只起着旁证的效果:既可以接受所谓常例之外的严重情形,又可以在常例成立时却否认它为一个严重情形。[2] 通过常例实现的具体化容许并要求在鉴定报告中进行一个与构成要件符合性类似的考查,尤其是区分为常例的客观要件与关于其的明知和意欲(但是这里并不是技术意义上的"故意")。

---

〔1〕 这里涉及的是"自身类型的量刑规则",在其中"犯罪应作为整体被评价";LK-StGB/*Schneider* Vor § 46 Rn. 19。

〔2〕 参见 *Kindhäuser/Zimmermann*, AT, § 8 Rn. 9; *Wessels/Beulke/Satzger*, AT, Rn. 172。

在**鉴定报告**中,这些量刑规定应在罪责之后的一个单独的考查阶层进行探讨,因为它对于违法且有罪责的构成要件实现并不产生影响。但是,只有当相应的考查需求实际存在时,这一考查阶层才是必要的。

案例与问题

39. 为什么原则上不要在鉴定报告中讨论具体的量刑?
40. 如何理解"常例"?在鉴定报告的哪个位置对它进行考查?

第四部分

刑法鉴定报告

如果不通过正确的方式进行展示，再多的知识也毫无用处！许多考试的失败并非法律知识不够，而是欠缺运用这些知识的能力。因此，必须重点掌握鉴定报告的写作技巧，属于这些技巧的主要是著名的"鉴定报告文体"及解释方法。

第 19 章　鉴定报告写作技巧

一、撰写法律鉴定报告的一般提示

刑法鉴定报告是按照刑法学的标准对一个现实案情（Lebenssachverhalt）进行评判。 　1

　　一个现实案情的示例：A 与生活在一起的 O 长期吵架。一天，他俩在厨房中又开始吵架。最后，O 疲惫地转身背向 A。A 突然用一口铸铁的煎锅砸向了 O 的头，造成 O 受伤并大量出血。

这里因而涉及对——通常在现实案情结尾处被明确表述的——**案件问题**的回答："如何处罚这些参与者？"当然，设问时也可以局限于特定的参与者，或者题中的提示也可以将特定的犯罪构成要件排除在外。　2

在仔细阅读案情与问题之后[1]，要对相关的犯罪构成要件与疑难重点列出大致的提纲。[2]在要处理的案件中通常描述了数个举止方式与数个角色，这些都具有刑法上的关联性。这些举止方式中的每一个真　3

---

　　[1] 参见 *Bock/Hülskötter* JURA 2020, 1074 (1076 f.)；*Er/Erler/Kreutz*, JA 2014, 749；*Klaas/Scheinfeld*, JURA 2010, 542；*Putzke*, Juristische Arbeiten, Rn. 9 ff.；*Wessels/Beulke/Satzger*, AT, Rn. 1367. 关于"领会案情"的细节性建议见 *Kampf*, JuS 2012, 310 f.；*Rotsch*, Klausurenlehre, 1/11 ff.，66 ff.。

　　[2] 参见 *Fahl*, JA 2008, 350；*Putzke*, Juristische Arbeiten, Rn. 12 ff.；*Wessels/Beulke/Satzger*, AT, Rn. 1368。

正值得考虑的犯罪构成要件都应被考查。[3] 诀窍在于，一方面要找出所有相关的构成要件；另一方面要忽略那些相离甚远、不值得真正考虑的构成要件。

4 在列提纲时，鉴定报告的撰写人必须明白应当被提及的不同案情部分与相关构成要件的顺序（所谓的鉴定报告的"**整体结构**"）。[4] "正确的"结构只有一个规则：**结构要遵循内容！**因此，尽可能让读者轻松跟上鉴定报告的思维过程的结构就是正确的结构。[5] 此外，该结构也应当考虑到其任务的重点。对于一个成功的结构，下列观点应受到关注：

5 ☞ 大多数情况下，一个**按照时间顺序的**、以案件事实中所描述的事件为指向的顺序的考查结构是最清楚明了的。[6]

☞ 在很多情况下，要对在事实上与法律上形成了统一体的**犯罪复合体**（Tatkomplex）进行区分。[7] 在犯罪复合体内部应**按照人**来进行细分。

☞ **顺带考查**（Inzidentprüfung）（也就是交错式的可罚性考查）是混乱的，因此应当被避免。[8] 比如从中可以推断出，在探讨共犯的可罚性之前应当先考查作为前提的主行为。

☞ 如果一个人的数个举止方式可能是对结果承担刑法责任的联结点，那么原则上就应当从**离结果最近的举止**开始考查（见第14章边码16及以下、第26章边码12及以下的示例），除非发生在先的举止能够从一个更严重的犯罪中证成可罚性（见第24章边码70及以下的示例）。

☞ **恰当的重点设置**支持先考查更严重的犯罪。比如，如果在同一个

---

[3] 参见 Beulke, Klausurenkurs I, Rn. 18。

[4] 参见 Beulke, Klausurenkurs I, Rn. 13；Bringewat, Methodik, Rn. 449 ff.；Rotsch, Klausurenlehre, 1/83 ff.；Wessels/Beulke/Satzger, AT, Rn. 1364 ff.；Wohlers/Schuhr/Kudlich, S. 36 ff.；Zieschang. JA 2021, 529(531)。

[5] 参见 Er/Erler/Kreutz JA 2014, 749；Rotsch, Klausurenlehre, 1/83 ff.。

[6] 参见 Beulke, Klausurenkurs I, Rn. 40；Roxin/Schünemann/Haffke, Klausurenlehre, 4. Aufl. 1982, Teil 1 D II, S. 13。

[7] 参见 Wessels/Beulke/Satzger, AT, Rn. 1379；Valerius, Einführung, S. 118 f.。

[8] 参见 Beulke, Klausurenkurs I, Rn. 13；Klaas/Scheinfeld, JURA 2010, 544。

事件部分中同时还要讨论损坏物品罪的话，就应当从杀人罪开始考查。[9]

一个简明易懂的结构是不言而喻的，因此在鉴定报告中不需要讨论与论证结构问题。[10]

在考试中不应将超过 1/3 的时间用于解题纲要。[11] 也就是说，应将至少 2/3 的时间用于书面撰写，这在刑法考试中相当普遍。[12]

6

在家庭作业中还应注意额外的形式要求与学术实践的规则。为了应对这一任务，已经发展出了一种特殊的文献，在完成家庭作业时应当使用这类文献。[13]

二、引导性语句

可罚性考查都要以一个概述了考查对象的引导性语句作为开始。[14] 该引导性语句必须包含以下内容：

7

☞ 考查**谁的**可罚性？
☞ 对**哪一举止**的可罚性进行考查？
☞ 依据哪一**犯罪构成要件**来考查该可罚性？

> **示例：**
> 有疑问的是，A 用煎锅击打 O 的头部，是否可按照《刑法典》第 223 条第 1 款进行处罚。

---

[9] 参见 *Kampf*, JuS 2012, 312; *Klaas/Scheinfeld*, JURA 2010, 544 f. 。
[10] 参见 *Fahl*, JA 2008, 352; *Murmann*, JA 2012, 732。
[11] 建议的处理时间在 1/5 至 1/2 之间摇摆，参见 *Bock/Hülskötter* JURA 2020, 1074 (1078); *Ibold* StrafR 1s. 4 Rn. 10 *Klaas/Scheinfeld*, JURA 2010, 545; *Rotsch*, Klausurenlehre, 1/75 ff. (30 至 60 分钟); *Zieschang* JA 2021, 529 (530), *Putzke*, Juristische Arbeiten, Rn. 18 则认为这个问题取决于答题者的类型，所以反对建议的时间。
[12] 参见 *Beulke*, Klausurenkurs I, Rn. 15。
[13] 比如 *Möllers*, Juristische Arbeitstechnik; *Putzke*, Juristische Arbeiten。
[14] 参见 *Murmann*, JA 2012, 730; *Rotsch*, Klausurenlehre, 1/153 ff. ; *Valerius*, Einführung, S. 17 f. ; *Wieduwilt*, JuS 2010, 290; *Wohlers/Schuhr/Kudlich*, S. 20 f. ; *Wolff* ZJS 2020, 553 (554 f.) . 概况可参见 *Lahnsteiner*, JURA 2011, 580 ff. 。

8　　从这一设问中可以得出，**考查的结论只能是肯定或否定的回答**。因此，考查的结论不能仅仅是，行为人虽然没有因引导性语句中所列出的罪名而可罚，但是却由于另一个罪名而可罚。在这类案件中更应当在被考查的构成要件中否定可罚性，进而开始新的考查。[15]

三、涵摄方法（"鉴定报告文体"）

（一）目标设定

9　　导语中的设问要求考查以下情况，即一个特定的、在案件事实中被描述的举止方式是否满足了应被考查的犯罪构成要件，并存在可罚性的其他要件（违法性、罪责、处罚的其他可能要件）。因而这里涉及**将案情中所描述的具体情状涵摄于刑法的抽象规范之下**。[16]

10　　涵摄方法不是毫无意义的仪式，而是一个对事件进行理性易懂的法律评价的辅助手段。[17] 也就是说，涵摄是一种**解决法律问题的方法式辅助手段**。[18] 从中可以得出一个重要的观点：鉴定报告文体只适用于真正需要解决疑难问题的场合！对于那些明显满足特定构成要件要素的情况，人们只要简单陈述一下即可。[19] 只有那些避免对显而易见的问题进行广泛考查的人才会给考官留下专业的印象，而且才有机会去恰当处理案件中的真正疑难问题。[20]

---

[15]　参见 Murmann, JA 2012, 730。这种情形的一个合理例外是，对基本构成要件与加重犯合并考查（比如《刑法典》第223条、第224条第1款第2项）并得出仅满足基本构成要件的结论。不过，这类案件中更好的做法还是先考查满足基本构成要件，再在进一步考查中将加重构成要件的实现作为主题。

[16]　参见 Arzt, StrafR-Klausur, § 3, S. 23; Fahl, JA 2008, 350; Wank, Auslegung, § 1 V, S. 16f.; Wohlers/Schuhr/Kudlich, S. 17 ff.。

[17]　参见 Röhl/Röhl, Rechtslehre, § 18 I 2, S. 153; 也可参见 Rüthers, JuS 2011, 868 f.。

[18]　也就是说，鉴定报告文体没有提供任何论据，而仅仅只是给出了一个有序、易懂的思维过程的框架；参见 Duttge, ZDRW 2020, 71(79 f.)。

[19]　参见 Arzt, StrafR-Klausur, Teil 2 § 3, S. 24; Beulke, Klausurenkurs I, Rn. 17; Er/Erler/Kreutz JA 2014, 749 f.; Fahl JA 2008, 351; Ibold, StR I, S. 8 f. (Rn. 37 ff.). Otto, Übungen, Teil 1 II 4, S. 25; Rotsch, Klausurenlehre, 1/151, 162 ff. 关于"严格的"鉴定报告文体与"确证式风格"（Feststellungsstil）之间的差别详见 Wolff ZJS 2020, 553 (555 ff.)。

[20]　参见 Murmann, JA 2012, 730 ff. 有更多关于经济地处理案例的提示; Wessels/Beulke/Satzger, AT, Rn. 1383。

> **示例：**
> 在用煎锅砸被害人头部的案件中，要满足《刑法典》第223条的客观要素只需要进行以下陈述即可："A通过击打，既对O进行了身体虐待，又由于造成了撕伤而损害了O的健康。"

有一些可罚性的法律要件甚至**完全无需提及**。　　　　　　　　　　　　**11**

> **示例：**
> 所有的犯罪构成要件都要求行为人是人类（在犯罪构成要件中的表述是"人"）。这里没有任何理由去探讨行为人具不具备人类资格，这一显而易见的问题根本不值一提。类似的情况通常还有被害人也必须是人类（在犯罪构成要件中的典型表述是"他人"）。不过，在人类生命的边缘领域中情况可能就不一样了——被害人已是人类还是尚为胎儿？被害人是活着还是已经死亡？（对此见第21章边码13及以下）

此外，"**誊写法律文本**"或者**案情**这些阅卷者已然知晓的内容也是**多余的**。[21] 无法推动案件解决的**多余套话也应避免**。[22] 比如"A必须满足客观构成要件"这种表述或者"由于不同的观点会导致不同的结论，因此，要在这一争议中作出一个抉择"这种提示——这二者都是理所当然的。只有在边缘情形中才应当注意**措辞**与**拼写**。[23] 表述上的缺陷往往会导致内容上的歧义。为了能够让读者更清楚地了解对案件的法律评价，应当尽可能写出简短、清晰的句子。　　**12**

（二）将规范分解为数个要件

我们的思维与语言要求将复杂的对象分解为多个部分。因此，对可罚性的考查也必须遵循一定的步骤，让阅卷者能够理解。首先必须将抽象的规范分解为数个要件。比如，《刑法典》第223条的犯罪构成要件　**13**

---

[21] 参见 *Stiebig*, JURA 2007, 909。
[22] 参见 *Rotsch*, Klausurenlehre, 1/100。
[23] *Ibold*, StrR I, S. 10(Rn. 52); *Rotsch*, Klausurenlehre, 1/96 ff.; *Wolff* ZJS 2020, 553 ff.。

要求：①一个人；②对他人；③进行身体虐待或者损害其健康。不过这里仅仅提及了《刑法典》第 223 条的客观构成要件。正如《刑法典》第 15 条所表明的，在《刑法典》第 223 条中涉及的是一个故意犯罪。因此，还要在主观构成要件中考查的要件是故意。（与边码 11 相区别）对于构成要件的每一个要素，原则上都要分别考查该案情是否满足了这一要素。这也同样适用于可能对正当化事由、排除罪责事由与宽恕罪责事由及其他成立、限制或者具化可罚性的规范的考查。

（三）鉴定报告文体

14 　鉴定报告文体要求对规范的每一个要件进行**四个步骤的考查**：首先提出引导性问题，即应被考查的举止是否满足了该条文的一个特定的抽象要素。然后要对该要素进行定义。接下来探讨案情是否能被该要素所涵摄，也就是说，这里要考查具体的事件是否表现出了该抽象构成要件要素所具备的性质。最后要得出结论，满足或者不满足该要素。[24]

15 　　**示例**：A 违背 O 的意志剪掉了她的长辫子。在鉴定报告的考查中要在开头写上引导性语句，比如：“有疑问的是，A 剪掉 O 的辫子是否可按《刑法典》第 223 条第 1 款进行处罚。”在客观构成要件的考查范围内（大体）需要进行以下阐述：

☞《刑法典》第 223 条第 1 款要求，行为人对被害人进行了身体虐待（＝列出应被考查的构成要件要素）。

☞人们将"身体虐待"理解为一种恶劣与不当的对待，它对身体安适（Wohlbefinden）或者身体完好性（Unversehrtheit）的侵害超过了轻微的程度（＝定义）。

☞存在疑问的是，剪断头发是否体现了身体虐待的这一含义。头发表现为身体的组成部分，法条的文字表述所要求的对被害人身体的侵害是成立的。鉴于身体完整性这一法益，对身体完好性的侵害可以与被害人的疼痛无关。这尤其体现于对身体物质的侵犯。因

---

[24] 参见 *Fahl*, JA 2008, 351; *Petersen*, JURA 2002, 106; *Rengier*, AT, § 11 Rn. 2-14; *Stiebig* JURA 2007, 910. *Beulke*, Klausurenkurs I, Rn. 26。

此，剪断头发也是一个侵害了身体完好性的、恶劣且不当的对待。当整条辫子都被剪掉时，这样的侵害无论如何都不仅仅是轻微的（＝涵摄）。[25]

☞ 所以 A 对 O 进行了身体虐待（＝结论）。

因此，在考查构成要件要素时，首先要**标记出考查对象（第一步）**。接下来是**定义（第二步）**。在现实中所有的构成要件要素都有一个简短的标准定义，考生经常会被期待记住这些定义。实际上这也是不可或缺的，因为历代法学家将从大量案件中所检验的理性置入了这些定义之中。在考试中无法"发明"一个相似的可用定义。[26] 所以必须知晓前述示例中"身体虐待"的定义。有时关于"正确的"定义也存在着争议。[27] 这样一来就应对考查要素进行解释（见第 20 章），这里必须要注意的是该争议与具体案情是否具有相关性。

16

在（真正的）**涵摄（第三步）**范围内首先遇到的疑难问题是案情表现得并不明确。[28] 应当通过（接近现实的）**案情解释**来阐述这些不明确性。[29] 只有当无法消除对案情的怀疑时（有时案情自身包含着特定情况无法被查明的表述），才能动用**"存疑有利于被告"**原则，以最有利于行为人的案情选项作为出发点。这一步与涵摄之间有着不可分割的关联，因为若没有法律评价的视角，则无论是不同案情解释的相关性，还是对行为人更有利的案情选项的相关性，都无法得到评价。[30]

17

案情解释的一个常见疑难问题在于必须从**外部情况反推内心情况**——尤其当行为人故意时。在**示例**中，若案情没有其他说明，用煎锅击打被害人（边码1）就可以认为行为人有身体伤害的故意。

18

---

[25] 参见 BGH NJW 1953,1440，不过这里也额外考虑到剪断头发造成了被害人外貌毁损。

[26] 参见 *Tiedemann*, Anfängerübung, Kap. 1 II 4, S. 18。

[27] 关于观点争议的展示见 *Wolff* ZJS 2020,553(561 ff.)。

[28] 严格地说，这里涉及的是关于涵摄的前置问题，不过要到涵摄的框架内才能被有效地回答，因为直到这一步才能知晓哪些实际情状对于解题来说是重要的。

[29] 参见 *Klaas/Scheinfeld*, JURA 2010,542; *Wolff* ZJS 2020,553(565)。

[30] 参见 *Arzt*, StrafR-Klausur, § 3, S. 30; *Zippelius*, Methodenlehre, § 16, S. 79。

相反，从该行为的生命危险性中还无法轻易得出杀人的故意。并不能说行为人显然想到了其举止的生命危险性（详见第21章边码19）。

19 接下来考查案情是否可被涵摄于抽象规范之下，这通常——在前述示例中也一样——是鉴定式考试的核心内容。不过，该涵摄过程与考查的第二步中**对抽象法律要件的定义会相互影响**。[31] 这一方面是因为关于不同解释可能性的观点争议会产生影响；另一方面是因为每一次将案情涵摄于一个抽象要素的同时都是在对其更详细的规定作出贡献：在具体案件中进行解释时也宣称了剪断辫子始终（也就是从具体案件中分离出来=抽象）属于身体虐待。因此，这一涵摄作为解释的贡献又反作用于该定义。将行为方式、涵摄与解释相互结合之所以是恰当的，是因为否则的话抽象定义将会承载各种细节而冗长不堪。因此，只有在涵摄时才能对这些在具体案件也实际依赖的细节予以完善。[32] 比如，侵犯一个人的精神世界是否及在何种程度上可以属于身体虐待，这与示例没有任何相关性[33]，所以此处不作探讨。因此，法学作业在涵摄过程中的核心内容是对针对具体案件事实进行解释。[34] 最后在**第四步**中只要给出已经得出的结论即可。

案例与问题

41. 所谓的"引导性语句"有哪些组成部分？
42. 鉴定报告文体的考查有哪四个步骤？

---

[31] 参见 *Arzt*, StrafR-Klausur, § 3, S. 30; *Horn*, Einführung, Rn. 167 f.; vertiefend *Duttge*, ZDRW 2020, 71 (83 ff.).
[32] 恰当的观点有 *Klaas/Scheinfeld*, JURA 2010, 546。
[33] 由于缺乏案情信息，因此去思考O因没辫子而遭受精神痛苦是完全错误的。
[34] 关于法律争议的现状见 *Murmann*, JA 2012, 732f.。

第20章　对刑法条文的解释

当一个举止被涵摄于一个构成要件或另一个规范并非显而易见时，就出现了解释的疑难问题。因此，解释需要一套工具以解决这些**疑难案例**（Zweifelsfall）。[1] 各种解释方法应当服务于找出"正确的"规范内容。于是，这一问题当然就是，规范解释的正确性应当遵循哪一标准。这里存在**两种基本可能性**：要么当规范解释符合历史上立法者的（推定的）意志时才是正确的，要么当规范解释——脱离了历史上立法者的意志——探究法律中客观化的规范内容时才是正确的。无论人们在历史解释的范围内将立法者的意志看得如何重要（见标题二），都必须从法律（最大外延可能的）词义出发给解释划定界限（《基本法》第103条第2款；见第10章边码4及以下）。[2] 因此，任何解释的出发点都应是文义解释（见标题一）。[3] 对规范内容的进一步具体化能够借助体系解释（见标题三）与目的解释（见标题四）得以实现。此外，任何解释活动都必须在宪法的框架内（见标题五）且与法定刑范围相匹配（见标题六）。

决不可低估解释方法的重要性。在考试中，考官期望的仅仅只是特定的标准化知识。高分恰巧出现在以下情况，即考生面对陌生的问题时没有表现得绝望，而是通过法律解释展现了自己在方法上的能力并进而得出一个合理的结论。因此，本书在接下来的撰写中

1

---

〔1〕 如果这里的结论显而易见，那么进行阐述就是错的；*Eisele*, BT I, Rn. 3。
〔2〕 参见 *Herzberg* JuS 2005, 1 f.；*Gropp/Sinn*, AT, § 3 Rn. 36；*Kindhäuser/Zimmermann*, AT, § 3 Rn. 6；*Rengier*, AT, § 5 Rn. 5。
〔3〕 参见 *Beulke*, Klausurenkurs I, Rn. 23。

也将一再涉及解释方法。对于学生而言，当无法再现熟悉的观点争议时，不应干脆忽略考试中的疑难问题，而应当敢于借助解释方法进行法律上的论证。

2　　　　经常存在**对不同观点的主张**。只有当各种解释的可能性会导致不同的结论时，在它们之间作出决定才是必要的。通常情况下，在解决争议之前要将案件事实分别涵摄于该规范的各种阐述可能性（Deutungsmöglichkeit）中。[4] 依此，对各种解释可能性进行讨论是必要的，合适的**阐述**方式是首先提及最终被否定的观点的论据。在结尾处呈现最终得出结论的论据，能够提升论据的说服力。

一、文义解释

3　　　　任何解释的出发点都是**法条的文字表述（Wortlaut）**。[5] 这源自具有宪法约束力的明确性原则（《基本法》第103条第2款，见第10章边码5及以下）。在文字表述所勾勒出的一个规范的可能意义内涵之中，存在着不同的解释可能性，在这里应当考虑的是日常语言与法律专业用语。[6]

4　　　　《刑法典》偶尔会包含关于语言使用的规则，即所谓的**"法律定义"**（尤其是《刑法典》第11条）。**其他法领域**的语言规则是否应转用于刑法中，要根据**刑法的标准**予以确定。如果刑法保护与刑法外的规则相关联，以至于在刑法上应被保护的法益由另一个法领域的规范所构成，那么那里的概念也对刑法有约束力主张。

---

〔4〕 这一原则的例外情形是，涵摄明显要比争议决定花费更多的时间精力。不过，只有当人们想连接上自己强烈拥护的观点（而不是一个局外人立场的观点）时，才能这么做。

〔5〕 参见 BVerfGE 133, 168, 205（Rn. 66）; BGHSt 14, 118; BGH NJW 2008, 386; *Puppe*, Kleine Schule, S. 120 ff. ; *Wank*, Auslegung, § 5 S. 41。

〔6〕 参见 *Herzberg* JuS 2005, 2; *Kudlich*, HBStR, Bd. 1, § 3 Rn. 6 ff. ; *Wank*, Auslegung, § 5 S. 41。

> **示例：**
> 民法上关于所有权的规则（《民法典》第929条及以下）在刑法中也应受到重视，只要所有权关系对于可罚性具有决定性作用（比如，《刑法典》第242条盗窃罪中被拿走的物品"为他人所有"）。相反，根据《民法典》第90a条，动物并非"物品"，这对于财产犯罪没有任何影响。《刑法典》第242条的物品概念因而有异于民法上的定义，因为对于财产损失而言，被偷的是狗还是钱包并没有任何区别。

如果一个规则的文字表述**明确地**涉及一个特定案情，并且该结论明显符合该规则的意义内涵，那么在鉴定报告中就不存在任何疑难。在这里通常无需进行详细解释，与"鉴定报告文体"不同，在此要一句话给出结论。 5

相反，如果在解决具体案件时，**该文字表述留下了数种解释可能性的空间**，而没有哪一种可能性是明显正确的，那么就应当借助其他解释方法来查明其规范内容。这里并**不适用存疑有利于被告原则**，不选择对于行为人最有利的解释是"正确的"[7]。 6

文义解释的边界是**最大外延可能的词义**。[8] 由于刑罚威慑针对的是公民，因此，其边界也必须基于公民的视角予以确定。[9] 词义的范围可以从规范结构中得出。比如，《刑法典》第240条要求行为人通过"暴力""强制"被害人实施某个举止，那么暴力概念就不能局限在一个强制性举止的范围内，否则，就丧失了使用暴力的独立的、限缩可罚性的意义。[10] 7

将法律适用于按照文字表述无法包含的事实不属于解释该情况。在此只能考虑**类推**，也就是对条文进行符合意义与目的的适用，但是它只 7a

---

[7] Rengier, AT, § 5 Rn. 8; Wessels/Beulke/Satzger, AT, Rn. 1301.
[8] 参见 BGHSt 50,372。Röhl/Röhl, Rechtslehre, § 78 I 2, S. 614 ff. 不过司法判决并非总是严肃对待这一边界；对此可见 Kubiciel, Die Wissenschaft, S. 32 ff. 。
[9] 参见 BVerfGE 71,108（Rn. 16）。
[10] 参见 BVerfGE 92,1,14 ff. 。

有在以下情况中才是被允许的，即存在一个有利于行为人的违反计划的规则漏洞。不利于行为人的类推在刑法中是被禁止的（《基本法》第103条第2款；详见第10章边码5及以下）。

二、历史解释

8　历史解释考虑**立法者的意志**，该意志通常在法律材料尤其是在草案理由中被表达。[11] 有疑难且有争议的是，当解释者（比如作为应考者）认为一个偏离该意志的解释是正确的时，历史上的立法者的意志在多大程度上能够约束解释者。[12] **主观理论**支持立法者意志的约束力。法律保留（《基本法》第20条第3款）被用来进行论述，它正是以通过法律实现民主合法的立法者的意志为目的的。相反，**客观理论**认为法律中所表达出的客观法律意志才是决定性的。[13]

9　在这两极之间有一个常被宣传的**中间道路**[14]：立法决定作出的时间越近，那么立法者的意志对于解释的重要性就越大。相反，如果一个法律在很久之前出台，或者与它适用相关的关系或价值观念已经发生了变化，那么该解释就应首先以这一变化后的既定情况为指向。[15] 通过这种方式考虑到了立法者**原始动机的时代顺应性**，而且法律——这通常与立法者的推定意志保持一致——也被保持在其时代的高峰上。[16] 而绝不允许的是，"法官找法时在一个重要的点上略掉或歪曲规范的立法目的，或者甚至让立法者的规制理念（Regelungskonzeption）被自己的所取代"。[17]

在**考试中**，历史解释通常没有任何作用，因为通常不能期望考

---

[11]　参见 BGHSt 11,49；*Wank*, Auslegung, § 7, S. 67 ff.。

[12]　关于法律解释的（基于立法者意志的）主观说与（基于规范意义内涵的）客观说之间的争议参见 *Larenz/Canaris*, Methodenlehre, S. 137 ff., 149 ff.；有启发意义的内容可见 *Kubiciel*, Die Wissenschaft, S. 39 ff.。

[13]　参见 *Walter* FS Merkel, 2020, 545(551 ff.)。

[14]　参见 *Horn*, Einführung, Rn. 179a。

[15]　参见 *Röhl/Röhl*, Rechtslehre, § 79 I, S. 628；BVerfGE 133, 168(205 Rn. 66)。

[16]　参见 *Staake*, JURA 2011, 181。

[17]　BVerfG, NJW 2013, 1058, 1062.

生知晓立法者的动机。相反，在**家庭作业**中考虑立法材料却是必要的。

三、体系解释

所有的法条都处于相互关系之中，这对于理解法条非常重要。[18] 体系解释——也就是基于规范关联（Normzusammenhang）的解释——在法体系内能够以各种不同的关联点（Bezugspunkt）为指向。需要考虑的不仅仅是与同一条文的其他要件的关系，还有与同一部法律的其他条文的关系或者与整体法秩序的关系。[19] 法规则之间的**无矛盾性**（**Widerspruchsfreiheit**）尤其属于体系性论据（所谓的法秩序的统一）[20]，它是从明确性原则中得出的（见第10章边码7），因为相互矛盾的规范对于公民来说是无法理解的。[21] 例如，一个民法上被允许的举止不能够同时在刑法上是被禁止的。但是，无矛盾性并非意味着一个要素在所有的规范中都必须有同样的含义。比如在《刑法典》中，"共同"在第25条第2款与第224条第1款第4项中的含义就可以不同。此外，法律中规范秩序的**合乎事理**（**Sachgerechtigkeit**）对于体系解释也颇有益处。[22]

10

> **示例**：
> 《刑法典》中类罪的构建方式通常是基本犯处于最先，随后是加重犯与减轻犯（比如《刑法典》第223条及以下）。判决从这一规则中推导出了支持以下观点的体系性论据，即《刑法典》第211条由于其位置在第212条之前，所以并不是第212条的加重犯，而是一个独立的构成要件［由于这一观点几乎不可能正确（详见第21章边码6及以下），因此这一示例也说明立法者并不总是制定出合于事理的规范秩序］。

11

---

[18] 参见 *Klesczewski*，BT，§ 1 Rn. 25。
[19] 参见 *Kudlich*，HBStR，Bd. 1，§ 3 Rn. 16 ff.。
[20] 参见 *Puppe*，Kleine Schule，S. 124 ff.。
[21] 参见 BVerfGE 17, 306, 313 ff.。
[22] 参见 *Puppe*，Kleine Schule，S. 133 f.。

四、目的解释

12　处于**解释的中心地位**的是目的解释，也就是按照**条文的意义与目的**进行解释。这一解释方法具有特殊的重要性，因为它以成功追求规范目的意义上的合乎事理为指向。

13　目的解释的前提当然是**查清应被解释的规范所追求的目的**。这特别包括了一个特定的构成要件应当保护哪个法益的问题，以及该构成要件所包含的侵害方向（Angriffsrichtung）。此处的联结点可以是历史上立法者的意志、法律体系或者法律政策上的考量。[23]

> **示例：**
> 《刑法典》第212条要求"杀死一个人"。大多数构成要件的前提都是将"另一个人"作为被害人，然而，如果严格遵循文字表述，那么《刑法典》第212条也包含（未遂的）自杀。但是人们一致认可的是，《刑法典》第212条只保护他人的生命（=条文的目的），并因而以杀死另一个人为前提。[24]

14　前述示例同时也说明了，鉴于适用领域中的规范的意义与目的，按照文字表述被明确包含的情形也可能会被排除。人们在此提及**目的论上的限缩**（teleologische Reduktion），这当然只有在有利于行为人时才是被允许的。

五、合宪性解释

15　由于刑法将对公民自由的干涉予以正当化，因此它必须——如同所

---

[23] 参见 *BVerfG* NJW 2004,1307；BGHSt 26,159；*Kubiciel*,Die Wissenschaft,S. 45 ff. 。
[24] 完全的通说，比如 *Dölling*, FS Maiwald, 2010, S. 119 f. ；另一种观点见 *Schmidhäuser*, FS Welzel, 1974, S. 821 f. 。

有国家干涉一样——**与宪法保持一致**。[25] 如果一个规范允许若干个有意义的解释可能性,且其中部分与宪法保持一致,部分与宪法相违背,那么应当选择合宪性解释。[26]

> **示例:**
> 《刑法典》第 211 条规定科处终身自由刑。从宪法(《基本法》第 1 条第 1 款与第 20 条第 3 款)中推导出来的罪责与刑罚相适应原则(Grundsatz schuldangemessenen Strafens)[27] 要求,只有极为卑劣的举止才可被科处终身自由刑。因此,从宪法中得出了对于谋杀罪要素进行限缩解释的要求(详见第 21 章边码 24 及以下)。[28]

六、遵循法定刑的解释

考虑法定刑范围并非一个独立的解释方法,但是却被作为**解释框架内的重要论据**而被强调。[29] 对法定刑的考虑触碰了正义的基本问题,鉴于比例性原则,该问题也是宪法上的重要问题,因为每一个刑罚都必须与负有罪责的不法之间处于合适的对应关系(见边码 15 与第 9 章边码 16 及以下)。这里不应孤立地看待各个法定刑,而应当在《刑法典》的法定刑体系结构中探寻适当的处罚可能性。比如,如果一个加重构成要件造成了显著的"法定刑跃升"(Strafrahmensprung)(比如《刑法典》第 227 条之于它所包含的《刑法典》第 222 条、第 223 条),那么在解释加重构成要件要素时就应当考虑到这一点(对于所提及的这一例子见第 23 章边码 130 及以下)。作为"简便法则",人们可以说,较高的法

16

---

[25] 如果一个规范未能与宪法保持一致,那么联邦宪法法院就会按照《基本法》第 95 条第 3 款第 1 句将其宣告无效;这类情形的示例有 Beispielhaft für einen solchen Fall BVerfGE 153, 182。

[26] 参见 BVerfGE 57, 250(262);*BVerfG* NJW 1982, 1512;BGHSt 10, 80(83) *Kudlich*, HBStR, Bd. 1, § 3 Rn. 47 ff.。

[27] 参见 BVerfGE 57, 250, 275;auch BGHSt(GrS) 50, 40, 49。

[28] 深入阐述可见 BVerfGE 45, 1, 259 ff.。

[29] 详见 *Kudlich*, HBStR, Bd. 1, § 3 Rn. 72 ff.。

定刑是用来支持对构成要件进行限缩解释的论据。

案例与问题

43. 请列举法律解释的方法！
44. 如何理解类推？刑法中的类推何时是不被允许的？
45. 目的解释应遵循什么？

第五部分

侵犯生命与身体完整性的犯罪（分论）

本书的重点在于刑法总论，但是也会涉及分论中若干重要的犯罪构成要件。此处的考量是，总论的规则只有与分论中的犯罪构成要件联系起来才能得以应用，因而也只有在这一语境之下才能得到阐释。

第21章 侵犯生命的犯罪

《刑法典》第16章的标题是"侵犯生命的犯罪"。生命是一个核心的、被宪法所保护的法益（《基本法》第2条第2款第1句），它是人的尊严的"关键基础"[1]。国家有义务保护人的生命（第8章边码2及以下）。这里适用"**绝对的生命保护**"原则，其主要指的是，相对化——比如对残疾人与重病患者的生命的相对化——是不予考虑的。[2] 这并未排除合法杀死一个人——尤其是在紧急防卫中（《刑法典》第32条）——的可能性。[3]

1

一、犯罪构成要件的体系

（一）对未出生与已出生的生命的保护

在保护人的生命的条文之中，法律区分了对已出生生命的保护（《刑法典》第211条至第216条，第221条及以下）与对未出生生命的保护。在这里，不会深入探讨终止妊娠的相关条文（《刑法典》第218

2

---

〔1〕 BVerfGE 39,1,42. 关于宪法上关联的进一步阐述可见 *Rohrer*, Menschenwürde am Lebensanfang und am Lebensende und strafrechtlicher Lebensschutz, 2012。

〔2〕 不过，关于"穿孔"（Perforation）——也就是杀死一个正在出生的孩子以挽救其母亲的生命——的情况可参见 SSW-StGB/*Rosenau*, §34 Rn. 25. 其他的疑难情形可见第25章边码49及以下。

〔3〕 关于故意杀人的正当化的概况见 *Kühl*, JURA 2009, 881 ff. 。

条至第219b条）（但是可以见边码14及以下；第8章边码3；第25章边码43、边码85）。

（二）杀人构成要件的体系

3 《刑法典》包含了一整个系列的杀人构成要件，这是考虑到了以下情况，即所有可想而知的法益侵害按照种类、强度与罪责内涵能够相互之间得以显著区分。比如，有的杀人犯罪以故意举止作为要件（《刑法典》第211条至第216条），有的以过失举止作为要件（《刑法典》第222条）。一个特别卑劣的行为方式或思想会得到单独考量（《刑法典》第211条），而使犯罪严重性降低的事由也会得到单独考量（《刑法典》第216条）。最后，各个构成要件还要被特殊量刑规则所补充（比如《刑法典》第213条）。这种将对某一法益进行的侵害通过区分化的构成要件与量刑规定予以包含的技术存在于所有法益之中。那么由此而来的问题是，这些不同的规范之间究竟是何种关系。[4]

1. 杀人罪（《刑法典》第212条）；较轻情形（《刑法典》第213条）

4 **《刑法典》第212条**的杀人罪可以说是**故意杀人的"平均情形"**。按照文献的观点，它表现为《刑法典》第211条的基本构成要件（边码8）。有的人也将《刑法典》第212条视为《刑法典》第216条的基本构成要件（边码9）。[5]

5 **《刑法典》第213条**涉及的是一个**量刑规则**（在鉴定报告中对其的考查见第18章边码2），按照条文明确规定不适用于《刑法典》第211条。[6]

2. 谋杀罪（《刑法典》第211条）

6 《刑法典》第211条是对具有特殊应罚性的故意杀人情形所进行的

---

[4] 在处理共犯理论与竞合时，这一问题的相关性会更清晰。

[5] 参见 Lackner/Kühl/*Kühl* StGB Vor § 211 Rn. 24; *Kindhäuser/Schramm*, BT 1, § 1 Rn. 2; *Wessels/Hettinger/Engländer*, BT I, Rn. 25, 106。

[6] 参见 *Joecks* StGB, § 213 Rn. 1; *Rengier*, BT II, § 3 Rn. 21; *Wessels/Hettinger/Engländer*, BT I, Rn. 26; 更深入的论证见 *Bernsmann*, JZ 1983, 46 ff. (49 ff.); AnwK‑StGB/*Mitsch*, § 213 Rn. 4. 另一种观点见 *Maurach/Schroeder/Maiwald/Hoyer/Momsen*, BT 1, § 2 Rn. 28 f., 59。基于刑事政策的理由进行批判的有 *Schramm*, Ehe und Familie, S. 134。

总结。《刑法典》第211条与第212条之间的关系存在争议[7]：文献一致将《刑法典》第211条解释为《刑法典》第212条基本构成要件的加重犯[8]，但是司法判决则将谋杀罪与杀人罪认定为两个独立的构成要件。[9]

这里没有争议的是，在**形式方面**要考虑基本构成要件与加重犯之间的关系，因为《刑法典》第211条包含了所有《刑法典》第212条的要件及其他附加的要素。加重犯与独立构成要件之间区分的关键在于**评价问题**，也就是《刑法典》第211条与第212条之间的关系是以**量上的不法升高**为对象（加重犯），还是重点以**质上的另一种不法为类型**，尤其是（也）为了保护其他的法益（独立构成要件）（见第14章边码40及以下）。

7

在两个构成要件的特征都是故意杀死一个人这一含义之上，**文献**对于《刑法典》第211条与第212条之间关系的这一评价问题的决定是正确的。《刑法典》第211条对于第212条而言是一个升高的不法，而不是一个在质上全新的不法。据此，《刑法典》第211条是第212条的**加重犯**。**司法判决**认为《刑法典》第211条作为**独立的**构成要件体现了一个质的独立的不法与罪责内涵，其主要引证的是法律在历史上造成的特点，这至少在今天已经丧失了说服力：一方面，它适用于以下情形，即立法者违反其他通常的立法技术而将法律中的加重犯置于基本构成要件之前（见第20章边码11）[10]；另一方面，《刑法典》第211条的行为人的法定名称是"谋杀者"，司法判决将这视为与《刑法典》第212条中的"杀人者"存在质的区别的提示。但是，这些表述是"行为人刑法"

8

---

[7] 关于观点现状的概况可见 *Hillenkamp*, BT, S.1 ff.。
[8] 比如 *Haft*, BT II, J I, S.109; *Kindhäuser/Schramm*, BT 1, § 1 Rn.2; *Maurach/Schroeder/Maiwald/Hoyer/Momsen*, BT 1, § 2 Rn.49 ff.; *Mitsch*, JZ 2008, 338; *Rengier*, BT II, § 3 Rn.1; *Wessels/Hettinger/Engländer*, BT I, Rn.25; 区分化的观点见 *Klesczewski*, BT, § 2 Rn.8。
[9] 参见 BGHSt 1,368,370 f.; BGHSt 6,329,330; BGHSt 22,375,377; BGH NJW 2005, 996,997. 近年来对这一判决提出质疑的有 BGH NJW 2006,1008,1012 f.。
[10] 关于其历史背景见 Matt/Renzikowski/*Safferling*, Vor §§ 211 ff. Rn.4。

的残留[11],在现代的行为刑法中已经不再具有意义。[12]

在犯罪参与的案件中,当并非所有参与者都具有特殊属人谋杀要素时,《刑法典》第212条之于第211条的关系的争议**在考试中是重要的**(详见第27章边码75及以下)。

3. 受嘱托杀人罪(《刑法典》第216条)

9 根据《刑法典》第216条,由被杀害者明确且真诚的嘱托所促成的犯罪行为会受到较轻的处罚。《刑法典》第216条之于第212条的关系也是**存在争议的**:有人认为《刑法典》第216条是第212条的减轻犯。[13]但是,正确的做法是认为《刑法典》第216条是一个独立的构成要件,因为准许他人杀死自己具有另一个法特征。[14]如果《刑法典》第216条的要件成立,那么《刑法典》第211条就不得适用。[15]

4. 过失杀人罪(《刑法典》第222条)

10 相对于之前的故意犯,《刑法典》第222条表现为一个**独立的过失构成要件**。

5. 遗弃罪(《刑法典》第221条)

11 与所谓的杀人犯罪不同,遗弃罪不要求死亡结果的出现,所以它并非实害犯,而是一个**具体危险犯**(第14章边码23)。[16]存在一个具体的

---

[11]《刑法典》第211条是1941年受到纳粹关于行为人类型理论的影响而生效的;对此的深入阐述可见 Haas, ZStW 128 (2016), 319 ff.; Morris, Die normative Restriktion des Heimtückebegriffs usw., 2010, S. 59 ff.;此外还可见 Grünewald, Tötungsdelikt, S. 41 f.。

[12] 参见 Eisele, BT I, Rn. 61; Joecks, Studienkommentar, Vor §211 Rn. 13; Maurach/Schroeder/Maiwald, BT 1, §2 Rn. 22; AnwK - StGB/Mitsch, §211 Rn. 2; Schönke/Schröder/Eser/Sternberg-Lieben, Vorbem. §§211 ff. Rn. 6。

[13] 参见 Haft, BT II, J III, S. 123; Kindhäuser, BT I, §3 Rn. 8; Kühl, JURA 2010, 86; Maurach/Schroeder/Maiwald, BT 1, §2 Rn. 62; Rengier, BT II, §6 Rn. 3; Wessels/Hettinger/Engländer, BT I, Rn. 25, 106. 还有 Engländer, FS Krey, 2010, S. 71 ff.,但是他没有反映出《刑法典》第216条的法律特征,而是从共犯情形中的后果出发进行论证。

[14] 持这一观点的有 BGHSt 2, 258;深入阐述可见 Murmann, Selbstverantwortung, S. 493 ff., 514 ff.;持同样观点的还有 Müller, §216 StGB, S. 178 f.。

[15] 参见 Haft, BT II, J III, S. 125; Joecks StGB, Vor §211 Rn. 7; Lackner/Kühl/Kühl, Vor §211 Rn. 24; Rengier, BT II, §6 Rn. 3;深入阐述可见 Bernsmann, JZ 1983, 48 f., 51 ff.。

[16] 参见 Fischer, §221 Rn. 1。

危险就够了,该危险也并非必须是生命危险——《刑法典》第221条与"侵犯生命的犯罪"这一章其实并不相容,存在严重的健康损害危险就满足了。遗弃罪在本书中不会被详细阐述。[17]

6. 图表概览

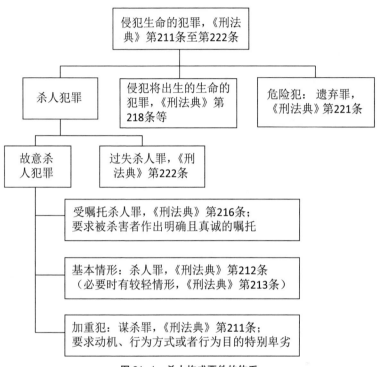

图 21-1 杀人构成要件的体系

二、人的生命的起始与结束

杀人犯罪以一个(已出生的)人作为犯罪对象。"人"这一通常明确的概念在生命的起始与结束中体现出了不明确性。

---

[17] 具有启发意义的概况可见 Ladiges, JuS 2012, 687 ff.。

（一）未出生生命与已出生生命的区分

14 从词义出发，出生完毕的才能被称为"人"（与未出生的生命相区别）（与民事权利能力相符：《民法典》第1条）。[18] 这一法律概念具有相对性（第20章边码4），对此可以举一个例子，即按照通说刑法所保护的人的生命已经随着"**分娩的开始**"——也就是宫缩的开始（宫缩会扩张子宫颈与外部的子宫口直至其完全张开），或者在剖腹产手术中切开子宫——而开始。[19]

15 将人的成立时间提前，既有着**立法史**上的原因，也是出于**最大限度减少漏洞的法益保护**目的：

☞ 从**历史**的角度看，它可以追溯到当时删除了《刑法典》旧第217条对于在"分娩中或分娩后立即"杀死非婚生子的母亲的轻处罚。[20] 这一条文已经表达出了以下含义，即处于分娩过程中的被害者就已经是人了。[21] 立法者删除《刑法典》旧第217条也并未想改变这一点。[22]

☞ 从**刑事政策的角度**看，将人的成立时间提前至分娩阶段有利于实现全面法益保护。因为保护未出生生命的罪名（《刑法典》第218条及以下）并没有规定过失的可罚性。这是合理的，因为应当保护孕妇免受

---

[18] 持这一观点的有 R. Herzberg/A. I. Herzberg, JZ 2001, 1106, 他还提出了更多论据，其中一部分相当重要；对此的批判可见 Kühl, JA 2009, 322 f. 。

[19] 参见 BGH NJW 2021, 645（646 f.） m. Anm. Grünewald（dazu Eisele JuS 2021, 342 ff.；Jäger JA 2021, 342 ff.）；Eisele, BT I, Rn. 40；Fischer StGB Vor §§ 211-217 Rn. 5；Joecks/Jäger StGB Vor § 211 Rn. 16 f.；Kindhäuser, BT I, § 1 Rn. 7；Kühl JA 2009, 321 ff.；Maurach/Schroeder/Maiwald/Hoyer/Momsen, BT 1, § 1 Rn. 9；Rengier, BT II, § 3 Rn. 2 ff.；LK-StGB/Rosenau Vor §§ 211 ff. Rn. 6；Sowada GA 2011, 406 f.；Wessels/Hettinger/Engländer, BT I, Rn. 9。

[20] 被1998年3月1日生效的《第六次刑法改革法》（1998年1月1日）所删除。对此可见 BT-Drs. 13/8587, S. 34。

[21] 基础性的阐述见 BGHSt 32, 194。

[22] 《刑法典》第217条的优待之所以被取消，只是因为认为那些生育出非婚生子女的母亲处于特别的冲突处境之中的看法已不合时宜。更深入的、与《刑法典》第218条相联系的论证结果还有 Küper, GA 2001, 515 ff. 也可见 Kindhäuser, BT I, § 1 Rn. 7；Rengier, BT II, § 3 Rn. 3；Wessels/Hettinger/Engländer, BT I, Rn. 9。

与其生活方式相关的刑事风险。[23] 相反，在宫缩开始后，新生命所遭受的危险主要来自于医务人员。但是，没有任何理由不处罚医生、助产士等人在这一阶段的过失举止。[24]

要划定终止妊娠罪（《刑法典》第 218 条）与杀人犯罪（《刑法典》第 211 条及以下）之间的**界限**，关键是**影响的时间点**，而不是结果发生的时间点。[25] 如果终止妊娠行为导致一个没有存活能力的孩子来到世界，那么仍旧适用《刑法典》第 218 条。如果在这个孩子出生之后还继续对他采取缩短寿命的行为，那么，由于没有存活能力并不影响人的资格（绝对的生命保护，边码 1），因此（额外）成立一个杀人罪。[26]

15a

（二）生命保护的结束

按照通说，人的生命结束于所有脑功能最终丧失，也就是**脑死亡**。[27]

16

早期的通说认为，血液循环与呼吸的最终停止是决定性因素（所谓的"临床死亡"）。但是，在不可逆转的意识丧失情况下，通过人工维持身体机能的强化医疗可能性显著提高之后，这一观点已不再具有说服力。[28] 相应地，《器官移植法》第 3 条第 2 款第 2 项也将脑死亡定为了死亡的标准（因此，在血液循环与呼吸仍能被人工维持的情况下，也可以进行器官摘取）。[29]

---

[23] 参见 *Eisele*，BT I，Rn. 41。
[24] 参见 *Kühl*，JA 2009，322 f.；*MüKoStGB/Schneider*，Vor §§ 211 Rn. 8。
[25] 参见 BGHSt 31，348(351 f.)；*Eisele*，BT I，Rn. 42。
[26] 这里有争议的是，除了《刑法典》第 211 条及以下的杀人犯罪，是成立一个既遂（持这一观点的有 BGHSt 10，291）的终止妊娠，还是仅仅成立未遂的终止妊娠；*Eisele*，BT I，Rn. 44。
[27] 参见 *Joecks* StGB，Vor § 211 Rn. 24；*Kühl*，JA 2009，323；*Maurach/Schroeder/Maiwald/Hoyer/Momsen*，BT 1，§ 1 Rn. 12；*Rengier*，BT II，§ 3 Rn. 7；*Wessels/Hettinger/Engländer*，BT I，Rn. 21。细节内容可见 *Bauer/Hosseini* GS Tröndle，2019，849 ff.；*Heyers*，JA 2016，709 ff.；LK-StGB/*Rosenau*，Vor §§ 211 ff. Rn. 20 ff.。
[28] 也可参见 *Fischer*，Vor §§ 211-217 Rn. 13 ff.。
[29] 详见 *Kühl*，JA 2009，323。

三、杀人犯罪详解

（一）杀人罪（《刑法典》第212条）

17 《刑法典》第212条在客观构成要件方面要求的是**杀死另**一个人。"不是谋杀者"的表述对于《刑法典》第212条的不法而言并不重要，因此无需在考查中提及。[30]

18 "杀死"首先要求发生了**死亡结果**（结果犯）。行为人的举止必须对于这一结果**具有原因性**。当前的理论还进一步要求结果的**客观可归属性**。因果关系与客观归属将作为总论中的问题（见第23章）被详细阐释。"杀死"的典型情形，比如刺死、射死或打死一个人。

19 行为人在实行行为时必须在主观上具有**故意**（《刑法典》第15条）（详见第24章边码7及以下）。在涉及杀人故意时存在着特殊性，因为联邦最高法院长期持以下观点：阻碍杀人的自然**心理障碍**（Hemmschwelle）为证明杀人故意创设了一个特别高的要求。[31] 由于事实审法院（Tatgericht）倾向于笼统地基于反对杀人的心理障碍而否认杀人故意，因此联邦最高法院同时又明确表示，这一所谓的"心理障碍理论"并未对杀人故意提出特殊的要求，必要的仅仅只是按照一般原则对故意进行谨慎的考查。[32] 不过在这一框架下也保留了对人类心理的以下认识，即杀人故意通常会面临着高度的心理障碍，如果必须根据证据推论出杀人故意，那么这一心理障碍应当得到相应的考虑。[33] 但是，

---

[30] 参见 *Rengier*, BT II, § 3 Rn. 1。

[31] 参见 BGHSt 36,1,15 ff.；BGH NJW 1992,583；StV 1984,187；NStZ 1999,507；NStZ 2001,475；NStZ-RR 2001,369；NStZ 2009,91；NStZ 2010,571；NStZ 2011,338；*Eisele*, BT I, Rn. 51；*Heinrich*, AT, Rn. 303。关于"心理障碍"的详细阐述见 *Lederer*, Hemmschwellen im Strafrecht, 2011。

[32] 参见 BGHSt 57,183(189 ff.)；对此可参见 *Fahl*, JuS 2013,499 ff.；*Heghmanns*, ZJS 2012,826 ff.；*Heintschel-Heinegg*, JA 2012,633；*Jahn*, JuS 2012,757 ff.；*Leitmeier*, NJW 2012, 2850 ff.；*Mandla*, NStZ 2012,695 ff.；*Müller*, JA 2013,584 ff.；*Puppe*, JR 2012,477 ff.；*Sinn/Bohnhorst*, StV 2012,661 ff.；BGH NStZ-RR 2018,571(572)。

[33] 恰当的观点有 BGH NStZ 2014, 35 m. Anm. *Schiemann*；NStZ 2020, 349 m. krit. Anm. *Schneider* und zust. Anm. *Fahl* NStZ-RR 2020, 314 f.；*Fahl* JuS 2013, 502。

如果行为人已经认识到了其行为会高度危及生命，尤其是当他选择了一种特别危险的方式去实行犯罪时，那么就显然可以断定其行为具有故意性。[34]

（二）杀人罪的较轻情形（《刑法典》第 213 条）

《刑法典》第 213 条是《刑法典》第 212 条的一个量刑规则，包括受到挑衅后杀人的情形。[35] 要达到这一减轻处罚的作用，需要具备的**前提是**：

☞ 行为人或者其亲属（《刑法典》第 11 条第 1 款第 1 项的定义）**遭受虐待或者严重的侮辱**[36]，这——也可能是"使水溢出桶的那滴水珠"[37]——在客观上必须足够严重，以致针对它所实行的犯罪行为看起来似乎是"可以理解的反应"[38]。因此，被害人是否意识到了其举止具有侮辱性并不重要。[39] 如果引发社会矛盾时没有使用非必要的贬低方式，那么它也不符合要求（比如，建立了婚外情并向配偶坦白）。[40]

☞ 关于挑衅举止，行为人必须"**自己没有过错**"，也就是说，必须没有为虐待或者侮辱提供诱因。[41]

☞ 行为人必须被挑衅所"**激怒从而立即处于将要犯罪的处境之中**"。这里对于必要的时间与空间关联（"处境"）并没有提出过高的要

---

[34] 参见 BGHSt 57,183(188)；BGH NStZ 2012,207；NStZ 2018,206(207). 关于必要的"总体展示"还可见以下这些案件：BGH NStZ-RR 2013,169；NStZ-RR 2013,242；NStZ 2020,288(289)；*Klesczewski*,BT, § 2 Rn. 13 ff. 。关于确定杀人故意的司法判决中的大量示例见 *Steinberg/Stam*,NStZ 2011,177 ff. 。

[35] 批判的观点比如有 *Deckers/Fischer/König/Bernsmann*，NStZ 2014，16；该条文"优待了在社会上不可被接受的自行司法（Selbstjustiz），强化了尤其带有'男性'特征的捍卫荣誉的观念"。

[36] 参见 *Grünewald*,Tötungsdelikt,S. 234 ff. 。

[37] BGH NStZ 2015,218(219)；AnwK-StGB/*Mitsch*, § 213 Rn. 15；*Schramm*,Ehe und Familie,S. 133.

[38] BGH NStZ 2015,582 f.

[39] 参见 BGH NStZ-RR 2018,177 f. 如果被害人没能认识到其举止的侮辱性质，那么当然又会降低挑衅在客观方面的分量。

[40] 参见 BGH NStZ-RR 2018,177(178). Lackner/Kühl/*Kühl*, § 213 Rn. 2 认为"因通奸而受辱"是符合条件的。

[41] 参见 BGH NStZ 2019,408(409)；NStZ 2019,471。

求。起到决定性作用的反而是诱因与犯罪之间随着时间发展逐渐越弱的"动机心理学上的关联"[42]。

在鉴定报告中，受到挑衅后杀人应在罪责阶层中得以考查。《刑法典》第213条中还规定对未列出的较轻情形予以减轻处罚，这类情形需要得到全面的整体评价[43]，完全不是鉴定报告所考查的对象（见第18章边码2）。

（三）谋杀罪（《刑法典》第211条）

1. 《刑法典》第211条的不法内涵与结构

21 《刑法典》第211条包含了**故意杀人中特别卑劣（verwerflich）的情形**。[44] 无论是按照文献的观点将该条理解为《刑法典》第212条的加重犯，还是按照司法判决的观点将该条理解为独立的构成要件，它都以《刑法典》第212条的全部客观与主观构成要件要素作为成立的前提。

因此，在鉴定报告中，不管这些构成要件在体系上的关系如何（边码6及以下），都可以先考查《刑法典》第212条，再考查《刑法典》第211条。[45] 尤其推荐在《刑法典》第212条的要件是否成立尚存疑问时使用这一方法。

22 此外，（至少）要实现一个《刑法典》第211条所提及的**谋杀要素**。谋杀要素可以被分为三类：

☞ **第一类**：谋杀欲、满足性冲动、贪财或其他低劣动机。背后的原因是**动机特别卑劣**。

☞ **第二类**：阴险、残忍、使用危害公众的手段。背后的原因是**行为方式特别卑劣**。

---

[42] BGH NStZ 1995, 83; StraFo 2011, 63; NStZ 2020, 88 (89); Schönke/Schröder/*Eser*/*Sternberg-Lieben*, § 213 Rn. 9; *Schramm*, Ehe und Familie, S. 133. 做了进一步阐述的有 *Grünewald*, Tötungsdelikt, S. 261 ff.

[43] 参见 Schönke/Schröder/*Eser*/*Sternberg-Lieben*, § 213 Rn. 13.

[44] 关于卑劣性思想的历史与批判及有所不同的指导原则见 *Grünewald*, Tötungsdelikt, S. 39 ff.; *Kleszcewski*, BT, § 2 Rn. 23 ff.

[45] 参见 *Wessels/Beulke/Satzger*, AT, Rn. 1375; *Wessels/Hettinger/Engländer*, BT I, Rn. 156.

☞ **第三类**：为了促成或者掩盖一个犯罪。背后的原因是**行为目的特别卑劣**。[46]

第二类要素涉及行为方式，而第一类和第三类涉及行为人主观上具有动机性质的要素。

谋杀要素的性质决定了其**在犯罪构造中的定位**：第二类中客观的、行为方式性质的谋杀要素应当在客观构成要件中进行考查。[47] 关于第一类与第三类的主观要素，存在争议的是，它们作为不法要素属于主观构成要件，还是涉及罪责。[48] 在鉴定报告中，无需对作为结构问题的这一特定定位进行论证。[49]

23

2. 对《刑法典》第 211 条的合宪性解释

对谋杀罪科处的刑罚是**终身自由刑**。这涉及的是一个所谓的**绝对刑**（absolute Strafandrohung），因为并未规定可以选择科处一个有期自由刑。终身自由刑极为深远地侵犯着当事人的基本权利（尤其是《基本法》第 2 条第 1 款），尤其是相比于《刑法典》第 212 条，它的制裁跃

24

---

[46] 由于行为人杀死一个人是出于追求一个卑劣的目的（促成或掩盖犯罪），因此这一类也可被理解为对低劣动机的补充性列举；参见 BGHSt 23, 39（40）；Fischer, § 211 Rn. 62；Grünewald, Tötungsdelikt, S. 94 f.；AnwK-StGB/Mitsch, § 211 Rn. 34；对此的批判见 Köhne, JURA 2011, 650 f.。那么，当然显而易见的是，只有这样的要素在总体评价的框架内被视为最低劣的级别时，才应当对这一要素予以肯定；Mitsch, JZ 2008, 339。

[47] 参见 Eisele, BT I, Rn. 74. 按照占据绝对统治地位的观点，尤其是在涉及残忍与阴险时，这也适用于被要求的思想要件，见第 14 章边码 4。

[48] 对于司法判决而言，由于认为《刑法典》第 211 条涉及的是独立的构成要件，因此谋杀要素必须属于不法，BGHSt 1, 368（371）。文献中归类为主观不法要素的比如有 Eisele, BT I, Rn. 74；Frister, AT, 8/33；Kindhäuser/Hilgendorf LPK-StGB, § 211 Rn. 3；Rengier, BT II, § 4 Rn. 9；Wessels/Beulke/Satzger, AT, Rn. 673。归入特殊罪责要素的比如有 Gerhold JA 2019, 721（728）；Helmers HRRS 2016, 93 f.；Roxin/Greco, AT I § 10 Rn. 73 f.。深入且区分化的观点见 Klesczewski, BT, § 2 Rn. 29 ff.。

[49] 正确的是，归入主观构成要件或罪责也不会在共犯的从属性方面产生什么影响（见第 27 章边码 79 及以下）。即使人们将第一组和第三组中的谋杀要素视为特殊的罪责要素，对于从属性的松动或突破而言相关的是《刑法典》第 28 条而非第 29 条，因为后者仅仅涉及总则中的排除罪责事由与宽恕罪责事由（另一种观点见 Roxin/Greco, AT I, § 10 Rn. 77；Wessels/Beulke/Satzger, AT, Rn. 673；和此处一样观点的有 Frister, AT, 8/33；LK-StGB/Schünemann/Greco § 28 Rn. 20 ff.；Wessels/Hettinger/Engländer, BT I, Rn. 45）。

升了，而且没有追诉时效的限制（《刑法典》第78条第2款）。[50] 联邦宪法法院虽然宣布这一侵犯在原则上是合宪的，但也同时明确指出，只有一个限制的、**注重比例原则的解释**才可能是合宪的。

25 此外，联邦宪法法院[51]还要求，至少应当给予被判处终身自由刑的罪犯一定的**机会**，**让其生命仍有部分可在自由中度过**。联邦宪法法院认为，这源自人的尊严与社会国原则的共同作用。如果终身自由刑没有重享自由的希望，那么它就违反了从人的尊严中产生的对残忍、贬低人格与非人道的刑罚的禁止，并且违反了从社会国原则中产生的确保个体生存基本条件的明确要求。没有重获自由希望的终身自由刑让行为人仅仅成为了法的客体。所以，《刑法典》第57a条规定，在服刑15年之后可以**暂停执行余刑**，只要程度与罪责并不相悖[52]，而且有人在安全方面对释放负责。[53]

26 在**鉴定报告**中，对谋杀要素进行合宪性解释是非常重要的。如果不是恰好成立一个毫无疑问的情形，那么未加思索且仓促地肯定《刑法典》第211条成立就是一个严重的错误。这种做法显示出缺乏**法治国的敏感性**。由于限制解释的需求尤其体现在"阴险"这一要素之中，因此这也是讨论最激烈的地方，需要得到详细的阐述（边码46及以下）。

3. 使用危害公众的手段杀人

27 使用危害公众的（gemeingefährlich）手段杀人是第二类谋杀要素。它涉及的是行为的特殊卑劣性，因此应当在客观构成要件中进行处理。**危害公众的手段指的是**，"在具体的犯罪情形中，多人的身体与生命会

---

[50] 参见 *Eisele*, BT I, Rn. 66。
[51] 参见 BVerfGE 45, 187 (229 ff.)；补充性的观点见 BVerfGE 117, 71。
[52] 可能涉及的情形比如有，实行了多个《刑法典》第211条的犯罪，但还是仅仅科处了一个终身自由刑（而不是多个终身自由刑；见《刑法典》第54条第1款第1句）。
[53] 对现行法的深入批判可见 *Steinhilber*, Mord und Lebenslang, 2012；还有 AnwK-StGB/*Mitsch*, § 211 Rn. 4 ff.。

面临危险，因为行为人没有控制危险扩大的力量"[54]。

使用危害公众的手段的**例子**，比如，在人行道上驾车高速行驶[55]，忽视基本交通规则的非法汽车竞赛[56]或者夜间逆向行驶[57]，行为人在这些情况下都无法预料哪些人、多少人会被他的举止所伤害或杀死。[58] 相反，在一个生意很好的酒馆向某一特定的人开枪，尽管存在着击中其他顾客的可能性，但也未达到要求。这是因为，"如果虽然多人会作为公众的代表进入危险范围，但是实际上武器能造成的危险被限制在了一颗子弹可能产生的效果之内"，那么对公众的危害性就不能成立。[59] 对专业救援人员造成的潜在危险也不足以使得公众危害性成立。否则，放火杀人通常就会被归类为具有公众危害性，即使犯罪实行时没有其他人在危险区域。[60] 此外，抵达的消防员在面对火灾危险时也并非处于无助处境。

这一谋杀要素的**根据**是"行为人完全无所忌惮"（Rücksichtslosigkeit），"他试图通过给他人创设无法估量的危险来贯彻他的目的"[61]。由此也得出，行为人在主观方面对于所欠缺的掌控性，以及由此造成的危险性必然至少认为是可能的，而且对此予以容认。有的文献将这一公众危害性进行了更为限缩的解释：其一，要求发生一个具体的危险（而不仅仅是可能性）。依此，如果炸弹爆炸时恰巧附近没有人，那么就不成立一

---

[54] BGHSt 34, 13 (14); 38, 353 (354); BGH NStZ 2020, 614; NStZ 2021, 361 (362) mAnm. Schneider (dazu auch Eisele, JuS 2021, 892 ff.); 深入阐述可见 *Zieschang*, FS Puppe, 2011, S. 1301 ff.; 专著有 *Willms*, Die Tötung mit gemeingefährlichen Mitteln, 2011。

[55] 参见 BGH NStZ 2006, 167。

[56] 比如可参见 *Herzog*, FS Rogall, 2018, S. 156; *Neumann*, JURA 2017, 167。

[57] 参见 BGH NStZ 2006, 503。

[58] 相反，联邦最高法院认为从高速公路桥上扔石头的危害公众性取决于交通情况，尤其是后果事故；对此可见 *Jahn*, JuS 2010, 456 f.。

[59] 参见 BGHSt 38, 353 (356)。

[60] 详见 *Schneider*, NStZ 2021, 362 ff.。

[61] BGHSt 34, 13 (14); 38, 353 (355f.); BGH NStZ 2006, 167; Wessels/Hettinger/Engländer, BT I, Rn. 121. 与之不同, *Mitsch/Giraud*, JR 2016, 176; Mitsch JA 2021, 726 (729) 认为关键在于造成了被害人的无望处境。

个具体的危险。其二,有时候会要求必须对无关的第三人的生命造成危险(而不仅仅是身体)。[62]

29　从给无关者创设不可控制的危险这一原理出发,以下情形显现出了**疑难**,即行为人在实行行为时抱着杀死所有可能的被害人的故意,比如想用炸弹炸毁一架在大西洋上空飞行的飞机。在这里,一方面危险创设的对象被限制在那些被故意杀害的人,因而在此意义上并非"不可控制";另一方面,也不能因为行为人的杀害故意涵盖过广而给予他优待。[63] 至少当被害人们是被随机选择出来的、可被替代的公众代表时(也就是行为人并不在乎飞机乘客的身份),可以说是一个危害公众的、最终对每个人都具有危险性的行为方式。[64] 相反,根据迄今为止的司法判决[65],如果犯罪针对的是被行为个别化了的被害人,那么就成立一个不具有危害公众性的**多次杀人**。[66] 这种情形比如有,行为人的杀人故意针对的是他所纵火的房屋中的所有被他个别化了的住户。[67]

30　按照通说,**不作为**(《刑法典》第13条)不会成立使用危害公众的手段杀人,因为单纯"利用"危害公众的情况并不能实现这一特殊的不法内涵(第29章边码76)。

4. 残忍

31　**残忍**(grausam)的行为指的是,**在实行犯罪时出于无情与冷酷的**

---

[62] 参见 *Krey/Hellman/Heinrich*, BT I, Rn. 32 mit Fn. 59,60; NK-StGB/*Neumann/Saliger*, § 211 Rn. 86; *Rengier*, StV 1986, 405(407)。

[63] 参见 BGH NStZ 2020, 614(615) m. Anm. *Zieschang*; Mitsch JA 2021, 726(729)。

[64] 持这一观点的有 *Eisele*, BT I, Rn. 112 f.; LK-StGB/*Rissing-van Saan/Zimmermann*, § 211 Rn. 142; 反对的观点见 *Zieschang*, FS Puppe, 2011, S. 1318 ff.。AnwK-StGB/*Mitsch*, § 211 Rn. 68 认为没有评价上的矛盾,因为具有决定性意义的是,尽管行为人的故意降低为针对特定的人,但是他无法将影响也限制在这些特定的人。现在 *Mitsch/Giraud*, JR 2016, 176 f. 的观点有所不同:关键在于所投入的手段难以被规避,这并不取决于对于非参与者造成的危险。

[65] 现在怀疑的有 BGH NStZ 2020, 614 (615) m. Anm. *Zieschang*(对此见 *Eisele* JuS 2020, 1221 ff.; *Sinn* ZJS 2021, 92 ff.)。

[66] 参见 BGH NStZ 2019, 607(608); LK-StGB/*Rissing-van Saan/Zimmermann*, § 211 Rn. 142(指出可能成立《刑法典》第212条第2款的特别严重情形)。

[67] 参见 BGH NStZ 2019, 607; NStZ 2020, 284 m. Anm. *Engländer*。

心理给被害人造成了极其强烈的肉体或精神痛苦,这种痛苦已经超出了杀害所需要的程度。[68]

在客观构成要件中进行**鉴定报告的考查**。由于主观心态(无情与冷酷的心理)属于残忍的要素,因此这些主观组成部分也应在客观构成要件中进行考查(见第14章边码4)。

根据法条原文"残忍地……杀死",残忍性必须**在实行阶段**得以实现,因此,实行行为本身就必须具有残忍性。[69] 进入未遂阶段之前的残忍性是不够的。[70] 但是,有一个例外被人们讨论,即抱着之后杀人的意志实施了预先的折磨。但是这超出了文字表述的边界,因为按照其文字表述,在这类举止中表达出的特别卑劣的思想恰恰是不满足要求的(被禁止的类推)。[71] 司法判决认为,杀害行为之后的折磨也不符合残忍性这一构成要件要素。[72] 这一观点是值得怀疑的:与死亡过程相伴的虐待发生在犯罪既遂之前,因此将其包含在内并不与文字表述相违背。这种举止的特别卑劣性支持对残忍性的肯定。[73]

32

5. 阴险

阴险(Heimtücke)这一谋杀要素在实务中特别重要,但是在法律上特别有争议。司法判决对**阴险**的定义是,**在敌对的意志方向上有意利用了被害人的无疑心与无防备**。[74] 据此,阴险行为的卑劣性源自其特

33

---

[68] 参见 *Fischer*, § 211 Rn. 56 及更多引证。部分文献放弃了对"无情、冷酷的思想"的要求,认为当行为人在行为时认识到被害人承受痛苦就足够了(NK-StGB/*Neumann/Saliger*, § 211 Rn. 79)。这一决定取决于,对于升格为谋杀罪起到决定性作用的,是被害人所受的严重痛苦,还是也有行为人的特别卑劣的动机——支持后者的理由是需要限制性的论据。

[69] 参见 BGHSt 37, 40; BGH NStZ 2017, 218 (219); Schönke/Schröder/*Eser/Sternberg-Lieben* StGB § 211 Rn. 27. 另一种观点见 HK-StrafR/*Duttge* StGB 4. Aufl. 2017, § 211 Rn. 5("通过像这样的杀害行为")。

[70] 参见 BGH NStZ 1986, 265 m. Anm Amelung; NStZ 2007, 402 (403); BGHSt 37, 40。也可参见 BGH NStZ 2014, 447 (448),在过度延伸未遂阶段的基础上认定成立残忍的杀害;正确地进行了批判的有 *Krehl* NStZ 2014, 449 (450)。

[71] 参见 *Küper/Zopfs*, BT, Rn. 316 及更多参考文献。

[72] 参见 BGHSt 37, 40。

[73] 参见 Schönke/Schröder/*Eser/Sternberg-Lieben* StGB § 211 Rn. 27。

[74] 参见 BGHSt 32, 382 (383 f.); BGH NStZ 2021, 287 m. Anm. *Schneider*。

殊的危险性，因为**被害人的自我保护可能性被剥夺了**。[75]

在文献中存在部分不同的观点。但是，阐述的出发点——包括在法律鉴定报告中——应当是司法判决的定义。这里应当注意的是，它本身又由需要定义的组成部分所构成：

（1）无疑心

34　　无疑心（Arglosigkeit）指的是**没有怀疑**。也就是说，不仅包括那些完全相信自己安全的人，还包括那些完全没有任何想法的人。[76]

35　　a. 不过，**问题在于，必须对什么予以怀疑才不是无疑心**。如果被害人预想到**生命会遭受侵犯**，那么肯定就不再是无疑心。有的人认为只有在这种情形中才不成立无疑心。[77] 极端的相反观点认为，只要被害人预想到了行为人会采取**敌对行动**，即使不一定预想到人身袭击，就不成立无疑心。[78] 但是，这一观点与对阴险非难的原理并不相符。由于被害人没有预见到人身袭击，因此也没有任何理由加以防卫，防卫可能性仍旧受到了限制。[79] 所以，**通说**主张一种折衷观点：**当被害人预想到了——并不一定针对生命，但仍然严重的——人身袭击，那么就不是无疑心**。[80] 因为在这种情形下，被害人还可以准备自卫。

这一原则的例外情形是，行为人与被害人**原本约定空手打斗**，但是行为人之后违背约定且出乎意料地转变为故意杀害被害人。其原因在于，一开始的约定在侵犯生命的方向上造成了

---

[75] 参见 BGHSt 11,139(143); AnwK-StGB/*Mitsch*, § 211 Rn. 47。

[76] 参见 NK-StGB/*Neumann/Saliger*, § 211 Rn. 53; *Zorn*, Die Heimtücke, S. 18。

[77] 参见 BGHSt 7,218; *Jäger*, JA 2017,474 f.; 正确地对此进行了批评的有 *Schmoller*, ZStW 99(1987), 395 f.。

[78] 参见 BGHSt 27,322。

[79] 参见 *Schmoller*, ZStW 99(1987), 395 f.。

[80] 参见 BGHSt 33,363; BGH NStZ 2012,691(693); NStZ-RR 2015,308; *Fischer*, § 211 Rn. 35; Geppert, JURA 2007,273; SK-StGB/*Sinn*, § 211 Rn. 40; 批判性观点见 *Jäger*, JA 2017, 474 f.; *Schmoller*, ZStW 99(1987), 396 f. 无疑心当然只有在以下情况下才会消失，即被害人当时考虑到了人身袭击，"一个基于很久之前的攻击与敌对气氛的潜在恐惧"则不会导致消失；BGH NStZ 2009,501;对此可见 *Hecker*, JuS 2010,81 ff.; BGH NStZ 2013,337(338)。

怀疑的缺失。[81] 如果行为人欺骗对方说自己会遵守约定从而达成了决斗的合意，那么无疑心必然是成立的。因为通过这一"狡诈的"举止，行为人有意让对方错误认识了打斗的危险性。[82]

b. 另一个疑问是，**被害人在何时必须是无疑心的**。由于要利用被 **36**
害人的无疑心来杀人，因此它必须在**犯罪实行的阶段（始于未遂的开始）**存在。[83] 如果在未遂开始时无疑心的被害人才认识到了侵犯，从而进行防卫，这也并不妨碍无疑心的成立。[84] 但是，如果行为人一开始只是抱着身体伤害的故意，随着进一步发展才开始产生杀人的故意，那么一开始的无疑心并不能使得阴险性成立，因为行为人在进行人身侵犯时尚未处于杀人未遂的阶段之中。[85]

> **示例**[86]：
> A 突然攻击了 O。在随后的打斗中，A 有着远为优越的身体素质，O 最终虚弱无力以至于没有办法再求救。这时候 A 决定杀死 O。——O（在对此关键的实行阶段）并非无疑心的。

例外的情形是，行为人从**身体伤害故意转变为杀人故意过于迅速**， **37**
以至于被害人由于这一突发意外无法以有成功希望的方式进行防卫。[87]

---

[81] 对此持开放态度的有 BGH NStZ 2014, 574 m. Anm. *Liebhart*；也可参见 *Hoffmann*, NStZ 2011, 66 f.；NK-StGB/*Neumann/Saliger*，§ 211 Rn. 60；MüKoStGB/*Schneider*，§ 211 Rn. 154。

[82] 参见 *Liebhart*, NStZ 2014, 575。

[83] 比如 BGH NStZ 2015, 31(32) m. Anm. *Engländer*；此外（关键在于《刑法典》第 32 条意义上的现时攻击成立的时间点），见 LK-StGB/*Rissing-van Saan/Zimmermann*，§ 211 Rn. 100。在这类情形中存在的特殊性是，未遂的开始相对于对被害人的具体攻击被大幅提前了。在涉及未遂时这尤其存在于间接正犯中：当间接正犯人让事件的发生脱离掌控时，就已经进入实行阶段了（第 28 章边码 84 以下）。因此存在以下可能性，即工具的举止只能在事后消除被害人的无疑心；AnwK-StGB/*Mitsch*，§ 211 Rn. 50。

[84] 参见 BGH NStZ 2015, 457(458)；NStZ 2016, 405 f.；StraFo 2019, 38 f.。

[85] 深入阐述可见 *Zorn*, Die Heimtücke, S. 31 ff.。

[86] 参见 BGHSt 19, 321；BGH NStZ 2012, 691(693)。

[87] 对此可参见 BGH NStZ 2012, 691(693)；NStZ 2013, 337(338)；NStZ-RR 2015, 308；2016, 43(44)（对此可见 *Hecker*, JuS 2016, 364 ff.）。关于更广的情况（比如被害人受到身体伤害后丧失了意识）见 BGH NStZ 2013, 280；批评的观点见 *Murmann*, HRRS 2014, 443 f.；LK-StGB/*Rissing-van Saan/Zimmermann*，§ 211 Rn. 102。

如果行为人虽然公开了敌意，但是被害人**直到最后一刻才认识到所面临的危险**，以致他没有对攻击进行有效的回应的任何可能性，那么一开始的无疑心也能够一直延续到实行阶段。[88] 最后，如果行为人**将无疑心的被害人诱入了为杀人而设置的圈套之中**，那么在预备阶段存在的被害人无疑心也是被利用来杀人了。[89]

> 示例[90]：
> A 将 O 诱入一片寂静的森林，想在那里杀死他。当 O 到达 A 所选定的地点后，A 带着明显的敌意接近 O，在接下来的打斗中，A 用特意携带的刀杀死了 O。O 的处境建立在他一开始的无疑心之上。

因此，联邦最高法院也想对以下案件进行相同的评价：行为人按照早已制定的计划**进入被害人的住宅**，使其陷入无助的境地。按照该计划，被害人一开始的一无所知也会一直持续到实行阶段，以至于不再依赖于被害人是否知晓危险及何时知晓危险。[91]

38 c. 接下来的疑问是，被害人是否必须自己无疑心，或者至少有能力实现这一点。原则上说，自我保护可能性降低的情况只会发生在那些

---

[88] 参见 BGH NStZ-RR 2007,14;NStZ 2015,214;NStZ 2016,340(341)（对此可见 *Hecker*,JuS 2016,278 ff.）;*Fischer*,§ 211 Rn. 35c。当然，在这类案件中，欠缺无疑心时通常就已经进入了未遂阶段，以至于完全不需要将无疑心延伸至预备阶段；参见 *Schauf* NStZ 2019,585(586);*Zorn*,Die Heimtücke,S. 30("假问题")。对这类案件更深入的分析见 *Küper*,GA 2014,611 ff.。也可参见 BGH NStZ 2021,287(288) m. Anm. *Schneider*（联邦最高法院认为，在这里，对于认定成立无疑心而言，认识到敌对目的与杀人行为之间的时间跨度太长）。

[89] 参见 *Eisele*,BT I,Rn. 103("在教义学上并非完全毫无疑问")；*Eisele/Heinrich*,BT,Rn. 47;*Fischer*,§ 211 Rn. 35b。持否定观点的有 *Mitsch/Giraud*,JR 2016,178;*Schauf* NStZ 2019,585 ff.;*Zorn*,Die Heimtücke,S. 27 ff.（支持适用《刑法典》第 212 条第 2 款）。

[90] 参见 BGHSt 22,77;相似的阐述可见 BGH NStZ 2008,569;BGH NStZ 2015,31(32) m. Anm. *Engländer*;BGH NStZ 2020,609(610 f.) m. krit. Anm. *Drees*;*Jäger* JA 2020,867(870);*Schiemann* NJW 2020,2424(两天以上的监禁)；BGH NStZ 2021,226(227)（所涉及的案件是，在处于无保护处境中实现杀人计划还要取决于被害人的举止）。也可参见 *Mitsch*,JuS 2015,887:在进入飞机之时，飞行员就已经有了要造成坠机的目的。

[91] 参见 BGH NStZ 2018,654(655) 及其中 *Schiemann* 的批判性评论；*Schauf* NStZ 2019,585(587 ff.)；对应于行为人将被害人引诱至其住所的案件，BGH NStZ 2021,609(611) mkritAnm Schneider;BGH NStZ 2022,161(162)。

具有**怀疑能力**的人身上。[92] **幼童**尤其欠缺这样的能力。[93] 虽然幼童也展现出了可被行为人克服的保护本能（比如，幼童会因为毒粥有苦味而吐出来，行为人则会在毒粥中加糖）。但是，这一本能与怀疑他人是无关的。[94] 相反，联邦最高法院肯定了一名三**岁幼童**的无疑心，因为他在这一年龄"可以辨识出针对生命的攻击，进而能够寻求帮助，让行为人改变主意，或者通过其他方式应对攻击或阻碍其实施"。[95]

如果一个人基本具有怀疑的能力，那么这一能力并不一定要在犯罪实行的时间点上存在。被害人**无疑心**地陷入了一个丧失怀疑能力的状态，就已经满足条件了。因为在这种情形中，行为人也利用了被害人一开始的无疑心来实行犯罪。比如涉及"毫无疑心地入睡的"**睡觉者**。[96] 但是，如果被害人是因为抵抗不住困意而睡着的，那么情况就不同了，因为他"仅仅只是因为身体条件不足以防御侵害，而不是毫无疑心地入睡"。[97] 即使是**无意识者**，他丧失怀疑能力也不是因为他毫无疑心地作出了决定，因而并非无疑心。[98] 与此相反，如果行为人抱着之后杀人的目的，利用被害人的无疑心与无防备，通过行为造成被害人陷入丧失意识的状态，那么就属于阴险的杀人。[99]

39

有疑问的是，是否可以基于规范上的原因否定心理上存在的无疑心。对此的例子是联邦最高法院作出的一项判决，其案情是被敲

40

---

[92] 参见 *Krey/Heinrich/Hellmann*, BT I, § 1 Rn. 55; *Rengier*, BT II, § 4 Rn. 57. 反对的深入阐述可见 *Zorn*, Die Heimtücke, S. 39 ff. 。

[93] 深入阐述可见 *Mitsch*, JuS 2013, 783 ff. 。

[94] 参见 BVerfGE 45, 187 (266); *Eisele*, BT I Rn. 95; *Mitsch*, JuS 2013, 784; *Zorn*, Die Heimtücke, S. 45 f. ;但是持肯定观点的有 BGHSt 8, 216 (218 f.); MüKoStGB/*Schneider*, § 211 Rn. 177; 在 Moldenhauer/Willumat, JA 2021, 563 (566) 的案例解答中。

[95] BGH NJW 1978, 709; NStZ 1995, 230 (231); NStZ 2006, 338 (339) (涉及一名 5 岁的孩子); NJW 2018, 3398 (3399) (1 岁 9 个月大的孩子是没有疑心的); NStZ-RR 2020, 313 (对此见 *Hecker* JuS 2021, 183 f.); MüKoStGB/*Schneider*, § 211 Rn. 177. 与其他视年龄而定的区分式做法不同，*Fischer*, § 211 Rn. 43. *Geppert*, JURA 2007, 273 将界限确切地设置在"5 岁"。

[96] 参见 *Fischer*, § 211 Rn. 42; 批判的观点见 *Küper*, JuS 2000, 745; *Kretschmer*, JURA 2009, 591 ff. 。

[97] BGH NStZ 2007, 523.

[98] 部分文献对此进行了批判，见 *Geppert*, JURA 2007, 273。

[99] 参见 BGH NStZ 2008, 569; *Fischer*, § 211 Rn. 42a。

诈人在交付了被勒索的钱财后立即从背后杀死了敲诈人。尽管敲诈人在此时没有预料到任何袭击，但是联邦最高法院还是否定了无疑心的成立[100]：被敲诈人由于其财产受到仍在持续的攻击而处于紧急防卫处境之中（《刑法典》第32条）。从法律理由出发，敲诈者在这种情况下**应当想到**，被敲诈者会通过暴力手段拿回自己的财物。所以敲诈者不是无疑心的。[101]——联邦最高法院的结论应当得到赞同，因为杀死敲诈者看起来并不是特别卑劣，即使他完全没有料想到会遭受攻击。但是，在规范上被虚构出来的被害人怀疑很难成为支撑这一结论的理由。[102] 原因在于：其一，无疑心在词义上描述的是实际欠缺怀疑的状态，与这一状态是否"正当"无关；其二，从规范上论证对无疑心的排除与阴险的原理不符，因为当被害人本应具有怀疑的动机时，也存在着基于被害人无疑心的特殊危险性。更具有说服力的做法是，通过对《刑法典》第211条进行限制解释来排除阴险的成立（对此见下文边码46及以下）。[103]

41 d. 如果被害人自身没有怀疑的能力，那么被利用的也可以是**有保护意愿**（schutzbereit）**且有保护被害人能力之人的无疑心**[104]，比如在杀

---

〔100〕参见BGHSt 48,207；紧接其后的是BGH, Vrt. v. 18. 11. 2021-1 StR 397-21（对此见Eisele, JuS 2022, 307 ff.）；批判的观点见 *Fischer*, § 211 Rn. 37a; *Duttge*, FS Krey, 2010, S. 61 f.。

〔101〕相似的阐述已可见于 *Arzt*, JR 1979, 12, 他认为关键在于"有根据的"或者"正当的"的无疑心。也可参见BGHSt 27, 322（324 f.），在这里联邦最高法院违背被害人的内心感受而否认了无疑心，因为行为人之前对被害人进行过严重的威胁（不过被害人没有严肃对待）；关于整体情况见 *Zorn*, Die Heimtücke, S. 77 ff. 在"杀死暴君"的案件中，一名常年实施家暴的丈夫最终在睡梦中被他的妻子杀死，联邦最高法院［BGHSt 48, 255 (256 f.)］没有在规范上否定无疑心的意义上作出判决，对此的批判可见 *Otto*, NStZ 2004, 143；*Rengier*, NStZ 2004, 236；*Zorn*, Die Heimtücke, S. 88 ff.。

〔102〕后文内容见 *Hillenkamp*, FS Rudolphi, 2004, S. 475 f.；也可参见 *Heghmanns*, BT, Rn. 135。

〔103〕参见 *Zaczyk*, JuS 2004,752；同样的观点有BeckOK StGB/*Eschelbach*, § 211 Rn. 43. 1；LK-StGB/*Rissing-van Saan/Zimmermann*, § 211 Rn. 112；质疑的还是 BGH NStZ 2007, 523 (525)；批判的观点有 *Eisele*, BT I, Rn. 102. 也可参见 *Hillenkamp*, FS Rudolphi, 2004, S. 479 ff.；NK-StGB/*Neumann/Saliger*, § 211 Rn. 61, 它们认为在这类案件中没有满足"阴险"的要求。

〔104〕参见 BGH NStZ 2015, 639(640)：对幼儿的家庭帮工。BGH NStZ-RR 2020, 313 (314)（对此见 *Hecker* JuS 2021, 183 f.）：在具体案件中，父母欠缺有效保护其孩子的能力。

死医院中昏迷的病人时，利用了有保护意愿的护理人员的无疑心与无防备。[105] 如果第三人暂时或永久地承担了为其防范身体或生命危险的责任，那么按照司法判决的观点，即使该第三人是由于信赖行为人而没能实现保护功能，也应认定他为有保护意愿的人。但是，有效保护的可能性以其与被害人保持一定空间距离作为前提（比如，当有保护意愿的人睡在隔壁房间时，就能成立）。[106] 所以，并不一定需要有意支开潜在的救助者，只要有意利用其不在场的情况就够了。[107]

（2）无防备

无防备（Wehrlosigkeit）必须**建立在无疑心的基础之上**。[108] 无防备指的是，被害人不仅完全撤掉了自我保护可能性，**还降低了防卫可能性**。[109] 即使是体弱者也可以因无疑心而又无防备，尽管他本来就是如此。所以，可以成立无防备的情形比如有被害人丧失了逃跑的机会，或者仅仅失去了让侵害者改变想法的可能性[110]，或寻求帮助的可能性。[111]

（3）有意利用

按照司法判决的观点，若行为人**认识到了被害人处境对于实行犯罪的重要性**，就属于有意利用了被害人的无疑心与无防备。[112] 这一利用

42

43

---

[105] 参见 BGH StV 2009,524(525) mit kritischer Anm. *Neumann*；也可参见 BGHSt 4,11；*Fischer*, § 211 Rn. 43a. 批评观点见 *Zorn*, Die Heimtücke, S. 46 f. 。

[106] 参见 BGH NStZ 2013,158(159). 相反，当有保护意愿的人远离犯罪地 1 公里以上时，就欠缺了实际的影响可能性；BGH NStZ 2015,215（对此可见 *Hecker*, JuS 2015,370 ff. ）。

[107] 参见 BGH NStZ 2008,93；*Eisele*, BT I, Rn. 96；*Mitsch*, JuS 2013,785 通过指出这些情形中欠缺一个特定的"阴险"行为进行了正确的批判。

[108] 对此的深入阐述可见 *Küper*, FS Beulke, 2015, S. 467 ff. 。

[109] 参见 BGH NStZ 2015,457(458)；*Fischer*, § 211 Rn. 39。

[110] 参见 BGH NStZ 1989,364(365)；NStZ 2018,97(98)；NStZ 2020,609(611)。批判的观点见 NK-StGB/*Neumann*, § 211 Rn. 68；*Puppe*, NStZ 2009,208 f. 。

[111] 但是反过来并不意味着，如果被害人由于其一开始无防备而丧失了其他的防卫可能性，那么被害人留存的让行为人改变想法或者寻求帮助的可能性与无防备所冲突；深入阐述可见 *Zorn*, Die Heimtücke, S. 99 ff. 。

[112] 参见 BGH NStZ 1985,216；NStZ 2009,569(570)；NStZ 2014,639；NStZ 2015,30；NStZ-RR 2015,12；LK-StGB/*Rissing-van Saan/Zimmermann*, § 211 Rn. 112. 存疑的是，利用意识是否有别于被害人关于无疑心与无防备的故意；*Zorn*, Die Heimtücke, S. 110 ff. 对此予以否定。

的意识在客观的犯罪情况中就已经可以得出了,如果行为人使得其思想认识显而易见的话。[113] 如果有激动的情绪或强烈的情感波动,尤其是与酒精或精神障碍相关联时,那么会得出的结论是,行为人没有认识到被害人的无疑心与无防备对于犯罪的重要意义。[114]

43a 除了要求单纯认识到情况之外,部分文献还依据词义要求一个客观上与主观上的"阴险"举止[115],该举止只有在有目的地使行为具有秘密性时才会成立,比如,不成立的情况是,行为人偶然遇见了被选为目标的被害人正在睡觉(于是不去唤醒他),而成立的情况是,他依照计划造成了被害人无疑心,或者他一直等待直到被害人睡着。[116]

(4)在敌对的意志方向上实行行为

44 敌对意志方向这一早期司法判决中所提出的标准并未类型化地描述杀人行为中的阴险,而是用来将**《刑法典》第 211 条的适用范围**(按照宪法的要求,见上文边码 24 及以下)**限制在特别卑劣的情形中**。[117] 它(部分地)修正了《刑法典》第 211 条中不太合理的概念,因为按照这一概念,虽然卑劣的动机状况能够使得谋杀的不法成立(第一类与第三类),但是在相反的情况下,抱着积极的情感去实现第二类谋杀要素却不能减轻责任。在敌对的意志方向上实行行为当然是故意杀人的常例。但是,若行为人相信这么做是为了被害人好,就可以成立例外。

---

[113] 参见 BGH NStZ 2019,26(27);NStZ 2019,520(521)。

[114] 参见 BGH NStZ 2011,634(635);2012,270(271);2012,693;2013,709;2013,232; NStZ 2014,507 m. Anm. *Schiemann*;BGH NStZ 2015,392(393);StV 2018,735;NStZ 2020, 348 f.;NStZ 2020,409;NStZ 2021,162 f. m. krit. Anm. *Grünewald*。

[115] 参见 *Abraham* NStZ 2021,641 ff.;*Murmann*,HRRS 2014,446 f.;*Neumann*,StV 2009, 526;NK-StGB/*Neumann/Saliger*,§ 211 Rn. 72;*Seebode*,StV 2004,598;*Spendel*,JR 1983,272 f.; *ders.*,StV 1984,46;*Wessels/Hettinger/Engländer*,BT 1,Rn. 61。

[116] 放弃一个这样的标准会让联邦最高法院得出以下结论,即当行为人对被害人以死亡进行严重威胁时,即使被害人并没有相信这样的威胁,行为人的行为也具有阴险性,BGH NStZ 2013,339(340)。

[117] 另一种观点(敌对的意志方向是"阴险的构成要素"),见 *Stam* ZIS 2020,336 (337 ff.)。对敌对意志方向标准的批判见 *Grünewald*,Tötungsdelikt,S. 129 f.;有启发意义的内容也可见 AnwK-StGB/*Mitsch*,§ 211 Rn. 57。

> **示例**[118]：
> 行为人想让他深爱的妻子和孩子死去，因为他相信"他的家人不能承受他给他们带来的耻辱与艰辛"。他杀死了正在熟睡的二人。

在这里，利用无疑心与无防备并非《刑法典》第211条要求的特别卑劣性的体现。但是这并不意味着，任何同情的动机都必然会排除敌对的意志方向："在那些浮于表面的同情动机中，恰恰表达出了对于重病患者生命权的敌对性。"[119]

45

> **示例**[120]：
> 护士A通过秘密注射致死药物杀死了重病患者O，因为她相信，快速与无痛的死亡符合患者可想而知的利益，而且意味着可以减轻严重的痛苦。

近年来，联邦最高法院与敌对意志方向这一标准保持了距离，认为只在以下情形中才赋予它限制构成要件的意义，即杀害行为符合被杀者明确的或（当被害人无法产生自主意识时）至少推定的意志。如果杀害行为没有被（推定的）被害人意志所涵盖，那么欠缺敌对意志方向就仅仅能例外地在法后果方面得到考量。[121] 这样一来，疑难的"法后果方案"（对此见第21章边码50及以下）的适用范围就可以进一步扩张。相反，依据敌对意志方向标准来限缩构成要件被广泛抛弃，因为被害人的明确同意通常意味着欠缺了无疑心：如果被害人预想到了针对自己生命的攻击，并在预料到被杀的情况下没有无疑心地"入睡"，在睡梦中

45a

---

[118] 参见 BGHSt(*GrS*)9,385。
[119] BGH NStZ 2008,93。BGH NStZ 2006,338 也肯定了敌对意志方向，因为行为人的行为"不仅仅是出于对其孩子未来幸福的关心"，也是"出于控诉并惩罚其妻子，因此对于因复仇而牺牲的孩子是在敌对的意志方向上"。
[120] 参见 BGHSt 37,376；BGH StV 2009,524(525)。
[121] 参见 BGHSt 64,111；对也可见 *Eisele* JuS 2019,1124 ff.；*Jäger* JA 2019,791 ff.。

就不是无疑心的。[122]

（5）其他的定义与限缩尝试

46 前述主要由司法判决所主张的对阴险的理解受到了**部分文献的批判**，因为它几乎将所有行为人没有公开敌意的杀人行为都升格为了谋杀。一个特别的卑劣性远远不足以体现在全部这些情形中：对无疑心与无防备的利用也可能是弱者面对强者与施暴者时的无助的表现。[123] 因此，对阴险的传统定义过宽，并不符合限缩解释谋杀要素的宪法要求。**有的人使用了其他的定义，有的人则对传统定义进行了限制**[124]：

47 a. 部分文献主张通过补充或替代传统定义的方式增设对**卑劣破坏信赖的要求**。[125] 这当然会使得这一谋杀要素的原理发生变化，因为构成阴险谋杀不法的不再是危险性，而是（额外的）对特殊义务地位的损害。这一观点主张者之间存在的**争议是，应如何成立一种信赖关系**，才会使得将损害该关系判定为谋杀罪具有正当性。无论如何，家庭成员之间或亲密朋友之间通常都会成立一个信赖关系。但是有疑问的是，友好的接触是否就已经达到了要求，以致"滥用社会良性的举止方式"（比如伸手表达问候）就足以让阴险成立。这一不确定性体现了"卑劣地破坏信赖"具有明确性不足的缺陷，成为了该理论受到批判的主要方面。[126] 最重要的问题在于，它把按计划突袭陌生人的情形排除在了

---

[122] 进行了合理批判的有 *Jäger* JA 2019,791（793 f.）；*Mitsch* NJW 2019,2416。相反，*Wachter* NStZ 2019,722 f. 批评道，联邦最高法院仍旧让对敌对意志方向标准的限制十分重要。*Schauf* NStZ 2021,647(653 ff.) 赞同放弃这一标准。也可参见 *Momsen/Schwarze* JR 2020, 232 ff.，它主张应遵循部分实现一个正当化事由的标准。

[123] 参见 *Grünewald*，Tötungsdelikt, S. 124 f.；*Otto*, JURA 1994, 147 f.。

[124] 除了文中介绍的限缩的尝试，还可参见新近的文献 *Morris*, Die normative Restriktion des Heimtückebegriffs usw.,2010,S. 155 ff.，他认为关键在于部分实现一个正当化事由。

[125] 参见 *Schauf* NStZ 2021, 647 (655 f.)。Schönke/Schröder/*Eser*/*Sternberg*-*Lieben*, § 211 Rn. 26；*Geppert*, JURA 2007, 271 f.；*M.-K. Meyer*, JR 1986, 137 f.；SK-StGB/*Sinn*, § 211 Rn. 44；*Jakobs*, JZ 1984 996；*Krey*/*Heinrich*, BT 1, Rn. 58 f.。

[126] 对此的深化可见 *Grünewald*, Tötungsdelikt, S. 130 ff.。

《刑法典》第 211 条的适用范围之外，从评价的角度出发这是没有道理的。[127]

b. "**消极的类型修正**"理论声称适用于所有谋杀要素[128]，但是如同其他的限缩尝试一样，该理论也将阴险作为其最重要的适用范围。这一理论认为，虽然谋杀要素的成立通常能够为终身自由刑赋予正当性，但是也应当在**全面整体评价**的范围之内考虑到减轻处罚。[129] 那么，从中可以得出的是，尽管谋杀要素被实现了，但是犯罪行为并没有体现出按照《刑法典》第 211 条进行处罚所必需的卑劣性。这一观点的优点建立在法律概念的薄弱之处，因为谋杀要素用单一方面被提升的卑劣性来支撑判处终身自由刑，而减轻处罚的方面没有发挥任何作用。（早期的）司法判决在这个问题上已经通过要求"敌对的意志方向"（见上文边码 44 及以下）逐渐承认了一个"消极的类型修正"。反对这一观点的人主要也是指责其欠缺了明确性。[130]

48

c. 只有个别人支持"**积极的类型修正**"理论，该理论同样适用于所有谋杀要素。[131] 与"消极的类型修正"不同，它要求积极论证卑劣性，因而在谋杀要素成立时也不承认常例的卑劣性。这一理论也被绝大多数观点认为明确性严重不足。[132] 实际上，"在构成要件阶层就进行基于量刑原则的整体评价，是很难有说服力的"。[133]

49

d. 基于构成要件明确性的需要，**司法判决**想不在构成要件阶层而是在量刑时才考虑对《刑法典》第 211 条限制适用的要求。因此，这一

50

---

〔127〕 参见 BGHSt(*GrS*)30,105(115 f.)；Arzt/Weber/Heinrich/*Hilgendorf*,BT,§ 2 Rn. 50；*Eisele*,BT I,Rn. 69；*Klesczewski*,BT,§ 2 Rn. 53；NK‑StGB/*Neumann/Saliger*,§ 211 Rn. 49。深入阐述可见 *Schmoller*,ZStW 99(1987),405 ff.。

〔128〕 参见 Schönke/Schröder/*Eser/Sternberg‑Lieben*,§ 211 Rn. 10。

〔129〕 参见 Schönke/Schröder/*Eser/Sternberg‑Lieben* StGB § 211 Rn. 10。

〔130〕 参见 BGHSt(*GrS*)30,105(115)；*Köhler*,JuS 1984,762 f.。

〔131〕 参见 *Lange*,GS H. Schröder,1978,S. 231 ff.。

〔132〕 参见 *Eisele*,BT I,Rn. 70；*Kindhäuser/Schramm*,BT I,§ 2 Rn. 7。

〔133〕 *Eisele*,BT I,Rn. 70.

所谓的**法后果方案**[134]通过以下方式考虑比例性原则,即虽然仍保留按照《刑法典》第 211 条定罪,但是在终身自由刑不合适时按照《刑法典》第 49 条第 1 款第 1 项减轻处罚。这一——在实践中只与阴险的谋杀要素相关的[135]——法后果方案只应存在于以下例外情形中,即在"与紧急避险相近的、走投无路的处境"中出于"巨大的绝望"而实行犯罪,或者实行犯罪的原因"在于一个由被害人所引发的冲突"[136]。

在以下**示例**中,联邦最高法院认可了减轻处罚:A 的叔叔 O 强奸了 A 的妻子(E)。E 承受了巨大的痛苦,以致多次尝试自杀。A 对这一情况深感绝望,于是决定杀死 O。当他在酒吧偶遇 O 时,他先向 O 打招呼,然后开枪杀死了因沉迷扑克而毫无疑心的 O。[137]

51   反对法后果方案的人主要是批评它严重**违背了《刑法典》第 211 条的文字表述**,部分逾越了法的续造的边界,因而违背了权力分立原则。[138] 此外,减轻处罚的适用范围也没有被描述清楚,"一个特别卑劣的杀人的较轻情形"的概念**本身也自相矛盾**。[139] 行为人仍旧要承受"谋杀"这一污名化的定罪,尽管其犯罪行为的罪责内涵恰恰不符合这一模板形象。[140] 最后,减轻处罚也会导致**刑罚体系内部的冲突**:适用《刑法典》第 49 条第 1 款第 1 项后的量刑幅度是 3 至 15 年自由刑。因

---

[134] 基础性的阐述见 BGHSt(*GrS*)30,105(116 ff.);深入阐述可见 *Reichenbach*,JURA 2009,176 ff.。

[135] 理论上,法后果方案对于其他的谋杀要素当然也会有影响。但是,联邦最高法院最后在掩盖目的方面对此持开放态度;BGHSt 35,116(127);41,358(363)。在贪财方面,联邦最高法院基于原本的限缩解释而排除了法后果方案;BGHSt 42,301(304)mit Anm. Dölling,JR 1998,160. 相似地,关于"满足性冲动"与"促成目的"要素,即使被害人对杀害行为予以同意,联邦最高法院也排除使用法后果方案 [NStZ 2016,469 (470 f.);NStZ-RR 2018,172 (173)]。

[136] BGHSt 30,105(119);BGH NStZ 2021,105(106). 由于要求比较高,因此法后果的实践意义较小;AnwK-StGB/*Mitsch*,§ 211 Rn. 14。

[137] 参见 BGHSt 30,105。

[138] 参见 *Geppert*,JURA 2007,272;Schönke/Schröder/*Eser/Sternberg-Lieben*,§ 211 Rn. 10b;Maurach/Schroeder/Maiwald/Hoyer/Momsen,BT 1,§ 2 Rn. 27;*Mitsch*,JZ 2008,337;*Spendel*,JR 1983,271。

[139] 反对的又是 *Reichenbach*,JURA 2009,182。

[140] 参见 Schönke/Schröder/*Eser/Sternberg-Lieben*,§ 211 Rn. 10b;*Miehe*,JuS 1996,1003。

此，其最低法定刑甚至低于《刑法典》第212条杀人罪（5至15年自由刑）的最低法定刑。这就需要对类推适用《刑法典》第49条第1款第1项进行修正，以使判刑不能低于5年自由刑。[141]

所有的限缩尝试都遭受到了质疑，因此**立法者有必要对此予以明确化**。主张法律规定应更灵活的一些建议目前已经处于讨论之中，比如，放弃绝对刑，或者使用常例这种立法技术。[142]

52

（6）谋杀欲

谋杀欲（Mordlust）属于第一类谋杀要素，特点在于动机特别卑劣。与其他第一类要素一样，谋杀欲也是低劣动机的例子之一。出于**谋杀欲**杀人指的是"**仅仅只是想看到有人死亡**"[143]。被害人的死亡"本身就是唯一的犯罪目的"[144]。"基于这一要素可以被包含的情形是，让犯罪发生的，既非一个存在于被害人本人或者特殊犯罪情境之中的诱因，亦非一个超出杀害本身的目的"[145]。因为谋杀欲要求一个指向目标的杀人，所以行为人在实行行为时必须具备直接故意（见第24章边码15及以下）。[146]

53

（7）为了满足性冲动

为了满足性冲动（Befriedigung des Geschlechtstriebs）而杀人，其特征在于动机的卑劣性：行为人将他人的生命置于自己的性欲之下。[147]为了满足性冲动而杀人包括：

54

---

[141] 参见 *Eisele*, BT I, Rn. 72. LK-StGB/*Rissing-van Saan/Zimmermann*, § 211 Rn. 184, 通过提示《刑法典》第213条,在更轻缓的量刑幅度中没有看到任何体系错误。

[142] 在2015年6月，由联邦司法部任命的专家委员会就改革杀人犯罪提交了最终报告（见 www.bmjv.de/SharedDocs/Kurzmeldungen/DE/2015/20150629_Expertengruppe_Toetungsdelikte.html）。立法者从——但是部分未达成一致的——改革建议中至今没有得出结论。关于新近的改革工作可见 LK-StGB/*Rosenau*, Vor §§ 211 ff. Rn. 159 ff.。

[143] 概况可见 *Köhne*, JURA 2010, 100 ff.。

[144] 因此，行为人关于死亡结果必须是直接故意地行为；间接故意尚未达到条件；参见 BGHSt 47, 128 (133)。关于故意形式可见第24章边码15及以下。

[145] Zitate aus BGHSt 34,59(61)。联邦最高法院之前的定义——出于谋杀欲的行为，出自"非自然的快乐"来消灭人的生命（BGH NJW 1953, 1440）——是具有误导性的，它导致了对病态的动机处境的错误构想。

[146] 参见 SSW StGB/*Momsen*, § 211 Rn. 6.。

[147] 参见 *Köhne*, JURA 2010, 102。

☞ "在杀害行为中寻求性满足的人（欲望谋杀者）"[148]；

☞ "为了之后**在尸体上满足自己的性欲**而在其意志中接受了死亡结果的人（奸尸者）"[149]；

☞ 为实行**性犯罪**而使用了暴力且至少**容认了被害人死亡**的人[150]；

☞ 为了通过之后观看杀人与处理尸体的录像来寻求满足的人。[151]

55　　联邦最高法院在著名的**食人者案**中承认了上述最后一种类型[152]：被害人在切断阴茎中寻求终极性满足，并就此同意了行为人之后吃掉自己。行为人对于杀害行为本身并不感到兴奋。联邦最高法院认为，若拍摄杀害与肢解尸体的录像是用来之后寻求满足，那么就符合条件了。这类案件并非法后果方案的适用情形（边码50），因为考虑到生命的价值，在《刑法典》第216条情形之外的案件中，被害人的求死愿望并不能减轻处罚。[153] 联邦宪法法院也并不认为这一判决违背宪法。[154] 在文献中，部分人从法条文字表述的角度出发批判这一判决，因为杀害行为并未直接用来实现性满足，只有观看录像才会实现性满足。[155]

56　　杀害行为必须针对具体的犯罪被害人以满足行为人的性冲动。如果行为人为了实现一个性犯罪而杀死了所选定的强奸被害人的同伴，那么就欠缺了这一直接的关联。[156]

---

[148]　BGHSt 7,353.

[149]　BGHSt 7,353.

[150]　参见 BGHSt 19,101。

[151]　参见 BGHSt 50,80；争议参见 *Otto*，JZ 2005,799。

[152]　参见 BGHSt 50,80；相似的情形见 BGH NStZ 2016,469；NStZ-RR 2018,172；对此可见 *Eisele*，JuS 2016,947 f.；*Jäger*，JA 2016,629 ff.；*Zehetgruber*，HRRS 2017,31 ff.。

[153]　参见 BGH NStZ 2016,469(470 f.)。

[154]　参见 *BVerfG* NJW 2009,1061(1063 f.)；关于宪法上的疑难问题详见 *Scheinfeld*，Der Kannibalen-Fall,2009。

[155]　参见 *Köhne*，JURA 2010,103；*Kreuzer*，MschrKrim 2005,412 f.；*Mitsch*，ZIS 2007,197 f.；基于因被害人的同意而被减轻的不法内涵而进行批判的观点有 *Morris*，Die normative Restriktion des Heimtückebegriffs usw.,2010,S. 157 ff.；*Hillenkamp* GS Tröndle,2019,553 ff.。

[156]　参见 *Eisele*，BT I,Rn. 83；*Fischer*，§ 211 Rn. 9；*Köhne*，JURA 2010,104. 不过在该案中，促成目的或者一个其他的低劣动机可能是成立的；AnwK-StGB/*Mitsch*，§ 211 Rn. 23。

(8) 贪财

贪财（Habgier）指的是**无所忌惮、放纵地追求经济利益**[157]。行为人为了经济利益而实现了最真实字面含义的"跨过尸体"。贪财杀人的典型情形是抢劫谋杀。[158] 在回答哪些经济利益会被视为贪财的对象时，有时会存在疑难。

57

有争议的情形是，行为人杀人不是为了获取经济价值，而是为了**逃避债务**。

58

> **示例**[159]：
> A 杀死了他怀孕的女友以免除自己的抚养义务。

联邦最高法院和部分学说认为，无论是想获取财产价值，还是想避免财产损失，都具有同等的卑劣性[160]，而另一部分文献的观点是，逃避债务是一种防御性动机，不能为按照《刑法典》第 211 条的处罚赋予正当性。[161]

另一个**存在疑问**的情形是，行为人所追求的利益是他有权主张的（或者至少他自以为如此），或者他想摆脱一个不正当的追债。法条原文并未排除对贪财的肯定，因为和许多所有权与财产犯罪（比如《刑法典》第 242 条、第 263 条）不同，在涉及贪财时并未明确要求其所追求的财富具有违法性。不过，行为人意图做出合法举止的动机状态并不是特别的卑劣。因此，适用限缩解释是恰当的。[162]

59

最后，联邦最高法院认为，行为人故意杀死他人以获取在监狱中的

59a

---

[157] 参见 BGHSt 10,399；*Fischer*，§ 211 Rn. 10。
[158] 参见 AnwK-StGB/*Mitsch*，§ 211 Rn. 25。
[159] 参见 BGHSt 10,399。
[160] 参见 *Eisele/Heinrich*，BT，Rn. 37；*Fischer*，§ 211 Rn. 11；AnwK-StGB/*Mitsch*，§ 211 Rn. 30。
[161] 参见 *Mitsch*，JuS 1996,124 f.；总结性内容可见 *Küper/Zopfs*，BT，Rn. 321。
[162] 参见 *Eisele*，BT I，Rn. 87；*Kleszewski*，BT，§ 2 Rn. 74；AnwK-StGB/*Mitsch*，§ 211 Rn. 29；"过度自助案"。另一种观点见 LK-StGB/*Rissing-van Saan/Zimmermann*，§ 211 Rn. 19。

长期住宿、饮食与医疗,也是实现了对经济利益的贪婪追求。[163] 联邦最高法院正确地指出,若所追求的利益**并非源自被害人的财产**,这并不与贪财的认定相冲突——因此,那些被允诺报酬而犯罪的人也是贪财的。但是,因犯的生活保障权恰恰没有表现出与杀死被害人之间的这种关系[164]:它们源自国家对于囚犯的义务,与因何种犯罪而被囚禁无关。国家提供其服务并非因为被害人的死亡,而是因为涉及处罚行为人的必要开支,也就是那些"不是由于杀了人、而是尽管杀了人"而产生的开支。[165] 在国家提供生活保障与处罚行为人之间的关系中也产生了对贪财认定的另一个反对意见。司法判决一贯的认识是,国家要求支付罚金或罚款的权力并不属于经济价值。这些权力是用来追求镇压或预防的目的,而不是用来增加国家的财富。[166] 如果人们遵循这一观点,那么与**监狱执行相关的国家开支就显然也不能被视为经济利益**。被判刑者在自由刑执行中的生活保障权归根结底是刑罚的组成部分,而不是用来改善其经济处境的。这样看来,它并不是行为人的贪财所能够指向的经济利益。[167]

(9) 其他低劣动机

60 谋杀欲、满足性冲动和贪财都只是低劣动机的例子而已。从《刑法典》第 211 条的文字表述中("其他")可以得出这一结论。低劣的动机指的是,该动机**按照一般的道德评价处于最低的层次因而特别卑劣**。[168] 这需要对动机、行为人人格及犯罪情状进行**全面的整体评价**。[169] 行为

---

[163] 参见 BGH NStZ 2020,733 m. Anm. *Mitsch*;对此也可见 *Jäger* JA 2021,167 ff.。
[164] 正确的是 *Jäger* JA 2021,168 f.。
[165] 参见 *Jäger* JA 2021,167(168)。
[166] 参见 BGHSt 38,345(351 f.);43,381(405 f.);*Rengier*,BT I,§ 13 Rn. 148。
[167] 参见 *Mitsch* NStZ 2020,733(734);*Jäger* JA 2021,167 f.。
[168] 参见 BGHSt 3,132;47,128(130);BGH StV 2009,524(525);NStZ 2019,204(205);NStZ 2020,617(对此见 *Nestler* JURA(JK)2020,1271);深入阐述可见 *Bosch*,JA 2015,803 ff.;批判的观点见 BeckOK StGB/*Eschelbach*,§ 211 Rn. 29. 2;*Grünewald*,Tötungsdelikt,S. 96 ff.;AnwK-StGB/*Mitsch*,§ 211 Rn. 35。
[169] 参见 BGHSt 56,11(18 f.);BGH NJW 2002,382(383);NStZ 2012,694(695);NStZ 2019,204(205);*Fischer*,§ 211 Rn. 15。

人必须能够在思想上支配并随意操控该动机。[170]

在鉴定报告中，首先应考查第一类特殊的低劣动机。**此外**，只有当具有同样强度的（见边码61）、尚无法被特殊要素所"包含"的动机引发行为人犯罪时，才能够成立一个低劣的动机。[171] 基于同样的思想，第三类要素（促成目的与掩盖目的）也应在被一般规定的低劣动机要素之前被考查。[172]

与所有动机一样，应当注意到在很多时候引导行为的并不仅仅是某一个动机。在多个动机混合的情况中，也就是所谓的"**动机集合**"（Motivbündel）的情况中，关键取决于该低劣动机是否"在对各个动机的整体观察中……**具有支配犯罪的地位并因而在意识中占据了主导地位**"[173]。因此，成立低劣动机的情况是，在考查所有动机后，该犯罪会被评价为处于伦理上的最低层次。[174]

61

如果**犯罪诱因与后果之间存在着难以忍受的不成比例性**，这通常是指行为人出于放纵的自私心理或者以特殊方式漠视了被害人的个体固有价值，那么这些动机通常就处于最低的层次。[175] 在整体评价的框架下评价犯罪动机也应当考虑到**动机的产生原因**：复仇、仇恨或者嫉妒只有在其对于动机形成而言显得特别卑劣时，才能够被视为低劣动机。[176]

62

---

[170] 参见 BGH NStZ 1996,384;NStZ-RR 2006,340;NStZ 2012,691(692);NStZ-RR 2020,40(41);NStZ 2020,86(87)m. krit. Anm. *Grünewald*;AnwK-StGB/*Mitsch*,§ 211 Rn. 45. 尤其在激动状态或强烈的情绪冲动比如愤怒或嫉妒时，这是值得怀疑的。

[171] 参见 BGH NStZ-RR 2018,76;*Bosch*,JA 2015,806。

[172] 参见 *Jäger*,JA 2011,793。

[173] BGH NJW 1995,2366;NStZ 2020,613 f.关于贪财要素; BGH NJW 2021,326(329) m. Anm. *Mitsch*［对此也见 *Bosch* JURA（JK）2021,456］关于掩盖目的; BGH StV 2020,475(476);NStZ-RR 2020,142 关于其他低劣动机。也可见 *Rengier*,BT II,§ 4 Rn. 27,41;*Wessels/Hettinger/Engländer*,BT I,Rn. 115。

[174] 参见 BGH NStZ-RR 2007,14。

[175] 参见 BGHSt 60,52(55 f.); 对此的批判可见 *Grünewald*,HRRS 2015,164 ff.; BGH NStZ 2015,690(691);NStZ 2021,734 f.（特定群体的"道德准则"）;SSW StGB/*Momsen*,§ 211 Rn. 22。深入阐述可见 *Helmers*,HRRS 2016,90 ff.。

[176] 参见 BGHSt 56,11(19);BGH NStZ 2011,35;2012,691(692);2013,709(710);NStZ 2019,204(205 f.);NStZ 2019,518(519)m. Anm. *Grünewald*;NStZ 2019,724 f.;NStZ 2021,226(227);*Bosch* JA 2015,809 f.。

> **示例 1**[177]：
> A 的妻子被 O 所强奸。A 出于复仇与仇恨而杀死了 O。该案中，A 的动机建立在可被理解的原因之上，因此并未处于伦理上最低的层次。
>
> **示例 2**[178]：
> 种族仇恨使得该仇恨建立在以下特别卑劣的观念之上，即认为特定出身的人是劣等的。
>
> **示例 3**：
> 嫉妒成立低劣动机的情况是，"行为人杀死了一名女孩，因为他得不到也不想让其他人得到，对于他而言并不存在一个对于他的感受的正当且合理的诱因"[179]。

63 根据司法判决，因**政治动机**而杀人（适用《基本法》第 20 条第 4 款反抗权的情况除外）是建立在低劣动机之上的。[180] **血亲复仇**（**Blutrache**）也是一种低劣动机，因为行为人在此"仿佛作为他和他的家族的死刑判决的执行者，将自己的个人荣誉与家族荣誉凌驾于法秩序与其他人之上"[181]。比如，因违背了荣誉规则而被认为应当处死，或者仅仅因为被害人属于敌对的家族。[182] 这也同样适用于**荣誉谋杀**（**Ehrenmord**），它与血亲复仇的区别在于，荣誉谋杀涉及的是本家族的

---

[177] 参见 BGH StV 1998,25。

[178] 参见 BGHSt 18,37；AnwK-StGB/*Mitsch*，§ 211 Rn. 41。

[179] BGHSt 3,180. 不过也可参见 BGH NStZ 2019,518 m. krit. Anm. *Grünewald*，它反对在以下情况中成立低劣的动机，即杀死妻子是因为她想和行为人离婚。不过看起来令人怀疑的是，一个这样的"占有欲"到底是否应被归类为低劣〔在这一意义上的有 BGH NStZ 2020,215(216) m. Anm. *Drees*；NStZ 2021,226（227 f.）〕；也可参见 *Kudlich* JA 2019,794（795 f.）。

[180] 参见 BGH NStZ-RR 2018,245；NStZ 2019,342 m. Anm. *Engländer*；ebenso LK-StGB/ *Rissing-van Saan*/*Zimmermann* § 211 Rn. 66；深入阐释见 *Montenegro* GA 2021,101 ff.。文献进行区分化所依据的部分标准是，行为人的行为是出于自私动机还是出于（臆想的）公共利益（持这一观点的是 Schönke/Schröder/*Eser*/*Sternberg-Lieben* StGB § 211 Rn. 20），或者主张一个"多因素的个案评价"〔持这一观点的是 *Engländer* FS Merkel,2020,983（992 ff.）〕。

[181] BGH NJW 2006,1008（1011）；*Bosch*,JA 2015,809 f.

[182] 应当与血亲复仇相区分的情形是，因先前的严重犯罪（比如杀害一名亲属）而产生的个人的悲伤与复仇需求发挥了主要作用；参见 BGH NJW 2006,1008（1011）。

成员，因为该成员"给家族带来了耻辱"。[183]

血亲复仇与荣誉谋杀的案件还引发了另一个问题：那些按照自己的**文化观念**实行行为的行为人经常并不认为自己的举止是卑劣的，反而甚至可能认为是光荣的。[184] 在解释构成要件时可以不去考虑这种个人价值观，**起到决定性作用的是本地的观念**[185]，这也反映在了《基本法》的价值秩序之中。[186] 只要行为人认识到了这些情状会创设特别的卑劣性，而且也意识到了这些情状对于评价其行为的意义，那么就足够了[187]（如果他仍然完全沉浸于外国文化中，那么这在个案中也可能缺失[188]）。

64

（10）促成的目的

通过杀人来促成（ermöglichen）另一个犯罪的目的属于第三类谋杀要素。也就是说，从这一行为目的中产生了特别的卑劣性。联邦最高法院对其**原理**进行了如下阐述："为了贯彻犯罪目标而准备'在必要时跨过尸体'"展现出了**对他人生命的蔑视**，这是特别卑劣的，从中也表现出了行为人**极高的危险性**。"[189] 若行为人杀人是为了让犯罪**变得更容易**，这一原理也同样适用。[190] 当人们让促成目的涉及犯罪实行的具体方式时，这一解释也可以被文字表述所涵盖。[191]

65

---

[183] *Schramm*, Ehe und Familie, S. 473；深入阐述可见 *Hörnle*, FS Frisch, 2013, S. 653 ff.；*Burmeister*, Die schuldangemessene Bewertung von Ehrenmorden im deutschen Strafrecht, 2011；*Pohlreich*, „Ehrenmorde" im Wandel des Strafrechts, 2009。

[184] 对此的深入阐述可见 *Grünewald*, NStZ 2010, 1 ff.；*Valerius*, JA 2010, 481 ff.；此外还可见 *Kühl*, JA 2009, 833 ff.。

[185] 参见 BGH NJW 2006, 1008（1011）；NStZ 2018, 92（93）；NStZ-RR 2020, 40（41）；NStZ 2021, 226（227）；*Bosch* JA 2015, 810 f.；*Wessels/Hettinger/Engländer*, BT I, Rn. 113。

[186] 正确的观点为 *Schramm*, Ehe und Familie, S. 475。

[187] 参见 BGH NStZ-RR 1999, 234（235）。

[188] 参见 *Wessels/Hettinger/Engländer*, BT I, Rn. 113；BGH NJW 2004, 1466（对此可见 *Ogorek*, JA 2004, 787）。

[189] BGHSt 39, 159（161 f.）；BGH NStZ 2015, 693 f.

[190] 参见 BGHSt 39, 159（161）；BGH NStZ 2015, 693；AnwK-StGB/*Mitsch*, § 211 Rn. 72。

[191] 另一种观点见 *Köhne*, JURA 2011, 652（超越了词义的边界）。

66 由于取决于**目的**的卑劣性，因此，考虑到行为人所构想的**犯罪行为**[192]，只要行为人以为自己所计划的行为是犯罪就足够了，即使这在客观上——比如因为正当化事由——完全不成立。[193] 同样，基于文义（"一个"犯罪）与加重处罚的原理，行为人想要促成的是自己的犯罪还是他人的犯罪也并无区别。[194]

67 即使杀害行为与要促成的犯罪之间存在着直接的时间与空间关联，促成另一个犯罪的要求也依然得到了满足。甚至当杀害行为与要促成的犯罪的行为之间（部分）重合时，这也会成立。

> **示例**[195]：
> A为了抢劫O，在O的住宅里袭击并用氯仿麻醉了他。在A完成拿取财物之前，O醒了过来，A决定要保证自己在继续寻找贵重物品时不再受到打扰。所以A勒住了O，想让他陷入长时间的昏迷，但是也容认了O的死亡。O被勒死了，A带着贵重物品离开了住宅。

尽管杀害行为与抢劫（《刑法典》第249条）范围内的暴力行为之间具有重合性，但是联邦最高法院在此仍然肯定了成立促成另一个犯罪的目的。论证时援引的理由是该举止的被提升的卑劣性。反对这一观点的论据是文字表述（"另一个犯罪"）与《刑法典》第251条的构成要件，该构成要件（也）包含了在抢劫的范围内故意引发死亡的情形，因而属于抢劫不法。[196] **在以杀害未出生的孩子为目的杀害孕妇的案件中**，联邦最高法院否定了促成目的的成立。[197] 其理由是，两个

---

[192] 促成目的的必须针对狭义的"犯罪行为"是源自明确字句的（通说正是这一观点；参见 Schönke/Schröder/Eser/Sternberg-Lieben, § 211 Rn. 32; Köhne, JURA 2011, 651）。有的人指出卑劣的目的与手段之间的关系，进而声称秩序违反性就已经足够了（持这一观点的有 Maurach/Schroeder/Maiwald/Hoyer/Momsen, BT/1, § 2 Rn. 34）。但是这里可以考虑低劣动机； LK-StGB/Rissing-van Saan/Zimmermann, § 211 Rn. 25。

[193] 限制的观点见 Klesczewski, BT, § 2 Rn. 85。

[194] 详见 Köhne, JURA 2011, 651。

[195] 参见 BGHSt 39, 159。

[196] 参见 Fischer, § 211 Rn. 66。

[197] 参见 BGH NStZ 2015, 693 f. mit krit. Anm. Berster。

结果都建立在同一个行为之上，因而，认为杀害孕妇的目的是"促成"杀害孩子的观点就很难不逾越法律条文的文字表述边界。

另一个疑问是，如果行为人（比如在示例中）在实行行为时**没有杀害的故意**，那么是否仍旧成立促成目的。关键在于，促成目的是否要求行为人构想到要通过被害人的死亡来促成犯罪的实行，或者是，是否只要杀害行为会促成犯罪实行就足够了。联邦最高法院自从对前述示例案件进行判决以来就一直站在后一种观点的立场上。[198] 因为他人的生命"在以下情况中被以提升应罚性的方式使用，即当消灭该生命被作为执行另一犯罪的可行但并非必要的手段时"[199]。因此，A 在实行时具有促成目的。此外，当然也成立贪财动机。

68

（11）掩盖目的

通过杀人掩盖另一个犯罪的目的也属于第三类谋杀要素，其特别卑劣性源自于行为目的。**原理**是无所忌惮，这指的是，**为了掩盖实际已经发生的不法或者仅仅被构想出来的不法而想要牺牲一条人命**。[200]

69

这一原理并非毫无疑问。因为在许多其他的犯罪构成要件中（比如《刑法典》第 257 条、第 258 条），**自利目的**（Selbstbegünstigungsabsicht）恰恰起着免除处罚的作用。但是，只有当行为人仅仅要阻止重建合法状态时，这一可被理解的自利动机才会得到宽恕。相反，在掩盖式谋杀中，行为人还实现了另一严重不法。[201] 除了不法与另一不法之间的这一卑劣联系之外，还存在一个**刑事政策上的考量**：在实行了犯罪行为之后，杀死被害人或目击者的风险会非常大，以至于有必要升级为谋杀罪来保护潜在的被害人。[202] 最后，掩盖的目的也会涉及**他人所实行的犯**

70

---

[198] 参见 BGHSt 39,159。

[199] BGHSt 39,159(164)；批判的观点见 *Köhne*，JURA 2011,652，其考量是，对《刑法典》第 211 条的限缩解释要求考虑到间接故意杀人具有更小的卑劣性。

[200] 参见 Schönke/Schröder/*Eser/Sternberg-Lieben* StGB § 211 Rn. 31。

[201] 参见 BGHSt 41,8(9)；*Eisele*, BT I, Rn. 120；LK-StGB/*Rissing-van Saan/Zimmermann*, § 211 Rn. 34；*Wessels/Hettinger/Engländer*, BT I, Rn. 142。

[202] 参见 LK-StGB/*Rissing-van Saan/Zimmermann*, § 211 Rn. 37；*Wessels/Hettinger/Engländer*, BT 1, Rn. 73；批判的声音还有 *Engländer*, GA 2018,384 f.。

罪，这里并不会出现自利的疑问。[203]

71　掩盖目的也带来了一系列问题，其中部分问题与促成目的中的问题是一样的。从法条的文本中可以得出，目的的对象必须是**掩盖一个犯罪行为**。也就是说，掩盖一个违反秩序行为的目的是不够的[204]。如果犯罪已经被发现了，而行为人仅仅只是想阻碍追诉，那么也不成立掩盖目的。由于被提升的卑劣性建立在行为人的主观心态之上，因此发挥决定性作用的是其以下观念，即犯罪成立而且尚未被侦破。[205]

> **（单纯）阻碍追诉的示例[206]：**
> A的儿子被提起了刑事诉讼。为了阻止对其儿子的定罪，A向证人寄了一个信件炸弹。

通过清除证人来阻碍定罪（如同示例中）的目的不成立掩盖目的。在公开实行犯罪行为后紧接着**杀死了一个要来抓捕的人**，如果其罪行按照实行类型是显而易见的，那么也不属于以掩盖犯罪为目的。不过，这里也可以成立一个低劣动机，因为与掩盖目的一样，行为人在此也抱着"容认他人死亡来逃避自己所实行的不法承担责任"的目的。[207] 相反，如果为了逃脱而杀人同时也是为了阻止对自己参与犯罪行为的侦破，那么就成立掩盖目的。[208]

不过，如果行为人虽被怀疑，但他认为自己的处境会变好，因为"犯罪情况尚未在确保刑事追诉的范围内被侦破"，那么按照掩盖目的的

---

[203]　参见 *Köhne*,JURA 2011,651；AnwK-StGB/*Mitsch*, § 211 Rn. 75。
[204]　占据绝对统治地位的通说，参见 BGH NStZ-RR 2018,174（176）；NStZ-RR 2020,141（142）；*Eisele*,BT I,Rn. 121；*Köhne*,JURA 2011,651。
[205]　参见 BGHSt 11,226；BGH NStZ 2018,93（94）；NStZ 2019,605（606）；NstZ-RR 2021,384（385）；AnwK-StGB/*Mitsch*, § 211 Rn. 76；深入阐述可见 *Engländer*,GA 2018,377 ff. 。
[206]　参见 BGHR StGB § 211 Abs. 2 Verdeckung 6。
[207]　参见 BGH NStZ 2013,337（339）；*Eisele*,BT I,Rn. 122. 依此，提起控告之后就不能再考虑掩盖目的；另一种观点见 *Steinberg*,JR 2011,491。
[208]　参见 BGH NStZ 2019,605（606）。

原理，该犯罪行为也属于**仍未被侦破**。[209] 因此，如果行为人在一个已经被发现的犯罪中隐瞒自己的罪行，就成立掩盖目的。[210]

另一个问题是，掩盖目的是否必须恰恰是用来避免刑事追诉的，或者说，如果行为人意图**避免"刑法之外（außerstrafrechtlich）的后果"**，是否仍成立掩盖目的。

> **示例**[211]：
> A 答应 O 运送毒品。尽管他从未准备过要运送，但是他仍然要求 O 支付了 5000 欧元的费用。A 虽然确定 O 不会对这一他认为可罚的诈骗举止[212]提起控告，但是他担心 O 认识到自己"被骗"之后的反应。所以他杀死了 O。

尽管在该案中杀死 O 并不是为了避免刑事追诉，但是联邦最高法院仍旧肯定了掩盖目的："谋杀罪绝不是一个针对司法方面的罪名。对掩盖形态予以加重处罚的原因在于行为人将不法与其他不法联系在了一起。即使行为人是为了避免他的犯罪行为导致的刑法之外的后果而杀死他人，一个这样的联系也是成立的。"[213] 与此相反，部分文献的观点质疑联邦最高法院的解释无法说明，为什么法律恰恰要以一个"犯罪行为"为前提。[214] 如果人们认可这一批判，那么这就会对掩盖式谋杀的原理造成影响：这一特殊的卑劣性也会存在于对刑事司法方面的侵害之中。

---

[209] 参见 BGHSt 50,11；对此可见 *Fischinger*, JA 2005,490；BGHSt 56,239(244)；BGH NStZ 2018,93(94)。

[210] 参见 BGHSt 56,239(244) m. Anm. *Theile*, ZJS 2011,405 ff.。

[211] 参见 BGHSt 41,8。

[212] 这是有争议的，因为部分人认为，为追求违法目的而投入的金钱因欺骗而造成的损失并不能成立《刑法典》第 263 条意义上的财产损失；对此可参见 *Wessels/Hillenkamp/Schuhr*, BT Ⅱ, Rn. 594 ff.。

[213] BGHSt 41,8(9)；赞同的有 Schönke/Schröder/*Eser/Sternberg-Lieben* StGB § 211 Rn. 33；*Heghmanns* ZJS 2016,105；*Kindhäuser/Schramm*, BT Ⅰ, § 2 Rn. 46；*Saliger* StV 1998,19 ff.。

[214] 参见 *Küper*, JZ 1995,1163 f.；AnwK-StGB/*Mitsch*, § 211 Rn. 73。

73　与促成目的中一样，当要掩盖的犯罪与杀害行为之间彼此重合时，掩盖目的的成立也会有疑难。存在问题的是，掩盖目的是否也针对**另一个犯罪行为**。如果在开始故意杀人时就加入了掩盖杀人犯罪的目的作为继续实施行为的动机，那么无论如何不能成立另一个犯罪行为。[215] 相反，**存疑**的是以下情况：

> **示例**[216]：
> A 以身体伤害的故意击打了 O。当 O 受伤倒地之后，A 决定杀了 O，因为他担心因之前的身体伤害而遭受到刑事追诉。

为了对谋杀要素进行限缩解释，联邦最高法院**曾暂时**在以下这类案件中**否定了掩盖目的的成立**，即前行为也针对身体与生命，两个行为都来自一个突发瞬时情况并相互直接融合。[217] 联邦最高法院**后来放弃**了这一判决[218]：源自突发瞬时情况的行为并不一定会降低杀害行为的卑劣性，因而在其他的谋杀要素中也无法排除掉对《刑法典》第 211 条的适用。鉴于掩盖目的与低劣动机的相近，联邦最高法院目前考虑，在例外的没有满足低劣动机要件的情况中否认掩盖目的具有谋杀要素性质。[219] 对此的质疑是，这样一来，掩盖目的就丧失了其作为独立谋杀

---

[215]　参见 BGH NStZ 2015, 458(459)；对此可见 *Eisele*, JuS 2015, 754 f.；*Jäger*, JA 2015, 711 ff.；BGH StV 2018, 736(737)；StV 2021, 108(red. Leitsatz)；*Wessels/Hettinger/Engländer*, BT I, Rn. 152；另一种观点见 *Eisele*, BT I, Rn. 131，其考量是，否定掩盖目的会使得那些从一开始就抱着杀人故意（而不仅仅是身体伤害故意）的人获得优待。但是在循序式构成要件实现中（第 31 章边码 19）这一观点很难使得双重犯罪假设具有正当性（《基本法》第 103 条第 2 款）。阅读杀人未遂中所包含的作为"其他犯罪"的身体伤害（持这一观点的有 Eisele, BT I, Rn. 131）仅仅只是一个"教义学上的把戏"，它掩盖了以下这一点，即在之前的杀人未遂中他的掩盖行为处于重要地位（正确的观点有 Heghmanns, ZJS 2016, 106）。另一种观点还有 Heghmanns, ZJS 2016, 106 f.，他认为成立另一个犯罪要求在要被掩盖的犯罪（也可以是杀人力图）与掩盖式谋杀之间成立犯罪复数关系（《刑法典》第 53 条）。

[216]　参见 BGHSt 35, 116。

[217]　参见 BGHSt 27, 346。

[218]　参见 BGHSt 35, 116(119 ff.)有深入的论证；BGH NStZ 2015, 639(640)；对此可见 *Heghmann*, ZJS 2016, 102 ff.；BGH StV 2018, 736(737)。

[219]　参见 BGHSt 35, 116(126 f.)。

要素的法定资格。[220]

如同在促成目的中一样，在掩盖目的中也存在的问题是，行为人是必须恰恰为了掩盖犯罪而杀人，还是**对于死亡抱有容认心态就够了**。

> **示例**[221]：
> A 明知自己饮酒而无驾驶能力，却开车进入了警察封锁区。当警察 O 站在车道上要求 A 停车时，A 决定不理会停车信号，以便自己不被认出地逃脱。所以，他突然加速驶向了 O，对其死亡抱有容认的心态。

在示例中，杀害**行为**是为了掩盖。犯罪行为与杀害不法之间的卑劣联系是通过犯罪行为，而非通过死亡结果而被建立的。按照新近的司法判决，这就已经足够了。[222] 只有在行为人认为只有通过让被害人死亡才能阻止被揭露的时候，**杀害故意**才是必要的。[223]

进一步存在疑问的是，在**不作为**（《刑法典》第 13 条）的杀人之中是否也会考虑到掩盖目的。

> **示例**[224]：
> 汽车司机 A 过失地造成了行人 O 的生命危险。出于担心遭受刑事追诉，他将 O 放在了路边，并驶离了事故地点。O 因此而丧生。

在该案中，A 无论如何都通过不作为实现了杀人罪。存疑的是，在单纯的不作为中，阻止犯罪被发现的动机在其不法内涵中是否等同于积

---

[220] 参见 BGHSt 41,358(361 f.)；还有 Eisele, BT I, Rn. 134。
[221] 参见 BGHSt 15,291。
[222] 参见 BGH NStZ-RR 2018,174(175)；StV 2018,736(737)；NStZ 2021,326(328 f.)。
[223] 参见 BGHSt 15, 291 (296)；BGH NStZ 2011, 34；NStZ 2015, 639 (640)；NStZ-RR 2016,280；NStZ-RR 2018,174(175)；NStZ 2019,605(607)；NStZ-RR 2020,141 f.；Eisele, BT I, Rn. 124 f.；Wessels/Hettinger/Engländer, BT I, Rn. 147；不同观点的还有 BGHSt 7, 287 (289 f.)；考虑到对《刑法典》第 211 条所要求的特殊卑劣性，Köhne, JURA 2011,655 主张要求一个直接故意。
[224] 参见 BGHSt 7,287。

极的掩盖行为（相符性条款，《刑法典》第13条第1款末尾[225]）。[226]联邦最高法院一开始对此予以否认，因为"掩盖"要求超过单纯的"不揭露"，也就是"隐瞒"犯罪。[227] 联邦最高法院后来放弃了这一观点，因为不作为者也将已经实现的不法与新的不法联系在了一起。[228] 但是，如果**在积极行为时就已经具有杀人故意**，而且行为人接下来为了掩盖犯罪而不对被害人施以任何帮助，那么情况就**不同**了。在这一情形下，故意未经改变地指向同一个死亡结果，不成立"另一个"犯罪行为（与积极作为相符，见边码73）。[229]

（四）安乐死（《刑法典》第216条）

76 在**安乐死**（Sterbehilfe）这一人性与法律的**疑难领域**中，《刑法典》第216条是核心条文。该条文显示，在生命保护领域内，被害人的同意——偏离于正当化的承诺的基本原则（见第25章边码115及以下）——并不总会产生排除不法的效果。正是因为限制了支配的自由，《刑法典》第216条造成了重大的正当性疑问，并在关于安乐死的各种形式的讨论中发挥着重要的作用。

1. 安乐死的形式

77 不存在疑难而且与刑法无关的是**临终关怀**（Sterbebegleitung），比

---

[225] 不过，相符性条款至少是直接不相关的，因为这一条款仅涉及举止定式犯与不作为的等同，而这里仅仅涉及的是考虑到行为人动机的一个举止的等价性；MüKoStGB/*Schneider*，§211 Rn. 203。

[226] 有启发意义的内容可见 *Küper/Zopfs*，BT，Rn. 598 f.；深入阐述可见 *Grünewald*，GA 2005，502 ff.。

[227] 参见 BGHSt 7，287（290 f.）对结论表示赞同的有 d AnwK - StGB/*Mitsch*，§211 Rn. 81；*Roxin*，AT II，§32 Rn. 245。深入阐述可见 *Mitsch*，FS Kreuzer，2018，S. 372；对掩盖的追求根本不是通过杀害举止（不作为），而是通过主动离开。

[228] 参见 BGH NStZ 2003，312 f.；2012，86（89）；BGH bei *Dallinger* MDR 66，24；BGH NJW 2021，326（328 f.）m. Anm. *Mitsch*；同样的有 *Eisele*，BT I，Rn. 127；*Kindhäuser/Schramm*，BT I，§2 Rn. 48。*Satzger* JURA 2011，754 f.，它想按照以下标准进行区分，即行为人是否逃跑（基于自利特权而不成立掩盖目的）或者行为人是否阻挠证人（掩盖目的）；同样还有 *F. Walter*，JA 2014，126 中的案例解答。

[229] 参见 BGH NJW 2003，1060（1061）；NStZ-RR 2009，239. 另一种观点见 LK-StGB/*Rissing-van Saan/Zimmermann*，§211 Rn. 54。

如使用没有缩短寿命危险的药物。[230]

与之相反,存在疑难的是**间接安乐死**(indirekte Sterbehilfe),也就是(通过静脉)注射(尤其是止痛的)**药物,这类药物的副作用是缩短寿命**。[231] 只要病人对该措施表示同意(或者这对于那些不再具有决定能力的病人来说至少应该会被接受),那么大多数人都认可其**不可罚**。[232] 不过要对这一结论进行**论证**则存在**很大的困难**。因为几乎没有疑问的是,对该药物的使用以客观上可被归属的方式造成了(因此而提前发生的)死亡(详见第23章)。[233] 如果医生明知这一缩短寿命的效果,那么他的行为就是故意的。[234] 即使医生本质上并不希望病人提前死亡,也并无任何影响。[235] 现在可想而知的途径是通过承诺来排除不法(对于那些没有承诺能力的病人而言:通过推定承诺)。不过,如果人们从《刑法典》第216条中作出承诺杀人无用的价值判断,那么这一途径就走不通。对于这一疑难问题有**多种不同的解决方案**[236]:部分人将间接安乐死案件排除在了《刑法典》第216条的价值决定之外。一些论者在此基础之上已经**排除了其构成要件**[237],但是这同样也提出了前述疑难问题,即缩短寿命的举止很难被否定为一个"杀人"举止。[238]

---

[230] 参见 BT-Drs. 18/5373,S. 11;*Hillenkamp*,ZMGR 2018,289。

[231] 参见 BGHSt 42,301(305)。

[232] 比如 *Hillenkamp*,ZMGR 2018, 289 f.;*Kahlo*,FS Frisch,2013,737 ff.;SSW StGB/*Momsen*,Vor §§ 211 ff. Rn. 27;曾经有其他观点,参见 *Gössel*,BT I,§ 2 Rn. 30,33,但目前已经放弃,参见 *Gössel/Dölling*,BT I § 2 Rn. 41。

[233] 参见 *Streng*,FS Frisch,2013,S. 740;*Weißer*,ZStW 128(2016),115。另一种观点见 *Jäger*,JZ 2015,876 f.。

[234] 参见 LK-StGB/*Rosenau*,Vor §§ 211 ff. Rn. 42. 限定为医生对于缩短寿命仅出于间接故意的情形并不合理;参见 Kubiciel,JA 2011,91;Kühl,JURA 2009,885。医生在与病人达成合意的情况下也必须能够在必然缩短寿命的治疗中采取有效的消除疼痛的疗法。当然,如果还可能存在不缩短寿命的有效疗法,那么就不具有正当化的效果。

[235] 正确的观点有 *Hillenkamp*,ZMGR 2018,290;*Kubiciel*,JA 2011,91;另一种观点见 HK-GS/*Duttge*,§ 34 StGB Rn. 9;对此的批判可见 *Neumann*,FS Herzberg,2008,S. 578 ff.。

[236] 通过大量举证进行总结的有 Schönke/Schröder/*Eser/Sternberg-Lieben*,Vorb. §§ 211 ff. Rn. 26,它自己主张一个基于被允许的风险的正当化,在这里要将权衡标准与承诺标准结合起来。

[237] 持该主张的比如有 *Herzberg*,NJW 1996,3048。

[238] 其他的实质观点见 *Neumann*,FS Herzberg,2008,S. 576 f.。

所以，更有说服力的方式是对《刑法典》第216条进行目的论上的限缩（见第20章边码14），也就是将该条文的内容含义限缩，即它与同意使用缩短寿命的药物的**正当化的（推定）承诺**之间并不冲突。[239] 如果人们从《刑法典》第216条的原理出发，发现可能存在缺陷的（比如在生存危机中鲁莽说出的）杀人嘱托会否定其效力，那么就可以证成承诺这一例外的影响。这一原理显然并不适用于那些饱受疼痛的、出于可被理解与值得尊重的原因而决定接受缩短寿命的治疗的病患。因此，在这些情形中尊重病人的意志是合理的。[240] 相反，学界通说将《刑法典》第216条解释为对保护生命防止他杀的不可用性的表达，因而通过**实现正当化的紧急避险**（《刑法典》第34条）来对医生的举止实现正当化，因为有尊严无痛苦的死亡在价值上会被评定为高于痛苦的死亡。[241]

通常情况下，间接安乐死的实现都是通过医生或者基于医生的指示。但是也不能排除医生以外的人使用止痛注射剂，如果这是按照医疗规则且被病人的推定承诺所涵盖的话。[242]

79 **消极安乐死（passive Sterbehilfe）**是指**不采取或者终止延长生命的措施**，它也造成了法律疑难。在不作为中，只有那些在法律上有治疗义务的人才会对病人的死亡承担刑事责任（《刑法典》第212条/216条，第13条的不真正不作为犯，见第29章）。病人生命的保证人原则上是进行治疗的**医生**。但是长久以来都无法从中推论出违背病人（表达出的

---

[239] 持该主张的目前还有 BGHSt 55,191(201 ff.);64,69;BGH NStZ 2021,164(165 f.) m. Anm. *G. Merkel*(dazu *Eisele* JuS 2021,181 ff.);同样支持的有 *Lorenz* JR 2020,69(71);*Pawlik* FS Wolter,2019,627(633 f.);*Weißer*,ZStW 128(2016),116。

[240] 深入阐述可见 *Murmann*,Selbstverantwortung,S. 299 f.,500 f.(530 ff.);相似的阐述可见 *Kubiciel*,Die Wissenschaft,S. 224 f.。

[241] 参见 *Eisele*,BT I,Rn. 158;*Kühl*,JURA 2009,884;SSW StGB/*Rosenau*,§ 34 Rn. 21;*Wessels/Beulke/Satzger*,AT,Rn. 481. 但是这并不正确（批判性观点也可见 *Kubiciel*,Die Wissenschaft,S. 223 f.）。因为尊严并不存在于痛苦自由本身，而存在于病人能够自己决定是否服药。对一个法益承载者的各种不同利益进行权衡要求一个只有当事人才能够作出的判断。自我决定权是一个单纯的权衡因素（参见 LK-StGB/*Rosenau*,Vor §§ 211 ff. Rn. 50）。反对这些质疑的又是 *Neumann*,FS Herzberg,2008,S. 580 ff.;*Erb*,FS Schünemann,2014,S. 344 ff.。

[242] 参见 BGHSt 64,69(Rn. 30);BGH NStZ 2020,29(32) m. Anm. *Magnus*;NStZ 2021,164(165 f.) m. Anm. *G. Merkel*。

或可被推定出的）意志而延长其生命的保证人义务。因为医生的义务不应是将病人置于医生的监护权之下，而是医生必须尊重病人拒绝接受继续治疗的决定（《民法典》第1901a条）。如果病人不同意治疗，那么医生就丧失了治疗权，因而也就丧失了其治疗义务。[243] 从中也可以推断出，不管医生的举止在**外部表现为不作为**（不采取特定措施）**还是积极作为**（比如关闭设备），根本上都无关紧要。因此，联邦最高法院决定，所有与终止治疗相关的举止方式都"应被总结为一个**终止治疗**在规范评价上的上位概念"，"它除了包含客观行为要素之外，还包含行为人主观的目标设定，即按照病人的意志对已经开始的医疗进行总体上的终止，或者按照当事人或其照管者的意志依据护理与照顾需要的条件减少治疗的规模"。[244] 始终起到决定性作用的是，按照病人的意志终止治疗是否合理。[245] 关于推定的病人意志，**病人处分**（Patientenverfügung）（《民法典》第1901a条）——根据它可以否定之前针对特定情况的治疗——可以给出说明。[246] 有争议的是，对终止治疗的正当化是否应依赖于遵循**照管权的程序条款**（《民法典》第1901a、第1901b条）。[247] 反对的观点认为，当（推定）承诺的实体要件成立时，很难从单纯违反程序中得出可以按照杀人犯罪进行处罚的结论。[248] 但是，如果遵守了那些最有可能确保查明病人意志的程序规定，那么一个按照民法标准并不过分的举

---

[243] 参见 *Brunhöber* JuS 2011, 404; *Hillenkamp* ZMGR 2018, 290; *Kühl* JURA 2009, 885; MüKoStGB/*Schneider* Vor §§ 211 Rn. 105; *Rengier*, BT II, § 7 Rn. 7 f.; *Schlehofer*, HBStrR, Bd. 2, § 40 Rn. 34 ff.; *Streng* FS Frisch, 2013, 741 f.。

[244] BGHSt 55, 191 (203); 关于这一判决也可见 *Duttge*, MedR 2011, 36 ff.; *Eidam*, GA 2011, 232 ff.; *Gaede*, NJW 1010, 2925 ff.; *Haas*, JZ 2016, 714 ff.; *Hecker*, JuS 2010, 1027 ff.; *Hirsch*, JR 2011, 37 ff.; *Kahlo*, FS Frisch, 2013, S. 728 ff.; *Kubiciel*, ZJS 2010, 656 f.; *Streng*, FS Frisch, 2013, S. 743 ff.; 也可参见 *Fateh-Moghadam/Kohake*, ZJS 2012, 98 ff 中的案例解答。

[245] 参见 BGHSt 55, 191 (203 ff.). 关于调查痴呆症患者的意志可见 *Magnus*, NStZ 2013, 1 ff.。

[246] 对此可见 *Eidam*, GA 2011, 236 ff.; *Kühl*, JURA 2009, 885 f.。

[247] 应在这一意义上理解 BGH StV 2011, 282 (283 f.); 参见（批判性观点）*Verrel*, NStZ 2011, 277; 另一种观点见 *Rissing van Saan*, ZIS 2011, 548; 怀疑但保持开放态度的有 BGH NJW 2021, 326 (329)。

[248] 正确的观点有 *Hillenkamp*, ZMGR 2018, 291; *Jäger*, JA 2011, 312; *Verrel*, NStZ 2011, 277。

止也就排除了刑法上的责任。[249]

79a　没有达成共识是，如何**在教义学上论证医生的积极举止（关闭呼吸设备）不具有可罚性**。经常有人主张——而且体现在联邦最高法院前述最新判决中[250]——的观点是，医生的举止虽然满足了杀人构成要件，但是却通过**（推定）承诺**实现了正当化。[251] 依此，只要从《刑法典》第216条的文字表述中推论故意实施终结生命的行为（比如关闭呼吸设备）与（推定）承诺无关，就可以（正确地）对《刑法典》第216条进行目的论上的限缩。[252] 因此，司法判决中所允许的终止治疗也可以被（推定）承诺的正当化事由所涵盖。为了避免与《刑法典》第216条产生冲突，文献中经常声称，终止治疗在评价上与停止继续治疗是等同的(**通过作为进行的不作为**)。[253] 如果以这种方式将积极作为重新定义为不作为[254]，那么可以说，从治疗义务中解脱出来的医生就没有"杀人"，《刑法典》第216条的"受嘱托杀人"的构成要件也就没能满足。因此，虽然这一方案避免了限制对（推定）承诺的他杀禁令，但是联邦最高法院正确地指出，将积极作为重新定义为不作为从根本上说只是一个教义学上的花样（Kunstgriff），是为了能够论证其所希望的结论，即医生不可罚。[255]

79b　对一个能够自由答责的人的**自杀予以教唆与帮助**的情形是**不可罚**的。其理由是，（未遂的）自杀是不可罚的，而共犯的成立以主行为符

---

[249] 参见 Rissing-van Saan, ZIS 2011, 548; T. Walter, ZIS 2011, 81。
[250] 参见 BGHSt 55, 191(201 ff.)。
[251] 参见 NK-StGB/Neumann, Vor § 211 Rn. 110。
[252] 因此，正确的做法既不是对构成要件进行目的论上的限缩（不过支持的有 T. Walter, ZIS 2011, 81），又不排除符合构成要件的举止（不过支持的有 Rissing-van Saan, ZIS 2011, 549 f.）。反对这两种观点的理由是，所有反对提出不法非难的评价都正确地没有涉及作为杀害行为的主动缩短寿命的构成要件上的不法类型，而是考虑（推定）被害人意志而涉及对这类举止的例外的被容许性。
[253] 参见 Roxin NStZ 1987, 349; ders., AT II, § 31 Rn. 115 ff.; Streng FS Frisch, 2013, 749 ff.。
[254] 对此的批判比如有 Eidam, GA 2011, 239 f.; Gropp, GS Schlüchter, 2002, S. 173 ff.; T. Walter, ZIS 2011, 81；反对的见 Streng, FS Frisch, 2013, S. 749 ff.。
[255] 参见 BGHSt 55, 191(202)。

合构成要件为前提（见《刑法典》第26条、第27条；深入的内容见第23章边码76）。因此，给予一个能够自由答责地实行行为的求死者毒药，后者自行服下，是不可罚的。[256]

为了对帮助自杀的不可罚性予以限制，立法者通过2015年生效的 **79c**
《业务性促成自杀的处罚法》引入了《刑法典》第217条。[257] 该条文所追求的目标是遏制安乐死组织的活动，这些组织为自杀提供帮助，主要是提供致命的物质。**业务性的安乐死帮助者**尤其会**危害**老年人与病人的**自主权**，他们在意志形成的过程中会因安乐死帮助者的利益而被操控。[258] 立法者主要担心的是，随着帮助自杀的不断蔓延，将会出现"**灾难性的常态现象**"，以至于那些认为自己成为他人累赘的人可能会觉得自己有义务去使用安乐死服务。[259] 该条文的法益被认为是被害人的**生命与自主权**。[260] 在这里，瑕疵处置生命的风险使得可罚性得以成立。这里涉及的是**抽象危险犯**（见第14章边码24）。[261] **联邦宪法法院**在2020年2月26日判决认定该规则**无效**（《联邦宪法法院法》第95条第3款第1句）。[262] 一般人格权（《基本法》第2条第1款及第1条第1款）包含了**自行决定死亡的权利**，这既包括了自杀权，又包括了寻求帮助以

---

[256] 比如在"哈克塔尔（Hackethal）医生案"中，他给患癌的病人提供了致死的毒药，后者在医生不在场的情况下自行服用了该毒药（OLG München, JZ 1988, 201; 对此可见 Herzberg, JZ 1988, 182; Solbach, JA 1987, 579）。不过，联邦最高法院认为，若帮助自杀者紧接着没有实施可能的营救行为，则可能基于不作为（《刑法典》第13条）进行处罚；对此可见 § 29 Rn. 39 ff.

[257] 参见 BGBl. I, S. 2177; 对此可参见 Murmann, in: Dessecker/Harrendorf/Höffler (Hrsg.), Angewandte Kriminologie-Justizbezogene Forschung, 2019, S. 273 ff.。关于历史方面见 Heinrich GS Tröndle, 2019, 539 ff.。关于批判比如可参见 Duttge NJW 2016, 120 ff.; Gaede JuS 2016, 385 ff.; Rosenau FS Yamanaka, 2017, 335 ff.; Schroth FS Yamanaka, 2017, 352 ff.。

[258] 对此可参见 OLG Hamburg, NStZ 2016, 530 中的案情。

[259] 参见 BT-Drs. 18/5373, S. 11。

[260] 参见 BT-Drs. 18/5373, S. 12; Murmann, FS Yamanaka, 2017, S. 304 f.。

[261] 参见 BT-Drs. 18/5373, S. 16; SSW StGB/Momsen, § 217 Rn. 1; 批判的观点["非法的嫌疑刑罚"（illegitime Verdachtsstrafe）]见 Duttge, NJW 2016, 123 f.。

[262] 参见 BVerfGE 153, 182. 对此比如可见 Duttge MedR 2020, 570 ff.; Grünewald JR 2021, 99 ff.; Hillenkamp JZ 2020, 618 ff.; Lang NJW 2020, 1562 ff.; Sachs JuS 2020, 580 ff.。

自杀的自由。[263] 联邦宪法法院虽然承认立法者所追求的保护自主与生命的目标被国家的保护义务所包含（见第 8 章边码 2 及以下）[264]，并认为《刑法典》第 217 条的刑罚规范在原则上也适宜于实现这一目标[265]，但是该条文却是不恰当的（unangemessen）："对业务性促成自杀予以处罚，会导致实际上在特定情形中作为自行决定死亡权的表现的自杀权被完全架空。这样一来，对生命终结的自我决定在重要领域内失效了，这不符合该基本权利存在的意义。"[266] 联邦宪法法院因而在总体上显著强化了人的自我决定权。

80　如果不再有挽救的希望，直接的死亡过程已经开始而且在短时间内就会导致死亡，那么医生所负有的维持生命的治疗义务就达到了**边界**。在此情况下，即使可能与病人的意愿相违背，医生也不存在继续治疗使其生命得以稍微延长的义务。在教义学上，这一结论是通过保证人地位的丧失来进行论证的。[267]

2. 受嘱托杀人罪（《刑法典》第 216 条）

81　**《刑法典》第 216 条**最终涉及**积极安乐死**，也就是通过积极作为进行的他杀。

（1）条文的原理

82　受他人明确且真诚的嘱托而将其杀死的人，《刑法典》第 216 条规定应予处罚。相比于杀人罪，受嘱托杀人罪的**处罚较轻**。通说在论证这一点时提出的理由是，**被害人的承诺使得不法得以减轻**，因此，当行为人考虑到被害人的意愿时，他就处于一个**减轻罪责的冲突处境**。[268]

---

[263] 参见 BVerfGE 153, 182 (Rn. 208, 212)。
[264] 参见 BVerfGE 153, 182 (Rn. 231)。
[265] 参见 BVerfGE 153, 182 (Rn. 260)。
[266] BVerfGE 153, 182 (Rn. 264)。
[267] 参见 BGHSt 40, 257 (260); *Kühl*, JURA 2009, 885。
[268] 比如 *Kühl*, JURA 2010, 83；对冲突处境方面予以否定的比如有 *Fischer*, § 216 Rn. 3; *Zehetgruber*, HRRS 2017, 34。如果人们认为《刑法典》第 216 条是一个独立的构成要件（见上文边码 9），那么受嘱托杀人罪就不仅仅是量上的不法减轻，而是在本质上有区别的、相对于《刑法典》第 212 条而言更小的不法。

这导致对**以下问题的正当性的论证存在困难**，即为什么对杀害予以承诺只会导致不法的减轻，为什么受嘱托杀人**完全被禁止**而且会受到（尽管更轻的）处罚。因为不法是以损害被害人的自由为前提的，而这里的问题是，真诚地嘱托他人杀害自己是否属于这一自由的展开。所以，部分文献质疑《刑法典》第216条的合宪性[269]，而另一些文献则不断尝试论证处罚的正当性[270]。比如，生命是一个具有极高价值的法益，因此被害人的决定自由被剥夺了[271]；或者必须坚持杀人禁忌[272]；或者当行为人作为唯一存活的证人主张存在（声称的）杀人嘱托时，会产生举证困难，而这应当得以避免。最具有说服力的观点可能是，在面对他人的杀害嘱托时，尽管其嘱托很真诚，但是通常有动机至少怀疑一下，这一受死的愿望是否真的在完全意义上出自**此人的自由意志**[273]。比如，一些老人与病人不想再活下去，很多时候是因为他们没有得到适当的照顾、感到孤独或者不想拖累他人。在这种处境下，一个人的真实意愿并不是结束生命，而是想要改变其生活条件。在这些情形中，作出的杀害嘱托可能是真诚的，但是却并非其自主决定的表达。在最坏的情况下，它反映的不是当事人的愿望，而是其周围人的愿望。如果《刑法典》第216条是用来防止这类存在缺陷的决定的话，那么在个

83

---

[269] 参见 *Dreier*，JZ 2007，319 f.；*Jakobs*，GS Kaufmann，1989，S. 470；*Schmitt*，FS Maurach，1972，S. 113；否定的观点也有 *Zehetgruber*，HRRS 2017，33。在联邦宪法法院（E 153，182）宣告《刑法典》第217条违宪（见边码79c）后，关于《刑法典》第216条的合宪性的争议见 *Lindner* NStZ 2020，505 ff.（否定《刑法典》第216条违宪）与 *Leitmeier* NStZ 2020，508 ff.（认为违宪）。

[270] 总结性内容可见 *Brunhöber*，JuS 2011，402 f.；*Grünewald*，Tötungsdelikt，S. 297 ff.；*Kubiciel*，JA 2011，86 ff.；*Kühl*，JURA 2010，84；Schönke/Schröder/*Eser/Sternberg-Lieben*，§ 216 Rn. 1；*Murmann*，Selbstverantwortung，S. 514 ff.；也可参见 *Gierhake*，GA 2012，296 ff.。

[271] 比如 BGH NStZ 2016，269(270)。从宪法的视角对其进行深入批判的有 *Murmann*，Selbstverantwortung，S. 215 ff.。

[272] 对此的深入批判可见 *Kubiciel*，Die Wissenschaft，S. 185 ff.。

[273] 参见 *Murmann*，Selbstverantwortung，S. 493 ff.；*ders.*，FS Yamanaka，2017，S. 295 ff.；同样的还有 *Grünewald*，Tötungsdelikt，S. 299 ff.；*Lotz*，Fremdschädigung，S. 59，189，259；也可参见 *Kubiciel*，JA 2011，90 f.；*ders.*，ZIS 2016，398 f.；*ders.*，Die Wissenschaft，S. 194 ff.。现在立法者在 BT-Drs. 18/5373，S. 10 中也表达了相同的含义。有启发意义的内容也可见 *OLG Hamburg* NStZ 2016，530（§§ 170 Abs. 1，203 StPO）中的案情。

案中无疑成立自我答责的决定时，这一理由就不具有说服力。[274] 那么，从中也产生了在间接安乐死中提及的限制，因为对于病人做出的希望接受（缩短寿命的）疼痛治疗的自主决定应当予以尊重（见边码78）。

（2）《刑法典》第216条的犯罪构成要件

84　　《刑法典》第216条首先以被害人的杀害嘱托为要件，这意味着并非只是单纯的同意，而是真诚的渴望。[275] 这一嘱托必须是以**明示的**、清晰的且不会造成误解的方式（可能是通过手势）提出。[276] **真诚**指的是该嘱托"建立在无瑕疵的意志构成之上。进行死亡嘱托的人必须拥有判断能力，能够理智地了解与权衡其决定的含义与范围"[277]。因此，出于轻率"只是随口说说"的表达并不符合条件。[278] 此外，嘱托犯罪时必须指定的是行为人。因为只有在基于嘱托实施行为的行为人那里才成立减轻罪责的同情动机（Mitleidsmotivation）。[279] 其他的动机——比如期待继承财产——与同情动机并不相违背，只要该动机没有盖过同情动机。[280]

> 在"食人者案"[281]（见边码55）中，行为人"屠宰"一个人是为了追求自己的愿望，而不是为了要实现被害人的死亡意愿。[282]

---

[274] 部分人认为，在某些极端情形中，应当肯定对故意杀人的正当化，比如被卡在着火汽车的司机恳求方向盘之后的副驾驶员开枪杀死他；对此可见 *Kühl*, JURA 2009, 884；*Murmann*, Selbstverantwortung, S. 297 f.。承诺在这里能实现正当化的效果，因为被害人的决定是合乎情理且应被尊重的——在极度疼痛中所作出的决定也可以是"自我答责"的，只要该决定在给定的情形下与此人的真实意志相符。另一种观点见 *Herzberg*, ZIS 2016, 441 f. (447)，它想支持《刑法典》第34条的正当化。

[275] 参见 *Kühl*, JURA 2010, 84。

[276] 参见 *Jäger*, BT, Rn. 62。

[277] BGH NJW 1981, 932；深入阐述可见 *Grünewald*, Tötungsdelikt, S. 301 ff.。

[278] 参见 *Kühl*, JURA 2010, 85；BGH StV 2011, 284(285)；NStZ 2012, 85(86)（对此可见 *Hecker*, JuS 2012, 365 f.）。

[279] 对于这一要求的实质含义的批判见 *Müller*, §216 StGB, S. 187 ff.。

[280] 参见 *Eisele*, BT I, Rn. 215。

[281] 参见 BGHSt 50, 80(92 f.), s. o. Rn. 55；同样的还有 BGH NStZ-RR 2018, 172 (173)；此外还可见 BGH NJW 2019, 449(450 f.)。

[282] 参见 *Hinz*, JR 2016, 579 f. 批判的观点见 *Kudlich*, JR 2005, 342 f.；*Mosbacher*, Jahrbuch für Recht und Ethik Bd. 14 (2006), 482 f.；*Zehetgruber*, HRRS 2017, 39。

不过，《刑法典》第216条的**核心问题**在于，是否成立一个**杀害行为**。如果求死者与局外人紧密合作，那么究竟是成立他杀还是仅仅成立帮助自杀。这其中存在的一般性归属问题将在处理自我答责的自我损害与合意的他者损害的界限时进行讨论（第23章边码91及以下）。

（五）过失杀人罪（《刑法典》第222条）

过失杀人罪在构成要件上的条件与《刑法典》第212条的客观构成要件是一致的，要求以下内容：

☞ 结果（死亡发生）；

☞ 因果关系；

☞ 违反客观的注意义务（＝创设法不容许的危险）；

☞ 客观的可归属性。

在**主观方面**，错误举止对于个体而言必须是可被避免的，部分观点认为这应在主观构成要件之中得以考查，但是通说认为应在罪责阶层进行考查（见第30章边码8及以下）。

《刑法典》第222条遇到了在处理过失结果犯时出现的一般性困难，因此要**在客观归属与过失犯的范围内进行更细致的处理**（见第23章、第30章）。

案例与问题

46. 杀人罪（《刑法典》第212条）与谋杀罪（《刑法典》第211条）之间是何种关系？

47. 出生的人类生命始于何时并终于何时？

48. 为什么《刑法典》第211条需要合宪性解释？

49. A多年来受到其丈夫O不断升级的攻击性暴力与侮辱，承受了巨大的伤害与羞辱。此外，他们共同的女儿也遭受到了相似的待遇。A发现除了杀死O之外，没有别的办法能够保护自己和女儿免受攻击。于是有一天晚上，她拿出了丈夫放在壁橱里的左轮手枪，并开枪杀死了睡梦中的具有身体优势的O。A是否满足了《刑法典》第212条、第211条的构成要件？

第22章 侵犯身体完整性的犯罪

1　分则第17章的标题是"侵犯身体完整性的犯罪"。**法益是身体完整性**（körperliche Unversehrtheit），包括**身体安适**（körperliches Wohlbefinden）**与健康**。唯一例外的是，在虐待被保护人（《刑法典》第225条）时也包含了对**精神安适**（seelisches Wohlbefinden）的侵扰。

一、条文体系

2　核心条文是《刑法典》第223条的**普通身体伤害罪**，相对于以下条文，它是**基本犯**：

☞《刑法典》第224条的**危险身体伤害罪**，其加重事由是行为方式中的特别危险性；

☞《刑法典》第225条的**虐待被保护人罪**，其加重事由是损害了特别保护义务（例外：边码4）；

☞《刑法典》第226条的**严重身体伤害罪**，其加重事由是犯罪后果的分量；

☞《刑法典》第226a条的**毁损女性生殖器罪**，其加重事由是侵犯行为的分量；

☞《刑法典》第227条的**身体伤害致人死亡罪**，其加重事由同样是犯罪后果（死亡）的分量；

☞《刑法典》第340条的**职务身体伤害罪**，其加重事由是损害了公职人员的义务地位（有争议）。[1]

---

[1]　参见 BGHSt 3,349(351)；LK-StGB/*Lilie*, § 340 Rn.1. 职务身体伤害罪在本书中不予阐述；深入阐述比如可见 *Jäger*, JuS 2000, 35 f.；*Krey/Hellmann/Heinrich*, BT I, Rn.999。

所有这些构成要件都是**故意犯**，其中《刑法典》第226条第1款的严重身体伤害罪及《刑法典》第227条的身体伤害致人死亡罪在关于严重后果时都仅要求过失（结果加重犯，《刑法典》第18条）。

《刑法典》第225条规定的虐待被保护人罪的构成要件在"折磨"（Quälen）这一选项中是一个独立的构成要件，因为这里与《刑法典》第223条的不同之处在于，它将造成精神痛苦（非医学上的疾病意义上的痛苦）也包含在内。[2] 属于独立构成要件的还有《刑法典》第229条的过失身体伤害罪与作为抽象危险犯的《刑法典》第231条的参与斗殴罪。

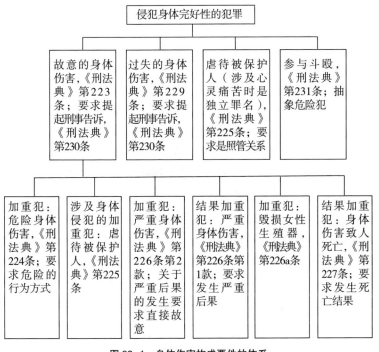

图 22-1 身体伤害构成要件的体系

---

〔2〕 对这一疑难问题的深入阐述可见 NK-StGB/*Paeffgen/Böse*, § 225 Rn. 2。

二、身体伤害犯罪详解

(一) 普通身体伤害罪（《刑法典》第 223 条）

6   《刑法典》第 223 条的身体伤害罪是**择一的**，要么以身体虐待的形式予以实现，要么以健康损害的形式予以实现。

在鉴定报告中要提及所有可被考虑的行为方式。比如，如果肯定了身体虐待，那么也不能因为该构成要件已被实现而放弃考查健康损害。当相关犯罪行为又额外地损害了健康，已得出的结论就再次得到了证实。但是，该构成要件仍然只被实现了一次。

1. 身体虐待

7   按照传统定义，身体虐待是一种对**身体安适或身体完整性的侵害超过了轻微程度的恶劣与不当的对待**。[3] 对心灵的侵害本身并不满足条件，它取决于是否对身体有影响。[4] 这里应当**注意**：

☞ 对身体安适的侵害**既不以疼痛感为要件**[5]，**也不以对身体的实质侵害为要件**。所以可以包含以下情形，比如在被害人身上浇洒酒精[6]，以及捆绑、塞嘴并让被害人的脸贴在地面上[7]。按照通说，无痛苦的实质损害也满足条件，比如剪掉头发（见第 19 章边码 15）。[8] 另一方面，轻度疼痛足以成立身体虐待。[9]

☞ 侵害必须"**超过了轻微程度**"。因此，作为最后手段原则的体

---

[3] 参见 BGH, NStZ 2022, 224 (226); Schönke/Schröder/*Sternberg-Lieben* StGB § 223 Rn. 3; *Fischer* StGB § 223 Rn. 4; LK-StGB/*Grünewald* StGB § 223 Rn. 21。

[4] 参见 BGH NStZ 2016, 27; 对此可见 *Ruppert*, JR 2016, 686 ff. 关于争议情况见 LK-StGB/*Grünewald*, § 223 Rn. 9 ff. 。

[5] 参见 BGH NJW 1953, 1440; NJW 1995, 2643. 所以 BGH NStZ-RR 2014, 11 受到了质疑，因为这里对身体虐待要求过度。

[6] 参见 BGH NStZ 2007, 701; NJW 1995, 2643。

[7] 参见 BGH NStZ 2007, 404. 也可参见 BGH NStZ-RR 2010, 374（"锁脖"）。

[8] 参见 BGHR StGB § 224 Abs. 1 Nr. 2 Werkzeug 4; 批判的观点有 NK-StGB/*Paeffgen/Böse*, § 223, Rn. 6。

[9] 参见 BGH NStZ-RR 2015, 211。

现，必须达到了严重性门槛（见第8章边码13）。据此，不满足条件的情形，比如被吐口水后感到短暂的恶心[10]（不同于作呕）[11] 或者仅仅只有很少的头发被剪掉。[12]

除了前述传统定义，还可以借助现代客观归属理论（详见第23章边码28及以下）进行考查。[13] 从中产生了**另一个可供选择的定义**，即身体虐待是对身体完整性创设了一个法不容许的危险，它可以以客观可归属的方式实现为对其的损害。这一考查顺序主要适用于过失身体伤害罪（《刑法典》第229条）。

在**鉴定报告**中仅仅要注意的是，人们必须选择其中一种定义。一个常见的错误是，先是借助经典定义肯定身体虐待，再去考查该举止是否以客观可归属的方式造成了损害结果。这样一来就会错误地认为认定身体虐待始终会先肯定因果关系与客观归属。

2. 健康损害

健康损害被理解为引发或升高一个偏离于正常状态的病理状态。[14] 这可能是一个血肿（"瘀伤"）或者全醉状态。[15] 健康损害并不需要同时侵害了身体安适。感染病毒（冠状病毒、艾滋病毒）也满足条件，即

---

[10] 参见 *OLG Zweibrücken* NJW 1991, 240. 这里的侵害主要是心理性质的；相应地，身体侵害并不是很重；BGH NStZ 2016, 27；*Eisele*, BT I, Rn. 294。所以，AG Erfurt NStZ 2014, 160 的以下判决走得太远了：吸入的烟与呼吸的气及唾液的雾相混合后向他人脸上吐烟属于身体伤害（对此提出了恰当观点的有 *Jahn*, JuS 2014, 177）。见 Hoffmann/Koenen, Jus 2021, 941 ff. 的案例解答。

[11] 参见 BGH NStZ 2016, 27（批判的观点有 *Ruppert*, JR 2016, 686 ff.）。但是这里要注意，该故意必须涉及对作呕的引发！

[12] 参见 *OLG München* StraFo 2011, 102；LK-StGB/*Grünewald*, § 223 Rn. 22, 25。

[13] 详见 *Murmann*, JURA 2004, 102 ff. ; 还有 LK-StGB/*Grünewald*, § 223 Rn. 29；*Hardtung*, JuS 2008, 866 f. ; *Putzke*, FS Herzberg, 2008. S. 673。

[14] 参见 *Fischer*, § 223 Rn. 8. 这一常用的定义虽然对于考试而言通常足够了，但是准确地说还是不够完整。这是因为，并非任意一个对病理状态的引发或者升高都符合条件，而必须是行为人对被害人的健康创设了一个法不容许的危险，并且之后将这一危险创设实现为结果。详见 § 23 Rn. 28 ff.

[15] 参见 BGH NStZ 1986, 266. 2021, 364 f. 。

使症状尚未显现。[16] 单纯的情绪反应（例如焦虑状态）并不是健康损害；与此相反，一个按照医学标准具有疾病性质的肉体客观化状态满足健康损害的要求。[17] 比如，遭受严重暴力后产生的创伤后应激障碍。

（二）危险身体伤害罪（《刑法典》第 224 条）

10　　加重犯的原理在于**犯罪实行**对于身体完整性法益的**特殊危险**。这一基本思想对于解释以下五种行为方式非常重要：

1. 施加毒药或其他损害健康的物质（第 1 项）

11　　**毒药**（Gift）指的是"在特定条件下能够通过化学或化学—物理作用损害健康的任何有机物或无机物"[18]。依此，比如砷或盐酸还有胡椒喷雾就属于毒药。[19]

12　　由于损害健康的**实际能力**影响重大，因此通说认为也要考虑到那些只有达到特定剂量或者对于特定人群才会造成健康损害的物质。[20]

> **示例**[21]：
> A 强迫她 4 岁的女儿吃下一份她错拿食盐进行"甜化"了的布丁。每千克体重吸收 0.5~1 克的食盐就会导致死亡。这名 15 千克重的小女孩死于食盐中毒。

联邦最高法院鉴于具体情况认定食盐属于毒药。[22] 相反，人们当然可以质疑，这样一来抽象的"毒药"概念在现实中就被瓦解了，因为

---

[16] 参见 BGHSt 36,1; BGH NStZ 2009,34(jeweils HIV); *Fahl* JURA 2020,1058(1059); *Kindhäuser/Hilgendorf* LPK-StGB § 223 Rn. 4; *Schönke/Schröder/Sternberg-Lieben* StGB § 223 Rn. 5. 另一个观点涉及冠状病毒的感染，*Hotz* NStZ 2020,320(321 f.); *Makepeace* ZJS 2020, 189(190 f.)。

[17] 参见 BGH NStZ 1997, 123; NStZ 2015, 269 m. Anm. *Drees*; JR 2020, 134 m. Anm. *Doerbeck*; 详见 Schönke/Schröder/*Sternberg-Lieben* StGB § 223 Rn. 6. 有启发意义的内容也可见 *AG Lübeck bei Hecker*, JuS 2012,179 ff.。

[18] Lackner/Kühl/*Kühl*, § 224 Rn. 1a.

[19] 参见 *Rengier*, BT II, § 14 Rn. 9; 关于胡椒喷雾的深入阐述可见 *Jesse*, NStZ 2009,365 f.。

[20] 对此可见 *Fischer*, § 224 Rn. 4,6 f.。

[21] 参见 BGHSt 51,18。

[22] 赞成的观点比如有 *Fischer*, § 224 Rn. 4; LK-StGB/*Grünewald*, § 224 Rn. 9。

每一种物质达到一定剂量后都会损害健康。[23]

无论如何，对于那些在实际使用时只会造成相对较轻的健康损害（比如头疼）的物质应当限制毒药的概念。因为按照《刑法典》第 224 条的原理，认定毒药要求具有特殊危险性，所以，至少要**能够造成严重的身体伤害**。[24]

13

关于**其他损害健康的物质**，从消极定义上看不包含毒药。从积极方面看，它必须是那些与毒药一样能够造成严重身体伤害的物质。因此符合条件的有那些发挥机械作用（比如碎玻璃）[25] 或者热作用的（比如高温液体）物质及发挥生物作用的物质，如细菌、病毒或其他病原体（比如艾滋病毒）[26]；相反，不符合条件的有射线或电流，因为这些并不能被"物"（Stoffe）的概念所涵摄。[27]

14

施加（Beibringung）毒药或物质，指的是将该物质以它能够发挥损害健康作用的方式与被害人的身体联系起来。[28] **造成外部的身体接触**（比如浇洒开水）在该物质侵入身体内部并发挥作用的情况下是成立的。[29] 不过绝大多数人认为，即使只在身体表面发挥作用也够了。[30] 但是，这会导致《刑法典》第 224 条第 1 款第 1 项与《刑法典》第 224 条第 1 款第 2 项中规定的使用危险工具进行身体伤害发生重叠。因此，在体外发生作用是否符合条件的争议最终涉及的是这两个选项之间的体

15

---

[23] 参见 Bosch,JA 2006,745；也可参见 Maurach/Schroeder/Maiwald/Hoyer/Momsen,BT I,§ 9 Rn. 13。

[24] 参见 HK-GS/Dölling,§ 224 StGB Rn. 2；LK-StGB/Grünewald,§ 224 Rn. 10；Küper/Zopfs,BT,Rn. 116。

[25] 否定一般性地包含机械作用的物质，见 Krüger StV 2020,304(306)。

[26] 参见 BGH NStZ-RR 2018,209；Fahl JURA 2020,1058(1059)；Hotz NStZ 2020,320(324 f.)。在涉及冠状病毒时要有所限制，见 Makepeace ZJS 2020,189(192 f.)。

[27] 参见 Fischer StGB § 224 Rn. 5；Kindhäuser/Schramm,BT I,§ 9 Rn. 4. 关于传染病病原体的阐述可见 Ellbogen,medstra 2016,274。

[28] 参见 Kindhäuser/Schramm,BT I § 9 Rn. 6。

[29] 参见 OLG Dresden NStZ-RR 2009,337(338)（热咖啡的作用仅仅停留在外部，因此尚未达到法院认为应当达到的分量）。

[30] 参见 BGH NStZ-RR 2018,209；Fischer StGB § 224 Rn. 8；Kindhäuser/Schramm,BT I § 9 Rn. 7；Schönke/Schröder/Sternberg-Lieben StGB § 224 Rn. 2d。

系关系。如果要求必须在体内发生作用，那么两个选项之间的界限就取决于是体内作用还是体外作用。[31]

联邦最高法院认为，行为人**向被害人的衣物点火**也属于施加损害健康的物质。犯罪发生之前被害人是否已经穿着这件衣物并无影响。行为人只要让燃烧的物质能够在被害人的身体上发挥损害健康的热作用就够了。[32] 这里忽视了**文字表述的边界**：单纯创设燃烧的危险是不够的，它需要一个"施加"，也就是在概念上要求行为人将该物质"输入"（Einführen）或"涂抹"（Auftragen）在被害人身上。[33]

16 身体伤害结果必须恰恰是因为被施加了毒药或者物质而发生的，也就是存在**因果关联**。

2. 使用武器或者其他危险工具（第 2 项）

17 从《刑法典》第 224 条第 1 款第 2 项的条文可以得知，危险工具是包含了武器在内的上位概念。通说将危险工具定义为**按照其客观性质与从外部作用于被害人身体的方式的**[34]、**在具体情形中能够造成严重伤害的可移动之物**。[35]

18 从这一条文的含义中可得知，工具不能是行为人的身体部位，也不能是空手道运动者的手刀。[36] 通说从工具的概念中进一步正确地得出，原则上**只能包含可移动之物**。所以，如果行为人将被害人推到墙上，那么

---

[31] 参见 *Küper/Zopfs*, BT, Rn. 114; *Fischer*, § 224 Rn. 8; LK-StGB/*Grünewald*, § 224 Rn. 11 f. 指出了接下来会出现的区分难题。

[32] 参见 BGH NStZ-RR 2018, 209. 对此也可见 *Krüger* StV 2020, 304 ff., 不过它（在案情没有给出相关信息的情况下）假定行为人事先将可燃液体洒在衬衫上。

[33] 参见 *Fischer* § 224 Rn. 8。

[34] 参见 BGH NStZ 2007, 405; NStZ 2019, 608 (610) m. krit. Anm. *Stam*。

[35] 参见 BGH NStZ 2007, 95; *Kindhäuser/Schramm*, BT I, § 9 Rn. 10; 批判性观点见 NK-StGB/*Paeffgen/Böse*, § 224 Rn. 15, 它从文字表述出发，认为一个危险的工具依其一般（抽象）危险潜力应当与一个武器之间具有可类比性；若将一个依其类型无危险的物体同危险工具一样使用，是不符合条件的（比如用铅笔去刺眼睛就不符合条件）。

[36] 参见 *Eisele*, BT I, Rn. 334; *Wessels/Hettinger/Engländer*, BT I, Rn. 300; *Rengier*, BT II, § 14 Rn. 36. 另一种观点见 *Hilgendorf*, ZStW 112 (2000), 822; *Maurach/Schroeder/Maiwald/Hoyer/Momsen*, BT I, § 9 Rn. 15。

墙并不是工具。[37] 即使在此类案件中，根据法律条文的原理，决定性的危险性要求可能会支持另一个结论，但最大可能的字面意义会阻碍这种包含关系的成立（《基本法》第 103 条第 2 款）。相反，概念上的障碍并不存在于技术意义上不可移动的工具，比如一把固定的锯子。[38] 也就是说，根据文字表述与原理，这可以被危险工具的概念所涵摄。该条文并不要求工具发挥**机械作用**。[39] 危险作用也可以来源于**在化学或温度上发挥作用的液体或者气体**。[40] 这里的通常认识是，这些物质本身并非属于工具概念[41]，而是需要借助一个物体（比如蜡烛、喷雾器）制造与身体的联系。[42] 此外，根据文字表述也并非必须将工具概念限制为无生命的物体。一个以原理为指向的解释倾向于支持将一只**动物**——猎犬——视作工具。[43]

对**危险性**的评判要依据**具体的犯罪情状**。例如，穿着鞋的脚可能因为鞋的种类及踢脚的力度和方向而具有危险性。[44] 联邦最高法院认为，穿着运动鞋踢脸属于使用危险工具。[45] 反之，用皮带进行轻微抽打则不属于使用危险工具。[46] 由于衡量危险性的标准是该举止是否**能够**引

19

---

[37] 参见 BGHSt 22,235(236)；案件探讨见 *Britz/Jung*,JuS 2000,1197. 另一种观点见 *Rengier*,BT II,§ 14 Rn. 39。

[38] 参见 LK-StGB/*Grünewald*,§ 224 Rn. 21，它还想包括日常语言习惯中难以被归类为工具概念的电灶台。

[39] 持这一观点的还有 RGSt 8,315(316)。

[40] 参见 BGHSt 1,1;LK-StGB/*Grünewald*,§ 224 Rn. 20。按照所主张的观点，这会导致与《刑法典》第 224 条第 1 款第 1 项重合（见上文边码 15）。因此，作为特别法的第 1 项就会排斥第 2 项；*Eisele*,BT I Rn. 333;*Krey/Hellmann/Heinrich*,BT I,Rn. 269。

[41] 参见 *OLG Dresden* NStZ-RR 2009,337 f.（浇热咖啡）；Schönke/Schröder/Sternberg-Lieben § 224 Rn. 6。

[42] 参见 LK-StGB/*Grünewald*,§ 224 Rn. 20;Schönke/Schröder/Sternberg-Lieben,§ 224 Rn. 7。

[43] 参见 BGHSt 14,152;对此可参见 *Puppe*,Kleine Schule,S. 141 ff.。

[44] 参见 BGH NStZ 2010,151;BGH Beschl. v. 13. 5. 2015-2 StR 488/14；对此见 *Kudlich* JA 2015,709 ff.;BGH NStZ-RR 2019,345(red. Leitsatz)；批判的观点有 NK-StGB/*Paeffgen/Böse* § 224 Rn. 14 a。

[45] 参见 BGH NStZ 1999,616;不同的是 BGH Beschl. v. 2. 12. 2020-6 StR 353/20，在这里，运动鞋由于其柔软的橡胶鞋底甚至可以缓冲对头部的"猛踹"（这与认定成立《刑法典》第 224 条第 1 款第 5 项中危及生命的对待方式之间不矛盾）。

[46] 参见 BGH NStZ 2007,95. 另一个例子：如果用手机的边缘来击打脸部，那么手机可以是一种危险工具；*OLG Bremen* StV 2020,320 f. (LS)。

发严重的身体伤害，因此它与实际发生的伤害程度无关。[47] 不过，所发生的伤害后果可以作为（欠缺）危险性的证据予以提出。[48] 通说认为，《刑法典》第224条的原理要求必须恰恰是针对身体完整性利益使用工具，尤其是出于打斗目的。因此，用来剪断头发的刀[49]或者外科医生依法使用的手术刀[50]及在拳击比赛中使用的拳套都未被包含在内。[51]

20 使用的危险性必须来自该工具**直接从外部对被害人的作用**，比如使用击打工具。相反，按照司法判决，单纯间接引发损害并不符合条件，因为工具的特定危险性并没有实现为结果。[52]

> **示例**[53]：
>
> 警察O拦住了涉嫌醉酒驾驶的A。当O试图拉起手刹时，A开车逃逸。O从车上摔下来，跌落在柏油路上而受伤。联邦最高法院确认，朝人驾驶的汽车原则上可被视为危险工具。但是，如果伤害不是由汽车造成，而是因跌落在柏油路上造成，那么就不属于这种情况。文献对该判决的批判有着充足的理由。因为行驶中的汽车也附带"加速"跌落至柏油路上的危险性。因此，工具的危险性（而不仅仅是不可移动的柏油路的危险性）从具体过程和已经发生的伤害后果中被清楚地表现了出来。[54]

---

[47] 不准确且误解了联邦最高法院判决的观点的有 *Makepeace* ZJS 2020,189 (192 f.)。

[48] 参见 *OLG Bremen* StV 2020,320 f. (LS)。

[49] 参见 BGH NStZ-RR 2009,50。

[50] 参见 *Eisele*, BT I, Rn. 332; *Wessels/Hettinger/Engländer*, BT I, Rn. 300; 另一种观点见 *Kudlich*, Fälle StrafR AT, S. 200。

[51] 参见 OLG Köln, Beschl. v. 4. 4. 2019-2 Ws 122/19 (Rn. 38) (对此可见 *Jahn*, JuS 2019,593 ff.)。

[52] 参见 KG NStZ 2012,326;BGH StraFo 2011,104;NStZ 2012,697;NStZ 2014,36;NStZ 2016,724;NStZ 2019,608(610)m. krit. Anm. *Stam*;NStZ-RR 2020,281(red. LS);NStZ 2021,101(102)。

[53] 参见 BGH NStZ 2007,405；同样的有 *OLG Zweibrücken* Beschl. v. 18. 10. 2018-1 OLG 2 Ss 42/18。

[54] 参见 *Eckstein* NStZ 2008,125(128); MüKoStGB/*Hardtung* § 224 Rn. 24; *Küper/Zopfs*, BT, Rn. 787; *Stam* NStZ 2019,610 f. 深入阐见 LK-StGB/*Grünewald* § 224 Rn. 23。

武器是指**依其客观目标设定用来伤害人类的危险物体**。[55] 因此只 **21**
包含**技术意义上的武器**（通常是这样，但并不必然符合《武器法》第 1
条[56]）。作为危险工具的子集，武器必须以能够造成严重伤害的方式被
使用。因此，用手枪枪柄进行轻微击打并不符合条件。[57]

要成立**故意**，必须认识到以下情况，即该物体在涉及具体使用方式 **22**
时属于危险工具。司法判决认为这就已经够了，而部分文献还额外要求
行为人必须意识到其危险性。[58] 主张这一额外要求的理由是，只有在
这种情况下才会成立一个有意识的决定来实行显示出构成要件不法的、
对被害人身体完整性具有特别危险性的攻击。

3. 使用险恶的突袭（第 3 项）

突袭（Überfall）是指针对不知情者的突然与意料之外的攻击。如果 **23**
行为人有计划地隐瞒其目的以使防卫变得困难，那么这一突袭就是**险恶**
的（hinterlistig）。[59] 险恶要求具有计划性（Planmäßigkeit），因此超过
了阴险所要求的"利用"无疑心与无防备。[60]

> **示例**[61]：
> A 打算与 O 谈一谈。为了与 O 接触，A 以要给暖气片放气的借口
> 找到了 O。O 让 A 进入住宅并先进入厨房。在去厨房的路上，A 放弃
> 了原本的谈话打算；A 现在想给 O 一个教训，于是用管钳从后方击打
> 了 O 的头部。

---

[55] 参见 BGHSt 4,125(127); *Wessels/Hettinger/Engländer*, BT I, Rn. 297。
[56] 参见 *Fischer*, § 224 Rn. 19。
[57] 参见 *Eisele*, BT I, Rn. 335; LK‑StGB/*Grünewald*, § 224 Rn. 24; *Wessels/Hettinger/ Engländer*, BT I, Rn. 297。
[58] 参见 Lackner/Kühl/*Kühl*, § 224 Rn. 9。
[59] 参见 RGSt 65,65; BGH NStZ 2004,93; NStZ‑RR 2013,173; *Fischer*, § 224 Rn. 22。因此，如果行为人使用诡计将受害者带入使防卫变得困难的处境，然后进行公开的攻击，那么就是不满足条件的：BGH NStZ‑RR 2020,42 f.。
[60] 参见 LK‑StGB/*Grünewald*, § 224 Rn. 26。
[61] 参见 BGH GA 1989,132。

该示例中欠缺了有计划的隐瞒，因为 A 在欺骗 O 的时候还没想要伤害他，在攻击的时候仅仅只是利用了刚好碰上的有利机会。[62] 不过，司法判决认为，并不需要行为人明确其被害人；所以，在夜间埋伏以待突袭是符合条件的。[63]

有争议的问题是，险恶的犯罪实行是否要求行为人抱有直接的伤害故意，或者说，是否对身体伤害抱有**间接故意就够了**。[64] 从该条文的文字表述中并未产生对故意的升高要求。此外，从对被害人的误导中就可以得出实行方式的升高的危险性，这是《刑法典》第 224 条中所有变体都具备的特征。因此，实现该加重构成要件的特定不法内涵与故意程度无关，间接故意就足够了。[65]

4. 与其他参与者共同行为（第 4 项）

24　　**共同的**（gemeinschaftlich）**行为**指的是某人与至少另一人在犯罪地作为**攻击者进行合意的共同协力**。[66] 按照《刑法典》第 224 条的原理，起决定性作用的是因**被害人面对多个攻击者**而产生的升高的危险性。[67] 按照通说，这并不需要参与者作为平等的共同正犯人进行协力[68]；正犯人与

---

[62] 从背后的突然攻击尚不满足条件；也可见 BGH NStZ 2004, 93。

[63] 参见 BGH NStZ 2005, 40；赞同的有 Rengier, BT II, § 14 Rn. 45；Schönke/Schröder/Stree/Sternberg-Lieben, § 224 Rn. 10。相反，行为人事先躲在灌木丛中，然后进行了意料之外的背后攻击，则未达到条件；BGH NStZ 2012, 698。

[64] 认为要有目的的比如有 Matt/Renzikowski/Engländer § 224 Rn. 16；认为间接故意就够了的有 Lackner/Kühl/*Kühl* § 224 Rn. 9。

[65] 参见 BGH NStZ 2022, 164（165）mkritAnm Ruppert；对此也可见 *Eisele*, JuS 2021, 799 ff.。

[66] 参见 BGH NStZ-RR 2017, 339；*Fischer*, § 224 Rn. 23。若行为人在实行身体伤害时相信他的朋友将在接下来预期的斗殴中提供帮助，那么就欠缺了共同协力，见 BGH StraFo 2012, 2。

[67] 参见 BGH NStZ 2016, 595 f.；NStZ 2017, 640。

[68] 联邦最高法院［NStZ 2015, 584（585）］在以下情况中也未将出现在犯罪地的共同正犯人评价为"共同的"，即每一个共同正犯人都仅仅分别攻击数个被害人中的一个，以至于每一个被害人都只面对一个攻击者。但是，这并没有认识到共同正犯人在实行阶段危险性整体提升的贡献，也没有认识到每一个共同正犯人身上存在且可被认识到的随时支援其他人的准备；正确的观点有 *Jäger*, JA 2015, 793。

帮助人之间的共同协力也在考虑范围之内。[69] 因此，并不必然需要参与者亲手实施身体伤害行为。[70] 不过**存疑的是，其贡献必须达到何种分量**。

教唆无论如何都无法创设出从共同协力中能即刻创设的升高的危险性。[71] 但是有争议的是，在犯罪时直接提供**心理帮助**（比如"鼓励"主行为人）是否符合条件。[72] 肯定的理由是，心理上的强化会激励攻击者，因此会减损被害人阻停攻击者的机会。[73] 然而，这并未达到《刑法典》第 224 条第 1 款第 4 项所要求的无价值。因为心理帮助并未造成相对于被害人的身体优势，若将其包含在内，则会消除支持行为应发生在犯罪地这一限制的基础，因为心理上的强化可以在实行犯罪之前发生。[74] 与之不同的情况是，在犯罪地现身的帮助人显示了其有介入的意愿，因而参与了对（潜在）心理优势的构造。[75]

5. 危及生命的对待方式（第 5 项）

通说认为，如果伤害行为**在具体情况中**通常可以**造成被害人的生命危险**，那么就成立**危及生命的对待方式**。[76] 因此，关键在于**伤害行为的抽象危险性**。[77] 此外，文献中的部分观点还要求存在一个具体的生

---

[69] 参见 BGHSt 47,383; HK - GS/*Dölling*, § 224 StGB Rn. 5; *Wessels/Hettinger/Engländer*,BT I,Rn. 306；对观点现状的概览见 *Hillenkamp*,BT,S. 34 ff.。部分人认为必须是共同正犯（NK-StGB/*Paeffgen/Böse*, § 224 Rn. 24; *Schroth*,JZ 2003,215），但是法条对此是反对的："参与人"的概念在《刑法典》中被用来作为正犯人与共犯人的总称（《刑法典》第 28 条第 2 款）。之前与《刑法典》第 25 条第 2 款一致的要求共同实行的法律表述恰恰不再是法律。

[70] 参见 BGH NStZ 2019,612(613); *Fischer* StGB § 224 Rn. 23。

[71] 参见 LK-StGB/*Grünewald*, § 224 Rn. 31。

[72] 参见 深入阐述可见 *Hillenkamp*,BT,S. 34 ff.。

[73] 参见 BGH NStZ 2019,612(613)。

[74] 参见 *Jäger*,JuS 2000,35 f.。

[75] 参见 BGHSt 47,386 f.; *Fischer* StGB § 224 Rn. 24; LK - StGB/*Grünewald*, § 224 Rn. 31,认为仅人身在场尚未达到条件; BGH StraFo 2015,478。

[76] 参见 BGHSt 2,160(163); BGH NStZ 2021,107; LK-StGB/*Grünewald*, § 224 Rn. 34; *Wessels/Hettinger/Engländer*,BT I,Rn. 307。

[77] 因此并不要求对被害人有危及生命的伤害。*Joecks* StGB § 224 Rn. 38; *Kindhäuser/Schramm*,BT I, § 9 Rn. 22; *Schönke/Schröder/Sternberg-Lieben*, § 224 Rn. 12。

命危险情形。[78] 人们不应当高估二者之间的区别：由于通说也要在个案情形中进行评判，因此关键始终在于应被视为具有生命危险性的情形的"不可预测的随机缺席"[79]。由于要求被害人受到相对于普通身体伤害而言明显更高的危险，因此，对于用拳击打头部的行为，只有在基于被害人的体质或者由于击打异常猛烈而极其危险时，才符合条件。[80] 关于冠状病毒感染，考虑到其始终存在的致死风险，其抽象危险性无疑是被肯定的。[81] 如果人们要求存在具体的生命危险，那么看起来至少可以争辩的是，对危及生命的对待的认定取决于个人的风险因素（年龄、既往疾病）。[82]

27 与使用危险工具的情况一样，在涉及危及生命的对待方式时，关于**故意**的要求是存在争议的：司法判决认为，**认识**到其对待方式会造成生命危险的**情状**就足够了[83]，而学界通说额外要求必须**意识到其客观危险性**[84]。后者的理由是，行为人若无这一意识，则无法被其法益侵害的分量所完全涵盖。当然，关于对生命危险性的明知，身体伤害的故意与杀人的故意是相近的；其区别在于，行为人在危及生命的对待方式中不能容认死亡结果（详见第 24 章边码 18、21 及以下）。行为人可能认识到了举止的生命危险性却不赞同危险实现为死亡结果，这种可能性借助以下观念则更容易理解，即杀人故意要求克服一个特别高的心理障碍

---

[78] 参见 NK-StGB/*Paeffgen/Böse*, § 224 Rn. 28；*Stree*, JURA 1980, 291. 关于讨论的详情见 *Beck*, ZIS 2016, 692 ff.

[79] 对此及对于不同观点的实质相近性见 *Küper/Zopfs*, BT, Rn. 108；也可参见 *Jahn*, JuS 2012, 367；另一种观点见 *Beck*, ZIS 2016, 695。

[80] 参见 BGH NStZ 2013, 345(346)；NStZ-RR 2013, 342；BGH NStZ-RR 2021, 109(110)（对此见 *Jahn* JuS 2021, 368 ff.）：如果这种影响是在"非常罕见的情况下"导致被害人死亡的，就不满足条件。

[81] 参见 *Fahl* JURA 2020, 1058(1059). 限制的观点见 *Makepeace* ZJS 2020, 189(193 f.)。

[82] 参见 *Hotz* NStZ 2020, 320(325)，其中也认可具体的生命危险。

[83] 参见 BGHSt 19, 352；同样的有 BGH NStZ 2021, 107(108)，不过按照其观点，行为必须依行为人的构想"'旨在'危及生命"。

[84] 参见 LK-StGB/*Grünewald* § 224 Rn. 39；Lackner/Kühl/*Kühl* StGB § 224 Rn. 9；批判的观点见 *Frisch* GS Armin Kaufmann, 1989, 311 (348)。

门槛（见第 21 章边码 19）。[85]

（三）严重身体伤害罪（《刑法典》第 226 条）

《刑法典》第 226 条的加重事由是被害人**发生了严重后果**。《刑法典》第 226 条第 1 款的严重后果不能被故意所包含。从其"如果身体伤害造成了以下后果"的表述中可以看出，这里涉及的是《刑法典》第 18 条的所谓**结果加重犯**，即行为人对于基本构成要件（《刑法典》第 223 条）是故意的，但是对于严重后果则必须是过失。相反，《刑法典》**第 226 条第 2 款**属于另一种加重事由，它以针对严重后果的故意举止（以目的或明知的形式）为要件。

28

在解释《刑法典》第 226 条第 1 款第 1 项至第 3 项所提的严重后果时，应当考虑到第 1 款所涉情形中的法定最低刑已经达到了 1 年。因此，一个过于宽容的解释是不合适的。该严重后果必须是可归属于行为人造成的身体伤害（对此详见第 23 章边码 122）。

29

1. 特定身体功能丧失（《刑法典》第 226 条第 1 款第 1 项）

如果相关能力几乎完全消失，比如视力降至 10%，那么就可以认为是丧失（Verlust）。[86] 丧失必须持续一段较长时间。如果通过合理的医疗措施能够重新恢复能力，那么即使被害人拒绝接受医治，也不能成立丧失。[87]

30

2. 重要肢体丧失或长久无法使用（《刑法典》第 226 条第 1 款第 2 项）

肢体（Körperglied）在概念上是指"在整个有机体中具有特殊功能的、拥有独立存在性"的身体部分。[88] 这一语词要求具有关节连接，因此鼻子、耳朵或者阴蒂[89]（作为身体部分但并非肢体）都不属

31

---

[85] 正确的观点见 *Fahl* NStZ-RR 2020, 313 f.。
[86] 参见 *Fischer*, § 226 Rn. 2a; *Klesczewski*, BT, § 3 Rn. 59。
[87] 参见 HK-GS/*Dölling*, § 226 StGB Rn. 2; NK-StGB/*Paeffgen/Böse*, § 226 Rn. 20; Schönke/Schröder/*Sternberg-Lieben*, § 226, Rn. 1a; SK-StGB/*Wolters*, § 226 Rn. 4。不过新近的论述可参见 BGHSt 62, 36，其中关于肢体丧失使用功能的长期性的阐述可以转用至丧失功能。
[88] 很早就有这种观点，见 RGSt 3, 391 (392)。
[89] 与割除女性生殖器相关；见 *Schramm*, Ehe und Familie, S. 223。

于此列[90]；不过这些情况可以考虑作为美学上的侵害（《刑法典》第226条第1款第3项）。根据词义，内部器官（比如肾脏[91]）并未被包含在内。部分主张应当包含的观点[92]属于被禁止的类推。

32 此外，必须是**重要的肢体**。必然属于这种情况的是，该肢体对于**每一个人的整个有机体而言非常重要**。比如，司法判决肯定了拇指[93]与食指[94]，而否定了无名指[95]。有争议的是，除了肢体对每一个人而言的重要性之外，是否也应当考虑到**伤者个人的具体情况**。

> **示例：**
> 小提琴弹奏者的无名指，无双臂者的脚趾，手部已受伤者的无名指。

以下观点不具有说服力，即考虑到一般化的法律字词（"该"身体），这样的个体特殊性对于肢体的重要性而言并无影响。[96] 联邦最高法院则正确地考虑到了个体的情况，其理由是，必须要考虑到具有不同身体特征的人们平等共存。[97] 依此，能够引发肢体的重要性的只有**身体特殊性**，而不能是职业等社会关系。[98] 这是合理的，因为《刑法典》第226条保护身体完整性，而非从事职业所追求的财产利益。[99] 因此，小提琴弹奏者的无名指不能基于其职业而成为重要的肢体。

---

[90] 比如 Fischer StGB § 226 Rn. 6；Lackner/Kühl/*Kühl* StGB § 226 Rn. 3；MüKoStGB/Hardtung § 226 Rn. 26；*Lorenz/Steffen* JA 2019,424(427)。
[91] 参见 BGHSt 28,100(102)。
[92] 参见 *Otto*，BT，§ 17 Rn. 6。
[93] 参见 RGSt 64,201(202)。
[94] 参见 BGH bei *Dallinger*，MDR 1953,597。
[95] 参见 RGSt 62,161(162 f.)。
[96] 参见 *Joecks* StGB，§ 226 Rn. 14。
[97] 参见 BGHSt 51，252(255 f.) m. Anm. *Hardtung*，NStZ 2007，702 ff.；LK‑StGB/Grünewald，§ 226 Rn. 14。
[98] 不过肯定的观点参 Schönke/Schröder/*Sternberg‑Lieben*，§ 226 Rn. 2。
[99] *Eisele*，BT I，Rn. 351 und NK‑StGB/*Paeffgen/Böse*，§ 226 Rn. 27,补充性地指出了考虑社会因素的不确定性。

即使丧失肢体后可以通过假体进行弥补，也依然属于**丧失**。若肢体 33
的功能受到严重限制，也属于**长期无法使用**。[100] 联邦最高法院认为，受
伤者是否拒绝本可消除或减轻其已经发生的损害的医学治疗并不重要。因为
被害人"本就有着从行为人角度上无法质疑的理由拒绝进一步的治疗，尽
管这在医学评估上是有意义的"。[101] 相反，学界通说认为，当合理治疗
能够重塑可使用性时，就应当否定长期性。[102] 这一观点应当得到认同，
因为尽管被害人有权拒绝接受医学治疗，但是，如果他作出的自我答责的决
定从客观标准上看是非理性的，那么就不应产生不利于行为人的效果。[103]

3. 外貌毁损与严重疾病（《刑法典》第226条第1款第3项）

外貌毁损（Entstellung）指的是对外表进行肉体上的丑化。比较的 34
标准是之前的外貌，因此，即使在犯罪之前受伤者就已经"很难看"也
无关紧要。[104]

如果外貌毁损在分量上与《刑法典》第226条中所列举的其他后果 35
大体等同，那么外貌毁损就达到了**重大**的程度（体系解释的一个例子，
见第20章边码10及以下）。[105] 由于面部以特殊的方式表现人的外在个
性，因此该部位的毁损会被着重考量。[106] 不过，若涉及的是通常被衣

---

[100] 参见 BGH NStZ 2014,213（这里仅仅"确定"了一个尚未达到条件的"重大的使用功能妨害"）；BGH, Urt. v. 7. 2. 2017-5 StR 483/16 (*Kudlich*, JA 2017, 470 ff.)；MüKoStGB/*Hardtung*, § 226 Rn. 30；Schönke/Schröder/*Sternberg-Lieben*，§ 226 Rn. 2。

[101] BGHSt 62,36；对此可见 *Kudlich*, JA 2017, 470 ff. 。

[102] 参见 NK-StGB/*Paeffgen/Böse*，§ 226 Rn. 20；Schönke/Schröder/*Sternberg-Lieben*，§ 226, Rn. 2；SK-StGB/*Wolters*，§ 226 Rn. 11。

[103] 其背后是同样的思考，即在自我答责的被害人举止中应排除客观归属；对此可见 § 23 Rn. 70 ff. 。正确的观点有 *Grünewald*，NJW 2017, 1765；LK-StGB/*Grünewald*，§ 226 Rn. 3；*Lorenz/Steffen* JA 2019,424 (429 f.)（在处理案件的框架内）。

[104] 参见 RGSt 39,419(420)。

[105] 参见 BGH StV 1992,115；NStZ 2015,266(268)。

[106] 参见 BGH NStZ-RR 2020,136(137 f.)。但是，即使是在脸上，也并非每一道疤痕都属于外貌毁损；参见 BGH NStZ 2015,266(268)。司法判决认为，鼻孔与上唇之间的一道1毫米宽的、距离2米外仍可看见的疤痕尚未达到条件（BGHR StGB § 226 Abs. 1 Entstellung 1）。左颈区域从耳垂一直延伸到下颌的一道12厘米长、最多4毫米宽的、浅红色的、略微突起的疤痕也是一样（BGH NStZ 2008,32）。但是，颅骨上有大面积的凹痕、头部有较宽的疤痕、"下垂的"眼皮与面部紊乱，就属于外貌毁损；BGH, Beschl. v. 10. 11. 2015-5 StR 420/15。

物遮盖的身体部位，也不能排除重大性。[107]

36　　当无法预测外貌毁损能否被消除及何时被消除时，外貌毁损就具有了**长久性**。存疑的是，若存在**通过医疗辅助工具**（假牙/假肢）或者**医疗手术**（美容手术）来**抵消**外貌毁损的可能性，那么这是否会与外貌毁损或者至少与外貌毁损的长期性相违背。联邦最高法院之前认为医治的可能性并不重要[108]，其理由包括：这些手段仅仅只是掩盖了缺陷而不能消除缺陷，它们取决于被害人的意愿，医疗的进步不是用来减轻行为人责任的。[109] 现在联邦最高法院想遵循该条文的原理，在医学治疗通过合理方式消除美学缺陷时对其予以考量。[110] 这一观点在适用于固定的假牙时是合理的，但是在涉及可拆卸的部件时则不合理，因为被害人的亲密伙伴仍能够感受到其受损的状态。[111]

37　　《刑法典》第226条第1款第3项所提及的其他严重后果是陷入**衰弱**（Siechtum）、**瘫痪**（Lähmung）或精神疾病[112]**或残疾**。在这里，"**衰弱**"指的是一种"危害到整个有机体并减弱了身体与精神力量及造成普遍虚弱的慢性病状态"[113]。"**瘫痪**"指的是一种"至少间接影响到整个人的无运动能力"[114]；身体部位的瘫痪只有在身体的运动能力受到整体侵害时才达到标准。[115]

4. 《刑法典》第226条第2款：对结果的希望或明知

38　　《刑法典》第226条第2款规定了另一种加重犯，即行为人在行为

---

[107] 参见 LG Saarbrücken NStZ 1982, 204（烧掉乳头）；Rengier, BT II, § 15 Rn. 19；Wessels/Hettinger/Engländer, BT I, Rn. 318. 相反，未达到条件的有腹部一条26厘米长的疤痕［BGH NStZ-RR 2020, 136 (137 f.)］或小腿和右膝窝处的许多疤痕，其中最大的有20厘米长（BGH NStZ 2006, 686）。

[108] 参见 BGHSt 17, 161 (163 ff.)。

[109] 参见 BGHSt 17, 161 (164)。

[110] 参见 BGHSt 24, 315；通说表示赞同，比如 *Fischer*, § 226 Rn. 9a。

[111] 正确的观点有：*Fischer*, § 226 Rn. 9a；NK-StGB/*Paeffgen/Böse*, § 226 Rn. 30。

[112] 对此可见 BGH NStZ 2018, 102。

[113] *Lackner/Kühl/Kühl*, § 226 Rn. 4；RGSt 72, 345 (346)。

[114] *Lackner/Kühl/Kühl*, § 226 Rn. 4；BGH NJW 1988, 2622。

[115] 参见 *Joecks/Jäger* StGB § 226 Rn. 19；Schönke/Schröder/*Sternberg-Lieben* StGB § 226 Rn. 7。

时对于严重后果是希望或者明知的，比如他就是要让被害人的外貌毁损。

> **示例**[116]：
> A在O身上浇汽油并点火，想将O杀死。A明知O即使生还也会外貌毁损。

在该案中，A明确地知晓，O若生还也会承受严重后果。也就是说，杀害故意并没有排除依照《刑法典》第226条第2款进行处罚所必需的明知。[117]

（四）毁损女性生殖器罪（《刑法典》第226a条）

出于宗教或传统的原因毁损女性生殖器主要发生在非洲国家（或者针对来自这些国家的女性移民）[118]，通常在女孩的儿童时期就实施。[119] 现实中存在**各种类型的手术**，从割除阴蒂（阴蒂切除术）到移除组织（组织切除术）与完全或部分封闭阴道（锁阴术）乃至腐蚀或灼烧。[120] 所有这些损坏或者（完全或部分）切除外部的女性性器官的方式（由于通常是在没有使用麻药的情况下实施）会令人非常疼痛，并且事后经常会导致急性的身体损害，比如出血或者感染。此外，身体不适也会长期存在，性感受可能会丧失或者受到长期损害。[121]

从2003年开始，这类手术被作为**毁损**——即不属于医学治疗的"对

38a

38b

---

[116] 参见 BGHR § 226 Abs. 2 Schwere Körperverletzung 2。
[117] 参见 BGHR § 226 Abs. 2 Schwere Körperverletzung 2. 对这一判决的批判见 *Eisele*, BT I, Rn. 359。
[118] 在德国法的适用性方面产生了疑难：如果行为是在德国被实行的，那么基于属地原则就可以得出可适用《刑法典》第3条，见第11章边码4）。实务中重要的情形是，女孩会被带至家乡所在的国家实施生殖器毁损，这给德国法的适用造成了困难；对此详见 *Zöller*, FS Schünemann, 2014, S. 735 ff.。认为该规范（至今且可能在将来）在实务中没有任何意义并仅具备单纯的象征性特征的有 *Fischer*, § 226a Rn. 2a ff.。
[119] 参见 BT-Drs. 17/13707, S. 4; *Zöller*, FS Schünemann, 2014, S. 740。
[120] 参见 BT-Drs. 17/13707, S. 6; *Rittig*, JuS 2014, 500; *Wessels/Hettinger/Engländer*, BT 1, Rn. 258。
[121] 参见 *Zöller/Thörnich*, JA 2014, 168。

外部生殖器作出的负面改变"[122]——由《刑法典》第226a条的重罪构成要件所包含。[123] 这一结果犯相对于《刑法典》第223条而言是一个**加重构成要件**，因为女性的身体完整性与健康应当免受粗暴、违背人性的侵害。[124] 若出于性生活的考量而认为其性自主权也应得到保护[125]，那么这里就成立一个独立的构成要件。若认为精神的完整性也是法益，也是同理。[126]

38c 鉴于利益的高度属人性、手术的影响程度及欠缺医疗特征，父母的**承诺**基本无法成为正当化事由；该条文应当用来抵制对家长权的滥用。[127] 这里体现的价值与男童割礼中的有所不同，后者的严重性明显更轻，因此按照《民法典》第1631d条家长的同意在原则上是具有正当化效果的（对此见第25章边码126）。[128] 如果一名成年女子明知后果，而且生殖器割除也在符合医疗标准的条件下进行，那么出于对个体自我答责的尊重，这一合意行为就不应被视为违反风尚（《刑法典》第228条，边码48及以下）。[129]

38d 除了《刑法典》第226a条之外，其他的**身体伤害构成要件**也经常

---

[122] BT-Drs. 17/13707, S. 6; *Zöller/Thörnich*, JA 2014, 170; 批判性观点见 *Fischer*, § 226a Rn. 10 ff. 。

[123] 批判性观点见 *Kraatz*, JZ 2015, 246 ff. 。

[124] 参见 LK-StGB/*Grünewald*, § 226a Rn. 7。

[125] 参见 *Zöller/Thörnich*, JA 2014, 169; *Wolters*, GA 2014, 568。

[126] 参见 *Fischer*, § 226a Rn. 2。

[127] 参见 *Rittig*, JuS 2014, 500 f. ; *Zöller*, FS Schünemann, 2014, S. 734; *Zöller/Thörnich*, JA 2014, 171 f. 。

[128] 有的人认为，对各类情形的不同处理是相互矛盾的且违背了平等性（《基本法》第3条第1款）；*Fischer*, § 226a Rn. 4 ff. ; *Zöller*, FS Schünemann, 2014, S. 734; *Zöller/Thörnich*, JA 2014, 173; 此外还可见 *Wessels/Hettinger/Engländer*, BT 1, Rn. 325。但是，对切除女孩性器官与割除男童包皮予以区分处理的正当性原则上在于两种手术的分量不同；*Schramm*, FS Kühl, 2014, 624 f. 。不太重大的手术，比如与割除男童包皮相对应的切除阴蒂包皮，则不应当受到《刑法典》第226a条的规制，*Wolters*, GA 2014, 569。

[129] 参见 LK-StGB/*Grünewald*, § 226a Rn. 34; *Kraatz*, JZ 2015, 249 f. ; *Rittig*, JuS 2014, 500; *Schramm*, FS Kühl, 2014, 631; 另一种观点（认为应进行总体的违反风尚评价）见 *Zöller*, FS Schünemann, 2014, S. 734; Entwurfsbegründung, BT-Drs. 17/13707, S. 6; 合理的反对意见见 *Fischer*, § 226a Rn. 16。

被考虑到。[130] 如果使用了剃须刀或者玻璃片进行手术,那么就属于《刑法典》第224条第1款第2项意义上的危险工具。[131] 相反,如果一名医生使用了手术刀进行手术,那么,鉴于对危险的专业化防控,就应当否认其使用了危险工具(见边码19)。[132] 多人共同协力时,就可以考虑成立《刑法典》第224条第1款第4项中的共同性,比如被害人被按住的情况。[133] 根据手术的具体情形,也可能成立《刑法典》第224条第1款第5项中的危及生命的对待方式。[134] 鉴于有时候欠缺"折磨"的时间长度及在"粗暴的虐待"中欠缺冷酷的、无视他人痛苦的思想(边码42及以下),是否涉及《刑法典》第225条要视具体案情而定。[135]

(五)身体伤害致人死亡罪(《刑法典》第227条)

《刑法典》第227条是一个**结果加重犯**。基本犯是身体伤害罪(《刑法典》第223条至第226条);严重后果是死亡。行为人对于严重后果的发生必须至少具有**过失心态**(《刑法典》第18条)。无论是基本构成要件的实现(在鉴定报告中通常已被单独考查),还是严重结果的发生,都不存在任何特殊的疑难问题。考查的重心在于**基本犯与严重后果之间的关联**。这里出现的一般性问题要**在客观归属理论的语境下进行处理**(见第23章边码122及以下)。

39

(六)虐待被保护人罪(《刑法典》第225条)

《刑法典》第225条中的加重事由是**忽视了特殊的保护义务**;只要这其中也包含了精神损害(尚不属于医学上的疾病意义),那么就属于一个独立的构成要件(见边码4)。

40

---

[130] 总结性内容可见 LK-StGB/*Grünewald*, § 226a Rn. 10。
[131] 参见 LK-StGB/*Grünewald*, § 226a Rn. 10;*Rittig*,JuS 2014,502。
[132] 参见 *Zöller/Thörnich*, JA 2014,169;另一种观点见 *Rittig*,JuS 2014,502。
[133] 参见 *Rittig*,JuS 2014,502. *Zöller/Thörnich*,JA 2014,169。
[134] 参见 LK-StGB/*Grünewald*, § 226a Rn. 10;*Rittig*,JuS 2014,502。
[135] 参见 *Rittig*,JuS 2014,502. *Zöller/Thörnich*,JA 2014,169. 相反,对成立"折磨"持肯定观点的有:BeckOK StGB/*Eschelbach*, § 225 Rn. 16;LK-StGB/*Grünewald*, § 226a Rn. 10;后者通过放弃思想要素也是一种"粗暴的虐待"。

41 对保护义务的损害以**被害人与行为人之间存在特殊的依赖关系**作为要件。可能涉及的**被害人**是未成年人与由于虚弱或疾病而没有防卫能力的人,这些人与行为人之间必须属于《刑法典》第 225 条第 1 款第 1 项至第 4 项所描述的依赖关系类型。与之对应的是,**行为人**只能是那些以相应的方式对被害人负有义务的人。因此这里涉及的是**特别犯**(见第 14 章边码 14 及以下)。[136]

42 犯罪行为首先是**折磨**(Quäle),也就是造成长期或反复[137]的巨大疼痛或者肉体或精神上的痛苦。[138] 在文献中,也有人认为造成痛苦必须还要源自冷酷无情的思想。[139] 虽然在与其他行为方式("粗暴""恶意")进行对比时,这种观点具有一定的道理,但是相对于其他行为方式,折磨在客观上已经显示出突出的分量,并不需要一个限制性的主观要求。[140]

在鉴定报告中应当注意的是,"折磨"通常是由多个单一的、可能延长至一个较长时间的行为所合并而成。在导语中应当明确表达,应在整体上考查这些行为,必要时再证成这些行为符合一个构成要件。

43 **粗暴虐待**(rohe Misshandlung)的成立情形是,行为人的行为源自冷酷的、无视他人痛苦的思想,并且出现了严重影响被害人身体安适的

---

[136] 重要的是《刑法典》第 223 条与第 225 条之间的体系关系及共同犯罪情形中的特别犯性质:由于保护义务是一种特殊的属人要素,因此与《刑法典》第 28 条是相关的。如果《刑法典》第 225 条涉及的是一个独立的构成要件,那么就适用《刑法典》第 28 条第 1 款;如果涉及的是《刑法典》第 223 条的加重犯,那么就适用《刑法典》第 28 条第 2 款(关于《刑法典》第 28 条详见第 27 章边码 75 及以下)。

[137] 参见的情形见 BGH NStZ-RR 2007,304;NStZ 2016,472。据此,多个本身不符合《刑法典》第 225 条第 1 款的身体伤害行为可以构成一种"折磨"。

[138] 参见 BGHSt 41,113(115);BGH NStZ 2016,95(96);对此可见 *Engländer*,NJW 2015,3049;*Momsen-Pflanz*,StV 2016,440 ff.。

[139] 持这一观点的有 SK-StGB/*Wolters*,§ 225 Rn. 10。

[140] 参见 LK-StGB/*Grünewald* § 225 Rn. 12;Schönke/Schröder/*Sternberg-Lieben* StGB § 225 Rn. 12;深入阐述可见 BGH NStZ 2016,95(96 f.);对此表示赞同的有 *Engländer*,NJW 2015,3049。

行为后果。[141] 通说将虐待的概念理解为与《刑法典》第 223 条中的一样，但是部分文献认为还应包含对精神安适的损害，其理由在于，《刑法典》第 225 条与第 223 条中的区别恰恰在于没有"身体"虐待的语言表述。[142]

恶意忽视（Böswillige Vernachlässigung）的成立情形是，行为人出于卑劣的原因（比如出于仇恨、贪婪或者完全的利己主义）损害了他所负有的照管义务。[143] 不去实施被要求的照管必然是符合构成要件的。[144] 不过，按照条文的文字表述与含义，当行为人通过积极作用损害了其义务时，也可以构成忽视。[145] 犯罪后果是（《刑法典》第 223 条意义上的，见边码 9）健康损害。[146]

44

当被害人陷入死亡、严重的健康损害或者身体或精神发育重大损害的具体危险时，《刑法典》第 225 条第 3 款将犯罪升格为重罪。该危险必须源自《刑法典》第 225 条第 1 款的既遂犯罪，而不仅仅源自犯罪行为。[147] **犯罪与危险之间必要的紧密关联**[148]只有在以下情形中才会成立，比如被害人试图自杀时，犯罪的分量与这类反应之间需要表现出一定的合情理性。如果危险接近于实现，而且损害不发生仅仅只是行为人

45

---

[141] 参见 BGHSt 25,277; SSW StGB/*Momsen-Pflanz/Momsen*, § 225 Rn. 18. LK-StGB/Grünewald, § 225 Rn. 15 f. 以充分的理由进行了批判，按照其观点，思想是"作为欠缺罪责（或者也有不法）减轻因素的符号"发挥作用。与折磨不同，粗暴虐待的特殊不法内涵必须出自单一的身体伤害；BGH NStZ 2016,472。

[142] 参见 Lackner/Kühl/*Kühl*, § 225 Rn. 5。

[143] 参见 BGHSt 3,20(22); *Fischer*, § 225 Rn. 11。

[144] 通说认为，鉴于无所作为在构成要件上的类型化，这里成立真正不作为犯［持这一观点的比如有：BGH NStZ-RR 2015,369 (370); BeckOK StGB/*Eschelbach*, § 225 Rn. 21; SSW StGB/*Momsen-Pflanz/Momsen*, § 225 Rn. 21］。当然，从实质角度上看，接近不真正不作为犯，因为行为人仅仅只能是一个有特殊义务的人。参见 *Kühl*, § 225 Rn. 6。

[145] 参见 MüKoStGB/*Hardtung*, § 225 Rn. 21；另一种观点见 LK-StGB/*Hirsch*,11. Aufl., § 225 Rn. 17。

[146] 也就是说，精神上的侵害不满足条件；*Fischer*, § 225 Rn. 10。

[147] 参见 SSW StGB/*Momsen-Pflanz/Momsen*, § 225 Rn. 25. 有争议但没有实践意义的是，《刑法典》第 225 条第 2 款的意图是否也会被视为犯罪行为；支持的有 *Fischer*, § 225 Rn. 19。

[148] 这符合结果加重犯中的直接性关联；SSW StGB/*Momsen-Pflanz/Momsen*, § 225 Rn. 27; MüKoStGB/*Hardtung*, § 225 Rn. 36。

不再可以掌控的偶发事件，那么就会成立一个**具体的**危险（"高度生存危机"[149]）。[150]《刑法典》第 225 条第 3 款第 1 项在**危险结果**中提及了死亡的危险或者严重的健康损害。人们首先将**严重的健康损害**[151]理解为《刑法典》第 226 条的严重后果的发生。[152]此外，符合条件的还包括以下侵害，它们造成了《刑法典》第 226 条中所提及的相似的重病与慢性病，这类疾病需要广泛的康复措施或者导致劳动能力的长期丧失。[153]《刑法典》第 225 条第 3 款第 2 项还提及了对于**身体发育或精神发育的严重损害**，考虑到其较高的法定刑，与一般的发育相比，这里至少需要达到长期与持续的紊乱。[154]

46 通说认为，《刑法典》第 225 条第 3 款规定的并非结果加重犯；因此，行为人对于引发危险必须具有故意心态。[155]该条文的文字表述也支持这一点（在于"带入"危险，而非"造成"危险）。[156]

（七）过失身体伤害罪（《刑法典》第 229 条）

47 过失身体伤害罪以《刑法典》第 223 条意义上的**身体伤害结果**为要件。此外，**过失的一般要件**也是必要的，即损害一个客观的注意义务（=创设法不容许的危险）并实现为结果。在主观上，行为人必须有满足客观注意义务标准的能力（个体的过失）。总体上该罪的构成要件涉及的是过失与客观归属的一般性疑难（对此见第 23 章、第 30 章）。

---

[149] 概念出自 BGH NJW 2018,3398(3399)；批评的观点有 *Leitmeier* NJW 2018,3400。

[150] 参见 BGH NStZ - RR 2015,369(370)；SSW StGB/*Momsen - Pflanz/Momsen*，§ 225 Rn. 27。

[151] 这一要求现在可以在大量构成要件中找到，比如《刑法典》第 221 条第 1 款、第 239 条第 3 款第 2 项、第 250 条第 1 款第 1c 项。

[152] 参见 Schönke/Schröder/*Sternberg-Lieben* § 225 Rn. 21。

[153] 参见 BGH NStZ - RR 2007,304(306)；2015,369(370)；Schönke/Schröder/*Stree/Sternberg-Lieben*，§ 225 Rn. 21；*Wessels/Hettinger/Engländer*，BT I, Rn. 350。

[154] 参见 SSW StGB/*Momsen-Pflanz/Momsen*，§ 225 Rn. 30。

[155] 参见 BGH NStZ - RR 2020,372；*Wessels/Hettinger/Engländer*，BT I, Rn. 351；SSW StGB/*Momsen-Pflanz/Momsen*，§ 225 Rn. 26 关于更多的论据；另一种观点见(mittlerweile aufgegeben)SK-StGB/*Wolters*,7. Aufl.，§ 225 Rn. 22 f.。

[156] 反对这一观点的参见《刑法典》第 239 条第 3 款第 2 项结果加重犯的条文。

三、承诺——《刑法典》第 228 条

> **示例**[157]：
> A 的伴侣 O 喜欢"捆绑游戏"。A 对此并无特殊兴趣，但 O 要求 A 用金属管对 O 的喉咙施压，这会产生 O 所希望的缺氧及伴随而来的兴奋。A 明知这一过程的危险性，但还是相信不会发生什么事，于是按照 O 的要求按压 O 的喉咙。导致 O 缺氧死于心脏骤停。

如果被害人对侵害其法益的行为表达了承诺，那么原则上就**不构成对法益的损害**。这是因为，当外部的侵犯符合法益拥有者的意愿时，那么法所要保护的自由就没有受到侵害。[158]

《刑法典》第 228 条给身体伤害犯罪（《刑法典》第 223 条至第 226 条、第 229 条、第 340 条）[159] 中的承诺的正当化效果划定了**边界**，不包括那些虽有承诺但**违背了善良风尚**的犯罪。这一限制并非理所当然，恰恰相反，限制却很难具有正当性。[160] 因为以违背风尚为由否定承诺的有效性会导致个人不得随意处置他所拥有的法益。管束公民自己的事务原则上不属于法的任务——即使这对于他们而言（可能）有好处。在这一背景之下，同时考虑到风尚违反性标准（《基本法》第 103 条第 2

---

[157] 参见 BGHSt 49, 166；也可参见 *Gropp* ZJS 2012, 602 ff.；*Rennicke* ZJS 2019, 465 (467 f.) 及 *Kreß/Mülfarth*, JA 2011, 268 ff. 中的案例解答。

[158] 关于承诺的一般要件详见第 25 章边码 124 及以下。

[159] 按照条文之间的体系地位，将《刑法典》第 228 条适用于第 229 条规定的情形并非理所当然，但是在实质上是正当的，因为承诺所涉及的客观的行为无价值是不变的，不取决于行为人的主观心态（故意或过失）。所以通说在涉及《刑法典》第 229 条规定的情形时也适用第 228 条；参见 *Fischer*, § 228 Rn. 4; *Kindhäuser/Schramm*, BT I, § 8 Rn. 3; NK-StGB/*Paeffgen/Zabel* § 228 Rn. 9; Schönke/Schröder/*Sternberg-Lieben* StGB § 228 Rn. 1; SSW StGB/*Momsen-Pflanz/Momsen*, § 228 Rn. 1; 反对的观点见 *Beulke*, FS Otto, 2007, S. 216; *Duttge*/NStZ 2009, 691; *ders.*, FS Otto, 2007, S. 230 f.; *Kühl*, NJW 2009, 1159; *Roxin*, JZ 2009, 402。

[160] 关于各种正当性论证路径与宪法上的质疑参见 LK-StGB/*Grünewald*, § 228 Rn. 1 ff.; *Morgenstern* JZ 2017, 1146 ff.; Schönke/Schröder/*Sternberg-Lieben* StGB § 228 Rn. 2 ff.。

款!)的模糊,人们一致认可应对《刑法典》第 228 条进行**限缩解释**。[161]

51　善良风尚标准的评判对象并非承诺,而是("尽管受到了承诺的")犯罪行为。[162] 在传统上,违背善良风尚被理解为**违背了所有公正思考者的礼俗感受(Anstandsgefühl)**。[163] 尽管这一定义看上去很吸引人,但是道德化的评价是不恰当的。目前的通说认为,追求风尚—道德上卑劣的目的并不成立《刑法典》第 228 条意义上的违背风尚。[164] 因此,在示例中,O 的性取向与"公正思考者"的观点无关,对于风尚违反性而言并不发挥任何作用。也就是说,《刑法典》第 223 条并不是用来贯彻特定价值观念的,[165] 而是用来处罚那些对身体完整性的侵犯行为。通说认为,从该法益的指向来看,评判风尚违反性的关键在于身体伤害的种类与分量。[166] 只有在那些**对身体完整性造成了严重危险**的侵犯中,受到承诺的犯罪行为才是违法的。[167] 鉴于从《刑法典》第 216 条中推导出的评价,按照司法判决,主要涉及的情形是被害人——如同示例中那样——被带入了一个**具体的死亡危险**之中。[168]

51a　在拳击等**体育竞技**中,只要遵守了那些被认可的、用来将风险降至合理程度的规则,一般性的危害生命的身体伤害行为就没有违反风尚。[169] 根据司法判决,在其他的**合意的肢体冲突**中,违背风尚的判决

---

[161]　参见 BGHSt 60,166(Rn. 41 f.)(dazu *Zabel* JR 2015,619 ff.);64,69(Rn. 18 ff.) m. Anm. *Mitsch* NJW 2019,3255 f.。

[162]　参见 Schönke/Schröder/*Sternberg-Lieben* StGB § 228 Rn. 19。

[163]　参见 BGHSt 4,89(91);49,34(41). 反对的观点见 LK-StGB/*Grünewald*,§ 228 Rn. 4。

[164]　参见 BGH NStZ-RR 2018,314(315);*Fischer* StGB § 228 Rn. 9;Schönke/Schröder/*Sternberg-Lieben* StGB § 228 Rn. 2 f.;不同的有 *RG* JW 1928,2229;BGHSt 4,24(31 f.)。

[165]　不过趋于不同的有 *Hauck*,GA 2012,217 f.,他认为关键在于所追求的目的。

[166]　参见 BGHSt 49,166(170 f.);*Rennicke* ZJS 2019,465 ff.。

[167]　参见 BGHSt 58,140 143 Rn. 7 ff.;64,69(Rn. 19). 否定的观点有 *Rostalski* HRRS 2020,211(214 f.)。

[168]　参见 BGHSt 49,166(173);LK-StGB/*Grünewald*,§ 228 Rn. 12。

[169]　参见 BGHSt 58,140〔146 ff. Rn. 12,14〕)。故意无视这些规则是不被允许的,因此是违法的。

不仅包含口头合意的伤害行为，还包含其"伴随情形"。[170] 例如，敌对团体之间发生暴力冲突时存在一个特殊的**升级危险**[171]，如果不采取降低危险的协商与预防措施，比如采取对于已受伤者有益的措施，那么情况将更加严重。[172] 这一升级危险的存在已经足以作出成立违背风尚的判决，这尤其受到《刑法典》第 231 条第 1 款的支持（对此见边码 59），按照这一条款，参与斗殴本身就应在社会伦理上被否定。[173] 因此，联邦最高法院为了论证违背风尚而舍弃了对具体死亡危险的要求，以存疑的方式限制了自我答责原则的适用范围。[174]

只有**在例外情况下通过行为所追求的目的**才具有重要性，即积极或者至少是以合乎情理的目的抵消了严重的伤害。这主要存在于医疗手术[175]之中，例如截肢或者具有生命危险的手术。[176]

52

显而易见的是，《刑法典》第 228 条提出了与第 216 条相似的**疑难问题**，因为这两个条文都导致对个人法益的处置权的限制。根

53

---

[170] 参见 BGHSt 58,140(146 Rn. 12 ff.)；对此还可见 *Gaede* ZIS 2014,489 ff.；*Hardtung* NStZ 2014,267 ff.；*Jäger* JA 2013,634 ff.；*Jahn* JuS 2013,945 ff.；*von der Meden* HRRS 2013,158 ff.；*Zöller/Lorenz* ZJS 2013,429 ff. 在这之后的有 BGHSt 60,166（对此见 *Zabel* JR 2015,619 ff.）；*OLG München* NStZ 2014,706。监狱中两名囚犯之间的约架本身并没有违背风尚，BGH StV 2022, 101（对此见 *Jahn*, Jus 2021, 890 ff.）。

[171] 参见 BGHSt 58,140(149 Rn. 16). 不同的情形是，拳击中两个体型差不多的对手虽然允许击打面部，但是脚踢头部却由于其特殊的危险性而应被排除；[对此的批判见 *Heintschel-Heinegg* JA 2021,425（429）]；ders. NStZ 2021,498 f.。BGH StV 2022,101 f. 根据具体案情否定了两名囚犯斗殴时的升级危险（对此见 *Jahn*,JuS 2021,890 ff.）。

[172] 参见 BGHSt 58,140(150 Rn. 19)；同意的有 *Rennicke* ZJS 2019,465(468 f.)。

[173] 参见 BGHSt 58,140(149 Rn. 16)；深入阐述见 BGHSt 60,166 Rn. 41 ff.；批判观点见 *Hardtung* NStZ 2014,268；*von der Meden* HRRS 2013,162 f.；*Zabel* JR 2015,619 ff.；也可参见 *Knauer* HRRS 2015,435 ff.。

[174] 所以批判的观点比如有：*Gaede*, ZIS 2014, 489 ff.；LK-StGB/*Grünewald*，§ 228 Rn. 21；*Hardtung*, NStZ 2014,267 ff.；*Rostalski* HRRS 2020,211(212 f.)；*Theile*, FS Beulke, 2015, S. 561 ff.；*von der Meden*, HRRS 2013,158 ff.；*Zöller/Lorenz*,ZJS 2013,429 ff.。

[175] 在特殊情况下，这些手术也可以由不是医生的人进行，即当涉及减轻痛苦的措施时，这些措施要与医学技术规则相符并处于推定承诺的范围内；BGHSt 64,69(Rn. 30)；BGH NStZ 2020,29(32)m. Anm. *Magnus*；NStZ 2021,164(165 f.)m. Anm. *G. Merkel*。

[176] 参见 BGHSt 49,166(171)；64,69(Rn. 19)（其中边码 26 也得到澄清，使用镇痛麻醉剂所伴随的对《麻醉品法》的违反不会导致违反风尚）；同样的还有 BGH NStZ 2020, 29(30 ff.)m. Anm. *Magnus*。

据《刑法典》第216条（对此见第21章边码83），涉及《刑法典》第228条时可能最有说服力的观点是，没有合理原因却同意受到严重侵害被视为存在意志缺陷的表现，因此缺陷决定的风险是在这类情形中否定承诺有效性的正当理由。从中亦可解释医疗手术等情形中承诺的有效性——存在同意的合理原因。[177]

四、医疗手术

54 医学治疗措施（包括诊断措施）[178] 的最终目的在于改善身体状况，所以人们存在疑问的是，这类措施在评价的视角上是否符合《刑法典》第223条等条文。大多数文献认为，**医生没有实施任何《刑法典》第223条意义上的符合构成要件的行为**，也就是说，病人没有受到身体虐待或者健康损害。[179] 不过，**有争议的**是医学治疗措施没有被身体伤害罪的保护目的所包含的前提情况：有的人认为，有医疗性质与规范专业的操作是关键。因此，即使病人的状况最终恶化了，其举止也是不符合构成要件的。[180] 相反，绝大多数文献都认为，关键在于是否实现了其所追求的治疗结果（"结果理论"）：若治疗成功，那么身体伤害罪的构成要件就没有得以实现，因为其过程在整体上并未侵害身体完整性。[181] 相反，若治疗措施没有实现其所追求的结果，那么就由于存在治疗目的

---

[177] 深入阐述可见 *Murmann*, Selbstverantwortung, S. 501 ff.; *ders.*, FS Yamanaka, 2017, S. 295 ff.; daran anschließend *Fateh-Moghadam*, Die Einwilligung in die Lebendorganspende, 2008, S. 126 ff.; LK-StGB/*Grünewald*, § 228 Rn. 6 f.。相似的阐述也可见：*Frisch*, FS Hirsch, 1999, S. 485, 491 ff.; *ders.* GA 2021, 65 (70); *Jetzer*, Einverständliche Fremdgefährdung im Strafrecht, 2015, S. 158 ff.; *Scheinfeld*, Organtransplantation und Strafrechtspaternalismus, 2016, S. 286 ff.; *Schroth*, FS Volk, 2009, S. 719, 728。深入的批判性争论及各种论证正当性的尝试见 *Menrath*, Einwilligung, S. 176 ff.。

[178] 参见 *Fischer*, § 223 Rn. 17 f.; Lackner/Kühl/*Kühl*, § 223 Rn. 9。

[179] 参见 *Heghmanns*, BT, Rn. 387; Lackner/Kühl/*Kühl*, § 223 Rn. 8; *Otto*, BT, § 15 Rn. 11。

[180] 参见 SK-StGB/*Wolters*, § 223 Rn. 59。

[181] 参见 *Heghmanns*, BT, Rn. 387; *Maurach/Schroeder/Maiwald/Hoyer/*Momsen, Strafrecht BT/1, § 8 Rn. 25。

而至少欠缺伤害故意。[182]

两种观点都**不具有说服力**,因为它们都没有充分考虑到病人的意志。[183] 一个病人是愿意承受生病的侵害还是手术的（至少是临时的）侵害,在于他自己的决定权。忽视其决定权所损害的不仅仅是病人的意志,还有其身体完整性。这是因为,只有病人有定义其身体状况应当如何的权利,而不是医生或其他什么人。[184]

55

所以,**司法判决**与**部分文献**坚持的观点是正确的,用孤立的眼光看外科医生的切割行为表现为**身体虐待**。[185] 这一举止只有得到被害人的**承诺**才是被允许的。[186] 由于只有无意志缺陷的承诺才具备实现正当化的效果,因此,这一观点保护了被害人的自我决定权。医生有义务向病人**说明**治疗的前景与风险及替代方式,以实现其自主决定（《民法典》第630e条）。[187] 如果医生规范专业地实施得到了有效承诺的手术,那么即使治疗效果没有实现或者实现为治疗风险,该承诺也阻却了可罚性。

56

在这一观点中仍旧存在争议的（一般性的,而非仅在身体伤害罪中讨论的）问题是,承诺是处于构成要件符合性阶层[188]还是违法性阶层。[189] 由于侵害他人身体完整性表现出了类型化的不法,[190]因此正确的做法是将承诺在违法性阶层予以考虑（详见第

---

[182] 参见 Heghmanns, BT, Rn. 387; Maurach/Schroeder/Maiwald/Hoyer/Momsen, Strafrecht BT/1, § 8 Rn. 30。

[183] 参见 Rengier, BT II, § 13 Rn. 27; Wessels/Hettinger/Engländer, BT I, Rn. 368。

[184] 参见 BGHSt 11,111(113 f.)。

[185] 参见 BGHSt 64,69(Rn. 12,14),它指出,使用麻醉剂来缓解疼痛不应简单地被视为损害健康。

[186] 参见 BGH NStZ 2011, 343; Fischer, § 223 Rn. 17, 23; LK-StGB/Grünewald, § 223 Rn. 72 ff. 深入阐述可见 Gropp, GA 2015,5 f.。

[187] 参见 BGH NStZ 2011, 343 f. m. Anm. Hardtung, NStZ 2011, 635ff,（对此也可见 Kudlich, NJW 2011, 2856 ff.; Schiemann, NJW 2011, 1046 ff.; Zöller, ZJS 2011, 173 ff.）; Fischer, § 228 Rn. 13 ff.。详细内容见 LK-StGB/Grünewald, § 223 Rn. 85 ff.。

[188] 参见 Kindhäuser/Schramm, BT I, § 8 Rn. 28。

[189] 参见 BGHSt 11,111;16,309; HK-GS/Dölling, § 223 StGB Rn. 9。

[190] 这是一个规范上的论断,而非经验上的论断。因此,与不法的类型性也不相悖的是,日常生活中绝大多数的手术都是被允许的。

25章边码121及以下）。

57 **其他的医疗措施**，比如实验、利他措施（献血或者器官捐赠）与单纯的美容手术，按照文献的观点也都符合身体伤害罪的构成要件。[191]

五、参与斗殴罪(《刑法典》第231条)

58 **示例**[192]：

A、B、C和O相互之间陷入了冲突，随即升级为严重的斗殴。O的攻击使得A陷入了生命受到威胁的境况，A只能用刀进行防卫，这直接导致了O的一只眼睛丧失视力。之后，没有察觉到这一点的D也加入了斗殴。

（一）背景：犯罪的性质

59 《刑法典》第231条所包含的除了参与斗殴之外，还有参与多人实施的攻击。该犯罪行为的不法源自这些促进群体鼓动效果、弱化个体责任感与引诱旁观者的举止方式的危险性。[193] 发生一个其所提及的严重后果——死亡或者严重的身体伤害（《刑法典》第226条）——并不属于犯罪的不法，而是一个客观的处罚条件（第14章边码9及以下）。因此，这里涉及的是一个**抽象危险犯**。通过这种方式也**消除**了通常在混乱的斗殴中必须将各个伤害行为归属于各个参与者而产生的**举证困难**。[194] 这两个视角——将抽象危险性作为处罚事由并避免举证困难——对于解释构成要件具有决定性的意义。

（二）构成要件

应当区分参与斗殴与参与多人实施的攻击：

---

[191] 参见 Maurach/*Schroeder*/Maiwald/*Hoyer*/Momsen, BT I, § 8 Rn. 32 ff.; *Wessels*/*Hettinger*/*Engländer*, BT I, Rn. 369. 当然只有在实施手术的人没有获得必要授权的情形中才适用, BGH NStZ-RR 2021, 109（对此见 *Jahn* JuS 2021, 368 ff.）。

[192] 参见 BGHSt 16, 130; 39, 305。

[193] 参见 *Bock*, JURA 2016, 992 f.; *Fischer*, § 231 Rn. 1; *Zopfs*, FS Puppe, 2011, S. 1330 ff., 其中还提到了对第三人激励效果的危险性。

60 [194] 参见 BGHSt 14, 132 (134 f.); 33, 100 (103)。

1. 参与斗殴

斗殴是至少三人之间有相互身体伤害的冲突。[195] 这与日常用语中对"斗殴"的理解是一致的,即并不一定必须要用拳击打,还包括踢、刺或者扔掷物品。[196] 按照该条文的意义与目的(避免举证困难),在认定参与斗殴时,应当区分创设斗殴(构成性的参与斗殴)与做功于已经进行的斗殴(次生性的参与斗殴)。[197]

要成立**构成性的参与斗殴**,参与者必须**在犯罪地积极地协力**。这里并不需要每一个个体都做出了正犯的协力。但是,如果参与斗殴的方式仅仅只是在二人单挑(Zweikampf)中给予精神支持(助威鼓劲)或者教唆双方参与者中的一方,就不符合条件。相反,根据联邦最高法院的观点,只要第三方在双方打斗时阻止局外人来调停或帮助一方打斗者就符合条件。[198] 从该条文的原理来看,这一观点并不具有说服力,因为只有在超过两人参与直接的打斗事件时,受到担忧的举证难题才会出现。[199] 在这一背景之下可以肯定的是,参与者无意间被卷入斗殴之中并不会对斗殴的成立产生多大的影响。[200] 同样,那些从紧急防卫转为反击的人(攻击性防卫),也可能成立斗殴。[201] 符合原理的还有,在以下情况中将每个时间段只有两人参与的打斗纳入斗殴的概念之中,即数个冲突之间"存在一个紧密的内在联系,以至于无法将其划分为数个'二人单挑',而且基于超过两名积极参与者的原因可以认可其为单一的整体事件"[202]。

---

[195] 参见 BGHSt 15,369;BGH NStZ 2014,147(148 Rn. 12);Lackner/Kühl/*Kühl*,§ 231 Rn. 2。

[196] 另一种观点见 *Bock*,JURA 2016,994。

[197] 有启发意义的内容可见 *Küper/Zopfs*,BT,Rn. 450 f.。

[198] 参见 BGHSt 15,369(371 f.)。

[199] 正确的观点有 SK-StGB/*Wolters*,§ 231 Rn. 8。由于欠缺对"类型化的斗殴危险"的论证,因此也有持否定观点的,见 *Zopfs*,FS Puppe,2011,S. 1333 f.。

[200] 参见 BGHSt 15,369。这也源自《刑法典》第 231 条第 2 款的文字表述。

[201] 参见 BGHSt 15,369(371);BGH NStZ 2014,147(148 Rn. 13);*Bock*,JURA 2016,995。

[202] BGH NStZ 2014,147(148 Rn. 16);NStZ 2021,494(495 f.);*Bock*,JURA 2016,995 f.

63 占据优势的观点认为,对于**次生性的参与斗殴的要求更少一些**。[203] 这是因为,当至少三人之间的斗殴正在进行时,已经存在一个混乱的打斗状况,因此给打斗者助威鼓劲等**精神支持此时足以升高危险性**。不过经常受到争议的是,单纯的精神支持是否能够被当作正犯的参与。认为只能按照教唆人或者帮助人进行处罚(《刑法典》第 231 条、第 26 条、第 27 条)的理由是,单纯的精神影响具有更小的危险性。[204] 如果是整体性地推动斗殴,比如一般性的助威鼓劲或不加选择地分发武器,那么无论如何都仅仅成立斗殴的共犯。[205] 支持这一观点的理由是,派别偏向在概念上与实质上都呈现出参与斗殴的特征。

64 最后,那些仅仅只想调停争端或提供救护服务的人及那些在紧急防卫情形中只实施保护性防卫的人并不构成参与。[206] 这里不存在应被否定的风险升高。[207]

2. 参与多人的攻击

65 多人实施的攻击"应被理解为二人以上以敌对的意志方向直接针对**他人身体所施加的影响**"。[208]。这里并不需要攻击者之间联合成为共同正犯人,但是需要"攻击、攻击对象与攻击意志之间的统一"[209]。由于该攻击必须仅仅旨在影响被害人,因此,是否已经发生了暴力打斗无关紧要:如果被害人先射死了一名攻击者,那么其他的幸存者仍要受到《刑法典》第 231 条的处罚。[210]

---

[203] 参见 SSW StGB/*Momsen-Pflanz/Momsen*,§ 231 Rn. 9;批判性观点见 *Zopfs*,FS Puppe,2011,S. 1335。

[204] 参见 NK-StGB/*Paeffgen/Böse* § 231 Rn. 7;Schönke/Schröder/*Sternberg-Lieben* StGB § 231 Rn. 4;*Stree* FS Schmitt,1992,219 f. ;*Zopfs* JURA 1999,173;*ders.* FS Puppe,2011,1332 ff. *Bock* JURA 2016,998. 支持反对意见,指出了涉及犯罪贡献分量的举证困难。

[205] 参见 Schönke/Schröder/*Sternberg-Lieben* StGB § 231 Rn. 6,12. 另一种观点见 *Bock* JURA 2016,999。

[206] 参见 BGHSt 15,369(371)。

[207] 参见 *Bock*,JURA 2016,998。

[208] BGHSt 33,100(102)。

[209] BGHSt 33,100(102);*Bock*,JURA 2016,996 f.

[210] 参见 BGHSt 33,100(102);*Bock*,JURA 2016,997。

（三）无可非难的参与（《刑法典》第 231 条第 2 款）

对于那些参与行为无可非难的人，《刑法典》第 231 条第 2 款排除了其可罚性。这是理所当然的，因为否则就会违背罪责原则。按照主流且正确的观点，该条文并不是对构成要件的排除，而仅仅包含了**对于一般性正当化事由与宽恕罪责事由的宣言性提示**。[211] 不过，无罪的仅仅只是那些参与行为在任何时刻都无可非难的人。[212]

（四）客观的处罚条件

从文字表述及条文的意义与目的来看，引发严重后果——《刑法典》第 226 条的死亡或者身体伤害——是客观的处罚条件。该严重后果并不属于构成要件，在鉴定报告中应当作为构成要件的附加条件进行考查（第 12 章边码 3 及以下）。因此，该严重后果也**不是故意的对象**；它的发生并不需要它对于参与者具有可预见性。[213]

如果人们正确地认为，该举止的危险性已经创设了应罚性，那么就**不存在对罪责原则的违背**。因为对发生严重后果的要求具有限制处罚的性质。[214]

严重后果的重要性体现在两个方面：其一，当斗殴或攻击导致了重大后果时，很难容忍在证明个体责任方面所存在的极度困难；其二，严重后果的发生表明了具体冲突的危险性。

从后一个视角来看，对于斗殴**引发**的严重后果，并不是每一种因果关联都符合条件。例如，如果旁观者因为激动而心脏病发作，那么其死亡就不符合客观的处罚条件的要求。[215] 必要的反而是斗殴或攻击**特定危险**已经实现为严重后果。[216] 属于这一情况的还有非参与者——比

---

[211] 参见 *Eisele*, BT I, Rn. 422; *Küper/Zopfs*, BT, Rn. 454。

[212] 参见 *Wessels/Hettinger/Engländer*, BT I, Rn. 391。

[213] 参见 *Küper/Zopfs*, BT, Rn. 452. 依罪责原则进行批判的有 LK-StGB/*Hirsch*, 11. Aufl. § 231 Rn. 1; *Rönnau/Bröckers*, GA 1995, 549 ff.

[214] 参见 *Bock*, JURA 2016, 999 f.; Schönke/Schröder/*Eisele*, Vorb. §§ 13 ff. Rn. 125; LK-StGB/*Popp*, § 231 Rn. 1。

[215] 参见 *Eisele*, BT I, Rn. 418。

[216] 参见 *Bock*, JURA 2016, 1000; *Küper/Zopfs*, BT, Rn. 452。

如被扔出的瓶子砸到——的死亡。[217] 即使引发结果的行为是合法发生的，这一特定的关联也无法被排除。[218] 这是因为，正当化情形的发生也属于暴力冲突的典型图景，参与斗殴或攻击的不被允许的危险性不会因被允许的具体伤害行为而受到质疑。

70　关于**参与斗殴与发生严重后果之间的关系**，可以从《刑法典》第231条的抽象危险犯性质中得出的是，那些**合法造成了结果**的人也可依据《刑法典》第231条受到处罚（在示例中：A）。[219] 此外，自身承受严重后果的人也仍是可罚的（在示例中：O）。[220] 认为这会导致"与一般归属原则相违背的、对自我损害的刑罚创设"的观点[221]是错误的，因为行为人并不是因为伤害自己而受到非难，而是因为参与了一个（对于他人而言也是）危险的斗殴而受到非难。[222] 不过这里可以考虑按照《刑法典》第60条免除刑罚。

71　参与斗殴与发生严重后果之间的关系**在时间方面**也存在疑难，这里涉及的情况是，发生严重后果时，参与者要么**尚未参与**（在示例中：D），要么**已不再参与**。通说正确地指出这并不重要。[223] 因为犯罪行为的不法的成立并不要求行为人对于特定的、导致严重后果发生的危险答责。此外这还面临着巨大的举证困难，因为在许多情况下，无论是参与的时间点还是严重后果发生的时间点都无法被追溯。当然，如果一名参与者离开将导致剩下的人数降至斗殴或攻击所要求的最低人数以下，那么情况就不同了；在该情形中，严重后果发生时，并没有客观构成要件得以

---

[217]　参见 *KüperZopfs*, BT, Rn. 437。

[218]　参见 BGHSt 39, 305(307)。

[219]　参见 BGHSt 39, 305(307 ff.); *Bock*, JURA 2016, 1002。

[220]　参见 BGHSt 33, 100(104); 另一种观点见 LK-StGB/*Popp*, § 231 Rn. 30。

[221]　参见 *Rengier*, BT II, § 18 Rn. 9。

[222]　正确的观点有 *Bock*, JURA 2016, 1000 f.; 还有 *Eisele*, BT I, Rn. 419, 但是由于欠缺与《刑法典》第223条及以下类似的对照物，只能假定一个对他人伤害的非成文要求。

[223]　参见 BGHSt 14, 132; 16, 130; BGHR StGB § 231 Angriff 1; *Maurach/Schroeder/Maiwald/Hoyer/*Momsen, BT I, § 11 Rn. 10. 另一种观点见 *Krey/Heumann/Heinrich*, BT I, Rn. 346 f.; 区分化的观点见 *Bock*, JURA 2016, 1001 f.; *Eisele*, BT I, Rn. 421; *Jäger*, BT, Rn. 126; LK-StGB/*Popp*, § 231 Rn. 20: 只有那些在严重后果发生之前参与的人才能对结果创设相关的危险。相反，之后加入的人不受《刑法典》第231条的处罚。

实现。[224]

案例与问题

50. 如何理解身体虐待？

51. A 提供给 O 一杯所谓的无酒精混合饮料。实际上，该饮料中含有大量的酒精，以至于 O 最终"烂醉如泥"。这正是 A 所希望的。是否可以根据《刑法典》第 223 条处罚 A？

52. O 对自己鼻子的大小和形状不满意。O 决定让整形外科医生 A 来弥补这一缺陷。A 按照规章向 O 阐释了与手术相关的问题。尽管该手术是按照技术规则进行的，但是仍旧出现了并发症，最终导致 O 对自己的鼻子的外形更不满意。A 是否属于实施了身体伤害罪？

53. 什么事由分别让《刑法典》第 224 条与第 226 条成为第 223 条的加重犯？

54. 新近的司法判决如何解释《刑法典》第 228 条中的违背风尚？

55. 《刑法典》第 231 条属于哪一种犯罪类型？

---

[224] 参见 *Bock*，JURA 2016, 1001；*Maurach/Schroeder/Maiwald/Hoyer/*Momsen, BT I, § 11 Rn. 10。

第六部分

刑法总论

回忆一下：在总论中的是"**括号之前**"的规则，这些规则深刻影响着分论中的许多甚至可以说是所有构成要件。* 处理总论中的规定，其难点在于许多内容完全没有或者只有非常不完整的法律规定。与之相关的还有，位于总论之中的恰恰是刑法教义学的基本问题，因此在这里需要强调的是，一定要掌握基础知识。

下文的阐释主要按照犯罪构造的阶层进行展开。总论的问题首先存在于构成要件阶层（因果关系与客观归属，第23章；故意，第24章），然后是违法性（第25章）与罪责（第26章）。再接下来是多人参与犯罪（第27章）、犯罪实行的不同阶段（尤其是未遂，第28章）与形式（不作为，第29章；过失，第30章）。最后是一人的举止实现多个构成要件的情况（竞合，第31章）。

第23章 因果关系与结果的客观归属

那些**要求在外部世界中发生结果的构成要件**以行为人的行为与结果之间存在关联为前提。这一关联应当如何得出？对这一问题的回答，正是因果关系与客观归属理论的研究对象。

1

因果关系与客观归属理论的**适用范围**基本上延伸至了所有——故意与过失[1]——的**结果犯**（第14章边码20），这意味着，主要是实害犯（比如《刑法典》第212条与第222条），但也包含具体危险犯，因为这类犯罪以客观的"危险结果"作为要件。唯一被排除的是纯正行为犯，

2

---

* 在德文中，刑法总则与刑法总论是同一个概念 Allgemeiner Teil，刑法分则与刑法分论是同一个概念 Besonderer Teil。——译者注

[1] 参见 Baumann/Weber/Mitsch/Eisele AT § 6 Rn. 18;SK-StGB/*Jäger*,Vor § 1 Rn. 96。有人（在目的行为论的立场上）认为客观归属理论不能适用于故意犯（*Armin Kaufmann*,FS Jescheck,1985,S. 251 ff.）或者故意—过失犯（*Küpper*,Grenzen,S. 91 ff. ;100 ff. ）。

这类犯罪不要求外部世界的结果，比如虚假证词罪（《刑法典》第 153 条）与侵入房屋罪（《刑法典》第 123 条）。[2] 但是，这看上去极广的适用范围在实践中却非常有限。这是因为，许多结果犯包含了对符合构成要件的举止的相对确切的规定，而且所发生的结果与被规定的举止之间连接得如此紧密，以至于在这类举止定式犯中毫无疑问地存在着关联。

> **示例：**
>
> 盗窃是一个结果犯，因为它要求前任占有者（Gewahrsamsinhaber）丧失了占有。《刑法典》第 242 条通过要求"拿走"而规定了这一过程，而"拿走"被定义为破坏他人的占有并建立新的占有。[3] 如果人们遵循这一概念，那么在实践中就没有任何空间去怀疑占有关系改变的因果性与可归属性。

3 　　因果关系与客观归属的一般理论的意义主要体现在如下情况中：对于符合构成要件的举止，以及对于犯罪行为与结果之间的必要关联，该构成要件都没有做更详细的说明，尤其是在所谓的"纯正结果犯"中。在这里，因果关系与客观归属理论**对于解释构成要件作出了超越构成要件的贡献**。对此的例子有过失身体伤害罪（《刑法典》第 229 条）与过失杀人罪（《刑法典》第 222 条）。在这些条文中，明确提及了对引发原因的要求，但是在许多其他的实害犯中，它却被"隐藏"在了犯罪行为之中。第 212 条就是这样将"杀死"一个人规定为犯罪行为，在这一概念的定义之中，必然要承认行为与结果之间的关联。这也相应地适用于第 223 条，此处"身体虐待"的概念之中既包含了举止又包含了结果，还包含了二者之间假定的关联。[4]

4 　　考查行为与结果之间的关联，原则上要求**两步走**：因果关系关心的

---

[2] 比如可以参见 Wessels/Beulke/Satzger, AT, Rn. 39, 221。尽管所使用的术语不同，但是实际上观点一致的有 Herzberg, GA 1996, 14。

[3] 参见 Fischer, § 242 Rn. 10。

[4] 深入阐述可见 Murmann, JURA 2004, 102 ff.。

是，行为与结果之间是否存在自然规律上的关联。当然，这一意义上的因果关联只能在积极作为中被要求（关于不作为，参见第29章边码23及以下）。客观归属理论关心的是，在评价的（规范的）考虑中，一个符合构成要件的举止是否实现了结果。

一、因果关系

因果关系被理解为**行为与结果之间在自然规律上的关联**。[5]

这种**自然主义**因果关系的认识在刑法学中有过一段长时间的争议：如果人们认为，行为与结果之间的关联只能在自然的因果关联之内被阐释，那么符合构成要件的行为也被局限于外在的、自然的方面。从中产生出了价值无涉的构成要件，正如因果行为论所产生的那样（第13章边码3及以下）。相反，如果人们将构成要件理解为不法类型（第14章边码1），那么，要么因果关系概念必须具有规范性[6]，要么要在因果关系之外必须存在一个附加的、评价上的要求。如今后者占了上风，认为自然主义概念上的因果关系被客观归属理论的规范标准所补充。

刑法学中不同因果关系理论之间的争议目前主要以等价理论为准，这也是下文的重点所在。

（一）等价理论（通说）

根据今天被广泛认可的等价理论（Äquivalenztheorie）[7]，每一个对结果发生作出了贡献的情状都是具有原因性的。所有的原因都具有**同等**

5

6

---

[5] 比如可参见 SSW-StGB/*Kudlich*, Vor §§ 13 ff. Rn. 35。这里当然不涉及现代自然科学上的因果概念，而是将原因性作为两个事件之间自然具有必然关联的日常理解。

[6] 支持这一观点的有个别化的因果理论（individualisierenden Kausallehren）；深入阐述可见 *Murmann*, Nebentäterschaft, S. 44 ff.。

[7] 稳定不变的司法判决：RGSt 1, 373, 374; RGSt 77, 17, 18; BGHSt 1, 332; 39, 195, 197（对其发展的总结见 *Roxin*/*Greco*, AT I, § 11 Rn. 7 ff.）；学术文献比如可见 Baumann/Weber/Mitsch/*Eisele*, § 10 Rn. 6 ff.; *Kühl*, AT, § 4 Rn. 7; *Wessels*/*Beulke*/*Satzger*, AT, Rn. 226; Schönke/Schröder/*Eisele*, Vorb. §§ 13 ff. Rn. 73a。早期的文献尤其可以参见等价理论的创建者：v. Buri, Über Causalität und deren Verantwortung, 1873, S. 1; ders., Die Causalität und ihre strafrechtlichen Beziehungen, 1885, S. 1。

价值(=等价)，因为发生在具体形态中的结果同等地取决于每一个原因。等价性涉及的仅仅是关于**具体的结果发生**的必不可少性。因此，一个评价上的区分——根据贡献分量所进行的区分——得以排除。[8]

> **示例：**
> 射击被害人、被害人的出生及出现在犯罪地、制造武器与弹药及重力的影响，在这一意义上都是等价的。

1. 必要条件公式（Die conditio sine qua non-Formel）

7   司法判决对原因性的考查主要借助了必要条件公式，按照这一公式，那些**被设想排除**（hinwegdenken）之后会导致具体形态中结果消失的情状就是具有原因性的。[9] 因此，该公式要求一个**假设的消除程序**[10]：该潜在的原因"被设想排除"，之后再问符合构成要件的具体结果是否会有所改变。

8   在鉴定报告中，存在因果关联的非疑难案件能够通过该公式很好地得到处理，比如："开枪射击被设想排除的话，致命的伤口感染就会消失。"这也适用于那些"非典型的因果历程"："如果O不是被枪击所伤，那么他就不会被送入医院，也就不会在室内火灾中丧生。"

9   在适用必要条件公式时，关键在于**结果在其具体的形态之中发生**。[11] 哪些情状属于结果的"具体形态"，取决于各个构成要件，因此

---

[8] 比如可见 Baumann/Weber/Mitsch/*Eisele*, AT, § 10 Rn. 12。这样就区分了等价理论与所谓的个别化的因果理论，后者想要将法律标准中的原因从单纯的条件中区分出来；对此可参见 *Roxin*, AT I, § 11 Rn. 6 中的提示及 *Murmann*, Nebentäterschaft, S. 46 ff. 中的详细阐述。

[9] 参见 BGHSt 2, 20, 24; 39, 195, 197; 49, 1, 3; *Roxin/Greco*, AT I, § 11 Rn. 7f.; *Kühl*, AT, § 4 Rn. 9; *Wessels/Beulke/Satzger*, AT, Rn. 226. 对此的批评可见 Schönke/Schröder/*Eisele*, Vorb. §§ 13 ff. Rn. 74。

[10] 参见 *Kühl*, AT, § 4 Rn. 9。

[11] 参见 Schönke/Schröder/*Eisele*, Vorb. §§ 13 ff. Rn. 79; *Stratenwerth/Kuhlen*, § 8 Rn. 17。

应当通过对符合构成要件的结果的解释——尤其是基于被保护的法益——对其予以确定。[12] 比如，在杀人犯罪之中，被害人所穿的衬衫的颜色就不属于结果的具体形态[13]，但是死亡时间就属于。如果行为人对于特定时间的死亡具有原因性，那么，即使被害人本来五分钟之后就会死，结果的原因性还是不会被改变。[14]

此外，在适用这一公式时还应注意的是**禁止设想加入假设性因果历程**（hypothetischer Kausalverlauf）。[15]

10

> **示例：**
> A 想枪杀 O。B 将他推开，自己开枪杀死了 O，O 当即毙命，而如果由 A 来射击也会是同样的结果。

在该案中，如果设想 B 的举止不存在，那么 O 也同样会被枪杀（由 A 实行）。但是，否定 B 对于 O 的死亡具有原因性显然是错误的，因为事实上 B 已经杀死了 O。其错误就在于设想出了一个完全没有发生的因果历程（假设性因果历程）。在适用必要条件公式时，之所以禁止想象出一个这样的因果历程，是因为应当确定的是一个实际上被实现的因果历程，而结果是否本可通过其他方式发生对此无关紧要。

2. 必要条件公式修正的效能界限

在许多案件中，在阐释因果关联时都可以将必要条件公式作为**易于使用的辅助工具**。但是，人们必须意识到该公式的界限及在特定案件中予以修正的必要性。

11

---

〔12〕 参见 *Jakobs*, AT, 7/16; *Satzger*, JURA 2014, 188。

〔13〕 否则这会导致以下结果，比如衬衫的制造者对于死亡结果也在具体的形态之中具有原因性；参见 *Puppe*, ZStW 92(1980), 870 f. 。

〔14〕 当然，这一观点与马上将要提及的禁止设想加入假设性因果历程相交叠；参见 HK-GS/*M. Heinrich*, Vor § 13 StGB Rn. 28 ff. 。

〔15〕 参见 *Kühl*, AT, § 4 Rn. 11 f.; *Wessels/Beulke/Satzger*, AT, Rn. 237, 1138; 司法判决见 BGHSt 2, 20, 24; 45, 270, 295; 参见 *Spendel*, Die Kausalitätsformel der Bedingungstheorie für die Handlungsdelikte, 1948, S. 38; *dens.*, FS Engisch, S. 514 f. 。

(1) 未知的因果历程——合规律条件理论

12　　认真思考就会发现，必要条件公式无法确定因果关联，而仅仅是一个用来阐释已知因果关联的辅助手段。

> **示例1**（"康特干案"）[16]：
> 已知安眠药"康特干"中包含了沙利度胺，在怀孕期间服用可能导致胎儿畸形。但是，即使不服用"康特干"，类似的畸形也会时而出现。那么，在具体案件中，服用该安眠药是否对于畸形发生具有原因性？
>
> **示例2**（"皮革喷雾案"）[17]：
> 某公司生产了一种皮革喷雾，一些消费者在使用了该喷雾之后呼吸困难。但是，查不出该喷雾之中有引发呼吸困难的物质。

13　　在示例1中，如果人们将服用康特干这一行为予以设想排除，那么（至少在理论上）仍存在极个别情形中会由于其他原因出现畸形的可能性。这也相应地适用于示例2：如果人们即使欠缺相应因果规律的知识也会认为呼吸困难可以溯因至喷雾，那么，将使用皮革喷雾这一行为予以设想排除后，就不会出现呼吸困难。

14　　在澄清因果关联是否存在的疑问时，必要条件公式无法提供任何帮助：只有在因果关联已知的情况下，"设想排除程序"才能够发挥作用。因为**被设想排除的不仅仅是潜在的原因，还有整体的因果历程**。[18]在以上两个示例中，只有当人们基于具体的情状（比如：损害发生的频

---

[16] 参见 LG Aachen JZ 1971, 507, 510; 对此可见 Armin Kaufmann, JZ 1971, 572 ff.; Hoyer, GA 1996, 162 ff.; 一般性的阐述：Stratenwerth/Kuhlen, § 8 Rn. 18。

[17] 参见 BGHSt 37, 106 = JR 1992, 27 m. Anm. Puppe; 对此可见 Beulke/Bachmann, JuS 1992, 737 ff.; Hilgendorf, Produzentenhaftung, S. 121 ff.; Kuhlen, NStZ 1990, 566 ff.; Samson, StV 1991, 182。

[18] 基础性的阐述见 Engisch, Kausalität, S. 16。这在今天受到了认可。比如可见 Haft, AT, S. 62 f.; Hilgendorf FS Sancinetti, 2020, 451 (458 f.); Otto JK 1997, StGB Vor § 13/10; Roxin/Greco, AT I, § 11 Rn. 11; Stratenwerth/Kuhlen, § 8 Rn. 18; Wessels/Beulke/Satzger, AT, Rn. 229。

率、缺乏其他的解释）确信康特干或者皮革喷雾会导致损害时，才能够对因果关系予以肯定。

在存在不确定性时"存疑有利于被告"是否会导出不成立因果关联的结论，是一个**诉讼程序上的问题**[19]：存疑有利于被告原则只在存在对一个情状成立与否的**理性的怀疑**时发挥作用。相反，如果这里涉及的是一个不存在的、仅仅只是理论上的怀疑，那么它就不会对法官确信因果关联成立（《刑事诉讼法》第 261 条）产生阻碍。[20]

如果想要避免必要条件公式的这一弱点，就必须表达出这一抽象的因果规律，并在具体案件中予以应用，也就是将合规律的关联作为因果关系考查的对象。[21] **合规律条件公式**（Formel von der gesetzmäßigen Bedingung）就建立在这一认识之上，它全面反对必要条件公式，获得了学术界的广泛认同。[22] 根据该公式，当"**通过一系列修正将结果与举止合乎规律地关联起来**"时，该举止就是结果的原因。[23] 当然，当该规律的重要性在具体情形中无法被查明（"康特干案"）或者抽象的因果规

15

16

---

[19]　与此相对，如果确定性关系和概率性关系被同等视为足以证明因果关系，那么与法官内心确信形成的关联就变得模糊不清；这样认为的有 Hilgendorf FS Sancinetti, 2020, 451（459 ff.）。归属可以不基于高度可能性的判断，Renzikowski FS Puppe, 2011, 201（207 ff.）。

[20]　参见 BGHSt 37, 106, 112; BGH NJW 1995, 2932; Frisch, FS Maiwald, 2010, S. 253 ff.; Kuhlen, Fragen einer strafrechtlichen Produkthaftung, 1989, S. 66 ff. ; ders. , NStZ 1990, 566 f. ; Maiwald, Kausalität und Strafrecht, 1980, S. 106 ff. ; Wohlers, JuS 1995, 1021 ff. ; Zieschang, AT, Rn. 82; ders. , HBStR, Bd. 2, § 33 Rn. 34; 也可参见 Bloy, FS Maiwald, 2010, S. 50 ff. ; 对于抽象因果规律未知的情形则有所不同（"皮革喷雾案"），见 Armin Kaufmann, JZ 1971, 574 f. （赞同的有 Bruns, FS Maurach, 2010, S. 479 f. ）："'引发'的构成要件要素集合了多个因果规律，这些因果规律通过该构成要件要素也成为了包含因果要素的法律规范。"从这一立场出发，因果规律并不是事实问题，而是一个避开了法官内心确信形成的法律问题。可见 Kudlich, Fälle StrafR AT, S. 65 ff. 的案件解答。

[21]　比如可见 Jescheck/Weigend, AT, S. 283。

[22]　基础性的阐述见 Engisch, Kausalität, S. 21。此外比如还可见 Jescheck/Weigend, AT, S. 283; Roxin/Greco, AT I, § 11 Rn. 15; Schönke/Schröder/Eisele, Vorb. § § 13 ff. Rn. 75; SK-StGB/Jäger, Vor § 1 Rn. 63。

[23]　参见 Schönke/Schröder/Eisele, Vorb. § § 13 ff. Rn. 75。

律未知（"皮革喷雾案"）时，该公式也无法澄清因果关联。[24] 但是，它至少会提及这一问题。

17　　然而，**合规律条件公式造成了严重的问题**，这一问题也体现在法学鉴定报告对其的使用之中：其一，在实务中不可能去说明一个对结果具有决定性的合规律性；其二，处理案件也完全不依赖于哪些因果历程——比如在枪击心脏时——最终导致了死亡。除了空洞地使用这一公式之外，人们最后也做不了别的什么。[25] 所以，反而必要条件公式通常还表现得更实用一些。[26] 此外，对于那些并非由自然因果关系所确定而是由人为举止所引发的情形，合规律条件公式也无能为力（比如：《刑法典》第 263 条中的教唆、误导）。因为这类诱因关联并不属于（可被确定的）自然因果规律。[27]

（2）累加因果关系与择一因果关系

18　　**累加因果关系**（kumulative Kausalität）指的是，**两个条件通过共同作用方才导致了一个结果**。[28]

> 示例：
> A 与 B 相互独立地分别将非致命的毒量放入 O 的食物中。O 死于毒量的共同作用。

在该案中适用必要条件公式时**不存在疑难**：如果人们将其中一个毒量设想排除，那么结果就不会发生。A 与 B 都对结果具有原因性。

19　　**择一因果关系**（alternative Kausalität），也被称为"双重因果关系"

---

[24]　参见 *Jescheck/Weigend*, AT, S. 283；Schönke/Schröder/*Eisele*, Vorb. §§ 13 ff. Rn. 75。

[25]　持这一观点的还有 *Kühl*, AT, § 4 Rn. 23。

[26]　持这一观点的还有 *Kudlich*, JA 2010, 682；*Zieschang*, HBStR, Bd. 2, § 33 Rn. 11；深入的内容见 *Frisch* FS Gössel, 2002, 51 (64 ff.)。

[27]　比如可见 Schönke/Schröder/*Eisele*, Vorb. §§ 13 ff. Rn. 75；*Frisch*, FS Maiwald, 2010, S. 254 f.；*Frister* FS Sancinetti, 2020, 367 ff.；*Hoyer*, GA 1996, 166 f.；*Mitsch*, JuS 2013, 21 f.；*Otto*, AT, § 6 Rn. 27；NK/*Puppe*, Vor §§ 13 ff. Rn. 125；*Renzikowski*, FS Puppe, 2011, S. 201 ff.；*Roxin/Greco*, AT I, § 11 Rn. 30. 深入的内容见 *Zaczyk* FS Kindhäuser, 2019, 629 ff.。

[28]　比如 SSW-StGB/*Kudlich*, Vor §§ 13 ff. Rn. 43；*Satzger*, JURA 2014, 190。

（Doppelkausalität），指的是**两个条件对结果都已经起到了作用，但其实只要存在其中之一就足以引发结果**。[29]

> **示例：**
> A 与 B 相互独立地分别将致死的同一种毒药放入 O 的食物中。O 在食用后死亡，其死亡时间与假设食用只投过一次毒的食物的死亡时间相同。

在这里结论也很清楚：两份毒剂中的每一个都对死亡作出了贡献。[30] 但是，必要条件公式容易令人糊涂：如果人们将 A 的投毒行为设想排除，那么 O 也会因 B 所投的毒而死亡。由于反之同理，因此 A 或 B 都不对 O 的死亡具有原因性。所以，对于择一因果关系案件，应当修正必要条件公式：**若存在多个虽然可被择一地设想排除、但是不能被累加地设想排除的条件（即当所有条件都不存在时，结果就会消失），那么每一个条件都是具有原因性的**。[31] 20

如果**无法查明**是否只有一次投毒对结果起到了作用，比如无法排除第一次的毒比第二次的毒更早地起作用，那么在鉴定报告中，对于确定犯罪事实这一诉讼程序上的问题，要通过**存疑有利于被告**的原则予以解决。[32] 那些投毒行为不再具有原因性的人只要承担未遂的责任。如果还是无法查明哪一个毒药更快见效，那么两个人 21

---

[29] 比如 SSW-StGB/*Kudlich*, Vor §§ 13 ff. Rn. 42; *Satzger*, JURA 2014, 190 f.。深入阐述可见 *Kindhäuser*, GA 2012, 134 ff.。

[30] 参见 *Frisch* FS Gössel, 2002, 51 (55 f.)。对该因果关联的详尽分析见 *Murmann*, Nebentäterschaft, S. 145 ff.。关键的认识是，对于导致死亡而言非必要的过量没有有效地变成为结果（否则，它就必然已经以具体形态影响到了结果），而是作为假设的替代性原因而存在。由于该假设的替代性原因按照必要条件公式不应被考虑（边码 10），因此，准确地适用这一公式同样会得出正确的结论；在这一意义上进行阐述的还有 *Zieschang*, HBStR, Bd. 2, § 33 Rn. 17 及 SSW-StGB/*Kudlich*, Vor §§ 13 ff. Rn. 42。

[31] 参见 BGHSt 39, 195, 198; Schönke/Schröder/*Eisele*, Vorb. §§ 13 ff. Rn. 82; 没有说服力的反对意见有 *Frister*, AT, 9/13。

[32] 参见 *Zieschang*, HBStR, Bd. 2, § 33 Rn. 19。

都只承担未遂的责任。[33]

(3) 不作为

22　不作为在自然科学的意义上不具有原因性。不作为的行为人遭受非难的,恰恰是他任凭事件发生,也就是恰恰没有自然意义上的因果关系。所以,这里要考查的问题是,该行为人的介入是否本可以阻止结果。[34] 人们将被要求的行为与所发生的结果之间的**观念上的关联**称为**"准因果关系"**(Quasikausalität)。[35] 对于这一关联成立与否,通说使用了一个"反向"必要条件公式进行考查:按照这一公式,如果无法设想加入(hinzudenken)一个法所期待的、让结果有着几近必然的可能性消失的行为,那么不作为对于符合构成要件的结果发生就有该意义上的"原因性"(详见第29章边码23及以下)。[36]

(4) 打断营救因果历程

23　打断营救因果历程指的是,行为人干涉了一个已经处于进行中的营救历程,以至于一个已经存在的危险处境得以实现,从而发生了结果。[37]

> **示例**[38]:
> O坠入水中。A将救生圈从O的身边拉走,导致了O溺亡。

24　这里并不存在行为与结果之间的自然因果关联,因为行为人并没有启动损害历程。[39] 但是,与不作为相似,这里也存在着一个以下意义上

---

[33] 对此可参见 Wessels/Beulke/Satzger, AT, Rn. 246, 230 中的示例案件。

[34] 关于不作为在多大程度上可以是结果的原因的问题在这里可以暂且搁置;关于争议情况比如可见 Lackner/Kühl/Heger, Vor § 13 Rn. 12 m. w. N.。

[35] 比如可见 Kühl, AT, § 18 Rn. 35; Lackner/Kühl/Heger, Vor § 13 Rn. 12; Schönke/Schröder/Bosch, § 13 Rn. 61。

[36] 参见 BGHSt 37, 106, 126; 48, 77, 93; SSW-StGB/Kudlich, § 13 Rn. 10。

[37] 专著中的深入阐述有 Haas, Kausalität und Rechtsverletzung, 2002。

[38] 参见 BGHSt 62, 223 (Rn. 53); Samson, I, S. 19。

[39] 比如可见 Kühl, AT, § 4 Rn. 17; Roxin/Greco, AT I, § 11 Rn. 32; Maiwald, Kausalität und Strafrecht, 1980, S. 78 f.。无需行为人的行为也可以阐释被害人的溺水,持此观点的有 E. A. Wolff, Kausalität, S. 18。

的观念上的关联，即行为人的行为阻止了一个已经投入行动的营救历程。这对必要条件公式提出了一个疑问，即该观念上的关联只有通过设想加入一个假设的因果历程——也就是被害人够得着这一救生圈——才能够得以创立。在这类案件中，必要条件公式禁止设想加入假设的因果历程（边码 10）这一通常的基本原则被打破了。[40] 因此，在适用必要条件公式时应当"**设想加入以下这类情状，即当该行为不发生时，该情状本可以阻止结果**"[41]。这一修正获得了规范上的正当性：已经投入的营救行动属于一种现实，不允许将该现实朝着不利于被害人的方向推动。[42]

3. 进一步限制责任的需求

由于等价理论这一标准所确定的因果因素无边无界，所以历来有呼声要求对其进行**限制责任的修正**（haftungsbeschränkende Korrekturen）。[43] 若以有着价值无涉的构成要件的古典犯罪概念（第 13 章边码 5）作为基础，这类修正只有到（作为罪责组成部分的）故意或过失的阶层才有可能实现[44]，但是今天的广泛共识认为，该问题属于客观构成要件。[45] 因为仅仅对一个结果的原因性尚未创设不法。因果关系层面的责任限制现在已不再重要，接下来还要讨论相当理论（边码 26 及以下）。受到重视的是客观归属理论，它通过规范的标准补充了等价理论中自然主义的因果概念（边码 28 及以下）。

（二）相当理论

相当理论（Adäquanztheorie）衔接在等价理论之后，但是对后者进行了以下限制，即只有具有相当性的条件（adäquate Bedingung）才对于结果有原因性，也就是说，当这类条件存在时，结果的发生并不完全处

25

26

---

[40] 关于站在合规律条件理论的立场上解决问题，可参见 Engisch, Kausalität, S. 27 f. ; Puppe, ZStW 92(1980), 895 ff. ; SK-StGB/*Jäger*, Vor § 1 Rn. 69。

[41] Samson, I, S. 19. 也可见 Kühl, AT, § 4 Rn. 18.

[42] 参见 E. A. Wolff, Kausalität, S. 29 f. 。

[43] 概况可见 Frisch, JuS 2011, 20 ff. 。

[44] 对此可见 Schönke/Schröder/*Eisele*, Vorb. §§ 13 ff. Rn. 85；表达了相同含义的还有 Baumann/Weber/Mitsch, AT, 11. Aufl. 2003, § 14 Rn. 51；100.

[45] 对此的深入阐述可见 Frisch, Tatbestandsmäßiges Verhalten, S. 10 ff. 。

于生活经验之外。[46] 因此，如果某些条件在客观的事后预测[47]的基础上完全不可能会引发结果，那么这些条件就应被排除。

> **示例：**
> A出售了一把厨刀，B用这把刀实施了谋杀。

27   相当理论的**反对意见**[48]首先认为，相当性实际上并不涉及因果关联，而是按照规范标准创设了一个责任限制，实质上展示的是一个归属理论。[49] 不过，今天相当理论的主张者们对此并不否认。[50] 更重要的反对意见是，如果相当理论依赖于可预见性，那么它**并没有提出具有决定性的责任限制标准**。[51] 以"卖刀案"为例进行说明：尽管相当理论在这里否定了相当因果关系，但是仔细研究就会发现，不能说使用厨刀实施犯罪完全处于任何生活经验之外，即使这种情况在统计学上当然是很少的。[52] 在这里，相当性标准无法有说服力地论证卖刀者没有"杀人"这一实质正义的结论。[53] 原因在于，单凭可预见性是无法确定一

---

[46] 对此的总结有 Baumann/Weber/Mitsch/*Eisele*, AT, § 10 Rn. 58 ff.；*Jescheck/ Weigend*, AT, S. 192；Schönke/Schröder/*Eisele*, Vorb. §§ 13 ff. Rn. 87/88；*Wessels/Beulke/Satzger*, AT, Rn. 250-252。相当理论主要是在民事判决中获得了重要意义，参见 BGHZ 3, 261；7, 198；总结可见 Palandt/*Grüneberg*, Vorb. v § 249 Rn. 26. 在刑法学中它只有很少的追随者，比如 *Bockelmann/Volk*, S. 64 ff.；*Engisch*, Kausalität, S. 41 ff.。

[47] 也就是说，从法官的视角上（=事后）问，在行为时（也就是事前，所以：预测）一个理智的人处于行为人的角色中（所以：客观的）是否能够认识到结果发生的可能性。此外还要考虑到行为人可能具备的特别知识。关于整体情况比如可见 Baumann/Weber/Mitsch/*Eisele*, AT, § 10 Rn. 60 f.；*Jescheck/Weigend*, AT, S. 286；*Maurach/Zipf*, AT/1, § 18 Rn. 32；*Roxin/Greco*, AT I, § 11 Rn. 40；Schönke/Schröder/*Eisele*, Vorb. §§ 13 ff. Rn. 87/88；SK-StGB/*Jäger*, Vor § 1 Rn. 93。

[48] 此外的尖锐质疑可见 *Jakobs*, AT, 7/34。

[49] 持该观点的有 *Ebert/Kühl*, JURA 1979, 566；*Haft*, AT, S. 64；*Wessels/Beulke/Satzger*, AT, Rn. 250-252。

[50] 参见 *Bockelmann/Volk*, S. 64 f.：相当理论以等价理论为前提。它是用来挑出那些"仅仅与刑法评判相关的"因果历程的。对此也可见 *Roxin/Greco*, AT I, § 11 Rn. 41。

[51] 后文内容见 *Schünemann*, GA 1999, 213 f.。

[52] 相应的阐述见 *Roxin*, GA 2011, 681, 关于汽车制造商。

[53] 参见 *Roxin/Greco*, AT I, § 11 Rn. 42；SK-StGB/*Stein* Vor § 13 Rn. 55。

个举止的法评价的。一方面，有很好的理由来允许具有风险的举止方式（比如，卖刀）；另一方面，禁止创设哪怕是最低程度风险也是合理的，因为这些风险创设并没有追求社会认可的目的。

二、客观归属理论

客观归属理论是对根据**规范标准**去**限制对结果发生负有的责任**（Haftung）的一次最重要的尝试。据此，因果关系只是证成责任的第一步。[54] 客观归属理论目前仍处于发展之中[55]，不能期待学生们知晓这些不同理论观点的具体细节。更重要的是掌握其基本特征（边码 29 及以下），以及对通过客观归属理论解决的各种案件类型有总揽性认识（边码 64 及以下）。

28

客观归属理论虽然在文献中处于统治地位，但是也经常因为各种理由而受到**批判**。尤其受到指责的是，它作为包罗万象的"超级范畴"（Superkatagorie）综合了各种各样的案件类型，其不确定性危害了法安定性。[56] 客观归属理论包含了实质上属于故意或者违法性阶层的视角。这一批评在本质上是**没有说服力的**：即使人们在犯罪构造的其他地方讨论它，该理论所涉及的（及其答案往往是会有争议的）评价问题也是保持不变的。而且将归属问题转移到主观构成要件也是错误的。**司法判决**实际上只在过失犯罪中承认客观归属理论[57]，在故意犯罪中仅选择性地使用它[58]，因此，若它将不可预见的因果历程作为故意的问题（才）进行处理，则是不具有说

---

[54] 关于因果关系与客观归属之间关系的深入阐述见 *Frisch* FS Gössel, 2002, 51(68 ff.)。

[55] 参见 *Lackner/Kühl/Heger*, Vor § 13 Rn. 14；"当前的争论情况"是"大量彼此存在一定分歧但却又相互密切关联的意见，至今仍未达成普遍共识"。

[56] 总结性内容见 *Zieschang*, HBStR, § 33 Rn. 51, 其中的批判性立场见 Rn. 57 ff.。深入阐述见 *Goeckenjan*, Revision, 总结性内容在 S. 289 ff.；此外还有 *Hilgendorf* FS Sancinetti, 2020, 451 ff. [他指责客观归属理论是一个"诱人的简易物"（verführerische Einfachheit），而自己主要关注的是——显著缩短了——一个举止是多么危险］。

[57] 这尤其适用于义务违反性关联；参见 BGHSt 11, 1(7)（见边码 101 及以下）。

[58] 参见 *Zieschang*, HBStR, § 33 Rn. 66。

服力的（见第 24 章边码 65 及以下）。[59]

（一）基础：规范理论的理念

29　　客观归属理论是——目的论地——从**规范的目的**之中发展出来的。[60] 要理解它，规范理论的理念是极为重要的基础（第 8 章边码 5 及以下已经讲过）[61]，这里要复习一下：应当区分举止规范与制裁规范。**制裁规范**是给予法官指示的《刑法典》规范，指示他们如何去处罚特定的不当举止（Fehlverhalten）。**举止规范**规定的则是，为了保卫法所保护的利益，哪些举止方式是被要求或是被禁止的。与举止规范相比，刑法发挥着第二性的功能，对特别严重的举止规范违反（Verhaltensnormverstoß）予以处罚。因为举止规范——只要它以结果犯为基础——是用来阻止符合构成要件的损害结果发生的，换言之，一个与刑法相关的**举止规范违反是对于构成要件所保护的法益创设法不容许的风险**。这种对法不容许的危险的创设，实现了各个犯罪的**客观的行为无价值**。

30　　对于客观归属理论来说，创设法不容许的风险是每一个结果归属的出发点。此外，这一不被容许的风险必须实现为结果，因为只有在这种情况下才能在发生的结果中体现出行为人举止不被容许的原因（**结果无价值**）。通过这一方式确保的是，体现在结果之中的恰好是对举止规范的违反，而非某个偶然事件。关键词：**关于不幸与不法的界限**。[62] 该实现关联要求两个方面：一方面，结果必须恰好体现出一个举止的法不容许的维度（义务违反性关联，下文边码 101 及以下）；另一方面，被

---

[59]　比如 BGHSt 38,32(34)。

[60]　因此，规范当然不是目的本身，而应被归类入法的创设自由的关联之中；参见 Larenz, Hegels Zurechnungslehre und der Begriff der objektiven Zurechnung, 1927; ders., NJW 1955, 1011; Naucke, ZStW 76 (1964),422 ff., insb. 430。

[61]　关于后文的详细与深入的内容见 Frisch, Vorsatz, S. 118 ff.; dens., Tatbestandsmäßiges Verhalten, S. 70 ff.; Lagodny, Grundrechte, S. 77 ff.; 基础性的阐述见 Binding, Die Normen, I, S. 1 ff.。尤其是 Frisch（比如 GA 2018,561 ff.）指出，在这一规范理论理念的基础之上，对创设法不容许的危险的要求并不是客观归属理论，而是涉及关于符合构成要件的行为的成立的前置问题，包括这里作为基础的目的论定位并不会让这一事实理解产生疑问。

[62]　持该观点的有 Eser/Burkhardt, I, 4 A 58。早期文献可见 Larenz, Hegels Zurechnungslehre und der Begriff der objektiven Zurechnung, 1927, S. 61。

损害的举止规范必须恰好是用来阻止以这种方式发生的结果（保护目的关联，下文边码116及以下）。

（二）客观归属理论的"基本公式"——构造

从规范理论的理念中产生了客观归属理论的下列"公式"： **31**

"**通过人的举止造成的不法结果只有在下列情况中才得以客观归属：该举止创设了导致结果发生的法不容许的危险，而且这一危险实际上也实现为具体引发了结果的事件。**"（鲁道菲）[63]

于是，从这些要件中得出了对于积极作为的下列**构造**： **32**

1. 结果发生
2. （等价理论意义上的）因果关系
3. 客观归属
（1）创设法不容许的危险
（2）将危险实现为结果
——义务违反性关联
——保护目的关联

对于**鉴定报告**来说，值得注意的是，只有在疑难案件中才需要对每一个归属步骤进行详细的论述。如果 A 向 O 开枪并击中其心脏，那么无论是创设法不容许的危险，还是将危险实现为结果，都不需要进一步的论证，提示一下所发生的结果是可以被客观归属的就够了。[64] **33**

（三）对创设法不容许的危险的要求

1. 基础

原则上，每一次违反用来保护法益的举止规范都是创设法不容许的危险。于是，特定的刑法问题是，这一危险创设是否呈现为犯罪构成要件 **34**

---

[63] 参见 SK-StGB/*Jäger*, Vor § 1 Rn. 96；对于"基本公式"的深入阐述可见 *Kühl*, AT, § 4 Rn. 43 ff.；此外还可见 *ders.*, JA 2009, 326 f.。比如简洁的表述可见 Eser/Burkhardt, I, A 59；据此，对于归属而言必要的是，该行为人的行为"对相关的法益创设了一个与法相关的危险，并将它实现了符合构成要件的结果"。

[64] 参见 *Wessels/Beulke/Satzger*, AT, Rn. 304。

意义上的符合构成要件的举止。[65] 这取决于被危害的法益是否被一个构成要件所保护，以及该构成要件的（其他）特定要件是否被实现，其中，对举止规范的损害也必须达到应当适用刑罚的程度（最后手段原则）。

35   创设不被容许的危险**对于故意举止与过失举止是同等必要的**。[66] 那么，比如开枪射击就体现出对于"生命"法益的不被容许的危险创设，与是疏忽地引发射击还是故意地杀害被害人无关。在过失举止中，创设不被容许的危险与客观的注意义务损害是同义的。[67]

一个经常性的**考试错误**是，在过失犯中先讨论客观的注意义务损害，然后再在客观归属的范围内讨论法不容许的危险创设。如此一来，同一个问题被考查了两次。如果肯定了客观的注意义务违反，那么在客观归属中就只涉及将义务损害实现为结果。

36   由于现代社会中并非任何具有风险的举止都被法所禁止[68]，因此**法不容许的危险**应当与所谓的**"被容许的风险"**（erlaubte Risiken）相区分。[69] 这一界限的划定要求复杂的评价式思考。除了所承受风险的高低程度和被保护的法益的重要性之外，危险举止的有益性（Nützlichkeit）以

---

[65] 因此，严格地说，创设法不容许的危险不是客观归属的问题，而是符合构成要件的举止的问题，直到结果归属时才与之相关；基础性的与更详细的阐述，见 Frisch, Tatbestandsmäßiges Verhalten, S. 9 ff. , 69 f. ; ders. FS Roxin, 2001, 213 (231 ff.)；总结性内容可见 ders. , JuS 2011, 210 f. ；也可参见 Goeckenjan, Revision, S. 227 ff. ; Roxin, FS Maiwald, 2010, S. 729 强调这仅仅涉及术语上的区别，而非实质上的区别；反对的还是 Frisch GA 2018, 553 (563 ff.)。

[66] 参见 Hardtung/Putzke, AT, Rn. 255 f. , 303 ff. ; Herzberg, JuS 1996, 379 ff. ; Frisch, Vorsatz, S. 74 ff. , 118 ff. ; Schönke/Schröder/Eisele, Vorb. §§ 13 ff. Rn. 93 ; Mitsch, JuS 2001, 107 ; Schladitz Jura 2022, 54 (57), 试图在客观上就将特定的"故意危险"区分于"过失危险"的有 Puppe, Vorsatz und Zurechnung, 1992, S. 38 ff. ; dies. , ZStW 103 (1991), 14 ff. ; Herzberg, JuS 1986, 253 ff. ; ders. , JZ 1988, 638 ff. ; ders. , JZ 1989, 476 f. 。

[67] 参见 Roxin FS Maiwald, 2010, 715 (727). 关于故意犯罪与过失犯罪中的归属见 NK/Puppe, Vor §§ 13 ff. Rn. 154。

[68] 关于所谓的"风险社会"的基础内容见 Beck, Risikogesellschaft, 1986；进行刑法上移植的比如有 Prittwitz, Strafrecht und Risiko, 1993. 此外还可参见的比如有 Frister, AT, 10/6 ff. 。

[69] 深入阐述可见 Matt/Renzikowski/Renzikowski, Vor § 13 Rn. 102 ff.。"危险"与"风险"的概念在文献中通常被同义使用。

及它的社会接受度都是需要考虑的。[70] **故意犯罪中的评价通常要比过失犯罪中的评价容易一些**,因为那些想伤害他人的人所创设的危险通常都大到他显然进入了法不容许的危险创设的程度。与此相对,非故意造成的风险通常要小得多,它通常只在如下生活领域中发生:被容许的风险由于特定举止方式的社会有益性而发挥着特殊的作用(比如,道路交通或者产品销售)。

2. 确定标准

大多数观点认为,对被容许的风险与法不容许的风险的界分要遵循**超个人的标准**(überindividueller Maßstab)[71],这里的判断时间点是实施行为之前的时刻(客观的事前)。依此,对于被允许的——符合注意义务的——举止来说,具有决定性作用的要求是"**将一个慎重(besonnen)与尽责(gewissenhaft)的人置于行为人的具体处境与社会情况中**"[72]。它应当在每个相关生活领域中进行考虑,比如慎重与尽责的交通参与者、糕点师傅、火车司机,或者——当没有涉及特定的生活领域时——慎重与尽责的国民(Mitbürger)。[73] **有争议**的是,标准的形成在多大程度上应考虑**个体情况**:

(1)对特别知识与特别能力的考虑

特别知识(Sonderwissen),是指行为者为了被允许进入一个特定生活领域并着手实施某个行为而具有的对风险创设或风险提升情形的知识,而他原本并无义务掌握这一知识。[74] 如果行为者没有特别知识,

---

[70] 参见 *Nestler* JURA 2019,1049(1055 ff.)。

[71] 比如 *Wessels/Beulke/Satzger*,AT,Rn. 1103,1114,1118;*Schladitz* Jura 2022,54(56 f.);Schönke/Schröder/Sternberg-Lieben/Schuster,§ 15 Rn. 118 ff.;批判性观点见 HK-GS/*Duttge*,§ 15 StGB Rn. 29;*Freund/Rostalski*,AT,§ 5 Rn. 154 ff.;还可见第 30 章边码 12。

[72] *Wessels/Beulke/Satzger*,AT,Rn. 1114;*Jescheck*,Aufbau und Behandlung der Fahrlässigkeit im modernen Strafrecht,1965,S. 12;*Jescheck/Weigend*,AT,S. 578 f.;Lackner/Kühl/*Kühl*,§ 15 Rn. 37;Schönke/Schröder/Sternberg-Lieben/Schuster,§ 15 Rn. 134 ff.;BGHSt 7,307,309 f.;20,315,321;*OLG Hamburg* NStZ-RR 2015,209(210);对此可见 *Eisele*,JuS 2015,945 ff.;深入阐述可见 *Köhler*,AT,S. 183 ff.。不同的观点有 *Frister*,AT,10/34 ff.,他想"以整体的、在行为时就存在的客观案件事实作为基础"。因此,实现了客观构成要件是在具体情形中满足了法秩序对他的期待的人。但是,(直到)主观构成要件层面对这一结论予以修正在规范理论上是不让人满意的。

[73] 批判性观点见 HK-GS/*Duttge*,§ 15 StGB Rn. 34;*Freund/Rostalski*,AT,§ 5 Rn. 24。

[74] 参见 *Murmann*,FS Herzberg,2008,S. 125。

那么他的举止虽与危险相连，但仍是被允许的。

> **示例：**
> 某人租了一辆车，而该车的刹车系统（对于外行人而言难以发现）有故障，那么，若他没有认识到这一缺陷，他参与道路交通就没有违背义务。如果他由于刹车失灵而造成了其他交通参与者的损害，他并不按照《刑法典》第229条承担责任。

39 根据占据绝对通说地位的正确观点，在评判行为人举止的合法性时**应当考虑他的特别知识**。[75] 因为它主要是将社会共同生活予以简化的实践考量，该简化使得放弃掌握特定知识得以正当化。[76] 比如在示例中，强求每一个租车的司机事先检查可能的缺陷是不现实的。但是，如果行为人具有相关知识，那么，出于对受到危害的法益的保护，就没有理由不考虑他举止时所拥有的知识。

> 所以在示例中：如果租车的司机是汽车专家并且基于其特别知识察觉到了该缺陷，那么他就不再被允许去使用该汽车。

40 **特别能力**（Sonderfähigkeit）为那些可能解决危险的人所拥有，对于实施该危险行为而言原则上不要求该能力的存在。[77]

> **示例**[78]：
> 行人突然跑上马路时，作为职业赛车手的行为人本能够通过离心机动操作（Schleudermanöver）避开。那么，如果他仅仅运用了一个普通司机的能力并因而杀了行人，他的行为是否属于违反注意义务？

---

[75] 参见 *Burgstaller*, Das Fahrlässigkeitsdelikt im Strafrecht, 1974, S. 65; HK‑GS/*Duttge*, § 15 StGB Rn. 30;*Duttge*, FS Maiwald,2010,S. 133 ff. ;*Eser*, II, Fall 21 A 15c;*Kaminski*,Der objektive Maßstab,S. 87;*Kaspar*, JuS 2012, 20; *Quentin*, JuS 1994, L 50; *Schladitz* Jura 2022, 54（56）;*Weigend*,FS Gössel,2002,S. 143 f. ;*Wessels/Beulke/Satzger*, AT, Rn. 1115; 另一种观点见 *Jakobs*, AT, 7/47 ff. ;*Timpe*,GA 2013,156.

[76] 深入阐述可见 *Murmann*, FS Herzberg,2008,S. 130 ff. 。

[77] 参见 *Murmann*,FS Herzberg,2008,S. 126。

[78] 参见 *Stratenwerth*, FS Jescheck,1985,S. 301。

在此，有人认为，应当坚持一般化标准，否则就是通过创设"特别义务"让那些高水平的人吃了亏。[79] 相反，通说正确地主张了一个**个别化的责任标准**，以致赛车手必须带着他的职业经验。[80] 支持与特别知识情形予以同等对待的理由是这两类案件完全不应被明确界分。[81] 因为使用特别能力通常也要求拥有特别知识，比如关于使用手刹及必要转向的知识。此外，考虑特别能力的客观理由与考虑特别知识的客观理由是相同的：仅仅准许那些有职业赛车手能力的司机上路行驶显然是不现实的。[82] 但是，放弃提升要求并不意味着无需使用实际存在的较高能力。这会使得特别能力者获得优待[83]，而鉴于法益保护，这一优待并不具备正当性。[84] 因此，应当要求一个"谨慎与尽责之人"使用自身拥有的（比如，驾驶）能力。[85]

（2）比标准形象有更少的知识与能力时是否应考虑减免？

相比于通说对特别知识与特别能力的考虑，主流观点对相反情形——即行为人仅仅拥有**低于标准个体（Maßstabsperson）**的知识与能力——作出了不同的判定：这种低于所要求的知识与能力的情况**无法在（客观）构成要件层面发挥减免**效果。"因此，对'之下的'实行一般化，对'之上的'实行个别化"[86]。

---

[79] 参见 Burgstaller, Das Fahrlässigkeitsdelikt im Strafrecht, 1974, S. 66; Wolter, GA 1977, 270 f. 。

[80] 参见 Duttge, FS Maiwald, 2010, S. 144; Fischer, § 15 Rn. 17a; Kaspar, JuS 2012, 20. Hardtung/Putzke, AT, Rn. 280 f. 认为在涉及以下情况时则有所不同，即医生将新的治疗手段只应用于自付费用的病人。在这里，由保险支付费用的病人要承担失明的风险，而这用新手段本可以得以避免。这类医疗服务上的区别在不会带来重大不利时是可被接受的，但是在涉及病人视力时却是不可被接受的。

[81] 参见 Roxin/Greco, AT I, § 24 Rn. 62。

[82] 深入阐述可见 Murmann, FS Herzberg, 2008, S. 133 f. 。

[83] 参见 Schönke/Schröder/Sternberg-Lieben/Schuster, § 15 Rn. 141; Stratenwerth/Kuhlen, § 15 Rn. 14; Stratenwerth, FS Jescheck, 1985, S. 299 ff. 。

[84] 参见 Quentin, JuS 1994, L 51; 也可见 Castaldo, GA 1993, 496, 503; Weigend, FS Gössel, 2002, S. 143 f. 。

[85] 这里涉及的不是放弃制定普遍适用的规范，而是要在考虑到特殊能力的情况下对在特定角色中的人的合法举止的要求予以进一步特定化，参见 NK/Puppe, Vor §§ 13 ff. Rn. 149。

[86] Roxin/Greco, AT I, § 24 Rn. 57; Kretschmer, JURA 2000, 272; 批判的观点比如有 HK-GS/Duttge, § 15 StGB Rn. 30; Matt/Renzikowski/Renzikowski, Vor § 13 Rn. 105。

> **示例：**
> 外科医生对于一种新的、需要使用技巧的手术流程并不知晓。他按照自己过时的知识进行手术，导致了病人的死亡，而如果应用了新的流程本可避免这一结果。

43 按照通说，在具体的手术情况中，应当用衡量熟悉新方法的、尽责的外科医生的要求来衡量不合格的外科医生。由于他落后于这一"标准形象"（Maßstabsfigur），因此他损害了客观的注意要求。

44 当然，一个行为可被非难，要以行为人本可避免该客观不当举止为前提。这一前提在未能掌握必要知识与能力的行为人那里是欠缺的：在示例中，外科医生在手术时，即便使出九牛二虎之力也无法应用他所不知晓的流程。所以，这里欠缺了**个人过失**（详见第30章边码23及以下）。因此，关于这一直接的损害举止，即使是通说，也得出了不可罚的结论。但是，外科医生欠缺专业知识却承担手术是可被非难的。[87] 刑法上的答责性被前移至这一时刻 [**承担性过失**（**Übernahmefahrlässigkeit**）或者承担性责任（Übernahmeverschulden）[88]］。

45 相反，文献中一个重要的**少数派观点**认为，注意规范（Sorgfaltsnorm）应当**个别化**地以行为人的能力为指引[89]。据此，实行个别化的不仅仅是"之上的"，还应有"之下的"[90]。由于外科医生在手术时尽到

---

[87] 比如 *Kühl*, AT, § 17 Rn. 90 f.；*Schönke/Schröder/Sternberg – Lieben/Schuster*, § 15 Rn. 136。相反，有的人对这样的前置做法持批判态度；持这一观点的有 *Horn*, StV 1997, 265 f.；*Rönnau*, JA 1997, 715；*Fellenberg*, Zeitliche Grenzen der Fahrlässigkeitshaftung, 2000, S. 95 f.。

[88] "承担性责任"的概念已经过时了，因为按照现在的观念涉及的是不法，而不是罪责；参见 *Duttge*, NStZ 2006, 270 mit Fn. 43。

[89] 最终涉及的争议是，人们重视的是评价规范（Bewertungsnorm）（认为举止不被允许）还是决定规范（Bestimmungsnorm）（规范在所希冀的举止的方向上的动机力）；*Weigend*, FS Gössel, 2002, S. 139 f.。

[90] *Castaldo*, GA 1993, 496 ff.；*Duttge*, NStZ 2006, 271；HK-GS/*Duttge*, § 15 StGB Rn. 29；*Duttge*, FS Maiwald, 2008, S. 147 ff.；*Frister*, AT, 12/5 ff.；*Jakobs*, AT, 9/5 ff.；*ders.*, Studien, S. 64 ff.；*Kindhäuser*, GA 1994, 208 ff.；*Kindhäuser/Hilgendorf* LPK-StGB, § 15 Rn. 80 ff.；*Otto*, AT, § 10 Rn. 13 ff.；*ders.*, JuS 1974, 707；SK-StGB/*Hoyer*, § 16 Rn. 13 ff.；*Stein*, GA 2010, 130 ff.；*Stratenwerth/Kuhlen*, § 15 Rn. 13；*Stratenwerth*, FS Jescheck, 1985, S. 285 ff.；*Struensee*, JZ 1987, 58 ff.

了自己的所能，因此他客观上就并非有过失地实行行为。少数派观点在论证自己的主张时主要是通过规范论的考量，即认为只有构成那些接收人有能力履行的举止规范才是有意义的。但是反对该观点的声音指出，为了有益于法的指引功能，应当坚守客观化举止标准的构成。[91]

但是，少数派观点的最终目的并非是为了得出外科医生不可罚的结论，而是认为其过失在于损害了承担手术之前获取必要知识的义务。因此，这些观点在结论上都是一致的。[92]

3. 举止规范的具体化

对创设法不容许的危险与法容许的风险进行区分——尤其是在过失犯中——经常会引发困难。当对那些对刑法起到决定性作用的举止规范进行具体化时，应当考虑各种针对特定生活领域的、**前置于刑法的举止规则**。[93] 这些规则部分是不成文的，部分是成文的；部分有着国家主权的特征，部分有着非国家的特征。始终要注意的是，虽然这些规则表现为与构成应受刑法制裁的侵害之间的或强或弱的基准点（Anhaltspunkt），但是必须始终借助分则中的构成要件考查以下情况，即对前刑法（vorstrafrechtlich）的举止规则进行损害在具体情形中是否体现为对构成要件意义上的举止规范进行损害（也就是创设法不容许的危险）。[94]

(1) 法律条文或依法律而颁布的条文

在许多实践中，重要或者尤其充满危险的生活领域中，法律条文或依法律而颁布的条文规定着哪些举止方式出于法益保护是被允许的，哪

---

[91] 参见 Frisch, Tatbestandsmäßiges Verhalten, S. 71 mit Fn. 6; Kaspar, JuS 2012, 18; Kühl, AT, § 17 Rn. 29. 法不能摆脱这一指引功能。当然，这里涉及的不仅仅是设立"醒目的举止准则"，涉及的不是必须由刑法来实现这一任务（反对二者的是 Weigend, FS Gössel, 2002, S. 141 f.）。

[92] 在这一意义上可以说，该争议问题"没有很大的实践意义"（支持的观点有 Weigend, FS Gössel, 2002, S. 138）；不过这样当然也无法以适当的方式解决教义学难题。

[93] 深入阐述见 Pastor Muñoz GA 2021, 16(20 ff.)。关于"过失非难与特别规范"的关系的深入阐述可见 Bohnert, JR 1982, 6 ff.。

[94] 参见 BGH StV 2001, 108（对此可见 Duttge, NStZ 2006, 268）; Eser, II, Fall 21 A 15b; Kaspar, JuS 2012, 20; Lackner/Kühl/Kühl, § 15 Rn. 39; Quentin, JuS 1994, L 49; Schönke/Schröder/Sternberg-Lieben/Schuster, § 15 Rn. 183。

些则是被禁止的。尤其是在**道路交通**领域，《道路交通条例》（StVO）与《道路交通许可条例》（StVZO）规范了大量抽象的危险化禁令。判决认为，它们是"一个建立在经验与思考之上的对可能危险全面预见（Voraussicht）的结果。它们的存在已经表明，若逾越它们则会有发生事故的危险"[95]。因此，比如涉及限速、路权规则与距离规则的条文就是一般性地用来将对其他法益（尤其是身体与生命）的危险维持得尽可能小。但是，由于《道路交通条例》的举止规则仅仅只是抽象的危险化禁令，因此，损害该规则仅仅体现为一个（即使是强烈的）对（被评价为具体的）法不容许的危险创设的成立的基准点。[96] 因而，在交通状况良好时，违背超车禁令在具体情况下也并未给其他交通参与者创设法不容许的危险。[97] 同时，遵守这样的条文也并不意味着，行为人就一定没有创设一个法不容许的危险，因为在具体情况下可能存在着比规定通常情形的要求更高的要求。[98] 不过，《道路交通条例》第1条第2款的一般条款（Generalklausel）已经考虑到了这一点，根据该款，每一个交通参与者所作出的举止都必须不会伤害或危害到他人。基于法律而被规定的举止规范的一个当前例子是各州制定的关于冠状病毒的条例，这些条例基于保护健康的目的而规定了诸如保持社交距离的命令和佩戴口罩的义务。[99]

（2）交往规范

48 对于刑法上的举止规范具有重要性的，不仅有国家制定的法，还有所谓的交往规范（Verkehrsnorm）。这是**私人利益团体的规则**，这些规则

---

[95] BGHSt 4, 182, 185.

[96] 参见 BGHSt 4, 182, 185; *Burgstaller*, Das Fahrlässigkeitsdelikt im Strafrecht, 1974, S. 45; *Jakobs*, Teheran-Beiheft zur ZStW 1974, 20; *Quentin*, JuS 1994, L 50; *Wessels/Beulke/Satzger*, AT, Rn. 1125; 另一种观点见 *Maurach/Gössels/Zipf*, AT/2, § 43 Rn. 47 ff.: 损害"用来防卫法益侵害的法律条文"会证明"对违反注意义务的举止的无可辩驳的法律推定"; 反对的观点见 *Kaminski*, Der objektive Maßstab, S. 29.

[97] 参见 BGHSt 4, 182, 185 关于之前《刑事诉讼法》第10条第1款第3句所禁止的路口超车，但是在此否定了事故的可预见性。

[98] 参见 *Kretschmer*, JURA 2000, 270.

[99] 参见 *Berger* JA 2020, 748 ff. 中的案例解答; *Gafus/Weigl* Jus 2022, 336 ff.; 也可参见 *Hotz* NStZ 2020, 320 (322 f.)。

规定了——尤其是在技术领域与体育领域的——明确的安全标准。[100]对此的例子有德国标准化协会的规范（DIN-Norm）[101]、国际滑雪总会的规则[102]、德国马术总会的基本准则，还有——存在争议的——德国公司治理准则，该准则包含了企业管理的基本原则。[103]违反这些规则，也就违反了刑法上的举止规范。但是，这里应当保持特别的谨慎，因为交往规范是由利益团体所制定的，它并不必然保证其他人——比如消费者——的利益也得到了充足的考虑。[104]

（3）不成文的举止规则

此外，还存在大量不成文的举止规则。它们中有的带有对实定法规范与交往规范的补充性质。不过，在许多生活领域中也根本不存在成文的规则。在**日常生活经历的多样性**中，对举止要求的具体化必须以一个不特定的"标准形象"——比如一个尽责的家庭主男；尽责的修理工或者甚至是尽责的国民——为指向。[105] 法所接受的举止方式的图谱在这一领域通常仅仅只是被模糊地勾勒，且极大地取决于具体情况及参与者之间具体的社会关系。[106] 在这里——同样在鉴定报告中——应当进行一个全面的权衡，要考虑到危险的大小、被危害的法益的价值及行为者值得被保护的利益，还要考虑到受到认可的价值评判。在实践中，这里

---

[100] 参见 *Beck*, HBStR, Bd. 2, § 36 Rn. 106 ff.；*dies*. ZStW 131(2019), 967 ff.；*Burgstaller*, Das Fahrlässigkeitsdelikt im Strafrecht, 1974, S. 50 f.；*Kretschmer*, JURA 2000, 270；*Roxin/Greco*, AT I, § 24 Rn. 18。

[101] 关于"技术规范与过失"这一主题的深入阐述可见 *Lenckner*, FS Engisch, 1969, 490 ff. 。

[102] 对此可见 Schönke/Schröder/*Sternberg-Lieben*/*Schuster*, § 15 Rn. 215。

[103] 参见 http://www.dcgk.de/de/kodex.html；对此的深入阐述见 *Michaelsen*, Abweichungen vom Deutschen Corporate Governance Kodex und von § 161 AktG als Untreue im Sinne von § 266 StGB, 2011；*Schlösser/Dörfler* wistra 2007, 326 ff. 。关于行业法（standesrechtlich）规范见 *Neumann* StV 2020, 126(128)。

[104] 参见 HKV StrafR - HdB Ⅱ/Beck, § 36 Rn. 110 ff.；*Pastor Muñoz* GA 2021, 16(17 ff.)；*Quentin* JuS 1994, L 50；*Roxin/Greco*, AT I, § 24 Rn. 19。

[105] 批判性观点见 *Hardtung/Putzke*, AT, Rn. 265 ff. 。

[106] 尽管如此，Bohn/Krause JuS 2019, 753 ff.（关于过失犯）的以下观点也是不具有说服力的，即以不成文的注意规范为基础进行处罚因违反了《基本法》第103条第2款而违宪。*Pastor Muñoz* GA 2021, 16(17 ff.)正确地指出不可能放弃法律之外的举止标准对举止规范的轮廓勾勒。

会依据具体案情来拟定注意要求。

(4) 不同答责领域的划分（信赖原则；"回溯禁止情形"）

50　　在勾勒举止规范的轮廓时，若不同的答责领域（Verantwortungsbereich）相互交错，那么就产生了一个特殊的问题。在此，**信赖原则（Vertrauensgrundsatz）**通过区分答责领域被用来实现义务的具体化。[107] 司法判决中主要针对道路交通领域提出了基本原则："每一个举止本分的交通参与者**都信赖其他交通参与者也会这么做，除非出现了违背交通规则的明显迹象**。"[108]

> **示例**[109]：
> 在路上行驶时，有先行权的人原则上能够信赖的是那些有等待义务的交通参与人会照顾到他的先行权。

51　　信赖原则的基础是以下思想，即作为自我答责个体的其他交通参与者（主要也是潜在的被害人）必须遵守那些旨在降低危险的举止规则。与对潜在被害人正确交通行为的期待相符合的是，不要求行为人不断调整自己去适应他人违反规则的行为。[110] 因此，该信赖原则是**依据参与者的自主性进行妥当的答责分配**。

52　　当出现**抽离了信赖的基础的事由**时，信赖原则就受到了**限制**。[111] 在这里，为了有利于法益保护，产生了一个阻止危险得以实现的义务。这尤其指的是以下情形，即可以分辨出关于即将来临的违反交通规则的举止的具体基准点时，或者其他交通参与人是儿童或老人，必须要从经验出发预料其不当举止时。自己的不当举止也可能阻却对信赖原则的援引，

---

[107]　概况可见 *Eidam*，JA 2011，912 ff.。

[108]　BGHSt 9，92，93f.；*Eser*，II，Fall 23 A 16 ff.；*Gropp*，AT，§ 12 Rn. 51；*Kühl*，AT，§ 17 Rn. 36 ff.；*Fischer*，§ 222 Rn. 14 ff. m. w. N.；专著见 *Kirschbaum*，Der Vertrauensschutz im deutschen Straßenverkehrsrecht，1980。

[109]　参见 BGHSt 7，118。

[110]　参见 *Köhler*，AT，S. 188 f. 对此及其他的论证尝试详见 *Schumann*，Selbstverantwortung，S. 8 ff.；*Murmann*，Nebentäterschaft，S. 241 f.，253 ff.；较新的有启发意义的内容可见 *Puppe*，JURA 1998，21 ff.。

[111]　参见 HKV StrafR-HdB II/Beck，§ 36 Rn. 52 f.；*Kühl*，AT，§ 4 Rn. 49。

哪怕该不当举止降低了抵消他人过错的可能性。[112]

示例 1[113]：
一个醉酒驾驶的人，若他清醒时本可以避开一个违规穿越马路的行人，那么他就不能援引信赖原则。相反，如果一个清醒的汽车司机也无法避开，那么醉酒就没有阻却对信赖原则的适用。[114]

示例 2[115]：
A 驾车在通过十字路口时轻微超速，如果他当时遵守时速限制，则可以避免与 O 的汽车相撞。不能排除的是，A 所面对的是绿灯，而 O 故意忽视了红灯。在这种情形下，A 的不当举止并未阻碍他援引信赖原则。因为 A 所涉及的注意义务并非用来抵偿其他人无法被预料的严重不当举止。

信赖原则也从道路交通领域**转用至其他生活领域**。它在**劳动分工合作**的情形中——尤其是职业生活中——得到了广泛的承认。信赖原则的使用范围如何，当然是具体案件中的问题。

示例 1：
在手术中，外科医生、麻醉师与助理人员协同工作时，每个人都可以相信其他的人会守规地履行任务。[116] 在此，如果一个没有经验、

---

[112] 参见 HKV StrafR-HdB Ⅱ/Beck, § 36 Rn. 48; *Wessels/Beulke/Satzger*, AT, Rn. 1121。因此在司法判决中使用的（在上文中引用的）措辞——按照该措辞，对信赖原则的主张以自己的合义务举止为前提——需要受到一定的限制。

[113] 参见 BGH VRS 41(1971), 113f.; VRS 56(1979), 29, 30 f.; BGH(Zivilsenat) VRS 21 (1961), 5 f.。

[114] 参见 *Eidam*, JA 2011, 916; *Kaspar*, JuS 2012, 20 f. 这一思想要么是在勾画法不容许的危险时发展得出的（支持的观有 NK/*Puppe*, Vor §§ 13 ff. Rn. 154），要么是在回答违反义务是否实现为了结果时发展得出的（义务违反性关联）。

[115] 参见 *OLG Hamm* NStZ-RR 2016, 27，这里在可预见性的视角下处理这一问题。

[116] 基础性的阐述见 *Stratenwerth*, FS Eb. Schmidt, 1961, S. 383 ff.; 也可见 *Burgstaller*, Das Fahrlässigkeitsdelikt im Strafrecht, 1974, S. 63 f.; *Eidam*, JA 2011, 914 f.; *Roxin*, AT I, § 24 Rn. 25; Schönke/Schröder/*Sternberg-Lieben/Schuster*, § 15 Rn. 151; *Wilhelm*, JURA 1985, 183 ff.; 支持司法判决的观点见 BGH NJW 1980, 649 f.。

培训不足的手术护士在做助理工作，那么信赖原则就会受到限制。[117]此外，对（尤其在与助理人员的关系中的）监督与管控义务的损害也经常会阻却对信赖原则的援引。[118]

> **示例2**[119]：
>
> 如果一个建筑商委托一个承包商进行拆除工作，那么该建筑商——也要鉴于所受危险的大小——不能盲目相信该承包商会妥当采取必要的安全措施。建筑商反而在可期待的范围内有义务去核实的是，因该委托而首要答责的承包商在合规地履行任务。[120]

54 按照当今的通说，所谓的**回溯禁止情形（Regressverbotsfall）**也要求依据信赖原则进行答责领域的界分。这里涉及的是以下情形，即**实施犯罪行为是建立在首次行为者（Ersthandelnde）的举止之上**。这类情形存在多种多样的形态，因为在实践中每一个行为人都通过某种方式与其他人的行为有所关联。但是，这里并不涉及"有意识且意欲的共同协力"（共同正犯）或者涉及参与的其他情形（《刑法典》第25条及以下），而是涉及**以下情形，即一个自由答责地实施行为的行为人接续了一个事前举止，而该事前举止在首次行为者看来并非犯罪计划的组成部分**。该事前举止可以说被犯罪化地"滥用"了，最多只能对首次行为人进行过失非难。因此这里所说的案件有：卖刀或毒药给那些用它们来实施犯罪的买家；转让汽车给那些用它实施道路交通犯罪的人，或者答复那些想利用知识来实施犯罪的咨询者。于是，关于首次行为者的可罚性问题不断被提出，比如，如果卖刀的人之前有基准点认为刀具会被故意地违法

---

[117] 参见BGH NJW 1955,1487；*Eser*,II,Fall 22。也可参见BGHSt 47,224,229 ff.；对此的批判可见 *Duttge*,NStZ 2006,269 f. ; *Freund*,NStZ 2002,424 f.。

[118] 参见 *Kaspar*,JuS 2012,20。

[119] 参见BGHSt 53,38 mit Anm. *Bußmann*, NStZ 2009,386；对此也可见 *Eidam*,JA 2011,915 f.。

[120] 参见BGHSt 53,38,43。关于在一个统一工作流程中（也就是在欠缺严格的责任分配时）对义务的累积见BGHSt 47,224,228 ff.（伍珀塔尔悬索铁路）；对此可见 *Eidam*,JA 2011,915。

使用，那么他是否应承担过失杀人罪（《刑法典》第222条）的责任。

在所有二次行为（Zweithandeln）建立在首次行为之上的情形中，首次行为都是二次行为的必要条件。正如一个早期观点所指出的，从所谓"**因果关联中断**"中无法得出对答责的排除，相反，恰恰是二次行为为因果关联提供了媒介。[121] 有疑问的是，鉴于违法的二次行为的风险，首次行为是否为法所不容许。

人们广泛认同的是，一个**过失的二次行为本身至少不会与首次行为者的过失责任相冲突**。[122] 因为有时候为了保护高阶或处于极度危险中的法益，证成多个"前后串联的"（hintereinander geschaltet）注意义务是恰当的。比如，对产品进行合规养护与管控的义务，并不会免除制造者的注意义务。[123]

关键之处始终在于，一个禁令是否正好有着阻却或补救不当举止的目的。这在以下示例[124]中存在疑问：

> **示例：**
> A开车时在一个能见度很差的弯道处明显超速，超过了B的车，尽管他认识到B想要加速来阻止自己的超车过程。在这种情况下，A本有义务中止超车过程。在B这一方，他的加速行为也是违反了注意义务的举止（《道路交通条例》第5条第6款第1句），而由于他在弯道处超速而丧失了对车辆的控制并撞上了一棵树，这导致他汽车上的三名乘客死亡。这里可以否定A成立过失杀人罪，原因在于，违背交通规则的超车之所以被禁止，并不是因为它能够刺激其他交通参与者进行竞速。[125]

---

[121] 对此比如可见 *Ebert/Kühl*, JURA 1979, 567f.；*Maurach/Zipf*, AT/1, § 18 Rn. 62。

[122] 参见 *Kühl*, AT, § 4 Rn. 85；Schönke/Schröder/Heine/Weißer, Vorb. §§ 25 ff. Rn. 108。不过进行了大幅限制的有 *Noltenius*, HBStR, Bd. 3, § 50 Rn. 130 ff.。

[123] 因此，即使一家建筑公司已经将充满危险的任务委托给分包商，它也仍然在一定范围内负有监督义务；BGHSt 53, 38（s. Rn. 53）。

[124] 参见 *OLG Celle* StV 2013, 27 m. Anm. *Rengier*；对此也可见 *Mitsch*, JuS 2013, 20 ff.。

[125] 另一种观点见 *OLG Celle* StV 2013, 27；*Rengier*；StV 2013, 31。采取这一做法的有 *Mitsch*, JuS 2013, 23，但是他认为禁止参与竞速的禁令（《道路交通条例》第29条第1款）受到了损害，并认为其保护目的在于阻止其他参与者的有风险举止。

57 **值得怀疑**的是，鉴于首次行为创设了二次行为人故意犯罪的危险，首次行为是否为法所不容许。

> **示例 1**[126]：
>
> 与 O 结婚的 B 与 A 之间有着情人关系。B 曾经多次对 A 说，如果能将 O 从道路上给铲除掉，他们就能在一起得到幸福。在后来的一个场合中，B 请求 A 帮他弄一些杀虫的毒药，A 于是照办。这时 A 并没有想到这毒药是给 O 用的。[127] B 毒杀了 O。是否应按照《刑法典》第 222 条处罚 A？
>
> **示例 2**[128]：
>
> M 经常受到丈夫 O 的虐待。她自己不敢离婚，于是请求自己的儿子 A 好好揍一次 O。A 听从了这一请求，不久之后揍了 O，此时 M 并不在场。在 A 离开之后，M 发现了失去抵抗能力的 O，此时他并没有受到致命的伤害。M 故意用一块铺路石砸死了 O。这一过程是 A 没有想到的。是否可以按照《刑法典》第 222 条处罚 A？

58 这里对示例 1 提出的**问题是，A 转交毒药的行为是否创设了关于 B 的毒杀行为的法不容许的危险**。这一问题也适用于示例 2。在该案中，虽然殴打无疑是针对身体完整性法益的法不容许的举止，但是从案情中无法明显看出这样的击打也附随着致死的风险。[129] 在这两个示例中，如果 A 明知 B 或 M 会杀害 O 而故意实施行为，那么至少会让 A 承担帮助人（《刑法典》第 27 条）或者共同正犯人（《刑法典》第 25 条第 2 款）的责任。但是，如果——比如在两个示例中——仅可以考虑过失的可罚性，那么它的前提就是，该举止不仅在促成他人犯罪的方面（《刑

---

[126] 参见 RGSt 64, 370.

[127] 从情理上这听起来似乎不太可信，但是帝国法院作为上诉法院受到了事实审法院所查明事实的约束。考试出题人也必须要小心，别让案情的明确性受到怀疑。

[128] 根据 BGH NStZ 2022, 163（dazu Eisele, JuS 2022, 176 f.）。

[129] 如果案情细节有所不同，比如虐打行为已经危及到了生命，那么 A 也在生命方面创设了一个法不容许的危险。这样一来，接下来的问题就是，该不被容许的危险是否实现为了已发生的死亡结果，这是在保护目的关联的考查框架中进行讨论的（见边码 116 及以下）。这不会对所进行的思考产生任何改变。

法典》第 27 条中的帮助犯）或者基于对他人犯罪贡献的归属方面（《刑法典》第 25 条第 2 款的共同正犯）为法所不容许。[130] 有争议的是，非故意地促成一个他人的故意犯罪是否满足过失构成要件：

在这类案件中，**回溯禁止理论**（Regressverbotslehre）否定了一个由第三人媒介（drittvermittelt）的结果的可归属性[131]：只有当行为人能够掌控导致结果的事件，且其间没有介入一个故意且有责的行为人时，对结果的引发才是可归属的。[132] 根据这一观点，在由第三人媒介的犯罪实行的方向上并不成立法不容许的危险创设。[133] 依此可在示例 1 中得出以下结论："该情妇不可罚，因为用一个普通人的可能性标准去衡量，她无法掌控她的情夫故意毒杀妻子的行为。"[134] 59

这一观点的弱点在于，将被害人置于不受控制的危险中，恰恰是过失举止的典型不法。[135] 当然，在回溯禁止案件中存在着以下特别之处，即故意行为人掌握着对事件发生的控制。但是，正如关于共犯的规则（《刑法典》第 26 条与第 27 条）所展示的，原则上并未被排除让他对一个故意行为人实行的后继行为承担共同责任。[136] 尽管如此，一个恰当 60

---

[130] 与帮助人不同，《刑法典》第 222 条的行为人是自己杀人的。

[131] 这个名称可以追溯到 Frank 的理论：一个仅仅为他人自由与有意识地引发结果创设"先决条件"的行为，并不是首次行为者的正犯，发挥作用的是"回溯禁止"（Frank, S. 14）。回溯禁止理论背后的事实思维（Sachgedanke）当然就更为久远了，对此的详细阐述可参见 Bloy, Beteiligungsform, S. 126 ff. ；也可详见 Diel, Das Regreßverbot als allgemeine Tatbestandsgrenze im Strafrecht, 1997（对此可见 Murmann, GA 1998, 460 ff.）。此外还可见 Hruschka, ZStW 110(1998), 581 ff. 。

[132] 表达了相同含义的比如 Ebert/Kühl, JURA 1979, 569; Hruschka, ZStW 110(1998), 609 f. ; Köhler, AT, S. 145 f. ; Naucke, ZStW 76(1964), 428; Otto, FS Maurach, 1972, S. 96 f. （欠缺操控可能性）。

[133] 这里也提示：该问题也可以在保护目的关联的范围内讨论，见边码 116 及以下。

[134] Naucke, ZStW 76(1964), 428.

[135] 参见 Baumann/Weber/Mitsch, AT, 11. Aufl. 2003, § 14 Rn. 74; Frisch, Tatbestandsmäßiges Verhalten, S. 234; 也可参见 Roxin, FS Tröndle, 1989, S. 181 f. 。

[136] 有时候也可以进行恰恰相反的论证：唤起故意犯罪的过失责任破坏了立法者作出的在教唆犯中对于故意要求的决定（《刑法典》第 26 条）；Mitsch, JuS 2013, 22（但是它之后在充满极大危险的生活领域中对这一观点自行作了相对化）；Hoyer, FS Puppe, 2011, S. 529 f. 。但是，正确的做法是，不要从为故意犯定制的《刑法典》第 26 条中推断出关于过失责任范围的规则。

的解决方案也当然必须考虑到故意行为人突出的答责性。

61 **限制的答责领域理论**（Lehre von den begrenzten Verantwortungsbereichen）正是努力对这一问题——即首次行为者在多大程度上必须承担一个故意的二次行为的风险——给出**区分化的回答**。[137] 界分答责领域的出发点在这里也是**信赖原则**：据此，考虑到他人的答责性，一个（规范上）合理的信赖产生于他的符合规范的举止。因此，原则上并不存在义务让自己去适应他人的违法举止。只有这样，个人的行为自由才能够得以维护，因为让自己的行为范围不断受限于他人可能的违法行为是完全不可能的。[138]

62 在此基础上同时产生了建立在二次行为者的答责性之上的可能性的**界限**。当二次行为人**非答责地**实施行为时，这样的界限就出现了。所以，比如将刀给予精神病人的行为，就可以按照《刑法典》第 222 条进行处罚。但是，如果**一个违法的二次行为的高度可能性**（Wahrscheinlichkeit）通过以下方式得以提升，即首次行为者的行为自由必须退至潜在被害人的利益之后，那么相比于答责的个人，信赖原则就丧失了它的合理性。但是有争议的是，**一个违法的二次行为的可能性必须明显到何种程度**，才能使得对首次行为的刑事禁令得以正当化。按照鲁道菲的观点，只要存在关于即将发生的犯罪实行的"**具体的基准点**"，那么就已经满足了首次行为的法不容许性。[139] 罗克辛通过相似的方式认为"对可被辨识的犯罪倾向予以促进"应被禁止。[140] 司法判决以犯罪举止的客观**可预见性**作为根据。[141] 如果这种体现出"明确的违法意义关联"

---

[137] 参见 B. Heinrich, FS Geppert, 2011, S. 178 ff.；Schönke/Schröder/Sternberg-Lieben/Schuster, §15 Rn. 171 f.；Kaspar, JuS 2012, 113 f.。

[138] 参见 Frisch GA 2021, 65(76)；Roxin FS Tröndle, 1989, 186 f.。

[139] 参见 SK-StGB/Rudolphi/Jäger, 8. Aufl., Vor §1 Rn. 125。

[140] 参见 Roxin, FS Tröndle, 1989, S. 190 ff. 对此的批判可见 Schönke/Schröder/Eisele, Vorb. §§ 13 ff. Rn. 101j。

[141] BGH NStZ 2022, 163f.（对此见 Eisele, JuS 2022, 176 f.）。也可参见 LG Karlsruhe StV 2019, 400(403 f.)，对于具有子类别"武器"的暗网平台的运营商按照《刑法典》第 222 条进行处罚，如果通过该平台非法获得的武器被用于故意杀人的话。对此见 Beck/Nussbaum HRRS 2020, 112(118 ff.)；Eisele JuS 2019, 1122 ff.；Nestler JURA 2019, 1049(1055)。

(eindeutig deliktischer Sinnbezug)的举止方式是被禁止的,那么首次行为者的行为自由范围就会相应地被进一步限缩。[142] 在示例1中,无论如何都应当肯定的是,存在着关于B的故意犯罪的"具体基准点"。是否存在一个"明确的违法意义关联",取决于合法使用毒药是否也得到过认真的考虑。联邦最高法院在示例2中否定了可预见性:A无需预料到,"母亲一方面长期承受着伤者对她的虐待而不敢与他离婚,另一方面在以被查明的方式杀死他时没有退缩"[143]。

首次行为者的答责领域的扩张可以从**特别义务**(保证人义务,见第29章边码27及以下)中产生,比如,首次行为者以阻止犯罪为目的而负有监视危险的人或者保护危险的物品的义务。[144] 这类以阻止第三人犯罪为指向的义务恰恰显示了,**对其法忠诚的举止给予信赖不应被视为合理**或者至多只能被视为具有**有限的合理性**。比如涉及因人身危险性而被收容于精神病医院的病人[145]或者监狱中的囚犯。[146] 当然,这里也应注意,国家剥夺自由要符合比例性原则。刑事囚犯拥有宪法所赋予的接受再社会化措施的权利[147],各州监狱法在放宽执行的可能性中考虑到了该权利。对监狱的责任而言,在再社会化利益与公众所面临的危险之间进行权衡时存在一定的裁量空间。如果放宽执行在专业上与法律上都是合理的,那么就应当接受对其相关风险的允许。[148] 此外,

63

---

[142] 参见 *Frisch*,Tatbestandsmäßiges Verhalten,S. 280 ff.;相似的阐述可见 *Stratenwerth/Kuhlen*,5. Aufl.,§ 15 Rn. 72 ff.:犯罪贡献表现为首次行为的"唯一可想而知的目标";*Jakobs*,ZStW 89(1977),25。

[143] BGH NStZ 2022,163.

[144] 对此比如可见 *Frisch*,JuS 2011,121;SK-StGB/*Jäger*,Vor § 1 Rn. 131;Schönke/Schröder/*Eisele*,Vorb. §§ 13 ff. Rn. 101i;深入至整体的阐述可见 *Frisch*,Tatbestandsmäßiges Verhalten,S. 352 ff.。

[145] 参见 BGHSt 49,1(对此可见 *Ogorek*,JA 2004,356;*Puppe*,ZJS 2008,489;*Saliger*,JZ 2004,977)关于以下案件的可罚性,即精神病医院的一名责任医师放松了对一名处于拘禁状态的病人的管制,后者滥用这一机会实施了暴力犯罪。

[146] 参见 BGHSt 64,217。

[147] 参见 BVerfGE 98,169(200)。

[148] 这样认为的有 BGHSt 64,217(Rn. 18 ff.);赞同的有 Bachmann/Neubacher NstZ 2021,518 ff.;*Kaspar* JZ 2020,959 ff.;*Schöch* JR 2020,525 ff.;批判的有 *Peters* NJW 2020,2128 f.;*Schiemann* NStZ 2020,416 f.;深入研究的有 Schiemann JA 2021,480 ff.。

在涉及为了防止第三人滥用而必须被安全保管的**危险物品**比如武器（《武器法》第36条）时也产生了特别义务。在示例1的案件中，是否存在关于毒药的特别义务，无法通过案情中给出的条件进行判断。

4. 客观归属理论的案件类别

64　司法判决与学术文献已经对若干案件类别的举止规范予以了进一步具体化。这些案件类别的出发点是以下认识，即**对他人法益的危险化在原则上是不被允许的**，而对风险创设予以允许需要合适的事由。根据这些能够对风险举止予以允许的事由，应进行如下区分：

(1) 风险降低的情况

65　　示例[149]：

　　A在殴打O。B拽住A的手臂而减轻了他殴打的力度。

在结论上毫无疑问的是，降低一个已经存在的风险不会创设刑法上的责任。[150] 这类情况之所以成为疑难案件，只是因为降低了风险的行为与具体的、在强度上被削弱的结果之间存在着因果关联。[151] 但是，这里已经**欠缺了风险创设**，从法益保护的角度上看，降低风险恰恰是被期望的，因此并非法所不容许的。[152]

但是，对构成要件符合性的排除，也有人质疑道，即使是降低

---

[149] 依照 E. A. *Wolff*, Kausalität, S. 23；也可参见 *Kudlich*, JA 2010, 685；深入阐述可见 *Pest/Merget*, JURA 2014, 166 ff.。

[150] 另一个问题是，是否要考虑基于不作为的责任，因为行为人只满足于降低风险。但是，这以一个相应的行为义务作为前提。

[151] 如果因为降低了风险而根本没有发生结果，那么，若行为人对于实现该被降低的风险而故意地实施了行为，则也可以在故意犯中讨论未遂的可罚性。

[152] 参见 *Frisch*, Tatbestandsmäßiges Verhalten, S. 60 f.；*ders.*, JuS 2011, 116 f.；*Jescheck/Weigend*, AT, S. 287；*Kaspar*, AT, § 5 Rn. 88；*Kühl*, AT, § 4 Rn. 54；SK-StGB/*Jäger*, Vor § 1 Rn. 101；*Roxin/Greco*, AT I, § 11 Rn. 53；*ders.*, GS Armin Kaufmann, 1989, 242 f.；*ders.*, FS Maiwald, 2008, S. 732；*Wessels/Beulke/Satzger*, AT, Rn. 292；*Otto*, NJW 1980, 422；*E. A. Wolff*, Kausalität, S. 23。对此的批判可见 Armin Kaufmann, FS Jescheck, 1985, S. 255 f.，他认为，在风险降低的情形中涉及的是对符合构成要件的结果的确定。还有 *Frisch*, Tatbestandsmäßiges Verhalten, S. 60, Fn. 242。*Zieschang*, AT, Rn. 95 认为"通常"欠缺故意。但是，相对于举止应在客观上不被指摘的论断，这一问题无论是在事实上还是在犯罪构造上都处于次要地位。

风险也对他人的法益造成了影响。所以，能够考虑的只有存在法益承载者的承诺或推定承诺或者成立正当化的紧急避险的要件时实现**正当化**（第25章边码22及以下、边码115及以下）。[153] 这**并没有说服力**，因为这样一来就会将降低风险错误理解为（需要实现正当化的）规范违反的不法，尽管从法益保护的角度看，一个禁止降低风险的举止规范不具有正当性。[154]

相反，风险降低的情形应当与**风险替代**（Risikoersetzung）相区分。　　66

> **示例**[155]：
> A与儿童O被大火困在三楼。为了不让该儿童被烧且让自己爬上屋顶自救（如果带着O的话他就没法爬上去），他决定将该儿童从窗口扔出。O撞地受伤。是否应按照《刑法典》第223条处罚A抛扔O的行为？

在此案中，A虽然降低了火烧的风险，但是创设了抛出窗外这一新　　67
风险。对这一新风险的创设在原则上是被禁止的。因此，A创设了法不容许的危险，该危险实现为损害结果。《刑法典》第223条的构成要件得以满足。A为了救O而进入这一风险，作为对于原则上禁止将他人抛出窗外的例外情形，应在违法性的考查阶层被考虑。这里可以考虑的正

---

[153] 参见 Matt/Renzikowski/*Renzikowski*, Vor § 13 Rn. 106；LK/*Walter*, Vor § 13 Rn. 93；深入阐述可见 *Goeckenjan*, Revision, S. 244 ff.；*Kindhäuser*, ZStW 120（2008），490 ff.。*Puppe*, ZStW 92（1980），883 ff. 想让风险降低的情形中的损害后果"在顶部开放"。"这样一来，对于如此特定结果的因果阐释，我们不再需要降低损害的侵害，它不会变得不正确，因为它也适用于比实际损害更大的损害"。不过，这一论据并没有提及会允许开放结果确定的（规范的）客观理由，参见 *Frisch*, Tatbestandsmäßiges Verhalten, S. 60 Fn. 242.

[154] 参见 *Heinrich*, AT, Rn. 247；*Nestler* JURA 2019, 1049（1051 f.）。当然，正确的是，对风险降低情形的解释应当非常严格（还可见边码66及以下；对此也可见 *Roxin*, FS Maiwald, 2010, S. 730 ff.）。法益承载者可能出于某种原因不同意将击打由一个身体部位削弱转移至另一个部位，以至于他也需要保护自己免受这样的"帮助"。但是，单纯的削弱击打——即使法益承载者对此不同意——最多也只是对被害人意志的侵犯，而没有损害其身体完整性。

[155] 参见 *Kühl*, AT, § 4 Rn. 55；*Otto* NJW 1980, 418（422）；*Pest/Merget* JURA 2014, 173 f.；*Roxin/Greco*, AT I, § 11 Rn. 54；*Wessels/Beulke/Satzger*, AT, Rn. 294。

当化事由有推定承诺（第25章边码143及以下）或正当化的紧急避险（《刑法典》第34条，第25章边码41及以下）。

(2) 创设一般生活风险或者不重大的、通常能被容忍的风险

68

> **示例**（所谓的"遗产叔父案"）[156]：
> A从报纸上得知了哪些航空公司有着最高的坠机率。他劝说他的叔父O（他对他叔父的遗产具有继承权）去做相应的旅行，希望O能发生坠机事故。A的希望最终成真。是否可按照《刑法典》第212条、第211条对A进行处罚？

这类案件（仅）在教科书中有着悠久的历史[157]，之所以如此，是因为在因果犯罪概念的基础上无法——明显适当地——论证侄子的不可罚性。因为必要条件公式意义上的因果关系的存在并无疑问。即使是对故意的要求也几乎不能对该责任进行限制，因为A甚至是有目的地希望通过飞机坠毁造成O的死亡。[158] 对不可罚性的论证只能出自规范上的思考，所以，关于"遗产叔父案"的讨论显著强化了客观归属理论。

69 今天，人们在结论上取得了广泛的一致，即**欠缺**了侄子**对法不容许的危险的创设**。[159] 不过，对这一结论的**论证**却**各不相同：所引发的风**

---

[156] 以不同变体的形式被讨论、受到广泛欢迎的教学案例；比如可见 *Bockelmann/Volk*, S. 66; *Eser/Burkhardt*, I, Fall 4, A 62; *Freund* JuS 1997, 333; *Haft*, AT, S. 63; *Jescheck/Weigend*, AT, S. 287; *Kühl*, AT, § 4 Rn. 48; 92; *Roxin/Greco*, AT I, § 11 Rn. 68; Schönke/Schröder/*Eisele* StGB Vorb. §§ 13 ff. Rn. 93; *Welzel*, S. 56; *ders.* ZStW 58(1939), 517; *Wessels/Beulke/Satzger*, AT, Rn. 265。

[157] 关于案件示例的历史发展见 *F. -C. Schroeder*, Der Blitz als Mordinstrument, 2009。

[158] 另一种观点见 *Welzel*, S. 66：在行为人能够实施影响的可能性之外，是他能够"希望"的，但却不是能"想要实现"的。

[159] 持这一观点的比如有 *Freund* JuS 1997, 333; *Frisch*, Vorsatz, S. 141; *ders.*, Tatbestandsmäßiges Verhalten, S. 94 f.; *Roxin/Greco*, AT I, § 11 Rn. 68; *Wessels/Beulke/Satzger*, AT, Rn. 265；相似的阐述可见 *Welzel*, ZStW 58(1939), 517: 侄子的举止是"具有社会相当性的"。不过少数派观点可见 *Baumann/Weber/Mitsch*, AT, 11. Aufl. 2003, § 14 Rn. 45，它想在"因果联系变得极其脆弱"的情形中"假定"一个必要条件公式的"明确例外"。

险的微小性与法的不容许性之间并不冲突。[160] 所以，如果从因果历程**欠缺可预见性**——即相当性不足——来论证可归属性，那么就并未触及问题的核心。[161] 正如数据所显示的，飞机坠毁并不完全处于人们的生活经验之外。有的人以风险**欠缺可掌控性**与可操纵性来论证飞机旅行风险的法关联。[162] 这一视角同样没有指出关键。重要的不是对飞行危险的支配，而是行为人将被害人带进了这一风险。但是，对飞机旅行作出建议无论如何都是可掌控的。问题当然就在于被害人是否遵循这一建议。一些学者紧接这一点，通过 O 的**自我答责**来论证可归属性的欠缺。[163] 但是，这一想法也未能涉及关键，因为它意味着，如果 A 通过暴力将 O 带上飞机，那么结论就会有所不同。这虽然能够证成侵犯自由的罪名（《刑法典》第 239 条、第 240 条），但是该非自愿性还无法在生命方面创设法不容许的风险。正确的说法是，应将举止的可允许性理解为一个全面权衡过程的结果：除了微小的实现可能性之外，关键在于飞机旅行的社会功用，该功用在我们法共同体的观念中相对于风险处于压倒性优势地位。[164] 因而，这里涉及的是一个可允许的**一般生活风险**。[165]

一般生活风险具有重大的**实务意义**，除了所容忍的风险的类型与大小及与接受风险相关的社会功用之外，接受这一风险的传统意愿也发挥着作用。比如，带着感冒进入人群（在感染新冠病毒的情

---

[160] 需要澄清的是：制造炸弹是被法所不容许的，即使它很可能完全不起作用；参见 *Frisch*, Vorsatz, S. 141. Verkürzend deshalb *Hilgendorf* FS Sancinetti, 2020, 451(462)。

[161] 持这一观点的有 *Bockelmann/Volk*, S. 66。

[162] 持这一观点的比如有 *Eser/Burkhardt*, I, Fall 4 A 62; *Kudlich*, JA 2010, 685; *Zieschang*, AT, Rn. 90; *ders.*, HBStR, § 33 Rn. 72 ff. , 81; 此外还可参见 *Hirsch*, ZStW 74 (1962), 98。

[163] 持这一观点的——至少将其作为附加标准的——有 *Freund*, JuS 1997, 333; *Kretschmer*, JURA 2000, 269 (276); *Kühl*, AT, § 4 Rn. 92; *Zaczyk*, Das Unrecht, S. 252; *Zieschang*, AT, Rn. 90. 相似的阐述可见 *Roxin*, GS Armin Kaufmann, 1989, S. 238。

[164] 也可以说该举止的社会相当性；关于这一标准见 *Rönnau*, JuS 2011, 311 ff. 。

[165] 参见 *Frisch*, JuS 2011, 117f.; *Hardtung/Putzke*, AT, Rn. 282 ff. （在感冒时创设了传染的风险）; *Roxin*, GS Armin Kaufmann, 1989, S. 238; Schönke/Schröder/*Eisele*, Vorb. §§ 13 ff. Rn. 93; *Wessels/Beulke/Satzger*, AT, Rn. 265。

形中则不同）[166]、燃放新年烟花、驾驶汽车、卖刀及其他许多事情。但是，进入风险的可被容许性在所提及的示例中也只适用于通常情形或者遵守降低风险的措施。比如，带着感冒接近重病患者，就会表现为创设法不容许的风险。对于**鉴定报告**而言，应当谨慎地注意具体案件中的情况。

（3）自我答责的被害人行为

70　如果说法是自由的秩序（第 3 章边码 1 及以下）、法益是"自由的存在要素"[167]，那么，放弃法益对象同样属于施展人格（Entfaltung der Person）。[168] 如果一个局外人依据被害人的意思行事，那么他并没有损害被害人的自由，因此也没有实现任何不法。在关于实现正当化的承诺的教义学中，这种认识已经有着很悠久的传统。凭借客观归属理论得以实现如下观点：自我答责的被害人举止不仅在承诺中具有重要性，而且已经能够排除构成要件。它主要被区分为下列几种**案件情形**（在这里，无论是案件类型之间的界限，还是对它们的法律处理，都没有形成统一的通说）：

- ☞ 协力（Mitwirkung）自己答责的自己损害
- ☞ 协力自己答责的自己危险化
- ☞ 合意的他者损害
- ☞ 合意的他者危险化

71　合意的他者损害案件，是实现正当化的承诺（第 25 章边码 115 及以下）的经典案件。合意的他者危险化也应当被正确地归类为实现正当化的承诺（第 25 章边码 136 及以下）。* 相反，协力自我答责的自己损害或自己危险化的案件涉及的是客观归属。

---

[166] 对此见 *Hotz* NStZ 2020,320(322 f.)；*Nestler* JURA 2019,1049(1051)。

[167] *Zaczyk*, Das Unrecht, S. 165；*Kahlo*, Pflichtwidrigkeitszusammenhang, S. 148.

[168] 深入阐述可参见 *Zaczyk*, Strafrechtliches Unrecht, S. 18 ff.。

* 关于合意的他者危险化，德国学界存在很大的分歧，除了承诺说之外，客观归属说也得到许多学者的支持。比如，Roxin 认为合意的他者危险化应当在客观归属的范围内解决。此外，也有观点否认这一概念，认为合意的他者危险化本质上只是自己危险化中的一种特殊类型。——译者注

a. 协力自我答责的自己损害

> **示例**("警察手枪案")[169]:
> 警官 A 与 O 女有着"密切的关系",他以前就从 O 处得知,她——主要是喝酒之后——经常感到压抑与伤感,并已经多次试图自杀。A 将 O 带去了餐厅,O 在那里喝了很多酒。回到车上时,A 习惯性地将他装了子弹的公务手枪放在仪表板上。不料在一次停车过程中,O 拿到了这把手枪并开枪杀死了自己。她当时血液的酒精含量是 1.45‰。那么,是否应按照《刑法典》第 222 条对 A 进行处罚?

联邦最高法院从构成要件的系统学(Systematik)出发论证了 A 不可罚:因为自杀不是犯罪行为,所以帮助自杀(缺乏《刑法典》第 27 条规定的主行为)不可罚。那么,那些仅仅只是过失造成自杀者死亡的原因的人,也不能够被处罚。因为过失的行为者的可罚范围不能够比故意促进他人自杀的人的可罚范围更宽(所谓的"**共犯论据**")。[170]

这一观点乍看上去简单好用,但是遭受到质疑:缺乏主行为的共犯不具可罚性的情形,并没有轻易排除掉不依赖于主行为的过失构成要件的正犯责任。[171] 但是,最核心的缺陷在于,联邦最高法院并没有说明,到底缺失了《刑法典》第 222 条的哪项可罚性要件。[172] 也就是说,联邦最高法院在

---

[169] 依照 BGHSt 24,342 = JR 1972,426 m. Anm. *Welp* = NJW 1972,1207 mit Anm. *van Els*, NJW 1972,1476。也可见 *Geilen*,JZ 1974,145; *Spendel*,JuS 1974,749; *Zaczyk*,Strafrechtliches Unrecht,S. 48 f.。

[170] 赞同的有 *Roxin/Greco*,AT I,§ 11 Rn. 107; *ders.* FS Gallas,1973,S. 244; *ders.* NStZ 1984,411; *Horn* JR 1984,513; *Zieschang*,HBStR,§ 33 Rn. 110;关于方法论见 *Puppe*,Kleine Schule,S. 124 ff.;批判性观点见 *Menrath*,Einwilligung,S. 26 ff.。

[171] 参见 Baumann/Weber/Mitsch/*Eisele* AT § 10 Rn. 109; *Frisch*,Tatbestandsmäßiges Verhalten,S. 159,2 f.; *Hardtung*,NStZ 2001,206; *Herzberg*,FS Puppe,2011,S. 499 ff.; *Neumann*,JA 1987,248; NK/*Puppe*, Vor §§ 13 ff. Rn. 166; *Radtke*,FS Puppe,2011,S. 836 f.; *Sax*,JZ 1975,145; *Walther*,Eigenverantwortlichkeit und strafrechtliche Zurechnung,1991,S. 75 f.; *Welp*,JR 1972,428; *Zaczyk*,Strafrechtliches Unrecht,S. 6 f.;此外还可见 *Fünfsinn*,StV 1985,57。关于所谓的"共犯论据"的深入阐述可见 *Schilling*,JZ 1979,159 ff.。

[172] 参见 Baumann/Weber/Mitsch/*Eisele* AT § 10 Rn. 109; *Frisch*,Tatbestandsmäßiges Verhalten,S. 156 ff.; *ders.* GA 2021,65(74 f.)。

制裁规范的层面上使用它的论据，进而排除了可罚性。[173] 如此一来，略过了客观归属理论及其相关问题——究竟是否创设了法不容许的危险?[174]

75　　在鉴定报告中，应当遵循通常的考查顺序：首先应指出死亡结果的发生。然后应指出，A 对此结果也有因果性，因为如果武器没有被放在 O 的手边，那么 O 就不能通过这种方式射杀自己。如此，通向核心问题——A 是否创设了法不容许的 O 的生命危险（或者同义：是否客观地、违反注意义务地实施行为）——的道路就被打开了。对此的思考将在下文中介绍。

76　　A 搁放武器的行为是否对 O 的生命创设了法不容许的危险，是不确定的，因为 O 可能是在自我答责地进行自己损害。原则上，自己损害属于被害人的自由，使自我答责的自己损害成为可能，通常呈现为没有创设法不容许的危险。但是在这个案例中，情况可能有所不同，因为 O 支配的是她的**生命**。在这里，**法益拥有者的支配权有时会受到否认**。联邦最高法院在早先的判决中原则上将自杀视为具有违法性，因为生命在《基本法》的价值秩序中处于高层级。[175] 有的人也认为，自杀损害了其作为人的尊严。[176] 如果人们这样看的话，那么对自杀的促成也仍是被

---

　　[173] 对此同样予以肯定的观点可见 *Zieschang*, AT, Rn. 104 f.。

　　[174] 简而言之，如果关于不可罚性不能达成一致结论，那么这一差异就无关紧要。因为对于当事人来说，他的行为是被法律所允许还是仅仅不可罚是完全不同的。原则上，这一区分也与紧急救助（《刑法典》第 32 条）的根据相关。

　　[175] 参见 BGHSt 46, 279 (285)；对此的批判可见 *Kühl*, JA 2009, 324；相反，强调自我决定权的是 BGHSt 64, 121；64, 135 (Rn. 27 ff.)。现在立法者关于自杀也坚持自我决定权包含了决定自己死亡的权利（BT-Drs. 18/5373, S. 10）；还有 BVerwGE 158, 142 (Rn. 24 f.)（对此见 *Sachs* GS Tröndle, 2019, 641 ff.，*Scheinfeld* GS Tröndle, 2019, 661 ff.）；BVerfGE 153, 182。相反，Hauck, GA 2012, 204 ff. 的论据主要建立在终结生命的公众危害性与禁忌（包括自杀）。不过，这样一来不但没有加强生命保护，甚至实际上还决定性地相对化与外在决定了其对其他社会成员（各自）利益的依赖性。*Klesczewski*, BT, § 2 Rn. 2, 145 论证了基于自相矛盾的不可用性；反对的观点见 *Murmann*, Selbstverantwortung, S. 182 ff.。

　　[176] 持该观点的有 *Otto*, Recht auf den eigenen Tod?, 1986, S. D 17 f.（进行了恰当批评的有 *Hoerster*, NJW 1986, 1792）；*Duttge*, GS Schlüchter, 2002, S. 785 f. 对此的深入批判可见 *Murmann*, Selbstverantwortung, S. 167 ff.；240 ff.；赞同的有 *Fateh-Moghadam*, Die Einwilligung in die Lebendorganspende, 2008, S. 96 f.。

法所不容许的（尽管不可罚）。但是，这些想法都**没有说服力**。[177] 因为基于宪法（《基本法》第2条第2款第1句）而被保护的"对于生命的权利"不能够被诠释为"对于生命的义务"。保护生命权不是要防范生命承载者，而是为了生命承载者。因此，那些试图从人的尊严中找出自我支配自由的边界的努力是应当受到批判的。那些仅涉及自己的决定不需要受到管束，恰恰体现出有尊严的人的基本特征。法共同体无权评判那些基于自由作出的离世决定。[178] 联邦宪法法院正确地从一般人格权（《基本法》第2条第1款及第1条第1款）中推导出了自行决定死亡的权利："自杀的权利保证了个体根据自我形象自主决定自己，从而能够维护自己的人格。"[179] 如果局外人使得这一自由答责的自杀成为可能，那么，关于被侵害的生命，这里无论如何都没有创设不利于自杀者的法不容许的危险。

如果使成为可能（Ermöglichung）的具体类型与方式是法所不容许的，那么情况也有可能不同。在"警察手枪案"中，禁止性可能产生自武器携带者负有的**特别义务**。[180] 实际上《武器法》第36条就规定了对武器的安全保管义务。但是，违反义务地将武器放在仪表板上只有在以下情况中才能在O的生命方面体现出创设法不容许的危险，即这一**注意义务恰好本是用来阻止自杀的**。然而，该一般性规定显然不是这一情况。[181] 安全保管武器的义务应是用来预防来自以下情况的危险，即武器被无法答责的个人（比如儿童）所使用及武器被违法地（见边码63）或以其他不谨慎的方式使用。[182]《武器法》的规定却不是用来防止宪法所保护的自我答责的自杀行为（见边码76）。据此，在示例中，考虑到

---

[177] 参见 *Frisch*, NStZ 1992, 4 f.；*Grünewald*, Tötungsdelikt, S. 289 ff.；*Puppe*, GA 2009, 489。

[178] 深入阐述可见 *Murmann*, Selbstverantwortung, S. 198 ff.（从法哲学的视角出发），S. 240 ff.（从宪法的视角出发）。

[179] BVerfGE 153, 182 (Rn. 209).

[180] 参见 *Frisch*, JuS 2011, 121；对此类似的情形见 *Mitsch*, ZJS 2011, 128 ff.。

[181] 参见 *Otto*, FS E. A. Wolff, 1998, S. 413。

[182] 参见 *Mitsch*, ZJS 2011, 131。

涉及武器的注意义务，将武器放置在仪表板上的行为没有在使自由答责的自杀成为可能的方面体现出对法不容许的危险的创设。

78 迄今为止的观点当然都建立在以下前提之上，即被害人实际上**自由答责地**决定自我损害。如果被害人**没有认识到**或者至少没有全面认识到**其举止的自我损害意义**，那么就欠缺了自由答责性。[183] 如果被害人因受到**强制性**压力而作出其决定（对此也可见第 27 章边码 23）或者其自**主作出决定的能力受到了限制**，那么在判断其自由答责性时就存在较大的困难。在涉及饮酒且抑郁的被害人时，比如在"警察手枪案"中，就恰恰要完全考虑后一种情形。但是**有**争议的是，应当使用哪一个关于**被害人自我答责性的标准**[184]：

79 ☞ 只有当按照《刑法典》第 19 条、第 20 条、第 35 条或者《青少年法院法》第 3 条，行为人**无罪责**地实施了行为时，自我答责性有时候才会被排除掉。只有当按照《刑法典》第 20 条，罪责能力被否认时，处于酒精影响下的被害人才欠缺了作出自我答责决定的能力。由于只有当血液酒精浓度达到 3‰时，才会考虑酒精造成的无罪责能力（详见第 26 章边码 6 及以下），因此 O 在 1.5‰的血液酒精浓度时所作出的行为仍属于自我答责的行为。[185] 支持这一观点的论据是，它可以在自我答责的举止与不再自我答责的举止之间划出一道相对明确的界限。

80 ☞ 但是受到的质疑是，对犯罪行为的刑法答责性给出了回答的排除

---

[183] 参见 BGHSt 32,38(42)；*Dorn-Haag* JA 2021,26(29)；LK-StGB/*Schünemann/Greco* § 25 Rn. 126；*Weigend* FS Merkel,2020,1129(1132)。在看清或者违反义务而没有认识到这一错误的局外人那里，这样的错误会导致（间接）正犯的责任［参见第 27 章边码 24（那里也有动机错误，其与自由答责性之间并不冲突）］或者过失犯。

[184] 概况可见 *Dorn-Haag* JA 2021,26 ff. ；*Herzberg* JA 1985,336 ff. ；*ders.* FS Neumann, 2017,839 ff. ；*Murmann*, Selbstverantwortung, S. 463 ff. 。关于司法判决的情况见 *Schnorr* Jus 2021, 732 ff. 。关于不同情况下（自杀、受嘱托杀人、终止治疗）死亡意愿的自决标准在多大程度上区分化构成的问题，参见 *Hillenkamp* FS Merkel,2020,1091 ff. 。

[185] 这是联邦最高法院在基本案件中的观点，因为联邦最高法院放弃了在每一次关于自我答责性问题的探讨。还有 *Welp*,JR 1972,428 认为关于自杀决意的不自由性"没有足够的联结点"。关于相应地适用《刑法典》第 20 条也可见 *Dölling*, GA 1984,76；*Roxin* FS *Dreher*,1977,346；*ders./Greco*, AT I, § 11 Rn. 108,114。

罪责事由与宽恕罪责事由是否也可以转用于自己损害的情形之中。[186]这里最终涉及的不是自己损害者在刑法上的责任，而是要回答以下问题，即对自己损害风险予以激发是否被法所不容许。[187] 站在对自己的法益予以支配具有有效性这一立场之上，自己损害的情形体现出了与对其予以承诺的相似性。但是，如果承诺者**在具体情形中没有将侵害的效果完全理解**，那么承诺就是无效的（详见第25章边码129及以下）。[188]对于被害人而言，其能力既没有在构造上（缺乏承诺能力，比如儿童、醉酒者）欠缺，也没有由于意志缺陷（错误、威胁、欺骗）而欠缺。在"警察手枪案"中，O 由于饮酒与情绪低落，无法完全预见到其决定会导致的影响。因此，按照承诺能力的标准，她并非自我答责地行为。所以，A 放置武器，对于 O 的生命来说就创设了一个法不容许的危险。[189]

☞ 司法判决在确定自我答责性时并不统一。[190] 在一定程度上，它认为关键在于**局外人是否会比被害人更好地认识到风险**。[191] 在"警察手枪案"中，O 与 A 同样知晓手枪的危险性。然而，这一标准不能令人信服，因为局外人的优势虽然在成立间接正犯（《刑法典》第 25 条第 1 款第 2 变体）时很重要，但是对于前置的被害人自我答责性问题并不重要。[192]

80a

---

[186] 参见 Dorn‑Haag JA 2021, 26(28); Frisch, JuS 2011, 120; 深入阐述可见 ders., Tatbestandsmäßiges Verhalten, S. 165 ff. 大量关于不同观点的证据。

[187] 参见 Frisch, Tatbestandsmäßiges Verhalten, S. 167; Lotz, Fremdschädigung, S. 265 ff. 。

[188] 比如可见 BGH NStZ 1986, 266 (267); Frister, AT, 15/16; Krey/Esser, AT, § 11 Rn. 363. 恰恰是在自杀决意的心理例外情形中，这当然会导致巨大的区分困难；合理的观点见 Weigend FS Merkel, 2020, 1129 (1133 f.)。

[189] 但是，需要注意的是，可能还有一个额外的问题，即局外人是否必须在他的举止中考虑到被害人存在缺陷的决意的风险，也就是说这一风险属于他的答责领域；对此可见 Haas, FS Yamanaka 2017, S. 85 ff. 。

[190] 明确持开放态度的有 BGHSt 32, 262 (265)。遵循承诺方案的有 BGHSt 64, 121 (Rn. 20 ff.); 64, 135 (Rn. 17 ff.); BGH NStZ 1986, 266 (267)。相反，BGHSt 24, 324; 32, 41 以罪责方案为指向。

[191] 参见 BGHSt 32, 262 (265); 36, 1 (17); BGH NStZ 1986, 266 (267)。

[192] 比如 Kindhäuser/Hilgendorf, LPK‑StGB, Vor § 13 Rn. 126; Jetzer, Einverständliche Fremdgefährdung im Strafrecht, 2015, S. 39 ff.; Menrath, Einwilligung, S. 154 ff. 。

由于这些观点在"警察手枪案"中会导致不同的结论,所以在**鉴定报告中**,将案件涵摄之后紧接着就要对不同观点进行讨论,并在考虑前述论据的基础上对争论作出自己的决定。

b. 协力合意的自己危险化

81 **示例1**("注射海洛因案")[193]:

有毒瘾的O向同样有吸毒习惯的A提供他的海洛因。相应地,A要弄到必要的注射器,因为O是硬毒品消费者的事情众所周知,"再也无处"获得一支注射器。在A买了一次性注射器之后,O用其中两支抽入了高剂量的海洛因溶液,并给了A一支。两个人注射了掺了咖啡因的海洛因,结果双双失去了意识。A还能够被抢救过来,但是O死亡了。本案是否可以按照《刑法典》第222条对A进行处罚?[194]

82 **一审法院**(依据联邦最高法院以前的判决[195]) 按照第222条的过失杀人罪对A定罪判刑:A以能预见性的方式转交注射器,**对于死亡结果是有因果关系的**,因而过失指控得以成立。这一论证被联邦最高法院的重新表述(Nachdruck)给否决了。[196]

---

[193] 依照 BGHSt 32,262 = NStZ 1984,410 m. Anm. *Roxin* = JZ 1984 m. Anm. *Kienapfel* = JA 1984,533(*Seier*)。也可见 *Otto*,JURA 1984,536 ff.；*Stree*,JuS 1985,179 ff.；*Weber*, FS Spendel,1992,S. 371 ff.；*Frisch*,NStZ 1992,1 ff. u. 62 ff.；*dens.*,Tatbestandsmäßiges Verhalten,S. 1 ff. Falllösung bei *Lorenz/Heidemann* JA 2020,427 ff. 。

[194] 没有一个州会将《麻醉品法》中的处罚作为考试素材。它在结论中是应被否认的:提供一次性的无菌注射器——正如当时法律阐明的那样——并非《麻醉品法》第29条第1款第11项意义上的"使其获得使用麻醉品的机会"(参见 Erbs/Kohlhaas/Ambs/*Pelchen*,B 64,§ 29 Rn. 42)。O接受海洛因不是《麻醉品法》第29条第1款第1项意义上的"获取麻醉品",因为A没有获得仅仅是为即刻使用的特定海洛因的处置权(参见 Erbs/Kohlhaas/Ambs/*Pelchen*,B 64,§ 29 Rn. 17;BGH NStZ 1993,191 f.;*LG München* StV 1984,77 f. m. Anm. *Grabow*)。这里只成立不可罚的自我使用。关于按照《麻醉品法》的自己危险化的可罚性疑难见 BGHSt 37,179;BGH NJW 2000,2286(对此可见 *Geppert*,JK 01,StGB § 222/5);*Hohmann*,MDR 1991,1117;*Hohmann/Matt*,JuS 1993,370。

[195] 参见 BGH NStZ 1983,72。

[196] 该判决因而开启了关于通过交付成瘾物质而过失杀人的疑难问题的"司法判决的转折点",*Roxin*,NStZ 1984,411。之后关于麻醉品的交付见 BGH NStZ 1985,319 m. Anm. *Roxin*;BGH NJW 2000,2286;对此的深入阐述可见 *Sternberg-Lieben*,FS Puppe,2011,S. 1283 ff.。

该判决与"警察手枪案"中的论述相连（见边码72），并**将"共犯 83 论据"向自我危险化的方向延伸**：因为自我答责被希望与被实现的自己 危险化（如同自我损害一样）并未实现构成要件，所以（故意或过失 的）引发或促成它也不是实现构成要件的过程。[197] 但是超过界限的情 形是行为人在行事时有着更为优越的认识。[198]

"警察手枪案"中联邦最高法院的论证遭受到的**批评**也可转用到自 84 己危险化的案件中。[199] 联邦最高法院否认了可罚性，但是没有明确说 明，究竟是构成要件的哪个要件缺失了。因而，关于举止的法禁止性 （rechtliche Verbotenheit）的（也是鉴定报告考查中的）这一首要问题仍 没有得到回答。

在这里，正确的考查方式也应当是从这一问题出发：是创设了**法不** 85 **容许的危险**，还是仅仅实现了**自我答责的自己危险化**。[200] 如果连决定 自杀都属于个人自由（见边码76），那么就更不必说自己危险化的举止 了。[201] 这里通常不会否定自我答责性，尤其是当被害人死亡而无法作 证时。关于使用麻醉品后是否有能力作出自我答责的决定，并没有一般 的经验法则。[202] 因此，只有在一些具体情况中才会考虑排除自我答责 性，当存在不确定性时就要以存疑有利于被告原则作为出发点。[203] 在 示例中，如果 O 自由答责（freiverantwortlich）地（且没有受到脱瘾症状 的影响）[204] 作出使用海洛因的决定[205]，那么参与这一危险创设就并非 法不容许。

---

[197] 参见 BGHSt 32, 262; *Zieschang*, AT, Rn. 105。
[198] 参见 BGHSt 32, 262(265); 36, 1(17); *BayObLG* NJW 2003, 371(372); 还有 *Arzt*, GS Schlüchter, 2002, S. 167 f.; *Otto*, FS Tröndle, 1989, S. 175; *Roxin*, AT I, § 11 Rn. 97。
[199] 对此的深入阐述也可参见 *Lotz*, Fremdschädigung, S. 167 ff.。
[200] 参见 *Frisch*, JuS 2011, 120。在司法判决中表达了相同含义的有 *OLG Stuttgart* JR 2012, 163 m. Anm. *Puppe*。
[201] 另一种观点见 *Herzberg*, JA 1985, 270; *Zaczyk*, Strafrechtliches Unrecht, S. 35, 38; 反对 的观点见 *Murmann*, Selbstverantwortung, S. 401f. mit Fn. 349。
[202] 参见 BGH StV 2014, 601(603)。
[203] 参见 BGHSt 32, 262(Rn. 9); BGH StV 2014, 601(603)。
[204] 参见 BGH NStZ 1983, 72("在毒瘾的强制下")。
[205] 关于 BGHSt 32, 262 中自由答责性假定的批判性观点见 *Köhler*, MDR 1992, 740 f.。

86　　**示例2**[206]：

A点燃了X的住宅。在灭火过程中，消防员F死亡。偶然经过的路人P在尝试从火焰中救出物主珍贵的硬币收藏集时死亡。对于F与P的死亡，是否可以按照《刑法典》第222条对A进行处罚？

87　　在所谓的"营救者事故"（Retterunfälle）[207]中，不仅仅是引发了被害人的举止，而且行为人通过他（违反义务）的举止**刺激（Anreiz）**了他们去实施具有风险的行为。被害人（在示例中的F与P）通过自身行为使自己处于危险之中。但是，在此是否属于自我答责地行事，是**具有争议的**：

88　　☞ 部分人认为，私人营救者（示例中的P）无论如何都因为自由答责的自己危险化而将结果归咎于自己。他并无行为义务[208]，是因"私人乐趣"而从事。[209] 同样，对于专业营救人员（示例中的F），也有部分人声称——尽管他有义务进入类型化的职业风险[210]——进入这样的风险是"处于轻微扩展意义的自愿"，因为职业从事者在选择职业时是自愿的，并也要对所进入的风险买单。[211]

89　　☞ 相反，对立的观点既否认私人营救者的自愿性，又否认职业营救

---

[206]　参见 BGHSt 39,322 = JZ 1994,687 及评论文 *Bernsmann/Zieschang*,JuS 1995,775；*Sowada*,JZ 1994,663 ff.；对此也可见 *Puppe*,JURA 1998,30；*Frisch*,FS Nishihara,1998,S. 66 ff.。

[207]　深入阐述可见 *Roxin* FS Kindhäuser,2019,407 ff.。*Satzger* JURA 2014,698 ff.。

[208]　《刑法典》第323c条的义务并不成立，因为不能期待具有风险的营救行为。如果甚至基于法律还有救助义务，那么就很难说其履行是出于自愿，参见 *Beckemper* FS Roxin,2011,397(408)；SK-StGB/*Jäger* Vor § 1 Rn. 145。实际上持这一观点的还有 *Roxin* FS Kindhäuser,2019,407(413 ff.)，他想以在这里欠缺的"法律上的选择自由"作为标准。

[209]　参见 *Schünemann* JA 1975,722；*Beckemper* FS Roxin,2011,397(409 f.)；*Bernsmann/Zieschang* JuS 1995,778 f.；HK-StrafR/*Duttge* StGB § 15 Rn. 45；MüKoStGB/*Duttge* § 15 Rn. 157 f.；Matt/Renzikowski/*Renzikowski* StGB Vor § 13 Rn. 121；*Roxin* FS Puppe,2011,915 ff.；*Zieschang*,HBStR, § 33 Rn. 115。

[210]　参见 SK-StGB/*Jäger*, Vor § 1 Rn. 145。

[211]　参见 *Otto* FS E. A. Wolff,1998,411；*Roxin*,AT I,4. Aufl. 2016, § 11 Rn. 139(在 *ders.* FS Puppe,2011,913 ff. 中放弃了)。*Stuckenberg* FS Roxin,2011,411(423 f.)此外还提出了通过建立对此负责的救援队来"降低风险"的想法。

者的自愿性，并指出了被害人的**需保护性**（Schutzbedürftigkeit）[212]：行为人要对威胁法益的情况承担责任，因此他对于清除危险也负有首要责任。因而，如果最终是营救者履行了行为人的义务，那么就很难说进入的危险与行为人无关。[213] 这一思想得到了以下观点的强化，即行为人作为危险先行为保证人（见第 29 章边码 65 及以下），通过不作为的方式侵犯了陷入危险的法益，由此成立了紧急防卫处境。如果说针对不作为者的紧急防卫行为（比如强制其实施要求的营救行为）在这类情形中通常会被实务所排除，因而不会成立针对侵害者法益的紧急防卫行为，那么看起来恰当的是，至少让危险引发者承担营救者"替代实施"时所产生的后果。不想放任不法发生的营救者虽然没有实施法秩序所要求的行为，但是他努力阻止着将要发生的结果无价值，面对行为人的侵犯保卫了法秩序。因此，营救者可以说是作出了有利于法秩序的行为，而不仅仅是出于"私人乐趣"。国家（消防队员）履行抵御危险的任务与符合社会伦理期望的帮助（私人）均不能改变的是，营救者进入风险是由纵火者所强加的。[214] 尽管专业营救人员在择业时是自愿的，但是抵御火灾危险具有社会必要性。有利于纵火者而不向这些接受任务服务社会的人提供刑法保护，是不正当的。[215]

当然，这并不意味着纵火者对于第三人任何可想而知的自己危险化

---

[212] 在这两个视角之间有着差别化的论证，部分提到了受到强迫下的决意处境（欠缺自愿性），有的提到了适当的风险分配（被害人保护）。参见 BGHSt 39,322(325);66,119（对此见 *Czimek/Schefer*, NStZ 2022, 102 f.; *Eisele*, JuS 2021, 1194 ff.; *Jäger*, JA 2022, 168 ff.; *Mitsch*, NJW 2021, 3342); *Amelung* NStZ 1994, 338; *Fahl* GA 2018, 426 f.; *Frisch*, Tatbestandsmäßiges Verhalten, S. 478;SK-StGB/*Jäger* Vor § 1 Rn. 145;Schönke/Schröder/*Sternberg-Lieben/Schuster* StGB § 15 Rn. 168;*Satzger* JURA 2014,705。

[213] 参见 *Kindhäuser/Zimmermann*, AT, § 11 Rn. 59. 对此批评的有 *Roxin* FS Kindhäuser, 2019,407(419)。

[214] 很明显，这是基于对自愿性的规范理解。因为营救者当然可以决定不营救。自愿性已经在两种罪恶之间的被迫决定中告终，这赋予了将这种情况造成的后果的责任施加于首次行为人以正当性。参见 *Amelung* NStZ 1994, 338. 对自愿性的规范理解予以批判的有 *Roxin* FS Kindhäuser,2019,407(419,420 f.)。

[215] 参见 *Frisch*,Tatbestandsmäßiges Verhalten,S. 478；*Puppe*, ZIS 2007, 251f.；*Satzger*, JURA 2014,703；现在还有 *Roxin*,FS Puppe,2011,S. 913 ff.。

举止都负有责任：只有涉及那些在危险与机会的权衡中仍能被评价为理性的营救行为时，才存在着一个法不容许的危险的创设。司法判决正确地认为危险引发者仅在创设了一个"**采取危险的营救措施的合理动机**"（einsichtiges Motiv）的情况下承担责任。[216] **完全非理性的营救行为**处于**被害人的答责领域**。[217] 在示例中——仅是论证中的问题，而非结论——以生命危险去抢救一套珍贵的硬币收藏集是否适当，是值得商榷的。

90a 示例3：
> 警官O追捕犯罪嫌疑人A。当A翻墙逃跑时，O也翻墙而过，但在跳下墙时摔断了腿。是否可以按照《刑法典》第229条处罚A？

与营救者事故类似，在所谓"**追捕者案**"（Verfolgerfälle）中，被损害者被他人举止引发了自己危险化。认为逃跑者在追捕者的损害风险方向上创设了一个法不容许的危险的观点在这里（在自己危险化的自我答责性的问题之外）之所以显得很有疑问，是因为人的尊严（《基本法》第1条第1款）衍生出了以下原则——**无人有义务积极参与自证有罪**。[218] 所以有的人对逃跑者的责任予以了一概否定。[219] 不过另一方面，逃跑举止的法不容许性仅仅是为了让人不逃跑，而不是为了让人积极地自证有罪。[220] 毫无疑问，逃跑者必须容忍追捕甚至是拘捕，单纯的容忍义务并未侵犯人的尊严。所以，如果人们否认损害了不自证有罪

---

[216] 参见 BGHSt 39,322(325)；*OLG Stuttgart* NStZ 2009,331(332) mit Anm. *Puppe*。也可参见 *Mitsch* JURA 2021,136(138) 所指出的，对于回答这一问题而言，营救者与被营救者之间的私人密切关系也非常重要。

[217] 参见 BGHSt 39,322,326；*OLG Stuttgart* NStZ 2009,331,332 mit Anm. *Puppe*；*Frisch*, FS Nishihara, 1998, S. 66 ff.；SSW-StGB/*Kudlich*, Vor §§ 13 ff. Rn. 64；*Satzger*, JURA 2014, 704。

[218] 参见 *BVerfG* NStZ 1995,555；BGHSt 38,214,220 f.。

[219] 持这一观点的比如有 Baumann/Weber/Mitsch/*Eisele*, AT § 10 Rn. 139 f.；*Krey/Esser*, AT, Rn. 368；*Roxin*, FS Puppe, 2011, S. 926 f.。

[220] 恰当的观点有 *Stuckenberg*, FS Puppe, 2011, S. 1054（但他否定了基于刑罚目的思考的责任）。

的自由，而认为逃跑者的责任在原则上是成立的，那么这也只有在追捕者可能感觉受到了进入风险的**挑战**（所以也被称为"挑战情形"）时才会成立。[221] 因此，逃跑者的举止必须已经给予了充分的动机以吸引追捕及进入风险。比如，追捕者对轻微犯罪行为进行追捕时冒着生命危险，导致了自己的损害，逃跑者并不承担责任。

c. 自我答责的自己损害或危险化与合意的他者损害或危险化之界限

> **示例1**（"吉泽拉案"）[222]：
>
> 被告人与吉泽拉相互深爱对方。但是，父母不准二人联络。在吉泽拉的提议下，二人决定一起赴死。被告人"将一根软管插入汽车排气管，通过左窗导入汽车内部。然后他从外封了汽车左侧的门，从右侧上车并坐在了驾驶座上。左侧的车窗被关到只能导入软管的程度。吉泽拉坐在被告人右边的副驾驶座上，从内锁上了车门。被告人此时发动了引擎，踩油门踏板，直到涌入的二氧化碳夺去了他的意识"。第二天早上二人被发现时已奄奄一息，最终只有被告人被救活。

91

> **示例2**[223]：
>
> A想与丈夫O离婚，在协商离婚的过程中，O问A是否可以想象对他射击。然后O给了她一把手枪，要求她对他射击。由于O的误导，A认为弹仓中没有子弹。O又再次要求她对着他的额头或者太阳穴射击。她照做时，开出了致命的一枪，因为只有O自己知道——武器中还有一发子弹。

92

在此之前（边码72及以下）提到的案件无疑都可以归类为自己损害或自己危险化。但是上述案例显示，界分同样可能存在疑难。原因在于，行为人与被害人或多或少进行着紧密的共同作用，被害人至少给予了肯

93

---

[221] 参见BGHZ 57, 25; *Frisch*, Tatbestandsmäßiges Verhalten, S. 216m. Fn. 243。关于追捕者案的民事判决的概况见 *Stuckenberg*, FS Puppe, 2011, S. 1040 ff.。

[222] 参见BGHSt 19, 135。

[223] 参见 *OLG Nürnberg* NJW 2003, 454；相应的案件是以 BGH NJW 2003, 2326 为基础的。

定，经常情况下甚至通过其他方式对损害或危险化予以协力。那么可能的疑问是：**是行为人参与了被害人的自己损害或危险化，还是存在着合意的他者损害或危险化**，即行为人按照被害人的承诺进行损害或危害。

94 这一界分具有多方面的**重要性**：首先，它的重要性体现在**犯罪构造中的问题定位**。按照一贯做法，自己损害/危险化在客观归属的框架下被处理，而他者损害/危险化——作为实现正当化的承诺的情形——在违法性的考查阶层被处理。[224] 其次，这一区分（根据本书观点）的重要性也体现在**对意思瑕疵（Willenmangel）的处理**上，也就是当对承诺能力的标准设定不同于自己损害或危险化中的自我答责的标准时（前文边码 78 及以下）。特殊的重要性体现在**对人的生命的支配**上，因为在这里《刑法典》第 216 条至少对合意的他者损害设立了支配的界限（第 21 章边码 76 及以下），但在协力自我答责的自己损害/自己危险化中，这一界限并未产生影响。

最后提及的那项区别是如此得出的：在自我答责的自己损害/危险化中，局外人没有创设法不容许的危险，因此缺少了《刑法典》第 216 条或第 222 条所规定的杀害行为。相反，在合意的他者损害/危险化案件中，杀人罪的构成要件得以实现，因而存在一项他杀，它的正当性——当行为人故意实施行为时——在原则上无论如何都是与《刑法典》第 216 条相违背的。

95 最后，按照通说，自我答责的自己损害或危险化与合意的他者损害或危险化之间划定界限所依据的标准，**也在区分正犯与共犯中被使用**。[225] 这背后的观念是，局外人与被害人共同作用在结构上与多人参与犯罪是相同的。如果被害人是"正犯人"，那么就是自己损害或危险化；如果被害人是对局外人犯罪行为的"帮助人"，那么就涉及他者损

---

[224] 对这一区分的论证见 *Grünewald*, GA 2012, 365 ff.；*Roxin*, GA 2018, 251 ff.。
[225] 参见 BGHSt 53, 55 (60 f.)；BGH StV 2020, 373 (376)；*Bock*, AT, Teil 15. Kp. Rn. 73 f. (S. 160 ff.)；*Wessels/Beulke/Satzger*, AT, Rn. 275. 深入的阐述见 *Sowada* FS Merkel, 2020, 1109 ff.。批判的观点见 *Murmann*, Selbstverantwortung, S. 337 ff.。也可参见 *Grünewald* GA 2012, 368 ff.；*Walter* NStZ 2013, 675；zusammenfassend *Bechtel* JuS 2016, 882 ff.；*Bock*, AT, S. 144 f.。

害或危险化。确定这个意义上的参与人中的正犯人是谁，要依据谁将事情发生"掌握在手中"，也就是按照所谓的"**犯罪支配理论**"（详情参见第 27 章边码 8 及以下）。[226]

在涉及**自杀与他杀的界限**时，**联邦最高法院**详细解释了**犯罪支配**："在个案中，死者支配自己命运的类型与方式起着决定性作用。如果他将自己放到他人的手掌之中，因为他想接受他所容许的死亡，那么他人就拥有犯罪支配。相反，如果他直到最后仍保持自由来决定自己的命运，那么即使有他人的帮助，他也是自己杀死自己。"[227] 在涉及"**吉泽拉案**"（**示例** 1）中"单方失败的双人自杀"时，联邦最高法院根据**整体计划**（Gesamtplan）确认了 A 的支配，因为他直到失去意识之前都踩着油门踏板。相反，吉泽拉则以容许的态度忍受了死亡结果（尽管她在失去意识之前随时都可以下车）。 96

与之不同，**文献中的通说**认为，在《刑法典》第 216 条的适用范围中，对于整体发生的支配并非关键，关键在于"**对致死时刻的支配**"[228]：以下情况属于自杀，即"在一旦过去就无法再回头的危急时刻，将对自己生死的决定掌握在自己的手中，自行越过了丧失行为能力时存在的边界。相反，《刑法典》第 216 条涉及的情形是，被害人托付另一个人执行最终的、不可逆的行动，他让自己在他人手中跨入了致死的门槛"[229]。对于"吉泽拉案"，罗克辛得出了如下结论：被害人通过吸入尾气直至失去意识，是"自己走上了穿越死亡之门的路"[230]。 97

如果致死行为只有一个单独的动作（Akt），那么只有对这一动作的 98

---

[226] 对于司法判决而言，正犯与帮助犯的区分否则就要依照整体观察说，这当然存在不连贯性，参见 Walter, NStZ 2013, 675。

[227] BGHSt 19, 135, 139f; 64, 121 (Rn. 17)。

[228] 现在对此予以遵循的还有 BGHSt 64, 121 (Rn. 17); BGH NJW 2019, 449 (450)。

[229] *Roxin*, Täterschaft, S. 639; *Kühl* JURA 2010, 83; *Lotz*, Fremdschädigung, S. 183 ff.; *Sowada* FS Merkel, 2020, 1109 (1114 ff.)。按照 Roxin (GA 2012, 659) 的观点，在危险化中应当取决于"直接通向结果的危险来自于谁"。

[230] *Roxin*, Täterschaft, S. 640; 还有 *Jäger*, FS Schünemann, 2014, S. 423. 人们有充分的理由对此予以质疑，因为丧失意识时死亡的发生并非必然不可逆；详见 *Murmann*, Selbstverantwortung, S. 350 f.; 还有 *Sowada* FS Merkel, 2020, 1109 (1114 f.)。

支配才是具有决定作用的。在**示例 2** 中，这取决于**对致死射击的支配**。根据纽伦堡地方高级法院的观点，这一支配被掌握在 A 的手中，因为是她使用了武器。[231] 文献中的观点则有部分不同：因为 A 在枪管中有无子弹的问题上受到了 O 的欺骗，实际上是 O 支配了杀害的发生，A 因而只是他为了自杀而使用的帮手。[232]

99　　解决这两个例子时都**存在模糊性**，这清晰地反映出，在区分自我答责的自己损害或危险化与合意的他者损害或危险化时，**以犯罪支配作为标准存在的缺陷**。行为人与被害人最后对于杀害发生的支配是同等的，因而这一标准失去了它的说明力。**正确的方式是，人们必须依据创设法不容许的危险的标准进行界分**[233]：如果一个举止不取决于被害人的肯定而被允许时，那么就属于单纯的对自己损害或危险化的支持。相反，如果一个举止必须得到被害人的肯定才能被允许，那么就属于他者损害或危险化。对于上述例子，这意味着，"吉泽拉案"（示例 1）中，如果 A 在吉泽拉已经失去意识的时候还踩着油门踏板，就属于他杀。相反，只要吉泽拉还可以随时逃离尾气，那么就不成立杀害行为。[234] 在示例 2 中，即使人们在经过非专业的检查后确信武器中没有子弹，以枪支指向他人并扣动扳机也表现为创设法不容许的危险。该举止是法所不容许的，正是因为考虑到，武器仍有可能是被装上子弹的。[235] 仅从方法上讲，对

---

[231] 对结论表示赞同的有 *Eisele*，BT I，Rn. 198。

[232] 参见 *Engländer*，JZ 2003，748；*Kühl*，JURA 2010，82；*Otto*，JK 3/04，StGB § 216/7；*Sowada* FS Merkel，2020，1109（1118 ff.）；AnwK-StGB/*Waßmer*，§ 25 Rn. 14。提出了合理的反对意见的有 *Herzberg*，NStZ 2004，2 ff.；*ders.*，FS Puppe，2011，S. 503 ff.。

[233] 详见 *Murmann*，Selbstverantwortung，S. 353 ff.；*ders.*，FS Puppe，2011，S. 773。还有 *Frisch* GA 2021，65（80）和（虽然在部分结论上有所不同）*Menrath*，Einwilligung，S. 89 ff.。批判性观点见 *Lotz*，Fremdschädigung，S. 182 f.。

[234] 详见 *Murmann*，Selbstverantwortung，S. 361 f.；还有 AnwK-StGB/*Mitsch*，Vor §§ 211 ff. Rn. 15。另一种观点见 *Walter*，NStZ 2013，675，认为关键在于最后一个基于意志的身体动作，因而不包含单纯停留在车内的规范相关性。

[235] 相似的阐述可见 *Jäger*，FS Schünemann，2014，S. 425。另一种观点见 *Duttge*，NStZ 2006，271，其考量是，A 没有"意识到关于将死者的具体危险化"。这与无意识的过失的可能性并不相容。

于 A 将武器指向一个自然人并扣动扳机，也没有合理的理由去认可她有可保护的自由。即使是她在非专业地处理武器时理所当然遗留下小小的剩余风险（Restrisiken），也已经被法所不容许了。

（四）将法不容许的危险实现为结果

如果行为人创设了一个法不容许的危险，那么他就实现了一个构成要件的客观的**行为无价值**。结果犯中作为额外条件的**结果无价值**并没有出现在引发对法益对象的损害中（比如，自然人的死亡）。反而必要的是，外部损害是行为无价值的表现；**结果无价值是被实现的行为无价值**。只有当**行为人所创设的法不容许的风险恰巧得以实现**为所发生的结果时，结果才具有客观的可归属性。存在这一实现关联的前提是：一个行为（而非被允许的剩余风险）的义务违反体现为了结果（义务违反性关联，边码 101 及以下），而且被损害的举止规范恰巧是用来阻止结果如此发生的（保护目的关联，边码 116 及以下）。

100

1. 义务违反性关联

（1）基础

> **示例：**
> A 在公路上开货车超过骑自行车的 O 时，二者仅有 0.75 米的很小间距。在超车过程中——A 并不知道——O 醉酒严重，由于酒精造成的下意识反应，他将自行车向左偏，被压在了后挂车厢的后车轮下，O 当场死亡。可以确定的是，即使遵守了必要的间距，这一错误反应同样可能导致致死意外死亡。

101

只有**当结果在合法替代举止（rechtmäßiges Alternativverhalten）中不会出现**时，被禁止的举止才体现为结果。[236] 该义务违反性关

102

---

[236] 比如可见 *Kühl*, AT, § 17 Rn. 27 ff.。在这类案件中，司法判决否认因果关系 [BGHSt 11, 1; 24, 31 (34); 33, 61 (63); 49, 1 (4)]，当然也认识到"在机械-自然科学意义上"的因果关系完全是成立的。不过这还不足以产生刑事责任。"对于一个人类举止的评价方法而言，更为重要的是，根据法律评价标准，该条件对结果是否具有重要意义"[BGHSt 11, 1 (7)]。然后还进一步定义了因果关系，即"结果是基于过失"[BGHSt 59, 292 (Rn. 44)]。事实上，联邦最高法院是在因果关系的概念之下处理客观归属的问题。

联[237]的要求背后是这样一种认识：对于某个行为的风险，从不同的视角看，有的人会认为是被容许的，有的人会认为不被容许。如果结果在合法行为中也会出现，那么就意味着，实现为结果的并非一个不被容许的危险，而是一个行为固有的、法所容忍的危险。[238] 在遵守规定的行为中，这个结果也是**无法避免**的。在该案例中，若遵守了规定的边距（合法替代举止），死亡同样可能出现。[239] 因此，实现为 O 的死亡的，并非法不容许的对边距的过度缩小，而是对无法辨别的醉酒骑车人进行超车的被容许的风险。[240]

103 在使用"考查公式"时要注意的是，假定性考查应限制于被设想加入的行为人合法举止与会由此直接引发的因果历程改变。此外，也应以实际的发生过程作为基础。[241]

> **示例：**
> 精神病院的负责医生违反义务地给了被安置于此的危险病人一次外出放松的机会，而该病人利用这一机会实施了犯罪，那么义务违反

---

[237] 有时候也使用"违法性关联"的称呼。术语使用并不完全统一。有的人把这些术语当作同义词使用（持这一观点的比如 SK-StGB/*Hoyer*, § 16 Rn. 66），有的人将违法性关联也用作义务违反性关联与保护目的关联的上位概念（持这一观点的比如 Jescheck/Weigend, AT, S. 584）。

[238] 参见 Frisch, JuS 2011, 206; *Hardtung/Putzke*, AT, Rn. 323; Lackner/Kühl/*Kühl*, § 15 Rn. 41; SK-StGB/*Hoyer*, § 16 Rn. 67; Schönke/Schröder/*Sternberg-Lieben/Schuster*, § 15 Rn. 174. 对这一论据的批判见 *Küper*, FS Lackner, 1987, S. 254 f.; *Puppe*, FS Frisch, 2013, S. 451 ff.。持不同观点的还有 *Stein*, FS Rogall, 2018, S. 275 f.，认为违反义务的行为所导致的结果最终会降至成为指示事前已经存在的危险的指标。

[239] 当然，假设历程的绝对确定性是永远无法被查明的。因此，当合法替代举止中的结果发生接近于确定的高度可能性时，就必然足以成立这种无可避免性。

[240] 人们当然可能质疑道，如果遵守了必要的安全距离，那么 O 的死亡就会以略有不同的方式发生，并且发生时间也会在几分之一秒之后，因此，合法替代举止中的结果是不同的。然而，义务违反性关联的成立——与自然主义因果关联的成立不同，在自然主义因果关联中只有实际发生的结果才是具有决定性意义的——这是一个规范问题。关键问题是，与被允许的超车过程相关的风险是否已经实现为了骑车人的死亡。结果发生类型的修改不会改变以下评价，即死亡结果是无法通过遵守交通规则来避免的。如果对此有不同看法，那么在任何情况下保护目的关联都会缺失：要求遵守必要距离的举止规范不是用来对骑车人被碾过的外部历程进行轻微修正，而是用于防止此类事件。

[241] 参见 BGHSt 49, 1, 4。

> 性关联并未成立，因为病人本也能够通过医院未充分保护的窗户进行逃离。[242]

但是，从中不能得出以下结论：只有当合法替代举止对于行为人而言在具体情形中具有实际可能性时，该举止才是应被考虑的。

> **示例**[243]：
> A 的血液酒精浓度至少为 1.9‰，其在联邦公路上以规定允许的最高速度开车。他在对一辆摩托车进行超车时，该车车手违反义务地改变了行车道。对于这一清醒的汽车司机来说，这一事故也是无法避免的。但是，如果 A 当时以符合因酒精而减慢的反应时间的最高 40 公里/小时的速度开车，那么该事故本可以被避免。

这里提出的**问题是，哪一个替代举止充当了义务违反性关联的考查标准**：如果人们将未饮酒驾驶想成合法替代举止，那么事故对于 A 是无法避免的。相反，如果人们设想在醉酒驾驶时以 40 公里/小时的速度替代原本那个速度，那么结果就不会出现，义务违反性关联因而得以成立。联邦最高法院站在后一种观点的立场上[244]，因为假设构成（Hypothesenbildung）只有在"发生具体的危急交通状况"时才被允许适用。但是在这一时刻，A 不可能再让自己变清醒，而只能够按照《道路交通条例》第 3 条第 1 款将自己的速度调整至给定的条件。对此，文献中绝对主流的观点正确地予以了否定。[245] 因为所行驶的速度本身是合法的，并因而表现为一个被害人必须接受的风险。对于可避免性而言，关键不在于具体情形中的避免可能性，而是所想出的合法替代举止。但是，只

---

[242] 参见 BGHSt 49,1；*Kaspar*,JuS 2012,114；*Magnus*,JuS 2015,402 f.。
[243] 参见 BGHSt 24,31。
[244] 参见 BGHSt 24,31。
[245] 参见 Eisele,JA 2003,40；*Puppe*,NStZ 1997,389；*dies*,FS Frisch,2013,S. 450f.；*Wessels/Beulke/Satzger*,AT,Rn. 1131；*Zieschang*,HBStR,§ 33 Rn. 133。

有未饮酒的驾驶状态才是合法的（《道路交通法》(StVG) 第 24a 条、《刑法典》第 316 条），而一个减慢了速度的醉酒驾驶并不合法。[246]

（2）疑难情形：合法替代举止中因果历程的不确定性

106 　　示例（"自行车手案"）[247]：

A 在公路上开货车超过骑自行车的 O 时，二者仅有 0.75 米的很小间距。在超车过程中——A 并不知道——O 醉酒严重，由于酒精造成的下意识反应，他将自行车向左偏，并被压在了后挂车厢的后车轮下，O 当场死亡。鉴定专家确定，虽然相比于符合规定的驾驶方式，不遵守间距的规定对于事故发生可能性的提升并非无关紧要，但是，即使遵守了必要的间距规定，醉酒造成的错误反应也可能导致死亡意外。

107　　与前述边码 101 中的示例不同，在联邦最高法院的"自行车手案"中，结果在合法替代举止中是否可被避免并不明确。对于这样的情况，司法判决[248]与文献中的通说[249]都正确地坚持了对结果可避免性的要求（**可避免性理论，Vermeidbarkeitstheorie**）。根据一般原则可以从中得出以下结论，即在事实方面不明确时应适用**存疑有利于被告原则**，因此出发点应当是对于被告人更为有利的替代举止。对于被告人更有利的假设是，结果在合法替代举止中也会出现，因而依此欠缺了义务违反性关联。

108　　与此相对的是**风险升高理论**（Risikoerhöhungslehre），按照这一理

---

[246] 参见 *Puppe*, FS Frisch, 2013, S. 450。
[247] 依照 BGHSt 11, 1 = JZ 1958, 280 mit Anm. *Mezger*; *Spendel*, JuS 1964, 14; 类似的案件情形见 BGH NStZ 1987, 505 = GA 1988, 184; *OLG Karlsruhe* JR 1985, 479 mit Anm. *Kindhäuser*; 出自练习案例文献 *Dencker*, JuS 1980, 210, 212; *Freund*, JuS 2001, 475, 476f; *Kaspar/Reinbacher*, Casebook, Fall 4; *Rotsch*, Klausurenlehre, Fall 1。
[248] 比如可见 BGHSt 11, 1; BGH NStZ 1987, 505 = GA 1988, 184; StV 1994, 425; *OLG Karlsruhe* JR 1985, 479 mit Anm. *Kindhäuser*。
[249] 比如可见 *Frisch*, JuS 2011, 207 f.; *Schönke/Schröder/Sternberg-Lieben/Schuster*, § 15 Rn. 177 f.; SK-StGB/*Hoyer*, § 16 Rn. 72 je m. w. N.。此外可见 *Hillenkamp/Cornelius*, AT, S. 259 f. 中的证据。

论,不是可避免性,而是风险升高就已经可以实现对结果归属的合法化。[250] 据此,当考虑到所有事后可被认识的情形,可以得出**创设不被容许的危险显著提升了结果发生的风险**时,义务违反性关联就已经成立了。[251] 这里涉及的是,"事前被制定的规范对于事后认知的基础来说是否也能被承认为一个有用的、降低了结果风险的禁令（进而实现结果的归属），或者,这一以新认知状态为出发点的规范在实际中是否表现为无用或者至少是不适宜的（进而实现非结果归属）"。[252] 从中可以推论出,不是每一个微小的风险升高都可能实现结果归属。所以,只有当遵守会显著降低危险时,对这一禁令的维护才是有意义的。[253] 在示例中,相比于遵守规章的驾驶方式,逾越安全间距会导致事故风险显著升高。因此,按照风险升高理论,死亡后果可以在客观上归属于 A。

风险升高理论并不能令人信服。[254] 其主张者提出的**刑事政策考量**

[250] 基础性的阐述见 Roxin, ZStW 74（1962）, 430 ff.; 此外还有 ders. FS Honig, 1970, 133（138 ff.）. 见大量文献比如 Gimbernat, GA 2018, 65 ff., 127 ff.; Lackner/Kühl/Kühl, § 15 Rn. 44; SK-StGB/Jäger, Vor § 1 Rn. 113 ff.; Stein, FS Rogall, 2018, S. 275 f. （一般性地改变了义务违法性考查的标准,并用不实施行为取代了被要求实施的行为）及文献概览见 Hillenkamp/Cornelius, AT, S. 261 f. 。

[251] 持该观点的比如有 Bock, AT, Teil 1 Kp. 5 Rn. 126 S. 207 f.; Jescheck, Aufbau und Behandlung der Fahrlässigkeit im modernen Strafrecht, 1965, S. 17; Kaspar, AT, § 5 Rn. 55; SK-StGB/Jäger, Vor § 1 Rn. 115. 关于风险升高程度的讨论见 Arthur Kaufmann, FS Jescheck, 1985, S. 279。

[252] Schünemann, JA 1975, 652; ders., GA 1999, 226.

[253] 持该观点的有 Schünemann, JA 1975, 653. 根据这一要求的原理,那些使禁令显得"有意义的"——尽管这禁令避免结果的能力有限,但是却能合法地限制自由——的风险具有"显著性"。因此,不应是单纯的统计意义上的考量,而应在规范上得到考量,不仅包括对法益的威胁程度,还包括受威胁的法益的价值、行为人方面自由限制强度等。Roxin FS Honig, 1970, 133（139）想让每一个风险提升都足以实现结果归属。

[254] 支持风险升高理论的另一个理由是,将一个单一的举止拆分为"被允许的"部分与"不被允许的"部分是不可接受的;该举止在整体上是不被允许的,而且其不被允许性实现为了损害结果（见 Roxin, ZStW 74（1962）, 433; ders.; AT I, § 11 Rn. 78 f.; Schünemann, JA 1975, 652; Rudolphi, JuS 1969, 554）。然而,这些考量并没有被风险升高理论的拥护者自己所坚持,因为在存疑案件中没有争议的是,被允许的和不被允许的风险可以附着于一个举止之上。但是,如果结果不会出现在合法替代举止中,那么义务违反性关联就会被否定,这样就不能看出,在存疑案件中使用了另一种归属模型;也可见 Hardtung/Putzke, AT, Rn. 321 f.。对论据的罗列另见 Hillenkamp/Cornelius, AT, S. 262 f.。

不足以支撑这一理论，按照这一考量，恰恰在法益危急的情形中——比如在对一个生命垂危的受伤者的医治中——几乎不能有效地排除以下这种情况，即举止若谨慎则结果不发生。[255]这种受到刑事政策驱动的处罚意愿当然不能取消立法者将过失犯安排为结果犯的决定。所以，**教义学方面**的核心质疑是，如果风险升高理论认为存疑情形中仅仅是恶化法益处境就已符合要求，那么它就**将实害犯重新诠释为危险犯**。[256]

110 相反，风险升高理论并**没有**违背"**存疑有利于被告**"原则。[257]原因在于，如果人们认为风险升高理论在教义学上是正确的，那么当存在怀疑时行为人就已经负有责任，而该怀疑无需一个不利于被告人的案情责难。[258]

111 因此，涉及"**自行车手案**"时的结论是，逾越间距不会导致行为人对于其在超车过程中所创设的被容许的风险承担不利。合法替代举止中结果的可避免性——该可避免性在此处于不确定之中——对于结果归属来说是不可或缺的。

112 当然，归属之所以可能还未被排除，是因为始终存在着**实现被容许的风险的抽象可能性**。比如该案中的自行车手本可以不喝醉的，这样余下的就只有实现被允许的超车风险的、始终存在的一般可能性，而这与归属之间本不冲突。这是出自程序法上的考量，也就是出于**法官心证原则**（《刑事诉讼法》第261条）："刑事法官确信一个特定案情存在，其前提并非一个绝对的、将对立面逻辑必然地

---

[255] 持该观点的有 Schünemann, JA 1975, 649；也可参见 Roxin FS Honig, 1970, 133 (139)。

[256] 比如可见 Frisch, JuS 2011, 208；Baumann/Weber/Mitsch/Eisele, AT, § 10 Rn. 90；Matt/Renzikowski/Gaede, § 15 Rn. 57；Wessels/Beulke/Satzger, AT, Rn. 304；Zieschang, HBStR, § 33 Rn. 132。

[257] 另一种观点见 Kudlich, Fälle StrafR AT, S. 72；Wessels/Beulke/Satzger, AT, Rn. 304；实际上还有 Matt/Renzikowski/Renzikowski StGB Vor § 13 Rn. 108（"不可接受的举证责任倒置"）。

[258] 参见 Frisch, Tatbestandsmäßiges Verhalten, S. 537 f.；Kaspar, JuS 2012, 115；Puppe, Kleine Schule, S. 195 f.；Schönke/Schröder/Sternberg-Lieben/Schuster, § 15 Rn. 179。

予以排除的确定。一个根据生活经验排除了合理怀疑的确定程度就足够了。这里不应考虑以下质疑，即欠缺了现实的联结点（Anknüpfungspunkt），而仅仅建立在了纯粹观念的、抽象理论的可能性假定之上。"[259]

（3）疑难情形：团队决定

> **示例**[260]：
>
> X 有限责任公司的经理 A、B 与 C 一致决定销售一种危害健康的产品。其后产品对消费者造成了健康损害。在指控 A 过失身体伤害罪（《刑法典》第 229 条）的刑事诉讼中，A 声称，即使他当时表决反对销售该产品，也无法阻止 B 与 C 的多数票表决胜出。

按照《刑法典》第 229 条处罚 A 的前提是，他通过他的举止**在客观上可归属地导致**了消费者的身体损害结果。由于对因果关系的评判取决于具体的因果关联，因此应当基于以下理由对该原因性予以肯定，即该决议实际上（！）通过 A 的投票得以实现，以至于对该产品的销售以这一投票作为依据。[261] A 表决赞成销售危害健康的产品，也**创设了一个法不容许的危险**。他即使投出反对票也无法阻止该危险产品的销售，对此而言并无影响。因为法忠诚举止的义务与其他人对其义务的履行无关。[262] 但是，疑难之处在于**义务违反性关联**。详言之，如果人们设想

113

114

---

[259] BGH NStE Nr. 25 zu § 261 StPO(LS)。也可见 Frisch, Tatbestandsmäßiges Verhalten, S. 547。

[260] 参见 BGHSt 37,106("皮革喷雾判决") = JR 1992,27 m. Anm. Puppe; 对此也可见 Beulke/Bachmann, JuS 1992, 737 ff.; Hilgendorf, Produzentenhaftung, S. 121 ff.; Kuhlen, NStZ 1990,566 ff.; Samson, StV 1991, 182; Schmidt-Salzer, NJW 1990, 2966 ff.。见 Kudlich, Fälle StrafR AT, S. 65 ff. 的案件解答。

[261] 参见 Baumann/Weber/Mitsch/Eisele, AT, § 10 Rn. 30 ff.; Bock, AT, Teil II Kap. 5 Rn. 122 S. 203; MüKoStGB/Freund, Vor § 13 Rn. 346; Hardtung/Putzke, AT, Rn. 240 ff.; 批判性观点见 Kaspar, AT, § 5 Rn. 77; Rotsch, ZIS 2018,5 ff.; Satzger, JURA 2014, 192; Zieschang, HBStR, § 33 Rn. 22。理由不同的有 [不属于最低要求的投票（尽管实际提交!）不能被考虑] Puppe, AT, § 2 Rn. 13。

[262] 不过不同的观点有 Samson, StV 1991, 185。

一个**合法的替代举止**，也就是一个合法的投票行为，仍旧**无法改变这一结果**(对消费者健康的损害)。如果人们认可这一论据，那么义务违反性关联就欠缺了。由于每一个团队成员都可以以同样的方式来辩论，因此这会导致一个无法令人满意的结论，即虽然每一个人都违反义务地表决赞成销售危险产品，但是没有一个人对后果承担责任。[263] 为了避免这一结论，联邦最高法院最近提出了以下观点，即评价式观察的出发点并非其他团队成员的实际表决举止，而是他们从规范上被期待的举止，也就是合法举止。[264] 据此，在示例中可以假定，A 的合法举止本可以推动 B 与 C 作出合规的表决举止，因此，义务违反性关联得以成立。

115 然而，联邦最高法院的这一论据并不令人信服。因为合法替代举止所产生的避免可能性必须实际存在，才能使得行为人对结果负责。用一个规范上的虚构去取代其他团队成员现实中能被预料的举止，并不具有正当性。欠缺结果的可归属性应被认可为作为结果犯的《刑法典》第229条内容的后果。之所以最终从中没有产生令人不可容忍的刑罚漏洞，是因为在面临即将发生的严重法益侵害时，决策者们的正确做法不能仅局限于合规则的表决，而必须在适当情况下去"独自"阻止对有害产品的销售。[265]

2. 保护目的关联

116 除了义务违反性关联，将法不容许的危险实现为出现的结果还要求存在保护目的关联。[266] 据此必要的是，具体导致结果发生的事件处于

---

[263] 不过这只适用于团队成员的过失举止。如果每个人都故意朝着损害消费者身体的方向行事（《刑法典》第223条），那么他们就是共同正犯人（《刑法典》第25条第2款），结果就可以被归属于每个人；BGHSt 37, 106, 129。

[264] 参见 BGHSt 48, 77, 94 ff.；*Sofos*, Mehrfachkausalität bei Tun und Unterlassen, 1999, S. 245 ff.；批判性观点见 *Ranft*, FS Otto, 2007, S. 418。

[265] 恰当的观点有 *Fleischer*, BB 2004, 2647 f.；*Knauer*, Die Kollegialentscheidung im Strafrecht, 2001, S. 66 ff.；Müller-Gugenberger/*Schmid*, § 30 Rn. 22 ff.；也可参见 *Samson*, StV 1991, 185。

[266] 与风险关联的称呼是同义的；这样认为的有 Schönke/Schröder/*Eisele*, Vorb. §§ 13 ff. Rn. 95 f.。

被损害的举止规范[267]的保护范围中。[268] 其背后的考量是，所出现的结果仅仅只有在以下情况中才是规范损害的表现，即**被损害的举止规范恰巧是用来阻止所出现的结果类型的**。若该规范根本不是用来避免这一侵害的，那么侵害的发生就属于偶然，因而不能够让行为人来承担责任。在**非典型因果历程**中经常欠缺保护目的关联，因为举止规范通常仅仅关注对相距并非过于遥远的损害历程的避免。[269] 它更多地是作为一个"备忘录"来自问，一个事件的观察者是否会说："你看，这恰恰就是被禁止的！"——于是保护目的关联就成立了。由于这里经常是一个难以回答的评价问题，即一个规范是用作什么目的，所以**要通过以下四个示例来对这一难题进行阐明**：

> **示例1**[270]：
> 汽车司机A在红灯时开过十字路口。两公里之后，他尽管在谨慎地驾驶，但是却碾压过了从路边停泊的车辆后方突然走出的O。O当场死亡。

该案在事实方面提供了两个联结点：其一，应将该事故情况中的举止按照《刑法典》第222条的标准进行讨论。虽然A驾驶汽车实际上对于O的死亡有原因关系，但是由于他谨慎地驾驶，因此他在此并未创设法不容许的危险，进而欠缺了构成要件符合性。其二，应对**闯红灯**的行为考查《刑法典》第222条上的可罚性。在此存在指向其他交通参与者生命的法不容许的危险创设。由于A当时若作出合法举止就会晚到事故现场，因此行为与结果之间的义务违反性关联成立。于是，这里只能提出关于保护目的关联的问题。如果遵守红灯的义务（举止规范）恰巧是

---

[267] 因而保护目的涉及的不是其实现已被考查了的制裁规范，比如《刑法典》第212条，认识错误的有 Hilgendorf FS Sancinetti, 2020, 451 (463)。

[268] 参见 Jescheck/Weigend, AT, S. 288; SK-StGB/Jäger Vor § 1 Rn. 110; Wessels/Beulke/Satzger, AT, Rn. 261; 详见 NK-StGB/Puppe Vor §§ 13 ff. Rn. 214 ff.。

[269] 参见 SSW StGB/Kudlich Vor §§ 13 ff. Rn. 61。当然，在核电站运行等重大风险的情况中，规范也可以以避免即使是最不可能的损害历程为指向。缩减版见 Hilgendorf FS Sancinetti, 2020, 451 (462 f.)。

[270] 参见 Kaspar, JuS 2012, 114; Kudlich, JA 2010, 686。

用来阻止碾压一个在之后地点穿越马路的行人（= 具体结果），那么保护目的关联就成立。由于交通信号灯显然只是用来规制空间上较狭小的范围，因此欠缺了保护目的关联。[271]

有争议的是道路交通中禁止超速的保护目的。这里没有疑问的是，遵守最高限速会让交通参与者有更多的机会通过及时刹车或避让来避免事故。[272] 但是，联邦最高法院认为，除此之外，在危急情形中对最高限速的遵守也会使驾驶者更晚进入危险区域。因此，如果合乎规章的驾驶会使得另一个交通参与者提前离开危险区域，保护目的关联也已经满足了。[273] 但这并不具有说服力：人们同样可以说，行为人本可以通过一个更快的驾驶来避免这一事故。[274] 较晚抵达事故地点并没有展现一个关于避免事故的有意义的理念。

118

> **示例 2**[275]：
> A 试图用刀将 O 刺死。受伤而生命垂危的 O 被救护车送往医院。救护车卷入了一起事故，O 因而死亡。是否可按照《刑法典》第 212 条对 A 进行处罚？

刀刺行为在 O 的生命方面体现出了法不容许的危险创设。义务违反性关联也是成立的，因为若有合法的替代举止（不用刀刺人），那么 O 就不会被运上救护车。保护目的关联成立的条件是，禁止用刀刺他人恰巧是为了防止受伤者在救护车事故中丧命。但是，交通事故属于一般生

---

[271] 但是参见 *OLG Karlsruhe* NJW 1958,430 关于之前超速的相应情形。对于规范保护目的的问题也不能进行如下处理，即人们不是一般性地考查注意义务违反性（闯红灯产生的生命危险），而是立即在具体事故的方向上考查注意义务违反性；观点不同的有 *Zieschang*, AT, Rn. 101。

[272] 参见 BGHSt 33,61(65)。

[273] 参见 BGHSt 33,61(65 f.)；还有 OLG Hamm, NStZ-RR 2016,27。

[274] 参见 Baumann/Weber/Mitsch/*Eisele*, AT § 10 Rn. 97；*Ebert*, JR 1985,356 ff.；*Eisele/Rengier*, AT, § 52 Rn. 38。

[275] 参见 *Putzke*, ZJS 2011,522 中的案例解答。也可参见 *Steinberg/Lachenmaier*, ZJS 2012, 649 ff. 中的案例解答，它表明，自我答责的被害人举止也可能与保护目的关联相违背。

活风险。[276] 让他人承受这类风险在原则上并未被禁止（见"遗产叔父案"，边码 68 及以下），在这里，即使风险是违反义务的举止的后果，也不会改变这一点。[277]

> **示例 3**[278]：
> 驾驶小汽车的 A 忽视了 O 的先行权，导致了事故发生，O 严重受伤。在之后的手术中，医生 B 的轻微（**变体 1**：重大）医疗过错导致了 O 的死亡。而如果实施合乎规定的治疗，O 本可以存活。**变体 2**：医生过失地（**变体 3**：故意地）不进行挽救生命的手术。**变体 4**：O 在几天后违反了医生的忠告而离开了医院。他死于内出血，而如果他留在医院则本会得到及时的医治。是否应按照《刑法典》第 222 条处罚 A？

违反先行权在生命方面体现出了一个法不容许的危险。合法的替代举止（注意先行权）本可避免结果的出现，义务违反性关联因而成立。涉及保护目的关联的问题是，**道路交通中的注意义务要求是否也用来避免医生治疗中的医疗过错或者未进行医疗（或者非理性的被害人举止）所导致的死亡**。只要涉及积极的治疗措施，经常有人在回答这一问题时就认为关键在于医生的过失程度：必须考虑到轻微至中等的医疗过错，所以这类医疗过错并不阻碍将死亡结果归属于首次行为（**基本案情**），而重大的医疗过错（**变体 1**）则超出了生活经验。[279] 所以，被损害的注

---

[276] 比如可见 SK-StGB/*Jäger*, Vor § 1 Rn. 109；Schönke/Schröder/*Eisele*, Vorb. §§ 13 ff. Rn. 95 f.；*Wessels/Beulke/Satzger*, AT, Rn. 265。

[277] 如果恰恰是匆忙救援驾驶的风险成为了事故，那么人们的看法可能就会不同；参见 *Jescheck/Weigend*, AT, S. 288 mit Fn. 42。然而，即使在这种情况下，将这种风险视为一般生命风险也应该更有说服力。

[278] 参见 *OLG Celle* NJW 1958, 271；对此可见 SK-StGB/*Jäger*, Vor § 1 Rn. 134；s. a. *OLG Stuttgart* JZ 1980, 618。

[279] 参见 *OLG Celle* NJW 1958, 271；Baumann/Weber/Mitsch/*Eisele*, AT, § 10 Rn. 146；*Burgstaller*, FS Jescheck, 1985, S. 365；*Frister*, AT, 10/28；*Kaspar*, JuS 2012, 113；*Kudlich*, JA 2010, 685；*Zieschang*, HBStR, § 33 Rn. 123。相反，*Puppe* FS Sancinetti, 2020, 609 (612) 认为，即使是创设了由于重大医疗过错而死亡的风险也是不被允许的。

意规范（Sorgfaltsnorm）的目的是否涵盖了对医疗事故的避免，取决于医疗事故在现实中发生的频率。这种观点并不是很有说服力：只有他人不当举止发生的频率还无法创设对该不当举止的答责性。这里适用限制的答责领域原则（边码61及以下）。据此，医疗过错风险属于一般生活风险，避免它是医务人员的事情。[280] 如果人们这样看，那么在基本案情与变体1中就同等地欠缺了保护目的关联。相反，如果该医生违反义务地放弃了救治（**变体2**），从而使得自己因不作为的过失杀人而可罚（《刑法典》第222条、第13条），那么人们一致认为，A也因过失杀人（《刑法典》第222条）而可罚。其理由在于，尽管医生违反义务地不作为，A所创设的损害风险也已经实现为了结果。[281] 更疑难的情形是，医生故意不进行拯救生命的治疗（**变体3**）从而使得自己因不作为的故意杀人而可罚（《刑法典》第212条、第13条）。这同样也会基于《刑法典》第222条而使A可罚，因为他所造成的损害最终导致了死亡。[282] 但是，对立的观点认为，医生的责任在此明显突出，所以限制了A的答责领域。[283] **变体4**与不当医疗的区别在于，O自己没有履行谨慎处理自己法益的义务。[284] 如果拒绝治疗处于被害人的法所保护的自由范围内，那么还有理由说行使该自由不会免除行为人的责任。因此，即使被害人完全非理性地处理其法益，也不会阻碍结果的归属。联邦最高法院倾向于这一方向，它认为有时候非理性的举止也处于一般生活经验的范围内[285]，并

---

[280] 参见 Frisch, Tatbestandsmäßiges Verhalten, S. 425 ff. ; Roxin/Greco, AT I, § 11 Rn. 142。

[281] 参见 Frisch, Tatbestandsmäßiges Verhalten, S. 430 ff. ; 总结性内容可见 ders., JuS 2011, 208f. ; B. Heinrich, FS Geppert, 2011, S. 183 ; Kindhäuser/Zimmermann, AT, § 11 Rn. 48 ; Kühl, AT, § 4 Rn. 51 ; Otto, AT, § 6 Rn. 57。反对在治疗的重大过失不作为的情况下归属于首次行为的观点有 Baumann/Weber/Mitsch/Eisele, AT § 10 Rn. 148。

[282] 参见 Otto, AT, § 6 Rn. 57；深入阐述可见 Frisch, Tatbestandsmäßiges Verhalten, S. 432 f. 。

[283] 参见 B. Heinrich, FS Geppert, 2011, S. 180 f. 。

[284] 参见 Roxin GA 2020, 182(188)；Weigend FS Rengier, 2018, 135(137)。所以，将被害人拒绝治疗的行为描述为（重大）"不当举止"[这样做的有 Roxin GA 2020, 182(184 ff.)]或者甚至描述为"过失"（这样做的有 Rengier, AT, § 13 Rn. 85）都是不确切的。

[285] 参见 BGH NStZ 1994, 394；Weigend FS Rengier, 2018, 135(137 f.)；对该举止符合"存活的高度可能性"的质疑见 Roxin GA 2020, 182(184)。

指出行为人不应去追问被害人拒绝特定治疗的原因。[286] 对此至少正确的是，被害人可以自我答责地作出反对治疗措施的决定。但是，自我答责性的这一方面恰恰说明，行为人不应因被害人的重大非理性决定而承担不利。被害人在这一情况下不需要任何保护。[287] 当然，并不是每一个对医嘱的偏离都是重大非理性的。比如，如果治疗伴随着应被严肃对待的风险，那么应承担这一困难决定处境的人就应是导致被害人处于这一处境的人。这样一来，一个至少由合情理的决定所造成的后果也应当由行为人来承担责任。[288]

> **示例4**[289]：
> A 对一个轻微的交通事故负有责任。另一辆车的司机 O 外表无伤，在事故发生地表现得镇定与冷静，但是在事故之后立即就去世了。原因是他的心脏有病，经受不住事故造成的情绪激动。是否应按照《刑法典》第 222 条对 A 进行处罚？

120

A 的举止违反交通规则进而导致了死亡结果，而该结果在合法替代举止的情况下本可被避免。如果被损害的道路交通规定是用来避免事故造成的、能够在存在事先损伤时导致死亡的情绪激动，那么保护目的关联就会成立。有的人在这里也将可预见性作为关键：由于具体的历程无法被预见，因此就不能归属于他。[290] 这在结论上是对的，但是在论证上却并没有说服力：事故造成的激动作为致死原因是否完全超出了生活经验，这是存疑的。然而，举止的社会语境却始终是缺位的：通过某种方式

---

[286] 在《刑法典》第 226 条的语境中持这一观点的有 BGHSt 62, 36；对此见 *Kudlich* JA 2017, 470 ff.（见第 22 章边码 33）。类似的观点见 *Weigend* FS Rengier, 2018, 135（138 ff.），它想在被害人有意识地自我损害时才否定归属。但是这样一来，区分就要不恰当地依赖于被害人对结果发生的认同。*Weigend* FS Rengier, 2018, 135（139）正确地指出，这个标准在被害人有合理理由接受结果的情况中是无法支撑的。

[287] 参见 *Frisch*, Tatbestandsmäßiges Verhalten, S. 447 f.；*Rengier*, AT, § 13 Rn. 85 ff. 进一步的区分化见 *Roxin* GA 2020, 182（188 ff.）。

[288] 参见 OLG Celle NJW 2001, 2816：没有明显地对死亡率 15% 以下的手术予以不合理的拒绝。赞成的有 *Rengier*, AT, § 13 Rn. 86；*Roxin* GA 2020, 182（192）。

[289] 依照 OLG Karlsruhe NJW 1976, 1853。

[290] 参见 OLG Karlsruhe NJW 1976, 1853（1854）；*Zieschang*, HBStR, § 33 Rn. 143。

的举止使得他人激动，在社会生活中绝对常见并（至少在法上）是被允许的。于是，无礼之所以不会成为过失杀人，是因为被害人的死亡是由激动造成的。即使激动是道路交通中违反义务的举止的后果，结论也仍旧是一样的。据此，该历程之所以不为被损害的举止规范的保护目的所包含，是因为没有道路交通上的特有风险被实现为了结果。[291]——这与严重事故中的冲击损害是不同的。[292]

121 在鉴定报告中要提示一个结构问题，该问题来自于以下情况，即关于**法不容许的危险创设与保护目的关联的界分**存在不同的说法。如果在考查法不容许的危险创设时就已经问及具体发生的结果方面的风险创设，那么就应在法不容许的危险创设范围内处理被损害的举止规范的保护目的。通过示例4可以如此说明：如果人们将法不容许的危险创设具体化为以下问题，即是否创设了一个关于激动造成死亡的危险，那么就本应对该问题予以否定。这一行为本应被完全允许。[293] 但是，通常人们会在此基础上提出一个抽象的问题，即是否在构成要件保护的法益方面（也就是没有考虑具体的损害历程）创设了一个法不容许的危险。因此，在这些示例中，首先仅仅考查关于生命方面是否创设了一个法不容许的危险，为了在之后的保护目的中再考虑危害生命的具体方式。从论证的可互换性中可以得出的是，欠缺保护目的的关联与以下情况并无区别，即行为人在实际发生的结果方面没有创设法不容许的危险。[294]

（五）客观归属的特殊情形：《刑法典》第227条结果加重犯中构成要件的特有关联

122 在阐述身体伤害犯罪时，《刑法典》第227条的核心疑问——即身体伤害与严重后果之间的关联——被略过未讲。在阐述了客观归属理论之后，现在可以在此基础之上探讨结果加重犯及这一犯罪类型的特别重

---

[291] 参见 *Roxin/Greco*, AT I, § 11 Rn. 77。

[292] 对此的深入阐述可见 *Sowada*, FS Beulke, 2015, S. 283 ff.。

[293] 受到 *Hardtung/Putzke*, AT, Rn. 294 ff. 的推崇。

[294] 详见 *Frisch*, Tatbestandsmäßiges Verhalten, S. 65f., 80 ff.；在这一问题上还可见 *Schladitz* Jura 2022, 54(61)；也可参见 *Walter*, NStZ 2013, 674。

要的例子——《刑法典》第 227 条。

1. 结果加重犯的一般特征

根据《刑法典》第 18 条，结果加重犯的特征是，对基本构成要件必须故意地实行，但是对于**特别严重后果的出现只需要过失就够了**（不过鉴于罪责原则这也是必要的）。[295] 结果加重犯的核心疑问是以下问题，即应如何获得**基本犯与发生严重后果之间的关联**。由于正是这一加重处罚的关联——及伴随着的更高的刑罚威慑——得到了正当化，因此基本犯与严重后果之间的**极其紧密**的归属关联——所谓的直接关联或者（更好的说法是）[296] 构成要件的特有关联（tatbestandsspezifischer Zusammenhang）——就成为了必要条件。[297]

2. 《刑法典》第 227 条

（1）要件概览[298]

Ⅰ. 构成要件符合性

①客观构成要件

    a. 基本犯的客观要件

    b. 发生严重后果（死亡）

    c. 身体伤害之于死亡结果的因果关系

    d. 身体伤害与死亡结果之间的构成要件的特有关联

    e. 客观的过失（但是要参见边码 134）

---

[295] 关于结果加重犯的一般情况见 Rönnau JuS 2020, 108 ff.。

[296] 之所以称作直接关联并不完全恰当，是因为该关联在某些第三方介入导致死亡结果的情况中也会得到肯定；*Freund*, FS Frisch, 2013, S. 686; *Kudlich*, JA 2009, 248; *Matt/Renzikowski/Renzikowski*, § 18 Rn. 10。

[297] 参见 *Roxin* FS Sancinetti, 2020, 871。

[298] 有的人还建议，在基本犯的构成要件符合性、违法性与罪责满足之后，对结果加重的要件放在第四个考查阶段考查；持这一观点的有 *Kudlich*, JA 2009, 247。但这并不能令人信服，因为违法性与罪责也必须涉及结果加重的要件。在涉及这里所建议的构造时，考查主观构成要件应当注意故意必须只能针对基本犯的要件，这是基于结果加重犯的性质，并没有展现该构造的任何弊端（不过从这个意义上说的有 *Kudlich*, JA 2009, 247 mit Fn. 8）。各种不同的构造建议见 *Hardtung/Putzke*, AT, Rn. 945 ff.。

②主观构成要件

—针对基本构成要件的故意

II. 违法性

III. 罪责

—包含关于死亡发生的个人过失

125 基本犯的成立通常没有什么问题，这是因为在**鉴定报告**中已经对其事先进行了单独的考查，在《刑法典》第227条构成要件的范围内只需要参阅这一考查就行了。对于死亡的发生，通常也只需要进行确定。相反，因果关系与直接关联会鉴于联结点而引发困难，此外，在直接关联中，其内容方面的要求也是存疑的。

（2）因果关系与构成要件的特有关联的联结点

126 《刑法典》第227条要求，死亡必须"**由身体伤害**"（第223条至第226条）所导致。没有争议的是，该情形由于其分量而包含了**致死的伤害**。有争议的是，该严重后果是否也可以与身体伤害**行为**相联结。

> **示例**[299]：
> A用手枪击打O的头部。引发了枪击，杀死了O。

127 所谓的"**致死理论**"（Letalitätslehre）认为，能联结的只有身体伤害结果。[300] 死亡结果必须从伤害的类型与程度所引发的危险中得以实现。在示例中就欠缺了这一点，因为用手枪故意击打所造成的身体伤害不是致命的。有的人认为这一限缩解释的理由是"身体伤害"与"被伤害之人的死亡"的文字表述[301]；有的人基于刑罚威慑高而主张限缩

---

[299] 参见 BGHSt 14, 110; Hardtung/Putzke, AT, Rn. 955 ff. 。

[300] 比如 BeckOK StGB/*Eschelbach* § 227 Rn. 6; *Jäger* JA 2020, 153 (155); Lackner/Kühl/*Kühl* StGB § 227 Rn. 2; *Putzke* JuS 2009, 1086; *Roxin/Greco*, AT I, § 10 Rn. 115 f. ; *Roxin* FS Sancinetti, 2020, 871 (877, 880 ff.); *Jakobs*, AT, 9/35 谈到了"风险同一性"的要求，这在示例中是缺失的，因为实现的不是用手枪作为打击武器的风险，而是使用射击武器的风险。

[301] 参见 BeckOK StGB/Eschelbach, § 227 Rn. 6 Hardtung/Putzke, AT, Rn. 960. 提出宪法质疑的有 SSW StGB/*Momsen-Pflanz/Momsen*, § 227 Rn. 12。

解释。[302]

相反，**联邦最高法院**的立场是，严重后果也可以与身体伤害**行为**相联结，示例中用一把上膛的枪来进行击打的行为就属于此。[303] 这并未违背法条的文字表述，因为"身体伤害"也可以指"身体伤害行为"[304]。即使被伤害之人是被杀死的，"被伤害之人的死亡"也仍旧成立。法律通过这一表述仅仅是想对被害人予以个别化，而不是要表达对伤害的特殊要求。最后，赋予《刑法典》第 227 条的重刑以正当性的危险性可以附着于行为之上。这也与立法者的设想相符，因为《刑法典》第 227 条中对第 224 条的引用只有在以下情况中才是有意义的，即死亡也能够与提及的特别危险的行为方式相联结。[305] 类似的论据还有《刑法典》第 223 条至第 225 条的第 2 款中所规定的未遂的可罚性。因为在未遂中恰巧欠缺了能够导致被害人死亡的身体伤害结果。[306]

128

(3) 构成要件的特有关联

构成要件的特有关联要求，**对于实现基本构成要件来说特有的、没有超出生活可能性**[307]**的危险必须已经体现为死亡结果**。[308]

129

示例：

如果人们在持枪击打的案件（边码 126）中认可身体伤害行为为

---

[302] 参见 *Mitsch*, JURA 1993, 21; Schönke/Schröder/*Sternberg-Lieben*, § 227 Rn. 5。

[303] 参见 BGHSt 31, 96(99)。出自文献 *Wessels/Hettinger/Engländer*, BT I, Rn. 262; LK-StGB/*Grünewald*, § 227 Rn. 9; *Heghmanns*, BT, Rn. 436; *Klesczewski*, BT, 2016, § 3 Rn. 48 ff.; AnwK-StGB/*Zöller*, § 227 Rn. 11。

[304] BGHSt 31, 96(99)。

[305] 参见 *Wessels/Hettinger/Engländer*, BT I, Rn. 263; 深入阐述可见 *Engländer*, GA 2008, 669 ff., 它以此为出发点进行了区分化研究，即当行为人客观上与主观上都满足了《刑法典》第 224 条第 1 款第 5 项的要件时，行为的危险性才会满足。对此持否定观点的有 AnwK-StGB/*Zöller*, § 227 Rn. 12; LK-StGB/*Grünewald*, § 227 Rn. 10 正确地指出，基于《刑法典》第 224 条第 1 款第 5 项的故意要求，《刑法典》第 227 条的死亡后果的方向上的无意识的过失举止因与法条的文字表述相违背而被排除包含。

[306] 参见 BGHSt 48, 34, 38; *Rengier*, BT II, § 16 Rn. 5。

[307] 参见 BGH NStZ 2008, 686。

[308] 比如可见 *Fischer*, § 18 Rn. 2。关于司法判决的发展见 *Kahlo*, FS Puppe, 2011, S. 584 ff.。

> 联结点，那么，用一把上膛的枪来进行击打的构成要件的特有危险就已经实现为了死亡结果。[309]

130 构成要件的特有关联并没有在法律中得到明确的规定。这一要求的理由在于，相比于《刑法典》第 223 条的身体伤害与《刑法典》第 222 条的过失杀人的犯罪单数竞合（最低刑：罚金刑）（《刑法典》第 52 条），结果加重有着明显的**法定刑跃升**（最低刑：3 年自由刑）。这一法定刑跃升必须恰恰是从故意身体伤害与死亡后果之间的关联中获得了正当性。这一关联是否显示出了必要的质量，经常是存疑的：

131 > **示例**（"高椅案"）[310]：
> A 以身体伤害的故意弄翻了 O 所坐的高椅。O 从 3.5 米的高处摔落，摔坏了右脚踝。出院后，O 又在家中卧床休息。摔伤一个月后，O 由于伤害造成的长期卧床而死亡，之所以如此，是因为医生疏忽，没有鉴于这一风险对 O 进行医治，也没有给他相应的行为指示。

在"高椅案"中，构成要件的特有关联只有在它与身体伤害**行为相联结**时才会成立，因为脚踝受伤并没有生命危险。即使人们否定致死理论，也仍然存在以下疑问，即从 3.5 米高处摔落的风险是否已经实现为了具体发生的死亡。**联邦最高法院**给出了肯定的回答，其考量是，虽然起先发生的结果并非这一特殊危险性的表达，但是，当进一步的、最终的致死历程没有超出生活经验时，它就已经足够了。关键在于，身体伤害行为"带有死亡结果的风险，然后行为人的这一行为所特有的风险实现为死亡的发生"。[311]但是，这一理由甚至从联邦最高法院的出发点来说就**不能令人信服**：类型化的行为危险性同样没有实现，实现的是一个相对较远的过程，所以正确的做法是，在本案中否定构成要件的特有关

---

[309] 另一种观点见 *Roxin* FS Sancinetti，2020，871（877）：被实现了的不是特定的身体伤害危险，而是对武器的危险对待。

[310] 参见 BGHSt 31, 96。

[311] BGHSt 31, 96, 99。

联的成立。[312]

构成要件的特有关联在**共同原因性的第三人举止**（mitursächliches Drittverhalten）那里也存在疑难，比如在"高椅案"中，它就以医生过错举止的形式发挥着重要的作用。联邦最高法院在此同样肯定了构成要件的特有关联，因为这样的疏忽并没有超出生活经验之外。[313] 但是，最后的关键在于，尽管医生存在疏忽，但是否这一伤害的特有危险性正好实现为死亡。然而，这个长期卧床的一般风险恰恰不是伤害所特有的。

132

类似的困难还存在于**共同原因性的被害人举止**（mitursächliches Opferverhalten）中。在这些情形中，联邦最高法院认为，对结果发生的单纯的可预见性并不足以证成构成要件的特有关联。

133

> **示例**（"罗策案"）[314]：
> A 对女佣 O 进行攻击，造成她上臂深深的伤口与鼻子骨折。为了躲避 A 持续的攻击，O 从她房间的窗户逃出至阳台。她从阳台坠落并受伤致死。

联邦最高法院鉴于被害人举止而在该案中否认了只与身体伤害**行为**相联结的构成要件的特有关联。[315] 得出这一结论的考量是，O 的逃跑并未体现身体伤害独有的风险，它所涉及的风险是强制等其他犯罪行为也可以具有的。[316] 这一观点并不能令人信服。因为一个法不容许的风险也可以产生于其他关联的情况，并不必然会改变以下情况，即身体伤害行为恰巧在这一方面被法所不容许。联邦最高法院也同时认为，在遭受猛烈攻击时所实施的冒失的逃跑是一个典型的下意识反应

---

[312] 参见 *Freund*, FS Frisch, 2013, S. 691；LK‑StGB/*Grünewald*, § 227 Rn. 13；*Kahlo*, FS Puppe, 2011, S. 607 f.；*Maiwald*, JuS 1984, 443；*Roxin* FS Sancinetti, 2020, 871（877 f.）。

[313] 参见 BGHSt 31, 96, 100；so auch BGH NStZ 2009, 92。

[314] 参见 BGH NJW 1971, 152。在案件解答 *Rotsch*, Klausurenlehre, Fall 4 中。

[315] 参见 BGH NJW 1971, 152。

[316] 参见 *Roxin* FS Sancinetti, 2020, 871（875）。

(Kurzschlussreaktion)，该反应也能够被《刑法典》第227条所涵盖。[317] 在这类案件中，通常要考虑将被害人因恐慌而受到的合情理的（nachvollziehbar）意志自由限制归入行为人的答责领域。[318]

133a 即使受伤严重的被害人对（可能的）维持生命的**治疗予以拒绝**或者处于推定拒绝（比如，基于病人处分，见第21章边码79）的立场上，也可以成立构成要件的特有关联。在这一情况中，行为人所造成的伤害实现为了死亡的发生，由宪法所保障的病人的自我决定权所涵盖的决定无论如何都无法免除行为人对严重结果发生所负有的责任，只要这一决定并未表现为对合理且有希望的治疗的非理性拒绝。[319]

（4）过失

134 如果行为人通过实现基本构成要件在被害人生命的方向上创设了一个构成要件上特有的危险，那么涉及死亡结果的**客观过失**就必然成立。[320] 因此，再次考查是多余的。然而，根据流行的观点，仍然需要对所发生的死亡结果的**客观可预见性**进行单独考查。[321] 这并不能令人信服。原因在于，若对构成要件上特有的关联予以肯定，则可以断言，一个犯罪特有的危险已经实现为了死亡结果，因而结果发生也不可能是不可预见的。

---

[317] 参见 BGH NStZ 2008, 278。案情：丈夫用20厘米长的刀刺伤了妻子，并在她的背部刺入了4厘米深。妻子逃到8楼的窗台上并失足坠ం。也可参见 BGH NStZ 1992, 335, 在该案中，被害人也因之前的虐待而受精神障碍困扰，以及 BGH NStZ 1994, 394, 在该案中，被群殴的女酗酒者逃避了医疗（对此的批判可见 LK-StGB/*Grünewald*, §227 Rn.15）。关于司法判决的总结，以及对"罗策案"判决的背离，见 *Roxin* FS Sancinetti, 2020, 871（872 ff.）。关于案例解答框架下的司法判决参见 *Timpe*, JURA 2009, 466 f. 。

[318] 恰当的观点有 *Rengier*, BT II，§16 Rn. 17 ff. 。考虑到可归咎于行为人的受强迫决策处境，在反对构成要件的特有关联假时，也不能说被害人仍有作出自我答责的决定的余地〔另一种观点见 *Roxin* FS Sancinetti, 2020, 871（874）〕。被害人几乎无法表现出还能继续忍受虐待的可能性。

[319] 参见 BGH NJW 2020, 3669（zu §251 StGB）m. Anm. *Mitsch*；对此见 *Eisele* JuS 2021, 86 f；*Kudlich* JA 2021, 169 ff. ；*Ruppert* JZ 2021, 266 ff. 。

[320] 参见 LK-StGB/*Grünewald*, §227 Rn. 19；*Kudlich*, JA 2009, 247。有的人要求一个过失的升格形式，也就是轻率（持这一观点的比如有 *Freund*, FS Frisch, 2013, S. 687 ff.）。但是，这一要求既非出自法律，又非出自宪法；参见 MüKoStGB/*Hardtung*, §18 Rn. 17。

[321] 参见 BGH NStZ 2008, 686；*Wessels/Hettinger/Engländer*, BT I, Rn. 271。

但是，在主观构成要件或者（按照通说）在罪责（对此见第 30 章边码 12 及以下）中应考查个人过失（individuelle Fahrlässigkeit）：行为人依其个人过失必须有能力预见到结果并避免违反注意义务的举止。在这里，行为人是否能够预见到因果历程中的具体细节并不重要。

> **示例**[322]：
> A 用尖头的鞋子去踢躺在地上的 O 的肋骨。O 因"太阳神经丛的刺激"而"反射性死亡"。虽然这个过程"在医学上罕见"，但是联邦最高法院认为这已经足够了，因为根据生活经验踢肋骨可能会导致死亡（比如，因肝脏或脾脏破裂或肋骨骨折与刺穿伤害有更高的风险导致死亡）。

案例与问题

56. A 生产品质最为精良的厨刀，零售商 B 从 A 处获取厨刀拿到自己的商店里销售。C 到该店购得了一把这样的厨刀拿回去切肉。有一天，D 去拜访 C 时与另一名拜访者 O 发生了激烈的争吵。在争吵中，D 拿起这把厨刀刺向了 O。请问 A 对于 O 的死亡是否具有原因性？O 的死亡在客观上是否可以归属于 A？

57. 考查客观归属的"基本公式"是什么？

58. X 多次因严重暴力犯罪与性犯罪而被定罪。基于其人格障碍，他被收容于一所精神病医院。他多次趁监管松懈来实施新的犯罪行为。一名专家证实，X 对于他人的身体与生命具有危险性。尽管如此，管理 X 所在的封闭病房的高级医生 A 仍然又一次批准让他外出，结果 X 基于自己的人格障碍谋杀了 O。不能被排除的是，即使 X 没有被准许外出，他也会实施这一犯罪行为，因为他本可以通过医院不够牢固的窗户来逃

---

[322] 参见 BGH NStZ 2008, 686；对此的批判可见 Freund, FS Frisch, 2013, S. 691 f.；LK-StGB/*Grünewald*, § 227 Rn. 19；*Rengier*, FS Geppert, 2011, S. 480 ff.；*Puppe* JR 2003, 123(883)。

脱。请问 A 对于 O 的死亡是否具有因果关系？这一（作为《刑法典》第 222 条可罚性前提的）死亡结果在客观上是否可以归属于他？（根据案件 BGHSt 49, 1 改编）

59. 在一起由 A 引起的交通事故中，O 受到了有生命危险的伤害。医生 B 违反义务地推迟了必要的手术，导致了 O 的死亡。如果 O 及时得到手术，那么他本是可以被救活的。请问 A 对于 O 的死亡是否具有因果关系？这一死亡在客观上是否可以归属于他？

60. 司机 A 无视 X 的优先通行权，对 X 造成了致命的伤害。X 的妻子 O 得知情况之后产生了神经性休克。请问 A 对于 O 的神经性休克是否具有原因性？这一结果是否可以归属于他？（相似案件为 BGHZ 56, 163）

61. A 过去曾多次殴打他的女友 O，在一次激烈的争吵中他抓起一把厨刀刺入 O 的背部造成了约 4 厘米深的伤口，而没有想到可能造成生命危险。O 逃离后因下意识反应爬上了窗台，进而失去重心从 8 楼跌落，受伤致死。是否可以处罚 A？（根据案件 BGH NStZ 2008, 278 改编）

第24章　主观构成要件、故意与构成要件错误

一、基础

今天人们普遍认可的是，在构成要件上被类型化的不法并不局限于对外部法益损害发生的描述。特定的**主观要素**也属于构成要件，这些主观要素**给每个犯罪类型印上特征**，其存在也将在故意犯罪的**主观构成要件**中被考查。

主观要素也存在于**过失犯罪**中。不过，通说想将"个人过失"放在罪责的范围内进行处理。[1] 这些问题只在处理过失犯时进行讨论（第30章边码8及以下），因此接下来的考量只**局限于故意犯**。

然而，在故意犯中也存在争议，即**哪些**主观要素属于**不法构成要件**（而哪些属于罪责）。[2] 对此，人们目前取得了广泛的共识，**故意**应当在主观构成要件中被考查。[3] 因为类型化的不法（typisches Unrecht）不仅通过符合构成要件的举止（客观的行为无价值）与（结果犯中）被损害的结果（结果无价值）所体现，还体现在行为人实施损害行为时所带有的主观态度之中（主观的行为无价值）。故意犯体现的不法类型

1

2

---

[1] 支持在主观构成要件范围内进行处理的，比如 Maurach/Gössel/Zipf, AT/2, §43 Rn. 4 ff.。

[2] 比如主观的谋杀要素（第21章边码23）。

[3] 关于将故意迁移至主观构成要件的优点详见 Roxin/Greco, AT I, §10 Rn. 62 ff.; Otto, AT, §7 Rn. 47 ff.。还有另一种观点，见 Baumann/Weber/Mitsch, AT, 11. Aufl. 2003, §12 Rn. 5。

与过失犯是不同的。

3　　在一些犯罪中，除了故意之外，还有**特殊的主观不法要素**标明了不法类型，因此也应当在主观构成要件中进行考查。这里涉及分则中各个构成要件的特殊性，因此只能讨论其大体轮廓。

二、特殊的主观不法要素

4　　**特殊的主观不法要素是犯罪不法内涵的特征，它无需在客观构成要件中表现为一个关联点**（Bezugspunkt）。这里涉及的是行为人特定的、在犯罪实行中存在的内心态度，尤其是涉及以犯罪目标为指向的**目的**（Absicht）。[4]

典型例子是盗窃罪（《刑法典》第242条）中据为己有的目的和诈骗罪（《刑法典》第263条）中的获利目的。要满足其构成要件，并不要求所追求的据为己有或获利在客观上也被实现了。因此，以据为己有或获利为指向的目的也被称为"**超过的内心倾向**"（überschießende Innentendenz），也就是相对于客观构成要件有所"超过"。

5　　在这些情形中，**心理事实**（psychischer Sachverhalt）与故意的特定形式是同一的，在很多时候要求目的或者直接故意。所以，各种关于故意形式的学说（边码15及以下）对于特殊的主观不法要素具有重大意义。

6　　目前在司法实践中得到普遍认可的主观不法要素说[5]**在过去曾是发展出人格不法概念的第一步**，现在则成为了通常的犯罪构造的第一步。按照"古典的观点"，不仅仅是故意，还有所有其他的主观的（内心的）情状都属于罪责（见第13章边码3及以下）。梅茨格（Mezger）[6] 已经证明了，特定的主观要素属于一个举止的不法特征。只有这样，《刑法典》第242条的据为己有的目的这一

---

[4]　详见 *Witzigmann*, JA 2009, 488 ff.。
[5]　总结可见 *Roxin/Greco*, AT I, §10 Rn. 70。
[6]　参见 *Mezger*, GS 89(1924), 207 ff. 关于主观不法要素理论的发展概况可见 *Lampe*, Das personale Unrecht, 1967, S. 31 ff. 及 *Zielinski*, Handlungs‑ und Erfolgsunwert im Unrechtsbegriff, 1973, S. 27 ff.。

特征才能够将盗窃区别于盗用（Gebrauchsanmaßung）的类型化不法。

三、故意

(一) 故意的原理与概念

根据《刑法典》第 15 条，只有故意的行为才是可罚的，除非过失的行为被明确规定为可罚。因此，在分则的构成要件中，不需要对故意要求进行明确的规范。很多时候可罚性被局限于故意的举止，当过失行为也可罚时，故意的犯罪实行通常被科处更为严厉的刑罚。**严厉惩罚故意行为**的正当性在于，故意的行为者**决意通过犯罪行为来反对法益**。[7]因而，对故意的定义——这在《刑法典》第 15 条中未被包含[8]——也必须以此原理为导向。根据判决与学界通说，故意是"**在认识构成要件所有客观犯罪情状（Tatumstand）的基础上要实现构成要件的意志**"[9]。同样常见的是——尽管这也不是很准确——一个"短公式"，即故意是"明知且意欲实现构成要件"[10]。

(二) 故意的对象

根据通说，故意的对象是**所有属于客观构成要件的情状**（《刑法典》第 16 条第 1 款）。[11]属于此列的有发生符合构成要件的结果、因果与

---

[7] 参见 *Kühl*, AT, § 5 Rn. 11; *Roxin/Greco*, AT I, § 12 Rn. 23; *Stratenwerth/Kuhlen*, § 8 Rn. 66; 关于处罚故意的原理详见 *Frisch*, Vorsatz, S. 102 ff.; 关于更多论据的概况可见 *Hassemer*, GS Armin Kaufmann, 1989, S. 295 f.。

[8] 参见 *D. Sternberg-Lieben/I. Sternberg-Lieben*, JuS 2012, 884 正确地提示该情况与《基本法》第 103 条第 2 款之间的一致性。

[9] BGHSt 19, 295 (298) *Wessels/Beulke/Satzger*, AT, Rn. 313; *Maurach/Zipf*, AT/1, § 22 Rn. 1. 对此还有 Schönke/Schröder/*Sternberg-Lieben*/*Schuster*, § 15 Rn. 9。

[10] *Kühl*, AT, § 5 Rn. 6; Lackner/Kühl/*Kühl*, § 15 Rn. 3; *D. Sternberg-Lieben/I. Sternberg-Lieben*, JuS 2012, 884。

[11] 比如可见 Baumann/Weber/Mitsch/*Eisele*, AT, § 11 Rn. 41; *El-Ghazi* JA 2020, 182 (183 ff.); Jescheck/Weigend, AT, S. 295; Schönke/Schröder/*Sternberg-Lieben*/*Schuster*, § 15 Rn. 16. 批判性观点见 *Frisch*, Vorsatz, S. 56 ff., *ders.*, GS Armin Kaufmann, 1989, S. 326 ff.; 此外还有 *Murmann*, Versuchsunrecht, S. 8 ff.。

归属关联[12]、对犯罪客体的要求（比如《刑法典》第 225 条中"18 岁以下的人"）或者特殊的行为人资格（如《刑法典》第 311 条等中的"公职人员"）。[13] 相反，**不属于**此列的有客观的处罚条件（《刑法典》第 231 条中的发生死亡）及在一些构成要件中包含的对于违法性的一般犯罪要素的提示（比如《刑法典》第 123 条中的"非法性"（widerrechtlichkeit））。[14]

9　故意的行为首先要求认识到实现构成要件的条件的具体情状。但是，单纯的**对犯罪情状的认识并不足够**，因为行为人也必须**将其举止的损害意义考虑进去**。[15] 只有当他评价性地认识到他的举止损害了一个法益时，他才是作出了反对这一利益的决意，而该决意是处罚故意的前提。[16] 对于所谓的记叙性要素（deskriptives Merkmal，也就是用来描述外在意义世界的对象的要素）来说，认识到举止的社会意义内涵不存在什么问题。[17] 在此，行为人必须已经理解了其自然的意义内涵（自然的意义内涵通常也可推断出有社会意义内涵）。[18] 对此，认识到满足该概念的事实情况就已经足够了。比如行为人知道，他朝一个"人"开枪并"杀死"了他。

---

[12]　这里当然体现出了通说的不准确性，因为在实行犯罪行为时结果及因果与归属关联都还存在于将来，也就无法被"明知"了。因此，严格地说，明知仅仅涉及在结果方向上的风险创设；基础性的阐述见 *Frisch*，Vorsatz，S. 55 f. und passim. 也可参见 *Safferling* GA 2020, 70(79)；*Walter*，HBStrR，Bd. 2，§ 45 Rn. 13：Verstoß gegen das Analogieverbot。

[13]　深入与区分化的观点见 *Frisch* GS Armin Kaufmann，1989，311（339 ff.）。

[14]　另一方面，如果违法性更详细地描述了一个构成要件要素，比如《刑法典》第 242 条中以据为己有为目的的违法性，那么情况则不同；参见 *D. Sternberg-Lieben/I. Sternberg-Lieben*，JuS 2012，885。

[15]　另一种观点是，*Heinrich*，AT，Rn. 1087；*ders.*，FS Roxin，2011，S. 456 ff.；*Safferling*，Vorsatz und Schuld，2008，S. 135 ff.。正确地否定了这两种观点的是 *Roxin*，FS Neumann，2017，S. 1027 ff.。

[16]　参见 *Roxin*，JuS 1964，58 f. 认识损害的含义并不意味着行为人必须理解其举止被法律所禁止，也就是说，它要与《刑法典》第 17 条意义上的禁止认识区别开来，尽管在大多数案件中二者是同时存在的。

[17]　参见 *Jescheck/Weigend*，AT，S. 269 f.。

[18]　参见 *Jescheck/Weigend*，AT，S. 295；*Wessels/Beulke/Satzger*，AT，Rn. 360。

当然，在疑难案件中，记叙性要素的规范内涵也是受到质疑的法概念[19]，比如，在生命开始或结束时，一个"人"是否已经或仍然存在（第21章边码13及以下），又或者，鉴于行为人与被害人的共同作用，构成要件要素"杀死"也是存在疑问的（第23章边码91及以下）。[20]在评价所谓的**规范性构成要件要素**（normatives Tatbestandsmerkmal）时，这一疑问则更为强烈，因为社会意义内涵很难从事实情况中推断出来。[21]因此，一个物品"为他人所有"（比如《刑法典》第242条）只有通过民法上的所有权规定（尤其是《民法典》第903条）才能判断[22]，一个文本的证件属性产生于它在法律交往中的证明功能。

10

当然，故意行为成立并不要求行为人必须认识到规范性要素在法律上的正确定义。他以外行人的方式理解了其法律——社会的意义内涵就已经够了——只要这一内涵对在法律上证成可罚性有重大作用，也就是说，他必须采取一个所谓的**"外行人领域的平行评价"**（Parallelwertung in der Laiensphäre）。[23]

11

---

[19] 所以比如 *Puppe* NStZ 2001, 282（284）就完全否定了区分。

[20] 参见 *Krümpelmann*, ZStW Beiheft 1978, 15 f.; *Lenckner*, JuS 1968, 256; Schönke/Schröder/*Sternberg-Lieben*/*Schuster*, § 15 Rn. 39; SK-StGB/*Stein*, § 16 Rn. 18; 在这一背景下反对区分的有 *Herzberg*/*Hardtung*, JuS 1999, 1073。

[21] 参见 *Jescheck*/*Weigend*, AT, S. 270; *Nierwetberg*, JURA 1985, 239 f.; *Wessels*/*Beulke*/*Satzger*, AT, Rn. 196。关于"刑法中规范性构成要件要素认识错误"（Irrtum über normative Tatbestandsmerkmale im Strafrecht），详见 *Schlüchters* 的同名专著。也可见"刑法中错误情形的处理步骤"（Arbeitsschritte zur Behandlung strafrechtlicher Irrtumsfälle）von *Rath*, JURA 1998, 539 ff. 及 *Hinderer*, JA 2009, 864 ff.。

[22] 参见 Baumann/Weber/*Mitsch*/*Eisele*, AT § 6 Rn. 23 仍想将"他人"认定为记叙性要素，因为它并没有表现出任何模糊性。

[23] 参见 BGH NStZ 2020, 682（683）m. Anm. *Hinderer*（dazu auch *Theile* ZJS 2021, 96 ff.）; Baumann/Weber/Mitsch/*Eisele*, AT, § 11 Rn. 63; *Eser*/*Burkhardt*, I, Fall 16 A 24 ff.; *Hardtung*/*Putzke*, AT, Rn. 394 ff.; *Jescheck*/*Weigend*, AT, S. 295; *Kühl*, AT, § 5 Rn. 93; *Nierwetberg*, JURA 1985, 240; *Roxin*, FS Neumann, 2017, S. 1031 f.; *Wessels*/*Beulke*/*Satzger*, AT, Rn. 361。批判性观点见 *Puppe*, FS Herzberg, 2008, S. 281 ff.。仔细阐明的有 *Papathanasiou*, FS Roxin, 2011, S. 467 ff.。深入阐述可见 Arthur *Kaufmann*, Die Parallelwertung in der Laiensphäre, 1982。

示例[24]:

行为人将啤酒记账簿上店主的字迹抹去,以使人产生其喝啤酒较少的错觉,那么,即使他认为签字是证件的必要条件,他也仍属于故意伪造证件。这是因为,按照外行人的类型,他已经将做过记号的啤酒记账簿的意义内涵理解为"一种持续具化的思想表达,它在法律交往中起着特定且适宜的证明作用,并能够被其标记者认出"[25]。他的错误认识仅仅只是一个**涵摄错误**(Subsumtionsirrtum)[26],这并不影响故意的成立(但是,在不法意识——《刑法典》第17条——的范围内可以产生作用)。如果某个来自其他文化圈的人并不知晓该字迹的意义内涵而将其抹去,那么对于该案的评价就会不同。单纯认识到外在事实情况(将一个纸板上的字迹给抹去)并不足以成立故意。

(三)故意的时间

12 故意必须存在于"实行犯罪行为"(《刑法典》第16条第1款第1句)时,也就是**实施符合构成要件的行为**时。[27] 无论是在实施犯罪行为时未能更新的"故意"[所谓的"事前故意"(dolus antecedens),比如在具体的行为时间无意地杀死了一个人,而这个人是行为人长时间计划杀死的],还是事后所作的"故意"[所谓的"事后故意"(dolus subsequens),比如行为人在过失杀死被害人后认同了他的死亡][28],都不能满足。[29]

---

[24] 参见 *El-Ghazi* JA 2020, 182(186 f.); *Hinderer*, JA 2009, 867; *Kühl*, AT, § 5 Rn. 94; *Neumann*, JuS 1993, 797; *Roxin*, FS Neumann, 2017, S. 1030 f.。

[25] 证件的通行定义如此;比如可参见 *Joecks* StGB, § 267 Rn. 13; *Küper/Zopfs*, BT, Rn. 540。

[26] 对此可见 Baumann/Weber/Mitsch/*Eisele*, AT, § 11 Rn. 66。

[27] 细节详见 *Hecker*, JuS 2010, 1114; *Kühl*, AT, § 5 Rn. 20 ff.; *D. Sternberg-Lieben/I. Sternberg-Lieben*, JuS 2012, 979f.。

[28] 对此可见 *Hruschka*, Strafrecht, S. 1 ff.。

[29] NStZ 2019, 468 (469); NStZ-RR 2020, 79 (对此见 *Hecker* JuS 2020, 696 ff.; *Jäger* JA 2020, 467 ff.)。也可参见 *Hruschka*, Strafrecht, S. 4 ff.。

> 示例[30]：
> 一名"快车手"以远超规定时速的速度驾车冲向十字路口，并在刹住车已太迟时想到了发生致死事故的风险，那么就成立"事后故意"，因为一个符合构成要件的行为以行为人仍能够掌控事件的发生为前提。

（四）明知的程度

故意举止要求对犯罪情状的"认识"，这提出了一个问题，要实现故意的举止，一个犯罪情状必须以何种程度进入行为人的意识。一方面，没有争议的是，不能要求对犯罪情状的存在进行反射，比如，行为人无需在内心中吟诵，被偷的物品属于他人所有或者某人未满14周岁，等等[31]；另一方面，行为人做一点思考便能认识到犯罪情状的存在的情况也尚未达到故意的程度[32]，比如，他若细看便能认识到自己拿的大衣属于他人，或者从他所知的情状中就可以计算出儿童的年龄。可认知性顶多能够开启过失非难。 **13**

主要的疑问是，当涉及**人的较长的持续状态或长期性格**时，关于明知的必要程度问题。这些情状对于行为人而言经常是理所当然的，以至于产生了以下问题：它们是否被犯罪时的当时明知所包含。 **14**

> 示例：
> 官员在收受贿金时没有想到自己的公职人员身份（《刑法典》第332条）；医生在损害个人秘密时没有想到他的职业（《刑法典》第203条第1款第1项）；佩戴公务用枪的人在实施商场盗窃时没有想到自己一如既往地携带着武器（《刑法典》第244条第1款第1项第a目）。

通说想通过"事实思维上的附随意识"（sachgedankliches Mitbe-

---

[30] 参见 BGHSt 63, 88 f. (Rn. 13 f.)。相似的有 BGH NstZ 2022, 30。
[31] 参见 *Roxin/Greco*, AT I, § 12 Rn. 122。
[32] 参见 *Wessels/Beulke/Satzger*, AT, Rn. 357。

wusstsein）理论解决这些情形。[33] 依此，属于个人当时意识的，不仅仅有作为当时关注对象的"明确意识"，还有，当他只关注相应的方向时，该人随时可支配的"附随意识"[34]。在这一意义上，属于附随意识的，首先是长存的**"伴随认识"**（Begleitwissen），也就是认识到作为官员或医生的地位，也包括长期携带公务用枪。这一意识是"事实思维上的"，因为它不是语言覆盖的对象（所谓的"语言思维"），而是发生在"意图对事物本身的处理"中。[35]

（五）故意的形式

15 以通说的故意定义作为基础（"明知与意欲实现构成要件"），可区分出故意的**两个要素：明知要素**(＝认识要素) 与**意志要素**(＝意愿要素)。[36] 根据通说，两个要素对于构成故意都是不可或缺的。[37] 不过，作为心理事实的"明知"与"意欲"，可以**被鲜明地区分**。按照明知与意欲的不同强度，**故意形式分为三种**：目的（＝一级直接故意），直接故意（＝二级直接故意或明知性）与有条件故意（＝可能故意或间接故意）。

16 在**目的**[38]中，**意志要素**非常重要。对于行为人而言，**关键就是要**

---

[33] 基础性的阐述见 *Platzgummer*, Die Bewusstseinsform des Vorsatzes, 1964, S. 81 ff.。之后比如还有 *Kühl*，§ 5 Rn. 99 f.；*Roxin/Greco*，AT I，§ 12 Rn. 123；Schönke/Schröder/Sternberg-Lieben/Schuster StGB § 15 Rn. 51；*Walter*，HBStR，Bd. 2，§ 45 Rn. 6；*Wessels/Beulke/Satzger*，AT，Rn. 357。批判性观点见 *Frisch*，GS Armin Kaufmann，1989，S. 311 ff.；*Schild*，FS Stree und Wessel，1993，S. 241 ff.。反对将该理论普遍化的有 *Köhler*，GA 1981，285 ff.。

[34] *Platzgummer*（Die Bewusstseinsform des Vorsatzes，1964，S. 84 ff.）借助心理学家 *Rohracher* 的思考，在刑法上产生了很多有益的成果。对此可见 *Frisch*，GS Armin Kaufmann，1989，S. 314 f.。

[35] 参见 *Schmidhäuser*，FS Hellmuth Mayer，1966，S. 326。

[36] 当然，这些要素之间并非没有关系，因为意志总是以明知（涉及现实情状、法律上的关联等）作为前提的；参见 *Duttge*，HBStR，Bd. 2，§ 35 Rn. 13。

[37] 深入阐述可见 *Otto*，JURA 1996，468 ff.。关于观点争议见边码 21 及以下。

[38] 总结性内容比如可见 *Jescheck/Weigend*，AT，S. 297 f.；*Kühl*，AT，§ 5 Rn. 33 ff.；*Wessels/Beulke/Satzger*，AT，Rn. 325；深入阐述见 *Witzigmann* JA 2009，488 ff.。否认目的这一故意形式的有 *Dold*，Eine Revision，S. 65 ff.：行为人的内心态度不应成为刑事诉讼的对象。另外，仅仅基于希冀而创设一个轻微的危险，该危险可能会得以实现，就要按照故意犯进行处罚，是不适当的。

使得构成要件举止得以实现。相比之下，如果行为人认为实现犯罪情状是可能的，那么这对于明知要素就足够了。[39] 实现犯罪情状的意志无须与行为人的动机一致。如果犯罪行为对于行为人来说仅仅表现为达到他的目的的一个中间步骤，比如他想排除掉竞争者因而将他杀死，目的同样是成立的。[40]

对比之下，在**直接故意**[41]那里，**对实现犯罪情状的明知非常重要。行为人明知或者（在实践中）**[42]**确信地预见，他的举止实现了构成要件的条件。**[43] 与目的相反，直接故意涉及的是与所追求的行为目标相关联的附随后果。[44] 通说认为，在这里，如果行为人认为结果发生必然会与被追求的主要后果相连，即使他并不确定他的举止是否会导致主要后果，也已经足够了。[45] 直接故意并不要求行为人对于结果有一个积极的态度，因此，即使结果发生对于行为人来说是"不符合期望的"，也无损于它。[46] 意志要素并不要求独立的考查，因为当行为人在确信地明知时就已对结果作出了决意并至少对于它的发生予以放任。[47]

示例：

A 出于保险诈骗的目的而向一栋房子纵火。A 很明确地预见到，

---

[39] 比如可见 Duttge，HBStR，Bd. 2，§ 35 Rn. 17；Lackner/Kühl/*Kühl* StGB § 15 Rn. 20；*Wessels/Beulke/Satzger*，AT，Rn. 328。

[40] 比如可见 Duttge，HBStR，Bd. 2，§ 35 Rn. 19；*Jescheck/Weigend*，AT，S. 297；Lackner/Kühl/*Kühl* StGB § 15 Rn. 20；*D. Sternberg-Lieben/I. Sternberg-Lieben* JuS 2012, 977；*Wessels/Beulke/Satzger*，AT，Rn. 327。

[41] 总结性内容比如可见 *Jescheck/Weigend*，AT，S. 298f.；*Kühl*，AT，§ 5 Rn. 38 ff.；*Wessels/Beulke/Satzger*，AT，Rn. 330。

[42] 由于对于未来事件总是存在一定的不确定性，因此现实的确定性必须就够了，参见 Duttge， HBStR， Bd. 2， § 35 Rn. 22。

[43] 比如可见 Lackner/Kühl/*Kühl*，§ 15 Rn. 21；*Wessels/Beulke/Satzger*，AT，Rn. 330。

[44] 参见 *Kühl*，AT，§ 5 Rn. 39；*Otto*，JURA 1996，472。

[45] 参见 *Kühl*，AT，§ 5 Rn. 42；*Roxin/Greco*，AT I，§ 12 Rn. 18；另一种观点见 Duttge，HBStR，Bd. 2，§ 35 Rn. 24：间接故意。

[46] 参见 *Bloy*，JuS 1989，L 3；*Fischer*，§ 15 Rn. 9；*Wessels/Beulke/Satzger*，AT，Rn. 330。

[47] 参见 LK-StGB/*Vogel/Bülte* § 15 Rn. 93；*Kühl*，AT，§ 5 Rn. 41。

> 这会导致若干住户死亡。在杀人罪方面，行为人是以直接故意行事的。[48] 即使他对燃烧物的功能可靠性有所怀疑，也不会改变他对构成要件实现的确定明知，因为从他的视角出发，在这一案件中，住户的死亡与中间目标的实现必然是相连的。[49]

18 最后，在**间接故意**[50]中，明知要素与意志要素都只是很弱地体现：行为人仅仅认为构成要件实现是可能的（明知要素），并按照司法判决中经常提到的说法**容认了它**（意志要素）。在鉴定报告中，目的与直接故意通常都不涉及什么特殊的疑难问题，但是间接故意却遭遇了**激烈的学术争议**。这里涉及的问题也是，是否完全取决于意愿的故意要素，或者在知道可能实现构成要件的情况下，是否已经考虑间接故意（详见边码21及以下）。

19 下表以通说为基础，展示了各种故意的形式（区别于有意的过失）：

表 24-1 故意的形式

	目的	直接故意	间接故意	有意的过失
意志=意愿要素	目标指向的结果意志——如果这对于行为人来说恰恰取决于引发结果的发生	行为人对结果发生（附随后果）予以放任，即使这并不符合他的期望	行为人容认了结果的发生，即使这并不符合他的期望	行为人相信结果不会发生

---

[48] 参见"托马斯（Thomas）案"。对此比如可见 *Jescheck/Weigend*, AT, S. 299; *Roxin/Greco*, AT I, § 12 Rn. 18; *Schönke/Schröder/Sternberg-Lieben/Schuster*, § 15 Rn. 68。

[49] 参见 *Kühl*, AT, § 5 Rn. 42; *Schönke/Schröder/Sternberg-Lieben/Schuster*, § 15 Rn. 68。

[50] 总结性内容比如可见 *Jescheck/Weigend*, AT, S. 299 ff.; *Kühl*, AT, § 5 Rn. 43 ff.; *Wessels/Beulke/Satzger*, AT, Rn. 331 ff.; *Geppert* JURA 1986, 610 ff.。 *Walter*, HBStR, Bd. 2, § 45 Rn. 18 认为对故意形式予以同等对待违背了《基本法》第3条。

(续表)

	目的	直接故意	间接故意	有意的过失
明知=认识要素	行为人认为构成要件的实现至少是可能的	行为人确信地预见到，他的行为会造成构成要件实现（或者必然与所追求的主要后果相关联）	行为人认为实现构成要件是可能的	行为人认为实现构成要件是可能的

原则上讲，如果行为人在行为时具有三种故意形式中的一种，那么构成要件就实现了。**因此，间接故意就够了**。如果一个构成要件对于故意形式没有特殊的要求，那么，如果在鉴定报告中能确定行为人在行为时至少具有间接故意，那么就无需全面讨论故意形式之间的界限。[51] 另一方面，如果具体案件的案情提供了明确的信息，那么就应指明该案中成立的故意形式。如果这里的行为人就是为了杀死被害者，那么在鉴定报告中仅提及行为人对结果抱有容认态度就是错误的。换言之，此处应明确指出成立目的（Absicht）。如果一个构成要件以一个特定的故意形式（经常是在一个特殊的主观不法要素的范围内，见边码 4 及以下）作为前提，那么故意形式之间的区别就很重要了。多种构成要件至少要求直接故意（比如《刑法典》第 226 条第 2 款）或者一个特定的目的（比如《刑法典》第 164 条第 1 款、第 242 条、第 257 条第 1 款、第 263 条，也包括第 252 条："为了……"）。但是，这里要注意的是，目的概念在法律中并不总是在技术意义上被使用，在许多构成要件中，它也包含了直接故意。[52]

（六）间接故意与有意的过失之间的界限

以通说为基础展示的各种故意形式已经表明，**间接故意与有意的过**

20

21

---

[51] 参见 *D. Sternberg-Lieben/I. Sternberg-Lieben*, JuS 2012, 976。

[52] 比如对于《刑法典》第 267 条的伪造证件罪中的"为了在法律交往中进行欺骗"的行为，直接故意就足够了；参见 SSW-StGB/*Wittig*, § 267 Rn. 84。

失之间仅有狭窄的界限：要确定这一界限的走向造成了额外的困难，因为有偏差的故意理念会在这一界限问题上产生非常强烈的影响。在实践中，这一界限意义重大，因为作为最弱故意形式的间接故意与有意的过失之间的界限，经常界分了可罚与不可罚（《刑法典》第 15 条）的举止，或者至少界分了不同该罚（strafbewehrt）的举止。这一边界划分在近年来的"飙车案"中变得清晰起来，司法判决在特别危险驾车超速的极端案件（闯红灯等）中多次将其归类为（未遂的）谋杀（《刑法典》第 212 条、第 211 条：低劣动机、阴险、危害公众的手段）。[53] 不过，关于故意与有意的过失之间界限的"经典案例"如下：

22   **示例**（"皮带案"）[54]：

     A 与 B 意图进入他们认识的 O 家抢劫。为了实施犯罪，他们打算弄晕 O。由于他们不想将 O 伤害致死，所以他们一开始计划用皮带将 O 勒至失去意识，但是他们在认识到这一行为会有生命危险后放弃了，决定用沙袋击打 O 使其晕倒。但是，沙袋却没有起到他们预想的效果：O 并没有失去意识，并在第三次击打时弄破了沙袋。在接下来的扭打中，他们将皮带绕在 O 的脖子上并拉扯两端，直到 O "不再动弹"。他们还以为自己只是为了能够不受打扰地拿走自己想要的东西而让 O 失去了意识。实际上，O 已经死了。

23   A 与 B 既没有造成 O 死亡的故意，也没有对于死亡结果的确信明知。但是他们意识到了死亡危险。按照通说，单单有这一明知要素并不能成立间接故意，因为有意的过失的行为人也认识到了风险。因此，它与有意的过失的界限必须在意愿要素上予以确定，在这里，通说内部还没有在内容构造上达成一致。与这一**"意志理论"**（Willenstheorien）的

---

[53] 参见 BGHSt 65, 42（Rn. 21 ff.）; *Bosch* JURA（JK）2020, 1270; *Eisele* JuS 2020, 892 ff. ; *Puppe* JR 2018, 323 ff. ; *dies.* ZIS 2020, 584 ff. ; *Stübinger* FS Kindhäuser, 2019, 515 ff. ; *Wachter* JR 2021, 146 ff. 。

[54] 参见 BGHSt 7, 363。

理念基本上相反的是"**构想理论**"（Vorstellungstheorien，也被称为认识理论或知识理论），后者认为意愿的故意要素并非必要。根据构想理论，间接故意与有意的过失的界限在认识要素的范围内。

由于意志理论与构想理论决定了凭借哪一个主观必要条件（明知还是意志？）进行界分，因此这一区分在鉴定报告中也处于基础地位。[55]

1. 意志理论

司法判决主张的是所谓的**认可理论**（Billigungstheorie），也就是**承诺理论**（Einwilligungstheorie）。[56] 按照这一理论，如果行为人对被认为可能的结果予以了"承诺"或者"**容认**"（billigend in Kauf nehmen），那么就成立间接故意。在最初的帝国法院版本中，这意味着与"认可"一词的语义内容完全一致，行为人必须对结果有着积极的情感联系，因而内心同意结果的发生。[57] 联邦最高法院尽管在口头上还坚守着认可是必要要件，但是却脱离了帝国法院在"皮带案"中的判决[58]，反而判定不取决于对符合构成要件的结果的真实的情感认可。关键的是**法意义**（Rechtssine）**上的认可**，"即使结果的发生并不符合行为人的期望"，这一认可也是成立的。[59] "然而，如果他为了所追求的目标而放任（sich abfinden）自己的行为造成本并不期望的结果，也就是说假使他不这样做就无法实现他的目标，因而为了目标出现而想要这一结果，那么他就在法意义

---

[55] 关于构想理论与意志理论的划分比如可参见 Eser/Burkhardt, I, A 2; Kühl, AT, § 5 Rn. 51。

[56] 比如可见 BGHSt 7,363(368 f.); 36,1(9); 62,223 (Rn. 47); 63,88 (Rn. 17); BGH NStZ 1988,175; 1999,597; 2000,583; 2016,25; 2016,670; 也可见 Baumann/Weber/Mitsch/Eisele, AT, § 11 Rn. 26 ff.。总结性内容可见 Schroth, NStZ 1990,324 ff.。

[57] 参见 RGSt 33,4,6; 72,36,44。总结性内容可见 Baumann/Weber/Mitsch/Eisele, AT, § 11 Rn. 27。

[58] 不过联邦最高法院的司法判决并不完全统一。Schmidhäuser, GA 1958,163 ff. 在帝国法院的司法判决的思路上详细地传达了其判决。对此也可见 Roxin, JuS 1964,56。

[59] 基础性的阐述见 BGHSt 7,363,369"皮带案"（Lederriemen-Fall）。关于"认可"或"同意"的字面含义与联邦最高法院对此类概念的解释之间的不兼容见 Frisch, Vorsatz, S. 6, 310 Fn. 23,318 f.; Roxin, JuS 1964,56; Schmidhäuser, JuS 1980,245 f.。有的人认为，"皮带案"的判决也意味着联邦最高法院放弃了间接故意的意志要素；参见 Schumann, JZ 1989,428。

上认可了这一结果"[60]。——"皮带案"中的行为人就正是这种情况。

如果案情中没有包含关于行为人意志的明确信息，那么在**鉴定报告**中就应当对所有与判断故意可能相关的客观情状进行**整体评价**。重要的是，要对案情中的提示予以尽可能全面的分析。比如，包括行为人的性格、犯罪时的精神状况、实施犯罪的计划（或者自发性）[61]、可能的醉酒[62]、犯罪动机、不再继续实施犯罪的非自愿性[63]及犯罪之后的举止。[64] 尤其重要的是行为人举止的**危险性**。比如，实施猛烈的暴力行为就是表明存在杀人故意的强烈标志。[65] 相反，一个明显的自己危险化就排除了故意。对于这一点，联邦最高法院在评价非法的**汽车竞赛**时进行了强调，在这些竞赛中，要成立杀害其他交通参与者的故意，通常要求行为人愿意毁坏自己的汽车并给自己造成危险。[66]

25 在**文献**中，尽管有着大量术语上的区别，但占据压倒性地位的同样是意志理论，也就是主张所谓的**认真对待理论（Ernstnahmetheorie）**[67]。

---

[60] BGHSt 7,363(369). 同样观点的还有 BGHSt 36,1(9)；BGH NStZ 1988,175；NStZ 1999,597；NStZ 2000,583；2012,86(88)。

[61] 参见 BGH NStZ 2018,37(39)。

[62] 参见 BGH NStZ 2020,218(219)。

[63] 参见 BGH NStZ 2015,216(217)。

[64] 参见 BGHSt 63,88(Rn. 19)；BGH StV 1988,93 f.；NJW 2016,1970(1971)；NStZ-RR 2016,111(112)；NStZ 2016,25(26)；2017,25；NStZ 2018,37(38 ff.)；NStZ 2018,37(39 f.)。

[65] 参见 BGHSt 63,88(Rn. 19)；BGH NStZ 2015,216(217)；NStZ 2015,516；NJW 2016,1970(1971)；NStZ-RR 2016,204 f.；StV 2018,738；NStZ 2022,40；NStZ 2022,224；BGHSt 57,183(186ff)；深入阐述可见 *Artkämper/Dannhorn*, NStZ 2015,241 ff.。

[66] 参见 BGHSt 63,88(Rn. 21)（表示赞同的比如有 *Eisele*, JuS 2018,493 f.；*ders.* JZ 2018,549 ff.；*Jäger*, JA 2018,471；批判性观点见 *Hörnle*, NJW 2018,1578；*Kubiciel/Wachter*, HRRS 2018,334 ff.；*Schneider*, NStZ 2018,531 ff.）；BGH NStZ-RR 2018,154(155)；NStZ 2018,460(462)；NStZ-RR 2019,343(344)。总结性内容可见 *Bechtel*, JuS 2019,114 ff.。

[67] 比如可见 *Blei*, AT, S. 115；*Bockelmann/Volk*, S. 82 ff.；*Jescheck/Weigend*, AT, S. 299 f.；*Kaspar*, AT, § 5 Rn. 135；*Knauer*, AIFO 1994,472 f.；*Kühl*, AT, § 5 Rn. 84 f.；*Roxin/Greco*, AT I, § 12 Rn. 21 ff.；*Stratenwerth/Kuhlen*, § 8 Rn. 117 ff.；*Wessels/Beulke/Satzger*, AT, Rn. 337 ff.；*Zieschang*, AT, Rn. 131 及在哲学探究上更深入的 *E. A. Wolff*, FS Gallas, 1973, S. 220 ff.。"认真对待理论"的称呼，比如可见于 *Eser/Burkhardt*, I, Fall 7, A 11；*Hillenkamp/Cornelius*, AT, S. 9 ff.；*Otto*, AT, § 7 Rn. 43。

按照该理论，间接故意指的是"行为人真挚地认为实现法律规定的构成要件是可能的，并对此予以放任"[68]。这在实质上与联邦最高法院的认可理论没有任何区别。[69] 认真对待理论放弃了"认可"的必要性，这仅仅是在术语上明确了联邦最高法院通过"法意义上的认可"这一不幸转变想表达的东西，也就是并不要求行为人与结果发生之间有着积极的情感联系。[70]

在**考试**中，对于那些没有疑问的案例应以通说为指向。尤其是当案情中提示了行为人对于结果"容认"或者"放任"，那么就没有必要再去阐释其他理论与讨论故意和过失之间的界限。出题人之所以用这些措辞，就是要表达行为人的行为无论如何都是故意的。[71] 如果案例的核心问题就是其与有意的过失之间的界限，那么接下来要提及的其他意志理论在大多数情况下也是必需的。

仅有个别人主张的**无所谓理论**（Gleichgültigkeitstheorie）[72] 介于认可理论的旧版本（作为内心赞同的认可）与新版本（法意义上的认可或认真对待理论）之间。这一思想的基础是，那些通过犯罪行为只有**对被保护的法益表达了消极的——至少是无所谓的——态度**的人，才能够招致严重的故意罪责。一方面，与最初始的认可理论相反，无所谓理论并不要求赞同结果的心理态度。[73] 但是另一方面，单纯的对结果的"容认"（Inkaufnehmen）或对并不符合其期望的附随后果的"放任"（Sich-Abfinden）也是完全不够的。能

---

[68] 持这一观点的有 *Jescheck/Weigend*, AT, S. 299 及大量证明。司法判决也时不时地指出，行为人必须为了所追求的目标"放任"符合构成要件的结果；这样认为的比如有 BGHSt 36, 1, 9; BGH NStZ 2013, 581。

[69] 对此比如可见 *Eser/Burkhardt*, I, Fall 7, A 11; *Küpper*, ZStW 100(1988), 765。

[70] 参见 *Roxin*, JuS 1964, 56; *D. Sternberg-Lieben/I. Sternberg-Lieben*, JuS 2012, 978。

[71] 参见 *Kudlich*, JA 2015, 427。

[72] 尤其可见 *Engisch*, Untersuchungen über Vorsatz und Fahrlässigkeit im Strafrecht, 1930, S. 186 ff.; *dens.*, NJW 1955, 1688f.; *Schönke/Schröder/Sternberg-Lieben/Schuster*, § 15 Rn. 82, 84。也可见 LK/*Schroeder*, § 16 Rn. 93，它在一个"并合理论"的框架内考虑了无所谓标准。按照司法判决，对法益表达无所谓态度就足够了；参见 BGHSt 50, 1, 6 f.。

[73] 对于这一观点尤其可见 LK/*Schroeder*, 11. Aufl., § 16 Rn. 93。

够被科处严厉的故意刑罚的,只有那些对于结果抱有"肆无忌惮的无所谓"(rücksichtslose Gleichgültigkeit)的人[74]——这在皮带案中的行为人那里是缺失的。

27　　最后,属于意志理论的还有所谓的**避免理论**(Vermeidungstheorie)。[75] 这一理论的基础是以下思想:强大的"避免意志",也就是以避免犯罪结果为指向的对事件发生的操控,排除了"引发意志"(Herbeiführungswille)的假定——也就是故意。[76] 在"皮带"案中,行为人仅仅只是期望结果能够不发生,但是缺少了相反的操控,因而缺失了强大的避免意志。[77]——这一观点的问题在于,它会使得那些创设了很高的风险但又通过避免的努力降低了这一风险的人得到豁免,相反,那些之前创设了较小的风险并出于这一原因希望结果不会发生的人却仍要承担故意责任。[78]

28　　**反对意志理论**的观点从根本上提出了**异议**,认为意志要素是多余的。[79] 因为如果行为人明知具体危险而实施一个有风险的行为,那么他就已经决意反对法益了。[80] 其次,反对者声称通说仅仅是在口头上坚持意志要素。因为在实践中,要证明故意只能采取从明知中推断出意

---

[74] 参见 Engisch, NJW 1955,1689 对于"皮带案"判决(BGHSt 7,363)的否定性评价;Schönke/Schröder/Sternberg-Lieben/Schuster, § 15 Rn. 84:"如果行为人认为构成要件的实现是可能的,而且出于对所保护的法益无所谓的心态容认了构成要件的实现。那么间接故意就成立了。"

[75] 基础性的阐述见 Armin Kaufmann, ZStW 70(1958),73 ff.;对此进行了深入阐释且部分赞同的有 Hillenkamp, GS Armin Kaufmann, 1989, S. 351 ff.。相似的阐述也可见 Behrendt, FS v. Simson, 1977, S. 23 ff.;Schlehofer, NJW 1989, 2020;Schünemann, in:Schünemann/Pfeiffer (Hrsg.), Die Rechtsprobleme von AIDS,1988, S. 489。

[76] 参见 Kaufmann, Armin, ZStW 70(1958),74。

[77] 参见 Kaufmann, ZStW 70(1958), S. 75。

[78] 参见 Frisch, Vorsatz, S. 14。

[79] 总结性内容可见 Eser/Burkhardt, I, Fall 7, A 17。

[80] 持该观点的比如有 Frisch, Vorsatz, S. 262 f.;Frister ZIS 2019, 381(382);Schmidhäuser, JuS 1980, 244。

志的方式。[81] 所以，完全放弃意志要素就是逻辑必然。但是，口语中对故意概念的理解支持着意志的必要性，尤其是个体反对法益的表态只允许通过反对这一利益的意志性决定而作出。[82] 最后，下文将要提及的构想理论在实践可操作性中所存在的困难与疑问也支持了坚守意志的必要性。

2. 构想理论

放弃了意志要素，构想理论要想将故意与有意的过失区分开来，则必须对明知要素或明知的关联点勾画出一个较为精准的轮廓。

高度可能性理论（Wahrscheinlichkeitstheorie）[83]展示了一个按照行为人的认知内容来区分故意与过失的理论，按照该理论，故意与过失的界限是借助行为人接受的危险性来划定的。如果行为人认识到了危险，而这一危险根据他的构想"高度可能"导致符合构成要件的结果的实现，那么就应当肯定故意的成立。[84] "高度可能"在这里指的是"超出单纯的可能性，但又尚未达到占据压倒优势的可能性"[85]。

我们可以用很多理由来证明高度可能性理论**不具有说服力**。高度可能性标准明显存在着不确定性。[86] 因此对于"皮带"案无法得出明确的结果。此外，计算统计学上的概率并进行相应的考虑，通常也不符合人类的决意举止。[87] 但最重要的是，高度可能性标

---

[81] 详细阐述参见 *Schmidhäuser*, Vorsatzbegriff und Begriffsjurisprudenz im Strafrecht, 1968, S. 8 ff.。关于法官内心确信形成与证明故意的问题也可见 *Ling*, JZ 1999, 335 ff. 以及专著 *Freund*, Normative Probleme der Tatsachenfeststellung, 1987。

[82] 参见 *D. Sternberg-Lieben/I. Sternberg-Lieben*, JuS 2012, 976。

[83] 尤其可见 *H. Mayer*, AT, S. 250f.。关于高度可能性理论比如可参见 *Eser/Burkhardt*, I, Fall 7 A 19; *Frisch*, Vorsatz, S. 19 ff.; *Hillenkamp/Cornelius*, AT, S. 3; *Kühl*, AT, § 5 Rn. 68 je m. w. N.。关于新近的发展见 *Puppe*, ZStW 103(1991), 18 ff., 它进一步发展了高度可能性理论, 并以下情况中认同了一个"故意危险", 即该危险表现出了"明显的类型性", 在其成立的情况下, 行为人必然已经接受了结果的发生; 同样还有 *Dold*, Eine Revision, S. 67 f.。对此可参见 *Frister* ZIS 2019, 381(383 ff.)。

[84] 放弃情感的关联使得该理论成为了构想理论。然而，对危险的认识本身不应是重要的，它只是"充分意志支配"的表达。参见 *H. Mayer*, AT, S. 250。

[85] *H. Mayer*, AT, S. 251. 关于其他更狭窄的方案见 *Eser/Burkhardt*, I, Fall 7 A 19。

[86] 参见 *Eser/Burkhardt*, I, Fall 7 A 19; *Frisch*, Vorsatz, S. 20。

[87] 参见 *Puppe*, ZStW 103(1991), 18; *Roxin*, JuS 1964, 60。

准在规范上的恰当性没有得到有说服力的论证。[88] 因为对于结果发生的内心态度并非（仅仅）根据所冒风险的程度进行评定。

31 由施密特·霍伊泽尔（Schmidthäuser）所主张的**可能性理论**（Möglichkeitstheorie）[89]意图按照风险认知的类型进行区分。他的出发点是以下假设，即意识到具有法益损害的具体可能性的行为人对于损害是放任的，并因而对于该利益表现出了无所谓。[90] 所以，若行为人认为"（目前与将来的）犯罪情状是具体可能的"[91]，那么就成立间接故意，"皮带案"正是这一情况。[92] 据此，故意与过失之间的**界限在于对危害的具体认知与抽象认知**。在抽象的危险判断中，个案的具体情状作为行为人决意的基础尚未被考虑。[93] 行为人虽然认识到了一般的危险关联（比如，汽油附近的火焰始终是危险的），但是在具体上却构想了一个不会发生什么事的处境。[94]

> **用来阐释的示例：**
>
> 认识到自己超速行驶的司机对于超速行驶的一般危险性通常有着抽象的危险认知。但不确定的是，行为人是否也意识到了他行为的具体危险性。[95] 说驾车人认识到了具体的危险，这是"很荒谬的"。虽然他一开始可能想到了发生致命事故的可能，但是，通过对心理过程的现实评估，他确定"按照他目前这样驾驶不会发生事故"[96]。所以，在这类案件中，欠缺了具体的可能性认知，因而也欠缺了故意。

---

[88] 参见 *Roxin*, JuS 1964, 60 f.。

[89] 参见 *Schmidhäuser*, JuS 1980, 243 ff.; *dens.*, GA 1957, 312 ff.; *dens.*, GA 1958, 178 ff.。相似的阐述可见 *Frister*, AT, 11/25; *ders.* ZIS 2019, 381 (382 f.); *Joerden*, Strukturen des strafrechtlichen Verantwortlichkeitsbegriffs, 1988, S. 150 ff.; *Otto*, AT, § 7 Rn. 37 f.。

[90] 参见 *Schmidhäuser*, JuS 1980, 244, 246, 249; *dens.*, GA 1958, 178。

[91] *Schmidhäuser*, JuS 1980, 252; *ders.*, Studienbuch, 7/100.

[92] 参见 *Schmidhäuser*, GA 1958, 168 ff.; *ders.*, JuS 1980, 245 f.。

[93] 参见 *Schmidhäuser*, GA 1957, 312。

[94] 参见 *Schmidhäuser*, GA 1957, 312。

[95] 参见 *Schmidhäuser*, JuS 1980, 244 f.。

[96] *Schmidhäuser*, JuS 1980, 245。

反驳可能性理论的观点是，如果行为人在行为当时意识到了结果发生的具体可能性，但是同时又相信会有一个好的结局，那么无论如何就只能定为过失行为。[97]

由可能性理论进一步发展得出的**规范的风险理论**（normative Risikotheorie）[98]认为，**这一认识所涉及的并不仅是一个被可能性理论进行非特定描述的危险**[99]，而是要求故意的对象必须是符合构成要件的举止，也就是说，必须**创设了一个法不容许的风险**。如果行为人明知他的行为与法不容许的风险相关联，那么他当时所实施的行为就是在表达行为人反对法益的决意。在这里，对于必要的认知而言（与可能性理论一致）仅仅想到成立一个不再被容忍的风险的抽象可能性是不够的，而要求一个对于行为人而言**具有约束力的"自己如此认为"**（Für-sich-so-Sehen）。这一对危险的构想应是行为人的受约束的个人视角的内容。[100]

可能性理论与规范的风险理论通常——在"皮带案"中亦然——会得出相同的结论。这些结论与通说（认可与认真对待理论）所得出的结论之间通常也没有什么区别。这是因为，这些构想理论将故意限制为对结果发生的风险的具体认知，只会涵盖那些行为人放任结果发生的情形。[101]

（七）特殊问题：择一故意

择一故意[102]（= dolus alternativus）指的是，行为人的故意行为**涉及多个不同的符合构成要件的历程，而按照他的构想，对这些历程的实**

---

[97] 参见 *Wessels/Beulke/Satzger*, AT, Rn. 334; *Herzberg*, JuS 1987, 780. 相反, *Frister*, AT, 11/25 认为这只涉及术语问题。

[98] "规范的风险理论"这一称呼与对各种观点的启发性介绍见 *Eser/Burkhardt*, I, Fall 7 A 21 ff.。详见 *Frisch*, Vorsatz, S. 162 ff.（对此的总结性内容可见 *Küper*, GA 1987, 479 ff.）; AK-StGB/*Zielinski*, §§ 15, 16 Rn. 75 ff.。

[99] 对此的深入阐述可见 *Frisch*, Vorsatz, S. 16, 478 ff.。

[100] 相似的阐述可见 *Köhler*, JZ 1981, 35 f.; *ders.*, GA 1981, 286 f.; *Jakobs*, AT, 8/23。

[101] 参见 *Frisch* GS Meyer, 1990, 533 (546 f.); *Frister*, AT, 11/25。

[102] 深入阐述可见 *Fischer*, Wille und Wirksamkeit, 1993; *Joerden*, ZStW 95 (1983), 565; *Schmitz* ZStW 112 (2000), 301 ff.。

现是无法被排除的。[103] 这里应当区分两种基本情形[104]。第一种可能的情形是，行为涉及**多个不同的犯罪对象**：

> **示例**[105]：
> 偷猎者 A 朝着带狗追他的护林员的方向开枪。他想要射中护林员，或者至少射中他的狗。

34 但是，故意也可以只针对**一个对象**，该对象的（在规范上相关的）质量由行为人择一确定：

> **示例**[106]：
> A 想要报复他的邻居。他知道该邻居的孩子经常在狗窝里玩耍。有一天，他看到狗窝里有东西在动，于是开枪射向了该目标。他知道，他要么杀死了狗，要么杀死了小孩。

35 按照正确的**通说**[107]，**在这两种情形中**（在示例中：《刑法典》第211 条及以下与第 303 条）**都成立故意行为**（至少是以间接故意的形式）。只要结果尚未发生，那么当然就只能考虑按照未遂进行处罚。之后，应当在**竞合**（对此可见第 31 章）的层面对被实现的构成要件之间的关系进行阐释：按照通说，只要未遂之罪之于既遂之罪并非补充关系（比如，身体伤害罪之于杀人罪），那么在构成上被实现的犯罪之间就成

---

[103] 参见 *V. Heintschel-Heinegg*, JA 2009, 149; *Jescheck/Weigend*, AT, S. 304。

[104] 深入阐述可见 *Fischer, Wille und Wirksamkeit*, 1993, S. 5 ff.; 此外还可见 LK-StGB/*Vogel/Bülte* § 15 Rn. 135 f.; *Roxin/Greco*, AT I, § 12 Rn. 93。

[105] 依照 *Wessels/Beulke/Satzger*, AT, Rn. 348; *Fischer, Wille und Wirksamkeit*, 1993, S. 3 f.。也可参见 BGH, Urt. v. 16. 10. 2008-4 StR 369/08（对此可见 *v. Heintschel-Heinegg*, JA 2009, 149），他认为被择一预想的犯罪对象在法律上是等价的；行为人用斧头击打他妻子的情夫，想要杀死他，并容认了对躺在情夫身下的妻子的杀害，妻子之后也死亡了。

[106] 参见 *Fischer, Wille und Wirksamkeit*, 1993, S. 5f.。其他的例子见 *Roxin/Greco*, AT I, § 12 Rn. 93。

[107] 参见 BGH NJW 2021, 795 f. m. Anm. *Mitsch*（dazu *Bosch* JURA（JK）2021, 588; *Eisele* JuS 2021, 366 ff.; *Kudlich* JA 2021, 339 ff.; *Schuster* NstZ 2021, 422 f.; Baumann/Weber/Mitsch/*Eisele*, AT, § 11 Rn. 56; Matt/Renzikowski/*Gaede* StGB § 15 Rn. 28; *Jakobs*, AT, 8/33; *Jescheck/Weigend*, AT, S. 304; NK-StGB/*Puppe* § 15 Rn. 115 f.; *Roxin/Greco*, AT I, § 12 Rn. 94; Schönke/Schröder/*Sternberg-Lieben/Schuster* StGB § 15 Rn. 91; *Zieschang*, AT, Rn. 173. 对于涉及两个对象的择一故意情形也可见于 *Fischer, Wille und Wirksamkeit*, S. 245 ff.。

立犯罪单数（详见第31章边码57及以下）。[108]

这导致在前述示例中会得出以下结论：如果A杀死了护林员或者小孩，那么就满足了《刑法典》第212条，第303条则是未遂。在二者之间成立犯罪单数（《刑法典》第52条）。相反，如果他射中了狗，那么《刑法典》第303条与第212条、第22条、第23条之间成立犯罪单数。如果他两个都未射中，那么在示例案件中，应当按照故意杀人未遂与损坏物品未遂之间的犯罪单数对他进行处罚（《刑法典》第212条、第22条、第23条；第303条、第22条、第23条；第52条）。

这一观点并非没有遭到反对：通说的结论之所以有时候被认为非正义，是因为在行为时具有择一故意的行为人知道最终只有一个构成要件能被实现，也就是说，在前述示例中，要么是损坏物品，要么是杀人。[109] 若按照两个构成要件进行处罚，则会使它与以下情形相混同，即行为人认为同时实现两个构成要件至少是确实可能的，即所谓的**累加故意**（dolus cumulativus）[110]。

> **示例：**
> A认为小孩与狗同时在狗窝中是可能的。因此，他也想一枪将二者同时杀死。

通说对这类案件的处理与择一故意是一样的。因此，批评者才质疑，与累加故意相比，择一故意有着较小的不法内涵，行为人认为只可能发生一个侵害，而这种较小的不法内涵在结论中没有得到任何体现。[111] 从这

---

[108] 参见 Rengier, AT, § 14 Rn. 61; Jeßberger/Sander, JuS 2006, 1065 ff.。

[109] 参见 LK-StGB/Vogel/Bülte § 15 Rn. 136; Joerden ZStW 95 (1983), 589 ff.; Kaspar, AT, § 5 Rn. 155; Otto, AT, § 7 Rn. 24。

[110] 参见 Schönke/Schröder/Sternberg-Lieben/Schuster, § 15 Rn. 90; Wessels/Beulke/Satzger, AT, Rn. 348。

[111] 参见 Duttge, HBStR, Bd. 2, § 35 Rn. 39; Kaspar, AT, § 5 Rn. 155; Wessels/Beulke/Satzger, AT, Rn. 350。

一批评出发，可以得出不同的处理结果。有的人认为，故意只存在于实现其中的一个构成要件。[112] 那么，在绝大多数情况下，涉及较重犯罪的故意就被认为起到了决定性作用，以至于在前述两个关于择一故意的示例案件中（边码33及以下），要基于未遂或既遂的杀人犯罪来进行处罚。[113] 但是，另一些人[114]则同意通说的观点，认为行为人对于两个构成要件的实现都成立（间接）故意。不过，他们在竞合的问题上不同于通说，往往认为仅应处罚既遂的犯罪，而将未遂的犯罪作为"共罚的伴随行为"进行排斥。[115] 如果没有任何构成要件既遂，那么应按照较重的未遂犯罪对行为人进行处罚。

37　　在**撰写鉴定报告**时要注意以下几点：如前所述，择一故意部分归类为故意问题，部分归类为竞合问题。在鉴定报告中，首先要在主观构成要件中提出以下问题，即如果行为人认为至多只会造成一个可能的结果，那么这是否能将故意限制在一个构成要件的实现上（以及如果是，是哪一个构成要件）。之后，如果——正确地——认为故意举止涉及的是两个构成要件，那么在竞合层面就要提出以下问题，即是否应当基于两个构成要件（的犯罪单数）进行处罚，或者是否应当从一个构成要件中提取不法内涵进行处罚，以排除另一个被实现的构成要件的适用。

---

[112]　参见 LK-StGB/*Vogel*/*Bülte* § 15 Rn. 136；*Joerden* JZ 1990,298 m. w. N. 。

[113]　持该观点的有 LK-StGB/*Vogel*/*Bülte* § 15 Rn. 136；*Kaspar*, AT, § 5 Rn. 157；*Kühl*, AT, § 5 Rn. 27b；*ders.* JuS 1980,275。针对一个对象的择一故意的情形还有 *Fischer*, Wille und Wirksamkeit,1993, S. 248 ff. 。*Duttge*, HBStR, Bd. 2, § 35 Rn. 39 认为关键在于行为人针对的是哪个犯罪对象。但是这有悖于案情的结构，因为行为人恰恰认为损害两个对象是可能的，即在这个（对于故意而言重要的）意义上"针对"它们。当行为人仅向相关方向射击而没有具体瞄准任何一个犯罪对象时，这一点显得尤其明显。

[114]　后文内容见 *Wessels*/*Beulke*/*Satzger*, AT, Rn. 350 ff. 。

[115]　参见 NK-StGB/*Zaczyk*, § 22 Rn. 20。有时候被认可的例外：如果只是既遂了轻得多的罪行（示例案例中的财物损害），那么仅仅基于该罪行的可罚性并没有完全覆盖该犯罪行为的不法内涵，因此通说认为，未遂犯罪与既遂犯罪之间成立犯罪单数；*Wessels*/*Beulke*/*Satzger*, AT, Rn. 352。

四、构成要件阶层中的错误情形

（一）构成要件错误（=犯罪情状错误）

根据《刑法典》第16条第1款第1句，"在实行犯罪行为时，没有认识到一个属于法定构成要件的情状的"，不是故意的行为。由于欠缺了对这一犯罪情状（Tatumstand）的认识，因此也就欠缺了故意的明知要素。

> **示例**：
> A粗心地操作一把枪，不经意触发了射击，并杀死了O。A在涉及构成要件要素的故意那里欠缺了"杀死"。但是，《刑法典》第222条中的过失的可罚性仍旧存在（《刑法典》第16条第1款第2句）。

犯罪情状的**社会意义内涵**（尤其是在涉及规范性构成要件要素时）也属于"法定构成要件"，所以欠缺关于外在可感知的情状的意义认识也能够成立构成要件错误（见边码8及以下与边码11结尾的示例）。[116]

"构成要件错误"这一称呼在两方面都是**不准确**的：其一，行为人是否认识到了他的举止符合构成要件，其实并不十分重要；只要故意涉及满足构成要件的情状及其意义内涵（见边码8及以下）就已经足够了。所以，更合适的称呼是"**犯罪情状错误**"[117]。其二，犯罪情状错误与**欠缺**故意的情形没有什么不同，所以"错误"这一称呼也是不准确的。[118] 这是因为，起到决定性作用的并非行为人错误构想的内容，即他构想出了取代真实事态的错误事态，而仅是他没有认识到一个犯罪情

---

[116] 深入阐述可见 D. Sternberg-Lieben/I. Sternberg-Lieben, JuS 2012, 290 ff. 。

[117] HK-GS/Duttge, § 16 StGB Rn. 1; Hardtung/Putzke, AT, Rn. 374; Kühl, AT, § 13 Rn. 7 ff.; D. Sternberg-Lieben/I. Sternberg-Lieben, JuS 2012, 289; Walter, HBStrR, Bd. 2, § 45 Rn. 14.

[118] 参见 El-Ghazi JA 2020, 182(183); Krümpelmann, ZStW Beiheft 1978, 14; D. Sternberg-Lieben/I. Sternberg-Lieben, JuS 2012, 289.

状。所以，这里涉及的是欠缺构想，而非错误构想。[119]

40 不过有时候**存在疑问的是，对于故意举止而言，哪些认识是被需要的**。这一疑问的来源是，构成要件故意这一法概念是被抽象地表达的（比如：关于杀害行为的故意），而行为人在具体情境下可能对于任何实际情状有着——正确或错误的——构想。因此提出了以下问题，即在评价性考查中他的构想是否（也）包含着关于犯罪情状的故意。在这一方面，存在疑难的情形有"身份或对象错误"［见标题（二）］、"打击错误"［见标题（三）］、因果历程偏离［见标题（五）］与所谓的"概括故意"情形［见标题（六）］。

41 构成要件错误的一个特殊情形是关于**减轻处罚的构成要件要素**（privilegierendes Tatbestandsmerkmal）的错误。《刑法典》第16条第2款规定，如果行为人"在实行犯罪时错误地以为是实现了一个较轻法条的情状"，那么就应当适用较轻的法条进行处罚。[120] 所以，这里的关键是，行为人在真实案件的处境下究竟在构想什么。

> **示例**[121]：
>
> 某人将另一人杀死，却以为此人是诚挚地嘱托自己杀他，那么只能够按照《刑法典》第216条进行处罚。如果行为人是由于**违反了注意义务**而认为存在一个诚挚的嘱托，那么这并不能同时额外成立一个过失杀人的不法（《刑法典》第222条），否则行为人会因该死亡结果遭受双重不利。[122]

---

[119] 当然，人们也可以说，无认识总是导致错误的——有缺陷的——构想，并将这种情况称为"消极错误"（negativer Irrtum）；这样认为的有 *Hettinger*，JuS 1988，L 72。

[120] 对此可见 *Kühl*，AT，§13 Rn. 15 f.；NK/*Puppe*，§16 Rn. 3 ff.。

[121] 参见 *Jescheck/Weigend*，AT，S. 310；*Knobloch*，JuS 2010，866；*Kühl*，JURA 2010，86。深入阐述（也针对以下不同观点，即认为杀害嘱托只要基于行为人的构想就必然成立，因此基于《刑法典》第216条的处罚不需要适用《刑法典》第16条第2款），参见 *Gierhake*，GA 2012，291 ff.。

[122] 参见 *Schönke/Schröder/Eser/Sternberg-Lieben*，§216 Rn. 14（指出该错误并没有改变杀害故意）；*Maurach/Schroeder/Maiwald/Hoyer*/Momsen，BT I，§2 Rn. 62；此外还可参见 *Murmann/Rath*，NStZ 1994，217 f.；另一种观点见 *Gierhake*，GA 2012，304 f.；*Küper*，JURA 2007，265 f.，虽然过失非难在构成要件上被包含，但是在竞合层面按照吸收规则而退让（见第31章边码64）。

在撰写鉴定报告时，适用《刑法典》第 16 条第 2 款存在一个 **41a**
结构上的问题，因为处罚要基于一个未能实现客观要件的构成要
件。在示例中，尽管根本不存在杀人的嘱托，也要按照《刑法典》
第 216 条对行为人进行处罚。正确的做法表现为，首先考查在客观
上被实现的《刑法典》第 212 条，并在主观构成要件中指出行为人
在行为时以为在履行一个诚挚的嘱托。那么，他在主观上的不法就
轻于基于《刑法典》第 212 条违反意志的他杀的不法。通过这一论
证否认了一个关于《刑法典》第 212 条的客观构成要件的故意。在
接下来对《刑法典》第 216 条的考查中，在客观构成要件中首先要
指出欠缺一个诚挚的嘱托。但是，之后要提示《刑法典》第 16 条
第 2 款规定了，如果行为人以为存在一个较轻法条的要件，那么就
应当按照该较轻的法条进行处罚。因此，在这一情形中，适用《刑
法典》第 216 条与客观上并无杀人嘱托之间并无冲突。然后，在主
观构成要件中要指出关于《刑法典》第 216 条的故意。[123]

（二）身份或对象错误

在身份或对象错误（error in persona vel in obiecto）的概念之下，处 **42**
理着在事实与法律上各不相同的情形，这些情形的共同点在于，行为人
错误认识了犯罪对象的身份或者其他属性。[124] 由于这涉及不同的事实
难题，因此应当进行区分：

1. 身份错误

身份错误案件的特征是，**弄错了**——至少是间接（对此参见边码 61 **43**
及以下）——**被个别化了的被害人的身份**：虽然击中了被瞄准的被害
人，但却是一个被行为人与另一人弄混淆了的被害人。[125] 联邦最高法
院在审理这些案件时也表达了几乎一致的观点："行为人关于犯罪被害

---

[123] 参见 Hardtung/Putzke, AT, Rn. 435 建议另一种构造，主张在同一个考查中讨论《刑
法典》第 212 条、第 216 条。

[124] 参见 Wessels/Beulke/Satzger, AT, Rn. 369。

[125] 司法判决与文献中的其他示例见 Rath, aberratio ictus, S. 21 f.。

人个人的错误（身份错误）在法律上是无关紧要的。"[126] 这一结论的理由是，法定构成要件（在示例中：《刑法典》第212条）是以"人"为要件的，并不按照其具体的身份进行区分[127]，这在评价式考查时也是正确的。[128] 行为人**以为杀死了一个人，而且他也确实杀死了一个人**，他的错误认识仅仅只是在构成要件上无关紧要的情状。[129]

2. 对象错误

44 与人不同，其他的犯罪对象可能会显示出与构成要件相关的差别。所以，这里应当区分等价的犯罪对象与不等价的犯罪对象，后者指的是被不同构成要件所包含的犯罪对象。只要涉及**等价的对象**，那么错误构想就无关紧要，因为行为人无论如何都认识到了作为构成要件条件的情状。

> **示例：**
> A在O的房间中偷走了一幅画，在黑暗中，他以为这是他想要的毕加索的画。实际上，这是夏加尔的作品。A在行为时的故意涉及的是《刑法典》第242条意义上的"物品"。

---

[126] BGHSt 37,214(216). 见文献如 *Kühl*, AT, § 13 Rn. 20; Lackner/Kühl/*Kühl*, § 15 Rn. 13. 关于(大多数是旧的)不同观点详见 *Rath*, aberratio ictus, S. 221 ff. 。

[127] 比如可见 Baumann/Weber/Mitsch/*Eisele*, AT, § 11 Rn. 85; *Krümpelmann*, ZStW Beiheft 1978, 23; *Schlehofer*, Vorsatz, S. 170; *Schreiber*, JuS 1985, 873; *Wessels/Beulke/Satzger*, AT, Rn. 371。批判性观点见 *Rath*, Zur Unerheblichkeit, S. 19 f. ; *Silva‐Sanchez*, ZStW 101 (1989), 360, 他指出，抽象类型化的必要性源自涵盖大量案件事实这一法律目的，因此"出于立法技术的要求推导出对于故意对象的实质结果"(*Silva‐Sanchez*, a. a. O.) 是有些冒险的。*El‐Ghazi*, JuS 2016, 304 又反过来认为无关紧要性的理由在于，对犯罪行为的犯罪对象的错误个别化在时间上被前置了。这可能适用于错误个别化的开始阶段，但并不能改变的是，错误构想在实行阶段仍旧存在。

[128] 参见 *Murmann*, Nebentäterschaft, S. 215; *Schmidhäuser*, Studienbuch, 7/54; *Schreiber*, JuS 1985, 873。做了进一步阐述的有 *Rath*, aberratio ictus, S. 267 ff. ; *ders.*, Zur Unerheblichkeit, S. 33 ff. 。但是观点不同的有 *Walter*, HBStrR, Bd. 2, § 46 Rn. 55, 65, 他认为标准是，"若行为人在行为时，意识到了被害人或者犯罪对象实际具备的身份，他是否还会这样行为"。因此，如果行为人就是为了杀死某个特定的人，那么在基于认错人而实现的杀害方面就欠缺了故意。

[129] 也可参见 *Nestler* JURA 2020, 132(133)及成功的公式化示例。

对于构成要件上等价的对象，**错误的无关紧要性**（Unbeachtlichkeit）**存在一个例外**，在下述示例中进行讨论：A想打O的狗。在暮色中，他将一只狗塑像误认为是狗，而对它进行击打。在这里，赫茨伯格（Herzberg）认为，伤害动物与损坏物品之间有着质的差异——"与想要造成的结果相比，实际造成的结果不是更糟，而是完全不同"。[130]。这一观点**不具有说服力**。因为这里所谈的损坏物品罪（《刑法典》第303条）涉及的是财产保护，而从财产保护的视角出发，被伤害的是一个动物还是一个其他的财产对象没有任何区别。

45

所以，当存在同样无关紧要的**动机错误**（Motivirrtum）时，犯罪对象的等价性也成立[131]——动机错误指的是，行为人虽然没有认错被害人或其他犯罪对象，但是却欠缺了一个（构成要件以外的）属性，即他犯罪的动机。[132] 涉及实现犯罪构成要件的故意不受这一错误构想的影响。

46

> **示例**：
> A在O的房中偷走了一幅夏加尔的画，他认为该画价值连城。但实际上这只是一个廉价的复制品。

相反，如果行为人构想了犯罪对象的如下属性，即该属性的存在会创建另一个构成要件(**不等价的对象**)，那么该故意就不能涵盖这一被实现的构成要件。因而成立的是《刑法典》第16条第1款意义上的犯罪情状错误。

47

---

[130] Herzberg, JA 1981, 374.
[131] 在这里，有的人将这种情形视为身份或对象错误的下位情形（Rath, Zur Unerheblichkeit, S. 9），有的人则认为是独立的案件类型（这样认为的有 Matt, AT I, 2. Kap. §4 Rn. 24）。
[132] 不过，"动机错误"的称呼是不幸的，因为行为人没有误解动机，而是误解了通过犯罪行为实现该动机的可能性（参见 Hettinger, JuS 1992, L 67）。所以，实际上这里称为"动机未实现"（Motivnichtrealisation）更为合适（这样认为的有 Rath, Zur Unerheblichkeit, S. 11 f.）。

> **示例：**
> A向他邻居家打开的窗户内扔石头，想让邻居家那狂吠不止的狗不再叫唤。实际上，他却砸伤了他的邻居O，正是后者弹吉他造成了噪音。——本案能考虑的（仅仅）是过失身体伤害罪（《刑法典》第229条）与损坏物品罪未遂（《刑法典》第303条、第22条与第23条）的犯罪单数。[133]

3. 双重构成要件错误

48 还未得到最终阐释的是如何处理所谓的"双重构成要件错误"（也称为"择一错误"[134]）案件，在这类案件中，行为人虽然欠缺对实际上被实现的犯罪情状的认识（第一种错误），但是却认为实现了同一构成要件的另一个选项（第二种错误）。[135] 行为人的这一错误构想涉及的虽然是在构成要件上重要的情状，但是实际上——如果它们实际存在的话——实现了行为人构想（通过另一个选项）实现的同一构成要件。

> **示例1：**
> A闯入了O的住宅。他对该空间的功能认识有误，以为这只是其营业场所（《刑法典》第123条第1款）。

> **示例2**[136]**：**
> A想用盐酸弄瞎O。但是实际上该盐酸毁损了O的外貌。

49 在这些案件中的疑问是，行为人的故意是否也包含——主观上完全

---

[133] 关于此类情形见 *Wessels/Beulke/Satzger*, AT, Rn. 372; *Hettinger*, JuS 1992, L 66; *Schreiber*, JuS 1985, 873。

[134] *Duttge*, HBStR, Bd. 2, § 35 Rn. 40；也可参见 *Matejko* ZIS 2006, 205；„Variantenirrtum"。

[135] 对此可见 *Roxin/Greco*, AT I, § 12 Rn. 136. 深入阐述可见 *Hsu*, „Doppelindividualisierung" und Irrtum, 2007; *Schroeder*, GA 1979, 321 ff.; *Kuhlen*, Irrtum, S. 508 ff.; *Warda*, FS Stree und Wessels, 1993, S. 267 ff.。专门针对环境刑法的构成要件的见 *Matejko* ZIS 2006, 205 ff.。

[136] 依照 *Schönke/Schröder/Sternberg-Lieben/Schuster*, § 16 Rn. 12。

没有想到的——**在现实中被实现的选项**。对此，有的人以构成要件的行为描述各不相同为由予以否定，并进而反对按照既遂犯进行处罚。[137]与之相反，**通说主张一个区分化的解决方案**，不过在区分标准上未能取得共识[138]：

☞ 自施罗德（F.-C. Schroeder）以来，经常被认为具有决定性作用的是，"该法条是否想将可能的侵害形式客观、明显、详尽地包含"[139]。如果在法律中，**类型概念（Gattungsbegriff）通过决疑法列举（kasuistische Aufzählung）**，那么仅构想了另一选项的行为**人对于该类型也是故意行为**。因此（在示例 1 中）对于侵入住宅的构成要件不法而言，侵入一个处于他人屋主权（Hausrecht）之下的空间是具有决定性作用的。那些误以为自己侵入了一个营业场所的人也有着一个以此为指向的故意。[140]相反，在《刑法典》第 226 条严重身体伤害罪（示例 2）中存疑的是，那里所提及的损害后果是否属于对严重身体伤害（几乎）完全的列举。

☞ 另一种观点认为，如果实际发生的结果与行为人希望发生的结果"**在性质上具有可类比性**"（qualititativ vergleichbar），那么这一错误就是无关紧要的。[141]对于示例 1 而言，依据该观点也会得出按照既遂处罚的结论。在《刑法典》第 226 条，人们必须根据选项在性质上的可类比性进行区分。据此，在示例 2 中，失去视力与永久性外貌毁损属于不同的性质，所以在其所追求的结果方面仅仅

50

51

---

[137] 参见 *Kuhlen*, Irrtum, S. 513 ff.; *Schlehofer*, Vorsatz, S. 171 f. 持该观点的早就有 *Binding*, Die Normen II, S. 931 f.

[138] 深入阐述可见 *Tsai*, Zur Problematik der Tatbestandsalternativen im Strafrecht, 2006。另一个建议是由 *Walter*, HBStrR, Bd. 3, § 46 Rn. 82 提供的：如果行为人在认识到实际情况的情况下仍会实施该行为，那么故意就不受影响。当然，这并不能令人信服，它导致的结果是，行为人自己定义哪些构成要件与故意是相关的。

[139] *Schroeder* GA 1979, 325; LK-StGB/*Schroeder*, 11. Aufl., § 16 Rn. 4.

[140] 参见 *D. Sternberg-Lieben/I. Sternberg-Lieben*, JuS 2012, 292。

[141] 参见 Baumann/Weber/Mitsch/*Eisele*, AT § 11 Rn. 100; *Jörg Fischer*, Der Irrtum über Tatbestandsalternativen, 2000, S. 148 f.; *Schittenhelm*, GA 1983, 315 f.; RGSt 35, 285, 286 f. 将 *Schroeder* 的方法与等价性要求结合在一起的是 *Jakobs*, AT, 8/43 mit Fn. 92。

只成立未遂。[142]

51a ☞ 有说服力的是对两种观点予以**结合**，它同等尊重了法律设计与正义要求。按照这一观点，只有当行为人理解了其规范的核心内涵时，才允许对其故意实现构成要件的行为予以处罚。依此，如果行为人知晓了**详尽列出的**实现选项，且所构想的选项与实际实现的**选项之间在不法与罪责内涵上没有显著区别**，那么双重错误就是无关紧要的。[143]

（三）打击错误

52 打击错误（也就是攻击偏差[144]）的特征是，行为人由于一个与他的构想**有偏差的损害历程**而未能达到预期，**却损害了另一个法益对象**。[145]

53 如果所发生的法益对象损害**无法客观归属**于行为人，那么这类案件就**没有特殊问题**。这里存留的仅仅是关于他所预期的损害对象的未遂责任。[146] 如果行为人的**故意**行为不仅针对他力图损害的对象，还针对**实际被损害的对象**，那么这类案件也没有特殊疑问。这里可以适用择一故意的基本原则（边码 33 及以下）。[147] 最后一类没有疑问的案件是，**所力图损害的对象与实际被损害的对象受到不同构成要件的保护**：如果行为人想向一辆汽车扔出石头，却砸到了一个行人，那么他对于（未遂的）损坏物品罪就是故意的，而对于伤害行人则可能受到过失的非难。[148]

---

[142] 参见 MüKoStGB/*Joecks/Kulhanek* § 16 Rn. 114；Schönke/Schröder/*Sternberg-Lieben/Schuster* StGB § 16 Rn. 12；Schönke/Schröder/*Sternberg-Lieben* StGB § 226 Rn. 14。

[143] 参见 LK-StGB/*Vogel/Bülte* § 16 Rn. 42；类似的观点见 *Duttge*，HBStR，Bd. 2，§ 35 Rn. 40；*Jakobs*，AT，8/43 Fn. 92；*Roxin/Greco*，AT I，§ 12 Rn. 136。

[144] 参见 *Backmann*，JuS 1971，113 Fn. 5；*Hillenkamp*，Vorsatzkonkretisierungen，S. 19。

[145] 参见 *Hillenkamp*，Vorsatzkonkretisierungen，S. 19；*Jescheck/Weigend*，AT，S. 313；*Wessels/Beulke/Satzger*，AT，Rn. 373。此外还可参见 *Rath*，aberratio ictus，S. 6 ff. 中对存在的、多少有些差别的定义的列举。对概念使用的批判见 *Degener* GA 2020，345（346 ff.）。

[146] 参见 *Roxin/Greco*，AT I，§ 12 Rn. 163。

[147] 比如可见 *Hettinger*，GA 1990，534；*Kühl*，AT，§ 13 Rn. 31；*Roxin*，AT I，§ 12 Rn. 153。

[148] 比如可见 *Jescheck/Weigend*，AT，S. 313。*Hettinger*，GA 1990，533 想将这些情形在概念上就不归类为打击错误。

存在**疑难**的是以下案件[149]，即行为人通过客观上可被归属的方式造成了一个没有意料到的结果，而该结果与他所追求的结果属于同一构成要件。

> **示例**[150]：
> A 向 X 开枪，想要杀死他。但是他未能击中 X，却击中了刚好从屋角走出来的 O，导致他死亡，而 O 的出现是他没有意料到的。

在撰写鉴定报告时，这里要以影响最深远的问题作为出发点——A 是否由于对 O 的（既遂的）故意杀人而可罚。[151] 客观构成要件无疑是已满足了的：A 对于 O 的死亡具有原因性，他的开枪行为体现了对于路人生命的法不容许的危险，该危险也实现为结果。[152] A 有一个杀人故意，这也是没有疑问的。但是，由于该故意必须针对的是实现构成要件的具体情状，因此存在的**问题是**，**该故意是否覆盖了实际上被实现的事件经过**。也就是说，存疑的是，故意与构成要件实现之间是否重合。对此，主要有**两种立场**：

☞ 少数派的理论主张以所指向的对象与被损害的对象具有等价性为由，对犯罪故意予以了肯定（**等价理论**）。[153] 其**论据并不统一**[154]：韦尔策尔（Welzel）想将打击错误作为**因果历程错误**（见边码 64 及以下）进行处理，他认为这一错误并不重大，因为"偏离的事件经过的可能性

---

[149] 有时候打击错误的概念也被限制在对象具有等价性的情形中。持该观点的有 Moojer, Die Diskrepanz zwischen Risikovorstellung und Risikoverwirklichung, 1985, S. 95。

[150] 司法判决在 RGSt 3, 384; 54, 349 中就对这类案件做出了决定。进一步的证明见 Rath, aberratio ictus, S. 16 ff.。出自练习案例文献 Lorenz/Rehberger Jura 2022, 242 (243 f.)。

[151] 关于打击错误案件的构造也可见 Freund, JuS 1997, 334 f.; Hruschka, Strafrecht, S. 8 ff.; Matt, AT I, 2. Kap. § 4 Rn. 69 f.。案件解答见 Esser/Herz JA 2021, 373 ff.。

[152] 对此比如可以参见 Freund, JuS 1997, 334。

[153] 参见 Loewenheim, JuS 1966, 312; Noll, ZStW 77 (1965), 5; Puppe, GA 1981, 1 ff.; dies., Vorsatz, S. 10 ff.; dies. ZStW 129 (2017), 1 (2 ff., 15); Welzel, S. 73. 此外还可见 Frister, AT, 11/60; Kuhlen, Irrtum, S. 482 ff.。

[154] 简短的概览可见 Schreiber, JuS 1985, 874, 深入的阐述可见 Rath, aberratio ictus, S. 99 ff.。

处于相当因果关系的范围之内"。[155] 普珀（Puppe）对打击错误的无关紧要性做了最为深入的论证。她的思考出发点是以下论断，即故意的最低限度内容按照《刑法典》第 16 条来自法定构成要件：也就是说，行为人的故意必须包含一个满足法定构成要件的案件情况。[156] 行为人额外的构想对于构成要件实现并不起决定作用，因而属于动机错误，并不重要。所以，关键问题是："行为人是否想损害一个符合构成要件的类型的对象？"[157] 按照这一观点，在示例中，由于 A 有杀害一个人的故意，所以实际发生的情况就可以被故意所覆盖。打击错误不再是**身份错误的子集**，因而与其无关。[158]

57 ☞ 相反，学界通说[159]与司法判决[160]正确地认为打击错误影响重大，指出在客观上符合构成要件的情况**无法被故意所涵盖**。据此，要成立犯罪既遂，起到决定性作用的是将故意具体化为实际被损害的犯罪对象（所以也被称为**具体化理论**）。关于这一立场也存在着**多种不同的论据**：有的人认为——恰恰与主张等价理论的一些学者相反——打击错误体现了**对所构想的因果历程的重大偏离**。[161] 这一观点当然无法建立在对实际过程欠缺可预见性的基础之上，因为这一可预见性在一个可被归属的历程中始终存在，而必须断言，实际过程要求对犯罪进行另

---

[155] *Welzel*,S. 73. Zur Kritik *Schreiber*,JuS 1985,874.
[156] 参见 *Puppe*,GA 1981,1 f. 。
[157] *Puppe*,GA 1981,3.
[158] 参见 *Puppe*,GA 1981,20. 相似的阐述也可见 *Loewenheim*,JuS 1966,313。
[159] 比如可见 Baumann/Weber/Mitsch/*Eisele*, AT, § 11 Rn. 88 ff. ;*Freund* FS Maiwald, 2010,224 f. ;*Frisch*, Tatbestandsmäßiges Verhalten, S. 616 f. ;*Hardtung/Putzke*, AT, Rn. 409 f. ; *Heuser* ZJS 2019,181 ff. ;*Jescheck/Weigend*,AT,S. 313;*Koriath* JuS 1997,901 ff. ;*Kühl*, AT, § 13 Rn. 32 ff. ;Lackner/Kühl/*Kühl* StGB § 15 Rn. 12;*Matt*,AT I, § 4 Rn. 67 f. ;SSW StGB/*Momsen* § 16 Rn. 6;*Nestler* JURA 2020,132（134 ff.）（mit Formulierungsvorschlag）;*Schlehofer*, Vorsatz, S. 173;*Schmollmüller/Lengauer* ZJS 2020, 341 ff. ; *D. Sternberg－Lieben/I. Sternberg－Lieben* JuS 2012, 296; *Wessels/Beulke/Satzger*, AT, Rn. 375 ff. 。深入阐述可见 *Rath*, aberratio ictus, S. 249 ff. 。以语言学作为基础的有 *Degener* GA 2020,345（351 f.）。
[160] 参见 RGSt 3,384;54,349;BGHSt 34,53,55;*OLG Neustadt* NJW 1964,311。
[161] 持该观点的有 Baumann/Weber/Mitsch/*Eisele*,AT, § 11 Rn. 91。

一种评价。[162] 因此，这里必须涉及一个对所构想的因果历程的**规范上的重大偏离**，对此要先回答**为何**这一偏离在规范上是重要的。其理由是，一个成功的（！）反对法益的决意无法被局限为一个"等价的"结果顶替了另一个同类型的犯罪对象。[163] 按照结果犯的特征，在主观方面，结果必须被视为对决意的贯彻：**所发生的结果必须恰巧是该反对法益的决意的表现**。

通说的说服力也在结论中得到了证明。因为具体化理论**考虑到了两个法益对象都受到侵害这一情况**：它可以将未命中的攻击恰当地理解为未遂（在示例中：针对 X 的杀人未遂；《刑法典》第 212 条、第 22 条、第 23 条），而从行为人的视角看属于意外的损害事件则可以成立过失的可罚性（对于 O 的过失杀人；《刑法典》第 222 条）。相反，按照等价理论，该故意已经被针对 O 的既遂杀人（《刑法典》第 212 条）"用完"了。

☞ 在等价理论与具体化理论之间存在一个**调和性的观点**，它由希伦坎普（Hillenkamp）所主张，**以等价理论作为出发点**，所以打击错误在原则上被视为无关紧要。不过，只有当该犯罪行为针对一个**与人格无关的法益**时，比如损坏物品、盗窃与侵占，所指向的犯罪对象与被损害的犯罪对象之间才是等价的。在这类犯罪中，"犯罪行为的不法并非来源于对人的个别化的物品的损害"。所以，行为人在此尽管有着具体化的故意，也仍然属于"故意地实现了所决意的不法内核——与个体无关的法益损害"。[164] 与之相反，**高度属人的法益**（höchstpersönliche Rechtsgüter），如生命、身体完整性、自由与名誉"通过承载者形成了

58

---

[162] 司法判决与部分文献认为，实际历程的可预见性、实际历程与所构想历程之间的等价性才是标准，当这些标准成立时，所构成之历程的偏离也就无关紧要了。对此比如可见 Schönke/Schröder/*Sternberg-Lieben*/*Schuster*，§ 15 Rn. 55 m. w. N. 。

[163] 参见 *Erb*，FS Frisch，2013，S. 390 ff. ; *Frisch*，Tatbestandsmäßiges Verhalten，S. 594 ff. ，insb. 616 f. ; *Hettinger*，GA 1990，542 ff. ; SK-StGB/*Stein*，§ 16 Rn. 39 f. ; *Rath*，aberratio ictus，S. 249 ff. 。相似的阐述也可见 *Schreiber*，JuS 1985，875，它依据的是打击错误中所欠缺的对因果历程的支配。

[164] *Hillenkamp*，Vorsatzkonkretisierungen，S. 116 f. 。

一个不可分割的、被承载者的个体性所确定与勾勒的整体（……），因而禁止在欠缺个体价值的可类比性时认定等价性"。从中可以得出的结论是："如果在这类犯罪中，侵害涉及的是一个与所针对对象不同的对象，那么就不再是实现了一个与构想等价的不法，而是实现了'另一个不法'（Unwert-aliud）。"[165] 因此，打击错误仅仅在涉及高度属人法益时——比如在示例中——才是重要的。[166]

这一观点不具有说服力：即使在那些非纯个人法益的案件中，反对该利益的决意也不仅仅客观化为对单个法益的成功损害。即使是财产与物品利益，也不能就"作为本体"受到保护与损害，而应当通过被归类为具体的人——作为其自由的施展条件——得到保护并相应地受到个别损害。[167]

59 ☞ 罗克辛与格雷克也主张一种**相异的观点**，按照这种观点，关键是在存在偏离的情况下所发生的结果是否仍然体现为**对行为人犯罪计划的实现**（对此也可见边码69、76）。[168] 只有当犯罪计划的实现取决于行为人刚好命中了所针对的被害人，这一偏离才是重要的。

> **示例**[169]：
> "如果A在一场酒馆纠纷中想要开枪射击他的敌人B，但是却击中了他自己的儿子C，那么这一计划不但按照他的主观判断是失败的，而且按照客观标准也是失败的"。"但是，如果某人为了引发骚乱而欲射中随便某个示威者，他本瞄准了一名，却击中了另一名示威者致其死亡，那么结果就会不一样。因为这里虽然按照客观判断是因果偏离，但是（而且经常是按照行为人自己的想法）仍然实现了犯罪计划"。

---

[165] *Hillenkamp*, Vorsatzkonkretisierungen, S. 113 f.
[166] 参见 *Hillenkamp*, Vorsatzkonkretisierungen, S. 108 ff., insb. 113 ff. 。
[167] 参见 *Rudolphi*, ZStW 86(1974), 94f.; *Schreiber*, JuS 1985, 875。
[168] 参见 *Roxin/Greco*, AT I, § 12 Rn. 165 f. 。类似的还有 LK-StGB/*Vogel/Bülte* § 16 Rn. 84; *Walter*, HBStrR, Bd. 2, § 46 Rn. 65。
[169] 出自 *Roxin/Greco*, AT I, § 12 Rn. 165 f. 。

以计划的实现作为标准也**不令人信服**。[170] 首先，该标准的要件是存在一个针对构成要件要素的故意，这在法律上得不到支持。以行为人的动机为导向将使得对故意的证成完全变得随意：比如，如果行为人搜选出一个特别不顺眼的示威参与者作为被害人，那是否会有区别？如果他不小心射杀了另一个人甚至可能是他朋友的示威者，那么他的计划是否失败了？移除法律上的预设标准将导致它无法对这些问题给出令人信服的回答。[171]

（四）身份或对象错误与打击错误的区分

原则上，身份或对象错误与打击错误之间的界限在于，行为人是命中了自己所力求命中的犯罪对象（身份或对象错误），还是未能命中该犯罪对象（打击错误）。**如果行为人在感官上感知到了该犯罪对象，那么界限就不存在问题。**有疑问的情形是，它与犯罪计划存在出入。

> **示例**（"爆炸案"）[172]：
> A 想杀死 X。在执行该计划时，他将一枚手榴弹固定在 X 房前的一辆汽车之下，并将它通过一根绳子与前轮相连，只要一开车就会激活雷管。实际上，该车属于 X 的邻居 O，他在第二天开车去上班时被手榴弹给炸死了。

在这类案件中，O 的死亡的客观可归属性毋庸置疑。不过**存疑的是，故意是否与具体符合构成要件的事实相对应。**如果仅仅成立一个关于被侵害者个体的错误，那么该案就按照身份错误的规则处理。相反，如果人们认为行为人没有命中他所力求命中的被害人，那么就成立打击

---

[170] 批判的观点比如有 Hsu,„Doppelindividualisierung" und Irrtum, 2007, S. 37f.; *Kühl*, AT, § 13 Rn. 37。

[171] 参见——以及大量其他示例——*Puppe* ZStW 129(2017), 1(5 ff.); *Walter*, HBStR, Bd. 2, § 45 Rn. 50。

[172] 依照 BGH NStZ 1998, 294 (对此可见 *Herzberg*, NStZ 1999, 217 f.; *Prittwitz*, GA 1983, 110 f.; *Toepel*, JA 1997, 948 f.)；在"电话侮辱案"中也出现了相应的问题，即行为人因拨错电话而辱骂了"错误的人"；KG bei *Klee*, GA 69(1920), 117 f.; BayObLG JR 1987, 431 mit Anm. *Streng*；总结性内容可见 *Hillenkamp*, Vorsatzkonkretisierungen, S. 42 ff.; *Rath*, aberratio ictus, S. 299 ff.; 案例解答见 *Esser/Röhling*, JURA 2009, 866 ff.。

错误的情形。按照处理打击错误的通说[173]，该故意也将不涉及具体的过程。

63 一个**少数派观点**主张打击错误，其理由是他人使用汽车导致该侵害未能命中。[174] **通说**则正确地否定了该观点的说服力。因为按照实施行为的类型，选择一辆要安放爆炸物的汽车就已经完成了对被害人的个别化。[175] 所以，正如具体的被害人身份对于创设法不容许的危险没有起到任何作用一样，这一与危险创设相关的故意也与行为人辨识被害人的构想完全无关。因此，行为人所作出的反对法益的决意已经通过导致开动汽车的人死亡而得以实现了。这里仅成立一个无关紧要的**身份错误**。

如果人们认定是既遂的故意犯罪，那么就不用考查针对行为人所构想的被害人（在示例中的 X）的未遂。因为以实际情况为内容的故意——由于错误的无关紧要性——已经"被用完了"。

（五）所构想之因果历程的偏离

64 以下情形并不少见，即虽然行为人所希望的结果发生了，但是却是经由一条与他所构想的途径不同的途径发生的。

> **示例**（见第23章边码118）：
> A试图用刺刀杀死O。O受伤并有生命危险，其被抬上救护车送往医院。救护车在路上发生了交通事故，O死亡。是否可以按照《刑法典》第212条对A进行处罚？

---

[173] 相反，如果人们关于打击错误支持等价理论（边码56），那么结论就是相同的，与作为基础的错误情形无关，以至于在鉴定报告中无需就此作出决定。

[174] 参见 *Erb*, FS Frisch, 2013, S. 393 ff. *Freund*, FS Maiwald, 2010, S. 225 ff.；*Herzberg*, NStZ 1999, 221；*El-Ghazi*, JuS 2016, 306 ff.；*Zieschang*, AT, Rn. 158. 只要被害人的身份是犯罪计划的重要组成部分，那么得出该结论的还有 *Walter*, HBStR, Bd. 2, § 46 Rn. 65 ff. 。

[175] 参见 KG bei *Klee* GA 69 (1920), 117 f.；*Backmann* JuS 1971, 119；*Grotendiek*, Strafbarkeit des Täters in Fällen der aberratio ictus und des error in persona, 2000, S. 106 f.；*Hillenkamp*, Vorsatzkonkretisierungen, S. 42 f.；*Janiszewski* MDR 1985, 538；SSW StGB/*Momsen* § 16 Rn. 8；*Murmann*, Nebentäterschaft, S. 215；*Nestler* JURA 2020, 132 (137 ff.) (mit Formulierungsvorschlag)；*Rath*, aberratio ictus, S. 300 f.；*D. Sternberg-Lieben/I. Sternberg-Lieben* JuS 2012, 297；*Tenckhoff* JuS 1988, 793；LK-StGB/*Hilgendorf* § 185 Rn. 37；LK-StGB/*Vogel/Bülte* § 16 Rn. 87；NK-StGB/*Zaczyk* § 185 Rn. 16；Schönke/Schröder/*Eisele/Schittenhelm* StGB § 185 Rn. 14。

按照司法判决与早期的学说，**所构想之因果历程的偏离是被作为故意中的问题来处理的**。作为其基础的理念是，构成要件结果的发生及对其的引发都属结果犯的客观构成要件。据此，由于所有条件之间具有等价性，因此，这些偏离对于客观构成要件是无关紧要的，只能通过关于这些经过的欠缺故意来建立责任边界。当然，在证成故意时，不能要求行为人对整个细节丰富的因果历程的全部细节有所预见，因为这超越了人类的能力上限并在实践中会始终排除故意行为的成立。所以，长期以来司法判决的做法是，"**存在所构想之因果历程的偏离时，在以下情况中通常不将故意予以排除，即该偏离保持在按照一般生活经验的可预见性的范围之内且没有对该犯罪的评价予以正当化**"[176]。因此，在示例中，虽然很难通过对交通事故欠缺可预见性来证成欠缺故意，但是可以通过所构想的过程与所实现的过程之间的质的区别来证成欠缺故意。

65

在**新近的学说**中，这一通过故意所进行的补正（Vorsatzkorrektiv）**已经失去了意义**。随着对客观构成要件进行规范上的限制——尤其是通过客观归属理论——受到广泛的认可，这些异常的因果历程经常在考查客观构成要件时就已经被排除了。[177] 因此，在示例中就欠缺了保护目的关联，因为禁用刀刺他人的禁令并不是用来阻止被害人在交通事故中丧生的（见第23章边码116及以下）。

66

据此，故意问题仅存在于以下情形，即一个符合构成要件的行为造成了一个可被归属的结果，但是行为人却**没有将实际被实现的风险纳入自己的构想之中**。

67

---

[176] BGHSt 7,325(329);14,193 f.;23,133(135);BGH NstZ 2022, 224(226); *Fischer*, § 16 Rn. 7;Schönke/Schröder/*Sternberg-Lieben*/*Schuster*, § 15 Rn. 55;*Zieschang*,AT,Rn. 163.

[177] 比如可见 *Frisch*,Tatbestandsmäßiges Verhalten, S. 576;*Kühl*, AT, § 13 Rn. 42;*Kudlich*,JA 2010,687。

> **示例**（"桥墩案"）[178]：
> A想把O从桥上扔下来杀死他。他认为，O会落水后淹死。他没有想到桥是被桥墩所支撑的，而O可能会撞上桥墩。他没想到的事情恰恰发生了，O撞到了桥墩后死亡。

68 在该案中，（至少）从两个方面看，该犯罪行为体现为创设了一个法不容许的风险，一是涉及淹死的风险，二是涉及撞死的风险。实现任一风险都可以满足客观构成要件。**通说**[179]**在此肯定了针对构成要件实现的故意**。但是，得出结论的理由各不相同：绝大多数人认为，这一偏离并不重要，因为所实现的犯罪历程并非不相当。[180]

起决定性作用的必然是以下思考，即按照故意对行为人进行处罚的正当性并非来源于行为人认识到一个自然主义的因果历程，而是来源于在实际过程中，行为人做出的反对法益的决意得到了实现。对此并不要求他了解到行为的所有风险因素。只要他有意识地实施了一个危险行为，而且鉴于所发生的法益损害，该危险行为是法所不容许的，那么就已经足够了。他以此做出了一个反对法益的决意，而且该**决意的成功实现**在以下情况中并没有改变，即该行为的另一个风险因素在被侵害的法益对象方面得以成功实现。[181] 对此，人们也可以如此阐

---

[178] 对此可见 *Eser/Burkhardt*, I, Fall 8 A 31 ff.；*Frisch*, Tatbestandsmäßiges Verhalten, S. 606 ff.；*Herzberg* ZStW 85（1973），888；*ders.* JA 1981, 374；*Jakobs*, AT, 8/64；*ders.*, Studien, S. 97 f. mit Fn. 189；*Jescheck/Weigend*, AT, S. 312；*Roxin/Greco*, AT I, § 12 Rn. 153；*ders.* FS Honig, 1970, 133 (137)；*Schroeder* GA 1979, 327 f.；*Welzel*, S. 73；*Wessels/Beulke/Satzger*, AT, Rn. 383；*Zieschang*, AT, Rn. 161 ff.。案例解答见 *Kudlich*, Fälle StrafR AT, S. 15 ff.。类似的情况也发生在 BGH NStZ 2022, 224 (226)中（对此见 Eisele, JuS 2021, 698 ff.），行为人以为被害人会因坠到铁路路基而受伤，但实际上是被迎面驶来的火车所伤。

[179] 比如 *D. Sternberg-Lieben/I. Sternberg-Lieben*, JuS 2012, 294。观点不同的只有 *Jakobs*, AT, 8/64；*ders.*, Studien, S. 97 f. mit Fn. 189 及更早的 *Herzberg*, ZStW 85 (1973), 888, 但在 JA 1981, 374 中放弃了。

[180] 表达了相同含义的比如有 *Fischer*, § 16 Rn. 7 f.；*Welzel*, S. 73；*Wessels/Beulke/Satzger*, AT, Rn. 383。

[181] 参见 *Frisch*, Tatbestandsmäßiges Verhalten, S. 585 ff.；*Puppe* FS Sancinetti, 2020, 609 (613)；SK-StGB/*Stein* § 16 Rn. 44。主张对风险认识有更高要求的有 *Velten* FS Kindhäuser, 2020, 585 (599 ff.)。也可参见 *Hardtung/Putzke*, AT, Rn. 419 ff.。关于成功实现决意与否存疑的案件。

释，即故意的成立完全不依赖于行为人想到其他的风险维度。只要行为人以为被害人通过坠落会"以某种方式"死去就足够了。

罗克辛与格雷克运用他的**"计划实现"**标准（见边码59）得出了同样的结论：如果"某人会将死亡的具体类型与方式仍视为对犯罪计划的实现，那么故意就成立了"，这是罗克辛与格雷克对于该案想要予以肯定的。[182]

69

受到讨论的还有以下偏离情形，即**一个行为已经使得犯罪结果发生，但是在行为人的构想中，该行为（尚）不是用于实现这一目的的**。在这里，如果引发结果的行为尚处于**预备阶段**，那么毫无争议的是，不应让行为人承担故意犯罪既遂的责任。

69a

> **示例**[183]：
> A 计划杀死他的妻子 O。为了实现这一目的，他把她绑起来并塞住嘴，将她放进汽车后备厢并开至 100 公里外的地点，想在那里杀死并埋葬她。本来他想先强迫她签署一份总授权书，但是 O 由于嘴被塞住而窒息身亡。——联邦最高法院正确地认为，造成死亡结果的行为按照行为人的构想仅仅是用来准备所计划的杀害的。所以，A 在塞住 O 的嘴时，在法律上尚没有相关的故意，因而不会有所构想之因果历程的偏离的问题。[184] 所以，A 对于杀人仅仅只有过失责任。[185]

相反，**有争议**的情形是，**在实行阶段中**所实施的行为造成了犯罪结果，但是按照行为人的构想，该行为本来仅仅是用于使紧随其后的符合

69b

---

[182] 参见 Roxin/Greco, AT I, § 12 Rn. 155; ders., FS Württenberger, 1977, S. 116. 但是，当行为人要的就是伪造溺水死亡的假象时，这一结论就丧失了理所当然性。

[183] 参见 BGH NStZ 2002, 309。

[184] 参见 BGH NStZ 2002, 309; Baumann/Weber/Mitsch/Eisele, AT, § 11 Rn. 81 f.; Kühl, AT, § 13 Rn. 48a; LK-StGB/Murmann § 22 Rn. 39. 观点不同的有 Puppe ZStW 129 (2017), 1 (16 f.), 他认为, 行为人通过其举止已经制造了"故意危险"，所以要基于故意杀人而承担责任。这并不正确：它表现为一个"对故意的虚构"（正确地持该观点的有 Walter, HBStrR, Bd. 2, § 45 Rn. 53），单单基于使用一个"可行的杀人方法(taugliche Tötungsmethode)"[Puppe ZStW 129 (2017), 1 (17)] 而认可杀人故意。

[185] 基于与《刑法典》第 227 条、第 239 条第 1 款、第 4 条、第 52 条的故意的身体伤害罪与剥夺自由罪的关联。

构成要件的行为成为可能。

> 对此可见以下示例[186]：
> A想用充满空气的注射器杀死O。为了排除O的反抗，他击打了O。A以为O是因之后被注射了空气而死亡的，但是实际上O在开始的击打中就死去了。——在这里，A通过击打客观可归属地造成了结果。在主观构成要件中，这一故意是存在疑问的，因为A自己以为O是在注射后才死亡的。但是，由于A已经抱着杀人故意直接着手实现犯罪（《刑法典》第22条），因此联邦最高法院[187]和绝大多数文献[188]都认为这仅仅是对所构想的因果历程的轻微偏离。据此，尽管A构想有误，但是却是故意造成了O的死亡。不过，有更好的理由支持A对于所发生的结果仅应承担过失责任。因为在未遂阶段所作出的既遂故意本不应恰恰通过击打得以实现。只有当行为人以为具体的行为能造成结果时，故意才能够施展其塑造现实的力量。因果历程偏离的理论虽然论证了对于造成结果的因果历程的错误构想的轻微性，但是却无法在行为人完全没有想到其举止与结果之间存在因果的情况下进一步发挥作用。[189]

（六）所构想之因果历程的偏离的特殊疑问："概括故意"情形

70

> 示例（"粪坑案"）[190]：
> A在与O激烈争吵时扼住了O的咽喉，并向其嘴中塞入沙子，以防止他叫喊。他容认了O的窒息。当O不再动弹时，A以为他死了，并决定将尸体沉入一个粪坑中以掩盖犯罪。事实上，O淹死于该粪坑中。

---

[186] 参见 BGH NStZ 2002, 475. 关于同类案件可参见 *Schmoller*, FS Yamanaka, 2017, S. 199 ff. 。

[187] 参见 BGH NStZ 2002, 475(476)。

[188] 参见 *Baumann/Weber/Mitsch/Eisele*, AT, § 11 Rn. 83; *Kühl*, AT, § 13 Rn. 48a; *Rengier*, AT, § 15 Rn. 64; auch noch die Vorauflage Rn. 69a. 。

[189] 参见 *Freund/Rostalski*, AT, § 7 Rn. 153 f. ; *Frisch*, Tatbestandsmäßiges Verhalten, S. 603 f. , 623; *Kindhäuser*, AT, § 27 Rn. 49; LK-StGB/*Murmann* § 22 Rn. 39; *Wolter* GA 2006, 406 ff. 。

[190] 依照 BGHSt 14, 193. 相似的阐述也可见 RGSt 67, 258; BGH bei *Dallinger*, MDR 1952, 16。关于"粪坑案"参见 *Eser/Burkhardt*, I, Fall 8 A 38 ff. ; *Hruschka*, Strafrecht, S. 25 ff. ; *Kaspar/Reinbacher*, Casebook, Fall 7; *Og˘lakciog˘ lu*, JR 2011, 103 ff. 。案例解答见 *Kudlich*, Fälle StrR AT, S. 15 ff. ; *Rotsch*, Klausurenlehre, Fall 4。

该案在结构上的特征是，具有故意的行为并未造成符合构成要件的结果。二次行为(本案中的清除"尸体")——行为人实施该行为不再是故意，因为他认为首次行为已经实现了构成要件——才导致了结果的发生。[191] 这里有疑问的是，行为人是否因一个既遂犯罪（该案中的《刑法典》第212条）的首次行为（"扼喉"）而负有罪责，尽管他在造成该结果时没有预期到其发生。

在鉴定报告中，要先根据《刑法典》第212条考查扼喉行为的可罚性，接下来再考查溺亡于粪坑的可罚性。[192] 也就是说，这里存在一个对以下原则的例外，即从与结果最近的行为（本案中的沉入粪坑）开始考查，其原因在于只有故意的扼喉行为才能承载基于既遂故意犯罪的最广的可罚性。

《刑法典》第212条的客观构成要件已经产生了疑问：死亡结果发生了。扼喉行为与这一结果之间同样也具有因果关系，因为假使人们设想了排除这一扼喉行为，那么之后的清除行为就不会发生（必要条件公式）。但是，**难点在于该结果在客观上的可归属性**。[193] 虽然扼喉行为在被害人生命方面创设了一个法不容许的风险，而且该结果在合法替代举止（义务违法性关联）中也不会发生，但是问题在于，禁止扼喉这一禁令是否恰恰是用来阻止被害人因之后的清除假想尸体的行为而死亡的（保护目的关联）。[194] 持赞成意见的理由是，如果按照犯罪实施的类型，一个外行人并不一定会去确认被害人的死亡，而且行为人根据事态必然有兴趣去掩盖犯罪，那么一个致人死亡的清除行为的风险无论如何都是

---

[191] 比如可见 Fischer, § 16 Rn. 9; Schönke/Schröder/Sternberg‑Lieben/Schuster, § 15 Rn. 58。

[192] 另一种观点见 Kudlich, Fälle StrR AT, S. 20。

[193] 参见 D. Sternberg‑Lieben/I. Sternberg‑Lieben, JuS 2012, 295。通说在这些情形中肯定了客观归属，不过大多没有进行更细致的讨论；对此可见 Frisch, Tatbestandsmäßiges Verhalten, S. 464 f.。

[194] 对此可见 Frisch, Tatbestandsmäßiges Verhalten, S. 465 f. mit Fn. 365, 但是它已经讨论了成立创设法不容许的危险的成立(在发生结果的方向上)。关于在保护目的关联中讨论的问题的定位的各种可能性见第23章边码121。

显而易见的。[195]

这一论据被大多数客观归属理论的支持者所接受[196]，**但是它仍然没有充分考虑到以下这一点**，即犯罪行为（"扼喉"）的风险只能通过一个**自由的人的行为**（"清除假想的尸体"）来实现结果。[197] 由于二次行为基于其危险性而为法所不容许，因此，人们可以质疑，鉴于首次行为为行为人创造了实施第二次犯罪行为的机会，那么首次行为是否已经为法所不容许。因为法益保护在此被禁止有风险的清除行为的禁令所保障。从这一立场出发，首次行为的保护目的被限制在扼喉所带有的特定的风险范围内。如果人们这么看，那么就排除了杀人罪既遂，而只是杀人罪未遂（《刑法典》第212条、第22条、第23条）和一个过失杀人罪（《刑法典》第222条）。[198]

相反，通说将概括故意（dolus generalis）案件放在故意中考查：

73 如果承认死亡结果的可归属性，那么在主观构成要件方面就有以下问题，即一开始存在的杀害故意是否包含了具体发生的结果。

74 将这类案件归类于所谓的**"概括故意理论"** 名下，这在今天已经过时了。按照这一理论，一个"概括故意"包含整个事件发生直至结果出现。[199] 但是，对于引发结果的二次行为而言，故意的存在仅仅是虚构的。一个建立在虚构故意基础之上的刑事责任并没有正当性，因此，概括故意理论在今天被广泛地否定。[200]

---

[195] 持该观点的有 Baumann/Weber/Mitsch/*Eisele*, AT, § 11 Rn. 76; Puppe ZStW 129 (2017), 1 (18 f.); *Stratenwerth/Kuhlen*, § 8 Rn. 93; ferner Bechtel JA 2016, 907; *Kudlich*, Fälle StrafR AT, S. 21; *Puppe* FS Sancinetti, 2020, 609 (614 f.)。Oǧlakcıoǧlu JR 2011, 105 质疑了首次行为在溺水死亡方向上创设的危险的类型性。区分化的思考也可见 Frisch, Tatbestandsmäßiges Verhalten, S. 464 ff.; SK-StGB/*Stein* § 16 Rn. 45。

[196] 参见 *Roxin*, FS Württemberger, 1977, S. 117 ff. 中的权衡。

[197] 后文内容见 Frisch, Tatbestandsmäßiges Verhalten, S. 464 ff.; 也可参见 *Kudlich*, Fälle StrR AT, S. 21。

[198] 如果行为人决意在首次行为之后才紧接着实施清除行为，那么存在于其中的停顿就能证成犯罪复数的观点（《刑法典》第53条）。

[199] 关于较早的争论参见 *H. Mayer*, JZ 1956, 109; 最后还有 *Welzel*, S. 74。

[200] 在"粪坑案"中联邦最高法院也持这一观点，参见 BGHSt 14, 193; 同样观点的比如还有 *Zieschang*, AT, Rn. 171。

通说肯定了故意，其理由是，**实际的损害过程偏离于设想的损害过程无关紧要**，因为实际的因果历程仍然处于一般的生活经验范围之内。[201]

对于这一论据，人们可以用上述边码 72 中所提出的考量**予以质疑**。[202] 因为要判断因果历程偏离重大与否，不仅要根据其可预见性，还要根据以下这一点，即该偏离是否要求一个关于犯罪行为的修正的法评价（边码 65）。支持后者的有以下情况，即这一偏离是通过行为人自由答责的行为而得以实现的。

联邦最高法院目前的立场是，如果行为人通过一个**故意实施的二次行为**造成了结果，那么一个轻微的因果偏离是可被接受的。在作为基础的所谓"**谷仓案**"中[203]，A 以杀人的故意阴险地（heimtückisch）用一根铁棍多次击打跪在谷仓前的多年好友 O 的头部，并造成了巨大伤害。A 以为 O 死了并离开了案发地，之后没多久他又以掩盖罪行的目的回来了。此时他发现 O 还活着，于是割断了他的喉咙。这直接导致了 O 的死亡，但是，如果不割喉，O 也会因头部的伤害而死亡。由于 A 仅仅在用铁棍击打时属于阴险的行为，因此一个既遂的阴险谋杀只有在以下情况中才成立，即用铁棍击打，在客观上与主观上都对允许将之后发生的死亡结果进行归属。相应地，在鉴定报告中也应从考查以下问题开始，即是否可以**按照《刑法典》第 212 条、第 22 条对 A 的铁棍击打行为**进行处罚。联邦最高法院在客观构成要件方面仅仅探讨了因果关系，并正确地指出，如果没用铁棍击打就不会有割喉，因此，首次行为对于 O

---

[201] 持这一观点的比如有 Bechtel, JA 2016, 909; Kudlich, Fälle StrR AT, S. 21; Heinrich, AT, Rn. 1098; Schönke/Schröder/Sternberg-Lieben/Schuster, § 15 Rn. 58; Jescheck/Weigend, AT, S. 314 f.; Wessels/Beulke/Satzger, AT Rn. 390; Wolter, FS Leferenz, 1983, S. 549 f.; ders., StV 1986, 317; 也可参见 D. Sternberg-Lieben/I. Sternberg-Lieben, JuS 2012, 295。

[202] 对通说持否定态度的还有 Freund/Rostalski, AT, § 7 Rn. 152; Lackner/Kühl/*Kühl*, § 15 Rn. 11; *Kühl*, AT, § 13 Rn. 48; Zieschang, AT, Rn. 171。

[203] 参见 BGH NStZ 2016, 721 ff.。

的死亡是具有原因性的。[204] 联邦最高法院论证了**将杀害故意延伸至这一因果历程**,其论证理由是,基于同一侵害方向,对违背其期待尚未死去的被害人进行刀刺并非处于高度可能性之外,对该犯罪行为的任何其他评价都不具有正当性。[205] 这一论证在两个方面都**是脆弱的**:认为行为人返回犯罪地发现被害人仍活着后割断其喉咙的行为并非处于高度可能性之外的观点是存疑的。更应当受到质疑的是,是否真的由于抱有杀害故意的二次行为而不能对犯罪行为作其他评价。这一视角本应**正确地**在客观归属范围内的**保护目的关联中被探讨**。击打头部很难说是基于以下风险而被禁止,即行为人获得了之后通过二次行为杀害他以为死了的被害人的机会。[206] 相对于"粪坑案",这一观点在该案中之所以重要,是因为在首次行为与二次行为之间存在一个明显的时间上与(主要)主观上的停顿(Zäsur):在击打之后,该故意已经被"用尽"了,因为 A 相信已经造成了死亡结果。所以,割喉是基于一个新决意而被做出的。阻止一个新的杀害故意并非禁止伤害这一禁令的目的。[207] 对于这一观点,联邦最高法院在探讨以下问题时应当至少在故意的范围内予以考虑,即通过一个自我答责的二次行为造成结果是否使对该犯罪行为的另一个评价实现正当化。[208]

76 罗克辛主张一种更激烈的规范解决路径,他认为,"将那些体现为对犯罪人计划实现的全部历程都归属于故意,这**在刑事政策上是有意义的**"[209](**犯罪计划理论**,见边码59)。从中可以推出,如果行为人在首

---

[204] 参见 BGH NStZ 2016,721(722)。

[205] 参见 BGH NStZ 2016,721(723)。

[206] 参见 *Eisele*,JuS 2016,369;*Hehr/Scharbius*,HRRS 2016,552 f.,555. 相反,*Jäger*,(JA 2016,551)将用铁棍击打与割喉解释为一个应被统一看待的杀害事件,也就是循序式实行动作(重复的结果引发,第31章边码19及以下)。这一观点对于用铁棍不断连续击打而言是正确的,但是对于一段时间后、尤其是基于新的犯罪决意的用刀行为而言则不正确;持否定观点的还有 *Hehr/Scharbius*,HRRS 2016,554。

[207] 相似的阐述可见 *Bechtel*,JA 2016,907 f.:归属关联的中断。

[208] 参见 *Bechtel*,JA 2016,909。

[209] *Roxin*,FS Würtenberger,1977,S. 116,120 ff.;也可参见 *Og˘lakciog˘lu*,JR 2011,105 ff.。

次行为时已经有了造成符合构成要件的结果的**目的**,而该结果连同二次行为造成的结果都可以被该故意所涵盖时,那么就可以这么做。因为在这一情形中,结果是行为人的符合计划的作品(Werk)。[210] 因此,从这一立场出发,在本案中,由于 A 仅仅只是间接故意地实行行为,因而没有产生杀害 O 的"计划",所以应当否定其是故意的举止。[211]

案例与问题

62. 为什么今天的通说会将故意放在主观构成要件(而非罪责)中考查?

63. 故意必须涉及什么?

64. 请列举各种不同的故意形式,并简述在通说中各种故意形式的特征。

65. A 想通过打电话来侮辱 X。但是他拨错电话号码了,是 O 而不是 X 遭受到了令人痛苦的辱骂,不过 A 没有察觉到自己骂错了人,而且 O 也没有察觉到自己被骂错了。O 提起了刑事告诉。[根据 KG bei *Klee*, GA 69(1920),117; s. auch BayObLG, JR 1987, 431 mit Anm. *Streng* 改编]

---

[210] 参见 *Roxin*, FS Würtenberger, 1977, S. 120;相似的阐述可见 *Kudlich*, Fälle StrR AT, S. 21;LK-StGB/*Vogel/Bülte* § 16 Rn. 73。

[211] 以下观点不具有说服力:即使该结果(被害人的死亡)与犯罪计划相符,其所涉及的也是一个偶然的、恰恰与犯罪计划不一致的对结果的引发。

第25章 违法性

1 违法性阶层所探讨的问题是，一个符合构成要件的举止是否**例外地被法所允许**。对此有着各种重要的理由，它们将在每一个正当化事由中得以详细阐释（概览见第15章边码6及以下）。

在处理每一个正当化事由之前，必须先探讨几个问题，这些**问题超越了各类正当化事由而意义重大**。首先是基础问题，公职人员是否也能够援引刑法的正当化事由［见标题（一）］。接下来是已经提过的（第15章边码10及以下），正当化事由——如同构成要件一样——按照通说是由客观组成部分与主观组成部分所共同构成的。正当化事由的这一结构所导致的是，（客观的）现实与（主观的）行为人构想之间可能发生破裂而出现错误情形，这些错误情形既充满争议，又对考试极为重要。因此需要解释的是，如何处理这些案件——行为人没有（确定地）认识到正当化事由在客观上成立的要件［见标题（二）］，或者（相反）错误地设想了一个在客观上并不存在的正当化事由要件［见标题（三）］。

一、正当化事由在主权（hoheitlich）行为范围内的适用性

2 **示例：**

警察P在巡逻过程中看见小偷O带着贵重的赃物从X的房子中逃出。他只有通过使用公务用枪射杀的方式才能够阻止O逃跑。

3 **警务法律**只允许在有限的条件之下使用枪支，尤其是为了阻止那些

携带枪支的重罪与轻罪,且只有当为了让行为人丧失攻击能力或逃跑能力时才能这样做。以击毙为目的的枪击只有在以下情况中才是被允许的,即它是防卫一个现时的生命危险或严重身体危险的唯一手段(比如《下萨克森州警察与秩序部门法》第76条第2款、第77条第1款)。因此,按照警察法,P的举止是不被允许的。

如果主权承载者以官方身份行事,那么问题是,他是否也可以对于符合构成要件的举止援引**刑法上的正当化事由**。对于这一问题的回答存在**争议**[1],因为使用刑法上的正当化事由可能会使得公法规则受到损害。至少在正当化事由可能会被利用为对国家行为的授权事由之时,会出现上述情况。若如此解释,则公法上授权规范的区分体系会被一般性的刑法正当化事由所削弱。[2] 因此,部分文献的观点想一概禁止公职人员在保护个人法益时援引刑法上的正当化事由。[3] 司法判决只想用刑法上的正当化事由支持极有限的例外情形中的国家行为,也就是国家紧急状态的情形,即当最高法益陷入不可预见的危险时。[4]

4

一个有力的观点通过**区分化**的方式正确地解决了这一疑问:应当区分刑法上的正当化与公法标准上举止的被允许性。[5] 刑法上的正当化事由仅仅以公职人员个人承担的刑法责任为对象。就此而言,没有理由拒绝将有利于所有人的正当化可能性适用于公职人员。这可以在各州的警察法中得到确证,这些法律通常包含了紧急权保留(Notrechtsvorbehalte),据此,一般性紧急权并不受影响。[6] 相反,公法标准下行为的被允许性则完全是另外一个问题。在这一点上,一个举止完全可以是违法的,比如可以因此对该公职人员处以纪律处分。

5

---

[1] 关于各种不同观点的详细概况见 *Hillenkamp/Cornelius*,AT,S. 43 ff.。
[2] 另一种观点见 *Herzberg*,JZ 2005,321。
[3] 持这一观点的比如有 SSW StGB/*Rosenau*,§ 34 Rn. 4;*Zieschang*,AT,Rn. 192。
[4] 参见 BGHSt 27,260,262 ff.;31,304,307;34,39,51。
[5] 参见 Baumann/Weber/*Mitsch*/Eisele,§ 14 Rn. 62;*Engländer*,HBStrR,Bd. 2,§ 38 Rn. 62;*Engländer*,HBStrR,Bd. 2,§ 38 Rn. 62;SK-StGB/*Hoyer*,§ 34 Rn. 95 ff.;还有 AnwK-StGB/*Hauck*,Vor §§ 32 ff. Rn. 5 f.。
[6] 参见 *Kühl*,AT,§ 7 Rn. 153,155。

二、主观正当化要素

（一）欠缺主观正当化要素

6 **示例**[7]：

> 深夜，A持擀面杖立于房门之后等待着她的丈夫。当门被打开的时候，她进行了击打，小偷O被击倒在地。是否可以根据《刑法典》第223条、第224条第1款第2项对A进行处罚？

7 示例说明的是以下情形，即**存在一个正当化事由**（示例中：《刑法典》第32条）**的客观要件，但是行为人对此并没有意识到**（也被称为"反向容许构成要件错误"）[8]。存在疑问的是，由于欠缺主观正当化要素，对于行为人来说正当化是否应当被否定？此类案件的解答存在**争议**：

8 根据极个别人的观点，正当化事由产生影响根本不依赖于行为人对正当化处境的认识，一个**主观正当化要素并不是必要的**[9]。以这一观点为基础，A的举止按照《刑法典》第32条因紧急防卫而实现了正当化。

但是，这一观点**并不令人信服**，因为A在主观违法地实行行为。在正当化中，这一主观的行为无价值未被考虑。[10]

9 根据占据绝对统治地位的通说，主观正当化要素（"正当化故意"[11]）是正当化事由的要件（见第15章边码11）。**部分司法判决和**

---

[7] 依照 LK/*Spendel*, 11. Aufl. 2003, § 32 Rn. 140; *ders*., FS Oehler, 1985, S. 199 ff.。

[8] *Schladitz* Jura 2022, 54 (63 f.)。

[9] 参见 LK/*Spendel*, 11. Aufl. 2003, § 32 Rn. 140; *Gropp*, FS Kühl, 2014, S. 247 ff.；*Gropp/Sinn*, AT, § 5 Rn. 48 ff.，它此外还指出，在某些正当化事由（比如《民法典》第904条）中对于主观正当化要素的要求并非出自文字表述，因此，让不可罚性取决于主观要件的做法违反了法定原则（《基本法》第103条第2款）。

[10] 比如 *Rönnau*, JuS 2009, 595; *Zimmermann*, HBStrR, Bd. 2, § 37 Rn. 59。

[11] NK-StGB/*Paeffgen/Zabel* Vor. §§ 32 ff. Rn. 92；LK-StGB/*Rönnau* Vor. §§ 32 ff. Rn. 82。

文献从这一要求中得出了以下结论,即如果行为人欠缺主观正当化要素,那么**就应当否定正当化**。[12] 这一论述符合一般的教义学基本原则,即只有当一个规范的所有条件都被满足时,它才能够产生效果。据此,在示例中,《刑法典》第 32 条无法产生有利于 A 的效果,应当按照《刑法典》第 223 条、第 224 条第 1 款第 2 项以危险的身体伤害罪既遂对 A 进行处罚。

不过,这一结论也并不恰当,因为这里没有考虑的是,A 的**举止在客观上是与法秩序保持一致的**:由于 A 被允许击倒窃贼,因此她的行为欠缺结果无价值。[13]

所以,一个颇为流行的**文献观点**正确地认为,应当排除基于犯罪实行既遂的可罚性。[14] 由于 A 的行为虽然在客观上与法秩序保持一致,但是在主观上没有与其保持一致,因此应当按照**未遂的构成要件**对她进行处罚。[15]

10

不过,这仅仅适用于部分正当化事由,在这些正当化事由中,对于实现正当化必要的结果无价值会与构成要件实现同时发生(比

---

[12] 参见 BGHSt 2,111(114);3,194;BGH NStZ 2016,333(对此可见 *Eisele*,JuS 2016, 366 ff.);*Alwart*,GA 1983,454 f.;*Krey* AT I,Rn. 421,423(现在 *Krey/Esser*,AT,Rn. 468 f. 的观点有所改变);*Köhler*,AT,S. 323;NK-StGB/*Zaczyk*,§ 22 Rn. 57;*Zieschang*,AT,Rn. 232。

[13] 当然,反对这一观点的理由是:对结果的评价不能被行为者的意志方向所消除,也就是说,当对结果的引发还不能被法忠诚的意志所承载时,结果无价值就不会消失;NK-StGB/*Zaczyk*,§ 22 Rn. 57。这样一来,与法保持一致的结果和与法秩序相违背的结果之间的区别当然就被推平了。

[14] 比如 Matt/Renzikowski/*Engländer*,§§ 32 ff. Rn. 8;*Frisch*,FS Lackner,1987,S. 138 ff.;*Hardtung/Putzke*,AT,Rn. 700;*Hoven*,GA 2016,17 f.;*Rönnau*,JuS 2009,596;Schladitz Jura 2022,54(63 f.);*Wessels/Beulke/Satzger*,AT,Rn. 417;还有 BGHSt 38,144(155 f.);*OLG Celle* JuS 2013,1042(*Jahn*)。

[15] 在鉴定报告中,使用未遂的解决方案需要注意几个特别之处,它们要在处理完未遂的构造(第 28 章边码 33 及以下)之后才能以完全阐明:首先是通过提示欠缺结果无价值而在违法性的框架内否定《刑法典》第 212 条的可罚性。然后,要新考查基于《刑法典》第 212 条、第 22 条、第 23 条的可罚性。在预先考查中要指出欠缺结果无价值,以替代缺失的犯罪既遂。接下来,在构成要件符合性中要引用之前对既遂构成要件(包含了作为负量的未遂构成要件)的考查。在违法性层面,只要指出按照行为人的构想不成立正当化的处境(欠缺主观正当化要素),就足以论证未遂的不法。有启发意义的案例解决方案见 *Putzke*,JURA 2009,148 f.;此外还可见 *Wessels/Beulke/Satzger*,AT,Rn. 417。

如《刑法典》第 32 条、第 34 条及正当化的承诺中的常例)。在此之外还有一些正当化事由，它们的正当化效果取决于行为人是否追求一个超出行为本身的目的［所谓的"**不完全二行为的正当化事由**"(unvollkommen zweiaktige Rechtfertigungsgründe)］。[16] 比如《刑事诉讼法》第 127 条第 1 款的拘捕权（边码 161 及以下）。一个人基于刚刚发生的犯罪而被抓住，拘捕权不能单独对剥夺自由（《刑法典》第 239 条）实现正当化，而要求额外的要件，即拘捕目的（而不是为了处罚被拘捕者）。如果欠缺了主观的正当化要素，那么，由于欠缺了向刑事追诉机关送交被拘捕者的故意，结果无价值就保持存在。《刑事诉讼法》第 127 条第 1 款没有发挥作用，拘捕成立既遂可罚性。

（二）对于正当化事实成立的怀疑

10a 　如果人们承认对主观正当化要素的要求，那么就要求以一个关于承载正当化的事实的**认识要素**作为前提。存在疑难的情况是，行为人并不确定关于正当化成立所必要的事实是否成立［ "容许构成要件怀疑"（Erlaubnistatbestandszweifel）］。[17]

> **示例**[18]：
> A 与 O 发生了争吵，在此过程中 O 拿着一个瓶子击打了 A 的头部。由于 A 不确定 O 是否还拿着断裂了的瓶颈进而攻击自己，因此他为了防止他认为可能的攻击而用刀伤害了 O。

有的人主张，行为人必须**确定地**认识到了正当化事实的存在。[19] 按照这一观点，由于 A 并不确定是否存在一个现时的攻击，因此没有展

---

［16］ 参见 Schönke/Schröder/*Sternberg-Lieben* StGB Vorbem. §§ 32 ff. Rn. 16；*Zimmermann*，HBStrR，Bd. 2，§ 37 Rn. 66。

［17］ 深入阐述见 *Frister*，FS Rudolphi，2004，45 ff. ；*ders.*，AT，14/16 ff.（该概念也来源于此）；*Rath*，Das subjektive Rechtfertigungselement，2002，S. 153 ff. 。

［18］ 参见 BGH StV 2018，727；dazu *Jäger* JA 2017，629 ff. 。

［19］ 参见 LK-StGB/*Rönnau* Vor §§ 32 ff. Rn. 84；*Rönnau* JuS 2009，594（595 f.）。在这个问题上还有——误解了疑难——Schreiber/Steinle，JA 2021，473（479）。

现出主观的正当化要素（关于正当化事由的主观要件成立的后果，见边码9及以下）。这一观点的理由是，对于正当化要件成立不确定的行为人必然也容认了其未被允许地实现构成要件的可能性。相反的观点则恰恰指出，行为人对于实行合法举止也抱着**间接故意**。当行为人认为正当化要件的成立是可能的时，就已经满足了正当化。[20] 有的人还额外要求，行为人在行为时必须相信正当化要件的成立。[21] 相似地，司法判决也补充要求一个追求合法目的的意志（见边码10b）。比如，如果行为人在紧急防卫中具有防卫意志（见边码105），那么即使行为人不确定正当化要件究竟是否成立，也成立主观正当化要素。[22] 在这两种观点中存在着**折中方案**。[23] 这些方案的基础思想是，正当化事由通常涉及冲突处境[24]，与构成要件层面不同，在这些处境中，一个行为之所以不应当发生，是因为它可能导致对法益的损害。由于行为人因其怀疑而不去实施防卫或紧急避险行为，因此就存在其所担心的风险得以实现的可能性。在示例中：如果A放弃用刀，那么他就要承担以下风险，即不再能够防卫近在眼前（＝现时）的攻击，只能自己承受伤害。所以，应当将可能的错误决定的关联风险与不去行为所面临的危险予以权衡。[25]这一立场可以最公平地分配适当的风险。

（三）明知要素与意志要素

上文已经清晰地表明，正当化事由中的主观正当化要素并非局限为 **10b**

---

〔20〕 参见 Baumann/Weber/Mitsch/Eisele, AT, § 14 Rn. 47; *Safferling* GA 2020, 70 (82, 84 ff.)。

〔21〕 参见 SSW StGB/*Rosenau* Vor §§ 32 ff Rn. 13; *Zimmermann*, HBStrR, Bd. 2, § 37 Rn. 63。

〔22〕 参见 BGH StV 2018, 727(730)。

〔23〕 另一个折中的解决方案是 *Jäger* JA 2017, 629, 631 所主张的，它想按照以下标准进行区分，即一个攻击是真实存在（这样的话，只要认识到攻击可能发生的情状就够了）还是不存在（这样的话，在单纯以为可能的情形中不会成立容许构成要件错误）。

〔24〕 尤其在承诺的情形下会有所不同，因为行为人在这里仅仅受到承诺者所定规则的约束。如果要件的成立存疑，那么他就应当避免进行侵害；*Frister* FS Rudolphi, 2004, 45(46)。

〔25〕 参见 MüKoStGB/*Erb* § 32 Rn. 243 ff.; *Frister* FS Rudolphi, 2004, 45 ff.; *ders.*, AT, 14/20 ff.; *Neumann*, HBStrR, Bd. 2, § 47 Rn. 103 ff.; *Rath*, Das subjektive Rechtfertigungselement, 2002, S. 586 f.; 反对的还是 LK-StGB/*Rönnau* Vor §§ 32 ff. Rn. 86。

单纯认识到正当化情状的成立，而是额外还要求一个意志要素，这是因为，例如在拘捕（《刑事诉讼法》第 127 条第 1 款）时行为人也必须抱有借此实现刑事追诉的目的（见边码 10）。但是，在许多正当化事由中存在争议的是，除了认识要素（认识到正当化情状）之外是否还要求一个**意志要素**（追求正当化事由用来服务的目的）。司法判决与部分文献在紧急防卫（《刑法典》第 32 条）中要求防卫意志[26]，在正当化的紧急避险（《刑法典》第 34 条）中要求营救意志[27]，在承诺中要求行为人的行为是为了满足法益拥有者所表达的愿望。[28] 反对的观点则正确地指出了意志因素是多余的，因为当行为人认识到了证明其行为合法的情状时，就不依赖于一个特殊的思想。这样一来，主观的行为无价值就消失了。[29]

行为人虽然认识到了正当化处境，但是其行为却出于追求非用于正当化事由的动机，这种情况在实践中是很少见的。[30] 比如，防卫者在防卫时即使附带有仇恨或报复心理，但通常也都有着防卫意志（还可见边码 105）。对于"普通情形"而言，在鉴定报告中可以表述为，行为人带着防卫的意志或拯救受到危害的法益的意志，因此，即使按照最严格的观点也能够满足主观正当化要素的条件。[31]

---

[26] 参见 BGHSt 5,245；BGH NStZ 2007,325；NJW 2013,2133（2134 f.）；OLG Koblenz StV 2011,622(623)；*Fischer* § 32 Rn. 25 f.；*Wessels/Beulke/Satzger*, AT, Rn. 545,415 f. 关于争议现状见 *Hillenkamp/Cornelius*, AT, S. 32 ff.。

[27] 参见 *Wessels/Beulke/Satzger*, AT, Rn. 488。

[28] 参见 *Wessels/Beulke/Satzger*, AT, Rn. 579；Handeln „aufgrund der Einwilligung"。

[29] 持该观点的比如有 Baumann/Weber/Mitsch/Eisele, § 14 Rn. 47, § 15 Rn. 46 f.；*Frisch*, FS Lackner, 1987, S. 135 ff.；*Frister*, AT, 14/24 f.；*Kaspar*, AT, § 5 Rn. 224；*Mitsch* JuS 2017,21；*Rönnau* JuS 2009,596；SSW StGB/*Rosenau* § 32 Rn. 49；*Safferling* GA 2020,70(80 f.)；Schönke/Schröder/*Sternberg-Lieben* StGB Vor. §§ 32 ff. Rn. 14；*Zimmermann*, HBStrR, Bd. 2, § 37 Rn. 65。

[30] 参见 *Gaede* FS Rengier,2018,30 f.。

[31] 参见 *Rönnau* JuS 2009,597。

三、容许构成要件错误

> **示例**[32]：
> 深夜，A 听到家门口有可疑的声音。当门被小心地打开时，她以为是窃贼企图进入自己的住所，于是用擀面杖将进入者打倒在地。随即她发现，她打倒的是回家的丈夫。

这类容许构成要件错误（Erlaubnistatbestandsirrtum）[＝容许情状错误（Erlaubnistatumstandsirrtum）]的案件与欠缺主观正当化要素的案件在结构上恰巧相反：正当化事由的要件在客观上并不存在（在示例中：没有《刑法典》第 32 条含义上的攻击）。[33] 但是行为人错误地构想了一个情状，在这一情状下他的举止可被正当化事由所涵盖。[34]

相应地，在鉴定报告中应当首先考查正当化事由的要件是否都成立。如果被否定了，那么应当**探究以下问题，即行为人的举止能否以他的构想为根据而得以正当化**。应当在行为人构想的基础上对值得考虑的正当化事由的全部要件进行考查。[35] 如果因构想错误就否定正当化的成立，那么这一行为就具有违法性。接下来，如果行为人认为他的举止是被允许的（所谓的双重错误），那么只应在罪责层面考查禁止错误（《刑法典》第 17 条）。[36] 相反，如果正当化事由以行为人错误构想为根据发挥效果，那么就存在一个容许构

---

[32] 案例处理比如可见 *Böhm* ZJS 2019, 231 ff.；*Kühl/Hinderer*, JURA 2012, 488 ff.；*Schreiber/Steinle*, JA 2021, 473 ff.；*Walter/Michler* JURA 2021, 844 (848 ff.)。

[33] 关于正当化事由其他要素的错误的示例可见 *Heuchemer*, JuS 2012, 796 f.。

[34] 可想而知的情形还有，行为人并不确定正当化的情状是否成立，但是却真诚地认为可能。仅仅间接故意地相信正当化事实是否会导致容许构成要件错误，取决于人们在主观正当化要素中对于明知要素提出哪些要求。对此可见边码 10a。也可参见 MüKoStGB/Erb，§ 32 Rn. 247。

[35] 比如可参见 *Kraatz*, JURA 2014, 790 f.；*Kudlich*, JA 2014, 588。行为人对于案件事实处境存在怀疑的情形可见 *Nestler*, JURA 2018, 140 ff.。

[36] 参见 *Kühl*, AT, § 13 Rn. 80；*Rengier*, BT I § 31 Rn. 15 f.，其正确地指出，常用的"双重错误"的称呼并不准确，因为实际上只成立一个禁止错误。

成要件错误。**在示例中：**如果 A 的设想是对的，那么他的举止根据《刑法典》第 32 条就得以实现正当化。

13 **有争议**的是，可以从容许构成要件错误中得出哪些**法后果**（rechtliche Konsequenzen）。这里实质涉及的是以下问题，尽管正当化情形是被他所构想出来的，行为人——比如故意的行为人——是否允许实行行为。对此存在以下观点[37]：

14 **故意理论**（Vorsatztheorie）在今天不再重要（因此在考试中也可以省略）。[38] 根据这一理论，故意是罪责的一个要素，该罪责要素所包含的除了对构成要件实现的明知与意志外，还有不法意识。因而容许构成要件错误排除了故意。这一理论已经过时了，因为从《刑法典》第 16 条与第 17 条中产生了对构成要件错误与禁止错误的区分，而这一区分是故意理论所否定的。[39]

15 **消极构成要件要素理论**（Lehre von den negative Tatbestandsmerkmalen）在处理容许构成要件错误时是从它的两阶层犯罪构造中得出结论。[40] 根据这一理论，构成要件符合性与违法性被合并在一个考查阶层之中。在这一**"整体不法构成要件"**（Gesamtunrechtstatbestand）中，正当化事由是"消极的构成要件要素"，构成要件的满足以不存在这些要素为前提。如果行为人错误地设想了一个正当化事由可以发挥影响的情形，那么就欠缺了《刑法典》第 16 条所规定的涉及构成要件实现的故意。

对于这一观点，只有那些在鉴定报告中运用两阶层考查结构的人才会在不自相矛盾的情况下予以遵循。实际上，放弃违法性作为

---

[37] 概况比可见 *Hillenkamp/Cornelius*, AT, S. 81 ff.；*Stiebig*, JURA 2009, 274 ff.。
[38] 参见 *Heuchemer*, JuS 2012, 797；*Kelker*, JURA 2006, 594 f.；不过修正的故意理论还可参见 *Otto*, AT, § 15 Rn. 5 ff.（对此见 *Neumann*, HBStrR, Bd. 2, § 47 Rn. 13 ff.），对立法者决定的批判见 *Freund/Rostalski*, AT, § 4 Rn. 80 ff.。关于历史发展可参见 *Schuster*, Das Verhältnis von Strafnormen und Bezugsnormen aus anderen Rechtsgebieten, 2012, S. 50 ff.。
[39] 在法律规定之前早就持否定态度的有 BGHSt 2, 194 (204 ff.)。
[40] 持这一观点的比如有 *Arth. Kaufmann* JZ 1954, 653 ff.；*ders.* JZ 1956, 353 ff., 393 ff.；*Neumann*, HBStrR, Bd. 2, § 47 Rn. 23 ff.。

独立的考查阶层**并不能令人信服**。[41] 因为通说中构成要件符合性与违法性之间的规则与例外的关系会分配给构成要件一个"警告功能",[42] 而且坚持行为人实现了类型化的不法是完全恰当的。它同样区分了某人捏死一只苍蝇的情况与在紧急防卫中杀死一个人的情况。[43] 法律中的多处文字表述（比如在《刑法典》第 32 条中）也是以违法性作为独立阶层出发的。最后,将故意予以排除将导致一个不当结论,也就是共犯不可能成立,因为它始终要求主行为是故意的（《刑法典》第 26 条、第 27 条）。[44]

严格罪责理论（strenge Schuldtheorie）[45] 与法律保持了一致,有别于故意理论（边码 14）——它将故意与不法意识进行了区分,前者是**不法的组成部分**（《刑法典》第 16 条）,后者是**罪责的组成部分**（《刑法典》第 17 条）。严格地以这些条文的文字表述为指向,所有没有被明确归于《刑法典》第 16 条的错误都归在不法意识之下。[46] 从中可以得出的是,如果错误是不可避免的,那么容许构成要件错误就不是根据《刑法典》第 16 条第 1 款来排除故意,而是作为欠缺不法认识的情形根据《刑法典》第 17 条来排除罪责。这一方案在行为人的眼中是"严格的",因为他被视作故意行为人,并且只有在有限的条件下——即对于禁止错误要

16

---

[41] 参见 *Roxin/Greco*, AT I, § 10 Rn. 19 ff., 但是它也正确地指出, 构成要件与违法性在这个意义上构成了一个整体, 只有当它们被一起看待时才会包含那些构成了不法的要件。同样的还有 LK-StGB/*Rönnau* Vor. §§ 32 ff. Rn. 11 ff.; *Rönnau* JuS 2021, 499 (501 f.); HKV StrafR-HdB II/*Zimmermann*, § 37 Rn. 27。

[42] *Jescheck/Weigend*, AT, S. 250。

[43] 参见 *Welzel*, S. 81。对该示例的说服力予以批判的有 LK-StGB/*Rönnau* Vor. §§ 32 ff. Rn. 13; *Zimmermann*, HBStrR, Bd. 2, § 37 Rn. 19 f.。

[44] 不过, 这一疑难只有在特别犯与亲手犯（第 14 章边码 14 及以下、边码 17）的情形下才棘手, 否则, 就会成立参与一个认识错误的间接正犯（《刑法典》第 25 条第 1 款第 2 变体）的犯罪（详见第 27 章边码 27 及以下）。质疑结合合理性的观点也指出, 同样的问题在构成要件错误中也出现了, 如此主张的有 *Kelker*, JURA 2006, 596。

[45] 主张这一观点的是 *Heuchemer*, JuS 2012, 799; *Paeffgen*, FS Frisch, 2013, S. 403 ff.; LK-StGB/*Schroeder*, 11. Aufl., § 16 Rn. 47 ff.; *Zieschang*, AT, Rn. 359。

[46] 关于文字表述的论据可见 *Paeffgen*, FS Frisch, 2013, S. 405 f.。

求不可避免性的条件——才不可罚。[47]

这一观点并**不能令人信服**，其原因也正是罪责理论的"严格"。因为就评价适当性而言，容许构成要件错误与排除故意的构成要件错误（《刑法典》第16条第1款）之间的距离，远比其与禁止错误（《刑法典》第17条）之间的距离更近。也就是说，容许构成要件错误中的行为人是知法的，他仅仅是弄错了事实方面，正如联邦最高法院写道，他是"具有法忠诚的"（an sich rechtstreu）。[48]

17　适用《刑法典》第17条对陷入错误之人而言过于严厉，这一认识使得**限制罪责理论**（eingeschränkte Schuldtheorie）成为了当前的主流观点。[49] 这一观点是罪责理论的一个"限制性"变体，因为它虽然原则上依据罪责理论区分作为不法组成部分的构成要件故意与作为罪责组成部分的不法意识，但是其**并不想将容许构成要件错误当作**《刑法典》第17条中欠缺不法意识的情形进行处理。然而，关于**如何能够在教义学上实现**在评价上妥当避免故意可罚性的问题，却未能达成一致：

18　部分司法判决与文献的立场是，容许构成要件错误**排除了故意不法**（Vorsatzunrecht）。[50] 行为人没有作出带有故意不法特征的决定来违反法益，因为它是从以下情况出发的，即当该情况成立时，法益拥有者必

---

[47]　对于《刑法典》第17条要求比犯罪过失更高的注意要求的观点的批判见 *Nestler*, JURA 2015,570 ff.。*Heuser* ZStW 132(2020),330 ff.认为他所谓的"不受限制的"罪责理论是严格的，其方式是始终假定容许构成要件错误在具体行为处境中不可避免，进而实现对涉及故意行为的罪责予以排除。由于他看到了过失可罚性的可能，最终他得出了与限制罪责理论相同的结论（见边码17）。

[48]　参见 BGHSt 3,105,107. 深入的阐述见 *Neumann*, HBStrR, Bd. 2, § 47 Rn. 44 ff.。

[49]　在司法判决中比如有 BGHSt 3,105,106 f.；32,243,248；在学术文献中比如有 *Momsen/Rackow*, JA 2006, 655 ff.；*Kelker*, JURA 2006, 595 f.；Schönke/Schröder/Sternberg‐Lieben, Vorb. §§ 32 ff. Rn. 21. 在广义上，消极的构成要件要素理论也是限制罪责理论的一个子集。

[50]　参见 BGHSt 3,105(106 f.)；BGH NStZ‐RR 2011,238（对此可见 *Hecker*, JuS 2011, 369 ff.）；NStZ 2014,30 f.；（对此可见 *Brüning*, ZJS 2014, 206 ff.；*Kudlich*, JA 2014, 153 f.）；NStZ 2016,333(334)；NStZ 2020,725；*Frisch*, Irrtum, S. 269 ff.；Matt/Renzikowski/*Gaede*, § 16 Rn. 35；*Hardtung/Putzke*, AT, Rn. 730 ff.；Schönke/Schröder/Sternberg‐Lieben, Vorb. §§ 32 ff. Rn. 21。

须对侵犯予以容忍。[51] 因错误而导致欠缺主观的行为无价值，所以《刑法典》第16条第1款应当被类推适用。[52] 如果行为人本能够在谨慎的举止中避免错误，那么仍保留着适用《刑法典》第16条第1款第2句对过失进行处罚的可能性。

批评这一观点的人首先指责的是，共犯的可罚性会由于欠缺故意不法而丧失。[53] 然而，能否得出这一结论其实是可疑的，因为在《刑法典》第26条与第27条中对故意的主行为的要求也完全可以在以下意义上进行解释，即在那里指的只是构成要件故意，此外满足主行为的客观违法性就足够了。[54] 一个这样的理解在概念上是可能的，在客观上也是妥当的，因为在实质思考的角度中，那些教唆陷入错误者去犯罪的人或者促成陷入错误者去犯罪的人（至少会）因共犯不法而承担不利。[55]

尤其是（所谓的）共犯处罚漏洞被作为了支持**限制罪责理论的法效果准用**（rechtsfolgenverweisend）变体的论据。[56] 依据这一变体，由容许

19

---

[51] 对此的批判可见 *Heuchemer*, JuS 2012, 797 f. , 因为这样一来因轻率而误判了处境的行为人也会获得优待。这一批评并不正确，因为故意不法（在犯罪情状错误中亦然）在欠缺谨慎性时也会欠缺，在有的情况下仍旧存在过失可罚性的可能。

[52] 应排除（在消极构成要件要素理论之外）直接使用《刑法典》第16条第1款，因为该条文只涉及构成要件故意。因不存在规制漏洞而反对类推（第10章边码6）的重要论据可见 *Paeffgen*, FS Frisch, 2013, S. 405 ff. ; 对此也可见 *Puppe*, Kleine Schule, S. 201 ff. 。

[53] 比如 *Rengier*, AT, § 30 Rn. 22; Schreiber/Steinle, JA 2021, 473 ff. 。之外，还有一个反对意见认为，承认构成要件故意，却在违法性阶层否定故意不法，是前后矛盾的（这样认为的有 *Christoph*, JA 2016, 32 [35])。因为只有当构成要件符合性与违法性的要件都被满足时，才能成立最终的不法评价。

[54] 参见 *Frisch*, Vorsatz, S. 252 f. ; Matt/Renzikowski/*Gaede*, § 16 Rn. 35; NK-StGB/*Puppe* § 16 Rn. 136. 在案例解答的框架内还有 *Kühl/Hinderer*, JURA 2012, 488(491)。其他的证明见 *Kelker*, JURA 2006, 595 f.。不过批判的观点见 NK-StGB/*Paeffgen/Zabel*, Vor §§ 32 ff. Rn. 122。

[55] 参见 *Kühl*, AT, § 20 Rn. 143, 他当然正确地指出，在构成要件错误中这一刑罚漏洞是可被接受的。如同在容许构成要件错误中一样，该问题在构成要件错误中也得到了缓解，因为主行为人的错误通常会导致成立间接正犯。这样一来，存在疑难只有以下情形，即间接正犯之所以被排除，是因为一个构成要件只能被亲手实施或者由特定的人群（特别犯）实现。

[56] 持这一观点的比如有 *Wessels/Beulke/Satzger*, AT, Rn. 756 f. ; *Rengier*, AT, § 30 Rn. 22; 现在还有——没有进一步论证且摒弃了早期司法判决（*Mandla*, StV 2012, 336 f.) ——BGH StV 2012, 332(334) = JR 2012, 204(206) m. Anm. *Erb*。

构成要件错误造成的不法没有受到影响。但是,与在罪责层面上的故意不法相一致的**故意罪责非难**(Vorsatzschuldvorwurf)却**消失**了。因此,对容许构成要件错误的处理不是在实体方面(删去故意不法),而仅仅是在法后果中类推适用《刑法典》第 16 条第 1 款;也就是说,来自故意构成要件中的可罚性消失了,还保留着过失可罚性的可能。[57]

对于法效果准用的限制罪责理论的**批评**正确地指出,由于错误的存在,一个故意犯罪的主观行为无价值就已经欠缺了,而无需等到之后的罪责欠缺。[58] 如果行为人没有作出损害法保护的利益的决定,是因为他的出发点是以下情状,即当这些情状成立时,会在法保护其免受攻击的具体处境中否定这一利益,那么,就已经欠缺了故意不法。令人无法理解的是,为什么关于犯罪情状的错误会消除不法,关于正当化情状的错误却反而是消除罪责。由于故意罪责非难最终与对故意实施行为的行为人所提起的罪责非难没有区别,因此肯定故意不法而否定故意罪责是荒谬的。[59]

20 在**鉴定报告**中,对容许构成要件错误的考查**在犯罪论体系上的归类**取决于人们想要遵循的观点[60]:遵循严格罪责理论或者限制罪责理论法效果准用变体的人,应在罪责中进行考查。如果以导致排除不法的限制罪责理论的基础,那么考查则应移至违法性。一如既往,只有当不同的观点导致不同的结论时,才会出现**争议性决定**(Streitentscheidung)。通常而言,是否以限制罪责理论的排除不法变体或者排除罪责变体为基础,在这里可以搁置不谈——除非在之后对共犯的考查中产生了区别。在严格罪责理论与限制罪责理论之

---

[57] 对类推主张的批判见 Hardtung/Putzke, AT, Rn. 719。

[58] 参见 Kühl, AT, § 13 Rn. 71 ff.;参见 HKV StrafR-HdB II/Neumann, § 47 Rn. 79; Roxin/Greco, AT I, § 14 Rn. 73; Streng, FS Paeffgen, 2015, S. 239. 批判性观点也可见 Heuchemer, JuS 2012, 798 f. 。边码 18 对此已有阐述。

[59] 参见 HKV StrafR-HdB II/Neumann, § 47 Rn. 42。

[60] 参见 Stiebig, JURA 2009, 274 ff. 。相反,Hardtung/Putzke, AT, Rn. 725 主张在违法性中考查(因此在这里才第一次出现这个疑难问题);Kudlich, Fälle StrafR AT, S. 188 主张在肯定了违法性之后作为附加物进行考查;相似的阐述可见 Christoph, JA 2016, 34; Kaspar, AT, § 7 Rn. 51。

中的进行决定是必要的,因为《刑法典》第 17 条的适用或者说一个紧随其后的过失考查的必要性取决于此。

如果人们遵循(法效果准用的)限制罪责理论,那么接下来要考查的是,该行为人是否因一个**过失构成要件**而可罚。**在示例中,如果 A 因违反注意义务而没有认识到闯入者并非窃贼,那么就要基于过失身体伤害罪**(《刑法典》第 229 条)去考虑 A 的可罚性。[61] 21

四、正当化的紧急避险

根据重大优越利益原则,正当化的紧急避险(rechtfertigender Notstand)允许为了保护更高级别的利益而侵犯未参与者的权利。与该权利对应的是以下义务,即为了营救而忍受必要的侵犯。依此,正当化的紧急避险的根据还有**团结原则**,该原则使得未参与者有义务因他人的利益而去忍受法益损失。[62] 只要受到侵害的人或其财物本就是危险的来源(所谓的防御性紧急避险),那么正当性首先就来源于被侵害的法益承载者的特殊责任(Sonderverantwortlichkeit),基于避免危险的目的,该法益承载者在这里可以被称为**破坏者(Störer)**。[63] 22

法秩序包含着三种法律上的紧急避险规定: 23

☞ **防御性紧急避险**(《民法典》第 228 条)

☞ **攻击性紧急避险**(《民法典》第 904 条)

☞ **刑法上的紧急避险**(《刑法典》第 34 条)

两个民法上的紧急避险(《民法典》第 228 条与第 904 条)能够对侵犯他人财产的情况实现正当化,尤其是《刑法典》第 303 条的损坏物品罪。在民法的紧急避险中,《民法典》第 228 条的防御性紧急避险涉 24

---

[61] 对正当化处境的误判在何时应受非难的问题详见 *Erb*, FS Rengier, 2018, S. 15 ff.。

[62] 对此的深入阐述可见 *Frisch*, GA 2016, 121 ff.; *Engländer*, GA 2017, 242 ff.。*Rösinger*, in: Papathanasiou/Schumann/Schneider/Codinho (Hrsg.), Kollektivierung als Herausforderung für das Strafrecht, 2021, S. 129 ff. 正确地指出,团结主张是一项根植于人际自由施展的权利。

[63] 参见 Matt/Renzikowski/*Engländer* § 34 Rn. 50; *Frisch* FS Puppe, 2011, 428 ff.; *Renzikowski*, Notstand und Notwehr, 1994, S. 180 ff.。

及的是对作为危险来源的物品的侵犯。从中产生了一个（至少是思维上的）**考查顺序**，即从《民法典》第 228 条的特别条文出发，经《民法典》第 904 条直至作为一般刑法上的紧急避险的《刑法典》第 34 条。

（一）《民法典》第 228 条规定的防御性紧急避险

25　**示例：**
A 带着他心爱的杂交狗哈索在树林中散步，突然 O 的纯种杜宾犬飞奔向哈索。A 认为哈索陷入了很危险的境地，于是用他的棍子击打杜宾犬，后者受伤逃离。

1. 基础

26　按照《民法典》第 228 条，当存在威胁法益的危险时，允许损坏或者毁坏他人的物品，它在**损坏物品罪**（《刑法典》第 303 条）中作为正当化事由发挥作用。[64] 与《民法典》第 904 条不同，这一条文要求被损坏或毁坏之物正是**危险来源之处**。危险来源于所有权人领域也使得以下情况得以正当化，即**被保护的法益并不需要在价值上具有优越性**。在实践中与该条文相关的主要是动物攻击。[65] 但是还应当考虑的情形是，攻击者操控了并非为其所有的工具。比如，如果操纵借来的无人机在他人的地产上侵犯一般人格权（《基本法》第 1 条及第 2 条第 1 款）或者财产所有权（《民法典》第 905 条），那么击落无人机就可以按照《民法典》第 228 条得以正当化。[66]

2. 要件

（1）紧急避险处境

27　紧急避险处境（Notstandslage）的要件是，对法益的危险来自于他人的物品：**受到危害的法益必须具有引发紧急避险的能力（notstandsfähig）**。行

---

[64] 概况可见 *Erb*，JuS 2010，20 f.。
[65] 参见 HK-StrafR/*Duttge StGB*, § 34 StGB Rn. 27; *Rengier*, AT, § 20 Rn. 1 ff.。
[66] *AG Riesa* CR 2019, 581 ff. m. Anm. *Ernst*（对此见 *Hecker* JuS 2019, 913 ff.）; 在 *Lenk*, JuS 2021, 754 ff. 的案例解答中。

为人允许为了有益于哪些法益而实行行为，法律并没有包含更详细的规定。**自己与他人的各类法益**都具有引发紧急避险的资格，比如前述案件中的财物。

此外，危险必须是**由他人的物品所产生的**。"他人的"物品指的是该物品的所有权属于另一个人。对于无主物，《民法典》第 228 条也被类推适用。[67] "**危险**"[68] 是建立在实际情况之上的、超出了一般生活风险的损害发生的高度**可能性**（Wahrscheinlichkeit）。

关键在于联结点，一个客观的观察者基于这些联结点会相信面临着即将发生的法益侵害。所以**在示例中**，如果事后证明与外在印象不同，杜宾犬只是想来玩耍，那么就没有损害。但是这里还要考虑到行为人可能具有的**特别知识**：如果 A 知晓该杜宾犬是无害的，因而能够对看起来像在攻击的狗的举止进行正确的判断，那么就应考虑这一特别知识，危险不成立。

（2）紧急避险行为

紧急避险行为，指的是为了防御危险而对危险物品进行必要的损坏或毁坏，这里的损害不允许处于危险关系之外。因此，行为必须**针对作为危险来源的物品**。

此外，紧急避险行为必须是**必要的**。防御危险的必要性有着**双重要件：**

☞ 行为**适合阻止危险**，

☞ 选取**最温和的方式**来实现防卫结果。

关键在于一个**客观的个别化的研究途径**，也就是说，一个来自行为者交往圈（Verkehrskreis）的理性观察者基于客观的事实情况是否会通过这种方式进行防卫？既应考虑到一般的经验知识，也应考虑到行为者的特别知识。**在示例中**：如果 A 知道对杜宾犬大喊"滚开"就能让它逃离哈索，那么用棍子击打就不具有必要性了。

---

[67] 参见 Jescheck/Weigend, S. 355。

[68] "即将发生的"（drohend）危险这一法律表述并无意义，因为它并不涉及将要来临的危险（也就是在相关的时间点：仍无危险的处境）。危险概念于内在上更多的是即将发生的损害出现。

31 最后，**利益权衡**也是必要的：被保护的利益可以显著较小，但是不允许与被防御的危险之间不成比例。[69]

所以，**在示例中**，杂交狗在经济价值上比杜宾犬要小，但这并不影响正当化事由的成立，尤其是因为要考虑该狗对于 A 的精神上的价值。[70]

(3) 主观正当化要素

32 行为人的行为必须是"**为了**"阻止一个自己或者他人即将面临的危险。必要的是一个**防卫意志**（Abwehrwille）或者至少是一个对存在紧急避险客观要件的**认识**(还可见边码 10b)。

(二)《民法典》第 904 条规定的攻击性紧急避险

33 > **示例：**
> 在前述示例（边码 25）中，哈索受到了杜宾犬的攻击。但是，A 是用从 X 处借来的手杖来打杜宾犬。在该过程中手杖被打断。

1. 基础

34 《民法典》第 904 条[71]的主要适用范围还是损坏物品行为的正当化（《刑法典》第 303 条），不过，由于该条文允许了对他人物品造成"影响"（Einwirkung），因此，**在被允许的法益侵害的类型方面范围更广**。比如，为了将伤者送往医院而非法使用他人的汽车。如果涉及对损害物品行为的正当化，那么《民法典》第 904 条——与《民法典》第 228 条更特殊的条文不同——只在以下情况中得以适用，即**危险并非来自于被损坏或者毁坏之物**。在示例案件中，涉及的正是 A 所使用的手杖。基于团结义务的限制性，将危险转嫁给无关者只有在很小的范围内才是被允许的。所以，（与《民法典》第 228 条不同）《民法典》第 904 条要求**防御的是一个显著过大的损害**。

---

[69] 参见 *Erb*, JuS 2010, 20。
[70] 参见 *OLG Koblenz* NJW-RR 1989, 541; *OLG Hamm* NJW-RR 1995, 279。
[71] 概况可见 *Erb*, JuS 2010, 21 f.。

2. 要件

(1) 紧急避险处境

前提条件是存在一个对法益的现时的危险。**自己或他人的各类法益都具有适用紧急避险的资格**。 35

该法益必须面临着**危险**,也就是说,必须存在一个建立在实际情况之上的、超出一般生活风险的损害发生的高度可能性(如同边码 28)。该危险必须是**现时的**,指的是为了阻止损害的发生**一个即时的救助是必要的**。一个所谓的**持续危险**(Dauergefahr)同样也是现时的,在这类情形中应当预期到损害随时都可能发生(详见边码 47)。 36

(2) 紧急避险行为

紧急避险行为指的是为了阻止危险而采取的对他人物品的必要影响,在这种情形中,面临危险而即将发生的损害必须显著过大。同时,行为必须针对**非危险来源的他人物品**。 37

正如《民法典》第 228 条以**必要性**[72]为前提,该行为同样也应适宜于防御危险,而且在数个适宜的手段之中必须是**最温和的**(边码 30)。 38

最后,**利益权衡**也是必要的:即将发生的损害必须**显著**大于对他人法益的侵犯及由此产生的损害。示例中正是如此。 39

在权衡时,考虑的**不仅仅是相冲突的双方利益在经济上的价值**。团结义务也在这里存在着边界,即从评价的角度看——尤其是从被害人的尊严与自主的角度看——一个侵害是否恰当。比如,穿着昂贵衣服的女子不能为了防止自己的衣服被倾盆大雨淋坏而抢走穿着便宜衣服的女子的雨伞。[73]

(3) 主观正当化要素

在主观上,必要的是一个**防卫意志**或者至少是一个对存在紧急避险客观要件的**认识**(还可见边码 10b)。[74] 40

---

[72] 法律在这里使用了实质上同义的表述,即该行为对于防卫危险而言必须是"必需的"(notwendig)。

[73] 参见 Roxin/Greco, AT I, § 14 Rn. 49。

[74] 比如可参见 Kühl, AT, § 9 Rn. 17。反对的有 Gropp/Sinn, AT, § 5 Rn. 48;由于欠缺法律规定,这样的要求违背了法定原则(《基本法》第 103 条第 2 款)。

(三)《刑法典》第 34 条规定的紧急避险

41 与民法上的紧急避险规则相比,《刑法典》第 34 条的一般紧急避险的主要区别在于,它不但可以对侵犯所有权的行为实现正当化,而且原则上可以在实现任何一个构成要件时成为正当化事由,但故意杀人犯罪(《刑法典》第 212 条及以下)除外。

1. 要件概览

(1) 紧急避险处境

42 紧急避险处境(详见边码 45 及以下)以一个对**法益的现时的危险**作为要件:

☞ 任何法益都具有**适用紧急避险的资格**,包括第三人的法益与国家法益。通说认为公共法益也受到保护。[75]《刑法典》第 34 条所列举的仅仅只是一些例子("……或另一种法益")。

当涉及**公共法益**时,其紧急避险的资格并不是出于法条的文字表述,因为《刑法典》第 34 条表述为防御"另一个人"受到的危险,这仅仅意味着对个人利益的保护。所以也有人认为,《刑法典》第 34 条(以及《刑法典》第 32 条)仅涉及对个人法益的保护。[76] 相反,通说正确地指出,在保护公共法益上存在着具有压倒性地位的利益,它使得以下情况具有正当性,即可以要求个人在其团结义务的范围内为了保护这样的法益而接受自己的法益受到侵犯。[77]

---

[75] 参见 SSW StGB/*Rosenau* § 34 Rn. 7。

[76] 参见 *Dietlein* GS Tröndle, 2019, 187 (193 f.); Matt/Renzikowski/*Engländer*, § 34 Rn. 17, 另外 (Rn. 50) 涉及防御性紧急避险, 它不以团结思想作为基础, 而是用来防卫来自破坏者的危险; *Frister*, AT, 17/2; SK-StGB/*Hoyer*, § 34 Rn. 7 ff.。这一出发点也包含了国家的个体法益, 比如, 国家的财产所有权; SK-StGB/*Hoyer*, § 34 Rn. 7。

[77] 参见 BGH NStZ 1988, 558 (559) (Volksgesundheit); OLG Frankfurt a. M. NStZ-RR 1996, 136 (Straßenverkehrssicherheit); *Bock* ZStW 131 (2019), 555 (565 f.); Schönke/Schröder/*Perron* StGB § 32 Rn. 10; SSW StGB/*Rosenau* § 34 Rn. 7. 这意味着个人不需要在为了"大局"牺牲小我的情况下放弃自己的利益。相反, 公共法益最终必须服务于个体的自由施展[这方面一个可能的例外情形是动物保护; 参见 OLG Naumburg NJW 2018, 2064 (2065); 对此见 *Neumann* FS Merkel, 2020, 791 (797 ff.); *Stam*, in: Stam/Werkmeister, Der Allgemeine Teil, S. 171 ff.]。深入阐述参见 NK-StGB/*Neumann* § 34 Rn. 5 ff., 但他认为 (Rn. 22 ff.) 公共法益在以下情况中是有紧急避险资格的, 即它表现出了与个体利益极为紧密的关联, 因而实现了一个区分化的解决方案。

当然，通常情况下，考虑到政府的管辖，个人并没有实施营救举止的必要性。[78] 此外，在利益权衡上应使用严格的标准，确保自诩执法者的人不会为了保护超个人法益而替代相关的主管政府部门。[79]

当涉及第三人的法益时，人们也将此称为**紧急避险救助**（Notstandshilfe）。[80] 这里存在的特殊之处是，只要法益拥有者能够处置该被保护的法益，那么一个**被强加的**（aufgedrängt）——也就是违反法益拥有者意志的——紧急避险救助无法产生实现正当化的效果。这一点也适用于那些答责地作出的自杀决定。[81]

☞ **危险**指的是建立在实际情况之上的、超出一般生活风险的损害发生的高度可能性。[82]

☞ 一个**现时的**危险指的是以下这种状况，即如果不立即采取防御措施，人们会严重担忧该状况的继续发展将导致发生或者加剧损害。[83]

（2）紧急避险行为

行为人实行行为必须是为了阻止一个**不这么做将无法避免的危险**。在此，被保护的利益必须**显著优越**于被侵害的利益，而且该行为必须是一个为了阻止该危险而**恰当的**（angemessen）**手段**。详言之：

☞ 该被侵害的利益必须**具有被避险的义务**（notstandspflichtig）。[84] 在这一意义上，所有法益都能够具有被牺牲的资格，包括国家法益和公共法益。按照通说，一个例外是故意侵害一个已出生的自然人的生命（详见边码 48 及以下）。

☞ 该危险**否则将无法被阻止**：该行为对于防御危险而言必须是**必要**

43

---

[78] 参见 Schönke/Schröder/Perron StGB § 32 Rn. 10；SSW StGB/Rosenau § 34 Rn. 7。
[79] 参见 Bock ZStW 131(2019),555(566)；Erb JuS 2010,108。
[80] 参见 Kühl, AT, § 8 Rn. 33 ff.。
[81] 参见 Kühl, AT, § 8 Rn. 161；也可参见 § 23 Rn. 76。
[82] 参见 Schönke/Schröder/Perron, § 34 Rn. 12。
[83] 参见 Wessels/Beulke/Satzger, AT, Rn. 461。
[84] 参见在民法的紧急避险中，由于限制在他人的物品中，因此，不存在这一问题。

的(详见边码52)。[85] 它既要**适合**防御危险,也要选择**最温和**的**手段**。

☞ **利益权衡**必须得出以下结果,即被保护的利益必须**显著优越**于被侵害的利益(根据《民法典》第904条,详见边码53及以下)。该被保护的利益是否具有必要性与**显著的优越性**[86]取决于以下几点:

——所涉及法益的**抽象的位阶关系**;[87]

——对双方利益的**具体的整体权衡**;

——**危险的来源**:如果在防御性紧急避险中,所侵犯的仅仅只有作为危险来源的利益范围,那么按照《民法典》第228条的法思想,就应当在对被侵犯的利益权衡中考虑这一点。[88]

☞ 此外,该行为对于阻止危险而言必须是一个**恰当的手段**(《刑法典》第34条第2句)(详见边码60及以下)。因此应当确保的是,紧急避险人的举止必须**符合公众认可的价值观念**而表现为一个合理合法的冲突解决方案。在这一点上应当讨论以下几点:

——作为**遵守法所规定的程序**之恰当性(**示例**[89]:一个无辜的被告人不能为了得到一个"正义的"判决结果而教唆他人作伪证)或者**尊重国家的暴力垄断**(见边码63a);

——作为**禁止破坏立法者决定**之恰当性[尤其是:当一个堕胎行为虽然按照《刑法典》第218a条不合法,但是却不可罚时,暴力保护那些未出生的生命就是不恰当的(见第8章边码3;第25章边码85)。如果国家决定容忍这种堕胎,那么个人无权进行破坏][90];

---

[85] 参见 SSW-StGB/*Rosenau*,§ 34 Rn. 13。

[86] 参见 LK-StGB/*Zieschang* § 34 Rn. 149;SSW StGB/*Rosenau* § 34 Rn. 31. 相反,有的人认为,如果被保护的利益"毫无疑问地"占据优势,那么该标准就仅仅具备权衡问题的"澄清功能";*Jescheck/Weigend*,AT,S. 362;Schönke/Schröder/*Perron* StGB § 34 Rn. 45. 然而,条文的文字表述与团结原则都与此相悖,团结原则在利益占优的任何情况下都不允许将危险传递给局外人。

[87] 比如,身体完整性(《刑法典》第223条:5年以下)/财产所有权(《刑法典》第303条:2年以下)。

[88] 参见 *Erb*,JuS 2010,18f.;SSW-StGB/*Rosenau*,§ 34 Rn. 24。

[89] 参见 *Wessels/Beulke/Satzger*,AT,Rn. 483. 这个问题有时候已经在被保护利益的紧急避险资格中被讨论了。

[90] 参见 *Hillenkamp*,JuS 2014,926;*Satzger*,JuS 1997,804。

——作为社会伦理整体评价之恰当性（比如，不能为了挽救某人生命而强迫他人"献"血，见边码60及以下）。

——有时候这里也要讨论**特殊的容忍义务**（比如消防员，见边码54）。

（3）主观正当化要素

在任何情形下，**认识到**正当化所承载的情状都是必须的。按照通说，此外还需要一个**营救意志**（Rettungswille），也就是说，行为人必须（或至少也）是为了救援陷入危险的利益。

44

法律条文也支持了营救意志的必要性（"为了"阻止一个危险）。不过，当行为人在行为时**认识到**了紧急避险处境，并且根据客观情状合理地相信为了阻止它实施了一个必要且适当的行为，就足够了，否则，行为人就要因其想法而受到处罚（对此详见边码10b）。[91]

2. 对紧急避险处境的深化（持续性危险，防御性紧急避险）

> **示例**（"偷窥者案"）[92]：
> 一名"偷窥者"多次在夜间闯入一对夫妻的花园甚至是卧室。这对夫妻通过多种方式试图阻止该偷窥者但始终未果。有一晚，该偷窥者又一次准备逃跑，丈夫向街上逃跑的他开枪并击伤了他。

45

紧急避险处境指的是针对法益的现时的危险。如果存在建立在实际情况之上的、超出一般生活风险的损害发生的高度可能性，那么**危险**就成立了。[93] 这一高度可能性究竟必须达到什么程度，却存在各种不同的回答，从"最高可能性"到"不是完全没有高度可能性"皆有。[94]。这些要求无论如何不应当过高，因为对于"利益权衡"修正的轻微危险可以被排除。正确的做法应当是对回答予以**区**分化。也就是说，一个处

46

---

[91] 参见 *Hardtung/Putzke*, AT, Rn. 552；SSW-StGB/*Rosenau*, § 34 Rn. 35；另一种观点见 Baumann/Weber/*Mitsch*/Eisele, § 14 Rn. 48。

[92] 参见 BGH NJW 1979, 2053. 对此见 *Kaspar/Reinbacher*, Casebook, Fall 9。

[93] 参见 *Kühl*, AT, § 8 Rn. 40；Schönke/Schröder/*Perron*, § 34 Rn. 12。

[94] 对此及证明见 *Kühl*, AT, § 8 Rn. 39；*Rotsch*, FS Neumann, 2017, S. 1019。

于危险情境之中的行为人是否能够向他人主张团结,不仅仅取决于危险的大小,还取决于被威胁的具体法益:一个生命危险比一个财产危险更容易引发团结义务。[95] 该危险判断要求一个**客观的事前预测**（objektive ex ante Prognose）[96]：如果在行为人行为时会理性判断存在着危险的实际情况,那么即使事后证实不存在危险也并不影响。[97] 因此在示例中,依据先前事件从客观的事前角度出发,以下情况存在一个升高的高度可能性,即偷窥者将来还会来侵犯该对夫妻的屋主权与人格权。

47　　此外,危险必须是**现时的**,也就是说,如果不立即采取防御措施,人们会严重担忧该状况的继续发展将导致发生或者加剧损害。[98] 从这一定义出发可以明确的是,对于现时性的确定必须考虑到仍有采取防御措施可能性的时间点。[99] 所以,尽管当前无需担忧逃跑中的偷窥者,但是示例案件中的危险仍具有现时性。[100] 无法预见偷窥者何时再次侵入,这与现时性并不违背。该危险如同"达摩克利斯之剑"悬于行为人的头上,因此一个这样的**持续性危险**（Dauergefahr）也是现时的。[101]

47a　　"偷窥者案"的另一个特点在于,行为人为了防御危险而侵犯了一个人的法益,而该人的范围正是危险的来源。因此,这里成立《民法典》第 228 条所规定的**防御性紧急避险**（见边码 25 及以下）。相反,《刑法典》第 34 条面向的是《民法典》第 904 条所规定的攻击性紧急避险

---

[95] 参见 HK‑GS/*Duttge*,§34 StGB Rn.7;反对的批评观点见 Matt/Renzikowski/*Engländer*,§34 Rn.11(利益权衡的各种观点的混合)。

[96] 关于不同的观点见 Matt/Renzikowski/*Engländer*,§34 Rn.12;SSW StGB/*Rosenau*,§34 Rn.9;*Rotsch*,FS Neumann,2017,S.1015 ff.。

[97] 参见 HK‑GS/*Duttge*,§34 StGB Rn.8。当然,如果行为人只是想象出了导致风险的情状,那么就不同了:容许构成要件错误。

[98] 参见 *Wessels/Beulke/Satzger*,AT,Rn.461。

[99] 参见 BGHSt 5,371,373;HK‑GS/*Duttge*,§34 StGB Rn.10;*Koch*,GA 2011,143 f.。当然,这样一来,必要性的问题就要在现时性的框架内被讨论;*Küper*,FS Rudolphi,2004,S.153 f.。

[100] 与此相对,紧急防卫处境没有成立,因为攻击已经随着逃跑而结束了,未来可能发生的攻击还没有迫在眉睫。

[101] 参见 BGH NJW 1979,2053;BGHSt 5,371;48,256,259;*Erb*,JuS 2010,109。这当然只有在广义上才合理,因为危险实际上并不是持续的,而是总是只存在于夜晚。深入阐述可见 *Dencker*,FS Frisch,2013,S.478 ff.。所以进行批判的比如有 Koch JA 2006,806(808)。

(见边码 33 及以下)。[102] 这主要在利益权衡的规定中清楚地体现出来：《刑法典》第 34 条要求所保护的利益占据显著优势地位，相比之下，当行为造成的损害没有与所保护的利益显失比例时，就已经实现了《民法典》第 228 条的正当化。认为危险引发的观点在《刑法典》第 34 条的框架下毫无重要性，是不恰当的。所以，《民法典》第 228 条的评价转用于《刑法典》第 34 条。其实现的方式是，危险的来源在利益权衡中非常重要，让那些作为危险来源之处的人承受不利。之所以对"偷窥者"施加身体与生命的风险也是合理的，是因为他应当对行为人法益的危险处境答责。[103]

3. 对紧急避险行为的深化

(1) 具有被避险义务的法益

> **示例**（"登山者案"）[104]：
> 登山者 A 与 O 坠崖并双双挂在一条绳上。O 在 A 的下方，如果 A 将绳子切断，就能救自己的命。O 没有任何获救的机会。A 切断绳子救了自己，而 O 摔到地面后死亡。

48

原则上，紧急避险处境能够授权侵犯**任何**个人法益或公共法益。即使在紧急避险行为中侵害**生命**——尽管经常强调不可权衡性（Unabwägbarkeit）——也并非理所当然就会被排除，比如，仅仅会对生命造成一定危险的营救行为。

49

---

[102] Erb JuS 2010, 17 (18).

[103] 有争议的是，是根据《民法典》第 228 条来颠倒被保护的利益通常不如被损害的利益重要的权衡标准，还是让危险引发作为权衡因素得到考量。后者更符合《刑法典》第 34 条的文字表述，也更灵活。尤其在权衡中要考虑的是，危险引发者是有责地实行行为（如同"偷窥者"案中一样），还是无责地陷入了危险处境。对此可参见 Erb JuS 2010, 17 (18 f.); Koch JA 2006, 806 (809); Lackner/Kühl § 34 Rn. 9; Zieschang JA 2007, 679 (683)。对此可参见 Erb JuS 2010, 17 (18 f.); Koch JA 2006, 806 (809); Lackner/Kühl § 34 Rn. 9; Zieschang JA 2007, 679 (683)。

[104] 参见 *Wessels/Beulke/Satzger*, AT, Rn. 476. 源自 *Rudolf Merkel*, Die Kollision rechtmäßiger Interessen und die Schadensersatzpflicht bei rechtmäßigen Handlungen, 1895, S. 48（参见 NK/*Neumann*, § 34 Rn. 76）。

> **示例：**
> 在紧急避险中允许将一名路人推往一边，尽管这一举止完全可能带有致人死亡的法不容许的危险。即使避险人对该路人的死亡有着容认的态度，也并不影响这一风险的被允许性。在"偷窥者案"（边码45及以下）中，枪击逃跑者的致死危险也是不可否认的。

50 不过，（几乎）必然地牺牲一个人的生命去挽救其他利益在原则上是不被允许的，即使是为了挽救他人的生命也不行。[105] 其理由是，**人的生命是无法被量化的**。可以说，每一个人的生命都具有无限高的价值，即使与多条他人的生命相对比也不失其重。[106] 这里要考虑到以下重要的、受到宪法约束的认识[107]，即不允许为了他人的利益而贬低任何人的生命。这里可以通过所谓的"紧急防卫检验"（Notwehrprobe）来说明：假使避险人拥有了牺牲他人的权利，那么此人对于该杀害行为必须不能反抗地予以容忍（因为不存在《刑法典》第32条意义上的违法攻击）！

51 《刑法典》第34条无法对侵犯生命的行为实现正当化的原则存在一个**例外**，它在以下情形中被讨论，即在一个具体情境中该生命无论如何都会**逝去而没有挽救的余地**。[108] 比如，在"登山者案"中，或者在被劫持的飞机飞向高楼的案件中。[109] 这里的问题是，是否允许牺牲无辜者——O及飞机上的乘客。[110] 对于这一问题经常会得到否定的答案，

---

[105] 深入阐述可见 *Wilenmann*, ZStW 127 (2015), 888 ff. 。

[106] 参见 *Ladiges*, ZIS 2008, 130. *Ladiges*, ZIS 2008, 130。

[107] 参见 BVerfGE 115, 118, 151 ff. ; 关于相对化也参见 *Sowada*, GA 2011, 390 ff. 。

[108] 另一个例外情形就是所谓的"穿孔"，即为了挽救母亲的生命而杀死一个正在出生中的孩子; SSW-StGB/*Rosenau*, § 34 Rn. 25。

[109] 对于这种情形，《航空安全法》（LuftSiG）第14条第3款本规定了击落飞机的权利，但是联邦宪法法院（E 115, 118）以损害乘客的人类尊严为由宣告违宪; 对此可见（部分带有强烈批判）*Isensee*, FS Jakobs, 2007, S. 205 ff. ; *Merkel*, JZ 2007, 373 ff. ; *Rogall*, NStZ 2008, 1 ff. ; *Starck*, JZ 2006, 417 ff. ; 全面的研究见 *Ladiges*, Die Bekämpfung nicht-staatlicher Angreifer im Luftraum, 2. Aufl. , 2013。

[110] 杀死劫机者基于紧急防卫（《刑法典》第32条）而得以正当化; *Rogall*, NStZ 2008, 1 f. ; *Stübinger*, ZStW 123 (2011), 411。

理由是从人的尊严中所推导出来的生命的不可权衡性。[111] 但是,这样的侵犯权究竟是否通过不被允许的方式实际造成了生命的相对化[112],考虑到个体(Person)尊严所处的社会关系,这完全是存疑的。[113] 如果该危险没有被转移至其他无关者,而只是被修改为仅针对那些无法被挽救的被抛弃者[114],以挽救那些不然将额外付出生命的人们,那么就不能说这是对人的生命的贬低。[115] 当然,与紧急避险权相对应的是被害人的容忍义务,所以在"登山者案"中,O 不允许为了阻止 A 切断绳子而向 A 开枪射击。[116] 即使从人性出发这乍看上去过于苛求(所以至少是被宽恕罪责的,《刑法典》第 35 条),但是相比之下 O 若享有以下权利则显得更不可理喻,即他为了阻止 A 自救而可以开枪射击 A,紧接着自己也

---

[111] 比如 *Günther*, FS Neumann, 2017, S. 829 f.; AnwK-StGB/*Hauck*, § 32 Rn. 12, 14; *Heinrich*, AT, Rn. 425; *Jäger*, FS Rogall, 2018, S. 191; *Stübinger*, ZStW 123(2011), 413 ff.; *Wessels/Beulke/Satzger*, AT, Rn. 476 f.; *Zieschang*, AT, Rn. 262。防御性紧急避险情形的例外还可见 Matt/Renzikowski/*Engländer*, § 34 Rn. 33。

[112] 持这一观点的比如有 *Bechtel* JuS 2021, 401(402); SSW-StGB/*Rosenau*, § 34 Rn. 23;当然还没有争论,其问题恰恰是,相对化是否真的"不可接受"。

[113] 也可参见 *Otto*, HBStR, Bd. 2, § 41 Rn. 43, 63; *ders.* GS Tröndle, 2019, 337(349 f.)(面临危险者形成了"一个现实存在的危险共同体"); *Pawlik*, JZ 2004, 1052 f.。基于这一考量, *Stübinger*, ZStW 123(2011), 423 也对以下质疑进行了反驳,即国家之于被害人的法律关系在其"缺乏机会"的标准中没有得到恰当的考量。因为根据社会关联(《刑法典》第 34 条中的)国家对于幸存者的保护任务被用来当作理由进行主张。

[114] 恰恰是这一修改成为了 *Bechtel* JURA 2021, 14(17 f.)反对正当化的理由。

[115] 参见 *Erb*, JuS 2010, 111(anders MüKoStGB/*Erb*, § 34 Rn. 146 ff.); *Isensee*, FS Jakobs, 2007, S. 221 ff.; *Kühl*, JURA 2009, 882; *Ladiges*, ZIS 2008, 135 ff.; NK-StGB/*Neumann*, § 34 Rn. 76 f.; *Rogall*, NStZ 2008, 4;在结论上相同的还有 *Jäger*, FS Rogall 2018, S. 181 f.,他指出了缺失了自我牺牲义务的不作为特征(但是,对举止形式的表面关注反而模糊了关键的评价问题)。在无论如何都要牺牲连体双胞胎中的一个来挽救另一个的案件中,反对缺乏机会这一论据的有 *Koch*, GA 2011, 129(139 f.),他想结合《民法典》第 228 条的法思想(防御性紧急避险,见边码 25 及以下)论证实施手术的医生的不可罚性。但是,仅仅因为存在就成立一个升高的危险承担义务是有问题的,至少对于那些碰巧处在被劫持的飞机上的乘客而言,这不是一个可接受的方法;恰当的观点有 *Bechtel* JURA 2021, 14(18); *Ladiges* JuS 2011, 882; *Schünemann* GA 2019, 1(10); *Merkel*, JZ 2007, 383(但是他在 S. 384 f. 想将该问题基本上同样定位在防御性紧急避险原则中);另一种观点见 Michael Köhler, FS F.-C. Schroeder, 2006, S. 263 ff.;反对的观点见 *Stübinger*, ZStW 123(2011), 420 f.。

[116] 用作反对 A 的紧急避险权的证明论据的比如有 *Wessels/Beulke/Satzger*, AT, Rn. 476; SSW-StGB/*Rosenau*, § 34 Rn. 23。

死去。[117]

（2）必要性

52 只有当无法通过其他方式避免危险，也就是说紧急避险行为具有必要性时，才允许将向他人要求团结的主张作为最终手段使用。因此，所使用的这一手段对于清除而言必然是**适宜**且**最温和的手段**。如同在危险判断中一样，这里也需要一个**客观的事前预测**。所以，该预测的基础是行为人**所知**且**可知**的用来阻止结果的**手段**。根据通说，不应当考虑那些只有通过对实际处境进行仔细考查才可得知的手段，因为找出更为温和的手段的考查义务并没有法律上的依据，而且对它予以认可会表现为不利于行为人的类推。[118] 由于《刑法典》第 34 条并不是用来将危险转嫁给他人的，因此，如果行为人能够通过**使用自己的手段**阻止或者**躲避**该危险，或者能够使用**政府的帮助**，那么就欠缺了必要性。

（3）利益权衡

53 **示例**（强制紧急避险）[119]：
A 持枪要求 B 去痛揍 O。B 因怕死而遵循了 A 的要求。

54 在使用最温和的手段时，团结原则也经常会被滥用。正当化进一步以利益权衡作为前提，依此，"在权衡相互冲突的利益时，特别是权衡所涉及的法益与他所面临的危险的程度，被保护的利益要显著优于被侵害的利益"。这一措辞已经表明，这种权衡必须**全面涵盖**所有被考虑到

---

[117] 参见 Schünemann GA 2019, 1 (9 f.). 也可参见 Jäger, FS Rogall 2018, S. 181, 他指出了更严重的后果（但是受到 Jäger, FS Rogall, 2018, S. 188 f., 191 f. 的反驳），即局外人也可以为 O 提供紧急救助从而决定 A 的命运。

[118] 参见 Rönnau, JuS 2009, 595; 深入阐述可见 NK/Neumann, § 34 Rn. 110。考查义务由司法判决在超越法律的正当化紧急避险中提出，但是未被纳入法律规定之中。要么行为人选择最温和的手段，这样一来，即使他没有事先仔细考查自己的选择是否正确，他的举止也不应被责备。要么他不谨慎地没有选择最温和的手段，这样一来就成立容许构成要件错误，因而只用考虑过失责任。

[119] 参见 BGHSt 5, 371; 在案例解答中的见 Kudlich, Fälle StrR AT, S. 132 ff.。深入阐述可见 Brand/Lenk, JuS 2013, 883 ff.。

的方面。[120] 为了清晰与明确的阐述，建议首先根据法律条文来确定**所涉及的法益的抽象位阶关系**（比如身体完整性与所有权）。接下来应当考虑到**所面临的侵害的范围**（比如所面临的身体伤害的类型，所涉物品的价值），以及**所面临的危险在现实中能够得以实现的可能性、紧急避险行为能够成功的可能性**。最后还要考虑到在要求他人团结的权利的角度之下其他对于评价显得重要的方面。属于此类的比如有特殊的危险承受义务（比如警察）。相反，对危险负有责任（比如上文边码45中的"偷窥者案"）会让法益承载者在更大的范围内负有团结义务（防御性紧急避险，《民法典》第228条的法思想）。[121]

有争议的是，若行为人——比如在示例中——因**强制紧急避险**而实施行为，这会对利益权衡[122]产生何种影响。[123] 与其他的紧急避险情形不同，该行为人的举止应归属于幕后人，也就是强制行为人去实施犯罪的那个人（间接正犯人，《刑法典》第25条第2变体，见第27章边码36）。就此而言，幕后人将紧急避险人作为工具使用，其攻击是成立的。这里区分出了三种观点：

☞ 有的人认为，**利益权衡必然要得出不利于紧急避险人的结论**，因为法秩序不能屈服于强制者的压力，而且法秩序可以撤销对于被强制者（他把自己置于"不法的那侧"）的禁令的效力主张。[124] 之所以不能认定对紧急避险人的正当化，是因为否则的话该被害人就失去了紧急防卫权（紧急防卫检验）。因此，在强制紧急避险案件中，应始终对正当化予以否定。

55

56

---

[120] 参见 *Erb*, JuS 2010, 109 ff.。

[121] 参见 *Wessels/Beulke/Satzger*, AT, Rn. 471；*Roxin*, FS Jescheck, 1985, S. 457；*Küper*, Notstand, S. 15；*Tenckhoff*, JR 1981, 257。

[122] 有的人将强制紧急避险的特殊性放在恰当性（《刑法典》第34条第2句）中探讨；*Brand/Lenk*, JuS 2013, 883；*Jescheck/Weigend*, AT, S. 484。

[123] 对这一问题领域的介绍见 *Kühl*, AT, § 8 Rn. 127 ff.；*Roxin/Greco*, AT I, § 16 Rn. 67 ff.。

[124] 持该观点的有 *Jescheck/Weigend*, AT, S. 484；*Kudlich*, Fälle StrafR AT, S. 140；*Lenckner*, Der rechtfertigende Notstand, 1965, S. 117；*Schönke/Schröder/Perron*, § 34 Rn. 41b；*Wessels/Beulke/Satzger*, AT, Rn. 695。全面的证明材料见 *Kelker*, Nötigungsnotstand, S. 36 mit Fn. 2；具有启发性意义的也可见 *Neumann*, JA 1988, 333 f.。

57 ☞ 这一对于紧急避险人过于严厉的观点在另一种观点中有所缓和,该观点想仅仅在权衡的范围内考虑他在不法那侧的行为。[125] 据此,在示例中,以死亡进行威胁的分量至少可以对普通的身体伤害实现正当化(《刑法典》第 223 条)。

58 ☞ 最后,第三种观点认为危险的来源**在权衡中无关紧要**。紧急避险人能够主张法同志(Rechtsgenosse)的团结,"而不依赖于该危险是来源于自然力还是他人的违法举止"[126]。

59 在鉴定报告中建议首先考查最后一种观点,因为这一观点会将《刑法典》第 34 条的适用范围扩张至最大。如果在无限制地考虑强制紧急避险时,权衡无法得出行为人具有显著优越利益的结论,那么才应当按照较为严格的观点对其予以排除。否定正当化成立的人必须在罪责考查阶段提《刑法典》第 35 条的宽恕罪责的紧急避险。[127]

(4)社会伦理的恰当性

60 **示例**[128]:

重病的 X 急需他人献血来挽救自己的生命。他的罕见血型只有 O 才有,尽管献血对于 O 来说没有任何危险,但是 O 还是拒绝献血。因此,医生 A 强行抽取 O 的血来挽救 X 的生命。

61 《刑法典》第 34 条第 2 句的恰当性条款的含义是有争议的。有的人

---

[125] 参见 *Roxin/Greco*, AT I, § 16 Rn. 68; *Kaspar*, AT, § 5 Rn. 258; *Zieschang*, AT, Rn. 272;修正的观点见 *Krey/Esser*, AT, Rn. 613 f.。

[126] 参见 *Schmidhäuser*, Studienbuch, 6/37; Baumann/Weber/Mitsch/Eisele, AT, § 15 Rn. 106; *Brand/Lenk* JuS 2013, 883 ff.; Matt/Renzikowski/*Engländer* StGB § 34 Rn. 41; *Hartung/Putzke*, AT, Rn. 559; SK-StGB/*Hoyer* § 34 Rn. 81。

[127] 《刑法典》第 35 条的宽恕罪责仅限于以下情形,即强迫者的威胁针对的是被强迫者的一个在本条中所提及的高度属人法益;行为人被强迫损害其他法益(比如毁坏财产对象)而受到强迫的情形,详见 *Bünemann/Hömpler*, JURA 2010, 184(建议类推适用《刑法典》第 35 条)。

[128] 参见 *Erb*, JuS 2010, 112 f.; *Gallas*, FS Mezger, 1954, S. 311, 325。

以全面的利益权衡为根据否定该条款的独立含义。[129] 对利益权衡作广义理解在实际上当然是可能的。但是这很难符合法律，因为法律中明确规定了对恰当性的要求。但是，在对各种利益进行较为量化的估量与权衡之外，再用规范的修正来进行补充，这也显得合理。

这里要回忆起《民法典》第 904 条的那个**示例**中，一个穿着名贵衣服的女子为了保护自己明显更贵的衣服而夺走一个穿着朴素的女人的雨伞（见边码 39）。

因此，在恰当性的范围内应考查的是，利益权衡所得出的结论是否也符合法共同体所认可的**价值观念**。[130] 这里也可以用到作为辅助手段的紧急防卫检验：强迫被害人承担容忍义务，以至于他无权对侵害进行自卫，这是否恰当？[131]

62

"**献血案**"就是恰当性问题的典型例子：在权衡利益时应当确定的是，无论是法益的抽象位阶关系（生命与身体完整性），还是对这些利益的侵犯强度，都肯定了 X 的利益具有显著优越性。在考查恰当性时的问题是，根据公众所认可的价值观念，被强迫"献"血是否表现为一种解决冲突处境的适当与合法的方式。这是经常受到质疑的：与《刑事诉讼法》第 81a 条的——符合宪法的[132]——抽血（比如有醉酒驾驶嫌疑时）不同，按照我们法共同体的观念，献血是一种**利他的**、**自愿作出的贡献**。如果个人必须忍受强制性的抽血，那么这就违背了该价值决定（Wertentscheidung）。[133] 因此，这里的恰当性条款保证了《刑法典》第 34 条不能扰乱法已经安排好的生活领域。[134]

63

---

[129] 参见 Kaspar, AT, § 5 Rn. 259 f.；Küper, JZ 1980, 755；Schönke/Schröder/Perron, § 34 Rn. 46；Roxin/Greco, AT I, § 16 Rn. 91 ff.；LK-StGB/Zieschang, § 34 Rn. 152。

[130] 参见 SSW-StGB/Rosenau, § 34 Rn. 32；也可参见 HK-GS/Duttge, § 34 StGB Rn. 21, 他想让不可权衡性成为恰当性的特征，以区别于利益权衡。

[131] 参见 SSW-StGB/Rosenau, § 34 Rn. 32。

[132] 参见 BVerfGE 5, 13, 15；16, 194, 200；17, 108, 117；27, 211, 218。

[133] 不过，这一反对紧急处境中的一般献血义务的价值决定并不是由宪法所要求的；另一种观点见 Wessels/Beulke/Satzger, AT, Rn. 485。

[134] 参见 HK-GS/Duttge, § 34 StGB Rn. 23；另一种观点见 Baumann/Weber/Mitsch/Eisele, § 15 Rn. 102；Matt/Renzikowski/Engländer, § 34 Rn. 34；Kaspar, AT, § 5 Rn. 252。

63a 另一个类似的疑难问题存在于**国家机构负责防卫危险**的情况中。比如，对动物饲养场的控制是由兽医部门负责的，这些部门应确保动物保护法的规章得到了遵守。因此，动物保护者的擅自行动［比如为了拍摄记录违法状况以改善饲养条件而闯入饲养场（《刑法典》第 123 条）］是不恰当的（而且通常也不是必要的）。[135] 但是，如果这些机构明知其不法状况却仍然不采取行动，那么国家暴力垄断就不与正当化相冲突。[136] 在这种情形下，利益权衡也必须作出有利于动物保护的决定，因为动物福祉所受到的危险来自于饲养场的经营者，进而成立防御性紧急避险的处境，当动物的福祉在价值上没有显著落后于被损害的屋主权时，在该处境中就可以发挥实现正当化的效果了（《民法典》第 228 条的法思想，见边码 43）。[137]

五、正当化的义务冲突

64 **示例**[138]：

A 带着他的两个孩子 O 与 X 在水上开着小船。小船倾覆之后，两个孩子都面临着溺亡的危险。A 认识到自己的能力只够带一个孩子游到岸边，于是救了 X。

65 正当化的义务冲突是一个**没有被法律规定**的正当化事由。这里的正

---

［135］ 参见 *Mitsch*, studere 2018, 42 f. 案例解答见 *Lenk/Ritz* JA 2020, 507 ff. 。

［136］ *OLG Naumburg* NJW 2018, 2064 (2065); *Dehne-Niemann/Greisner* GA 2019, 212 ff.; *Mitsch* studere 2018, 43; *Wolf/Langlitz* JURA 2019, 422 (在案件解答的范围内)。另一种观点见 *Bock* ZStW 131 (2019), 555 (571 ff.); *Dietlein* GS Tröndle, 2019, 187 (194 ff.)。详细的研究见律师 *Scheuerl/Glock* NStZ 2018, 448 ff. 的论文，他们从各个可能的角度反驳了动物保护者主张的正当化，在这里却由于有（在文章中未揭露的）为运营公司游说的嫌疑而未能成功！对此见 https://www.mopo.de/hamburg/hamburger-buergerschaft-die-lobby-politik-des-walter-scheuerl-17126492 (访问日期：2021 年 4 月 18 日)。对该文的批判性评论见 *Renzikowski* GS Tröndle, 2019, 355 (364 ff.)。

［137］ 参见 *Renzikowski* GS Tröndle, 2019, 355 (364 f.)。

［138］ 参见 *Rönnau*, JuS 2013, 113 ff. 也可见 *Kühl*, JURA 2009, 883 及医生同时被两个病人呼唤的例子。在 *Ritz* JA 2022, 113 (119 f.) 中的案例解答。

当化来源于以下认识,即**法不能要求不可能之事**。[139] 当一个行为人身负多个义务,而他无法将这些义务全部履行时,那么他最多能被非难的是决意履行了错误的义务。正当化的义务冲突的主要适用情形是**作为义务之间的冲突**(Kollision von Handlungspflichten),也就是当行为人实现了两个不作为构成要件时。[140]

与此相反,对于**作为义务与不作为义务之间的冲突**(Kollision von Handlungs- und Unterlassungspflichten)主要是依据《刑法典》第 34 条(或者《民法典》第 228 条、第 904 条)进行处理[141]:比如,A 为了救他溺水的孩子而违背 O 的意志使用了他的摩托艇(《刑法典》第 248b 条),那么这一旨在营救孩子的作为犯就按照《民法典》第 904 条实现了正当化。[142] 恰恰相反的是关于**不实施营救行为的正当化**的问题——比如,如果 A 放弃了对自己孩子的营救,是因为他为了这一目的就必须杀死 O——那么,鉴于《刑法典》第 34 条的文字表述,存疑的是,人们是否可以说,A 通过不杀害 O 而

---

[139] 以此为论据,人们当然也可以认为,完全不是两个义务之间的冲突,而"仅仅成立一个择一作出的危险避免义务",因而冲突处境在构成要件层面就已经相关了;持该观点的有 *Freund/Rostalski*, AT,§ 6 Rn. 132 ff.;*Jäger* FS Rogall, 2018, 174 f.;反对的有 *Jansen* ZIS 2021, 155(157);*Küper* FS Neumann, 2017, 933 f.;*Otto*, HBStrR, Bd. 2,§ 41 Rn. 15;*Rönnau* JuS 2013, 113 f.;*Satzger* JURA 2010, 754 及深入阐述的 *Küper* FS Rengier, 2018, 67 f.。个别人认为义务冲突只能产生宽恕罪责的效果的观点(持该观点的有 *Fischer* Vor § 32 Rn. 11b;HkV StrafR-HdB Ⅱ *Paeffgen*,§ 42 Rn. 34;NK-StGB/*Paeffgen/Zabel* Vor. §§ 33 ff. Rn. 172 ff.)不具有说服力;正确的有 *Hoven/Hahn* JA 2020, 481 f.;*Jäger* FS Rogall, 2018, 176;*Küper* FS Neumann, 2017, 938 ff.;NK-StGB/*Neumann* § 34 Rn. 133;*Roxin/Greco*, AT I,§ 16 Rn. 119 f.;*Sowada* NStZ 2020, 452(453)。认为没有权利空间的观点同样没有什么说服力;对此见 *Schünemann* GA 2019, 1(5)。深入至整体的阐述见 *Busch* ZStW 132(2020), 742(745 ff.)。观点(略微)偏离的是 Horter NStZ 2022, 193(194)(关键不是履行一个同位阶义务,"而是以下情况,即不履行保护另一个等价利益的义务是必要的")。

[140] 在大多数情况下,正当化的义务冲突都仅针对此类情形,*Roxin/Greco*, AT I,§ 16 Rn. 116 ff.。几乎找不到同位阶的不作为义务之间发生冲突的例子,参见 *Kindhäuser/Hilgendorf* LPK-StGB § 34 Rn. 55;有的人完全否认其存在,*Satzger* JURA 2010, 754 f.。

[141] 参见 *Roxin/Greco*, AT I,§ 16 Rn. 117;*Satzger*, JURA 2010, 755;深入阐述可见 *Küper*, ZStW 131(2019), 1 ff.;此外还可见 *Rönnau*, JuS 2013, 113。限制的观点见 *Neumann*, FS Yamanaka, 2017, S. 176 ff.;还有 *Coca Vila*, ZStW 130(2018), 968 ff.,他认为区分作为义务与不作为义务对解决冲突不重要。

[142] 参见 *Otto*, HBStrR, Bd. 2,§ 41 Rn. 25。

"避免"了一个 O 的（被遵守保证人义务的 A 杀死的）"危险"。[143]但是，无论是按照文字表述，还是按照意义内涵，《刑法典》第 34 条都仅针对行为人为了拯救一个受到威胁的利益而积极地侵犯另一个法益的情形。[144] 因此，如果人们想将《刑法典》第 34 条适用于无所作为的情形，就要求对此进行修正。尤其应当注意的是，不作为的故意杀人（与积极作为的故意杀人不同）能够根据《刑法典》第 34 条实现正当化。因为生命的不可衡量性虽然禁止对积极终结生命实现正当化，但是没有禁止让其听天由命。这可以通过控制的思想（Kontrollüberlegung）得以阐释，即 A 为了救自己的孩子而杀死 O 是不能援引《刑法典》第 34 条的，所以不救孩子是 A 的唯一合法的举止选项。[145] 因此，从《刑法典》第 34 条出发对不作为实现正当化要比对积极侵犯他人法益实现正当化在大体上"更容易"：如果为了营救而必须积极侵犯的利益并没有在价值上显著小于通过不作为所放弃的利益，那么只做一个袖手旁观的保证人已然实现了正当化。[146]

67 如果**在作为义务冲突中一个要被保护的利益显著优越于另一个利益**，那么作出牺牲下位利益的决定则可按照《刑法典》第 34 条实现正当化。[147] 在这里，正当化并非基于不可能的想法，反而是团结能够要求必须忍受那些对更轻利益的侵犯。[148] 相反，相关利益处于同一位阶或者彼此之间并没有重大区别时，《刑法典》第 34 条对此并没有作出规定。在实行有利于高位阶利益或同位阶利益的行动（Tätigwerden）时，

---

[143] 参见 *Neumann* FS Merkel,2020,791(802 ff.)。
[144] 参见 *Neumann* FS Merkel,2020,791(803 f.)。
[145] 参见 *Neumann* FS Merkel,2020,791(800 f.,807)(他在这一认识中也看到了正当化的基础：营救行为在法律上不具有可能性的正当化事由)；*Otto*,HBStR,Bd. 2, § 41 Rn. 25。
[146] 参见 *Roxin*,AT II, § 31 Rn. 205；*Rönnau* JuS 2013,113；深入阐述见 *Hardtung/Putzke*,AT,Rn. 1073 ff.。批判性观点见 *Neumann* FS Merkel,2020,791(805 ff.)；*Otto*,HBStR,Bd. 2, § 41 Rn. 26 ff.。*Gropp/Sinn*,AT, § 11 Rn. 197 认为《刑法典》第 34 条由于其文字表述（它要求"显著"优越性）而不能适用，并且提及了超越法律的正当化。
[147] 参见 SSW StGB/*Rosenau* Vor § § 32 ff. Rn. 58。
[148] 参见 *Jansen* ZIS 2021,155(156 f.)。

其正当化无论如何是由超越法律的义务冲突的正当化事由所产生的。[149] 对于同位阶的利益，可任凭行为人决定保护哪一个（在示例中对于 X 或 O）。[150] 在此每一个生命权都是等价的，比如，小孩与 90 岁的老母亲都面临溺亡的危险时，行为人是有选择权的。[151] 在这一方案的逻辑中，如果行为人决定救自己的母亲而导致孩子溺亡，即使他本来二者皆可救的，行为人也可以实现正当化。[152] 鉴于竞合的利益之间处于同一位阶，即使行为人作出选择的原因看起来有失体统，比如仅仅是为了继承遗产而决定不救母亲，也没有任何影响。[153] 如果他没有履行其中任何一个义务，那么他当然也择一地由于不履行任一个义务而承担刑事责任。[154] 如果**不等价的义务**之间发生冲突（没有显著优越的利益：《刑法典》第 34 条），那么行为人就必须决定履行更高价值的义务。[155] 也就是说，在这样的冲突处境中，当更高价值利益并非显著优越时，可以要求有利于更高价值利益的团结。[156] 对于义务的分量而言，除了受到危害的法益的价值之外，预期侵害的范围与面临危险的程度也是重要的。[157] 此外，还要考虑行为人的**特别义务**：如果行为人对于受到威胁的法益负有作为防卫危险的保证人的义务（《刑法典》第 13 条），那么该义务在分量上就强于《刑法典》第 323c 条的关于其他法益的一般救助义务。[158] 因

---

[149] 参见 *Otto*, HBStrR, Bd. 2, § 41 Rn. 4; *Rönnau*, JuS 2013, 114。
[150] 深入阐述可见 *Küper*, FS Neumann, 2017, S. 935 ff.。
[151] 参见 HK-GS/*Duttge*, § 34 StGB Rn. 31. 不能排除相对化的是在例外情形中（相应的思考见上文边码 51），即被害人的生命在具体情况中无论如何都会失去，比如 A 只能抱着他的母亲漂浮在水上一小段时间以延长她的生命，但是却能将孩子带到安全的岸边。
[152] 参见 *Roxin/Greco*, AT I, § 16 Rn. 124。
[153] 持这一观点的是通说，比如 *Engländer/Zimmermann* NJW 2020, 1398 (1400); *Roxin/Greco*, AT I, § 16 Rn. 121。
[154] 参见 *Küper*, FS Rengier, 2018, S. 75; *ders.*, FS Neumann, 2017, S. 939。
[155] 参见 *Jansen* ZIS 2021, 155 (159)。
[156] 参见 *Roxin/Greco*, AT I, § 16 Rn. 122 提及 "根据《刑法典》第 34 条"处理这些案件。
[157] 参见 *Roxin/Greco*, AT I, § 16 Rn. 123。
[158] 通说，参见 *Brettel* GS Tröndle, 2019, 405 (414); *Mitsch* FS Kindhäuser, 2019, 293 (309); *Neumann* FS Merkel, 2020, 791 (810 ff.); *Otto*, HBStrR, Bd. 2, § 41 Rn. 72 f.; *Rönnau* JuS 2013, 114; *Roxin/Greco*, AT I, § 16 Rn. 123. 另一种观点见 *Frister*, AT, 22/64; *Horter* NstZ 2022, 193 (195); SK-StGB/*Stein* Vor. § 13 Rn. 47 从法秩序的角度指出了所涉利益之间的等价性。但是，这样一来就低估了保证人与应受保护之人在其形成信任的关联（这可能甚至是准备实施风险行为的背景原因）中的具体关系。

此，如果行为人能够选择营救自己的孩子还是他人的孩子，那么他必须作出有利于自己孩子的决定。[159]

67a 由于远离了战争与灾难，因此正当化的义务冲突在很长时间里都脱离了实务，只能通过诸如边码64中的教学案例予以讨论，不过**新冠疫情**使得这一法形象的实践含义强势回归到了人们的视野之中。受到激烈争论的情形主要是，多个生命垂危的病人竞用数量很少的呼吸机。[160] 这样一来，医生必须作出**分诊决定**（Triage-Entscheidung），以选出哪些病人可以使用这些（可能）挽救生命的机器。通常而言分为事前分诊（也被称为"接受性分诊"[161]）与事后分诊，前者的情况是需要救治的人同时竞争一个可用的呼吸机，后者的情况是只有当一名使用呼吸机的病人被摘下了机器之后，才有可能去救另一名病人。在**事前分诊**方面，目前绝大多数人认为应适用前文已经介绍过的基本原则（见边码67）。[162] 据此，医生可以自由决定向哪名患者提供稀缺的资源。在医生方面，虽然发展出了一些标准，但是却没有任何法律上的约束力。比如，德国重症监护和急诊医学跨学科协会（DIVI）主张考虑治疗的成功前景。[163] 在最近的讨论中，越来越多的人呼吁医生的选择标准应受到法律约束。[164] 最终迫使立法机关采取行动的是，残疾人群体基于实际情况认为在医院受到了违反平等对待原则的歧视风险，提出了成功的

---

[159] 法益侵害的分量在这里同样重要，因此，相比于挽救一个对其仅仅成立一般救助义务的人而言，让应被保护之人的身体完整性免受轻微侵害的义务分量更轻；Mitsch JURA 2021,136(141 f.)；Roxin/Greco,AT I,§16 Rn.123。

[160] 在 Esser/Wasmeier JA 2020,668 ff. 的案件解答中；Sowada ZJS 2020,387 ff.；也可参见 Waßmer JA 2021,298 ff.。

[161] 参见 Busch ZStW 132(2020),742(743)；Jäger/Gründel ZIS 2020,151(152)。

[162] 参见 Waßmer JA 2021,298(299)。反对特殊的"灾难伦理（Katastrophenethik）"的有 Engländer/Zimmermann NJW 2020,1398。

[163] https://www.divi.de/empfehlungen/publikationen/viewdocument/6260/211214-divi-covid-19-ethik-empfehlung-version-3-entscheidungen-ueber-die-zuteilung-intensivmedizinischer-ressourcen,2022年4月28日最后访问。

[164] Esser/Wasmeier JA 2020,668(672)；Frister AT 22/62；Hoven/Hahn JA 2020,481(482)；Sowada NStZ 2020,452(455 f.)（支持考虑成功前景,在这里,只有在具有显著优势的情况下才应升级该义务）。模棱两可的有 Horter NStZ 2022,193(195)。

宪法申诉。联邦宪法法院从《基本法》第3条第3款第2句中推导出立法机关有以下行为义务，即在履行其保护义务时当然还有进一步的评估、评价与设计空间。[165] 如果立法机关通过法律规定选择标准履行了其保护义务，那么，只要单纯考虑的是关于具体紧急处境的救援机会，而非患者的一般预期寿命或生活质量，以治疗成功前景为指向在宪法上就不成问题。[166] 该立法程序尚未完成。在学术讨论中有争议的是，被害人的先前举止——比如拒绝接受疫苗——是否可以或者必须对选择决定产生影响。由于主张自由与承担责任是相对应的，因此这一方面理应至少被考虑到[167]——那些自身行为缺乏团结性的人只能有限地主张他人的团结。

在事后分诊的情形中涉及的问题是，医生是否可以甚至必须关闭一名病人的呼吸机，从而用该机器去拯救另一名病人的生命。关于这一问题，联邦宪法法院并没有作出表述[168]，由于关闭呼吸机要求一个积极行为，因此，可想而知的是，这里被认为是作为义务与不作为义务之间的冲突，其结果是要按照通说适用《刑法典》第**34条**（见边码66）。[169] 对一个积极侵犯予以正当化，其前提是所要保护的利益具有显著的优越性；相反，只要所保护的利益（也就是正在使用呼吸机的病人的生命）没有具有显著较低的价值，那么不

67b

---

[165] BVerfG NJW 2022, 380 (381, 384, 388). 对该规定的局限性予以批判的有 Walter NJW 2022, 363。

[166] BVerfG NJW 2022, 380 (386); Walter NJW 2022, 363 (364) 认为这是违宪的，"因为它是对人的生命的评价，有利于身体上具有反抗能力的人"。批判的还有 Kranz/Ritter NVwZ 2022, 133 (135)。

[167] HK-StrafR/Duttge § 34 Rn. 31; Horter NStZ 2022, 193 (195); Roxin/Greco AT I, § 16 Rn. 123; Schönke/Schröder/Sternberg-Lieben Vor §§ 32 ff. Rn. 74; 持其他观点的有 NK-StGB/Neumann § 34 Rn. 131; LK-StGB/Rönnau Vor §§ 32 ff. Rn. 122. 德国重症监护和急诊医学跨学科协会 (DIVI) 对此也给出了否定的意见 (https://www.divi.de/empfehlungen/publikationen/viewdocument/6260/211214-divi-covid-19-ethik-empfehlung-version-3-entscheidungen-ueber-die-zuteilung-intensivmedizinischer-ressourcen, 2022年4月28日最后访问)。

[168] 对此的批判见 Kranz/Ritter NvwZ 2022, 133 (136); Walter NJW 2022, 363 (366)。

[169] 比如 Hilgendorf JZ 2022, 153 (155)。

作为就可以实现正当化。[170] 依此，由于不能以不利于已经使用呼吸机的病人的利益权衡作为出发点，因此对于医生而言，不作为也许是唯一的合法选择。《刑法典》第34条所要求的团结不允许牺牲生命来拯救他人生命。[171] 相反，前文（见边码67a）提及的德国重症监护和急诊医学跨学科协会的临床伦理建议[172] 呼吁"出于公平考虑"将所有受到医治的病人都包含进入优先次序的决定。这样一来就不能排除将一个已经被占用的呼吸机拿去给另一名有着更好预测结果的人使用。[173] 这一选项也出现在部分文献之中，它们否认积极作为与不作为之间的区分具有规范上的重要性[174]，或者借助"通过作为的不作为"的法形象至少将终止治疗中将该举止评价为不作为（见第21章边码79a）。[175] 这些方案最多只能在它们帮助病人行使了自我决定权的情形中才具有说服力（见第21章边码78及以下）。[176] 其背后的考量是，如果病人自己想要关闭维持生命的设备，那么，在积极杀害的情况下没有得到被害人放弃生命保护的承诺（《刑法典》第216条）就是不当的。当前的情况与此毫无关系，因为这里涉及的是那些希望得到治疗的病人！如果人们也在规范上接受了不作为，那么在事后分诊中就要适用**正当化的义务冲突**的基本原则。这样一来，发挥作用的就不再是适用于《刑法典》第34

---

[170] 参见 *Engländer/Zimmermann* NJW 2020,1398(1399); *Gerson*, in: Esser/Tsambikakis (Hrsg.), Pandemiestrafrecht, 2020, § 3 Rn. 47; *Rönnau/Wegner* JuS 2020, 403(405); *Sternberg-Lieben* MedR 2020,627(635 f.)。

[171] 参见 Hilgendorf JZ 2022, 153 (155); Muckel JA 2022, 259 (260)。

[172] https://www.divi.de/empfehlungen/publikationen/viewdocument/6260/211214-divi-covid-19-ethik-empfehlung-version-3-entscheidungen-ueber-die-zuteilung-intensivmedizinischer-ressourcen, 2022年4月28日最后访问。

[173] 持该观点的还有 SSW StGB/*Rosenau* Vor. §§ 32 ff. Rn. 60。中肯的反对观点见 *Engländer/Zimmermann* NJW 2020,1398(1401): "专业协会向医生们建议的举止被通说视为违法的杀人行为。"

[174] 参见 *Frister*, AT, 22/63; Horter NstZ 2022, 193 (195 ff.); *Hoven/Hahn* JA 2020, 481 (482 f.); 否定的观点见 *Gerson*, in: Esser/Tsambikakis (Hrsg.), Pandemiestrafrecht, 2020, § 3 Rn. 64 f.。

[175] 参见 Ast ZIS 2020,268(272); *Sowada* NStZ 2020,452(457)。

[176] 正确的观点见 *Busch* ZStW 132 (2020), 742 (774); *Engländer/Zimmermann* NJW 2020,1398(1401); *Rönnau/Wegner* JuS 2020,403(404); *Sternberg-Lieben* MedR 2020,627(636)。

条的团结的边界,而是分配(极度)稀缺资源的标准。只要主张了按照获救机会的高低来区分作为义务,那么也要主张,已经使用呼吸机却难有成功前景的病人应被摘取机器[177],给那些后来的但有更高获救机会的病人使用。[178]如果不支持这样的义务位阶关系,那么就仍旧适用事前分诊中的原则,"医生仍可自由选择是继续正在进行的治疗还是开始治疗新患者"[179]。当然,反对的观点可以说,对于已经使用呼吸机的病人而言已经创建了一个信赖的事实构成。如果每新来一位病人都要审查是否还要对他进行继续治疗,这将使病人处于一个难以忍受的境地:很难要求他放弃他已经取得的位置[180](关于终止治疗可能宽恕罪责,见第26章边码95a)。

六、紧急防卫(《刑法典》第32条)

示例:
小偷O带着价值100欧元的赃物从A的别墅中逃出。A要求O站住别动,并开枪警示进行威胁,但是未果,于是他抓住最后的机会向O开枪。由于O的身体被挡住了,所以他只能瞄准O的头部开枪。O当场死亡。

---

[177] 如果人们将所涉利益之间的价值差异作为对侵害予以正当化的依据,那么这不仅从中会导致产生侵害权,还会让保证人负有义务作出更高价值的利益的举动,正确的有 Busch ZStW 132(2020),742(748);不同的观点见 Ast ZIS 2020,268(271 f.)。

[178] 参见 Hoven/Hahn JA 2020,481(483 f.);Hoven JZ 2020,449(452 ff.);Gaede,in:Ulsenheimer/Gaede(Hrsg.),Arztstrafrecht in der Praxis,6. Aufl. 2021,Rn. 1793 支持有明显更佳成功前景的情形。大力反对的有 Merkel/Augsberg JZ 2020,704 ff.;还有 Hilgendorf JZ 2022,153(156)。

[179] Jäger/Gründel ZIS 2020,151(158).

[180] 参见 Busch ZStW 132(2020),742(776 f.);NK-StGB/Neumann §34 Rn. 130;Merkel/Augsberg JZ 2020,704(711 f.);Rönnau/Wegner JuS 2020,403(406);Sowada NStZ 2020,452(457 ff.);Waßmer JA 2021,298(302);反对的有 Hoven/Hahn JA 2020,481(483 f.)。Jäger/Gründel ZIS 2020,151(156 f.)指出了基于对已经使用呼吸机的病人的特殊保护而可能出现的随机性,并主张(S. 158 ff.)认同一个"危险与救援共同体",在这里行为人使用现有可用资源救人的行为是正当的。类似的观点见 Gaede/Kubiciel/Saliger/Tsambikakis medstra 2020,129(133 ff.)。相反,部分人恰恰将随机原则视为解决冲突的合宪方案,这意味着以(随机的)时间优先为标准甚至被认为是正当的[这样认为的有 Walter NJW 2022,363(365 f.))]。

(一) 规则内涵与背景

69 紧急防卫,指的是为了阻止针对自己或他人的现时违法攻击而进行的妥当且必要的防御(《刑法典》第32条)。通过防卫针对他人的攻击,《刑法典》第32条也规定了作为紧急防卫下位概念的**紧急救助**(Nothilfe)。[181] 法律并没有对被允许的自我防御与为他人防御的要件进行区分。[182]

但是,一个特殊问题存在于**强加的紧急救助**(aufgedrängte Nothilfe)之中,也就是局外人违背被攻击者的意志为其进行防御的情形。[183] 只要被攻击者基于自我答责的决定作出了一个法所认可的反对防御的决定,那么局外人就不允许对此进行破坏。[184] 如果被攻击者反对介入仅仅是由于担心赶来帮助他的人的安危,那么人们就不用接受被攻击者的决定的约束。[185] 如果被攻击者同意他人对自己的法益进行损害(同意或承诺,边码115及以下),那么就不存在《刑法典》第32条意义上的(违法的)[186] 攻击;如果他仅是反对让第三人进行防御(比如因为他想要关怀攻击者),那么就欠缺了紧急救助的妥当性(Gebotenheit,边码95及以下)。[187]

70 与紧急避险不同,紧急防卫所面临的法益损害方式是**人的攻击**。这

---

[181] 概念使用并不统一:法律在紧急防卫的概念之下统合了自我防卫与他者防卫。有的文献只为自我防卫保留紧急防卫概念,而为他者防卫使用紧急救助概念(比如SSW-StGB/*Rosenau*, § 32 Rn. 1)。关于紧急救助详见 *Engländer*, Grund und Grenzen der Nothilfe, 2008。

[182] 不过,相对于紧急防卫权,主张在《刑法典》第35条的宽恕罪责的攻击者的情形中限制紧急救助权的有 *Jäger*, FS Rogall, 2018, S. 188 ff.。此外还讨论着的问题是,妥当性限制对紧急救助者有何影响;参见 Mitsch, JuS 2022, 18 (21 ff.); Schönke/Schröder/Perron/Eisele StGB § 32 Rn. 61a。

[183] 深入阐述可见 *Kaspar*, JuS 2014, 769 ff.。

[184] 参见 *Engländer*, HBStrR, Bd. 2, § 38 Rn. 50 ff.; *Krey/Esser*, AT, Rn. 568 f.; *Kühl*, AT, § 7 Rn. 143; 在 *Kreß/Mülfarth* JA 2011, 274 f. 的案例解答中。

[185] 参见 *Zieschang*, AT, Rn. 236。

[186] 可以认为,在承诺中仅仅应否定攻击的违法性(持该观点的比如有 Mitsch, JuS 2022, 18[20]; Schröder/Perron/Eisele, § 32 Rn. 25/26)。但实际上,在具体情况中,可能不存在对受法律保护的利益的威胁,也就是说欠缺了攻击(参见 Rn. 116)。

[187] 参见 Schönke/Schröder/*Perron/Eisele* StGB § 32 Rn. 25/26; *Kühl*, AT, § 7 Rn. 143 ff.; Mitsch JURA 2021, 136 (140); SSW StGB/*Rosenau* StGB § 32 Rn. 10。

有着深远的后果：攻击者只能向被攻击者提出**被大幅削弱的团结主张**。[188] 因为他漠视了被攻击者的权利。只有在很小的范围内和例外情形中，尤其是当攻击者的答责性至少是被限制时，被攻击者才有义务去体谅。但是在这一狭小的界限之外，被攻击者（还有局外的紧急救助者）是有权采取必要的手段对非法攻击予以回应的。[189] 因此，被攻击者的防御不仅仅是为了自己，还是为了攻击者所漠视的法秩序。

因此，紧急防卫虽然一方面服务于**个体保护（Individualschutz）**。但是，紧急防卫权特殊的凌厉性，以及对紧急防卫与紧急救助的同等对待，都是个体保护所无法解释的。[190] 因为个体保护有时通过逃离攻击者就极为有效，对此毫无争议的是，紧急防卫中的行为人并无义务这样做。[191] 所以通说认为，除了个体保护之外，紧急防卫权的"第二根支柱"是**法确证原则（Rechtsbewährungsprinzip）**，依此"**法无需向不法屈服**"[192]。由于法的缘故，不能够要求被攻击者腾出他的法地位（Rechtsposition）以使攻击者受益。反而应当由攻击者承担以下责任，即实施法忠诚的举止就不会引起防御行为。

71

（二）紧急防卫的要件

1. 紧急防卫处境

紧急防卫处境以一个**现时的违法攻击**作为要件：

72

---

[188] 参见 *Erb*，NStZ 2005，596；更强调团结思想的有 *Bülte*，GA 2011，160 f.。
[189] 对放弃适用比例原则的批判见 *Bülte*，GA 2011，145 ff.。
[190] 参见 HK-GS/*Duttge*，§ 32 StGB Rn. 3；*Kühl*，AT，§ 7 Rn. 12；另一种观点比如可见 *Frister*，AT，16/3；*Roxin*，FS Kühl，2014，S. 398 ff.。
[191] 参见 BGH NStZ 2016，526（527）。
[192] BGHSt 24，356（359）；*Jäger*，GA 2016，258 ff.；关于这一公式的历史背景与哲学背景见 *Kindhäuser*，FS Frisch，2013，S. 493 ff.；*Grünewald*，ZStW 122（2010），51（55 ff.）。对法确证思想的批判见 *Frisch*，FS Yamanaka，2017，S. 53 ff.（不过还可见 S. 62 ff.）；*Frister*，AT，16/3；*Gropp/Sinn*，AT，§ 5 Rn. 149；*Sinn* FS Beulke，2015，271（278 f.）；*Seesko*，Notwehr，S. 101 ff.；关于争论情况详见 *Roxin*，FS Kühl，2014，S. 391 ff.。解决该争议应通过以下认识，即法确证思想没有"将国家专制因素带入紧急防卫权"（*Roxin*，FS Kühl，2014，S. 398），因为被уф卫的个人权利的指向始终超出个体，同时又源自他本人。也就是说，法确证思想最终涉及的是防卫者自己的权利与公共权利。类似的观点见 *Engländer*，HBStRR，Bd. 2，§ 38 Rn. 7；*ders*. FS Sancinetti，2020，297（305 ff.）。

(1) 攻击

73 攻击指的是**通过人的举止来损害法所保护的利益**。[193] 这里要注意：

74 ☞ 认定攻击成立与否，要依据**客观的事后判断**（objektives ex post-Urteil）。因此必须**实际**存在着一个攻击。行为人理性地相信存在攻击是不够的。[194]

这一要求的**背景**是以下认识，即只有在攻击实际存在的时候，法确证思想才能发挥作用。鉴于紧急防卫权的凌厉，让被害人承担起——即使是合情理的——错估的风险是不恰当的。如果行为人在事实方面的错误构想导致他相信存在着一个攻击，那么，若《刑法典》第 32 条本会在他构想正确时发挥效力，就适用**容许构成要件错误的规则**（见边码 11 及以下）。

75 ☞ "**举止**"在这里被理解为**意志承载的身体动作**意义上的行为（见第 13 章边码 3 及以下）。[195] 从概念上说，一个没有承载意志的举止也不能成为一个"攻击"。除此之外，条件反射动作等不会让法秩序产生问题，所以法确证思想无法发挥作用。

76 ☞《刑法典》第 32 条允许阻止一个"对自己或他人的"危险，因此只有为**个人法益**时才能够进行紧急防卫。[196]《刑法典》第 32 条并没有给出有利于整体法秩序或公共法益的"一般的不法阻止权"（allgemeines Unrechtsverhinderungsrecht）。[197]

比如，不可以为了保护通畅行驶这一法秩序去殴打违章停车者。《刑法典》第 32 条并不是让市民变成"辅助治安官"。**有争议**的是以下问题，即**婚姻**是不是一个适用于紧急防卫的个人法益，进

---

[193] 比如 SSW-StGB/*Rosenau*，§ 32 Rn. 4。

[194] 参见 BGH NStZ 2020,147；Matt/Renzikowski/*Engländer* StGB § 32 Rn. 8；*Engländer*, HBStrR, Bd. 2, § 38 Rn. 12；SSW-StGB/*Rosenau* § 32 Rn. 11；另一种观点见 NK-StGB/*Herzog*, 2. Aufl., § 32 Rn. 3；*Zieschang*, AT, Rn. 201。

[195] 参见 SSW-StGB/*Rosenau*，§ 32 Rn. 4。

[196] 参见 *Kühl*, AT, § 7 Rn. 34；限制的观点见 *Engländer*, HBStrR, Bd. 2, § 38 Rn. 16。

[197] 参见 *Bock* ZStW 131（2019）（560 f.）；Matt/Renzikowski/*Engländer*，§ 32 Rn. 13；*Krey/Esser*, AT, Rn. 572；另一种观点见 *Schmidhäuser*, Lehrbuch, 9/91；也可参见 *Fahl*, JA 2016, 807。

而使得针对通奸举止的紧急防卫成为可能。[198] 鉴于通奸的配偶也要共同承担损害,这是应被否定的。[199] 所以,紧急防卫权有时被限制在"婚姻的空间对象范围"(räumlich-gegenständlicher Bereich der Ehe)之内,比如在夫妻住所中通奸就展现了一个与紧急防卫相适的攻击。[200] 但是,这里重要的是被欺骗的配偶方的屋主权(Hausrecht)。对婚姻义务的损害在这里导致的仅仅是,不忠的配偶方对通奸对象进入屋内的同意没有发挥效力,因为不能够期望被欺骗的配偶方容忍屋内的第三者。[201] 进一步存在争议的问题是,对于动物的紧急救助是否被允许,比如为了制止对动物的折磨。[202] 在这里,无论是从文字表述出发,还是从个体保护的思想出发,都不能够将动物视为"他人"[203]。有的人认为值得保护的个体法益是敦促人类制止折磨的同情。[204] 但是反对的意见认为,动物保护法

---

[198] 持该观点的有 *Jescheck/Weigend*, AT, S. 339。无论如何,订婚都很难具有紧急防卫资格,因为履行婚约是不能被强迫的;*Schramm*, Ehe und Familie, S. 93 f.;另一种观点见 NK/*Kindhäuser*, § 32 Rn. 36。

[199] 参见 NK-StGB/*Kindhäuser*, § 32 Rn. 36; Schönke/Schröder/*Perron/Eisele*, § 32 Rn. 5a。根据这一理由,违背配偶双方意愿的外部侵害可以使得紧急防卫权成立。

[200] 参见 Schönke/Schröder/*Perron/Eisele*, § 32 Rn. 5a;深入阐述可见 *Schramm*, Ehe und Familie im Strafrecht, 2011, S. 90 ff.。

[201] 参见 *Schramm*, Ehe und Familie, S. 93。

[202] 在 *Wolf/Langlitz*, JURA 2019, 417 ff. 的案例解析中。

[203] 但是持该观点的有 LG *Magdeburg* StV 2018, 335 m. zustimmender Anm. *A. Keller/Zetsche*; *Herzog* JZ 2016, 195; *Reinbacher* ZIS 2019, 509 (513 ff.) [但他随后(S. 515 f.)立即通过限制紧急防卫权对该结论予以相对化 der (S. 515 f.)]; LK-StGB/*Rönnau/Hohn* § 32 Rn. 82 (mit Fn. 252); *Roxin/Greco*, AT I, § 15 Rn. 34;深入阐述见 *Greco* JZ 2019, 390 ff.。正如这里的 *Bock* ZStW 131 (2019) (561 f.); *Dehne-Niemann/Greisner* GA 2019, 208 f.; *Dietlein* GS Tröndle, 2019, 187 (190 ff.); HK-StrafR/*Duttge* StGB § 32 Rn. 8; MüKoStGB/*Erb* § 32 Rn. 100; *Hecker* JuS 2018, 84; *R. Keller* FS Merkel, 2020, 779 ff.; *Lenk/Ritz* JA 2020, 507 (509); *Rengier*, AT, § 18 Rn. 9a; *Renzikowski* GS Tröndle, 2019, 355 (356 ff.); *Wolf/Langlitz* JURA 2019, 419, 420。*Mitsch* studere 2018, 44 f.。主张在以下情形中享有紧急救助权,即动物们不仅受到育肥场经营者的侵害,还受到负责执行动物保护法的公职人员违反保证人义务的不作为的侵害。

[204] 参见 Schönke/Schröder/*Perron/Eisele*, § 32 Rn. 8;持否定观点的有 *Dehne-Niemann/Greisner*, GA 2019, 208; *Herzog*, JZ 2016, 195。

是用来保护动物的,而不是用来服务于人类福祉的。[205] 不过,在应当考虑《民法典》第 228 条不利于虐待者的法思想时(见边码 43),也可以通过《刑法典》第 34 条实现正当化(见边码 63a)。[206] 当折磨的是他人的动物时,可以成立一个基于损害财产权的紧急防卫。[207]

77 ☞ **攻击不需要是故意的**,而且根据通说也**不需要是有罪责的**。[208]

《刑法典》第 32 条的**表述**支持这一解释,因此,一个"违法的"攻击是被作为要件的。但是,放弃攻击者的罪责能力并非没有疑问,因为法要得以确证,只能针对那些应对自己违反法的决定承担责任的人。所以,有的人要求罪责能力与至少是有意的过失举止。[209] 反对这一观点的理由是,如果故意杀死一个无罪责的攻击者是违法的,比如当一个精神病人用火焰喷射器囚禁了一群小学生时,那么这一结论是很难被接受的。[210]

78 ☞ 攻击也可以存在于**不真正不作为**中。相反,真正不作为的实现不能表现为攻击。[211]

承认不作为的"攻击"并没有违反类推禁止(《基本法》第 103

---

[205] 参见——有的人提出了进一步的论据,比如通过保卫仅对公共法益的侵害予以反映的"感情"来界定防卫权——*Bock* ZStW 131(2019)(563 f.);*Dietlein* GS Tröndle,2019,187(191 f.);HK-StrafR/*Duttge* StGB § 32 Rn. 8;*Lenk/Ritz* JA 2020,507(508 f.);*Reinbacher* ZIS 2019,509(512 f.);*Renzikowski* GS Tröndle,2019,355(358 f.);LK-StGB/*Rönnau/Hohn* § 32 Rn. 82;*Wolf/Langlitz* JURA 2019,419 f.。

[206] 参见 *OLG Naumburg* NJW 2018,2064;*Dehne-Niemann/Greisner*,GA 2019,211 ff.;*Mitsch*,studere 2018,44;(www. studere-potsdam. de)。

[207] 参见 SK-StGB/*Hoyer*, § 32 Rn. 15;Baumann/Weber/*Mitsch*/Eisele AT § 15 Rn. 16.

[208] 参见 *OLG Düsseldorf*,Urt. V. 2. 6. 2016-III-1 Ws 63/16(对此可见 *Eisele*,JuS 2017,81 ff.)(儿童的攻击);*Köhler*,AT,S. 267;SSW-StGB/*Rosenau*, § 32 Rn. 7。

[209] 参见 *Freund/Rostalski*,AT, § 3 Rn. 102;*Grünewald* FS Sancinetti,2020,427(430);*Otto*,AT, § 8 Rn. 19 ff. *Engländer*,HBStrR,Bd. 2, § 38 Rn. 29 想按照以下标准进行区分,即一个人原则上是否是一个适格的规范接收者。据此,比如针对神志不清的醉汉就可以紧急防卫,但是对于儿童与精神病人则不行。

[210] 示例见 *Wessels/Beulke/Satzger*,AT,Rn. 497。当然,人们可以质疑的是,这里是否成立一个紧急避险处境,使得选择《刑法典》第 32 条最终仅仅只是用来在形式上遵守《刑法典》第 34 条不允许任何对生命的目的性侵犯。

[211] 参见 HK-GS/*Duttge*, § 32 StGB Rn. 6;Matt/Renzikowski/*Engländer*, § 32 Rn. 10。

条第2款），而仍处在可能的词义范围之内。[212] 在《刑法典》第32条范围内，至关重要的是对那些也可以存在于不作为之中的权利的攻击。基于《刑法典》第32条的意义与目的，应当予以区分：通过**不真正不作为**所进行的攻击与那些通过积极作为所进行的攻击在原则上是被等同的（《刑法典》第13条）。[213] 在评价上，阻碍求援与通过积极作为进行攻击无异。比如，如果肇事者想把需要帮助的事故被害人留着等死，那么一旦有必要，被害人或者前来紧急救助的第三人就可以按照《刑法典》第32条强迫该肇事者提供帮助。与此不同的是人人都有的义务（Jedermanns-Pflicht），这是**真正不作为犯**的基础。[214] 假使我们将《刑法典》第323c条的见危不救视为对事故被害人的攻击，那么该行为人必然要在《刑法典》第32条规定的防御范围之内忍受那些远超于此的侵犯，因为按照《刑法典》第323c条（期待可能性范围内的救助）他对此是有义务的。因此，在真正不作为中不存在攻击。

（2）现时性

现时性指的是，一个攻击**迫在眉睫、正在发生或者仍在继续**。[215]   **79**
这里应**注意**：

☞ 对攻击的现时性的认定，应当依据**客观的事后判断**（通说）。[216]   **80**

　　正如在攻击的成立（边码74）中一样，这里也不能将错误风险强加给被害人。但是，对现时性的错误设想可能意味着一个**容许构成要件错误**（边码11及以下）。

☞ 鉴于紧急避险权的凌厉性，对现时性提出了**严格的要求**。   **81**

---

[212] 参见 *Joerden*, JuS 1992, 23, 27f.; *Kühl*, AT, §7 Rn. 29 m. w. N.; 另一种观点见 *Schumann*, FS Dencker, 2012, S. 289 ff. 。

[213] 根据《刑法典》第13条第2款中可以减轻处罚的细微差别。

[214] 参见 Matt/Renzikowski/*Engländer*, §32 Rn. 10; 另一种观点见 LK/*Rönnau/Hohn*, §32 Rn. 103; SSW-StGB/*Rosenau*, §32 Rn. 6。

[215] 参见 BGH NJW 1973, 255; BGH JZ 2003, 50(51)。

[216] 参见 BGH NStZ-RR 2017, 270; NStZ 2018, 84; *Engländer*, HBStR, Bd. 2, §38 Rn. 21; Schönke/Schröder/*Perron/Eisele* StGB §32 Rn. 27. 支持事前视角的比如有 MüKoStGB/*Erb* §32 Rn. 104。

紧急防卫处境始于实施一个可**直接转变为侵害行为**（故意时）或者一个将要转变为侵害行为（过失时）的行为时。[217] 这里要考虑到的是，被攻击者必须还有实施防御行为的机会。[218] 所以，如果攻击者将手伸入上衣口袋去取武器[219]或者在装填弹药[220]，那么该攻击也已经具有了现时性。相反，预期到将来的攻击而进行的**预防性紧急防卫（präventive Notwehr）**不能被《刑法典》第32条所涵盖，即使等到攻击情形发生时防御已变得很困难或者不可能。在此，《刑法典》第34条可以适用。[221] 相反，如果一个基于预防而安装的防御性设备（**预期性紧急防卫，antizipierte Notwehr**）在具体的攻击情形下才会发挥其效果（比如自动射击装置），那么就应当认为存在现时性，不过其必要性经常受到质疑。[222]

82　☞ 如果一个攻击已然失败、最终被放弃、完全被实施或者法益危险化最终已然变为了实害，那么该攻击就已**终结**（并因而不再有现时性）。

这里应当**注意**：当小偷携带着赃物逃跑时（见边码68中的示例）[223]，或者当勒索者还未取得其所要求的价款时[224]，那么对财产的攻击仍未终结。实行不利于被攻击者的犯罪得以既遂，并不必然排除攻击的现时性。

（3）违法性

83　当一个攻击**与法秩序相违背**时，那么它就是违法的。这里应当

---

[217] 参见 BGH NStZ 2018,84；Schönke/Schröder/Perron/Eisele，§ 32 Rn. 14。
[218] 参见 BGH NStZ 2020,147 f. m. Anm. *Kulhanek*。
[219] 参见 BGH NJW 1973,255。
[220] 参见 BGH NStZ 2018,84。
[221] 参见 HKV StrafR-HdB II/*Engländer*, Bd. 2, § 38 Rn. 22；SSW-StGB/*Rosenau*, § 32 Rn. 15；*Wessels/Beulke/Satzger*, AT, Rn. 500。
[222] 参见 HK-StrafR/*Duttge* StGB, § 32 Rn. 36；*Zieschang*, AT, Rn. 214；深入阐述可见 *Heinrich*, ZIS 2010, 183 ff.；*Rönnau*, JuS 2015, 880 ff.；另一种观点见 Baumann/Weber/Mitsch/*Eisele*, § 15 Rn. 24；见 *Kudlich*, Fälle StrafR AT, S. 82 ff. 的案例解答。
[223] 参见 RGSt 55,82(83 f.)；HkV StrafR-HdB II/*Engländer*, Bd. 2, § 38 Rn. 23. 如果小偷扔掉赃物，那么情况就不同了，BGH StV 2022,153(154)。
[224] 参见 BGH NJW 2003,1955,1956。

注意：

☞ 至关重要的是举止的客观的义务违反性，也就是**客观的行为无价值**。[225] 如果即将发生的法益侵害是由于创设了一个法所允许的风险，比如一个遵守规则的汽车司机，那么就不存在违法的攻击。

相反的观点认为，紧急防卫也可以针对所面临的基于合法举止的侵害[226]，但这种观点没有认识到，若欠缺客观的行为无价值，则结果无价值（而非被实现的行为无价值！）也不存在。即便是法确证思想也显然无法用来反对法忠诚的举止。

一个陷入**容许构成要件错误**的行为人进行攻击，如果该错误是排除罪责的（尤其是法效果准用的限制罪责理论，边码19），那么该攻击无论如何都是违法的。[227] 不过，排除故意不法与承认违法攻击之间也并不矛盾。如果该错误建立在过失之上，那么占据压倒性地位的观点对此无论如何都是承认违法性的成立。[228] 相反，如果该错误是不可避免的，那么通常认可的是，对于违反注意义务的陷入错误者而言并不需要一个法确证。[229] 但是，在这些情形中，支持成立违法攻击的观点是，对于攻击者而言无法避免的错误并没有创设任何可以故意侵犯他人法益的权利。[230] 妥当性限制缓和了紧急防卫权的凌厉性（见边码96）。

☞ 该违法举止并不需要满足犯罪构成要件。[231]

---

[225] 比如 Baumann/Weber/*Mitsch*/Eisele，§ 15 Rn. 26 ff.；HK‑GS/*Duttge*，§ 32 StGB Rn. 10；*Engländer*，HBStrR，Bd. 2，§ 38 Rn. 28 f.；*Rengier*，AT，§ 18 Rn. 29；Rn SSW‑StGB/*Rosenau*，§ 32 Rn. 19。

[226] 参见 RGSt 27,44,46；*Jescheck/Weigend*，AT，S. 341。

[227] 对此可参见 LK‑StGB/*Rönnau/Hohn*，§ 32 Rn. 115。

[228] 参见 SSW StGB/*Rosenau*，§ 32 Rn. 19。

[229] 参见 *Mitsch*，JA 2016, 165；Schönke/Schröder/*Perron/Eisele*，§ 32 Rn. 21；LK‑StGB/*Rönnau/Hohn*，§ 32 Rn. 109 ff.；SSW StGB/*Rosenau*，§ 32 Rn. 19。

[230] 参见 MüKoStGB/*Erb*，§ 32 Rn. 45 f.；NK‑StGB/*Paeffgen/Zabel*，Vor §§ 32 ff. Rn. 117。

[231] 参见 SSW‑StGB/*Rosenau*，§ 32 Rn. 18. 对此的深入批判及支持限制在违反刑法的攻击的观点见 *Hoyer* FS Kindhäuser, 2019, 205 ff.。

> **示例：**
> 过失损坏物品，或以未经同意而拍照的方式侵犯一般人格权（《基本法》第1条第1款与第2条第1款）[232]，都可以表现为违法的攻击。

存在疑难的是将要发生的终止妊娠（《刑法典》第218条），这是孕妇在怀孕初的十二周内经咨询后（《刑法典》第219条）想让医生实施的。[233] 根据《刑法典》第218a条第1款，《刑法典》第218条在这里被视为"没有被实现"。因而占据绝对优势的观点认为，它并没有表达出实现正当化的效果[234]，因为联邦宪法法院鉴于国家对于未出生生命的保护义务，仅仅只是宣告了咨询后终止妊娠的不可罚性，而并未宣告其合法性是合宪的（见第8章边码3）。[235]《刑法典》第218a条第1款因而仅仅只是排除了终止妊娠的刑事违法性，因此，很难否认医生与孕妇实施了一个针对未出生生命的违法侵害。[236] 尽管如此，人们也一致认为，若某人想要阻止医生或孕妇实施这一侵害，也无法在《刑法典》第32条意义上成立为了胎儿[237]的正当化的紧急救助。正确的途径是，在涉及将要发生的终止妊娠时，人们必须在考虑立法者价值判断的基础上对于《刑法典》第32条中违法性的必要性进行目的论限缩，即在成立《刑法典》第218a条第1款的要件时不成立《刑法典》第32条

---

[232] 参见 OLG Hamburg, Beschl. v. 5.4.2012-3-14/12（*Hecker*, JuS 2012, 1039 ff.）。用无人机传送他人房产图像，见 *AG Riesa* CR 2019, 581 ff. m. Anm. *Ernst*（对此见 *Hecker* JuS 2019, 913 ff.）。

[233] 对此在案例解答中有启发意义的内容可见 *Hillenkamp*, JuS 2014, 925 f.。

[234] 另一种观点见 NK/*Merkel*, § 218a Rn. 63。

[235] 参见 BVerfGE 88, 203（12. und 15. LS）。

[236] 也就是说，与立法者的构想（BT-Drs. 13/1850, S. 25）相反，很难说该举止"在刑法领域"不应被视为不法。

[237] 通说认为胎儿是一个具备紧急防卫资格的法益；比如可见 *Roxin*, AT I, § 15 Rn. 33；Schönke/Schröder/*Perron/Eisele*, § 32 Rn. 5。

意义上的违法攻击。[238] 如果某个自诩为生命保护者的人以保护法秩序为名计划阻止医生的工作，那么这就与整个咨询理念及咨询后终止妊娠的不可罚性相违背。

☞ **被正当化事由所涵盖的举止不具有违法性**。因此，无权对紧急防卫进行紧急防卫。[239] 　　　　　　　　　　　　　　　　　　　　　86

因此，在解答案例时，有必要在考查攻击的违法性时附带考查该攻击者的行为是否具有正当性。[240]

☞ 当涉及**主权行为**时，经常以一个特殊的**刑事违法性概念**作为基　86a
础，因此不是每一个未被授权基础涵盖的主权侵害都表现为紧急防卫意义上的违法攻击。根据联邦最高法院的观点，如果在地域与事项上具有管理权的公职人员注意了主要形式并合乎义务地行使了判断，那么该主权行为在刑法范围内就应被视为合法。相反，如果该公职人员关于公务执行的必要性陷入了有罪责的错误，或者恣意地或滥用职权地行事，那么就具有违法性。[241] 其背后是这样的思想：要给反抗主权行为的公民开放法途径（Rechtsweg），削弱其通过紧急防卫权抵抗公职人员的决意，而且在对抗情形中存在着暴力升级的危险，因为相信自己实施的措施具有合法性的公职人员会实施越来越严厉的措施，导致防御的强度也会上升。[242] 对合法性这一刑法概念降低要求，**比如**，会有以下效果：如果外国人管理局没有告知执法警察现行的容忍指令，那么尽管存在着容忍指令，警察依据外国人法进行驱逐也并不具有《刑法典》第 32 条意义上的违法性。[243]

---

[238] 参见 *Hillenkamp*，FS Herzberg，2008，S. 499 ff.。
[239] 参见 BGH StraFo 2019，34（35）。
[240] *Hoffmann/Koenen*，JuS 2021，941 ff. 的案件解答。
[241] 深入阐述可见 BGHSt 60，253，258 ff.（Rn. 25 ff.）。参见 etwa Matt/Renzikowski/*Engländer*，§ 32 Rn. 21；*Kindhäuser*，HRRS 2016，439 ff.；*Kühl*，AT，§ 7 Rn. 70 f.；SSW-StGB/*Rosenau*，§ 32 Rn. 18；作了进一步阐述的有 *Erb*，FS Gössel，2002，S. 217 ff.；相反，反对修正违法性概念的比如有 NK-StGB/*Kindhäuser*，§ 32 Rn. 69，*Rückert*，JA 2017，33 ff.。
[242] 参见 *Erb*，FS Gössel，2002，S. 221 f.。
[243] 参见 BGHSt 60，253；对此可见 *Engländer*，NStZ 2015，577 ff.；*Erb*，JR 2016，29 ff.；*Rönnau/Hohn*，StV 2016，313 ff.；*Rückert*，JA 2017，33 ff.。

2. 紧急防卫行为

87 紧急防卫行为是**为了防止攻击而进行的必要且妥当的防御**。

（1）必要性

88 防御行为的必要性（Erforderlichkeit）要求行为必须是**适合用来防止攻击的**。当存在数个同样合适的方式时，应当选择其中**最温和**的。这里**应当注意**：

89 ☞ 对必要性的认定，应按照**客观的事前判断**（objektives Urteil ex ante）。[244]

因此，关键在于，**一个慎重的人在被攻击者的处境下会认为哪一种防御是必要的**。相比于紧急防卫处境必须客观事后地存在，在紧急防卫行为中错估的风险由攻击者所承担。比如：持刀进行攻击的人必须容忍极其猛烈的防御行为，即使他实际上从未想要拿刀捅人。

90 ☞ 根据《刑法典》第 32 条能够实现正当化的，仅仅是对**攻击者**的**法益的损害**。[245]

因此，如果公共法益或非参与者的个人法益也同时受到了损害，那么就不成立紧急防卫，但可以考虑成立实现正当化的紧急避险。司法判决扩张了《刑法典》第 32 条的适用范围，只要对攻击者个人利益进行侵犯会伴随发生对**公共法益**的损害，比如防御行为与对《武器法》的违反或者道路交通中的危险侵害（《刑法典》第 315b 条）相关联，那么对公共法益的损害就可以按照这一条文实现正当化。[246] 另一个被讨论的**例外情况**是毁坏攻击者使用的、但属于第三人的攻击工具，比如被攻击者毁坏了攻击者使用的、属于酒

---

[244] 比如 BGH NJW 1989,3027；NStZ 2015,151,152；NStZ-RR 2015,303,304；HRRS 2012 Nr. 1099 Rn. 8(= *Heintschel-Heinegg*, JA 2013,69f.)；*Schröder*, JuS 2000,235,241；SSW-StGB/*Rosenau*, § 32 Rn. 22。

[245] 对此可见 *Fahl*, JA 2016,806；深入阐述见 *M. Hamm* ZJS 2021,30 ff.。

[246] 参见 BGHSt 39,305,308；BGH NJW 1991,503(505)；NStZ 2011,82(83)；NJW 2013, 2133(2136)；NStZ 2020,358；*OLG Zweibrücken* NStZ 2019,678(679)（对此见 *Eisele* JuS 2019, 591 ff.）。对司法判决的批判见 *Engländer*, HBStrR, Bd. 2, § 38 Rn. 34。也可参见 *Mitsch* JuS 2014,593(566)，他认为，只要构成要件所要求的具体危险化只对攻击者不利，那么对于《刑法典》第 315b 条第 1 款的犯罪行为就应按照《刑法典》第 32 条实行"部分正当化"。

馆老板的啤酒杯。[247] 但是,滥用他人物品并未使得以下情形实现正当化,即让所有权人屈服于凌厉的紧急防卫权。[248] 此外,对于**紧急救助**,还讨论了以下情形中的特殊性,即当防御行为(也)要求对被攻击者的法益予以侵犯时。在这里,文献中有时依据《刑法典》第 32 条认为正当化是可能的,[249] 但是,在阻止继续实施违法的治疗措施进而导致病人死亡的案件中,尽管行为人通过反抗护理人员而保卫了病人的自我决定权,联邦最高法院还是否定了《刑法典》第 32 条的正当化效果。[250]

☞ 应按照总体情况确定必要防御的种类与程度,尤其是按照攻击者的力量与危险性及被攻击者的防御可能性,关键在于"**具体的斗争情况**"(**konkrete Kampflage**)。[251]

91

☞ 防御者被允许选择的手段,应预期能够立即安全地结束攻击,且能最好地保证对危险进行终局性的清除。[252] 不过,即使存在着削弱攻击的指望,这一适合性(Geeignetheit)仍旧成立。[253]

92

---

[247] 持该观点的比如有 LK/*Spendel*,11. Aufl. ,§ 32 Rn. 211。

[248] 恰当的观点有 HK-GS/*Duttge*,§ 32 StGB Rn. 18;*Kühl*,AT,§ 7 Rn. 86;Schönke/Schröder/*Perron*,§ 32 Rn. 31 f.。当然,在紧急避险中,权衡的范围内至少要考虑到《民法典》第 228 条的法思想,因此对攻击手段的考虑不能不恰当地限制防卫可能性;参见 *Fahl*,JA 2016,806 f. 。关于使用一个不属于攻击者所有的无人机未经授权地对他人地产的图像进行传送,见 *AG Riesa* CR 2019,581 ff. m. Anm. *Ernst*(对此见 *Hecker* JuS 2019,913 ff.)。在这里可以考虑按照《民法典》第 228 条实现正当化,见边码 26。

[249] 持该观点的有 *Duttge*,MedR 2011,38;*Streng*,FS Frisch,2013,S. 752 ff. ,他们将具体案件中的正当化视为妥当性的问题;*Mandla*,NStZ 2010,699。

[250] 参见 BGHSt 55,191(197)(联邦最高法院将该举止视为由推定承诺实现正当化的终止治疗,对此见第 21 章边码 79);*Eidam* GA 2011,241 f. ;*Gaede* NJW 2010,2927;*Hirsch* JR 2011,39。

[251] 参见 BGH NStZ 1981,138;NJW 1989,3027;NStZ-RR 2018,69(70);*OLG Koblenz* StV 2011,622(623 f.);对此可见 *Jahn*,JuS 2011,655 ff. 。

[252] 参见 BGH StV 2012,332 m. Anm. *Mandla* = JR 2012,204(206) m. Anm. *Erb*;HRRS 2012 Nr. 1099 Rn. 8(= v. Heintschel-Heinegg,JA 2013,69 f.);BGH NStZ 2016,526(527) m. Anm. *Engländer*;对此也可见 *Hecker*,JuS 2016,1036 f. ;BGH NStZ-RR 2018,69(70)。

[253] 参见 *Kühl*,AT,§ 7 Rn. 94. 有的人放弃了对适合性的要求;如果他的举止是为了防卫,那么即使是作为失利方也拥有《刑法典》第 32 条的权利(HK-GS/*Duttge*,§ 32 Rn. 17;MüKoStGB/*Erb*,§ 32 Rn. 152)。由于根本无法排除的是,即使看起来"无望"的防御行为也有其效果,所以在实践中不同观点之间的区别其实极小。也可参见 *Fahl* JA 2020,102(103)。

如果某个更温和的手段对于防御者而言带有**更大的风险**,那么就不能要求防御者使用这个手段。[254] 由于在短时间内很难估算机会与失败的风险,因此**不能对防御者要求过高**。[255] 所以,只有当禁止使用武器不会恶化成功防御的前景时,才能够事先**禁止使用武器**。[256] 在涉及**远程武器**(尤其是射击武器)时,用它进行威慑经常具有无风险的可能性。如果这还不足够,那么可以考虑的温和手段是进行警告射击或者射击腿部。[257] 用它来危害生命只是防御的最后手段。[258] 在**示例**(边码68)中,使用武器是 A 唯一可用的手段,同时也是最温和的手段。

93 ☞ 如果能够在不限制自卫权与法确证原则的情况下向他人寻求帮助,那么防御者就**有义务寻求他人的帮助**。

从该基本原则中会得出哪些后果,在众多讨论中**存在争议**。考虑到私力的自助与他助具有补充性特征(国家对暴力的垄断!),在不会忽视自身利益的情况下应当寻求**国家的帮助**。[259] 因此,如果有一名警察在场,那么就应当将防御托付给他。[260] 不过,这种对防御权的限制只有在以下情况中才会被接受,即公职人员依公法规

---

[254] 参见 BGHSt 24,356(358);BGH NStZ 2016,593(594);BGH,Beschl. v. 28. 10. 2015-5 StR 397/15(*Hecker*,JuS 2016,562 ff.);BGH NStZ-RR 2018,69(70);StV 2022,153(155)(dazu Hecker,JuS 2022,367 ff.)。

[255] 参见 BGH NStZ 2016,84,85;NStZ 2016,526,527;NStZ 2016,593,594(对此可见 *Erb*,JR 2016,600 ff.)。

[256] 参见 BGH NJW 2003,1955(1957);StV 2012,332(334) m. Anm. *Mandla* = JR 2012,204(206) m. Anm. *Erb*;HRRS 2012 Nr. 1099 Rn. 8(= v. *Heintschel-Heinegg*,JA 2013,69 f.);BGH NStZ-RR 2013,105(106);对此可见 *Hecker*,JuS 2013,563 ff.;NStZ 2014,451(452);NStZ 2015,151(对此可见 *Eisele*,JuS 2015,465 ff.);NStZ-RR 2018,69(70);StV 2018,733(734);AnwK-StGB/*Hauck*,§ 32 Rn. 11。

[257] 详见 *Fahl* JA 2020,102 ff.。

[258] 参见 BGH,Beschl. v. 21. 7. 2015-3 StR 84/15;BGH NStZ 2018,84(85)。

[259] 参见这样的观点见 BGH,Urt. v. 18. 11. 2021-1 StR 397/21(对此正确地进行批判的有 Eisele,JuS 2022,370 [371]);HKV StrafR-HdB II/*Engländer* § 38 Rn. 45;*Fischer* StGB § 32 Rn. 35。

[260] 参见 MüKoStGB/*Erb* § 32 Rn. 144;*Kühl*,AT,§ 7 Rn. 120 f.。

定有权保卫个人权利且在具体情况中愿意这样做。[261] 相反，不能要求必须攻击者处于上风且法至少在当时处于退让状态时才去召唤警察。[262] 不存在召唤私力帮助的义务。[263] 只有当帮助者毫无疑问愿意帮助，而且介入对自身并无任何风险时，被攻击者才必须去寻求当场的私力帮助。因为不能要求防御者将来自攻击者的危险转嫁给其他人，即使这种做法用来对付攻击者更佳。[264]

☞ **不存在权衡**：法无需向不法屈服！[265] 在妥当性范畴内对这一原则的相对化参见边码98。

94

(2) 妥当性

根据《刑法典》第32条第1款，防御行为的妥当性（Gebotenheit）可能在个案中出于"社会伦理的考量"而被排除或限制。[266] 这里指的是以下情形，即紧急防卫权的原理——尤其是法确证思想——没有或至少没有完全发挥作用。[267] 在这些案件中，以紧急防卫权为依据可能属于**权利滥用**（rechtsmissbräuchlich）。[268] 对紧急防卫权的限制，使得被攻击者有义务**在可期待的范围内**（im Rahmen des Zumutbaren）进行考虑。

95

---

[261] 参见 HKV StrafR-HdB II/*Engländer*，§ 38 Rn. 47。

[262] 恰当的观点有 MünchKomm-StGB/*Erb*，§ 32 Rn. 141；*Kühl*，JURA 1993，125。

[263] 参见 MüKoStGB/*Erb*，§ 32 Rn. 141 ff.；*Kasike*，JURA 2004，836；Schönke/Schröder/*Perron/Eisele*，§ 32 Rn. 41。

[264] 参见 BGH NStZ 2020，725 (726) m. Anm. *Rückert*；*Erb* JR 2021，44 (对此也可见 *Eisele* JuS 2020，985 ff.)；MüKoStGB/*Erb* § 32 Rn. 142 ff.。

[265] 比如可见 *Kühl*，AT，§ 7 Rn. 10；*Ladiges*，JuS 2011，880；批判性观点见 *Bülte*，NK 2016，172 ff. (在涉及不成比例的防卫行为时，仅仅排除可罚性而非违法性)；*Krauß*，FS Puppe，2011，S. 635 ff. 。

[266] 比如 BGH NStZ 2021，33；SSW StGB/*Rosenau* § 32 Rn. 30。参见 Ausschussbericht，BT-Drs. V/4095，14；关于历史见 *Grünewald* FS Sancinetti，2020，427 f. 。有的人基于明确性原则对妥当性这一要素持批判态度；*Engländer*，HBStRR，Bd. 2，§ 38 Rn. 65；MüKoStGB/*Erb* § 32 Rn. 204 ff.；*Gropp/Sinn*，AT，§ 5 Rn. 155；*Rönnau* JuS 2012，405；反对的有 SSW StGB/*Rosenau* § 32 Rn. 31；*Roxin* FS Kühl，2014，401 f. 。*Bülte* NK 2016，183；Baumann/Weber/Mitsch/Eisele，AT，§ 15 Rn. 49 f. ；*Mitsch* JuS 2017，22 认为，"妥当"这一概念不能实现任何对紧急防卫的限制。

[267] 参见 Frisch FS Yamanaka，2017，67 ff. 。

[268] 比如可参见 *Jäger*，GA 2016，258 ff.；*Rönnau*，JuS 2012，405；*Wessels/Beulke/Satzger*，AT，Rn. 519。*Roxin*，FS Kühl，2014，S. 400 ff. 想从法确证原则中推出社会伦理上的限制。

司法判决发展出了三个限制阶段[269]：被攻击者若可能则应当**逃避**（第一阶段）；如果不可能，那么他允许实施**保护性防卫（Schutzwehr）**（第二阶段）；只有在这也不足以制止攻击时，他才允许转为（尽最大可能慎重的）反击［**攻击性防卫（Trutzwehr）**；第三阶段］。在这里，对没有武器的防御者使用危及生命的武器，只有在例外情形中才可以被允许。[270]
要考虑的限制有这些：

96 ☞ 攻击者是**可被识别的无罪责的行为人**（儿童、精神病人、陷入错误的人）[271]

这类人没有对法进行侵犯[272]，或者肯定没有使用相同的力量。因此**法确证原则始终是被限制的**，个体保护的思想虽然最为重要，但是就它而言，剩余的团结义务被限制在对于被攻击者来说可期待的程度。[273] 如果陷入缺陷状态是有罪的（尤其是醉酒），那么攻击者对于团结性的主张就被减弱了，使得对防御者紧急防卫权的强力限制被减轻。[274] 同样，当罪责能力仅仅被减弱时，以下做法是公正的，即虽然鉴于攻击被减弱的力度，在原则上承认妥当性限制，但是考虑到所剩余的责任的程度，不将其与完全无罪责能力等同视之。[275]

97 ☞ **轻微攻击**

微小的、轻微的法侵害在日常生活中司空见惯，处于**社会相当**

---

[269] 参见 BGH NStZ-RR 2015,303(304); NStZ 2016,84(86); NStZ 2021,33(34)。
[270] 参见 BGH NStZ 2014,451,452(对此可见 *Hecker*, JuS 2014,946 ff.)。
[271] 关于扩张至在宽恕罪责的紧急避险下(《刑法典》第35条第1款第1句)实行行为的攻击者见 *Jäger*, FS Rogall,2018,S. 188 ff.。
[272] 所以不少人都否认成立攻击，上文边码77。
[273] 参见 *Erb*, NStZ 2005,596; *Krey/Esser*, AT, Rn. 533 ff.; *Rönnau*, JuS 2012,406; 批判性观点见 *Jäger*, GA 2016,262 f.。
[274] 参见 MüKoStGB/*Erb*, § 32 Rn. 213; Schönke/Schröder/Perron/Eisele, § 32 Rn. 52; 另一种观点见 Matt/Renzikowski/*Engländer*, § 32 Rn. 46. 原则上反对限制的有 *Krause*, GS H. Kaufmann, 1986, S. 678 f.; *Krey/Esser*, AT, Rn. 536。
[275] 参见 SSW StGB/*Rosenau* StGB § 32 Rn. 32; 在这方面反对限制的有 BGH NStZ 2020,725(726) m. Anm. *Rückert* und zustimmender Anm. *Erb* JR 2021,44(对此也见 *Eisele* JuS 2020,985 ff.); MüKoStGB/*Erb* § 32 Rn. 213。

的边缘地带，比如碰撞某人，或者插队，或者在小范围的社会领域内对名誉进行轻微攻击[276]。因此对于法的效力主张不能较真，从个体保护的角度看来，紧急防卫也无需具有完全的凌厉性。[277]

☞ 法益之间显失比例

98

《刑法典》第 32 条并未要求在被侵害的利益与攻击者的利益之间进行合比例性考查。因此，这里涉及的只是那些**防御会比攻击法秩序造成更大损害**的显著失衡情况。[278] 比如，为阻止一些樱桃被偷而杀人[279]，或者为了制止侮辱而进行猛烈的刀刺。[280] 不具有妥当性的还有为保卫屋主权而向已经逃跑者瞄准射击。[281] 目前的趋势是对紧急防卫的限制进行扩张解释，进而扩张被害人对于违法攻击的容忍义务[282]，与该趋势相反，应当强调其仅具有例外性。如果该攻击并非微不足道的轻，尤其是当他是故意实施的时，那么通常就不成立显失比例。[283] 因此，对于用袋子偷水果的人，帝国法院允许用猎枪进行射击。[284] 在开枪射击正在逃跑的小偷的**示例案件中**（边码 68），正确的做法是否定显失比例。[285] 在这些案件中，让被攻击者与法共同体去承担损害是没有期待可能性的，因为并不存在温和的防卫可能性。攻击者是完全可以通过不予攻击来逃避这

---

[276] 参见 BGH NStZ-RR 2019, 272(273)。
[277] 参见 *Kindhäuser/Hilgendorf* LPK‐StGB § 32 Rn. 47; SSW StGB/*Rosenau* § 32 Rn. 35. 有的人将这类情形视为是显失比例的下属情形；参见 *Fahl* JA 2020, 102(104)。
[278] 因此限制的背景原因就是法确证思想；*Jäger*, GA 2016, 259。
[279] 参见 *Wessels/Beulke/Satzger*, AT, Rn. 523。
[280] 参见 BGH NStZ-RR 2019, 272(273); 进一步的推理见 *Bülte*, GA 2011, 145 f. ; SSW StGB/*Rosenau*, § 32 Rn. 34。
[281] 参见 BGH NStZ 2016, 333 f. 。
[282] 在这一方向上的比如有 Schönke/Schröder/*Perron*, § 32 Rn. 50。
[283] 明确的案件见 BGH NJW 2003, 1955, 1957: 反抗敲诈 5000 马克的防卫。
[284] 参见 RGSt 55, 82, 83。
[285] 关于观点现状见 *Ladiges*, JuS 2011, 880 f. ; *Krey/Esser*, AT, Rn. 543 ff. ; 此外还可见 *Rönnau*, JuS 2012, 405 f. 。但是，联邦最高法院（NStZ 2016, 333 f. ; 对此可见 *Eisele*, JuS 2016, 366 ff. ）在为保卫屋主权而开枪射杀逃跑者的案件中认同了显失比例（批判性观点见 *Rückert*, NStZ 2016, 335; 关于必要性的问题）。

一风险的。[286]

99 ☞ **为保护财物而侵犯生命**(《欧洲人权公约》第 2 条第 2 款第 a 项)？[287]

《欧洲人权公约》在第 2 条第 2 款第 a 项中一般性地认为，为了保卫财物而故意杀人属于显失比例。这与德国的法传统并不相符。但是人们有时认可的是，基于解释要符合公约这一基本原则[288]，《欧洲人权公约》第 2 条第 2 款第 a 项处于《刑法典》第 32 条的上位，那么，在这里存在争议的就是应在何种程度上排除紧急防卫的适用范围——仅限于目的性的杀害，还是也包括间接故意的杀害？[289] 正确的认识是，《欧洲人权公约》虽然涉及了国家与其公民之间的关系，**但是并不涉及公民彼此之间的关系**，因此私力的紧急防卫权并不受《欧洲人权公约》第 2 条第 2 款第 a 项的影响。[290]

100 ☞ **紧密的个人关系**(比如夫妻之间，极有争议)

在紧密的、以相互信赖为特征的关系之中[291]紧急防卫权经常受到限制，这是合理的。[292] 在论证时经常被引用的观点是，被攻

---

[286] 由 Baumann/Weber/*Mitsch*/Eisele, AT, § 15 Rn. 53；*Ladiges*, JuS 2011, 881 所正确强调。另一种观点见 *Frisch*, FS Yamanaka, 2017, S. 68 f.。对故意攻击中显失比例造成的紧急防卫限制予以普遍怀疑的有 *Grünewald* FS Sancinetti, 2020, 427(436)。

[287] 关于争议现状的概览见 *Hillenkamp/Cornelius*, AT, S. 25 ff.；*Kühl*, JURA 2009, 882。对为保护财物而侵犯生命的权利予以否认的有 *Kaspar*, AT, § 5 Rn. 170, 他认为，这里无法实现法确证，因为一项实证研究表明，这样的防卫未能得到大多数民众的认可。不过，法确证当然不依赖于民众中每个人的意见。

[288] 对此可见 *Murmann*, Prüfungswissen, Rn. 29。

[289] 参见 *Ambos*, IntStrafR, § 10 Rn. 113；*Jäger*, GA 2016, 260；*Kühl*, § 7 Rn. 185。

[290] 参见 *Fischer*, § 32 Rn. 40；*Rönnau*, JuS 2012, 406；SSW StGB/*Rosenau*, § 32 Rn. 37. 通过其他论据(攻击者欠缺需保护性)得出该结论的还有 Matt/Renzikowski/*Engländer*, § 32 Rn. 57；*Engländer*, HBStR, Bd. 2, § 38 Rn. 93；Krey/Esser, AT, Rn. 549。对此进行批判的有 Schönke/Schröder/*Perron*/Eisele, § 32 Rn. 62, 其方式指出了欧洲人权法院在实践中有效的生命保护意义上对《欧洲人权公约》第 2 条第 2 款第 a 项的解释；也可参见 *Ladiges*, JuS 2011, 881。

[291] 对此, 合住关系还是不够的, 即使它创设了相互的保证人义务；BGH NStZ 2016, 526, 527 m. Anm. *Engländer*；*Hecker*, JuS 2016, 1036 ff.。

[292] 比如 BGH NStZ-RR 2016, 272(273 f.)。持否定观点的比如有 Freund/*Rostalski*, AT, § 3 Rn. 128 ff.；*Kaspar*, AT, § 5 Rn. 217 ff.。

击者对于攻击者有着保证人义务，该保证人义务使得他负有宽容的义务。[293] 但是其说服力并不完全，因为攻击者并不需要保护，他自己可以通过放弃攻击来保护自己。[294] 即使人们肯定了保证人地位，但在相反的方向上也存在着保证人地位，这让该攻击显得极为卑劣（verwerflich）。[295] 同样的质疑也可以针对以下观点，即紧急防卫权应当被家庭法上的关心义务(《民法典》第1353条第1款第2句）所限制。[296] 发挥决定性作用的更应当是以下观点，即相近之人的关系更强烈地受到私人社会关系的影响，与陌生人之间的关系相比，**它不能在同等程度上被法律化**（verrechtlichen）。这当然并非意味着家庭争斗是"私人事物"[297]。但是，当涉及这类关系中的侵犯时，法关系没有在同等程度上被损害，相应地，**法确证思想多少有些退居幕后**。[298] 在这里，绝不能对被攻击者提出难以被接受的要求：对于那些使得被害人不再能够轻易躲避的粗暴攻击，在适当情况下也能用致命的反击予以终止。[299] 如果当事人之间的基础被摧毁了，那么适用于紧密个人关系的基本原则也就不再适用了：比如，该婚姻只不过停留"在纸面上"，那么能适用的就只有陌生人之间的基本原则。[300]

---

[293] 强调这一思想的比如有 *Erb*, NStZ 2005, 596 f.; *Heinrich*, AT, Rn. 381 f.; *Kretschmer*, JR 2008, 52 f.; SSW StGB/*Rosenau*, § 32 Rn. 33; *Wessels/Beulke/Satzger*, AT, Rn. 530; 也可参见 BGH NJW 1975, 62。

[294] 参见 *Engländer*, NStZ 2016, 528; *Grünewald* FS Sancinetti, 2020, 427 (434)。

[295] 参见 BGH NStZ 2016, 526 (527); *Fischer* StGB § 32 Rn. 37; *Freund/Rostalski*, AT, § 3 Rn. 129; *Grünewald* FS Sancinetti, 2020, 427 (434); *Hardtung/Putzke*, AT, Rn. 604; *Jäger* GA 2016, 263; *Kaspar*, AT, § 5 Rn. 217; *Krey/Esser*, AT, Rn. 542。反对这一批判，但是对保证人义务的关键性提出异议的有 *Schramm*, Ehe und Familie, S. 113 f.。

[296] 参见 *Schramm*, Ehe und Familie, S. 111 f.。

[297] 在这一含义上进行批判的有 *Freund/Rostalski*, AT, § 3 Rn. 128。

[298] 法确证利益的退让更多被认为具有决定性意义，但是通常是作为保证人关系的后果；参见 *Amelung/Boch*, JuS 2000, 265; *Kühl*, AT, Rn. 201 f.。

[299] 参见 BGH NJW 1984, 986; 对此支持的观点可见 *Loos*, JuS 1985, 859。

[300] 参见 *Amelung/Boch*, JuS 2000, 265。

101 ☞ **目的性挑拨**（Absichtsprovokation）

被攻击者[301]可能在不同的范围内**对攻击承担（共同）责任**。于是，对他的防御权进行削减甚至排除就显得恰当了。[302] 根据通说，能导致紧急防卫权被排除的有目的性挑拨，在此，行为人通过他的举止激怒攻击者进行攻击，目的是在紧急防卫的"幌子"下伤害他。[303] 这里的挑拨者正是为了他的目的而**滥用**了紧急防卫权的凌厉性。[304] 虽然从法律上说，被挑拨者应当经受住这一挑拨（只要该挑拨还没让他获得紧急防卫权），但是这仍不能说明为何滥用不会影响紧急防卫权的范围。[305] 不过，有的人认为，鉴于被挑拨的攻击者的答责性，限制挑拨者的紧急防卫权就已经够了。[306]

102 ☞ **其他可非难的事前举止**（vorwerfbares Vorverhalten）

如果行为人在行为时没有引发紧急防卫处境的目的，那么，按照通说，还要考虑的是一个对紧急防卫处境的可非难的引发，由于防御者的共同答责性，它限制了法确证原则的有效范围，并进而限制了紧急防卫权。[307] 但是未能达成共识的是，**哪些举止在这个意义**

---

[301] 当挑拨出自紧急救助者时的疑难问题（"紧急救助挑拨"）详见 *Mitsch*, JuS 2022, 18 ff.。

[302] 基于对已发生的危险处境的共同答责来论证紧急防卫限制的有 *Marxen*, Die "sozialethischen" Grenzen der Notwehr, 1979, S. 58；对此可见 *Grünewald*, ZStW 122 (2010), 51 (73 f.)。

[303] 参见 BGH NJW 2003, 1955 (1958); NStZ 2019, 263; *Jäger* GA 2016, 259; *Kaspar*, AT, § 5 Rn. 207; *Krey/Esser*, AT, Rn. 555; *Wessels/Beulke/Satzger*, AT, Rn. 533. 所以也说欠缺了防卫意志；它仅仅只是"伪装的"（BGH NStZ 2019, 263; *Fischer* StGB § 32 Rn. 44），但是这既不符合事实（挑拨者想要"真正地"防卫攻击），也不能完全排除防卫权。对此又进行批判了的有 *Grünewald* ZStW 122 (2010), 51 (71 f.); *Mitsch* JuS 2017, 22; *Safferling* GA 2020, 70 (84)。

[304] 参见 BGH NStZ 2019, 263; *Zieschang*, AT, Rn. 221. 对权利滥用论据的批判（"循环论证"）见 *Grünewald*, ZStW 122 (2010), 51 (73)。

[305] 不过持该观点的有 Baumann/Weber/Mitsch/Eisele, AT, § 15 Rn. 56; *Mitsch*, JuS 2017, 23; *Hardtung/Putzke*, AT, Rn. 608; *Hassemer*, FS Bockelmann, 1978, S. 225 ff.; NK/*Paeffgen*, Vor § 32 Rn. 146 f.。认为仅限于有伤社会伦理的挑衅举止的见 *Grünewald* FS Sancinetti, 2020, 427 (432)。

[306] 参见 *Engländer*, HBStrR, Bd. 2, § 38 Rn. 82; MüKoStGB/*Erb* § 32 Rn. 227; *Jescheck/Weigend*, AT, S. 346 f.; *Rönnau* JuS 2012, 407。

[307] 参见 BGHSt 24, 356 (359); BGH NStZ 2016, 84 (85 f.) (dazu *Hecker* JuS 2016, 177 ff.; *Mitsch* JuS 2017, 19 ff.); NStZ-RR 2016, 272 (273); NStZ 2019, 263; *Fischer* StGB § 32 Rn. 44a; 批判的观点比如有 *Loos* FS Deutsch, 1999, 233 f.; *Mitsch* NStZ 2021, 95 (96)。

上是可非难的。至少需要的前提是,在事前举止与攻击之间存在紧密的时间与空间的关联[308],攻击作为事前举止的相当后果可以被理性地预见[309],攻击者实际上也受到了事前举止的激发[310]。但是,如果事前举止无论在法律上还是在社会伦理上都无可指摘,那么即使成立前述关联也不满足条件[311]。比如,行为人卷入到口角或打斗中,只要他不是故意追求或进行特别的推动,那么这就不是可非难的[312]。再如,他在晚上去往一个臭名远扬的区域,更难以创设非难。因此,至少应要求一个在社会伦理上具有否定价值(missbilligenswert)的举止[313]。

示例[314]:

A想将身上有臭味的O从他所在的车厢"赶走"。为了实现这一目的,他违背O的意志反复打开车窗,让冷空气吹入车厢。当O最后向坐着的A出拳时,A拿起了他的猎刀刺入了O的身体,这导致了O上腹受伤而死。联邦最高法院认为,A想将O从车厢"赶走"而做出的努力在分量上是与严重侮辱同等的。所以,应在社会伦理上对此予以否定,A的紧急防卫权因而受到了限制[315]。

---

[308] 参见 BGH NStZ 2019, 263(264); NStZ 2021, 93(94) m. Anm. *Mitsch*。
[309] 参见 BGH NStZ 2009, 626; dazu *Hecker* JuS 2010, 172 ff.; BGH StraFo 2019, 34(35)。
[310] 参见 BGH NStZ 2021, 93(94) m. Anm. *Mitsch*; StV 2021, 97(98)[对此见 *Nestler* JURA(JK) 2021, 341](如果攻击者因其武装而对局势升级负有主要责任,那么基于侮辱的紧急防卫权就不受限制);BGH NStZ 2021, 607 f. (dazu Eisele, JuS 2021, 797 ff.)。
[311] 参见 BGHSt 27, 336; BGH NStZ 2011, 82(83)(对此见 *Hecker* JuS 2011, 272 ff.; *Kretschmer* JURA 2012, 189 f.); *Freund/Rostalski*, AT, § 3 Rn. 121。
[312] 参见 BGH StV 2011, 223; 对此可见 *Kudlich*, JA 2011, 233 ff.; BGH StraFo 2019, 34(35 f.)。
[313] 司法判决与部分学说也对此表示满意; BGHSt 24, 356 ff.; 27, 336; 42, 97; BGH NStZ 2006, 332(333); NStZ-RR 2015, 303(304); NStZ 2016, 84(86)(对此见 *Hecker* JuS 2016, 177 ff. ;*Mitsch* JuS 2017, 23); NStZ-RR 2016, 272(273)(因此,这里的社会伦理上的否定性评价很难令人信服); NStZ 2019, 263(264); NStZ 2021, 33(34); NStZ 2021, 93(94); *Wessels/Beulke/Satzger*, AT, Rn. 536。
[314] 参见 BGHSt 42, 97. Dazu *Kaspar/Reinbacher*, Casebook, Fall 8。
[315] 参见 BGHSt 42, 97(101). 批判性观点比如有 *Grünewald*, ZStW 122(2010), 51(80 f.)。

部分学说主张要求一个**违法的事前举止**[316]，因为法秩序很难通过在紧急防卫中进行限制来阻却一个举止的法允许性。

经常出现的情况是，关于紧急防卫者的可非难的事前举止的提示过短，因为这一举止在他看来可能是针对后一个攻击者的挑拨举止的一个相当且合情理的反应（"对挑拨的挑拨"）。[317] 在这种情形下，适当的做法是在评判事前举止的可非难性时也考虑对于攻击者而言所存在的诱因。[318]

当行为人以一种不应被否定的方式进入一个危险情况时，**携带武器**并不成立可非难的事前举止。因此，为了能够在可能情况下顶住他人侵犯而武装自己的行为是正确的，因为行为人既不能要求避免危险情形，又不能让自己陷入无助的境地。[319] 即使行为人违背《武器法》而非法携带武器，对此也没有影响[320]，因为武器法禁令的目的并不是在紧急防卫情形中限制对武器的使用。[321]

不过，在以下案件中会讨论对紧急防卫的限制，即后来的防御者有意准备着一个特别危险的防御工具，尽管他认为，即使一个更轻缓的防卫工具也足以抵挡所预期的攻击，比如他认为带胡椒喷雾就够了，然而却携带了一把枪（所谓的**防卫挑拨，Abwehrprovoka-**

---

[316] 参见 Eidam HRRS 2016, 380 ff.; Freund/Rostalski, AT, § 3 Rn. 122; Grünewald ZStW 122(2010), 51(82); dies. , FS Sancinetti, 2020, 427(431 f.); Krey/Esser, AT, Rn. 559; Kühl JURA 1991, 57 ff.; Otto FS Frisch, 2013, 601 f.; Rönnau JuS 2012, 407。

[317] 涉及 BGHSt 42, 97 关于该问题的有 Krack JR 1996, 468(469); Kühl StV 1997, 298(299)。

[318] 参见 Grünewald ZStW 122(2010), 51(65); Krauß FS Puppe, 2011, 635(646 f.); Kühl, AT, § 7 Rn. 262; Schönke/Schröder/Perron/Eisele StGB § 32 Rn. 59; LK-StGB/Rönnau/Hohn § 32 Rn. 258. 然后这导致的是，必须考虑到冲突各方之间可能存在的复杂关系。由于仅考虑最后一个事前举止会表现得不合逻辑，因此，只有当任何挑拨性的事前举止都不被考虑时，才能够避免这一问题，对此支持的有 Hassemer FS Bockelmann, 1978, 225(236); Mitsch NStZ 2021, 95(96)。

[319] 参见 BGH JR 1980, 210; BGH StraFo 2019, 34(36)。

[320] 参见 BGH NStZ 2011, 82, 83(对此可见 Hecker, JuS 2011, 272 ff.; Kretschmer, JURA 2012, 189 ff.); MünchKomm-StGB/Erb, § 32 Rn. 236。

[321] 但是正确的是，从中无法得出以下结论，即对《武器法》的违背也可以通过正当防卫实现正当化，见边码 90。

tion）。[322] 在具体的紧急防卫情形中，由于欠缺《刑法典》第32条第2款意义上的更轻缓的防御可能性，使用更有杀伤力的工具是必要的。有时候，主张对于这类案件进行妥当性限制（导致被限制的防御权，边码95）[323] 之所以显得说服力较弱，是因为它以行为人进行前置于紧急防卫处境的（假定的）必要性考查的义务作为前提。此外，在实践中，鉴于行为人在防御时必然不敢冒风险（边码92），进入紧急防卫处境之前几乎无法被排除的是，携带危险工具能带来可靠的防卫可能性。[324]

☞ **敲诈封口费（勒索）**

103

这里涉及的疑难情形是，被（用难堪照片或曾经所犯的罪）敲诈的人对存在于其中的违法（且对于威胁持续时间而言同样也是现时的）[325] 攻击进行防卫。在此，如果不能说服或（通过刑事控告或人身暴力）威胁敲诈者放弃其要求，那么，甚至连杀死敲诈者的防卫都具有**必要性**。特别是不能将政府的介入作为更温和的手段予以考虑，因为被敲诈者会因而被迫公开他的秘密。[326] 所以，大多数人虽然肯定了紧急防卫行为的必要性，但是却主张**在妥当性上进行限制**[327]：只要一个至少在社会伦理上具有可非难性的事前举止

---

[322] 参见 *Krey/Esser*, AT, Rn. 564.；*Wessels/Beulke/Satzger*, AT, Rn. 533；深入阐述可见 *Küpper*, JA 2001, 438 f.。有的人在防卫挑拨的概念下涵盖式地对所有（上段所述之）潜在防卫者为可能的攻击做好准备的情形进行讨论。

[323] 持这一观点的比如有 *Krey/Esser*, AT, Rn. 564；*Küpper*, JA 2001, 440；*Schönke/Schröder/Perron/Eisele*, § 32 Rn. 61b；*Rengier*, AT, § 18 Rn. 102(关于以下情形, 即对于行为人而言, 关键恰恰在于对攻击者造成更重的伤害)；*Roxin/Greco*, AT I, § 15 Rn. 82。

[324] 反对妥当性限制的比如有 *Engländer*, NStZ 2016, 528；*MüKoStGB/Erb*, § 32 Rn. 236；*NK-StGB/Kindhäuser*, § 32 Rn. 125；*LK-StGB/Rönnau/Hohn*, § 32 Rn. 189 f.。

[325] 恰当的观点有 *Amelung*, GA 1982, 384 ff.；*HK-GS/Duttge*, § 32 StGB Rn. 37；*Fischer*, § 32 Rn. 18；*Kaspar*, GA 2007, 42；*Schönke/Schröder/Perron/Eisele*, § 32 Rn. 18；*Seesko*, Notwehr, S. 74 ff.。另一种观点见 *Arzt*, MDR 1965, 345；*Baumann*, MDR 1965, 347；*MüKoStGB/Erb*, § 32 Rn. 98。

[326] 参见 *Amelung*, GA 1982, 387；*HK-GS/Duttge*, § 32 StGB Rn. 37；*Zieschang*, AT, Rn. 227（正确地指出,《刑事诉讼法》第154c条中仅仅存在可选的中止可能性没有阻止被勒索者的秘密被公开）。以保守秘密欠缺应保护性为由进行批判的有 *Kaspar*, GA 2007, 44 ff.。

[327] 不过也有人支持不受限制的紧急防卫权, 见 *Eggert*, NStZ 2001, 225 ff.。

是敲诈的诱因,那么这类案件就被作为**可非难的事前举止**的一种特殊情形进行讨论。[328] 也有人认为,这里的防卫并非是为了法确证,因为它必须被秘密实行。[329] 被敲诈者也可以**求助于政府**,所以在该防卫中法确证利益被削弱了。[330] 最后还有人认为,保护的需求也被削弱了,其理由在于被敲诈者**无权要求敲诈者保守其秘密**。[331] 有的人认可,保守秘密的利益有着很小的应被保护性,因此,杀死敲诈者属于**显失比例**(见边码 98)的情形。[332] 前述这些论据的承载能力最终根本取决于**个案情况**。原则上人们必须说,杀死敲诈者无论如何都不是符合妥当性的防卫,而没那么严重的行为——比如销毁作为罪证的照片——可以根据《刑法典》第 32 条实现正当化。[333]

104　☞ 损害攻击者的**人类尊严**?[334]

　　近年来,在那些为了防御攻击而必须对攻击者施以酷刑(所谓的**营救性酷刑**)的案件中,因损害人类尊严而限制紧急防卫的情况得到了激烈的讨论。**比如**,一位父亲是否可以以折磨的方式逼迫绑架犯说出隐藏自己快要饿死的孩子的地点。如果在这里束缚住这位父亲的双手,那么就会导致以下令人难以忍受的结果,即国家保护

---

[328] 参见 *Fischer*, § 32 Rn. 38. 反对的观点有 *Eggert*, NStZ 2001, 230; *Kaspar*, GA 2007, 37 ff.。

[329] 参见 *Amelung*, GA 1982, 387 ff.; *Jäger*, GA 2016, 261; *Krey/Esser*, AT, Rn. 565; *Roxin/Greco*, AT I, § 15 Rn. 100. 但是,这样一来就要以对法确证的过度实质理解作为前提。实际上,对于正当化而言,关键在于法共同体的其他成员是否了解成立紧急防卫的情状,恰当的观点有 *Fischer*, § 32 Rn. 38; *Kaspar*, GA 2007, 39 ff.。

[330] 参见 SSW-StGB/*Rosenau*, § 32 Rn. 47. 反对紧急防卫限制的有 *Kaspar*, JuS 2009, 835; *Seesko*, Notwehr, S. 111f.。

[331] 参见 *Baumann*, MDR 1965, 347。*Kaspar*, GA 2007, 44 ff. 想在必要性中考虑这一观点。

[332] 参见 *Engländer*, HBStrR, Bd. 2, § 38 Rn. 99. 还有 LK-StGB/*Rönnau/Hohn* § 32 Rn. 261 也指出了保守秘密的受限制的应保护性。

[333] 表达了相同含义的有 *Rengier*, AT, § 18 Rn. 92 f.; LK-StGB/*Rönnau/Hohn* § 32 Rn. 261; *Roxin/Greco*, AT I, § 15 Rn. 102; *Wessels/Beulke/Satzger*, AT, Rn. 541. 同样援引了《欧洲人权公约》第 2 条第 2a 款的有 *Kühl*, AT, § 7 Rn. 185。

[334] 有启发意义的概况可见 *Fahl*, JURA 2007, 743 ff.。

犯罪人免受侵害而忽视了国家同样负有保护义务的被害人的尊严（《基本法》第1条第1款第2句）。[335] 法损害者（Rechtsverletzer）本可以通过履行其为营救孩子作出贡献的义务来防止侵害，因此他并没有需保护性。[336] 如果他没有履行义务说出隐藏地，那么他就已经将该侵害最终自行归属于了自己的领域。[337] 更大的疑难问题是，是否能够授权**警察**施加这一酷刑？从一开始就要明确的是，需要讨论的仅仅只是公职人员的个人刑事责任，而不是警察法上的职权（见前文边码2及以下）。这在"**达什纳（Dashner）案**"中是一个现实问题，该案的被告人是一名警察，他为了获取被绑架儿童——他相信该儿童仍然活着——的隐藏地点而威胁将对犯罪嫌疑人施加痛苦。[338] 同样，正确的做法应当是肯定警察为了保护儿童可以这么做。[339] 对绑架犯的尊严予以绝对化，而让被害人同等的——且受到恣意侵害而持久得多的——尊严与生命承担不利，这样的通说很难显得有道理。[340]

---

[335] 但是持该观点的比如有 Schönke/Schröder/Perron/Eisele StGB § 32 Rn. 62 a; *Rengier*, AT, § 18 Rn. 99(因为否则的话，当私人的权利比国家的权力伸展得更远时，就会有"规避可能性"——这不能令人信服：一个举止的合法性不能由滥用的可能性所决定）；这里的有 *Fahl* JR 2004, 182(187); *Hoven* ZIS 2021, 115(120 f.); Baumann/Weber/Mitsch/Eisele, AT, § 15 Rn. 64。

[336] 参见 *Engländer*, HBStrR, Bd. 2, § 38 Rn. 97。

[337] 各种立场的概览见 Matt/Renzikowski/*Engländer* StGB § 32 Rn. 59; *Greve* ZStW 2014, 236 ff.; *Krey/Esser*, AT, Rn. 573; *Wessels/Beulke/Satzger*, AT, Rn. 438。

[338] 参见 *LG Frankfurt a. M.* NJW 2005, 692; 对此可见 *Erb*, JURA 2005, 24 ff.; *ders.*, FS Seebode, 2008, S. 99 ff.; *Götz*, NJW 2005, 953 ff.; *Herzberg*, JZ 2005, 321 ff.; *Kinzig*, ZStW 115 (2003), 791 ff.; *Saliger*, ZStW 116(2004), 35 ff.。

[339] 另一种观点见 EGMR, NStZ 2008, 699; 对此可见 *Esser*, NStZ 2008, 657 ff.。

[340] 参见 *Amelung* JR 2012, 19 f.; Baumann/Weber/Mitsch/Eisele, AT, § 15 Rn. 64; *Erb* NStZ 2005, 598 ff.; *Götz* NJW 2005, 954 ff.; *Herzberg* JZ 2005, 322 ff.; *Hoven* ZIS 2021, 115 (120 f.); *Kühl*, AT, § 7 Rn. 156 a; *Otto* GS Tröndle, 2019, 337 (345); *Schünemann* GA 2019, 1 (2 f.)。关于国际规定见 *Ambos*, Journal of International Criminal Justice 6(2008), 261 ff.; *ders.*, in: Koriath/Krack/Radtke/Jehle (Hrsg.), Grundfragen des Strafrechts, 2010, S. 1 ff. (für Entschuldigung); *Gössel* FS Otto, 2007, 42 ff.; *Götz* NJW 2005, 956 f.。关于占据优势地位的反对观点及大量证明比如可见 *Fischer* StGB § 32 Rn. 13 ff.; *Günther* FS Neumann, 2017, 830 ff.; *Rengier*, AT, § 18 Rn. 97 f.; LK-StGB/*Rönnau* Vor. §§ 32 ff. Rn. 259 ff.。深入阐述见 *Kahlo* FS Hassemer, 2010, 414 ff.。*Jäger* GA 2016, 260 f. 认为警察是侵犯国家尊严的人，这在内涵上颠倒了《基本法》第1条。

3. 主观的正当化要素

105 行为人的行为必须是"**为了**"制止攻击(《刑法典》第 32 条第 2款)。因而没有争议的是,他在行为时必须**认识**到成立了具备《刑法典》第 32 条的正当化的情状。[341] **存在争议**的是,在此之外,一个**防御意志**是否也是**必要**的(详见边码 10b)。[342] 司法判决与部分引用法律条文的文献对此表示肯定。[343] 比如,如果行为人实施行为仅仅只是出于憎恨或者复仇,那么就无法因《刑法典》第 32 条而得以正当化。但是,如果在其他动机之外防御意志**也**发挥着引导行为的作用,那么无论如何都满足条件了。[344] 本书支持的反对观点则认为**意志要素是多余的**,因为当行为人认识到表明其行为合法性的情状时,就无需依赖一种特殊的思想。主观的行为无价值因而消失了。[345]

(三) 关于原因不法行为的疑问

106 **示例**[346]:

A 意图开枪射击 O 的膝盖而使其严重受伤。为了实现这一目的,他借口想从事非法香烟生意而将 O 引至一个森林的边缘地带。A 藏了一把被锯断的霰弹枪在夹克中,O 带了一把伸缩钢棍。A 决定先一拳将 O 击倒在地,然后再开枪射击他的膝盖。但是,O 对攻击的反应非常迅速,

---

[341] 行为人对于正当化情状的存在与否尚不确定的情形,见边码 10a。

[342] 关于争议现状的概览见 Hillenkamp/Cornelius,AT,S. 32 ff. 。

[343] 参见 BGHSt 5,245;BGH NStZ 2007,325;NJW 2013,2133(2134 f.);StV 2022,153 (154);*OLG Koblenz* StV 2011,622(623);*Fischer*,§ 32 Rn. 25 f.;*Wessels/Beulke/Satzger*,AT,Rn. 544,413 f. 限制的观点见 *Gaede*,FS Rengier,2018,S. 33("意愿上接受紧急防卫处境的意义上的防御意志";该紧急防卫处境必须"对于被攻击者而言是其举止的一个必要条件")。

[344] 参见 BGH NJW 2003,1955(1957 f.);NJW 2013,2133(2135);StV 2022,153 (154)(对此见 Hecker,JuS 2022,367 ff.);关于司法判决的也可见 *Gaede*,FS Rengier,2018,S. 28 f. 。

[345] 持这一观点的比如有 Baumann/Weber/Mitsch/Eisele,AT,§ 14 Rn. 47,§ 15 Rn. 46 f. ;*Engländer*,HBStR,Bd. 2,§ 38 Rn. 106;*Frisch* FS Lackner,1987,135 ff. ;*Frister*,AT,14/25;*Kaspar*,AT,§ 5 Rn. 228;*Mitsch* JuS 2017,21;*Rönnau* JuS 2009,596;SSW StGB/*Rosenau* § 32 Rn. 49。

[346] 参见 BGH NStZ 2001,143 m. Anm. Eisele,NStZ 2001,416;*Mitsch*,JuS 2001,751;*Stuckenberg*,JA 2002,172 ff. 。

> 并用伸缩钢棍全力击打 A 的头部。这一击打使得 A 完全惊呆了，他倒下并躺在地上。紧接着，他看见 O 拿着伸缩钢棍再次甩动，喊着"你这头猪，我杀死你"向自己冲来。A 害怕遭受生命危险，于是将霰弹枪从夹克中拿了出来。O 未能及时踢开这一武器。A 双手持枪，扣动扳机，在离 O 大概 30 厘米的距离射中了他的胸部。O 很快流血身亡。

在示例中，A 的紧急防卫权由于其**可非难的事前举止**而受到限制。但是，由于他不再有其他的防卫可能性且必须担忧自身性命，因此枪击上半身的行为同样也能**被《刑法典》第 32 条所涵盖**。因而，这里——也包括在鉴定报告中——提出的问题是，**事前举止在刑法上是否重要**。联邦最高法院对这一问题给出了肯定的答案："通过违法的事前举止造成了身体冲突并带有死亡后果的危险，也能够依据过失杀人罪（《刑法典》第 222 条）进行处罚，即使他是在紧急防卫中开枪射击致人死亡。"[347] 据此，联邦最高法院实质上（虽然口头上否定了这一法形象）承认了所谓原因不法行为（actio illicita in causa，一种依据场合而不被允许的防御）的可罚性。[348] 这是否正确，按照客观归属原则（第 23 章边码 116 及以下），取决于事前举止是否恰恰在发生损害结果的方向上用来服务于法的禁止。[349] 在探讨可非难地引发了紧急防卫处境的情况时，反对结果归属的理由是，攻击者自我答责地进入了侵害的危险之中。[350] 另一方面，**支持认**可原因不法行为的观点认为，正当化仅仅只能决定很小范围的正当化处境中的利益冲突。法宣布这类例外情形下的法益侵害是被允许的，由此虽然两害相权取其轻，但是还没有明确表达恣意引发

---

[347] BGH NStZ 2001, 143, 145。

[348] 恰当的观点有 *Fischer* StGB § 32 Rn. 46；*Krey/Esser*, AT, Rn. 563；*Puppe*, AT, § 21 Rn. 21；*Voigt/Hoffmann-Holland* NStZ 2012, 365。对《刑法典》第 34 条框架中的原因不法行为持否定态度的有 *Joerden*, HBStrR, Bd. 2, § 39 Rn. 70 ff.。

[349] 所以持否定立场的有 *Eisele*, NStZ 2001, 416；*Grünewald*, ZStW 122 (2010), 74 ff.；*Engländer*, JA 2001, 534；*Hecker*, JuS 2011, 274；*Otto*, FS Frisch, 2013, S. 605；*Roxin*, JZ 2001, 667 f.；赞同联邦最高法院的有 *Mitsch*, JuS 2001, 751。在挑拨情形之外还明确表示否定的有 BGH StV 2011, 156, 157（未经允许携带武器作为事前举止）。

[350] 参见 Schönke/Schröder/*Sternberg-Lieben*, Vor §§ 32 ff. Rn. 23。

一个这样的冲突处境不应被法所禁止。[351][352]

七、《民法典》第 229 条与第 230 条规定的自助权

108　**示例[353]：**

A 在城中散步时看到了自己几天前被偷的自行车。当他与推着自行车的 O 谈起此事时，O 试图赶紧溜走。A 从 O 手中夺下了自行车。

（一）基础

109　自助（Selbsthilfe），指的是**使用私人暴力来追求民事上的权利主张**。[354]鉴于国家的暴力垄断，只有在事先诉至法院的**权利主张面临着阻碍**时，自助才是被允许的。自助权与紧急防卫权的相近之处在于，它们均是以实现法秩序为指向的。[355]

110　从法秩序的统一性中可以得出，民法上的自助权也在刑法方面有着正当化的效果（见《民法典》第 228 条与第 904 条）。民法中包含着**一系列自助权**，它们能够向权利主张者提供临时性的保护。应提及的有房屋出租人的自助权（《民法典》第 562b 条）、土地出租人的自助权（《民法典》第 592 条第 4 句及第 562b 条）、旅馆主的自助权（《民法典》第 704 条第 2 句与第 562b 条）与占有人的自助权（《民法典》第 859 条）。[356]

111　**一般性自助权**（《民法典》第 229 条与第 230 条）允许拿走被盗窃的物品（比如在示例中），即使该犯罪并非发生于近期（否则就与

---

[351] Duttge, NStZ 2006, 270; Frister, AT, 14/6; Mitsch, JuS 2001, 751; Satzger, JURA 2006, 519.

[352] 在关于紧急防卫要件成立的容许构成要件错误出现时，可非难的事前举止所产生的过失责任的特殊问题见 Voigt/Hoffmann-Holland, NStZ 2012, 365 f.。就此而言，尽管行为人凭借其防御行为至少实现了客观的行为无价值，但是却由于事前举止而没有成立过失责任，因为实现为结果的不是行为之前的挑衅风险，而是犯罪时与此无关的错误风险。

[353] 所出的司法判决也可参见 BGH NStZ 2012 m. Anm. Grabow；对此也可见 Hecker, JuS 2011, 940 ff.。

[354] 参见 Palandt/Ellenberger, § 229 Rn. 1.

[355] 参见 Schünemann, Selbsthilfe im Rechtssystem, 1985, S. 18 ff.。

[356] 关于占有人的自助权（《民法典》第 859 条）及其在《刑法典》第 32 条之外的实务上的无关紧要性见 Rengier, AT, § 21 Rn. 20 ff.。

《民法典》第 859 条第 2 款相关）。《刑法典》第 32 条对此是无法干预的，因为盗窃后使用物品尽管损害了所有权，但并不属于现时的攻击。[357] 自助权的成立始终要求以下条件，即无法及时获得国家的帮助，而且若不尽快介入，对权利主张的实现就会有受到挫败或严重阻碍的危险。因此，目标也仅仅只是对权利主张的临时性保障（《民法典》第 230 条）。

（二）要件

《民法典》第 229 条与第 230 条[358]中的自助权首先以一个**自助处境** 112
（Selbsthilfelage）为前提。这指的是：

☞ 行为人必须有一个（自己的）**到期且无抗辩的权利主张**；

☞ **无法及时获得国家的帮助**；

☞ **若不予介入**，则对权利主张的实现会受到**危害**。

可以考虑以下**自助行为**（Selbsthilfehandlung）选项： 113

☞ 拿走、毁坏或损坏某物；

☞ 扣押有逃跑嫌疑的债务人；

☞ 若债务人有义务实施某行为，排除其反抗。

此外，自助行为还必须是**必要的**。

在**示例**中，在 A 重新占有自行车之后，扣押 O 对于权利主张的保障就不再是必要的了。

在**主观的正当化要素**方面需要一个**自助意志**(《民法典》第 229 条： 114
以"自助"为目的）。因为只有那些为了保障权利主张的人才会被赋予自助权。[359]

---

[357] 参见 *Rengier*, AT, § 21 Rn. 2。

[358] 进一步的细节见 Baumann/Weber/*Mitsch*/Eisele, § 15 Rn. 179 ff.; *Jakobs*, AT, 16/21f.; *Rengier*, AT, § 21 Rn. 1 ff.。

[359] 参见 HK-GS/*Duttge*, Vor §§ 32 ff. StGB Rn. 18。

八、承诺、推定承诺与假设承诺

115
> **示例**("医院实习生案")[360]：
> A是一名在州医院工作的医科学生（作为所谓的"医院实习生"）。因工作的关系，他给病人O打针并造成了轻微的伤口。O以为A是医生。

（一）背景

116 如果说不法是对法所保障的自由的损害（第8章边码1及以下），那么被害人对法益侵害的同意在原则上就排除了不法。**承诺**是被害人**自我答责性的表达**，他因而通过这种方式改造了与行为人之间的具体法律关系，从而使得一个原则上被禁止的举止成为被允许的。[361] 依此，承诺在宪法上是从自我决定权（《基本法》第2条第1款）中推导出来的。[362] 所以，尽管**没有明确的法律规定**，但是承诺的重要性不言而喻。对此，毕竟《刑法典》第228条的条文明确了，立法者是相信承诺的正当化效果的。

相反，如果将承诺界定为作为"**放弃法保护**"的"缺少利益原则"或"缺少需保护性原则"的体现，[363] 那么就**过于浅薄**了。这是因为，不但自我决定权允许放弃法保护，而且被害人通过承诺改变了具体的法关系，导致损害不再成立。[364]

117 **推定承诺**这一正当化事由的目的在于，让被害人的意志在他当时无法表达的情况下也能发挥效力。

---

[360] 参见 BGHSt 16,309。
[361] 参见 *Frisch* GA 2021,65(68)；*Murmann*,Selbstverantwortung,S. 357 f.；也可参见 *Liao*,S. 99 ff.。那么，"被害人"与"行为人"的概念当然在规范上是不恰当的，而只是一种语言上的旧物，用来形容外在的伤害者与受伤者。
[362] 参见 *Kühl*,AT，§ 9 Rn. 20；深入阐述可见 *Murmann*,Selbstverantwortung,S. 234 ff.。
[363] 表达了相同含义的比如有 *Kühl*,AT，§ 9 Rn. 23；*Wessels/Beulke/Satzger*,AT,Rn. 564。
[364] 参见 *Murmann*,Selbstverantwortung,S. 312 f.。

（二）同意（与承诺的区别）

承诺应与同意（Einverständnis）相区别。[365] 同意涉及**分则中的构成要件**，在这些构成要件中，对被害人意志的违背明确地属于构成要件的不法。例外盗窃罪（《刑法典》第 242 条）的要件之一是拿走（作为"破坏"他人的占有），侵入房屋罪（《刑法典》第 123 条）则要求"侵入"被保护的空间。

118

相应地，一个有效的同意的要件也取决于**各个构成要件的要求**。通常情况下，同意的有效性不取决于法益主体的行为能力或理智成熟度。如果构成要件仅仅要求一个违背实际意志的行为，那么，当行为人的举止被当事人的**自然意志**所涵盖时，就成立排除构成要件的同意。意志缺陷是无关紧要的。[366]

119

> **示例**[367]：
> 如果一个小孩自愿地给出了自己的玩具，那么就不成立不利于该小孩（但可能不利于监护人）的破坏占有（《刑法典》第 242 条）。

同意并非必须明确地表达，它存在的这一事实就已经够了。[368]

120

（三）犯罪构造中的承诺

承诺存在于在那些意志违反性并未根据法律的描述属于构成要件的犯罪之中。比如身体伤害犯罪（《刑法典》第 223 条及以下）和损坏物品罪（《刑法典》第 303 条）。有争议的是，承诺涉及的是**构成要件还是**

121

---

[365] 另一种观点见 MünchKomm-StGB/*Schlehofer*, Vor § 32 Rn. 146 ff.。

[366] *Exner* JURA 2013,103 f. 例外：《刑法典》第 234 条、第 234a 条、第 235 条，在此，狡诈的举止也被包含在构成要件中。存在争议的是《刑法典》第 123 条中意志缺陷的重要性；*Fischer* StGB § 123 Rn. 17,23;Schönke/Schröder/Sternberg-Lieben/Schittenhelm StGB § 123 Rn. 22。

[367] 构成要件的重要性清楚地体现在《刑法典》第 266 条中：虽然通说将财产所有者的赞同认为是排除构成要件的同意，但是对于其有效性的要求适用于正当化的承诺（*Beulke*, FS Eisenberg, 2009, S. 256;HK-GS/*Beukelmann*, § 266 StGB Rn. 34;深入阐述可见 *Schramm*, Untreue und Konsens, 2005, S. 208 f.）。其背后是《刑法典》第 266 条的保护目的，即被照管的财物的所有者也应受到保护，免受有缺陷的赞同的影响。

[368] 比如 Gropp/*Sinn*, AT, § 5 Rn. 119;Heinrich, AT, Rn. 446;另一种观点见 *Holznagel*, Zustimmung als negatives Tatbestandsmerkmal, 2019, S. 230 ff.。

违法性。

122 一个强大的**少数派**观点认为，**有效的承诺排除了构成要件**。[369] 因此，行为人举止的意志违反性属于不法类型，且不依赖于法律对构成要件的描述。依此，构成要件之间的语言上的区别只具有偶然性，并没有实质意义。

123 相反，**通说**——也是司法判决所主张的观点——将承诺视为一个**正当化事由**。[370] 在评判这一争论时重要的是应当看到两种观点在实质问题上是一致的，即**承诺肯定要排除不法**。所以，这最终涉及一个**很有意义的概念形成的问题**。[371] 按照通说将承诺放在正当化层面进行处理，有着更佳的理由。因为只有这样才能在第一阶层强调对侵害（比如）身体完整性的原则上的禁止。[372] 构成要件的文字表述（比如《刑法典》第223条中"损害健康"）也说明了一个不依赖于意志的构成要件实现。[373] 最后，《刑法典》第228条的描述也说明了承诺的正当化效果。[374]

由于在鉴定报告中不需要讨论构造问题，因此不需要对承诺的定位进行论证。[375] 但是，如果人们想要遵循承诺排除构成要件的

---

[369] 比如 *Kindhäuser/Zimmermann*, AT, § 12 Rn. 5; *Schlehofer*, HBStrR, Bd. 2, § 40 Rn. 9 ff.。深入的阐述见 *Holznagel*, Zustimmung als negatives Tatbestandsmerkmal, 2019, S. 77 ff., 186 ff., 198 ff.。

[370] 基础性的阐述见 *Geerds*, Einwilligung und Einverständnis des Verletzten, 1953; 此外比如 *Heinrich*, AT, Rn. 440; Baumann/Weber/Mitsch/Eisele, AT, § 15 Rn. 122 f.; *Kühl*, AT, § 9 Rn. 22; SSW StGB/*Rosenau* Vor §§ 32 ff. Rn. 34; *Zieschang*, AT, Rn. 276; 出自司法判决 BGHSt 4, 88(90); 49, 166(169)。独立的方法路径见 *Brammsen* FS Yamanaka, 2017, 12 ff.。

[371] 恰当的观点有 *Perron*, Rechtfertigung und Entschuldigung im deutschen und spanischen Recht, 1988, S. 107; *Sternberg-Lieben*, Einwilligung, S. 59 f.; 深入阐述可见 *Menrath*, Einwilligung, S. 45 ff.; *Murmann*, Selbstverantwortung, S. 369 ff. 也反对 *Roxin/Greco*(AT I, § 13 Rn. 12, 14), 后者在将承诺理解为排除构成要件事由时甚至引用了宪法。

[372] 深入阐述可见 *Murmann*, Selbstverantwortung, S. 374 ff.。

[373] 参见 *Kühl*, AT, § 9 Rn. 22。

[374] 参见 SSW-StGB/*Rosenau*, Vor §§ 32 ff. Rn. 34。

[375] 在特殊情形下，如果该构造也影响事实问题的决定，那么就会有所不同。因此，如果认识错误是关于承诺的实际要件方面，那么，当承诺定位于违法性阶层时，该错误就是一个容许构成要件错误；参见 *Kreß/Mülfarth*, JA 2011, 274。

观点，那么建议简短地提示一下自己意识到了对通说的违背，比如："然而，这一举止可以被有着排除构成要件的效果——这与通说不同——的承诺所涵盖。"[376]

（四）承诺的要件

对于有效承诺的要求应当遵循它的自我决定权基础。因此，涉及的是对以下要件的描述，即**在这些要件下一个人能够自我答责地决定放弃法益**。这些要件是：

124

1. 有效的承诺表示

（1）明确的意志表达

必要的是，在犯罪**之前**被损害者作出了**明示**或**默示**的、无论如何都必须是明确的[377]意志表达。这一向外传递的意志表达有着**澄清的功能**（Klarstellungsfunktion）。按照通说，一个单纯的内心同意尚不足够（与同意不同，边码120）。[378] 承诺是**可随时被撤销的**。[379]

125

（2）承诺能力

自主决定的前提是被损害者的承诺能力。由于自我决定能力根据具体问题的不同而不同，因此至关重要的是**个体化的研究方式**（individualisierende Betrachtungsweise）：**根据承诺者个人的发展情况与其他能力，他必须能够认识并正确地判断放弃法益的意义与影响**。[380] 这里并不取

126

---

[376] 其他作者建议，"为了避免误解与额外的论证付出"，不管个人态度如何，都应在违法性的范围内进行考查。这样认为的有 Kaspar, AT, § 5 Rn. 270。

[377] 参见 Kühl, AT, § 9 Rn. 31。

[378] 参见 Baumann/Weber/Mitsch/Eisele, AT, § 15 Rn. 133; Heinrich, AT, Rn. 457; Holznagel, Zustimmung als negatives Tatbestandsmerkmal, 2019, S. 221 ff.; Kaspar, AT, § 5 Rn. 282 f.; Wessels/Beulke/Satzger, AT, Rn. 578; a. A. Matt/Renzikowski/Engländer StGB Vor §§ 32 ff. Rn. 20; Frister, AT, 15/5 ff.; Hardtung/Putzke, AT, Rn. 646; Schlehofer, HBStrR, Bd. 2, § 40 Rn. 70; Zieschang, AT, Rn. 289:具有决定性作用的是行为人举止与被害人内心意志方向相符（"意志方向理论"）。这一观点之所以没有说服力，是因为行为人与被害人之间具体义务处境的变更是一个人际事件，法律关系的改变不能仅仅发生在一名参与者的"头脑中"。

[379] 参见 SSW-StGB/Rosenau, Vor §§ 32 ff. Rn. 39。

[380] 参见 BGHSt 4, 88 (90); 23, 1 (4); BGH NStZ 2000, 87 f.; 2018, 537; BGH, NstZ 2021, 494; BayObLG NJW 1990, 131 (132); Mitsch ZJS 2012, 40 f.。

决于民事行为能力。[381]

如果法益承载者**欠缺**作出具体决定的**必要承诺能力**，那么**监护人**——比如照管人（《民法典》第1901条）或父母（《民法典》第1626条及以下）——就有义务作出决定。[382] 监护人在作出决定时必须以法益承载者的福祉为指向（《民法典》第1627条、第1901条第2款）。[383] 例如，父母有义务对挽救他们孩子生命的治疗表示同意。如果这超越了他们的决定权限，那么家庭法院能够为他们作出决定（《民法典》第1666条），而且在紧急情况下，违背监护人意志实施的手术能够根据《刑法典》第34条得以正当化。[384] 最近，科隆地方法院的判决否认了父母承诺的正当化效果并引发了一场激烈的法律政策讨论。之后，（尤其是宗教动机的）**男童包皮割除**原则上根据《民法典》第1631d条被父母的监护权所涵盖。[385]

（3）不存在重大的意志缺陷

127　自主决定的能力在相关情境下能够被意志缺陷所妨害。有以下原因之一时，可以考虑承诺的无效性：

a. 威胁

128　威胁当然妨害了决定自由。但是应当注意的是，以不利进行威胁在社会共同生活中并不是被完全禁止的。被害人必须对法所允许的威胁——比如断绝朋友关系——"以审慎的自我主张"（Selbstbehauptung）

---

[381] 支持通说的有BGHSt 8,357(358)；*Exner*,JURA 2013,104 f.；*Kühl*,AT,§ 9 Rn. 33。另一种观点涉及财产犯罪，见 *Maiwald*,in: Eser/Perron（Hrsg.），Rechtfertigung und Entschuldigung III, 1991, S. 181；MüKoStGB/*Schlehofer*, Vor § 32 Rn. 175；Schönke/Schröder/*Sternberg-Lieben*, Vorb.§§ 32 ff. Rn. 40；*Schramm*,Ehe und Familie,S. 233。

[382] 参见 *Schlehofer*,HBStrR,Bd. 2,§ 40 Rn. 55 ff.。

[383] 参见 Das ist nicht deshalb ausgeschlossen,weil der Sorgeberechtigte selbst als Täter in Betracht kommt,sofern er keine eigennützigen Interessen verfolgt；参见 *Ellbogen*,medstra 2016,275（Einwilligung von Eltern in eine Gefährdung ihrer Kinder durch die Teilnahme an „Masernpartys"）。

[384] 参见 *Exner* JURA 2013,105 f.；*Kindhäuser/Hilgendorf* LPK-StGB Vor § 13 Rn. 177。

[385] 参见 LG Köln, NJW 2012, 2128 = JR 2012, 434 m. Anm. *Kempf* = StV 2012 m. Anm. *Bartsch*；对此可见 *Beulke/Dießner*, ZIS 1012, 338 f.；*Brocke/Weidling*, StraFo 2012, 450 ff.；*Jahn*,JuS 2012,850 ff. 对新规则的批判见 *Fahl*, FS Beulke,2015,S. 86 ff.；*Prittwitz*, FS Kühne, 2013, S. 121 ff.；深入阐述可见 *Köhler*, FS Kühl, 2014,S. 295 ff.。

予以忍受[386]。作为《刑法典》第 240 条上的**强制性威胁**的后果，承诺的有效性被排除。[387]

b. **欺骗**

如果被害人在其承诺的法益损害的**种类**、**范围或者其他影响**方面被欺骗了，那么承诺是无效的。比如，欺骗可以涉及法益侵害的强度、与其相关的危险或者物品的价值，以使得被害人同意毁损该物。

> 示例[388]：
> 如果一名服用了兴奋剂的运动员参与了拳击比赛并获得了超越对手的优势，那么，由于欺骗涉及对比赛规则的遵守，因此诚实参与者的承诺是无效的。

但是通说认为，只有**与法益相关**的意志缺陷才是相关的。相反，**动机错误**是无关紧要的。

> 示例：
> 因被欺骗而相信治疗者为医生并进而对医疗侵害予以承诺，原则上会导致承诺的无效性。"医院实习生案"（边码 115）就是这一情况，只要它涉及的是打针。涉及微小损伤时则不同：对于那些非常轻微的、许可并不重要的侵害来说，错误是微不足道的，因为它并没有显示出与身体完整性这一法益的相关性。[389]

---

[386] 参见 BGHSt 31,195,201。

[387] 参见 *Roxin/Roxin*，AT I，§ 13 Rn. 113；Schönke/Schröder/*Sternberg - Lieben* StGB Vorb. §§ 32 ff. Rn. 48；另一种观点见 *Schlehofer*，HBStrR，Bd. 2，§ 40 Rn. 89 ff.。如果被害人处于《刑法典》第 34 条中无法避免的强制情形中（这样认为的有 *M. -K. Meyer*，Autonomie，S. 161）或者《刑法典》第 35 条的强制处境中（这样认为的有 RGSt 70,107(108 f.)）才使得承诺的有效性被排除，那么被害人的自主就没有得到充分的考量。这得到了[*Rudolphi* ZStW 86 (1976),85]的考量。深入至整体的阐述见 *Murmann*，Selbstverantwortung，S. 452 ff.。

[388] 参见 *OLG Köln* JR 2020,322 m. Anm. *Lorenz/Bade*（对此见 *Jahn* JuS 2019,593 ff.）。

[389] 参见 BGHSt 16,309,211（"医院实习生案"）；SSW-StGB/*Rosenau*，Vor §§ 32 ff. Rn. 40；基础性的阐述见 *Arzt*，Willensmängel，S. 19 ff.，29 f.。另一种观点见 *Mitsch*，Rechtfertigung，S. 511 ff.，537 ff.，549 f.。

> **示例**[390]：
> A 讨厌 O，于是答应给他 100 欧元以让自己扇他一耳光，O 对此表示同意，那么即使 A 从一开始就不打算付钱，这一对身体伤害的承诺也是有效的。关于回报的欺骗涉及的是 O 的财物，而不是他的人身完整性。O 因此受到了诈骗构成要件（《刑法典》第 263 条）的保护。但是也存在被害人不受《刑法典》第 263 条保护的情况：例如，A 向 O 编造出无私的目的，比如对身体的侵害是为了科研目的，那么有时候基于被害人的需保护性（Schutzbedürftigkeit）会认为承诺是无效的，尽管错误不是直接涉及对法益的侵害，而是涉及其目的。[391]

c. 错误

130 如果承诺者陷入了一个并非由行为人引发的错误，那么该承诺比欺骗中的承诺在更广的范围内有效，因为法益主体原则上要对自己所作决定的质量负责。[392] 在这里，正确的是对承诺者的利益与行为人的合理利益进行**权衡**。[393]

> **示例**：
> 如果所有权人以为某棵树生病了，因而委托一个园丁去砍掉该树，那么，即使所有权人对该树的状态认识有误，这一承诺也是有效的。

131 但是，如果行为人有着**消除承诺者错误观念的特殊义务**，那么这一错误风险就存在于行为人的责任范围（Verantwortungsbereich）。比如在示例中，如果园丁也承担着在所有权人作出决定时提供建议的任务的话。医生以

---

[390] 参见 *Arzt*, Willensmängel, 1970, S. 18 f.；也可参见 *Hillenkamp/Cornelius*, AT, S. 59 ff.；*Zieschang*, AT, Rn. 292 ff.。

[391] 参见 *Frisch* GA 2021, 65（72）；*Roxin* GS Noll, 1984, 286；*ders.*/*Greco*, AT I, § 13 Rn. 99；*Murmann*, Selbstverantwortung, S. 451 f.。

[392] 参见 *Kühl*, AT, § 9 Rn. 40；*Murmann*, Selbstverantwortung, S. 450 ff.。在这里很明显，自我答责的问题不仅取决于以下心理事实，即该决定是否受到意志缺陷的影响，还取决于可能的意志缺陷的规范相关性。

[393] 也可参见 *Kühne*, JZ 1979, 243 ff.。

特殊方式承担着消除他的病人的错误观念的责任。通过履行**告知义务**(该义务的内容与形式见《民法典》第630e条),医生能够免除这一责任。[394] 在进行了符合规定的告知之后,继续存在的错误则落入了病人的风险领域。

疑难的是以下情况,即医生没有履行他的告知义务,病人错误地作出了承诺,但是,如果病人被合乎规定地告知了手术的风险与后果,他照样也会予以承诺。由于这里的决意存在瑕疵,因此欠缺了有效的承诺[395]。推定承诺也被排除了,因为病人基本上是可以自行表述的。在一个这类攻击中,法院判决以成立**假设承诺**(hypothetische Einwilligung)的理由得出了否定违法性的正确结论。[396] 其背后是客观归属理论的通常认识,即只有当合法替代举止不会使得结果出现时,义务损害才能够创设出对所出现的结果的责任(义务违反性关联,第23章边码101及以下)。[397] 如果人们不愿意接受假设承诺的正当化效果,那么最终也应基于告知义务损害而非身体损害对医生进行处罚。

132

法秩序的统一性思想也支持认可假设承诺,因为一方面《民法典》第630h条第2款第2句规定了民法上的假设承诺,而刑法上的责任不应当比民法上的责任更广[398];另一方面,《民法典》第630h

---

[394] 参见 Kühl, AT, § 9 Rn. 40; Murmann, Selbstverantwortung, S. 450;关于告知义务的各种方面见 Fischer, § 228 Rn. 13 ff.。

[395] 相反, Schlehofer FS Merkel, 2020, 745 (753 ff.) 想让承诺的有效性仅仅取决于与决定相关的、涉及法益的情状,就在对与决定相关的、涉及法益的情状认识错误时,认可一个"被允许的风险"。

[396] 参见 BGH NStZ 1996, 34 (35); NStZ 2004, 442; BGH StV 2008, 189 (190); 深入阐述可见 Beck GS Tröndle, 2019, 389 ff.; dies. FS Merkel, 2020, 761 ff.; Beulke medstra 2015, 67 ff.; Otto/Albrecht JURA 2010, 264 ff.; Krüger FS Beulke, 2015, 137 ff.; Tag ZStW 127 (2015), 523 ff.; 深入阐述见 Zabel GA 2015, 219 ff.; 专著见 Albrecht, Die „hypothetische Einwilligung" im Strafrecht, 2010. 关于将该法形象扩张超出医生治疗手术范围的问题见 Böse ZIS 2016, 497 ff.。当违反了《移植法》中活体器官移植的有效告知要求时,联邦最高法院在民事案件中否定了对假设承诺的考虑;BGH MDR 2019, 418。

[397] 参见 SSW StGB/Rosenau Vor §§ 32 ff. Rn. 53; Rosenau FS Maiwald, 2010, 690 ff.; Kühl, AT, § 9 Rn. 47 a; Kuhlen JZ 2005, 716 ff.; ders. JR 2004, 227 ff.; 批判的有 Duttge FS F.-C. Schroeder, 2006, 185 ff.; Frister, AT, 15/35; Heinrich, AT, Rn. 478 c; Jäger JA 2012, 72; Rönnau JuS 2014, 882 ff.; Saliger FS Beulke, 2015, 257 ff.; Schlehofer FS Puppe, 2011, 965 ff.; Sowada NStZ 2012, 6 ff.; Schönke/Schröder/Sternberg-Lieben StGB § 223 Rn. 40 g。

[398] 参见 SSW-StGB/Rosenau, Vor §§ 32 ff. Rn. 53。

条第2款第2句反而是一个举证规则,无法从中得出刑法责任的结论。[399] 质疑假设承诺这一法形象的观点主要是,它忽视了病人的**自我决定权**,因为病人在手术前的关键时间点没有获得任何机会去形成自我答责的意志。[400] 同时,假设承诺也具有从属性,因为当行为人有可能作出承诺却不作为时,正当化也是可能成立的。[401] 从实务的角度看,重建假设的意志面临着困难。诚然,假设承诺的正当化是有理由支撑的,但是要事后重建它却是困难的,因为根据手术流程及病人身体与心理状况的不同,态度会有很大的变化。[402] 此外,对于假设的决策行为的不确定性,应当适用**存疑有利于被告**原则。[403] 因此,若无法确定病人在得知符合规定的告知后是否会予以承诺,那么按照司法判决应当认为成立假设承诺;如果病人在治疗过程中去世,那么这样一个怀疑尤其难以被排除。总体而言很难否定的是,假设承诺会让那些没有足够认真对待病人自我决定权的医生的责任减少了。但另一方面也不可否认,假设的决策行为在原则上是可以被重建的。因为通常情况下,一个决定可以反映出一定程度的基本态度,对此人们通过回顾可以清楚地予以了解。因此,疾病可能让病人遭受到巨大的痛苦,以至于当他回顾时肯定会说他会接受当时未知的风险。[404] 因没有进行符合规定的询问而忽视

---

[399] 参见 LK-StGB/*Grünewald*, § 223 Rn. 108;*Jäger*, AT, Rn. 209;NK-StGB/*Paeffgen/Zabel*, Vor §§ 32 ff. Rn. 168a;*Saliger*, FS Beulke, 2015, S. 266 f.。

[400] 参见 *Böse* ZIS 2016, 495 f.;*Dias* FS Sancinetti, 2020, 253 ff.;*Duttge* FS Schroeder, 2006, 182 ff.;*Eisele*, BT I, Rn. 315 f.;*Jäger*, AT, Rn. 209;*Mitsch*, Jahrbuch für Recht und Ethik, 24 (2016), 262 f.;NK-StGB/*Paeffgen/Zabel* Vor §§ 32 ff. Rn. 168 a;*Paeffgen*, HBStrR, Bd. 2, § 42 Rn. 23;*Puppe* ZIS 2016, 366 ff.;还有 *AG Moers* medstra 2016, 123 m. Anm. *Hehr/Porten*(对此也可见 *Jäger* JA 2016, 472 ff.)。

[401] 参见 *Mitsch*, NZV 2015, 423(426);LK-StGB/*Grünewald*, § 223 Rn. 107。

[402] 参见 *Gropp* FS F.-C. Schroeder, 2006, 200;*Paeffgen*, HBStrR, Bd. 2, § 42 Rn. 22,"原则上无法回答的问题";*Puppe* ZIS 2016, 366(367 f.)。关于这一论据的(有限的)适用范围见 *Dias* FS Sancinetti, 2020, 253(259 ff.)。

[403] 参见 BGH NStZ 2012, 205(206).不过,对存疑有利于被告原则的适用也受到了批判,因为怀疑涉及的是一个假设的决策举止,恰恰不是实际所涉决定的内容。假设决策的对象是一个"推测",而非"事实";持该观点的有 NK-StGB/*Paeffgen/Zabel*, Vor §§ 32 ff. Rn. 168a。

[404] 如果病人已经不在人世,那么也可以通过其亲属的陈述来表明基本态度。

这一态度是不恰当的。此外，还需要注意假设承诺（与推定承诺不同）并不以批准医疗行为为目的，而是仅仅为了排除刑法上的责任。

撰写鉴定报告时应当注意的是，如果医生**错误地认为其承诺没有缺陷**，那么在考查身体伤害罪（《刑法典》第223条）的可罚性时要讨论**容许构成要件错误**。[405] 所以，要在故意构成要件中排除可罚性，而应按照《刑法典》第229条考查**基于过失地误判了承诺缺陷的手术的可罚性**。直到这里才应当肯定假设的承诺。虽然这并未影响到行为无价值（谨慎对待病人与身体相关的自我决定权），但是欠缺了结果无价值，因为手术并不是建立在这一错误之上的（假若让病人作出没有缺陷的决意，他也会许可这一手术）。

相反，如果医生意识到了（有效）承诺的欠缺并**有意忽视病人的自我决定权**，那么，虽然在假设承诺的要件成立时同样欠缺了结果无价值因而排除了既遂可罚性，但是，这里涉及的是欠缺主观正当化要素的情形（见边码6及以下），因此合理的观点认为，剩余的行为无价值（仅仅）使得基于未遂的可罚性具有可能。[406] 不过，对此必要的犯罪决意的前提是，医生对于将其不当举止实现为结果无价值至少是抱有容认的心态，也就是说，他真诚地认为，病人即使被告知了也不会同意该手术。[407]

2. 承诺的范围

损害行为必须保持**在承诺表示所允许的范围内**。

示例[408]：
如果一个女病人对切除子宫肌瘤予以承诺，那么完全切除子宫就无法被这一承诺所涵盖，即使根据手术时的图像及从医学立场上看这更为合理。

---

[405] 参见 SSW-StGB/*Rosenau*, Vor §§ 32 ff. Rn. 51。
[406] 参见 *Wessels/Beuke/Satzger*, AT, Rn. 584。
[407] 参见 *Jäger*, AT, Rn. 209; *Kuhlen*, JR 2004, 229 f.。
[408] 参见 BGHSt 11, 111。

134 承诺必须涉及的是**可处置的**（disponible）**法益**，也就是承诺者的个人法益（比如身体完整性、财物）。但是这一处置权也有着以下**界限**：

☞ 法益主体不能对杀害自己的行为予以承诺，在这一范围内对生命的侵犯不属于他的处置自由（参见《刑法典》第 216 条）。[409] 因此，对**让生命陷入危险**（lebensgefährdend）的举止（比如一个有生命危险的手术）进行承诺是**有可能成立的**(也见边码 136 及以下)。

☞ 对**身体完整性**的侵犯在以下情况中不能被承诺，即尽管存在承诺，但是该身体损害行为**违背了风尚**(《刑法典》第 228 条)（见第 22 章边码 48 及以下与边码 141)。

3. 主观正当化要素

135 行为人在行为时必须**认识到**承诺。[410] 有时还会额外要求他**根据**承诺行事。[411] 正确的是，只要行为人认识到了正当化承诺成立的情况，那么就够了。因为他的行为以此与被害人的意志相一致，所以没有损害到他的自由（详见边码 10b）。[412]

（五）特殊问题：法益危险化中的承诺

136 示例[413]：

A、X 与 O 时常在闲暇时间在公共道路上举办非法汽车竞赛。所

---

[409] 该原则的边界：间接安乐死，见第 21 章边码 78。
[410] 参见 *Kühl*, AT, § 9 Rn. 41;SSW-StGB/*Rosenau*, Vor §§ 32 ff. Rn. 42。
[411] 参见 *Wessels/Beulke/Satzger*, AT, Rn. 579。
[412] 参见 Matt/Renzikowski/*Engländer* StGB §§ 32 ff. Rn. 7;*Kühl*, AT, § 9 Rn. 41;*Schlefer*, HBStrR, Bd. 2, § 40 Rn. 114;Schönke/Schröder/*Sternberg-Lieben* StGB Vor. §§ 32 ff. Rn. 14,51。
[413] 依照 BGHSt 53,55;对此可见 *Brüning*, ZJS 2009,194 ff. ; *Dölling*, FS Geppert, 2011, S. 53 ff. ; *Duttge*, NStZ 2009, 690 ff. ; *Hauck*, GA 2012, 201 ff. ; *Kühl*, NJW 2009, 1158 f. ; *Lasson*, ZJS 2009, 359 ff. ; *Murmann*, FS Puppe, 2011, S. 767 ff. ; *Puppe*, GA 2009, 486 ff. ; *Renzikowski*, HRRS 2009, 347 ff. ; *Roxin*, JZ 2009, 399 ff. ; *Timpe*, ZJS 2009, 170 ff. ; *Walter*, NStZ 2013, 673 ff. ; 案例解答有 *Hinderer/Brutscher*, JA 2011, 907 ff. 。类似的"汽车冲浪案"，见 OLG Düsseldorf NStZ-RR 1997, 325 ; *Beulke*, Klausurenkurs III, Fall 8 ; *Putzke*, JURA 2009, 631 ff. 。有启发意义的内容也可见与艾滋病感染者进行合意的无保护性交案 BayObLG NJW 1990, 131 (Vorinstanzen: AG Kempten NJW 1988, 2313 ; LG Kempten NJW 1989, 2068) = JR 1990, 473 mit Anm. *Dölling* ; 对此可见 *Grünewald*, GA 2012, 370 f. ; *Helgerth*, NStZ 1988, 261 ff. ; *Hugger*, JuS 1990, 972 ff. ; *H.-W. Mayer*, JuS 1990, 784 ff. ; *Ordeig* FS Sancinetti, 2020, 419 ff. 。对司法判决的深入研究见 *Lotz*, Fremdschädigung, S. 72 ff. 。对竞赛导致局外人死亡的结果归属具有指导意义的有 *Mitsch*, JuS 2013, 20 ff. 。关于汽车竞赛的刑法疑难问题详见 *Neumann*, JA 2017, 160 ff. 。

有人都意识到了危险。当A——O是副驾驶——与X在一方向有两车道的联邦公路上大幅超速地肩并肩竞赛时,在他们面前出现了Y的汽车,该车行驶的速度在被允许的最高速度之下。A将汽车开至最外部的左侧车行道边缘,X则开到了车行道的中央,两车都没有减速。如此,他们同时超过了在最右边行驶的Y,而两车的间距只有30厘米。就在此时,A的一个车轮碰上了未被固定的分车带,他失去了对车辆的控制,车多次翻滚。O当场死亡。是否可按照《刑法典》第222条对A进行处罚?

上述此类案件在考查构成要件时就已经抛出了问题,即是否存在排 137
除客观归属的自我答责的自己危险化(第23章边码81及以下)。对此,
联邦最高法院在示例的案件中——结论是正确的——予以了否认,因为
作为司机的A手中有着对危险发生的支配。因此,存在的是**合意的他者
危险化**的情况[414]:A实现了过失杀人罪的构成要件,它提出了——根
据通说在违法性阶层的(边码121及以下)——如下问题:就O对具有
风险的竞赛的赞同(Zustimmung)及具体的超车过程来说,O是否对犯
罪实行进行了有效的**承诺**。[415]

O通过参加竞赛,**默示**(konkludent)表达了对因此相连的危险、尤 138

---

[414] 对此表示赞同的有 Dölling, FS Geppert, 2011, S. 57 f.; Grünewald, GA 2012, 370; Murmann, FS Puppe, 2011, S. 772 ff.。也有人主张将自我答责的自己危险化与合意的他者危险化予以等同[比如 Cancio Meliá, ZStW 111 (1999), 366 ff.]。关于放弃区分自我答责的自己危险化与合意的他者危险化的讨论详见(并正确地予以否定的有)Jetzer, Einverständliche Fremdgefährdung im Strafrecht, 2015, S. 99 ff.; Menrath, Einwilligung, S. 71 ff., 108 ff.。批判性观点也可见 Roxin, GA 2018, 251 ff.,他主张(S. 254 ff.),对合意的他者危险化与自我答责的自己危险化予以同等对待的情况是,要么"危险化处境是由危害者消除被危害者的担忧而产生的",要么"可以确定参与者们的危险化处境处于同等级的共同形式"。反对的观点有 Murmann, FS Puppe, 2011, S. 768 mit Fn. 89。

[415] 以承诺的原则为解决方案的详见 Murmann, Selbstverantwortung, S. 417 ff.; ders., FS Puppe, 2011, 767 ff.; auch Frister, AT, 15/15; Jäger, FS Schünemann, 2014, S. 431 ff.;反对(并在构成要件层面以客观归属理论为解决方案)的有 Roxin, GA 2012, 660 ff.。

其也是对具体超车机动动作的**同意**。[416] 在**承诺能力**方面没有任何疑问，而且对竞赛危险非常清楚的 O 也不是因**错误**(Irrtum) 而死亡。

139 但是人们可以怀疑，对 A 的有风险的举止的承诺是否也能够对出现的死亡结果实现正当化。对结果的明确的准许无论如何都是缺失的。如下观点反而更为切实：O 相信竞赛会有好的结局。[417] 在文献中，有部分观点认为，只有当承诺也涉及结果时，结果无价值才会消失。[418] 但是这并不正确[419]：法是一个举止秩序（Verhaltensordnung），从中可以得出的是，承诺者不能免除局外人"禁止引发结果"的义务，而始终必须撤除为了避免结果而存在的举止禁令（Verhaltensverbot）。[420] 因此，在涉及具体法律关系时，承诺者中止了一个保护自己而存在的举止规范，并将这一法关系作了如下改造，即使得通常被禁止的风险创设被允许。[421] 如

---

[416] 在原案中，有人质疑 O 是否也对具体的超车动作予以同意（Puppe，GA 2009，495 f.；Radtke，FS Puppe，2011，S. 846 f.；Roxin，JZ 2009，402；Stratenwerth，FS Puppe，2011，S. 1020 f. 认为这一问题不明）。然而不可能的是，经常参加此类比赛的副驾驶现在却会对驾驶员的冒险意愿感到惊讶；恰当的观点有 Renzikowski，HRRS 2009，352；Walter，NStZ 2013，679。不同的案件见 OLG Celle StV 2013，27，该案中死去的是一名完全没有参与的驾驶者；恰当的观点有 Rengier，StV 2013，31 f.。

[417] 观点不同的有 Beulke，FS Otto，2007，S. 215，其理由是，dass der die Gefahr Bewilligende auch deren Realisierung bewillige, weil andernfalls dem Einwilligenden „eine Art venire contra factum propium vorzuwerfen wäre"（相似的阐述可见 Puppe，ZIS 2007，251）；对此的批判可见 Stefanopoulou，ZStW 124（2012），696 f.。

[418] 比如 Geppert，ZStW 83（1971），974；Hauck，GA 2012，214f.；Hellmann，FS Roxin，2001，S. 277；Lotz，Fremdschädigung，S. 215 ff.；LK/Rönnau，Vor §32 Rn. 164 f.；Roxin，GA 2012，661；Sternberg-Lieben FS Merkel，2020，1223（1225）；HKV StrafR-HdB VI/Sternberg-Lieben §52 Rn. 136。

[419] 对后文内容的详细阐述见 Murmann，Selbstverantwortung，S. 428 ff.，ders.，FS Puppe，2011，S. 776 f.；同样观点的还有 Dölling，FS Geppert，2011，S. 58 f.；Grünewald，GA 2012，371 ff.；Kaspar，JuS 2012，115；Neumann，JA 2017，164 f.；Stratenwerth，FS Puppe，2011，S. 1022 f.；Walter，NStZ 2013，677 f.。

[420] 即使是明确地对引发结果予以许可了，这也无非是表明允许实行一个可以引发结果的行为。反对的观点有 Roxin，GA 2012，662，因为矛盾的是，某人既想保护法益，同时又同意了消灭该法益的行为。但是其中当然不存在矛盾，而只是后果不确定时对行为的正确描述（即使法益拥有者实行了自己危险化的行为，也是如此）。

[421] 同样观点的还有 HK-GS/Dölling，§228 StGB Rn. 7；Grünewald，Tötungsdelikt，S. 302 f.；Hirsch，JR 2004，476；Kühl，AT，§17 Rn. 83；NK-StGB/Paeffgen/Zabel，§228 Rn. 12；另一种观点见 Rönnau，Willensmängel bei der Einwilligung im Strafrecht，2001，S. 194；Sternberg-Lieben，Einwilligung，S. 214。批判性观点也可见 Stefanopoulou，ZStW 124（2012），693 f.，他在这里表达的观点错误地假定了"基于过失犯罪的不法而排除结果"。

果由于承诺而欠缺了行为无价值,那么通过该行为产生的结果就没有无价值,因为结果无价值与被实现的行为无价值之间并没有区别(见第23章边码30)。[422] 因此,风险行为中的行为并不足够。

进一步的问题是,在对生命的危险化中,法益主体是否有着必要的**处置权**(Dispositionsbefugnis)。对支配权的限制肯定不是直接出自《刑法典》第216条,因为这一条文根据文字表述与体系位置仅仅适用于故意杀人。[423]《刑法典》第216条涉及的有利于生命保护的价值决定(Wertentscheidung)不能创设出对生命危险化中的承诺的一般性禁止,[424] 因为对于此类危险化的承诺存在着多种可接受的原因(比如医学原因)。[425]

140

对生命危险中的处置权的限制可能从《**刑法典**》第228条中产生,这里存在的问题是,这一条文究竟是否能在《刑法典》第222条的范围中适用。按照条文《刑法典》第228条仅适用于身体伤害,按照体系位置(在《刑法典》第229条之前),甚至只适用于故意的身体伤害。[426] 但是,人们广泛认可将《**刑法典**》第228条(至少是按照它的法思想)**适**

141

---

[422] 深入阐述可见 *Murmann*, Selbstverantwortung, S. 430 f.;还有 *Neumann*, JURA 2017, 164 f.; *Renzikowski*, HRRS 2009, 353。批判的观点见 *Stefanopoulou*, ZStW 124(2012), 695 f.。

[423] 参见 *Hauck*, GA 2012, 211; *Lasson*, ZJS 2009, 365; *Menrath*, Einwilligung, S. 164 ff.; *Radtke*, FS Puppe, 2011, S. 841。

[424] 参见 *Grünewald* GA 2012, 375; *Heinrich*, AT, Rn. 473; *Kühl* NJW 2009, 1158 f.; *Neumann* FS Kühl, 2014, 581 f.; *Puppe* GA 2009, 489; *Schlehofer*, HBStrR, Bd. 2, § 40 Rn. 44 f.; Schönke/Schröder/Sternberg-Lieben StGB Vorb. §§ 32 ff. Rn. 104。司法判决中对此的观点变迁参见 BGHSt 53, 55, 62。进行了错误批判的有 AnwK-StGB/*Hauck* Vor §§ 32 ff. Rn. 14; *ders.* GA 2012, 201 ff. (反对他的有 *Roxin* GA 2018, 253); *Krey/Esser*, AT, Rn. 663; *Stefanopoulou* ZStW 124(2012), 700 ff.。

[425] 参见 *Frisch* GA 2021, 65(70 f.)。也得到了 *Dölling* FS Geppert, 2011, 59 f. 的承认,但是他原则上想从《刑法典》第216条的法思想中推导出处置权的边界,并且仅仅想在以下情况中设置边界,即"相比于过失杀人的无价值,与行为所追求之目的相关及经承诺而被践行的被害人自主占有明显更重的分量"。

[426] 参见 NK-StGB/*Puppe*, Vor §§ 13 ff. Rn. 199(基于自我答责原则的论证); *Niedermair*, Körperverletzung mit Einwilligung und die Guten Sitten, 1999, S. 121; *Radtke*, in: Puppe-FS, S. 841。

用于过失身体伤害[427]，如果人们将承诺的对象认为是（依赖于行为人主观心态的）危险行为的话（见边码139），那么这就是合理的。[428] 如果人们认可将《刑法典》第228条适用于过失身体伤害，那么在**过失杀人**中，考虑到《刑法典》第228条的法思想，可以得出举轻明重的当然论断（Erst-Recht-Schluss）。[429]

如果《刑法典》第228条的规则内涵超出它的文字表述而延伸至《刑法典》第222条的情形，那么这当然强化了鉴于**明确性原则**（《基本法》第103条第2款）在违反**类推禁止**方向上对"违反善良风尚"[430] 的含糊判定的质疑。[431] 但是，可以对这一质疑进行如下反驳，即法官造法（richterrechtlich）提出的承诺制度（Institut）当然也需要——规范或非规范的——限制。因此，关键是处置限制的实际合理性，而不是它的法律上的规定。[432]

142 如果《刑法典》第228条（根据它的法思想）也应在过失杀人的范围内被考虑，那么存在关于违反善良风尚判定的内容（对此见第22章边码48

---

[427] 参见 Fischer StGB § 228 Rn. 4a; *Kindhäuser/Schramm*, BT I, § 8 Rn. 3; NK-StGB/*Paeffgen/Zabel* § 228 Rn. 9; SSW StGB/*Momsen-Pflanz/Momsen* § 228 Rn. 1; 深入阐述见 *Menrath*, Einwilligung, S. 195 ff.。反对的观点见 *Beulke* FS Otto, 2007, 216; *Duttge* NStZ 2009, 691; *ders.* FS Otto, 2007, 230 f.; *Grünewald* GA 2012, 375 f.; *Hardtung/Putzke*, AT, Rn. 620（"不被允许的类推"）; *Kühl* NJW 2009, 1159; *Lotz*, Fremdschädigung, S. 223 ff.; *Radtke* FS Puppe, 2011, S. 841; *Roxin* JZ 2009, 402; *ders.* GA 2018, 260 f.; *Stratenwerth* FS Puppe, 2011, S. 1023。

[428] 恰当的观点见 *Arzt/Weber/Heinrich/Hilgendorf*, § 6 Rn. 37："因为违反风尚性并不附着于所发生的结果，而是附着于创设危险的行为……"; 也可参见 *Murmann*, FS Puppe, 2011, S. 780 f.。

[429] 参见 BGHSt 53, 55 (Rn. 29); *Bock*, AT, Teil II Kap. 5 Rn. 92 S. 176; *Brüning*, ZJS 2009, 195; *Heinrich*, AT, Rn. 473; 批判观点可见 *Duttge*, NStZ 2009, 691; *Neumann*, JURA 2017, 165 认为，这样一来，在涉及《刑法典》第222条时，承诺在实践中就始终会被排除。但除此之外，这个论证仍然纯粹与结果相关，可以这么说，相比于《刑法典》第222条中必要的过失的生命危险，对司法判决认为违反了承诺的生命危险的理解应当更为狭窄（因此，例如 *Heinrich*, AT, Rn. 473 认为，在轻率举止的情形中通常不考虑承诺）。观点不同的还有 *Beulke*, FS Otto, 2007, S. 216，他相应地将区分限制在了对自己危险化与他者危险化在犯罪论体系中的定位中（构成要件阶层还是正当化阶层）(a.a.O., S. 217)。

[430] 参见 NK-StGB/*Paeffgen/Zabel*, § 228 Rn. 44, 53, 55; *Sternberg-Lieben*, Einwilligung, S. 162; *ders.*, GS Keller, 2003, S. 289 ff.。

[431] 参见 *Duttge*, NStZ 2009, 691。

[432] 也可参见 *Frisch*, FS Hirsch, 1999, S. 505。

及以下）的问题。对于这一情形，联邦最高法院在最新的判决[433]中也认为，(即将发生的)法益侵害的分量至关重要，而且出现**具体的死亡危险**是违反善良风尚的标志。[434] 因此，承诺丧失了实现正当化的能力。[435]

（六）推定承诺

推定承诺（mutmaßliche Einwilligung）是**法律没有规定的正当化事由**，它的目的在于，当被害人的承诺不（再）能够被获得时，也能让他的意志发挥效力。[436] 这与正当化的紧急避险是不同的，在正当化的紧急避险中要对不同法益承载者的利益进行客观的权衡[437]，而在推定承诺中发生冲突的是同一法益承载者的不同利益，所以**不同利益之间进行决定在原则上存在于法益承载者的权能（Kompetenz）之中**。[438] 因此，正如承诺一样，推定承诺考虑到被害人的自我决定权[439]，由于这里推断的是假设的被害人意志，所以始终存在的风险是欠缺被害人的实际意志。基于这一原因，在很大程度上不存在争议的是，推定承诺无法排除构成要件，而只能是正当化事由。[440]

143

从推定承诺的意义与目的中可以得出其**要件**。一个有效承诺的所有要件（包括主观正当化要素）——除了承诺表示之外——必须

144

---

[433] 参见 BGHSt 49,34,41 ff. ;166,173。

[434] 这里必须考虑到《刑法典》第 216 条中所作出的有利于生命保护的价值决定；BGHSt 53,55,62 f. 。另一种观点见 *Beulke*,FS Otto,2007,S. 215 f. ;*Duttge*,NStZ 2009,691。

[435] 参见 BGHSt 53,55,63 f. ;反对的深入阐述可见 *Murmann*,FS Puppe,2011,S. 767 ff. ;结论相同的还有 *Stratenwerth*,FS Puppe,2011,S. 1022 ff. 。

[436] 参见 HK - StrafR/*Dölling* StGB § 228 Rn. 10; Schönke/Schröder/Sternberg - Lieben StGB Vorb. § § 32 ff. Rn. 54。

[437] 当然，有的认为，《刑法典》第 34 条也应用来权衡同一个人的不同利益。那么，在间接安乐死中，就应当权衡"在痛苦中短暂延长生命的权利与有尊严地死去的权利"（SSW-StGB/*Rosenau*, § 34 Rn. 21)。这样一来，这一自我决定权最多只是一个衡量因素；人是受到了约束的(对此见第 21 章边码 78）。

[438] 参见 *Rönnau/Meier*,JuS 2018,852. 深入阐述与深化研究可见 *Erb*, FS Schünemann, 2014,S. 337 ff. 。

[439] 参见 NK-StGB/*Paeffgen/Zabel*, Vor § § 32 ff. Rn. 158。

[440] 参见 *Rönnau/Meier* JuS 2018,852 f. ;*Kindhäuser/Hilgendorf* LPK-StGB Vor § § 32-35 Rn. 52。

齐全。[441]

145 缺少承诺表示的原因必须是**无法**(或者至少是需要不成比例的付出)及时[442]**征求**承诺表示。如果被害人能够表示承诺，那么基于自我决定权，就应当让他进行表示。

有的人将推定承诺延伸至以下情况，即虽然能够征求承诺，但是法益主体很可能对此并不重视。[443]

146 在对所有情况进行客观评估后，必须确信权利人**本会作出**承诺。这尤其涉及以下情况：

☞ **为了当事人的实质利益**而实行行为（比如：对丧失意识的事故被害人进行手术；参见《民法典》第 630d 条第 1 款第 4 句）。原则上，具体被害人的（推定的）利益处境发挥着决定性作用。在确认推定的意志时，所谓的"病人生前遗愿"（见第 21 章边码 79）尤其重要。如果不存在被害人利益处境的特殊联结点，那么就必须在确认时进行客观利益权衡，使其与具体被害人的利益相符合。[444]

☞ **当欠缺当事人的利益**时（比如：货币兑换、收集出远门的邻居院子中掉落的水果或借走不在场的熟人的自行车）。[445]

欠缺利益的案件类型有时候被**批判**，因为这使得法益主体为了第三人的利益而负担起了他的假想意志被不恰当估计的风险。[446]

---

[441] 参见 Rönnau/Meier JuS 2018,853；LK-StGB/Grünewald § 223 Rn. 99. 对于身体伤害而言，这也意味着不得有《刑法典》第 228 条意义上的违反风尚；持开放态度的有 BGHSt 64,69(Rn. 17)；观点正确的有 Mitsch ZJS 2012,41；ders. NJW 2019,3255(3256)。

[442] 如果该侵犯不是急迫的，且获得承诺只是暂时不可能，那么原则上就应等到法益拥有者可以自己作出决定；Mitsch, ZJS 2012, 41。

[443] 参见 Fischer, Vor § 32 Rn. 4a；Zieschang, AT, Rn. 306 反对的观点有 Rönnau/Meier, JuS 2018,854 (sofern nicht ohnedies ein „Scheinproblem" vorliege, weil nämlich eine konkludente Einwilligung oder eine Rechtfertigung aufgrund mangelnden Interesses eingreife)；SSW StGB/Rosenau, Vor §§ 32 ff. Rn. 48。

[444] 参见 Mitsch,ZJS 2012,42 f.；Rönnau/Meier,JuS 2018,854。

[445] 参见 Matt/Renzikowski/Engländer StGB Vor §§ 32 ff. Rn. 24；Hoffmann-Holland, AT, Rn. 326；Kindhäuser/Hilgendorf LPK-StGB Vor §§ 32-35 Rn. 58；SSW StGB/Rosenau Vor §§ 32 ff. Rn. 48。

[446] 参见 Jakobs, AT, 15/18。

正确的是，人们同样应当将这一案件类型局限在为了当事人实质利益而行事的情形之中，也就是符合当事人利益地去展示慷慨或者考虑社会关系与预期收益。对此必须存在具体的联结点。[447]

最近被讨论的问题是，**推定同意**（mutmaßliches Einverständnis）这一 **146a** 形象是否能够排除构成要件?[448] 这里所指的情形是，实现一个构成要件的前提是损害了被害人意志（见边码 118 及以下），这一赞同（或者至少不反对）行为人实施行为的意志无法被实际查明，但是基于特定的原因可能认为**被害人对于这一利益侵害本会予以同意**。

> **示例**[449]：
> A 闯入了邻居着火的家中，是为了将邻居的猫从火中救出。

正确的做法是不承认排除构成要件的推定同意这一法形象：这类构成要件的类型化不法要求行为违背（或者缺乏）授权者的意志，只有在行为人的举止没有违背法益拥有者的实际意志时，这些构成要件才未被实现。推定的意志总是会有与实际意志相悖的风险。推定意志涉及的规范构造是用来在实际意志不明确的情况下作出合乎利益的决定。但是，在犯罪构造中，解决这类冲突处境的地方是违法性。在前述示例中成立的是推定承诺。[450]

---

[447] 参见 *Rönnau/Meier*, JuS 2018, 854。

[448] 基础性的阐述见 *Marlie*, JA 2007, 112 ff.。

[449] 依照 *Marlie*, JuS 2007, 112（113）。司法判决 BGHSt 59, 260 引发了关于"推定同意"这一形象的正当性的讨论：汽车承租人希望在租约到期后将车归还给出租人。由于超出了约定合同期限，因此，原则上属于违反权利人意愿的使用行为。然而，联邦最高法院考虑到了以下可能性，即如果驾驶只是用于归还汽车，那么房东可能就会同意这次驾驶。但是，值得怀疑的是，联邦最高法院是想要承认推定同意的法形象[持该观点的有 *Jahn*, JuS 2015, 82（84）]，还是只提及了事实审法院的程序义务，即在给定的事实处境中讨论以下事实问题，即根据状况可能认为存在一个"真正的"同意。[表达了相同含义的有 *Kudlich*, JA 2014, 873（875）; *Mitsch*, NZV 2015, 423（425）]。

[450] 恰当的观点有 *Marlie*, JA 2007, 112（116 f.）。

九、惩戒权与教育权

147 "抚养与教育儿童是父母的自然权利与首要义务。其活动受到国家机关的监督"。《基本法》第 6 条第 2 款因而也赋予了父母处罚不当举止的权利。但是,有争议的问题是,哪些惩罚是被允许的,而哪些惩罚——在刑法上——是被禁止的。

(一) 惩戒权

1. 关于惩戒权存在与否的争议

148 在过去,惩戒权是从父母的教育权(《基本法》第 6 条第 2 款第 1 句)中推导出来的,只要在客观上对于实现教育目的是妥当且相称的,在主观上也有着教育的目的,那么在很大程度上就可以被承认为正当化事由。[451] 不过,立法者后来通过 2000 年生效的《禁止家庭暴力法》明确地修改了法律标准。[452] 自那时起,《民法典》第 1631 条第 2 款规定:"儿童有接受无暴力教育的权利。不允许采取体罚、精神伤害与其他有辱尊严的手段。"

149 当然,这一民法上的标准并未改变的是,身体惩戒的可罚性以满足身体伤害罪的**构成要件**为前提。基于最后手段原则,《刑法典》第 223 条对于身体虐待的成立要求达到恶劣且不相称的程度,对身体健康的侵害**超过了轻微程度**(见第 22 章边码 7)。依此,轻拍屁股更多的是象征性质而非痛苦性质,因此并不体现为身体虐待。[453]

150 不过**有**争议的是,在刑法上如何处理那些超过了**重大性门槛**(Erheblichkeitsschwelle)的身体惩戒。尽管立法者正当地希望对教育中的暴力行为予以原则性的否定,但是大量文献都正确地一致认为,对**身体惩戒予以普遍入罪化是不合适的或者至少是存在疑难的**。人们"如果每次都将因小孩非常调皮而打

---

[451] 比如 BGHSt 6, 263, 264; 11, 241, 243; 关于历史的详细阐述见 *Schramm*, Ehe und Familie, S. 177 ff.。

[452] 不过,立法者认为,父母的惩戒权已经被 1998 年的先前条款取消了;见社民党与绿党的法律草案 BT-Drs. 14/1247, S. 6。关于惩戒权发展的细节见 *Beulke*, FS Schreiber, 2003, S. 30 ff.; *Noak*, JR 2002, 402 ff.。

[453] 比如可见 *Eisele*, BT I, Rn. 304; SSW-StGB/*Rosenau*, Vor §§ 32 ff. Rn. 55; *Roxin*, JuS 2004, 177。

了他耳光的做法诉诸刑法,那么是给家庭带来毁灭而非安宁"。[454]

但是,立法者希望[455]且明确规定**废除身体惩戒权**,**通说**也受到这一决定的约束。[456]

通说想用**程序上的途径**来减轻刑法后果,也就是**运用便宜主义原则来中止诉讼**(《刑事诉讼法》第 153 条、第 153a 条:基于轻微性的中止或者科处负担与指令后的中止)。[457]但是这并没有改变对监护人的入罪化,也没有改变与刑事诉讼相关的负载。[458]

基于对全面入罪化的质疑,人们做了各种尝试,想将身体惩戒从一个被认为正确的刑罚威慑范围内抽离。[459]在这里,**构成要件方案**想将适度的身体惩戒从身体虐待的概念中剥离出来,因为《民法典》第 1631 条第 2 款仅仅只是禁止有辱尊严的体罚。[460]**正当化事由方案**虽然承认了身体惩戒的构成要件符合性,但是又想坚持传统将惩戒权作为正当化事由。[461]其理由同样是,身体虐待并不必然是有辱尊严的手段。[462]最后,**罪责方案**认为惩戒是不法的,但是认为需罚性在以下情况中应被限制,即从一个"目前的过度要求"中得出了一个"在社会中也能被理

151

152

---

[454]　参见 Roxin,JuS 2004,178;相似的阐述可见 Beulke,FS Schreiber,2003,S. 36 f.,40;HK-GS/Duttge,Vor. §§ 32 ff. StGB,Rn. 23;NK/Paeffgen,§ 223 Rn. 29;严厉的批判见 Maurach/Schroeder/Maiwald/Hoyer/Momsen,BT 1,§ 8 Rn. 19。

[455]　明确阐述见社民党与绿党的法律草案 BT-Drs. 14/1247,S. 3,4,6。

[456]　参见 AG Burgwedel JAmt 2005,50;Bohnert,JURA 1999,534;Frister,AT,13/10;Hillenkamp,JuS 2001,165;Zieschang,AT,Rn. 316。

[457]　参见 AG Burgwedel JAmt 2005,50;AnwK-StGB/Hauck,Vor §§ 32 ff. Rn. 23;Roxin,JuS 2004,179。

[458]　进行了恰当批判的有 Beulke,FS Hanack,1999,S. 545;Jäger,FS Spellenberg,2010,S. 692;Hoyer,FamRZ 2001,521。根据会议记录(Dt. Bundestag,Stenografischer Bericht 114. Sitzung v. 6. 7. 2000,S. 1088 ff.),扩张刑事处罚不是国会议员的目标。当然,这些陈述更多地具有忏悔性质。

[459]　出色的概况可见 Jäger,FS Spellenberg,2010,S. 687 ff.;Roxin,JuS 2004,178 f.。补充性内容可见 Matt/Renzikowski/Engländer,§§ 32 ff. Rn. 36,它主张一个排除刑事不法事由,当然,当人们认真对待惩戒的有辱尊严的特征时,这是不具有说服力的。

[460]　深入阐述可见 Beulke,FS Schreiber,2003,S. 29 ff.;反对的观点有 Jäger,FS Spellenberg,2010,S. 688。

[461]　参见 Kühl,AT,§ 9 Rn. 58 ff.;反对的观点有 Jäger,FS Spellenberg,2010,S. 688 ff.。

[462]　参见 Kühl,AT,§ 9 Rn. 77b。

解"的"温和的惩戒"[463]。

如果赞成**限制不法**所援引的宪法质疑（对此还可见边码153）[464]，那么相关的**论证路径就行不通**：《民法典》第1631条第2款第2句将体罚列为有辱尊严的教育手段的例子。立法者在此明确表示，他认为体罚无一例外都是有辱尊严的。不法层面的限缩超出了法条的文字表述与立法者的意愿。[465] 相反，**宽恕罪责的方案**之所以**不具有说服力**，是因为它坚持了不法判断。父母在——当然并不总是最佳的——努力教育其孩子时，不应被命令采取怜悯的放纵。

153 正确的做法是，只要《民法典》第1631条第2款无一例外地禁止体罚，那么它就因不符合《基本法》第6条第2款而**违宪**。[466] 这一条文通过不符合比例性的方式侵犯了父母的教育权。因为将每一个耳光都理解为有辱尊严的手段是完全荒谬的。[467] 如果一对关爱孩子的父母破例掌掴孩子，是因为他们的孩子用大石头砸了其他孩子的头或者任性地以让自己陷入危险的方式跑上街[468]，那么这一反应就与损害孩子的人的尊严没有任何一丝关系。人们可以去构想最佳的教育方式，但是实现教育理念并不是国家的任务。[469] 因此，这种无差别的、忽视个案特殊

---

[463] 参见 *Jäger*, FS Spellenberg, 2010, S. 694。

[464] 明确阐述见 *Beulke*, FS Schreiber, 2003, S. 37。

[465] 参见 *Bohnert*, JURA 1999, 534; *Hillenkamp*, JuS 2001, 165; *Jäger*, FS Spellenberg, 2010, S. 687 ff.; *Roxin*, JuS 2004, 178。

[466] 恰当的观点有 *Noak* JR 2002, 406 ff.; *Hardtung/Putzke*, AT, Rn. 686; *Roellecke* NJW 1999, 338; 也可参见 Maunz/Dürig/*Di Fabio* GG, Stand: 95. Lfg. 2021, Art. 2 Abs. 2 Rn. 74; v. Mangoldt/Klein/Starck/*Starck* GG Art. 2 Rn. 239; HK-StrafR/*Duttge* StGB Vor. §§ 32 ff. Rn. 23。

[467] 参见 *Beulke*, FS Schreiber, 2003, S. 39 因而认为并非所有的身体虐待都是有辱尊严的。但是，幸运的是，立法者没有站在这一错误的立场上；参见社民党与绿党的法律草案 BT-Drs. 14/1247, S. 5。

[468] 参见 *Beulke*, FS Schreiber, 2003, S. 29 f. 中的示例。

[469] 参见 *Hoyer*, FamRZ 2001, 521。身体惩戒"按照当今占据统治地位的教育学观点"是不应被提倡的，但这——与 *Roxin*, JuS 2004, 178 的观点相反——没有当然改变以下事实，即它完全具有教育的功能。因社会价值观念的根本转变而对《基本法》第6条在排除惩戒权的意义上进行解释（*Jäger*, FS Spellenberg, 2010, S. 688），在经验上并不正确（原因也 *Jäger*, a. a. O., S. 692）。应当更为明确的是，立法者不能通过立法方式指挥价值观的转变及宪法的转变（这样认为的有 *Jäger*, a. a. O., S. 695）。

性的入罪化是违宪的，而父母惩戒权作为正当化事由得以继续适用。

2. 惩戒权的要件

☞ 享有惩戒权的是**监护人**，也就是父母，他们可以委托他人行使这一权利（而不能转让权利本身）。 154

被委托人**不能是国家学校的教师**。而且，教师由于其国家教育权而没有惩戒权。[470]

☞ 必须存在**充分的惩戒理由**，即具体的不当举止具有一定的分量。 155

☞ 惩戒对于达到教育目的而言必须是**妥当的**（geboten）。 156

并不需要身体惩戒是能够回应该不当举止的唯一方式，通常在教育学家眼中总会有着更令人满意的教育手段供人使用。但是，从父母教育权与国家监督职责（《基本法》第 6 条第 2 款）的基本法体系中得出的是，父母享有评估特权（Einschätzungsprärogative），只有当父母的决定持续触犯孩子的福祉时，才不应尊重这一特权的行使。[471] 因此，只要一个体罚看起来**合理**（vertretbar）就足够了。[472]

☞ 该回应必须之与惩处理由及其他情况（比如孩子的年龄）之间呈恰当的比例关系。 157

在这里，合理框架之下的父母评估特权也应得到尊重。**有辱尊严的手段如折磨或损害健康的惩戒方式应被排除**。[473]

☞ 实施该举止时必须**有教育意愿**。 158

作为**主观正当化要素**，惩戒权要求行为人必须认识到导致惩戒权成立的情状并为了达到教育的目的而实行行为。伴随性的动机（比如愤怒）只要不突出，就不会排除教育的意愿。[474]

---

[470] 参见 *Kühl*, AT, § 9 Rn. 78 ff.。

[471] 参见 Maunz/Dürig/*Di Fabio* GG, Stand; 82. Lfg. 2018, Art. 2 Abs. 2 Rn. 74; *Hoyer* FamRZ 2001, 522; *Noak* JR 2002, 406。

[472] 参见 *Kühl*, AT, § 9 Rn. 41。

[473] 参见 *Kühl*, AT, § 9 Rn. 65 ff. 中的示例，不过它区分了"适度的"（maßvoll）与"恰当的"（angemessen）惩戒。

[474] 参见 *Kühl*, AT, § 9 Rn. 72。

（二）教育权

159 对教育权的行使除了可能侵犯身体完整性之外，还可能侵犯其他的法益，尤其是**行动自由**或者**意志决定与活动的自由**。[475]

> **示例：**
> 家内软禁在构成要件上符合《刑法典》第 239 条的剥夺自由罪；为了让孩子完成家庭作业而进行威胁在构成要件上符合《刑法典》第 240 条的强制罪。

160 尽管按照刑法上的暴力概念，禁足被认为是一种暴力行使，但是接受无暴力教育权（《民法典》第 1631 条第 2 款）并不会理所当然地使这样的教育手段遭受刑罚。[476] 其**要件**与惩戒权的要件是一样的：必须是一个有理由的、妥当的、相称的、有教育目的的手段。如果存在这些要件，那么可以同时排除涉及有辱尊严的手段。

十、拘捕权（《刑事诉讼法》第 127 条第 1 款）

161 从刑法的视角看，允许侵犯刑法上所保护的利益的公法授权根据是正当化事由（法秩序的统一性）。这也同样适用于刑事诉讼法上的授权根据，比如允许对行动自由（《刑法典》第 239 条）或身体完整性（《刑法典》第 223 条）的侵犯（比如，《刑事诉讼法》第 112 条等的审前拘留；《刑事诉讼法》第 81a 条的身体侵犯）。侦查机关或法庭所实施的侵犯以刑事诉讼为根据，通常由刑事诉讼法所处理，而《刑事诉讼法》第 127 条第 1 款的拘捕权的特殊性在于它是**人人都可行使的拘捕权**，普通人也被赋予了这一权利。[477] 因此，它在实体刑法的工作中就

---

[475] 比如可见 *Frister*, AT, 13/8 f. 。
[476] 参见 SSW StGB/*Rosenau*, Vor §§ 32 ff. Rn. 56. 不过,关于法条的文字表述与材料之间的摩擦见 *Hoyer*, FamRZ 2001, 523。深入阐述可见 *Buchholz/Schmidt*, JA 2019, 197（201 ff.）。
[477] 这并不意味着,警察不能行使《刑事诉讼法》第 127 条第 1 款的拘捕权,参见 *Wagner*, ZJS 2011, 466。

不是一个小角色。

拘捕权的**目的**是保障刑事追诉。[478]《刑事诉讼法》第 127 条第 1 款 **162**
的拘捕权行使要求刚发生的犯罪的当事人有逃跑的嫌疑，或者他的身份
无法被立即查明。具体而言有着以下**要件**：

（一）拘捕权：涉及刚发生的犯罪或因刚发生的犯罪而被追捕

这里的"**犯罪**"指的是违法的犯罪行为（《刑法典》第 11 条第 1 款 **163**
第 5 项），也就是符合了构成要件而没有成立正当化事由的情形。[479] 是
否承担罪责则原则上并不重要，因为无罪责能力的行为人也可以被科处
矫正与保安处分。[480] 从中也可以推论得出，拘捕未达到刑事责任年龄
的儿童无法得到《刑事诉讼法》第 127 条的正当化，因为这并不涉及达
到保障刑事诉讼的目的。[481] **涉及刚发生的犯罪的人**（auf frischer Tat betroffen）指的是"在违法的犯罪行为被实行时或之后处在犯罪地附近的
人"。[482] 如果行为人已经离开了犯罪地，那么，当有确定的线索表明他
是行为人且为了抓获的目的而追捕他时，他就**因刚发生的犯罪而被追
捕的**（auf frischer Tat verfolgt）。[483]

有争议的是，被拘捕者必须**实际实行了犯罪**（实体法理论），还是 **164**
拘捕者在合理评估所有客观情状后**会认为被拘捕者实行了犯罪**就足够了
（诉讼法理论）。[484]

---

[478] 参见 Jescheck/Weigend, AT, S. 398; Meyer-Goßner/Schmitt, § 127 Rn. 8; Satzger, JURA 2009, 108。

[479] 参见 Kindhäuser/Hilgendorf LPK-StGB Vor §§ 32-35 Rn. 80; Meyer-Goßner/Schmitt/Schmitt StPO § 127 Rn. 3。

[480] 参见 HK-StrafR/Laue StPO § 127 Rn. 3; Sickor JuS 2012, 1075 f.。

[481] 参见通说，见 SSW StPO/Herrmann § 127 Rn. 18; Meyer-Goßner/Schmitt/Schmitt StPO § 127 Rn. 3 a; Satzger JURA 2009, 108 f.; Sickor JuS 2012, 1076 f.; Wagner ZJS 2011, 467。另一种观点见 Verrel NStZ 2001, 286 f.。

[482] 参见 Meyer-Goßner/Schmitt, § 127 Rn. 5; Satzger, JURA 2009, 108 f.。

[483] 参见 Meyer-Goßner/Schmitt, § 127 Rn. 6。有争议的是，追捕是否应在犯罪被发现后立即展开（持该观点的有 Beulke/Swoboda, Strafprozessrecht, Rn. 367）还是不必须立即展开（Meyer-Goßner/Schmitt, § 127 Rn. 6）。

[484] 总结性内容可见 Satzger JURA 2009, 109 f.; Wagner ZJS 2011, 468 ff.。

> **示例：**
>
> A进入森林散步，他看到一名尖叫的半裸女性（X）躺在地上，还有一名正仓促离开的男子（O）。他认为O实施了性侵，于是将其拘捕来阻止其逃跑。实际上这里发生的仅仅只是戏剧化的分手场景。

条文的文字表述（"刚发生的犯罪"）支持着实体法的理论[485]；相反，《刑事诉讼法》之中的条文位置却支持着引用诉讼法的理论。[486] 不过，关键的实质问题是，**谁应当承担错误的风险**：一个可能的无辜者必须容忍拘捕，还是拥有着针对拘捕者的（比如因拘捕者无罪责的错误而弱化的，见第25章边码96）[487] 紧急防卫权？[488] 立法者规定了人人皆可行使的拘捕权，承认了个人的拘捕原则上是被允许的。如果要惩处拘捕者的勇敢正直，让他必须承担起无法避免的错误的风险，那么就与立法者支持拘捕权的决定相违背。这些更佳的理由支持着诉讼法理论，是因为让被拘捕者容忍温和的侵犯并非过分的期待，尤其是当他知晓拘捕者发生（合情理的）[489] 错误估计的原因时。示例中就是如此。[490]

（二）拘捕行为

165 拘捕权允许行为人为了阻止逃跑或查明身份[491] 而侵犯被拘捕者的行动自由（《刑法典》第239条）与意志活动自由（《刑法典》第240

---

[485] 参见 *Kindhäuser/Hilgendorf* LPK‑StGB Vor §§ 32‑35 Rn. 84；*Kaspar*, AT，§ 5 Rn. 334；*Zieschang*, AT, Rn. 321；基于《刑事诉讼法》不同的语言使用进行相对化的有 *Wagner* ZJS 2011,469。

[486] 参见 *Sickor*, JuS 2012,1076；*Wagner*, ZJS 2011,469 及更多关于体系性的思考。

[487] 参见 *Kindhäuser/Hilgendorf* LPK‑StGB Vor §§ 32‑35 Rn. 85；*Mitsch* JA 2016,165 f.。

[488] 关于《刑事诉讼法》第127条与《刑法典》第32条之间的关系的深入阐述可见 *Mitsch*, JA 2016,161 ff.。拘捕行为的可罚性风险较小，因为拘捕者通常会从容许构成要件错误中受益，对此见 *Beulke/Swoboda*, StrafProzR, Rn. 367。

[489] 轻率的错误估计也必须在诉讼法理论的框架下让拒捕者担责；SSW StPO/*Herrmann* § 127 Rn. 19。

[490] 对争议现状进行了不错的展示的有 *Hillenkamp/Cornelius*, AT, S. 67 ff.。

[491] 若当事人提供了一个无法核实的姓名，对身份确定的需求也仍然存在，因为这样还无法满足确保刑事追诉的原理；*Sickor*, JuS 2012,1077 f.；*Wagner*, ZJS 2011,472。

条）。[492] 对身体完整性的侵犯（《刑法典》第 223 条）并没有被明文允许，但是经常与拘捕行为——比如用力抓住一名想要逃跑的人——无可避免地结合在一起，因此原则上也同样被拘捕权所包含。[493] "不过，被允许的拘捕权并不适用于每一个对于达到这一目的具有必要性的手段。被使用的手段必须与拘捕目的之间成立**恰当的比例关系**"。[494] 在考查恰当性时要考虑到，《刑事诉讼法》第 127 条第 1 款仅仅是保障国家的刑事追诉（而不是阻止将来的犯罪）。因此，《刑事诉讼法》第 127 条第 1 款不允许严重侵犯身体完整性或者使用枪支。

如果行为人在其拘捕权的范围内行动，那么被拘捕者必须**对这一侵犯予以容忍**。如果他因自卫而攻击了拘捕者，那么后者就拥有了针对这一违法攻击的**紧急防卫权**（《刑法典》第 32 条），这已经超越了拘捕权。[495]

（三）主观正当化要素

《刑事诉讼法》第 127 条第 1 款在主观上要求的不仅仅是认识到了拘捕处境。拘捕一直是一个目的指向的过程，因此一个**拘捕意志**也是必要的（见边码 10）。[496]

案例与问题

66. 公职人员的职权活动是否可以以刑法的正当化事由作为依据？

---

[492] 拿走车钥匙也可以被认为是一种比扣押更温和的防止逃跑的方法；HK-GS/*Laue*, § 127 StPO Rn. 6；区分化的观点见 *Wagner*, ZJS 2011, 473 f. 。

[493] 这里涉及所谓的"附加权"（Annexkompetenz），它虽然没有被明确规定，但是对于实际实施被允许的侵犯而言是必要的，并且不会过度侵犯权利；参见 HBStrV/*Murmann*, III Rn. 3。

[494] 参见 BGHSt 45, 378, 381；详见 *Mitsch*, JA 2016, 164 f.；*Satzger*, JURA 2009, 112 f.；*Wagner*, ZJS 2011, 474 ff. 对以下问题有各种不同的立场，即在轻微案件中行使拘捕权是否（也就是"是否"，而不仅仅是"如何"）可以因严重地不合比例而属于权利滥用。

[495] 参见 *Mitsch*, JA 2016, 166 f. 。

[496] 参见 *Kindhäuser/Hilgendorf* LPK - StGB Vor §§ 32-35 Rn. 88；*Krey/Esser*, AT, Rn. 462，当然，他们从中错误地得出结论，认为其他正当化事由中有意志要求。

67. 《民法典》第228条的防御性紧急避险、《民法典》第904条的攻击性紧急避险与《刑法典》第34条的紧急避险之间的区别是什么？

68. 人们一般说《刑法典》第34条无法使对他人生命的侵犯得到正当化。这一说法哪里不准确，哪里有争议？

69. 《刑法典》第32条的紧急防卫权极为"凌厉"。请说出其含义，并给出对此的理由。

70. A想将一辆偷来的汽车从停车场开出，结果剐蹭了停在一旁的车，还撞上了另一辆经过的汽车。为了避免自己的身份被查出，他开车逃走。被他损坏的第二辆车的车主O对他进行了追踪。当A停下车步行逃跑时，O仍然继续追赶。O向A大喊要杀了他。当O赶上A后，只用拳头对他进行殴打，而A拿出了芬兰匕首并刺中了O。O受伤致死。A对O的死亡是否负有刑事责任？（BGHSt 24, 356"芬兰匕首案"）

71. 如何理解假设承诺？在法律上如何处理这种情况？

72. 感染了艾滋病的A被其医生告知了感染后果与性交的传播可能性。17岁的女高中生O知晓A感染了艾滋病，A也告诉了她无安全措施的性交的危险。A一开始拒绝与O进行无安全套的性交，但是最后在她的渴求下与她进行了无安全措施的性交。之后他们又进行了多次无安全措施的性交。请问无安全措施的性交是否因为O的同意而被法所允许？（*BayObLG* NJW 1990, 131）

第26章 罪责

对罪责概念的基础已经探讨过了（第16章），现在应当回头重看一遍！下文将要涉及的是排除罪责或者至少能让犯罪被宽恕（entschuldigt）的各种事由。

一、罪责能力

成年人原则上是有罪责能力的。相反，那些发育尚未完全的人［儿童与青少年，下文标题（一）与标题（二）］或者存在特定智力缺陷的人［下文标题（三）］欠缺罪责能力。如果仅是暂时性缺陷，那么涉及的问题是，引发无罪责能力状态是否要承担刑事责任［下文标题（四）］。

（一）儿童（《刑法典》第19条）

未满14周岁的儿童**被毋庸置疑地推定为无罪责能力**（《刑法典》第19条）。[1] 在鉴定报告中，这类情形没有任何疑问。

（二）青少年（《青少年法院法》第3条）

青少年是指年满14周岁但未满18周岁的人（《青少年法院法》第1条第2款），他们只有在"犯罪时按照其道德与智力发展足够成熟去认识行为的不法并根据这一认识行事的情况下，才承担刑事责任"（《青少年法院法》第3条第1句）。[2] 与成年人不同，在青少年这里该能力必须被**积极地查明**。

在鉴定报告中这并未造成困难，因为在考试中不可能对这一基

---

［1］ 参见 *Kühl*, AT, § 11 Rn. 2。
［2］ 详见 *Jescheck/Weigend*, AT, S. 435 f. 。

础进行考查,也就不要求对其进行探讨了。

(三) 无罪责能力(《刑法典》第 20 条)

5 无罪责能力的人是指那些由于《刑法典》第 20 条中的事由而没有认识犯罪不法的能力(**认识能力**)或者根据这一认识实行行为(**控制能力**)的人。

在这一点上,**鉴定报告**通常也没有任何疑难:查明这一缺陷要求有相关专业学科的知识(医学、精神病学等),在实践中鉴定专家会将这些告知法庭。因此,在大学的刑法学作业中,罪责能力的欠缺通常在案情中被明确告知,考试不会引发任何疑难。[3] 不过有时候也会给予有效的提示,尤其是血液酒精浓度,使得可以在此基础上(至少存疑有利于被告)论证无罪责能力。所以也应当掌握实践中最重要情形的相关基础知识,而最重要的情形涉及的就是在行为时处于药物(尤其是酒精)影响中(见标题 1)与处于激动中(见标题 2)的行为人。

1. 药物导致的迷离状态

6 由药物——尤其是酒精——所导致的迷离(Rausch),被有的人归类为"**深度意识障碍**"[4],被另一些人归类为"**病理性精神障碍**"[5]。后一种可能性所指的情况是,迷离与大脑的毒性损害——也就是身体器官障碍——存在关联。但是,对于实务结论而言,归类至两种情形之一没有意义。[6] 关键在于,该障碍长久持续,以至于排除了不法认识或

---

[3] 持这一观点的还有 *Kühl*, AT, § 11 Rn. 3。
[4] 持这一观点的比如有 *Krümpelmann*, ZStW 88(1976), 16 Fn. 44; Schönke/Schröder/Perron/Weißer, § 20 Rn. 13。
[5] 持这一观点的比如有 *Fischer* StGB § 20 Rn. 11; *Jescheck/Weigend*, AT, S. 440; Lackner/Kühl/*Kühl* StGB § 20 Rn. 4; LK-StGB/*Verrel/Linke/Koranyi* § 20 Rn. 59; *Roxin/Greco*, AT I, § 20 Rn. 9 f。
[6] 对此比如可见 Lackner/Kühl/*Kühl*, § 20 Rn. 4; *Maurach/Zipf*, AT/1, § 36 Rn. 37; *Roxin/Greco*, AT I, § 20 Rn. 10。所以联邦最高法院在 BGHSt 37, 231(239) 与 StV 1982, 69 中对分类持开放态度。

者——在实践中关于迷离状态尤其重要[7]——根据这一认识实施行为的能力（控制能力）。[8]

对于酒精导致的迷离状态，**血液酒精浓度**（Blutalkoholkonzentration）在排除罪责能力中发挥着重要的作用。[9] 然而，让排除罪责机械化地取决于达到特定血液酒精浓度值，则是不可能的。相反，必要的是对"犯罪事实（Tatgeschehen）的所有外在与内在特征及行为人的人格状态"予以**整体评价**，血液酒精浓度值也应被包括在内。[10] 司法判决以**统计学上的经验规律**为出发点，也就是血液酒精浓度超过3‰时显然是无罪责能力的。[11] 由于对于犯罪实行所要克服的阻碍门槛也取决于各类犯罪的分量，因此，按照司法判决在杀人犯罪中成立无罪责能力的浓度值要更高，也就是要达到3.3‰以上。[12] 但是在个案中，如果迷离状态与服药或疲劳相结合，或者此人完全没有饮酒经验，那么低于这一数值时无罪责能力同样可以存在。[13] 在法学练习作业中，如果写了行为人在行为时处于"迷离"状态，那么就认为其无罪责能力。

7

刑法上的各种血液酒精浓度值经常会造成很大的混淆。人们应当注意以下数值[14]：**减轻的罪责能力**（《刑法典》第21条）通常要求血液酒精浓度值达到2‰以上。[15]《刑法典》第315c条、第316条意义上的**无驾驶能力**（Fahruntüchtigkeit）要求达到1.1‰（所谓

8

---

[7] 参见 LK-StGB/*Verrel/Linke/Koranyi* § 20 Rn.59；Schönke/Schröder/*Perron/Weißer* StGB § 20 Rn.16。

[8] 参见 *Frister*，JuS 2013，1059。

[9] 对于毒品而言，并不存在具有类似说服力的基准；参见 SSW StGB/*Kaspar* § 20 Rn.49。

[10] 参见 BGHSt 36，286，288. 也可见 *Fischer*，§ 20 Rn.17；Schönke/Schröder/*Perron/Weißer*，§ 20 Rn.16 je m.w.N.。

[11] 但是，在个案中，即使血液酒精浓度超过了3‰，也可能甚至连《刑法典》第21条的限制罪责能力都不成立；BGHSt 57，247(= *Kudlich*，JA 2012，871 f.)。总结性内容比如可见 *Fischer*，§ 20 Rn.19 f.；Lackner/Kühl/*Kühl*，§ 20 Rn.18 je m.w.N.。

[12] 参见 BGH NStZ 1991，126(127)；Lackner/Kühl/*Kühl* § 20 Rn.18。

[13] 参见 SSW StGB/*Kaspar*，§ 20 Rn.37 f.。

[14] 对于各种血液酒精浓度界限值的详细阐述见 *Satzger*，JURA 2013，345 ff.。

[15] 深入阐述可见 BGHSt 43，66 ff.。

的绝对无驾驶能力)[16]；如果附加上其他的状况，尤其是故障现象，那么就是 0.3‰以上（所谓的相对无驾驶能力）。[17] 对于骑自行车的人（和电动自行车的人[18]）来说，绝对无驾驶能力要求达到 1.6‰以上。[19] 以 0.5‰以上的血液酒精浓度驾驶机动车行驶在公路上属于违反秩序的行为（《道路交通法》第 24a 条第 1 款）。对于新手司机而言一般禁止酒后驾驶（《道路交通法》第 24c 条）。

2. 激动

9 "深度意识障碍"在实务中的一种重要情形就是激动（Affekt），也就是一种"极为亢奋"的状态，该状态至少降低了考查相反事由的可能性。[20] 今天得到广泛认可的是，高度的激动状态能够排除控制能力，即使它不是由疾病所导致的（所谓的"普通心理学上的激动"）。[21] 但是，**激动只有在例外情形才能够排除罪责**。它涉及以下情形，即"由于极度亢奋的状态（'激动顶点'），超出了人的控制与克制机制的限度，远古的破坏性行为模式强劲地冲破而出"。[22] 根据司法判决，激动在大多数情况下无法导致对《刑法典》第 20 条的适用，而导致——在鉴定报告中不需要论述的——对《刑法典》第 21 条的适用。[23]

（四）疑难问题：答责地引发缺陷状态

10 有时候，行为人本可以避免进入排除罪责的缺陷状态。那么此处的问题是，对于处于无罪责能力状态时所实施的犯罪，他是否也要承担责

---

[16] 参见 *Fischer*, § 316 Rn. 25。

[17] 参见 *Fischer*, § 316 Rn. 31。

[18] 参见 *OLG Karlsruhe* NZV 2020,435。

[19] 参见 *Fischer*, § 316 Rn. 27。

[20] 参见 BGHSt 11,20。当然，在心理学与精神病学的文献中还有大量细节充足的定义；对此可参见 *Blau*, FS Tröndle,1989,S. 110；*Endres*, StV 1998,674 ff.；LK-StGB/*Verrel/Linke/Koranyi* § 20 Rn. 123 f.。不过也有 *Frisch*,ZStW 101(1989),540,他指出了这些定义的同一核心。

[21] 基础性的阐述见 BGHSt 11,20。关于司法判决的发展参见 *Frisch*,ZStW 101 (1989),541 ff.；深入阐述可见 *Haas*,in:Krey-FS,S. 117 ff.。

[22] Schönke/Schröder/*Perron/Weißer*, § 20 Rn. 15. 也可见 LK-StGB/*Verrel/Linke/Koranyi* § 20 Rn. 137。

[23] 对此可见 Schönke/Schröder/*Perron/Weißer*, § 21 Rn. 9 及司法判决中的证明。

任？这一问题首先在所谓的原因自由行为中被讨论（见标题1）。此外这个问题也能够出现在引发激动状态的情形中（见标题2）。

1. 过失的原因自由行为——兼论昏醉罪（《刑法典》第 323a 条）

原因自由行为的情形指的是，**行为人引发了无罪责能力**（所谓"先行为""使迷离"或"缺陷创立行为"）并**在无罪责能力状态下实施犯罪行为**（所谓"缺陷行为""后行为"或"醉时行为"）是**可被非难的**。**故意的原因自由行为**指的是以下情况，即行为人至少是间接故意地使自己处于一个缺陷状态，并此时已经作出了要在无罪责能力状态下实行犯罪的故意（关于故意的原因自由行为，见边码38a及以下）。[24] 如果行为人涉及这些条件之一时仅仅是过失心态，那么就成立——实践中更为重要的——**过失原因自由行为**的情形。

11

> **示例**[25]：
>
> 旅行途中的 A 在停车场喝了 5 升啤酒和一些烈酒，尽管他知道他马上就要继续开车前行。在继续前行时，他的血液酒精浓度达到了 3.2‰。在这一状态下，他失去了对汽车的控制并撞上了站在人行道上的 O，致其当即死亡。鉴定专家认定，由于酒精的作用，A 在车祸当时没有控制能力。

12

上述案件模仿了一个新近的判决，**联邦最高法院**通过该判决修正了它关于原因自由行为的判决，并**限制了该法形象的适用范围**。据此，原因自由行为的基本原则不适用于危害道路交通罪（《刑法典》第 315c 条）。在同样应被讨论的过失杀人罪（《刑法典》第 222 条）中，可罚性

13

---

[24] 参见 *Kühl*, AT, §11 Rn. 19。
[25] 依照 BGHSt 42, 235 = JuS 1997, 337 (*S. P. Martin*) = StV 1997, 21 mit Anm. *Neumann*；对此可见 *Ambos* NJW 1997, 2296 ff. ; *Fahrenschmidt/Klumpe* DRiZ 1997, 77 ff. ; *Geppert* JK 1997, StGB §20/2; *Hruschka* JZ 1997, 22; *Kaspar/Reinbacher*, Casebook, Fall 13; *Mutzbauer* JA 1997, 97 ff. ; *Otto* JURA 1999, 217 ff. ; *Spendel* JR 1997, 133; *M. Wolff* NJW 1997, 2032 f. 。案例解答参见 *Beulke*, Klausurenkurs I, Rn. 490, 548; *Hilgendorf*, Fallsammlung, Fall 14; *Rotsch*, Klausurenlehre, Fall 5。

的成立也不需要追溯至原因自由行为。这一决定经常被理解为"原因自由行为终结的开端"[26]。关于这类案件的**鉴定报告撰写**,判决中的立场转变当然不意味着提及联邦最高法院的判决予以提示会使得对客观疑难问题的讨论变得过时,而是应当将联邦最高法院的观点——作为数个立场的其中之一——进行展示与评价。在**鉴定报告的结构**中,首先要以离结果更近的举止——以醉酒状态进行致命的驾驶——开始,并考查用"原因自由行为原则"是否能证成对这一举止的责任。如果此时排除了对该举止的责任,那么还要进一步考查,在喝酒时是否就能够预见到该符合构成要件的举止。此外,还要探讨基于昏醉罪(《刑法典》第323a条)的可罚性。

(1) 基于纯正结果犯的可罚性

14 在**考查离结果最近的举止的可罚性**时,在构成要件符合性阶层与违法性阶层中并无任何特别之处。在示例中,A 以牺牲 O 的方式违法地实现了《刑法典》第222条的构成要件,这是毋庸置疑的。相反,疑难之处在于罪责:如果行为人"在实行犯罪时"已经欠缺了不法认识或按照该认识去实行行为的能力(控制能力),罪责就被《刑法典》第20条的文字表述所排除了。因而罪责非难取决于行为人刚好在犯罪时无罪责能力(所谓的"**犯罪时间与罪责的同时性**")。在示例中,按照专家的鉴定结果,A 在犯罪时无控制能力因而也无罪责能力,导致《刑法典》第20条的要件得以满足。通说接受了——这是正确的(详见边码28及以下)——从法律明确的文字表述中所产生的结论,并得出事故发生时的不可罚性。

15 相反,一个少数派观点主张至少将原因自由行为的特定情形认定为犯罪时间与罪责同时性这一要求的例外(所谓的"**例外模式**")。

16 因此,关于这一点,应首先在**鉴定报告**中讨论一个原因自由行为的要件究竟**是否存在**,也就是在示例中 A 是否故意或者过失地引

---

[26] 使用这一评论标题的有 *Ambos*, NJW 1997, 2296 und *Horn*, StV 1997, 264;相似的阐述可见 *Geppert*, JK 1997, StGB § 20/2;不过相反的观点有 Entscheidung des 3. Senats des BGH JR 1997, 391 (LS) mit Anm. *Hirsch*;对此也可见 *Jerouschek*, FS Hirsch, 1999, S. 243。

发了自己的无罪责能力,并在涉及无罪责能力状态的犯罪时至少是过失地实行了行为。鉴于他所饮用的酒精量,这对于他来说无论如何都是可以预见的,因此他至少是过失地引发了无罪责能力的状态。此外,由于他知道自己饮酒之后就马上要在公路上驾驶车辆,因此他也认识到了由于醉酒而引发事故——也包括导致死亡后果的事故——的风险。所以,基于该缺陷行为(Defekttat),A 是在过失地实行行为。因而**过失原因自由行为**的情形得以成立。

然而,对于犯罪时间与罪责同时性这一要求的**例外的理由与范围**,例外模式的主张者们并**没有达成一致**。   17

☞ 有些人认为,这一例外建立在**权利滥用(Rechtsmissbrauch)**的思想之上,没有人能够"因无耻而使自己获益"[27]。但是,权利滥用思想并不支持过失原因自由行为:"对'无耻举止'——由于该举止而拒绝承认缺陷状态——的非难,并不仅仅要求有意造成了缺陷状态,还要求计划在无罪责能力状态下犯罪。"[28] 按照这一理念,例外模式的适用范围仅仅局限于故意的原因自由行为。   18

☞ 不过,许多例外模式的支持者并不要求行为人实施了滥用权利的举止。只要符合构成要件的行为且事前举止处于"一个行为人**具有可非难性的关联**"之中就足够了。[29] 因为处于无缺陷状态之下的行为人有责任在实施符合构成要件的行为时还能够答责地作出拥护法的决定。[30] 这一基本思想同样延伸至了**过失原因自由行为的情形**,使得示例中 A 的可罚性建立在这一观点的基础之上。   19

☞ 还有一些例外模式的支持者主张**限制**:《刑法典》第 20 条要求犯罪时间与罪责的同时性,违背该条成立例外需要特别的理由,因此,只有当无法按照一般的过失原则让行为人对于损害后果承担责任时,才   20

---

[27] 参见 *Otto*, AT, § 13 Rn. 24 ff.; *ders.* JURA 1986, 429 ff.; *ders.* FS Frisch, 2013, 609 ff.。类似的早就有 *Maurach* JuS 1961, 376; 对此又见 *Otto*, a. a. O.。

[28] *Otto*, AT, § 13 Rn. 31; *ders.*, JURA 1986, 433; *ders.*, FS Frisch, 2013, S. 610。

[29] 参见 *Jescheck/Weigend*, AT, S. 446 f.。

[30] 参见 *Hruschka*, JZ 1997, 26f.; *ders.*, JZ 1996, 66。

能够使用例外模式。[31] 因此，在过失的结果犯中并不需要例外模式，因为按照过失责任的一般原则就可以证立其可罚性。如果人们遵循这一观点，那么例外模式在示例中就无法得到应用。

21 如果人们全面否定例外模式，或者至少在过失原因自由行为或过失结果犯方面否定例外模式，那么在引发结果的时间点上就能排除罪责，并提出了关于**创立缺陷的刑法责任**的问题。于是，在示例中，应当考查基于灌醉自己与随后的致死事故根据《刑法典》第222条的可罚性。这一缺陷创立行为必须与所发生的结果有因果关系，这一因果关系在酒精导致的事故中是成立的。

22 此外，缺陷创立行为必须在结果出现的方向上**在客观上违反了注意义务**（=创设法不容许的危险）。在类似案件中，通说正确地肯定了这一点（所谓的"**前置理论**"或"**构成要件方案**"）[32]：明知将要在公路上驾驶车辆却还灌醉自己，鉴于对其他交通参与者的可能的生命危险，这恰恰是违反注意义务的。在之后的醉酒行驶中，这一风险被实现为死亡结果。据此，要论证一个过失责任，**完全不需要追溯至原因自由行为的一个特别法形象，而可从一般的归属考量中得出结论**。[33]

---

[31] 参见 Hruschka, SchwZStr 90(1974),68 f.; Jescheck/Weigend, AT, S. 448。

[32] 大多数人都将构成要件模式与前置模式等义使用（比如见 Rath, JuS 1995, 408）。其他的概念使用方式可见 Schmidhäuser, Die actio libera in causa,1992,S. 10 ff.,23 ff.,他将"前置理论"的概念理解为前置于符合构成要件的行为的罪责的意义。有所不同的还有 Burkhardt, Tatschuld, S. 151 f.,他将前置模式视为原因自由行为的传统解决方案，而将"构成要件模式"保留为对那些不取决于直接实施损害行为的关联的事前罪责情形（Vorverschuldensfälle）（《刑法典》第323a条）的解决方案。又存在区别的还有 Hillenkamp/Cornelius, AT, S. 103 ff.,他将构成要件方案称为以下方案的上位概念，即这些方案并不要求《刑法典》第20条规定的同时性原则的例外。这样一来，前置理论就是一个子集。

[33] 参见 BGHSt 42, 235 (236 f.); Horn, GA 1969, 289; Otto, AT, § 13 Rn. 32 f.; ders., JURA 1986, 433 f.; Puppe, JuS 1980, 350; Roxin, AT I, § 20 Rn. 58; ders., FS Lackner, 1987, S. 312; Schönke/Schröder/Perron/Weißer, § 20 Rn. 35. 批判性观点见 Hettinger, actio libera, S. 452 ff.; ders., GA 1989, 14 ff.: 前置是不被允许的，因为结果的可预见性"并不适宜于让自行引发结果的行为在归属过程中成为单纯的因果要素"（Hettinger, GA 1989, 16；也可参见 ders., FS Rengier, 2018, S. 44 ff.）。这一质疑在根本上是不具有说服力的（对其的批判也可见 Herzberg, FS Spendel, 1992, S. 225 ff.）：创设归属关联的不是可预见性，而是以下情状，即行为人让自己处于一个不能答责的状态，进而让自己按照法律标准成为了无法被控制的危险来源。恰恰是在这个方面——它实现为了之后的汽车驾驶——举止获得了法的不容许性。

如果人们遵从前置理论，那么**罪责非难**方面不会有任何特殊困难，因为行为人在将自己灌醉之时就已经是在有罪责地实行行为了。[34]

（2）基于举止定式犯的可罚性

与纯正结果犯不同，举止定式犯的构成要件包含着对符合构成要件的举止的更详细的描述（第14章边码21）。就这一点而言，恰当的做法是从**离结果较近**（erfolgsnäher）**的举止**开始考查。

在示例中，要考虑到基于**危害道路交通罪**（《刑法典》第315c条第1款第1a项、第3款第1项）的可罚性。尽管因醉酒而无驾驶能力，但是却仍在公路上驾驶车辆，这被该条文规定为符合构成要件的举止。由于A的血液酒精浓度明显超过1.1‰，是绝对没有驾驶能力的，因此这一条件得以满足。此外醉酒驾驶必须导致了对他人身体或生命或者具有重要价值的物品的危险化（具体危险犯，第14章边码23）。在碾过O的时候这一危险甚至被实现为了结果。因此客观构成要件得以实现。在主观上，鉴于饮酒量，关于在无驾驶能力状态下进行驾驶的故意是成立的。[35]

在考查罪责时还要再次确认行为人在实施危险行为时**欠缺了罪责能力**，因而按照《刑法典》第20条的文字表述行为人在行为时是无罪责的(**欠缺犯罪时间与罪责的同时性**)。不过，也有人认为应对犯罪时间与罪责的同时性作广义理解，自己喝醉也属于《刑法典》第20条意义上的"犯罪行为"（关于这一"扩张模式"，见边码30）。首先关于上文（见边码15及以下）已经提及的例外模式：

对于是否应将答责地引发缺陷状态当作**犯罪时间与罪责同时性要求**

---

[34] 可能存在疑难的——在鉴定报告中无需讨论的——问题是，是否可以按照《刑法典》第21条对A减轻处罚，因为A在达到无罪责能力之前必然会经历减轻罪责能力状态，他显然在这一状态之下饮用了导致无罪责能力状态的酒精饮料。如果行为人尽管至少可以意识到在这一状态下实行犯罪的风险，但是却自己引发了严重减轻的罪责能力，那么司法判决就会拒绝给行为人可选的刑罚减轻；BGH NStZ 1986, 114 f.；NStZ-RR 1999, 295（296 f.）；也可见 *Frisch*, ZStW 101（1989），*Hirsch*, FS Nishihara, 1998, S. 99 f.；604 ff.；*Streng*, FS Rengier, 2018, S. 113 ff.；Lackner/*Kühl*/*Kühl*, § 21 Rn. 4 m. w. N.。

[35] 所谓故意与过失的结合（参见《刑法典》第11条第2款）。

的例外这一问题，许多例外模式的支持者都给出了与纯正结果犯中不同的答案。因为在纯正结果犯中，大多数观点都主张按照一般的过失原则来证成可罚性（见边码22），而在举止定式犯中通说认为这是不可能的：自己喝醉并不是法律要求的"驾驶"车辆。在这一背景之下，例外模式的主张者在举止定式犯中支持犯罪时间与罪责同时性要求的例外。因而提出的**问题是，是否应当遵循例外模式**。

27 **赞成例外模式**的首要理由是，如果否定例外模式，那么依据昏醉罪本身（《刑法典》第323a条）认定的剩余责任将无法完全涵盖源自事前举止的对醉酒驾驶与造成O陷入危险的责任。[36] 当然，由于与《刑法典》第20条的文字表述相违背，该例外模式也是**存疑的**。[37] 然而，**例外模式的维护者否认**违反了法定原则（Gesetzlichkeitsgrundsatz）。[38] 这一原则在《刑法典》的总则范围内本来就应当受到严格限制，以使得有必要经常追溯至传统上被承认的法形象。[39] 《刑法典》第20条仅仅规定了"罪责归属的几个方面"，这里规定的犯罪时间与罪责的同时性并不具有独占的效力。[40] 最后，原因自由行为作为《刑法典》第20条的例外，是由于这一法形象有悠久的传统，具有习惯法的效力。[41]

28 支持例外模式的理由**不具有说服力**[42]：明确性原则适用于创立了

---

[36] 参见 Kühl, AT, § 11 Rn. 8。

[37] 参见 Jescheck/Weigend, AT, S. 446 认为，与例外模式相关联的限制"很难符合"《刑法典》第20条的文字表述。正确提出了反对观点的有 Roxin, FS Lackner, 1987, S. 309；这一说法"不是'很难'与文字表述相符，而是完全无法与文字表述相符"；相似的阐述可见 BGHSt 42, 235, 241；Schlüchter, FS Hirsch, 1999, S. 346。

[38] 参见 Jähnke, FS BGH-Praktiker, 2000, S. 403 ff.。

[39] 参见 Hruschka, JuS 1968, 558；目前的观点有所改变 ders., JZ 1996, 68。

[40] 参见 Otto, JURA 1986, 430 f.。

[41] 参见 Hruschka, JuS 1968, 559；Kühl, AT, § 11 Rn. 10, 18；反对的观点有 Otto, JURA 1986, 431；ders., FS Frisch, 2013, S. 599。

[42] 所以否定例外模式的有司法判决 [BGHSt 42, 235 (241 f.)；LG Münster NStZ-RR 1996, 266] 与学界通说 [Herzberg, FS Spendel, 1992, S. 229 ff.；Hettinger, actio libera, S. 444 ff.；ders., GA 1989, 17 f.；ders., FS Geerds, 1995, S. 632 ff.；Hirsch, JR 1997, 391 f.；ders., NStZ 1997, 230；ders., FS Nishihara, 1998, S. 89 f.；Geppert, JK 1997, StGB § 20/2；Krause, JURA 1980, 172；Makepeace JURA 2021, 378 (382 f.)；Neumann, FS Arthur Kaufmann, 1993, S. 590；Paeffgen, ZStW 97 (1985), 521 f.；Puppe, JuS 1980, 347；Rönnau, JuS 2010, 301；Roxin, FS Lackner, 1987, S. 309 f.；Salger/Mutzbauer, NStZ 1993, 565；Schmidhäuser, Die actio libera in causa, 1992, S. 15 f.]。

可罚性的条文（《基本法》第 103 条第 2 款；见第 10 章边码 4 及以下），总则中的规则以及对罪责的要求也属于此。虽然总则中的概念无疑经常需要在很大范围内得到具体化，但是在上述例外模式的支持者那里，涉及的并不是填充法条的文字表述，而是作出**违法的决定**。[43] 也就是说，关于犯罪时间与罪责同时性的要求，立法者通过《刑法典》第 20 条已经作出了一个明确的、按照法条的文字表述具有终局性的规则。没有理由认为这只是一个局部性规则。这也体现在《刑法典》第 17 条与第 35 条第 2 款这类也可能涉及事前罪责的罪责规则之中。[44] 因此，例外模式违背了《基本法》第 103 条第 2 款。

例外模式还被批评**违背了罪责原则**。也就是说，只有当实施犯罪行为时具有罪责，这一原则才会得以维护。[45] 在适用"例外模式"时所产生的问题是，"如果人们按照时间顺序将故意与故意罪责从犯罪实行中分离了出来，那么，除了恶毒的想法与阴暗的计划之外，在故意与故意罪责之中还残留了什么"[46]。相反，例外模式的支持者声称，罪责原则仅仅只要求一个"不法与罪责的同时性"，而这在原因自由行为的情形中是存在的，因为答责性恰恰涉及了之后才实现的犯罪。[47]

29

另一种处理原因自由行为的路径是"**扩张模式**"[48]，按照这一模式，与例外模式一致的是，犯罪不法同样可以由在迷离状态中实施的行为实现。例外模式的主张者想通过解释《刑法典》第 20 条中"在实行犯罪时"的表述来躲避违背法律的指责；此处所指的罪责构成要件（Schuldtatbestand）应被理解得比不法构成要件（Unrechtstatbestand）更宽。在评价式地归咎罪责时不应将其限制在实施实行行为的时间点，而应延伸到前构成要件阶段。一个理由在于人的决定具有过程性，另

30

---

[43] 也可见 *Hettinger*, FS Geerds, 1995, S. 636 f. 。

[44] *Hruschka*, JZ 1996, 68 (与其之前的立场有所区别；*Hruschka*, JuS 1968, 558f.)。一个附加的问题当然是，与《刑法典》第 17 条与第 35 条第 1 款第 2 句的事前举止的联结是否实际表现为犯罪时间与罪责的同时性要求的例外。对此可见 *Roxin*, FS Lackner, 1987, S. 310 f. 。

[45] 持这一观点的比如有 *Puppe*, JuS 1980, 347; *Roxin/Greco*, AT I, § 20 Rn. 58; *ders.*, FS Lackner, 1987, S. 310; 也可参见 *Jakobs*, FS Neumann, 2017, S. 904。

[46] *Puppe*, JuS 1980, 347。

[47] 参见 *Hruschka*, JuS 1968, 558; *Jerouschek*, FS Hirsch, 1999, S. 255 ff. 。

[48] 对此——以及之后的内容——尤其可见 MüKoStGB/*Streng* § 20 Rn. 128 ff. 。

一个理由则是《刑法典》第17条与第35条第2款的条文，它们使得罪责非难取决于行为人在犯罪之前为避免其错误能做到何种程度。扩张模式也**不具有说服力**：在《刑法典》第17条与第35条中负有罪责的规则的情状也并不能改变的是，《刑法典》第20条恰恰没有包含这一规则。[49] 罗克辛与格雷克（Greco）在书中正确地指出："如果立法者要求行为人'在实行犯罪时'有罪责能力，那么人们在进行忠于法律的解释时就只能对其在不法构成要件的意义上进行理解，该不法构成要件在预备阶段尚未得到部分实现。"[50] 最后，与例外模式一样，这里也受到了出自法定原则的同样质疑。[51]

31 如果人们按照通说否定了例外模式与扩张模式，那么还要考查的是，**从创立缺陷的行为中是否产生了可罚性**。不过，在举止定式犯中，客观构成要件还没有被实现（见边码26）。因为**创立缺陷的行为**所表现出的并不是构成要件所要求的举止。按照法条，仅仅引发符合构成要件的行为恰恰是不够的。[52] 也就是说，在举止定式犯中，考虑到其文字表述（《基本法》第103条第2款），从事前举止中无法成立可罚性。[53]

在示例中，《刑法典》第315c条的构成要件要求行为人在道路交通中"驾驶"一辆汽车。"但是驾驶一辆汽车并不等同于引发其移动。它要始于开动之时"。[54]

---

[49] 参见 *Ambos* NJW 1997, 2296 (2297 f.); NK-StGB/*Schild* § 20 Rn. 62 ff. 反对的还是MüKoStGB/*Streng* § 20 Rn. 130, 他指出了立法者的构想，但是这还是无法逾越条文的明确的文字表述。

[50] *Roxin/Greco*, AT I, § 20 Rn. 70.

[51] 参见 BGHSt 42, 235 (240 f.); *Makepeace* JURA 2021, 378 (383); *Rengier*, AT, § 25 Rn. 11.

[52] 参见 BGHSt 42, 235 (237 ff.); *Geppert*, JK 1997, StGB § 20/2; *Hettinger*, GA 1989, 13 f.; *Jakobs*, FS Neumann, 2017, S. 904（他认为这一表述是一个立法上的失策）; *Makepeace* JURA 2021, 378 (382); *Roxin*, FS Lackner, 1987, S. 317 f.; *Salger/Mutzbauer*, NStZ 1993, 563.; 另一种观点见 *Spendel*, JR 1997, 135 f.; *ders.*, FS Hirsch, 1999, S. 386 f.; 相似的阐述可见 *Otto*, JURA 1986, 434 及 BGHSt 17, 333[被 BGHSt 42, 235 (238)所废除]。具有原则性差别的观点见 *Freund*, GA 2014, 137 ff.。

[53] 反对的观点有 *Freund*, GA 2014, 147 ff.。

[54] BGHSt 42, 235, 239 f.

（3）基于《刑法典》第 323a 条昏醉罪的可罚性？

a. 条文的背景

当考虑到犯罪时间与罪责同时性的要求而使得引发缺陷状态的罪责内容无法被完整评价时，就可以考虑依照《刑法典》第 323a 条的（故意或过失的）昏醉罪进行处罚。[55]《刑法典》第 323a 条应当正是用来填补以下**可罚性漏洞**的，即某人在一个答责地引发的迷离状态之下实行了一个犯罪"并且因迷离而无罪责能力或者无法排除这种情况而无法被处罚"。按照通说，这里的**正当性**来自于迷离状态的一般危险。按照这一理念，在无罪责状态下实行犯罪的要求[所谓的"醉时行为"（Rauschtat）]仅仅只起到限制刑罚的作用。因此，醉时行为也不必由行为人答责，它是客观的处罚条件，无需涉及故意或者过失。[56] 因此，《刑法典》第 323a 条是一个**抽象危险犯**，保护着迷离状态下（可能）受到攻击的法益。[57]

反对这一观点所经常提出的理由是，它违背了罪责原则。[58] 而且考虑到喝酒的社会习俗[59]，将迷离状态统统评价为具有危险性是没有道理的，这会导致"对每一个首次越轨者都处以存疑的处罚"[60]。醉时行为的罪责相关性的重要性也体现于刑量（《刑法典》第 323a 条第 2 款）和属于醉时行为特征的告诉才处理要求（《刑法典》第 323a 条第 3 款）。因此，少数派观点将昏醉罪解释为**具体危险犯**，要求醉时行为具有罪责关联（Schuldbeziehung）。[61] 有的人将这一罪责关联解释为过失要求的含义[62]，有的人则认为，相比于过失，对迷离状态下会发生犯罪的可预见性的要求要更低一

32

33

---

[55] 参见 Rengier, BT II, § 41 Rn. 1。

[56] 这也表现在条文的文字表述中：对醉时行为的额外要求附加于已被宣告的刑罚威慑。

[57] 参见 BGHSt 16,124; Eisele, BT I, Rn. 1223; Rengier, BT II, § 41 Rn. 6,9。

[58] 持这一观点的比如有 NK-StGB/Paeffgen, § 323a Rn. 9; Streng, JR 1993,35 ff.。HK-GS/Verrel, § 323a StGB Rn. 1; 批判性观点也可见 Kindhäuser/Schramm, BT I, § 69 Rn. 7.

[59] 不过，从饮酒的社会习俗直至（至少无法被排除的）无罪责能力是毫无疑问的；参见 Eisele, BT I, Rn. 1224。

[60] HK-GS/Verrel, § 323a StGB Rn. 1.

[61] 参见 Heinitz, JR 1957,349; HK-GS/Verrel, § 323a StGB Rn. 1。

[62] 参见 Kaspar, AT, § 5 Rn. 161; Roxin/Greco, AT I, § 23 Rn. 7 ff. 不过这一解释在纯正结果犯中导致了与前置理论的紧张关系; Rengier, BT II, § 41 Rn. 9. HK-GS/Verrel, § 323a StGB Rn. 1 将承受原因自由行为的功能视为一个优点。

些，以使以下情况满足条件，即行为人在引发迷离状态时必然想到会实行特定的犯罪类型[63]或者随便实施某种犯罪行为的可能性。[64]

b. 要件

34 《刑法典》第 323a 条的（客观）构成要件要求行为人通过酒精饮料或者其他麻醉物品让自己陷入了**迷离**之中。若它导致了无罪责能力（《刑法典》第 20 条），那么迷离状态无论如何都是成立的。但是，即使只是达到**尚不能排除**无罪责能力的情况，按照法条的文字表述也足以让迷离状态成立。不过，通说在这类存疑案件中要求必须至少达到**《刑法典》第 21 条的确实范围**。[65] 一个不同的观点想使得迷离状态的成立**不依赖于《刑法典》第 21 条**。[66] 他们的理由是，法条的文字表述将迷离状态命名为独立的、没有详细描述的要件。因此，在达到尚不能排除无罪责能力的情况下，尽可能不去依据《刑法典》第 21 条，可以考虑成立《刑法典》第 323a 条的迷离状态。但是，支持通说的观点认为，若未达到《刑法典》第 21 条门槛，则也尚未达到《刑法典》第 323a 条的类型化应罚性内涵[67]，而且迷离的概念也丧失了它的轮廓。[68] 当然，如果既无法排除无罪责能力，又无法排除处于《刑法典》第 21 条门槛之下的迷离，那么通说就会导致可罚性漏洞。因为这样一来，既不能基于迷离状态按照《刑法典》第 323a 条进行处罚，又由于（存疑有利于被告而应被排除的）罪责能力而不能处罚在迷离时实施的行为。[69]

在示例中，对迷离状态的要求无论如何都是满足的，因为 A 甚至都已经因酒精而陷入无罪责能力状态了。

---

[63] 参见 Geppert, JURA 2009, 41。

[64] 参见 BGHSt 10, 247 (251)。

[65] 参见 BGHSt 32, 48; SSW StGB/*Schöch*, § 323a Rn. 14; *Wessels/Hettinger/Engländer*, BT I, Rn. 1045。

[66] 比如 *Otto*, BT, § 81 Rn. 3 ff.; SK-StGB/*Wolters*, § 323a Rn. 4 ff., 16。

[67] 参见 *Eisele*, BT I, Rn. 1237; *Rengier*, BT II, § 41 Rn. 22。

[68] 参见 SSW-StGB/*Schöch*, § 323a Rn. 15。

[69] 参见 *Jäger*, AT, Rn. 257; *Rengier*, BT II, § 41 Rn. 23。对于少数派观点而言当然也存在可罚性的边界，但是局限于既不能排除无罪责能力又不能排除未醉状态的情形，参见 *Otto*, BT, § 81 Rn. 23。

要成立**故意**[70]**昏醉**，行为人必须故意让自己陷入达到客观要求程 35
度的迷离状态（《刑法典》第 21 条的确实范围）。也就是说，行为人必
须已经容认至少其控制能力会受到严重影响。[71]

在示例中，鉴于其饮酒量，大体可以成立降低罪责能力的故
意。但是这一结论并非绝对，因为喝酒之后，降低了的克制能力和
对自己的过高估计也可能阻碍他认识到自己引发了缺陷状态。

相反，如果饮酒会导致罪责能力受限是可被行为人所认识到的，那 36
么就成立**过失昏醉**。

客观的处罚条件（通说）是——被作为构成要件附加物考查的（第 37
14 章边码 9）——**醉时行为**。该迷离状态必须满足除了罪责能力之外的
一个犯罪的全部可罚性要件。这是从《刑法典》第 323a 条的功能——
填补基于（不应被排除的）欠缺罪责能力的处罚漏洞——中得出来
的。[72] 该法条以"违法行为"为要件，因此，无论如何都要求满足所
有的构成要件要素，而且欠缺正当化事由（参见《刑法典》第 11 条第 1
款第 5 项）。如果欠缺了行为属性（比如醉酒者呕吐），或者欠缺了构成
要件所要求的故意，那么就不成立醉时行为。[73] 按照法律的文字表述，
即使排除故意的构成要件错误恰恰建立于醉酒状态之上，也依然不成立
醉时行为。[74] 同样地，容许构成要件错误——不管其教义学定位如
何[75]——也排除了醉时行为的成立，因为《刑法典》第 323a 条的目的
并不是为了要处罚这些错误情形。[76] 与此不同的是（其他）那些处于
罪责阶层的、恰巧由迷离所造成的缺陷，比如禁止错误（《刑法典》第
17 条）或者欠缺的个人过失。[77]

---

[70] 在引导性语句中就应当说明，应考查故意的昏醉还是过失的昏醉。
[71] 参见 *Rengier*，BT II，§ 41 Rn. 12a。
[72] 参见 *Rengier*，BT II，§ 41 Rn. 16。
[73] 参见 SSW StGB/*Schöch*，§ 323a Rn. 24 ff.；*Rengier*，BT II，§ 41 Rn. 13 ff.。
[74] 恰当的观点有 SSW StGB/*Schöch*，§ 323a Rn. 26；*Wessels/Hettinger/Engländer*，BT I，Rn. 1050。
[75] 也就是说，即使人们遵循法效果准用的限制罪责理论将其置于罪责阶层，也是一样的，见第 25 章边码 19。
[76] 参见 SSW StGB/*Schöch*，§ 323a Rn. 26；*Rengier*，BT II，§ 41 Rn. 17。
[77] 参见 *Otto*，BT，§ 81 Rn. 15；SSW StGB/*Schöch*，§ 323a Rn. 26；*Rengier*，BT II，§ 41 Rn. 17。

38 在示例中，A 在无罪责能力的状态下实施了一个过失杀人罪（《刑法典》第 222 条）和一个危害道路交通罪（《刑法典》第 315c 条第 1 款第 1a 项、第 3 款第 1 项）。不过，如果人们考虑前置的可能性，那么就会按照过失杀人罪对其进行处罚（边码 21 及以下），《刑法典》第 323a 条在此就不重要。[78] 所以，要将危害道路交通的行为作为醉时行为。这样一来，可以按照《刑法典》第 323a 条（醉时行为：《刑法典》第 315c 条）和《刑法典》第 222 条对 A 进行处罚。犯罪行为均是饮酒行为，因此在两个犯罪行为之间成立犯罪单数（《刑法典》第 52 条；第 31 章边码 3 及以下、边码 47）。[79]

2. 故意的原因自由行为

38a 故意的原因自由行为指的是，行为人在**引发无罪责能力状态**时和在此状态下**实行犯罪**时都**至少抱有间接故意**。[80]

> **示例**[81]：
> A 想杀 O。由于他认为如果他没有罪责能力则可能脱罪，因此他将自己喝醉并按照计划杀死了 O。不能排除的是，他不再具有认识到犯罪不法的能力。

只要涉及针对实行醉时行为的故意，那么对于故意原因自由行为必要的答责关系就只有在以下情形中才会成立，即行为人在引发迷离状态时的故意指向一个特定的、至少在**主要方面被具体化的犯罪**。[82] 有争议的是如何处理行为人醉时认错了人的情形，比如，将 O 当作 X 杀害

---

[78] Lackner/Kühl/*Heger*, § 323a Rn. 19. 当然，如果人们根据直接引发结果的举止支持按照《刑法典》第 222 条进行处罚，那么就会得出不同的结论。但是，如果人们也将《刑法典》第 222 条的行为视为一个醉时行为，那么《刑法典》第 323a 条在此无论如何都是具有补充性的；NK-StGB/*Paeffgen*, § 323a Rn. 86；*Rath*, JuS 1995, 413。

[79] 参见 BGHSt 17, 333；*Geppert*, JURA 2009, 48。

[80] 关于这一点的练习文献比如有 *Kudlich*, Fälle StrafR AT, S. 243 ff.；*Rönnau* JuS 2000, L 28 ff.。

[81] 案例解答见 *Sieren* JA 2020, 268 ff.。

[82] 参见 BGHSt 21, 381 (382 ff.)；LK-StGB/*Verrel/Linke/Koranyi* § 20 Rn. 203 f.；*Wessels/Beulke/Satzger*, AT, Rn. 666 ff.。

了。有的人认为，这里成立**打击错误**（见第 24 章边码 52 及以下），因此实际的发生历程没有被行为人的故意所包含。[83] 因此，站在仍有罪责能力的行为人的立场上看，他的攻击是失败的。正确的观点是，若错误风险已被置于故意之中，因为行为人要进入无罪责能力状态之后才必须要认出被害人，则不成立因果历程的偏离。最终，行为人将其故意转化为了犯罪行为，单纯认错人是一个无关紧要的作为**身份错误**的动机错误（见第 24 章边码 42 及以下）。[84]

在故意原因自由行为中，也有人以**例外模式**为基础，认为符合构成要件且违法的杀害行为即使当时欠缺罪责能力也是可罚的。其可非难性在于对无罪责能力的有意引发。基于此，若行为人这时声称犯罪实行时无罪责，就属于滥用权利（见边码 18）。但是，如前所述（见边码 28 及以下），例外模式违背了《刑法典》第 20 条的文字表述，后者规定在犯罪实行时必须存在罪责（《基本法》第 103 条第 2 款）。这也相应地适用于扩张模式（见边码 30）。

38b

绝大多数人也在故意原因自由行为的情形中，对纯正结果犯主张将刑事答责性予以**前置**。依此，自己喝醉是符合构成要件的杀人行为。这一论证在本质上与过失犯中的一样（见边码 22）；自己喝醉与在无罪责能力状态下实行犯罪之间具有因果关系，在此创设了一个法不容许的危险，这一危险在犯罪实行中被实现为了结果。作为这一结论的论证模式，有的人还参考了**间接正犯**的法形象（《刑法典》第 25 条第 1 款第 2 变体，见第 27 章边码 20 及以下）；行为人在清醒状态下让自己变成了之后实施犯罪的工具，方式是让自己陷入无罪责能力的状态。[85]

38c

以自己喝醉作为过失可罚性的联结点得到了广泛认可，但是前置模式在故意犯中却遭受了**质疑**。将可罚举止予以前置不符合**法律**

38d

---

[83] 参见 SSW StGB/*Kaspar* § 20 Rn. 109；Lackner/Kühl/*Kühl* § 20 Rn. 26；Schönke/Schröder/*Perron/Weißer* StGB § 20 Rn. 37.

[84] 观点正确的有 *Wessels/Beulke/Satzger*, AT, Rn. 670；*Kühl*, AT, § 11 Rn. 23。关于在结构上相同的间接正犯案件见第 27 章边码 51a。

[85] 参见 *Wessels/Beulke/Satzger*, AT, Rn. 661。

规定(《基本法》第103条第2款),因为"喝酒时尚未杀人"。[86] 以日常用语作为提示让人想起了形式客观说(见第27章边码7),该学说没有充分考虑到事件发生的实质内涵。正如安装定时炸弹已经表现为杀人行为,如果行为人自行剥夺了他的规范可应答性因而能实现他之前所作的犯罪计划,法律规范无法施展其阻碍作用,那么在语言上完全可以说这就是一个杀人行为。[87] 当然,反对这一论据的理由是,在原因自由行为的情形中,结果只有通过行为人的另一个符合构成要件且违法的行为才会产生(而不是通过一个行为人推动的自然因果历程,比如打开计时器之后的炸弹爆炸)。以这一想法作为背景,经常有人主张(但实际上并非必要的)**间接正犯的类似物**(见边码38c)。对此,有人质疑其与法律规定不一致。因为《刑法典》第25条第1款第2变体涉及的情形是,行为人"通过另一个人来实行"犯罪,也就是恰恰没有通过自己本人。[88] 但是,这一质疑并不能成立,因为对《刑法典》第25条第1款第2变体的类比当然不是意味着要成立法条意义上的间接正犯,而仅仅是一个评价上的类似物,不过这又被有些人视为被禁止的类推。[89] 在实质方面,反对与间接正犯进行类比的理由是,可以将人类工具的举止予以归属的情形是当间接正犯人对此答责时,涉及原因自由行为之所以被排除,是因为行为人在实行直接损害行为时不再具有可归属性。[90]

对前置理论的另一个质疑源自其**后果**[91]:如果人们将引发缺陷的行为(自己喝醉)就已经视为符合构成要件的实行行为,那么在故意引发无罪责能力时抱有在此状态下实行特定犯罪的目的就已

---

[86] 持该观点的有 *Kühl*, AT, § 11 Rn. 16; SSW StGB/*Kaspar* § 20 Rn. 105 ff.。

[87] 所以,*Makepeace* JURA 2021,378(384)认为自行喝醉处于预备阶段也是一个循环论证。只有当自行喝醉尚未展现为符合构成要件的举止时——这恰恰是问题所在——这一假设才可能是正确的。

[88] 参见 SSW StGB/*Kaspar* § 20 Rn. 105; *Kindhäuser/Zimmermann*, AT, § 23 Rn. 18; *Makepeace* JURA 2021,378(384)。

[89] 参见 SSW StGB/*Kaspar* § 20 Rn. 105; *Makepeace* JURA 2021,378(384)。

[90] 参见 *Kindhäuser/Zimmermann*, AT, § 23 Rn. 18; MüKoStGB/*Streng* § 20 Rn. 122 f.。

[91] 比如可见 *Mitsch* JuS 2001,111 f.; *Wessels/Beulke/Satzger*, AT, Rn. 654,672。

经进入了未遂阶段。[92] 这经常被认为是**将未遂的开始过度提前**，比如当行为人由于饮酒而缓缓入眠时。[93] 此外，前置理论还过度限制了**中止的可能性**（《刑法典》第24条）。也就是说，如果从行为人的视角看，他自己喝醉已经是实行了一个可能引发结果的（erfolgstauglich）、符合构成要件的行为，那么他就不能通过单纯的不作为得以免除刑罚（所谓的"已终了未遂"，详见第28章边码140及以下）。[94] 相反，前置理论的主张者正确地认为，在丧失罪责能力后单纯的不再继续实行行为有可能成立中止，因为这也可以避免结果的发生。[95] 正确的是，欠缺罪责与认可自愿性之间不相违背。[96] 当然，如果行为人"被睡眠所控制"，那么就欠缺了自愿的中止决意。这样一来，他就不是出于自主的动机而远离引发结果。但是，在这类情形中按照未遂进行处罚也并非不恰当，因为丧失罪责能引发的危险只是因偶然而未能实现。

3. 有罪责的激动

> **示例**[97]：
> A在过去几年中多次对其妻子O实施暴力，并且还用刀威胁过她，在犯罪当天的早晨又与她发生了激烈的争执。晚上他又开始寻找她。他随身带着一把刀，打算必要时又用刀去威胁她。在随后发生的冲突中，他陷入了排除罪责的"激动风暴"，进而杀死了他的妻子。

---

[92] 比如可见 *Roxin*, AT I, § 20 Rn. 60。然而，也有观点认为，自行喝醉最初只是一种不受惩罚的预备行为，而且只针对以下情况，即从事后的视角看，行为人为了实施犯罪也实现了缺陷行为。持该观点的有 LK-StGB/*Spendel*, 11. Aufl., § 323 a Rn. 29 ff., insb. Rn. 33; *Herzberg* FS Spendel, 1992, 207; 反对的比如有 *Salger/Mutzbauer* NStZ 1993, 564; Schönke/Schröder/*Perron/Weißer* StGB § 20 Rn. 35。

[93] 参见 *Jescheck/Weigend*, AT, S. 447; *Kühl*, AT, § 11 Rn. 13; *Rath* JuS 1995, 412; *Zieschang*, AT, Rn. 339。

[94] 参见 *Neumann*, Zurechnung, S. 39。

[95] 参见 *Roxin*, AT I, § 20 Rn. 64。

[96] 参见 LK-StGB/*Murmann* § 24 Rn. 283 ff. 另一观点比如可见 HKV StrafR-HdB III/*Jäger*, § 58 Rn. 149 ff. 。

[97] 参见 BGH bei *Holtz*, MDR 1987, 444。

40 　　如果行为人在实施激动行为（对此见边码 9）之前对于激动的产生负有责任，那么就出现了**与原因自由行为中类似的疑难问题**：有的人主张——与原因自由行为的例外模式相似——基于普遍的法观念来限制《刑法典》第 20 条的适用范围，因此不应对行为人出罪或减轻处罚。[98]另一些人则基于事前过错（Vorvershulden）要求"一个升高的自我控制义务"[99]。这两种观点都不符合《刑法典》第 20 条对在犯罪时具有实际避免可能性的要求。[100]

41 　　正确的做法是依据**前置模式**来论证其责任。因此，只有处于罪责能力状态的行为人可因损害了避免之后的激动行为的具体义务而被非难时，才可以成立罪责非难。故意或可罚的过失的责任取决于行为人对于之后实施的激动行为是否至少具有间接故意，抑或激动与/或犯罪实行对于他而言是否具有可预见性（过失）。[101]

　　　　在示例中，基于之前发生过的事情，A 必须考虑到进一步的冲突。"因此他在这种情况下决不能以一旦有必要则刺杀其妻子为目的而随身携带一把刀"[102]。所以，他在有罪责能力的状态下对于之后的杀害承受过失的非难。[103]

二、不法意识（《刑法典》第 17 条）

42 　　**示例**[104]：

　　　　严重醉酒的 O 被她的男友用尖刀刺伤至有生命危险的程度。她为

---

[98] 详情与批判见 Frisch, ZStW 101(1989), 558 ff.
[99] LK-StGB/Verrel/Linke/Koranyi § 20 Rn. 139; SSW StGB/Kaspar § 20 Rn. 65.
[100] 参见 Schönke/Schröder/Perron/Weißer StGB § 20 Rn. 15 a; Roxin/Greco, AT I, § 20 Rn. 16。
[101] 参见 Frisch, NStZ 1989, 264; ders., ZStW 101(1989), 569 ff.。支持适用原因自由行为规则的还有 Jescheck/Weigend, AT, S. 439 f.; Roxin/Greco, AT I, § 20 Rn. 18; Schönke/Schröder/Perron/Weißer, § 20 Rn. 15a。新近的判决至少表现出了与这些原则的相似性，见 BGHSt 35, 143 = JR 1988, 511 mit Anm. Blau = NStZ 1989, 262 mit Anm. Frisch。
[102] BGH, bei Holtz, MDR 1987, 444.
[103] 相反，联邦最高法院（bei Holtz, MDR 1987, 444）考虑到这一不当举止，坚持主张故意的犯罪实行的非难。
[104] 依照 LG Mannheim NJW 1990, 2212；关于与外国人身份相关的禁止错误的详情可参见 Laubenthal/Baier, GA 2000, 205 ff.。

寻求帮助而按响了邻居 A 的门铃。A 虽然通过门缝看到了 O 受伤，但是却没有实施任何行为，因为他觉得自己没有法律上的义务。O 因此流血而死。如果当时迅速联系救护车，那么她本是可以被挽救的。A 来自巴基斯坦，在犯罪发生时来到德国仅一年左右。在巴基斯坦的刑法中并没有一个与《刑法典》第 323c 条相符的构成要件。

（一）禁止错误的背景与形式

根据《刑法典》第 17 条，如果行为人欠缺了"在实行行为时对实施不法的认识"，且这一错误[105]是无法避免的，那么他是无罪责的。按照这一规定，欠缺不法意识是一个排除罪责事由，其原因在于，陷入（无法避免的）禁止错误中的行为人没有作出反对法的决定，是因为该法对于他来说没有实现指引功能。[106]

《刑法典》第 17 条按照文字表述也包含了构成要件错误（《刑法典》第 16 条）。[107] 但是，欠缺不法认识能够建立在各种不同的理由之上，据此法律进行了区分：**构成要件错误**成立的情况是，行为人之所以认为自己的举止是合法的，"是因为他不知道自己做了什么"。因此行为人——经常由于欠缺犯罪事实认识——误解了他的举止的损害法益的性质。相反，**禁止错误**成立的情况是，他虽然知道他在做什么，但是在行为当时并不知道它是被禁止的。[108] 行为人"因而对他的举止的评价有异于立法者"[109]。欠缺不法意识并

---

[105] 仔细观察就会发现，这里涉及的不是一个"错误"，因为它并不是积极的错误构想，而仅仅是欠缺认识；关于"构成要件错误"的相应内容可见前文第 24 章边码 39。

[106] 当然，法欠缺指引功能也可能是由不明朗的法律处境（比如法院判决之间相互矛盾）造成的。在这类情形中，对禁令的认识在客观上可以不被要求，参见 *Pawlik*, FS Neumann, 2017, S. 985 ff. ; *Naucke*, FS Neumann, 2017, S. 955 ff. 。

[107] 参见 *Neumann*, JuS 1993, 793 ; *Otto*, JURA 1990, 645 f. ; *Walter*, HBStrR, Bd. 2, § 45 Rn. 19。

[108] 参见 BGHSt 2, 194(197)。关于其区分详见 *Kindhäuser* JuS 2019, 953 ff. 。

[109] *Kühl*, AT, § 13 Rn. 50.

未影响对故意不法的实现（罪责理论；见第25章边码16及以下）。[110]

44 （无法避免的）禁止错误在核心刑法的基础性禁令（elementare Verbot）中**没有发挥太大的作用**。[111]《刑法典》第 17 条更多地适用于附属刑法中。[112]

在鉴定报告中，只有当案情中出现了相应的提示时，才要对《刑法典》第 17 条进行考查。对于"普通情形"来说，应当认为行为人认识到了禁令。

45 禁止错误有着**不同的形式**[113]，彼此之间并没有实质上的区别[114]：**直接禁止错误**指的是，错误观念已经涉及禁令或义务的存在或范围。

比如**在示例中**：A 对救助义务并不知晓。

与之相对，**间接禁止错误**（= 允许错误[115]）指的是，行为人虽然意识到了原则上的被禁止性，但是却相信一个——不会存在或至少不会在这一范围内存在的——正当化事由的介入。

比如，被配偶袭击的人相信自己有着完全的紧急防卫权（对此见第 25 章边码 100）。或者，基于承诺而行事的行为人认为这一承诺是有效的，尽管被承诺的行为根据正确的评价是违反善良风尚的

---

[110] 比如可见 *Eser/Burkhardt*, I, Fall 14 A 48；*Schönke/Schröder/Sternberg-Lieben/Schuster*, § 17 Rn. 3. 关于宪法上的稳固性见 BVerfGE 41, 121 ff.；对此还可见 *Schmidhäuser*, JZ 1979, 361 ff. ; *ders.* , JZ 1980, 396；*Kramer/Trittel*, JZ 1980, 393 ff. . 因此, 故意理论遭到了否定（在引入《刑法典》第 17 条之后依旧主张的有 *Langer*, GA 1976, 208 ff. ; *Schmidhäuser*, Studienbuch, 7/36；*Otto*, AT, § 15 Rn. 5 ff. ; *ders.* , JURA 1990, 647；dem folgend *D. Geerds*, JURA 1990, 429 f. ）.

[111] 最容易想到的是对构成要件范围的错误判断, 例如发生轻微事故时等待义务的存在和持续时间（《刑法典》第 142 条第 1 款第 2 项), 即使不应考虑到勘查人员的出现（*Fischer* § 142 Rn. 35）；参见 *Walter*, HBStrR, Bd. 2, § 45 Rn. 22.

[112] 参见 *Kühl*, AT, § 13 Rn. 51a；关于经济刑法中的禁止错误见 *Bülte*, NStZ 2013, 65 ff. . 但是这里的禁止错误通常是可被避免的, 因为通常会要求认识到与工作相关的规定；BGH JZ 2018, 253, 254.

[113] 关于这些区别可见 *Jescheck/Weigend*, AT, S. 456 ff. ; *Kühl*, AT, § 13 Rn. 49 ff. ; *Schönke/Schröder/Sternberg-Lieben/Schuster*, § 17 Rn. 10.

[114] 参见 *Jescheck/Weigend*, AT, S. 462. 不过, 在间接禁止错误中属于不法意识的有对（例外的）容许性的积极构想, 而在直接禁止错误中并不要求有合法去行动的积极意识。这一区别源自构成要件的指示不法功能。见 NK-StGB/*Neumann*, § 17 Rn. 9 f.

[115] 比如可见 Lackner/Kühl/*Kühl*, § 17 Rn. 19.

(《刑法典》第228条)。[116] 这些例子显示，最有可能考虑禁止错误的情况是在法律上存在困难因而也具有争议的评价问题。

(二)（无法避免的）禁止错误的要件

如果行为人欠缺了对于不法的认识（见标题1）（见标题2），而且他不能避免这一错误（见标题3），那么该错误就能够排除罪责。

1. 不法作为错误的基准点

有争议的是，人们将禁止错误所必须涉及的**不法**理解为何物。在以下这一点上是存在共识的，即对举止违反善良风尚的认识并未创设不法认识[117]，因为刑法中涉及的不是道德上的错误举止，而是法律上的错误举止。所以通说将不法认识理解为对举止**在法律上的被禁止性**的认识。[118] 据此——与少数派观点相反[119]——不法认识不应取决于对**可罚性**的认识。如果行为人知晓其举止在法律上的被禁止性，而仅仅是错误地认为其不具有可罚性，那么根据通说，禁止错误就不能成立。

> **示例**[120]：
> A在深夜将O停在偏僻地方的汽车的四个轮胎全给放了气。当时他以为，这并不是损坏汽车，而只是一个玩笑。但是，这一举止实际上完全可以被视为损坏物品罪（《刑法典》第303条）。因为当一个物

---

[116] 参见 BGHSt 49,166(176)。

[117] 比如可见 NK-StGB/*Neumann*, § 17 Rn. 13;*Neumann*,HBStrR,Bd. 2, § 48 Rn. 16 ff.; *Saliger* FS Kindhäuser,2019,425(428 f.)。不过提出了限制观点的有 *Schmidhäuser*,Lehrbuch, 10/72;*ders.*,FS Hellmuth Mayer,1966,S. 329。

[118] 参见 BGHSt 2,194(196);*LG Köln* StV 2016,810,812;Schönke/Schröder/*Sternberg-Lieben/Schuster* StGB § 17 Rn. 4;Lackner/Kühl/*Kühl* StGB § 17 Rn. 2;*Roxin/Greco*,AT I, § 21 Rn. 12;*Saliger* FS Kindhäuser,2019,425(427 f.);*Stam* GA 2019,340 f.;*Wessels/Beulke/Satzger*, AT,Rn. 678.

[119] 持这一观点的有 *Laubenthal/Baier*,GA 2000,207 ff.;LK-StGB/*Schroeder*,11. Aufl., § 17 Rn. 7;*Otto*,JURA 1990,647。调和性的观点见 NK-StGB/*Neumann*, § 17 Rn. 21;*Neumann*,JuS 1993,795,*ders.*,HBStrR,Bd. 2, § 48 Rn. 25 ff.，它要求认识可制裁性。依此，虽然行为人意识到违反了民法或行政法规范尚未达到条件，但是意识到违反了违反秩序构成要件大概就达到条件了。对此见 *Saliger* FS Kindhäuser,2019,425(429 f.)。

[120] 依照 BGHSt 13,207 = JZ 1960 mit Anm. *Klug*;也可参见 *Kühl*,AT, § 13 Rn. 57 f.。

> 品的可使用性遭受到的不仅仅只是轻微的损害时，它就是被损坏的，并不取决于物质上的损害。[121] A的错误观念不影响故意（单纯的涵摄错误，第24章边码11），而且按照通说也没有体现出禁止错误，因为A毫无疑问地意识到，法并不允许他用这种方式对待他人的财物。他的错误涉及的仅仅是可罚性。

48　　通说以法条的文字表述作为论据，因为《刑法典》第17条规定的是"对实施不法的认识"，而非"对可罚行为的认识"[122]。这一解释也运用了该条文的原理，因为只要行为人认识到了法律上的禁令，他就能够且必须作出支持法的决定。**少数派观点**的论据是，以罪责判断为依据的刑罚的正当性要求，该罪责判断恰恰要以行为人决定实现可罚的不法作为对象。

2. 欠缺不法认识

49　　如果行为人相信其举止是被允许的，那么不法认识就必然是欠缺的。相反，如果他真诚地考虑到他的举止可能具有不法性，那么按照通说，他在行为时就有不法意识（所谓的**有条件的不法意识，bedingtes Unrechtsbewusstsein**）。[123] 因为一个真诚地认为自己举止可能具有违法性的人并没有陷入错误之中，且必须与该举止保持距离。绝大多数人认为，应当将间接故意的教义学（第24章边码18、21及以下）转用于此类案件。[124] 在那些不法怀疑由于**不明的法律处境**无法被消除的情形中，这一立场显然存在着限制。在这里，如果公民必须等到法律处境（某个时候）明晰才可以实施行为，那么这对于公民而言就是一个不具有期待可能性的自由限制。在这一情形中，有

---

[121] 参见 BGHSt 13,207(208 f.)；SSW StGB/*Saliger*, § 303 Rn. 10；另一种观点见 *OLG Düsseldorf* NJW 1957,1246(1247)：不是"对功能的降低，而只能是暂时的使用阻碍"。

[122] *Roxin/Greco*, AT I, § 21 Rn. 13. 不过，立法者通过其所选择的表述并不想确定于一个特定的观点；NK-StGB/*Neumann*, § 17 Rn. 22。

[123] 对此比如可见 NK-StGB/*Neumann* § 17 Rn. 33；Schönke/Schröder/*Sternberg-Lieben/Schuster* StGB § 17 Rn. 5；*Roxin/Greco*, AT I, § 21 Rn. 29 f.；*Fischer*, § 17 Rn. 5；Lackner/Kühl/*Kühl*, § 17 Rn. 2。批判性观点可见 *Frister*, AT, 19/5；*Leite*, GA 2012, 688 ff.；*Stam*, GA 2019, 341 ff. 。

[124] 参见 Lackner/Kühl/*Kühl*, § 17 Rn. 4. 关于限制性的方案见 *Nestler*, JURA 2018, 140；NK-StGB/*Neumann*, § 17 Rn. 34；总结性观点见 LK/*Vogel/Bülte* § 17 Rn. 27 f. 。

更强的理由支持成立（通常也是无法避免的）禁止错误。[125]

不法意识是**可分的**（teilbar）。[126] 如果行为人通过他的举止实现了数个构成要件，那么他在行为时可以对一个构成要件带有不法意识，而对另一构成要件未带有不法意识。

50

3. 可避免性

只有无法避免的禁止错误能够排除罪责，而可避免的禁止错误仅可能减轻刑罚（可选刑罚减轻事由）。[127] 行为人知晓法律规范的义务是良好共处的基本条件，因此司法判决要求必须**非常尽力地**去认识到不法。[128] 联邦最高法院要求行为人的关键词是**其良知的极限**（Anspannung seines Gewissens）。[129] 行为人"对特定举止的合法性或违法性进行判断时必须运用其精神上的全部认知能力与道德上的全部价值观念"[130]。

51

在示例中（边码42）应当考虑的是，来自另一个文化圈的 A 对于救助的法律义务是陌生的。由于他来到德国的时间相对较短，仍完全受到家乡文化的影响，因此良知极限——即深入思考这一问题——并未给他带来另一种认识（人们也可以主张其他观点）。

如果一个错误单单通过"良知极限"尚无法消除，那么行为人就应当充分使用其他可能性来获取认识。在这里尤其重要的是**咨询**一位"可靠的人"。"这一意义上的可靠指的是一个负责、有见识、没有偏见的人，他在提供答复时不追求个人利益，并且给出客观、谨慎、尽职与具

52

---

[125] 关于全面的争议现状参见 Els ZIS 2021, 23 ff. ; *Roxin/Greco*, AT I, § 21 Rn. 29 ff. ; *Saliger* FS Kindhäuser, 2019, 425 (433 ff.）。

[126] 对此详见 *Jescheck/Weigend*, AT, S. 455 f. ; NK-StGB/*Neumann* § 17 Rn. 35 ff. ; *Neumann*, HBStrR, Bd. 2, § 48 Rn. 44 ff. ; *Roxin/Greco*, AT I, § 21 Rn. 16 ff.。

[127] 也就是说，在对故意犯的处罚方面，与《刑法典》第 16 条中不同，在可避免的禁止错误中仍旧会保留处罚。如果错误是无法避免的，那么同样也不存在过失处罚的空间。

[128] 对此可见 *Fischer*, § 17 Rn. 8 m. w. N. ; *Roxin*, FS Neumann, 2017, S. 1035 ff. 认为，有一些构成要件表现出不太明显的不法内涵，以至于要求认识到这些情状的呼吁效果更弱，那么对此应当更为宽容地承认无法避免性。

[129] 参见 BGHSt 2, 194 (201) ; 21, 18 (20) ; 59, 292 (Rn. 54). 该公式的优点在于清楚地指出，所要非难的是，行为人没有做到他本可能做到的事情。对此可见 *Zaczyk*, JuS 1990, 893。

[130] BGHSt 4, 1 (5) ; 不过 BGHSt 2, 194 (201) 也早有表达。

有负责意识的答复"[131]。这可以是一名律师[132]，具体取决于法律问题所属的生活与工作领域，也可以是工商业协会、手工业协会、政府机构的工作人员或[133]医生等。[134]

53 当然，只有当行为人自己对其举止的合法性有所怀疑时——不过最终以"有意识的过失"相信了其举止的合法性，这区别于有条件的不法意识——行为人才会有动力去深入反思及进行咨询。有的人将存在实际怀疑视为可避免性的要件，因为只有心生怀疑的行为人才能感受到他所追求的考查法律处境的冲动。[135] 相反，通说认为这种心理冲动并非必要。只要行为人在客观上有动机去怀疑其法律处境就足够了，也就是"考虑到其能力与认知，其计划必须给他动机去反思其可能的违法性或进行咨询"[136]。因为在何种条件下存在一个"良知极限"或者进行咨询的义务是一个规范上的问题。因此，针对行为人提出的非难必须与无意识的过失相符。[137]

---

〔131〕 BGHSt 40, 257 (264); BGH NStZ 2022, 30 mAnm Becker; *Fischer*, § 17 Rn. 12 f.; *Stam*, GA 2019, 347 ff. 更深入但也更狭隘的观点见 *Kunz*, GA 1983, 457 ff. ; 此外还可参见 *Leite* GA 2019, 554 ff. , 他呼吁修正罪责概念来解决"根据错误建议行事"的案件。

〔132〕 比如可见 BGHSt 20, 342 (371 f.); *OLG Braunschweig* StV 1998, 492; 对此可见 *Fahl*, JA 1999, 8 f. 在涉及复杂的法律问题时，要求一个该领域的律师出具一份细致的、书面的鉴定报告；充当"遮羞布"的"讨喜式鉴定报告"并不符合条件；BGH JZ 2018, 253, 255. 不过，有时候对司法判决也要求过度了，对此见 *Saliger* FS Kindhäuser, 2019, 425 (437 ff.)。

〔133〕 参见 BGH NStZ 2000, 364; *Stam*, GA 2019, 347 f. 。

〔134〕 关于这些例子及更多例子的证明可见 *Fischer*, § 17 Rn. 12. 关于国家自己要求实现不法的情形中（主要是对与民主德国边界"柏林墙守卫案"相关联的问题的讨论）获得不法意识的特殊困难, 参见 *Miehe*, FS Gitter, 1995, S. 664 ff. 让边境士兵向民主德国的军事机关或行政部门询问"射击命令"的合法性，这显然是不可能成功的。联邦最高法院(St 39, 1, 34) 认可了可避免性, 因为"即使是对于那些被洗脑的人来说，违反基本的杀人禁令也是明了的、显而易见的"。

〔135〕 持这一观点的有 *Horn*, Verbotsirrtum und Vorwerfbarkeit, 1969, S. 84 ff. ; *Köhler*, AT, S. 413; *Kühl*, AT, § 13 Rn. 62; *Zaczyk*, JuS 1990, 893。

〔136〕 *Fischer*, § 17 Rn. 7; 支持考虑规范的标准的比如还有 NK-StGB/*Neumann*, § 17 Rn. 55 f. ; Schönke/Schröder/Sternberg-Lieben/*Schuster*, § 17 Rn. 16。

〔137〕 然而，当即使是管束行为人的巡警也未指责这一举止时（甚至法院在一审中也分享了这一判断，因此无罪释放了行为人），谨慎不足的非难似乎就被夸大了，另一种观点见 BGHSt 63, 66 (Rn. 24) [对此批判的有 *Fickenscher* NJW 2018, 1895; *Mengler* StV 2020, 263 ff. (他正确地指出，在这类情形中至少很难认为行为人会通过获取法律咨询意见形成不法意识，见边码 54)]。

如果行为人履行了咨询义务，那么，当他获得的答复并不正确时，其错误就是无法避免的。[138] 相反，**如果应当进行咨询而行为人没有进行咨询**，那么其错误通常就属于可避免的。一个例外是即使咨询也无法澄清错误的情形，比如主管机关本就抱着错误的法律观念。在这种情况下，该错误就是无法避免的，因为行为人必须是因为欠缺对禁令的认识而受到非难，而不是因为欠缺咨询而受到非难。[139]

三、宽恕罪责的紧急避险（《刑法典》第 35 条）

（一）背景

《刑法典》第 35 条能够在以下紧急避险情形中发挥效力，即行为人的行为旨在保护极为重要的法益（生命、身体或者自由），但是同时他所保卫的利益又因欠缺重大优越性而无法按照《刑法典》第 34 条实现正当化。在这里，虽然行为人的行为具有违法性，但是，当存在《刑法典》第 35 条的条件时，所涉及的罪责非难又很小，以至于科处刑罚的做法并不相称。因此，这涉及一个**宽恕罪责事由**，其建立在**两个支柱**上[140]：其一，作为《刑法典》第 35 条要件的紧急避险处境已经**减轻了不法**（及与之相关的罪责）。因为在无价值方面，为了营救其他利益而实施的侵犯，比不上一个仅仅以损害为目的的举止。其二，《刑法典》第

---

[138] 参见 Neumann，JuS 1993，798；OLG Braunschweig StV 1998，492。

[139] 参见 BGHSt 37，55（67）；BGH NStZ 2016，460（462）（对此可见 Loose，StV 2017，76 ff.）；NStZ 2022，30 mAnm Becker；OLG Braunschweig StV 1998，492；BayObLG NJW 1989，1744（1745）= JR 1989，386（387）mit insoweit zustimmenden Anm. Rudolphi und Zaczyk，JuS 1990，894；Lackner/Kühl/Kühl，§ 17 Rn. 7；Mengler StV 2020，263（264 f.）；Neumann，JuS 1993，798；Neumann，HBStrR，Bd. 2，§ 48 Rn. 104 ff.；Roxin/Greco，AT I，§ 21 Rn. 36；Stam，GA 2019，353 f.；另一种观点见 noch BGHSt 21，18（21）。如果行为人是否获得了正确的信息存在疑问时，那么就应当基于存疑有利于被告而认为无法避免，Matt/Renzikowski/Gaede，§ 17 Rn. 32。

[140] 关于第 35 条的原理比如可见 Bechtel JuS 2021，401（402 ff.）；Baumann/Weber/Mitsch/Eisele，§ 18 Rn. 11；Kühl，AT，§ 12 Rn. 18 ff.；Müller-Christmann，JuS 1995，L 65 f.；Rönnau，JuS 2016，788.；Zieschang，HBStrR，Bd. 2，§ 45 Rn. 35 f.。减轻罪责最终会导致刑罚需求性的丧失［Frisch GA 2017，364（380 f.）］，这不应成为反对归类为宽恕罪责事由的理由。关于双重罪责减轻的批判见 Bosch，JURA 2015，347 f.；Hörnle，JuS 2009，875 f.。存在原则性差别的有 Frister，JuS 2013，1062 ff.；Leite，Notstand und Strafe，2019。

35条考虑到，当行为人想避免"对于自身、亲属或与自己亲近的人的危险"时，他在行为时有着特殊的**心理强制处境**。在这一动机状态中，行为人的举止并没有表达法敌对思想，而法在很大程度上理所当然地丧失了动机力（motivatorische Kraft）。

关于《刑法典》第35条的一个典型**例子**是"**卡涅阿德斯船板**"（Brett des Karneades）[141]：遇到海难的A、B与O坐在一块木板上，但是这块木板只能承载两个人。为了避免三人全部溺水，A与B将O推下了木板。A与B虽然没有权利牺牲O来拯救自己（并非《刑法典》第34条所规定的情形），但是在生命受到威胁的情况下，也不能期待他们作出法忠诚的举止。[142]

（二）《刑法典》第35条第1款第1句的要件

56 从法律条文中可以很容易得出考查顺序[143]：《刑法典》第35条在**紧急避险处境**方面设置的条件是一个对于行为人、亲属或亲近之人的生命、身体或自由的现时危险。**紧急避险行为**的条件是危险无法通过其他方式得以避免（必要性）。[144] 此外，行为人在行为时必须具有**营救意志**。最后，不允许存在《刑法典》第35条第1款第2句中的例外，换言之，忍受危险必须不具有期待可能性。

1. 紧急避险处境

（1）可适用于紧急避险的法益

57 《刑法典》第35条将**生命**、**身体**与**自由**列举为可适用于紧急避险的法益（保全性利益，Erhaltungsgüter）。由于这些利益按照《刑法典》第35条（与《刑法典》第34条不同）的文字表述被完整地列举，因此通

---

[141] 这一在哲学文献与法学文献中经常（以不同形式的变体）被援引的示例可以追溯至希腊哲学家卡涅阿德斯；参见 Hörnle, JuS 2009, 874；更详细与深入的阐述见 Küper, Immanuel Kant und das Brett des Karneades, 1999。

[142] 比如可见 Kühl, JURA 2009, 883。

[143] 恰当的观点有 Hörnle, JuS 2009, 880。

[144] 构成要件要素"无法通过其他方式得以避免"兼具了紧急避险处境的要素与紧急避险行为的要素（Lenckner, FS Lackner, 1987, S. 95 f.）。所以有的人将它归入紧急避险处境，以至于将营救意志放在紧急避险行为中考查。持该观点的有 Eser/Burkhardt, I, Fall 18, A 25, 36 ff.。

说认为，即使对当事人其他利益的威胁能够导致相似的心理强制处境，也不可能进行**类推适用**。[145] 此外，应当对这些被单独列出的法益进行**限缩解释**，因为只有在立法者设置宽恕罪责效果之条件成立的情况下，才能够保护高位阶的利益。[146] 所以，"身体"意味着，只有《刑法典》第 223 条及以下条文中的身体完整性是被保护的；"自由"并非一般化的行为自由，而仅仅是《刑法典》第 239 条中的行动自由。[147] 一种常见观点认为应要求身体或自由遭受较大的侵害[148]，但是这种观点与法律的文字表述并不相容，因为（例如）即使是轻微剃蹭也侵害了身体的完整性。[149] 关于"生命"法益的争议在于，未出生的生命是否也被包括在其中。[150] 反对的理由认为，胎儿按照一般的词义理解很难被视为亲属或亲近之人。[151]

（2）危险

正如《刑法典》第 34 条一样[152]，当按照实际情况存在**损害发生的可能性**时，危险就成立了。[153] 与《刑法典》第 34 条中不同的是，该条

---

[145] 比如可见 *OLG Frankfurt/M*. StV 1989, 107, 108；*Kühl*, AT, § 12 Rn. 26；*Müller-Christmann*, JuS 1995, L 66；*Schönke/Schröder/Perron*, § 35 Rn. 4。关于"格外与人格相近的法益"的讨论见 *Stratenwerth/Kuhlen*, § 10 Rn. 106。支持可以类推的观点有 *Timpe*, JuS 1984, 863；反对的观点有 *Bosch*, JURA 2015, 349 f.。

[146] 参见 *Kühl*, AT, § 12 Rn. 27。

[147] 参见 *Kühl*, AT, § 12 Rn. 29 f.；*Schönke/Schröder/Perron*, § 35 Rn. 6/7, 8。支持包含性自主自由的观点有 *Matt/Renzikowski/Engländer*, § 35 Rn. 5。

[148] 参见 *Baumann/Weber/Mitsch/Eisele*, § 18 Rn. 16 f.；*Kühl*, AT, § 12 Rn. 32；*Schönke/Schröder/Perron*, § 35 Rn. 6/7, 8。

[149] 但是这里涉及《刑法典》第 35 条第 1 款第 2 句意义上的具有期待可能性的危险忍受情形。也可参见边码 73。

[150] 持肯定观点的有 SK-StGB/*Rogall*, § 35 Rn. 15；*Schönke/Schröder/Perron*, § 35 Rn. 5。*Bosch*, JURA 2015, 349 [后者想通过指出宪法上的保护义务（《基本法》第 2 条第 2 款）来实现这一目的，但是这并不具有说服力，因为宽恕罪责并没有创设权利，更没有创设义务，而只是允许放弃刑罚]。否定的观点见 *Fischer*, § 35 Rn. 3；Lackner/Kühl/*Kühl*, § 35 Rn. 3；LK-StGB/*Zieschang*, § 35 Rn. 25；*Roxin/Greco*, AT I, § 22 Rn. 24。

[151] 持这一观点的有 LK-StGB/*Zieschang*, § 35 Rn. 25；*Roxin/Greco*, AT I, § 22 Rn. 24。

[152] 关于《刑法典》第 34 条与第 35 条中危险概念的相同性比如可见 LK-StGB/*Zieschang*, § 35 Rn. 33。

[153] 比如可见 BGHSt 18, 271 (272)；*Schönke/Schröder/Perron*, § 34 Rn. 12。

文的适用范围由利益权衡的要求所规定，因此要在危险概念的框架内对《刑法典》第35条进行限制。相应地，这里**有争议**的是损害发生的**可能性程度**。早期的判决无疑设置了过高的要求，它要求损害发生的可能性必须高于不发生的可能性，也就是至少是50%。[154] 绝大多数观点要求"明显的可能性"（naheliegende Wahrscheinlichkeit）。[155] 按照另一种观点，当法益损害发生"不是完全不可能"时，就已经满足了。[156] 但是，可能性程度终究还是不能单独起到决定性作用[157]，关键反而在于危险是否达到了以下程度，即该危险使得对其的**承受是不可期待的**（且对他人法益的侵犯相应地可被宽恕罪责）。[158] 它取决于一个危险是否给出了一个让人严重担忧的合理动因。这一标准是灵活的，以至于对生命危险与行动自由危险中的危险程度的确定可能截然不同。

59 正如和《刑法典》第34条中的一样，一个危险是否存在，要按照**客观的事前判断**（objektives ex-ante-Urteil）进行评价。[159] 也就是说，关键在于犯罪发生时（事前）站在一个额外掌握了行为人所拥有的特别知识（Sonderwissen）的有见识的（sachkundig）观察者的立场上（客观）会如何评价。[160]

---

[154] 参见 BGHSt 8,28(31);11,162(164);13,66(70)。

[155] 参见 LK-StGB/*Zieschang*, § 35 Rn. 33, § 34 Rn. 26;BGHSt 18,271(272);26,176 (179);Lackner/Kühl/*Kühl*, § 34 Rn. 2;*Fischer*, § 34 Rn. 4. *Wessels/Beulke/Satzger*, AT, Rn. 461 所表达的观点也没有什么不同，它要求一个"使得人们对于损害的发生或加剧产生了严重担忧"的状况。

[156] 参见 *Roxin/Greco*, AT I, § 16 Rn. 14。

[157] 参见 LK-StGB/*Zieschang* § 34 Rn. 59;Schönke/Schröder/*Perron* StGB § 34 Rn. 15; *Lenckner* FS Lackner,1987,99。

[158] 在这一意义上以原理为指向的论据也可见 *Ludwig*,„Gegenwärtiger Angriff", „drohende" und „gegenwärtige Gefahr" im Notwehr- und Notstandsrecht,1991,S. 177 f. ,但是它与通说一样也都要求损害发生有"明显的可能性"。

[159] 比如可见 *Kühl*, AT, § 12 Rn. 43;*Otto*, AT, § 8 Rn. 166;*Roxin/Greco*, AT I, § 16 Rn. 15 ff. ;*Wessels/Beulke/Satzger*, AT, Rn. 462。

[160] 应在何种程度上对危险判断进行客观化的问题是存在争议的。存在从"行为人交往圈中的理性观察者"直至考虑到"全部当前知识"的各种观点。对此可见 *Roxin/Greco*, AT I, § 16 Rn. 16 及其他文献。

（3）现时性

正如在《刑法典》第 34 条中[161]，如果一个危险能够立即或在最近的时间内导致损害发生，那么它就具有现时性。那种随时能够突变为损害的持续性危险也具有现时性。即使损害被预期要过一定时间才会发生，但是如果只有立即行动才能避免危险，那么其现时性也是应被肯定的。这是从《刑法典》第 35 条的原理中得出的，因为动机压力（Motivationsdruck）恰恰是意识到目前仍能避免损害（而之后可能不再能避免损害）的结果。

（4）能够被营救的人

面临危险的必须要是**行为人**自己、**亲属**或者一个**与他亲近的人**。对于后两类人引入了"关切者"（Sympathieperson）的概念。[162] 涉及亲属（《刑法典》第 11 条第 1 款第 1 项）时该亲密关系可毫无疑问地被推断出来。[163] 亲近的人（比如生活伴侣、密友）则需要在个案中考查以下问题，即该亲密关系是否足够紧密，以至于在危险情形中这种关系会造成与通常情况下亲属受到危险时相似的心理强制处境。[164]

2. 紧急避险行为：必要性

作为最后手段原则的表现，《刑法典》第 35 条要求，危险无法通过其他方式被避免。这意味着，如同《刑法典》第 34 条中的一样，营救行为必须是必要的。它所指的情形是，它是**适合的**危险避免手段，而且当存在多个适合手段时是**最温和的手段**。[165]

如果面临危险者能够通过**投入自己的利益**来避免危险，那么，在《刑法典》第 35 条所保护的保全性利益未陷入危险的情况下，他通常就

---

[161] 前文第 25 章边码 47。
[162] 参见 Kühl, AT, § 12 Rn. 34; Müller-Christmann, JuS 1995, L 67。
[163] 参见 Bosch, JURA 2015, 350 f.; Kühl, AT, § 12 Rn. 35; Müller-Christmann, JuS 1995, L 67。
[164] 参见 Mitsch JURA 2021, 136 (137); Schönke/Schröder/Perron, § 35 Rn. 15。
[165] 比如可见 Schönke/Schröder/Perron, § 35 Rn. 13 与前文第 25 章边码 52 对《刑法典》第 34 条的阐述。

不应当将风险转移至无关之人。[166] 因此,可以期待面临危险者使用一个**适合性更小但更温和的手段**。[167] 与此区别的情况是,在使用适合性更小的手段时残留的剩余风险本身会造成一个紧急避险处境,而清除它的最温和手段是更严重的侵犯行为。[168]

必要性框架内的期待可能性权衡应当与《刑法典》第35条第1款第2句的期待可能性考查进行严格区分。在必要性中涉及的是对各种危险避免可能性的选择,而《刑法典》第35条第1款第2句涉及的则是不存在其他避免可能性的情形。[169]

64 关于必要性的判断也应当基于**客观的事前视角**而作出。[170] 文献只要求行为人考虑到那些可能被(具备行为人的特别知识的)有见识的观察者所认识到的避免可能性即可。相反,司法判决认为,行为人不应当只考虑到那些手头上可用的手段,还**有义务考查**是否可以使用更为温和的手段。行为人对于他人法益的侵犯越严重,对其义务的要求就越高。[171] 文献正确地反对了这样的一个义务,因为这在法律中没有任何基础。[172]

3. 营救意志

65 行为人在主观上必须是"为了"避免危险。所以,按照占据绝对优势的通说,行为人必须**认识**到这些正当化的情状,而且有营救自己或者关切者的**意志**,当营救意志之外的其他动机也发挥了作用时,这也并不影响。[173]

---

[166] 参见 Baumann/Weber/Mitsch/*Eisele* AT § 18 Rn. 24;*Kühl*,AT, § 12 Rn. 48。
[167] 认同的观点有 *Roxin/Greco*,AT I, § 22 Rn. 19;*Lenckner*,FS Lackner,1987,S. 110 f.;深入阐述可见 Schönke/Schröder/*Perron*, § 35 Rn. 13 f.。反对的观点见 LK-StGB/*Zieschang*, § 35 Rn. 63;*Eser/Burkhardt*,I,Fall 18 A 26。
[168] 这与《刑法典》第34条中的情况不同:在那里,每一个选项都被认为具有必要性,并可以在大范围内进行利益权衡(Schönke/Schröder/*Perron*, § 35 Rn. 13 a. E.)。
[169] 参见 *Kühl*,AT, § 12 Rn. 52;Schönke/Schröder/*Perron*, § 35 Rn. 13a。
[170] 参见 *Müller-Christmann*,JuS 1995,L 67;*Wessels/Beulke/Satzger*,AT,Rn. 467。
[171] 参见 BGHSt 18,311 f.;BGHR StGB § 35 Abs. 2 S. 1 Gefahr,abwendbare 1;BGH NStZ 1992,487;*Müller-Christmann*,JuS 1995,L 67。
[172] 参见 *Kühl*,AT, § 12 Rn. 58;Schönke/Schröder/*Perron*, § 35 Rn. 17。
[173] 比如可见 Baumann/Weber/Mitsch/*Eisele*,AT, § 18 Rn. 28 f.;*Ebert*,AT,S. 97;Lackner/*Kühl/Kühl*, § 35 Rn. 5;*Otto*,AT, § 14 Rn. 10;Schönke/Schröder/*Perron*, § 35 Rn. 16;*Zieschang*,HBStrR,Bd. 2, § 45 Rn. 53。

只有个别人主张——明显"违背《刑法典》第35条第1款第1句的文字表述"——只需**认识到**紧急避险处境及通过紧急避险行为避免该处境就**足够了**。[174] 这种观点认为，如果"犯罪行为的归属（……）取决于一个尚未表达的内心想法"，也就是营救意志，那么就违背了行为原则。[175] 这并不具有说服力。[176] 除了内心想法——少数派观点所要求的对紧急避险处境的单纯认识最终也属于此——也能通过其他方式经常影响可罚性之外，符合《刑法典》第35条原理（与《刑法典》第34条不同）的是，只有那些处于心理强制处境的人才能被宽恕罪责，这是立法者——尽管是使用了客观化的表述——为免除刑罚所设立的条件。因此，对于营救意志的要求在一定程度上是对以下情形的修正，即尽管存在类型化要件，但是却不存在被宽恕罪责的心理强制处境（比如在破碎的婚姻中亲属关系已经失去了其效力）。这里并没有违背行为原则，因为行为人受到处罚不是因为他的思想，而是因为他实施了符合构成要件且具有违法性的犯罪，该犯罪是在他欠缺危险避免意志时没有宽恕罪责的动机压力而做出的。

(三)《刑法典》第35条第1款第2句的期待可能性

如果满足《刑法典》第35条第1款第1句的条件，那么行为人的举止通常就会**被宽恕罪责**。第2句对该规则建立了一个**例外情形**，即**可以期待行为人容忍这一危险**时。立法者列出了**两个常例**，分别是引发危险与存在特别法律关系，当它们成立时，行为人就有升高的危险承受义务。对于这些常例也应当在具体情况下保留对期待可能性的考查。[177] 比如，即使成立一个常例，容忍必死的结果也不具有期待可能性。[178]

---

[174] 主张这一观点的有 *Jakobs*, AT, 20/11；*Timpe*, JuS 1984, 860。

[175] 参见 *Jakobs*, AT, 20/11。

[176] 批评可见 *Kühl*, AT, § 12 Rn. 56；*Küper*, JZ 1989, 625；*Roxin/Greco*, AT I, § 22 Rn. 33。

[177] 比如可见 *Kühl*, AT, § 12 Rn. 60；*Maurach/Zipf*, AT/1, § 34 Rn. 4；*Müller-Christmann*, JuS 1995, L 67；*Wessels/Beulke/Satzger*, AT, Rn. 690。

[178] 参见 *Hörnle*, JuS 2009, 878；*Roxin*, JA 1990, 140；*Fischer*, § 35 Rn. 12；*Kühl*, AT, § 12 Rn. 65, 89。

除了常例（下文的标题1与2）之外，还有其他一些典型的期待可能性情形（下文标题3）。

1. 引发危险

67 之所以可以期待行为人容忍危险，"是因为他自己引发了这一危险"。有争议的是，在这里**引发**究竟是何含义。**等价理论**意义上的原因无论如何都是**不够**的，因为从自然的因果关系中无法得出特别的答责性。[179] 比如：一栋房子面临倒塌危险时，按照规章参与建造该房子的瓦工并不承担任何特殊的责任。通说认为，对于紧急避险处境的产生，之前的举止，必须至少在**客观上违反了义务**。[180] 部分人则额外地要求**举止在主观上的义务违反性**[181]或者有责地引发了紧急避险处境。[182]

要得出恰当的解决方案，必须以以下问题作为出发点，即在何种条件下，基于行为人之前的举止，禁止其之后援引动机压力实现宽恕罪责的效果才是合理的。[183] 如果之前的风险创设**在评价的角度上被理解为行为人表明愿意自行承担**可预见的可能后果，那么就应当拒绝对行为人的宽恕罪责。[184] 一方面，这并不需要行为人通过其之前的举止已经损害了法律义务，那些**以被社会伦理所否定的方式铤而走险**并清楚这一切的人，要承担更大的责任[185]；不过，另一方面，仅仅损害客观义务还是不够的，因为只有基于一个答责

---

[179] 比如可见 HK-GS/*Duttge*, § 35 StGB Rn. 13; *Hörnle*, JuS 2009, 879; *Kühl*, AT, § 12 Rn. 62; *Maurach/Zipf*, AT/1, § 34 Rn. 5; *Müller-Christmann*, JuS 1995, L 67; Schönke/Schröder/*Perron*, § 35 Rn. 20。

[180] 支持这一观点的有 LK-StGB/*Zieschang*, § 35 Rn. 71; *Maurach/Zipf*, AT/1, § 34 Rn. 5; *Wessels/Beulke/Satzger*, AT, Rn. 691。

[181] 支持这一观点的有 *Jescheck/Weigend*, AT, S. 485; 实际上还有 HK-GS/*Duttge*, § 35 StGB Rn. 13。

[182] 支持这一观点的有 *Ebert*, AT, S. 97; Schönke/Schröder/*Perron*, § 35 Rn. 20。

[183] 参见 Baumann/Weber/Mitsch/*Eisele*, § 18 Rn. 31; *Roxin/Greco*, AT I, § 22 Rn. 46。

[184] 参见 *Neumann*, Zurechnung, S. 238 f.; Modell des Verantwortungsdialogs; 可可参见 *Jakobs*, FS Neumann, 2017, S. 905 ff.。

[185] 也可参见 *Kühl*, AT, § 12 Rn. 63; SSW StGB/*Rosenau*, § 35, Rn. 14 认为关键在于行为人是否"在没有充分理由的情况下让自己陷入了危险"。此外还可参见《刑法典》第32条范围内妥当性限制中的可非难的事前举止的相应问题；对此可见第25章边码102。

的、也就是**有罪责**的决定，人们才会接受承担一个升高的责任。[186]

另一个有争议的问题是对**紧急避险救助**案件的处理，在这类案件中，要么是行为人引发了不利于关切者的危险，要么是关切者自己引发了危险。[187] 法律条文的要求必须是**行为人引发了危险**。以此为依据的部分文献认为，在行为人先前引发危险导致的紧急避险救助案件中，通常可以期待让行为人容忍关切者所面临的危险。[188] 反对的观点则正确地指出，如果行为人自己造成关切者陷入危险，那么行为人就会极其迫切地想要消除这一紧急避险处境。这一特殊的心理强制处境在这类案件中支持对引发了危险的紧急避险者宽恕罪责。[189] 相反，如果是**关切者自己引发了危险**，那么该常例就不成立。部分文献则认为在此成立一个未被列举的危险容忍情形。其论证的理由是，行为人能够宽恕罪责地避免危险，而关切者却由于引发了危险而无法得到谅解，这是无法接受的。[190] 但是，反对这一观点的理由是，行为人的心理强制处境在很大程度上与关切者对于危险的责任无关。[191]

68

2. 特殊的法律关系

被期待容忍危险的通常[192]是那些处于"一个特殊法律关系之中"

69

---

[186] 另一种观点见 Bosch, JURA 2015, 353; SSW StGB/Rosenau, § 35 Rn. 14 也都分别指出了客观指向的法律条文。

[187] 详见 Erb GA 2020, 605 ff., 他自己（S. 608 ff.）主张一个区分化的解决方案，在权衡支持与反对期待可能性的观点的框架内，考虑义务损害及不利于行为人的程度。在案件处理中关于观点争议的阐述参见 Gropengießer/Mutschler, JURA 1995, 158 f. 。

[188] 参见 Matt/Renzikowski/Engländer, § 35 Rn. 10; Maurach/Zipf, AT/1, § 34 Rn. 6; Schönke/Schröder/Perron, § 35 Rn. 20a; SK-StGB/Rogall § 35 Rn. 35。

[189] 参见 Bosch JURA 2015, 354; Jescheck/Weigend, AT, S. 485; Mitsch JURA 2021, 136 (143); Roxin/Greco, AT I, § 22 Rn. 50; Wessels/Beulke/Satzger, AT, Rn. 691. 反对的观点指出，行为人不应受到宽大处理，因为他的特殊动机处境是由于他的事前举止而产生的，他应当自行承担（Schönke/Schröder/Perron, § 35 Rn. 20a）。

[190] 参见 Lackner/Kühl/Kühl, § 35 Rn. 10; LK-StGB/Zieschang, § 35 Rn. 96; SK-StGB/Rogall, § 35 Rn. 36。

[191] 参见 Matt/Renzikowski/Engländer StGB § 35 Rn. 10; Kindhäuser/Zimmermann, AT, § 24 Rn. 14; Wessels/Beulke/Satzger, AT, Rn. 691. 有的人指出该反对观点违反法律地拒绝为紧急避险人宽恕罪责（Jäger, AT, Rn. 265; Kindhäuser/Zimmermann, AT, § 24 Rn. 14），但是这并不具有说服力，因为该法律条文可以毫无疑问地允许期待可能性受限制的其他情形。

[192] 关于边界见边码 66。

的人。对于这些人，法律甚至否定了减轻处罚（《刑法典》第 35 条第 2 款第 2 句句尾）的可能性。鉴于这一深远的后果，应当对"特殊的法律关系"这一要素进行限缩解释。[193] 这里所指的人是那些**为他人履行职业上的保护职责**的人，该保护职能通常会让他遭受升高的危险。[194] 标准例子是军人、警察与消防员。不过，法官（必须承受当事人的逼迫压力）、医生（比如可能遭受传染的危险）或者船长（必须在撤离乘客后自己才能离船）也可以被考虑进去。[195] 通说认为，特殊义务必须相对于公众而存在。[196] 相对于个体的保证人义务（例如私人保镖）并不符合条件。当然，升高的期待可能性只涉及那些对于法律关系而言具有类型化的危险。[197]

70   在这里，如何处理**紧急避险救助**的案件，也是存在争议的。

> **示例 1**：
> 消防员为了保护其妻子免受伤害而将第三人推入火焰（行为人负有特殊义务）。
>
> **示例 2**：
> 妻子为了保护其丈夫（消防员）而将第三人推入火焰（亲属负有特殊义务）。

依据常例中的条文，通说拒绝在以下情形中对那些**处于特殊法律关系中的行为人**予以宽恕罪责，即他为了营救关切者的法益而侵犯了第三

---

[193] 参见 Schönke/Schröder/*Perron*, § 35 Rn. 22。

[194] 参见 LK-StGB/*Zieschang*, § 35 Rn. 77;*Kühl*, AT, § 12 Rn. 69 ff.;SK-StGB/*Rogall*, § 35 Rn. 37。

[195] 参见 HK-GS/*Duttge*, § 35 StGB Rn. 15;*Kühl*, AT, § 12 Rn. 71 f.;关于船长详见 *Esser*/*Bettendorf*, NStZ 2012, 236 f.。

[196] 参见 *Kühl*, AT, § 12 Rn. 69 f.;Lackner/Kühl/*Kühl*, § 35 Rn. 9;*Roxin/Greco*, AT I, § 22 Rn. 39;Schönke/Schröder/*Perron*, § 35 Rn. 22. 另一种观点见 LK-StGB/*Zieschang*, § 35 Rn. 79。

[197] 参见 HK-StrafR/*Duttge* StGB, § 35 *StGB Rn.* 15。

人的法益（示例1）。[198] 反对的观点指出，虽然特殊义务涉及的是行为人自己容忍危险，但是不能够期待他忍受关切者受到危险。不过，支持通说的观点则认为，若对负有特殊义务者免责，则忽视了对公众的基本保护利益。[199] 在法律没有明确提及的相反情形中，比如**关切者处于特殊法律关系之中**(示例2)，通说认为可以期待紧急避险行为人放弃营救措施。[200] 行为人必须尊重关切者承担危险的义务。[201] "为保护公众而建立的设施的功能不但要求那些负有承担危险义务的人履行其义务，而且也要求那些与他亲近之人应当考虑到他的特殊任务"[202]。

3. 其他可以期待容忍危险的情形

法律中列举的期待可能性情形并非完整性列举。但是，从中可以得出的是，也应当对**未列举的期待可能性情形**提出要求。除了法律规定的常例之外，主要应当在以下情形中考虑到容忍危险的期待可能性：

对于**保护型保证人**而言，对于那些他通过侵犯被保护者的法益本能够避免的危险，可以期待他自行容忍。[203]

> **示例：**
> 可以期待一名父亲容忍那些他本可以通过侵犯其孩子的法益来避免的身体侵害。[204]

---

[198] 参见 HK-StrafR/*Duttge* StGB Rn. 16; Lackner/Kühl/*Kühl*, § 35 Rn. 10; *Roxin*, JA 1990, 138 f.; *ders.*/*Greco*, AT I, § 22 Rn. 43; Schönke/Schröder/*Perron*, § 35 Rn. 28。

[199] 比如 HK-StrafR/*Duttge* StGB § 35 StGB Rn. 16。

[200] 参见 *Kühl*, AT, § 12 Rn. 76; Lackner/Kühl/*Kühl* StGB § 35 Rn. 10; *Roxin* JA 1990, 139; *ders.*/*Greco*, AT I, § 22 Rn. 43; Schönke/Schröder/*Perron* StGB § 35 Rn. 29; *Zieschang*, HBStR, Bd. 2, § 45 Rn. 64。

[201] 参见 *Kühl*, AT, § 12 Rn. 76; Schönke/Schröder/*Perron*, § 35 Rn. 29。

[202] *Roxin*, JA 1990, 139; *ders.*/*Greco*, AT I, § 22 Rn. 43. 支持通过提供减轻处罚可能性来缓和对非特别义务者过重的结果的有 HK-GS/*Duttge*, § 35 StGB Rn. 16。

[203] 参见 *Joecks*/*Jäger* StGB § 35 Rn. 17; *Kühl*, AT, § 12 Rn. 82 ff.; *Roxin* JA 1990, 140; *ders.*/*Greco*, AT I, § 22 Rn. 53; LK-StGB/*Zieschang* § 35 Rn. 85 f.; *Zieschang*, HBStR, Bd. 2, § 45 Rn. 62。

[204] 不能期待该父亲承受一个严重的生命危险; 恰当的观点有 *Kühl*, AT, § 12 Rn. 84。

73 对于那些只有通过**显失比例严重侵犯**他人利益才能避免自身遭受侵害的情形，可以期待其容忍侵害。[205] 比如，当为了避免一个轻微的身体伤害而有必要进行对身体完整性的严重伤害时，可以期待容忍这一轻微的身体伤害。对侵犯生命予以宽恕罪责甚至要求面临带有无法挽回的严重的身体伤害。[206] 在这类案件中，可以要求行为人承受心理压力。

73a 还具有期待可能性的情形是，不去干涉**《刑法典》第218a条中违法但不可罚的终止妊娠**（这类干涉欠缺正当性，见第25章边码43与85）。因此可以期待胎儿的父亲（如果人们想将其视为"亲属"的话[207]）容忍胎儿母亲所作出的符合《刑法典》第218a条第1款的不可罚的堕胎决定。否则的话，堕胎的不可罚规定就会被亲属不可罚的干涉可能性所破坏。[208]

4.《刑法典》第35条第2款的错误规则

74 《刑法典》第35条第2款规定了**误想紧急避险（Putativnotstand）**：如果行为人对事实情状认识错误，而情状若存在他本可按照《刑法典》第35条被宽恕罪责，那么，当错误无法避免时，他就是不可罚的。这一规则背后的认识是，对于紧急避险行为人所处的心理强制处境而言，他是否仅仅只是想象出了成立紧急避险的情状，或者这些情状是否实际存在，并无任何区别。[209]

---

[205] 参见 Kühl，AT，§ 12 Rn. 87 f.；Roxin/Greco，AT I，§ 22 Rn. 54；HKV StrafR-HdB II/Zieschang，§ 45 Rn. 63. 反对的观点有 HK-GS/Duttge，§ 35 StGB Rn. 17，因为这样一来，当所列法益存在危险时，立法者的价值判断就被破坏了。但是，这一结论只有在以下情况中才可被合理地得出，即在涉及这些法益时要求身体完整性与自由在一定程度上面临着最低限度的侵害（持这一观点的还有 HK-GS/Duttge，§ 35 StGB Rn. 5），对此法条的文字表述给与了比解释期待可能性的标准显著更小的空间。对此又存在异议的 Hörnle，JuS 2009，878 想在轻微侵害的情况中给《刑法典》第35条的适用划定一条绝对的——也就是不依赖于所实行的犯罪的分量的——边界。

[206] 参见 Kühl，AT，§ 12 Rn. 88；NK-StGB/Neumann § 35 Rn. 50；Schönke/Schröder/Perron § 35 Rn. 33。

[207] 参见 Schönke/Schröder/Perron，§ 35 Rn. 5；Satzger，JuS 1997，804。

[208] 参见 Hillenkamp，JuS 2014，927。

[209] 概况可见 Bachmann，JA 2009，510 f.。

示例[210]：

如果行为人为了保护自己的孩子而实施行为，却在之后发现陷入危险的实际上是他人的孩子，那么，当该错误无法避免时，就成立《刑法典》第35条第2款所规定的宽恕罪责的心理强制处境。

《刑法典》第35条第2款所规定的仅仅是对于实际情况的错误，而不是对于被宽恕罪责的紧急避险的**法律边界的错误**。[211] 一个这样的错误是无关紧要的，因为心理强制处境的宽恕罪责效果取决于实际的（或者构想的）法律要求的紧急处境的成立。关于这一立法者决定的错误构想并不能够改变法律要求的强制处境的缺失。

四、紧急防卫过当（《刑法典》第33条）

示例[212]：

O是一个极右翼青少年组织的头目，他向一家妓院的老板A宣称，为了打击卖淫，将在某天24点袭击该妓院。A决定对抗右翼极端分子而不求助于警察。在23点30分左右，O的手持棒球棍的团伙出现在妓院门口。A携带着一把上膛的猎枪开汽车驶向他们。当他从车上下来后，举枪对准了在场的人，后者纷纷躲到了树后。他觉得自己已经给予这些对手足够的震慑，于是准备返回车中驶离。就在这时，O举着双手，以挑衅性的缓慢脚步走到了离A七米远的地方。当他被枪指着时，他大喊："开枪啊，你个蠢货！你根本就不敢。"A对这一事件突变感到震惊，举着武器后退至车上。A半坐进车里时，O已经逼近至一米的距离，并用右手抓住车门。他手里拿着刀。同时还有O的几名

---

[210] 其他的示例见 *Bosch*，JURA 2015，354 f.。
[211] 比如可见 Schönke/Schröder/*Perron*，§ 35 Rn. 45；*Roxin/Greco*，AT I，§ 22 Rn. 65。
[212] 依照 BGHSt 39，133 = NStZ 1993，333 m. Anm. *Roxin* = StV 1993，576 m. Anm. *Lesch* = JZ 1994，310 m. Anm. *Artz* = JR 1994，421 m. Anm. *Drescher*；对此也可见 *Müller-Christmann*，JuS 1994，649；*Renzikowski*，FS Lenckner，1998，S. 252 ff.。练习性案例文献参见与 BGHSt 39，133 高度相似的考试题 *Hillenkamp*，JuS 1994，769 ff.。

> 追随者也从遮掩处跳出,并走至离 A 的车只有六米的距离。这时,A 已经吓坏了,他在绝望中开枪射击了半米之外的 O 的头部,对他的死亡抱有容认心态。O 中弹身亡。A 虽然意识到自己可以向腿部开枪来阻止 O 进而开车离开,但是出于担心而不敢使用这种相对温和的方式。是否可以按照《刑法典》第 212 条处罚 A?

(一) 背景

77 《刑法典》第 33 条是一个**宽恕罪责事由**,尽管法律上只是笼统地规定着"不可罚"[213]。作为其基础的是**双重罪责减轻**(doppelte Schuldminderung)[214]:其一,(作为罪责基准点的)不法已经被减轻了,因为行为人通过伤害违法的攻击者而实现的不法更轻微;其二,从"面对人类攻击时的错误反应或过度反应会得到特别的谅解"中也会得出对罪责的减轻。[215] 所以,行为人的责任在总体上并没有达到刑法非难所要求的分量。

当然,关于《刑法典》第 33 条也存在着以下尝试,即以**欠缺特殊预防**与(主要是)**一般预防的处罚需求**为理由来论证对刑罚的免除。[216] 对此肯定正确的是,一个遭受违法攻击的、胆怯的被害人不需要特殊预防的作用,而且其举止也没有供人模仿的诱惑。[217]

---

[213] 比如可见 *Engländer*, JuS 2012, 408; *Kühl*, AT, § 12 Rn. 127 f.; Schönke/Schröder/*Perron*/*Eisele*, § 33 Rn. 2; *Rosenau*, FS Beulke, 2015, S. 237; *Zieschang*, HBStR, Bd. 2, § 45 Rn. 4 ff.。

[214] 比如可见 *Jescheck*/*Weigend*, AT, S. 491; *Kühl*, AT, § 12 Rn. 129; SSW StGB/*Rosenau*, § 33 Rn. 1; LK‑StGB/*Zieschang*, § 33 Rn. 1 ff.; Schönke/Schröder/*Perron*/*Eisele*, § 33 Rn. 2; *Wessels*/*Beulke*/*Satzger*, AT, Rn. 698. 也可参见 *Sauren*, JURA 1988, 569 f., 认为只有行为不法被减轻了,结果不法并未被减轻。反对不法减轻的 *Bitzilekis*, Einschränkung des Notwehrrechts, S. 196 f. *Rosenau*, FS Beulke, 2015, S. 232 f. 认为,免除刑罚不是建立在两根支柱之上,而是建立在三根支柱之上,额外的那一根是"攻击者对由激动引发的处境的答责性"。不过,这一方面也可在不法减轻中被找到,根据法确证思想这恰恰是违法攻击所造成的特征,所以——也在《刑法典》第 33 条中——只在与攻击者的关系中产生影响。

[215] 参见 Schönke/Schröder/*Perron*/*Eisele*, § 33 Rn. 2。

[216] 持这一观点的主要是 *Roxin*/*Greco*, AT I, § 22 Rn. 69 ff.; 相似的阐述可见 *Timpe*, JuS 1985, 119。

[217] 参见 *Roxin*/*Greco*, AT I, § 22 Rn. 69。

但是，欠缺对特殊预防或一般预防效果的反应的需求仅仅只是前文论证的罪责减轻的一个后果。因此，这些将相对刑罚理论意义上的需罚性置于中心地位的理论最终是以**次级现象**（Sekundärphänomen）为指向的。

(二)《刑法典》第33条的要件

《刑法典》第33条的前提是，行为人（即防御者及紧急救助者）[218] 逾越了紧急防卫的界限（下文标题1），原因是出于迷惑、畏惧或惊恐（下文标题2）。

78

1. 对紧急防卫的逾越

有争议的是，《刑法典》第33条规定了紧急防卫的哪些边界。《刑法典》第32条从两个方面限制了紧急防卫，一是紧急防卫处境，二是紧急防卫行为。因此，对紧急防卫的逾越（Überschreitung）体现在了多个方面。没有争议的是，《刑法典》第33条包含着所谓的**程度上的防卫过当**（intensiver Notwehrexzess），也就是防卫的激烈程度逾越了《刑法典》第32条第2款的所要求的必要限度。

79

在示例中，为了抵御攻击，本应瞄准腿部进行射击。因此，A的防御过于激烈，超出了必要性。

有争议的是，《刑法典》第33条是否且在何种程度上包含**范围上的防卫过当**（extensiver Notwehrexzess），它指的是在时间或空间方面逾越了防卫的权限。[219] 在此，大家普遍认为，损害第三人的法益（所谓"**空间范围上的防卫过当**"，räumlich-extensiver Notwehrexzess）无法被宽恕罪责。[220] 因为在侵犯非参与者的法益时欠缺了不法减轻（Unrechtsmiderung），以至于《刑法典》第33条的原理无法就此进行承载。

80

> **示例**：
> 被攻击者狂暴地出拳，打中了一个未参与其中的第三人。

---

[218] 参见 HK-GS/*Duttge*, § 33 Rn. 6; Matt/Renzikowski/*Engländer*, § 33 Rn. 6.
[219] 关于观点现状的大量证明见 Hillenkamp/*Cornelius*, AT, S. 97 ff.。
[220] 参见 *Zieschang*, HBStrR, Bd. 2, § 45 Rn. 19。

即使在防御时损害的是攻击者所使用的第三人的物品［**攻击工具**（Angriffsmittel）］，或者即使防御者损害的是公共法益，对此也不会有任何改变。[221] 不过，相反的观点[222]则一贯地认为，《刑法典》第 32 条的正当化已经延伸至了此类侵害（对此见第 25 章边码 90）。

81 更常被呼吁的是，将时间范围上的防卫过当（zeitbezogen-extensiver Notwehrexzess）纳入《刑法典》第 33 条的适用范围。[223] 但是，这里存在争议的是，它是仅涉及**不再**具有现时性的攻击［"事后防卫过当"（nachzeitig-extensiver Notwehrexzess）][224]，还是也涉及**尚未**具有现时性的攻击。[225]

> **示例**（关于"事后防卫过当"）：
> 被攻击者已经打败了攻击者，后者躺在地上失去了防卫能力，但前者继续进行殴打。

82 通说拒绝承认任何形式的时间范围上的防卫过当，并正确地将《刑法典》第 33 条的适用范围限制在对防御**强烈程度**（Intensität）的逾越上。[226] 从文字表述中就已经可以得出这一点，因为"逾越"在概念上以一个能够被逾越的紧急防卫处境的存在为前提。[227] 与这一存在疑问的[228]条文论据相比，更重要的出发点是《刑法典》第 33 条的原理：如果人们从双重罪责减轻（见边码 77）出发去看待这一问题，那么也会将

---

[221] 参见 *Kühl*, AT, § 12 Rn. 145; *Roxin/Greco*, AT I, § 22 Rn. 92。
[222] 参见 BGH NStZ 1981, 299; *Sauren* JURA 1988, 573。
[223] 参见 *Erb*, JR 2016, 602 f.; *Matt/Renzikowski/Engländer*, § 33 Rn. 5; *Sauren*, JURA 1988, 570 ff.。
[224] 持这一观点的比如有 Baumann/Weber/Mitsch/*Eisele*, § 18 Rn. 56; NK-StGB/*Kindhäuser*, § 33 Rn. 11; LK-StGB/*Zieschang*, § 33 Rn. 4 ff.; *Zieschang*, HBStrR, Bd. 2, § 45 Rn. 14 f.; *Timpe* JuS 1985, 121; *Wessels/Beulke/Satzger*, AT, Rn. 701。
[225] 支持类推适用《刑法典》第 33 条的是 *Zieschang*, AT, Rn. 366。
[226] 持这一观点的比如有 BGH NStZ 1987, 20; *Jescheck/Weigend*, AT, S. 492 f.; Lackner/Kühl/*Kühl*, § 33 Rn. 2; SSW StGB/*Rosenau*, § 33 Rn. 6; *ders.*, FS Beulke, 2015, S. 233 f.。
[227] 比如可见 RGSt 62, 76, 77。反对的观点有 LK-StGB/*Zieschang*, § 33 Rn. 10 ff.。*Hardtung/Putzke*, AT, Rn. 800 通过援引立法者的意志反对纳入时间范围上的防卫过当。
[228] 参见 *Otto*, JURA 1987, 605 f.; *Schönke/Schröder/Perron/Eisele*, § 33 Rn. 7; *Rosenau*, FS Beulke, 2015, S. 233; *Sauren*, JURA 1988, 571。

《刑法典》第33条被限制于程度上的防卫过当，因为在范围上的防卫过当中由于欠缺了紧急防卫处境而欠缺了不法减轻，并进而欠缺了其中一根支柱以承载《刑法典》第33条中的宽恕罪责。[229]

此外还**有争议**的是，《刑法典》第33条只在**无意识**的**防卫过当**中发挥作用，还是也能在所谓**有意识**的**防卫过当**中发挥作用。

在示例中，A意识到本应对准腿部开枪。因此，该案涉及的就是有意识的防卫过当。

通说[230]认为，即使行为人意识到自己的行为超出了被允许的紧急防卫的界限之外，这也并不阻却《刑法典》第33条的适用。支持这一观点的论据有二：其一是无法从法律条文的文字表述中得出局限于无意识过当的结论；其二是《刑法典》第33条的受到优待的情绪不仅能引发无意识的防卫过当，还能引发有意识的防卫过当。[231] 将其限制在无意识的防卫过当中会使得《刑法典》第33条在实践中失去意义。如果行为人没有察觉到防卫过当，那么他在行为时就处于容许构成要件错误之中（第25章边码11及以下），因此无需考虑故意构成要件中的处罚。[232]

2. 存在法律认可的情绪：迷惑、畏惧或惊恐

只有当迷惑、畏惧或惊恐对于紧急防卫逾越至少是部分原因时，

---

[229] 参见 Jescheck/Weigend, AT, S. 493; Sauren, JURA 1988, 571。也不能通过指出"基于紧密的时间联系在规范上应被认定为一个行为单数"来论证不法的减轻（Schramm, Ehe und Familie, S. 145; Schönke/Schröder/Perron/Eisele, § 33 Rn. 7）。一方面，考虑到意志方向中的停顿，至少在有意识的紧急防卫逾越中成立一个行为单数，因为行为人将防御故意转变为了伤害故意；另一方面，与前述防御行为的紧密关联无法改变的是，不再像实际存在防卫处境的情形那样成立分量上的不法减轻。

[230] 比如可见 BGH NStZ 1987, 20, NStZ 1989, 474; Fischer, § 33 Rn. 8; Jescheck/Weigend, AT, S. 492; Müller-Christmann, JuS 1994, 650; SSW StGB/Rosenau, § 33 Rn. 7; Roxin/Greco, AT I, § 22 Rn. 82 f.; LK-StGB/Zieschang § 33 Rn. 23。这样认为的还有 BGHSt 39, 133 (139) 关于示例案件的观点。另一种观点见 Schönke/Schröder/Perron/Eisele, § 33 Rn. 6, 其论据是，《刑法典》第33条仅意味着以下情形，即正确理解事件的能力受行为人感知的影响而降低了。

[231] 参见 Jescheck/Weigend, AT, S. 492; Müller-Christmann, JuS 1994, 650。

[232] 参见 Engländer, JuS 2012, 409。

行为人才可以被宽恕罪责。[233] 因此，在行为时处于一个所谓的**怯弱**（asthenisch）[234]——也就是建立在弱势（Schwäche）之上——的**激动情绪**（Affekt）之中的行为人可以获得优待。[235] 按照该法律条文的原理，这一激动情绪必须达到一个激烈程度，从而导致对正确处理事件的能力产生了严重的妨害。[236] 当多种动机同时存在时，若其中的其他动机（比如愤怒）从属性地起到了共同作用，这也并不阻却对罪责的宽恕。[237]

  在示例中，事件开始时确实还不是怯弱的激动情绪，因为 A 有意不叫警察，打算与对方发生冲突，从一开始时就这么决定，也成功地这么做了。但是，在关键的行为情况中，O 拿着刀近距离地站在汽车旁边，其他的团伙成员也在危险地靠近，因此畏惧是 A 占据主导的行为动机。[238]

  3. 因可非难的事前举止而排除《刑法典》第 33 条？

85 《刑法典》第 33 条对于以下案件的适用存在疑难，即《刑法典》第 32 条的紧急防卫权由于目的性挑拨而被取消，或者由于可非难地引发紧急防卫处境而至少应被限制。如果是因为**目的性挑拨**而根本不存在紧急防卫权，那么也就不存在紧急防卫的逾越，《刑法典》第 33 条就没有适用空间。[239]

86 对于可非难的事前举止所导致的紧急防卫限制，**联邦最高法院在早**

---

[233] 参见 BGH NStZ-RR 1999, 264 (265)（对此的深入阐述可见 *Heuchemer*, JA 2000, 382 ff.）; LK-StGB/*Zieschang* § 33 Rn. 30; *Roxin/Greco*, AT I, § 22 Rn. 77, 80; *Fischer* StGB § 33 Rn. 3。

[234] 反义词：激烈（sthenisch），即建立在强烈的激动情绪之上，如愤懑、仇恨、暴怒。

[235] 比如可见 *Roxin/Greco*, AT I, § 22 Rn. 75/76; *Sauren* JURA 1988, 567 f. 。

[236] 参见 BGH NStZ-RR 1999, 264; Lackner/Kühl/*Kühl*, § 33 Rn. 3。

[237] 参见 HK-GS/*Duttge*, § 33 Rn. 13; *Engländer*, JuS 2012, 411。

[238] 不过，在原案中，联邦最高法院强烈质疑道，长期拉皮条的 A 是否真的会因为 O 的出现而变得如此迷惑、畏惧或惊恐，从而超出了紧急防卫的限度。下级法院对证据的评估与生活经验相矛盾，因此是不充分的[BGHSt 39, 133 (140 f.)；对此的批判可见 *Müller-Christmann*, JuS 1994, 652 f.]。在法律鉴定报告中，对案情陈述进行这样的质疑并不合适：没有任何"贴近生活的案情解释"可以改变明确的案情事实（A 被"吓坏了"）。

[239] 参见 *Wessels/Beulke/Satzger*, AT, Rn. 700; *Rosenau*, FS Beulke, 2015, S. 236。

期否定了行为人能因《刑法典》第 33 条而被宽恕罪责:"因为按照该法律条文的本质,能够被免除刑罚的只有那些仅与对攻击的直接防卫相关联的、有罪责的行为。它不允许被用来清除一个可非难的、在紧急防卫处境出现之前就已经开始的举止。"[240] 以该判决为基础,对于**示例案件**而言:由于 A 尽管认识到了即将来临的攻击,但他放弃了寻求警察帮助,因此他以可被非难的方式进入了紧急防卫的情境,不能援引《刑法典》第 33 条。

不过,联邦最高法院的判决在**文献**中受到了广泛且正确的**否定**。[241] 按照《刑法典》第 33 条的文字表述,当紧急防卫权存在时,始终应当考虑对紧急防卫的逾越。与《刑法典》第 35 条不同,《刑法典》第 33 条恰好没有包含对于危险引发案件的期待可能性规则,这使得以上的文字表述论据包含了额外的分量。这看起来也是合理的。因为只要一个——即使是受到限制的——紧急防卫权发挥着作用,那么攻击者就站在不法的一侧,而被攻击的被害者就通过以下方式保卫着法秩序,即因为激动情绪而逾越了紧急防卫类型的风险。[242]

87

鉴于这类质疑,**联邦最高法院**之后**修正了它的观点**[243]:据此,《刑法典》第 33 条原则上可以适用于被有罪责地共同引发的紧急防卫处境。[244] 但是,它并不适用于——包含示例中的案件在内的——以下情况,即"被违法攻击者有计划地让自己卷入一场与对方的暴力冲突中,通过将警察排除在外,达到用自己的手段去防卫已被预先通知的攻击并

88

---

[240] BGH NJW 1962,308(309)= JR 1962,186 m. Anm. *Schröder*;还有 *OLG Hamm* NJW 1965,1928 f. 。对此可见 *Rudolphi*,JuS 1969,461。

[241] 比如可见 Lackner/Kühl/*Kühl*,§ 33 Rn. 4;LK-StGB/*Zieschang*,§ 33 Rn. 7;*Müller-Christmann*,JuS 1989,720; *ders.* , JuS 1994,651;*Roxin*,FS Schaffstein,1975, S. 123 f. ;*Rudolphi*,JuS 1969,461 ff. ;*Schröder*,JR 1962,187 ff. ;*Fischer*, § 33 Rn. 6。

[242] 其中,不存在与在目的性挑拨中排除紧急防卫权不一致的地方——与 *Mitsch*,JuS 2017,23 的观点不一样。

[243] 参见 BGHSt 39,133(139 f.)。

[244] 参见 BGH NStZ 2016,84(86)(对此可见 *Hecker*,JuS 2016,177 ff. ;*Mitsch*,JuS 2017,23)。

在面对对方时占据上风的目的"[245]。因为在这类案件中"紧急防卫逾越的实质原因——即《刑法典》第33条的意义与目的的前提——并不在于一个由违法攻击导致的、建立在怯弱情绪之上的被攻击者的弱势（Schwäche），而在于紧急防卫处境出现之前所作出的、建立在亢进的（sthenisch）情绪之上的以下决意，即自己把这场与对方的'战争'给解决掉"[246]。

89 反对限制《刑法典》第33条的**意见**基本上就是反对联邦最高法院早先观点的意见。[247] 即使是联邦最高法院现在所作出的限制也与法条的文字表述相矛盾，因而违反了罪刑法定原则。[248] 行为人的事前举止并没有改变行为关键时刻怯弱情绪的存在。[249]

90 即使行为人本能因——主要是：有意识的——对紧急防卫的逾越而被非难，但《刑法典》第33条的可适用性**也阻断了用过失构成要件进行处罚这一条路**（在示例中：《刑法典》第222条）。[250] 应由攻击者共同答责的、基于紧急防卫处境的对必要防御的明显逾越，应当排除任何对于按照《刑法典》第33条被宽恕罪责的举止的可罚性（法条的文字表述！）。[251]

91 还要斟酌的是，是否应当考虑将事前举止——放弃联系警察，并用武器威胁对方团伙——作为A的可罚性的联结点。这里涉及的问题是，《刑法典》第222条的责任是否按照**原因自由行为**的基本

---

[245] BGHSt 39,133(139 f.). 还有 BGH NJW 1995,973,不过这里由于案情不同,这些原则无法适用。

[246] BGHSt 39,133(140)。

[247] 对联邦最高法院新近判决的批判见 *Arzt*,JZ 1994,315;Lackner/Kühl/*Kühl*,§ 33 Rn. 4;*Lesch*,StV 1993,583;*Müller-Christmann*,JuS 1994,652;*Roxin*,NStZ 1993,336;Schönke/Schröder/*Perron/Eisele*,§ 33 Rn. 9。赞同的有 *Drescher*,JR 1994,425 f.;*Fischer*,§ 33 Rn. 7。

[248] 持这一观点的尤其是 *Roxin*,NStZ 1993,336。

[249] 持这一观点的还是 *Arzt*,JZ 1994,315;*Roxin*,NStZ 1993,336。

[250] 持这一观点的有 BGH NJW 1968,1885;NStZ 2011,630(对此可见 *Hecker*,JuS 2012,465 ff.);*Engländer*,JuS 2012,409;LK-StGB/*Spendel*,11. Aufl.,§ 33 Rn. 52。

[251] 从这一论据出发,建立在怯弱情绪之上的、以为存在攻击的错误设想(在此按照容许构成要件错误的原则应排除基于故意的可罚性)能够让基于过失的可罚性成立;详见 *Engländer*,JuS 2012,409 f.。

原则得以成立。[252] 不过，在本案中，对于怯弱情绪的出现至少欠缺了个人的可预见性。

4.《刑法典》第33条在误想防卫过当中的类推适用

在误想防卫过当案件中要讨论对《刑法典》第33条的类推[253]适用，其所涉及的情况是，行为人**误认为自己受到了攻击**，在该处境下出于迷惑、畏惧与惊恐而**逾越了必要性程度**。[254] 这里并不成立容许性构成要件错误，因为即使假定行为人的构想是正确的，也由于防卫行为欠缺必要性而无法实现《刑法典》第32条的正当化（见第25章边码12）。在这些情况中，攻击的欠缺导致无法在同一程度上减轻不法，但是也仍欠缺《刑法典》第33条的支柱之一（见边码77），因此欠缺了对于类推而言必要的案情相似性。[255] 如果行为人认为其举止是被允许的，那么就要考虑到《刑法典》第17条。[256] 经常出现的建议是，将《刑法典》第35条第2款类推适用于此类案件，因为行为人的主观心态不取决于攻击的实际存在。[257] 但是，这里的前提是成立一个存疑的、违反计划的规则漏洞。[258]

91a

---

[252] 这一思想出现于 Drescher, JR 1994, 424; Schröder, JR 1962, 188。

[253] 按照占绝对地位的通说，直接适用会失败，因为欠缺紧急防卫处境，其边界会被逾越；BGH NStZ 2016, 333(334)（对此可见 Eisele, JuS 2016, 366 ff.）；NK-StGB/Kindhäuser, § 33 Rn. 15。

[254] 对此表示支持的比如有 Schönke/Schröder/Perron/Eisele StGB § 33 Rn. 8（即使客观上尽责检查仍无法认识到欠缺了紧急防卫处境时）；Kühl, AT, § 12 Rn. 158（当佯装攻击时）；Zieschang, HBStrR, Bd. 2, § 45 Rn. 20（当被害人对误想防卫过当负有责任时）。

[255] 参见 Heinrich, AT, Rn. 592 f.；NK-StGB/Kindhäuser, § 33 Rn. 16；Hoffmann-Holland, AT, Rn. 407；SSW StGB/Rosenau, § 33 Rn. 2. 当紧急防卫处境的欠缺无法在客观上被认识到时，支持类推适用《刑法典》第33条的有 Schönke/Schröder/Perron/Eisele, § 33 Rn. 8；当被害人对过当行为人的错误负有责任时，支持类推的有 Zieschang, AT, Rn. 367。此外区分化的观点见 Matt/Renzikowski/Engländer, § 33 Rn. 8；ders., JuS 2012, 410 f.。

[256] 参见 Heinrich, AT, Rn. 593；SSW StGB/Rosenau, § 33 Rn. 2；Wessels/Beulke/Satzger, AT, Rn. 705。

[257] 参见 Baumann/Weber/Mitsch/Eisele, § 18 Rn. 69；Stratenwerth/Kuhlen, § 10 Rn. 123。

[258] 参见 Hoffmann-Holland, AT, Rn. 407。

五、法律没有规定的宽恕罪责事由

92　《刑法典》第33条与第35条的规定是欠缺符合规范的举止的期待可能性的典型情形。但是,在这些法定情形之外,还要考虑到那些遵守规范的举止的期待可能性明显存疑的情形。按照占绝对地位的通说,与不作为犯(详见第29章边码79及以下)和过失犯(详见第30章边码24及以下)的情形不同,在故意的作为犯中无期待可能性的一般性宽恕罪责事由无法产生效果,因为这会破坏承认特定宽恕罪责事由的立法决定,并会侵犯法的安定性(Rechtssicherheit)。[259] 不过,这并未排除对个别宽恕罪责事由的承认,只要这类事由有着足够清晰的轮廓。[260]

(一) 非法定的宽恕罪责的紧急避险

93　文献中的通说在**严格的条件**下对以下情形承认非法定的(übergesetzlich)宽恕罪责的紧急避险(=宽恕罪责的义务冲突[261]),即行为人在一个合理强度的动机压力之下为了营救法益而实施行为,但既不存在所保护的利益显著优越于被侵害的利益的情况(也就是说,没成立《刑法典》第34条的情形),也不存在行为人想要保护自己的利益或者关切者的利益的情况(也就是说,没有成立《刑法典》第35条的情形)。[262]

---

[259] 比如可见 *Eser/Burkhardt*, I, Fall 18 A 53; *Roxin/Greco*, AT I, § 22 Rn. 142 ff.; *Schönke/Schröder/Sternberg-Lieben* StGB Vorb. §§ 32 ff. Rn. 122/123 ff.; *Wessels/Beulke/Satzger*, AT, Rn. 709; *Zieschang*, HBStrR, Bd. 2, § 45 Rn. 119 ff.。但是观点不同的比如有 *Lücke* JR 1975, 55 ff.; *Wittig* JZ 1969, 546 ff.。反对的还是 *Achenbach* JR 1975, 492。

[260] 参见 MüKoStGB/*Schlehofer*, Vor § 32 Rn. 290 ff.。对这种类推的批判见 *Mitsch*, GA 2006, 13 f.。持怀疑态度的还有 HK-GS/*Duttge*, § 35 StGB Rn. 23。

[261] 关于术语见 *Kühl*, AT, § 12 Rn. 93,他正确地指出,"义务冲突"概念应保留在冲突的作为义务中(也就是对于不作为犯罪)更好。

[262] 对此比如可见 *Bechtel* JURA 2021, 14 (15 f.); *Eser/Burkhardt*, I, Fall 18 A 48 ff.; *Kühl*, AT, § 12 Rn. 92 ff.; *Wessels/Beulke/Satzger*, AT, Rn. 711; 否定的观点见 *Schünemann* GA 2019, 1 (5 ff.)。没有规定并非意味着立法者作出了反对这类宽恕罪责事由的决定;立法者是想给司法判决与学术研究留下进一步的空间,对此见 *Bechtel* JuS 2021, 401 (404 f.); *Zieschang*, HBStrR, Bd. 2, § 45 Rn. 75。

最重要的示例[263]：

在纳粹时代，一些有限参与了受安排杀害精神病人的医生的目的是拯救尽可能多的病人，即使他们当时拒绝，谋杀也会发生，因为在这种情况下那些忠于政权的同事会取而代之。另一个示例是击落被劫持的、向着有人居住的楼房飞去的客机。《刑法典》第32条可以对劫持者发生效果，但是《刑法典》第34条的（对于不法的，第25章边码51）正当化通常会被否定。由于射击者与楼房居住者之间不存在特殊的亲近关系，因此只剩下非法定的宽恕罪责的紧急避险。[264] 最后一个示例是连体双胞胎的分离，如果不牺牲其中一个的话，那么两个都会死去。[265]

与法定的宽恕罪责事由一样，罪责在这里也得到了双重减轻[266]：其一，对法益的营救减轻了其罪责对应的不法；其二，行为人决定法益侵害时的心理动机压力减轻了其罪责。[267] 考虑到《刑法典》第35条中的立法者评价，这里所提及的利益当然要具备紧急避险的资格（这里没有争议的只有生命），所以非法定的紧急避险肯定无法使得对财产价值的营救得以宽恕罪责。[268] 如果人们承认非法定的宽恕罪责的紧急避险，那么合乎逻辑的是，《刑法典》第35条第2款的宽恕罪责也可类推扩张至以下案件，即当行为人关于紧急避险处境的成立陷入了**无法避免的错**

94

---

[263] 参见 *Koch* JA 2005, 745 ff.; *Hardtung/Putzke*, AT, Rn. 805 ff.; *Rönnau* JuS 2017, 113 f.。主张按照正当化的义务冲突（见第25章边码64及以下）的情形进行处理的有 *Otto*, HBStrR, Bd. 2, § 41 Rn. 65 ff.。

[264] 参见 HK-GS/*Duttge*, § 35 Rn. 22 f.; *Jäger*, FS Rogall 2018, S. 186 f.; *Kühl*, AT, § 12 Rn. 98; *Rönnau*, JuS 2017, 114 ff.; *Stübinger*, ZStW 123 (2011), 442 f.。

[265] 参见 *Koch*, GA 2011, 129 (135 ff.) 也提出了令人信服的反对意见。

[266] 比如可参见 *Eser/Burkhardt*, I, Fall 18 A 51 f.; *Zieschang*, HBStrR, Bd. 2, § 45 Rn. 76。

[267] 从行为人以为自己实施了符合道德要求的行为这一方面出发，这一情形与之后讨论的良知行为（边码96）是有重合的。

[268] 参见 *Kühl*, AT, § 12 Rn. 99; *Zieschang*, HBStrR, Bd. 2, § 45 Rn. 79。

误之中时。[269]

95 有的人主张,应当进一步**限制在对本就已经丧失的法益的牺牲**。在以下示例中就欠缺了这一点:

> **示例**("扳道工案")[270]:
> 扳道工 A 发现一列货运火车正朝着一列满载乘客的客运火车驶去。要避免乘客死亡,A 只能将火车导入另一条铁轨,正如他所预料到的,这导致了处在该条铁轨之上的铁道工 O 的死亡。

部分人否认可以宽恕扳道工的罪责,其理由是法不允许"操控命运"却不可罚[271],在牺牲局外人时成立了预防性的刑罚需求。[272] 这并不具有说服力:罪责所对应的不法在这类案件中也被明显减轻了。行为人不是出于对法的漠视,而是以一种不应受到(刑法)非难的方式解决了困局。[273] 当然,如果牺牲一个法益时并没有特别强的理由作为支撑,比如扳道工只是为了救列车长 X 而牺牲了 O,那么当然就不成立宽恕罪责的情形。[274]

95a 在这些案件类型中,**事后分诊**的情形(见第 25 章边码 67b)处于中间地带,即医生从一名病人身上摘下呼吸机,去给生存可能性明显更高

---

[269] 参见 *Kühl* AT § 14 Rn. 84;LK-StGB/*Rönnau* Vor. §§ 32 ff. Rn. 373;Schönke/Schröder/*Sternberg-Lieben*/*Schuster* StGB § 16 Rn. 31。

[270] 对此可见 *Mitsch*,GA 2006,11 ff.;*Welzel*,ZStW 63(1951),51 ff.;案例解答中的类似情形见 *Steinberg*/*Lachenmaier*,ZJS 2012,649(651 f.)。HK-GS/*Duttge*,§ 35 StGB Rn. 23 将纳粹医生的案件也归类于这一类型,可能是基于可以合理的考量,否则的话被害人也不会在医生决定的直接情境下丧生。

[271] 参见 *Jakobs*,AT,20/41 f.;*Stübinger*,ZStW 123(2011),445 f.;*Zieschang*,HBStrR,Bd. 2,§ 45 Rn. 85 f. 人们达成广泛共识的是,这一观点无论如何都与《刑法典》第 34 条的正当化相违背,参见 *Schünemann* GA 2020,1(10)。

[272] 参见 *Roxin*/*Greco*,AT I,§ 22 Rn. 162;*Walter* JURA 2021,844(847);倾向于赞同的有 HK-GS/*Duttge*,§ 35 StGB Rn. 23。因欠缺法律根据而予以否定的观点有 *Mitsch*,GA 2006,13 f.。

[273] 恰当的观点有 *Bechtel* JURA 2021,14(19 f.);*Kühl*,AT,§ 12 Rn. 105。

[274] 参见 *Kühl*,AT,§ 12 Rn. 106。

的另一名病人使用。[275] 医生在这里作出决定,既不是不利于一个注定要死的人,也不是不利于一个完全未陷入危险的人,而是依据生命危险的程度高低。如果人们根据通说否定正当化,那么支持成立非法定的宽恕罪责的紧急避险的理由是,医生是在严重的冲突处境中作出了有利于生存可能性更高的病人的决定。

(二) 良知行为

经常有人基于《基本法》第 4 条第 1 款所保护的良知自由,主张良知行为(Gewissenstat)具有宽恕罪责的效力,因为当处罚与《基本法》所保障的良知自由相抵触时,国家就不能够进行处罚。[276] 当然,并非所有与立法评价相偏离的信念都能够宽恕罪责,而只有那些**真正的良知决定**才可以。这指的是"每一个真诚、合乎道德——也就是以'善'与'恶'的分类为指向——的决定,个体在特定处境中受到约束并在内心必然地产生这一决定,以至于他只有在严重的良知冲突时才能实行这一决定"[277]。这一良知自由在宪法框架之下受到内在的限制,而且必须在侵害其他法益时对这些法益予以权衡。[278] 此外,只有在以下情况中才能作出这一决定,即对行为人的处罚"会表现为一种过度的并进而损害了其作为人类的尊严的社会反应"[279]。通常情况下只会

96

---

[275] 之后进行了论证说服的有 *Waßmer* JA 2021,298(302 f.)。否定宽恕罪责的比如有 *Sowada* NStZ 2020,452(459);*Sternberg-Lieben* MedR 2020,627(636 f.)。

[276] 深入阐述可见 *Kühl*,AT,§ 12 Rn. 109 ff.;*Neumann*,HBStrR,Bd. 2,§ 48 Rn. 50 ff.;*Roxin/Greco*,AT I,§ 22 Rn. 100 ff.;*ders.* GA 2011,1 ff.;否定的观点有 *Zieschang*,HBStrR,Bd. 2,§ 45 Rn. 89 ff.;案例解答见 *Stoffers/Murray* JuS 2000,986 ff.。

[277] BVerfGE 12,45(55)。这也是与确信犯(Überzeugungstäter)之间的区别,后者只是认为法律规定是"错误的"而拒绝遵守它,依其作为基础的犯罪思想(《刑法典》第 46 条第 2 款),既可以发挥减轻处罚的效果,也可以发挥加重处罚的效果,SSW StGB/*Eschelbach* § 46 Rn. 101;*Kühl*,AT,§ 12 Rn. 118。

[278] 参见 BVerwGE 113,361(362 f.);Jarass/Pieroth/*Jarass*,GG,Art. 4 Rn. 50;*Kühl*,AT,§ 12 Rn. 123。关于完全拒绝服役者,《基本法》第 4 条第 3 款结合拒绝兵役对良知决定的问题最终进行了规定[BVerfG 19,135(138)],这当然是考虑到了对民事的服役(Zivildienst)的拒绝恰恰没有包含在其中,这在文献中受到了质疑;见 *Roxin/Greco*,AT I,§ 22 Rn. 120 ff.。

[279] 参见 BVerfGE 32,98(109)。

考虑减轻处罚。[280]

> **示例**[281]：
> 如果父母阻碍挽救他们孩子生命的医学治疗，那么他们对于其举止正确性的深信并不能够对侵害孩子生命权的行为予以宽恕罪责。

案件与问题

73. 从多少酒精数值开始要考虑减轻的罪责能力或者无罪责能力？汽车驾驶员在何时是绝对没有驾驶能力的？

74. 饮酒后处于无罪责能力状态的行为人的刑事责任为什么在纯正结果犯中与饮酒行为本身有关，但是在举止定式犯中却与饮酒行为本身无关？

75. 正当化的紧急避险（《刑法典》第34条）与宽恕罪责的紧急避险（《刑法典》第35条）之间的基本区别是什么？

76. 在柏林墙建成之前，A从东柏林逃到了西柏林。之后，他想将他的家人带到西边，于是从西柏林挖了一条地道通往墙后的房屋。最后，为了执行逃亡计划，他终于建好地道来到东边，接了他的妻子和两个儿子去往地道处的房屋。当他们想要进入该房屋时，被部署在边境地区的边防武装警卫O要求他们站住并出示证件。在A无法劝阻O收回其要求后，A使用随身携带的枪支射击了O，因为他担心逃亡失败及参与者会被逮捕。A杀死O的行为是否可以按照《刑法典》第35条得以宽恕罪责？（参见BGH JR 2001，467）

77. 认为《刑法典》第33条不适用于范围上的防卫过当的理由是什么？

---

[280] 参见 SSW StGB/*Eschelbach* § 46 Rn. 101; *Jäger* JA 2020, 393 (395); Schönke/Schröder/*Kinzig* StGB § 46 Rn. 15; LK-StGB/*Rönnau* Vor. §§ 32 ff. Rn. 391;对《刑法典》第46条第2款中提及的良知的量刑因素的考量。

[281] 参见 *OLG Hamm* NJW 1968, 212; *Zieschang*, HBStrR, Bd. 2, § 45 Rn. 97。

第 27 章　正犯与共犯

一个故意犯罪可能是一项多人参与实现的工程。法律区分正犯（Täterschaft）与共犯（Teilnahme）作为**参与**（＝上位概念，《刑法典》第 28 条第 2 款）的形式。正犯包括单独正犯（Alleintäterschaft，《刑法典》第 25 条第 1 款第 1 变体）、间接正犯（mittelbare Täterschaft，《刑法典》第 25 条第 1 款第 2 变体）、共同正犯（Mittäterschaft，《刑法典》第 25 条第 2 款）与法律没有规定的同时正犯（Nebentäterschaft）。共犯的形式是教唆（《刑法典》第 26 条）与帮助（《刑法典》第 27 条）。

1

通过这一区分，法律拒绝了**单一正犯人概念**（Einheitstäterbegriff）。[1] 不过，单一正犯人概念在过失犯罪的领域中被使用，在那里不区分正犯与共犯。[2] 在违反秩序法的领域中，《违反秩序法》第 14 条也一般性地规定了单一正犯人原则。

2

一、正犯与共犯的界分

对于不同的犯罪贡献（Tatbeitrag）在参与的法体系中进行归类的必要性，导致了巨大的**区分困难**。究竟哪个标准在区分时应起到关键作用，是存在争议的。对此有着不同的理论［见标题（二）至标题（五）］，这些理论与作为基础的对构成要件的理解紧密相关［参见标题

3

---

〔1〕 详情可参见 *Jescheck/Weigend*，AT，S. 645 ff.。深入了解与法律比较可参见 *Hamdorf*，Beteiligungsmodelle im Strafrecht，2002。批判的观点见 *Schünemann* GA 2020, 224 ff.。

〔2〕 另一种观点见 *Noltenius*，HBStR，Bd. 3，§ 50 Rn. 130 ff.，137，其结论是，即使一个——按照目前法律规定不可罚的——过失的帮助也是可能的。

(一)与标题(六)]。[3]

(一) 对构成要件的理解与正犯人理论之间的关联

4 如果根据古典理解,构成要件的实现被局限为给法益对象的损害带来具有因果关系的贡献(第13章边码5),那么犯罪贡献的分量按照等价理论就没有任何区别。持刀相刺的人与制造该刀的人一样地实现了构成要件。如此就会成立一个扩张的(也就是包含了正犯与共犯的)构成要件概念及**扩张的正犯人概念(extensiver Täterbegriff)**。[4] 因为在客观上所有的犯罪贡献都是等价的,所以法律要求的对正犯与共犯的区分只能根据主观的视角予以实现。这是主观说[下文标题(二)]与——带有很大限制的——新近判决[下文标题(五)]的基础。相反,学界通说认为法律上的构成要件同样描述了正犯:正犯人是实现构成要件的人。根据这一**限制的正犯人概念(restriktiver Täterbegriff)**,《刑法典》第26条与第27条将可罚举止的领域扩展至分则的构成要件之外。于是,正犯的成立——及其与共犯的界限——就取决于对分则中构成要件的解释。形式客观说[下文标题(三)]与实质客观说[=犯罪支配理论;下文标题(四)]均以此作为出发点。正犯人概念对各个构成要件的依赖也说明,各个构成要件的一定特殊性影响着对正犯与共犯的区分[下文标题(六)]。

(二) 主观说

5 帝国法院与初期的联邦最高法院[5]主张主观说,据此,正犯人是带着正犯人意志作出因果犯罪贡献的人,也就是说,此人对犯罪**"作为自己的"**而进行追求[正犯意思(animus auctoris)],而帮助人只是支持他人的犯罪,也就是对犯罪**"作为他人的"**而希望促成[共犯意思(ani-

---

[3] 参见 *Jescheck/Weigend*, AT, S. 648 ff.。
[4] 对此及后文内容可见 SSW StGB/*Murmann*, Vor §§ 25 ff. Rn. 3 f.。
[5] 对此可见 *Sax*, JZ 1963, 331 ff.。二战后,这条路线对那些在纳粹政权下实施了杀害行为的人特别有利,因为他们不属于领导层,只能作为帮助人受到处罚,对此见 *Noltenius*, HBStR, Bd. 3, § 51 Rn. 16。

mus socii）〕。[6] 正犯人意思的标志是，**对犯罪结果有很高的自我利益**。

在它最坚定的模型（Ausprägung）中，外在犯罪贡献的分量并不重要，因此，即使是亲手实施，也可能根据意思的方向属于单纯的共犯。这在帝国法院所判决的"**澡盆案**"中得到了说明：母亲想将她刚生的非婚生子杀死，但是由于产后虚弱无法自己实现这一意图。最后，为了实现孩子母亲的愿望，她的妹妹将孩子溺死在澡盆中。帝国法院认为，虽然妹妹亲手实施了杀害行为，但是只属于帮助人，因为她在犯罪实行中并没有自己的利益。[7] 二战之后，司法判决遵循了这一观点，这使得许多亲手杀死被害人的纳粹罪犯受益。[8] 不过，最著名的还是联邦最高法院的"**斯塔申斯基案**"（Staschinskij-Fall）：被告人受苏联"最高当局"之托杀死了居住在西德的流亡政客。联邦最高法院认为他是其委托者的帮助人，因为他只是不情愿地屈服于委托者的意志，而没有自己的犯罪利益。[9]

极端主观说在今天已经过时了，因为它与法律的条文并不相容（正犯人是，"自己实施……犯罪行为的人"；《刑法典》第 25 条第 1 款第 1 变体），并最终会导致思想刑法。[10]

---

[6] 对此的详细与深入的阐述可参见 *Noltenius*, HBStR, Bd. 3, § 50 Rn. 24 ff.，他（§ 51 Rn. 13）也指出，帝国法院无论如何都没有普遍性地以极端的主观说作为基础。

[7] 参见 RGSt 74, 85；对此可见 *Hartung*, JZ 1954, 430 f.；*Hillenkamp/Cornelius*, AT, S. 161 ff.。相应地，联邦最高法院(St 18, 87)在"斯塔辛斯基案"（Staschinskij-Fall）中作出了如下判决：被告人受到苏联"高层"的委托杀死了生活在西德的流亡政客。联邦最高法院仅仅将他视为其委托人的帮助人，因为他只是不情愿地屈服于他们的意愿而没有自己的犯罪利益；对此可见 *Baumann*, NJW 1963, 561 ff.；*Sax*, JZ 1963, 329 ff.；*Schroeder*, Recht in Ost und West, 1964, 97 ff.；此外还可见 BGH bei *Dallinger*, MDR 1974, 547。

[8] 参见 *Koch*, Täterschaft, S. 426 ff.，433 ff.。

[9] 参见 BGHSt 18, 87；hierzu Baumann NJW 1963, 561 ff.；*Sax* JZ 1963, 329 ff.；*Schroeder*, Recht in Ost und West, 1964, 97 ff.；ferner BGH bei Dallinger MDR 1974, 547。

[10] 参见 Schönke/Schröder/*Heine/Weißer*, Vorb. §§ 25 ff. Rn. 74；*Noltenius*, HBStR, Bd. 3, § 50 Rn. 61；*Welzel*, S. 109。 BGHSt 8, 393。关于立法者的意图见 BT-Drs. IV/650, S. 147 f.。在引入《刑法典》第 25 条第 1 款之后联邦最高法院的观点见 BGH NStZ 1987, 224 f.；NStZ-RR 2021, 103（red. LS）。关于不同的观点见 Koch, Täterschaft, S. 419 f.。

(三) 形式客观说

7 根据形式客观说,正犯人是指完全或部分地亲自(in eigener Person)实施分则构成要件中所描述的行为的人。[11] **正犯,是通过实现构成要件而被确定的**;相反,共犯并未满足法定的构成要件。构成要件的实现并不局限于作出因果犯罪贡献,而是在举止定式犯(verhaltensgebunde Delikte)中,根据立法者对行为实施的规定所确定。在纯正结果犯中,根据生活语言习惯所确定。

这一观点的缺陷在于,对符合构成要件的行为的理解是形式的、以各个构成要件的语言习惯为导向的。尤其是,若以此为出发点,则无法对间接正犯(《刑法典》第25条第1款第2变体)进行令人满意的解释,因为间接正犯恰巧没有亲手实施构成要件所描述的行为。[12] 不过,这一观点的优点在于,始终认为正犯人是实现构成要件的人。仅仅只有构成要件实现的标准需要实质上的具体化。

(四) 犯罪支配理论(= 实质客观说)

8 犯罪支配理论(Tatherrschaftslehre)*所关注的是对构成要件实现的实质确定(因此该理论又被称为实质客观说)。因此,犯罪支配理论也建立在限制的正犯人概念的基础之上。[13] 不过,该限制的正犯人概念不再通过一般的语言习惯得以满足,而是通过——从目的行为论中吸收的——带有意义的控制外部发生的思想得以满足。[14] 犯罪支配是"将被

---

[11] 形式客观说在20世纪初期是文献中的统治性观点。对其的详细阐述与批判见 *Murmann*, Nebentäterschaft, S. 64 ff.; *Noltenius*, HBStR, Bd. 3, § 50 Rn. 37 ff.; *Roxin*, Täterschaft, S. 37 ff.。

[12] 参见 *Kühl*, AT, § 20 Rn. 24; *Welzel*, S. 99。

* Tatherrschaftslehre 在国内还有多种其他译法,比如犯罪事实支配理论、行为支配理论、行为控制理论等。——译者注

[13] 参见 *Jescheck/Weigend*, AT, S. 651 f.。

[14] 基础性的阐述见 *Gallas*, in: Deutsche Beiträge zum VII. Internationalen Strafrechtskongress in Athen vom 26. September bis 2. Oktober 1957 (Sonderheft der ZStW), S. 9 ff.; *ders.*, Täterschaft, S. 86 ff.。当然,犯罪支配概念之后被许多学者进行了规范上的轮廓勾画,这些不能被目的性的思想所解释了。对此的阐明比如可见边码 17、25。

故意所包含的符合构成要件的事件发生过程掌握在手中"[15]。犯罪支配的实质标准允许对他人的犯罪贡献进行归属,因此即使控制一个人类工具（menschliches Werkzeug）缺乏亲手性,但是仍能够使正犯得以成立（间接正犯）。

犯罪支配划分为**多种支配形式**。[16] "**行为支配**"形容直接正犯人,他们通过亲手实施符合构成要件的行为支配了符合构成要件的事情发生。"**功能支配**"形容共同正犯,即参与者分工合作地采取行动,使得每一个人都通过他在整体事件中的功能进行了犯罪支配。最后,间接正犯被形容为"**凭借占据优势的认识或意思进行的支配**"。

今天,在学术研究的各种模型与大学的鉴定报告中,犯罪支配理论都获得了**广泛的承认**。[17] 本书中对各类正犯形式的处理也以犯罪支配理论为导向。

（五）整体观察说

新近的判决支持整体观察说（Gesamtbetrachtungslehre）,该理论建立在以下信念之上:对正犯与共犯的区分不能仅依据单一的标准,一个**评价性的整体观察**是必要的。

整体观察说在正犯的各种形式中发挥着不同的作用,并主要是用来描述**共同正犯**的。共同正犯（区别于帮助犯）的突出之处在于,共同正犯人想要"让自己的贡献作为他人行动的一部分,且让该人的行为反过来成为自己犯罪部分的补充"。"一个参与者是否想要与犯罪有着这一紧密关系,要根据他的构想所包含的总体情况,在评价式的考查中作出评判。评判的主要依据能够从以下方面被找到:犯罪结果关乎自身利益的

9

10

11

---

〔15〕 *Maurach/Gössel/Zipf*,AT/2,§ 47 Rn. 89;*Gallas*,in:Deutsche Beiträge zum VII. Internationalen Strafrechtskongress in Athen vom 26. September bis 2. Oktober 1957 (Sonderheft der ZStW),S. 13. 当然这并不意味着一个所设置的风险必须确信无疑地导致结果;所以错误地进行了批判的有 *Hardtung/Putzke*,AT,Rn. 1346。

〔16〕 基础性的阐述见 *Roxin*,Täterschaft,S. 140 ff. 。

〔17〕 比如可见 *Gropp/Sinn*,AT,§ 10 Rn. 79;*Maurach/Gössel/Zipf*,AT 2,§ 47 Rn. 85 ff. ;参见 Baumann/Weber/Mitsch/Eisele AT § 25 Rn. 34;*Rengier*,AT,§ 41 Rn. 10;*Roxin*,AT II,§ 25 Rn. 10 ff. ;批判的观点比如有 *Haas*,ZStW 119(2007) ,519 ff. 。

程度，犯罪参与的规模，以及犯罪支配或者至少对犯罪支配的意思，从而使他的意思对犯罪的实施与结局起着决定性作用"[18]。因此，作为**出发点**的问题是正犯人是否"**想要**"与犯罪有紧密的关系，这必然是**主观说**。在评价中被包含的观点最终是用来确认正犯人意思的。

12 在**间接正犯**中，司法判决则更偏向用客观标准作为依据，并多次认为**犯罪支配**具有决定性作用。[19]

13 整体观察说**无法令人信服**，因为它没有以可靠的理论构想作为基础。它缺少一个将所包含的观点进行排列的原则，以至于它几乎可以随意地抓取完全不同的观点。[20] 至少新近的司法判决强调，仅有将犯罪视为整体的意志和关于犯罪结果的利益，当在客观上仅仅作出了次要贡献时，并不足以成立共同正犯。[21] 在鉴定报告中，要同时强调犯罪贡献的分量，这一结论开放性所导致的是，得出与以犯罪支配理论为基础的相同的结论通常至少是合理的。[22]

（六）可罚的个人声明、亲手犯与特别犯

14 从正犯是构成要件实现（限制的正犯人概念）的理解中可以得出以下结论，即**构成要件的特殊性**也应当在正犯人理论中被考虑。[23]

14a 这首先适用于那些**发表个人声明**会遭受刑事处罚的犯罪。在这种情况中，只有该声明的创作者才能满足该构成要件。[24] 通过口述让他人写侮辱信，或者让他人代为转交侮辱信，都属于自己表达了《刑法典》第185条中必要的、符合构成要件的对被害人的蔑视或轻视。[25] 写的

---

[18] BGH NStZ 1988, 406; BGHSt 36, 363 (367); BGH NStZ 1987, 364; StV 1998, 540; wistra 2001, 420 (421); NStZ-RR 2016, 6 (7); 2017, 5 (6); NStZ 2018, 144 (145); NStZ 2020, 22.

[19] 比如可见 BGHSt 32, 38, 42; 32, 165, 178; 35, 347, 353; 40, 218, 236 f.（对此可见 *Murmann*, GA 1996, 271）; *Krey/Esser*, AT, Rn. 841; *Roxin*, JZ 1995, 50。

[20] 参见 *Herzberg* JZ 1991, 861; *Noltenius*, HBStR, Bd. 3, § 50 Rn. 35, § 51 Rn. 18 f.; LK-StGB/*Schünemann/Greco* § 25 Rn. 30; AnwK-StGB/*Waßmer* Vor §§ 25 ff. Rn. 22。

[21] 参见 BGH StV 2016, 648; NStZ-RR 2017, 146 f.; NStZ 2017, 401 (403); NStZ-RR 2020, 239 (red. LS)。

[22] 参见 *Bode* JA 2018, 34 (36)。

[23] 参见 Baumann/Weber/*Mitsch*/Eisele AT § 25 Rn. 2。

[24] 深入的及关于各种不同解释路径的阐述见 *Roxin*, FS Rengier, 2018, S. 93 ff.。

[25] Lackner/Kühl/*Kühl*, § 185 Rn. 4。

人或转交的人都只属于帮助人。[26]

对正犯提出了特殊要求的还有受到广泛认可的**亲手犯**(比如,《刑法典》第173条的近亲相奸;《刑法典》第153条及以下的证言类犯罪;《刑法典》第316条、第315c条第1款第1项的醉酒驾驶;参见第14章边码17)。[27]能够成为此类犯罪正犯人的,只有那些**亲自实施**符合构成要件的行为的人,比如在法庭上作伪证的证人。强迫该证人作伪证的局外人不能够被当作间接正犯按照《刑法典》第153条进行处罚,尽管从外在看来他支配了事件的发生。[28]

15

能够以正犯方式实施**特别犯**的,只有负有特定的特别义务的人(参见第14章边码14)。能够成立这类特别义务的,比如有职务犯罪(比如《刑法典》第331条及以下)中的公务员身份,背信罪(《刑法典》第266条)中的财物照管义务或者交通事故逃逸(《刑法典》第142条)中的事故参与。[29]这些犯罪的不法较少存在于对一个特定事件发生过程的操纵,更多的是在于对特别义务地位的损害。因此,局外人支配这一负有特别义务的人,是不能够成立间接正犯的。

16

> **示例**[30]:
> 交通事故发生后,乘客持枪强迫司机继续行驶,尽管该乘客凭借其压倒性的意志进行了支配,但如果他并非事故参与者(《刑法典》第142条第5款),那么就不能成为交通事故逃逸的正犯人。

由于在亲手犯及特别犯那里,对事件的外部支配退至了幕后,因此有

17

---

[26] 参见 *Roxin*,FS Rengier,2018,S. 97。

[27] 参见 *Lackner/Kühl/Kühl*,§ 25 Rn. 3;亲手犯虽欠缺明确的法律规定却仍得到认可的原因见 *Satzger*,JURA 2011,105。亲手犯与特别犯或者义务犯之间的界限,以及亲手犯的范围是存在争议的,参见 *Satzger*,JURA 2011,105 f.,107 f.。因此 *Roxin*,Täterschaft,S. 437 ff. 想将证言类犯罪归为义务犯,不过这在结论上不会造成不同。

[28] 参见 *Satzger*,JURA 2011,106. 部分的特别构成要件规定了对可罚性漏洞的填补,比如《刑法典》第160条的引诱伪证罪。

[29] 参见 *Kühl*,AT,§ 20 Rn. 13;*Wessels/Beulke/Satzger*,AT,Rn. 55,799。

[30] 关于乘客欺骗的情形参见 *OLG Stuttgart* MDR 1959,508 mit Anm. *Dahm*。

人主张严格区分支配犯(Herrschaftsdelikt)与义务犯(Pflichtdelikt)。只有在支配犯那里，正犯与共犯的区分才依据犯罪支配的标准，相反，在义务犯那里，对特别义务的损害起着关键作用。[31] 这一区分并无必要：如果人们不是仅仅在对外部事件发生过程的工具性控制的意义上理解犯罪支配，而是在规范意义上将它看作社会支配关系[32]，那么，通过特殊方式被托付法益的负有特别义务的人，也能够通过外部从属行为(äußerlich untergeordnete Handlung) 支配其与被害人的关系（参见边码25 的示例）。[33]

二、正犯的形式

（一）直接正犯（与同时正犯）(《刑法典》第 25 条第 1 款第 1 变体)

18　　直接正犯人是"自己实施……犯罪行为的人"(《刑法典》第 25 条第 1 款第 1 变体)。因此，直接正犯人亲自实现了构成要件中的要素。[34]

19　　同时正犯[35]是存在多个直接正犯的情况。共同正犯中那种犯罪贡献的相互归属在这里是不可能的，因为同时正犯人的行为并非建立在共同的犯罪决意之上。

在鉴定报告中不需要对直接正犯进行特别确认：它存在于限制的正犯人概念的结果之中，对它的考查与对构成要件符合性的考查是同一的。这原则上也适用于同时正犯。

---

[31] 基础性的阐述见 Roxin, Täterschaft, S. 392 ff. ; ders. FS Schünemann, 2014, 509 ff. ; Roxin, HBStrR, Bd. 3, § 52 Rn. 221 ff. ; 深入阐述可见 Sánchez-Vera, Pflichtdelikt und Beteiligung, 1999。

[32] 关于这类方案详见 Noltenius, HBStR, Bd. 3, § 50 Rn. 51 ff. 。

[33] 详见 Murmann, Nebentäterschaft, S. 181 f. ; ders. , GA 1996, 275 ff. ; 相似的阐述可见 Schünemann GA 1986, 331 ff. ; kritisch Noltenius, HBStR, Bd. 3, § 51 Rn. 73 ff. ; Roxin, HBStrR, Bd. 3, § 52 Rn. 232 ff. 。

[34] 比如可见 SSW-StGB/Murmann, § 25 Rn. 2。

[35] 对此可见 Fincke, GA 1975, 161 ff. ; Murmann, Nebentäterschaft; SSW–StGB/Murmann, § 25 Rn. 3。

(二) 间接正犯（《刑法典》第 25 条第 1 款第 2 变体）

1. 基本结构

间接正犯人(= 幕后人) 是"通过他人实施"(《刑法典》第 25 条第 1 款第 2 变体) 犯罪的人。[36] 正犯人利用一个人类工具 (= 犯罪媒介或幕前人) 来实施犯罪，后者的举止**被归属**于前者。将他人举止归属于他的正当性来自于他违反义务地[37]利用了一个针对幕前人的优势地位——按照通说，也就是来自于间接正犯人的犯罪支配。[38] 幕后人的优势地位通常[39]对应着幕前人的缺陷，该缺陷体现在其举止（欠缺的）犯罪质量。所以，将间接正犯的情形按照**人类工具的不同缺陷进行划分**是可能的，在此人们必须始终意识到，幕前人的缺陷必须与幕后人的优势相对应。[40]

20

在撰写鉴定报告时，对他人举止予以归属应联系上间接正犯的功能。因此，首先要确定试题中的人是否自己实施了符合构成要件的行为。然后要问的是，他人的行为（其可罚性通常紧随着犯罪行为就已被考查过了）是否可能被归属于他。之后要解释，按照间接正犯的规则要考虑一个这样的归属，而且要探讨其要件是否成立。

21

2. 案件类型

(1) 在客观上无构成要件地实行行为的人类工具

对自己进行损害的人类工具所作出的行为是无构成要件（tatbestandslos）的，比如自伤、自杀或者毁坏自己物品的人类工具。因此，人

22

---

[36] 概况可见 *Murmann*, JA 2008, 321 ff. 。

[37] SK-StGB/*Hoyer*, § 25 Rn. 93 ff. ; *Jakobs*, GA 1997, 553 ff. ; *Murmann*, GA 1998, 80 ff.

[38] 在间接正犯中，犯罪支配标准的决定性作用在目前的司法判决中也得到了广泛的认可，比如可参见 BGHSt 40, 218, 236 f. (对此可见 *Murmann*, GA 1996, 271; *Roxin*, JZ 1995, 50)。相反，填补可罚性漏洞的需求当然就没有展示出正当性基础，不过持这一观点的有 *Krey/Nuys*, FS Amelung, 2009, S. 204 ff. 。

[39] 例外可见边码 37 及以下。

[40] 关于此处及以下的总结性内容可见 SSW-StGB/*Murmann*, § 25 Rn. 8 ff. 。

类工具与犯罪被害人在这里是同一人。[41] 由于处理自己的利益在原则上处于利益拥有者的答责领域,因此,促成自己损害的幕后人只有在支配了人类工具的行为时才承担正犯的答责性。这尤其体现在以下情况中,即幕后人强迫该人类工具实施自己损害的行为,或者幕后人使得该人类工具误解了行为的损害性质。[42]

> **强制所造成的自己损害的示例:**
> O 受到 A 的威胁之后砍掉了自家花园中的树,A 所威胁的内容是,如果不砍树就杀掉 O 的狗。
>
> **误解所造成的自己损害的示例:**
> A 端给 O 一杯 A 事先下了毒的茶。

23 被害人方面的缺陷必须要达到何种分量,才能使得他的举止能被归属于该幕后人,这当然是一个**规范上的问题**。[43] 只要涉及**强制所造成的自己损害**,那么,当被害人处于一个与《刑法典》第 35 条相似的迫不得已的境况之中时,幕后人就无论如何都有着犯罪支配。[44] 在示例中就欠缺了这一点,这是因为,狗的危险并没有使得狗主人面临着对《刑法典》第 35 条中所提及的法益之一所进行的侵害。但是,若将幕后人的犯罪支配限制在《刑法典》第 35 条所要求的被害人方面的极端紧急避险情形中[45],就会使得责任被大幅推向了被害人。因为《刑法典》

---

[41] 所以在这里有的人完全不会追溯至间接正犯这一形象;比如 HK‑GS/*Ingelfinger*, § 25 StGB Rn. 33;NK/*Schild*, § 25 Rn. 26, 47 ff. ;*Schumann*, FS Puppe, 2011, S. 971 ff. 。实际上这些情形通过客观归属理论就能合理地解决。

[42] 参见 BGHSt 32, 38(41 f.)("天狼星案");*Hoyer* FS Herzberg, 2008, 388 ff. ;*Jescheck/Weigend*, AT, S. 665 f. ;*Kühl*, AT, § 20 Rn. 46 ff. ;LK‑StGB/*Schünemann/Greco* § 25 Rn. 126;*Wessels/Beulke/Satzger*, AT, Rn. 843;深入阐述可见 *M.-K. Meyer*, Autonomie, S. 3 ff. 。在幕前人陷入错误的情形中,幕后人实现支配的前提当然是,他认识到了事实上的关联, BGH JR 2011, 266(267) m. Anm. *Kotz*;*Jäger*, JA 2011, 474 ff. 。

[43] 深入阐述可见 *Amelung*, in: Schünemann (Hrsg.), Coimbra‑Symposium für Roxin, 1991, S. 448 ff. 。

[44] 参见 BGHSt 32, 38(41);LK‑StGB/*Schünemann/Greco* § 25 Rn. 91。

[45] 持该观点的比如有 *Roxin*, HBStrR, Bd. 3, § 52 Rn. 46 ff. 。

第35条规定了严格的前提，在这些前提下损害他人会被宽恕罪责，而在当前自己损害情形中涉及的是责任分配。所以，在文献中以下观点得到了人们的接受，即针对承诺所提出的基本原则在这里应被相应地适用。[46] 对此正确的是，承诺作为对自己法益的支配，与亲手的自己损害是相近的。[47] 因此，如果被害人遭受到了一个违法强制（《刑法典》第240条）[48] 意义上的"不具有社会相当性的压迫（sozialinadäquate Pression）"，那么幕后人的犯罪支配就成立了（客观归属理论范围内的相应讨论，见第23章边码78及以下）。

据此，在威胁杀狗的**示例**中会成立一个证成犯罪支配的强制。不过，**比如**，A威胁他的女友，如果她不将她的百褶裙丢入垃圾桶，他就和她分手，这就不能成立间接正犯。

在涉及**误解所造成的自己损害**时，如果被害人误解了其举止的损害意义（比如在用毒饮料款待的示例中），那么幕后人无论如何都有着犯罪支配。[49] 但是存疑的是，幕后人的犯罪支配是通过引发还是通过利用被害人的**动机错误**（**Motivirrtum**）来建立的。

24

> **示例**[50]：
> A骗O，说O患有一种很折磨人的疾病，这会让他短期内丧命。如A所愿，O绝望地自杀了。
> **示例**[51]：
> A骗O，说O的一幅价值连城的画是不值钱的赝品，促使O毁坏了这幅画。

---

[46] *Eisele*, BT I, Rn. 183; *Herzberg*, Täterschaft, S. 39 f.; *Wessels/Beulke/Satzger*, AT, Rn. 848.

[47] 基于存留的不确定性而进一步予以区分的有 *Murmann*, Selbstverantwortung, S. 471 ff.

[48] 参见 Matt/Renzikowski/*Haas*, § 25 Rn. 23; Schönke/Schröder/*Lenckner/Sternberg-Lieben*, Vorb. § 32 ff. Rn. 48. Dagegen *Roxin*, HBStrR, Bd. 3, § 52 Rn. 60。

[49] 参见 BGHSt 32,38(41 f.)（"天狼星案"）。

[50] 参见 *Kühl* JURA 2010,82; LK-StGB/*Schünemann/Greco* § 25 Rn. 126。

[51] 参见 *Seier*, JuS 1993, S. L 75 ff.。

对他人的观点予以判断原则上处于每个个体的**答责领域**，因此可以提出以下论点，即如果被害人实施行为时处于一种符合《刑法典》第20条、第35条的欠缺罪责的状态，比如出于绝望，那么引发动机错误就能够成立犯罪支配。[52] 不过，这里终究有着更好理由支持以下这一点，即如果被害人没有预见到错误造成的其决定的意义与范围，那么就**比照承诺理论**来认定幕后人的支配。这尤其适用于由欺骗所造成的错误的情形。因为这里通常没有可信的理由来支持以下这一点，即将引发错误构想归入幕后人的法所保护的自由，尤其是自己损害者没有违反任何规范命令，所以由幕后人所引发的动机能够对被害人的决定造成较大的影响。[53] 如果该错误不是建立在局外人的欺骗之上，那么就倾向于将该错误构想分配至陷入错误者的答责领域（见第25章边码129及以下）。

25 属于无构成要件地实行行为的还有**无资格的人类工具**（qualifikationsloses Werkzeug）。该人类工具欠缺一个特殊的、构成要件上要求的正犯人资格，而该资格幕后人是具有的。

> **示例**[54]：
> 对O负有财物照管义务的A促使局外人B实施了损坏O的财物的行为。

由于欠缺对自由答责地实施行为且预见到了事件发生的B的支配，A的工具意义上的（也就是操控外在事件发生的）犯罪支配并不成立。有的人得出以下结论，即这类犯罪中正犯与共犯的区分并不以犯罪支配的标准为指向。这里涉及的是所谓"**义务犯**"，在这类犯罪中，损害构成要件所要求的特别义务证成了正犯（见边码17）。[55] 在示例中，只

---

[52] 持这一观点的有 LK‑StGB/*Schünemann/Greco* § 25 Rn. 126 f.；*Roxin*, HBStrR, Bd. 3, § 52 Rn. 145 ff.。

[53] 参见 *Eisele*, BT I, Rn. 184 f.；NK‑StGB/*Neumann* Vor § 211 Rn. 61；也可参见 Matt/Renzikowski/*Haas*, § 25 Rn. 42。

[54] 依照 LK/*Roxin*, 11. Aufl., § 25 Rn. 134。

[55] 深入阐述可见 *Roxin*, Täterschaft, S. 392 ff.。

有A按照《刑法典》第266条损害了他的财物照管义务。所以，他是背信罪的正犯人，而B是他的帮助人。[56]

不过，通过**对犯罪支配原则的规范化**也能得出相同的结论（见边码17）[57]：犯罪支配不仅仅是对事件发生的外在的（工具的）操控。如果一个人负有保护他人法益的特别义务（比如示例中对他人财物的财物照管义务），那么法益拥有者就处于一个依赖关系之中，而该负有特别义务的人也可以通过外部从属行为施加支配。

也有可能的是，当对直接正犯人的影响已经能够被解释为符合构成要件的举止时，**无需追溯至间接正犯的法形象**，只通过对**构成要件的解释**就能进行论证。于是就成立了**直接正犯**的情形。在**示例**中，财物照管义务也包含了不促使其他人做出损坏物品的行为。[58]

（2）行为时无故意或陷入容许构成要件错误之中的人类工具

如果人类工具在实行行为时没有犯罪故意（《刑法典》第16条第1款第1句），那么对于他而言其举止的犯罪意义是被排除的（verschlossen）。那些促成了在客观上符合构成要件的行为的幕后人知晓举止的损害含义，凭借其**占据优势的认知**而拥有着犯罪支配。[59]

26

27

> **示例1**[60]：
> A说服B去抢劫O。A给了B一个号称是用来麻醉的工具以实施这一犯罪。实际上，该工具却是有毒的，如A所愿地造成了O的死亡。B并没有杀人罪的故意，因此他只是A手中的工具而已。[61]

---

[56] 参见LK-StGB/*Schünemann*,12. Aufl. , § 25 Rn. 11。

[57] 参见*Welzel*,S. 104:"社会的犯罪支配"(soziale Tatherrschaft)。

[58] 参见*Otto*,AT, § 21 Rn. 94;*Sánchez-Vera*,Pflichtdelikt und Beteiligung,1999,S. 162 f. ; Stratenwerth/*Kuhlen*, § 12 Rn. 40; SSW-StGB/*Murmann*, § 25 Rn. 11; AnwK-StGB/*Waßmer*, § 25 Rn. 20。

[59] 对此可见*Kühl*,AT, § 20 Rn. 52 f. ;*Küpper*, GA 1998,521 f. ;SSW-StGB/*Murmann*, § 25 Rn. 12。因为它不取决于幕后人是引发了错误还是利用了已有的错误，*Roxin*, HBStrR, Bd. 3, § 52 Rn. 83 ff. 。但是也可见*Jakobs*, GA 1997,553 ff. ,他认为关键不在于幕后人的占据优势的认知，而在于他对幕前人所欠缺的故意不法的"管辖"(Zuständigkeit)。

[60] 依照BGHSt 30,363。

[61] 参见*Roxin*,HBStrR,Bd. 3, § 52 Rn. 79 f. ;AnwK-StGB/*Waßmer* § 25 Rn. 17。

> **示例 2** [62]：
> A 说服 B 进入 O 的房间，对 O 进行袭击并将他捆绑起来。之后，A 进入了房间，并利用 O 的无助境地拿走了值钱的物品。这是他从一开始就计划的，而 B 对此毫不知情。B 对于使用暴力（捆绑）进而拿走值钱物品并没有故意。所以，B 并没有抢劫的故意（《刑法典》第 249 条），就此而言 B 只是 A 的工具。[63]

28 即使幕前人本能够且应当认识到其举止的（特定的）[64] 义务违反性(**无意识的过失**)，幕后人也由于他占据优势的认知而仍是事件发生的主宰者。更疑难的问题是，幕前人在行为时**有意识的过失**，也就是虽然认识到了危险，但是相信"一切都会顺利的"。在这里，幕后人的犯罪支配有时候会被否定，因为并不存在与直接正犯人之间的认知落差。[65] 但是绝大多数情况下还是认为，故意的幕后人凭借其**占据优势的意志**支配了事件发生。"因为相对于故意的精神引导者的恣惟，轻率相信结果不会发生的人欠缺了一个对于自己犯罪支配必要的顾虑动机（Hemmungsmotiv）"[66]。此外，故意的幕后人通常比有意识的过失的幕前人更知晓风险的大小。即使在示例 1 中 B 已经从该物质的气味中察觉了其可能的危险性，但是其认知仍是远远不及 A 的。

29 陷入**容许构成要件错误**之中的正犯人，在幕后人看清了这一错误的情况下，也可以成为工具。因为——不依赖于关于如何在法律上处理容许构成要件错误的各种观点（第 25 章边码 11 及以下）——对正当化事

---

[62] 参见 BGH NStZ 2013,103；对此可见 *Jäger*，JA 2013,71 f.，它正确地批判了联邦最高法院的论据。

[63] 该案的特殊性在于，A 仅仅是利用了对于抢劫而言必要的来自 B 的暴力，而他自己作为单独正犯人实施了必要的拿走行为。

[64] 当然，在前述示例中，幕前人都知道他们的举止在其他方面（在示例 1 中涉及抢劫；在示例 2 中涉及剥夺自由）是违反义务的。但是，这并未排除涉及另一个犯罪（在示例 1 中涉及杀人犯罪；在示例 2 中涉及抢劫）的间接正犯。

[65] 参见 MüKoStGB/*Joecks/Scheinfeld* § 25 Rn. 91；更早的有 *Roxin* Täterschaft, S. 199 ff.，244 ff.。

[66] LK-StGB/*Schünemann/Greco* § 25 Rn. 103；*Roxin*，HBStrR，Bd. 3，§ 52 Rn. 76.

由的事实要件产生误解的人处于一个与行为时无故意的人类工具类似的处境之中。[67]

(3) 故意但无目的的人类工具

故意但无目的的（也就是：故意实行行为的）人类工具这一问题曾引发了激烈的争议，但是随着1998年《第六次刑法改革法》的出台丧失了其重要性。在旧法下，导致疑难的情形是，各个财产犯罪都要求一个据为己有的目的，幕前者没有这一目的，幕后者却可能有这一目的。[68]

> 示例[69]：
> A让B从O的房屋中拿走了一个物品并立即交给A。B对该物品毫无兴趣，他实行这一犯罪的目的仅仅是讨A的欢心。

在这类案件中，如果幕前人欠缺了将物品据为己有的目的[70]，那么，尽管他亲手且故意地拿走了该物，也不成立盗窃罪（《刑法典》第242条）的正犯人。因而这里就不成立一个由幕后人的教唆而引起的主行为。之所以经常有观点认为幕后人是间接正犯人，是因为在他那里存在着构成要件上所要求的目的，他**在规范意义上支配了事件的发生**。[71]

按照**新法**，由于以使第三人据为己有的也足以使得《刑法典》第242条[72]的构成要件得以实现，因此，为了他人利益而拿走物品也就符

---

[67] 参见 *Kindhäuser/Hilgendorf* LPK-StGB § 25 Rn. 30; *Roxin*, Täterschaft, S. 227 ff.; ders., HBStrR, Bd. 3, § 52 Rn. 77 f.; LK-StGB/*Schünemann/Greco* § 25 Rn. 108; AnwK-StGB/*Waßmer* § 25 Rn. 23。

[68] 关于改革比如可见 *Hörnle*, JURA 1998, 170; *Lesch*, JA 1998, 476 f.。

[69] 依照 RGSt 39, 37。

[70] 这在以前是存在争议的。关于旧法所造成的争议比如可参见 *Roxin*, Täterschaft, S. 377 ff.; Schönke/Schröder/*Heine/Weißer*, § 25 Rn. 19; Schönke/Schröder/*Eser/Bosch*, § 242 Rn. 57, 72。

[71] 比如可见 *Hünerfeld*, ZStW 99(1987), 239 f.; *Jescheck/Weigend*, AT, S. 669 f.; Lackner/Kühl/*Kühl*, § 25 Rn. 4; Schönke/Schröder/*Eser/Bosch*, § 242 Rn. 72; *Welzel*, S. 104。也可参见 *Gallas*, Täterschaft, S. 101 f.。

[72] 比如在《刑法典》第249条中也相应地适用。

合了构成要件。在前述示例中，B 为了让第三人据为己有而拿走物品，符合《刑法典》第 242 条。所以，那些对间接正犯的论证都消失了，因为事件的犯罪内涵不再取决于幕后人的据为己有的目的。[73] 现在，很容易就能够得出一个公正的结论：由于"幕前人"现在的行为符合构成要件，所以成立一个"幕后人"教唆所引发的主行为。

32　那种直接行为者既无据为己有的目的也无为让第三人据为己有的目的的案例只能被费劲地虚构出来。[74] 在文献中有以下案例：

> **示例**[75]：
> A 请求 B 去拿 O 的伞，并向 B 保证，他只是想借伞用。但实际上，A 打算将这把伞自己保留。

在这一示例中，B 既没有据为己有的目的，也没有让第三人据为己有的目的，所以有观点认为，A 通过使用有故意而无目的的工具而成立间接正犯。[76] 但是，要论证间接正犯，完全不需要借助这一立场。因为 B 完全不知道他参与了 A 的犯罪行为。他不仅仅是没有目的，甚至连事件的犯罪意义内涵都没有认识到。[77] 从 B 的角度出发，仅仅只成立一个不可罚的财物借用。正是这一错误使得他成为了 A 的工具。

（4）行为合法的人类工具

33　以使用一个行为合法的人类工具为方式的间接正犯，主要指的是**促成了针对无罪者的刑事追诉措施**。刑事追诉机关经常能够基于嫌疑情况而侵犯刑法所保护的利益（比如通过《刑事诉讼法》第 81a 条规定的抽

---

〔73〕　参见 Küper/Zopfs, BT, Rn. 821；Mitsch, ZStW 111 (1999), 67 f.。

〔74〕　示例也可参见 Hardtung/Putzke, AT, Rn. 1407 ff.，在这里所欠缺的让第三人据为己有的目的是存疑的。

〔75〕　依照 Wessels/Beulke/Satzger, AT, Rn. 844。

〔76〕　参见 Wessels/Beulke/Satzger, AT, Rn. 844。

〔77〕　参见 Jäger JuS 2000, 651 (652 f.)；LK-StGB/Schünemann/Greco § 25 Rn. 161. 该案与行为时无故意的人类工具相似（Roxin, HBStrR, Bd. 3, § 52 Rn. 257 想将它作为此类情形进行处理）。它之所以不仅是欠缺故意的情形，还是因为（让自己或者他人）据为己有在《刑法典》第 242 条中并不是客观构成要件的要素，它的成立仅是作为超过的内心倾向的对此目的的形态而被要求。

血或者基于《刑事诉讼法》第112条规定的剥夺自由）。明知被害人无罪还引发这类措施的幕后人由于其占有优势的认知而成为比如身体伤害罪（《刑事诉讼法》第223条）或剥夺自由罪（《刑法典》第239条）的间接正犯人。[78]

> **示例**[79]：
> A令人信服但违背事实地向警察阐述道，O实行了一个严重的犯罪，现在正计划逃往外国。于是，检察院向主管法院申请到了拘禁令（Haftbefehl），O因而被拘禁。

（5）行为无罪责的人类工具

如果幕前人对于他的举止不承担责任，那么通常就是引发或利用了该举止的幕后人支配着犯罪。所以，如果幕后人利用了一个**无罪责能力的人类工具**，比如儿童或者精神病人（《刑法典》第19条，第20条），那么幕后人就拥有着一个占据优势的地位。

34

> **示例**[80]：
> A让年龄为13岁的B去纵火。尽管B是无罪责能力的，但是帝国法院仅仅根据《刑法典》第19条按照教唆对A进行处罚，因为该儿童对于该犯罪行为已经有着"虽可能不完全、但已经足够的认识"[81]。然而这是不正确的：立法者作出了排除儿童刑法答责性的决定，这就让促成儿童做出行为的幕后人来承担起责任。[82] 因此，A以间接正犯的方式实施了放火罪。

---

[78] 对此可见 *Kühl*, AT, § 20 Rn. 57 ff.；深入阐述可见 *Randt*, Mittelbare Täterschaft durch Schaffung von Rechtfertigungslagen, 1997。

[79] 参见 BGHSt 3, 4；10, 306。

[80] 依照 RGSt 61, 265。

[81] RGSt 61, 265, 267；*Exner*, JURA 2013, 107 f.；*Köhler*, AT, S. 509；*Noltenius*, Kriterien der Abgrenzung, S. 286 f., 306；*Welzel*, S. 103.

[82] 通说，见 *Jescheck/Weigend* AT, S. 668；*Roxin*, HBStrR, Bd. 3, § 52 Rn. 157 ff.；MüKoStGB/*Joecks/Scheinfeld* § 25 Rn. 107 f.；LK-StGB/*Schünemann/Greco* § 25 Rn. 134。

相应地,**青少年**也可以作为犯罪媒介而被考虑,只要他在行为时按照其道德与智力发育情况欠缺了必要的成熟而不具有刑法上的答责性(《青少年法院法》第3条)。[83]

35 根据完全占据统治地位的通说,利用一个**无法避免的**(＝排除罪责的)**禁止错误**(《刑法典》第17条)也能够成立间接正犯。[84] 其理由是,幕前人无法被禁止其举止的规范命令所触及,因此,自己不承担刑事责任。

36 这也相应地适用于以下情况,即该人类工具被强制实施犯罪(强制紧急避险,见第25章边码53及以下)[85]并因此按照**宽恕罪责的紧急避险**原则(《刑法典》第35条)而不承担罪责[86]:幕后人凭借占据优势的意志支配了犯罪。[87]

一个少数派观点认为,即使实施的强制未达到《刑法典》第35条的门槛,也可以成立间接正犯。[88] 这并不具有说服力:在该情形中,按照《刑法典》第240条处罚强迫者,并不能改变被强迫者在刑法上要对其举止答责的事实。因此,答责原则(见边码27)反对按照《刑法典》第25条第1款第2变体将直接实行者的举止归属于强迫者。[89] 这里的合理做法是,按照教唆犯(《刑法典》第26条)与强制罪(《刑法典》第240条)之间的犯罪单数(《刑法

---

[83] 参见 Rengier AT, § 43 Rn. 27; AnwK-StGB/Waßmer, § 25 Rn. 28。

[84] 参见 Kühl, AT, § 20 Rn. 69; Roxin, HBStrR, Bd. 3, § 52 Rn. 90. A. A. Köhler, AT, S. 509; Noltenius, Kriterien der Abgrenzung, S. 297 ff.; dies., HBStR, Bd. 3, § 50 Rn. 63; Welzel, S. 103;区分化的观点见 Murmann GA 1998, 78 ff.。

[85] 没有区别的情况是,行为人故意制造紧急处境,使得幕前人只能通过实施犯罪来摆脱,对此见 Roxin, HBStrR, Bd. 3, § 52 Rn. 39[那里(Rn. 40 ff.)也涉及了利用紧急处境的情形]。

[86] 当然,只有当幕后人通过威胁该条文所提及的法益来进行强制时,《刑法典》第35条才会发挥效力。

[87] 参见 Kühl AT, § 20 Rn. 62 ff.; Roxin, HBStR, Bd. 3, § 52 Rn. 26 ff.; AnwK-StGB/Waßmer § 25 Rn. 30. 相反,支持成立教唆犯的有 Köhler, AT, S. 505 f., 510; Noltenius, Kriterien der Abgrenzung, S. 314 ff.; dies., HBStR, Bd. 3, § 50 Rn. 63。

[88] 参见 Frister, AT, 27/27 ff.; SK-StGB/Hoyer § 25 Rn. 101。

[89] 参见 HKV StrafR-HdB III/Roxin § 52 Rn. 28 ff. 这是与被害人被迫伤害自己的情形的核心区别(见边码23)。

典》第52条）进行处罚。[90]

（6）行为完全具备犯罪性的人类工具（"正犯人背后的正犯人"）

有争议的是，若利用的是行为完全具备犯罪性的（volldeliktisch）人类工具，间接正犯在多大程度上是可能的。如果行为完全具备犯罪性的幕后人承担了构成要件实现的正犯责任，那么乍看上去就排除了他同时被另一个人所支配的可能性。所以，严格的**答责原则**[91]的支持者认为行为完全具备犯罪性时不可能存在间接正犯，而大多数人赞成存在这一基本原则的例外情形。所以，这里提出了关于**答责原则**的可能的**效力边界**的问题。[92] 这一问题将在以下一系列**案件类型**中进行讨论[93]：

37

a. 关于具体的行为意义的错误

第一个疑难情形是所谓关于具体的行为意义的错误（Irrtum über den konkreten Handlungssinn）[94]，在这类情形中，幕前人虽然在行为时有着构成要件故意，但是并不知晓对于法益侵害程度影响重大的情状。[95]

38

> **示例**[96]：
> A促使B毁坏了O价值连城的油画，但是A事前骗B说该画仅仅是廉价的赝品。

B尽管对于该画的价值有着认识错误，但是就《刑法典》第303条的全部构成要件要素而言仍是在故意地实施行为。问题在于，除了B之外，预见到了损害效果的A是否也应作为损坏物品罪的间接正犯人（或

39

---

[90] 参见 HKV StrafR-HdB III/Roxin §52 Rn. 34。
[91] 参见 *Jescheck/Weigend*, AT, S. 602f.；*Maiwald*, ZStW 88(1976), 736 f. 。
[92] "严格的答责说"与"限制的答责说"的区分的大量证明参见 *Hillenkamp/Cornelius*, AT, S. 181 ff. 。
[93] 深入阐述可见 *Kutzner*, Die Rechtsfigur des Täters hinter dem Täter usw., 2004；概览见 *Rönnau* JuS 2021, 923 ff. 。
[94] 使用这一术语的可见 LK/*Roxin*, 11. Aufl. § 25 Rn. 96；*Neumann*, JA 1987, 250。
[95] 相反，单纯的动机错误——它们"不涉及犯罪行为，而只涉及行为背后的原因"——无法让陷入错误者具备工具性质，*Roxin*, HBStrR, Bd. 3, §52 Rn. 141 ff. 。另一种观点见 *Frister*, AT, 27/15。
[96] 参见 *Herzberg*, Täterschaft, S. 27。

仅仅作为教唆人）承担责任。支持者认为，**具体犯罪的不法内涵**主要取决于法益侵害的程度。就这一点而言，幕后人借由幕前人关于具体的行为意义的错误认识而拥有着对于事件发生的支配。[97] 当然，由于不是所有关于损害程度的轻微错误都能够导致幕后人的犯罪支配，所以幕前人的错误构想必须非常重大。[98]

针对这类案件中承认间接正犯的观点，**批评者**指出了"重大的"错误构想这一要求的模糊性。[99] 此外，反对间接正犯而赞成**教唆**[100]的理由还有，幕后人实现的较高不法内涵也可以在教唆犯可罚性的框架内得到适当的考虑。最首要的有效理由是，因关于具体的行为意义的错误而成立正犯，这会瓦解构成要件的法律轮廓（并进而与《基本法》第 103 条第 2 款的明确性原则之间产生疑难问题）。[101]

b. 被操纵的身份错误

40   一种在司法实践中很少见、但是在学术界被热烈讨论的情形是由幕后人所操纵的身份错误。

> **示例**（"多纳案"）[102]：
> A 得知 B 想要在某个特定时间某个特定地点射杀 X。于是 A 与他的敌人 O 约定在该时间该地点见面，如 A 所愿，B 误以为 O 是 X 而将他射杀。

---

[97] 参见 Schönke/Schröder/Heine/Weißer StGB § 25 Rn. 23; Rönnau JuS 2021, 923 (926); HKV StrafR-HdB III/Roxin § 52 Rn. 116 ff.; LK-StGB/Schünemann/Greco § 25 Rn. 118。

[98] 参见 L LK-StGB/*Schünemann/Greco*, § 25 Rn. 99；依照 Schönke/Schröder/*Heine/Weißer*, § 25 Rn. 23，必须至少涉及一个"并非微小的"错误构想。

[99] 参见 Baumann/Weber/*Mitsch*/Eisele AT § 25 Rn. 144; SSW StGB/*Murmann* § 25 Rn. 21; *Herzberg*, Täterschaft, S. 28，所以他主张，涉及幕前人所知晓的部分是共犯，涉及犯罪实行中由错误引发的部分是间接正犯；对此可见 *Hoyer*, FS Herzberg, 2008, S. 391 ff.。

[100] 持该观点的比如有 *Hünerfeld*, ZStW 99 (1987), 242 f.; *Jescheck/Weigend*, AT, S. 667; AnwK-StGB/*Waßmer*, § 25 Rn. 32。

[101] 参见 *Welzel*, S. 100, 106。

[102] 最初由 *zu Dohna* 提出的案子被 F.-C. Schroeder, Täter, S. 143 所转载。这里的示例案件是一个同样被广泛讨论的变体。对此深入阐述可见 *Murmann*, Nebentäterschaft, S. 215 ff.; *Roxin*, Täterschaft, S. 234, 235 ff.。在 *Lenk*, JuS 2021, 754 ff. 的案例解答中。

由于B所存在的身份错误是无关紧要的（第24章边码43），因此B作为自己实行故意杀人罪的正犯人而可罚。相反，有争议的是，A是否也作为间接正犯人[103]（或者作为同时正犯人[104]、作为帮助人[105]或作为教唆人[106]）而承担责任。部分支持间接正犯的观点认为，幕后人通过"利用一个已经作出犯罪决意的人"支配着事件发生，所以丧失了"对于共犯来说典型的结果不安定性"[107]。在论证间接正犯时，占据优势地位的观点认为，幕前人虽然杀死了一个"自然人"，但是由于他的错误构想而没有支配对具体个人的杀害。因而这里也存在着一个"关于具体的行为意义的错误"，其特殊性在于幕前人误解的对象不是法损害的程度，而是被损害的法律关系（与O的法律关系取代了与X的法律关系）。就这一点而言幕后人有着犯罪支配。[108]

c. 可避免的禁止错误与减轻的罪责能力

如果幕前人在行为时陷入了**可避免的禁止错误**，那么，虽然存在着减轻刑罚的（可选）可能性（《刑法典》第17条第2句），但是幕前人仍对其犯罪行为答责。所以，有的人依据"答责原则"声称，幕后人不能够支配该犯罪，所以仅仅只是教唆人。[109] 相反，目前占据统治地位

---

[103] 如此认为的有 LK-StGB/*Schünemann/Greco* § 25 Rn. 124 f.；Rönnau JuS 2021, 923 (927)；*Roxin*, Täterschaft, S. 235 ff.；*Sax* ZStW 69 (1957), 434；Schönke/Schröder/*Heine/Weißer* StGB § 25 Rn. 24；*F.-C. Schroeder*, Täter, S. 146 ff.；*Küpper* GA 1998, 528 f.（此外还有同时正犯）。

[104] 如此认为的有 *Herzberg*, Täterschaft, S. 50 f.；*Spendel*, FS Lange, 1976, S. 167 f.；*Welzel*, S. 111；*Wessels/Beulke/Satzger*, AT, Rn. 854, 863。

[105] 参见 *Schumann*, Selbstverantworung, S. 76f. mit Fn. 20. 还有 *Jakobs*, AT, 21/102, 不过他仅仅谈到了作为"共犯人"的处罚。

[106] 如此认为的有 *Bloy*, Beteiligungsform, S. 361. 反对全部三种参与形式的有 *Roxin*, HBStR, Bd. 3, § 52 Rn. 139。

[107] *F.-C. Schroeder*, Täter, S. 146 ff., 150, 196 f. 关于批判见 *Bloy*, Beteiligungsform, S. 362 ff.；*Herzberg*, Täterschaft, S. 48 f.；AnwK-StGB/*Waßmer* § 25 Rn. 33。

[108] 参见 LK-StGB/*Schünemann/Greco* § 25 Rn. 125；*Roxin*, Täterschaft, S. 235 ff.；*ders.*, HBStR, Bd. 3, § 52 Rn. 136 ff.；Schönke/Schröder/*Heine/Weißer* StGB § 25 Rn. 24；*Murmann*, Nebentäterschaft, S. 215 ff.；*Noltenius*, Kriterien der Abgrenzung, S. 292 ff.。

[109] 参见 *Bloy*, Beteiligungsform, S. 351；*Gallas*, Täterschaft, S. 99；*Jakobs*, AT, 21/94；*Jescheck/Weigend*, S. 669；*Köhler*, AT, S. 509；*Stratenwerth/Kuhlen*, § 12 Rn. 53 ff.。

的学说认为，幕前人虽然受到了针对自己的罪责非难，但是没有看到该事件的犯罪内涵。所以，幕后人有着**认知支配**（Wissensherrschaft），这使得他成为间接正犯人。[110]

42　司法判决通过具有传奇色彩的"猫王案"提出了一个**区分化的解决方案**：

> **示例**（"猫王案"）[111]：
>
> A、B和警官C共同生活在一个具有"神秘主义、虚幻知识与异端信仰"特征的"神经症的关系网"中。A有意地与B合作，通过皮条客与流氓的威胁成功地迷惑了受影响较轻的C，促使他成为了一个保护角色。之后，他们又通过演戏、表演催眠与千里眼的能力及实施神秘的崇拜行为，使得C相信存在一个"猫王"，它数千年来都是邪恶的化身，并且威胁着世界。C的判断能力受到限制，但是出于对A的爱而努力去相信她，他最终错误地选择与二人一起去对抗"猫王"。依照命令，他必须通过勇气测试、接受天主教洗礼、对A发誓永恒的忠诚。所以A与B一开始是为取乐而将他作为工具来利用的。当A得知了她的一位前男友结婚时，出于仇恨与嫉妒的心理，决定利用C的迷信，让C将她前男友的妻子O杀死。B对此也默许地同意，因为如A所知，B想让他的情敌消失，于是A告诉C，由于他犯了很多错误，"猫王"要求献祭O，如果他不在短期内完成这一行为，那么她就会让他离开，而"猫王"会毁灭数百万的人。C意识到这是谋杀，引用第五条诫命徒劳地寻找出路。A与B不断地指出，杀人禁令并不适用于他们，"因为这是一项神圣的使命，他们应当拯救人类"。C通过"接

---

[110]　比如可见 *Herzberg* JURA 1990, 22 ff.; *Küper* JZ 1989, 948; Lackner/Kühl/*Kühl* StGB § 25 Rn. 4; *Otto*, AT, § 21 Rn. 84; *Roxin*, HBStrR, Bd. 3, § 52 Rn. 91 ff.; *Schaffstein* NStZ 1989, 156 f.; Schönke/Schröder/Heine/*Weißer* StGB § 25 Rn. 43; *Wessels*/Beulke/Satzger, AT, Rn. 853. 对两种观念的批判见 *Murmann* GA 1998, 78 ff.。反对的还有 *Roxin*, Täterschaft, S. 829 f. (Rn. 338 ff.); *ders.*, HBStrR, Bd. 3, § 52 Rn. 107.

[111]　参见 BGHSt 35, 347；对此可见 *Bandemer*, JA 1994, 285 ff.; *Herzberg*, JURA 1990, 16 ff.; *Hillenkamp*/Cornelius, AT, S. 181 ff.; *Küper*, JZ 1989, 617; *ders.*, JZ 1989, 935; *Schaffstein*, NStZ 1989, 153 ff.; *Schumann*, NStZ 1990, 32 ff.。*Weiß* JURA 2021, 1387 ff. 中的案例解答。

引耶稣"的方式发誓去杀人，A 也提示他，如果他违背了誓言，他的"不朽的灵魂将被永久诅咒"，于是他最终决定去实施犯罪。他虽然饱受良心的折磨，但是考虑到可以通过"牺牲"O 来拯救"处于危险中的数百万人"。在这里，他并未考虑到自己或他真正认识的人们的危险。在犯罪当天，他以想买玫瑰花的借口在 O 的花店里找到了她。按照 B 给出的建议——A 对此也表示同意——C 用一把 B 特意给的旅行刀从背后刺中了毫不知情与毫无防备的 O 的脖子、脸与身体，意图杀死她。当其他人冲过来帮助这一拼命保护自己的女子时，C 按照他的"任务"——即为了能够不被认出地逃离——没有再继续进行犯罪行为。他以为被害人已经死了，但是她却活了下来。

43 由于 C 认为自己有正当理由并误解了《刑法典》第 34 条（没有考虑到生命与生命之间的关系）[112]，他在行为时处于禁止错误之中［以允许错误（Erlaubnisirrtum）的方式，见第 26 章边码 45］。该错误对于作为警官的 C 而言当然是可避免的。[113] 关于幕后人（A 与 B），联邦最高法院希望让犯罪支配的成立取决于个案的情况：起决定性作用的尤其是"错误的性质与程度"及"幕后人影响的强度"。间接正犯人是这样的人，"他至少借助于他有意引发的错误来故意触发并掌控事件，以至于从评价的角度来看，陷入错误者——即使他的行为（也）有罪责——应被视为一个工具"。[114] 按照这一标准，A 与 B 凭借他们占据优势地位的认识而成为了间接正犯人。

44 对于幕前人的**被减轻的罪责能力**(《刑法典》第 21 条) 应当区分对待：如果幕前人"认识到犯罪的不法"的能力被削弱了，那么这里也成立一个可避免的禁止错误[115]，并进行与此相关的思考。[116] 相反，如果

---

[112] 观点不同的有 Schünemann GA 2020,1(10 f.)，他考虑到了，若无行为，则有极高的人数（"数百万"）会死亡。
[113] 参见 BGHSt 35,347,350。
[114] BGHSt 35,347,354。
[115] 参见 BGHSt 21,27。
[116] 参见 LK-StGB/*Schünemann/Greco* § 25 Rn. 136；*Roxin*,HBStrR,Bd. 3, § 52 Rn. 165。

幕前人了解其举止的不法，而且其罪责的减轻是建立在"按照这一认识去实行"的能力被削弱的基础之上，那么，有的人基于这一缺陷而主张意志支配[117]，而另一些人则依据立法上处罚幕前人的决定来否定存在限制答责原则的空间。[118]

d. 组织化权力机构

45 凭借"组织支配"（Organisationsherrschaft）的间接正犯最先是针对纳粹政权中"办公桌边的谋杀者"（Schreibtischmörder）而被提出来的——这些谋杀者并没有自己直接动手，但是他们作为决策者与命令者至关重要——目的是让这些谋杀者能够成为对他人犯罪行为的单纯教唆人。[119] 在处理"德国统一社会党的不法"时，联邦最高法院承认了组织支配：

> **示例**（德意志民主共和国的"国防委员会成员"）[120]：
> 根据德意志民主共和国的国防委员会的决议，在与联邦德国的边境上执行以下命令状态："无论在何种情况下，无论采取何种手段，都要阻止来自德意志民主共和国的逃亡者'冲破边境'。在这种情形下，如果没有其他手段阻止'冲破边境'，那么杀死逃亡者也是被容许的。"在现实中，边境士兵以该"射击命令"为根据杀死了逃亡者。联邦最高法院认定边境士兵是对杀人罪答责的正犯人。[121]

---

[117] 参见 Schönke/Schröder/Heine/Weißer, § 25 Rn. 46。

[118] 参见 LK-StGB/Schünemann/Greco § 25 Rn. 139；Roxin, HBStR, Bd. 3, § 52 Rn. 166 f.。

[119] 基础性的阐述见 Roxin, GA 1963, 193 ff.；ders. Täterschaft, S. 269 f.；F.-C. Schroeder, Täter, S. 131 ff.。

[120] 参见 BGHSt 40, 218 = JZ 1995, 45 mit Anm. Roxin = NStZ 1994, 537 mit Anm. Jakobs, NStZ 1995, 26 = Neue Justiz 1994, 532 mit Anm. Prantl = Roxin, Höchstrichterliche Rechtsprechung zum AT, 1998, S. 122 ff. 对此也可见 Gropp, JuS 1996, 13 ff.；Küpper, GA 1998, 523 ff.；Murmann, GA 1996, 269 ff.；Schroeder, JR 1995, 177 ff.；Schulz, JuS 1997, 109 ff.；Sonnen, JA 1995, 98 ff.；总结性内容可见 Ambos, GA 1998, 226 ff.。

[121] 参见 BGHSt 39, 1, 31 f.；对于联邦最高法院判决的总结可见 Laufhütte, FS BGH-Praktiker, 2000, S. 418 ff.。

组织支配的根据、成立与范围都是**存在争议的**。[122] 部分人回顾了答责原则,认为组织的领导者要么因为其与直接犯罪行为执行者的合力而成为共同正犯人[123],要么就是教唆人。[124] 不过,得到了占据压倒性优势的认可的是间接正犯。在文献中,幕前人的可代替性(Fungibilität)经常作为论证理由被视为起着决定性作用;执行者"仅仅只是权力机构的变速器中的一个可被更换的齿轮"[125]。但是这并不具有说服力,因为在具体的犯罪情形中,肯定只有有限数量的人——比如边界巡逻队成员——能够贯彻指令。因此,组织成员通常存在着遵从指令的准备,这经常被视为起着决定性作用。因为这一**犯罪倾向(Tatgeneigtheit)** 导致的是,命令者能够依仗他们对命令的贯彻。[126] 联邦最高法院在论证间接正犯时也在相似意义上考虑到了这一点:组织化权力机构之中的指令引发"**有规则的过程**"(regelhafte Abläufe),这一过程确保了对决定的贯彻。[127]

根据这一理由,联邦最高法院扩张了组织支配的适用范围,使其远远超出了极权组织的范围。[128] 与部分文献中的观点不同,它没有将组

---

[122] 详见 *Roxin*, HBStrR, Bd. 3, § 52 Rn. 169 ff.。

[123] 参见 *Jakobs*, NStZ 1995, 26 f.; *Jescheck/Weigend*, AT, S. 670. 反对的观点有 *Roxin*, GA 2012, 404 f.。

[124] 参见 *Herzberg*, in: Amelung(Hrsg), Individuelle Verantwortung usw., 2000, S. 47 ff.; *Hruschka*, ZStW 110(1998), 606 f.; *Noltenius*, Kriterien der Abgrenzung, S. 319 ff.; *Orozco López* ZIS 2021, 233 ff.; *Zaczyk*, GA 2006, 414. 反对的观点有 *Roxin*, GA 2012, 403 f; *Roxin*, HBStrR, Bd. 3, § 52 Rn. 199 ff.。

[125] *Roxin*, FS F.-C. Schroeder, 2006, S. 394 ff.; *ders.*, GA 2012, 400, 410 ff.; 对此的批判可见 *Herzberg*, in: Amelung(Hrsg.), Individuelle Verantwortung usw., 2000, S. 37 f.; SK-StGB/*Hoyer*, § 25 Rn. 90; *Murmann*, GA 1996, 273。

[126] 参见 *M. Heinrich*, Rechtsgutszugriff und Entscheidungsträgerschaft, 2002, S. 271 ff.; *Roxin*, FS F.-C. Schroeder, 2006, S. 397 ff.; *F.-C. Schroeder*, Täter, S. 151 ff. 当然,犯罪倾向也被部分地理解为不法组织的一个特征,因为这类组织中的成员具有潜在的犯罪意愿;*M. Heinrich*, FS Krey, 2010, S. 162 ff.; 也可参见 *Roxin*, GA 2012, 396, 412, 他那时不再认为犯罪意愿具有成立的作用。

[127] 参见 BGHSt 40, 218, 236。

[128] 参见 *Heinrich* FS Krey, 2010, 165 f.; LK-StGB/*Schünemann/Greco* § 25 Rn. 143; *Roxin* FS Grünwald, 1999, 556 ff.; *ders.* FS Krey, 2010, 459 f.; *ders.* GA 2012, 409 f.; 批判的观点见 *Ambos* GA 1998, 241 ff.; 进一步阐述的有 *ders.* FS Roxin, 2011, 837 ff.。

织支配限制在所谓"脱离了法的"(rechtsgelöst)权力机构。关键的反而是,命令者是否利用了一个他认为可使得自己命令被事实上服从的框架条件。这样的框架条件不仅仅存在于涉及法律体系的权力机构。其实,尤其是**经济企业中的领导人员**的命令也会引发有规则的历程并因而能够成立间接正犯。[129] 据此,联邦最高法院认为,商业领导层所指示的或者仅通过他们的违法举止所引发的员工的犯罪举止方式,也能够成立组织支配。[130]

48　　正确的做法是,仅仅只有事实的组织权力还不能成立归责。因为命令接收者的刑法答责性恰恰表示,他没有被组织所支配。此外,对于来自组织的风险,还必须存在**组织答责者的特殊答责性(保证人地位)**。[131] 这一特殊答责性必然存在于国家领导人与国家机关中的责任承担者(比如民主德国的国防委员会成员)的身上。相应地,经济企业中的组织支配形象只在以下范围具有合理性:商业领导层有着阻止其下属员工进行犯罪的特殊答责性(参见第29章边码64)。[132]

3. 错误与偏离案件

49　　间接正犯人仅仅对由他的支配意识所涵盖的风险承担责任。如果幕前人实现了一个对此有所偏离的行为,那么幕后人不对幕前人的**过限**

---

[129] 持该观点的有 BGHSt 40,218(236)。也可参见 *Hefendehl* GA 2004,575 ff.;*Nack* GA 2006,343 ff.;批判的观点见 *Bosch*, Organisationsverschulden im Unternehmen, 2002, S. 226 ff.;*Heine* SchwZStrR 119(2001),29 f.;*Küpper* GA 1998,524 f.;*Radde* JURA 2018,1210(1222 ff.);*Rönnau* JuS 2021,923(926);*Rotsch*, Individuelle Haftung in Großunternehmen, 1998, S. 144 ff.;*ders*. NStZ 1998,491;*Roxin* SchwZStrR 2007,17 ff.;*ders*., HBStR, Bd. 3,§ 52 Rn. 213 ff.;AnwK-StGB/*Waßmer* § 25 Rn. 39 f.;*Zieschang* FS Otto,2006,509 ff.。

[130] 参见 BGHSt 48,331,342;49,147,163 f.;BGH NStZ 1998,568 mit Anm. *Dierlamm*,BGH JR 2004,245,246 mit Anm. *Rotsch*。

[131] 详见 *Murmann*, GA 1996, 275 ff.;也可参见 Baumann/Weber/Mitsch/*Eisele*, § 25 Rn. 150;*Ransiek*, Unternehmensstrafrecht, 1996, S. 51 ff.。

[132] 参见 *Murmann*,GA 1996,279 ff.;*Schlösser*, GA 2007,168 ff.;商业领导层相关的保证人义务比如可见 *Otto*,FS F.-C. Schroeder,2006,S. 340 ff.。最终起到决定性作用的是特殊答责性也表明,联邦最高法院认为在不作为时可以通过组织支配成立正犯;BGHSt 48,77,89 ff.。

（Exzess）承担责任。但是，若幕后人所构想的犯罪行为被幕前人的犯罪行为所包含，那么间接正犯仍是可能成立的。[133] 比如，无罪责能力的幕前人被要求实施抢劫，但是却仅仅实施了盗窃。此外，幕前人的过限也不影响间接正犯中基于未遂的可能的可罚性（第28章边码27及以下）。可以想到的还有对犯罪的客观支配与幕后人的主观构想相分离的各种情形。[134]

> **示例：**
> A在离开一家餐馆时要求B拿走一件特定的、挂在衣帽间的大衣。A知道这是O的大衣。B听从了这一要求，但是与A的构想不同，他以为这是他自己的大衣。

在这里，幕后人对事件发生的"支配"虽然是客观的，但是却并未按照他自己的构想：B在涉及他在客观上所实现的盗窃罪（《刑法典》第242条）并无故意，因为他没有认识到他拿走了一个"他人的"物品。尽管依此可以将B作为行为时无故意的人类工具予以考虑，但是A欠缺了犯罪支配，因为对创设支配情状的认识也属于对事件发生的支配。[135] 按照A的构想，仅仅成立一个教唆（《刑法典》第26条），因为他想引发B拿走他人大衣的犯罪决意。尽管该要求通过B的错误甚至变得更有效了，但是按照法律明确的文字表述，并不成立教唆。因为《刑法典》第26条要求存在一个故意的违法的主行为，而这在该案中是欠缺的。[136]

---

[133] 参见 Roxin, AT II, § 25 Rn. 170。
[134] 后文内容见 Murmann, JA 2008, 321 f.。
[135] 参见 MüKoStGB/Joecks/Scheinfeld § 25 Rn. 167; LK-StGB/Schünemann/Greco § 25 Rn. 163；案例解答见 Kühl/Hinderer JURA 2012, 488 (491)。
[136] 因此，可罚性的空间仅仅留给了——此处不成立的——《刑法典》第30条第1款规定的对重罪的教唆犯未遂；参见 Bock JA 2007, 599 f.; LK-StGB/Schünemann/Greco § 25 Rn. 164; AnwK-StGB/Waßmer § 25 Rn. 45。

51 示例（对之前的示例进行颠倒）：
> A在离开餐馆时指着O的大衣对B说："您可别忘了您的大衣！"他想这样来让B没有察觉到大衣是别人的而拿走O的大衣。然而，B认识到这不是他自己的大衣。尽管如此，他仍然为了自己占有的目的而拿走了这件大衣。

在这里，幕后人对事件发生虽然在客观上没有支配，但是却构想了一个支配：B完全答责地实施了《刑法典》第242条的犯罪。A并没有支配这一犯罪，因为与A的构想不同，B并没有构成要件错误（《刑法典》第16条第1款）。[137] 因此，A无论如何都不是一个既遂盗窃的间接正犯人。反而在客观上满足了教唆（《刑法典》第26条）的要件，因为A通过他的要求引发了B实施犯罪的决意。[138] 不过存在疑难的是，A没有构想出教唆，所以乍看上去欠缺了一个以实行**故意**主行为为指向的教唆故意。这一顾虑可被以下想法消除，即以间接正犯中的犯罪实现为指向的故意超出了教唆故意。从评价的视角看，教唆故意被作为负值（Minus）包含在间接正犯人的故意之中。[139] 因此，A由于教唆盗窃（《刑法典》第242条、第26条）而可罚。因为他在行为时有着以间接正犯的形式实行盗窃的构想，所以他此外还以间接正犯的形式实行了一项未遂的盗窃（《刑法典》第242条、第25条第1款第2变体、第22

---

[137] 从纯主观的观点看，A将自己视为正犯人，也就是依正犯人意志行事，当然是够了。不过，新近的司法判决由于遵循犯罪支配思想而很难忽视客观上欠缺了犯罪支配；Schönke/Schröder/*Heine*/*Weißer* StGB §25 Rn. 51。

[138] 根据对《刑法典》第26条的指使的要求（对此可见 Rn. 97 ff.），也可以得出另一个结果；参见 *Beulke*, FS Kühl, 2014, S. 119 f.。

[139] 参见 *Beulke*, FS Kühl, 2014, S. 122 ff.；SSW StGB/*Murmann*，§25 Rn. 29；*Wessels*/*Beulke*/*Satzger*, AT, Rn. 860；当间接正犯被一个特殊的构成要件所包含（比如，《刑法典》第160条、第271条），该构成要件相比于教唆（在示例中为《刑法典》第154条、第348条）所受到的处罚更轻时，那里也有这一原则的边界。以法定原则为由反对承认教唆故意的有 *Bock*, JA 2007, 600；*Herzberg*, Täterschaft, S. 45；SK-StGB/*Hoyer*，§25 Rn. 145；*Küper*, FS Roxin, 2011, S. 910 ff.；也可参见 MüKoStGB/*Joecks*/*Scheinfeld* §25 Rn. 167 f.。

条、第23条）。[140]

按照通说，如果**幕前人**陷入了一个对他而言无关紧要的**身份或对象错误**，那么也会欠缺幕后人的支配。这一错误在幕后人那里作为因果历程的错误——也就是作为打击错误——产生影响。[141] 但是，正确的认识是，若幕后人的犯罪行为的混淆风险是内在固有的，那么他的支配就仍然存在。比如，如果幕后人鼓动一个无罪责能力人去杀害一个按照特定特征所描述的人，尽管幕前人遵循了这些规定，但是仍杀错了人，那么恰恰是幕后人所创设的风险得以实现。[142]

51a

（三）共同正犯（《刑法典》第25条第2款）

1. 基本结构

共同正犯指的是"多人共同（实行）犯罪"（《刑法典》第25条第2款）。它的前提是参与人"有意识且有意愿的合作协力"，这些参与人作为一个共同犯罪决意基础上的平等伙伴提供了彼此之间互补的犯罪贡献，构成要件正是通过这些犯罪贡献被实现的。这一有意的分工使得以下情况实现了正当化，即共同正犯人各自的犯罪贡献可被**相互归属**，以至于"每个人都能被作为正犯人进行处罚"（《刑法典》第25条第2款）。

52

---

[140] 当然，其前提是，对所认为的工具的教促已经表现为了《刑法典》第22条意义上的直接着手于实现犯罪，这在所谓"个别说（Einzellösung）"的基础之上会得到肯定（对此可见第28章边码87及以下；也可参见 Beulke, FS Kühl, 2014, S. 128 ff.）。对间接正犯中的未遂予以批判的有 Küper FS Roxin, 2011, 895 (897 ff.)，他认为存在基于过失进行处罚的可能性，只要法律作出如此规定——《刑法典》第242条、第26条的犯罪与第242条、第25条第1款第2变体、第22条、第23条规定的犯罪之间是犯罪单数（《刑法典》第52条）的关系，LK-StGB/ *Schünemann/Greco* § 25 Rn. 166 f.; SSW StGB/*Murmann* § 25 Rn. 29; AnwK-StGB/*Waßmer* § 25 Rn. 44. 通说认为，间接正犯中的未遂反而应作为补充退至教唆犯之后（*Beulke*, Klausurenkurs III, Rn. 218; *ders.* FS Kühl, 2014, 134 f.; Schönke/Schröder/*Heine/Weißer* StGB Vorb. §§ 25 ff. Rn. 76）。但是，未遂的补充性原则在此不能适用，因为如果仅仅基于教唆犯进行处罚，就没有考虑到正犯的行为不法。

[141] 参见 *Hoffmann-Holland*, AT, Rn. 516; HK-StrafR/*Ingelfinger* StGB § 25 Rn. 34; LK-StGB *Schünemann/Greco* StGB § 25 Rn. 169。

[142] 参见 Baumann/Weber/Mitsch/*Eisele*, AT, § 25 Rn. 160; *Nestler* JURA 2020, 560 (561 f.); *Wessels/Beulke/Satzger*, AT, Rn. 862; Schönke/Schröder/*Heine/Weißer* StGB § 25 Rn. 54 f. 关于教唆犯中的相应问题见边码117。

53 示例：

A 与 B 想揍 O。在二人达成一致的情况下，B 摁住 O，而由 A 对其进行殴打。在鉴定报告中，对 A 是否应按照《刑法典》第 223 条进行处罚的考查并不依赖于共同正犯的实行，因为 A 是亲手殴打了 O。相反，在考查对 B 是否应按照《刑法典》第 223 条进行处罚时，应首先指出 B 没有殴打 O。然后再提出问题，当 A 与 B 作为《刑法典》第 25 条第 2 款的共同正犯人合作协力时，A 的行为是否应被归属于他。之后，应当讨论——这在示例中恰恰不存在问题[143]——共同正犯的要件。[144] 对这一思考过程的遵循不依赖于以下情况，即是分别考查 A 与 B，还是在考查中按照《刑法典》第 223 条、第 25 条第 2 款对 A 与 B 一起处理。[145]

54 在过失中，相互归属的正当化前提并未被满足，所以通说正确地否定了**过失共同正犯**的法形象。[146]

---

[143] 参见 *Noltenius*, HBStrR, Bd. 3, § 51 Rn. 58 想让共同正犯取决于, 从参与者的角度看, 摁住 O "对于实现（共同的）构成要件结果是否必要"。这样一来，就过度强调了亲手实施实行行为的重要性，并且提出了一个清晰度较低的标准。原因在于，一是明显的帮助人贡献对于主行为人来说也是不可或缺的；二是在确定必要性的关联点时会产生疑难：这在涉及身体虐待时应被否定，而对于伤害的具体类型与方式来说，摁住被害人通常是必不可少的，因为击打一名被摁住的被害人能够更明确地实现，而不会因为他们的防御动作受阻。

[144] 关于在鉴定报告中考查共同正犯详见 *Bock* JZS 2020, 427 ff.。

[145] 在示例中这两种陈述都有充分的理由，但如果明显成立共同正犯，或者构成要件只有通过参与者的合作协力才能满足，那么在考查时一起讨论多个行为人则可能更为合适；也可参见 *Bode* JA 2018, 34 (35 f.)；*Peters/Bildner* JuS 2020, 731 (734 ff.)。

[146] 比如 BGHSt 37, 106, 130 ff.；*Kraatz*, Die fahrlässige Mittäterschaft, 2006, S. 249 ff.；SSW-StGB/*Murmann*, § 25 Rn. 34 f.；*Puppe*, GA 2004, 129 ff.；*Rotsch*, FS Puppe, 2011, S. 887 ff.；持另一种观点的比如有 *Hoyer*, FS Puppe, 2011, S. 515 ff.；*Otto*, JURA 1998, 412；*Ransiek*, Unternehmensstrafrecht, 1996, S. 70 f.；*Rengier*, AT, § 53 Rn. 3 ff.；*Renzikowski*, Täterbegriff, S. 288 f.；*Schaal*, Strafrechtliche Verantwortlichkeit bei Gremienentscheidungen in Unternehmen, 2001, S. 209 ff.；AnwK-StGB/*Waßmer*, § 25 Rn. 76；*van Weezel*, Beteiligung bei Fahrlässigkeit, 2006, S. 171 ff.。

> **示例**[147]：
> A 与 B 为取乐而在坡上扔大石头。二人都相信不会砸伤人。事实上，在坡下的湖边坐着一个钓鱼的人，他被其中一块石头击中身亡。无法确认的是，谁扔了这块致人死亡的石头。

在这类案件中，部分人主张，**一个合乎事理的解决方案要求承认过失共同正犯**。[148] 由于人们分别考查 A 与 B 的客观结果归属，所以从存疑有利于被告原则出发，乍看上去当事人没有扔出致死的石头。相互的行为归属能够以简单的方式解决不确定性的问题，因为 A 与 B 要么因扔出了涉案的石头而对结果答责，要么因对另一人扔出石头进行归属而对结果答责。**通说**虽然否定了过失共同正犯，但是最终得出了相同的结论。[149] 因为属于过失的不仅有朝下扔石头，还有对另一个人的心理支持。由于 A 与 B 要么自己扔出了致命的石头，要么通过自己的参与无论如何强化了另一个人的决意，因此可以断言的是，每一个人都通过这一方式或另一方式以可被归属的方式引发了结果。如果一个构成要件的实现得以确定且仅仅在关于实现构成要件的举止方面充满着不明确性，那么就可以以**不真正（＝同类）选择确定（Wahlfeststellung）**的途径来作出有罪判决：当犯罪事实基础不明确时，可以断言的是，正犯人要么通过这一行为、要么通过另一行为实现了构成要件（详见第 31 章边码 77）。[150]

55

2. 要件

在共同正犯中，共同的犯罪实行有着双重要件，其一是"共同的犯罪决意"［下文标题（1）］，其二是"共同的构成要件实现"［下文标题（2）］。

56

---

[147] 案情以瑞士联邦法院的一个判决作为基础，对此可见 *Geppert*，JURA 2011，32 f.；*Otto* JURA 1990，47 ff.；*Rengier*，AT，§ 53 Rn. 4；也可参见 *BayObLG* NJW 1990，3032；OLG Schleswig NStZ 1982，116；*OLG Schleswig-Holstein* OLGSt § 25 StGB Nr. 1。

[148] 比如 *Frister*，AT，26/4；*Heinrich*，AT，Rn. 999；*Renzikowski* ZIS 2021，92 ff.。

[149] 参见 *OLG Schleswig-Holstein* OLGSt § 25 StGB Nr. 1；*Greco* Jahrbuch für Recht und Ethik，27（2019）（GS Hruschka），361（377 ff.）；SSW StGB/*Murmann* § 25 Rn. 34 f.；*Nolteniu*s，HBStrR，Bd. 3，§ 51 Rn. 98 ff.；批判的观点比如有 *Weißer*，JZ 1998，234 f.。

[150] 参见 *Heinrich*，AT，Rn. 998；*Kühl*，§ 20 Rn. 116b；*Roxin*，AT II，§ 25 Rn. 240。

（1）共同的犯罪决意

57 共同的犯罪决意——也就是相互商定平等、分工的犯罪实现[151]——是共同正犯人之间**相互归属的基础，但同时也是其界限**。[152] 共同的犯罪决意是共同正犯的**主观**要件[153]，不过，参与者之间会进行必要的沟通动作，这也表现为一个客观组成部分。[154] 共同犯罪决意的**对象**不仅仅是实行行为[155]，还包括构成要件上的结果的发生。[156] 通过在一个共同犯罪决意基础之上所作出的犯罪贡献，共同正犯人实现的不仅仅是他自己的意志，还有其他人的意志。[157] 未被共同犯罪决意涵盖的举止方式[**过限行为（Exzesstat）**]不能由其他共同正犯人承担。[158] 一个举止方式是否仍被共同犯罪决意所涵盖，应通过对犯罪计划的解释予以考查，在这里，特别轻微或相近的背离经常由于对犯罪计划的悄然一致性而被包含。[159] 按照司法判决，即使主观上对共同正犯人的

---

[151] 比如 BGH NStZ-RR 2016,136(137); Lackner/Kühl/*Kühl* StGB § 25 Rn. 10; AnwK-StGB/*Waßmer* § 25 Rn. 55 f.。当然，犯罪计划不一定要由共同正犯人一起制定；也有可能是其中一名参与者制定的计划被其他人接受并采纳，*Frister*, AT, 26/1; *Kühl*, AT, § 20 Rn. 104; *Ligocka*, in: Stam/Werkmeister, Der Allgemeine Teil, S. 31(41); *Noltenius*, HBStrR, Bd. 3, § 51 Rn. 47。

[152] 参见 BGHSt 6,248(249); BGH StV 1998,129; *Küpper* ZStW 105(1993), 295 ff.; *Noltenius*, HBStR, Bd. 3, § 50 Rn. 65, § 51 Rn. 44 ff.; *Puppe* FS Spinellis, 2001, 915 ff.; *Rotsch* ZJS 2012, 685；对这一要求的批判见 *Derksen*, GA 1993, 163 ff.; *Lesch*, ZStW 105(1993), 271 f.; *Jakobs*, AT, 21/43（"配合决定（Einpassungsentschluss）"）; *ders.*, FS Herzberg, 2008, S. 397 ff.。

[153] 参见 LK-StGB/*Schünemann*/*Greco* § 25 Rn. 195.

[154] 参见 *Kühl*, AT, § 20 Rn. 103. Insoweit auch zutreffend *Frister*, AT, 26/3; *Peters*/*Bildner* JuS 2020, 731 f.

[155] 不过这样认为的有 *Frister*, AT, 26/3; *Peters*/*Bildner* JuS 2020, 731 f.。

[156] 正确的有 BGHSt 63,88(97, Rn. 27)。如果另一名参与者没有认识到结果发生的风险，那么他就仅仅是过失，这样一来就欠缺了作为共同正犯特征的平等关系。在这种情形中，认识到结果发生的危险并认真对待的人可能涉及间接正犯。

[157] 参见 *Welzel*, ZStW 58(1939), 551。

[158] 参见 BGHSt 36,231(234); BGH NJW 1973, 377; NStZ 2012, 379 f.; NStZ-RR 2016, 136(137); StV 2018, 717(718); SSW StGB/*Murmann*, § 25 Rn. 35; AnwK-StGB/*Waßmer*, § 25 Rn. 79 ff.

[159] 参见 BGH NStZ-RR 2005,71; NStZ 2005, 261; NStZ 2012, 563; NStZ 2013, 400（对此见 *Hecker* JuS 2013, 943 ff.）; NStZ 2016, 607(609); *Kühl*, AT, § 20 Rn. 118；更进一步的见 BGHSt 53,145(155)。对遵循偏离的显著性的规范标准而非实际制定的计划的范围的司法判决的深入阐述与批判参见 *Noltenius*, HBStrR, Bd. 3, § 51 Rn. 77 ff.

行为方式无所谓（Gleichgültigkeit），也会导致其被共同犯意所包含。[160]如果在犯罪计划中已经包含了错认被害人的风险，那么**一个共同正犯人的身份错误**（error in persona）对于其他共同正犯人来说并无影响[161]，按照司法判决，甚至当一个共同正犯人由于弄错而伤害了自己的同伙时也是如此。因此，后者成为了共同正犯人参与一个针对他自己的犯罪行为。[162] 犯罪决意并非必须被明确地向其他参与者阐明，能在其他共同正犯人所认可的实际犯罪参与中被认识到的**默示**商定就够了。[163]

对于**结果加重犯**，共同的犯罪决意只必须涉及基本犯。因此，一名共同正犯人在以下情形中要基于结果加重犯的构成要件而承担责任，即造成严重后果的另一人的行为被共同犯罪决意所涵盖，对他自己而言在严重后果方面至少是有过失的。[164] 基本犯的共同正犯人也可能对一个**已被放置在犯罪计划中的过限风险**（Exzessrisiko）承担责任：

58

> **示例**[165]：
> A、B与C合意地侮辱并虐待了他们所蔑视的O好几个小时，他们所仿效的是一部三人都知晓的暴力视频。最后，A作出了一个冲动的

---

[160] 参见BGH NStZ 2012,563；HK-GS/*Ingelfinger*，§25 Rn. 49。

[161] 参见BGH NStZ 2019,511(512 f.)（对此见 *Eisele* JuS 2019,495 ff.；*Jäger* JA 2019,467 ff.)；*Nestler* JURA 2020,560(563 ff.)。*Noltenius*，HBStrR，Bd. 3，§51 Rn. 85 此外还要求，其他的共同正犯人必须已经在其故意中包含了错认的可能性。

[162] 参见BGHSt 11,268(271 f.)=JR 1958,426 mit Anm. *Schröder*. Dazu *Eser*,II,Fall 39；*Eisele/Heinrich/Mitsch*，Strafrechtsfälle，S. 196 ff.；*Küper*，Versuchsbeginn，S. 35 ff.；AnwK-StGB/*Mitsch* Vor §§ 211 ff. Rn. 12；*Roxin*，Täterschaft，S. 319 f.；*Scheffler* JuS 1992,920 ff.；*Schreiber* JuS 1985,876 f.；*Spendel* JuS 1969,314 f.；*Tiedemann*，Anfängerübung，S. 189 ff. 。

[163] 参见BGHSt 63,88(97,Rn. 27)；BGH StV 1998,129；NStZ-RR 2002,9；NStZ 2012,207；NStZ 2016,400(401)；*Jescheck/Weigend*，AT，S. 678；*Kühl*，AT，§ 20 Rn. 104,106；*Noltenius*，HBStrR，Bd. 3，§ 51 Rn. 45；*Puppe* NStZ 1991,571。

[164] 参见BGH NStZ-RR 2019,378(379)（对此见 *Jäger* JA 2020,153 ff.)；NStZ-RR 2020,143(144 f.)（对此见 *Kudlich* JA 2020,390 ff.；*Putzke* ZJS 2020,644 ff.)；StV 2021,120(121)（对此见 *Kudlich* JA 2020,785 ff.)。

[165] 参见BGH NStZ 2005,93；NStZ 2013,280,281（对此可见 *Jäger*，JA 2013,312 ff.)；NStZ 2016,400,401；NStZ-RR 2016,136,137；NStZ 2021,735 m. Anm. Schrott（对此见 *Kudlich* JA 2021,871 ff.)；见 *Murmann*，JA 2011,593 ff. 的案例解答。关于共同正犯的抢劫型勒索致死（《刑法典》第255条、第251条、第25条），见BGH NStZ 2010,33。

决意，遵照视频的演示杀死了 O。这是 B 和 C 都没有想到的。联邦最高法院认定 B 与 C 以共同正犯的方式实施了造成死亡后果的身体伤害（《刑法典》第 227 条、第 25 条第 2 款）。因为二人以共同正犯的方式参与了危险的身体伤害（《刑法典》第 223 条、第 224 条），而且，鉴于情绪狂热的犯罪情形中虐待行为的持续时间与不断上升的强度，他们本能够认识到一个参与者实施过限杀害的危险。因而应当得到肯定的是在结果加重犯中必要的构成要件的特有关联（第 23 章边码 129 及以下）与过失非难。[166] 相反，如果人们否认成立构成要件的特有关联，那么就还要基于《刑法典》第 222 条考查可罚性，因为它对结果归属提出了较低的要求。[167]

59　共同的犯罪决意可以**在犯罪实行期间**被作出[**承继的共同正犯**（sukzessive Mittäterschaft）]。如果该后续加入者（Hinzutretende）在一个这样的犯罪决意基础之上还作出了犯罪贡献，那么就应当基于他（共同）实现的构成要件对他进行处罚。[168]

> 示例：
> 当 B 与 C 在拿走熟睡的 O 的贵重物品时，A 加入了进来。A 参与进来是三人相互合意的。所有三个人都应按照《刑法典》第 242 条、第 25 条第 2 款进行处罚。

60　**有争议**的是，其他参与者的以下犯罪贡献是否也可以归属于那些在

---

[166] 参见 M. Heinrich NStZ 2005, 95 ff.；深入的阐述见 Isfen JURA 2014, 1087 ff.；批判的观点见 Noltenius, HBStrR, Bd. 3, § 51 Rn. 69, 82 f.；Sowada FS F. -C. Schroeder, 2006, 636 ff.；Stuckenberg FS Jakobs, 2007, 712 f.；还有 Rengier FS Geppert, 2011, 489 ff.（这里还讨论了其他在结构上类似的联邦最高法院案例）。

[167] 关于这类情形见 BGH NStZ-RR 2020, 143 (144 f.)（对此见 Kudlich JA 2020, 390 ff.；Putzke ZJS 2020, 644 ff.）。

[168] 对此可参见 BGH StV 1998, 649；Kühl, AT, § 20 Rn. 126；SSW StGB/Murmann, § 25 Rn. 39。在此犯罪决意也必须是"共同的"，因此，后续加入者对之前所发生事件的单方面认识与认同尚未达到条件；BGH StV 2018, 717 (718 f.)。

犯罪既遂之前加入的人，即**在该后续加入者加入之前，一个构成要件要素**——尤其是一个加重事由（Erschwerungsgrund）——已经通过该犯罪贡献**被实现了**，而无需该加入者对此施加作用。

> **示例：**
> 如上，不过 O 是被 B 与 C 为拿走贵重物品所打晕的。A 认识到了这一点并参与拿走了其他物品。

由于后续加入者无法控制已结束的事件，因此对于他来说就欠缺了犯罪支配，在示例案件中，对 A 进行处罚时正确的做法是仅考虑共同正犯的盗窃罪（《刑法典》第 242 条、第 25 条第 2 款），而不考虑由 B 与 C 的暴力而实现的抢劫罪（《刑法典》第 249 条）。[169] 相反，司法判决想将已结束的贡献也归属于那些在进一步的犯罪实行中继续发挥作用的后续加入者。[170] 在示例中，A 拿走财物是得益于之前发生的暴力行为。按照该司法判决，只有当后续加入者**不再能促成对符合构成要件的结果的引发**时，一个共同犯罪决意才会被排除。成立这种情况比如有，杀人犯罪的后续加入者认为，自己针对被害人的暴力行为对死亡发生不会有任何影响。[171] 相反，如果后续加入者相信其举止可能加速死亡的发生，那么对承继的共同正犯的认可就始终取决于共同的构成要件实现的成立（见边码 64 及以下），后者要求后续举止也要在客观上对死亡的发生发挥作用。[172]

有争议的是，**既遂之后、终结之前**所作出的共同犯罪决意是否也允许将已经做出的犯罪贡献进行归属。

61

---

[169] 参见 *Grabow/Pohl* JURA 2009, 658 ff.; LK-StGB/*Schünemann/Greco* § 25 Rn. 224; *Seher* JuS 2009, 306。

[170] 参见 BGHSt 2, 344; BGH JZ 1981, 596（对此可见 *Küper*, JZ 1981, 568）; StV 1994, 240; NStZ 2008, 280（对此可见 *Murmann*, ZJS 2008, 456 ff.）。在文献中表达了相同含义的比如有 *Welzel*, S. 107。

[171] 参见 BGH NStZ 2012, 207 (208 f.); 也可参见 BGH NStZ-RR 2014, 338 (LS); NStZ 2016, 524 (525)（对此见 *Kudlich* JA 2016, 470 ff.）; NStZ 2019, 725 (726)。

[172] 参见 BGH NStZ 2020, 727 m. Anm. *Kulhanek*; 未遂的杀人犯罪。

> **示例**[173]：
>
> 晚上，A 从一个存物场背着一些沉重的东西到了附近森林边缘的隐匿处。早上，他为了让 B 帮他做进一步运输而向 B 分享了一些赃物。B 同意并帮助将赃物装上他的汽车。

在示例案件中，A 所实行的盗窃罪（《刑法典》第 242 条）在隐匿赃物时就已经既遂了。但是，按照通说，该犯罪行为只有在最终确保新的占有时才终结（见第 14 章边码 31 及以下）。[174] 按照**司法判决**的观点，在终结阶段被作出的共同犯罪决意仍能证成**共同正犯**，所以 A 所实现的盗窃犯罪也必须被归属于 B。[175] **这并不正确**：《刑法典》第 25 条第 2 款要求一个对"犯罪行为"的共同实行，在《刑法典》第 242 条中，虽然"拿走"属于它，但是运走已经被拿走的物品不属于它。也就是说，按照法律条文，B 不能再作出一个关于《刑法典》第 242 条的犯罪行为的共同犯罪决意。据此，司法判决的观点没有法律根据地确立了可罚性，违反了《基本法》第 103 条第 2 款（罪刑法定）。[176]

61a 人们一致认可的是，犯罪**终结**之后不再会成立承继的共同正犯。比如，死亡或身体伤害后果已经发生，那么事后的赞同并不能使得共同的犯罪决意成立。[177]

62 如果**在进入实行阶段之前**（也就是未遂开始之前）就面对其他共同正犯人**解除**了共同的犯罪决意，那么共同正犯的基础就消失了。[178] 司

---

[173] 参见 Herzberg, Täterschaft, S. 71。

[174] 参见 NK/Kindhäuser, § 242 Rn. 129 m. w. N. 。

[175] 参见 BGH NStZ 2000,594;也可参见 Jescheck/Weigend, AT, S. 678。当然，在示例案件中可疑的是，B 的贡献就其分量而言是否足以成立共同正犯（或者仅仅认定为帮助犯）。

[176] 参见 Geppert JURA 2011,34 f. ; Herzberg, Täterschaft, S. 71 f. ; HK-StrafR/Ingelfinger StGB § 25 Rn. 47; Kühl, AT, § 20 Rn. 127; Mitsch JA 2017, 412; SSW StGB/Murmann § 25 Rn. 40; Rengier JuS 2010,282 f. ; Rönnau JuS 2019,970(972) ;当然仍可能存在基于包庇罪（《刑法典》第 257 条）或窝藏罪（《刑法典》第 259 条）的可罚性。

[177] 参见 BGH NStZ 2019, 513 (514); Baumann/Weber/Mitsch/Eisele AT § 25 Rn. 82 mit Fn. 179.

[178] 参见 Graul GS Meurer, 2002, 98 f. ; Matt/Renzikowski/Haas StGB § 25 Rn. 76; Lackner/Kühl Rn. 10; Kühl, AT, § 20 Rn. 105; Noltenius, HBStrR, Bd. 3, § 51 Rn. 52; Rengier JuS 2010,287; Seher JuS 2009,306. 未遂开始之后，如果一名共同正犯人远离了犯罪，那么就可以考虑《刑法典》第 24 条第 2 款的中止。

法判决有着部分不同的做法，认为参与到犯罪决意的形成之中——而其他参与者坚持了对该犯罪决意的实现——就足以成立共同正犯。[179] 在这一情形中，甚至当其他参与者表面上已经进入了转变未遂（Umstimmungsversuch），共同正犯的责任也继续存在。[180] 但是这里正确的做法是只考虑共犯。就连共同正犯人在预备阶段仅在内心中与犯罪实行保持距离而**没有告知其他共同正犯人**时，也应采取如此做法。因为在这一情形中也欠缺了实行阶段中的共同犯罪决意。[181] 学说一致认同的是，若放弃决意使得一个**特殊主观构成要件要素**（比如《刑法典》第242条中的据为己有目的）**消失**了，那么共同正犯也就不会被考虑了。[182]

在鉴定报告中，共同的犯罪决意尽管是主观内容，但是应**在客观构成要件中得到考查**。[183] 因为共同的犯罪决意是将他人的犯罪贡献进行归属的基础，客观构成要件实现正取决于这一归属。 63

（2）共同的构成要件实现

每一个共同正犯人都必须在共同犯罪决意的基础之上作出**客观的犯罪贡献**。单个共同正犯人并无必要亲手实现法定构成要件的一个 64

---

[179] 参见 BGH NStZ 1999,449,450；关于不统一的司法判决详见 Roxin, FS Frisch, 2013, S. 613 ff.。当然，如果一名共同正犯人离开后，其他的参与者又实施了另一个犯罪，那么就不一样了。在这一情形中，成立一个不能归属于那名最初参与者的过限；BGH NStZ 2009,25；对此可见 Geppert, JURA 2011,36。

[180] 参见 RGSt 55,105,106；BGHSt 28,346,347 f.；深入至整体的阐述可见 Eisele, ZStW 112(2000),745 ff.。

[181] 参见 Kühl, AT, § 20 Rn. 105；Noltenius, HBStrR, Bd. 3, § 51 Rn. 52；Puppe NStZ 1991,572 f.；另一种观点见 Matt/Renzikowski/Haas StGB § 25 Rn. 76；Rengier JuS 2010,287（他指出，其他的共同正犯人"在共同犯罪计划的基础上行动并得到了他的强化"）；NK-StGB/Zaczyk § 24 Rn. 101。

[182] 参见 BGH NStZ 1994,29,30；这里存在着司法判决的不连贯性，因为对据为己有目的的应用与对故意的应用并无区别，故意仅仅在作出自己的犯罪贡献的时候才必须成立；Graul, GS Meurer, 2002, S. 90 f.；Matt/Renzikowski/Haas, § 25 Rn. 75。

[183] 持该观点的是大多数意见，比如 Beulke, Klausurenkurs I, Rn. 89。另一种观点见 Safferling, JuS 2005,136，因此在客观构成要件中仅仅应当考查的是，按照客观标准（从参与者的接收者视野出发）是否成立一个共同的犯罪决意，以便之后在主观构成要件中调查是否这一客观化的共同犯罪决意也由参与者的故意所承载（相似的阐述可见 Hardtung/Putzke, AT, Rn. 1479）。关于更多的构造建议（及一个自己的模式）见 Seher, JuS 2009,1 ff.。

要素[184]，只要他的贡献与其他共同正犯人的贡献是等价的。[185] 按照犯罪支配理论，发挥一个"对于犯罪计划成功而言重要的"功能是能够证成共同正犯的（所谓的**"功能性犯罪支配"**）。[186] 通过这一方式共同正犯与帮助犯（《刑法典》第 27 条）得以区分。

65　　　不过，在涉及次要的犯罪贡献时，**司法判决**也多次认可为共同正犯。[187] 但是，这样一来，共同正犯就以不合理的方式扩展至教唆与帮助的领域。[188] 不过，司法判决也同时承认，仅仅有将犯罪视为共同的意志，尚不足以成立共同正犯。[189]

66　　一个贡献的重要性要从事前按照其对法益侵害的相关性并联系上其他参与者的贡献进行判断。[190] 对于构成要件的结果而言，并不一定要以共同原因性（Mitursächlichkeit）为前提。[191] 这恰恰体现在事前的平等行动者按照犯罪计划最终却做出了不同分量的贡献的情形中。比如，这就存在于**择一的共同正犯**（alternative Mittäterschaft）之中。

---

[184] 比如可见 BGH NStZ-RR 2000, 327（杀人犯罪中欠缺对亲手性的要求）；BGH NStZ-RR 2016, 6(7)；NStZ-RR 2018, 40。

[185] 正确地强调了共同正犯人之间的平等的意义的有 BGH NStZ 1984, 413；BGHSt 34, 124, 125；*Noltenius*, HBStRR, Bd. 3, § 51 Rn. 56。

[186] 参见 LK/*Schünemann*, § 25 Rn. 154；批判性观点可见 *Lesch*, JA 2000, 75 ff.。

[187] 比如可见 BGHSt 32, 165(178 ff.)；37, 289(291 ff.)；BGH, Urt. v. 5.7. 2012-3 StR 119/12。但是也有严格的司法判决，比如参见 BGH NStZ 2018, 144[及 *Jäger* 的评论，他在这里批评了对共同正犯过于狭窄的理解；类似的还有 *Ligocka*, in: Stam/Werkmeister, Der Allgemeine Teil, S. 31 (35 ff.)], NStZ-RR 2018, 40；2018, 211(212)；BGH, Beschl. v. 15.5. 2017-3 StR 130/18（对此可见 *Eisele*, JuS 2019, 77 ff.）。

[188] 对此进行了恰当批评的有 *Erb*, JuS 1992, 198 ff.；*Puppe*, NStZ 1991, 571 ff.；*Roxin*, JR 1991, 207 f.；关于司法判决的总结可见 *Kühl*, AT, § 20 Rn. 113 f.；LK-StGB/*Schünemann*/*Greco* § 25 Rn. 203 f. m. w. N.。不能令人信服的观点有 *Geppert*, JURA 2011, 30，他认为司法判决与学界通说通常会得出相同的结论。

[189] 参见 BGH NStZ-RR 2016, 6（答应后续的保管与使用赃物以期待参与分赃，也不会对此有所改变）；BGH StV 2016, 648（对此可见 *Hecker*, JuS 2016, 658 ff.）；BGH, Beschl. v. 7.3. 2018-2 StR 559/17；BGH NStZ 2018, 144(145) m. Anm. *Jäger*。

[190] 参见 *Roxin*, AT II, § 25 Rn. 212。

[191] 参见 *Roxin*, AT II, § 25 Rn. 213；另一种观点见 *Rotsch*, ZJS 2012, 683；关于争议现状见 *Kühl*, AT, § 20 Rn. 107。

> **示例1** [192]:
> A 与 B 想杀死 O。由于他们不知道 O 会经哪扇门离开他的房子，所以他们分别蹲守在两个出口。最后，O 从 A 守候的出口出来，被 A 所射杀。
>
> **示例2** [193]:
> A 与 B 计划了一个入室盗窃的行动。他们达成一致，若发现可能的追踪者，就向其开枪射击。在实施计划的过程中，A 射杀了追捕者 O。

正确的做法是，在这两个案子中都应将 B 都视为共同正犯人，尽管从事后的角度看，他的贡献完全没有出现。[194] 因为每一个参与者都在事件中扮演着**平等的角色**，通过他的贡献确保着整体计划的成功。

对于**累加的共同正犯**（additive Mittäterschaft），也应从事前考查所有参与者的贡献。

67

> **示例** [195]:
> 如果 20 个刺客向被害人开枪射击，即使其中有的人没有击中目标，也应将他们视为共同正犯人。关于共同的法益侵害，所有人都有着同等的份额。[196]

有争议的是，必须在哪些**时间点**做出共同正犯的贡献。问题在于，是否只有实行阶段的贡献才能创设共同正犯，或者，是否**预备阶段的贡**

68

---

[192] 比如参见 *Kühl*, AT, § 20 Rn. 109。案例解答见 *Rotsch*, Klausurenlehre, Fall 2。
[193] 参见 BGHSt 11, 268。
[194] 参见 *Bloy*, Beteiligungsform, S. 376 f.; *Roxin*, AT II, § 25 Rn. 231 ff.; 另一种观点见 Matt/Renzikowski/*Haas* StGB § 25 Rn. 89（没有实施实行行为的人的间接正犯）; *Noltenius*, HB-StrR, Bd. 3, § 51 Rn. 48, 109（约定不是为了共同实行犯罪，而是为了"各个参与者平行的、同类的犯罪实行"；该"犯罪"只由那个最后杀死了被害人的人所实行）; *Rudolphi* FS Bockelmann, 1978, 379 f. 。
[195] 参见 *Herzberg*, Täterschaft, S. 56 ff.; *Roxin*, AT II, § 25 Rn. 229 f. 。
[196] 参见 BGHSt 33, 50 (53); Matt/Renzikowski/*Haas* StGB § 25 Rn. 88; *Noltenius*, HB-StrR, Bd. 3, § 51 Rn. 110; *Roxin*, AT II, § 25 Rn. 229 f.; 另一种观点（若无法查明谁射出了致死的子弹，那么所有的刺客都仅仅是未遂）见 *Stein*, Beteiligungsformenlehre, S. 327 f. 。

献就足够了。[197] 将共同正犯的犯罪贡献局限在实行阶段的理由在于，只有这一阶段的贡献才使得对构成要件实现的支配成为可能。[198] 相反，司法判决与部分文献认为预备阶段的犯罪贡献就足够了。不过这必须是会在实行阶段以特定方式产生影响的重大贡献。[199] 对此的典型例子是**团伙头目**，他在组织犯罪中发挥着决定性的作用，即使他在实施行为时并不在场，他的指令也会被团伙成员所遵从。[200] 当然，在这类情形中，经常也会考虑到依托组织支配的间接正犯。[201]

69 进一步存在问题的是，**既遂与终结之间做出的贡献**[202]是否还能够成立共同正犯。

> **示例**（对边码61的修正）[203]：
> 晚上，A从一个存物场背着一些沉重的东西到了附近森林边缘的隐匿处。之前他已经和B商量好，B帮助继续运输以分赃。B因而帮助将物品装上了自己的车。

在这里，司法判决也——前后一致地（见边码61）——认为可能成立共同正犯。[204] 对此，乍看上去可以说，共同的犯罪决意在犯罪实行之前就已经作出了，在这一基础上，实行阶段（A的）贡献能够被归属于在既遂之后才行动的参与者（在示例中的B）。但是，仔细看就会发

---

[197] 深入至整体的阐述可见 *Bauer*, Vorbereitung und Mittäterschaft, 1996; *Vogt*, Vorbereitende Tatbeiträge und Mittäterschaft, 1999; 总结性内容可见 *Geppert*, JURA 2011, 34。

[198] 参见 *Bloy*, Beteiligungsform, S. 196 ff.; *Hardtung/Putzke*, AT, Rn. 1456; *Herzberg*, JZ 1991, 860; *Noltenius*, HBStrR, Bd. 3, § 51 Rn. 63; *Roxin*, Täterschaft, S. 328 ff.; *ders.*, AT II, § 25 Rn. 198 ff.; *Rudolphi*, FS Bockelmann, 1978, S. 372 ff.; *Zieschang*, ZStW 107 (1995), 361 ff.。

[199] 持这一观点的比如有 *Jakobs*, AT, 21/52; *Kühl*, JA 2014, 671f; SSW-StGB/*Murmann* § 25 Rn. 43; *Rengier*, JuS 2010, 282; *Stratenwerth/Kuhlen*, § 12 Rn. 93 f.; *Wessels/Beulke/Satzger*, AT, Rn. 823; *Welzel*, S. 110 f.。对于司法判决而言，按照整体观察说（边码10及以下）的贡献的分量具有决定性作用；BGH NStZ 2013, 104; NStZ-RR 2018, 40; NStZ 2022, 95 (96)。

[200] 参见 Schönke/Schröder/*Heine/Weißer*, § 25 Rn. 68。

[201] 参见 *Roxin*, AT II, § 25 Rn. 210。

[202] 没有争议的是，终结之后的贡献是达不到条件的；BGH NStZ-RR 2018, 211 (212)。

[203] 参见 *Herzberg*, Täterschaft, S. 71。

[204] 参见 BGH NStZ 1999, 609。

现认为以下假定并不正确，即认为存在一个将相互归属予以正当化的共同犯罪决意。因为共同正犯人之间所作出的犯罪决意必须以共同的犯罪支配为对象。但是，如果一个参与者仅仅只应在终结阶段行动，那么该犯罪决意恰恰不涉及共同的犯罪支配。因此，在示例中，B没有与A共同实行"犯罪行为"。将共同正犯扩张至终结阶段违反了法定原则（《基本法》第103条第2款）。[205]

三、共犯

（一）共犯的不法与结构

共犯，指的是**参与他人的犯罪**，也就是参与所谓的"主行为"。因而共犯人（按照限制的正犯人概念，见上文边码4）并没有实现分则中的构成要件，其可罚性的前提是他参与了他人的构成要件实现［从属性，详见标题（二）］。作为对被实现的主行为的教唆（《刑法典》第26条）与帮助（《刑法典》第27条），这些参与是可罚的。 **70**

对于**鉴定报告**而言，从共犯的次要特征中可以得出两个方面：其一，主行为通常[206]应当被提前考查。其二，在值得对正犯予以认真考虑的地方，应对其提前考查。

共犯的可罚性并非理所当然，因为它依赖于作为自我答责之人的主行为人的犯罪实行。反过来说，共犯人的特点是没有支配犯罪实行。按照占据统治地位的**从属性指向的惹起说**（akzessorietätsorientierte Verursachungstheorie），共犯的不法（所谓的"处罚根据"）在于，"共犯人对于主行为是具有原因性的，要么是通过唤起正犯人的犯罪决意，要么是通过对正犯人物理和心理上的支持"[207]。不过，证成不法的关键基础是 **71**

---

[205] 参见 SK-StGB/*Hoyer* § 25 Rn. 114；SSW StGB/*Murmann* § 25 Rn. 44；*Noltenius*, HB-StrR, Bd. 3, § 51 Rn. 66。

[206] 可能会出现例外情况，比如没有问主行为人的可罚性，或者主行为人已经死了。在这些（少见的）情形中，需要在共犯考查的框架下附带讨论成立故意与违法的主行为。

[207] Schönke/Schröder/*Heine/Weißer*, Vorb. §§ 25 ff. Rn. 15；*Jescheck/Weigend*, AT, S. 658；*Kühl*, JA 2014, 669；BGHSt 4, 355, 358. 对这一理论的称呼十分多样。*Roxin*, AT II, § 26 Rn. 26 ff. 将其成为"从属性指向的惹起说", *Maurach/Gössel/Zipf*, AT/2, 7. Aufl. 1989, § 50 Rn. 57 将其称为"修正的不法共犯说", SK-StGB/*Hoyer*, Vor § 26 Rn. 15 最后将其称为"修正的惹起说"。

（一个自然关联意义上的）因果关系，它在共犯中与在正犯中（对此见边码 66）一样少。所以，应优先考虑的是**从属的法益侵害说**（Lehre vom akzessorischen Rechtsgutsangriff），它是对从属性指向的惹起说的"精细化"[208]，更为强调共犯不法的实体维度。依此，共犯人"是可罚的，因为他没有自己做出符合构成要件的行为，而是间接地——也就是通过协力他人的正犯行为——侵害了构成要件上被保护的法益"[209]。

71a 这导致的结果是，**只有当该法益也被保护以防止共犯人的侵害时，共犯才有可能成立**。[210] 若涉及的是共犯人自己的法益，共犯就无法成立。这样一来，那些请求他人杀死自己的人就不会因为教唆（未遂的）受嘱托杀人罪（《刑法典》第 216 条）而受到处罚。同理的情形还有，同意他人对自己进行违背道德的（《刑法典》第 228 条）身体伤害。由于这些情形在形式上满足共犯的全部要件——在所有的示例中，被害人都指使正犯人去实施了一个符合构成要件的、违法的主行为，因此要得出这一结论只能够通过**对主行为要求进行目的解释**。

72 关于共犯的处罚根据还存在大量**其他理论**[211]：按照（**纯粹**）**惹起说**[212]，共犯的不法在于，共犯人共同引发了犯罪结果，所以他自己实现了该构成要件。这一观点脱离了——违反了法律的条文[213]——共犯的从属性，并以一个广泛的（包含正犯与共犯的）

---

[208] 持这一观点的有 *Jescheck/Weigend*, AT, S. 685 Fn. 5。*Otto*, JuS 1982, 558 正确地强调了这两种学说之间的相近性。

[209] LK-StGB/*Schünemann/Greco* Vor §§ 26, 27 Rn. 1；*Roxin* FS Stree und Wessels, 1993, 369 ff. ；*Bloy* JA 1987, 492；*Koch/Wirth* JuS 2010, 204；*Rönnau* JuS 2020, 919 (920)；*Satzger* JURA 2017, 1169 f. ；*Stratenwerth/Kuhlen*, § 12 Rn. 121；SK-StGB/*Hoyer* Vor § 26 Rn. 17；也可参见 *Noltenius*, HBStR, Bd. 3, § 50 Rn. 84 f. , 92；批判的观点有 *Matt/Renzikowski/Haas* StGB Vor §§ 25 ff. Rn. 22。

[210] 对此及后文内容可见 LK-StGB/*Schünemann/Greco* Vor §§ 26, 27 Rn. 1 ff. ；*Roxin* FS Stree und Wessels, 1993, 370 ff. 。

[211] 深入的阐述及对后文提及的观点和其他的观点的批评见 *Ingelfinger*, Anstiftervorsatz, S. 111 ff. ；*Baunack*, Beihilfe, S. 24 ff. , 72 ff. ；*Murmann*, HBStR, Bd. 3, § 53 Rn. 9 ff. ；*Noltenius*, HBStR, Bd. 3, § 50 Rn. 70 ff. ；总结性内容可见 *Geppert*, JURA 1999, 266；*Roxin*, AT II, § 26 Rn. 11 ff. 。

[212] 参见 *Lüderssen*, Zum Strafgrund der Teilnahme, 1967, S. 78 ff. , 161 ff. 。

[213] 恰当的观点有 *Roxin*, AT II, § 26 Rn. 13。

构成要件理解为基础创建了一个独立的"共犯人犯"（Teilnehmerdelikt）。[214] 按照罪责共犯说（Schuldteilnahmelehre），共犯人对于正犯人负有罪责（Schuldigwerden）承担共同责任："如果教唆人的侵害还没有达到让人们可以说他制造出了谋杀的程度，那么他至少制造出了谋杀者。"[215] 但是，由于共犯的可罚性根本就不以主行为的有罪责性（Schuldhaftigkeit）为前提，因此这一观点与法律相违背。[216]

（二）从属性

1. 不法从属性与可罚性从属性

共犯始终以一个**故意实施的违法的**（也包括：未遂的[217]）**主行为**（《刑法典》第 11 条第 1 款第 5 项）为前提，也就是说，它之于主行为是从属的。[218] 在**容许构成要件错误**中被实施的犯罪行为也是故意的。这对于限制罪责理论的法效果准用变体学说的主张者来说完全没有问题，因而仅仅只有故意罪责非难消失了（第 25 章边码 19）。但是，对于限制罪责理论中认为欠缺故意不法的变体学说来说，这也可以正确地适用（第 25 章边码 17 及以下）。因为欠缺故意不法并不影响构成要件故意。[219] 主行为人在做出行为时不需要一定有罪责。所以这里说到的是共犯的**被限制的从属性**或**不法从属性**。

不法从属性的结果是，共犯的**可罚性**也是被**从属地**规定的：对教唆人如同正犯人一般处罚。涉及帮助犯时，《刑法典》第 27 条第 2 款、第 49 条第 1 款的强制减轻处罚使得从属性有所松动。从该法律中推断出的

---

[214] 详见 *Noltenius*, HBStR, Bd. 3, § 50 Rn. 76 ff. 。
[215] *Hellmuth Mayer*, AT, S. 319.
[216] 深入的阐述与批判见 *Noltenius*, HBStR, Bd. 3, § 50 Rn. 71 ff. 。
[217] SK-StGB/*Hoyer*, § 27 Rn. 20 ff. ; 关于帮助犯的另一种观点见 *Osnabrügge*, Die Beihilfe und ihr Erfolg, 2002, S. 232 ff. 。
[218] 对此比如可见 *Geppert*, JURA 1999, 267; *Kühl*, AT, § 20 Rn. 130 ff. 。
[219] 参见 *Frisch*, Vorsatz, S. 252 f. ; Lackner/Kühl/*Kühl*, Vor § 25 Rn. 9; *Murmann*, HBStR, Bd. 3, § 53 Rn. 30; 深入阐述可见 *Heinrich*, AT, Rn. 1136 ff. ; *Streng*, FS Paeffgen, 2015, S. 238 ff. ; 另一种观点见 LK-StGB/*Schünemann*/*Greco* Vor §§ 26, 27 Rn. 22. 通常情况下，认识到了容许构成要件错误的犯罪参与人当然因支配错误而成为间接正犯人（第 27 章边码 29）；但是，如果他没有实现构成要件，比如在特别犯中他欠缺了行为人资格，那么情况就不同了。

评价是，教唆犯的不法与正犯的不法基本上是相对应的[220]，而帮助之于主行为而言应受到的非难更轻。

2. 从属性的松动与突破——对属人谋杀要素的处理

(1) 概述

74a 　　从属性当然只会影响对量刑幅度的确定。在**具体的量刑**方面，考虑到罪责原则，每一个参与者都要根据其自身的罪责受到处罚（《刑法典》第 29 条）。对于帮助人科处的具体刑罚完全可能比对主行为人科处的刑罚要重。[221] 在案件处理中，当考查被法律所类型化的量刑事由时，尤其是在涉及**常例**时，这一认识非常重要：一名共犯人是否能被常例的影响所触及，主要是根据其犯罪贡献，在这里对其贡献的分量的评判又并未独立于共犯所涉及的主行为。[222]

75 　　如果正犯人或共犯人自身不存在与可罚性相关的、不可分离地与各个参与人相关联的情状，那么共犯人可罚性的从属性设置就可能导致不合理的量刑幅度。所以，对于并非所有参与者都有**特殊属人要素**的情况，《刑法典》第 28 条规定了从属性的松动与突破。

76 　　这里要对《刑法典》第 28 条的两款进行区分[223]：《刑法典》第 28 条第 1 款规定，如果共犯人没有**创立正犯人可罚性**的特殊属人要素，那么对共犯人就要减轻刑罚（**从属性的松动**）。

> **示例：**
> 　　一个普通人教唆一名公职人员利用职权伪造证件（《刑法典》第 348 条）。公职身份在这里起着创立刑罚的作用，因为一个普通人若做出相同举止则不可罚。由于损害公职义务这一特殊不法内涵仅仅只能实现于公职人员本身，因此这就是一个特殊属人要素。教唆人没有损害

---

[220] 参见 NK-StGB/*Schild*, Vor §§26,27 Rn. 13 ff.；对此的批判比如可见 *Amelung*, FS F.-C. Schroeder, 2006, S. 173。

[221] 参见 BGH NStZ-RR 2003, 264；SSW-StGB/*Murmann*, §27 Rn. 16。

[222] 参见 BGH NZWiSt 2019, 26(27)；SSW-StGB/*Murmann*, §27 Rn. 16。

[223] 总结性内容可见 *Geppert*, JURA 1997, 300 f.；*Fischer/Gutzeit*, JA 1998, 41 ff.。

> 这一特殊义务，要按照《刑法典》第 28 条第 1 款通过以下方式予以考量，即虽然按照《刑法典》第 348 条、第 26 条该普通人是可罚的，但是应按照《刑法典》第 28 条第 1 款、第 49 条第 1 款减轻处罚。

《刑法典》第 28 条第 2 款规定，将特殊属人的**刑罚加重事由**、**刑罚减轻事由或者刑罚排除事由**适用于那些具备该事由的参与者。按照通说，这导致的结果是，各个参与者会被按照不同的构成要件进行处罚[**构成要件偏移**（Tatbestandsverschiebung）]。[224]

77

> **示例**：
> 一个普通人教唆一名公职人员利用职权进行身体伤害。在此，公职人员身份会导致刑罚加重，因为即使是普通人实施身体伤害也是可罚的。应按照《刑法典》第 340 条第 1 款处罚该公职人员；按照《刑法典》第 223 条、第 26 条、第 28 条第 2 款处罚该普通人。

在这些基本情形之外，《刑法典》第 28 条的适用范围存在多方面的争议。尤其是特殊的属人（因而涉及正犯人的）要素与涉及行为的要素（对于此类要素不适用《刑法典》第 28 条）之间的界限[225]，创立刑罚的属人要素（《刑法典》第 28 条第 1 款）与修正刑罚的属人要素（《刑法典》第 28 条第 2 款）之间的界限。但是，对于这一问题，无法进行一般性的回答，而需要结合分则中各个构成要件来进行回答。

78

（2）谋杀罪的属人要素

作为杀人犯罪的示例与补充，这里应当处理的**是特殊的属人谋杀要**

79

---

[224] 持这一观点的比如有 BGHSt 6,308(311)；8,205(208)；BGH StV 1994,17；*Fischer*, § 28 Rn. 8；*Kühl*, AT, § 20 Rn. 151. 相反的观点[*Gerhold* JA 2019,81（84）；*Hake*, Beteiligtenstrafbarkeit und „besondere persönliche Merkmale", 1994, S. 150 ff.；*Radtke*, JuS 2018, 643 f.；*Roxin*, AT II, § 27 Rn. 16 ff.]基于共犯的处罚根据而坚持不法从属性，并从第 2 款中仅仅推出以下命令，即应当从因成立或不成立属人要素相关的构成要件中推出量刑幅度（反对的观点又以法律文本作为论据，比如 *Otto*, JURA 2004, 469；NK-StGB/*Puppe* §§ 28, 29 Rn. 38；深入阐述可见 *Küper*, FS Jakobs, 2007, S. 311 ff.）。

[225] 对此比如可见 SSW-StGB/*Murmann*, § 28 Rn. 3 ff.。

素中的从属性,其在考试中非常重要。[226] 特殊的属人要素属于谋杀要素中的**第一类**(低劣动机)**与第三类**(促成目的与掩盖目的)。[227]

80   **第二类谋杀要素**(阴险,残忍,使用危害公众的手段)主要体现为犯罪实行方面,因此并不属于特殊的属人要素。[228]《刑法典》第28条并不适用于这类与犯罪行为相关的要素。**示例**:A 阴险地杀死了 O。T 明知(变体:不知)其所计划的阴险的行为方式而帮其获得了犯罪武器。——这里就适用**一般的从属性规则**[229]:如果共犯人以故意心态实行行为(比如在示例中),那么就应当按照谋杀罪的共犯(《刑法典》第212条、第211条、第26条或第27条)对其进行处罚。如果共犯人对于谋杀要素并无故意(变体),那么在此就成立主行为人的过限,而共犯人对此并不承担责任。因此,只能按照杀人罪的共犯(《刑法典》第212条、第26条或第27条)对其进行处罚。

81   如果一名参与者身上具备特殊的属人谋杀要素,那么是适用《刑法典》第28条第1款还是适用《刑法典》第28条第2款,则取决于杀人罪构成要件(《刑法典》第212条)与谋杀罪构成要件(《刑法典》第211条)之间**属于何种关系**(见第21章边码6及以下)。如果人们根据司法判决将《刑法典》第211条视为《刑法典》第212条之外的独立构成要件[230],那么这些谋杀要素就是**创立刑罚**的,适用《刑法典》第28条第1款。相反,文

---

[226] 对此比如可见 *Engländer*, JA 2004, 410 ff.; *Geppert*, JURA 2008, 34 ff.; *Hillenkamp*, BT, S. 1 ff.; *Joecks* StGB, Vor § 211 Rn. 10 ff.。练习案例可见 *Kubiciel/Stam*, JA 2014, 516; *Weiß* JURA 2021, 1387(1396 ff.); *Weißer*, JuS 2009, 135(137 f.)。

[227] 参见 BGHSt 50, 1(5); SSW StGB/*Momsen*, § 211 Rn. 90。

[228] 参见 SSW StGB/*Murmann*, § 28 Rn. 7。有的人将残忍视为"冷酷思想"的组成部分,在涉及阴险时将"敌对的意志方向"视为特殊的属人要素; *Gerhold* JA 2019, 721(723); AnwK-StGB/*Mitsch* § 211 Rn. 59, 63; LK-StGB/*Schünemann/Greco* § 28 Rn. 75 ff.。

[229] 观点有所不同的是 Schönke/Schröder/*Eser/Sternberg-Lieben* StGB § 211 Rn. 55, 他以其所主张的消极的类型修正理论(见第21章边码48)为基础,针对共犯人进行以下总体评价,即他本人是否应被认定具有对基于《刑法典》第211条、第26条/第27条的处罚而言必要的卑劣性。

[230] 比如 BGHSt 3, 363; 22, 375; 36, 231(233); 50, 1(5)。在 BGH NJW 2006, 1008 之中有支持改变观念的暗示(对此可参见 *Gössel*, ZIS 2008, 153 ff.)。

献正确地认为《刑法典》第211条是《刑法典》第212条的加重构成要件。[231] 据此，谋杀要素是**加重处罚**的，适用《刑法典》第 28 条第 2 款。这些区别只有通过各种不同的**案件情形**才能够得以理解：

a. 特殊的属人要素仅存在于主行为人

> **示例**：
> A 因贪财而杀死 O。T 并不具有特殊的属人谋杀要素，但明知这一动机仍帮 A 获得了犯罪武器。**变体**：T 并不知晓 A 的动机。

82

人们得出的结论是一致的，即正犯人所具备的贪财动机具有高度属人性，**不允许对共犯人造成不利**。但是，得出这一结论的途径却各不相同：

83

司法判决认为，**在示例中**，应当按照《刑法典》第 211 条、第 27 条对 T 进行处罚。不过，应当依据《刑法典》第 28 条第 1 款对刑罚予以减轻，因为对于他而言并不存在创设《刑法典》第 211 条的可罚性的属人要素。如果 T——正如**在变体中**那样——并不知晓主行为人具备特殊的属人要素，那么就欠缺了关于谋杀的共犯人故意（《刑法典》第 16 条第 1 款第 1 句）。[232] 因而成立主行为人的过限，只能适用《刑法典》第 212 条、第 27 条。

84

文献认为，由于共犯人欠缺加重处罚的特殊属人要素，因此按照《刑法典》第 28 条第 2 款要从基本犯中得出可罚性。所以应按照《刑法典》第 212 条、第 27 条、第 28 条第 2 款对 T 进行处罚，而与他已经知晓（示例）或者不知晓（变体）存在特殊属人要素无关。这也是恰当的，因为特殊的属人要素的法律关联性并不取决于其认识，而是取决于其在各个参与者本人身上的存在。此外，联邦最高法院的观点会在量刑幅度方面造成评价冲突[233]：适用《刑法典》第 211 条、第 26 条、第 28

85

---

[231] 比如 Kindhäuser/Hilgendorf LPK-StGB Vor §§ 211-222 Rn. 8；Schönke/Schröder/Eser/Sternberg-Lieben StGB Vorb. §§ 211 ff. Rn. 5 f.。区分化的观点见 Kleszewski, BT, § 2 Rn. 105 ff.。

[232] 参见 Eisele, BT I, Rn. 147。

[233] 参见 Gerhold JA 2019, 721 (724); LK-StGB/Schünemann/Greco § 28 Rn. 69。

条第 1 款会在《刑法典》第 49 条第 1 款第 1 项的减轻处罚情况下导致最低刑为 3 年，而教唆杀人（《刑法典》第 212 条、第 26 条）的最低刑为 5 年。但是，由于主行为人身上存在的谋杀要素很难使得教唆人得到减轻处罚，因此司法判决必须通过采用《刑法典》第 212 条、第 26 条规定的最低刑的阻断作用（Sperrwirkung）来修正结论。[234]

b. 特殊的属人要素仅存在于共犯人

86　　**示例**[235]：
A 杀死了 O，并未实现任何谋杀要素。T 因贪财而帮 A 获得了犯罪武器。

87　　**司法判决**在这里无法使用《刑法典》第 28 条第 1 款，因为这一条款依其清楚的字义仅仅规定了那些共犯人欠缺要素的情形。相反，按照司法判决，共犯人具备特殊的属人要素而主行为人欠缺特殊的属人要素的情形并没有被单独规定。所以这里适用一般的从属性原则：按照《刑法典》第 212 条对 A 进行处罚，按照《刑法典》第 212 条、第 27 条将 T 作为共犯人进行处罚。因此，T 具有的贪财动机并不会影响量刑幅度。[236]

88　　与之相对的是，**文献**认为《刑法典》第 28 条第 2 款是相关的，因为这一条款对于将加重的犯罪构成要件适用于正犯人与共犯人予以了同等规定，只要每一个参与者本人具备特殊属人的杀人要素。因此，对 A 仅仅只能按照《刑法典》第 212 条进行处罚，而对共犯可以按照《刑法典》第 28 条第 2 款以谋杀罪的共犯人进行处罚，即在示例中按照《刑法典》第 212 条、第 211 条、第 27 条、第 28 条第 2 款进行处罚。文献得出的结论更为恰当，因为在涉及量刑幅度时考虑到了共犯人的特别卑劣的动机状态。

---

[234]　参见 BGH NStZ 2006, 288 m. zutreffend krit. Anm. *Puppe*。
[235]　参见 *Kühl/Kneba*, JA 2011, 426 (431) 中的案例解析。
[236]　当然，这里的谋杀要素应在量刑时予以考量；BGHSt 1, 368; 50, 1 (6)。

c. "交叉的谋杀要素"

> **示例**[237]：
>
> A 抱着掩盖目的杀死了 O。T 明知其动机，出于低劣的动机为其提供了帮助。

"交叉的谋杀要素"案件的特殊性在于，正犯人与共犯人分别表现出不同的特殊属人谋杀要素。[238] **司法判决**必然会一贯地适用《刑法典》第 28 条第 1 款得出以下结论，即共犯人欠缺了为正犯人创立刑罚的要素（在示例中：掩盖目的）。因此，基于谋杀共犯（《刑法典》第 212 条、第 26 条/第 27 条）的可罚性必须因《刑法典》第 28 条第 1 款而受到减轻。由于《刑法典》第 28 条第 1 款并未规定共犯人本人具备特殊的属人要素的情形（边码 87），因此，即使该共犯人表现出了（另）一个谋杀要素，结论也不会改变。[239] 联邦最高法院避免了这一令人不满的结果：如果共犯人认识到正犯人所具备的谋杀要素[240]，而且本人也表现出了与正犯人"同一类型的"属人谋杀要素[241]，那么就不能对共犯人减轻处罚。由于掩盖目的是"低劣动机的一种特殊情形"[242]，因此在示例中共犯人具备同一类型的谋杀要素。因而无法适用《刑法典》第 28 条第 1 款，应按照《刑法典》第 211 条、第 26 条或第 27 条对该共犯人进行处罚。

文献认为，"交叉的谋杀要素"情形并没有体现出任何特殊问题：对正犯人与共犯人进行处罚，关键在于谁具有一个特殊的属人谋杀要素。按照《刑法典》第 212 条、第 211 条、第 27 条、第 28 条第 2 款对

---

[237] 参见 BGHSt 23,39。

[238] 如果正犯人与共犯人都表现出同一个谋杀要素，那么《刑法典》第 28 条第 1 款的文字表述就没有给减轻处罚以任何空间。

[239] Gerhold JA 2019,721(724 f.)。如果共犯人没有认识到主行为人身上具备的谋杀要素，那么得出的结论就更糟。这样只能成立对杀人罪的帮助犯；见边码 84。

[240] 关于这一要求见 BGHSt 50,1(5)。

[241] 参见 BGHSt 23,39(40); BGHSt 50,1(9)。

[242] BGHSt 23,39(40)。

T进行处罚，是因为T自己表现出了谋杀要素。这一结论与A满足的谋杀要素以及对此的认识无关。

92　　在鉴定报告中，可以通过以下**构造**处理该问题：

☞ 如果你支持**司法判决**，认为适用《刑法典》第28条第1款，那么，当共犯人欠缺特殊的属人要素时，仍按照《刑法典》第211条、第26条或第27条进行评价。《刑法典》第28条第1款仅仅规定了减轻处罚，这应在罪责之后作为量刑问题予以讨论。

☞ 如果你支持**文献观点**，认为适用《刑法典》第28条第2款，那么，当共犯人欠缺或者具备特殊的属人要素时，就会产生构成要件偏移（通说；见边码77）。所以，对于这一问题，要么在客观构成要件中（主行为要求的范围内）[243] 进行讨论，要么在构成要件的附加物中[244]进行讨论。在考查时，对于主行为人体现出谋杀要素而共犯人明显欠缺的特殊情形，合适的做法是在构成要件中进行处理。因为这样一来，在对主行为的要求进行讨论时可以及时阐释，主行为对于共犯人而言并非谋杀罪，而只是杀人罪。在相反的情形中（只能按照《刑法典》第212条对主行为人进行处罚，共犯人具备属人谋杀要素）及当否定共犯人具备特殊的属人谋杀要素还需要进一步考查时，这一路径就行不通，否则就必须在客观构成要件中讨论主观的谋杀要素。这里应在构成要件附加物中进行考查。

（三）教唆犯（《刑法典》第26条）

1. 基础

93　　教唆人是"故意指使他人故意实行违法行为的人"（《刑法典》第26条）。教唆人因而是主行为人所实行犯罪的**精神发起者**。[245] 鉴于主行为人原本拥有可以（且原本应当）拒绝该建议的自由，对教唆人按照正犯人同等处罚的正当性并非不存在疑问。在涉及对于教唆行为的要求

---

[243] 支持的观点有 Fischer/Gutzeit, JA 1998, 46。

[244] 支持的观点有 Ambos, JURA 2004, 499；Beulke, Klausurenkurs III, Rn. 99 ff.；ders., Klausurenkurs I, Rn. 166; Gerhold JA 2019, 721 (722)。

[245] 参见 Koch/Wirth JuS 2010, 203；LK-StGB/Schünemann/Greco § 26 Rn. 15。

时，应始终保持这一视角。[246]

2. 要件

如同在正犯中一样，这里也应区分客观构成要件的条件［下文标题(1)］与主观构成要件的条件［下文标题(2)］。

94

(1) 客观的教唆犯构成要件

> **出发点示例**[247]：
>
> A在与他的父亲争吵之后，带着一把来福枪离开了父母家，前去与B碰面。A告诉B，他想逃到外国去，因为他——这并非真实——"开枪击伤了一个土耳其人"。B问A是否有钱，A说没有。于是，B建议A卖掉枪或车，但是A拒绝了，因为他想保留这把来福枪，而且也没法卖掉那辆并非登记在他名下的车。B反驳道，没有钱是无法去外国的，并说道："那你必须得抢一家银行或者一个加油站。"A没有回答。之后二人聊到，如果A有足够的钱，就会有人把他带去南美国家并给他弄到相应国籍的假文件。B说，这些文件需要花费大概10 000马克。A与B商定第二天再碰面。在第二天上午，A冲进一家银行，持来福枪威胁银行职员交出大约40 000马克后离开。正如B所建议的那样，A想通过这种方式来获得换取必要文件的钱。

95

a. 主行为

客观上，教唆的首要前提是存在一个被故意实行的违法主行为（也包括未遂形式）［被限制的从属性（limitierte Akzessorietät），见边码73及以下］。在正确的鉴定报告构造中（在共犯之前考查主行为），这里需要的仅仅是提示参考之前对主行为人可罚性的考查。

96

---

[246] 参见 MüKoStGB/*Joecks/Scheinfeld* § 26 Rn. 1 ff.。
[247] 依照 BGHSt 34, 63 = JZ 1986, 906 mit Anm. *Roxin*；对此也可见 *Geppert*, JURA 1997, 359 f.；*Hardtung/Putzke*, AT, Rn. 1596 ff.；*Herzberg*, JuS 1987, 617 ff.；*Roxin*, FS Salger, 1995, S. 130 ff.。深入阐述可见 *Ingelfinger*, Anstiftervorsatz, S. 23 ff.。

b. 指使（Bestimmen）

97 教唆犯必须是指使主行为人去实施犯罪。"指使"通常被定义为**"唤起犯罪决意"**[248]。根据这一定义，只要教唆人通过一个——任何方式的——举止（共同）惹起了犯罪决意，就够了。依此，要考虑的除了明示敦促（Aufforderung）其去实施犯罪之外，还有默示的敦促，比如通过提问[249]、假装劝阻或者激起犯罪可能性。[250] **不作为**也能够成为默示的犯罪敦促。因为当保证人有避免犯罪决意产生或继续存在的义务时，那么他的沉默就有了说明的价值（Erklärungswert）（详见第29章边码101）。[251]

在这里，**不能在自然因果关系的意义上**去理解对犯罪决意的"惹起"。合规律条件理论（Lehre von der gesetzmäßigen Bedingung）在此并无作用，因为教唆行为唤起犯罪决意的自然律并未被阐明（见第23章边码17）。不过，"只要我们对自己的每一个行为都承认以下原因就够了"，即主行为人之所以告诉自己应当去实行犯罪，是因为教唆人使他产生了想法。[252] 在鉴定报告中，必要条件公式适宜于展现这一关联。比如，**在示例中**可以这么说：如果 B 没有使 A 产生逃往外国并通过抢劫为此筹钱的想法，A 就不会实施这一犯罪。

98 按照**司法判决**[253]的观点，对指使行为的客观要求也局限在对犯罪决意的惹起上（所谓的**"惹起说"**）。没有疑问的是，有了这一惹起，客观的教唆构成要件的**最低要求**无论如何都被包含了。

---

[248] 比如可见 BGHSt 9,370(379); Lackner/Kühl/*Kühl*, § 26 Rn. 2。

[249] 参见 BGH GA 1980, 183; 对此的批判可见 LK-StGB/*Schünemann/Greco* § 26 Rn. 53。

[250] 参见 Schönke/Schröder/*Heine/Weißer*, § 26 Rn. 4; *Welzel*, S. 116。

[251] 参见 Matt/Renzikowski/*Haas*, § 26 Rn. 12; SSW StGB/*Murmann*, § 26 Rn. 3。

[252] 参见 *Puppe*, GA 1984, 109。*Stübinger*, ZIS 2011, 611 也正确地指出，被教唆人不是简单地接替了教唆人的位置，而是自行占据了其所建议的位置："只有这样才能认为行为人是他犯罪的主体"。深入的且有结论上下沟通的观点见 *Frister* FS Sancinetti, 2020, 367 ff.。此外还可见 *Jäger*, GA 2013, 7。

[253] 参见 BGHSt 2,279(281); 45, 373; BGH NStZ 2000, 421; 正确提出了反对观点的有 *Amelung*, FS F.-C. Schroeder, 2006, S. 152 ff.。

相反，在**文献**中广为传播的认识是，仅仅只有对主行为人的犯罪决 **99**
意的原因性，还无法成立教唆的不法。[254] 等价理论无边无止的范围在
此导致了（与正犯中没什么不同；第23章边码6与25）对社会相当的
举止方式的包含。[255] 从对教唆人科处与正犯人等同的刑罚及对从属的
法益侵害的要求中，产生了对指使行为进行**限缩解释**的必要性。[256] 但
是，尚未达成一致的是，**对于指使行为应当提出哪些额外的要求**[257]：

一种流行的观点是要求教唆人与主行为人之间的"**精神联系**"（geis- **100**
tiger Kontakt），依此，创设一个引诱犯罪的情况还不够。[258]

> **示例：**
> 某人将邻居家花园的门打开，希望小偷能将放在那里的柴给拿走。
> 当行为人确实受到这一诱惑情形的激励时，这虽然是有原因性的，但
> 是主行为人并非由于与教唆人之间的精神联系而作出决意。

经常情况下——尤其是当提示了科处与正犯人等同的刑罚时——也 **101**
要求与主行为人的**团结化**（Solidarisierung mit dem Haupttäter）或者对于
其犯罪实行的**被提升的影响**（gesteigerte Einflussnahme）。[259]

比如**不法协定理论**（Lehre vom Unrechtspakt）要求对教唆的可

---

[254] 总结性内容可见 SSW StGB/*Murmann*，§ 26 Rn. 4。关于观点争议的概况见 Hillen-kamp/*Cornelius*，AT，S. 194 ff.。

[255] 参见 *Frisch*，Tatbestandsmäßiges Verhalten，S. 333 ff.，insb. 343 f.；*Herzberg*，JuS 1987，620 ff.；*Hilgendorf*，JURA 1996，10 ff.；Lackner/Kühl/*Kühl*，§ 26 Rn. 5；*Schlehofer*，GA 1992，308 f.；*Weßlau*，ZStW 104(1992)，125 ff.。

[256] 参见 Schönke/Schröder/*Heine*/*Weißer*，§ 26 Rn. 3；MüKoStGB/*Joecks*，§ 26 Rn. 11 ff.；LK-StGB/*Schünemann*/*Greco* § 26 Rn. 2 ff.，51。

[257] 关于观点现状的概况见 *Koch*/*Wirth*，JuS 2010，204 f.。

[258] 支持的比如有 *Geppert* JURA 1997，304；Baumann/Weber/Mitsch/*Eisele* AT § 26 Rn. 26 Schönke/Schröder/*Heine*/*Weißer* StGB § 26 Rn. 3；*Koch*/*Wirth* JuS 2010，204 f.；LK-StGB/*Schünemann*/*Greco* § 26 Rn. 2；*Wessels*/*Beulke*/*Satzger*，AT，Rn. 881；*Satzger* JURA 2017，1171；*Welzel*，S. 116；*Zieschang*，AT，Rn. 731。

[259] 关于这些方案的不同形式可参见 *Amelung* FS F.-C. Schroeder，2006，155 ff.；*Ingelfinger*，Anstiftervorsatz，S. 175 ff.；*Jakobs*，AT，22/22；*Köhler*，AT，S. 521，525 ff.；*Noltenius*，HBStR，Bd. 3，§ 50 Rn. 102；NK-StGB/*Schild* § 26 Rn. 6；*Puppe* GA 1984，101 ff.；*dies.* NStZ 2006，424 ff.；*Schumann*，Selbstverantwortung，S. 52 ff.。

罚性进行（过于）广泛的限制[260]，认为教唆人必须"与正犯人缔结一种协定、接收一个对犯罪的允诺或义务，这虽然不是合法的，但事实上约束了正犯人并使其放弃犯罪计划变得更困难了。他即便没有承担犯罪实行，但必须承担了计划的一部分，正如人们在共同正犯中即便不提共同的犯罪实行，但也要提共同的犯罪计划"[261]。

102 正确的做法是，人们必须借鉴客观归属理论而设置以下前提，即教唆人创设了**唤起他人犯罪决意的法不容许的危险**，这一危险在主行为人的犯罪决意中得以实现。[262] 将犯罪实行的可能性告知主行为人对此是不够的，他需要一个（默示的）**敦促**，[263] 通过该敦促教唆人表现出了对规范的破坏，而非表现出更好的选择。[264] 因而，教唆人的举止获得了一个**明确的犯罪意义关联**，也就不能再被其行为自由所涵盖了。[265]

创设引诱犯罪（tatanreizend）的情形通常欠缺这一敦促属性。在前述关于被打开的花园门的示例中，该安排对于主行为人来说就不能被视为敦促。[266]

在**出发点示例**中，"那你必须得抢一家银行或者一个加油站"

---

[260] 对此的批判可见 *Koch/Wirth*，JuS 2010，205；*Joerden*，FS Puppe，2011，S. 567。

[261] *Puppe*，GA 1984，112；*dies.*，GA 2013，517 ff. 相似的阐述可见 *Jakobs*，AT，22/22。

[262] 参见 *Frisch*，Tatbestandsmäßiges Verhalten，S. 333 ff.，insb. 343 f.；详见 *Murmann*，HBStrR，Bd. 3，§ 53 Rn. 42 ff.；也可见 *Herzberg*，JuS 1987，620；*Hilgendorf*，JURA 1996，10；*Schlehofer*，GA 1992，308 f.；*Timpe*，GA 2013，148；*Weßlau*，ZStW 104（1992），125 ff.。据此，在"降格教唆"中（比如建议用盗窃去替代原本计划的抢劫）就已经在客观上欠缺了指使行为；见 *Geppert*，JURA 1997，304；*Kühl*，AT，§ 20 Rn. 185。

[263] 参见 Baumann/Weber/Mitsch/*Eisele*，AT，§ 25 Rn. 27；*Joerden* FS Puppe，2011，568 ff.；*Murmann*，HBStrR，Bd. 3，§ 53 Rn. 59 ff.；*Rönnau* JuS 2020，919（922 f.）；*Roxin*，AT II，§ 26 Rn. 74 ff.；*Satzger* JURA 2017，1171；批判的观点比如有 *Koch/Wirth*，JuS 2010，205，因为所选择的表述是否具有敦促的性质会造成解释上的困难。

[264] 参见 *Amelung*，FS F.-C. Schroeder，2006，S. 172 中额外要求施加压力；AnwK-StGB/*Waßmer*，§ 26 Rn. 11。

[265] 参见 *Frisch*，Tatbestandsmäßiges Verhalten，337 ff.。

[266] 不过，在具有社会相当性的大力度引诱犯罪情形中，完全可以跨越默示敦促实行犯罪的门槛；Lackner/Kühl/*Kühl*，§ 26 Rn. 2；*Frisch*，Tatbestandsmäßiges Verhalten，S. 343 ff.；*Murmann*，HBStrR，Bd. 3，§ 53 Rn. 50 ff.；深入阐述可见 *Christmann*，Zur Strafbarkeit sogenannter Tatsachenarrangements wegen Anstiftung，1997，S. 114 ff.。

的表述本身不具有敦促的属性。[267] 孤立地看，B 通过该表述仅仅指出了一个众所周知的情况，即人们通过抢劫银行或者加油站能够得到钱。但是，当人们考虑到该表述所处的具体情境时，则会得出不同的结论。[268] 继续关于获得纸钞的必要性的谈话，B 称这会花费 10 000 马克及显然与之关联的对后天白天再碰面的约定，这些都在整体上给了前述表述一个新的形象。也就是说，在探讨其他融资方式无望之后，A 走上非法获利之路已经是很明确的了，尤其是因为从 B 的角度看，A 声称要逃跑而急迫需要在最短的时间内获得相对较大的金钱数额。在这一背景之下，B 的表述不再只是抽象地指出获取金钱的可能性，而已经是明确地指向了唤起犯罪决意。这一目标设定通过接下来关于所需数额与再次碰面的谈话得到了阐明。因此整体情境所支持的是，将 B 的表述视为以 A 实行主行为为指向的法不容许的危险创设。

存疑的是，对于指使行为而言，在何种程度上应要求该指使行为必须**具体化为指向一个特定的犯罪行为**。[269] 联邦最高法院要求——不过是在故意的框架内[270]——一个这样的具体化，因为只有这样才能够保障教唆与主行为之间存在以下关联，这一关联对于实现与正犯人同等的刑罚的正当化是必要的。[271] 这一教唆不仅必须针对一个按照构成要件类型与一般类属要素得以具体化的主行为，还必须表现出是"至少有粗略个别化的事件"，即使尚未达到被解释至"详细"的图景。[272] 个别化要素是"犯罪实行的对象、地点、事件与其他情状"，它们中的每一个都可能"根据案件的情况"而缺失。[273]

---

[267] 参见 Roxin, FS Salger, 1995, S. 131。
[268] 首先是 Herzberg, JuS 1987, 622 让此受到了关注。
[269] 对此详见 Murmann, HBStrR, Bd. 3, § 53 Rn. 71 ff.。
[270] 将这一问题定位在故意之中，是联邦最高法院在客观方面仅仅以惹起实行主行为的决意作为前提的必然结果。
[271] 参见 BGHSt 34, 63(65 f.)。
[272] 参见 BGHSt 34, 63(66.)。
[273] 参见 BGHSt 34, 63(66 f.)。

如果用这些标准去衡量**出发点示例**，那么就会发现这样的具体化是全面缺失的。从其敦促中仅仅只产生了可被考虑的构成要件与按照类属所描述的犯罪对象及关于犯罪实行的一定时间范围（接下来的两天内）。总体上这尚不足以建立联邦最高法院所要求的教唆与主行为之间的关联。[274]

104 文献以充分的论据对这一具体化要求的合理性提出了质疑。特别是罗克辛认为[275]，只要能确定主行为"**不法的主要方面**"就够了。[276] 实际上，从针对被主行为人攻击的法益的法不容许的风险创设的角度出发，也难以理解为什么犯罪对象、地点与时间的具体化对于教唆人的应罚性而言要如此重要。[277]

c. 特殊情形

105 如果主行为人已经决意要犯罪 [所谓的"**决意正犯人**"（omnimodo facturus）]，那么就不成立对犯罪决意的唤起。这里欠缺了对犯罪决意的惹起。[278] 不过，只要主行为人仍摇摆不定[279]或者仅仅只是有着实施犯罪的普通意愿[280]，那么他就仍可被教唆。同样的，那些有意愿在特定条件下实施犯罪的主行为人也尚未决意犯罪，因此教唆人仍可以通过承诺满足这些条件来教唆他。[281]

106 **不知晓主行为人已有犯罪决意却意图指使他实施犯罪**，（当主

---

[274] 参见 BGHSt 34, 66；赞同的有 *Koch/Wirth*, JuS 2010, 206。

[275] 当然同样站在对教唆人故意提出的要求的立场之上。

[276] 参见 LK-StGB/*Schünemann/Greco* § 26 Rn. 46 ff.；*Roxin*, JZ 1986, 908 f.；*ders.*, FS Salger, 1995, S. 131 ff.；LK-StGB/*Schünemann/Greco* § 26 Rn. 46 ff.

[277] 深入与区分化的观点见 *Murmann*, HBStrR, Bd. 3, § 53 Rn. 77 ff.。

[278] 比如可见 *Geppert*, JURA 1997, 304；*ders.*, JK 1996, StGB § 26/5；*Koch/Wirth*, JuS 2010, 205；（正确地对通说理念进行了批评的）专著可见 *Stehen*, Die Rechtsfigur des omnimodo facturus, 2011（对此可见 *Kudlich* GA 2012, 379；*M.-K. Meyer*, ZIS 2012, 524 ff.）；还有 SSW StGB/*Murmann*, § 26 Rn. 6；*Puppe*, GA 2013, 520 f.，反对的人又是 *Satzger*, JURA 2017, 1170。

[279] 参见 BGH bei *Dallinger*, MDR 1972, 569；NStZ 2001, 41 (42)；详见 *Roxin*, AT II, § 26 Rn. 67 f.；*Satzger*, JURA 2017, 1172 f.。

[280] 参见 BGHSt 45, 373 (374)。无论人们对指使行为的具化采取何种立场，都是如此。因为即使指使行为仅确定了不法的主要方面，它也无法排除在以下情形中看到教唆不法的可能性，即促使主行为人的决意具化为针对特定的被害人；SSW StGB/*Murmann*, § 26 Rn. 6。

[281] 参见 BGHSt 45, 373。

行为是一个重罪时）可以按照《刑法典》第30条第1款的教唆犯的未遂进行处罚（第28章边码10）。此外，未遂犯的教唆可能强化了主行为人的犯罪决意，因此成立心理上的帮助（《刑法典》第27条；见边码30）。[282]

如果主行为人已经决意实施某个特定犯罪，那么存疑的是，**促使其改变犯罪决意**是否满足了教唆的构成要件。[283] 这至少包含以下情形，即指使主行为人实行一个完全**不同的犯罪**[转化教唆（umstiftung）]。[284] 相反，如果仅仅只是鼓动主行为人**对犯罪实行予以修正**，比如将犯罪时间从白天调整至晚上，那么就不成立教唆。[285] 在这两种极端情形之间存在一个评价问题，即改变犯罪决意是否属于一个新的、可归咎于教唆人的法益侵害。当涉及的是高度属人的法益时，比如劝说主行为人将杀害对象由 X 换成 O，人们无论如何必然会**基于被伤害的法益承载者发生改变**而得出肯定的答案。[286] 有争议的情形是，通过敦促虽然没有改变被实现的构成要件，但是改变了**犯罪的不法内涵的严重程度**。联邦最高法院倾向于肯定教唆成立。[287] 在**降格教唆（Abstiftung）**的情形中应当否定可罚性，即鼓动正犯人实现一个严重性较低的犯罪实行形式，比如实现基本构成要件替代加重构成要件。[288] 相反，绝大多数人认为，在**升格教唆（Aufstiftung）**的情形中应当肯定可罚性，即劝说已经决

107

---

[282] 参见 RGSt 72,373(375)。
[283] 后文内容见 SSW StGB/*Murmann*, § 26 Rn. 8。
[284] 总结性内容可见 *Satzger*, JURA 2017, 1179 f.；深入阐述见 *Murmann*, HBStrR, Bd. 3, § 53 Rn. 92 ff.。
[285] 这里通常会成立一个促成犯罪实行的心理帮助；BGH NStZ-RR 1996,1；*Roxin*, AT II, § 26 Rn. 98,100。
[286] 参见 *Koch/Wirth*, JuS 2010,207；*Roxin*, AT II, § 26 Rn. 95,97 f.。
[287] 参见 BGHSt 19,339(341)；还有 LK-StGB/*Schünemann*, § 26 Rn. 35；主张限制在增加不法的有 *Hardtung*, FS Herzberg, 2008, S. 424 f. ,434 f.。
[288] 参见 *Satzger* JURA 2017, 1175 f.；深入阐述见 *Murmann*, HBStrR, Bd. 3, § 53 Rn. 90。存疑的是，在降格教唆的情形中，是否成立一个风险减低，它与基于严重性更小的犯罪实行的帮助犯可罚性相悖（持该观点的有 *Kudlich*, HBStrR, Bd. 3, § 54 Rn. 44 f.）。这是个案中的问题。完全有可能的是，主行为人在此得到了心理强化，所以成立一个针对被实现的犯罪的帮助犯，但是可以按照《刑法典》第34条实现正当化；SSW StGB/*Murmann* § 26 Rn. 10。

意实现基本构成要件的人决意实现一个加重的犯罪。[289]

> **示例**[290]：
> B 教唆已经决意实施普通抢劫（《刑法典》第 249 条）的 A 使用棍棒（《刑法典》第 249 条、第 250 条第 2 款第 1 项）。

尽管 A 已经决意实施普通抢劫，教唆没有对犯罪实行产生影响（决意正犯人），但是联邦最高法院在该案中仍旧肯定了 B 对加重抢劫的教唆。论证这一结论的思考是，加重犯不是仅仅表现出了"更多"的不法，而是在质上改变了主行为的不法。因此，只有这么做才能包含存在于使用工具与拿走财物之间的关联的特殊不法。[291]

108 与之相对的是，一个**少数派观点**认为，只要主行为人已经决意实行犯罪，那么就只能成立心理帮助，应只对超出原本犯罪决意的部分——只要该部分在构成要件上是类型化的——按照教唆进行处罚。按照这一观点，在示例案件中，应当按照对普通抢劫的心理帮助（《刑法典》第 249 条、第 27 条）与对危险身体伤害的教唆（《刑法典》第 223 条、第 224 条）的犯罪单数（《刑法典》第 52 条）对 B 予以处罚。[292] 其理由在于，"教唆人"通过其贡献无法鼓动主行为人实行已经决意的犯罪。

---

[289] 参见 BGHSt 19,339；赞同的比如有 Baumann/Weber/Mitsch/*Eisele*, AT, § 26 Rn. 35 ff. ; *Otto*, JuS 1982,561; *Roxin*, AT II, § 26 Rn. 104 ff. ; *Stree*, FS Heinitz,1972, S. 279 ff. 。总结性内容可见 *Geppert*, JURA 1997, 305; *Küpper*, JuS 1996, 24; *Satzger*, JURA 2017, 1176 ff. 。深入阐述见 *Murmann*, HBStrR, Bd. 3, § 53 Rn. 104 ff. 。

[290] 依照 BGHSt 19,339 = JZ 1965,30 mit Anm. *Cramer*。对此可见 *Eser*, II, Fall 43 A; *Hillenkamp/Cornelius*, AT, S. 207 ff. ; *Stree*, FS Heinitz,1972, S. 277 ff. 。

[291] 参见 *Kudlich*, Fälle StrafR AT, S. 219 f. ; *Otto*, JuS 1982,561; 深入阐述可见 *Stree*, FS Heinitz, 1072, S. 281 ff. 。

[292] 参见 *Eser*, II, Fall 43 A 8; *Jescheck/Weigend*, AT, S. 689; *Joerden*, FS Puppe, 2011, S. 578 f. ; Schönke/Schröder/*Heine/Weißer*, § 26 Rn. 9; *Koch/Wirth*, JuS 2010, 207; *Kühl*, JA 2014, 672. 调和性的观点见 *Küpper*, JuS 1996, 24。

（2）主观的教唆犯构成要件

a. 双重教唆故意

在主观上，教唆要求着所谓的双重故意，一方面必须涉及指使行为；另一方面必须涉及主行为自身。[293] 此种故意构成间接故意就够了。[294]

109

如果涉及引起犯罪决意或涉及主行为时仅存在过失的情形，那么要考虑的就是因（以正犯方式）实现某过失构成要件的可罚性。以其为基础，还可能成立**对结果加重犯的教唆**，在这里，对基本犯的教唆同时也体现出了涉及严重后果的注意义务损害。[295]

110

如果站在司法判决的立场上认为指使行为在客观上被局限于对犯罪决意的惹起，那么主观层面的责任就必须得到限制。司法判决实现责任限制的方式是对涉及主行为的故意提出了附加的要求。[296] 因此，根据司法判决，对主行为予以具体化的必要性（边码 103）——该必要性已为了实现客观构成要件而被考虑——被定位在故意之中。[297] 据此，以下情形还达不到针对主行为的故意，即"教唆人的意志仅仅指向的是，促使正犯无需进一步的具体化就可实行可罚的行为或者仅是按照法定构成要件所描述的类型的犯罪行为（比如盗窃）"。[298] 针对实行主行为的故意只有在以下情形中才成立，即该犯罪行为的**基本特征得以具体化**，而且主行为人本人得以个别化或者至少属于一个可被个别化确定的圈子。[299]

111

---

[293] 比如可见 *Geppert*, JURA 1997, 358。

[294] 参见 BGHSt 2, 279(281 f.)。

[295] 参见 BGHSt 2, 223(225); 19, 339(341 f.); BGH NStZ-RR 2016, 43(45); *Kudlich*, JA 2000, 514 ff. 如果主行为人对严重后果抱有故意心态因而要受到故意构成要件的处罚，也没有什么不同。

[296] 深入阐述可见 *Warneke*, Die Bestimmtheit des Beteiligungsvorsatzes, 2007。

[297] 这一定位当然不具有说服力，因为这样一来，故意就被以不恰当的方式加装了在客观构成要件中无关的部分；恰当的观点有 *Weßlau*, ZStW 104(1992), 128; 此外还可见 *Koch/Wirth*, JuS 2010, 205; *Kühl*, AT, § 20 Rn. 188。

[298] BGHSt 34, 63(64) m. w. N.

[299] 也可见 *Koch/Wirth*, JuS 2010, 206; *Wessels/Beulke/Satzger*, AT, Rn. 890 f.。

在**出发点示例**中，联邦最高法院否认 B 具有关于被充分具体化的主行为的故意。[300]

112 教唆故意必须涉及**主行为的既遂**。[301] 它是从共犯是从属的法益侵犯这一原理中得出来的。在实践中，这一要求在所谓的**陷害教唆**（agent provocateur）中具有重大意义。如果一个这样的"密探"（Lockspitzel）——通常是一个隐蔽侦查员（《刑事诉讼法》第 110a 条及以下）或一个受警方信任的人——为了将嫌疑人定罪而唤起了他的犯罪决意[302]，目的是让行为进入到未遂阶段，那么他在行为时就没有关于犯罪既遂的故意。[303] 较疑难的是以下案件，即陷害教唆人想在犯罪既遂之后才介入：故意在这里就包含了犯罪既遂，因而教唆构成要件在原则上被满足了。[304] 但是，这一结论在以下犯罪中并不具有说服力，即形式上的既遂时间与实质的法益侵害相分离的犯罪，比如，超过的内心倾向的犯罪、抽象危险犯及特定的被构成要件类型化的预备行为（比如《刑法典》第 267 条的制造虚假文书）。[305] 如果该故意未涉及通过主行为人造成实质不法结果，那么这里显然应否定教唆故意。[306]

---

[300] 赞同的比如有 *Koch/Wirth*, JuS 2010, 206。

[301] 比如可见 BGH StV 1981, 549；Baumann/Weber/Mitsch/*Eisele*, AT, § 26 Rn. 43；*Roxin*, AT II, § 26 Rn. 150 ff.；*Wessels/Beulke/Satzger*, AT, Rn. 892。深入阐述见 *Murmann*, HBStR, Bd. 3, § 53 Rn. 131 ff.。

[302] 关于使用这种密探可能产生的程序问题（违反正当程序原则？诉讼障碍？）参见 *Murmann*, StrafProzR Rn. 267 ff.。

[303] 参见 Baumann/Weber/Mitsch/*Eisele*, AT, § 26 Rn. 43 f., 47；*Geppert* JURA 1997, 360 f.；*Koch/Wirth* JuS 2010, 208. 深入阐述见 *Murmann*, HBStR, Bd. 3, § 53 Rn. 64 ff.、131 ff.。

[304] 在例外情形中，也可能考虑《刑法典》第 34 条的正当化，参见 *Roxin*, AT II, § 26 Rn. 154；*Seelmann*, ZStW 95 (1983), 807 ff.。

[305] 参见 MüKoStGB/*Joecks/Scheinfeld* § 26 Rn. 76 ff.；*Koch/Wirth*, JuS 2010, 208；*Roxin*, AT II, § 26 Rn. 156 ff.；Schönke/Schröder/*Heine/Weißer*, § 26 Rn. 23。深入至整体的阐述可见 *Hillenkamp/Cornelius*, AT, S. 201 ff.；*Keller*, Rechtliche Grenzen der Provokation von Straftaten, 1989；*Nikolidakis*, Grundfragen der Anstiftung, 2004, S. 57 ff.。

[306] 参见 OLG Oldenburg NJW 1999, 2751. 关于各种进一步分化的观点的介绍见 *Geppert*, JURA 1997, 360 ff.；*ders.*, JK 2000, StGB § 26/6。批判性观点可见 *Eidam*, FS Neumann, 2017, S. 777 ff.。

b. 主行为偏离教唆人的构想

只有当教唆人关于主行为的错误构想涉及的情况对于客观的教唆不法或者涉及该不法的故意[307]具有关键作用时,该错误构想才意义重大。[308] 因此根据判决,**非重大的**、未能排除故意的偏离只有在以下情况中才成立,即这些偏离没有影响到对于"至少具有粗略轮廓的个别化事件"的认识时。如果人们认为认识到重大的不法维度就已经足够了(边码 104),那么未影响这一认识的错误构想就是非重大的。 113

例如,如果教唆人假想主行为人将用棍子击打被害人,但实际上主行为人使用的是自己沉重的靴子,那么无论是按照这两种观点中的哪一种,这种偏离都是无关紧要的。

相反,**重大的**偏离能够排除故意。这尤其存在于主行为人的过限(Exzess)中[309],比如被教唆去盗窃的人却对被害人施加了暴力(《刑法典》第 249 条)。教唆人仅就以下范围内承担责任,即他所构想的行为被主行为人实现的行为所包含的那部分。因此,如果主行为人实施了抢劫,那么成立的仍是对盗窃的教唆。[310] 114

有争议的情况是,主行为人处于一个对他来说无关紧要的**对象或身份错误**(error in objecto vel in persona),而这并未被教唆人的构想所包含。[311] 115

---

[307] 这取决于,人们是已经在客观上就对"指使"提出了超出单纯引发的要求,还是要到故意时才对主行为的主要特征具体化要求进行限制责任的修正;见边码 97 及以下。

[308] 参见 MüKoStGB/*Joecks*, § 26 Rn. 63 ff.;SSW StGB/*Murmann*, § 26 Rn. 16 ff.;LK-StGB/*Schünemann*, § 26 Rn. 80。

[309] 参见 *Koch/Wirth*, JuS 2010, 208 f.;深入阐述可见 *Altenhain*, Die Strafbarkeit des Teilnehmers beim Exzess, 1994。

[310] 参见 BGHSt 2, 223(225)关于教唆实施身体伤害而被教唆者实施杀人行为时的责任。

[311] 深入阐述可见 *Nikolidakis*, Grundfragen der Anstiftung, 2004, S. 113 ff.。

> **示例**("农场主案")[312]:
> B 与儿子 X 之间存在严重的矛盾,因此决定杀死 X。为了执行计划,B 找到 A 并答应给予报酬。X 在回家时会穿越一个马厩,而 A 应在此杀死 X,具体如何实行则由 A 自己把握。为了确保不伤害到其他人,B 简要介绍了他儿子的生活习惯与外貌,并给了他一张照片。A 于是躲在 B 的昏暗的谷仓中等待 X。当一个身形像 X 的人进入谷仓并像 X 平时习惯的那样提起一个包时,A 朝此人开枪射击。实际上这是 B 的邻居 O,他因枪击而死亡。

116 对这类案件的**激烈争论已经持续了超过 150 年**,其原因在于,普鲁士高等法院在 1859 年就已经对一个类似案件作出了判决[313]:木材商罗萨尔欠了木匠施利伯的钱,于是教唆他所雇佣的工人罗斯伏击并杀死施利伯,并允诺给予其报酬。但是,由于认错了人,罗斯杀死了高中生哈尼施。普鲁士高等法院判定罗萨尔教唆了谋杀。该案以"**罗斯—罗萨尔案**"的标题进入了各本教科书,而联邦最高法院所判决的案子则通常被称为"农场主案"或者"罗斯—罗萨尔第二"案。

117 **联邦最高法院**[314]——与普鲁士高等法院一样——运用**所构想之因**

---

[312] 依照 BGHSt 37,214 = MDR 1991,169 mit Anm. *Müller*,MDR 1991,830 = JZ 1991,678 mit Anm. *Roxin* = NStZ 1991,123 mit Anm. *Puppe* = JR 1992,293 mit Anm. *Küpper*。对此可见 *Bemmann*,FS Stree und Wessels,1993,S. 397 ff.;*Geppert*,JURA 1992,163 ff.;*ders.*,JURA 1997,362 f.;*Gropp*,FS Lenckner,1998,S. 55 ff.;*Hillenkamp/Cornelius*,AT,S. 213 ff.;*Roxin*,FS Spendel,1992,S. 289 ff.;*Schlehofer*,GA 1992,307 ff.;*Schreiber*,JuS 1985,876 f.;*Stratenwerth*,FS Baumann,1992,S. 57 ff.;*Streng*,JuS 1991,910;*Weßlau*,ZStW 104(1992),105 ff.;此外还可见 *Mitsch*,JURA 1991,373 ff. 及练习案例文献 *Brand/Kannzler*,JA 2012,37 ff.;*Hilgendorf*,Fallsammlung,Fall 5;*Kubiciel/Stam*,JA 2014,515 f.;*Sievert/Kalkofen*,JA 2012,107 ff.。还有 BGH NStZ 1998,294(295)。

[313] 参见 GA 7,332;对此可见 *Bemmann*,MDR 1958,817;*Dehne-Niemann/Weber*,JURA 2009,373 ff.。

[314] 参见 BGHSt 37,214(217 f.)。出自文献 *Geppert* JURA 1992,166 ff.;*Küpper* JR 1992,296;*Schönke/Schröder/Heine/Weißer* StGB § 26 Rn. 26;*Streng* JuS 1991,914 ff.;*Fischer* StGB § 26 Rn. 14 f.;*Wessels/Beulke/Satzger*,AT,Rn. 897 f.;*Zieschang*,AT,Rn. 746。*Puppe*(GA 1981,1 ff.;*dies.* NStZ 1991,124 ff.;NK-StGB/*Puppe* § 16 Rn. 124)在认为打击错误也无关紧要的立场上得出了相同结论;也可见 *Loewenheim* JuS 1966,312 ff.。

果历程的偏离的一般原则(第24章边码65),认为主行为人的身份错误对于教唆人而言**并无影响**,因为他"处于根据一般生活经验可预见的范围之内,没有合理理由对其行为予以另一种评价"。

其结论应当得到赞同。[315] 如果人们将指使行为在规范上理解为在主行为人作出决意的方向上创设法不容许的危险,那么论证就很轻松。因为教唆人所创设的法不容许的风险恰恰存在于主行为人杀死一个表现出特定特征的人。只要被教唆人是在犯罪计划的范围之内行动的——在"农场主案"中:杀死一个根据情况会被认为是被选定的人——那么教唆人所故意创设的风险就在主行为中实现了。这样一来,就算实际面临"错误",也并不会产生影响。从这一论证同时产生了进行**区分**的必要性:如果在主行为中实现了一个无法被教唆人的故意所包含的风险,那么从教唆人的角度看就成立一个打击错误。比如,主行为人在识别被害人时以无法被预见的方式违背了注意义务,因而杀死了一个按照情况不可能是被选定之人的被害人。

学界通说则认为主行为人的身份错误由教唆人的**打击错误**所导致,因此,教唆人的故意没有包含主行为人所实行的犯罪行为。[316] 其首要论据是,这一偏离对于教唆人而言并非表现为身份错误,因为教唆人并没有亲自去识别被害人,而是交由主行为人去识别。从教唆人的视角出发,主行为人的错误导致的是因果历程中的偏离,导致伤害了教唆人所

118

---

[315] 参见 *Jakobs*, AT, 22/29;*Kindhäuser/Hilgendorf* LPK - StGB Vor §§ 25-31 Rn. 75;*Koch/Wirth* JuS 2010, 209;*Murmann*, HBStR, Bd. 3, § 53 Rn. 126 ff.;*Nestler* JURA 2020, 560 (565 f.);*Weßlau* ZStW 104(1992),130 f.。

[316] 持该观点的比如有 *Bemmann* FS Stree und Wessels, 1993, 397 ff.;*Erb* FS Frisch, 2013, 398 ff.;*Freund* FS Maiwald, 2010, 229 f.;*Jescheck/Weigend*, AT, S. 690;Lackner/Kühl/*Kühl* StGB § 26 Rn. 6;*Müller* MDR 1991, 830 f.;*Roxin* FS Spendel, 1992, 295 f.;*ders.*, in:Schünemann (Hrsg.), Strafrechtssystem und Betrug, 2002, S. 40;*Schlehofer* GA 1992, 317 f.;*Schreiber* JuS 1985, 877;LK-StGB/*Schünemann/Greco* § 26 Rn. 87 ff.;*Otto*, AT, § 22 Rn. 46;SK-StGB/*Stein* § 16 Rn. 30;SK-StGB/*Hoyer* Vor § 26 Rn. 55。

计划伤害的人之外的人。[317]

在学界通说内部**存在争议**的是，从对教唆人而言属于打击错误的假设中会得出何种结论。有的人认为是**对主行为未遂犯的教唆**（Anstiftung zum Versuch der Haupttat），因为对错误的对象实施行为"至少体现了对正确的对象实施犯罪行为的尝试"。[318] 占据优势地位的观点则与之相反，其理由是，从教唆人的视角出发，直接着手去伤害错误的被害人已经是对所构想的因果历程的偏离，这不再能够被教唆人的故意所涵盖。[319] 所以，仅仅成立《刑法典》第30条第1款意义上的**教唆犯的未遂**（versuchte Anstiftung）。

3. 多人参与

多人参与教唆的，可以通过**多种方式**[320]，即以下的形式：

☞ **间接教唆**（《刑法典》第25条第1款第2变体）[321]：教唆人利用了一个（人类）工具，比如一个一无所知的信使，来实施指使行为；

---

[317] 此外，作为支持该观点的辅助性考量的是，当行为人在实行犯罪后发现了自己的错误，然后又向被选定的被害人开枪，那么联邦最高法院的观点会得出令人不满意的结论。教唆人无论如何只是想教唆一个犯罪。但它只是第二个针对"正确的"被害人所实施的犯罪。这样一来就不成立对杀死第一个被害人的教唆。对此可见 Binding, Die Normen III, S. 213 f. mit Fußn. 8 und 9；也可见 LK-StGB/Roxin, 11. Aufl. , § 26 Rn. 93；dens. , FS Spendel, 1992, S. 296 ff. ；批判性观点可见 NK-StGB/Puppe, § 16 Rn. 126；dies. , Kleine Schule, S. 197 f. 。然而，这一论据是错误的；如果人们肯定了教唆人的一个无关紧要的身份错误，那么在杀死"错误的"被害人时该教唆故意就必然要被耗尽了；Geppert, JURA 1992, 167 f. ；Kaspar, AT, § 7 Rn. 84。

[318] Stratenwerth/Kuhlen, 5. Aufl. § 8, Rn. 98；Stratenwerth, FS Baumann, 1992, S. 66 ff. 也可见 NK-StGB/Puppe, § 16 Rn. 125。

[319] 持该观点的有 Bemmann, FS Stree und Wessels, 1993, S. 399；Erb, FS Frisch, 2013, S. 402；Schreiber, JuS 1985, 877。额外的考量见 Roxin, FS Spendel, 1992, S. 300 f. ；反对意见预设的前提是主行为人除了实行既遂犯罪外还有未遂，这由于身份错误的无关紧要性而恰恰不存在。这样一来从从属性的理由出发——欠缺一个相应的主行为——可以得出成立未遂犯的教唆存在缺陷的结论。

[320] 总结性内容可见 Hecker, ZJS 2012, 486 ff. ；Küpper, JuS 1996, 24 f. ；Murmann, HB-StrR, Bd. 3, § 53 Rn. 143 ff. ；Noltenius, HBStrR, Bd. 3, § 51 Rn. 122。

[321] 参见 BGHSt 8, 137 (138 f.)；Hecker, ZJS 2012, 487. Matt/Renzikowski/Haas, § 26 Rn. 42 讨论了这一法形象与《基本法》第103条第2款之间的兼容性。但是，正确的做法是，将使用人类工具在概念上也归入主行为人的"指使"之中。

☞ **共同教唆**(《刑法典》第25条第2款)[322]：多人通过相互合意的共同作用唤起了主行为人的犯罪决意；

☞ **同时正犯式教唆**：多人彼此独立地影响主行为人，对犯罪决意的唤起都各有部分作用；

☞ **连锁教唆**[323]：对教唆的教唆，是对主行为的教唆。

相反，对帮助的教唆[324]，还有——按照通说——对教唆的帮助，都属于**对主行为的帮助**。[325]

（四）帮助犯（《刑法典》第27条）

帮助人，指的是"向他人故意实行的违法行为故意提供帮助的人"（《刑法典》第27条第1款）。

1. 要件

（1）客观的帮助犯构成要件

a. 主行为

首先，需要在客观上存在一个故意实行的违法的主行为（也包含未遂的形式）。在鉴定报告中，这一主行为人的可罚性通常在之前就已经被考查过了。

b. 提供帮助

帮助人的犯罪行为是对主行为"提供帮助"。**有争议**的是，应当对帮助提出哪些**要求**，尤其是，提供帮助对于主行为是否必须有因

---

[322] 参见 RGSt 71,23(25); BGH bei *Dallinger*, MDR 1953,400; BGH NStZ 2000,421 f.; *Hecker*, ZJS 2012,486 f.; 依据《基本法》第103条第2款进行质疑的有 Matt/Renzikowski/*Haas*, §26 Rn. 43。

[323] 参见 BGHSt 6,359;40,307(313); *Hecker*, ZJS 2012,487; 深入阐述可见 *Krell*, JURA 2011,499 ff.; Matt/Renzikowski/*Haas*, §26 Rn. 45 认为，连锁教唆反而是"共犯的共犯"; 还有 *F.-C. Schroeder*, GA 2016,69; 专著见 *Selter*, Kettenanstiftung und Kettenbeihilfe, 2008（对此可见 *Murmann*, GA 2009, 444 ff.）; *Sippel*, Zur Strafbarkeit der „Kettenanstiftung", 1989。

[324] 参见 Schönke/Schröder/*Heine/Weißer*, §27 Rn. 26。

[325] 参见 BGH NStZ 1996,562;2000,421(422); OLG Bamberg NJW 2006,2935(2937); *Geppert*, JURA 1999, 267; *Hecker*, ZJS 2012, 488。在后一种关于对教唆的帮助的情形中，Schönke/Schröder/*Heine/Weißer*, §27 Rn. 27 的论据是，帮助人促进了唤起，而不是维持或实现了主行为人的决意。

果性。[326]

123　**示例1**（"备用钥匙案"）[327]：

A决意盗窃，B给了他一把伪造的钥匙，该钥匙可以为A节省"多余的麻烦"：A能用这一钥匙很方便地通过楼门进入所选的住房内。在犯罪地点，试了几次之后证明钥匙并不匹配。A于是打破了窗户，进入屋内盗走了各种物品。

124　**示例2**（"把风案"）[328]：

A想闯入某屋进行盗窃。B出于多年的友谊而为他"把风"，守望在房屋门口。实际上A在犯罪过程中未受任何干扰，以至于B没必要这么干。

125　**学界通说**要求对于主行为有**因果性**的贡献。[329] 对此的引证是，帮助人的贡献必须体现在主行为中，因为否则只能存在未遂的帮助，而这在刑法中是不可罚的（见《刑法典》第30条；第28章边码7）。[330]

在"备用钥匙案"中，并不存在等价理论意义上的因果性贡献：没有钥匙，盗窃也被按照同样的方式实行。[331] 所以，在文献中占

---

[326] 总结性内容可见 Geppert, JURA 1999, 268 f.; Murmann, JuS 1999, 549 ff.; 深入阐述可见 Baunack, Beihilfe, S. 35 ff.。

[327] 依照 RGSt 6, 169。对此可见 Dreher, MDR 1972, 553 ff.; Geppert, JURA 1999, 268 f.; Hillenkamp/Cornelius, AT, S. 220 ff.。

[328] 当然，依照案件形式，"把风"也可能成立共同正犯，参见 Noltenius, HBStrR, Bd. 3, § 51 Rn. 58。

[329] 比如 Bloy, Beteiligungsform, S. 283; Kühl, AT, § 20 Rn. 214 ff.; Lackner/Kühl/Kühl, § 27 Rn. 2; Spendel, FS Dreher, 1977, S. 169 ff.; Fischer, § 27 Rn. 14a; 另一种观点见 Herzberg, GA 1971, 5 ff.: 帮助犯是抽象危险犯。

[330] 比如可见 Wessels/Beulke/Satzger, AT, Rn. 913。

[331] 这当然是会被质疑的，其理由是：A在实行主行为时随身携带了钥匙（持该观点的有 LK-StGB/Mezger, 8. Aufl., § 49 Anm. 2），而且由于之前试图用钥匙开门，犯罪在时间上被推迟实现了。实际上，哪些情状是具有原因性的当然取决于对结果的定义（对此见 Schaffstein FS Honig, 1970, 176 f.）。但是，这里提及的对主行为的修正恰恰不应被考虑：按照共犯的原理，在主行为的定义中只应当纳入那些会使得构成要件所保护法益的处境恶化的情状；LK-StGB/Schünemann/Greco § 27 Rn. 4; Murmann JuS 1999, 549 ff.; Zaczyk FS Kindhäuser, 2019, 629 (632)。

绝对上风的那部分观点否定了对于入室盗窃既遂的帮助。[332] 在"**把风案**"中，一眼看去也容易得出相同的结果，因为 B 对于 A 的举止没有任何影响。[333]

根据**司法判决**的观点，若贡献"**促进**"（fördern）了主行为人的行为，那么就足够了，因果关系对于犯罪结果并不是必要的。[334] 因此，即使"所提供的帮助对于结果没有影响"，帮助犯也是成立的。[335]

在两个示例中，B 的举止都表现出了这样的促进作用，即使主行为在最终得以既遂而没有使用钥匙，或者其举止对于主行为人的犯罪实行没有产生任何影响。

这两种观点都有着合理的思想作为根据：文献中的通说要求帮助人的贡献必须体现为主行为，这是有道理的。与此相反，司法判决正确地指出，对于帮助是无法要求必要条件公式意义上的因果关系的[336]，因为即使是这种表面上无法改变主行为的帮助人贡献也能够提升其成功的机率。从帮助被描述为从属的法益侵犯中可以得出的是，帮助人通过他的贡献**提升了存在于主行为中的不利于被害人的风险**，而且这一风险升**高必须已经体现在主行为的实行中**。[337] 也就是说，客观归属理论的认识也可以合乎意义被转用到帮助犯中。

---

[332] 持该观点的比如有 Class FS Stock, 1966, 119; Kühl, AT, § 20 Rn. 217; LK - StGB/Schünemann/Greco § 27 Rn. 7; Schünemann FS Miyazawa, 1995, 503 f.; Murmann JuS 1999, 549; Spendel FS Dreher, 1977, 186; Welzel, S. 119。

[333] 参见 Baunack, Beihilfe, S. 91 主张是对未遂盗窃的帮助犯。若人们将主行为结果定义为帮助人协力之下所实行的犯罪行为，其原因性当然是应被肯定的；参见 Roxin FS Miyazawa, 1995, 511; LK-StGB/Schünemann/Greco § 27 Rn. 9 f.。但是，这一结果定义仍需要正当性基础。

[334] 参见 RGSt 58, 113 (114 f.); 75, 112 (113); BGHSt 54, 140 (142 f.); BGH bei Dallinger MDR 1972, 16; 1975, 543; BGH StV 1981, 72 f.; NStZ 1983, 462 m. Anm. Winkler; NStZ-RR 2015, 343 (344); BGH NStZ 2019, 461; 赞成的有 Matt/Renzikowski/Haas StGB § 27 Rn. 6。

[335] 参见 RGSt 6, 169 (170)。

[336] 持该观点的还有 Jescheck/Weigend AT, S. 694: "放宽对因果关系的要求"。

[337] 参见 BGHSt 42, 135 (138); BGH NStZ 1985, 318; 强调这一观点与司法判决立场之间的密切关系的有 BGH NJW 2007, 384 (389); AnwK-StGB/Waßmer § 27 Rn. 10; 详见 Murmann JuS 1999, 549 ff.; Ambos JA 2000, 721 f.; 也可参见 Kudlich, HBStrR, Bd. 3, § 54 Rn. 34 ff.; Otto JuS 1982, 563 f.; Roxin FS Miyazawa, 1995, 509 ff.; Schönke/Schröder/Heine/Weißer StGB § 27 Rn. 6; Wohlers NStZ 2000, 169 ff.; Zaczyk FS Kindhäuser, 2019, 629 ff.。

在"备用钥匙案"中，B交出钥匙虽然（从客观观察者的视角看）事前提升了主行为的风险，但是A在犯罪实行中最终没能使用这一钥匙，因此这一风险提升并没有体现在具体的犯罪实行中。[338] 相反，在"把风案"中，B的举止通过保障主行为的实行而体现在其中。"把风者"提升了不利于被害人的主行为的危险性，即使这一犯罪的过程中没有受到任何干扰。[339] 然而，联邦最高法院站在了不具有说服力的立场之上，它认为在任何时候都可以成立心理帮助。[340] 不过，联邦最高法院又正确地指出，当帮助人通过**协力一个专门实现犯罪目的的组织对其运转作出了贡献**时，就已经满足条件了。从这个意义上讲，若奥斯维辛集中营中的一名雇员从事的是"囚犯金管理"而未直接参与杀害行为，也同样属于提供了帮助。[341] 在他的行为中产生了对领导者的支持，后者作为间接正犯凭借组织化的权力机构支配了整个事件（边码45及以下）。[342]

128　所有观点都认为**假设性历程**是无关紧要的，因为它无法改变的是，帮助人的贡献已经体现在主行为中。主行为在没有帮助人贡献的情况下也可被实行，并不会阻碍帮助犯的成立。

> **示例：**
> 如果帮助人将梯子抬到了犯罪地点，那么这一贡献也在主行为中

---

[338] 持该观点的有 Otto，JuS 1982，563 f.。实质上观点一致的有 Murmann，JuS 1999，549 ff.；Matt/Renzikowski/Haas，§ 27 Rn. 8。在结论上一致的有——不过理由是被实现的入室盗窃与被促进的备用钥匙盗窃之间没有从属性——Schaffstein，FS Honig，1970，S. 181。

[339] 参见 SSW StGB/Murmann § 27 Rn. 3；ders. JuS 1999，551；LK-StGB/Schünemann/Greco § 27 Rn. 8；Otto JuS 1982，564；AnwK-StGB/Waßner § 27 Rn. 10。

[340] 参见 BGH wistra 2012，180（182）。还有 Baunack，Beihilfe，S. 91；Matt/Renzikowski/Haas，§ 27 Rn. 10。

[341] 参见 BGHSt 61，252；原则上赞同的有 Burghardt ZIS 2019，21 ff.；Fahl HRRS 2017，167 ff.；Roxin JR 2017，88 ff.；Safferling JZ 2017，258 ff.；倾向于批判的有 Brüning ZJS 2018，290 ff.；B. Heinrich JURA 2017，1375 ff.；Leite, in: Stam/Werkmeister, Der Allgemeine Teil, S. 53 ff.。

[342] 对此可见 Burghardt，ZIS 2019，25 ff.；Safferling，JZ 2017，261；Weißer，GA 2019，244 ff.。

得以实现，即使主行为人本来自己也同样可以将梯子抬来。[343]

只要通过法不容许的方式提升了主行为实行的风险，就可被视为**帮助犯的手段**。其首要表现形式是**物理帮助**（physische Beihilfe），方式是为实行主行为创造更为有利的外部环境。帮助人给主行为人弄到了入室工具或者在犯罪实行中出手相助，就属于这种情况。在此并不重要的是，主行为人是否知晓帮助人的举止。[344]

129

> **示例：**
> 如果B知道A在实施入室盗窃，于是在房门口把风来保障犯罪的实行，那么他就属于提供了帮助，即使A对B所提供的支持一无所知。[345]

没有争议的是，**心理帮助**（psychische Beihilfe）[346] 中可能以所谓的"**技术指导帮助**"（technische Rathilfe）的形式成立，比如阐释入室技巧或者描述犯罪地点。按照通说，在心理帮助中，还应当考虑对于主行为人的**强化犯罪决意**。[347] 与教唆不同，它当然以主行为人是决意正犯人为前提，即并非由共犯人惹起了犯罪决意。该强化可以通过明示或默示

130

---

[343] 参见 Matt/Renzikowski/*Haas*, § 27 Rn. 7; Schönke/Schröder/*Heine/Weißer*, § 27 Rn. 6; SK-StGB/*Hoyer*, § 27 Rn. 10; *Murmann*, JuS 1999, 550; *Puppe*, GA 2013, 532; *Timpe*, JA 2012, 434。

[344] 参见 BGHSt 6, 248 (249 f.); *Roxin*, FS Miyazawa, 1995, S. 511; AnwK-StGB/*Waßmer*, § 27 Rn. 12; *Welzel*, S. 119; 另一种观点见 *Heghmanns*, GA 2000, 479。

[345] B在示例中的举止从外看来完全无人知晓，而且他的介入也根本没有必要，但是这都不会产生影响，因为单纯的介入意愿就会升高不利于被害人的风险，见 *Murmann*, JuS 1999, 551 mit Fn. 31; SSW StGB/*Murmann*, § 27 Rn. 4; 另一种观点见 BGH wistra 2012, 180 (182); *Dreher*, MDR 1972, 257; *Roxin*, FS Miyazawa, 1995, S. 511 f.。可见上文边码127。

[346] 深入阐述可见 *Charalambakis*, FS Roxin, 2001, S. 625 ff.; *Baunack*, Beihilfe, S. 97 ff.; *Stoffers*, JURA 1993, 11 ff.。

[347] 参见 BGHSt 40, 307 (315 f.); BGH NStZ 1999, 609 (610); 2002, 139; NStZ-RR 2015, 343 (344); NStZ-RR 2016, 136 (137) (对此可见 *Hecker*, JuS 2016, 944 ff.); BGH, Urt. v. 7. 11. 2018-2 StR 361/18 (对此见 *Kudlich* JA 2019, 389 ff.); *Kudlich*, HBStrR, Bd. 3, § 54 Rn. 21 ff.; *Timpe*, JA 2012, 435 f.; 批判性观点可见 *Hruschka*, JR 1983, 178; *Meyer-Arndt*, wistra 1989, 281 f.; 深入阐述可见 *Phleps*, Psychische Beihilfe durch Stärkung des Tatentschlusses, Diss. 1997。

的举止得以实现。但是,**单纯出现在犯罪地点并不属于通过默示的举止所进行的强化**,即使它"提升了主行为人的安全感"[348]。因为这种在场没有承载任何对犯罪负责的说明意义(Erklärungssinn)[349]。如果在场者表露出准备好在必要时介入帮助犯罪或者表达出了赞同,那么情况则不一样[350]。联邦最高法院认为,当帮助人以"明知主行为人的犯罪实行计划而陪同他"的方式仿佛引入了自己的"存在",那么就足够了[351]。

以强化犯罪决意为形式的心理帮助受到了多方面的**批评**:有人质疑,单纯地强化犯罪决意从一开始就不会让主行为人的犯罪实行变得容易,因此**并不满足帮助犯的概念要件**[352]。不过这并不具有说服力:无论是根据原理还是根据词义,将坚定了主行为人的决意的举止方式包括其中是公正的。而且,这一形式的帮助有利于主行为人实现其决意并因而提升了不利于被害人的风险[353]。还有的人质疑,强化行为**欠缺了一个(可被证实的)**[354] **对犯罪实行的影响**[355]。事实上,主行为在其外在过程中未受到对主行为人的强化的影响。但是,在主行为中实现帮助犯也根本不依赖于此类自然的关联(见边码127)。关键反而在于,即使存在"稳固的"决意,

---

[348] BGH StV 1982,517 mit Anm. *Rudolphi*;BGH bei *Holtz*,MDR 1985,284;BGH NStZ-RR 2018,368;NStZ-RR 2019,74;批判性观点可见 *Roxin*,FS Miyazawa,1995,S. 507 f.。知道主行为人却不去刑事检举也不满足条件;BGH NStZ 2016,463(464)(对此可见 *Eisele*,JuS 2016,470 f.)。

[349] 否则,基于帮助犯的可罚性就会破坏对基于不真正不作为犯的可罚性的——更高的——要求;BGH NStZ 1993,233;1996,563(564);1998,622;2002,139;2016,463(464)。

[350] 参见 BGH,Urt. v. 7. 11. 2018-2 StR 361/18(对此可见 *Kudlich*,JA 2019,389 ff.):应一名参与者的要求通过拍摄犯罪来进行心理强化。

[351] 参见 BGH NStZ 1995,490(491);*OLG Düsseldorf* NStZ-RR 2005,336。

[352] 参见 *Hruschka*,JR 1983,178;质疑的还有 *Meyer-Arndt*,wistra 1989,281 f.;区分化的观点见 *Otto*,FS Lenckner,1998,S. 198 f.;*ders.*,FS Geppert,2011,S. 453。

[353] 此外,该类情形接近于正犯人具有同等可罚性的教唆,这也支持纳入可罚帮助犯范围的基本可能性;参见 *Puppe*,NStZ 1991,573。

[354] 举证困难当然不能决定实体问题;*Kudlich*,HBStrR,Bd. 3,§ 54 Rn. 21;*Kühl*,AT,§ 20 Rn. 226;也可见 *Otto* FS Lenckner,1998,199。

[355] 参见 *Samson*,Hypothetische Kausalverläufe im Strafrecht,1972,S. 189 ff.;支持局限在"以善变著称的行为人"的有 *Otto*,FS Lenckner,1998,S. 199;相似的阐述可见 Schönke/Schröder/*Heine/Weißer*,§ 27 Rn. 15。

强化犯罪决意也提升了他将犯罪决意坚持到底的可能性。[356]

131 在"**备用钥匙案**"中，B 交付钥匙并表示它能节省"多余的麻烦"，这可被认为是表达了对盗窃犯罪的默示的认同并因而强化了 A 的犯罪决意。尽管心理帮助的要件基本上得以成立，但是仍被质疑的是，强化犯罪决意仅仅展现了交付钥匙的一个完全处于次要地位的副效果。基于最后手段原则的考量，少数人认为就这一点而言 B 的贡献处于刑法上的重大性门槛（Erheblichkeitsschwelle）之下。[357]

132 非常**有争议**的问题是，所谓的"**中立行为**"（neutrale Handlung）是否也能够成为《刑法典》第 27 条意义上的提供帮助。[358] 这里涉及的是日常的、尤其是有职业特征的举止方式，该举止方式在特定的情景下能够有利于主行为的实行。

> **示例**[359]：
> A 进入一家钥匙服务店，并委托制造一把备用钥匙，他告诉店中职员 B 他想之后用这把钥匙去实施盗窃。

133 作为进一步思考的**出发点**的认识是权衡以下两者之间的合理比例关系，一是实施一个原则上（比如在职业活动的范围内）被允许的行为的利益，二是这类行为在个案中由于犯罪利用而会对潜在被害人带来的危险。对此存在着**大量不同观点**，从认为即使是社会中平常的举止方式，

---

[356] 参见 *Murmann*，JuS 1999，551. 从这个意义上说也成立 *Zaczyk* FS Kindhäuser，2019，629（640）所要求的"犯罪支持（deliktische Stützung）"，该观点认为，若"仅对主行为人已有的犯罪决意提供动机支持"则不成立。

[357] 当然，在这一评价难题中，同样也可以主张相反的结论。

[358] 总结性观点见 *Ambos* JA 2000，721 ff.；*Geppert* JURA 1999，269 f.；*Hillenkamp/Cornelius*，AT，S. 228 ff.；*Niedermair* ZStW 107（1995），507 ff.；*Rönnau/Wegner* JuS 2019，527 ff.；*Tag* JR 1997，49 ff.；专著比如可见 *Kudlich*，Die Unterstützung fremder Straftaten durch berufsbedingtes Verhalten，2004；*Rackow*，Neutrale Handlungen als Problem des Strafrechts，2007；*Wohlleben*，Beihilfe durch äußerlich neutrale Handlungen，1997（dazu *Murmann* GA 1999，406 f.）；案例解答见 *Hefendehl* JURA 1992，374，insb. 376 ff.；*Murmann* JURA Sonderheft Examensklausurenkurs，2000，67，70 f.。

[359] 参见 *Murmann*，JURA Sonderheft Examensklausurenkurs，2000，S. 70 f.。

若在一个犯罪情境下被故意地做出,那么就丧失了其日常属性(Alltagscharakter),因此不再是"中立行为",反而是可罚的提供帮助行为的观点[360];到认为即使有犯罪目的也不能消除一个具有社会相当性的、尤其是一个职业特征的举止("专业的相当性")的被允许性的观点[361]:"钥匙制作人被允许制作钥匙,不是因为他们对于客户的犯罪计划一无所知,而是因为他们是钥匙制作人,而这是一个正派的职业"[362]。站在客观归属的立场之上,该中立行为没有有效提升——因此,也没有以法不容许的方式提升——主行为的风险,因为所需要的服务(比如制作一把备用钥匙)无疑可以从其他专业提供者那里合法获取,这些人并不知晓其客户的目的。[363]

134 在无休止的讨论中形成了以下**基本线索**:由于涉及的是客观上无害的举止方式,因此首先可以从**主观情状**——尤其是行为者认识到了主行为人的计划——中产生一个法的不容许性。对此,在这里应当考虑到支持者的"特别知识"(正如在正犯的归属中一样;见第23章边码38及以下)。相反,如果人们面对基于内心态度的原因而将原则上被允许的举止予以入罪化时保持谨慎的立场,那么不被允许的举止的范围就应更为狭窄。因为如此一来就要取决于一个举止是否按照其**客观的意义内涵**不再被视为"中立"。

135 从客观的意义内涵出发,仅仅只有以下举止是法不容许的,即该举止在具体的情况下显示出一个"**明确的犯罪意义关联**",也就是说,按照其客观的意义内涵,正是为了要对主行为予以促进[364]。

---

[360] 持该观点的有 *Beckemper*,JURA 2001,169;*Niedermair*,ZStW 107(1995),507 ff.。
[361] 持该观点的有 *Hassemer*,wistra 1995,41 ff.,81 ff.;*Frisch*,Tatbestandsmäßiges Verhalten,S. 284 ff.;*Timpe*,JA 2012,433 f.。
[362] *Hassemer*,wistra 1995,41(42)。
[363] 对此可见 *Bechtel*,JURA 2016,867。
[364] 深入且还区分化的观点见 *Frisch*,Tatbestandsmäßiges Verhalten,S. 280 ff.;还有 *Matt/Renzikowski/Haas*,§ 27 Rn. 17 ff.。

在示例中欠缺了这样一个明确的犯罪意义关联。因为业务性地制作钥匙首要是用来履行职业的。钥匙也通常能够为了非犯罪的目的而被使用。此外，这一结论也得到了以下观点的支持，即禁止为 B 制作钥匙对于一个有效的法益保护来说并不合适，因为 A——至少当他不说出自己的目的时——在任意一个钥匙服务店都可以合法获得所期待的结果。[365]

司法判决[366]遵循了一个中间路线，它将共犯人所具有的认知置于了重要地位，并只在主观犯罪方面无法得出明确结论时才补充性地顾及客观情状。区别的标准是，共犯人对于主行为有着确信无疑的认识，还是仅仅成立间接故意：

☞ "如果主行为人的行动仅仅是为了实行一个可罚的行为，并且**提供帮助的人对此知晓**，那么他的犯罪贡献也应被评价为帮助行为。在这一情况下，他的作为一定丧失了'日常属性'，这表明了与行为人的'团结化'，不再被视为具有'社会相当性'。"

☞ "相反，如果提供帮助的人不知道他所作出的贡献会被主行为人如何使用，而**仅仅只是认为他的作为可能**会被用来实行一个犯罪行为，那么他的行动通常就不能被评价为可罚的帮助行为，除非他知晓**他所支持的人的可罚举止的风险如此之高**，以至于他通过他的帮助行为操心着'对一个明显有犯罪倾向的行为人予以促进'"。[367]

在示例中，B 认识到了 A 的犯罪目的。因此，制作钥匙就丧失了它的日常属性，而且体现出了《刑法典》第 27 条意义上的提供帮助。如果 B 对于主行为实行仅仅有着间接故意，那么在评价时还要以客观的视角进行补充。这样一来，他的举止只有在以下情形中才是被法所不容许的，即主行为实行的被认识到的风险非常高。相

136

---

[365] 对此可见 *Frisch*, Tatbestandsmäßiges Verhalten, S. 286, 299 f.; 对此的批判可见 *Amelung*, FS Grünwald, 1999, S. 15。

[366] 连接着 *Roxin*, FS Stree und Wessels, 1993, S. 378 ff.; *ders*., FS Miyazawa, 1995, S. 512 ff.。

[367] BGH NStZ 2000, 34; 对此可见 *Wohlers*, NStZ 2000, 169 ff.; 也可见 BGHSt 46, 107 (112 mit Anm. *M. Jäger*), wistra 2000, 344; *Kudlich*, JZ 2000, 1178; BGH wistra 2003, 386 (388); NZWiSt 2019, 26 f.; NStZ-RR 2021, 7(8) ("家庭类型的中立行为案": 对兄弟的事故救援)。

反，仅仅只有关于一个故意犯罪的不确定的线索还不能影响行为自由。

137 在**鉴定报告中**，即使考虑客观视角与主观视角，将"中立行为"问题放在客观构成要件中考查似乎也是合理的。其原因在于，将主观方面包含进来有助于对关键的举止规范予以具体化，也就是回答以下问题，即是否成立一个法不容许的危险创设。[368]

138 在时间方面，自预备阶段[369]开始直至既遂都可以提供帮助。在例外情形下，若贡献会对潜在的主行为人的决定起到支持性作用，甚至预备阶段之前的行为也可以被考虑。[370] 由于帮助人并未完全支配犯罪，因此，**在特定的构成要件要素被实现之后他才行动**，也符合条件。[371]

> **示例：**
> 如果帮助人是在主行为人对被害人使用暴力之后方才介入，其仅对拿走财物的行为予以支持，那么仍旧可以按照抢劫罪（《刑法典》都249条）的帮助犯对其进行处罚（上文边码60中共同正犯的平行案例）。

139 当涉及**继续犯**时，**在既遂与终结之间**可能存在通过维持不法状态予以支持的帮助。[372] 除了这类案件之外，司法判决[373]主要还承认终结之

---

[368] 对此可参见 *Wessels/Beulke/Satzger*，AT，Rn. 908；*Moos*，FS Trechsel，2002，S. 477；*Puppe*，AT，§ 26 Rn. 10 ff.；*Rackow*，Neutrale Handlungen als Problem des Strafrechts，2007，S. 572。更多针对参与者的主观构想的有 *Roxin*，AT II § 26 Rn. 218 f.；*Bechtel*，JURA 2016，869 建议，在主观的帮助构成要件之后插入一个单独的考查点来处理司法判决的观点（这并不具有说服力，因为这样一来，已经获得的关于客观与主观构成要件符合性的结论又被撤回了，没有一个对此的教义学归类；一般性阐述见 *Ambos*，JA 2000，721 ff. 。

[369] 参见 BGHSt 46，107 (115)；Schönke/Schröder/*Heine*/*Weißer*，§ 27 Rn. 17。

[370] 参见 BGHSt 2，146 (148)；BGH NStZ 2012，264；NJW 2017，498 (499)。

[371] 参见 RGSt 52，202；BGH NStZ 2012，264；*Grabow/Pohl* JURA 2009，660；SSW StGB/*Murmann* § 27 Rn. 8；LK-StGB/*Schünemann*/*Greco* § 27 Rn. 44；a. M. *Rudolphi* FS Jescheck，1985，576 ff.。

[372] 参见 BGH NStZ 2004，44；*Kudlich*，HBStR，Bd. 3，§ 54 Rn. 17；*Rönnau* JuS 2019，970 f.；AnwK-StGB/*Waßmer* § 27 Rn. 29；*Welzel*，S. 111 f.。

[373] 参见 BGHSt 4，132 (133)；19，323 (325)；OLG Karlsruhe GA 1971，281；出自文献 *Welzel*，S. 112。

前的承继的帮助犯。[374] 这种做法是错误的，其理由已在共同正犯中得以阐释（边码61）：帮助犯是对一个"故意实施的违法行为"提供帮助，也就是说，按照《刑法典》第11条第1款第5项，是对一个"实现了刑法中构成要件的行为"提供帮助。但是，对于构成要件的描述仅仅只到既遂。将帮助犯扩张至终结之前的阶段缺乏法律基础，因此违背了《基本法》第103条第2款。[375]

（2）主观的帮助犯构成要件

与教唆故意一样，帮助人的（至少是间接）[376] 故意也必须既涉及支持行为，又涉及主行为（"双重帮助故意"）。[377]   **140**

过失作出的支持行为可以作为过失构成要件的正犯而被处罚：情妇帮男友弄到了毒药，并没有想到他会用该毒药杀害自己妻子的明显可能性，那么可以按照《刑法典》第222条对她进行处罚（该案可见第23章边码57及以下）。[378] 与之相应的是，如果帮助人对于基本犯是在故意地实行，而且他的举止也在严重后果的方向上创设了一个在构成要件上相当的危险，那么**对结果加重犯的帮助犯**也是可能的。[379]   **141**

与教唆犯（见边码111）中一样，相对于（过度）宽泛的帮助犯客观构成要件，针对主行为的故意是用来限制责任的。不过，帮助人对于   **142**

---

[374] 对此详见 Lesch, Das Problem der sukzessiven Beihilfe, 1992; Murmann, ZJS 2008, 456 ff.; Rudolphi, FS Jescheck, 1985, S. 559 ff. 人们一致认为，对已终结的犯罪的帮助不应被考虑（BGH JZ 1989, 759; wistra 1999, 21; 2008, 20(21); NStZ 2012, 264），即使帮助人误以为犯罪尚未终结（BGH NJW 1985, 814; 对此可见 Küper, JuS 1986, 862 ff.）。

[375] 持该观点的还有 Geppert JURA 1999, 272; Grabow/Pohl JURA 2009, 657 f.; Jakobs, AT, 22/40 f.; Kaspar, AT, § 6 Rn. 100; Kühl, AT, § 20 Rn. 236 f.; ders., Die Beendigung des vorsätzlichen Begehungsdelikts, 1974, S. 80 f.; Rönnau JuS 2019, 970 (971); LK-StGB/Schünemann/Greco § 27 Rn. 43; Rudolphi FS Jescheck, 1985, 559 ff.

[376] 比如 BGHSt 42, 135(137)。

[377] 比如 Kühl, AT, § 20 Rn. 241; Satzger, JURA 2008, 517 ff.。但是，如果人们在客观上对于帮助行为要求一个涉及主行为实行的法不容许的风险升高，那么针对提供帮助的故意就已经包含了关于主行为实行的故意。详见 Murmann, JuS 1999, 552 f.。

[378] 参见 RGSt 64, 370。

[379] 参见 BGH NStZ 2004, 684。

故意的明确性的要求低于教唆人。[380] 因为教唆人是预画出了犯罪，而帮助人是为已经被计划的犯罪提供了"孤立的贡献"[381]。关于由此而产生的后果，司法判决并不统一[382]：有的人要求包含**"所设想的犯罪的不法维度"**[383]，因此，无需知晓犯罪实行的地点、时间与方式这类细节及主行为人本人。[384] 即使帮助故意涉及对另一个构成要件的实现，"只要所构想的主行为在其不法内涵中并非完全与被实际实行的主行为相偏离"，也并无影响。[385] 相反，在另一个判决中，联邦最高法院并未要求一个涉及不法方面的故意[386]，认为关键在于一个针对特定构成要件的故意，而不取决于对法益侵害程度的构想。[387] 对故意具体化的较低要求也对处理**所构想的主行为的偏离**产生了影响[388]：一个相关的错误构想至少以对不法方面的误判为前提；相反，关于犯罪细节（比如犯罪实行的时间、地点与方式）的错误无关紧要。

143 与教唆人一样，帮助人的故意必须针对主行为的**既遂**。[389] 如果帮助人支持主行为人是抱着证明其有罪的目的，那么适用陷害教唆的基本原则（边码112）。[390]

---

[380] 参见 BGHSt 42,135(137 f.); 42,332(334)。

[381] BGHSt 42,135(138); *Roxin*, FS Salger, 1995, S. 136.

[382] 参见 LK-StGB/*Schünemann/Greco* § 27 Rn. 67 f.。

[383] BGHSt 42,135(139)（连接着 *Roxin*, JZ 1986, 908 zu § 26）。联邦最高法院在相同的意义上多次表示，主要的不法内涵与侵害方向都必须被包含；BGH NStZ 1990,501; NJW 1997,265(266)。

[384] 参见 BGHSt 42,135(139); 332,334。

[385] 参见 BGH JR 1997,296(297)（只要没有印在 BGHSt 42,135）; StraFo 2012,239; 相反的批判观点见 *Loos* JR 1997,297; *Roxin*, AT II, § 26 Rn. 277。LK-StGB/*Schünemann/Greco* § 27 Rn. 65 认为对被实现的构成要件的认识并不是必要的，帮助人只要想到正犯人在其帮助下可以做什么及可能会做什么就足够了。司法判决认为，如果帮助人只是想促成"任意某种"财产犯罪，那么就不符合条件了；BGH StraFo 2012,239。

[386] 参见 BGH NJW 2007,384(389); 这里存疑的是，联邦最高法院所得出的结论是否必然以需要远离对不法维度的认识为前提；参见 *Jahn*, JuS 2007,384; *Kudlich*, JA 2007,311。

[387] 持该观点的有 *Roxin*, AT II, § 26 Rn. 272; *Scheffler*, JuS 1997, 599; LK-StGB/*Schünemann*, 12. Aufl., § 27 Rn. 56; 批判性观点可见 *Schlehofer*, StV 1997,412 ff.。

[388] 参见 SSW StGB/*Murmann*, § 27 Rn. 13。

[389] 比如 *Kindhäuser/Hilgendorf* LPK-StGB § 27 Rn. 24。

[390] 参见 BGH StV 1981,549; NStZ 1988,558(559)。

2. 多人参与

与教唆犯中一样，根据《刑法典》第 25 条，帮助犯也可以是**多人参与**的，其具体表现为以下形式[391]：

☞ **间接帮助**(《刑法典》第 25 条第 1 款第 2 变体)[392]：帮助人利用了一个（人类）工具，比如一个一无所知的信使，向主行为人传递与犯罪相关的信息；

☞ **共同帮助**(《刑法典》第 25 条第 2 款)[393]：多人共同支持主行为人，所以他们所作出的帮助行为必须被相互归属；

☞ **同时正犯式帮助**：多人相互独立地为主行为人提供支持；

☞ **连锁帮助**[394]：对帮助他人的行为予以帮助是对主行为的帮助；

☞ **教唆帮助**：教唆他人进行帮助是对主行为的帮助[395]；

☞ **帮助教唆**：如果支持的对象是教唆人，那么通说认为这是对主行为的帮助。[396] 与此不同的是，有的人主张这是对教唆的帮助，理由在于，帮助人促进的是唤起，而不是维持或者实现主行为人的决意。[397]

案例与问题

78. 请阐述对构成要件的理解与正犯人理论之间的关联。

---

[391] 参见 *Hecker*，ZJS 2012，486 ff.；*Kudlich*，JuS 2002，752 f.

[392] 参见 Matt/Renzikowski/*Haas*，§ 27 Rn. 43 讨论了这一法形象与《基本法》第 103 条第 2 款之间的兼容性。但是，正确的认识是，使用人类工具在概念上也可以被有利于主行为人的"提供帮助"所包含。

[393] 参见 BGH NJW 2007，384(389)；*Hecker*，ZJS 2012，487. 基于《基本法》第 103 条第 2 款的质疑见 Matt/Renzikowski/*Haas*，§ 27 Rn. 44。

[394] 参见 BGHSt 6，359；40，307（313）；BGH NJW 2001，2409（2410）；反对的观点有 Matt/Renzikowski/*Haas*，§ 27 Rn. 46("对帮助的帮助不可罚")；专著见 *Selter*，Kettenanstiftung und Kettenbeihilfe，2008（对此可见 *Murmann*，GA 2009，444 ff.）；*Sippel*，Zur Strafbarkeit der „Kettenanstiftung"，1989。

[395] 参见 Schönke/Schröder/*Heine/Weißer*，§ 27 Rn. 26。

[396] 参见 BGH NStZ 1996，562；2000，421（422）；*OLG Bamberg* NJW 2006，2935（2937）；*Geppert*，JURA 1999，267。

[397] 参见 Schönke/Schröder/*Heine/Weißer*，§ 27 Rn. 27。

79. 为什么主观说在今天因"极端"而过时了?

80. 为什么将犯罪支配理论运用于特别犯存在困难?

81. 修改版"农场主案"(边码 115):B 与儿子 X 有严重的矛盾,于是决定杀死 X。为了执行计划,他找到了无刑事责任能力人 A,并答应给予报酬。X 在回家时会穿越一个马厩,而 A 应在此杀死 X,具体如何实行则由 A 自己把握。为了确保不伤害到其他人,B 简要介绍了他儿子的生活习惯与外貌,并给了他一张照片。A 于是躲在 B 的昏暗的谷仓中等待 X。当一个身形像 X 的人进入谷仓并像 X 平时习惯的那样提起一个包时,A 朝此人开枪射击。实际上这是 B 的邻居 O,他因枪击而死亡。

82. A 在监禁休假期间被 B 劝服不返回监狱。因同样原因被通缉多年的 B 向 A 提供了 20 000 马克和一把手枪,这把枪之后由 A 一直随身携带。他们使用了一辆被 B 改造成"几乎可以用于战争"的汽车。"他决心使用枪支拒捕,在必要时甚至杀死警察",B 相信 A 在这一情况下"也会像他一样无情并且至少抱有杀人间接故意地使用武器,以使得他们相互支持与保护,无论如何都要逃避抓捕",A 对此是知晓的。虽然没有达成明示的协议,但是 A 与 B 至少决定"在面临抓捕时会使用枪支,为了逃跑而任意开枪,对杀死警察予以容认"。在犯罪当日,A 与 B 引起了跟随其后的民用警车的注意,两名警察要求 A 与 B 出示证件,还有两名警察持枪站在附近。B 开枪射击了站在 A 面前的警察 O。"被告人(A)马上举起双手示意投降,然后立即从此位置向后跳入了树篱一直向下滑,并最终蜷缩双臂落到树篱旁的人行道上"。然后,A 跳起来逃跑了。在这一过程中,B 既没有看到 A 的滑落,也没有看到 A 的逃跑。是否可以按照参与 B 的杀人罪来处罚 A?(根据 BGHSt 37, 289 改编)

83. 预备阶段中的贡献是否能使得共同正犯成立?

84. 如何理解被限制的从属性?

85. 按照《刑法典》第 26 条,对犯罪予以"指使"要求哪些内容?

第28章 可罚的预备、未遂与中止

每一个犯罪都要经历不同的阶段。原则上说，只有满足分则构成要件中所有要素的既遂犯罪才可罚。单纯的预备行为如查探犯罪地点、购置犯罪工具等通常是不可罚的。[1] 但是，如果被计划的犯罪涉及的是重罪（Verbrechen），那么预备阶段中多个参与人以特定形式合作就已经可被科处刑罚了（《刑法典》第 30 条；对此可见下文标题一）。

1

对于许多构成要件，只有进入到未遂阶段才具有可罚性（《刑法典》第 22 条与第 23 条；对此可见下文标题二）。如果该犯罪"停留"在未遂阶段，并在未遂中中止*，那么行为人仍是不可罚的（《刑法典》第 24 条；对此可见下文标题三）。

2

（原则上不可罚的）预备 → 未遂 → 既遂 → 终结（Beendigung）

3

图 28-1 犯罪实现的阶段

一、可罚的预备行为（《刑法典》第 30 条及以下）

（一）基础

将可罚性扩张至预备行为阶段（Stadium），其正当性需求（legitimationsbedürftig）须达到特别的程度。因为直接损害法益的行为本

4

---

[1] 关于该原则及其限制详见 *Kölbel*, HBStR, Bd. 3, § 56 Rn. 8 ff.；*Mitsch* JURA 2013, 696 ff.。对立法者不断将预备行为入罪化的趋势予以批判的比如有 *Petzsche* ZStW 131 (2019), 576 ff.。

* 动词 zurücktreten 或名词 Rücktritt 的德文原意是"撤回"，但基于中国刑法用语习惯，本书译作"中止"。——译者注

应在未来发生,并依赖于谋划者——违反存续着的对合法动机的规范期待——也现实地贯彻了他的计划。但是,阻止未来的犯罪这一预防目的仍无法实现刑罚的正当化。因此,关键之处在于,**这样的预备行为已经显示出了应罚的不法**(strafwürdiges Unrecht)。[2]

5   在《刑法典》的分则中有一整串的构成要件将可罚性移至"真实"法益损害的预先步骤(Vorstufe)[3],比如,文书伪造指的是"制造"假文书,只要行为人仅仅想在之后使用(《刑法典》第267条)。其他的例子包括伪造货币(《刑法典》第146条)、组建恐怖组织(《刑法典》第129a条)及预备实施严重危害国家的暴力犯罪(《刑法典》第89a条;比如"恐怖训练营"中的培训)。在现代刑事立法,比如经济刑法中[4],反映出创设这类前置阶段构成要件(Vorfeldtatbestände)的普遍趋势。[5]

6   在官方标题"参与的未遂"之下,立法者将预备阶段中特定的**参与的预先步骤**(Vorstufen der Beteiligung)置于刑罚威慑之下。《刑法典》第30条并未展示任何独立的构成要件,而是对于重罪的构成要件将可罚性延伸至未遂的预先步骤。[6]因此,在鉴定报告中,除了《刑法典》第30条,还要提及预备行为所涉及的要实现的重罪构成要件。[7]从该非独立性中还可以推论出,该条文是用来保护各个重罪构成要件的法益的。[8]扩张可罚性的**正当性基础**是受到争议的。[9]人们主要在**阴谋联络的危险性**(Gefährlichkeit konspirativer Verbindung)中看到这一正当性基础,

---

[2] 参见 *Kölbel*,HBStrR,Bd. 3,§ 56 Rn. 29 ff.;*Rogall* FS Puppe,2011,872 f.。

[3] 对此可见 *Kölbel*,HBStrR,Bd. 3,§ 56 Rn. 25 f.;*Mitsch* JURA 2013,698 f.。

[4] 比如可见 *Wittig*,Wirtschaftsstrafrecht,2010,§ 6 Rn. 11。

[5] 这一发展趋势经常因为与法益的关联性"越来越弱"而受到批判。参见 *Hefendehl*,Grenzenlose Vorverlagerung des Strafrechts?,2010 中的论文;关于"法益概念的液化"(Verflüssigung)见 NK/*Hassemer/Neumann*,Vor § 1 Rn. 122 ff.。

[6] 参见 BGHSt 32,133,135f.;*Rogall*,FS Puppe,2011,S. 877;AnwK-StGB/*Waßmer*,§ 30 Rn. 1。

[7] 参见 *Kretschmer* JA 2022,229(301)。

[8] 参见 *Fischer*,§ 30 Rn. 3。

[9] 根本上的批判见 *Becker*,Verbrechensverabredung,S. 162 ff.;*Kölbel*,HBStrR,Bd. 3,§ 56 Rn. 19;NK/*Zaczyk*,§ 30 Rn. 1,4 f.:"警察法的异物";*Köhler*,AT,S. 545;*Jakobs* ZStW 97 (1985),751 ff.,765。

因为参与者之间的联系会使得停止所计划的犯罪变得困难。[10] 对于教唆犯的未遂（versuchte Anstiftung，《刑法典》第 30 条第 1 款）与接受自告奋勇（《刑法典》第 30 条第 2 款第 2 变体），需要补充说明的是，行为人对于由他推动的事件**失去了掌控力**，并因而创设了一个他不再能够控制的对被损害的法益的危险。[11] 据此，重要的是阴谋举止方式的**抽象危险性**。[12] 但是，《刑法典》第 30 条也包含不适宜的预备行为（比如，对不能未遂犯的教唆未遂），它们在客观上还没有显现出危险。[13] 按照这一规定，通过特定预备行为所展示的对法的**精神攻击**（geistige Angriff）就应当已经具备了其可罚性。[14]

原则上可将时间无限延伸至（可能的）犯罪实行的前阶段，鉴于其相对较弱的正当性基础，人们一致认为需要进行**限缩解释**。[15] 立法者已经部分考虑到了限制预备行为可罚性的要求，其采取的方式是仅处罚对**重罪**（第 12 条第 1 款）的参与未遂，而将**未遂的帮助**当作**不可罚**。[16]

7

《刑法典》第 30 条包含着**四个构成要件变体**，即未遂的（连锁）教唆（第 1 款）、宣告就绪（第 2 款第 1 变体）、接受自告奋勇（第 2 款第 2 变体）与商议犯罪（第 2 款第 3 变体）。[17] 所有变体的成立都要求具有以下前提，即该举止涉及一个未来会实行的特定犯罪。

8

---

〔10〕 参见 BGHSt 44,91,95；BGH StV 2012,146,147；Schönke/Schröder/*Heine/Weißer*, § 30 Rn. 1；*Letzgus*, Vorstufen der Beteiligung, 1972, S. 126 ff. ；*Rogall*, FS Puppe, 2011, S. 868 ff. 。

〔11〕 参见 BGHSt 1,305 309；BGHSt 44,99,102；BGH JR 1999,248,249 m. Anm. *Graul* = NStZ 1998,347,348 m. Anm. *Kretschmer*, NStZ 1998,401；BGH NStZ 2013,334（对此可见 *Hecker*, JuS 2013,748 ff.）；NStZ 2019,595(596)；*Bloy*, JR 1992,495。

〔12〕 参见 BGHSt 44,99,102；BGH NStZ 1998,347,348；AnwK - StGB/*Waßmer*, § 30 Rn. 5；批判性观点可见 NK/*Zaczyk*, § 30 Rn. 7。

〔13〕 这展示的是《刑法典》第 30 条第 1 款第 3 句，他指出了《刑法典》第 23 条第 3 款中的关于重大无知未遂的规则；BGHSt 4,254；*Fischer*, § 30 Rn. 12；SSW-StGB/*Murmann*, § 30 Rn. 1；反对的观点有 HK-GS/*Letzgus*, § 30 Rn. 85 ff. ；*Rogall*, FS Puppe, 2011, S. 873 ff. ；NK/*Zaczyk*, § 30 Rn. 24,30,58；深入的批判也可见 *Mitsch*, FS Maiwald, 2010, S. 539 ff. 。

〔14〕 参见 SSW-StGB/*Murmann*, § 30 Rn. 1。

〔15〕 参见 *Bloy*, JZ 1999,157；Schönke/Schröder/*Heine/Weißer*, § 30 Rn. 1。

〔16〕 参见 *Kühl*, AT, § 20 Rn. 246。

〔17〕 概况可见 *Dessecker*, JA 2005,549 ff. ；专著见 *Talheimer*, Die Vorfeldstrafbarkeit nach § § 30,31 StGB, 2008, S. 23 ff. 。

9 在鉴定报告中，与事件的发展顺序相反，只有当被教唆或被商议的犯罪既遂或未遂的可罚性（至少在思维上）被考查并被排除之后，才会对《刑法典》第 30 条进行考查。[18] 因为相对于后来的实现形式，《刑法典》第 30 条作为补充条款被排斥适用了。

（二）教唆犯的未遂（《刑法典》第 30 条第 1 款）

1. 基本结构

10 根据《刑法典》第 30 条第 1 款，教唆犯的未遂[19]的要件是，试图教唆他人实施重罪却徒劳无功，或者——在未遂的连锁教唆情形中——努力教唆他人去教唆实施重罪却徒劳无功。与未遂犯的教唆（Anstiftung zum Versuch）不同，在教唆犯的未遂中欠缺了一个主行为的实施。所以人们也可以将教唆犯的未遂称为**无果的教唆**（erfolglose Anstiftung）。[20] 它尤其存在于以下情况中：

☞ 眼前的主行为人没有作出犯罪决意（比如，因为他回绝了这一提议，或者因为他早已决意犯罪）；

☞ 潜在的主行为人虽然作出了实施犯罪的决意，但是对该决意的实现还未能进入到未遂阶段。

2.《刑法典》第 30 条第 1 款的要件

11 由于《刑法典》第 30 条第 1 款显示出了未遂结构，因此在**鉴定报告**中也建议借助通常的**未遂构造**进行考查（对此见边码 33 及以下）。[21] 因此，应当在构成要件符合性之前在"预先考查"的框架内确定既遂不成立，也就是不成立《刑法典》第 26 条意义上的教唆犯。在构成要件符合性之中，首先应当考查主观要件，然后再考查客观要件。

---

[18] 恰当的观点比如有 Kretschmer JA 2022, 229 (300); Scheffler, JURA 1994, 553。有所不同的案件解决方案见 Tiedemann, Anfängerübung, S. 190 ff., 但是接下来也指出 (S. 195 mit Fn. 5)，因补充关系而将按照《刑法典》第 30 条的前置检验排斥适用，因此省略相应的考查是合理的。

[19] 对于该概念的批评可见 Bloy, JR 1991, 493 f.。

[20] 参见 Kühl, AT, § 20 Rn. 248。

[21] 参见 Geppert, JURA 1997, 548; Hinderer, JuS 2011, 1072 f.; Kretschmer JA 2022, 229 (302); Putzke, JuS 2009, 1087。

(1) 主观构成要件

与《刑法典》第 26 条中一样，这里也以**双重教唆故意**为要件（第 27 章边码 109 及以下）。[22] 因此，针对教唆故意所提出的关于《刑法典》第 30 条第 1 款的要求的争议也存在于此。由于故意是客观构成要件的主观映像，因此在主观构成要件中也提出了以下问题，即应对客观方面的教唆提出哪些要求。

12

故意必须**涉及指使行为**。如同在《刑法典》第 26 条中一样，故意在涉及引诱犯罪的情形时并不是那么容易就满足的，而是指使行为必须拥有一个"敦促"（Aufforderung）的属性。[23] 间接故意就足够了。[24] 因此，如果教唆人计算到，眼前的这个行为人会认真地接受该敦促并实行他所要求的犯罪行为，那么也就够了。[25]

13

此外，故意必须涉及**主行为**，也就是主行为人所实行的重罪。教唆力图是否涉及重罪，取决于**教唆人的构想**。[26]

14

困难与**有争议**的是以下这些情形，即该犯罪行为只有在《刑法典》第 28 条的**特别属人要素**存在时——要么在教唆人身上，要么在假定的行为人身上——才能获得重罪的属性。[27]

15

> **示例**[28]：
> O 敦促 A 杀了自己。A 想要满足 O 的这一愿望，于是请求 B 去杀死 O，B 并不知晓是 O 自己想死而作出了杀人的决意。但是，B 之后并

---

[22] 参见 SSW-StGB/*Murmann*，§ 30 Rn. 15。
[23] 参见 *Roxin*，AT II，§ 28 Rn. 10。
[24] 另一种观点见 NK-StGB/*Zaczyk*，§ 30 Rn. 17。
[25] 参见 BGH NStZ 2013,334（对此可见 *Hecker*，JuS 2013,748 ff.）。一个超出此范围的敦促的"真诚性"并不需要；BGHSt 44,99,102 = JZ 1999,156 m. Anm. *Bloy* 及早期司法判决中的证明，其中有的提到教唆人必须对主行为"真诚地希望"。
[26] 参见 BGHSt 6, 308；*Jescheck/Weigend*，AT，S. 702；Schönke/Schröder/*Heine/Weißer*，§ 30 Rn. 3；*Wessels/Beulke/Satzger*，AT，Rn. 915。当然不能期待教唆人认识到涵摄，而只要认识到满足构成要件的情状与此相关的"平行评价"，也就是在法律评价中被归类为重罪的情状的评价式重构（参见 *Fischer* § 30 Rn. 4）。
[27] 详见 SSW-StGB/*Murmann*，§ 30 Rn. 6 ff.。
[28] 参见 *Hinderer*，JuS 2011,1073。

> 没有实施犯罪行为。——按照 A 所知晓的情状，B 在实施犯罪行为时满足了《刑法典》第 212 条的杀人罪的要件，也就是成立一个重罪。相反，A 由于其同情的动机，在适用《刑法典》第 28 条第 2 款时（见第 27 章边码 75 及以下）[29] 仅仅只成立对《刑法典》第 216 条的教唆，也就是一个轻罪。

司法判决认为，关键在于设想中的主行为人所实施的犯罪行为是否为一个重罪[30]，而学界通说认为，《刑法典》第 28 条第 2 款意义上的刑罚变更的属人要素取决于教唆人是否具有重罪的要件。[31]

正确的标准是，教唆人是否想到了实行者身上具有刑罚变更的要素。《刑法典》第 30 条第 1 款的文字表述就已经支持了这一观点。[32] 但是，还要按照该条文的原理，起到决定性作用的必须是（教唆人所设想的）主行为人造成的法益侵害的严重程度。[33]

16　最后，故意所涉及的必须是实行一个**被充分具体化的**犯罪行为。[34] 相应地，按照《刑法典》第 30 条的原理，如果（从教唆人的角度看）教唆行为已经使得对被保护的法益的危险化上升，因为被教唆人可以在他想实施的时候就实行犯罪行为，那么该犯罪行为就得到了足够的具体化。[35] 比如，如果还没有向主行为人告知对于犯罪实行具有必要性的信息时，那

---

〔29〕 这当然是以存疑的(见第 21 章边码 9)以下假定为前提的，即《刑法典》第 216 条相对于第 212 条是一个减轻构成要件。

〔30〕 参见 BGHSt 4,17,18;6,308,309f.;53,174(对此可见 *Dehne-Niemann*,JURA 2009, 695 ff.);BGH StV 1987,386;*Jescheck/Weigend*,AT,S. 702。

〔31〕 参见 Schönke/Schröder/*Heine/Weißer*, § 30 Rn. 13; *Wessels/Beulke/Satzger*, AT, Rn. 916;区分了不法相关要素与罪责相关要素的有 *Roxin*,AT II,§ 28 Rn. 27f.。要求这些要素既存在于教唆人本人身上又存在于假定的行为人身上的有 *Dehne-Niemann*,JURA 2009, 699 f.;LK-StGB/*Schünemann/Greco* § 30 Rn. 44;NK-StGB/*Zaczyk* § 30 Rn. 29。

〔32〕 参见 *Putzke*,JuS 2009,1087;*Stratenwerth/Kuhlen*, § 12 Rn. 173。

〔33〕 参见 *Hinderer*,JuS 2011,1073;SSW-StGB/*Murmann*, § 30 Rn. 8;*Rogall*, FS Puppe, 2011,S. 879 ff.;*Valerius*,JURA 2013,20。

〔34〕 参见 BGH NStZ 2019,595(596)。参见 *Kühl*,AT,§ 20 Rn. 251。

〔35〕 参见 BGHSt 18,160;BGH JR 1999,248 m. Anm. *Graul* = NStZ 1998, 347 m. Anm. *Kretschmer*,NStZ 1998,401。

么就不成立教唆犯的未遂。[36]

(2) 客观构成要件

《刑法典》第 30 条第 1 款要求，该款意义上的行为人"试图指使"他人实施重罪。有争议的是，**该指使行为必须达到何种程度才能被《刑法典》第 30 条所包含**。[37] 如果该指使行为已经**惹起**了假设的主行为人的**犯罪决意**，那么**无论如何都足够了**，也就是说，教唆的行为无价值就得以完全实现了。[38]

17

但是，"试图指使"的法律表述体现出，**并不要求成立一个既遂的指使行为**。这也符合这一条文的原理，其原因在于，如果该敦促"在现实世界中是可能的（in der Welt）"，以至于假设的主行为人能够实行犯罪行为，那么就已经成立了对一个不再可被支配的事件历程的推动。[39] 该条文表明，一般的未遂原则应适用于指使未遂，因此，按照《刑法典》第 22 条，关键在于《刑法典》第 30 条第 1 款的行为人是否依其构想[40] 直接着手于犯罪行为。所以，对潜在的主行为人**开始产生影响**就已经足够了。[41] 不过，在这样解释时，可罚性会违背《刑法典》第 30 条第 1 款的原理而扩张至事件尚未脱离教唆人掌控的阶段。所以，压倒性的观点主张要对《刑法典》第 22 条进行**限缩解释**，不过关于其限制尚未达成统一意见：

18

☞ 司法判决与部分文献正确地认为，只要《刑法典》第 30 条第 1 款中的行为人**交出了对事件的掌控力**就够了，并不需要假定的主行为人

19

---

[36] 参见 *LG Zweibrücken* NStZ-RR 2002, 136; LK-StGB/*Schünemann/Greco* § 30 Rn. 68。

[37] 对此可见 *Becker*, Verbrechensverabredung, S. 120 ff.; *Graul*, JZ 1999, 251 f.; *Kühl*, AT, § 20 Rn. 249。

[38] 主张限制在这类情形中的有 NK/*Zaczyk*, § 30 Rn. 12。

[39] 参见 BGH NStZ 2019, 595(596) m. Anm. *Rückert*; *Bloy*, JR 1992, 495 f.; *Roxin*, AT II, § 28 Rn. 12。

[40] 参见 BGHSt 50, 142, 145。

[41] 持这一观点的有 BGHSt 8, 261; LK-StGB/*Schünemann/Greco* § 30 Rn. 20; Schönke/Schröder/*Heine/Weißer* StGB § 30 Rn. 18; *Fischer* StGB § 30 Rn. 13。

接收到了该犯罪敦促。[42]

> **示例**[43]：
> A 想将一封要求他人作伪证的信扔出监狱的墙外。实际上这封信落到了监狱的庭院中，被狱警发现了。这里就成立一个在客观上符合构成要件的行为，因为 A（基于他的构想）创设了一个他无法支配的犯罪实行的危险。[44]

20 　　☞ 部分文献要求潜在的主行为人**获悉了**教唆行为或者至少**能够知晓**该教唆行为。[45] 按照这一观点，在上述示例中，《刑法典》第 30 条第 1 款的客观构成要件就没有得到满足。支持这一观点的理由，一是在预备阶段入罪化范围内通常需要进行限缩解释；二是（仍旧）欠缺客观危险性。[46]

（三）其他预备行为（《刑法典》第 30 条第 2 款）

1. 宣告就绪

21 　　宣告就绪，在客观上要求**告知**他人自己已经准备好了实施犯罪（或教唆此犯罪）[47]。[48] 按照联邦最高法院的观点，被告知的**另一人**也可能就是**被害人**本人，这种情况当然只有在其承诺没有正当化效果的时候才会出现。[49]

---

[42] 参见 BGHSt 8, 261, 262；赞同的有 *Kühl*, JuS 1979, 877；Schönke/Schröder/*Heine*/*Weißer*, § 30 Rn. 18。

[43] 参见 BGHSt 8, 261。

[44] 参见 Baumann/Weber/Mitsch/*Eisele* AT § 27 Rn. 186. 相应的通过交谈方式传达所有与犯罪实行相关的信息见 BGH NStZ 1998, 347。依据这些原则进行衡量，如果假定的主行为人只有接收到《刑法典》第 30 条的行为人的"开始信号"后才会行动，但是联邦最高法院仍然认为事件也已经脱离了掌控，那么就太过分了；BGHSt 50, 142; 对此进行了恰当批评的有 *Kühl*, NStZ 2006, 95; *Kütterer-Lang*, JuS 2006, 207。

[45] 参见 *Jescheck/Weigend*, AT, S. 703 f.; *Stratenwerth/Kuhlen*, § 12 Rn. 275。

[46] 反对的观点有 *Hinderer*, JuS 2011, 1074, 他指出了《刑法典》第 31 条规定的未终了未遂的中止可能性，对这一可能性（几乎）不再留有空间。

[47] 告知已经准备好提供帮助尚不足够；BGH NJW 2001, 1289, 1290。

[48] 详见 *Bülte/Wick* JA 2019, 508 ff. 。

[49] 参见 BGHSt 63, 161; dazu auch *Eisele* JuS 2019, 497 ff.; *Kudlich* NJW 2019, 453; 否定的观点有 *Schiemann* NStZ 2019, 186 ff. 。

示例[50]：

有性虐待癖好的 A 想杀死患有人格障碍（边缘）与抑郁症的 O 以获得性快感。他在一个月内通过频繁的网络交流强化了 O 的自杀愿望，并声称自己已准备好通过捆绑来"帮助"她。最终，未经深思且患有疾病的 O 对此表示了同意。不过，由于她感受到了压力与不安，因此最终告诉了第三人。在约定杀害的那次会面中，A 与 O 尚未走到 A 放有用来勒死人的牵引绳与用来捆绑的扎带的汽车时，警方就采取了行动。在解决这一案件时，首先要看到没有成立未遂，因为在实行杀害行为之前需要重要的中间步骤。那么就只能考虑是否能按照《刑法典》第 30 条第 2 款中的宣告就绪这一变体进行处罚。这并不涉及实行《刑法典》第 216 条的犯罪行为（由于该构成要件的轻罪性质，这本来就不符合）。因为 O 的心理状况排除了"真诚的嘱托"。此外，A 并未因为 O 的求死愿望而被"指使"去犯罪，因为他仅仅只是为了满足自己的性愿望（见第 21 章边码 84）。[51] A 本可以基于"为了满足性冲动"的谋杀罪要素而实施《刑法典》第 211 条的重罪。联邦最高法院认为向被害人宣告准备就绪就足够了（而并不一定是向潜在的犯罪参与者宣告）[52]，其论证时援引了《刑法典》第 30 条的原理：当《刑法典》第 30 条第 2 款的行为人的准备就绪不仅仅只是告知，而且还取决于被害人的合作意愿时，危险的自我约束就可以通过向被害人宣告准备就绪而产生。[53]

案件类型包括主动性自告奋勇与回应性接受教唆两种。[54] 按照该 **21a**

---

[50] 参见 BGHSt 63,161。

[51] 参见 BGHSt 63,161(Rn. 19 ff.)。

[52] 对联邦最高法院予以批判的有 Eisele JuS 2019,497(499); Baumann/Weber/Mitsch/ Eisele AT § 27 Rn. 189a; Mitsch FS Maiwald, 2010,556; ders. JR 2019, 262 ff.; SSW StGB/Murmann § 30 Rn. 20; Puschke HRRS 2019, 346 ff.; Schiemann NStZ 2019, 188。

[53] 参见 BGH NJW 2019, 449(451 f.)。

[54] 参见 Kölbel, HBStrR, Bd. 3, § 56 Rn. 46 ff.; Schönke/Schröder/Heine/Weißer StGB § 30 Rn. 22; 不过认为处罚自告奋勇是违宪的有 NK-StGB/Zaczyk § 30 Rn. 34。

条文的原理——阴谋联系的危险性（或者其他动机条件，见边码21）——需要在主观方面有一个**自我约束**（Selbstbindung），只有当宣告具有**严肃性**[55]且从宣告人的立场上看具有**诺言**的特征时，这一自我约束才会成立。[56]

由于这些主观方面的想法描述了宣告就绪的客观要求，因此在**鉴定报告**中要在客观构成要件中对它们进行考查。

22　由于自我约束只有在宣告**可被获知**之后才会成立，因此应当要求该宣告至少要到达接收者的控制范围内。[57]

2. 接受自告奋勇

23　与宣告就绪相对应的是接受自告奋勇，它指的是向准备好实行重罪的人表达对该计划的**同意**。只要接受者认为在自告奋勇中犯罪决意会因此被（同时）唤起，那么就成立《刑法典》第30条第1款的教唆犯的未遂的一个下属情形。[58] 相反，如果接受仅仅只是强化了一个决意犯罪者的决意，那么就仅仅成立一个未遂的心理帮助，按照该条文的总体理念（边码6及以下）是不可罚的。[59]

24　如果实行犯罪的提议并不严肃，那么在概念上就很难说是一个可被接受的"自告奋勇"（见边码21）。如果接受者在行为时认为唤起了犯罪决意，那么就成立《刑法典》第30条第1款的教唆犯的未遂。[60]

---

[55] 参见 BGHSt 6, 346 (347); *Becker*, Verbrechensverabredung, S. 141 ff.; *Bülte/Wick* JA 2019, 508 (511)。

[56] 参见 MüKoStGB/*Joecks/Scheinfeld* § 30 Rn. 43; 总结性观点见 SSW StGB/*Murmann* § 30 Rn. 20。

[57] 参见 MüKoStGB/*Joecks/Scheinfeld* § 30 Rn. 48; 相反，Schönke/Schröder/*Heine/Weißer* StGB § 30 Rn. 22 不要求以获取为前提; 只肯定了主动的自告奋勇情形的有 *Bülte/Wick* JA 2019, 508 (510 f.); *Schröder* JuS 1967, 291; *Roxin*, AT II, § 28 Rn. 80。

[58] 参见 *Roxin*, AT II, Rn. 82; 所以将这一情形归类入第 1 款的比如有 *Jescheck/Weigend*, AT, S. 705。

[59] 参见 *Kölbel*, HBStrR, Bd. 3, § 56 Rn. 50; *Roxin*, AT II, § 28 Rn. 84; 另一种观点见 *Jescheck/Weigend* AT, S. 705。

[60] 详见 SSW StGB/*Murmann* § 30 Rn. 23; 另一种观点见 *Hinderer* JuS 2011, 1075; *Kölbel*, HBStrR, Bd. 3, § 56 Rn. 51。

3. 商议犯罪

商议犯罪指的是以**共同正犯形式**实行一个特定的犯罪或者共同教唆实行一个犯罪达成一致。[61] 如果该犯罪并非对于每一个参与者而言都是重罪，那么《刑法典》第 30 条第 2 款只适用于那些会涉及重罪的参与者。[62] **25**

如同其他的共同正犯一样，该商议必须涉及一个**特定的犯罪**[63]，在此，在主要特征中进行必要的具体化不应因所计划的实施时间、地点与方式在细节上尚具有开放性而失败。[64] 如果其中一个同谋者的允诺**并不严肃**，那么按照条文与原理（不是自我约束！）就不成立商议。[65] 只要此处出现不同[66]，那么无论如何都缺少相应的故意。[67] 不过，对商议采取了严肃态度的人则表达出了准备就绪，因此可以受到《刑法典》第 30 条第 2 款第 1 变体的处罚。[68] **26**

4. 参与未遂的中止（《刑法典》第 31 条）

《刑法典》第 31 条规定了各种参与未遂形式的免罚中止（属人的刑 **27**

---

[61] 参见 *Roxin*, AT II § 28 Rn. 43；对于教唆的批判见 NK/*Zaczyk*, § 30 Rn. 49；深入至整体的阐述可见 *Fieber*, Die Verbrechensverabredung usw. ,2001, S. 55 ff.；*Kölbel*, HBStrR, Bd. 3, § 56 Rn. 52 ff. 。答应实行帮助尚未达到条件；BGH NStZ 1982,244；NStZ-RR 2002,74。

[62] 参见 BGHSt 12,307；Schönke/Schröder/*Heine*/*Weißer*, § 30 Rn. 13；SK-StGB/*Hoyer*, § 30 Rn. 16；仅限于假定的犯罪至少对于两名密谋者本人而言是重罪的情形，NK/*Zaczyk*, § 30 Rn. 54；总结性内容可见 SSW-StGB/*Murmann*, § 30 Rn. 9。

[63] 参见 BGH NStZ 2007,697（对此的批判可见 *Kudlich*, JA 2008, 148）；LK-StGB/*Schünemann*/*Greco*, § 30 Rn. 68；深入阐述可见 *Becker*, Verbrechensverabredung, S. 92 ff. 。涉及各种行为可能性时的择一的犯罪计划见 BGHSt 12,306；BGH NStZ 1998,510；2007,697；《刑法典》第 30 条第 2 款，只要该犯罪在每一个选项中都是重罪。关于《刑法典》第 31 条的适用范围详见 *Mitsch*, FS Herzberg, 2008, S. 443 ff. 。

[64] 参见 BGH NStZ 2007,697；NStZ 2019,655 m. Anm. *Cornelius*/*Hinderer*, JuS 2011,1075 f. 在商议时，潜在的共同正犯人并不一定要彼此认识；以假名进行匿名会面（比如在网上）就足够了，只要按照《刑法典》第 30 条的原理它足以成立彼此之间的必要约束力；BGH StV 2012,146, 147；对此可见 *Rackow*/*Bock*/*Harrendorf*, StV 2012,687 ff. ；*Rotsch*, ZJS 2012,680 ff. 。

[65] 参见 BGHSt 53, 174, 176；BGH StV 2012, 146, 147 f. ；*Becker*, Verbrechensverabredung, S. 87；SSW-StGB/*Murmann*, § 30 Rn. 25。

[66] 参见 Schönke/Schröder/*Heine*/*Weißer*, § 30 Rn. 29。

[67] 参见 BGH NStZ 1998,403。

[68] 参见 *Roxin*, AT II, § 28 Rn. 49。

罚撤销事由）。[69]《刑法典》第 30 条中的行为人必须消除所制造的危险处境，或者——当不（再）存在危险时——朝着这个方向努力。

28 　　中止的条件与参与未遂的各种形式相协调[70]，始终以自愿性与终局性（Endgültigkeit）作为要件。

二、未遂

（一）未遂的处罚根据

29 　　《刑法典》第 22 条等对于未遂进行了如下描述，即行为人虽然实现了既遂故意犯罪的主观构成要件[71]，但是没有实现其（全部）客观构成要件。因此，在分则具体构成要件的意义上法益并未受到损害。如果构成要件未被实现，那么要提出的问题是，究竟如何能让对那些乍看上去没有导致任何后果的举止科处刑罚获得**正当性**。[72] 这个问题是关于应罚的不法或者——如通常所说的——"未遂的处罚根据"。

　　对于学生而言，学习未遂的处罚根据之所以如此重要，是因为对未遂条文的**目的解释**应以这一原理为指向。

30 　　如果说在未遂中欠缺了对构成要件的既遂无价值的实现，那么在论证未遂不法时，可以想到的是**两种基本的极端立场**[73]：其一是认为未遂的处罚根据在于其对法益的**客观危险性**。这是所谓的客观说的立场，它在较老的文献中被主张[74]。与其对立的是一个**纯粹主观说**，认为未

---

[69] 参见 SK-StGB/*Hoyer*, §31 Rn. 1 f.；另一种观点(认为是不法撤销事由)见 NK/*Zaczyk*, §31 Rn. 1。

[70] 参见 *Kölbel*, HBStrR, Bd. 3,§56 Rn. 67 ff.；*Vogler*, ZStW 96(1986),352 ff.；专著见 *Bottke*, Rücktritt vom Versuch der Beteiligung。

[71] 深入的及与既遂犯中主观构成要件的区别见 LK-StGB/*Murmann* §22 Rn. 29 ff.。

[72] 恰恰相反，*Freund/Rostalski*, AT,§8 Rn. 11 将既遂时的更严厉的刑罚作为问题进行讨论。

[73] 总结性内容可见 *Jescheck/Weigend*, AT,S. 512 f.；*Kratzsch*, JA 1983,424 f.；*Rath*, JuS 1998,1007 ff.；*Weigend/Wasser* JA 2021,793 ff.。关于未遂不法的各种立场详见 *Zaczyk*, Das Unrecht, S. 20 ff.。

[74] 在较新的文献中尤其还有 *Spendel*, ZStW 65(1953),522 f.；*ders.*, NJW 1965, 1881 ff.；有此倾向的还有 Baumann/Weber/*Mitsch*/Eisele,§22 Rn. 24；新近的有 *Roxin*, GA 2017,656 ff.。

遂不法在于行为人的**法敌对意志**（rechtsfeindlicher Wille）。[75]

两种极端立场事实上都**不具有说服力**，而且**与现行法相矛盾**[76]：客观说忽视了不法的人格方面，因而忽视了以下认识，即行为人的意志方向也具有法的重要性。它无法解释为何法律规定要处罚（客观上没有危险性）不能未遂。[77] 光是未遂中的可选减轻刑罚（《刑法典》第23条第2款）就已经与客观说有所矛盾，因为如果不法仅仅应在客观上被确定的话，那么欠缺结果必须始终（而不仅仅是可选择地）体现为对刑罚的减轻。**纯粹主观说**与现行的行为刑法并不相容。如果说仅有思想还不应受到处罚，那么法敌对意志也必须在客观上得以表达，同时并非任意一种意志践行（比如获取入室盗窃的工具）都符合条件，《刑法典》第22条中的"直接着手"要求的是一个按照行为人的构想与构成要件实现处于紧密关联的行为。

目前占据统治地位的是**主客观混合说**（gemischt objektiv-subjektive Theorie）。按照这一学说，未遂不法的基础在于法敌对意志（主观说），而该意志必须已在外部世界表现出来（客观说）。总结来说，未遂的处罚根据就是**被践行的法敌对意志**。[78] 不过，这一认定当然也仍是不充分的，因为法敌对意志在预备行为中就已经被践行了，比如购买入室盗窃的工具。所以，通说要求对法敌对意志的践行必须给公众留下**法动摇**（rechtserschütternd）**的印象**（所谓的"印象说"，Eindruckstheorie）。[79]

---

[75] 早期的司法判决倾向于这一方向。对此的证明见 *Jescheck/Weigend*, AT, S. 513。深入阐述可见 *Maurach/Gössel/Zipf*, AT/2, § 40 Rn. 13 ff. 。

[76] 比如可见 Schönke/Schröder/*Eser/Bosch*, Vorb. § 22 Rn. 17 ff. ; *Weigend/Wasser* JA 2021, 793(795 ff.)。

[77] 参见 Baumann/Weber/*Mitsch*/Eisele AT § 22 Rn. 25 站在客观说的立场上，认为处罚不能未遂的优点是基于"实用主义的考量，即区分有能未遂与不能未遂往往是困难或者不可能的"。这实际上承认了，客观说并未建立在有支撑力或灵活性的不法概念之上。此外，这种实用主义也很难为刑罚提供正当性。

[78] 参见 *Jescheck/Weigend*, AT, S. 513。

[79] 比如可见 *Gropp/Sinn*, AT, § 9 Rn. 88 f. ; *Jescheck/Weigend*, AT, S. 514 f. ; *Maurach/Gössel/Zipf*, AT/2, § 40 Rn. 20; Schönke/Schröder/*Eser/Bosch*, Vorb. § 22 Rn. 17, 22; *Kaspar*, AT, § 8 Rn. 9; SK-StGB/*Jäger*, Vor § 22 Rn. 15, 17; *Roxin*, JuS 1979, 1(它在当时否定了印象说; *Roxin*, GA 2017, 663 ff.); Wessels/Beulke/*Satzger*, AT, Rn. 930。

由于认为预备行为还无法动摇对法秩序效力的信赖，因此，这种将未遂的可罚性限制在直接置于构成要件实现之前的意志践行的做法应当是可以实现的。

32 　　印象说也显露出重大的**弱点**[80]：除了法动摇印象的产生是一个社会心理现象而难以被广泛地查明（比如是否应当做一个问卷调查？）之外，[81] 印象说也使得证成不法依赖于第三人的主观感受。它因而要求将不法的成立置于"他人的脑袋中"。印象说的缺陷在于，它所连接的是一个次级现象（Sekundärphänomen），即一个对行为人所实行的不法的反射，正如它是在法共同体其他成员的认识中（作为法动摇印象）出现的。[82] 对于确定未遂不法来说，**正确的出发点是**，行为人已经通过直接着手实现构成要件以应罚的方式损害了他与被害人的法律关系。[83] 行为人在未遂中证明了自己有损害被害人的决意，因此，鉴于处于自由状态中的构成要件所保护的法益，被害人已经受到了侵害。单纯的预备行为尚没有这样的证明力，因为这里仍然强烈存在着以下在规范上可成立的期待，即行为人作为自我答责的个体最终将作出支持法的决定。[84]

（二）考查未遂的构造概览

33 　　与既遂犯罪相比，未遂在构造上体现出若干**特殊之处**：由于只有在

---

[80] 对此的批判比如有 *Murmann*, Versuchsunrecht, S. 4 f.；*Zaczyk*, Das Unrecht, S. 21 ff., 29 ff.；也可见 *Kühl*, AT, § 15 Rn. 40 f.；*Weigend*, Die Entwicklung der deutschen Versuchslehre, S. 121 ff.

[81] 用唤起一个这样印象的犯罪资格（Eignung）来取代法动摇印象的实际存在并不是一条出路（但是持肯定观点的有 Radtke, JuS 1996, 880）。因为这样一来就仅仅允许法官用他自己的理解或者他假设的民众理解来取代民众实际存在的意识。有关批判可见 *Kratzsch*, JA 1983, 424 f.

[82] 参见 *Murmann*, JuS 1996, 592；对印象说的深入批判见 *Zaczyk*, Das Unrecht, S. 29 ff.。也可见 *Kühl*, AT, § 15 Rn. 40 f.。

[83] 基础性的阐述见 *Zaczyk*, Das Unrecht, S. 241 ff.；此外还可见 *Murmann*, JuS 1996, 592；*ders.*, Versuchsunrecht, S. 3 f.；LK-StGB/*Murmann* Vor. §§ 22 ff. Rn. 68；*Rath*, JuS 1998, 1008 f.

[84] 详细与深入的阐述见 *Murmann* FS Merkel, 2020, 727 ff.。

法律规定的情况下才能对未遂进行处罚，且只有在犯罪没有既遂时才能对未遂进行考虑，因此这些问题都应该在**预先考查**（Vorprüfung）中进行阐释。[85] 对构成要件符合性的考查开始于主观构成要件，在未遂中它经常被称作**犯罪决意**。[86] 这里所说的除了可能的特殊的主观不法要素之外，主要是故意。与既遂犯罪考查顺序不同的原因在于，未遂的行为人必须在客观方面实现一个前置于既遂构成要件的举止，而该举止恰恰是从行为人的意志方向中获得了它的意义内涵。[87] 接下来要对客观构成要件进行相对于既遂犯罪而言较为"萎缩"的考查，因为其仅仅要求行为人按照自己的构想**直接着手**实现构成要件（《刑法典》第 22 条）。相比之下，违法性与罪责并没有什么特殊之处。中止是属人的刑罚撤销事由（Strafaufhebungsgrund），可以在未遂中按照《刑法典》第 24 条进行考查（见边码 101 及以下）。从中得出了以下构造：

预先考查   **34**

    1. 犯罪没有既遂

    2. 未遂的可罚性

I. 构成要件符合性

    1. 主观构成要件（=犯罪决意）

        a. 故意

        b. 特殊的主观构成要件要素

    2. 客观构成要件（=直接着手）

II. 违法性

III. 罪责

IV. 刑罚撤销事由：中止

---

[85] 比如 Baumann/Weber/Mitsch/Eisele，§ 22 Rn. 27。反对在未遂中进行预先考查的有 *Hardtung*，JURA 1996，293 ff.；*Putzke*，JuS 2009，895 f.；但是后者也认为，考虑到考官的预期，劝阻这么做也是存在疑问的。

[86] 关于"犯罪决意"这一称呼的批评可见 *Hardtung/Putzke*，AT，Rn. 1124。

[87] 比如可见 *Jescheck/Weigend*，AT，S. 519；*Krack*，JA 2015，906；*Rath*，JuS 1998，1010 f.。

(三) 预先考查

35　　首先，应当考查的是，犯罪**没有既遂**。[88] 当一个**外在损害结果没有发生**时，比如子弹没有击中被害人，可以毫无疑问地确定没有既遂。相反，外在结果虽然发生了，但是却**不可归属**时，那么通常需要对犯罪既遂的欠缺做深入的考查——该考查不是发生在对未遂的考查中，而是发生在一个前置的既遂考查中。然后，在预先考查中只需要简要提示之前的既遂考查就够了。[89]

> **示例**（见第 23 章边码 118；第 24 章边码 64）：
> A 开枪射击，想杀死 O。O 受了伤，在乘车前往医院的路上遭遇交通事故去世。这里首先要对既遂的故意杀人进行考查——由于欠缺死亡结果的可归属性，因此应否定故意杀人既遂。在接下来对未遂的考查中，只需要通过提及既遂考查来确定符合构成要件的结果[90]没有发生。

36　　其次，该未遂必须是**可罚的**。按照《刑法典》第 23 条第 1 款，重罪的未遂始终可罚，而轻罪的未遂只有在法律明确规定时才可罚。因此，最简单的情形是，（轻罪中）未遂的可罚性**被明确规定**（比如《刑法典》第 223 条第 2 款、第 242 条第 2 款）。在所有其他情形中必须存在着**重罪**。按照《刑法典》第 12 条第 1 款，重罪是法定最低刑为一年或以上的违法行为（比如《刑法典》第 211 条、第 249 条）。

37　　如果只有在**刑罚变更事由**发挥作用时才能达到一年的最低刑，或者未达到一年的最低刑，那么在划定界限时就存在着**困难**。《刑

---

[88] 虽然既遂的故意犯必然也会经过未遂阶段，但是未遂相对于既遂犯罪而言是补充性的（见第 31 章边码 540）。实际上，在考查犯罪的没有既遂时涉及的是提前的竞合考查，这节省了不必要的考查精力，Hardtung, JuS 1996, 295 f.。由 Hardtung, a. a. O. , 298 所得出的结论是放弃"没有既遂"这一预先考查的点，这一结论之所以在鉴定报告中至少存在疑难，是因为这会让每一位考官都产生误解；支持的还有 Rath, JuS 1998, 1009（相反不具有说服力的是 Scheinfeld, JuS 1999, 311）。

[89] 持肯定观点的还是 Rath, JuS 1998, 1009。

[90] 实际发生、但是不可被归属的死亡同样不是符合构成要件的死亡结果。

法典》第12条第3款规定，从对总则条文的适用中所产生的这类刑罚加重或减轻**并不重要**。也就是说，不能因为行为人基于其被减轻的罪责能力（《刑法典》第21条）获得了《刑法典》第49条第1款的刑罚减轻，一个重罪就变成了轻罪。此外，根据《刑法典》第12条第3款，这类对于特别严重的情形或较轻情形的加重或减轻处罚对于犯罪的性质也没有任何影响。首先，对于一个犯罪属于重罪性质还是轻罪性质而言，那些没有规定或者至少没有明确规定量刑幅度改变的**无名的**刑罚变更事由是不重要的。[91] 常例中那些被列出的典型的加重或减轻情节同样也对犯罪性质没有任何影响。[92] 但是，《刑法典》第12条第3款没有包含会导致**新构成要件**产生的、因而具有**重要性**的加重要素或减轻要素。[93] 比如，《刑法典》第226条（重罪）相对于基本构成要件（《刑法典》第223条；轻罪）而言包含了一个独立的、被明确规定的不法内涵。在《刑法典》第223条中可罚性来源于第2款中的一个特殊威吓[94]，而在《刑法典》第226条中未遂的可罚性来源于其重罪性质。

（四）主观构成要件（犯罪决意）

1. 基础

属于犯罪决意的除了故意之外，还有相关构成要件所要求的主观构成要件要素（比如《刑法典》第242条的据为己有的目的）。[95] 故意必须是**被终局性作出的**；行为人对犯罪决意的实现**依赖**于其无法影响的条

---

[91] 比如可见 SSW-StGB/*Satzger*，§12 Rn. 6。
[92] 参见 *Rath*，JuS 1998，1010；Schönke/Schröder/*Eser/Hecker*，§12 Rn. 10。
[93] 比如可见 *Wessels/Beulke/Satzger*，AT，Rn. 32。
[94] 由《第六次刑法改革法》所引入；参见 *Hörnle*，JURA 1998，177 f.。
[95] 在术语的使用上各有不同。大多数人将主观构成要件与犯罪决意相等同[这样做的比如有 *Kühl*，AT，§15 Rn. 23；SSW-StGB/*Kudlich/Schuhr*，§22 Rn. 16；*Kudlich*，HBStR，Bd. 3，§57 Rn. 30 ("im Wesentlichen")；*Wessels/Beulke/Satzger*，AT，Rn. 939]；有人将犯罪决意作为故意的代名词使用，因而主观构成要件变成了犯罪决意和其他可能的主观构成要件要素的上位概念（这样做的比如有 Schönke/Schröder/*Eser/Bosch*，§22 Rn. 12）。最后，*Putzke*，JuS 2009，896 呼吁使用法律中的术语："对构成要件实现的构想。"

件，同样属于这一情形。[96] 相反，单纯的**犯罪倾向**（Tatgeneigtheit）还不够。[97]

39　按照通说，对犯罪实行的**故意**的要求在原则上与犯罪既遂中的要求是一样的。[98] 满足犯罪既遂的任意故意类型，都可以满足未遂的主观构成要件，即通常情况下除了一级直接故意、二级直接故意之外还有**间接故意**。[99]

40　该故意必须涉及**属于客观构成要件**的全部**情状**。[100] 相应地，在涉及未遂时，有必要在主观构成要件中阐释客观的构成要件要素，并展示相关的观点争议。[101] 不过，在实践中**不能**提出**涉及错误的问题**，因为实际的发生历程对于未遂故意而言是无关紧要的。[102]

> **示例：**
> 如果 A 开枪射击 O，却认为自己射击的是 X，而且子弹恰巧未能

---

[96]　参见 BGHSt 12,306,309；*Kühl*, AT, § 15 Rn. 30f.；*Rath*, JuS 1998,1011 f.；SSW-StGB/*Kudlich/Schuhr*, § 22 Rn. 18；*Wessels/Beulke/Satzger*, AT, Rn. 942。终局性要求被认为是"无意义且多余的"（这样认为的有 Baumann/Weber/Mitsch/Eisele, § 22 Rn. 31；区分化的观点见 LK-StGB/*Murmann* § 22 Rn. 49 ff.），因为犯罪决意作为行为人实行犯罪的决意，无论如何都只有在直接着手时才能成为被践行的决意，对此见 LK-StGB/*Murmann* § 22 Rn. 32；*Murmann* FS Merkel,2020,727 ff.。

[97]　详见 *Kühl*, AT, § 15 Rn. 33 ff.；LK-StGB/*Murmann* § 22 Rn. 54 ff.；*Roxin*, JuS 1979,2；批判性观点可见 *Hardtung/Putzke*, AT, Rn. 1143。

[98]　比如 HK-GS/*Ambos*, § 22 StGB Rn. 12；SSW-StGB/*Kudlich/Schuhr*, § 22 Rn. 16 f.；批判性观点可见 *Streng*, ZStW 109(1997),870 f.；也可参见 *Krack*, JA 2015,906 f.。

[99]　参见 BGHSt 22,330；*Kühl*, AT, § 15 Rn. 25；Lackner/Kühl/*Kühl*, § 22 Rn. 2；SK-StGB/*Jäger*, § 22 Rn. 4 f.；SSW StGB/*Kudlich/Schuhr*, § 22 Rn. 17；Baumann/Weber/Mitsch/Eisele AT § 22 Rn. 33；*Wessels/Beulke/Satzger*, AT, Rn. 939。对此的批判可见 *Bauer*, wistra 1991,168 ff.；*Schmidhäuser*, Studienbuch,11/19；*Streng*, JZ 1990,219 f.。支持在间接故意中类推适用《刑法典》第23条第3款（减轻处罚或者免除处罚）的有 *Herzberg*, JZ 1989,477 f.；*ders.*, NStZ 1990,314 ff.。

[100]　比如可见 *Kühl*, AT, § 15 Rn. 24；*Wessels/Beulke/Satzger*, AT, Rn. 939；精确的阐述见 *Murmann*, Versuchsunrecht, S. 8 ff.。

[101]　参见 *Krack*, JA 2015,907；*Kusche* JURA 2019,913(916)。

[102]　恰当的观点有 SSW-StGB/*Kudlich/Schuhr*, § 22 Rn. 16；*Kudlich*, HBStrR, Bd. 3, § 57 Rn. 32；*Putzke*, JuS 2009,898；*Streng*, ZStW 109(1997),868 ff.；持另一种观点的比如有 HK-GS/*Ambos*, § 22 StGB Rn. 12；LK/*Hillenkamp*,12. Aufl., § 22 Rn. 33。

命中 O，那么 A 在行为时是有着杀人的必要犯罪决意的，并不需要通过"身份错误的无关紧要性"（Unbeachtlichkeit）进行论证。[103] 因为，实际的事件发生——此时错误构想方才可见——对于犯罪决意来说没有任何用处。

对于"**容许构成要件错误**"也没有什么不同，它在未遂中实际上完全就不是错误。[104] 按照对于犯罪论体系中地位的认识不同（对此见第25章边码 11 及以下），在关于正当化事由成立的实际要件的（恰当或不恰当的[105]）观点中，要么认为欠缺了故意（按照消极构成要件要素理论），要么认为欠缺了故意的不法（限制罪责理论；在违法性层面进行讨论），要么认为欠缺了故意的罪责非难（法效果准用的限制罪责理论）。

41

2. 特殊情形：幻觉犯

不可罚的情形是，行为人错误地以为自己的举止是可罚的［所谓的"幻觉犯"（Wahndelikt）][106]，尤其是抱有一个实现某个在现实中完全不存在的构成要件的"故意"。这里因而涉及的是一个"相反的禁止错误"[107]。

42

示例：

行为人实施了同性性行为，尽管他以为同性性行为是可罚的。

---

[103] 参见 *Herzberg*, JuS 1999, 224; *Streng*, ZStW 109 (1997), 874 f.；另一种观点见 LK/ *Hillenkamp*, 12. Aufl., § 22 Rn. 33 f.。

[104] 详见 *Streng*, ZStW 109 (1997), 883 ff.。

[105] 如果一个正当化事由的要件实际成立，那么这当然就与主观正当化要素无异。

[106] 参见 *Blei*, JA 1973, 237 ff., 321 ff., 389 ff., 459 ff., 529 ff., 601 ff.; *Herzberg*, JuS 1980, 469 ff.; *Rath*, JuS 1999, 32 ff.; *Valerius*, JA 2010, 113 ff.; NK/*Zaczyk*, § 22 Rn. 40。

[107] *Wessels/Beulke/Satzger*, AT, Rn. 990 ff. 进一步区分了"相反的允许错误""相反的涵摄错误"与"相反的纯粹可罚性错误"。实际上从中也产生不了区别，因为它始终涉及的是，行为人因为误判了其法律处境而认为其举止是可罚的。如果行为人基于实际存在的构成要件的可罚性而过度扩张了其适用范围或者错误地认为其实现是不合理的，那么在鉴定报告中只需简短提及这一错误认识无关紧要就足够了。因为从对可罚性要件的积极考查本身出发几乎可以得出，行为人的错误构想是微不足道的。

43　　除了行为人"发明"一个不存在的构成要件的上述情形之外，他还可能扩张构成要件的范围（比如，他以为实际上不具有可期待性的帮助义务也属于《刑法典》第323c条的范围），或者误认为正当化事由的存在与范围对自己不利（比如，他认为他决不能向攻击者开枪）。[108] 这类举止无论是既遂还是未遂都不可罚，其原因在于它并未受到刑罚的威慑（**法无明文规定不为罪**）。[109] 行为人误以为自己的举止可罚，这当然不能替代客观上欠缺的刑罚威慑。[110]

44　　由于在幻觉犯中恰巧欠缺一个相关的构成要件，而且经常也难以用传统的导语进行描述，因此，在**鉴定报告**中也无法援引一个特定的构成要件，可以指出关于主张可罚性的不恰当观点不能论证相关举止在刑法上的相关性。[111] 如果行为人过度延伸了实际存在的构成要件的范围，那么在一个与该构成要件相关的未遂考查的范围内可以确定，他的犯罪决意并不涉及构成要件实现。[112]

3. 特殊情形：不能未遂——区别于幻觉犯

45　　不能未遂（untauglicher Versuch）指的是，行为人误以为存在使其举止符合构成要件的情况。[113] 该错误涉及的（与幻觉犯不同）并非举止在刑法上的被禁止性，而是**事实情况**或其**社会含义**（外行人领域的平行评价）。对于这些情形，首先可以想到以下**两类案件：**

46　　☞ **手段不能**：行为人所使用并认为有用的犯罪手段实际上无法造成损害。

> **示例：**
> A 想射杀 O。当他扣板板机时才发现，枪中没有子弹。

---

[108] 参见 Wessels/Beulke/Satzger, AT, Rn. 992 ff. 。
[109] 参见 Herzberg, JuS 1980, 469。
[110] 参见 Jescheck/Weigend, AT, S. 532 f. 。
[111] 不同的观点有 Putzke, JuS 2009, 898；首次探讨"犯罪"时考查或者在预先考查的范围内考查（未遂的可罚性）。
[112] 案例见 Kudlich, Fälle StrR AT, S. 148 f. 。
[113] 比如可见 HK-GS/Ambos, § 23 Rn. 6; Heinrich, JURA 1998, 393 f. 。

☞ **对象不能**：与行为人的所想相反，被指向的犯罪对象没有表现出构成要件所要求的性质。   **47**

> **示例**[114]：
> A 开枪射击 O，想杀死他。但是，A 没有察觉到的是，O 在一个小时前就已经因心脏停止跳动而死亡了。

不能未遂的可罚性[115]源自于作为未遂处罚根据的主客观混合说。因为一个法敌对的意志也能在一个客观上没有危险性的行为中通过损害法律关系的方式得以践行（并进而造成了法动摇的印象[116]）。一方面，不能未遂的可罚性在实定法上源于《刑法典》第 22 条，因为未遂的客观不能性并不影响依据该条而具有决定性作用的行为人构想；另一方面，《刑法典》第 23 条第 3 款的量刑规定显示，立法者在原则上想要处罚不能未遂。   **48**

在**鉴定报告**中应当注意：在主观构成要件中，不必对不能未遂进行详细阐述（见边码 40）。[117] 对有能性（Tauglichkeit）的构想对于故意来说至关重要；客观的不能性（Untauglichkeit）只有在包含事实情况时才出现，而这些情况并无必要在未遂的故意考查中进行讨论。对不能未遂的提示更适合在客观构成要件中，因为不能未遂的特点——也就是客观的无危险性——在这里得以体现。[118] 那么，客观不能性之所以没有影响，是因为要在行为人构想的基础上对直   **49**

---

[114] 参见 RGSt 1, 451, 452。

[115] 比如可见 *Kühl*, AT, § 15 Rn. 86 f.; 深入的阐述见 *Weigend/Wasser* JA 2021, 793 ff. （主张只处罚在客观上事前表现出危险性的不能未遂）。认为当对象完全不存在时不应处罚针对不能对象的未遂的（比如：向尸体开枪）有 *Rath*, JuS 1998, 1111 f.; *Zaczyk, Das Unrecht*, S. 255, 因为这里并不存在能够被损害的法律关系。更进一步, *Köhler*, AT, S. 458 在以下情况中排除了使用不能的手段的未遂可罚性, 即损害可能性在客观上、事前上并非显而易见时。

[116] 比如可见 *Rengier*, AT, § 35 Rn. 1, § 33 Rn. 4; 进行了一定相对化的有 *Roxin*, AT II, § 29 Rn. 19。

[117] 恰当的观点在 *Krack*, JA 2015, 907。尽管如此，有的人仍将不能未遂定位在犯罪决意中。关于大量的构造建议的证明见 *Kühl*, AT, § 15 Rn. 95a。

[118] 反对的观点还是 *Krack*, JA 2015, 907。

接着手实现构成要件进行评价。[119] 还要建议的是，在预先考查中提及不能未遂的可罚性[120]，不过这种做法要求抢先于随后的未遂考查，存在着一定的疑问。

50 **不能未遂应区别于幻觉犯**。在以下情形中界限划分存在着巨大的困难，即行为人不是（比如同性性行为示例，边码 42）"发明"了一个构成要件，而是错误认识了法律对以下情状的评价，这些情状——假设它们正确的话——本可以实现一个实际存在的构成要件。[121]

> **示例**[122]：
> 在基层法院的一个民事争议中，法律实习生（Rechtsreferendarin）X 审问证人 A。当审问过程中在场的法官之后离开会议室后，X 让 A 对自己的证词宣誓。A 以为作为见习法官的 X 是有权接受宣誓的。A 的证词在主要的点上都是虚假的。在该示例中，A 实行了《刑法典》第 153 条规定的虚假证词罪。但是，不能依照《刑法典》第 154 条以虚假宣誓罪（既遂）对他进行处罚。因为它的前提本应是，宣誓是在一个此类职务行为中有权代表法庭的人面前进行的。[123] 法律实习生并不属于此类人（《法院组织法》第 10 条第 2 句）。由于 X 无法代表法庭，因此该宣誓并非在法庭上作出。

51 在示例中，存在疑问的是，A 是否由于自己的构想——即在一个有权接受宣誓的人面前对不真实的证词进行宣誓——使得自己因虚假宣誓罪（《刑法典》第 154 条、第 22 条、第 23 条）的不能未遂而承担罪责，或者换言之，是否成立幻觉犯。A 尽管认识到了事实情况，但由于错误

---

[119] 参见 Seier/Gaude, JuS 1999, 458。
[120] 持这一观点的是 Rath, JuS 1998, 1112。
[121] 详见 LK-StGB/Murmann § 22 Rn. 266 ff.。
[122] 依照 RGSt 65, 206。也可见 RGSt 60, 25; BGHSt 1, 13; 3, 248; 5, 111; 12, 56。对此可见 Heidingsfelder, Der umgekehrte Subsumtionsirrtum, S. 63 ff.; Herzberg, JuS 1980, 474 ff.。
[123] 参见 Schönke/Schröder/Lenckner/Bosch, § 154 Rn. 12; SK-StGB/Zöller, § 154 Rn. 8。

地认为法律实习生有权接受宣誓，因而陷入了一个**规范性构成要件要素错误**（"在法庭上"）。由于法律概念"法庭"通过刑法之外的规范（这里是《法院组织法》）获得了外延，因此所提出的问题是，**关于构成要件前置领域（Vorfeld）的错误构想**能够在何种程度上违背建立在该错误构想之上的涉及构成要件实现的故意。

对这一问题进行回答，关键必须取决于以下这一点[124]，即行为人是否尽管有着错误构想，但仍实现了具体构成要件**主观的行为无价值**。这里起决定性作用的是，行为人的故意所指向的是否是在构成要件上被类型化的不法（或者仅仅是幻想的刑事不法）。根据故意的处罚原理（第24章边码7）可以提出以下问题，即行为人是否故意作出了**反对在构成要件上被保护的法益的决定**。[125] 如果立法者通过刑法之外的预先决定（Voreintscheidung）进一步勾勒出了该法益与涉及该法益的在构成要件上被要求的侵害类型，那么**行为人**就通过他法错误（rechtsirrig）的构想——即特定事实情况属于一个构成要件要素——**过度扩张了在构成要件上被保护的法益**或在构成要件上被要求的侵害类型。关于**示例**：如果立法者用《刑法典》第154条来保护"关于庭审中查明事实真相的公共利益"，并在虚假宣誓中——由于对已宣誓的证词主张更高的可信性——看到了一个对该法益特别危险的侵害[126]，那么，接受宣誓的管辖条件就划出了以下领域的外延，在该领域中预先规定了对法庭审理更高的保护。如果法律实习生接受宣誓在诉讼法上是不被允许的，那么依此可以说，被完成的宣誓可能不会增加可信度（Glaubwürdigkeitsanspruch）。因此，根据立法者的意志，对在庭审中查明事实真相这一公共利益进行

52

---

[124] 关于不同观点的总结可见 Hotz, JuS 2016, 211 ff.；Roxin, JZ 1996, 981 ff.；在 Heuchemer, JA 2000, 946 ff. 的案件解答中。观点繁杂、案例类型众多及材料困难，这些允许——包括在考试中——不去全面地处理这一问题；专著及深入的阐述见 Endrulat, Der „Umgekehrte Rechtsirrtum"；Heidingsfelder, Der umgekehrte Subsumtionsirrtum；Schlüchter, Irrtum über normative Tatbestandsmerkmale。

[125] 参见 Frisch, in Eser/Perron (Hrsg.), Rechtfertigung und Entschuldigung III, Freiburg i. Br. 1991, S. 276 ff.；dens., Vorsatz, S. 102 ff.；此外还可见 Jäger, AT, Rn. 414；Jakobs, AT, 25/42；Zaczyk, Das Unrecht, S. 262 ff.。

[126] 参见 Schönke/Schröder/Lenckner/Bosch, Vorb. §§ 153 ff. Rn. 2。

特别危险的侵害，无法通过在法律实习生面前宣誓虚假证词得以实现。如果一个这样的侵害是不可能的，那么也不应考虑对这类侵害进行刑法上的保护。依此，行为人的构想——即仍通过宣誓以特别危险的方式去侵害法益——涉及的是一个构成要件上未被禁止的侵害类型，进而涉及一个在此方面未被禁止的举止——也就是不可罚的幻觉犯。[127]

53 如此得出的标准也可以适用于**主体不能**的情形，这里同样有着属于不能未遂还是幻觉犯的**争议**。[128] 这指的是如下案件，即可罚性取决于行为人的特定属性，比如特别犯。在这里，当行为人将所认识的事实情况恰当地涵摄于一个构成要件的不法之中时，人们的意见还是一致的。

> **示例**[129]：
> 政府部门的保洁人员以为自己是公职人员，而且以为自己会因为接受金钱而承担受贿罪（《刑法典》第 332 条）的罪责。

在这类案件中成立**幻觉犯**。因为行为人无法损害其单纯幻想出来的特别义务，也就无法通过他错误的构想去侵害那个并非对他予以特殊要求的法。[130] 即使行为人对致使特殊义务成立的实际情状或者前置于构成要件的法律事实认识有误，通说也并未改变观点。

---

[127] 得出同样结论的还有 *Burkhardt*, JZ 1981, 681 (685 f.); *Frisch* GA 2019, 305 (313 f.); *Jäger*, AT, Rn. 414; *Kühl*, AT, § 15 Rn. 100; *Rath*, JuS 1999, 34; *Roxin*, JZ 1996, 986 f.; *Streng*, GA 2009, 535; NK-StGB/*Zaczyk*, § 22 Rn. 39; 持另一种观点的比如有 BGHSt 3, 248 (253 ff.); HK-GS/*Ambos*, § 23 StGB Rn. 11; *Herzberg*, JuS 1980, 475。

[128] 进行了深入且具有启发性的阐述的有 *Mitsch*, JURA 2014, 585 ff.。

[129] 参见 *Kühl*, AT, § 15 Rn. 104; *Stratenwerth/Kuhlen*, § 11 Rn. 64; *Valerius*, JA 2010, 115。

[130] 参见 *Bloy*, ZStW 117 (2005), 33 f.; *Kühl*, AT, § 15 Rn. 104; LK-StGB/*Murmann* § 22 Rn. 307; *Otto*, § 18 Rn. 75; *Rath*, JuS 1999, 34; *Schmitz*, JURA 2003, 601; *Stratenwerth/Kuhlen*, § 11 Rn. 65 f.; *Valerius*, JA 2010, 115; *Zaczyk*, Das Unrecht, S. 268 ff.; NK-StGB/*Zaczyk*, § 22 Rn. 39。

> **示例：**
>
> 官员任命无效。所谓的"被任命者"没有认识到无效性，所以在接受贿赂时以为自己是公职人员。

在这里，特殊的法律关系也没有成立，因而行为人**无法对该法律关系进行精神上的损害**。不可罚性最终来源于作为未遂处罚根据的主客观混合说：未遂不法所创设的法敌对意志仅能在涉及以下人时成立，即通过这一意志形成损害了他的义务的人。[131] 在该观点支持者中存在争议的是，什么时候成立一个这样的特别犯，其未遂不能建立在对创立义务的情状的错误认识之上？绝大多数人认为，这种情况只有在涉及**职位义务（Statuspflicht）**时才会出现，尤其是法行动（Rechtsakt）能够创设这样的职位义务（比如官员、法官、医生）。相反，如果一个特殊义务仅能够情景式地（situativ）被行为人的举止所创设，那么大多数人都认为，与此相关的事实错误可以使得处罚未遂具有正当性。[132]

> **示例：**
>
> 汽车司机误以为自己撞伤了一名行人，按照前述观点，如果他没有采取必要的救助措施而逃离，那么就属于以不作为的形式实施了身体伤害罪的不能未遂（《刑法典》第223条、第22条、第23条、第13条）。其原因在于，因误以为自己引发了事故而误以为自己具有保证人

---

[131] 参见 Frister, AT, 23/23; Schmitz, JURA 2003, 601; Schünemann, GA 1986, 317 ff.; Stratenwerth/Kuhlen, § 11 Rn. 66; Timpe, ZStW 125 (2014), 785 ff.; NK-StGB/Zaczyk, § 22 Rn. 39; 深入的论证见 LK-StGB/Murmann § 22 Rn. 314。关于这种情形的其他观点比如有 HK-GS/Ambos, § 23 Rn. 11; Schönke/Schröder/Eser/Bosch, § 22 Rn. 76; Heinrich, JURA 1998, 394; Kühl, AT, § 15 Rn. 105; Mitsch, JURA 2014, 588f.; Seier/Gaude, JuS 1999, 457 f.; Wessels/Beulke/Satzger, AT, Rn. 979。

[132] 表达了相同含义的有（在细节上有区别）Jakobs, AT, 25/43 ff.; SK-StGB/Jäger, § 22 Rn. 49; LK-StGB/Murmann, § 22 Rn. 317 ff.; Roxin AT II, § 29 Rn. 356 ff; Satzger, JURA 2011, 436; Schünemann, GA 1986, 318; Timpe, ZStW 125 (2014) 785 ff.; Valerius, JA 2010, 115。

> 义务（所谓的"危险先行为"，第29章边码65及以下）的事情可能发生在任何人身上，所以保证人义务也会被任何误以为自己有义务的人进行精神上的攻击。

54 在**鉴定报告**中，应在犯罪决意中处理不能未遂与幻觉犯的区分。[133]因为在讨论区分问题时还会讨论幻觉犯成立的可能性，这就已经排除了涉及构成要件实现的故意。

4. 特殊情形：重大无知未遂与迷信未遂

55 **重大无知未遂**（grob unverständiger Versuch）只是不能未遂的一种"极端"情形，受到《刑法典》第23条第3款量刑规定的特别减轻。[134]其要件是，尽管行为人有着不适当的手段或者不适当的对象，"但仍认为犯罪结果是可能的，因为他在实行犯罪时的出发点是**对于众所周知的原因关联的完全不合情理的构想**"[135]。

> **示例：**
> A想用气枪将在高空飞行的喷气式飞机击落（重大无知未遂）。[136]联邦最高法院在以下**示例**中否定了重大无知未遂[137]：A将喷雾罐中的杀虫剂喷到了她丈夫的面包上，想杀死他。喷洒了两次，每次一秒钟。要致死其实需要很大剂量。丈夫觉得面包味道不好，便不再吃了。按照联邦最高法院的观点，虽然成立不能未遂，但是不成立重大无知未遂。因为A并未对毒剂的基本性能产生错误，而仅是对毒剂的致死量产生了错误。这里并不存在"人人都能看出的对原因关联的误判"[138]。

---

[133] 参见 *Jäger*, AT, Rn. 412。

[134] 参见 HK-GS/*Ambos*, § 23 Rn. 6. 可罚性经常受到批判，比如见 *Mitsch*, ZIS 2016, 352 ff.；*Roxin*, GA 2017, 660, 662 f.

[135] BGHSt 41, 94, 95.

[136] 示例依照 *Otto*, AT, § 18 Rn. 57；*Wessels/Beulke/Satzger*, AT, Rn. 982。

[137] 参见 BGHSt 41, 94；参见 *Kudlich*, Fälle StrafR AT, S. 162 f. 中的案件探讨。

[138] BGHSt 41, 94, 96.

按照一般观点,"不现实未遂"(irrealer Versuch)或"**迷信未遂**" 56
(aberglāubischer Versuch)是**不可罚的**。[139] 这指的是以下情况,即行为人相信,通过**使用超自然的手段**能够得到符合构成要件的结果。对超验手段的使用将迷信未遂与重大无知未遂区分开来,后者中行为人虽然是从一个不合情理的想法出发的,但是毕竟想使用的是世俗的手段。[140]

> **示例**[141]:
> A 想通过使用恶魔符咒来杀死自己的丈夫 O。

尽管人们一致认可行为人不可罚,但是在**论证该结论时**存在着**争议**:有的人认为,这里欠缺了故意:相信超自然力量的人最多只是"期盼"犯罪发生。[142] 这一论证虽然适用于以下情形,即行为人最终意识到了他的行为带有一厢情愿的性质[143],但是未能适用于以下情形,即他"坚定地"相信超自然手段的作用。[144] 于是,**印象说的限制刑罚效果**经常得到援引,因为一个这样的举止不会在社会中引发法动摇的印象。[145] 但是,这样一来,一个举止的不法性质就取决于是否在社会中传播了迷信。从主客观混合说的基础直至未遂的不法,**这些解决路径都**

---

[139] 深入阐述可见 Heinrich, JURA 1998, 397 f.; Radtke, JuS 1996, 878 ff.。

[140] 关于区分详见 Heinrich, JURA 1998, 394 ff.; Satzger, JURA 2013, 1019 ff.; 此外还可见 Schönke/Schröder/Eser/Bosch, § 23 Rn. 13a。

[141] 参见 RGSt 33, 321。

[142] 参见 Kindhäuser/Zimmermann, AT, § 30 Rn. 15; Kretschmer JR 2004, 444 (445); Rath JuS 1998, 1113; Rengier, AT, § 35 Rn. 13。Jakobs, AT, 25/22 认为欠缺了法律上相关的故意; Seier/Gaude, JuS 1999, 460 认为因欠缺了超自然力量的可控性而欠缺了"犯罪支配故意"。相似的阐述可见 Baumann/Weber/Mitsch/Eisele, § 22 Rn. 47: 欠缺了犯罪故意,因为"在现行法中没有一个刑罚构成要件将'死亡祷告'作为符合构成要件的举止予以包含"。当然,这对于重大无知未遂而言亦然(Baumann/Weber/Mitsch/Eisele, § 22 Rn. 48; 深入阐述可见 Mitsch, ZIS 2016, 352 ff., 他进行了相应的批判性评价)。

[143] 相似的阐述可见 Jescheck/Weigend, AT, S. 532。

[144] 参见 Roxin, AT II, § 29 Rn. 373; Satzger, JURA 2013, 1022; Ellbogen FS v. Heintschel-Heinegg, 2015, S. 128 f.; Wessels/Beulke/Satzger, AT, Rn. 885。

[145] 参见 Jescheck/Weigend, AT, S. 532; Kühl, AT, § 15 Rn. 93; Niepoth, Der untaugliche Versuch, S. 105 f.; Satzger, JURA 2013, 1024 f.(但是认为,这一被认为是正确的方案并不符合《刑法典》第 23 条第 3 款); Seier/Gaude, JuS 1999, 457。

无法令人信服。[146] 迷信未遂者也通过他的行为清楚地表明其追求伤害他人。印象说所强调的事实是，该情状（现在）没有使其他公民对法的信赖产生混乱，并未影响不法，而是影响**需罚性**。迷信未遂从根本上说是一个上升至荒谬程度的重大无知。如同在《刑法典》第23条第3款中一样，在迷信未遂中涉及的是量刑问题，在这里适当的回应是不予处罚。[147]

57 在**鉴定报告**中，基于《刑法典》第23条第3款这一条文的性质，**重大无知未遂**应被作为量刑规则在罪责中得到讨论（在考查中止时亦然）。**迷信未遂**在犯罪论体系中的定位则取决于对不可罚原因的认识。如果人们依本书所主张的观点否定需罚性，那么迷信未遂就应在与重大无知未遂同样的考查阶段进行讨论，这对于解决区分两种法形象的难题也是有益处的。

（五）客观构成要件（直接着手）

1. 基础

58 《刑法典》第22条标题为"概念规定"的条文虽然没有给出未遂的完整定义，但是毕竟对何时进入未遂阶段进行了规定，即行为人"按照他对犯罪的构想直接着手实现构成要件"。

59 从中得出的一点是，考查的基础是**行为人构想**，更确切地说，是"实行犯罪行为时"的构想（《刑法典》第16条）。[148]

不以个人的犯罪计划作为基础，就无法查明一个犯罪举止处于哪一阶段。[149] 比如，摆弄百叶窗，很可能仅仅是想要打探出明晚盗窃时的最佳实行方式。但是这一摆弄行为也有可能是用来做以下事情，即用工具折下百叶窗，旨在立刻开始犯罪。

60 对于行为人是否已经通过他的外在举止直接着手实现构成要件，应

---

[146] 参见 Armin Kaufmann, FS Welzel, 1974, S. 403。

[147] 参见 Ellbogen FS v. Heintschel-Heinegg, 2015, S. 128 ff.; Fischer, § 23 Rn. 10; SSW StGB/Kudlich/Schuhr, § 22 Rn. 25; LK-StGB/Murmann § 22 Rn. 247; Otto, AT, § 18 Rn. 63; Putzke, JuS 2009, 898; Stratenwerth/Kuhlen, § 11 Rn. 59 ff.; Valerius, JA 2010, 116; Wege, Rücktritt, S. 69 mit Fn. 300。

[148] 比如 HK-GS/Ambos, § 22 StGB Rn. 16。

[149] 参见 Kusche JURA 2019, 913(917)。

当在主观基础上按照法的**客观标准**进行考查。因此,《刑法典》第 22 条以**个别客观说**(individuell-objektive Theorie)为基础,该理论将主观要素(行为人对犯罪的构想)与客观要素(直接着手)相结合。[150]

2. 对直接着手的要求

未遂的典型情况是,行为人必须还要实行进一步的行为才能实现既遂[未终了未遂,对此见下文标题(1)]。但是同时还要考虑到的情况是,行为人已经完成了他认为必要的行为,结果现在会基于发生历程而出现(已终了未遂)。在这类情况下,如果结果出现还取决于一个特定的被害人举止,那么就会产生困难[对此见下文标题(2)]。此外,额外的问题还可能产生于犯罪结构[下文标题(3)],或者产生于多人参与犯罪实行的情况中[下文标题(4)]。

(1)未终了未遂中的直接着手

> **示例**("加油站案")[151]:
>
> A 想要袭击一个加油站。由于加油站没人,所以他走向了处于加油站区域中的住宅。在房门前,他戴上了丝袜面罩。他持枪按了门铃,期待着加油站主人 O 出现。O 一旦出现就会被枪威胁并被捆绑。A 想之后将 O 的钱拿走。但是门铃响后,没有人出来。

要确定行为人"直接着手"一个犯罪行为的要件是格外困难与**有争议的**。由于每一个犯罪发生都被拆解为了大量的组成动作(Teilakt),因此,始终保留着一定程度的**模糊性**,进而为各种评价留下了开放的空间。[152]

---

[150] 参见 BGH NStZ 2007, 336; *Berz*, JURA 1984, 511; *Jescheck/Weigend*, AT, S. 518; *Kühl*, AT, § 15 Rn. 45, 77; *Rath*, JuS 1998, 1106; *Roxin*, JuS 1979, 3; Schönke/Schröder/*Eser/Bosch*, § 22 Rn. 32 ff. 。

[151] 依照 BGHSt 26, 201 = JR 1976, 248 mit Anm. *Gössel* = *Roxin*, Höchstrichterliche Rechtsprechung zum AT, S. 69 f. ; 对此可见 *Bosch*, JURA 2011, 912; *Kühl*, AT, § 15 Rn. 64; *Meyer*, JuS 1977, 19 ff. ; *Otto*, NJW 1976, 578 f. ; *Vehling*, Die Abgrenzung, S. 145 ff. ; *Zaczyk*, Das Unrecht, S. 314f. 。相似的情形见 BGH NStZ 2012, 85(对此可见 *Kudlich*, JA 2012, 310 ff.)。

[152] 比如可参见 *Rath*, JuS 1998, 1107。

这一模糊性之所以有着重大的**实务重要性**，是因为归入预备还是未遂经常决定着是否可罚。在极端情况中，是无罪判决还是终身自由刑，就取决于未遂的开始！这里也理所当然的是，若有更好的理由，就不应从"存疑有利于被告"出发对法律问题作出决定，而应在适当的情况下选择对行为人不利的解释。[153]

64 《刑法典》第22条通过以下规定对该解释进行了重要且详细的阐述，即直接着手必须涉及"构成要件的实现"。因而，**考查的基准点就是符合构成要件的行为**[154]，所以，该行为必须在鉴定报告中被准确提及（对此的补充可见边码77及以下）。如果符合构成要件的行为已经被实施了，比如已经向被害人开枪射击，那么就进入了未遂阶段。[155] 如果行为人已经开始了符合构成要件的行为，那么未遂的存在也就无论如何不能被质疑（对此还可见边码71及以下）。[156]

不过，有时候确定符合构成要件的举止是存在困难的。对此的示例是，行为人想**在一段较长时间里通过分散式的一个个行为来引发结果，比如每天将少量毒药混入被害人的食物中**。[157] 如果行为人认为他给被害人下的毒药会与先前的投毒一起危害被害人的生命，那么《刑法典》第212条的未遂无论如何都会基于实施了（行为人以为的）符合构成要件的行为而成立。但是**存疑**的是，（行为人认为尚不会造成生命危险的）第一次投毒是否也应被视为实行行

---

[153] 在一个"僵局"中限制解释可能是适当的，但仅仅是因为这一认识是以立法者的意志为理由（*Wessels/Beulke/Satzger*, AT, Rn. 949）——这样一来，对此实际上并不存在僵局。

[154] 关于构成要件基准对于确定直接着手的意义，参见 Matt/Renzikowski/*Heger/Petzsch*, § 22 Rn. 29；*Vogler*, FS Stree und Wessels, 1993, S. 289 ff.；*Zaczyk*, Das Unrecht, S. 300。相反，将构成要件实现在整体上——尤其是包含结果——视为"直接着手"的基准点是没有意义的（持这一观点的 *Roxin*, FS Maurach, 1972, S. 218）。因为行为人只能直接着手一个有风险的举止，而不能直接着手一个结果发生。

[155] 比如 *Krack*, JA 2015, 909；*Rath*, JuS 1998, 1107；深入阐述可见 *Murmann*, Versuchsunrecht, S. 13 ff.，它也提出了有所不同的观点；质疑的观点有 *Bosch*, JURA 2011, 911, 但是它的示例却恰恰不是部分实现的情形（这样的还存在于 BGH StV 2011, 362 的案件中）。

[156] 比如 *Freund/Rostalski*, AT, § 8 Rn. 49 ff.；*Wessels/Beulke/Satzger*, AT, Rn. 944。

[157] 这种情形应当与边码35所提及的情形相区分，在后者中，鉴于其危险性而被错估的行为毫无疑问地属于犯罪实行。

为的一部分并成为未遂开始的标志。有人对此持肯定观点，其理由是，在行为人的计划之中，这些投毒行为被视为了一个整体，它们的共同作用才导致了结果。[158] 这一观点所导致的结果是，如果在行为人以为行为尚不危险时就发生了结果，他也会因为因果历程轻微偏离原则（第24章边码64及以下）而承担既遂的责任。这一观点**未能得到认同**。[159] 这是因为，以行为人的想法作为出发点，在第一次投毒时还没有在被害人生命的方向上创设法不容许的风险，而且也没有紧跟着实施危害生命的行为（与第24章边码69a中案件的区别）。鉴于行为人的进一步计划，与生命法益相关的法禁止也未得以成立，因为是否继续投毒仍处于他自我答责的决定之中。此外，在第一次投毒时，也欠缺了支配着行为的杀害故意。那种想在之后实行危害生命行为的意志尚不足以达到这一条件。[160] 因此也就没有进入《刑法典》第212条的未遂阶段。如果所投的毒药剂量会危害健康，那么他当然已经是实行了身体伤害罪。如果从行为人的角度看死亡结果"提前"发生了，那么行为人就对此具有过失的非难，按《刑法典》第227条承担责任。

《刑法典》第22条并不以行为人已经开始或完全实施了实行行为（Ausführungshandlung）为前提[161]，处于**符合构成要件的行为的前置领域**的举止方式也被包括在其中。这恰恰就是提出未遂可罚性边界何在的问题的情形。司法判决与文献已经提出了大量的**界分标准**。[162] 这里作为出发点的认识是，未遂的开始应当靠近至"**紧贴着构成要件的边界**"。[163]

这一狭窄的界限划分的首要来源是，未遂的可罚性已经以**对法**

65

---

[158] 参见 BGHSt 40,257(271)；*Schmoller*, FS Yamanaka, 2017, S. 217 f. 。
[159] 还有 *Jakobs*, AT, 25/67。
[160] 恰当的观点有 *Engländer*, NStZ 2018, 29。
[161] 参见 BGHSt 48,34(35 f.)；BGH NStZ 2013,156(157)；NStZ 2018,648(649)。
[162] 概览比如可见 *Bosch*, JURA 2011, 909 f.；*Rath*, JuS 1998, 1107 ff. 。
[163] *Roxin*, in：Roxin/Stree/Zipf/Jung（Hrsg.），Einführung in das neue Strafrecht, 2. Aufl. 1975, S. 15.

的损害为前提。[164] 只有当行为人通过他的举止抽去了以下规范期待的基础——即他与他的犯罪计划仍有距离——时，人们才能够这样认为。未遂必须已经（在行为人构想的基础上）是一个对与被害人的法律关系的损害，也就是对他的自由状态的削弱。此外，与构成要件实现的紧密联系还被用来服务于**法安定性**（Rechtssicherheit）：一个举止与实行行为的距离越远，那么各个构成要件的法律规定就越少能对解释发挥指导作用（dirigieren）（《基本法》第103条第2款）。[165]

66 值得被认可的**通说**主张所谓的**中间动作理论**[Zwischenakttheorie = 组成动作理论（Teilaktstheorie）]。[166] 按照该理论，当举止按照行为人的整体计划与实际的实行行为连接紧密，以至于它**无需重要的中间步骤**（Zwischenschritte）就能够转为实行行为时，直接着手就成立了。也就是说，与构成要件行为之间的关联是通过以下方式得以确立的：未遂开始于**行为人实施符合构成要件的行为之前最后的那个（重要的）行为**。不重要的中间步骤并未阻挠进入未遂阶段。因此，将事件的发生拆解为大量细微的身体动作也是错误的（并非"慢镜头刑法"）。[167]

所以，在加油站案中，"将举起手枪并瞄准视为中间动作，是一种过于狭窄的、按照身体动作进行分解的观点"。[168]

67 但是，在这一共识之外，关于为了实现构成要件而必要的中间步骤在什么时候被视为重要而在什么时候又被视为不重要，还是不明确。因

---

[164] 参见 *Rath*, JuS 1998, 1109; *Zaczyk*, Das Unrecht, S. 311; *Murmann*, Versuchsunrecht, S. 24 ff.。

[165] 参见 BGHSt 26, 201, 203; *Kühl*, AT, § 15 Rn. 41, 46 *Vogler*, FS Stree und Wessels, 1993, S. 289 ff.; *Zaczyk*, Das Unrecht, S. 300。

[166] 比如可见 BGHSt 26, 201 (202 ff.); BGH NStZ 2001, 415 (416); NStZ 2014, 447; NStZ 2020, 598 m. Anm. *Kudlich*; *Jescheck/Weigend*, AT, S. 519; Baumann/Weber/Mitsch/Eisele, § 22 Rn. 68; SK-StGB/*Jäger*, § 22 Rn. 23. 当然，除了文中提及的理念，还有一系列其他理念，但是在考试中并不需要知晓；比如可参见 *Vehling*, Die Abgrenzung von Vorbereitung und Versuch, 1991, S. 141, 146; *Zaczyk*, Das Unrecht, S. 311; *Vogler*, FS Stree und Wessels, 1993, S. 291。

[167] 参见 BGHSt 26, 201, 204; BGH, Urt. v. 17. 3. 2022-4 StR 223/21 (Rn. 19); *Berz*, JURA 1984, 514; *Jäger*, AT, Rn. 294; *Kühl*, AT, § 15 Rn. 50。

[168] BGHSt 26, 201, 204.

此可以证实的是，**中间动作理论的关键疑难问题**是对其他步骤的**重要性**的规范标准予以具体化。在具体化的努力中，**各种不同的观点被提出**，它们经常被——尤其是被司法判决——不断地推进：

☞ 为了确定**重要性**，有时要借助于"**自然的观念**"（natürliche Auffassung）。[169] 但是非常不清楚的是，在哪些情形中一个举止连同紧随其后的实行行为已经构成了一个"自然的单元"（natürliche Einheit）（并因而再没有重要的中间步骤是必要的了）。[170] 但是该标准至少证实了，分解为单个身体动作是不会得到考虑的，因为这无论如何会与一个"自然的理解"相违背。[171]

68

☞ 很多时候，赞同进入到未遂阶段的论据是成立了——当然是在行为人构想的基础之上进行判断的——对于攻击对象的**具体危险化**。[172] 联邦最高法院也经常如此表述[173]，在这里，它有时对于"具体危险"这一要求进行如下的具体化，即行为人的行为必须与构成要件实现"**处于直接的空间与时间关联之中**"。[174]

69

这些思想表现出与由罗克辛创设并被他称为"具体化的组成动

---

[169] 参见 BGH NJW 1980, 1759 f.; BGH, Urt. v. 17.3.2022-4 StR 223/21 (Rn. 16); SK-StGB/*Jäger*, § 22 Rn. 23. 使用"自然的观念"要追溯到所谓的"弗兰克公式"（*Frank*, S. 87），按照这一公式，在涉及以下这类行为时就成立实行的开始，即"这些行为因其与构成要件行为之间的必要关联归属就自然的观念而言表现为其组成部分"。

[170] 持这一观点的还有 *Blei*, AT, S. 225; *Roxin*, AT II, § 29 Rn. 135。

[171] 参见 *Berz*, JURA 1984, 514; *Kühl*, AT, § 15 Rn. 60。

[172] 参见 *Eser/Burkhardt*, II, Fall 31 A 39; Schönke/Schröder/*Eser/Bosch* StGB § 22 Rn. 42; Matt/Renzikowski/*Heger/Petzsche* StGB § 22 Rn. 28; *Wessels/Beulke/Satzger*, AT, Rn. 945, 947。仅仅遵从危险化思想的有 *Otto*, AT, § 18 Rn. 28 f.。批判性观点可见 SK-StGB/*Jäger*, § 22 Rn. 19。

[173] 参见 BGHSt 30, 363 (364); BGH NStZ 1987, 20; BGH StV 1989, 526; BGH JZ 1998, 209 mit Anm. *Roxin*; BGH NStZ 2013, 156 (157); NStZ 2014, 447 (448); NStZ 2018, 648 (649)。联邦最高法院的直接性标准——这在定义中是毫无价值的，因为它被所要定义的词（直接着手）所包含——与欠缺重要中间步骤的标准是相符的；阐述尤其清晰的有 BGHSt 26, 201 (204); BGH NStZ 1987, 20; NStZ 1996, 38。

[174] BGHSt 30, 363, 364; BGH NStZ 1987, 20; NStZ 2013, 156, 157。"直接的空间与时间关联"标准有时被联邦最高法院作为说明未遂阶段的独立标准予以使用；BGH NStZ 1993, 133; NJW 1993, 2125; StV 1997, 632。

作理论"的领域理论（Sphärentheorie）的相近性。[175] 当行为人"进入到了一个被害人领域的关联之中"，而且在行为人的行为与被期待发生的结果之间存在着一个"紧密的时间关联"时，与未遂的处罚根据理论相关联的、对处罚未遂实现正当化的法动摇印象就成立了。[176]

在"加油站案"中，以行为人构想为基础，既应当肯定直接的空间与时间关联，也应当肯定与被害人领域的联系。根据 A 的构想，随时要预期到 O 会打开房门并进而为 A 所摆布。[177] 在此，O 的无保护性（Schutzlosigkeit）尤其产生于 A 滥用了以下通常合理的社会信赖，即某个常规进行的举止方式（铃响后开门）是没有危险性的。[178]

69a ☞ 联邦最高法院在其最近的判决中越来越强调，"抽象标准"（欠缺中间动作、时空关联）需要一个"在考虑个案情状的基础上的评价性的具体化"。除了已经提到的危险化方面（见边码 69），联邦最高法院在此主要使用了"犯罪计划紧密度"（Dichte des Tatplans）标准。[179] 按照这一标准，中间步骤在以下情况中虽然必要，但是却并不重要，即中间步骤"不是用于构成要件之外的目的，而是按照行为人的计划因其与犯罪行为的必要关联而表现为它的组成部分"。[180] 如此一来，如果行为人已经将被害人置于暴力之下并想在杀他之前折磨他，那么，实施故意

---

[175] 参见 Roxin, AT II, § 29 Rn. 139 ff.; ders., FS Herzberg, 2008, S. 347 ff.。

[176] 参见 Roxin, JuS 1979, 4 f.（只在这里强调）；相似的阐述可见 Jakobs, AT, 25/66, 68。

[177] 参见 Roxin JuS 1979, 6；相似的有 Berz JURA 1984, 518。因此，如果行为人尚不完全确定被害人到底会不会开门，就不能排除直接着手，因为这一不确定性涉及的是所创设风险的大小，但是不涉及与其实现的接近程度，另一种观点见 Kusche JURA 2019, 913（919）；Schönke/Schröder/Eser/Bosch StGB § 22 Rn. 42。无关紧要的还有以下线索，即行为人从中推断出或者可以推断出被害人即将出现，另一种观点见 Bosch JURA 2011, 912；Kusche JURA 2019, 913（916）；Zieschang, AT, Rn. 496。

[178] 参见 Zaczyk, Das Unrecht, S. 315。

[179] 参见 BGH NStZ 2014, 447（448）mAnm Krehl; NStZ 2018, 648（649）; BGH, Urt. v. 17. 3. 2022-4 StR 223/21 (Rn. 16)。

[180] BGH NStZ 2014, 447（448）mAnm Krehl; BGH, Urt. v. 17. 3. 2022-4 StR 223/21 (Rn. 16)。

杀害行为之前处于计划之中的较长时间间隔并未阻碍未遂的开始。[181]但是，这样一来，未遂的开始就明显被过度前移了，因为直接着手完全脱离了构成要件行为，也就是具体的杀害动作。折磨之所以没有直接通向构成要件实现，是因为行为人想要通过这种方式延长被害人的受苦过程。[182]

☞ 联邦最高法院还经常额外使用一个更强的主观标准。按照这一标准，如果行为人"在主观上**越过了'现在开动'**（jetzt geht es los）**的门槛**"，那么他就是直接着手于构成要件实现。[183]但是在考查的框架中应当思考的是，当然不能取决于行为人是否实际上有着这一想法。[184]这一公式仅能作为以下问题意义上的经验公式（Faustformel）中得到应用，即行为人是否**本能够合乎情理地说**他已经越过了"现在开动"的门槛。[185]这也适用于同样作为经验公式可被使用的以下标准，按照该标准"犯罪故意必须已经通过了**危急情形的考验**"[186]。

在"加油站案"中，A已经做了全部准备并且按了门铃，以至于他能够说："现在开动。"[187]

(2) 已终了未遂中的特殊性？

前述标准肯定适用于以下这类情形，即行为人按照他的构想还必须要实行进一步的行为以实现构成要件的条件（未终了未遂）。但是，也

---

[181] 参见 BGH NStZ 2014,447,448 f. 。

[182] 恰当的观点有 *Krehl*, NStZ 2014, 449; *Hoffmann*, JA 2016, 194 f. 在此之外，*Schuhr*, HRRS 2014, 403 还正确地指出欠缺了针对犯罪行为的杀人故意。在犯罪计划包含了可能数日之后杀死被害人的情况下，行为人尚未以创设犯罪决意的方式确定实行这一犯罪。

[183] 参见 BGH NStZ 1987, 20（只在此处是重点）; BGHSt 26, 201, 203f. ; 36, 249, 250; 56, 170, 171; BGH NStZ 1993, 133; NStZ 1996, 38; NJW 1991, 1963; NJW 1993, 2125; NStZ 1999, 395, 396 mit Anm. *Jäger*, NStZ 2000, 415 ff. = JuS 1999, 1134（*S. P. Martin*）; NStZ 2001, 415; NStZ 2013, 156, 157。关于这一公式详见 *Krack*, JA 2015, 909 f. 。

[184] 恰当的观点有 *Roxin*, AT II, § 29 Rn. 130: "行为人必须比大多数法律解释者更为聪明，他会恰恰在——通常不被人知晓的——预备与未遂的界线上说：'现在开动'。" *Kusche* JURA 2019, 913 (918); *Matt/Renzikowski/Heger/Petzsche* StGB § 22 Rn. 26。

[185] 参见 *Kühl*, AT, § 15 Rn. 69; 表达了相同含义的还有 BGHSt 28, 162, 164。

[186] *Bockelmann*, JZ 1954, 473（只这里强调）。对此可见 *Otto*, AT, § 18 Rn. 29: "以危急情形的考验作为标准虽然提供了一个美好的图景，但是评价标准却与此没有关联。"

[187] BGHSt 26, 201, 203 在作为基础的判决中也持这一观点。

可能存在的情形是，行为人已经做完了从他的角度看对于引发结果必要的全部事情（已终了未遂）。在已终了未遂中，以下情形是**没有任何疑问**的，即行为人已经实行了一个**他以为直接通向结果的实行行为**，比如已经针对被害人采取了带有杀害故意的殴打。[188] 在这种情形中，行为人认识中的结果发生并不依赖于进一步的中间步骤。相反，需要思考的是已终了未遂中的**争议情形**，即行为人已经完成了从他的角度看对于构成要件实现来说必要的全部事情，而且**符合构成要件的结果的发生现在只取决于被害人的一个特定举止**。

> **示例：**
> A为了杀害O，在上午向O习惯在晚上喝的啤酒中投毒。此后他一直等到O回家。

72　在该案中，A为了杀O无需再实行进一步的行为。经常有观点认为，在已终了未遂案件中，**一个直接着手始终**存在于行为人的行为之中（示例中：向啤酒投毒）。[189] 这一结论是由中间动作理论所导致的，因为行为人要实现构成要件无需再实行进一步的中间步骤。[190] 如果人们考虑到被害人所进行的中间步骤，那么就会得出另一种结论。[191] 但是这样一来，创设未遂的举止就通过值得怀疑的方式从行为人转移至被害人那里。

73　**联邦最高法院**在新近判决中的立场是，在已终了未遂之中，必须根

---

[188] 深入阐述可见 *Murmann*, Versuchsunrecht, S. 13 ff.；LK‑StGB/*Murmann* § 22 Rn. 137 ff. 也涉及了那些对个案表示怀疑的观点。

[189] 支持的观点有 *Herzberg*, MDR 1973, 54（现在的观点已经不同了，见 *ders.*, JuS 1985, 6）；*J. Meyer*, ZStW 87 (1975), 609；*Tröndle*, Strafgesetzbuch, 49. Aufl. 1999, § 22 Rn. 19。这一结论得到了 *J. Meyer*, ZStW 87 (1975), 609 援引印象说的支持。然而，先前对饮料下毒是否真的有引发法动摇的印象，是极为令人怀疑的，而且尤其表明了"法动摇印象"这一标准的模糊性。

[190] 当然，如果人们和 *Gössel*, JR 1976, 250 f. 一样，认为取决于自我伤害的被害人是否必须采取进一步的中间步骤，也就是O在示例案件中还必须回家、进厨房、打开冰箱，那么结论就不同了。

[191] 对此可见 *Kühl*, AT, § 15 Rn. 85d。

据行为人对其举止所构想的**危险性**，对未遂的开始予以**区别地**判断：

☞ "如果行为人确定，被害人将出现并引发一个对于犯罪结果而言处于计划之中的举止，那么在犯罪行为结束时就成立了一个（按照犯罪计划的）直接危险化"。

☞ 与之相反，如果行为人认为"被害人出现在犯罪手段的作用范围内（……）仅仅是可能的，但仍不确定或者甚至可能性很小（……），那么一个按照犯罪计划的直接法益危险化只有在以下情况中才会出现：当行为人实际出现并准备实行被期待的自己损害行为，因而对于被害人的危险增加了时"[192]。

如果人们将这些原则应用于示例案件中，那么关键就在于，对于 O 晚上喝啤酒的考虑究竟有多确定。

前述观点是由联邦最高法院在"**巴伐利亚森林熊根酒案**"（Bayerwaldbärwurz-Fall）中提出的[193]：一些未知的行为人对一家药店入室盗窃，喝光了各种装有饮料的瓶子。有理由相信，这些行为人会再次回到犯罪地。所以，一名药剂师在一个标签为"正宗希克巴伐利亚森林熊根酒"的瓶子里装了毒药并将它放在药店的走廊里。联邦最高法院认为，该药剂师此时尚未直接着手犯罪，因为按照他的期待结果出现的可能性还是太小。[194] 在将**汽车炸弹**安装在他人汽车上的案件及通过前房客**操作插座**的案件中，联邦最高法院作出了不同的判决，因为这里不存在疑问的是，在可预见的时间内会出现对引发伤害的汽车或插座的使用。[195]

联邦最高法院所作的区分并不能令人信服。因为进入未遂阶段

---

[192] BGHSt 43,177,181.

[193] 参见 BGHSt 43,177 = JZ 1998,209 mit Anm. *Roxin* = NStZ 1998,241 mit Anm. *Otto* = JR 1998,291 mit Anm. *Gössel*;对此也可见 *Baier*,JA 1999,771;*Böse*,JA 1999,342 ff.;*Bosch*,JURA 2011,913;*Derksen*,GA 1998,592 ff.;*Kudlich*,JuS 1998,596 ff.;*Murmann*,Versuchsunrecht,S. 20 ff.;*Wolters*,NJW 1998,578 ff.;由 *Rosenau/Klöhn*,JURA 2000,427 ff. 改编为练习考试题。

[194] 参见 BGHSt 43,177,182 f. 。

[195] 参见 BGH NStZ 2001,475（插座）;BGH NStZ 1998,294,295（诱杀装置;对此可见 *Herzberg*,JuS 1999,224 ff. 。

并不取决于危险的大小,而是取决于其与实行阶段的距离。[196]

75 学界通说的区分依据是,行为人是将事件完全置于**自己的掌控之中,还是让它脱离了自己的支配范围**。[197] 在示例中,只要 A 可以毫无困难地又将该瓶子拿走,那么该事件就处于 A 的掌控之中。[198] 这也适用于联邦最高法院的"巴伐利亚森林熊根酒"案[199]。相反,如果插座案中的行为人离开房间,或者如果安装了汽车炸弹并进而让事件脱离了自己的掌控,那么就进入了未遂阶段。[200]

76 学界通说的解决方案**在结论上获得了很大范围的赞同**。但是,它并非已终了未遂之中关于未遂开始的一种特殊理论的结果,而是**正确解释构成要件**的结果[201]:"直接着手"的基准点是符合构成要件的举止(见边码 64)。若进行仔细的观察,在示例中,它在准备好毒药时还不成立。[202] 反而,只有当被创设的情形离开了 A 的领域,也就是说该事件已经脱离了 A 的掌控时,一个法不容许的对于 O 的生命危险才会成立。只有当 A 丧失了轻易撤回其行为的可能性时才会出现这种情况,比如,因为 O 已经进入了厨房。于是,符合构成要件的义务损害指的是损害了(通过事前举止创设的)化解潜在充满危险的情况的义务。因此,符合构成要件的不是积极的作为(向饮料投毒),而是存在作为义务却不作为(不将饮料移除)。[203]

---

[196] 深入阐述可见 Murmann, Versuchsunrecht, S. 19 ff.; LK - StGB/Murmann § 22 Rn. 143;相似的阐述可见 Bosch,JURA 2011,913;Hardtung/Putzke,AT,Rn. 1192。

[197] 基础性的阐述见 Roxin,FS Maurach,1972,S. 215 ff.,ders.,JuS 1979,9 f.;此外还可见 Böse,JA 1999,345;Jescheck/Weigend,AT,S. 521;SK-StGB/Jäger,§ 22 Rn. 40。

[198] 参见 Roxin,JuS 1979,9。

[199] Murmann,Versuchsunrecht,S. 23;Roxin,JZ 1998,211;另一种观点见 Hoffmann,JA 2016,196 f.。

[200] 参见 Hoffmann,JA 2016,197;Baumann/Weber/Mitsch/Eisele AT § 22 Rn. 69。

[201] 深入阐述可见 Murmann, Versuchsunrecht, S. 19 ff.; LK - StGB/Murmann § 22 Rn. 149 ff.。

[202] 相反,如果人们认为,准备好毒药是一个符合构成要件的实行行为,那么否定未遂开始就会导致以下冲突:只有在实施实行行为之后才能进入未遂阶段;正确主张的比如有 Roxin,AT II,§ 29 Rn. 119。

[203] 也可参见 Roxin,AT II,§ 29 Rn. 208。

它因而适用不作为犯中关于未遂的一般规则（详见第29章边码109及以下）。依此，如果继续等待会在法的相关范围内恶化营救可能性，那么就应认定未遂的开始。

（3）结合犯、加重构成要件与常例中未遂的开始

关于未遂的开始应注意以下情况中的特殊性，即一个举止的不法内涵不仅仅由一个实行行为所承载（它之后必然会涉及直接着手），而且还会有各种不同的不法构成部分共同出现的情况。 **77**

结合犯（Zusammengesetztes Delikt）相对于那些组成它的犯罪表现出一个独立的、新的不法内涵。比如，抢劫罪（《刑法典》第249条）的特定不法就在于行为人以拿走（Wegnahme）财物为目的（《刑法典》第242条）对被害人予以强制（《刑法典》第240条）。行为人必须直接着手以实现结合犯这一特定的不法内涵。仅仅直接着手拿走财物是无论如何都达不到要求的。[204] 如果行为人仅仅只是直接着手使用强制手段，也很难达到要求。[205] 但是，由于根据行为人的构想，该强制行为恰恰是用来将被害人的反抗作为拿走财物的障碍从路上清除，因此它与拿走财物就共同构成了一个意义统一体（Sinneinheit），使得通常情况下对强制的直接着手也被承认是对拿走财物的直接着手。[206] **78**

在"加油站案"（边码62）中，A通过按O房门口的门铃直接着手使用暴力。因而他已经进入了抢劫未遂的阶段（《刑法典》第240条、第22条、第23条），尽管"拿走财物"还依赖于若干（从评价的角度看并不重要的）中间动作。

---

[204] 如果行为人直接着手拿走，并保留只在紧急情况下使用暴力继续拿走，那么他就只是直接着手于《刑法典》第242条。否则的话，就得要始终将一个《刑法典》第244条第1款第1b项条件下所实行的盗窃评价为抢劫未遂；见 *Kühl*, AT, § 15 Rn. 49；*Rath*, JuS 1999, 140；此外还可见 Baumann/Weber/*Mitsch*/*Eisele*, AT, § 22 Rn. 63。

[205] Murmann NStZ 2022, 201 (203 f.)；*Rengier*, BT I, § 7 Rn. 41；另一种观点见 RGSt 69, 327 (329)；Hoven/Hahn NStZ 2021, 588 (590)；*Kühl*, AT, § 15 Rn. 48；*Rath*, JuS 1999, 140。

[206] 持该观点的还有 *Wessels*/*Beulke*/*Satzger*, AT, Rn. 959。有的人主张限制在以下情形，即按照行为人的构想在使用暴力之后没有时间间隔地紧跟着拿走行为，比如，*Bosch*, JURA 2011, 911，其理由是，否则就还没有让财产所有权陷入危险。但是反对的观点认为，该事件恰恰要出自行为人所追求的拿走目的才能获得其意义内涵。

79 **加重构成要件**相对于基本犯的特征主要是不法内涵在量上更高。犯罪决意一方面涉及共同的不法内核；另一方面又额外涉及加重的要素。相应地，加重构成要件的未遂既以直接着手以实现基本构成要件为前提，又以直接着手以实现加重要素为前提。[207]

> **示例**（只涉及基本构成要件的直接着手）：
> 如果 A 举起手要打 O，那么在其中仅仅存在着对于普通身体伤害（《刑法典》第 223 条、第 22 条、第 23 条）的直接着手，即使 A 已经打算之后还要用铁棍打 O（《刑法典》第 224 条第 1 款第 2 项）。
>
> **示例**（"完成"一个加重要素）[208]：
> 如果 A 在去实施抢劫的路上携带着武器，那么在此还不存在对《刑法典》第 250 条第 1 款第 1a 项中严重抢劫的直接着手。这一在加重构成要件中作为条件的携带武器只有当行为人也为了实现基本构成要件而直接着手时才显示其特定的危险性。

80 即使"完成"一个**常例**（Regelbeispiel）也不会导致自己进入未遂阶段。[209] 因为《刑法典》第 22 条要求直接着手"以实现构成要件"，然而，常例却没有展现任何构成要件要素，而仅仅是量刑规则。[210] 因此，进入**未遂阶段**必然要求的前提是，行为人着手以实现作为基础的犯罪，这在个案中当然能够与开始实现常例同时发生。

81 关于未遂的开始的问题应与以下量刑范围中的问题予以区分，即在哪些前提下**常例会得以实现**，也就是说在哪些前提下某个犯罪的一个特

---

[207] 参见 Bosch, JURA 2011, 911；Mitsch, JURA 2013, 700 f.；Murmann NStZ 2022, 201 ff.；LK-StGB/Murmann § 22 Rn. 158 ff；Putzke, JuS 2010, 988 f.。另一种观点（涉及入室盗窃）见 Hoven/Hahn NStZ 2021, 588 ff.。

[208] 参见 BGHSt 31, 105, insb. 106 f. = JR 1983, 424 m. Anm. Kühl = JZ 1983, 216 m. Anm. Hruschka；也可见 Jescheck/Weigend, AT, S. 516；Rath, JuS 1999, 140。

[209] 参见 Baumann/Weber/Mitsch/Eisele, AT, § 22 Rn. 66；Kühl, AT, § 15 Rn. 54；LK-StGB/Murmann § 22 Rn. 163 f.；Sternberg-Lieben JURA 1986, 185 f.；Streng FS Puppe, 2011, 1029。

[210] 比如可见 Wessels/Beulke/Satzger, AT, Rn. 33。此外，人们会把满足常例与更广的后果相联系，而非实现一个加重构成要件要素。

别严重的情形会成立。[211] 按照完全占据统治地位的通说,当犯罪是**未遂**的而**常例**已经被**完全实现**时,就应以实现常例而开启的量刑幅度作为基础。[212]

> **示例**[213]:
> A 为了偷一些特定的物品而闯入了一家商店。由于他找不到他所寻找的物品,所以他只能无功而返。——基于未遂的盗窃(《刑法典》第 242 条、第 22 条、第 23 条)的特别严重情形(《刑法典》第 243 条第 1 款第 1 项:入室盗窃)对 A 进行处罚。

有争议的主要是以下情形,即该犯罪是未遂或既遂的,但常例只是未遂的。[214]

82

> **示例**[215]:
> A 试图用一把螺丝刀拆卸饭店的小窗以打开一个洞。接下来他想进入房间拿一些值得偷的东西。但是在他打开这个洞之前就被捕了。

这里提出的问题是,A 究竟有没有直接着手实现《刑法典》第 242 条。因为 A 必须首先打开窗户、进入饭店并进而找到具体的、有盗窃价值的物品,然后才最终开始实行拿走行为。鉴于这一中间步骤,应

---

[211] 总结性内容可见 *Putzke*, JuS 2009, 1084 f. ;案例解答见 *Beulke*, Klausurenkurs III, Fall 3 Rn. 112 ff. 。

[212] 比如可见 Baumann/Weber/Mitsch/Eisele AT § 22 Rn. 82; Rengier, BT I, § 3 Rn. 51;*Putzke*, JuS 2009, 1084 f. ;*Streng*, FS Puppe, 2011, S. 1030;批判的观点见 *Arzt* StV 1985, 104。

[213] 参见 BGH StV 1985, 103;*Rengier*, BT I, § 3 Rn. 51;Schönke/Schröder/*Eser/Bosch*, § 243 Rn. 44;*Wessels*, FS Lackner, 1987, S. 426 f. ;批判性观点可见 *Graul*, JuS 1999, 854。

[214] 对此可见 *Graul*, JuS 1999, 852 ff. ;*Rengier*, BT I, § 3 Rn. 52 ff. ;还有,无论基本构成要件是既遂还是未遂,对于解决这一问题都没有任何区别。

[215] 依照 BGHSt 33, 370 = JR 1986, 521 m. Anm. *Schäfer*;对此也可见 *Küper*, JZ 1986, 518 ff. ;*Putzke*, JuS 2009, 1085;*Rengier*, BT I, § 3 Rn. 52。

否认直接着手。[216] 但是，另一种观点也是合理的，即在一个整体的犯罪举止范围内所有这些行为都仅仅表现为不重要的中间动作，因为侵入被害人的领域就已经是法益侵害的开始，而且侵入房间也会使得阻碍拿走的障碍消失。[217] 只有当对《刑法典》第242条的直接着手被肯定之后，才会有进一步的**问题，即一个常例是否发挥了作用**。**联邦最高法院**在关于前述示例案件的原则性判决（Grundsatzentscheidung）中肯定了常例的作用，尽管按照《刑法典》第243条第1款第1项的"入室"仅仅只是未遂。[218] **学界通说**依据法律条文对此进行了正确的反驳[219]，因为《刑法典》第22条仅在构成要件中才准许未遂。但是，常例并非构成要件要素，尽管有着联邦最高法院所强调的相似性[220]。因此，联邦最高法院的判决违反了对加重处罚的类推禁止（《基本法》第103条第2款）。[221] 依此，一个特别严重的情形不能以"实现常例的未遂"为依据。但是，基于整体评价来证成一个特别严重的情形仍是可能的。[222]

（4）涉及多个参与者时的未遂的开始

83　如果多人参与到犯罪事件之中，那么可以提出的问题是，未遂开始应取决于谁的举止。

---

[216]　持这一观点的有 *Hardtung/Putzke*, AT, Rn. 1197。
[217]　如果行为人只是侵入了花园，那么情况就不同了；BGH NStZ 2017, 86, 87 m. Anm. *Engländer*; *Kudlich*, JA 2017, 152 ff.。
[218]　站在这一立场的有 BGH NStZ 1984, 262; *BayObLG* NStZ 1997, 442; 对此可见 *Geppert*, JK 1998, StGB § 243/3。不过，联邦最高法院之后的一个判决（NStZ-RR 1997, 293; 对此可见 *Graul*, JuS 1999, 852 ff.；*Otto*, JK 1998, StGB § 22/18）偏离了 BGHSt 33, 370。赞同联邦最高法院的有 *Streng*, FS Puppe, 2011, S. 1031 ff.。
[219]　比如可见 HK-StrafR/*Duttge* StGB § 243 Rn. 60; Matt/Renzikowski/*Heger/Petzsche* StGB § 22 Rn. 47; LK-StGB/*Murmann* Vor. §§ 22 ff. Rn. 147; *Rengier*, BT I, § 3 Rn. 52; *Putzke* JuS 2009, 1085。
[220]　参见 BGHSt 33, 370, 374; 但是现有反对的观点有 BGH NStZ-RR 1997, 293。
[221]　支持的观点比如有 *Graul*, JuS 1999, 854; 主张对联邦最高法院的理由进行限制的还有 *Küper*, JZ 1986, 524, 525 f.。
[222]　参见 HK-StrafR/*Duttge* StGB, § 243 Rn. 60; Baumann/Weber/Mitsch/Eisele AT § 22 Rn. 82; *Putzke*, JuS 2009, 1085; Schönke/Schröder/*Eser/Bosch*, § 243 Rn. 44。

a. 间接正犯中的未遂开始

> **示例**("盐酸案")[223]:
>
> A想杀死O。为了这一目的,他说服B去抢劫O。为了实施犯罪行为,A将一瓶能够致命的盐酸交给了B,并谎称这是无害的催眠剂。B在去犯罪地点的路上出于好奇打开了瓶子。闻到腐蚀性气味之后,他明白这必然是危险的酸类。于是B放弃了犯罪。

在该案中,A已经作出了通过使用B作为一个行为无故意的人类工具来杀死O的犯罪决意(凭借优势认知的犯罪支配;第27章边码27)。[224] 但是有疑问的是,A是否也已经直接着手实行犯罪了。这需要回答以下**有争议的问题,即进入未遂阶段是取决于该人类工具的举止,还是取决于该幕后人的举止。**

如果人们在"**盐酸案**"中以人类工具的行为为依据,那么A就仍未进入未遂阶段。因为B还在去往犯罪地的路上,因而还没有直接着手以实现构成要件。只有以A的举止为依据时,A才已经进入了未遂阶段。

对于幕后人最有利的是**整体说**(Gesamtlösung)[225],按照该方案,

---

[223] 依照BGHSt 30, 363("盐酸案") = JuS 1982, 703(*Hassemer*) = JA 1982, 369(*Seier*) = *Roxin*, Höchstrichterliche Rechtsprechung zum AT, S. 75 f.;对此可见 *Geilen*, Jura-Kartei, StGB, § 22/7; *Kadel*, GA 1983, 299 ff.; *Kühl*, JuS 1983, 180 ff.; *ders.*, AT, § 20 Rn. 94 ff.; *Küper*, JZ 1983, 361 ff.; *Roxin*, ESJ, Fall 58. In der Fallbearbeitung: *Rönnau/Nebendahl*, JuS 1990, 745 ff.。关于这类问题此外还可见 *Herzberg*, JuS 1985, 1 ff.(对此的批判可见 *Gronimus*, JuS 1986, 246); *Hillenkamp/Cornelius*, AT, S. 125 ff.。

[224] 参见 *Geilen*, Jura-Kartei, StGB, § 22/7; *Kadel*, GA 1983, 301 f.; *Kühl*, JuS 1983, 181; *Rönnau/Nebendahl*, JuS 1990, 746; *Frhr. v. Spiegel*, NJW 1984, 110 f.;另一种观点见 *Sippel*, NJW 1983, 2227 f.:直接行动者——无论是否认识到了瓶中的实际内容——都有义务不对被害人使用该物质。(然后,这一理由没有认识到,对于直接行动者而言,他的行为的杀人意义恰恰被隐瞒了。也就是说,幕后人涉及的是对杀人犯罪的支配,当然不是涉及抢劫罪)。

[225] 持这一观点的有 Baumann/Weber/*Mitsch*/Eisele, § 22 Rn. 78; *Kadel*, GA 1983, 306 ff.; *Krack*, ZStW 110(1998), 625 ff.; *Köhler*, AT, S. 541; *Kühl*, AT, § 20 Rn. 91; *ders.*, JuS 1983, 182; *Küper*, JZ 1983, 365 ff.; *Küpper*, GA 1986, 447; *Rath*, JuS 1999, 143; LK/*Vogler*, 10. Aufl., § 22 Rn. 101; *Stratenwerth/Kuhlen*, § 12 Rn. 102 ff.;主张限制的还有 *Krüger*, Der Versuchsbeginn bei mittelbarer Täterschaft, 1994, S. 176 ff.。*Hillenkamp/Cornelius*, AT, S. 125 f. 谈及了"严格说"。

只有当人类工具直接着手实行犯罪时，间接正犯才进入了未遂阶段。整体说的主张者主要是通过**间接正犯的结构**来论证自己的观点[226]：间接正犯中的构成要件实现是"一个由间接正犯人自己的行为（'影响'）与犯罪媒介（Tatmittler）可被归属的举止（实际的实行）组成的规范上的统一体：多个参与人的一个'整体犯罪行为'"[227]。《刑法典》第22条意义上的"直接着手"涉及的是作为整体犯罪行为的构成要件实现，所以对于幕前人与幕后人要统一依据其发展状况。

这并**不具有说服力**[228]：间接正犯人在启动该人类工具时就已经实现了未遂的全部行为不法。他全面地展现了他的（按照主客观混合说起到决定性作用的；边码31）法敌对意志。最后，按照他的构想，激活人类工具之后事件的进一步发展与使用一个非人类的工具没有什么不同（后一种情况中没有争议的是，直接着手取决于操作该工具的人）。

87 所以，通说正确地主张**个别说**（Einzellösng），按照该方案，**未遂的开始取决于间接正犯人的举止**。但是，在个别说内部存在的争议是，**应对该举止提出哪些要求**：

88 ☞ 按照**严格的个别说**[229]（=**影响说**[230]），当间接正犯人**开始影响人类工具时，间接正犯人的未遂就已经成立了**。[231]《刑法典》第22条的一般原则适用于这一方案：如果人们在对人类工具的影响中看到了间接正犯人的实行行为，那么直接着手所涉及的就是该影响。

依此，在"**盐酸案**"中，当 A 说服 B 去实施犯罪时就已经着手犯罪了。这一观点**没有说服力**。因为这样一来，未遂的开始就被前

---

[226] 参见 *Küper*, JZ 1983, 368 f.; *Krack*, ZStW 110(1998), 628。

[227] *Küper*, JZ 1983, 369；看法一致的有 *Kühl*, JuS 1983, 182。

[228] 深入的批判比如有 LK-StGB/*Murmann* § 22 Rn. 188 ff.; *Roxin*, AT II, § 29 Rn. 247 ff.。

[229] 参见 *Schilling*, Der Verbrechensversuch, S. 32 中的称呼。之所以这一个别说是"严格的"，是因为按照这一观点，间接正犯人的未遂开始得非常早。

[230] 使用这一称呼的有 *Hillenkamp/Cornelius*, AT, S. 126 f.。

[231] 参见 *Baumann*, JuS 1963, 92 f.; *Baumann/Weber/Mitsch*, AT, 11. Aufl. 2003 § 29 Rn. 155; *Bockelmann*, JZ 1954, 473; *Herzberg*, MDR 1973, 94 f. (aufgegeben *ders*., JuS 1985, 6); *Jakobs*, AT, 21/105; *Schilling*, Der Verbrechensversuch, S. 100 f., 112 f.。

置到了以下时间点——鉴于该人类工具尚未作出决意，危险化还是过于模糊且与构成要件相距甚远。[232]

☞ 几乎没有人主张同时带有严格个别说与整体说的缺陷的**区分说**（differenzierende Theorie）[233]，按照该方案，在涉及善意的人类工具时，要根据严格的个别说确定未遂的开始，而在涉及恶意的（也就是故意做出行为的）人类工具时，要根据该人类工具的举止进行确定。[234] 这一区分背后是一种不具有说服力的观点：在造成后果方面，一个行为时没有故意的人类工具比起一个带有犯意的人类工具会更可靠，因此可以与自然因果关系被视为等同。[235] 对于"**盐酸案**"，这里还是采用个别说，因为 A 是以 B 的善意为出发点的。

89

☞ 今天**占据统治地位**的是所谓**修正的个别说**（modifizierte Einzellösung），按照该方案，未遂开始的时间并不是在影响人类工具时，而是在间接正犯人让犯罪媒介离开他的影响范围并因而让事件的进一步发展"**脱离了掌握**"之时。[236] 因此，与处理已终了未遂（边码 71 及以下）一致的方案被正确地提了出来，因为当一个人类工具——要么是犯罪媒介，要么是被害人自己——实行了直接损害行为时，这两种案件类型在结构上是一样的。由于这一"脱离掌握"，间接正犯人创设了一个他不再能掌控的危险[237]，正如同在激活一个非人类的工具（比如

90

---

[232] 参见 *Roxin*, AT II, § 29 Rn. 257。
[233] 使用这一称呼的有 *Hillenkamp/Cornelius*, AT, S. 127 f.。
[234] 参见 *Blei*, AT, S. 261f.；*Welzel*, S. 191。
[235] 对此可见 *Roxin*, AT II, § 29 Rn. 258 f.。
[236] 持这一观点的有 BGH NStZ 1986, 547；*Lackner/Kühl/Kühl*, § 22 Rn. 9；LK-StGB/*Murmann* § 22 Rn. 199 ff.；*Rengier*, AT, § 36 Rn. 10 ff.；*Rönnau*, JuS 2014, 111 f.；*Roxin*, FS Maurach, 1972, 227；*ders.*, JuS 1979, 11；*ders.*, JZ 1998, 211 f.；SK-StGB/*Jäger*, § 22 Rn. 39；当时还有 *Herzberg*, JuS 1985, 6 f.。
[237] 澄清：幕后人一方面失去了影响幕前人的行为支配；另一方面，他还保留着认识或者意志支配，因为这是间接正犯的特征；正确的观点是 *Roxin*, AT II, § 29 Rn. 245。

安装一个炸弹的定时引信)时该危险也存在。[238]

在"**盐酸案**"中,当 B 离开了 A 的直接影响范围时,A 无论如何都已经让事件脱离了自己的掌握。A 也许还可以给 B 打电话并告诉他瓶内所装何物,但这并不能起到阻却作用。[239]

91 ☞ 经常作为论据的是(按照间接正犯人的构想所存在的)**对法益的直接危险化**要求,有的人将它作为对修正的个别说的补充[240],有的人将它本身作为确定未遂开始的决定性一般标准。[241] 在这一意义上,联邦最高法院对修正的个别说与危险化要求进行了完善与阐释:"在间接正犯中,一个人按照他的构想已经结束了对犯罪媒介的必要影响,以至于按照该犯罪计划后者会紧接着实施犯罪,该被保护的法益在此时因而就已经受到了危险化,那么犯罪就是未遂了。"[242]

联邦最高法院在"**盐酸案**"中也肯定了法益危险化,因为按照 A 的构想,B 会"随即"进行侵害。

b. 共同正犯中的未遂开始

92 由于共同正犯人经常**在犯罪实行的不同阶段提供自己的贡献**,因此提出的问题是,对于每个共同正犯人的未遂阶段的开始而言,他自己的举止是否才具有决定性作用,或者说,一个共同正犯人的直接着手是否

---

[238] 与已终了未遂情形不同——在这种情形中行为人给被害人设下了一个圈套,这里并不涉及不作为方案(边码 76),因为是启动人类工具意味着,行为人不再能够将局面置于控制之下——这与在冰箱中放一瓶下了毒的啤酒不同。

[239] 参见 BGHSt 40, 257(269)。

[240] 参见 *Bosch* JURA 2011, 915; *Jescheck/Weigend*, AT, S. 673; *Wessels/Beulke/Satzger*, AT, Rn. 975; 也可参见 *Fischer* StGB § 22 Rn. 24。

[241] 这种"一般说"意义上的比如有 *Otto*, AT, § 21 Rn. 128; Schönke/Schröder/*Eser/Bosch*, § 22 Rn. 54a; 也可见 BGHSt 43, 177 = JZ 1998, 209 mit Anm. *Roxin* = NStZ 1998, 241 mit Anm. *Otto* = JR 1998, 291 mit Anm. *Gössel*; zur Kritik *Roxin*, AT II, § 29 Rn. 260 ff. 。

[242] BGHSt 30, 363 (365); 40, 257 (268 f.); BGH StV 1997, 632 f.; NStZ 2021, 92 m. Anm. *Kretschmer*; dazu auch *Jahn* JuS 2021, 84 f. Siehe auch BGH NStZ 2001, 475 (476); BGHSt 43, 177 = JZ 1998, 209 mit kritischer Anm. *Roxin* = NStZ 1998, 241 mit zustimmender Anm. *Otto*; dazu auch *Geppert* JK 1998, StGB § 22/18; *Rengier*, AT, § 36 Rn. 7.3; *Wolters* NJW 1998, 578.

也会使得其他人进入未遂阶段。[243]

按照文献中的**少数派观点**所主张的所谓**个别说**,每个共同正犯人 93
的未遂开始都应当按照**他自己**何时**直接着手**实现构成要件予以
确定。[244]

但是,如果人们按照主流且正确的观点认为预备阶段中的重
大贡献也足以成立共同正犯(例子:团伙头目,第 27 章边码 68)
时,那么,以上方案就是**无法令人接受的**。[245] 因为对于这些共同
正犯人来说,进入到未遂阶段要么是不可能的,要么人们必须接
受将未遂阶段的开始前置到预备阶段。[246] 个别说的主张者因而大
多也认为,每一个共同正犯人都必须在实施阶段做出自己的
贡献。[247]

按照**司法判决**[248]**与学界通说**[249]所正确主张的**整体说**,共同正犯人 94
的未遂阶段的开始并无必要依赖于他通过自己的举止直接着手实现构成
要件。相反,所有共同正犯人在以下时刻都**同时进入了未遂阶段**,即他

---

[243] 总结性内容可见 Geppert, JURA 2011, 36; Küper, Versuchsbeginn, S. 15 ff.; Stoffers, MDR 1989, 211 ff.; Valdágua, ZStW 98(1986), 839 ff.。

[244] 持这一观点的有 Bloy, Beteiligungsform, S. 266; Puppe, GA 2013, 526; Roxin, AT II, § 29 Rn. 297 ff.; ders., FS Frisch, 2013, S. 625 ff.; SK‑StGB/Jäger, § 22 Rn. 35; Rudolphi, FS Bockelmann, 1978, S. 383 ff.; Schilling, Der Verbrechensversuch, S. 104 ff., 112 ff.; Stein, Die strafrechtliche Beteiligungsformenlehre, S. 318; Valdágua, ZStW 98(1986), 870 ff.。

[245] 正确的观点有 Rengier, AT, § 36 Rn. 22。

[246] 表达了相同含义的还有 Schilling, Der Verbrechensversuch, S. 112; 批评的观点有 Ingelfinger, JZ 1995, 712; Krack, ZStW 110(1998), 612 f.; Roxin, FS Odersky, 1996, S. 497; SK‑StGB/Jäger, § 22 Rn. 35; 深入阐述可见 Küper, Versuchsbeginn, S. 52 ff.。

[247] 参见 Bloy, Beteiligungsform, S. 266; Rudolphi FS Bockelmann, 1978, 372 ff., 386; SK‑StGB/Jäger § 22 Rn. 35, § 25 Rn. 122; LK‑StGB/Schünemann/Greco § 25 Rn. 228; Roxin FS Odersky, 1996, 491 ff.。

[248] 比如可见 BGHSt 36, 249, 250; 39, 236; 40, 299, 301; BGHR StGB § 22 Ansetzen 3。

[249] 参见 Baumann/Weber/Mitsch/Eisele, AT, § 22 Rn. 79; Dencker, Kausalität, S. 191 ff.; Jescheck/Weigend, S. 681; Krack ZStW 110(1998), 614 ff.; Kühl, AT, § 20 Rn. 123; Küper, Versuchsbeginn, S. 44 ff.; Lackner/Kühl/Kühl StGB § 22 Rn. 9; LK‑StGB/Murmann § 22 Rn. 212 ff.; Noltenius, HBStrR, Bd. 3, § 51 Rn. 114 f.(然而这对于每一个共同正犯人而言都要求一个贡献,通过该贡献他至少加以强化直接着手者的方式产生影响); Rönnau JuS 2014, 109 f.; Stoffers MDR 1989, 213; Stratenwerth/Kuhlen, § 12 Rn. 107; Wessels/Beulke/Satzger, AT, Rn. 962。修正的观点有 Mylonopoulos GA 2011, 462 ff.。

们之中的一人按照犯罪计划直接着手实现构成要件。

整体说将共同正犯人之间的**相互归属原则**转用到了未遂开始。[250] 因此符合连贯性的是，其他共同正犯人按照犯罪计划直接着手的行为必须被归属于每个共同正犯人。[251] 当其他团伙成员按照犯罪计划直接着手时，在预备阶段作出了贡献的团伙头目也就进入了未遂阶段。

95　　如果直接着手者只是一个**表象共同正犯人**（Schein-Mittäter），比如他已经告知了警察，或者完全没有（或者不再）在共同犯罪决意的基础之上进行活动，那么这一归属就合乎逻辑地被抽离了基础。[252] 会得出同样结论的还有，一个人——此人仅在其他参与者的构想中是共同正犯人——实行了一个被误认为符合犯罪计划、但实际上合法的行为。[253]

---

[250] 相反，*Putzke*，JuS 2009，1083 认为，不应取决于另一名共同正犯人的可归属的直接着手，而应仅取决于对此的构想。依此，在预备阶段所作出的犯罪贡献连接上对另一名共同正犯人进入未遂阶段的构想，就足以成立未遂不法。这并不正确：依照《刑法典》第 22 条取决于以行为人构想为基础的直接着手，并不意味着单纯地构想直接着手就足够了。

[251] 恰当的观点比如有 *Kühl*，AT，§ 20 Rn. 123。相反，个别说的主张者反对称，整体说会使得不仅他人的犯罪贡献、甚至还有他人的犯罪支配——也就是共同正犯性本身——得到归属（持这一观点的比如有 *Bloy*，Beteiligungsform，S. 266；*Roxin*，AT II，§ 29 Rn. 306），但这种说法没有说服力。因为这一归属建立在共同的犯罪计划之上。如果个别说不想接受行为实行时的归属，那么它必须通过回溯实现（也就是作出自己的贡献之后）。但是，法律不允许回溯建立对他人举止的答责性。

[252] 参见 BGHSt 39，236，237 f.；赞同的有 *Geppert*，JURA 2011，37；*Rengier*，AT，§ 36 Rn. 24 ff.；*Kühl*，AT，§ 20 Rn. 123；另一种观点见 *Putzke*，JuS 2009，1084。*Bosch*，JURA 2011，915 f. 在"评价式比较"之后"更"设想了《刑法典》第 30 条第 2 款的一个案件。这种情况的案例解答见 *Krell*，JURA 2012，150，152。深入的阐述也可参见 *Hettinger*，FS Kühl，2014，S. 213 ff.（与之后提及的"钱币经销商案"相比）；*Renzikowski*，JuS 2013，481 ff.。

[253] 持该观点的是学界通说，与 BGHSt 40，299（302）（"钱币经销商案"）= JuS 1995，360（*Jung*）= JZ 1995，733 mit Anm. *Joerden* = JR 1995，425 mit Anm. *Graul* = wistra 1995，57 mit Anm. *Joecks* = *Roxin*，Höchstrichterliche Rechtsprechung zum AT，S. 78 f. 相反。对此见 *Ahrens* JA 1996，664 ff.；*Erb* NStZ 1995，424 ff.；*Geppert* JK 1995，StGB § 25 II/9；*ders.* JURA 2011，37；*Ingelfinger* JZ 1995，704 ff.；*Kudlich*，HBStrR，Bd. 3，§ 57 Rn. 78 ff.；*Kühne* NJW 1995，934；*Küpper/Mosbacher* JuS 1995，488 ff.；Baumann/Weber/Mitsch/Eisele AT § 22 Rn. 80；*Rönnau* JuS 2014，110 f.；*Roßmüller/Rohrer* MDR 1996，986 ff.；*Sonnen* JA 1995，361 ff.；*Zopfs* JURA 1996，19 ff.；此外还有 *Heckler* GA 1997，72 ff.；*Roxin* FS Odersky，1996，489 ff.。

（六）特殊情形：未遂的结果加重与结果加重的未遂

结果加重犯中的未遂体现出特殊性。这里应当区分结果加重的未遂（erfolgsqualifizierter Versuch）与**未遂的结果加重**（versuchte Erfolgsqualifizierung）。后者的特征是，行为人的故意既涉及基本犯也涉及严重后果，但是严重后果没有出现，而且（可能）基本犯也没有既遂。[254] 在这类情形中原则上应当承认未遂，因为结果加重犯被视为故意犯（《刑法典》第11条第2款），而且《刑法典》第18条要求在涉及严重后果时"至少"有着过失，以至于涉及严重后果的故意行为也被涵盖。[255]

> **示例：**
> 如果A打O是为了对他进行身体虐待，而且对于《刑法典》第226条第1款意义上的严重后果（比如造成久病不愈）是持容认的态度，那么当该严重后果没有出现时，可以按照《刑法典》第226条第1款、第22条、第23条对他进行处罚。[256]

不过，如果故意造成严重后果成立一个独立的构成要件，而该构成要件**排斥了结果加重**，那么未遂的结果加重就不会发挥任何作用。这就体现在《刑法典》第227条与杀人罪的关系之中：如果A对于被害人的死亡持容认态度，那么就可以按照《刑法典》第212条、第22条、第23条对他进行处罚。未遂的造成死亡后果的身体伤害（《刑法典》第227条、第22条、第23条）作为补充（subsidiär）

---

[254] 未遂的结果加重的未遂可罚性有时取决于基本犯的既遂，对此见 *Kühl*, AT, § 17 a Rn. 37。这样的要求并不合理，"因为在未遂中不需要满足构成要件（基本构成要件也属于此）的要素"，*Roxin*, AT II, § 29 Rn. 320; *Putzke* JuS 2009, 1085; BGH NStZ-RR 2021, 376 (377)（对此见 Kudlich JA 2022, 165 ff.）；但是，如果人们要求，基本犯的结果必须已经实现为了严重后果（持该观点的有《刑法典》第227条中的之死理论，见第23章边码127），那么，当行为人的犯罪决意仅仅只包含了严重后果可能基于基本犯的犯罪行为而产生时，犯罪决意就尚不充分；*Kuhli* JuS 2020, 289 (293 f.)。

[255] 比如可见 *Kudlich*, JA 2009, 248 f.; *Otto*, AT, § 18 Rn. 79 ff.（及关于反对观点）；*Putzke*, JuS 2009, 1085 f.。

[256] 参见 *Kuhli* JuS 2020, 289 (295)。

退到杀人未遂之后（还可见第 31 章边码 57）。[257]

97　　相反，更有**争议**的是**结果加重的未遂**这一法形象。[258] 这里涉及以下情形，即**基本犯停留在未遂阶段**，但是行为人（故意或）**过失地造成了严重后果**。

> **示例**（"古本人追赶案"）[259]：
> 　　数名被告人从古本的一家迪斯科舞厅出来之后处于一种仇视外国人的情绪之中。他们看到走在回家路上的 O 时便从车上跳下，想要对他进行身体虐待。O 面对穿着飞行员夹克与高帮马靴的各被告人时逃开了。各被告人很快发现，他们无法追上 O，于是放弃了追赶。在此期间，O 误以为追赶者还追在后方。当他想进入一栋住房寻求保护时，由于出于对死亡的害怕而从门下方的玻璃窗格进入。这割伤了他的动脉，并很快因流血死亡。这里提出的问题是，各被告人是否实施了一个未遂的、造成了死亡后果的身体伤害（《刑法典》第 227 条、第 22 条、第 23 条、第 25 条第 2 款）。[260]

98　　正确的认识是，关于**严重后果仅存在过失**并不与结果加重的未遂的可罚性相抵触。[261] 因为结果加重犯被视为故意犯（《刑法典》第 11 条

---

[257] 参见 BGHSt 21,194；*Kühl*, AT, § 17a Rn. 34 ff. 也针对其他情形。有的人认为，在涉及故意构成要件的侵害时，故意引发严重后果还不能被相应的结果加重犯的构成要件所包含；持这一观点的有 *Roxin*, AT II, § 29 Rn. 319. 但是这样一来竞合的考量最终由对构成要件的解释所承担了。相反，根据《刑法典》第 227 条、第 18 条的条文，没有什么可以反对将故意引发严重后果认为应被构成要件所包含。

[258] 关于争议现状的概览见 *Hillenkamp/Cornelius*, AT, S. 135 ff.。

[259] 参见 BGHSt 48,34；对此见 *Hardtung* NStZ 2003,261 ff.；*Laue* JuS 203,743 ff.；*Kaspar/Reinbacher*, Casebook, Fall 5. 同样的还有 BGH NStZ-RR 2019,378（对此见 *Jäger* JA 2020, 153 ff.）。

[260] 这当然是以以下不再赘述的假定作为前提的，即被告人因其带有威胁性质的出场已经进入了《刑法典》第 223 条的未遂阶段；否定的比如有 *Roxin* FS Sancinetti, 2020,871(879)。

[261] 表达了相同含义的有 Maurach/Gössel/Zipf, AT/2, § 42 Rn. 70 f.。反对这一"过失质疑"（Fahrlässigkeitseinwand）的参见 *Kudlich*, JA 2009,249；*Kühl*, AT, § 17a Rn. 41；*Kuhli* JuS 2020,289(291)。由 *Hardtung*（MüKoStGB § 18 Rn. 77 ff.）所主张的"未遂质疑"（Versuchseinwand）——按照这一观点《刑法典》第 22 条所要求的"构想"也必须涉及严重后果——也不够有力，反对的有 *Kühl*, AT, § 17a Rn. 42 f.；*Küper* FS Herzberg, 2008, 323 ff.。

第 2 款）。对于未遂可罚性必要的犯罪决意在涉及基本犯时是成立的——按照其犯罪结构，对于实际发生的严重后果而言，过失就足够了。因而**结果加重的未遂在原则上是可能的**。

但是，**对于特定的犯罪类型**，结果加重的未遂则**存在疑问**。这首要指的是以下这类犯罪，即**对基本犯并未规定未遂的可罚性，但是其结果加重却是一个重罪**。于是，在指向《刑法典》第 23 条第 1 款后，结果加重的重罪特征引出了结果加重的未遂的可罚性。[262] 这一论证在未遂的结果加重（边码 96）方面是成立的，因为涉及加重要素时，未遂构成要件（犯罪决意与直接着手）是得到满足的。[263] 相反，在结果加重的未遂中，成立未遂不法的要素（尤其是故意）仅仅只在涉及基本犯时成立。如果它没有规定未遂的可罚性，那么严重后果的发生就不仅仅起着加重刑罚的效果，还起着创立刑罚的效果，这违背了《刑法典》第 18 条的条文。[264] 因此，结果加重的未遂的可罚性设置了以下前提，即基本犯的未遂是可罚的。

99

这一问题其实很少见，因为大多数情况下基本构成要件也被规定了未遂可罚性，比如《刑法典》第 223 条作为基本构成要件之于《刑法典》第 227 条。因此，在"古本人追赶案"中，这一问题可以暂且不提。在考试中重要的主要是**遗弃罪**（《刑法典》第 221 条）中的问题：其基本构成要件并未规定未遂可罚性；《刑法典》第 221 条第 2 款第 2 项与第 3 款的结果加重是重罪。因此，如果行为人在遗弃未遂中过失地造成了被害人的死亡，那么按照这里主张的观点，就不应按照《刑法典》第 221 条第 3 款、第 22 条、第 23 条进行处罚。[265]

如果在某个构成要件中，结果加重不与行为相关，而仅仅与——在未遂中所欠缺的——基本犯的结果（所谓**"结果危险性"**）相关，那么

100

---

[262] 表达了相同含义的比如有 Baumann/Weber/Mitsch/Eisele, AT, § 22 Rn. 14; *Otto*, AT, § 18 Rn. 89。

[263] 参见 *Kühl*, AT, § 17a Rn. 47。

[264] 参见 *Kudlich*, JA 2009, 249; *Kühl*, AT, § 17a Rn. 47; *Putzke*, JuS 2009, 1086; *Roxin*, AT II, § 29 Rn. 323。

[265] 参见 *Roxin*, AT, § 29 Rn. 323。

也不考虑基于结果加重的未遂的可罚性。[266] 因此，只有在严重后果（也）能与基本犯特有的**行为危险性**相关时，结果加重的未遂才是可能的。在一些构成要件中是否属于这类情形当然存在争议。

关于《刑法典》第 227 条存在的争议是，体现为死亡结果的是否必须是身体伤害结果的危险性（致命性理论），或者说死亡后果是否也能够建立在身体伤害行为之上（对此可见第 23 章边码 126 及以下）。只有当人们赞成后一种观点并进而认为存在行为危险性就够了时，在"**古本人追赶案**"（边码 97）中身体伤害的未遂的义务违反性才实现为了死亡结果。不过，即使是基于这一立场，也不能理所当然地说，行为危险性超出了"原本的"身体伤害行为，还延伸至了**行为人直接着手身体伤害**的行为。考虑到《刑法典》第 227 条的条文，这一被联邦最高法院所支持的行为危险性延伸[267]并不具有说服力，因为很难将对被害人的追赶称为"身体伤害"。目的论上的考量也支持狭义的解释：《刑法典》第 227 条的刑罚威慑重，其正当性在于将故意身体伤害与过失杀人联系在了一起。但是，只有当行为人已经实施了一个（即使可能没有产生结果的）身体伤害行为，故意身体伤害的行为无价值才会完全成立。这时才会成立特定的危险，该危险恰恰出自针对被害人生命的身体伤害。据此，正确的是，在未遂阶段，身体伤害之前的行为不能被视为严重后果的联结点。[268]

如果人们有不同的看法，那么在"古本人追赶案"中还产生了一个额外的（第 23 章边码 133 探讨过的）问题，即具有共同原因性的被害人举止是否排除了对严重后果进行不利于各被告人的归属。联邦最高法院肯定了行为与死亡后果之间的构成要件上特有的

---

[266] 参见 *Kudlich*, JA 2009, 249; *Kühl*, AT, § 17a Rn. 48 ff.; *Putzke*, JuS 2009, 1086; *Roxin*, AT II, § 29 Rn. 328。

[267] 参见 BGHSt 48, 34(37); BGH NStZ-RR 2019, 378(对此见 *Jäger* JA 2020, 153 ff.)。

[268] 参见 *Puppe* JR 2003, 123(124 f.); *Roxin* FS Sancinetti, 2020, 871(879). 更具限制性的观点是，虽然原则上想让行为危险性就已经足够，但是却要求必须成立《刑法典》第 224 条第 1 款第 5 项意义上的危及生命的对待方式；*Wessels/Hettinger/Engländer*, BT 1, Rn. 263; Matt/Renzikowski/*Engländer* § 227 Rn. 11; 深入的阐述见 *Engländer* GA 2008, 669 ff.。

关联,其考量是,被害人的反应是一个"对于被告人猛烈攻击的一个可想而知与合乎情理的反应"[269]。如果人们在追赶中已经看到了直接着手的身体伤害[270],那么就可以按照《刑法典》第227条、第22条、第23条与第25条第2款对被告人们进行处罚。

三、中止(《刑法典》第24条)

(一) 中止的原理与体系地位

《刑法典》第24条规定,对于在未遂中自愿中止——其典型方式是放弃对犯罪行为的继续实施或者阻止其既遂——的人不予处罚。给予未遂行为人如此宽大的优待需要正当性,或者至少需要解释。[271] 对于**为何《刑法典》第24条的中止会有免除刑罚的效果**这一问题,存在着**各种不同的理论**[272],其中有一部分是理论之间的结合。[273]

---

[269] BGHSt 48,34(39).这一理由与联邦最高法院在"罗策案"中的思考之间的兼容性(BGH NJW 1971,152;对此见第23章边码133)是值得怀疑的(正确的观点有 *Puppe* JR 2003, 123(124 f.)。联邦最高法院声称得出不同的结论之所以正当,是因为"考虑到攻击者异常猛烈的行动与其他特殊之处";BGHSt 48,34(39).

[270] 持这一观点的有BGHSt 48,34,35 f.;对此可见 *Hardtung*,NStZ 2003,261 f.;*Kühl*,JZ 2003,639 f.;*Sowada*,JURA 2003,551。

[271] 不仅仅是对行为人自由的侵犯需要正当性。因为免除刑罚可能对于法益保护而言十分重大,因此涉及潜在被害人的自由,见第8章边码2及以下。

[272] 除了后文提及的理论之外,还要提一下 *Herzberg*(NStZ 1989,50 f.;*ders.*,FS Lackner,1987,S. 342 ff.)提出的"罪责填充理论"(Schulderfüllungstheorie),按照这一观点,行为人通过中止填充了他的罪责(对此的批判比如有 *Bauer*,wistra 1992,203;*Rudolphi*,NStZ 1989,510 f.;对此反驳的还是 *Herzberg*,NStZ 1990,172 f.;与 *Herzberg* 进行了深入争论的有 *Weinhold*,Rettungsverhalten,S. 24 ff.;也可参见 *Murmann*,Versuchsunrecht,S. 29 mit Fn. 96)。另一个中止理论是由 *Jäger* 提出的,他试图借助"可归属的危险扭转"原则来阐述中止(*Jäger*,Der Rücktritt,insb. S. 126;此外还可见 *dens.*,NStZ 1999,608 f.)。依此,刑罚免除事由直接源自"中止的本质",它存在于行为人扭转了所创设的危险或者至少打算这样做之中(关于可想而知的案件的概览参见 *C. Jäger*,Der Rücktritt,S. 128 ff.)。但是这只提到了免除刑罚的一个要件,而不是免除刑罚的理由,这也体现在行为人在中止中"确证"自己的思想(*C. Jäger*,Der Rücktritt,S. 126)。

[273] 概览见 *Jäger*,Der Rücktritt,S. 3 ff.;*Jäger*,HBStR,Bd. 3, § 58 Rn. 1 ff.;Schönke/Schröder/*Eser*/*Bosch* StGB § 24 Rn. 2 ff.;LK-StGB/*Murmann* § 22 Rn. 5 ff.;*Ulsenheimer*,Grundfragen,S. 33 ff.;*Weinhold*,Rettungsverhalten,S. 15 ff.。*Otto*,AT,§ 19 Rn. 3 认为,在不同理论的争议中"很少有原则上的差别,而更多的只是强调重点的不同"。

102 　**刑事政策理论**认为不予处罚的原因在于，法律为已经犯罪的行为人建造了一座"金桥"（因此这一理论也被称为"金桥"理论），他能够经由此桥回归合法性。[274] 通过这一方式，对于行为人而言存在着一个回头的诱惑，或者至少会避免以下情况的发生，即行为人之所以决意实现犯罪既遂，是因为他无论如何都会被科处刑罚。[275]

　　质疑这一理论的观点主要认为，该理论并不符合现实，因为行为人通常没有想到（而且由于不知晓《刑法典》第 24 条，大多也不能想到[276]）他在未遂阶段回归合法性还能够免除刑罚。[277]

103 　刑事政策理论与**被害人保护**的思想紧密相关[278]，但是后者也被其他理论补充性地运用[279]：如果给行为人指引了一条回归合法性的路，那么这同样是有利于被害人的——这一观点已经被前述反对刑事政策理论的人所摈弃。

104 　根据**恩惠**或**奖励理论**（Gnaden-oder Prämientheorie），中止行为人因其成果得到了回报。[280]

　　质疑这一观点的人认为这留下了一个问题，"为什么法律恰恰在未遂时（而且只在未遂时）给予了如此大的回报"[281]。行为人最

---

[274] 这样认为的主要是早期的司法判决[参见 RGSt 6,341（342）；63,157（159）；73,52（60）；BGHSt 6,85（87）]，较新的见 Puppe, NStZ 1984,490；SSW StGB/Kudlich/Schuhr, § 24 Rn. 14。

[275] 该理论的较新的主张者参见 Puppe, NStZ 1984,490。同样的——以强调被害人保护的方式——有 Weinhold, Rettungsverhalten, S. 31 ff. 。

[276] 参见 Baumann/Weber/Mitsch/Eisele, AT, § 23 Rn. 10。

[277] 参见 BGHSt 9,48(52)；Bockelmann NJW 1955,1419 f.；Jäger, Der Rücktritt, S. 5；LK-StGB/Murmann § 24 Rn. 7 ff.；Rostalski FS Sancinetti, 2020, 635（643 ff.）；Wessels/Beulke/Satzger, AT, Rn. 1003。

[278] 比如可见 SSW-StGB/Kudlich/Schuhr, § 24 Rn. 14。

[279] 比如 BGHSt(GrS)39,221,239。

[280] 参见 Bockelmann NJW 1955,1420 f.；Bockelmann/Volk, S. 214；Jescheck/Weigend, AT, S. 539. 也可见 Wessels/Beulke/Satzger, AT, Rn. 1004, 他谈到了"嘉奖理论"（Verdienstlichkeitstheorie）。

[281] Lampe JuS 1989,611；Stratenwerth/Kuhlen, § 11 Rn. 70；Baumann/Weber/Mitsch/Eisele, AT, § 23 Rn. 10；Roxin FS Heinitz, 1972, 271；Schünemann GA 1986, 321；Weinhold, Rettungsverhalten, S. 16 f. Jescheck/Weigend, AT, S. 539 在试图回答这一问题时指出，中止者之所以得到宽容，是因为他又部分消除了其行为的法动摇印象——这实际上是对刑罚目的理论的青睐。

终只不过是实施了一个他本就有义务实施的行为而已。

占据**主流**的观点认为，不处罚中止是因为"丧失了刑罚目的"（**刑罚目的理论**）。中止是**欠缺需罚性的标志**（所以也被称为"标志理论"）。联邦最高法院的表述是："如果行为人在未遂开始后自愿放弃，那么就表明他的犯罪意志并未强烈至实施犯罪行为所必要的程度。他起初在未遂中表现出来的危险性之后显著降低。基于这一原因，法律不处罚'这种未遂'。因为刑罚对于阻止他将来犯罪、威吓其他人、重建被损害的法秩序来说都不再是必要的了。"[282] 在学说中，这一理论有着各自不同的侧重点——有的人更强调一般预防，有的人则更强调特殊预防。[283] 在印象说（第28章边码31）的立场上对刑罚目的理论的解释是，由贯彻犯罪意志所引发的**法动摇印象**后来因最终欠缺犯罪能量而被全面**消除**，因而**没有需罚性**。[284]

刑罚理论的**弱点**在于，犯罪中止清除了预防需求的论断在实证上无法得到确证。[285] 因为它是以一种"刑事政策上的乐观主义"为基础的，这种乐观主义远不能在所有情形中都具有合理性，因为行为人中止犯罪的原因在很多时候并非是欠缺危险性的表现。[286]。但是，刑罚目的理论始终要以未遂的处罚根据为指向。[287] 如果人们认为未遂的不法在于引发了法动摇印象，那么要消除这一法印象后需罚性才会消失。基于这种关联，对印象说的质疑同样也适用于刑罚目的理论（见第28章边码32）：与前述处罚根据中的一样，对

105

---

[282] BGHSt 9, 48 (52); 14, 75 (80). 出自文献 Baumann/Weber/*Mitsch*/Eisele，§ 23 Rn. 11;*Krauß*, JuS 1981, 888; Lackner/Kühl/*Kühl*, § 24 Rn. 2;*Roxin*, FS Heinitz, 1972, S. 269; Schönke/Schröder/*Eser/Bosch*, § 24 Rn. 2b; SK-StGB/*Jäger*, § 24 Rn. 5。

[283] 对此可见 C. *Jäger*,Der Rücktritt, S. 6 m. w. N. ;*Weinhold*, Rettungsverhalten, S. 18 ff. 。

[284] 参见 Bergmann ZStW 100 (1988), 335;*Freund/Rostalski*, AT, § 9 Rn. 16; Schönke/Schröder/*Eser/Bosch* StGB § 24 Rn. 2 b。

[285] 参见 *Weinhold*, Rettungsverhalten, S. 18 ff. 。

[286] 参见 *Herzberg*, NStZ 1989, 50. 支持这一批评的示例是，一个纵火狂又吹灭了火柴，是"因为他想要出于更大的乐趣来等待收获"。此外还可见 *Lampe*, JuS 1989, 611。

[287] 恰当的观点有 *Ranft*, JURA 1987, 532。

刑罚的撤销取决于其他社会成员的内心感受。[288]

106   恰当的观点可能是将中止视为**行为人重建由他所损害的法**这样一种功绩（Leistung）：如果人们认为未遂的不法不在于法动摇印象这一次级现象，而在于**行为人通过直接着手已经损害了其与被害人的法律关系**,[289] 那么在中止中这一被损害的关系就得到了（部分）治愈。**行为人以中止的功绩消除了对信赖的破坏**，为未来创建了存在于法律关系中的信赖。[290] 当然，这一思考的本质是规范的，而非实证的。中止重建了被损害的法，起到了替代刑罚的功能，因而从这一路径出发也能得出没有需罚性的结论。

107   如果需罚性在（直到）中止时才丧失，那么行为人所实现的未遂不法及与之相关的罪责就未受到影响。所以，中止是一个**属人的刑罚撤销事由**[291]，在罪责之后的**第四个考查阶层**中进行讨论。由于中止是**属人的刑罚撤销事由**，因此只有那些自身满足中止要件的参与者才能够受益。[292]

（二）单独正犯人的中止（《刑法典》第 24 条第 1 款）

108   《刑法典》第 24 条第 1 款规定了单独正犯人的中止。其必要前提是案件事实符合中止资格，不符合这一前提的情况有二：一是所谓的失败未遂（fehlgeschlagener Versuch）（对此见标题 1）；二是既遂已经发生

---

[288] 参见 Murmann, Versuchsunrecht, S. 27。

[289] 基础性的阐述见 Zaczyk, Das Unrecht, S. 241 ff.；此外还可见 Murmann, JuS 1996, 592; ders., Versuchsunrecht, S. 3 ff.; Rath, JuS 1998, 1008 f.。

[290] 参见 Murmann, JuS 1996, 592, 深入的阐述可见 ders., Versuchsunrecht, S. 27 ff.; LK-StGB/Murmann § 24 Rn. 45 ff.。

[291] 比如见 BGHSt 1, 152(155 f.); Krauß JuS 1981, 889; Kühl, AT, § 16 Rn. 8; SSW StGB/Kudlich/Schuhr § 24 Rn. 5; Baumann/Weber/Mitsch/Eisele AT § 23 Rn. 7。另一种观点见 Roxin FS Heinitz, 1972, 273 f.：中止是一个排除罪责事由。不过这是以一个功能的、从刑罚目的理论出发进行解释的罪责概念作为基础。还可见 Kaspar, AT, § 8 Rn. 71：宽恕罪责事由。还有的人认为丧失了构成要件的不法；这样认为的有 v. Hippel, Untersuchungen über den Rücktritt vom Versuch, 1966, S. 58 ff.。

[292] Baumann/Weber/Mitsch/Eisele AT § 23 Rn. 6; LK-StGB/Murmann § 24 Rn. 426，在涉及多个参与者时，一名参与者对其他参与者的中止举止予以同意就足够了；见 BGHSt 44, 204(208); BGH NStZ 1989, 317(318)。

（对此见标题 2）。如果中止在原则上是可能的，那么应当区分未终了未遂与已终了未遂（对此见标题 3）。依此进行探讨，行为人是必须放弃继续实行（对此见标题 4），还是必须———至少按照他的想法（《刑法典》第 24 条第 1 款第 2 句）——阻止既遂（对此见标题 5）。在全部这些情形中，只有当行为人出于自愿时，才能够考虑免除他的刑罚（对此见标题 6）。

1. 该条文的适用范围：不是失败未遂

如果行为人没有能力使得犯罪既遂，那么这就是失败未遂。[293] 法律中**并未明确规定**不能是失败未遂。[294] 这并未违反法定原则（《基本法》第 103 条第 2 款，见第 10 章边码 4 及以下），因为对中止的排除是基于法律要求的中止行为：行为人无法"放弃"按照他的想法他本来就无法实现的事情，同时他也无法"阻止"他相信反正不会发生的事情。[295] 失败与否，要以**行为人的构想**为基础进行判断。[296]

在鉴定报告中，建议在考查中止时先提出以下问题，即是否成立一个失败未遂。这么做不只是出于习惯，更多的主要还是源于这

---

[293] 详见 *Murmann* JuS 2021,385 ff. 。

[294] 尽管如此它仍被通说所认可；比如可见 BGHSt 34,53(56);39,221(228);*Bockelmann/ Volk*,S. 213;*Kühl*,AT,§ 16 Rn. 9 ff. ;*Roxin* JuS 1981,1 ff. ;*ders*. NStZ 2009,319 ff. ;SK-StGB/*Jäger* § 24 Rn. 11;*Schmidhäuser*,Lehrbuch 15/77;Schönke/Schröder/*Eser/Bosch* StGB § 24 Rn. 7;*Wessels/ Beulke/Satzger*,AT,Rn. 1008。否定的观点见 *Fahl* GA 2014,453 ff. ;*Gössel* ZStW 87(1975),36 ff. ; *ders*. GA 2012,65 ff. ;*Haft* NStZ 1994,536 f. ;*Putzke* ZJS 2011,524;*Ranft* JURA 1987,529;*Rostalski* FS Sancinetti,2020,635(641 ff.);*F.-C. Schroeder* NStZ 2009,9 ff. ;批判的还有 *Feltes* GA 1992,422 ff. 。

[295] 参见 *Jäger*,HBStrR,Bd. 3,§ 58 Rn. 36 f.（他主张仅从"放弃"这一要素出发进行推导）;*Köhler*,AT,S. 473;LK-StGB/*Murmann*, § 24 Rn. 75 f. ;*Otto* JURA 1992,425;*Roxin* JuS 1981,1;*Kampermann*,Grundkonstellationen beim Rücktritt vom Versuch,1992,S. 33 f. ;Schönke/ Schröder/*Eser/Bosch* StGB § 24 Rn. 7。该失败标准的批判者主要指出了在法律中欠缺对这类中止排除的规定，对于他们而言必须承认的是，在失败未遂的情形中"无疑涉及的是《刑法典》第 24 条的要求没有被满足的情况"，*Ranft* JURA 1987,529;*Gössel* ZStW 87(1975),37。联邦最高法院的表达方式是："在《刑法典》第 24 条的适用范围之外存在一个独立的失败未遂案件群"（BGHSt 34,53(56);33,295(297);35,90(94);赞同的有 LK-StGB/*Vogler*,10. Aufl. , § 24 Rn. 26)，所以更多的是让人困惑而非令人明白，见 *Herzberg* FS Blau,1985,99。

[296] 比如可见 BGH NStZ 2015,331;*Roxin*,JuS 1981,2;Schönke/Schröder/*Eser/Bosch*, § 24 Rn. 8;SK-StGB/*Jäger*, § 24 Rn. 11。这也可以在《刑法典》第 24 条第 1 款第 2 句中看到，客观上出现了失败的未遂，也是允许中止的；见 *Kühl*,AT, § 16 Rn. 11。

一标准在考试技巧中的实用性。[297]

(1) 基本情形

110 在失败未遂的"一般情形"中,行为人要么在实行希望的实行行为之前、要么在实行该行为之后认为,他所拥有的手段**无法**(或者至少无法通过使事态直接继续发展的方式)**实现这一犯罪**。[298]

> 示例[299]:
> A 想杀死 O,他将 O 捆绑后放在一辆车上,又将这辆车浇上汽油并点燃。但是,O 可以自行摆脱捆绑并逃出去,A 完全没有机会追上他。

111 一个(有争议的)**规范性扩展**已经包含了以下情形,即行为人发现犯罪对象与他所期望的不符,以至于(本来可能的)犯罪既遂**对他而言丧失了意义**("事务基础的消失")。[300]

> 示例 1[301]:
> A 因开展代理业务而需要 300 马克的启动资金。由于他没有钱,因此他袭击了一家酒馆,但在收银台只发现了 30 马克。于是他没有拿钱就离开了。即使 A 本可以拿走 30 马克实现抢劫罪(《刑法典》第 249

---

[297] 参见 *Kühl*,AT,§ 16 Rn. 10;批判性观点可见 Baumann/Weber/Mitsch/Eisele,§ 23 Rn. 17 f.;*Scheinfeld*,JuS 2002,251 f.,他建议在鉴定报告中不使用"失败未遂"这一概念(同样的还有"未终了"未遂与"已终了"未遂的概念)。

[298] 比如可见 BGHSt 34,53(56);*Kühl*,AT,§ 16 Rn. 13;*Wessels/Beulke/Satzger*,AT,Rn. 1010。关于失败未遂的案件群详见 LK-StGB/*Murmann* § 24 Rn. 106 ff.。

[299] 参见 BGH NStZ 1993,39,40;*Bosch*,JURA 2014,397 ff.。

[300] 参见 *Bottke*,Methodik,S. 364 ff.;Schönke/Schröder/*Eser/Bosch* StGB § 24 Rn. 11;*Hoven* JuS 2013,307;*Kühl*,AT,§ 16 Rn. 15;*Kudlich* JuS 1999,243;*Murmann* JuS 2021,385(391)。否定的观点有 *Feltes* GA 1992,407 ff.,他指出不应当取决于放弃犯罪既遂的动机。支持定位于自愿性中的有 *Fahl* GA 2014,456 ff.;Baumann/Weber/Mitsch/Eisele AT § 23 Rn. 27。

[301] 依照 BGHSt 4,56(不过联邦最高法院以欠缺自愿性为理由否定了中止的成立),对此可见 *Roxin*,JuS 1981,3 f.。

条),也是成立失败未遂,因为鉴于行为人的计划,实施犯罪变得毫无意义。[302]

> **示例2:**
> A 想杀死他的叔叔 O,以早些获得遗产。当他把手指放在扳机上时,他发现他目前瞄准的人是 X。对于 A 来说,杀死 X 虽然是可能的,但是对他来说完全没有意义。所以成立失败未遂。[303]

有争议的问题还有,若(至少)在行为人看来**犯罪既遂在法律上不可能实现**,这是否造成了失败。[304]   **111a**

> **示例:**
> 当 A 想要拿走 O 的自行车时,O 出现并声称欢迎 A 拿走它——O 在这里表达的同意与拿走是相冲突的。因此阻止了 A 盗窃犯罪既遂的可能性。与联邦最高法院(在力图强奸时假意同意性交的案件中)[305]的观点相反,存在着拿走东西(或者进行性交)与失败之间并不冲突的可能性,因为继续实施所计划的举止(至少以行为人的构想为基础)恰恰不再表现出犯罪的性质。[306]

(2)疑难:在所谓"暂时失败未遂"情形中区分失败未遂与未终了未遂

存在疑难的案件是,行为人虽然认为一开始为实现犯罪既遂的努力   **112**

---

[302] 如果人们对构成要件仍可能被实现这一论点持有不同的看法,那么无论如何都缺乏中止所必需的自愿性。

[303] 参见 LK-StGB/*Murmann* § 24 Rn. 125;主张欠缺自愿性的有 *Jäger*,HBStrR,Bd. 3,§ 58 Rn. 160。观点有所偏差的是 Koch/Rößler JA 2021,637(639 f.),他们想让类似的情形成立自愿的中止——这并不能令人信服。

[304] 对此见 LK-StGB/*Murmann* § 24 Rn. 127 ff.。

[305] 参见 BGHSt 39,244(246 f.)。

[306] 参见 *Kühl*,AT,§ 16 Rn. 14;LK-StGB/*Murmann* § 24 Rn. 128 f.;*Murmann* JuS 2021,385(390 f.);*Rengier*,AT,§ 37 Rn. 29;Schönke/Schröder/*Eser/Bosch* StGB § 24 Rn. 9;另一种观点见 Fahl JA 2021,926 ff.。

没有结果，但是仍然至少看到了**实现犯罪的进一步可能性**。[307]

> **示例**[308]：
> 行为人在第一枪未能击中被害人后，相信自己还能够继续开枪杀死或者用刀刺死被害人。

113 由于第一个实行行为不再能造成结果，因此，若独立考查这一行为，则成立失败未遂。但是，如果人们看到了继续行为会造成结果的可能性，那么其尝试就还不是失败的。哪一个视角是正确的，取决于对《刑法典》第24条第1款中"犯罪行为"（Tat）概念的解释[309]：如果人们将"犯罪行为"仅仅理解为实行行为，那么，继续开枪或刀刺就分别是一个新的犯罪行为，所以其尝试已经是失败的了。相反，如果"犯罪行为"是一个包含具有可能性的进一步的实行行为的整体过程，那么行为人就还能造成犯罪结果，因而成立未终了未遂。

在鉴定报告中，正确的做法是将"暂时失败未遂"问题作为对《刑法典》第24条所使用的犯罪行为概念的解释来进行讨论。

目前关于这一问题的讨论情况是"充满了眼花缭乱的争议问题"[310]。处于核心地位的是以下立场[311]：

---

[307] 术语依照 *Kühl*, AT, § 16 Rn. 17。总结性阐述比如见 *Kudlich*, JuS 1999, 242 f. *Otto*, JURA 1992, 423 ff.；深入阐述可见 *Bergmann*, ZStW 100 (1988), 329 ff.；*Feltes*, GA 1992, 395 ff.；*Murmann*, Versuchsunrecht, S. 44 ff.；案例解答见 *Murmann*, JURA Sonderheft Examensklausurenkurs, 2000, 71 f.。

[308] 参见 BGH NStZ 1986, 264；BGH, Urt. v. 6. 12. 2018-4 StR 260/18。*Papathanasiou* JA 2021, 821 ff. 的案例解答。

[309] 关于犯罪行为概念的深入阐述可见 *Murmann*, Versuchsunrecht, S. 36 ff.；案例解答见 *ders.*, JURA Sonderheft Examensklausurenkurs, 2000, S. 71 f.；专著见 *Scheinfeld*, Der Tatbegriff des § 24 StGB, 2006。

[310] *Lackner/Kühl/Kühl*, § 24 Rn. 6.

[311] 比如还可参见 *Herzberg*, FS Blau, 1985, S. 97 ff. [对此可见 *Weinhold*, Rettungsverhalten, S. 53 ff.；对这一观点的修正可见 *Herzbergs*（NJW 1988, 1559 ff.；NJW 1991, 1633 ff.）见 *Otto*, JURA 1992, 426]；*Ranft*, JURA 1987, 532 ff.（反对的观点有 *Rengier*, JZ 1988, 932 f.）与 *Fahrenhorst*, NStZ 1987, 279。

a. 犯罪计划理论（Tatplantheorie）

早期的司法判决认为，是否将数个单独动作（Einzelakt）合并为一个犯罪行为，取决于行为人在犯罪开始实施时的犯罪计划（所谓的"**计划视域**"，**犯罪计划理论**）。[312] 只要该犯罪计划包含了对特定单独动作的实行，那么这就应当成立一个自然的行为单数，也就是《刑法典》第24条第1款意义上的一个犯罪行为。如果所有计划中的单独动作没有都被实现，那么行为人据此仍能通过放弃实行来实现中止。相反，如果计划中的单独动作没有造成结果，那么就成立失败未遂。如果行为人只是看到了进一步造成结果的可能性，而之前却没有想到过，那么这些就是一个新犯罪行为的对象。

在示例中，如果犯罪计划仅仅只包含开一次枪，那么违背预期未能命中就成立失败未遂。[313]

只有当行为人作出了一个具体的犯罪计划时，犯罪计划标准才能帮得上忙。如果**欠缺一个确定的犯罪计划**，或者犯罪计划包含着对所有可用手段的运用，那么**一般性的既遂意志**就会将所有在时间与空间上具有关联的动作——行为人认为直到在实行其最后的实行行为之后，还能够通过这些动作达成结果（所谓的"**中止视域**"）——合并为一个犯罪行为。[314]

> **示例**[315]：
> A想通过任何可用的手段杀死O。他首先用一个瓶子击打O，由于O在击打中幸存，然后A开始勒他脖子。最后他放开了O，尽管他知

---

[312] 参见 BGHSt 10,129,131；14,75,79；22,176,177；22,330,331；BGH NStZ 1981,342；1984,116。见 *Hillenkamp/Cornelius*, AT, S. 154 f. m. w. N. 。

[313] 然而，该案中的判决所认定的并非一个失败的未遂，而是一个已终了未遂（BGHSt 22,330,331），认为之所以对A不能认定为免除处罚的中止，是因为他不能"阻止"——基于其行为而不会发生的——结果的发生。由于在这类情形中中止是不可能的，因此，该区分仅仅只是术语上的。实际上这里涉及的是失败未遂的情形。参见 *Otto*, JURA 1992,424。

[314] 参见 BGHSt 10,129。

[315] 参见 BGHSt 10,129。

> 道 O 还活着。在这里，杀害意志将在时间与空间上具有关联性的单独动作合并为了一个犯罪行为。A 停止勒喉使得该犯罪行为可能成立一个免除刑罚的中止。

116 对犯罪计划理论的核心**质疑**是，按照犯罪计划会导致对这类案件的处理各不相同。也就是说，这一观点会导致**不当的区分**。[316] 最重要的是，相对于那些只想到了一种——可能也不太适宜的——实行行为的行为人，那些想到了引发结果的所有可能性的行为人反而得到了优待。当时，联邦最高法院自己放弃了犯罪计划理论，认为起到关键作用的是中止视域（详见边码 120），而不取决于行为人在开始实行犯罪时的设想。[317]

b. **单独动作理论**（Einzelakttheorie）

117 部分文献欲借助中止规定的原理在中止能力方面考查每一个实行行为(**单独动作理论**)。据此，一个《刑法典》第 24 条意义上的"犯罪行为"就是一个以下的单独动作——该单独动作对于行为人而言表现得**适宜于实现构成要件**，而且其影响也**不再具有可控性**(所谓的"**绝对独立的**"行为[318])。如果一个这样的实行行为没有造成结果，那么就（不依赖于造成结果的进一步可能性）仅仅成立一个失败未遂。[319] 对此的一个理由是《刑法典》第 24 条的条文："犯罪行为"是《刑法典》第 22 条意义上的力图行为（Versuchstat），其通过实施行为——比如开枪射击——而完全地存在。[320] 基于中止的原理可以说，行为人通过实施这一绝对独立的行为充分展示了其危险性，意外未能成功并不具有赋予行

---

[316] 参见 *Jäger*, Der Rücktritt, S. 45; *Otto*, JURA 1992, 424; *Puppe*, NStZ 1986, 15 f.; *Roxin*, JuS 1981, 7; 在这一方面有所怀疑的是 *Bosch*, JURA 2014, 397 f., 他认为关键的批判点是犯罪计划标准欠缺程序上的可行性。

[317] 基础性的阐述见 BGHSt 31, 170, 175 ff. 。也可见 BGHSt 33, 295, 296 ff.; 35, 90。

[318] 参见 Schönke/Schröder/*Eser/Bosch*, § 24 Rn. 21。

[319] 参见 *Burkhardt*, Der „Rücktritt", S. 91 ff.; Schönke/Schröder/*Eser/Bosch*, § 24 Rn. 10, 21; *Bergmann*, ZStW 100(1988), 351; *Jakobs*, ZStW 104(1992), 89; *Paeffgen*, FS Puppe, 2011, S. 791 ff.; *Rostalski* FS Sancinetti, 2020, 635(638 ff.)。

[320] 参见 *Rostalski* FS Sancinetti, 2020, 635(638 ff.)。

为人中止优待的正当性。[321]

在向被害人开枪的那个**示例**中，如果行为人认为致命一击至少是可能的，那么就成立失败未遂。**另一个示例**[322]：A认为注射某毒药会无法挽回地导致O立即死亡，但是该毒药——他事后方才知道——实际上并不具有致死性，他放弃了勒死O，尽管按照他的构想，他完全可以这么做。按照单独动作理论，这里成立一个失败未遂。A在注射毒药时，按照他的构想，致命事件的发生已经脱离了他的控制。

但是，在行为人实行这类行为后**仍可能救援被害人**的案件中，始终坚持在实行绝对独立行为之后排除中止的原则会得出**难以令人满意的结论**。[323]

> **示例：**
> 比如在前述的毒药案中，A以为注射毒药会无法挽回地导致O立即死亡。在他注射毒药之后惊讶地发现O还可以被救过来。A叫来了医生，医生救回了O。

A在实行犯罪行为时认为无法再阻止结果发生，因此按照单独动作理论的原理而不再考虑中止，[324]但是该单独动作理论被它的一些主张者进行了**修正**——这里不再成立失败未遂，而成立已终了未遂，因而A能够通过阻止结果发生来实现中止。[325]在这类案件中，赋予中止优待的正当性来源是，行为人通过努力阻止结果发生而展示了其欠缺需罚性。

对单独动作理论的首要**批评**是，该理论过度限制了中止的可能性，

---

[321] 参见 Schönke/Schröder/Eser/Bosch, § 24 Rn. 21; Eser, II, Fall 33 A Rn. 28; Burkhardt, Der „Rücktritt", S. 34; 更深入的论证见 Jakobs, ZStW 104(1992), 85 f., 89, 93; 也可参见 schon ders., JuS 1980, 715 f. 同样的有 Heintschel-Heinegg, ZStW 109(1997), 49。在结论上一样的还有 Haas, ZStW 123(2011), 245 ff.，他想将未遂与中止理解为统一的归属形象（反对的观点有 Murmann, GA 2012, 719 mit Fn. 50）。

[322] 依照 Schönke/Schröder/Eser/Bosch, § 24 Rn. 21。

[323] 参见 Bergmann, ZStW 100(1988), 345。

[324] 表达了相同含义的有 Burkhardt, Der „Rücktritt", S. 91 ff.; Jakobs, AT, 26/19; ders., ZStW 104(1992), 92 f.; Rostalski FS Sancinetti, 2020, 635(645 f.)。

[325] 参见 Herzberg, FS Blau, 1985, S. 118; Schönke/Schröder/Eser/Bosch, § 24 Rn. 21; 也可见 Bergmann, ZStW 100(1988), 336, 345。

这在被害人保护的视角下也是存在问题的。[326] 这一质疑尤其针对的是以下这些单独动作理论的主张者，他们依据一个绝对独立行为而排除中止的适用，即使行为人抓住了意外出现的救助机会。相反，对中止认定更宽松的修正与单独动作理论的理念并不相符，所以前后并不一致。此外的批评还有，相对于那些完全没有造成结果的行为人，那些造成了被害人损害的未遂的行为人反而受到了优待。[327]

c. 整体观察说（Gesamtbetrachtungslehre）

120 学界通说[328]与新近的司法判决[329]主张对中止采取宽松立场的**整体观察说**。据此，如果已经实行的行为与按照行为人构想会造成结果的进一步行为**会形成一个"统一的活动历程"**（Lebensvorgang）[330]，那么就能够中止。[331] 肯定该活动历程的统一性的情况主要是当存在数个同类的实行行为时（比如：对被害人多次射击）。但是，按照整体观察说中大多数[332]主张者的观点，只要存在投入其他的犯罪手段没有（时间[333]）停顿的可能性，变换犯罪手段并不必然违背犯罪行为的统一性。[334]

---

[326] 参见 BGH NStZ 1986,264,265;*Kühl*,AT,§ 16 Rn. 20;*Otto*,JURA 1992,428。

[327] 参见 *Kühl*,AT,§ 16 Rn. 19;*Roxin*,JuS 1981,8。

[328] 比如可见 HK-StrafR/*Ambos* StGB § 24 Rn. 7;*Jäger*,HBStrR,Bd. 3,§ 58 Rn. 78 ff.;*Köhler*,AT,S. 478;*Kudlich* JuS 1999,243;*Schmidhäuser*,Lehrbuch,15/78;SK-StGB/*Jäger* § 24 Rn. 34 f. (修正的整体观察说);*Wessels/Beulke/Satzger*,AT,Rn. 1018。

[329] 基础性的阐述见 BGHSt 31,170;此外还可参见的比如有 BGHSt 33,295;34,53;35,90;BGH bei *Holtz* MDR 1993,1038;BGH NStZ 2009,688;2010,384;2015,26;2015,571;2016,207;2016,332;2020,82 f.。

[330] 也有的人认为，已经实施的行为和仍然可能的行为之间会构成一个"自然的行为单数"（参见 Baumann/Weber/*Mitsch*/Eisele,AT,§ 23 Rn. 45），或者在它们之间会"成立一个空间与时间上的直接关联"（*Otto*,AT,§ 19 Rn. 14）。不过，这些原本就模糊的标准之间的区别不应被高估;持这一观点的还有 BGHSt 40,75,77。

[331] 参见 BGHSt 34,53(57);40,75(77);同样的还有 Jescheck/Weigend,AT,S. 542;Lackner/Kühl/*Kühl*,§ 24 Rn. 6;*Fischer*,§ 24 Rn. 17. Mitsch JA 2022,205 ff. 的案例解答:基于构成要件变更（Tatbestandswechsel）的停顿。

[332] 但是存在另一种观点 *Ranft*,JURA 1987,530 ff.;*ders*.,JZ 1989,1129,他认为该犯罪行为的单一性主要取决于所使用与可使用的其他手段之间的同类性。对此的批判见 *Rengier*,JZ 1988,932 f.。

[333] 参见 BGHSt 34,53,57。

[334] 参见 BGH NStZ 1986,264,265。

不过，如果行为人在实施完一个他认为无结果的实行行为之后，**一开始自愿地放弃进一步的犯罪行为**，之后再基于一个新作出的犯罪决意继续实施行为，那么，一个在时空中具有统一性的活动历程之中就出现了一个**停顿**。[335]

行为人是否还有实施进一步行为的可能性，要从**中止的视角**出发进行判断。依此，关键在于行为人在最后的实行行为之后的想法。[336] 如果行为人放弃了进一步实行的可能性，那么这就显示出了一个**"光荣的转身"**。[337] 这也是适用于行为人试图要实现的那个构成要件，即使行为人现在已经转为侵害另一个法益，比如他已经与可能继续实施的杀害行为保持了距离，而只想对被害人进行身体虐待。[338] 相反，对数个法益承载者的侵害若不在一个统一的活动历程的范围之内，则不属于《刑法典》第 24 条意义上的犯罪行为。也就是说，如果行为人在快速连续射击数个不同的人[339]，那么要从每一个被害人出发分别考查是否成立一个可以中止的犯罪行为。[340]

在未能射中的**示例**中（边码 112），放弃继续射击与放弃紧跟着对被害人进行刺杀一样，都会得出免除刑罚的结论。

单独动作理论阵营对整体观察说的**批评**主要是，这会扩张中止可能性的范围，使得以下行为人占了便宜：这些行为人一击未中，却期待着能够进一步实现目的，只要他们知晓还拥有一个会造成结果的手段，即使在多次实行失败之后仍能够中止而被免除刑罚。[341]

121

---

[335] 参见 BGH StV 2017,673；对此见 *Jäger* JA 2017,387 ff. 。

[336] 比如可参见 BGH NStZ 1999,299；2017,149(151)；*Kudlich* JuS 1999,350 f. ；*Raschke* JA 2020,832 ff. ；*Otto* JURA 1992,425 谈到了"实行视野"（Ausführungshorizont）。

[337] 持这一观点的有 *Puppe*, NStZ 1986,18；赞同的有 BGH NStZ 1986,265；也可参见 *Mitsch*, JURA 1991,275。

[338] 参见 BGH, Urt. v. 11.4.2018-2 StR 551/17；对此可见 *Eisele*, JuS 2018,818 ff. 。

[339] 司法判决认为，这使得自然的行为单数成立，进而成立犯罪单数（《刑法典》第 52 条），见第 31 章边码 28。

[340] 参见 BGH NStZ 2012,562。

[341] 比如可见 Schönke/Schröder/*Eser/Bosch*，§ 24 Rn. 18a。一个源自司法判决的明显示例是 BGH StV 1996,23。

122 正确的观点是，基于**中止的原理**（边码106），关键在于放弃进一步的实行行为是否也能被解释为**行为人表达出与他已经实现的不法进行决裂**。[342] 只有当行为人在实施完上一个实行行为之后已经处于直接着手实施之后的实行行为的阶段（《刑法典》第22条）时，人们才会对此予以接受。[343] 因为直到直接着手时，认为行为人还会守法的规范期待才会衰退。他一旦处于直接着手的阶段，那么就要反过来期待他会实施犯罪，放弃继续行动会被理解为决意对法予以支持。也就是说，如果行为人在开第一枪之后继续射击，那么就成立一个单一的犯罪行为。如果行为人现在只能持刀冲向被害人，那么情况就不同。对此，行为人在开枪之后仍未处于未遂阶段，因为为了用刀刺还需要其他的重要中间步骤（接近被害人，拔刀）。[344]

> **另一个示例**[345]：
> 行为人为杀死其妻子而将她从阳台栏杆上扔了出去。幸运的是，妻子只受到了轻伤。行为人抓住机会，他从阳台栏杆上翻下去，将妻子拖入一条石头铺成的小路，在那里抓住她的头去撞击石头。与联邦最高法院的观点相反，这一继续实施的实行行为与扔出阳台之间并不具有统一性，因为行为人必须重新着手实施。

123 在鉴定报告中，有用的做法是将**答题构造**与自己认为正确的结

---

[342] 进一步深化的有 *Murmann*, Versuchsunrecht, S. 44 ff.。提醒对整体观察说进行限缩解释的还有 Baumann/Weber/*Mitsch*/Eisele, AT, § 23 Rn. 46 an。像整体观察说想的那样将数个单独动作合并当然也是以规范为指向的，所以 *Rostalski* FS Sancinetti, 2020, 635（640 f.）指责涉及一个"自然主义的犯罪概念"的说法是错误的。

[343] 更狭窄的观点见 *Jäger*, HBStrR, Bd. 3, § 58 Rn. 79 ff., 他要求表现出使用更多的犯罪手段。

[344] 联邦法院也经常提到以下标准，即为了实施进一步的实行行为是否需要一个新的直接着手，比如 BGH NStZ 2005, 263（264）; NStZ 2016, 332; StV 2020, 464（465）。

[345] 参见 BGH NStZ 2007, 399; 对此可见 *Hoven*, JuS 2013, 307 f.。也可参见 BGH NStZ 2015, 571（行为人在试图碾过被害人时撞到了一棵树上，现在仍看到了步行追赶被害人的可能性）; BGH NStZ 2016, 332（行为人想通过撞上另一辆车来杀死他的乘客，之后意识到以其他方式杀死还活着的乘客的可能性）。

论相匹配：如果认为这是一个可以中止的犯罪行为，那么被实现的实行行为与可能进一步实施的实行行为应被作为一个单独的未遂犯罪来进行考查（比如：对被害人O先射击后扼喉，若行为人最终放弃对O的扼喉，则适用《刑法典》第212条、第22条、第23条）。与此相反，不再具有中止可能性的单独动作则应被孤立考查。

(3) 整体观察说中的疑难问题

占据统治地位的整体观察说存在几个**疑难问题**，该理论的主张者对其中部分疑难问题存在争议： 124

a. "被修正的中止视野"

存在疑难的情况是，行为人在实行行为之后**修正了关于结果可能性** 125
(Erfolgstauglichkeit）的想法。[346]

> **示例**[347]：
> 行为人以为被害人受到了致命的刺伤，但被害人跳起来大叫："我还活着，我要报警"。

在这一示例中，一个已终了未遂首先存在于行为人构想（=被害人受到了致死的伤害）的基础之上。行为人一开始有这样的想法，但是后来紧接着又修正了这一想法。因而这里提出的问题是，按照整体观察说，如果行为人还看到了其他会与之前的刀刺形成一个统一活动历程的既遂可能性，那么不再继续实行行为是否会成立未终了未遂中的中止。**联邦最高法院**认为，只要这一修正仍出现在统一的活动历程之中，那么**关键**在于**被修正的中止视野**。[348] 如果行为人认为继续实施行为也无法

---

[346] 详见 *Murmann* JuS 2021,1001(1005 f.)。

[347] 参见 BGHSt 36,224 = JZ 1989,1128 mit Anm. *Ranft*. Ähnlich BGH NStZ 2005, 331 f. ;NStZ-RR 2020,272。

[348] 参见 BGHSt 36,224;与此连接的是 BGHSt 39,221,227 f. ;BGH JR 2000,70,71 mit Anm. *Puppe*(对此也可见 *Otto*,JK 00,StGB § 24/29);BGH NStZ 2012,688(如果行为人直到在逃跑过程中才得出被害人没有受到致死伤害的结论，那么就是一个停顿);赞同的有 *Jescheck/Weigend*,AT,S. 542;*Otto*,JURA 1992,429;对此的批判可见 *Ranft*,JZ 1989,1128 f. 的评注;BGH NStZ-RR 2015,106(在被害人逃跑后,行为人认为他可能没有受到致死的伤害;对此可见 *Jäger*,JA 2015,549 ff. ;*Hecker*,JuS 2015,657 ff.);BGH StV 2021,90(91)(对此见 *Eisele* JuS 2020,465 ff.)。相反，如果行为人一开始认为结果发生是可能的，但是直到一个时间停顿之后才认识到自己的错误，那么就成立失败未遂,见 BGH NStZ 2000,531。

造成结果,比如第三人会保护被害人防止侵害,那么将已终了未遂的中止视野修正为未终了未遂的中止视野的期限就已经**终止了**。[349]

126 对于**相反的情形**——一开始认为没有致命伤害,但是紧接着又改变了这一想法——联邦最高法院同样判决认为,关键是在紧密的时空关联中被修正的想法。[350] 所以,这里应当以已终了未遂这一被修正的构想作为基础进行思考。

最后,一个**中止视野**也可以在实施实行行为之后才出现,也就是说,行为人一开始以为结果发生了,但是随即又修正了这一错误的想法,这时中止视野也可以出现。[351]

b. "欠缺中止视野"与无所谓心态

127 存在疑难的还有以下情形,即行为人出于无所谓的心态,**完全没有想过他当时的行为是否会造成结果**。

> **示例**[352]:
> A刺中了O,容认了对方的死亡。之后他离开了,完全没有想这一刺是否会导致死亡。

联邦最高法院**否定了**存在无所谓心态时成立未终了未遂中的中止的**可能性**,并进行了论证——行为人"既预计到了所追求或所容认的结果发生的可能性,又预计到了结果可能不发生"[353]。这一结论是正确的,但是论证理由是错误的。因为如果行为人对于他的行为的后果没有任何

---

[349] 参见 BGH NStZ-RR 2018,137(138)。

[350] 参见 BGH NStZ 1998,614,对此可见 *Jäger*,NStZ 1999,608;*Otto*,JK 1999,StGB § 24/26;BGH NStZ 2010,146;对此可见 *Bosch*,JURA 2014,401 f.;BGH,Urt. v. 15. 3. 2018-4 StR 397/17;对此可见 *Hecker*,JuS 2018,914 ff.。

[351] 参见 BGH NStZ 2011,688,689。

[352] 参见 BGHSt 40,304 = JuS 1995,650 Nr. 13(*Th. Schmidt*)= NStZ 1995,1221 mit Anm. *Puppe* = JR 1996,28 mit Anm. *Hauf*;对此可见 *Heckler*,NJW 1996,2490 ff.;*Murmann*,JuS 1996,590 ff.。

[353] BGHSt 40,304,306;dem folgend BGH NStZ 1999,299;此外还可见 BGH NStZ-RR 2014,202。不恰当的观点有 *Becker*,NStZ 2015,262。

想法，那么他也就没有预计到结果发生的可能性。[354] 之所以要在这里排除未终了未遂中的中止，是因为认为不继续实施行为就不会发生结果的想法明显属于未终了未遂。只有在这一条件之下，放弃继续实施行为才会表达出行为人与之前的法损害进行决裂。[355] "无所谓"恰恰是决裂的对立面，因此也不能表现出行为人更小的危险性与欠缺需罚性。这当然也适用于以下情形，即行为人实际上通过思考计算到了结果发生的可能性，但这样的结果对于他而言也是无所谓的。[356]

c. 实现构成要件之外的行为目的

最后提出的问题是，如果行为人通过实行行为相信自己已经实现了他在构成要件之外的行为目的，[357] 所以放弃了继续实施实行行为，那么是否仍可能成立一个免除刑罚的中止？

128

> **示例**（"教训案"）[358]：
> A 为了给 O 一个教训，将一把刃长 12 厘米的尖刀用力刺入了 O 的身体。这一刀刺导致了 O 严重受伤。A 在实施其行为时已经容认了 O

---

[354]　参见 *Heckler*, NJW 1996, 2491；*Murmann*, JuS 1996, 592；*Puppe*, NStZ 1995, 404；*Th. Schmidt*, JuS 1995, 651。

[355]　详见 *Murmann*, JuS 1996, 592 f.；ders. JuS 2021, 1001(1004)；也可参见 *Bosch*, JURA 2014, 400 f.。因此，若行为人在被刺伤的被害人逃跑之后一开始认为伤害可能致死，但是之后又在同样的认知基础上认为被害人没有受到致死的伤害，也是不够的（BGH NStZ-RR 2015, 106）。基于这样的评估变化，若行为人努力了解被害人的状况，人们的正确做法只能是原谅行为人，否则，该举止就反映出了纯粹的无所谓态度。

[356]　参见 BGH NStZ-RR 2018, 137(138)；NStZ-RR 2019, 368。

[357]　正确的是，这里只能取决于行为人的构想，*Mitsch* FS Kindhäuser, 2019, S. 293 (305)。

[358]　依照 BGHSt(GrS), 39, 221 = JZ 1993, 894 mit Anm. *Roxin*；对此可见 *Bauer*, NJW 1993, 2590 ff.；*Hauf*, MDR 1993, 929 ff.；*Kudlich*, JuS 1999, 353 f.；*Murmann*, Versuchsunrecht, S. 49 ff.；*Otto*, JK 1994, StGB § 24/20；*Pahlke*, GA 1995, 72 ff.；*Schroth*, GA 1997, 151 ff.；此外还可见 *Hauf*, JA 1995, 776 ff.；出自练习案例文献 *Beulke*, Klausurenkurs I, Rn. 333 及相似的案件情形见 *Hilgendorf*, Fallsammlung, Fall 3。草案决议（Vorlagebeschluss）印于 JZ 1993, 359 mit Anm. *Puppe* = StV 1993, 187 mit Anm. *Bauer*, 356 = NStZ 1993, 280 mit Besprechungsaufsatz *Streng*, 257 ff.。相似的阐述可见 BGH NStZ 2011, 90；对此可见 *Brüning*, ZJS 2011, 93 ff.。类似的案件还有 BGH, Beschl. v. 11.1.2022-6 StR 431/21（对此并未深入思考的见 Kudlich JA 2022, 430 ff.）。

> 的死亡。当 A 将刀从 O 的体内拔出时认为 O 没有受到致死的伤害。尽管他还可以继续用刀刺 O，但是他不再这么做，而是离开了房间。如果没有医生的救助，受伤的 O 最迟 24 个小时就会死亡。

129 整体观察说的主张者们对于这类案件存在**激烈的争议**。这一没有造成构成要件上的结果的实行行为是否与可能继续实施的实行行为（在示例中：继续刀刺）之间基于紧密的时空关联而表现为一个《刑法典》第 24 条意义上的犯罪行为，或者**所设定的目标实现**（"教训"）是否创设出了一个停顿，使得该犯罪行为在第一下刀刺之后就已经被结束了：

130 **联邦最高法院的大刑事审判庭**在"教训案"中主张了第一个观点，将那些单独的动作理解为一个《刑法典》第 24 条第 1 款中的犯罪行为。也就是说，它认为仍处于未终了未遂之中，行为人通过单纯地放弃继续实施实行行为就能够实现免除刑罚的中止。[359] 联邦最高法院[360] 的论证理由是，在《刑法典》第 24 条第 1 款第 1 句中所要求的"放弃"仅仅只涉及实体法意义上的犯罪行为。"无论是规定了未遂可罚性的《刑法典》第 22 条，还是与其相对应地规定了中止免除刑罚的《刑法典》第 24 条，都没有以作为构成要件之外的动机、目的或目标作为条件"[361]。对"光荣放弃"或"转身"的要求在法律中找不到根据。联邦最高法院还补充道，在这类案件中为免除刑罚的中止留下余地有利于被害人保护。[362]

---

[359] 参见 BGHSt 39, 221；也可参见 BGH NStZ - RR 2014, 105；NStZ 2014, 450 m. Anm. *Engländer*；NStZ 2018, 137(LS)；StV 2018, 408(409)。

[360] 参见 BGHSt 39, 221(230 f.)；同样的还有 Vorlagebeschluss BGH JZ 1993, 359 f.；在结论上相同的还有 BGHR StGB § 24 Abs. 1 Satz 1 Versuch, unbeendeter 20；BGH NStZ-RR 1996, 195 f.；NStZ 2016, 720。出自文献 *Brüning* ZJS 2011, 95；*Hauf*, Rücktritt vom Versuch, 1993, S. 40 ff.；*ders.* MDR 1993, 930；Matt/Renzikowski/*Heger*/Petzsche StGB § 22 Rn. 42；*Pahlke*, Rücktritt bei dolus eventualis, 1993, S. 157 ff.；*ders.* GA 1995, 72 ff.；*Wessels/Beulke/Satzger*, AT, Rn. 1044 ff.；*Zieschang*, AT, Rn. 557。也可参见 *Streng* JZ 1990, 214, 他想让"放弃"完全取决于行为人"决定这样还是那样"的"选择可能性"，并在自愿性中讨论目的实现的问题；同样直到自愿性时才否定的有 *Bottke*, Methodik, S. 526 f.。

[361] BGHSt 39, 221, 230.

[362] 参见 BGHSt 39, 221(232)；赞同的有 *Brüning*, ZJS 2011, 95；*Hauf*, JA 1995, 778；*ders.*, MDR 1993, 930；*Kaspar*, AT, § 8 Rn. 113。

与之相反，学术界中整体观察说主张者的**通说**[363]及早期的部分司 131
法判决[364]都秉持了以下的正确观点，即**行为人在（认为）实现了构成
要件之外的目的之时不再能够放弃**。[365] 也就是说，联邦最高法院的观
点中起到关键作用的"活动历程的统一性"不仅仅要求一个时空关联，
还要求意志方向上的统一性。如果行为人认为已经实现了他所想要达到
的一切，那么在其犯罪动机的基础上继续追求犯罪目的就没有意义（见
边码 111）。因此继续实行取决于他作出了一个完全新的决意去实施一个
新的犯罪行为。[366] 拒绝给予中止的优待也符合这一原理。因为认为自
己已经实现了目的的行为人不再继续实施行为，并未与已经实现的不法
相决裂。[367] 大刑事审判庭声称中止可能性的条件在法律上并无规定，
这一说法也不能令人信服。相反，这里主张的观点恰恰严格遵守了法律
的条文。因为没有争议的是，行为人通过实施实行行为充分实现了未遂
构成要件。相应地，认为中止构成要件意义上的"犯罪行为"也处于这
一实行行为之中，当然没有违背法律规定。将数个——被实现且仍可能
的——实行行为合并为一个"犯罪行为"的标准在逻辑上必然会得出构
成要件之外的性质。比如，这也适用于联邦最高法院所考虑的"时空关
联"[368]。偏偏不考虑整体观察说所追求的对中止可能性的目的性扩张范

---

[363] 比如可见 HK-GS/*Ambos*，§ 24 StGB Rn. 10；*Puppe*，JZ 1993，361 ff.；*dies.*，NStZ 1990，433 ff.；*Otto*，JURA 1992，430；*Ranft*，JURA 1987，533 f.；*Roxin*，JZ 1993，896 ff.；*Rudolphi*，JZ 1991，527；SK-StGB/*Jäger*，§ 24 Rn. 23；*Jäger*，HBStrR，Bd. 3，§ 58 Rn. 106 f.（否定自愿性）；*Schall*，JuS 1990，630；*Scheinfeld*，JuS 2002，253 f.；NK-StGB/*Zaczyk*，§ 24 Rn. 53；此外还可参见 *Walter*，Der Rücktritt vom Versuch als Ausdruck des Bewährungsgedankens im zurechnenden Strafrecht，1980，S. 107，因此，按照他的观点，不存在对于免除处罚的中止而言必要的"确证处境"（Bewährungssituation）。

[364] 参见 BGHR StGB § 24 Abs. 1 Satz 1 Versuch,beendeter 7 = NStZ 1990，77；此外还可见 BGH NStZ 1990，30，31 关于"最佳的目的实现"情形。

[365] 对后文的深入阐述可见 *Murmann*，Versuchsunrecht，S. 49 ff.；ders. JuS 2021，385（391 f.）。

[366] 参见 BGH NStZ 1994，493（对此可见 *Otto*，JK StGB § 24/22；*Murmann*，Versuchsunrecht，S. 57 mit Fn. 181）；*Otto*，AT，§ 19 Rn. 78 ff.；*Puppe*，ZIS 2011，524。

[367] 参见 *Otto*，GA 1967，148f.；*Schall*，JuS 1990，630；相似的阐述可见 *Bergmann*，ZStW 100（1988），356；此外还可见 *Küper*，JZ 1983，265。

[368] 也可参见 *Puppe*，ZIS 2011，524。

围之内的意志方向标准,这是不恰当的。最后,被害人保护的论据(撇开对"金桥"理论在原则上的质疑不谈,见边码102)也远远不够。因为如果行为人已经实现了他的主要目的,那么就无法理解为什么被害人还会继续面临着攻击,还必须通过免除行为人刑罚的方式来保护他免受这一攻击。[369]

132 要排除中止,正确的做法是论证成立**失败未遂**。[370] 这一教义学上的归类乍看上去会令人吃惊,因为行为人已经实现了他所追求的目标,而且也完全有能力去实现符合构成要件的结果。[371] 但是,如果人们将"犯罪行为"在这里只理解为第一次实行行为,那么按照行为人的构想,它就不再会造成符合构成要件的结果。比如在**"教训案"**中,A(假设也与案件事实情况相反)以为刀刺没有致命性。A虽然也可以继续进行刀刺,但是这已经表现为一个新的犯罪行为,因此在已被实现的未遂犯罪的范围内就不再可能既遂了。对于以下这些人也会根据事实得出失败未遂的结论,他们基于欠缺放弃可能性而认为成立已终了未遂,但是又由于在行为人眼中发生结果是不可能的,因此排除了因"阻止"既遂而免除刑罚。[372]

d. 构成要件之外的行为目的无法被实现

132a 犯罪对于行为人而言之所以丧失了意义,是因为(至少他以为)构成要件之外的行为目的不再能够被实现。

---

[369] 深入阐述可见 *Roxin*,JZ 1993,897;另一种观点见 *Streng*,JZ 1990,216。

[370] 持该观点的有 *Ranft*,JURA 1987,534(但他主张的是限制的整体观察说)。然而,很多时候要指出,目的实现情形与因无意义而失败之间的"结构相似性";持这一观点的有 *Roxin*,JR 1986,426;*ders.*,JZ 1993,897;*Schall*,JuS 1990,627;*Seier*,JuS 1989,105;SK-StGB/*Jäger*,§ 24 Rn. 23;*Rudolphi*,JZ 1991,527。*Bauer*,wistra 1992,203;*ders.*,NJW 1993,2590 ff.(反对的观点有 *Schroth*,GA 1997,159 f.)想在(基于犯罪实行不可能的)失败未遂之外提出(基于欠缺或者失去事务基础的)"无意义未遂"。

[371] 参见 *Seier*,JuS 1989,105;所以明确反对失败的有 BGH JZ 1991,524(525);对此赞同的有 *Rudolphi*,JZ 1991,526;同样的有 *Krey/Esser*,AT,Rn. 1290;*Mitsch* FS Kindhäuser,2019,293(305 ff.)。

[372] 参见 *Puppe*,NStZ 1986,17 f.;*Ranft*,JURA 1987,533;*Roxin*,JR 1986,426。

> **示例**[373]：
> A 因婚姻与经济问题而陷入绝望。所以她想自杀时也让自己 12 岁的儿子一起死去。她给儿子吃下安眠药，然后放火烧了房子。然后她在儿子睡着的床边坐下，期待二人都吸入烟雾而死。当邻居叫来的消防队赶到时，她意识到自己的计划失败了。

联邦最高法院想将实现构成要件之外的行为目的中的原则转用至此类情形：虽然想与儿子一起死的计划失败了，但是这并没有导致"唯一与刑法相关的杀死儿子的力图失败了"[374]。如果 A 认为本还能杀死她的儿子（比如将他掐死在睡梦中），那么她就属于放弃了犯罪的实行。**这并没有说服力**[375]：对于 A 来说，杀死她的儿子与她的自杀是不可分割地捆绑在一起。她的自杀计划失败后，单独杀死她的儿子对她而言就是无意义的。因此，实施进一步的杀人行为就以作出新的决意为前提。A 没有作出这样的决意，这就表明她没有脱离放火杀人的计划。所以，构成要件之外的行为目的无法实现而在事件发生中造成了一个停顿，使得放火杀人的力图得以失败。 **132b**

2. 没有既遂

没有既遂是中止成立的前提，**行为人承担着结果发生的风险**。[376] 因此，如果结果发生了，尽管行为人以为不会发生或者尽力阻止结果发生却失败，那么仍按照既遂的故意犯罪进行处罚。[377] 一个**例外的情形**是，基于行为人的中止努力，该结果**不可再被归属于他**(对此见边码 148)。 **133**

---

[373] 参见 BGH NStZ 2008, 275。

[374] BGH NStZ 2008, 275(276)。

[375] 对此见 Murmann JuS 2021, 385(392 f.)。

[376] 参见 Schönke/Schröder/*Eser/Bosch*, § 24 Rn. 61; NK/*Zaczyk*, § 24 Rn. 55; *Schmidhäuser*, Lehrbuch, 15/76: "射出的子弹是魔鬼的子弹；启动事件的行为人让自己任由偶然支配。"

[377] 参见 HK-StrafR/*Ambos* StGB § 24 Rn. 3; *Wessels/Beulke/Satzger*, AT, Rn. 1006(也对此不同的观点)。当然，这里的前提是，力图行为的风险实现为了所发生的结果；在这方面有疑问的见 BGH NStZ 2012, 29 m. krit. Anm. *Mandla*。

133a 既遂与**部分中止**（Teilrücktritt）之间在以下情况中不存在冲突，即行为人在未遂阶段时就决定对加重情形的实现避而远之。[378]

> **示例：**
> A 想用铁棍打 O。正在挥棍时，他改变了主意，仅仅用拳头击打了 O。A 在此满足了《刑法典》第 223 条。在危险身体伤害罪方面（《刑法典》第 224 条第 1 款第 2 项），他构成免除刑罚的中止。[379]

133b 相反，**有争议的**是，如果加重处罚要素已经被实现了，那么是否仍可以成立部分中止。只有当该加重处罚要素在基本构成要件既遂之前虽在形式上被满足，但是其实质不法内容是否被（完全）实现尚存疑时，这种所谓的"**非常规的部分中止**"（irregulärer Teilrücktritt）[380] 才具有可讨论性。

> **示例：**
> A 带着武器闯入了 O 的房子，但 O 因度假而不在房中。当 A 发现有价值的财物时，他决定行动时不使用武器。所以他把武器扔出窗外，这样一来，当 O 的贵重财物被拿走时，该武器就处于现场之外。A 至少已经实现了《刑法典》第 242 条的盗窃罪。由于行为人从未遂开始到既遂之间的某个时间点随身携带着武器已经满足了《刑法典》第 244 条第 1 款第 1a 项的规定，因此一开始携带着武器就已满足了加重构成要件。正确的是，这样发生的既遂与中止之间是冲突的。[381] 因此，鉴于《刑法典》第 24 条第 1 款的语义内涵[382]，存在疑问的是，绝

---

[378] 关于通过阻止严重后果的发生来实现的中止见 BGHSt 64, 80; dazu *Eisele* JuS 2020, 275 ff.; *Heghmanns* ZJS 2020, 164 ff.; *Kudlich* JA 2020, 64 ff.; *Renzikowski* JR 2021, 129 ff.。

[379] 参见 *Freund/Rostalski*, AT, § 9 Rn. 56; *Küper* GA 2020, 584 (585); *Mitsch* JA 2014, 268 (271 f.); LK-StGB/*Murmann* § 24 Rn. 581; NK-StGB/*Zaczyk* § 24 Rn. 79。

[380] 概念来自 *Küper* GA 2020, 584。

[381] 参见 BGHSt 51, 276 (279); *Freund/Rostalski*, AT, § 9 Rn. 56; *Mitsch* JA 2014, 268 (272 f.); LK-StGB/*Murmann* § 24 Rn. 582。

[382] 所以 *Schroeder* JR 2007, 481 主张类推适用《刑法典》第 24 条第 1 款；*Rengier*, BT I, § 4 Rn. 79 想适用真诚悔过原则。

大多数文献都主张成立加重犯的中止。[383] 支持这一观点的核心理由是，使用武器盗窃的抽象危险只有在他人进入行为人的影响范围时才会变成具体的危险。[384] 所以，从实质的角度来看，只成立加重犯的未终了未遂，在这里中止是可能的。然而，这并不能令人信服，因为加重犯的风险恰恰不依赖于潜在被害人的实际出现。相反，只要这随时可能发生就足够了。[385] 所以，行为人——尽管在该示例中 O 因度假而不在场——已经实施了抽象危险的行为，并且不能再通过扔掉武器来展示他的（臆想的）无危害性。

在**结果加重的未遂**中，尽管实现了部分构成要件，但中止仍是可能的。[386]

在"古本人追赶案"的示例中（边码97），假如行为人相信仍能追上并虐待O，但是却放弃了继续追赶，那么，尽管发生了加重的后果，他们也可以在《刑法典》第227条的未遂中中止，因而可被免除刑罚。得出这一结论的理由是，对于未遂不法而言，只有故意的举止才是根本性的。因此，该中止也必须仅仅只能涉及基本

---

[383] 参见 *Kaspar*, AT, § 8 Rn. 158; SSW StGB/*Kudlich/Schuhr* § 24 Rn. 75 ff.; *Roxin*, AT II, § 30 Rn. 299 f.; *Streng* JZ 1984, 652 ff.; *ders.* JZ 2007, 1089 ff. 关于所有的观点见 *Küper* GA 2020, 584 (591 ff.)，他令人信服地指出 (S. 602 ff.)，最终涉及的问题是，形式上满足一个加重处罚要素是否也在实质上使得一个涉及加重构成要件实现的未遂成立。

[384] 参见 *Küper* GA 2020, 584 (603 f.); *Zaczyk* NStZ 1984, 217; NK-StGB/*Zaczyk* § 24 Rn. 79. 此外的补充性理由是，行为人通过放弃继续实施加重的举止表明了他较低的危险性，从而也消除了处罚的需求，这样认为的有 *Kühl*, AT, § 16 Rn. 48; *Roxin*, AT II, § 30 Rn. 299。

[385] 因此，对加重构成要件进行目的性限缩（进而否定涉及加重犯的未遂开始）的空间只存在于对危险的具体化可以被完全排除的情况中，比如行为人在电话勒索时裤袋中放有一把手枪，但是他在去取钱时却没有携带；也对这一情形否定《刑法典》第250条第1款第1a项（援引《刑法典》第253条、第255条）的部分中止有 BGH NStZ 1984, 216 (217) m. abl. Anm. *Zaczyk*。

[386] 恰当的观点有 BGHSt 42, 158, 159 ff.; *Hoven*, JuS 2013, 407; *Kudlich*, JA 2009, 250; *Kühl*, AT, § 17a Rn. 56 f.; *Wessels/Beulke/Satzger*, AT, Rn. 1086; 反对的观点比如有 HK-StrafR/*Ambos* StGB § 24 Rn. 9; *Jäger* NStZ 1998, 162 ff.; *ders.*, HBStrR, Bd. 3, § 58 Rn. 170 ff.。详细与区分化的观点见 *Mitsch* JA 2014, 268 ff.。

犯。涉及基本构成要件未遂的中止功绩消除了结果加重可罚性的基础。[387]

3. 未终了未遂与已终了未遂之间的区分

135 如果不成立失败未遂，那么应当在下一个（考查）阶段提出以下问题，即行为人是否满足了对于中止举止所提出的要求。法律在《刑法典》第24条第1款第1句中区分了"放弃继续实行犯罪"与"阻止既遂"。也就是说，必要的中止举止取决于，行为人按照他的构想[388]是否能够避免犯罪既遂，而这又再度指向了未遂处于**哪一阶段**这个问题。通说[389]区分了未终了未遂与已终了未遂[390]：

136 如果按照行为人的构想[391]，实现构成要件取决于**实施进一步的行为**，因而"放弃"继续实施行为后就能够不让犯罪既遂发生，那么这就是一个**未终了未遂**。

> **示例：**
> A 刚开始要将致命的毒药注射入 O 的体内。他只要不实施必要的实行行为，就能够让构成要件无法被实现。

137 如果按照行为人的构想，**实现构成要件的所有必要之事都已经做完**，以至于从他的视角看存在着无需进一步行为犯罪就可既遂的

---

[387] 当然仍存在来自结果犯的——唯一合理的（恰当的观点有 *Kudlich*, JA 2009, 250)——责任，在"古本人追赶"的案例中比如来自《刑法典》第222条。

[388] 完全的通说；比如参见 *Jescheck/Weigend*, AT, S. 541. 相反，主张客观化的有 *Borchert/Hellman*, GA 1982, 436 ff. 。反对的观点有 *Küper*, JZ 1983, Fn. 12。

[389] 比如可见 BGHSt 35, 90; 39, 221 (227); *Lackner/Kühl/Kühl*, § 24 Rn. 3; *Otto*, JURA 1992, 423; *Wessels/Beulke/Satzger*, AT, Rn. 1031 ff. 。批判性观点可见 *Herzberg*, NJW 1991, 1634; *Krauß*, JuS 1981, 885; *Kudlich*, JuS 1999, 349 f.；*Lampe*, JuS 1989, 615; *Rostalski* FS Sancinetti, 2020, 635 (647 ff.)；*Ulsenheimer*, Grundfragen, S. 148 ff. 。

[390] 详见 *Murmann*, JuS 2021, 1001 ff. 。

[391] 通说立张这一观点，比如 BGH NStZ 2011, 35; NStZ 2014, 507 (509); HK-StrafR/*Ambos* § 24 Rn. 11; *Kühl*, AT, § 16 Rn. 24; SSW StGB/*Kudlich/Schuhr* § 24 Rn. 32. 但是还可参见边码137a。

可能性[392],那么这就是一个已终了未遂。[393]

> **示例：**
> A 将他认为致命的毒药注射入了 O 的体内。他现在必须采取积极的应对措施来阻止构成要件的实现。

依据行为人的构想来区分未终了未遂与已终了未遂，前提通常建立 **137a** 在行为人对犯罪行为的危险性的感知和由此产生的后果之上。这样一来，在涉及基于杀人故意而实行的显然会造成危及生命伤害的严重暴力犯罪时，通常认为行为人也意识到了结果即将发生，因此成立已终了未遂。[394] 但是，根据司法判决，如果存在可能导致错估危险处境的情况，则也应按照存疑有利于被告原则认定未终了未遂。[395]

> **示例：**[396]
> A 为了杀 O 而从六米之外用弩射击。箭射中了 O 的左胸。O 从胸口拔出箭后倒在了地上。当他再起身时，A 用刀刺了他的下腹一刀、深刺胸口一刀、刺腹部一刀及浅刺背部三刀。O 然后回到了自己家。胸部和腹部的任何刺伤都本可以导致死亡。联邦最高法院并不反对认定

---

[392] 然而，要回答（从行为人的角度看）构成要件实现的可能性需要达到多高才能使得已终了的未遂成立这个问题，却是存在争议的。有的人要求，从行为人的角度看，结果发生必须"非常临近"（LK-StGB/*Vogler*, 10. Aufl., § 24 Rn. 70）。归根结底要回答的问题是，在哪一实际处境下行为人负有积极查明并消除风险的法律义务。在这一背景下，上述限制是错误的，因为它们减轻了至少认识到了——尽管不完全明显——结果发生的可能性的行为人的以下责任，即积极努力地消除他违反义务所造成的状态。如果行为人不清楚存在造成危险的情状，因而不确定是否会导致结果发生，那么他就在法律上有义务弄清楚所存在的风险，并在必要的时候采取预防性的救助错误（参见 Puppe JR 2000, 74）。因此，仅仅认识到可能性就可以让阻止犯罪的义务成立；参见 *Jescheck/Weigend*, AT, S. 541；SK-StGB/*Jäger* § 24 Rn. 40。

[393] 比如 BGH NStZ 2020, 340。

[394] 比如 BGHSt 33, 295 (300); BGH NStZ 1993, 279 f.; NStZ 2012, 688 (689)。

[395] 参见 BGH StV 2020, 83 (85)（对此见 *Hecker* JuS 2020, 368 ff.；*Raschke* ZJS 2020, 172 ff.）。

[396] 参见 BGH StV 1996, 23。关于相似情形的证据见 LK-StGB/*Murmann* § 24 Rn. 164。

为未终了未遂。A 不认为 O 受了致命伤与生活经验并不矛盾,因为 O 仍可以回到家。以中止免除刑罚的原理为背景,这个判决并没有说服力。[397] 行为人基于模糊的线索而无视了明显可能发生的符合构成要件的结果,无法通过单纯的不作为来远离已经实现的未遂不法。相反,如果有理由相信存在着会发生结果的风险,那么他有义务在他本人可能的范围内确实地弄清被害人的状况,或提供预防性的帮助。对情况危险性的误判不应该使行为人受益。

4. 未终了未遂:放弃进一步的犯罪实行

138　如果成立一个未终了未遂,那么,只有当行为人**放弃**进一步的犯罪实行,也就是简单地**不再继续实行**时,才能够按照《刑法典》第 24 条第 1 款第 1 句第 1 变体来免除行为人的刑罚。[398]

139　行为人必须已经**终局性地**放弃了他的犯罪计划[399],关于此处所提出的**要求**存在着争议:

> **示例**[400]:
> A 给 O 端上一杯毒咖啡。O 咽了一口后,由于味道很差便吐了出来,但是还想继续尝试,因为他认为咖啡里面只是有酒而已。但 A 不再给 O 咖啡了,因为他认为当时 O 已经不信任自己,如果再坚持最开始的犯罪计划则是不明智的。但是 A 打算之后再杀 O。

帝国法院认为 A 的举止并非放弃,因为他仅仅只是暂停了犯罪既遂,而没有终局性地放弃。[401] 相反,**占据压倒性地位的观点**则正确地

---

[397] 详见 LK-StGB/*Murmann* § 24 Rn. 155 ff. ;*Murmann*,JuS 2021,1001(1002 ff.)。

[398] 比如 SSW StGB/*Kudlich/Schuhr* § 24 Rn. 44;*Murmann*,JuS 2022,193(194)。在实行行为之后还继续实施其他行为,以有利于结果的发生,不属于放弃实行;BGH NStZ 2012,206。

[399] 参见 RGSt 72,349,350 f. ;BGHSt 7,296,297;21,319,321;39,244,247 f. ;BGH NStZ 2010,384;*Bockelmann/Volk*,S. 212;*Welzel*,S. 198;详见 *Murmann*,JuS 2022,193(194 f.);深入至整体的阐述可见 *Bottke*,Methodik,S. 373 ff. 。

[400] 参见 RGSt 72,349;对此可见 *Hillenkamp/Cornelius*,AT,S. 142 ff. 。

[401] 参见 RGSt 72,349(351);相似的阐述可见 SK-StGB/*Jäger*,§ 24 Rn. 55 f. 。

认为，仅仅心中保留在以后的机会中继续追求实现犯罪目标的想法，与《刑法典》第 24 条第 1 款第 1 句第 1 变体意义上的"**放弃**"一词并不违背。这是因为，中止的优待并未一般性地要求具有法忠诚的思想，而仅仅是涉及具体的**犯罪不法（Tatunrecht）**。[402] 从中也可以得出的结论是，如果行为人计划在第一次实行行为之后立即实施下一个实行行为，那么就**不成立一个终局性的放弃**。[403]

5. 在已终了未遂中：（真诚努力地）阻止既遂

如果成立一个已终了未遂，那么被要求的中止功绩就取决于以下这一点，即是否即使没有行为人的介入也不会发生犯罪既遂[对此见下文标题（2）]，或者犯罪既遂不发生是否——如同常例中一样——**取决于行为人的活动**[对此见下文标题（1）]。   140

(1)《刑法典》第 24 条第 1 款第 1 句第 2 变体中的阻止既遂

根据《刑法典》第 24 条第 1 款第 1 句第 2 变体，如果行为人阻止了既遂，那么就可以不被处罚。这里要求中止行为与犯罪既遂不发生之间**至少存在因果关系**。不过**有争议**的是，是否每一个对于避免结果具有（共同）原因性的贡献都符合条件，或者是否应当对于阻止行为的资质附上**额外的条件**。[404]   141

---

[402] 参见 *Herzberg* GS Kaufmann, 1986, 723 ff.；*Jäger*, HBStrR, Bd. 3, § 58 Rn. 110；*Köhler*, AT, S. 475；*Krauß* JuS 1981, 884；*Weinhold*, Rettungsverhalten, S. 67 f.；*Wessels/Beulke/Satzger*, AT, Rn. 1051。

[403] 参见 BGH NStZ 2010, 384；HK-StrafR/*Ambos* StGB § 24 Rn. 13；*Köhler*, AT, S. 474；*Kühl*, AT, § 16 Rn. 45；*Wessels/Beulke/Satzger*, AT, Rn. 1051。这实际上适用的是将数个实行行为予以合并的原则，这对于暂时失败未遂的情形已经展现了出来（见边码 120 及以下）。当然，另一个问题是，如果行为人虽然放弃了实现一个犯罪构成要件，但是却想立即实施一个会满足另一个（相近的）犯罪构成要件的行为，这是否与放弃犯罪相冲突[对此见 *Kühl*, AT, § 16 Rn. 46]。在这里，个案中的解决关键在于，所放弃与所保留的犯罪的不法内涵之间在多大程度上是重合的，NK-StGB/*Zaczyk* § 24 Rn. 51。

[404] 总结性内容可见 *Jäger* JURA 2009, 54 ff.；*Roxin* FS Hirsch, 1999, 327 ff.。也有人主张，应当区分亲手阻止结果与他手阻止结果，单纯的因果关系只有在亲手阻止结果时才是足够的，而他手阻止结果只有在未遂行为人采取了他所知晓的最好的援救可能性时才成立中止，*Roxin* FS Hirsch, 1999, 327 (335 ff.)；*ders.*, AT II, § 30 Rn. 243 ff；类似的见 *Kühl*, AT, § 16 Rn. 74 ff.。对此的深入阐述见 *Boß*, Der halbherzige Rücktritt, 2002, S. 74 ff.；LK-StGB/*Murmann* § 24 Rn. 333 f.。

142 　　**示例 1** [405]：

　　A 向 O 的房子纵火，O 并未在屋内，但是他的孩子却在里面。紧接着 A 打电话通知 O。A 并未提及自己的名字，而是让 O 赶紧回家。他并不确定，O 是否会听他的话。所以，他前往火场以确保火情很快会被发现。但是，O 由于接到电话后感到不安，已经开车回了自己的房子并发现了火情，在火势从窗帘和家具蔓延至房屋自身之前，她呼叫消防队前来灭了火。[406]

143 　　**示例 2** [407]：

　　A 殴打他的妻子 O，并对她的死亡持容认态度。当他停止殴打后，他认为 O 可能已经遭受到了具有生命危险的伤害。他用汽车将她载至医院附近，让她在离医院侧门 95 米处下车。他让她自己往医院方向走，然后离开了。但是，O 由于失血过多失去了意识，未能走到医院。短时间后，一名路人发现了她，她被送至医院后得到了医生的挽救。

144 　　**通说**的立场是，行为人举止的（共同的）**原因性**对于结果避免而言就已经**足够了**。[408] 其主要理由是，从《刑法典》第 24 条第 1 款第 1 句第 2 变体的条文出发，只要"阻止"就行了，所以——"结局好，则一切都好"——不应再对行为人提出额外的要求。[409] 但是，一种广为传播的文献

---

[405] 参见 BGH NJW 1985,813；对此可见 *Bloy*, JuS 1987,528 ff.。

[406] 纵火之所以仍处于未遂阶段，是因为火还未蔓延至主要的建筑部分，比如参见 *Fischer*, § 306 Rn. 14。

[407] 依照 BGHSt 31,46. 对此可见 *Bloy*, JuS 1987,528 ff. ; *Murmann*, Versuchsunrecht, S. 61 ff. ; *Puppe*, NStZ 1984,488 ff. ; *Weinhold*, Rettungsverhalten, S. 93 ff. 。

[408] 参见 BGHSt 44,204(207)= NStZ 1999,238 m. Anm. *Rotsch*；BGH NStZ 1999,128(对此可见 *Otto*, JK 1999, StGB § 24/28) ; NJW 1985,813(814) ; StV 1982,467 ; StV 1981,396(397) ; NStZ-RR 2010,276 ; NJW 2018,2908(2909) ; BGH, Urt. v. 12.9.2018-2 StR 113/18(相反，正确地否定了的有 *Hecker*, JuS 2019,266 ff. ; *Jäger*, JA 2019,70 ff.) ; BGH NStZ-RR 2019,171(172)(对此可见 *Jäger* JA 2019,629 ff.) ; NStZ 2022,94 ; Moldenhauer/Willumat JA 2021,563(567 f.) ; *Puppe*, NStZ 1984,490 ; Weiß JURA 2021,1387(1392)。

[409] 参见 *Kühl*, AT, § 16 Rn. 70. 反对的观点有 *Herzberg*, NJW 1989,865 f. 。

观点补充性地要求对结果的阻止必须具有**客观上的可归属性**。[410] 据此，"只有当行为人为受到危险的法益创设了一个重要的挽救机会并通过犯罪未既遂的方式实现了这一机会时"，他才算阻止了犯罪既遂。[411] 因此，所有可能对于阻止犯罪不合适的行为都不能体现出行为人的阻止功绩，即使这些行为对于结果没有发生（巧合地）具有因果关系。[412]

在两个示例中，A 对于结果未发生是具有因果关系的。在两个案件中，中止行为此外还通过重要的（如果不是通过最优的）方式显著提升了救助的机会，因而符合构成要件的结果没有发生是具有可归属性的。[413] 但是，联邦最高法院只在**示例 1** 中承认行为人的行为是有阻止的功绩。

一个**少数派观点**正确地给免除刑罚的阻止既遂提出了更高的要求：行为人必须要施展**最优的救助努力**，也就是采取他所知晓的措施中最好的那一个（最佳功绩理论）。[414] 这一观点与**中止规定的原理**相符。[415] 因为必须将对结果的阻止理解为背离了未遂中所表达出的对法的反对。只有当行为人尽可能广泛地清除了他所创设的法不容许的风险，才能体现出他完全转向对法的拥护。[416] 如果行为人没有做到这个程度，那么他拥护法的转向就不够彻底。[417] 此外还要指出的是，对最优救助努力

145

---

[410] 持这一观点的有 HK - StrafR/*Ambos* StGB § 24 Rn. 15；*Bloy* JuS 1987, 533；SK - StGB/*Jäger* § 24 Rn. 92；*Jäger*, HBStrR, Bd. 3, § 58 Rn. 115；*Kaspar*, AT, § 8 Rn. 130；SSW StGB/*Kudlich/Schuhr* § 24 Rn. 45；*Rudolphi* NStZ 1989, 511；此外还有 *Herzberg* NJW 1989, 866，他想让犯罪支配原则更有用途。也可见 *Kühl*, AT, § 16 Rn. 72 ff. 。

[411] 参见 *Rudolphi*, NStZ 1989, 511。

[412] 参见 *Jäger*, HBStrR, Bd. 3, § 58 Rn. 118 f. 。

[413] 持这一观点的有 *Bloy* JuS 1987, 535 与——涉及 BGHSt 31, 46——SK - StGB/*Jäger* § 24 Rn. 92（现在恰恰观点相反的有 *Jäger*, HBStrR, Bd. 3, § 58 Rn. 115）。

[414] 参见 BGHSt 31, 46 (49)；Baumann/Weber/*Mitsch*/Eisele, AT, § 23 Rn. 40；*Herzberg* NJW 1989, 867；ders. NJW 1991, 1637；*Jakobs* ZStW 104 (1992), 90 f.；*Murmann*, Versuchsunrecht, S. 60 ff.；ders., JuS 2022, 193 (197 ff.)；LK-StGB/*Murmann* § 24 Rn. 339 ff.；*Römer* MDR 1989, 945 ff.；*Roxin* JR 1986, 427。

[415] 深入阐述可见 *Murmann*, Versuchsunrecht, S. 60 ff. 。

[416] 在未清除所创设的不被容许的风险的情况下免除刑罚也与源自危险先行为的、创设了不作为责任的保证人地位所不相容，参见 *Jakobs*, AT, 26/21。

[417] 参见 *Jakobs*, ZStW 104 (1992), 90。完全清除行为人所创设的、法不容许的风险是一项法律义务，而非仅仅是道德义务；另一种观点见 *Köhler*, AT, S. 475 f. 。

的要求也与经常被强调的被害人保护相适应。[418] 最后，这一解释也不与法律条文相矛盾。[419] 必要的是对"阻止"的规范性理解[420]，其将中止优待的原理纳入考量范畴。如果行为人没有满足对他所提出的要求，那么结果未发生只能说不仅是他的功绩，也是一个在他通过有缺陷的努力所营造出的空间中产生的偶然事件。[421]

所以，联邦最高法院正确地在**示例 2** 中认为不成立阻止犯罪既遂，并进行了如下论述：行为人"不可以只满足于那些他所知晓的（可能）不充分的措施，如果他有着更好的避免可能性的话。（……）他不可以在他本可以避免的地方留出偶然的空间"[422]。

146 出于相似的考量，在对中止的规定进行以原理为导向的解释时，所谓的"**预期性中止**"（antizipierter Rücktritt）无法获得免除刑罚的效果。

> **示例**[423]：
> 德意志共和国的国防部长发布了年度命令，拟定用地雷守卫边界，同时还下令营救受伤的逃难者并进行治疗。O 被地雷炸伤，边界士兵遵守命令将其救活。

联邦最高法院认为，边界士兵所作出的符合体制的举止可以**被归属**于国防部长，被视为国防部长自己的**中止举止**。[424] 但是这**不具有说服力**[425]：没有任何争议的是，只要存在故意，而且被降低的风险仍被法

---

[418] 持这一观点的还有 *Weinhold*, Rettungsverhalten, S. 95。
[419] 另一种观点比如见 *Jäger*, HBStrR, Bd. 3, § 58 Rn. 115。
[420] 参见 *Herzberg*, NJW 1989, 865 f.。
[421] 参见 *Murmann*, Versuchsunrecht, S. 66。
[422] BGHSt 31, 46, 49.
[423] 参见 BGHSt 44, 204；对此可见 *Kudlich*, JA 1999, 624 ff.；*Müssig*, JR 2001, 228 ff.；*Murmann*, JuS 2022, 193(195)；*Rotsch*, GA 2002, 165；*Scheinfeld*, JuS 2006, 397 ff.；*F.-C. Schroeder*, JR 1999, 297。
[424] 参见 BGHSt 44, 204(206 ff.)；赞成的有 SSW StGB/*Kudlich/Schuhr* § 24 Rn. 59；*Rengier*, AT, § 37 Rn. 139 f.；*Singelnstein* JA 2011, 761。
[425] 深入阐述可见 *Müssig* JR 2001, 230 f.；*Scheinfeld* JuS 2006, 397 ff.；*Wege*, Rücktritt, S. 64 ff.；同样的还有 *Kühl*, AT, § 16 Rn. 64；NK-StGB/*Zaczyk*, § 24 Rn. 56。

所不容许，那么在犯罪实行中降低风险的预防措施（比如，用布包裹棍子来降低已知的棍击致死风险）并未改变未遂的可罚性。之所以没有任何改变，是因为只有通过事后抗击所创设的危险的形式才能够起到降低风险的效果。行为人这些一开始就做出的预防措施并未使其远离不法。在行为的那一刻，行为人无法通过降低风险的预防措施来证明其法忠诚，而只能通过不做那些不被容许的风险创设来证明其法忠诚。

(2)《刑法典》第24条第1款第2句中的真诚努力地阻止既遂

如果"没有中止者的介入"也不会发生犯罪既遂，那么《刑法典》第24条第1款第2句要求他必须"为了阻止犯罪既遂而真诚努力过"。[426] 这一规定所得出的结论是，对必要的中止功绩的认定不应以客观事实情况为标准，而应以行为人构想为标准。《刑法典》第24条第1款第2句规定了一个**客观事实情况与行为人构想之间存在差别**的情形：尽管**客观上不（再）会发生犯罪既遂，但是行为人在主观上仍以为会成立一个已终了未遂**。在实践中尤其重要的是涉及不能未遂与客观的失败未遂的情形[427]，即行为人没有意识到其力图的不能或失败时，以及行为人不知晓被害人已经被第三方所救的情形。[428]

147

> **示例：**
> A为了杀死O而给他服下了过量的安眠药。当O入睡之后，A决定救他，并呼叫了救护车。后来查明，该药量无法导致死亡。

此外，如果行为人真诚地做出了救助努力，却基于**不可归属**于行为人的情况而发生了外在**结果**，大多数情况下也是按照《刑法典》第24条

148

---

[426] 概况可见 *Noltensmeier/Henn*, JA 2010, 269 ff. 。
[427] 参见 *Kudlich*, JuS 1999, 351。只有行为人所构想的(也就是主观的)失败未遂才能排除中止, 对此见上文边码109及以下。
[428] 参见 *Kühl*, AT, § 16 Rn. 83。

第 1 款第 2 句进行处理。[429] 其背后的思想是，中止者不应承担被害人的一般生活风险。

> **示例：**
> A 为了杀死 O 而向其开枪射击。紧接着他为了救 O 而呼叫了救护车。O 在救护车行驶途中遭遇车祸而死亡。

149 在所有这类案件中，行为人都通过阻止犯罪既遂的真诚努力表达出了其回头对法的拥护。这以一个存在结果避免意图的行为[430]为要件。这里存在**争议**的是对于**救助努力的质量**的要求[431]：无论如何，不是行为人所实行的每一个可能与结果未发生具有因果关系的举止都符合要求。[432] 大多数情况下要求行为人从他的角度出发必须拥有**足够确定的阻止可能性**。[433] 但是，与《刑法典》第 24 条第 1 款第 1 句中一样，若行为人尽管知晓自己能够使用更有效的手段，却只追求降低他所创设的法不容许的风险，那么就没有理由赋予行为人中止的优待。因此，正确的做法是要求实施**最优的救助努力**。[434] 联邦最高法院至少在行为人认为他人生命处于危急处境的情形中承认了这一要求。[435]

---

[429] 参见 Kühl, AT, § 16 Rn. 82; *Noltensmeier/Henn*, JA 2010, 270 ff.; SK-StGB/*Jäger*, § 24 Rn. 95; *Wessels/Beulke/Satzger*, AT, Rn. 1062; NK-StGB/*Zaczyk*, § 24 Rn. 82。不过，这一情形的归类也可以考虑放在《刑法典》第 24 条第 1 款第 1 句第 2 变体中讨论，因为可以提出的论据是，行为人通过其努力实际上阻止了符合构成要件的（也就是可被归属于其不当举止）结果的发生。

[430] 消极被动是不够的；见 NK/*Zaczyk*, § 24 Rn. 86。

[431] 关于观点的现状参见 NK/*Zaczyk*, § 24 Rn. 83 ff.; 深入阐述可见 *Maiwald*, FS Wolff, 1998, S. 337 ff.。

[432] 不过持肯定观点的有 Grünwald, FS Welzel, 1974, S. 715m. Fn. 38, 其考量是，该行为人不允许比有能未遂（《刑法典》第 24 条第 1 款第 1 句第 2 变体）中的更差。

[433] 参见 BGHSt 31, 46 (49 f.); 33, 295 (301 f.); BGH NStZ-RR 2000, 42; Schönke/Schröder/*Eser/Bosch*, § 24 Rn. 71; SK-StGB/*Jäger*, § 24 Rn. 99; NK-StGB/*Zaczyk*, § 24 Rn. 85。

[434] 参见 BGHSt 31, 46, 49f.; BGH NStZ-RR 2010, 276; *Wessels/Beulke/Satzger*, AT, Rn. 1060; wohl auch BGH NStZ 2012, 28。

[435] 参见 BGH NStZ-RR 2018, 137 (138)。

6. 中止决意与自愿性

每一个免除刑罚的中止举止在主观上都应具有以下要件，即行为人作出了放弃或阻止构成要件实现的**决意**。[436]

虽然《刑法典》第24条没有明确规定**中止决意**，但是，只有当一个中止举止基于相应的决意时，它才能被理解为"放弃"或"阻止"。此外，自愿性必然与决意相关。[437]

如果行为人仅仅只是**无意间**[438]或表面上[439]实施了一个中止行为，那么就欠缺了中止决意。

> **示例**[440]：
> A 放火后，相信已经无法再灭火。为了让自己摆脱嫌疑，她开始大喊"救火，救火"。赶来的邻居将火扑灭。

相反，根据司法判决，中止决意不应以营救意志作为要件。因此，若阻止的犯罪既遂的是仅用来掩饰犯罪实行的行为，中止也不能被排除。

> **示例**[441]：
> A 以保险诈骗为目的纵火，并对其他住户的死抱有容认态度。为了将嫌疑推给第三人，他把钱包扔在走廊上，并在自己皮肤表面割出了伤口。然后他拨打了紧急电话，声称家中被人闯入，而且房间着火了。他这么做不是为了拯救其他住户。这些人最终被接到电话后赶到

---

[436] 参见 *Jescheck/Weigend*, AT, S. 546；*Kühl*, AT, § 16 Rn. 65；Lackner/Kühl/*Kühl*, § 24 Rn. 8；SK-StGB/*Jäger*, § 24 Rn. 87；*Murmann*, JuS 2022, 193(199)；深入阐述可见 *Weinhold*, Rettungsverhalten, S. 139 ff. 。

[437] 参见 *Weinhold*, Rettungsverhalten, S. 139 f. 。

[438] 参见 RGSt 63,158(不过针对的情形是，中止之所以被排除，是因为行为人认为其力图是失败的)；BGH NStZ-RR 1999,327(因错认为被害人死亡而报警)。

[439] 参见 RGSt 68,381. 对此可见之后的示例。

[440] 参见 RGSt 68,381。

[441] 参见 BGH NStZ-RR 2019,171。

> 的消防队救出。联邦最高法院认为，通过拨打紧急电话必然也会启动营救措施，这就足够了。因此，即使对 A 来说这仅仅只是掩饰的附随效果，也并不会产生什么影响。**这并不能令人信服**[442]：如果行为人没有采取行动营救被害人，那么就失去了为回归合法而应对力图实施的行为的必要远离。这也可以在示例中借助以下观点进行说明，即为了掩饰犯罪而拨打紧急电话的决意与继续杀害房屋住户的决意之间很容易相容一致。

151 无论是哪一种中止，行为人的决意都必须是**自愿**作出的。如何确定这一概念，存在着**争议**：

152 部分文献[443]与司法判决[444]运用了一个所谓的"**心理分析式**"（psychologisierend）**考查方式**，也就是说，自愿性的成立不考虑中止动机的伦理性质，而取决于行为人是否作出了一个**自主的**决定。因此，如果行为人仍然"支配着他的决意"，也就是说，他还有着继续追求犯罪既遂的自由，那么他的行为就是自愿的。在这里，只要对于行为人而言被改变的情状并非是继续实施犯罪的强制性阻碍事由，那么外在的阻碍就不与中止的自愿性相违背。[445] 司法判决的观点认为，自主性**不成立**，既可以是因为存在外在的阻碍，也可以是因为行为人出于"**无法抗拒的强**

---

[442] 正确的有 *Jäger* JA 2019, 629(630 f.); *ders.*, HBStrR, Bd. 3, § 58 Rn. 121; *Mengler* JZ 2019, 949 ff. ; LK-StGB/*Murmann* § 24 Rn. 365; 未加批判的有 *Eisele* JuS 2019, 1026(1027 f.)。

[443] 参见 Baumann/Weber/*Mitsch*/Eisele, AT, § 23 Rn. 26; *Jescheck/Weigend*, AT, S. 544; *Krauß*, JuS 1981, 886 ff. ; *Kudlich*, JuS 1999, 352 f. ; *Kühl*, AT, § 16 Rn. 54; Lackner/Kühl/*Kühl*, § 24 Rn. 16 ff. ; *Lackner*, NStZ 1988, 405 f. ; *Wessels/Beulke/Satzger*, AT, Rn. 1067 f. 如果也强调有理地支持"心理分析式"标准的规范质量，那么实质上是一致的有 *Köhler*, AT, S. 479。

[444] 参见 BGHSt 7, 296(299); 21, 216 f. ; 35, 184(186 f.); BGH NStZ 1992, 536 f. ; 1994, 428 f. ; 2007, 91; 2011, 688(689); 2022, 93(94); BGH bei *Holtz*, MDR 1982, 969; 1986, 271; *OLG Düsseldorf* NJW 1999, 2911。

[445] 参见 BGH NStZ 2019, 594(595). 比如，安抚性地劝说行为人（BGH NStZ-RR 2014, 241）放弃要求，或者一名目击者声称已经报警，而这对于行为人而言没有造成明显的风险升高[BGH NStZ-RR 2018, 169（170）; StV 2021, 93（94）（对此见 *Hecker* JuS 2020, 1219 ff.)]。

制性内心阻碍"[446]觉得自己没有能力继续实施犯罪。

> **示例**[447]:
> A用刀刺他妻子,想要杀死她,他的两个儿子刚好进入了房间。联邦最高法院认为A"在感情上与心理上"都不再能实现犯罪既遂,因此否定了自愿性,文献中的部分观点也认为在这类案件中成立**失败未遂**。[448] 从评价相符的角度看,无论是否定自愿性的观点,还是认定成立失败未遂的观点,都不具有说服力。这是因为,当行为人的良心如此强烈地震动以至于在心理上无法继续进行犯罪时,回归合法就深深根植于他的人格中。相比于他仍认为自己有能力在孩子在场的情况下继续用刀刺他们的母亲的情况,没有能力去实行犯罪的情况所展示的对不法准则的背离的明确度并不会更低。[449]

如果因情状改变而被提升的犯罪风险对于行为人而言不再合理,比如他认为自己在他人的注视之下,那么,尽管行为人仍具有继续追求犯罪目的的可能性,也不会认为他是自愿的。[450] **152a**

文献中[451]的很多观点认为,自愿性不应被降低到心理诊断的层面,而应**在规范**上予以确定。自愿性的成立始终是一个评价问题,要解决这 **153**

---

[446] BGH NStZ 1994,428(429);BGH bei *Holtz*,MDR 1982,969;1986,271;BGH NStZ 2014,450;BGH,Urt. v. 28.5.2015-3 StR 89/15(对此可见 *Jäger*,JA 2016,232 ff.)。

[447] 参见 BGH NStZ 1994,428。

[448] 参见 *Jäger*,JA 2016,233 f.。

[449] 参见 *Freund/Rostalski*,AT,§ 9 Rn. 59,62 f.;LK-StGB/*Murmann* § 24 Rn. 281 f.;*Roxin*,AT II,§ 30 Rn. 371;NK-StGB/*Zaczyk* § 24 Rn. 71。结论相同的还有 *Jäger*,HBStR,Bd. 3,§ 58 Rn. 142。

[450] 参见 BGH GA 1980,24(25);StV 1992,224;NStZ 1992,536;1993,76;2007,265(266)。不过这一风险提升在行为人眼中必须达到相当高的程度,BGH NStZ 2020,81(82);NStZ 2020,341(342)。

[451] 这样认为的——在认为关键的规范标准方面有重大差别——有 *Bloy* JR 1989,71 f.;*Bockelmann* NJW 1955,1421;SK-StGB/*Jäger* § 24 Rn. 68;*Streng* FS Feltes,2021,519 ff.;*Jakobs*,AT,26/34 a ff.;*ders.* JZ 1988,520;*Roxin* FS Heinitz,1972,255 ff.;*Ulsenheimer*,Grundfragen,S. 306 ff.。

一问题，必须要以**中止的原理**为指向。可以通过下述示例来阐释这些观点之间的区别。

> **示例**[452]：
> A 埋伏着等他的前妻 X，想要杀死她。当他等待时，突然发现了前妻 X 现在的男友 O，于是他用刀对 O 进行攻击，想要杀了他。尽管 A 认为 O 还没有受到致死的伤害，但他最后还是离开了 O，因为他担心 X 会在这段时间逃走。

154 联邦最高法院根据它的"心理分析式"考查方法，毫无疑问地认为并没有杀死 O 的"强制性阻碍"，A 的离开是"冷静权衡的结果"。A "不是出于一个道德上值得肯定的动机"而放弃对 O 的继续攻击，而只是因为他认为杀前妻是更紧迫的事情而转向了她，这也并不影响自愿性的成立。[453] 正是在这一点上，规范的自愿性概念的主张者认为，免除刑罚并不符合中止的原理："虽然中止的动机不必在伦理上有多高的水平，但是也不允许被用来为以下情况提供许可，即全面维持那些在可能的范围内以反对法秩序的完整性为目的的努力。"[454]

155 若仔细考查就会发现，"心理分析式"自愿性概念与"规范的"自愿性概念之间的对立是被夸大了：法律是规范的构造，因此，

---

[452] 依照 BGHSt 35,184 = JR 1989,69 mit Anm. *Bloy* = JZ 1988,518 mit Anm. *Jakobs* = NStZ 1988,404 mit Anm. *Lackner*。对此也可见 *Grasnick*，JZ 1989,821 ff.；*Lampe*，JuS 1989,610 ff.；*Maiwald*，GS Zipf,1999,S. 255 ff.

[453] 参见 BGHSt 35,184(186 f.)；在这方面表示赞同的有 *Lackner* NStZ 1988,405 f.；同样的还有 BGH StraFo 2013,343；StV 2018,408(409)；NStZ 2020,341。

[454] *Bloy* JR 1989,72；*Roxin* FS Heinitz,1972,256；*Streng* FS Feltes,2021,519(523 f.)（此外他还认为，心理分析式的考查也必然会否定自愿性，因为决定攻击第二名被害人是"主要的"，这"不可避免"地导致放弃第一个力图行为）。在论证上有所不同的是 *Jakobs*，AT，26/34 a，他认为新犯罪计划的法一致性（Rechtskonformität）无关紧要。正确的问题是"为什么行为人不再想要那个未遂的犯罪，而不是他想要什么来取代它"。在他对于作为该案基础的联邦最高法院案例的评论中，*Jakobs* JZ 1988,520 已经联系上了被要求的中止功绩。考虑到攻击的危险性，行为人必须"不仅停止存在于其犯罪中的以下表达，即人们无需关心规范，而且还必须撤回这一表达"。

法律概念在其词义范围内,[455]也必须被规范地理解。[456] 不过,行为人是否在心理上能够作出自主决定,在规范上也是重要的。[457] 当然,其他方面也具有规范上的相关性。使行为人在心理上无法实施该行为的动机可以证明其根植于内心深处的法意识,例如,行为人出于良知原因不能完成该犯罪(见边码152)或者出于对刑罚的恐惧而无法行动。[458] 在这里,尽管心理上不能,但是承认自愿性是合适的。司法判决实际上也限制了它的心理分析式的自愿性概念,它在犯罪风险被提高时否定了自愿性(边码152a),并排除了那些行为人没有处于任何心理强制而仅仅只是遵循其"犯罪理性"的案件。[459] 因此,这一争议实际上完全不涉及"自愿性"概念的规范性,而只涉及其**恰当的规范轮廓**。[460] 但是,在前述示例案件中,许多人支持联邦最高法院的判决,是因为行为人在试图损害法律关系时毕竟出于自我设置的动机而决定放弃的,在一个并未要求全面法忠诚思想的行为刑法中,这就已经足够了。

(三)多个犯罪参与人时的中止

1.《刑法典》第24条第2款的基础与适用范围

由于中止是**属人**的刑罚撤销事由,只免除那些本人符合中止条件的人,因此就有必要对于多人参与犯罪的情况设置中止的特殊规则。[461]《刑法典》第24条第2款符合趋势地设置了比《刑法典》第24条第1

156

---

[455] 参见 BGHSt 35,184(187)认为只有心理分析式的解释才与词义相符;对此可见 Lackner/Kühl/*Kühl*,§24 Rn. 18;SK-StGB/*Jäger*,§24 Rn. 69。

[456] 恰当的观点有 Baumann/Weber/*Mitsch*/Eisele,AT,§23 Rn. 25;NK-StGB/*Zaczyk* §24 Rn. 68。

[457] 这样认为的还有 Schönke/Schröder/*Eser*/*Bosch* StGB §24 Rn. 43.;*Köhler*,AT,S. 479。

[458] 参见 *Bloy* JuS 1986,987;NK-StGB/*Zaczyk* §24 Rn. 71。

[459] 参见 HKV StrafR-HdB III/*Jäger*,§58 Rn. 135;Jakobs,*AT*,26/34;Maiwald *GS Zipf*,1999,266 f.;Roxin *FS Heinitz*,1972,252,256 f.。

[460] 恰当的观点有 *Maiwald*,GS Zipf,1999,S. 260 ff.,269。

[461] 参见 BGH,Urt. v. 17. 3. 2022-4 StR 223/21(Rn. 21);*Krauß*,JuS 1981,888;*Kudlich*,JuS 1999,449;Schönke/Schröder/*Eser*/*Bosch*,§24 Rn. 73。Kretschmer JA 2021,645 ff. 中的概览。

款更高的中止要求,是因为多个参与者所实施的犯罪通常带有**更大的危险性**。[462] 由于所有参与者都对犯罪在整体上予以共同答责,因此,能够免除刑罚的,原则上不能是那些只消除了自己的犯罪贡献的人,而只能是那些**完全阻止了犯罪**的人。所以,根据《刑法典》第 24 条第 2 款,单纯放弃继续实施犯罪不能成立中止。与单独正犯人中的情况一样,犯罪参与人的中止也要求一个**自愿**的中止功绩(对此见边码 151 及以下)。

157 《刑法典》第 24 条第 2 款的**适用范围**在多个方面受到限制:

158 《刑法典》第 24 条第 2 款只规定了——通过自己或其他参与人的行为——**进入了未遂阶段**的参与者的中止。[463] 因此,《刑法典》第 24 条第 2 款排除了那些从一般性犯罪参与条文中就可以得出不可归属性的情形。这主要涉及那些**在进入未遂阶段之前就已经又被消除的举止方式**。[464]

> **示例**[465]:
> A 为 B 准备了用来实施犯罪的武器,但在着手犯罪之前又将武器要了回去。

159 如果共犯人在预备阶段就阻止主行为人实行犯罪,那么在未遂阶段就不成立参与。如果主行为人基于**新的决意**实行了一个(未遂的)犯罪,那么这就是**另一个主行为**,共犯人对此并无任何贡献。[466]

如果参与者在预备阶段就已经与犯罪保持距离,但在预备阶段作出的犯罪贡献还**继续在实行阶段产生影响**,那么,虽然不再考虑

---

[462] 参见 BT-Drucks. V/4095 S. 12;HK-StrafR/*Ambos* StGB § 24 Rn. 22;*Kudlich* JuS 1999,449;SSW StGB/*Kudlich/Schuhr* § 24 Rn. 50;kritisch *Grünwald* FS Welzel,1974,704 ff.;*Lenckner* FS Gallas,1973,295 ff. (305 f.);*Roxin* FS Lenckner,1998,278 f.

[463] 参见 HK-GS/*Ambos*, § 24 StGB Rn. 24;*Kölbel/Selter*, JA 2012, 2f.;*Ladiges*, JuS 2016,16。

[464] 参见 *Krauß*, JuS 1981, 888;*Kudlich*, JuS 1999, 449;*Ladiges*, JuS 2016, 16;*Otto*, JA 1980,708;*Roxin*, FS Lenckner,1998,S. 267 f.,270 f.;*Vogler*, ZStW 98(1986), 344.

[465] 也可参见 *Dorn-Haag*,JA 2016,677;*Kretschmer* JA 2021,645(648 f.)。

[466] 参见 HK-GS/*Ambos*, § 24 StGB Rn. 24;Schönke/Schröder/*Eser/Bosch*, § 24 Rn. 80/81;*Vogler*, ZStW 98(1986), 344。

未遂的共同正犯（对此见第27章边码62），但是还是成立共犯。在此范围内仍适用《刑法典》第24条第2款。[467]

如果**不会**提出在按照参与类型或中止举止类型来区分化处理参与者这一疑难问题，那么也不需要《刑法典》第24条第2款的特别规则。[468] 比如那些被教唆去犯罪或者仅在预备阶段得到了帮助的单独正犯人——他们的中止要按照《刑法典》第24条第1款进行评价，因为犯罪既遂的危险并不来自于其他犯罪参与者。[469] **有争议**的是，间接正犯人的中止是依据《刑法典》第24条第1款[470]还是依据《刑法典》第24条第2款[471]。[472] 支持适用第1款的理由是，间接正犯人在法律上是单独正犯人；支持适用第2款的理由是，实际上是数人协力合作利用人类工具以谋求犯罪既遂，并由此导致了一个升高的危险性。[473] **160**

与在《刑法典》第24条第1款中一样，当参与者认识到或者至少认为已经是失败**未遂**时，第2款也排除了中止。[474] **161**

---

[467] 参见 *Ladiges*, JuS 2016, 16。

[468] 参见 Schönke/Schröder/*Eser*/*Bosch*, § 24 Rn. 73; *Dorn-Haag*, JA 2016, 676; *Kölbel*/*Selter*, JA 2012, 1 f.。当然，在这类案件中适用《刑法典》第24条第1款与适用《刑法典》第24条第2款会得出相同的结论，见 *Kudlich*, JA 1999, 625 f. 。所以它主张在涉及多个参与人时出于简化的原因而始终适用《刑法典》第24条第2款。

[469] 参见 HK-GS/*Ambos*, § 24 StGB Rn. 23; *Ladiges*, JuS 2016, 16; *Mitsch*, FS Baumann, 1992, S. 92 ff. ; *Roxin*, FS Lenckner, 1998, S. 269 f. ;更进一步的还有 *Loos*, JURA 1996, 519, 他认为对既遂的专有支配是适用《刑法典》第24条第1款的一般标准，因而也想将共同正犯的特定情形也包含在内。偏离的观点见 *Koch*/*Rößler* JA 2021, 637(639):对被教唆的单独正犯人也适用《刑法典》第24条第2款。

[470] 持这一观点的有 Baumann/Weber/*Mitsch*/Eisele AT § 23 Rn. 51; LK/*Vogler*, 10. Aufl. , § 24 Rn. 145。

[471] 持这一观点的有 Schönke/Schröder/*Eser*/*Bosch* StGB § 24 Rn. 73; LK-StGB/*Murmann* § 24 Rn. 526。

[472] 参见 *Kretschmer* JA 2021, 645(646 f.); *Roxin*, FS Lenckner, 1998, S. 270; *ders*. , AT II, § 30 Rn. 308 想将《刑法典》第24条第2款的适用限制在"正犯人背后的正犯人"的情形中，因为只有在这类情形中才存在数个可罚的参与人，否则间接正犯人就是单独正犯人，因而要按照《刑法典》第24条第1款进行处理。

[473] 参见 HK-StrafR/*Ambos* StGB § 24 Rn. 23; SSW StGB/*Kudlich*/*Schuhr* § 24 Rn. 52, 55; LK-StGB/*Murmann* § 24 Rn. 526。

[474] 参见 BGH NStZ-RR 2020, 204 (red. LS); *Rengier*, AT, § 38 Rn. 15。

2. 《刑法典》第 24 条第 2 款第 1 句的中止

162 按照《刑法典》第 24 条第 2 款第 1 句，**阻止**主行为既遂的犯罪参与者可以免除刑罚。[475] 可能发生的比如有该参与者撤回了必要的贡献、警告被害人或者通知警察。在未终了未遂中，只要其他参与者还有实现犯罪既遂的可能性，那么单纯的**不作为原则上是不够的**。[476] 只有当其他参与者没有中止者的协力就无法达成既遂时，或者当其他参与者达成一致不再继续实施犯罪时，这一不作为对于进一步的活动才是一个阻碍。[477] 不过，存疑的是，单纯地在内心中同意其他人中止是否能够成立中止功绩。[478]

163 **该参与者承担着既遂的风险**。如果教唆人又想让主行为人放弃实行犯罪却失败了，那么，即使主行为人假意声称不再犯罪，该教唆人也不成立免除刑罚的中止。因为最开始的教唆仍然在犯罪中起到了作用。[479]

164 如果在中止者的干涉之下，其他参与者一开始确实放弃了他们的犯罪计划，但是之后却又作出了新的犯罪决定，那么情况自然就不同了。[480] 因为中止者**所必须阻止的只有那些他参与了未遂的犯罪**。如果中止者（在未遂阶段；对于预备阶段可见第 27 章边码 62）将其犯罪贡献予以消除之后，剩下的参与者还实行了**另一个犯罪**，那么这就不能让中止者承担不利。

---

[475] 深入阐述可见 Gores, Der Rücktritt des Tatbeteiligten, 1982, S. 161 ff.。

[476] 参见 BGH, Urt. v. 17.3.2022-4 StR 223/21（Rn. 21 ff.）; Wessels/Beulke/Satzger, AT, Rn. 1072 f.。

[477] 参见 BGH NStZ 1989, 317（318）; NJW 1992, 989（990）; StV 2012, 16; 2015, 687; BGHR StGB § 24 Abs. 2 Verhinderung 8; Kölbel/Selter, JA 2012, 6; Kudlich, JuS 1999, 450; SSW StGB/Kudlich/Schuhr, § 24 Rn. 59; Kühl, AT, § 20 Rn. 264; Otto, JA 1980, 708 f.; SK-StGB/Jäger, § 24 Rn. 108; NK-StGB/Zaczyk, § 24 Rn. 101 深入阐述可见 Gores, Der Rücktritt des Tatbeteiligten, 1982, S. 165 ff.。

[478] 持这一观点的有 BGHSt 44, 204, 208; Wessels/Beulke/Satzger, AT, Rn. 1077; 批判性观点可见 Rotsch, GA 2002, 165 ff.; NK/Zaczyk, § 24 Rn. 102; 也可参见 Dorn-Haag, JA 2016, 679; Ladiges, JuS 2016, 18 f.。

[479] 参见 RGSt 55, 105; Kühl, AT, § 20 Rn. 265; 批判性观点可见 Vogler, ZStW 98 (1986), 345。

[480] 参见 BGH NStZ 1992, 537; Kölbel/Selter, JA 2012, 3; Baumann/Weber/Mitsch/Eisele AT § 23 Rn. 57。

示例[481]：

A拒绝继续参与一个已经处于未遂阶段的犯罪。他的同伙B于是推迟到第二天才与其他同伙一起实行犯罪。不过，（在这一示例中）[482]**存疑**的是，其他参与者所实施的犯罪与最初计划的犯罪是否是同一个（因而有中止意愿的参与者未能成功地阻止既遂），或者是否成立了一个**新的犯罪**（因而中止者已经阻止了他参与了未遂的主行为的既遂）。[483] 司法判决认可了在以下情况中中止者免受处罚，即"在他消除了犯罪贡献之后，初始的行为计划以修正的形式继续开展，但是接下来的犯罪情况鉴于对象、手段或者其他时空形态已经偏离了一开始商议的犯罪计划，以至于在中止者看来这已经是犯罪实施者的过限了"。[484] 由于决意继续实行犯罪的参与者为了实现他的计划必须重新进入一个（与第一次未遂不同的）实行阶段，因此正确的是，另一名参与者的远离排除了其对后一犯罪的正犯式参与（见边码159）。

3.《刑法典》第24条第2款第2句的中止

《刑法典》第24条第2款第2句区分了两个择一选项[485]：**第一个选项**的要件是，**若没有**中止意愿的参与者的**协助，犯罪就不会既遂**。这里（如同《刑法典》第24条第1款第2句一样）也涉及参与者违背客观事实处境而误以为存在既遂危险的情况（见边码147）。[486] **第二个选项**的要件是，实行该犯罪**不依赖于其之前作出的犯罪贡献**。这里规定的情况是，一名参与者要么完全消除了自己的犯罪贡献，要么出于其他原因而让这一犯罪贡献丧失了重要性。也就是说，该犯罪贡献虽然进入到

165

---

[481] 参见BGH NStZ 1992, 537。
[482] 基于调查情况，联邦最高法院尚无法作出最终判决。
[483] 对此的深入阐述可见 Roxin, FS Lenckner, 1998, S. 283 ff.。
[484] BGH NStZ 1992, 537, 538；也可见 Schönke/Schröder/*Eser/Bosch*, § 24 Rn. 92。
[485] 对此的深入阐述可见 Gores, Der Rücktritt des Tatbeteiligten, 1982, S. 179 ff.；总结性内容可见 Kudlich, JuS 1999, 450 f.。
[486] 参见 Kölbel/Selter, JA 2012, 6。

了未遂阶段，但是却没有实现为既遂。[487]

166 在这两种情形中，免除刑罚的中止都要求**真诚努力**地阻止既遂。这里适用《刑法典》第 24 条第 1 款第 2 句中的相同标准。[488] 这里也应当提出严格的要求，因为没有任何理由给那些敷衍的人以优待。也就是说，行为人必须采取他认为肯定会阻止既遂的手段。[489]

案例与问题

86. 《刑法典》第 30 条将可罚性扩张至预备阶段的正当性何在？
87. 如何理解"印象说"？反对这一理论的理由有哪些？
88. 为什么在未遂中要先考查主观构成要件再考查客观构成要件？
89. 通说如何定义《刑法典》第 22 条中的直接着手犯罪？
90. 对于中止获得免除刑罚效果应如何论证？
91. A 由于妻子 O 提出离婚而绝望地想要杀死她。他突然往她身上浇了一桶汽油，并尝试用几根燃烧的火柴来点燃她。在二人接下来的厮打中，A 始终试图点燃火柴，而 O 则趁机逃走了。A 追赶至花园，将她拽到地上，紧紧地用双手扼住她的喉咙，让她暂时失去了意识。最后，他却离开了他的妻子，无法解释为什么他放弃了杀害的意图。是否应按照《刑法典》第 212 条、第 22 条、第 23 条对他进行处罚？（根据 BGH NStZ 1986, 264 改编）

---

[487] 参见 HK-StrafR/*Ambos* StGB, § 24 StGB Rn. 28;*Kölbel/Selter*,JA 2012,7 f. 。

[488] 参见 *Roxin*,AT II, § 30 Rn. 341;另一种观点比如有 HK-GS/*Ambos*, § 24 StGB Rn. 29,其思考是，在第 2 款第 2 变体中犯罪贡献的抵消应当已经被评价为了中止者的功绩。

[489] 参见 *Roxin*,AT II, § 30 Rn. 341:中止者必须使用"在他看来几乎是最好的手段"；要求较低的有 *Kölbel/Selter*,JA 2012,6 f. 。

第 29 章　不真正不作为犯

一、基础与构造

"一般情况下"犯罪行为是通过积极作为而被实行的。[1] 但是，对于法而言，重要的不是行为人对外部世界的改变，而是**对法律关系的损害**（Verletzung von Rechtsverhältnissen）。社会现实也能通过不利于被害人的无所作为而被改变，也就是当行为人因此损害了一个有利于被害人的义务时。行为人不仅没有做有益于被害人的事，还恶化了一个被保护的法益的处境（与当实施了被要求的行为时法益所处的处境相比）。[2] 但是，不通过积极作为给他人法益带来危险的义务通常是不言而喻的，[3] 而保护他人法益的义务则需要进行特别的论证。因为原则上每一个人都有责任自行保护自己的法益。

处罚不作为的核心问题是，保护他人法益的义务在何种范围上成立。如果存在与此相关的行为义务，那么损害该义务既可以是故意的，也可以是过失的。因此，不作为犯既可以是**故意犯**，也可以是**过失犯**。

在**构造**上，不真正不作为犯与作为犯之间没有原则上的区别。当

---

[1] 赞成的有 Baumann/Weber/Mitsch/Eisele AT § 21 Rn. 1。
[2] 基础性的阐述见 *E. A. Wolff*, Kausalität, 1965, S. 36 ff. ; 也可参见 *Kahlo*, Pflichtwidrigkeitszusammenhang, S. 312 ff. ; *ders.*, Unterlassung, S. 250 ff. ; *Köhler*, AT, S. 210 ; *Kühl*, AT, § 18 Rn. 4 ; *Murmann*, Nebentäterschaft, S. 220 ff. 。
[3] 人们可以将这一义务也解释为涉及自己身体举止的保证人义务，对此的深入阐述可参见 *Jakobs* FS Merkel, 2020, 639 ff. 。

然，在内容方面还是应当考虑到修改要求，以适用于不作为犯的可罚性。对于**既遂的故意不真正不作为犯**，得出了以下**构造**[4]：

4　　预先考查：积极作为与不作为的区分

[也可以在客观构成要件中（在结果发生之后）进行处理]

I. 构成要件符合性

　1. 客观构成要件

　　a）结果发生

　　b）虽有身体上现实的行为可能性却不实施行为

　　c）不作为的（准）因果关系

　　d）损害保证人义务

　　e）将义务损害实现为结果（客观的可归属性）

　　f）不作为与积极作为的等价性（在举止定式犯中，参见《刑法典》第13条第1款句尾）[5]

　2. 主观构成要件

　　a）故意

　　b）特殊的主观不法要素

II. 违法性

　——特殊之处：正当化的义务冲突

III. 罪责

　——特殊之处：对期待可能性的要求

二、真正不作为犯与不真正不作为犯的区分

5　　不作为在**两种犯罪类型**中会受到处罚[6]，即真正不作为犯与不真正不作为犯的构成要件。在**真正不作为犯**中，不作为已经**在分则的构成**

---

[4] 构造示意图参见 *Jäger*, AT, Rn. 477; *Rengier*, AT, § 49 Rn. 5。

[5] 有的人主张将这一考查点归到作为客观的处罚条件的构成要件附加物中，对此进行正确的反驳的观点见 *Fahl*, JA 2013, 674 f.。

[6] 真正不作为犯与不真正不作为犯之间的界限是有争议的，不过这对案件处理并无影响，详见 *Roxin*, AT II, § 31 Rn. 16 ff. 。

要件中被法律类型化为实行形式。

> **示例：**
> 见危不救（《刑法典》第 323c 条）、不告发被计划的犯罪（《刑法典》第 138 条）或者以经权利人要求却仍不离去为方式的侵入房屋（《刑法典》第 123 条）表现为真正不作为犯。

真正不作为犯可以是**人人皆可实施的犯罪**（Jedermanns-Delikt）。比如，当行为人在一个意外事故中不施以援助或者不对一个计划中的犯罪进行告发时，他在这里损害的不是一个特别义务，而是一个关于团结的一般义务。但是，一些被类型化为不作为的构成要件也让可罚性取决于行为人的特殊义务地位。比如，《刑法典》第 221 条第 1 款第 2 项的遗弃罪要求行为人损害了一个特别的帮助义务；在《刑法典》第 266 条的背信罪中，只有负有财产照管义务的行为人才能通过单纯的无所作为损害他对于所照管的财产的义务。[7]

6

与此相反，**不真正不作为犯**与分则中规定积极举止的构成要件相连。当存在《**刑法典**》**第 13 条**所规定的条件时，这些构成要件的适用范围通过该条文被扩张至不作为。[8] 其背后是以下思想，即作为型构成要件（Begehungstatbestand）所保护的法益不仅可以被积极的作为所侵犯，也可以在特定的情况下被不作为所侵犯。

7

---

[7] 参见 SSW-StGB/*Kudlich*, § 13 Rn. 2。但是有争议的是,《刑法典》第 13 条第 2 款的减轻处罚的可能性是否可以适用于那些以行为人的特殊义务地位为要件的罪名。支持一般不得适用的理由是法律上的规范（Schönke/Schröder/Stree/Bosch, § 13 Rn. 1a）;支持适用的则是以下一般评价，即不作为与积极作为相比实现的不法通常更小 [*Roxin*, AT II, § 31 Rn. 250 f.;*Schünemann*, ZStW 96 (1984), 317]。联邦最高法院进行了区分化（说服力不足;*Roxin*, AT II, § 31 Rn. 250):《刑法典》第 13 条第 2 款适用于那些不作为的可罚性源自解释的构成要件（《刑法典》第 266 条中的"义务损害", BGHSt 36,227）,不适用于那些不作为被明确地作为实现形式被提及的构成要件（《刑法典》第 221 条第 1 款第 2 项中的"抛弃"; BGHSt 57,28,30 f.;批判性观点可见 *Jäger*, JA 2012,156)。

[8] 另一种观点见 *Freund*, HBStRR, Bd. 3, § 59 Rn. 79 f.，他不想将《刑法典》第 13 条归为扩张处罚的含义，而仅仅是一个宣示性的含义。但是，无论是鉴于明确性原则（《基本法》第 103 条第 2 款），还是鉴于不作为特有的减轻处罚可能性（《刑法典》第 13 条第 2 款），这都是存疑的;对此可见 *Murmann* GA 2012,711(714)。

> 示例：
> 母亲将她的孩子毒死或是饿死，并不存在原则上的区别。

8 由于积极作为经常比无所作为表现出更大的犯罪能量，因此《刑法典》第 13 条第 2 款规定，对于不作为**可以减轻刑罚**（fakultative Strafmilderung）。

三、作为与不作为的区分

9 通常情况下，成立不作为还是积极作为是很容易被辨识的，因此在鉴定报告中不需要进行很长的论述。只有在同时表现出作为要素与不作为要素的**边缘案件**（Grenzfall）中，才需要对举止方式进行详细的论证。

10 示例 1（"山羊毛案"）[9]：
工厂主 A 将感染了炭疽杆菌的山羊毛交付给女工们加工，但没有事先进行必要的杀菌。多名女工感染后死亡。鉴定专家确认，即使有杀菌程序也无法提供可靠的保护。

11 示例 2（"心肺装置案"）[10]：
大脑严重受损的 O 不可逆转地失去了意识。O 被连接在心肺装置上。他很可能并不愿接受这种生命维持措施。医生 A 关闭了该装置。

12 示例 3（"扳道工案"）：
扳道工 A 在工作时饮酒，造成自己睡着而没有扳道。这导致了铁道入口出现缺口，最终致多名乘客死亡。

13 示例 4（中断营救努力）[11]：
A 向溺水的儿子 O 扔去了一个救生圈。就在 O 快要拿到救生圈时，A 有了其他的想法，于是将救生圈给拉了回去。

---

[9] 参见 RGSt 63,211。
[10] 参见 Roxin, AT II, § 31 Rn. 115 ff.。
[11] 对此比如可见 Ransiek, JuS 2010,494; Roxin, AT II, § 31 Rn. 108 ff.; Wessels/Beulke/Satzger, AT, Rn. 1162。

所有四个示例都既显示出了**不作为的要素**(涉及给山羊毛杀菌、继续治疗、扳道的职务及不予营救),也显示出了**积极作为的要素**(涉及对山羊毛的交付、关闭心肺装置、饮酒、拉回救生圈)。作为与不作为的**区分的重要性不应被高估**。[12] 因为刑法上的责任最终并不取决于一个特定举止被归为作为还是不作为。在积极作为与不作为中,关键都在于义务损害是否体现为了结果。

比如,如果人们认为"**山羊毛案**"是(对于灭菌的)不作为,那么这里已然欠缺了原因关联(详见边码23及以下),因为不能被排除的是,采取了灭菌措施依然会发生这一结果。但是,即使人们将积极作为选为出发点,这一观点当然也是必须被考虑的。虽然在因果关系上不存在什么疑问,因为事实上感染是由被分发的山羊毛所引起的,但是,这里欠缺义务违反性关联,因为一个合法替代举止可能也会导致同样的结果(见第23章边码101及以下)。在"**心肺装置案**"中,乍看上去是有区别的,因为根据《刑法典》第216条通过积极作为杀人的可罚性不取决于被害人的意志,而承诺能将保证人从他的义务中解放出来并进而抽走了不作为的可罚性基础(见第21章边码79)。但是该案的核心在于前置于刑法的问题,即医生是否被允许去关闭装置。[13] 如果回答是肯定的,那么即使归类于积极作为也不会导致可罚性,而且如何得出这一结论是教义学构建的问题(对此的解决建议,见边码15与17)。[14] 恰恰相反,在"**扳道工案**"中很清楚的是,扳道工对旅客的死亡负有责任。但是,如果人们联系上他自己喝醉的情况,那么要论证这一结论其实

14

---

[12] 正确的观点有 Ransiek JuS 2010, 494;有启发性的阐述见 Mitsch FS Merkel, 2020, 827 ff.;深入的阐述见 MüKoStGB/*Freund* § 13 Rn. 4 ff.;*ders.*, HBStrR, Bd. 3, § 59 Rn. 35 ff., 他认为这一区分完全不重要。这一立场当然会与《刑法典》第216条有所冲突,也与《刑法典》第13条第2款所提供的(因而被 *Freund*, HBStrR, Bd. 3, § 60 Rn. 4 所否定的)可选减轻处罚的可能性有所冲突;*Roxin*, AT II, § 31 Rn. 91。

[13] 同样这么认为的有 Baumann/Weber/*Mitsch*/Eisele AT § 21 Rn. 35。

[14] 参见 *Ransiek*, JuS 2010, 494。

是有困难的,因为这与没有扳道在自然意义上没有因果关系。[15] 不过基本没有争议的是,存在于饮酒之中的义务损害被实现为了结果,以至于因果关系在一个规范意义上是可被证成的。[16] 在**中断营救努力**中,A 作为保证人要么因(营救的)不作为而承担责任,要么因(中断营救因果历程的,见第 23 章边码 23 及以下)积极作为而承担责任。但是,当非保证人撤回了营救尝试时,这里会在结论上出现差别。因为非保证人只有在积极实行时才对死亡结果承担责任,而对不作为只能按照《刑法典》第 323c 条进行处罚。

15 作为与不作为的**界限**是**有争议**的[17]:通说按照**可非难性**的重心进行区分。[18] 因而具有决定性作用的是,"在规范思考与社会行为意义考量中,刑法上关系重大的举止的重心何在"[19]。

对这一观点的首要**批评**指向了它的**不确定性**。[20] 还有指责其**循环论证**的,因为通过使用可非难性的重心,对案件事实的刑法评价已经抢先完成了。[21] 在**鉴定报告**中,由于决定空间很大,这些模糊性当然刚好可以成为优点。这尤其体现于关闭"心肺装置"中,在现象学上这明显是一个积极作为。对关闭装置的评价不能有别于终止一个手动的心肺装置(这当然毫无疑问应被视为继续治疗的不作为),这一思想在评价性思考时主张,即使是关闭装置也应首先

---

[15] 参见 Roxin, AT II, § 31 Rn. 105 f.。当然,存在疑问的是,这样强制性地涵摄于不作为构成要件是否一定是解决方案。一个现象学上的积极作为能否被视为不作为,或者人们在这里是否也将不作为犯的归属结构接受为积极作为,在规范上没有任何区别。

[16] 断然声称没有成立因果关系是无法令人信服的。让使自己丧失了行为能力的非保证人基于作为犯承担责任(持这一观点的有 Roxin, AT II, § 31 Rn. 105)也是不合理的,因为对于作为犯而言并不能说损害了义务;Jakobs, AT, 7/69。

[17] 关于观点现状的深入阐述可见 Kuhlen, FS Puppe, 2011, S. 669 ff.。

[18] 参见 BGHSt 49,147(164);52,323(334 Rn. 38);59,292(Rn. 59);BGH NStZ 1999, 607;2012,86(88);Kühl JA 2014,509 f.;Wessels/Beulke/Satzger, AT, Rn. 1159. 否定的观点有 Freund, HBStrR, Bd. 3, § 59 Rn. 52("竞合难题")。

[19] Wessels/Beulke/Satzger, AT, Rn. 1159.

[20] 比如 Zieschang, AT, Rn. 47.

[21] 参见 MünchKomm-StGB/Freund, § 13 Rn. 5; Kühl, AT, § 18 Rn. 14; Ransiek, JuS 2010,494;Roxin, AT II, § 31 Rn. 79 f.。

在终止治疗的方面进行评价，也就是评价为不作为。[22] 联邦最高法院当时对于终止治疗的案件完全摆脱了作为与不作为的教义学束缚，而认为病人的承诺是具有决定性作用的（见第 21 章边码 79）。[23] 在"山羊毛案"中，一个评价性的思考主张是积极作为，因为（若没有交付羊毛）这样的不作为是不具危险性的。在交付未经杀菌的山羊毛中，不作为反而有着过失犯不法的典型要素，过失犯的特征恰巧是忽视必要的注意义务。[24] 相反，"扳道工案"的重心看上去在于不作为，因为扳道工的首要义务是扳道的职责，饮酒反而只是义务违反，因为这会阻碍他履行义务。因此，通说将该举止解释为不作为（详见边码 22）。通说在**中断营救努力**中也主张，如果行为人还没有出手营救（行为人已经抓住了救生圈，但是还没有扔出），那么无论如何都是不作为。[25] 这一观点中的部分人认为，除此之外，撤回已经完结的营救努力也应被理解为不作为。[26] 但是，如果被害人本可无需行为人的进一步协助而获救时（比如因为行为人扔进水中的救生圈飘向了溺水者），那么这一自行发展的因果过程已经属于对被害人有利的外部世界，而这一外部世界被行为人通过积极作为所改变了。[27]

当**积极的能量投入**（Energieeinsatz）对于结果有因果性时，部分文献一直认为这属于**积极作为**。[28] 也就是说，假若基于积极作为的责任创设要件成立，那么法律规定的可罚性就不会通过以下方式受到影响，即举止被转化解释为不作为，进而使得可罚性取决于额外的要件（保证人地位）。[29]

16

---

[22] 参见 *Kühl*, AT, § 18 Rn. 17; *ders.*, JURA 2009, 886。
[23] 参见 BGHSt 55, 191, 201 ff. 。
[24] 参见 *Roxin*, AT II; § 31 Rn. 81。
[25] 比如 *Kühl*, JA 2014, 510。
[26] 参见 *Ransiek*, JuS 2010, 494; *Roxin*, AT II, § 31 Rn. 110 ff. 。
[27] 参见 *Kühl*, JA 2014, 510; *Samson*, FS Welzel, 1974, S. 598 ff. 。
[28] 参见 *Roxin*, AT II, § 31 Rn. 77 ff. ; *T. Walter*, ZIS 2011, 76; *Zieschang*, AT, Rn. 47。
[29] 参见 *Roxin*, AT II, § 31 Rn. 82。

17　　通常情况下，各种不同的观点都会得出同样的结论。在"**心肺装置案**"中则有所不同，因为这里存在着对于所出现的死亡结果的明显的作为因果性。为了避免从作为型构成要件出发进行处罚，这里从提到的文献观点中导入了一个"**通过作为的不作为**"（Unterlassen durch Tun）的构造，依此积极作为在规范上可以被当作不作为对待。[30] 因此，这一观点对通说的指责当然也刚好可以适用于它自己：凭借一个规范的构造避免得出不佳的结论（处罚医生）。[31] 类似地，**在中断营救努力中**，积极的作为也应在规范上被理解为不作为，因为禁止中断一个已经开动的营救过程应当被解释为"行为义务的单纯的组成部分"[32]。

四、不真正不作为犯的构成要件

（一）结果发生

18　　按照《刑法典》第 13 条第 1 款的表述，行为人"**没有阻止结果**"。相应地，既遂犯中的可罚性要求发生构成要件上的结果。一个这样的结果也可以指法益侵害的强化，更确切地说，不仅仅存在于继续犯中，还可以存在于其他情况中，比如对于身体侵犯违反义务地不予处理。[33]

19　　因此，不真正不作为犯至少可以是**结果犯**（比如《刑法典》第 212 条、第 223 条），在常例中亦然。不过，通说对于《刑法典》第 13 条中的结果概念进行了较宽的解释，因为没有充分的理由将不作为的可罚性限制于这类构成要件。《刑法典》第 13 条意义上的"结果"也可以是**行为犯**中的抽象危险行为。[34]

---

[30] 参见 *Roxin*, AT II, § 31 Rn. 99 f.；关于这一法形象的深入阐述见 *Lerman* FS Sancinetti, 2020, 551 ff.。关于技术上的终止治疗见 Rn. 115 ff.。

[31] 反对这一观点的批评意见也可见 BGHSt 55, 191, 202 f.。反对这一观点的还有 *Streng*, FS Frisch, 2013, S. 749 ff.。

[32] *Roxin*, AT II, § 31 Rn. 112.

[33] 参见 *Kühl*, AT, § 18 Rn. 26。

[34] 参见 BGHSt 46, 212, 222; Baumann/Weber/Mitsch/Eisele AT § 21 Rn. 48; *Ransiek*, JuS 2010, 295; *Rengier*, AT, § 49 Rn. 7。

相反，**亲手犯**无法通过不作为的方式——不去阻止他人的犯罪举止（比如《刑法典》第316条的醉酒驾驶）——予以实行。[35] 这是因为，不予阻止恰恰没有实现亲手犯的特定无价值。

20

（二）虽有身体上现实的行为可能性而不实施被要求的行为

当行为人完全可以自行选择一个他有可能实现的行为去阻止结果发生时，那么就可以考虑不作为的可罚性。[36] 也就是说，这里涉及的是**在具体情形中必要的营救行为**。这里考虑的（取决于身体上现实的可能性）当然是各种被要求的（geboten）行为，而保证人原则上应当选择最有效的那一个。在这里，起决定性作用的不是行为人已经认识到了哪一行为可能性，而是在客观上可供他选择的行为可能性有哪些。[37]

21

> 示例：
> 不会游泳的人无法通过游泳的方式营救溺水者，但是可能的话他可以扔一个救生圈给溺水者。

存在疑难的是"**扳道工案**"中的身体上现实的行为可能性，因为睡着的扳道工无法实施营救行为。如果行为人通过积极作为可被非难地造成了自己无行为能力的后果，那么就不能免除其责任。通说在此使用了**原因自由不作为**（omissio libera in causa）这一法形象，（如同在原因自由行为中一样）其有多种不同的论证理由：有些人将积极的作为与事前举止联系起来，该事前举止在评价上应被当作不作为处理。[38] 因为禁止使自己丧失履行义务的能力也是行为义务的组成部分。其他人则将它与不作为联系起来，考虑到行为人之前的过错而禁止依据当时的无行为

22

---

[35] 参见 Baumann/Weber/*Mitsch*/Eisele AT § 21 Rn. 48; *Ransiek*, JuS 2010, 295。

[36] 参见 BGH NStZ-RR 2019, 271 (272)。

[37] 参见 Baumann/Weber/*Mitsch*/Eisele AT § 21 Rn. 16; *Kühl*, AT, § 18 Rn. 31. 如果涉及不作为时没有可被认识到的行为可能性，那么当然就欠缺了故意。

[38] 参见 *Jäger*, AT, Rn. 489; *Roxin*, AT II, § 31 Rn. 106: "违反禁令之所以被不作为构成要件所涵摄，是因为它是一项命令的衍生物"; *Satzger*, JURA 2006, 517; HK-GS/*Tag*, § 13 StGB Rn. 8。

能力。[39]

(三) 不作为之于结果的因果关系

23 不作为不能在自然主义意义上被作为结果发生的原因。如果行为人应对于结果承担责任，那么他必须**在社会意义上引发了结果**（详见边码73a）。据此，不作为与结果之间的这一规范关系要求，对行为义务的损害必须实现为了结果。

24 这一实现关联的第一步就是所谓的"**准因果关系**"（Quasi-Kausalität）[40]，这里涉及的问题是，在实行被要求的行为时结果是否可以被避免。在考查时，**必要条件公式**以被修正的形式提出：按照通说，如果**设想加入一个被要求的行为会使得结果避免具有接近于确定的高度可能性**，那么不作为对于结果发生就是有因果关系的。[41]

> **示例：**
> 如果父亲游向溺水的孩子，那么孩子很可能就会得救。

与实际被实现的自然主义因果历程不同，当涉及被设想加入的举止时，从来无法最终肯定的是，该结果事实上是否可以被避免。在示例中，父亲也可能在试图营救时犯了心肌梗塞。由于这些无可避免的、更多是在理论上存在的剩余可能性并不与责任相违背，因此，若实行行为会使结果的不发生**具有接近于确定的高度可能**性，那么就可以证明原因关联性了。因此，不作为与结果之间的关联并未松动，而是表达了对法官心理确信形成的要求（《刑事诉讼法》第261条）。[42]

25 相反，**风险减低理论**认为，如果被要求的行为导致了风险减低，那

---

[39] 参见 *Kühl*, AT, § 18 Rn. 22; *Rengier*, AT, § 49 Rn. 11 f.; 反对的观点有 Matt/Renzikowski/*Haas* StGB § 13 Rn. 28。

[40] 参见 BGHSt 59, 292 (Rn. 75); BGH NStZ 1985, 27; *Kühl*, AT, § 18 Rn. 35 f.; *Wessels/Beulke/Satzger*, AT, Rn. 1172. 当然，仅仅只有准因果关系，尚无法创设必要的规范关联。

[41] 比如 BGHSt 37, 106 (127); 59, 292 (Rn. 75); *Kindhäuser/Zimmermann*, AT, § 36 Rn. 12, 14。

[42] 这里涉及"对法官对必要的证据标准的内心确信的描述"; BGHSt 37, 106, 127; 59, 292 (Rn. 77); 此外还可见 Matt/Renzikowski/*Haas* StGB § 13 Rn. 34。

么就足够了。[43] 因此，不是当结果被避免具有接近于确定的高度可能性时，而是当行为对法益机会的改善超过轻微程度时，就已经可以对原因性予以肯定了。

> **示例：**
> 如果从距离上看父亲能否及时抵达孩子身边存在疑问，那么按照风险减低理论应当肯定其原因性，因为营救的努力至少会提高孩子的生存机会。相反，通说认为，在实际情况不确定时，要遵循存疑有利于被告原则，认为父亲无法及时抵达孩子身边。

风险减低理论与它的对应物——作为犯中的风险升高理论（对此见第23章边码108及以下）——一样应被否定，其原因是一致的[44]：风险减低理论想在那些行为人通过合法举止是否可以避免这一结果存疑的案件中进行结果归属，这会将结果犯解释成危险犯。甚至有些风险升高理论的主张者拒绝追随风险减低理论。[45] 这是因为，在积极作为之中因果关系总是可以作为责任成立的前提而被确定，而在不作为中因果关联却总是被危险化所取代。[46] 所以通说要求，在实行被要求的行为时，结果的不发生要具有接近于确定的高度可能性。[47]

在适用修正的条件公式时还**存在疑问的是**，它涉及的是**哪一种结果的不发生，是（抽象的）符合构成要件的结果，还是具体的结果**。[48] 26

---

[43] 参见 *Otto*, AT, § 9 Rn. 98 ff.; *Stratenwerth*, FS Gallas, 1973, S. 237 ff.; 认为区分的标准在于不确定性是源自他人的历程还是自然因果的历程的有 *Kahlo*, Pflichtwidrigkeitszusammenhang, S. 306 ff.。

[44] 参见 *Kölbel* JuS 2006, 309(311)。

[45] 深入阐述可参见 *Roxin*, AT II, § 31 Rn. 51 ff.; 此外还可见 *Kaspar*, AT, § 10 Rn. 35。

[46] 参见 *Kaspar*, AT, § 10 Rn. 35; *Ransiek*, JuS 2010, 496 (不过它正确地指出，在积极作为中承认风险升高理论，而在不作为中否认风险升高理论，这种做法从评价的角度来看并不具有说服力)。

[47] 比如可见 BGH NStZ 2011, 31; *Kühl*, AT, § 18 Rn. 38f.。

[48] 对此可见 *Kindhäuser/Zimmermann*, AT, § 36 Rn. 22 f.; *Wessels/Beulke/Satzger*, AT, Rn. 1173, 1203, 他想将这一难题放在义务违反性关联之中; 深入阐述可见 Schönke/Schröder/*Eisele*, Vorb. §§ 13 ff. Rn. 79。

> **示例：**
> A在一栋着火楼房的五楼。由于楼层的高度，她不敢将她的孩子O扔向一位救援者的怀抱来挽救O的生命，但不扔的话O必然死于火海。最终孩子死在了火中，但如果她当时将孩子扔出窗外，孩子本来有很好的获救机会。在这里，不予扔出窗外对于具体发生的死于火海无论如何都是有原因性的。相反，若A当时将孩子扔出了窗外，（抽象的）符合构成要件的死亡结果可能也会发生。

这里最终涉及的是对以下问题的**教义学分类**，行为人在一个危险处境中虽然能够避免具体的结果发生，但是不能避免符合构成要件的结果发生，这如何在归属中产生作用：如果人们遵循的是符合构成要件的结果（O的死亡）不发生，那么就不成立因果关系。如果人们认为具体的结果具有决定性作用，那么不作为对于犯罪具有原因性。但是这里欠缺了保护目的关联。这是因为，将孩子从着火的房子中扔入救援者的怀抱中，并不是用来仅仅改变死亡种类的。[49]

相反，如果实行符合义务的行为本可以至少**在时间上延迟结果**的发生，那么不作为的因果关系就不存在问题。因为法益侵害提前发生也是一个损害结果。因此，如果一个医生不去做一个可能会挽救病人生命、或至少也可以延长病人一天生命的手术，那么，尽管病人可能手术后第二天就会死亡，这也并不违背因果关系。[50] 这里当然涉及保护目的关联的问题，即该手术是否也应被要求用来仅仅延长一天的生命。[51]

（四）保证人义务与将其损害实现为结果

《刑法典》第13条将作为与不作为相等同的前提是，行为人"**在法**

---

[49] 参见 SSW-StGB/*Kudlich*，§ 13 Rn. 12；区分化的观点见 Baumann/Weber/*Mitsch*/Eisele，§ 21 Rn. 24。如果人们遵循风险减低理论，那么当然可以不依赖于教义学上的定位而得出不同的决定，因为A通过扔的行为至少改善了O的被救机会。

[50] 参见 BGH NStZ 1981, 218 m. Anm. *Wolfslast*；还有 *Magnus*, JuS 2015, 404。

[51] 参见 *Wolfslast*, NStZ 1981, 220。

律上有责任保证结果不会发生"。因此，行为人必须具有一个保证人义务。所以，不真正不作为犯是**特别犯**，因为它要求行为人有特别资格。

有的人会（额外）提到对**保证人地位（Garantenstellung）**的要求，这两个概念是通过不同的方式被使用的[52]：有时候保证人义务与保证人地位被当作同义词使用。[53] 但是，保证人地位也经常被解释为一个一般义务地位的含义（比如作为父亲），而保证人义务被描述为一个在特定事实处境下从该地位推导出来的行为义务。[54] 这一存在区别的用语习惯对于鉴定报告中的阐述很有帮助，在此人们必须清楚地意识到，满足构成要件取决于具体的行为义务。[55] 所以，在第一步应当确定保证人地位的基础性存在，接下来第二步再探讨从中产生的下面义务处境的具体情况。[56] 保证人义务的保护目的必须正好是阻止所发生的结果类型。[57]

28

保证人义务是不真正不作为犯的**核心构成要件要素**。模糊的法律表述给了解释者很大的解释空间，但是人们对于那些核心的、应被承认的保证人义务在很大程度上仍达成了一致意见。[58]

29

对**明确性要求**(《基本法》第103条第2款）的关注使得《刑法典》第13条的模糊性经常受到质疑。[59] 但是(至少在考试中)在鉴

---

[52] 也可参见 *Freund/Rostalski*, AT, § 6 Rn. 9 f. 。

[53] 比如 *Kindhäuser/Zimmermann*, AT, § 36 Rn. 50 ff. ; *Wessels/Beulke/Satzger*, AT, Rn. 1174 ff. 。

[54] 参见 BGHSt 37, 106, 126; 52, 159, 163 ff. ; 也可参见 *Rengier*, AT, § 49 Rn. 29. Abweichend *Gropp/Sinn*, AT, § 11 Rn. 22 ff. ，他们认为，保证人地位服务于对外部结果进行归属，并作为一个旨在避免结果的行为义务构成了保证人义务的基础。这并不具有说服力，因为归属已经以损害结果避免义务为前提。

[55] 正确的观点有 *Ceffinato* NStZ 2021,65(66)（他认同了这一区分的重要性，但是在保证人地位终结方面）；*Ransiek* JuS 2010,585。

[56] 参见 *Baumann/Weber/Mitsch/Eisele* AT § 21 Rn. 51。

[57] 参见 *Rengier*, AT, § 50 Rn. 39 ff. 。

[58] 参见 *Roxin*, AT II, § 31 Rn. 17。

[59] 对此可参见 BVerfGE 96,68,97 ff. ，它对该质疑进行了反驳；*Herbertz*, Ingerenz, S. 183 ff. ; *Jakobs*, AT,29/4 f. ; *Roxin*, AT II, § 31 Rn. 31 ff. ; *Stam* ZStW 131(2019) ,259 ff. 。由于几乎不可能在法律上列举所有保证人义务，因此高度抽象化的描述最终是别无选择的(*Jakobs*, AT,29/6)。司法判决进行了更详细的轮廓勾画。如果仔细观察就会发现没（转下页）

定报告中通常不用管去这一条文的合宪性争议。[60] 不过,恰当的做法是,在存疑案例中应将明确性原则作为对保证人义务限缩解释的论据。[61]

1. 保证人义务的产生原因与分类

30 对于保证人义务之**根据,尚无统一观点**。从法律条文中至少可以得出的是,这里必须涉及**法律上的**(而不仅仅是伦理或道德上的)义务。但是这并不意味着,这些要求必须被法律所规定。保证人义务是举止规则的一部分,后者在很大范围内并未被明文规范(见第8章边码6及以下)。

31 相反,形式上的法律义务不能轻易地证成保证人义务。[62] 这一观点符合**形式法律义务理论**(formelle Rechtspflichtentheorie)的理念。这一最初司法判决所主张的观点承认由法律、合同与事先行为中所产生的保证人地位。[63] 后来这一司法判决越过了这一狭窄边界,在法律没有规定的狭窄生活共同体中也能成立保证人义务。[64] 因此,一方面从形式法律义务方面承认法律上的行为义务;另一方面不是每一个形式上的义务地位都能够成立一个值得处罚的保证人义务。比如,从一般的帮助义务(《刑法典》第323c条)中不能同时产生一个保证人义务(否则《刑法典》第323c在实务中就是多余的)。[65] 达成一个关于保护义务(比如保姆)的合同协议本身也不能成立保证人义务,具有决定性作用的反而是对要接收的义务

(接上页)有什么特别之处。因为保证人义务与前置于构成要件的举止规范之间并无区别(见第8章边码6及以下;第23章边码29及以下),而且对保证人义务的损害与客观归属框架内的创设法不容许的危险之间也并无区别(见边码72),后者同样经常未被法律所规定。另一种观点见 Baumann/Weber/*Mitsch*/Eisele,§ 21 Rn. 42 ff. 。

[60] 恰当的观点有 *Ransiek*,JuS 2010,586。

[61] 持这一观点的有 BGHSt 57,42,47 f.(Rn. 17)。

[62] 参见 *Roxin* GA 2021,190(192 f.)。当然,这并不意味着,关于设立保证人义务的法律规定完全没有作用;基于法律的保证人义务详见 *Stam* ZStW 131(2019),259 ff. 。

[63] 对此可见 BGHSt 2,150,152 f. ;19,167,168;*Roxin*,AT II,§ 32 Rn. 4;*Stam* ZStW 131(2019),259(264 ff.)。

[64] 参见 BGHSt 19,167,168。

[65] 参见 *Ransiek*,JuS 2010,587;*Wessels/Beulke/Satzger*,AT,Rn. 1178。

的实际承接。[66]

施加行为义务需要一个特别的**正当化理由**,因为每一个人原则上都应对保护自己的法益负责(边码1)。在论证保证人义务时受到质疑的是,答责自身也属于自由,通常只有在被保护者同意保护义务者影响其生活形态时,保护义务的成立才是可被接受的。只有当潜在被害人无法自我保护或者不负责自我保护,且行为人恰好有着填补保护漏洞的任务时,保证人义务才会成立。在这里,重心更多地在于对潜在被害人的特殊答责性,但也在于对危险来源的答责性。 **32**

与此相应的是,现在的通说依据所谓的"**功能理论**"(Funktionenlehre)区分保护型保证人(=照管型保证人)与监督型保证人。**保护型保证人**对于应被保护的法益有着特别的责任,**监督型保证人**则有责任防止他人的法益被一个应被监督的危险来源所损害。不过,这一区分表现出了模糊性与重复性。比如人们可以问,救生员是必须保护游泳者,还是必须监督来自水的危险。[67] 区分性不足的根源是,监督义务最终也是用来保护潜在的被害人免受危险来源的伤害。[68] 此外,这一区分导致的是以任务为指向的分类,但是却仍未对保证人地位予以论证。[69] **33**

要论证保证人义务的成立,必须从不真正不作为与积极作为之间的在规范上的同等性出发。如果人们认为在积极作为之中犯罪支配是正犯构成要件实现的核心标准,那么可想而知,在与作为同等的不真正不作为中也应当要求一个支配地位。[70] 所以部分文献想从"**对结果基础的支配**"中推导出保证人义务。[71] 存在一个这样支配关系的,不仅仅有支 **34**

---

[66] 参见 BGHSt 47,224(229),*Wessels/Beulke/Satzger*,AT,Rn. 1182。
[67] 参见 *Jakobs*,AT,29/72;也可参见 BGHSt 54,44(48);*Wessels/Beulke/Satzger*,AT, Rn. 1176。
[68] 参见 *Roxin* GA 2021,190(196)。
[69] 参见 *Ransiek*,JuS 2010,587。
[70] 参见 *Roxin*,AT II,§ 32 Rn. 19。
[71] 基础性的阐述见 *Schünemann*,Grund und Grenzen der unechten Unterlassungsdelikte, 1971,S. 229 ff. ;*ders.*,in:Gimbernat/Schünemann/Wolter (Hrsg.),Internationale Dogmatik der objektiven Zurechnung und der Unterlassungsdelikte,1995,72 ff. 。在此之后进行补充的比如有 *Kretschmer*,JURA 2006,899;*Roxin*,AT II,§ 32 Rn. 17 ff. 。

配了危险来源的监督型保证人,也有将被害人的无助作为结果基础予以支配的保护型保证人。但是,对此并没有对保证人义务进行完整的论证。因为支配虽然是证立保证人义务的一个论据,但是却不能作为自然主义的事实自行证立这一义务。所以,实际具有避免结果能力的人却完全没有义务。[72] 由于在法律上涉及要确保彼此的自由,因此,**保证人义务是服务于自由的施展(Freiheitsentfaltung)的**。[73] 比如,孩子的成长需要父母的保护。要开启危险来源,只能是为了施展其自由,同时确保这一自由不以牺牲他人为代价。[74] 因此,支配与依赖性是产生保证人义务的基础,但是它们必须被嵌入在行为人与被害人的自由之关联中。对这一关系复杂性可以进行如下考量,即一个保证人不应提供"全方位保护",而仅仅有义务防止重大的危险。[75] 从根本上说,保证人义务的范围并不取决于社会决策与个体施展的可能性。保证人义务的背面是,潜在被害人相信保证人会履行他的义务。[76]

35 法共同体达成共识的**保护义务**的来源有[77]:

  ☞ 紧密的个人关系;

  ☞ 危险共同体;

  ☞ 承接保护义务;

  ☞ 承担公职。

36 **监督义务**的来源有:

  ☞ 管辖作为危险来源的事物(交往安全保障义务);

---

[72] 参见 Matt/Renzikowski/*Haas*, § 13 Rn. 56;*Ransiek*,JuS 2010,587;*Roxin* GA 2021,190(196)。

[73] 参见 *Köhler*,AT,S. 210 ff.。

[74] 参见 *Kindhäuser/Zimmermann*,AT, § 36 Rn. 55:"支配以答责作为核心方面"。

[75] 比如可参见 BGHSt 27,10,13,他认为房屋所有者对于其客人负有的保证人义务仅限于防卫重大危险。关于对处于成长中的儿童的保证人义务的相对化见 *Roxin*,AT II,§ 32 Rn. 35。

[76] 由于信任他人的保护会降低对自我保护的需要,因此信任者又会再次陷入对保证人的依赖。将信赖原则作为保证人义务的基础的有 *Otto*,AT, § 9 Rn. 42 ff.;*E. A. Wolff*,Kausalität,1965,S. 37 ff.。

[77] 最近,*Roxin* GA 2021,190 ff. 试图将所有保证人地位都追溯至三个初始根据,即"对保护义务的法律分配""救济性保护义务的实际承担"与"避免违法伤害他人的义务"。

☞ 监管第三人的义务；

☞ 危险的事前举止（危险先行为）。

2. 各类保证人义务

以被害人可依赖性与行为人支配的内容方面为指向，对保护型保证人义务与监督型保证人义务的**以下特征**进行了区分： 37

（1）保护型保证人

保护型保证人地位的特点是**被害人对于行为人保护意愿的依赖性**。这一依赖关系既可以建立在被害人的体格弱点之上（比如儿童），也可以建立在被害人基于对于行为人保护意愿的信赖而作出的举止之上（比如，相应地降低了自我保护的措施）。 38

保护型保证人地位是用来保障被保护人的自由的，而不是用来管束被保护人的。从中可以推论出来的是，若被害人自我答责地作出了反对受到保护的决定，那么应当对这一决定**予以尊重**。与这一观点相关的，首先是消极安乐死（第21章边码79），然后是保证人是否**有着阻止自我答责**[78]**自杀的义务**。 39

> **示例**[79]：
>
> A与O是夫妻。O自我答责地决定自杀。A给了O一根麻绳，并在O上吊自杀时陪同在旁。当O在绳索中丧失了意识并最终死去时，A虽然有救O的机会，但是最终并没有采取行动。

没有争议的是，A并不因为递交了麻绳（积极作为）而承担责任。其理由是，O决定自杀是他的自由（见第23章边码76）。在联邦宪法法院从一般人格权（《基本法》第1条第1款及第2条第1款）中推导出了自行决定死亡的权利——它除了自杀权外还包括为此寻求他人帮助的自由——之后，这一观点也在司法判决中得到了

---

[78] 如果自杀的决定存在缺陷，那么该保证人当然就有义务介入，*Schramm*, Ehe und Familie, S. 281. 当然——恰恰也对于具体处境中的保证人而言——通常很难判断自杀是否基于一个自由决定。保证人对此的错误构想会涉及构成要件，因而应在故意中得到考虑。

[79] 比如可参见 *Eisele*, BT I, Rn. 189。

广泛认可。[80] 即使联邦最高法院一直不承认自杀的权利，[81] 但是最终也通过共犯理论认定 A 不可罚：因为由 O 所支配的自杀并不表现为一个可罚的主行为，所以帮助自杀也是不可罚的（见第 23 章边码 73）。[82] A 作为丈夫对 O 具有保证人地位也不能对此改变什么。从这一保证人地位中没有产生权利，更不用说监护配偶的义务了。[83]

40 但是，联邦最高法院早期也运用共犯理论的原则认为，在**被害人丧失其意识**之后，保证人若不采取行动，则成立正犯性质的他杀。那时犯罪支配已经转移给了局外人（A）。因此，在自杀者丧失意识之后，保证人有义务去拯救她。[84]

当拯救只有通过——病人可能并不希望的——强化治疗并容认了严重的永久性伤害的方式时，联邦最高法院始终承认一个有利于"**医生良心决定**"（ärztliche Gewissensentscheidung）的限制。[85]

41 文献一致正确地**否**定了联邦最高法院的上述观点。[86] 实际上，这里（再次——见第 23 章边码 74）显示了共犯架构在说服力上的缺失。如果人们按照新近的司法判决认可自杀的决定是人在法上被保护的自由，那么 A 就被**从拯救生命的保护人义务中解放**出来，而丧失意识也无

---

[80] 参见 BVerfGE 153,182(Rn. 208,212). 也可参见 BVerwGE 158,142(Rn. 24 f.)（对此见 *Sachs* GS Tröndle,2019,641 ff.；*Scheinfeld* GS Tröndle,2019,661 f.)；*EGMR* NJW 2002, 2851(2853 f.). 立法者现在也接受了从一般人格权中推导出来的自我决定权，它也包含了决定自己死亡的权利；参见 Gesetzentwurf der Abgeordneten Brand u. a.,BT-Drs. 18/5373,10,13。

[81] 参见 BGHS 46,279(285)。

[82] 也可参见 BGHSt 13,162。

[83] 对于医生而言，涉及病人自我答责地自杀时，亦然；正确的观点见 *Hillenkamp* JZ 2019,1053(1054)。

[84] 参见 BGHSt 2,150,152 ff.；32,367,374f. [联邦最高法院在后一个判决中否认该结论的荒谬性，其理由是：局外人在承接犯罪支配之前就已经有了一般救助义务(《刑法典》第 323c 条)]；OLG Hamburg,NStZ 2016,530,534 f.。

[85] 参见 BGHSt 32,367,377 ff.。

[86] 参见 *Berghäuser* ZStW 128(2016),747 ff.；*Dölling* FS Maiwald,2010,130；*Eisele*,BT I,Rn. 191 ff.；*Eisele/Heinrich*,BT, Rn. 101；BeckOK StGB/*Eschelbach* § 216 Rn. 5；*Hillenkamp* ZMGR 2018, 292 f.；*Jäger* JZ 2015, 878；Schönke/Schröder/*Eser/Sternberg–Lieben* Vor § 211 Rn. 43；*Otto*,AT, § 9 Rn. 58；*ders*. FS Herzberg, 2008, S. 262 f.；*Rengier*, BT II, § 8 Rn. 23 f.；*Roxin*, AT II, § 32 Rn. 47；*Wessels/Hettinger/Engländer*, BT I, Rn. 112。

法改变这一点。[87]

  联邦最高法院判决的转变[88]体现在关于**医生帮助自杀**的两个判决中。[89] 在这两个案件中，医生在自杀前都提供了意见与支持，而且出于尊重自杀者自由答责的意志，在其失去意识后没有进行干预。联邦最高法院正确地指出，人的尊严要求"尊重其在有承诺能力状态下行使的自我决定权，即使他之后不再能够作出自我答责的决定"[90]。之前作为家庭医生的工作不会产生任何相反的义务。相反，意图自杀者通过她对临终关怀的渴望将从医患关系中产生的义务限制在了减轻死亡过程中的痛苦上。[91] 最终，联邦最高法院遵循了其关于终止治疗的判决的逻辑（见第 21 章边码 79 及以下）[92]：只要认为病人已经作出了反对治疗的自我答责的决定，那么治疗的权利——以及义务——就消失了。对自杀者决定的尊重低于对"普通病人"决定的尊重是不正当的。[93]

  如果人们否定拯救自杀者的保证人义务，那么接下来的问题是，是否可以按照《刑法典》第 323c 条处罚其见危不救。联邦最高法院在

---

[87] 当然，如果行为人的职责正是为了阻止自由答责的自杀，那么处理就不同了。所以 *LG Gießen* NStZ 2013,43 是不妥的，在该案中，被害人之所以寻求被控告的女医生的照管，是因为他害怕实行自杀。

[88] 在文献中经常批判的是，还没有充分实现对 BGHSt 32,367 的抛弃，详见 *Hillenkamp* JZ 2019,1053 ff.；*Neumann*,StV 2020,126；*Rissing-van Saan/Verrel* NStZ 2020,121(123 ff.)。

[89] 参见 BGHSt 64,121（对此见 *Kudlich* JA 2019,867 ff.）；BGHSt 64,135（对此见 *Hecker* JuS 2020,82 ff.）。关于两个判决见 *Engländer* JZ 2019,1049 ff.；*Grünewald* JR 2020,167 ff.；*Hillenkamp* JZ 2019,1053 ff.；*Kraatz* NStZ-RR 2020,97 ff.；*Kubiciel* NJW 2019,3033 ff.；*Lorenz* HRRS 2019,351 ff.；*Neumann* StV 2020,126 ff.；*Rissing-van Saan/Verrel* NStZ 2020,121 ff.；*Sowada* NStZ 2020,670 ff.；*Weißer* ZJS 2020,85 ff.。案例解答见 *Lorenz/Heidemann* JA 2020,836 ff.。司法判决已有的变化迹象见 *LG Hamburg* NStZ 2018,281；*LG Berlin* NStZ-RR 2018,246(247)；最终仍持开放态度的有 BGHSt 61,21(27)；深入阐述见 *Hoven* GS Tröndle, 2019,575 ff.；*Kraatz* GS Tröndle,2019,595 ff.。

[90] BGHSt 64,135(Rn. 30).

[91] 参见 BGHSt 64,135(Rn. 36)。

[92] 参见 BGHSt 55,191(Rn. 18)。

[93] 正确的观点见 *Grünewald* JR 2020,167(171 f.)；Schönke/Schröder/*Eser/Sternberg-Lieben* StGB,Vor §§ 211 ff. Rn. 43。

自由答责的自杀的情况下也肯定了这是一个不幸事件（Unglücksfall）[94]，但是认为，如果一般救助义务与自杀者的自我决定权相冲突，则干预的义务是不具有期待可能性的。[95] 大多数文献正确地否定了成立不幸事件，因为行使《基本法》赋予的自我决定权很难说是不幸事件。[96] 当然，如果自杀者决定的自由答责性存在不确定性，那么情况就不同了，这样一来，团结原则就要求提供帮助。[97]

a. 紧密的个人关系

43　　紧密的个人关系，尤其是家族关系，通常旨在确保各方有义务相互帮助。**家族关系**在法律上被规定为直系血亲（《民法典》第1589条第1句、第1601条、第1618a条）与配偶（《民法典》第1353条第1款）、同性的生活伴侣（《生活伴侣法》第2条）、订婚对象（《民法典》第1297条之第1302条）及其他血亲与姻亲（《民法典》第1589条与第1590条）。[98] 更确切地说，形式上的亲属关系——按照亲属关系的等级程度不同，对于远亲而言几乎不明显，因此也就不足以成立保证人义务[99]——使得预期得以成立。[100] 但是，成年的家族成员最终要自行构建

---

[94] 观点不同的还是 BGHSt 2,150(152 f.):"只要自杀者的答责行为基本如他所构想的那样制造了生命危险，只要他的自杀意志继续存在"，就不是不幸事件。

[95] 参见 BGHSt 64,121(Rn. 43 ff.);64,135(Rn. 37);类似的观点有 *Dölling* FS Maiwald, 2010,119(131);清楚涉及"权衡性自杀"(Abwägungssuizid)时的无期待可能性。旧的司法判决[BGHSt 6,147(153)]认可救助义务，其理由是，自杀者的决定鉴于自杀"在道德上的不被容许性"而在法律上无关紧要。

[96] 参见 *Engländer* JZ 2019,1049(1051 f.);*Grünewald* JR 2020,167(172 ff.);*Hecker* JuS 2020,82(84 f.);*Hillenkamp* JZ 2019,1053(1056);*Lorenz* HRRS 2019,351(359 f.);*Neumann* StV 2020,126(128 f.);*Sowada* NStZ 2019,670(671 f.)。

[97] 参见 SSW StGB/*Schöch* § 323c Rn. 8。

[98] 参见(关于《民法典》第1618a条)BGH StraFo 2017,72;专著见 *Albrecht*, Begründung von Garantenstellungen in familiären und familienähnlichen Beziehungen,1998;*Böhm*, Garantenpflichten aus familiären Beziehungen,2006;深入阐述也可见 *Kretschmer*, JURA 2006,898 ff.;*Otto*, FS Herzberg,2008, S. 255 ff.;*Schramm*, Ehe und Familie, S. 245 ff.。

[99] 参见 *Rengier*, AT, § 50 Rn. 24。

[100] 如此看来，这一形式上的关联不仅是形式的，还具有并反映出了亲属关系的实质质量。该形式上的地位恰恰是在这一方面对于证成保证人义务而言非常重要。因此，将形式上的家庭法上的关联与实际生活关系的实质关联相对应并非完全正确；最终涉及的始终是实质的考量。

社会关系，因此类型化的法律预期可以被实际的生活关系抽去基础。[101]

父母与（成年）孩子之间"有责任相互帮助与关怀"（《民法典》第1618a条）。会产生哪些具体的义务，取决于亲子关系的事实结构。[102] 在共住一屋时，家庭团结原则上会成立保证人地位。[103] 但是，即使孩子搬离了父母的房子，通常仍具有帮助义务。[104] 不过，放弃居住在一起之后，彼此关系的实际质量就非常重要了。如果父母与孩子之间存在严重的分歧，那么这一帮助义务就会丧失。[105] **44**

兄弟姐妹之间的法律纽带较为淡薄，因此他们之间的生活关系必须是紧密的[106]。有时候，除了要求居住在一起之外，还要求一个特殊的"照管关系"，也就是实际承担着保护功能。[107] **45**

即使配偶之间的关系变冷，或者二人暂时分居，他们之间仍然具有相互帮助的义务。[108] 相反，如果其关系完全破裂，比如被暴力所支配，那么就不能再期待来自于另一方的保护。[109] "若一个配偶抱着不再重新建立婚姻生活共同体的认真态度与对方分开"，则亦然[110]，不依赖于对家庭法上离婚程序（《民法典》第1566条）的遵循。[111] **46**

---

[101] 这一实质考量之所以没有"侵蚀法定原则"（持这一观点的有 Baumann/Weber/Mitsch/Eisele, § 21 Rn. 59），是因为《刑法典》第13条没有指示援引民法条文。另一方面，如果存在民法根据的特殊的救助义务，那么显然这也会创设一个保证人义务。在民法上也绝对不能说，形式上的关联会创设一个明确的义务处境；更多的是个案的问题；比如可参见 Palandt/*Götz*, § 1618a Rn. 5。

[102] 参见 BGH NJW 2017, 3609 f.。

[103] 参见 BGH NStZ 2017, 401。

[104] 参见 BGH NJW 2017, 3609 f.; *Wessels/Beulke/Satzger*, AT, Rn. 1180 f.; 持否定观点的有 *Roxin*, AT II, § 32 Rn. 40: 只有道德上的义务。

[105] 参见 *Rengier*, AT, § 50 Rn. 14; *Schramm*, Ehe und Familie, S. 260。

[106] 参见 *Kretschmer*, JURA 2006, 903; *Otto*, FS Herzberg, 2008, S. 269 f.; 深入阐述可见 *Schramm*, Ehe und Familie, S. 264 ff.。

[107] 参见 *LG Kiel* NStZ 2004, 157; BGH StV 2022, 75 (77 f.) (dazu Eisele, JuS 2021, 986 f.)。

[108] 参见 *Rengier*, AT, § 50 Rn. 18; *Wessels/Beulke/Satzger*, AT, Rn. 1180 f. 参见 BGH NStZ 2012, 29 mit krit. Anm. Mandla。

[109] 参见 *Ransiek*, JuS 2010, 588. 在 Lorenz/Rehberger Jura 2022, 242 (250 f.) 的案例解答中。

[110] 参见 BGHSt 48, 301, 304 ff.。

[111] 参见 *Schramm*, Ehe und Familie, S. 278。

47 在法律所巩固的约束之外，关键还在于通过社会关系所追求的目的与所处的关系。所以，在长期维持的**类似婚姻的共同体**中也存在保护义务。[112] 在订婚双方之间，能成立保护义务的是实际的生活共同体，而非形式上的组合。[113] **朋友关系**通常不足以成立保护义务。[114] **目的性共同体**(比如大学生合租) 同样也不足够。实质的义务证成的性质在于，各个不同的方面能够汇总成一个保证人义务[115]，而且诸如朋友关系与类似婚姻的共同体之间的界限是不固定的。在存疑案例中，明确性原则支持限缩解释。[116]

b. 危险共同体

48 危险共同体的特点是，**共同承受风险**并同时通过让参与该共同体的人（默示地）承担相互帮助的义务来**降低这一风险**。[117]

危险共同体的典型**例子**是登山队、潜水组或帆船队员。与之相反，在酒友或者渡轮沉没的乘客那里，**欠缺**共同支配危险的目的。[118]

c. 承接保护义务

49 保护义务可以被自愿承接。[119] 这种承接的基础经常是缔结**合同**，在这里，关键不在于其法律上的约束力，而在于实际承接了这一义务地位。[120] 因此，这里不是对违约科处刑罚，而是处罚对依赖关系的损害，

---

[112] 参见 SSW-StGB/*Kudlich*, § 13 Rn. 27, 它也主张区分："一夜情" 与 "在已有的正式情侣关系之外长期私通" 是达不到条件的。不过，另一方面，订婚本身也未达到条件，而是需要情感上的联结，通常要求是生活共同体，参见 *Kretschmer*, JURA 2006, 902, 他认为共同生活是必不可少的。

[113] 参见 *Schramm*, Ehe und Familie, S. 282。

[114] 参见 *Ransiek*, JuS 2010, 588; *Roxin*, AT II, § 32 Rn. 60。

[115] 比如可见 BGH NStZ 1984, 163。

[116] 以明确性原则对这一立场进行批判的有 Baumann/Weber/Mitsch/Eisele, § 21 Rn. 83 m. Fn. 411。

[117] 比如 *Rengier*, AT, § 50 Rn. 26。

[118] 参见 BGH StV 2020, 373 (375)（对此见 *Nussbaum* ZJS 2021, 86 ff.; *Ruppert* HRRS 2020, 250 ff.）; SSW StGB/*Kudlich* § 13 Rn. 29; *Roxin*, AT II, § 32 Rn. 63。

[119] 当然，这些案例组之间是有重合的，因为自愿承接保护义务时表现出了危险共同体的特征，后者这样看来属于自愿承接保护义务的特殊类型化的子集。

[120] 比如可见 BGHSt 47, 224, 229; *Otto*, AT, § 9 Rn. 64。

这一依赖关系只有当被害人实际开始受到他人的保护时才出现。[121]

这一被承接的义务必须恰恰是用来保护所被侵犯的利益的。比如，对于艾滋病病人的性伴侣，医生并没有这样的保证人义务。

保护义务可以是行为人与被害人之间关系的**核心组成部分**。所以保证人义务不存在疑问的情况有主治医生、登山领队、船长[122]、保姆或者安保公司的员工。 50

在那些保护义务并**不处于中心地位**的关系中也可以成立保证人义务。比如，销售员有义务为他的雇主而干预顾客的盗窃或诈骗。[123] 雇主则有义务保护雇员免受其他雇员的暴力侵犯。[124] 但是，在**商业关系**中，只要不存在一个特殊的信任关系（比如基于该关系的持续时间），那么无论如何都**不能成立一个针对商业伙伴的保护义务**。作为例外的是，可以产生诚实信用义务（《民法典》第242条）。[125] 据此，如果客户占用了银行错汇至其账户的钱，那么该客户并不构成不作为方式的诈骗（《刑法典》第263条、第13条）——从存款合同中并未产生特殊的信任关系。[126] 51

有争议的问题是，**场地**（比如私宅或者餐厅）**的主人**在何种程度上有义务保护其客人免受其他客人[127]的侵犯。有的人认为，（在《刑法典》第323c条之外）并不存在义务，因为欠缺了依赖关系：客人可以很好地保护自己，如同在该场所之外一样。[128] 但是更有说服力的观点是，主人无论如何都要主张一个特殊的信任关系，并至少要对其他客人 52

---

[121] 参见 SSW-StGB/*Kudlich*，§ 13 Rn. 29。
[122] 详见 *Esser/Bettendorf*，NStZ 2012，234 ff.。
[123] 参见 *Rengier*，AT，§ 50 Rn. 32。
[124] 持开放态度的有 BGHSt 57,42,44 f.；不过可参见 *Roxin*,JR 2012,307 f.。关于雇主在多大程度上也对具有攻击性的雇员处于监督型保证人地位的问题见边码 64。
[125] 批判的观点参见 *Otto*,AT，§ 9 Rn. 71 ff.；*Wessels/Beulke/Satzger*,AT,Rn. 1183。
[126] 参见 BGHSt 46,196,203。
[127] 只要这些危险源自房屋本身（比如因为年久失修），那么房屋所有者当然就有了监督型保证人义务；*Roxin*,AT II，§ 32 Rn. 115。
[128] 参见 *Roxin*,AT II，§ 32 Rn. 121 f.；结论相同的还有 *Frister*,AT,22/46。

所实施的严重犯罪行为予以干涉。[129]

d. 承担公职

53 **在法益保护中，国家发挥着至关重要的作用。** 一方面，国家有着保护其公民法益的保护义务（见第 8 章边码 2 及以下），这是国家实行暴力垄断的主要方面，排斥了私人的紧急权（第 25 章边码 93）；另一方面，国家原本就负责对超越个体的法益的保护（比如环境或者刑事追诉利益）。

54 因此，**刑事司法领域中的公职人员**（刑事法官、检察官、警察）**是保护国家刑事追诉利益的保证人**。只要他们在履行公职的范围内违反义务地不去追诉犯罪行为，就可以按照利用职务阻挠刑罚罪（《刑法典》第 258a 条、第 13 条）进行处罚。[130]

若公职人员只是*私下知晓*犯罪行为，那么**存在争议**的是，是否成立保护义务，以及在何种程度上成立保护义务。[131] 这里要权衡公职人员私人领域的利益（《基本法》第 1 条与第 2 条）与刑事追诉的公共利益。在以下情况中，司法判决肯定了干涉的义务，即犯罪行为在其履行公职期间持续（比如：继续犯或者持续性重复行为），而且其犯罪行为非常严重。[132]

55 **相反，从事与刑事追诉无关的工作的公职人员并没有检举的义务。** 如果一个监狱的刑事执行官员没有向刑事追诉机关检举某监狱雇员针对囚犯所实施的犯罪，那么他并不构成不作为方式的阻挠刑罚罪（《刑法典》第 258 条、第 13 条）。[133]

56 **其他超越个人的法益**（比如：环境）也可以由特定的公职人员承担责任。比如，水务部门的主管公职人员是负责水的纯净的保护型保证

---

[129] 参见 BGHSt 27,10,12 f.；BGH NJW 1966,1763；*Jäger*, AT, Rn. 549 f.；*Rengier*, AT, § 50 Rn. 33. 也可参见 BGH NJW 1987,850,在该案中共同合租并没有导致要承担特殊的保护功能。

[130] 参见 Baumann/Weber/*Mitsch*/Eisele, § 21 Rn. 62。

[131] 总结性内容比如可见 SSW-StGB/*Jahn*, § 258a Rn. 9 ff.；*Murmann*, Prüfungswissen, Rn. 45 ff.。

[132] 参见 BGHSt 38,388,391f.；BGH wistra 2000,92,93。

[133] 参见 BGHSt 43,82。

人，如果他不去干涉那些未经批准的污染水域行为，那么他们就是以不作为的方式从事水域污染犯罪（《刑法典》第 324 条第 1 款、第 13 条）或者至少是不作为方式的帮助犯（见第 29 章边码 93 及以下）。[134]

公职人员在其管辖权内也有义务阻止针对**个人法益**的犯罪行为。比如，对于教师或者狱警而言，当由他们所看护的人员（学生或者囚犯）遭受严重的犯罪时，他们就有这样的义务。[135] 这同样也适用于青少年福利局的工作人员，只要他们已知悉父母对其孩子缺乏照料。[136] **警察**也有责任保护公民的法益免受犯罪。比如，如果**警察**在其履职期间看到了身体伤害事件而不予干涉，那么他也要因不作为方式的（帮助）身体伤害罪（《刑法典》第 223 条、第 13 条）而承担责任。[137] 职务之外所获得的信息也可以产生保护型保证义务，比如警察知晓了一名非法收集枪支的危险持有者却没有向主管机关报告。[138]

57

（2）监督型保证人

监督型保证人义务的特征是，**对行为人负有特殊责任的危险来源予以支配**。

58

a. 管辖作为危险来源的事物（交往安全保障义务）

监管那些处于其自己管辖范围内的危险事物（这里也包括动物），这一保证人义务基本是没有争议的。在民法中与之相对应的是侵权法上以确保危险来源安全的举止义务（交往安全保障义务）。

59

> **示例**[139]：
> 地产所有权人必须确保其房屋的安全；机动车的车主必须负责其

---

[134] 深入阐述可见 *Roxin*, AT II, § 32 Rn. 101 ff. ; 关于市长对于水纯净的保证人地位见 BGHSt 38,325,331 f. 。

[135] 参见 *Rengier*, AT, § 50 Rn. 37。

[136] 参见 *OLG Hamm* Beschl. v. 22. 10. 2020-II-5 RVs 279/20（对此见 *Schmmidt* NZFam 2020,1124）。

[137] 参见 BGHSt 38,388,391 f. ;深入阐述可见 *Roxin*, AT II, § 32 Rn. 86 ff. 。

[138] 参见 OLG Nürnberg,Beschl. v. 6.11. 2017-1 Ws 297/17;对此可见 *Jahn*,JuS 2018, 181 ff. 。

[139] 详细概况可见 *Roxin*, AT II, § 32 Rn. 108 ff. 。

> 交通安全；雇主对于企业内部的安全负责；狗主人必须负责不让狗去袭击他人。这些义务都可以**被委派与承接**[140]，比如狗主人委托另一个人去"遛狗"。房屋能够引发阻止针对客人的犯罪这一监督型保证人义务的前提是，恰恰是房屋状况诱发了这类危险[141]——这在实践中几乎没有一例。[142]

60 当然，**义务的范围**是不确定的。机动车的车主无疑必须阻止无证的人或醉酒的人使用他的车辆。但是，从车主的性质中很难论证出的是，他负有阻止对交通肇事负责的驾驶者逃逸的义务。[143]

存在争议的是，在基于**被害人自我答责的举止而产生的危险将要被实现时**，从监管危险来源的义务中是否会成立保证人地位。联邦最高法院曾多次处理过以下这类案件，即被告人公开陈列可自由出售的清洁剂——该清洁剂可被作为毒品使用（γ-丁内酯），使得第三人能够获取。[144] 尽管在场的人知晓喝下该未经稀释的清洁剂可能危及生命，但是他们仍然喝了。被告人当时知晓被害人的生命处于危险处境之中，并容认了被害人若不及时召唤医疗援助就会死亡这一情况。**联邦最高法院**的立场是，虽然自我答责的自己危险化与对积极作为（在屋中自由放置危险物品供人获取）负责

---

[140] 参见 BGHSt 47,224,229；SSW-StGB/*Kudlich*，§ 13 Rn. 33。

[141] 参见 BGHSt 30,391。另一个问题是出现有利于房屋客人的保护型保证人地位；见边码 52。

[142] 参见 SSW-StGB/*Kudlich*，§ 13 Rn. 30；*Rengier*，AT，§ 50 Rn. 56 f. 。

[143] 有争议，参见 *Roxin*，AT II，§ 32 Rn. 113。

[144] 参见 BGH NStZ 2012,319e mit Anm. *Murmann*，NStZ 2012,387 ff. = ZIS 2013,45 mit Anm. *Puppe*；对此也可见 *Brüning*，ZJS 2012,691 ff. ；*Kudlich*，JA 2012,470 f. ；*Rengier*，FS Kühl，2014，S. 383 ff. ；BGHSt 61，21 = JR 2016，545 mit Anm. *Herbertz* = medstra 2016，165 mit Anm. *B. Kretschmer* = StV 2016,426 mit Anm. *Roxin* = NJW 2016,176 mit Anm. *Schiemann*；对此也可见 *Bosch*，JURA（JK）2016,450；*Eisele*，JuS 2016,276；*Jäger*，JA 2016,392 ff. ；*Werkmeister*，in：Stam/Werkmeister，Der Allgemeine Teil，S. 97（109 ff. ）；BGH NJW 2017,418 m. Anm. *Berster* = NStZ 2017,223 m. Anm. *Lorenz*（被害人在最后的情形中误判了毒品的危险性，因此其行为并非自我答责的）；对此也可见 *Kudlich*，JA 2017,229 f. 。依照 BGH StV 2020,373（377）（对此见 *Nussbaum* ZJS 2021,86 ff. ；*Ruppert* HRRS 2020,250 ff. ）区别于以下情形，即该毒品并未提供给后来的被害者，而是由该被害人未经授权获得的。

相违背，但是被害人自我答责的决定只可以延伸至对危险的承受，而不能延伸至对危险的实现："如果仅以自己危险化为目的的事件违背预期地朝着损失法益的方向发展，那么法益拥有者起初的（单纯的）自己危险化的决定就并未同时包含为了获得陷入具体危险状态的法益而放弃采取措施。"[145] 对于这一将处于被害人管辖范围内的风险与处于局外人答责范围内的风险实现予以区分的做法，**文献**正确地指出了其**在以下情形中会出现矛盾**，即只要一个这样的帮助义务没有在个案中被（默示地）商定或者因其他原因而产生。[146] 此外，在前述的这类案件中之所以应当否定其保证人义务，是因为在涉及自由售贩的产品时从一开始就不成立对于成年的、知晓危险性的人的特殊安全保障义务。[147] 不过联邦最高法院正确地看到了自己的论证不适用于**自我答责的自己损害**，也就是被害人以（自我答责的）**自杀**为目的而食用 γ-丁内酯的情况。[148] 因为在这一情形中，被害人不仅做出了危险化的决定，还作出了让结果发生的决定。

企业管理层对于企业经营中所产生的危险予以监督负有全面的义　　**61**

---

[145] BGHSt 61,21,27；相似的阐述也可见 BGH NStZ 2017,219,221 f.（丈夫对妻子负有保证人义务的理由是，患有饮食障碍的妻子没有[完全]认识到危及生命的风险；正确的观点有 *Jäger*, NStZ 2017,222）。

[146] 参见 *Eisele* JuS 2016,278；*Fahl* GA 2018,432；*Herbertz* JR 2016,551；*dies.*, Ingerenz, S. 337 ff. ,377 f. ；*Jetzer*, Einverständliche Fremdgefährdung im Strafrecht, 2015, S. 54 ff. ；*Lorenz/Heidemann* JA 2020,427（431 f.）（Falllösung）；*Murmann* NStZ 2012, 388 f. ；*Puppe* ZIS 2013, 48 f. ；*Roxin* StV 2016,428 f. ；*Schiemann* NJW 2016,178。

[147] 参见 *Herbertz*, JR 2016,549；*B. Kretschmer*, medstra 2016,168 f. ；*Murmann*, NStZ 2012, 388 f.；*Puppe*, ZIS 2013, 48；*Zöller*, FS Rogall, 2018, S. 306 f. ；现在正确的还有 BGH StV 2020,373（376）（对此见 *Nussbaum* ZJS 2021,86 ff. ；*Ruppert* HRRS 2020,250 ff.）。不正确地进行了反对的有 Schönke/Schröder/*Bosch*, § 13 Rn. 43，他认为占有人在不当使用物品时应当答责，但是在涉及具体情形时也会错误地怀疑被害人的自我答责性；正确地反对了后者的有 *Brüning*, ZJS 2012,695。

[148] 参见 BGHSt 61,21,27 最后并开放态度。否定这类情形中的保证人义务的有 BGHSt 64,121（Rn. 42）。也可参见 *Hoven* GS Tröndle, 2019,575（587 f.）；*Jäger*, JA 2016,394。

务地位。[149] 其**一般责任与总体责任**（Generalverantwortung und Allzuständigkeit）不会理所当然地导致企业管理层（比如有限公司的总经理或者股份有限公司的董事会）必须将全部危险置于控制之下。但是，企业管理层的成员有着**组织、监管与控制的义务**，通过履行这些义务来确保其下属员工履行被委托的监督义务。[150] 同时，被委托承担监督任务的员工在履行该任务时也往往是保证人。

62 在一定程度上，可以将保护义务从直接的支配范围中延伸出来[151]的是**产品责任**。[152] 如果一个企业制造了一个事后被证实是具有危险性的产品，那么，为了保护消费者它就有义务采取适当的保护措施，直至召回产品。[153] 与此无关的是，从其危险性的角度看，将该产品投入市场是否违背了注意义务。[154] 产品责任是生产者销售产品自由的背面，其在根本上无法被完全排除。[155] 此外，将保护义务分配给生产者之所以合理，是因为它可以收集损害报告，由它发出召回令能够发挥最大的

---

[149] 基础性的阐述见 BGHSt 37,106("皮革喷雾案"判决) = JR 1992,27 m. Anm. *Puppe*；对此也可见 *Beulke/Bachmann*, JuS 1992,737 ff.；*Hilgendorf*, Produzentenhaftung, S. 121 ff.；*Kaspar/Reinbacher*, Casebook, Fall 2；*Kuhlen*, NStZ 1990,566 ff.；*Samson*, StV 1991,182；*Schmidt-Salzer*, NJW 1990,2966 ff.；也可参见 *Schall*, FS Kühl, 2014, S. 423 f.；*Frisch*, FS Rogall 2018, S. 132 ff.。

[150] 参见 *Gropp/Sinn*, AT, § 12 Rn. 38；*Jescheck/Weigend*, AT, S. 582；Schönke/Schröder/*Sternberg-Lieben/Schuster* StGB § 15 Rn. 152；*Schmidt-Salzer* NJW 1990,2970。

[151] 所以持否定观点的有 *Schünemann*, wistra 1982,44 f.。

[152] 基础性的阐述见 BGHSt 37,106("皮革喷雾案"判决) = JR 1992,27 m. Anm. *Puppe*；对此也可见 *Beulke/Bachmann*, JuS 1992,737 ff.；*Hilgendorf*, Produzentenhaftung, S. 121 ff.；*Kuhlen*, NStZ 1990,566 ff.；*Samson*, StV 1991,182；*Schmidt-Salzer*, NJW 1990,2966 ff.。案例解答见 *Kudlich*, Fälle StrR AT, S. 65 ff.。

[153] 参见 *Rengier*, AT, § 50 Rn. 59 ff.；深入阐述可见 *Roxin*, AT II, § 32 Rn. 195 ff.。

[154] 不过 BGHSt 37,106(115 ff.)的出发点是认定为危险先行为保证人地位。在这里，联邦最高法院从客观的危险性中推导出了事前举止的义务违反性，但这并不具有说服力，因为不被允许的危险结果始终要求作为基础的行为是被法所不容许的(*Roxin*, AT II, § 32 Rn. 199 m. w. N.)。所以，在这类案件中，有的人主张放弃对事前举止的义务违反性的要求（持这一观点的有 *Freund/Rostalski*, AT, § 6 Rn. 95；*Wessels/Beulke/Satzger*, AT, Rn. 1196, 1198）。但这只能解决部分问题。因为用危险先行为的假定也难以论证，比如实施创设危险的行为之后管理层发生了变化，如何论证之后成为总经理的人的责任，而这一责任在联邦最高法院的结论中是被正确地肯定了的。

[155] 参见 *Frisch*, FS Rogall 2018, S. 136。

效果。[156]

b. 监管第三人的义务

监管义务可以特别针对那些**不能完全答责的人**，比如父母或老师之于未成年人，当然，这里具体的监管义务可能会根据年龄、成长阶段与具体情况而在内容上得出非常不同的结果（《民法典》第1626条第2款）。[157] 涉及**完全答责**的个人的监督型保证人义务只有在特殊监管关系的范围内才被考虑，比如，在监狱的公务员之于囚犯的情况下或者在军队上级（《军事刑法》第41条）或其他作为上级的官员之于下属（《刑法典》第257条第2款）的情况下才能够成立。相反，从当今观念出发，夫妻一方当然没有在特殊方式上承担义务去阻止其配偶的犯罪行为。[158]

尤其**有争议**的是**经营主责任**（Geschäftsherrenhaftung），也就是商业领导层阻止下属职员犯罪的义务。[159] 考虑到员工的**自我答责性**，像在其他业务危险中那样的对交往安全保障义务的转移在这里经常受到质疑。[160] 不过正确的是，这里完全不涉及对企业成员"部分不成熟"（partielle Unmündigkeit）的证明。[161] 相反，对**企业结构引发犯罪的作用**的认识，才是应当被考虑的[162]：在成绩压力下努力实现利润最大化的人的集合，比如在实施诈骗犯罪或（节省支出的）环境犯罪的方向上就

---

[156] 参见 BGHSt 37, 106, 121; 也可参见 *Bloy*, FS Maiwald, 2010, S. 46 f., 他认为监测产品的义务是具有决定性意义的, 以及 *Schünemann*, GA 2016, 307 f., 他想将照管支配建立在生产者之于顾客的信息优势之上。

[157] 有启发意义的内容可见 *Roxin*, AT II, § 32 Rn. 127 ff.; 此外还可见 *Schramm*, Ehe und Familie, S. 248 f. 。

[158] 比如 *Kretschmer*, JURA 2006, 902; *Wessels/Beulke/Satzger*, AT, Rn. 1195; 另一种观点见 RGSt 74, 283。

[159] 概览见 *Rönnau* JuS 2022, 117 ff. 。

[160] 参见 *Beulke*, FS Geppert, 2011, S. 33 ff.; *Otto*, JURA 1998, 413; *ders.*, AT, § 9 Rn. 93 mit Fn. 76; SK-StGB/*Stein*, § 13 Rn. 43; *Spring*, GA 2010, S. 225 ff. 反对这一质疑的有 *Roxin*, FS Beulke, 2015, S. 244 ff.; *Schall*, FS Kühl, 2014, S. 419 ff. 。

[161] 参见 *Schünemann*, Grund und Grenzen der unechten Unterlassungsdelikte, 1971, S. 328 f. 。

[162] 有启发意义的内容可见 *Schneider*, NStZ 2007, 555 ff. 。

创设了特殊的风险。此外，特殊风险也存在于雇员对危险机器的操作中。在许多情况下，完全无法区分一个损害事件的发生是基于这类设备的危险性（对此毫无疑问地成立交往安全保障义务），还是基于操作该设备的员工的举止。[163] 所以，按照通说，鉴于生产管理中的特殊风险，让企业管理者**承担阻止与企业相关的犯罪的保证人义务**是合理的。[164] 其正当性在于，该义务在一定程度上是创设特殊危险的企业家自由的背面。[165] 当然，这些义务经常也可以被委托（对此见边码61）。因此联邦最高法院认可了阻止企业员工犯罪的所谓"**合规专员**"的保证人义务。[166] 从必要的**企业相关性**（Unternehmensbezug）中产生出了经营管理层与其雇员之间的**责任界限**：如果一名雇员殴打了顾客或另一名员工，那么就没有经营者责任，因为工作中"偶尔"发生的这类犯罪并未表现出特定的企业相关性。[167] 相反，若存在"霸凌"（Mobbing）范围内的体系性侵犯，而该"霸凌"刚好是在特殊经营关系关系中找到滋生地的，那么就表现出了必要的经营性关联。[168]

从《**违反秩序法**》**第130条**中产生的"损害企业与公司中的监管义务"罚款禁令也强化了经营管理层的保证人义务。这一规定也表达出了以下一般性思想，即企业管理者有着特殊的责任来预防与

---

[163] 参见 Lindemann/Sommer, JuS 2015, 1059; Schall, FS Kühl, 2014, S. 421 ff.。

[164] 表达了相同含义的比如有 Rengier, AT, §50 Rn. 68; Roxin, AT II, §32 Rn. 137; ders., FS Beulke, 2015, S. 246 ff.; Frisch, FS Rogall 2018, S. 132 ff.; 还有 BGHSt 54, 44(49 f.); 57, 42(45 f.); 对此可见 Beulke, FS Geppert, 2011, S. 26 ff.; Jäger, JA 2012, 392 ff.; Kudlich, HRRS 2012, 177 ff.; Ladiges, SR 2013, 29 ff.; Mansdörfer/Trüg, StV 2012, 432 ff.; Roxin, JR 2012, 305 ff.。

[165] 参见 Lindemann/Sommer, JuS 2015, 1059; Rönnau JuS 2022, 117(118 f.); Roxin, JR 2012, 306。

[166] 参见 BGHSt 54, 44(49 f.); Momsen, FS Puppe, 2011, S. 751 ff.; Rönnau JuS 2022, 117(120 f.)。对此的批判比如可见 Beulke, FS Geppert, 2011, S. 23 ff.; Berndt, StV 2009, 689 ff.; Stoffers, NJW 2009, 3176; Warneke, NStZ 2010, 312 ff.; Wessels/Beulke/Satzger, AT, Rn. 1192。很明显，由于对经营的责任是危险来源，合规专员的责任只有在人们基本也认可经营主责任时才会得到考虑。因为合规专员的义务来源于管理层（委托）。

[167] 参见 BGHSt 57, 42, 46. 不过，为了有利于受伤的员工，可以成立保护型保证人地位，见边码51。

[168] 在具体案件中持否定态度的有 BGHSt 57, 42。也可参见 Schall, FS Kühl, 2014, S. 423 ff.。关于整体情况可见 Roxin, FS Beulke, 2015, S. 252 ff.。

企业相关的犯罪。[169]

c. 事前的危险作为（危险先行为）

从危险先行为（Ingerenz）中会产生监督型保证人义务，其正当性来源于以下思想，即**创设一个危险处境会引发支配或清除它的义务**。[170]当然，这里尚未对于成立义务的事前举止阐释更详细的要求。

如果危险可以追溯到一个**客观的违反义务的事前举止**，那么通常就可以成立一个特殊的答责性。[171] 创设了一个法不容许的危险的人负有特殊责任去阻止将该危险实现为结果。这里所涉及的保证人义务当然仅仅只是阻止该结果，若该结果被实现则会成立一个对于法不容许的危险的归属关联。[172] 因此，一方面，保护目的关联是必要的：事前举止所损害的义务必须恰恰是用来阻止已出现的危险处境；另一方面由于大多数举止禁令都不是用来排除距离过远的历程，因此，司法判决要求事前举止会造成符合构成要件的结果发生的临近危险。[173] 此外，还必须成立一个义务违反性关联：危险必须恰恰是建立在事前举止的义务违反性之上。这在反面上意味着，保证人义务不能涉及对与违反义务的事前举止相关的、被允许的剩余风险的清除。

65

66

---

[169] 参见 KK-OWiG/*Rogall* § 130 Rn. 1 f. ; *Többens* NStZ 1999, 3; 对这一论据的批判见 *Roxin* FS Beulke, 2015, 242 f. 。

[170] 关于各种不同的论证路径可参见 *Hoven*, GA 2016, 18 ff. ; 专著见 *Herbertz*, Ingerenz. Ablehnend *Schünemann*, Grund und Grenzen der unechten Unterlassungsdelikte, 1971, S. 316; *ders*. GA 2016, 306 f. [正确进行反对的有 *Roxin* GA 2021, 190（194 f.）]。批判的还有 Baumann/Weber/Mitsch/Eisele, AT, § 21 Rn. 70, 他测量了法律基础。这样一来，他错误地要求了一个"法律规定的"义务，而不是《刑法典》第 13 条所要求的"法的"义务。正确的是，作为义务至少在违反义务的危险创设中当然被包含在（通常法律也没有明文规定的!）危险化禁令之中。否则，人们将不得不将放弃阻止结果解释为基于作为构成要件的支持可罚性的法律中立决定。但是刑罚不是人们为满足一个刑罚构成要件而对此必须付出的"代价"，而是展示它的威慑，即一个举止（或者不作为一个对于避免构成要件实现而言必要的举止）在法上是被禁止的。

[171] 比如 BGHSt 25, 218 (221 f.); SSW StGB/*Kudlich* § 13 Rn. 23。批判义务违反性标准与支持创设法不容许的风险标准的有 *Herbertz*, Ingerenz, S. 286 ff. , 305 ff. 。

[172] 参见 *Rengier*, AT, § 50 Rn. 72, 87 f. , 96 f. 。

[173] 比如 BGH NStZ 2013, 578, 579。当然，"临近危险"的标准导致了以下不正确的联想，即结果发生的可能性决定了保证人义务的成立。但是，结果的可能性——与归属理论的其他情况一样——只是评价是否成立法不容许的危险这一问题时的众多视角中的一个。

> **示例：**
>
> 因醉酒而撞倒行人的汽车司机对于遏制已经产生的身体与生命危险负有保证人义务。**变体**：但是，如果事故对于一个清醒的司机而言也是无法避免的，那么醉酒驾驶的法不容许的危险就没有实现为事故。那么，事前举止的义务违反性也就没有导致保证人义务的产生（欠缺义务违反性关联）。[174]

67 在很多时候，违反义务的事前举止已经可以按照积极作为而被处罚了（比如在示例中，若行人死亡，则按照《刑法典》第 222 条处罚）。如果不作为没有实现额外的不法，那么就只能发挥着补充性作用。[175] 那么，在**鉴定报告**中，对其进行独立考查就是多余的。但是，如果其不法内涵发生了变化，比如司机故意（《刑法典》第 212 条、第 13 条）甚至可能抱着掩盖的故意（《刑法典》第 212 条、第 211 条、第 13 条，对此见第 21 章边码 75）让被害人流血而死，那么就可以基于不作为而处罚行为人，而事前举止就发挥着补充性作用。[176] 有争议的是，如果行为人**在实施其事前举止时就对于被避免的结果抱有故意的心态**，那么危险先行为的保证人义务是否成立。比如，A 抱着杀害的故意撞倒了行人并希望他死亡，故意没有给予任何帮助。在此，危险先行为的保证义务有时候被否定了。[177] 但是，令人难以理解的是，为什么恰恰是那些故意给他人法益造成危险的人没有清除危险的义务？因此，正确的理解是，故意违反义务的事前举止也会成立一个阻止事前举止所追求的结果的保证人义务。[178] 不过

---

[174] 另一种观点见 BGHSt 34, 82；反对的观点比如有 *Kühl*, AT, § 18 Rn. 102；*Rengier*, AT, § 50 Rn. 88f.。

[175] 参见 *Rengier*, AT, § 50 Rn. 75。

[176] 观点不同的有 *B. Heinrich*, FS Geppert, 2011, S. 185 f.，他认为故意的不作为就已经阻却了将结果归属于首次行为。

[177] 参见 BGH NStZ-RR 1996, 131；*Hillenkamp*, FS Otto, 2007, S. 287 ff.。

[178] 参见 Baumann/Weber/Mitsch/Eisele, AT, § 21 Rn. 71；*Freund/Rostalski*, AT, § 6 Rn. 78；SSW StGB/*Kudlich* § 13 Rn. 23；*Kühl*, AT, § 18 Rn. 105 a；*Rengier*, AT, § 50 Rn. 76；*Wessels/Beulke/Satzger*, AT, Rn. 1197.

不作为退至了积极举止（第 31 章边码 67 及以下）之后。[179] 但是仍可能存在不作为形式的共犯。[180]

存在争议的是，应在何种程度上对事前举止的**义务违反性的要求**予以限制： **68**

☞ 一个少数派观点从**公平分配责任**的角度出发认为，允许创设危险在一定程度上能够作为"背面"成立一个对将要发生的危险实现予以干涉的特殊义务。[181] 如果被容许的风险快要被实现了，那么对被容许的风险的应允就能成立一个保证人义务。当行为人被允许为了追求自己的利益而给他人创设危险时，这种**有保留的允许**看起来似乎是合理的。 **69**

依此，在**示例**中，当与驾驶汽车始终相关的操作风险实现为对行人的损害时，谨慎驾车的汽车司机就负有保证人义务。[182]

但是，如果被害人将这一危险承接入了自己的答责领域，那么保证人义务就不成立了。**比如**，转交毒品后，收货人自我答责地吸食了毒品。行为人通过转交毒品，仅仅只是使得自我答责的自己危险化得以可能（见第 23 章边码 81 及以下）。因此，这里不仅是欠缺了一个违背义务的事前举止，而且被害人自我答责地承接危险也排除掉行为人从之前行为中被赋予保证人地位。[183]

☞ 按照完全的通说，对于**通过紧急防卫**（《**刑法典**》**第 32 条**）得 **70**

---

[179] 参见 Freund NStZ 2004,124; Kühl, AT, § 18 Rn. 105a; Wessels/Beulke/Satzger, AT, Rn. 1196（特别法）。在涉及杀害故意的事前举止之后的不作为时，不考虑掩盖目的的谋杀要素，因为积极的故意杀人行为并非应被掩盖的"另一个"犯罪，另一种观点见 Eisele, BT I, Rn. 132。

[180] 参见 Kühl, AT, § 18 Rn. 105a。

[181] 表达了相同含义的比如有 Freund/Rostalski, AT, § 6 Rn. 92 ff.; E. A. Wolff, Kausalität, S. 43; 有这一倾向的还有 SSW-StGB/Kudlich, § 13 Rn. 24; 持否定观点的比如有 Baumann/Weber/Mitsch/Eisele, § 21 Rn. 72; Rengier, AT, § 50 Rn. 82 ff.; Roxin, AT II, § 32 Rn. 167; BGHSt 25, 218。

[182] 参见 Freund/Rostalski, AT, § 6 Rn. 93。

[183] 另一种观点见 BGH NStZ 1984, 452; 同样的还有 BGH NStZ 1985, 319(320) mit insoweit abl. Anm. Roxin. 反对联邦最高法院的主要是 Stree JuS 1985, 184; 也可见 ders. FS Klug, 1983, 399 ff.; 此外还有 Fünfsinn StV 1985, 58; Roxin, AT I, § 11 Rn. 96; SK-StGB/Jäger Vor § 1 Rn. 140; Werkmeister, in: Stam/Werkmeister, Der Allgemeine Teil, S. 97 (102 ff.)。

以正当化的事前举止，不存在源自危险先行为的保证人地位。[184] 因为攻击者要对被合法施加于自己的损害自行承担责任："通过违法攻击招致自己危险化的人，不能由此强迫被攻击者成为保护他的保证人。"[185] 攻击者也并非完全"不受法律保护"[186]，因为防卫者还需要承担一般性救助义务（《刑法典》第 323c 条）。[187]

但是，如果《刑法典》第 32 条的前提丧失了，比如攻击终止或者防卫行为不再必要，那么防卫者就**有义务终止继续进行的防卫行为**。比如，房屋所有权人将小偷锁在了地窖里，那么他必须也要负责释放他。[188] 如果对必要性的关注要求实行一个积极的作为，那么将防卫限制在必要的程度的义务就能够成立一个保证人义务。

71 ☞ 通过**紧急避险**（《刑法典》第 34 条）实现正当化的法益危险化的情况则有所不同。因为这里通常存在的情形是，紧急避险人为了自己的利益所实施的行为涉及一个完全无辜的人。《刑法典》第 34 条（也）建立在团结原则的基础之上。从对这一原则的要求中产生了对被害人予以补偿的要求。所以，让紧急避险人承担**遏制其合法创设的危险的保证人义务**，就是合理的了。[189]

> **示例**[190]：
>
> 如果汽车司机为了避免一个严重的事故而将车开上人行道，并撞伤了一名行人，那么他就对此负有保证人义务。

---

[184] 参见 BGHSt 23, 327; BGH NJW 1987, 850; SSW StGB/*Kudlich* § 13 Rn. 24; *Kudlich*, Fälle StrafR AT, S. 147 f.; *Lorenz/Rehberger* Jura 2022, 242 (251)（案例解答）; 另一种观点见 *Hardtung/Putzke*, AT, Rn. 1031 ff.; 质疑的有 *Kühl*, AT, § 18 Rn. 95; 主张限制的有 *Herbertz*, Ingerenz, S. 342 ff.。

[185] BGHSt 23, 327, 328.

[186] 以该理由支持保证人义务的有 *Herzberg*, JuS 1971, 74; *Welp*, Vorangegangenes Tun als Grundlage einer Handlungsäquivalenz der Unterlassung, 1968, S. 266 ff.。

[187] 参见 *Walther*, FS Herzberg, 2008, S. 503 ff.。

[188] 参见 *Rengier*, AT, § 50 Rn. 93; 另一观点见 Baumann/Weber/*Mitsch*/Eisele, § 21 Rn. 75。

[189] 参见 *Herbertz*, Ingerenz, S. 348; *Kühl*, AT, § 18 Rn. 96. 深入阐述可见 *Roxin*, AT II, § 32 Rn. 186 ff.。

[190] 参见 *Rengier*, AT, § 50 Rn. 94; *Roxin*, AT II, § 32 Rn. 186.

3. 将对保证人义务的损害实现为结果

如同在积极作为中一样,在不作为中,举止必须恰恰是在其义务违反性中被实现为结果(**客观归属**)。[191] 作为犯中"创设法不容许的危险"在不作为犯中的相当物是对保证人义务的损害。[192] 两种不法形式的"公分母"是**对一个用来保护特定法益的举止规范的损害**。

这一对举止规范的损害必须实现为了结果。在作为犯中要考查的**义务违反性关联**在不真正不作为犯中要通过假设的因果关系来确定。[193] 因为假设的因果关系始终具有以下前提,即在实施一个合法的替代性举止时(也就是实行被要求的行为)可以避免结果的发生。[194] 相反,在不作为中,同样也需要考查必要的**保护目的关联**。[195] 这里涉及的问题是,被损害的保证人义务是否恰恰是用来阻止结果通过这种方式发生的。这尤其在那些通过非典型历程发生结果的情形中是欠缺的。

示例[196]:

保证人违反义务地让被害人(O)听天由命,被害人之后偶然被路人发现,路人开车将其送往医院。在行驶过程中发生事故,造成了O死亡。采取救助措施的义务不是用来阻止交通事故中的死亡的。

如果结果可以被客观归属于保证人,那么更多的是表达,而不仅仅只是与结果的思维关联:**不作为实际上导致了对社会现实的改变**,因为

---

[191] 强调的有 *Kölbel* JuS 2006,309(311 ff.);*Schladitz* Jura 2022,54(62)。将其作为问题讨论的有 *Haas* FS Kindhäuser,2019,177 ff.。

[192] 参见 *Kölbel* JuS 2006,309(311 f.)。不真正不作为犯的符合构成要件的举止的特征是损害保证人义务。严格地说,这与作为犯中创设法不容许的风险没有什么不同(基础性的阐述见 *Frisch*,Tatbestandsmäßiges Verhalten,passim),即使这一考查点通常是在客观归属的范围内处理。

[193] 批判的有 *Haas* FS Kindhäuser,2019,177(188 ff.)。

[194] 由于不作为中不存在自然科学意义上的因果关系,因此,用假设因果关系当然就可以解决归属问题;深入阐述可见 *Kahlo*,Pflichtwidrigkeitszusammenhang。

[195] 参见 *Kölbel* JuS 2006,309(313 f.)。另一种观点见 Matt/Renzikowski/*Haas*,§ 13 Rn. 38。

[196] 参见 *Rengier*,AT,§ 49 Rn. 25. 其他的例子见第29章边码26。

被害人有权要求保证人的帮助。保证人通过不作为干涉了这一生活现实，恶化了被害人在法律上形成的自由处境。[197]

> **示例：**
> 母亲让其孩子饿死，不仅是不给孩子提供益处，还是让她的孩子承受不利。[198]

73b 如果通过不作为实现基本构成要件与结果发生之间存在必要的、在**构成要件上特有的关联**（见第 23 章边码 129 及以下），那么**结果加重犯**也可以通过不作为的方式予以实行。[199]

> **示例**[200]**：**
> A 不对重病的 O 提供帮助，损害了保证人义务。他虽然恶化了 O 的健康状况，但是没有容认 O 的死亡。O 最终死亡。在此 A 实现了《刑法典》第 223 条，因为他应对通过不作为方式造成 O 健康状况恶化这一事实承担责任。如果未被阻止的疾病历程这一特定的风险最终实现为了死亡结果，那么《刑法典》第 227 条要求的构成要件上特有的关联就成立了。

（五）相符性条款

74 《刑法典》第 13 条规定的作为与不作为之间的同等性成立，除了要求行为人"在法律上有责任不让结果发生"（保证人义务），还额外要求"不作为与通过作为实现法律上的构成要件相符合"［相符性条款（Entsprechungsklausel）］。

75 不过，在通常情况下，损害保证人义务就已经能够让相符性得以成

---

［197］ 基础性的阐述见 *E. A. Wolff*, Kausalität, S. 36 ff.；此外还可见 *Kahlo*, Unterlassung, S. 250 ff.。

［198］ 参见 *E. A. Wolff*, Kausalität, S. 37。

［199］ 详见 *Eisele*, FS Rengier, 2018, 3 ff.；*Fischer*, § 227 Rn. 6 f.。

［200］ 参见 BGH NJW 2017, 418 m. Anm. *Berster* = NStZ 2017, 223 m. Anm. *Lorenz*；也可参见 *Kudlich*, JA 2017, 229 ff.。

立。在**纯正的结果犯**中没有对实行行为提出任何特殊要求,因此相符性条款在此没有独立的意义。[201]

但是,由于法律将保证人义务与相符性条款并列规定为要件,因此在**鉴定报告**中,对于纯正结果犯也必须要提及相符性条款欠缺意义这句话。[202]

在**举止定式犯**中,相符性条款具有(较小的)[203]重要性,这里的问题是,不作为是否与对实行行为的特殊要求具有相符性[所谓"**形态相当性**"(**Modalitätenäquivalenz**)]。[204] 所以可以提出以下问题,即一个违反保证人义务的不作为是否残忍或者阴险(《刑法典》第211条),或者诈骗中是否体现出了欺骗的无价值(《刑法典》第263条)。关键始终在于,不作为"在具体案件中是否与积极实现构成要件的不法内涵相近,以至于它与构成要件的不法类型相适应"[205]。

76

> **示例**[206]:
> A在床上吸烟时睡着了。当他醒来时,房间已经着火了。他跑向外面。尽管他知道火势蔓延可能会夺取公寓楼其他住户的生命,他却什么都没有做。一名住户死于烟雾中毒。联邦最高法院在这里否定成立"使用危害公众的手段"的谋杀罪。因为该谋杀罪的要素的基础在于"行为人试图通过给他人创设无法估量的危险来贯彻其目标这一特殊的无所忌惮"(Rücksichtslosigkeit)。所以,如果他仅仅只是"利用了一个已经存在的危害公众安全的情况来实施犯罪",还不足以成立该罪。[207]

---

[201] 比如可见 BGH NStZ 2016,95,97;SSW-StGB/*Kudlich*,§ 13 Rn. 36。另一种观点见 *Schünemann*,GA 2016,301 f.。

[202] 参见 *Kühl*,AT,§ 18 Rn. 124;*Rengier*,AT,§ 49 Rn. 31。

[203] 参见 SSW-StGB/*Kudlich*,§ 13 Rn. 35;*Roxin*,AT II,§ 32 Rn. 223。

[204] *Kühl*,AT,§ 18 Rn. 123;*Wessels/Beulke/Satzger*,AT,Rn. 1205;主张进一步限制为"与作为型行为人相关的加重构成要件"的有 *Roxin*,AT II,§ 32 Rn. 230 ff.。概览及各种不同的观点见 *Satzger*,JURA 2011,749 ff.。

[205] *Fischer*,§ 13 Rn. 84.

[206] 参见 BGHSt 34,13;相似的例子见 *Satzger*,JURA 2011,754。

[207] 参见 BGHSt 34,13,14;BGH NStZ 2010,87 f.(对此可见 *Hecker*,JuS 2010,360 f.);反对的观点见 *Fischer*,§ 211 Rn. 61。

（六）不作为犯中的故意

77 与在作为犯中一样，犯罪故意也必须涉及客观的构成要件要素。在不作为犯中，保持不动的意愿与对结果避免可能性的明知也属于故意。[208] 因此，"准因果关系"的不明确性并未排除故意，而是在行为人真诚地认为有可能避免结果时成立间接故意。[209] 在涉及**保证人义务**时，行为人必须认识到了创设了该义务的**实际情状**。如果他没有认识到这些情状，那么就成立一个排除故意的构成要件错误（《刑法典》第16条第1款第1句）。[210] 相反，如果他对保证人义务的认识存在错误，那么就要按照《刑法典》第17条处理这一错误设想［命令错误（Gebotsirrtum）］。[211]

> **示例：**
> 如果父亲没有认识到溺水的孩子是他自己的儿子，那么他就欠缺对于创立其保证人义务的情状的故意（若行为人由于欠缺谨慎性而陷入这一错误，那么至多可以按照《刑法典》第222条进行处罚）。相反，若行为人知晓自己的父亲地位，却以为自己和儿子关系紧张因而没有救他的义务，则不能排除其故意。

五、不真正不作为犯中的违法性

78 在不作为中，**大多数正当化事由并不重要或者重要性很小**，比如，紧急防卫范围内的防卫行为只在个别情况下存在于不作为中[212]，也无法想象通过不作为方式进行的拘捕行为。不过，在**正当化的义务冲突**中

---

[208] 参见 Wessels/Beulke/Satzger, AT, Rn. 1207。

[209] 参见 Ast HRRS 2017, 500 (501 f.); Frister, AT, 22/51; Rengier, AT, § 49 Rn. 36; LK-StGB/Rissing-van Saan/Zimmermann § 212 Rn. 51;深入阐述见 Kudlich/Hoven FS Rogall, 2018, 209 ff. 。观点不同的有 BGHSt 62, 223 (Rn. 55)［对此赞同的有 Rosenau/Lorenz JR 2018, 168 (179 ff.)］;正确地对此反对的有 BGH NJW 2021, 326 (328)［对此见 Bosch JURA (JK) 2021, 456］。

[210] 参见 Satzger, JURA 2011, 434 f. 。

[211] 参见 Satzger, JURA 2011, 435。

[212] Baumann/Weber/Mitsch/Eisele AT § 15 Rn. 35 中的示例:狗去咬小偷的腿阻止其逃跑，而主人没有吹哨让其返回。

与（应按照《刑法典》第 34 条处理的）**作为义务与不作为义务之间的冲突**中还存在着这类情形。这二者都已经在违法性的框架内（第 25 章边码 64 及以下）被提及了。

六、不真正不作为犯中的罪责

就罪责而言，不作为犯的原则与**作为犯中的原则基本上是一样的**。但是，一些宽恕罪责事由在实务中几乎不会发挥作用（比如《刑法典》第 33 条），《刑法典》第 35 条比在作为犯中发挥的作用更小，因为不作为在更广的范围内已经通过《刑法典》第 34 条实现正当化了（见第 25 章边码 66）。这里要考虑到对保证人义务的认识错误（**命令错误**，《刑法典》第 17 条，见第 26 章边码 42 及以下）。

79

与在积极作为中不同的是，在不作为中应积极考查**符合规范的举止的期待可能性**。[213] 因为在作为犯中——在所规定的宽恕罪责事由方面——原则上是要求行为人不实施可罚的行为，相比之下，不能认为对履行行为义务的期待就同样理所当然。

80

然而**存在争议的**是，在哪一个**考查阶段处理期待可能性**：

81

☞ 一个少数派观点想将期待可能性放在（客观）**构成要件**中[214]或者也作为**正当化事由**[215]予以讨论，因为已经涉及了行为义务的问题。这一观点的前提是在不作为中将法限制到要求可期待性，然而（如同在积极作为中一样）该前提并不正确。

☞ **通说**将符合规范的举止的无期待可能性相应地视为一个**宽恕罪责事由**。[216] 对此，作为型行为人与不作为型行为人在不法层面

---

[213] 通说，比如见 Lackner/Kühl/*Kühl* StGB § 13 Rn. 5；*Wessels/Beulke/Satzger*, AT, Rn. 1218. 否定性观点见 MüKoStGB/*Schlehofer* Vor § 32 Rn. 338 f.；*Zieschang*, HBStrR, Bd. 2, § 45 Rn. 125 ff.。

[214] 参见 *Fischer*, § 13 Rn. 81；*Heinrich*, AT, Rn. 904；*Ransiek*, JuS 2010, 586；*Stree*, FS Lenckner, S. 393 ff.。

[215] 参见 *Gropp/Sinn*, AT, § 11 Rn. 201；*Köhler*, AT, S. 297 f.。

[216] 参见 SSW StGB/*Kudlich*, § 13 Rn. 34, 45；*Kühl*, AT, § 18 Rn. 140；*Wessels/Beulke/Satzger*, AT, Rn. 1218。

被等而视之。

82 一个救助行为对于行为人而言是否具有期待可能性,取决于他在实施该行为时是否会忽视其他重要的高等级利益,以至于他的举止——考虑到其保证人义务的重要性——会得到宽容。无论如何,**让身体或生命陷入重大风险之中都是无期待可能性的**。[217]

83 期待可能性的典型问题是,行为人在实施必要救助行为时担心自己或亲近的人遭受**刑事追诉的危险**。只要**行为人因其自己犯罪的事前举止**面临着刑事追诉,那么对于他而言,承受这一风险无论如何都是有期待可能性的。这是因为,通过牺牲他人的法益来避免自己遭受刑事追诉,这样的利益不能得到特殊的体谅(这也体现在了《刑法典》第211条中掩盖目的的加重处罚效果中)。[218] 如果行为人的救助行为会造成**亲属**受到刑事追诉,那么情况通常就不同了。在这里,《刑法典》第139条第3款、第258条第6款的评价显示,在这一冲突处境中要作出有利于行为人的考虑,不过,阻止亲属实施严重犯罪仍是具有期待可能性的。

> **示例:**
> 让父母为了阻止孩子犯罪而去提起刑事控告,无论如何都不具有期待可能性。[219] 相反,如果父亲长期性侵12岁的继女,那么母亲控告其丈夫就是具有期待可能性的。[220]

七、不真正不作为犯中的正犯与共犯

84 不作为可以存在于**各种不同的参与情形**中[221]:既可以是多个不作为者参与一个犯罪事实,也可以是不作为与其他参与者的积极举止发生竞合。在后一种情况中,既有通过积极作为参与不作为,也有相反的情

---

[217] 参见 BGH NJW 1994,1357;SSW StGB/*Kudlich*, § 13 Rn. 45。
[218] 参见 BGHSt 11,353(355 f.);SSW StGB/*Kudlich*, § 13 Rn. 45;*Kühl*,JURA 2009,883。
[219] 深入阐述可见 *Roxin*,AT II, § 31 Rn. 223 ff.。
[220] 参见 BGH NStZ 1984,164。
[221] 对案件情形的概览见 *Bachmann/Eichinger*,JA 2011,105 ff.,509 ff.。

形,即通过不作为参与作为犯罪。

(一) 数个不作为

> **示例:**
>
> 当儿童 O 落水面临溺亡危险时,保证人 A 与 B 都袖手旁观。二人均能够救 O。A 与 B 都独立作出了不救 O 的决定。**变体 1**:A 与 B 彼此达成一致不去救 O。**变体 2**:A 与 B 只有共同行动才能救 O。**变体 3**:只有 A 才会游泳并救 O。A 没有救人,是因为他不知晓情况危急。B 知道 A 估计错误,但是 B 没有提醒 A 救援行为的急迫性。

85

与积极作为中一样,正犯是对构成要件的实现。在不作为犯罪中,违反保证人义务而不去阻止结果会实现客观构成要件。在**示例**与**变体 1**中,A 与 B 分别通过自己的不作为实现了《刑法典》第 212 条、第 13 条的构成要件。在变体 1 中,虽然由于其共同的犯罪决意而成立共同正犯的要件(《刑法典》第 25 条第 2 款),但是正犯的成立并不依赖于犯罪贡献的相互归属。A 与 B 已经可以被作为**同时正犯人**进行处罚了(见第 27 章边码 19)。[222]

86

相反,在**变体 2** 中,A 与 B 均无法通过自己的行动来阻止结果,二人只能够共同履行营救义务。这里实际上涉及的是**团队决定**的情形(对此见第 23 章边码 113 及以下):如果二人以"共同的不作为意识"来不作为,那么就足以成立一个共同的犯罪决意[223],这一决意允许将他人的不作为进行归属。所以这里也能够用**共同正犯人**(《刑法典》第 25 条第 2 款)来论证 A 与 B 的责任。[224]

87

---

[222] 参见 SSW-StGB/*Murmann*,§ 25 Rn. 33;LK/*Weigend*,§ 13 Rn. 82. 如果两个保证人在不同时间违反了他们的救援义务,也不会对此有所改变;参见 *B. Heinrich*,FS Geppert,2011,S. 182 f.。

[223] 参见 *Ranft*,FS Otto,2007,S. 418。

[224] 参见 BGHSt 37,106,129;SSW-StGB/*Murmann*,§ 25 Rn. 33;*Noltenius*,HBStR,Bd. 3,§ 50 Rn. 129;*Ransiek*,JuS 2010,678 f.;*Roxin*,AT II,§ 31 Rn. 66;另一种观点见 *Bachmann/Eichinger*,JA 2011,108;*Bloy*,FS Maiwald,2010,S. 56 f.;*Mosenheuer*,Unterlassen und Beteiligung,2009,S. 135 ff.。

88 联邦最高法院最近的观点是,不需要按照共同正犯原则中的相互归属来论证其责任;更合理的路径是,以规范上**对共同保证人的合法举止的假设**作为出发点,使得每一个保证人都将结果避免掌握于手中(见第23章边码114)。[225] 这一不利于正犯人的假设虽然不具有正当性(见第23章边码115),但是却有着(也是联邦最高法院所追求的)以下效果,即它无需共同的犯罪决意也能够让**过失进行行为的共同保证人**对结果承担责任。[226] 成立的情形比如有A与B违反义务地相信O靠自己能够得救。会得出相同的结论的还有那些承认过失共同正犯(对此见第27章边码54及以下)的人。[227]

89 在变体3中A欠缺了损害其保证人义务的故意,因为他并没有认识到情况的危急。B看到了危险,但是却只能通过发动A来实施救援。这里存在**两种解决路径**:一是将B作为**直接正犯人**,因为他损害了促使A采取营救措施的保证人义务[228];二是强调B基于A欠缺决意而实现了自己的杀人决意,因此成立**间接正犯**。[229] 二者在结论上并无区别。

90 所讨论的问题主要在以下情形中,即"**工具**"**主动行动**,而**保证人违反义务地没有干涉**。[230] 关于德国统一社会党(SED)中央委员会政治局的责任,联邦最高法院认定成立不作为形式的间接正犯,因为他们违反义务地没有阻止民主德国的边境士兵杀害逃亡

---

[225] 参见 BGHSt 48, 77 (94 ff.);同样的有 Bloy, FS Maiwald, 2010, S. 47; Sofos, Mehrfachkausalität bei Tun und Unterlassen, 1999, S. 245 ff.; NK-StGB/Gaede, § 13 Rn. 27; kritisch Ranft, FS Otto, 2007, S. 418;也可参见 Bosch, FS Puppe, 2011, S. 373 ff.。

[226] 这一目标设定似乎也支持着以下论据,即每一个保证人的错误举止都对共同的不作为决意具有共同原因性;Beulke/Bachmann, JuS 1992, 742 f.; Roxin, AT II, § 31 Rn. 67。但是,关键在于对损害结果的共同原因性,而非不作为决意的共同原因性。

[227] 参见 Kühl, AT, § 20 Rn. 269。

[228] 持这一观点的比如有 Jakobs, AT, 29/103; Noltenius, HBStR, Bd. 3, § 50 Rn. 129; F.-C. Schroeder, Täter, S. 105 ff.。

[229] 持这一观点的比如有 Jakobs, AT, 29/103; SSW-StGB/Murmann, § 25 Rn. 28; F.-C. Schroeder, Täter, S. 105 ff.。

[230] 参见 Bachmann/Eichinger, JA 2011, 106; Rengier, AT, § 51 Rn. 5 f.; Roxin, AT II, § 31 Rn. 175。

者。[231] 文献则反对不作为形式的间接正犯结构，其理由是不可能通过单纯的不作为来支配工具。[232] 不过，如果人们把犯罪支配理解为一个规范意义，那么人们在这里完全可以说存在一个第三方媒介的（drittvermittelt）支配关系。[233]

（二）非保证人成为不作为犯罪的共犯人

非保证人作为共犯人参与不作为犯罪**并没有什么特别之处**：不作为是《刑法典》第 26 条、第 27 条意义上的故意且违法的主行为，以共犯形式参与其中是可能的。[234] 比如，对不作为犯罪进行**教唆**（《刑法典》第 26 条）指的就是说服主行为人不去实施营救行为。**帮助**（《刑法典》第 27 条）主要指的是强化那些已经作出犯罪决意的保证人的决意（心理帮助）。[235]

91

不过，**存在疑难的情形是**，是否**按照《刑法典》第 28 条第 1 款放宽从属性以有利于共犯人**，因为其本人并没有保证人义务的刑罚证成要素。由于保证人义务体现出涉及保证人自身的——通常源自保证人与被害人之间私人关系的——特殊义务，因此通说正确地认为涉及《刑法典》第 28 条意义上的特殊属人要素。[236] 所以，恰当的做法是，没有损害与保证人类似的义务地位的共犯人会获得《刑法典》第 28 条第 1 款的减轻处罚。

92

在鉴定报告中，《刑法典》第 28 条第 1 款涉及量刑，因此要在罪责之后探讨。

---

[231] 参见 BGHSt 48,77,89 ff.。
[232] 参见 *Rengier*, AT, § 51 Rn. 5f. m. w. N.。
[233] 参见 SSW-StGB/*Murmann*, § 25 Rn. 28；HK-GS/*Tag*, § 13 StGB Rn. 29。
[234] 比如 *Noltenius*, HBStR, Bd. 3, § 50 Rn. 113 ff.；HK-StrafR/*Tag* StGB § 13 Rn. 30。不过存在另一种观点，见 *Welzel*, S. 206f.（正确提出了反对观点的有 *Kühl*, AT, § 20 Rn. 271；*Roxin*, Täterschaft, S. 568 ff. ,585 f. ; *Satzger*, JURA 2015,1056 f. 在考试中不会有关于这一问题的争议）。
[235] 对不作为的物理帮助很少出现（参见 SSW StGB/*Kudlich*, § 13 Rn. 48），但是是可以想象的，比如帮助人通过随时准备警告保证人被发现的危险来确保罪的实施。
[236] 对此及对于各种不同的观点见 SSW StGB/*Murmann*, § 28 Rn. 8；*Satzger*, JURA 2015,1058 ff.；持另一种观点的比如有 *Valerius*, JURA 2013,19。

(三) 通过不作为形式参与作为型犯罪

93　　在实务中重要且存在高度争议的情形是，**保证人违反义务地不去干涉他人正犯形式的作为型犯罪**。这里的问题是，不作为者是否成立正犯人，还是他仅仅只是支持作为型犯罪的帮助人，抑或在违反义务地不阻止犯罪决意的形成时作为教唆人承担责任。这里有**多种理念来区分正犯与共犯**，有的试图转用那些针对积极行为而提出的方法，而有的则努力提出独立的区分标准[237]：

94　　☞ 部分司法判决按照**主观说**进行区分，也就是看不作为者在行为时是正犯人意志还是共犯人意志。[238]

不过，与在积极作为（第 27 章边码 5 及以下）中一样，主观说在不作为中的说服力也很小，因为它使得不法内涵**取决于内心思想**。[239]

95　　☞ 另一部分司法判决[240]与部分文献[241]想借助**犯罪支配理论**进行区分。其前提当然是，人们对于犯罪支配并不要求"积极掌控式地操纵因果历程"[242]。一个规范意义上的、也可能存在于不作为之中的支配当然并不局限于——对于每个不作为而言都必要的——结果阻止可能性的范围中。联邦最高法院认为义务地位的分量具有决定性意义。[243] 文献中则提及了（更进一步的）犯罪支配成立标准："对事件历程的实际支配程度，也就是保证人可能多难或多易阻止作为型正犯人（Begehungstäter

---

[237]　关于观点现状的概况可见 *Hillenkamp/Cornelius*, AT, S. 172 ff.；*Otto*, JuS 2017, 289 ff.；*Pariona Arana*, Täterschaft und Pflichtverletzung, 2010, S. 181 ff.。

[238]　参见 BGHSt 13, 162 (166)；54, 44 (51 f.)；BGH NStZ 2012, 379 (380)；BGH NStZ 2019, 341 f.（对此见 *Hecker* JuS 2019, 400 ff.）；BGH Beschl. v. 15. 5. 2017-3 StR 130/18（对此见 *Eisele* JuS 2019, 77 ff.）。

[239]　更详细与更多的论据可见 *Krüger*, ZIS 2011, 3；*Roxin*, AT II, § 31 Rn. 134 ff.；此外还可见 *Ransiek*, JuS 2010, 680。

[240]　参见 BGHSt 32, 367, 374；48, 77, 90 ff., 96 f.。

[241]　参见 *Rengier*, AT, § 51 Rn. 18 ff.；*Wessels/Beulke/Satzger*, AT, Rn. 1211 f.；*Satzger*, JURA 2015, 1063。

[242]　但是这样认为的比如有 *Roxin*, AT II, § 31 Rn. 133, 他因而在不作为犯中也否定了犯罪支配标准。

[243]　参见 BGHSt 48, 77, 96 f.。

的问题；与犯罪地、被保护对象与危险来源的距离；对犯罪计划的协力。"[244]

上述辅助标准显示，用犯罪支配理论来进行区分是极为**模糊**的，而且当这些标准有的支持正犯、有的支持共犯时，也不清楚究竟应当如何作出决定。支配概念在这里无法继续使用，这里最终涉及的仅仅只是用**评价性的整体观察**让违反保证人义务的不作为的分量与作为型正犯达成比例关系。[245]

☞ 部分文献认为，与支配犯不同，在不真正不作为犯中恰恰不应当使用犯罪支配标准，关键应当在于对构成要件实现所要求的对特别义务的损害（所谓的"**义务犯**"，见第27章边码17）。[246] 从正犯人是实现构成要件的人这一立场出发，当除了保证人义务被损害之外其他构成要件要素也都被满足时，该观点必然会得出**不作为者成立正犯人**的结论。那么从中也可以得出哪些情形中不作为者仅仅成立共犯，也就主要是以下情形，即他欠缺了一个构成要件上要求的目的，或者构成要件的不法仅仅只能被亲手实现。

如果损害保证人义务必然会使得构成要件的结果得到归属，那么这一观点就会得到认同。但是这一点恰恰是**存疑**的[247]：如果保证人仅仅只是有义务去影响一个自我答责的人，让他不要去实行犯罪，那么对于受到作为型犯罪所威胁的法益，这一义务就局限于加大该犯罪的难度。作为型正犯人的答责性排除了将结果归属于不作为者自己。损害保证人义务仅仅能成立一个对于主行为人所造成的结果的从属性责任，也就是帮助（见边码99）。

---

[244] Rengier, AT, § 51 Rn. 21. 相似的阐述也可见 Ransiek, JuS 2010, 680 f.，他想按照以下标准进行区分，即不作为者是否必须通过实际行为（强制地）阻拦直接行为者犯罪（单纯的共犯），或者他是否在法律上也有指令权。也可参见 Li, in: Stam/Werkmeister, Der Allgemeine Teil, S. 77 (93 ff.)，他想按照结果避免可能性进行划分。

[245] 在这一方向上的有 Otto, AT, § 21 Rn. 50。

[246] 参见 Bachmann/Eichinger, JA 2011, 107; Bloy, JA 1987, 492f.; Roxin, AT II, § 31 Rn. 140 ff.; ders., HBStR, Bd. 3, § 52 Rn. 242; Stratenwerth/Kuhlen, § 14 Rn. 13, 23;持否定观点的比如有 Krüger, ZIS 2011, 2f.; Rengier, AT, § 51 Rn. 16。

[247] 对此可见 Murmann, FS Beulke-FS, 2015, S. 186 ff.。

97   ☞ 部分文献主张**单一帮助理论**（Theorie der Einheitsbeihilfe），按照该理论，积极的作为型正犯人之外的不作为者**只能够成为共犯人**。[248] 因为与作为型正犯人相比，保证人仅仅只是没有犯罪支配的边缘角色。

   但是，这一观点与保证人所承担的特别义务的重要性并不相称。比如，公司领导不干涉一名雇员实施与公司相关的环境犯罪，若认为公司领导只是一个次要的角色，这**在规范上欠妥**。[249] 立法者也通过《刑法典》第13条第2款中仅仅只是可选的刑罚减轻事由否定了一概具有较小不法的观点。[250]

98   ☞ 最后，还有部分文献想**按照义务地位的种类进行区分**。据此，**保护型保证人必然是正犯人；而监督型保证人必然只是帮助人**。[251] 其背后的观点是，对于被保护的法益，只有保护型保证人才以特殊方式负有义务。[252] 如果父亲不去阻止儿子被他人杀害，那么他就是正犯人；相反，如果他不去阻止自己仍处于青年的儿子杀死他人，那么他就仅仅是帮助人。

99   ☞ 按照义务地位的种类进行区分的做法获得了原则性的认同；参与形式的关键在于**保证人义务的保护目的**（见边码96）[253]：如果保证人义务的目的是阻止构成要件的结果，那么不作为者就是正犯人。如果保证人义务的目的是降低积极作为的风险，那么该义务损害就仅仅成立共犯。通常而言，保护型保证人有责任阻止结果，而那些应让一个自我答责的人放弃实施犯罪的监督型保证人只应致力于降低被监督的人实施犯罪的风险。不过，监督型保证人也可以旨在阻止构成要件的结果，尤其

---

[248] 参见 SSW-StGB/*Kudlich*，§13 Rn. 47；*Kudlich*，HBStrR，Bd. 3，§54 Rn. 41；*Jescheck/Weigend*，S. 696；*Kühl*，AT，§20 Rn. 230；*Noltenius*，HBStR，Bd. 3，§50 Rn. 128. 基本表示赞同的有 *Otto*，JuS 2017，294 f.，但是他想在以下情形中认可正犯，即对于保证人而言"会阻止结果实现的、直接的、救援行动是可能的"。

[249] 深入批判可见 *Roxin*，AT II，§31 Rn. 151 ff.；此外还可见 *Satzger*，JURA 2015，1062。

[250] 参见 *Satzger*，JURA 2015，1062。

[251] 参见 *Herzberg*，Täterschaft，S. 82 ff.；Schönke/Schröder/*Heine/Weißer*，Vorb. §§25 ff. Rn. 95 ff.；批判的观点比如 *Satzger*，JURA 2015，1062。

[252] 恰恰相反地区分的有 *Krüger*，ZIS 2011，6 ff.。

[253] 关于下文的详细与深入的阐述可见 *Murmann*，FS Beulke，2015 S. 186 ff.。

是作为型正犯人并非作为一个自我答责的人处于保证人与他通过犯罪所损害的法益之间。一类情形是作为型正犯人并没有自我答责地实行行为。比如，如果父亲没有阻止其无刑事责任的孩子去杀害他人，那么他就是不作为形式的正犯人。[254] 另一类可想而知的情形是，监督型保证人本可以通过警告被害人不要喝有毒的饮料等方式来遏止来自作为型正犯人的危险。[255] 该保证人在此并未被要求去影响自我答责的作为型正犯人，因而没有任何理由来限制他降低主行为实行的风险的义务。

如果人们否定不作为者成立正犯，那么与积极作为中相同，**帮助犯**的成立并不需要一个合法举止本可以阻止结果，只要通过实行一个被要求的行为能够**加大犯罪实行的难度**就已经足够了。[256]   100

可以考虑成立**教唆犯**的一种情况是行为人违反义务地不去阻止犯罪决意的产生或延续。[257] 因为不履行劝阻的保证人义务与积极敦促他人犯罪至少在规范上是等价的，相对于主行为人所显示出来的消极性甚至经常被理解为隐性的犯罪敦促（也就是积极作为）。[258] 教唆形式的另一种情况是，该保证人违反义务地不去阻止一个他所监督的人教唆其他人犯罪。[259]   101

八、不真正不作为犯中的未遂与中止

对于未遂与中止来说，在不真正不作为犯中适用与作为犯中一样的条文（《刑法典》第22条至第24条）。所以，《刑法典》第13条对规范   102

---

[254] 对于这种情形，认为将父亲归类为监督型保证人并不是关键所在的观点有 Herzberg；Täterschaft，S. 98。

[255] 参见 Otto，JuS 2017，295。

[256] 参见 BGHSt 48，301，302；深入阐述可见 Ranft，ZStW 97（1985），268 ff.。持另一种观点的 比如有 Armin Kaufmann，Die Dogmatik der Unterlassungsdelikte，1959，S. 293；Roxin，Täterschaft，S. 545。

[257] 表达了相同含义的有 Lackner/Kühl/Kühl，§ 26 Rn. 3；Rengier，AT，§ 51 Rn. 28 ff.；否定的观点有 Amelung，FS Schroeder，2006，S. 175 ff.；Jescheck/Weigend AT，S. 691；深入阐述可见 Bloy，JA 1987，490 ff.；Murmann，HBStrR，Bd. 3，§ 53 Rn. 112 ff.。

[258] 参见 SSW StGB/Murmann § 26 Rn. 3；Matt/Renzikowski/Haas StGB § 13 Rn. 135 想在此认可通过不作为形式的教唆。

[259] 参见 Rengier，AT，§ 51 Rn. 31。

上等价性的要求中也涉及**将这些规则依其意义内涵适用于不作为**。

(一) 不真正不作为犯的未遂

103　不真正不作为犯的未遂构造与作为犯的未遂构造相同（见第 28 章边码 34）。[260]

1. 预先考查

104　**未遂必须具有可罚性**（《刑法典》第 23 条第 1 款，见第 28 章边码 36 及以下），而且**必须没有既遂**。当外在结果未能出现时，后者就可以被毫无疑问地确定。相反，如果该结果发生了，但是却不可被归属（比如因为该行为人本就完全无法阻止结果的发生：不能未遂），那么就要首先考查既遂的可罚性。在预先考查中，提及这一点就够了。

2. 主观构成要件（犯罪决意）

105　与作为犯中一样，不作为犯必须作出了实现构成要件的决意。因此，**故意必须涉及对构成要件的实现且**及可能存在的**特殊主观不法要素**（比如《刑法典》第 242 条中据为己有的目的）。

106　该故意必须尤其要包含能够成立保证人义务的**事实情状**。存疑的是，是否可以基于行为人所构想的事实而**成立保证人义务**，对此要在主观构成要件中进行讨论。[261] 如果一个（建立在行为人构想基础之上的）保证人义务的法律要件成立，那么，即使行为人错误认识了从中得出的关于行为的法律义务，也完全不重要。一个这样**无关紧要的涵摄错误**应在罪责阶层作为命令错误按照《刑法典》第 17 条的标准进行考查。[262]

3. 客观构成要件（直接着手）

107　示例[263]：

A 想饿死她的孩子，她以为：

☞ 若一餐不让孩子进食，则只要之后再让他进食即可弥补；

---

[260] 参见 *Exner*, JURA 2010, 276 f.。
[261] 参见 *Kühl*, AT, § 18 Rn. 143 f.。
[262] 比如可见 *Exner*, JURA 2010, 278。
[263] 对此可参见 *Kühl*, AT, § 18 Rn. 146 ff.。

> ☞ 若五餐不让孩子进食，则只有医生的救治才能确定救活他；
> ☞ 第十餐是拯救孩子的最后机会。

108 对于行为人是否直接着手实现构成要件这一问题，其考查基础是**行为人的构想**（《刑法典》第22条，见第28章边码58及以下）。从中可以得出的是，在客观上危害法益并不是必要的。所以，按照通说，不作为犯的**不能未遂**也是可罚的。[264]

109 直接着手的基准点是**符合构成要件的举止**。但是，由于在时间历程中对于行为人而言经常存在数个避免结果的可能性，因而这里的问题是，一个仅仅是预备的无所作为究竟在何时会成为一个符合构成要件的不作为。[265] 在不作为犯中未遂的开始是有争议的[266]：

110 ☞ 一个少数派观点认为，在**错过第一次拯救机会**时就已经是未遂的开始了。[267] 这一观点在刑事政策上得到了被害人保护方面的论证。

按照这一观点，在示例中，第一餐不让孩子进食就已经导致进入了未遂阶段。**占据统治地位的通说则正确地否认了这一大幅前置的可罚性**，因为这样一来，甚至连那些行为人认为离危害法益尚远的举止方式都能够成立未遂的可罚性。[268] 这一观点倒退至了思想刑法的边缘。[269]

111 ☞ 另一个少数派观点认为起到决定性作用的是**错过最后一次拯救机会**。[270] 因为法秩序要求的仅仅是及时避免结果。

---

[264] 比如BGHSt 40, 257, 271 f. ; *Kühl*, AT, § 18 Rn. 151；另一种观点见NK/*Zaczyk*, § 22 Rn. 60。

[265] 准确地说，第一步要确定的是，何时出现一个干预的保证人义务。不过在讨论中通常没有区分符合构成要件的不作为和与之相关的着手，而是直接提出关于未遂开始的问题。还可见下文边码112。

[266] 关于观点争议的概览见*Hillenkamp/Cornelius*, AT, S. 117 ff. 。案例解答见 *Frisch/Murmann*, JuS 1999, 1199。

[267] 参见 *Herzberg*, MDR 1973, 89 ff. 。

[268] 比如 *Exner* JURA 2010, 279；LK-StGB/*Murmann* § 22 Rn. 170；SSW StGB/*Kudlich/Schuhr* § 22 Rn. 69。

[269] 参见 *Kühl*, AT, § 18 Rn. 146。

[270] 参见 *Welzel*, S. 221。

按照这一观点，在示例中，只有错过第十餐时才能成立未遂。这一观点也几乎得到了**普遍的否定**，因为这样一来，甚至连那些不去清除**针对被保护的法益的严重危险**的行为人也是不可罚的。[271] 此外，这也会导致没有给免除处罚的中止留下任何空间，违背了法律的体系。[272]

112 ☞ 通说选择了这两种极端观点之间的折中路线，认为关键时间点是在行为人看来产生了一个针对法益的"**直接危险**"[273]。这里与积极作为中的未遂开始之间也具有一定程度的可类比性。[274] 此外，印象理论的观点认为，从这一时刻开始不作为就动摇了公众对于法效力的信赖。[275]

所以，在示例中，关键在于 O 的生命在何时因没有进食而陷入危险。这至少在第五餐不让进食——也就是孩子的状况需要医生治疗时——就应当得到肯定。[276] 这一观点获得了**广泛的认可**。但是，在不真正不作为犯中，当人们"在教义学上干净利落地"（dogmatisch sauber）在第一步中确定与直接着手相关的、符合构成要件的举止时，它需要得到更精确与更好的论证（因而也需要得到一定的修正）。如果一个对被保护的法益或者被所监督的危险来源危及的法益的危险重大到不清除就会被法所不容许的地步，那么就产生了

---

[271] 比如 BGHSt 40, 257 (270); Exner JURA 2010, 279; LK - StGB/*Murmann*, § 22 Rn. 170; *Kühl*, AT, § 18 Rn. 147。

[272] 对这一质疑的批判见 SSW-StGB/*Kudlich/Schuhr*, § 22 Rn. 69。

[273] 参见 *Bosch* JURA 2011, 914; *Exner*, JURA 2010, 279; *Kühl*, AT, § 18 Rn. 148 f.; *Freund/Rostalski*, AT, § 8 Rn. 70; *Jescheck/Weigend*, AT, S. 638; SSW StGB/*Kudlich/Schuhr*, § 22 Rn. 70; 显著升高了危险; *Kudlich*, Fälle StrafR AT, S. 190 f.; *Putzke* JuS 2009, 1084; *Rönnau* JuS 2014, 112 f.; 相似的有 *Zaczyk*, Das Unrecht, S. 318 f.; 也可参见 BGHSt 38, 356 (360)。关于更多细微差别见 HK-StrafR/*Ambos* StGB § 22 Rn. 36。

[274] 参见 BGHSt 40, 257 (271); *Freund/Rostalski*, AT, § 8 Rn. 70; SSW StGB/*Kudlich/Schuhr* § 22 Rn. 70。

[275] 参见 *Exner*, JURA 2010, 279. 即使人们想将公众的心态完全认可为考查标准，这也是不正确的（反对的观点见第 28 章边码 32）：比如，行为人没有将被害人从火车轨道上拉开，是因为他认为火车还要 1 小时才会来，那么实际上这一观望就已经扰动了大多数公民的法感受。

[276] 比如 *Roxin*, AT II, § 29 Rn. 275. 相反, BGHSt 40, 257, 271 同样援引了具体的法益危险化，认为在开始停止进食时就进入了未遂阶段。正确地进行了批判的有 *Kühl*, AT, § 18 Rn. 146。

将保证人义务作为直接着手的基准点。**直接着手必须涉及这一违反保证人义务的举止**。由于保证人有责任阻止不被容许的危险处境出现，因此，当他错过了最后一次机会时，就成立直接着手。在**示例**中，更具体地说，当 A 错过最后一次阻止法不容许的危险处境出现的机会时，直接着手就已经成立了。因此，在 A 不让孩子吃本刚好可以阻止危险出现的那餐时，A 就进入了未遂阶段。[277]

☞ 作为对直接危险化这一标准的**补充**，有时候成立未遂的还有以下情况，即不作为者**让事件脱离了自己的支配范围**。[278] 对于行为人在直接危险处境出现之前就已将拯救可能性交出掌握的情形，这一补充是必要的。

113

比如，如果母亲将其孩子单独扔在山间小屋后离开，目的是让孩子在那里饿死，那么按照这一观点，在母亲离开孩子的时候杀人未遂就已经成立了。[279] 如果母亲离开孩子足够远，以至于她认为已无法再继续履行其义务，那么**这一结论也是应被认可的**。不过，如果人们将创设法不容许的危险这一标准作为判断直接着手的决定性基准点，那么对此就不再需要附加的标准。[280] 因为一个这样的危险创设要成立，当然取决于行为人是否能够掌控局势。

（二）不真正不作为犯的中止

《刑法典》**第 24 条**关于中止的规定依其表述主要适用于积极作为，而且必须**比照转用于不真正不作为犯**。[281] 不过，适用于作为犯的基本原则也大多是有效的（第 28 章边码 101 及以下）。

114

与作为犯中一样，如果是**失败未遂**，那么就不考虑中止。这尤其指向的情形是，行为人相信他的不作为不再会导致结果发生，比如因为被害人被其他方面所救。[282]

115

---

[277] 也可参见 LK-StGB/*Murmann* § 24 Rn. 181。
[278] 参见 *Roxin*，AT II，§ 29 Rn. 271 ff.。
[279] 参见 *Roxin*，AT II，§ 29 Rn. 275；*Zaczyk*，Das Unrecht，S. 319. 出自判决 BGHSt 38,356。
[280] 对这一标准的独立性的批判也见 HK-GS/*Ambos*，§ 22 Rn. 36。
[281] 参见 *Exner* JURA 2010,279 ff.；*Wessels/Beulke/Satzger*，AT，Rn. 1225 ff.。
[282] 参见 *Exner* JURA 2010,279；*Wessels/Beulke/Satzger*，AT，Rn. 1226。

116   在不作为中很少讨论暂时失败未遂的情形（见第 28 章边码 112 及以下）。**联邦最高法院**想将针对积极作为所提出的**整体观察说**（见第 28 章边码 120）转用于**不作为**：如果行为人违反保证人义务地连续数次不采取营救行为，因而加剧了对法益的威胁，那么一个之后的营救行为会影响到所有的不作为。[283] 在联邦最高法院作出判决的一个案件中，一位母亲在她的同居男友连续两次虐待她的孩子时都没有干涉。她知道，第一次虐待就已经使她的孩子受到了生命危险，第二次虐待加剧了这一危险。按照联邦最高法院的观点，她之后以通报医生形式作出的中止也可以延伸至第一次不作为，只要该中止行为"是为了避免这一被创设的、未受阻碍而继续发展的危险"。[284] 在数次不作为的情形之外，当行为人在一个无果的、违反保证人义务的不作为之后还看到了通过**积极作为**造成结果的手段时，一个单一的、可以适用中止的犯罪行为有时候也被认可。[285] 比如，生气的父亲将孩子扔入水中，溺水的孩子最后一刻才游到了岸边，那么，如果该父亲此时放弃用刀杀死该孩子，那么就不成立失败未遂。但是这并不能令人信服。因为这样一来，不作为行为人在计划失败时可以在实现作为型构成要件的方向上通过放弃扩大其犯罪攻击中止并进而免受处罚。正确的说法是，在不作为向作为的过渡之中发生了一个历程上的停顿，因此发生了一个《刑法典》第 24 条意义上的新犯罪。[286]

117   如果不成立失败未遂，那么**有疑问的**是，在不作为时（如同在积极作为时一样，见第 28 章边码 135 及以下）是否应区分未终了的未遂与

---

[283]　参见 BGH NJW 2003, 1057; 同样的还有 *Freund* NStZ 2004, 327 f.; *Kudlich* JR 2003, 380 ff.。

[284]　BGH NJW 2003, 1057.

[285]　参见 *Engländer* JZ 2012, 130 ff.; MüKoStGB/*Hoffmann-Holland* § 24 Rn. 83; *Rengier*, AT, § 49 Rn. 65; *Wessels/Beulke/Satzger*, AT, Rn. 1228。

[286]　详见 *Murmann* GA 2012, 711 ff.; LK-StGB/*Murmann* § 24 Rn. 547 ff.; 赞成的观点有 NK-StGB/*Zaczyk* § 24 Rn. 47 m. Fn. 137; 也可参见 HK-StrafR/*Ambos* StGB § 24 Rn. 18; 专著见 *Schmidt*, Der Rücktritt vom versuchten Unterlassungsdelikt durch weiteres Unterlassen, 2018。*Frister*, AT, 24/34 认为因欠缺自愿性而排除中止。

已终了的未遂。[287] 与这一争议无关的是，不作为行为人为了中止而必须放弃表面的无所作为，进而积极地援救法益。[288] 同样有争议的是，成功的营救活动是否始终表现为一个对《刑法典》第 24 条第 1 款意义上的结果的"阻止"（已终了的未遂中的中止），或者它是否也在一个规范的意义上表现为对进一步犯罪实施的"放弃"（未终了的未遂中的中止）。这取决于行为人在多大程度上承担着结果避免的风险：

这一区分理论（Differenzierungstheorie）也希望在不作为中区分未终了的未遂与已终了的未遂。[289] 只要行为人认为自己还能够通过实施最初被要求的行为避免结果，那么就成立**未终了的未遂**。相反，如果行为人认为还必须实施额外的措施来避免结果，那么就成立**已终了的未遂**。

118

在**示例**中，如果再进行一般的喂养就能够挽救孩子的生命，那么这个想饿死孩子的母亲就成立未终了的未遂，相反，如果她认为只有医生治疗才能拯救孩子，那么就已经成立已终了的未遂。

论证这一区分的思考是，补做被要求的行为仅仅只是在外部视角中表现为对结果的"阻止"。在规范上，实施被要求的行为相当于作为型正犯人不再继续实施行为。"放弃"继续实施犯罪就足以免除刑罚了，因此从中还可以得出的是，如果行为人**补做了最初被要求的行为**，那么**就不能让行为人承担故意造成结果的责任**。[290]

119

在**示例**中，如果母亲再次喂养孩子时认为这足以救活其孩子，那么，即使虚弱的孩子之后仍然死亡，她也通过"放弃"未终了的杀人尝试实现了中止。依此，如果她应因违反注意义务的错误估计而承担责任的话，对她只能够按照《刑法典》第 222 条进行处罚。[291]

---

[287] 对此的深入阐述可见 *Küper*, ZStW 112(2000),4 ff. 。
[288] 参见 *Exner*, JURA 2010,281；*Kühl*, AT，§ 18 Rn. 152；Baumann/Weber/*Mitsch*/Eisele AT § 23 Rn. 64。
[289] 参见 Schönke/Schröder/*Eser/Bosch*，§ 24 Rn. 27 ff.；Lackner/Kühl/*Kühl*，§ 24 Rn. 22a；*Wessels/Beulke/Satzger*,AT,Rn. 1227 ff.；深入的介绍、阐释与批判见 *Küper*, ZStW 112 (2000),9 ff. 。
[290] 参见 *Jescheck/Weigend*, AT,S. 639。
[291] 对此可见 *Kühl*, AT，§ 18 Rn. 153；*Roxin*, AT II，§ 30 Rn. 137。

但是，对于那些行为人已经违反保证人义务不采取营救行为的情形，解除行为人避免结果的风险就**不能令人信服了**。因为行为人在其构想的基础上已经创设了一个针对法益的法不容许的危险，因此必须承担实现该危险的风险。[292] 从法益保护的角度上看，补做营救行为也无法等价于立即实行营救行为。据此，只有当人们（如同边码112所主张的）看到在未遂阶段发生了直接着手损害保证人义务时，类比于作为犯中的未终了的未遂才是合适的。如果行为人履行了自己的保证人义务，那么他实际上就放弃了一个未终了的不作为未遂。

120 因此，**单一理论**（Einheitstheorie）对于通常情形而言是合适的，按照这一理论，所有的不作为未遂都应被视为**已终了的未遂**[293]。如果努力营救却仍旧发生了结果，那么如同在作为犯中一样，只有当结果发生不能归属于行为人时，比如因为救护车驶向医院的途中遭遇了车祸导致被害人死亡，才存在中止的空间。

从已终了的未遂中发展出的基本原则也对中止举止提出了以下要求（对此见第28章边码141及以下）：通说认为只要是对结果发生予以（可归属的）阻止的行为就行了。相反，少数派观点要求必须是最优的营救行为，因此，一个次优的举止就算实际避免了结果也是不行的。在示例中，如果母亲判断必须找医生才能救饥饿的孩子，但最终她却仅仅通过喂食就挽救了孩子的生命，那么通说认可这一措施是营救行为。这之所以不具有说服力，是因为在这里行为人所构想的违反保证人义务的举止并没有兑现为转向对法的拥护。相反，少数派观点正确地认为，敷衍了事并不是完全放弃实现未遂不法，所以即使在顺利退出的情况下也否定了中止。

121 如果行为人错误地认为还能够阻止一个实际上完全不会再发生的犯

---

[292] 相似的阐述可见 *Rengier*, AT, § 49 Rn. 63；*Roxin*, AT II, § 30 Rn. 140；NK-StGB/*Zaczyk*, § 24 Rn. 47；*Küper*, ZStW 112 (2000), 30 ff.；深入的阐述见 LK-StGB/*Murmann* § 24 Rn. 551 ff.。

[293] 参见 BGH NJW 2003, 1057；*Freund/Rostalski*, AT, § 8 Rn. 69；*Rengier*, AT, § 49 Rn. 63；*Roxin*, AT II, § 30 Rn. 138 f.。

罪既遂，那么他必须为了阻止犯罪既遂而真诚努力（《刑法典》第24条第1款第2句）。这主要指的是，行为人没有认识到这是不能未遂或者失败未遂。[294]

> **示例**[295]：
> 司机A违背注意义务地撞倒了路人O，后者当场死亡。如果A离开事发地时以为O还能够被救，那么A的杀人未遂就不能够按照《刑法典》第24条第1款第1句适用中止，因为他已经无法阻止结果的发生（不能未遂）。但是，如果他真诚地努力救助，比如叫来救护车，那么他仍可以按照《刑法典》第24条第1款第2句获得免除处罚。

案例与问题

92. 真正不作为犯与不真正不作为犯的区别是什么？

93. 如何区分积极作为与不作为？

94. 如何考查不作为行为的（准）因果关系？

95. 当A在合同上有义务作为保姆照顾孩子时，为什么还不足以成立保证人义务？

96. A给了O海洛因混合物。O用鼻子吸入了这一混合物，此外还与A一起饮酒并抽起了大麻。之后他就丧失了意识。击打面部、用冷水浇头、用湿毛巾处理都无法让他醒过来，A于是意识到必须要有医生的救助才行。然而他却不肯通知医生，因为他不想让人看到他与一名因吸食海洛因而丧失意识的人在一起。数小时后O死亡。如果当时呼叫急诊，本可以挽救O的生命。对于O的死亡，是按照《刑法典》第222条进行处罚，还是按照《刑法典》第222条与第13条进行处罚？（根据BGH NStZ 1984, 452 改编）

---

[294] 正确的观点见 Exner, JURA 2010, 279 f. m. w. N. 反对 BGH NStZ 1997, 485。

[295] 相应的案件情形见 Frisch/Murmann, JuS 1999, 1196, 1199 f.; Kudlich, Fälle StR AT, S. 164 ff.。

第 30 章　过失犯罪

一、基础

1　　只有当"**法律明确地用刑罚威慑过失行动**"时，过失举止才是可罚的(《刑法典》第 15 条)。属于这类情况的，首先是过失杀人罪(《刑法典》第 222 条)与过失身体伤害罪(《刑法典》第 229 条)，以及许多危害公共安全的犯罪(比如，失火罪，《刑法典》第 306d 条；危害道路交通罪，《刑法典》第 315c 条第 3 款第 2 项；醉酒驾驶罪，《刑法典》第 316 条第 2 款；昏醉罪，《刑法典》第 323a 条)与所有环境犯罪(《刑法典》第 324 条及以下)。在实务中最重要的是道路交通中的过失身体伤害与杀人。[1]相反，在财产犯罪与财物犯罪中只存在极个别过失构成要件(比如《刑法典》第 264 条第 4 款)。故意与过失的结合(包含结果加重犯)被视为故意犯(《刑法典》第 11 条第 2 款)。

2　　只有既遂的过失犯才可罚；**不存在过失犯的未遂**。此外过失犯也**无法区分正犯与共犯**，因为《刑法典》第 26 条与第 27 条都分别要求故意地参加一个故意的主行为(关于过失的共同正犯的讨论，见第 27 章边码 54 及以下)。

3　　《刑法典》中并没有对过失的定义。所以要经常追溯到《民法典》第 276 条第 2 款的民法条文。[2]依此，"**在交往中忽视必要的注意义务**

---

[1] 关于过失犯罪的犯罪学而言具有启发意义的有 *Höffler* ZStW 131 (2019), 1036 (1040 ff.); *Singelnstein* ZStW 131 (2019), 1069 ff.。

[2] 参见 *Bockelmann/Volk*, S. 159; *Gössel*, FS Bruns, 1978, S. 49; *Jescheck*, Aufbau und Behandlung der Fahrlässigkeit im modernen Strafrecht, 1965, S. 9 f.; *Rengier*, AT, § 52 Rn. 15; *Welzel*, S. 131;批判的观点有 *Duttge*, Zur Bestimmtheit, S. 233 ff.(对此的再次批判可见 *Herzberg*, GA 2001, 573 f.)。

的人"，是在过失地行事。但是，这一公式离一个精确的概念构成仍然十分遥远。[3] 相应地，对过失举止要求的进一步具体化就是过失的核心问题（见第23章边码34及以下）。

处罚过失的原理在与故意的区分中首先通过以下方式被消极地表明：行为人没有作出侵害法益的决意，因此其意志没有包含对构成要件的实现。刑罚正当性的来源反而是**对他人法益的藐视或不认真对待**，这（仅）表现为在对待这些法益时缺乏谨慎性。[4] 通说从这一区别中推导得出，过失与故意相比是**另一事物**；故意与过失之间互斥。[5] 不过，这里存在着一个**规范的层级关系**，即故意犯表现出更严重的不法。如果从事实上无法确定行为人的行为是故意还是过失，那么就应当依据存疑有利于被告的原则认定为过失。[6]

4

过失犯中表现的对他人法益的藐视以两种形式出现，即有意识的过失与无意识的过失。[7] 在**有意识**的过失中，行为人心知肚明地进入一个对法益的（法不容许的）风险之中，而他相信结果不会发生。藐视他人法益因而指的是行为人让法益忍受了已被认识到了的危险。在**无意识**的过失中，行为人根本没有认识到其举止的危险性。因此，过失非难是以这一观点为基础的：欠缺对举止危险性的认识恰恰建立在对被危害的法益的藐视之上。[8]

5

---

[3] 参见 *Kühl*, AT, § 17 Rn. 5。

[4] 参见 *Beck*, HBStR, Bd. 2, § 36 Rn. 6; *Weigend* FS Gössel, 2002, 133; *Wessels/Beulke/Satzger*, AT, Rn. 1101。

[5] 参见 BGHSt 4, 340, 341; *Beck*, HBStR, Bd. 2, § 36 Rn. 18; *Jescheck/Weigend*, AT, S. 563; *Kretschmer*, JURA 2000, 267. 持另一种观点的比如有 *Freund/Rostalski*, AT, § 7 Rn. 39: 过失举止应作为负数(Minus)被包含于故意不法之中。

[6] 参见 *Jescheck/Weigend*, AT, S. 563; *Rengier*, AT, § 52 Rn. 2, § 57 Rn. 10 f.; *Fischer*, § 15 Rn. 34. 所以人们有理由问，通说是否始终贯彻着它的出发点，即过失不同于故意；在此批判的有 *Herzberg*, GA 2001, 570 f.。

[7] 比如可见 *Beck*, JA 2009, 111 f.; SSW-StGB/*Momsen*, § 15 Rn. 60; *Köhler*, AT, S. 200。

[8] 当然，这种观点并非没有问题。比如，人们可以想到一个无意将孩子置于危险之中的母亲，这通常并不是因为孩子的利益对于母亲不重要。因此，无意识过失中的罪责长期以来一直存在争议；参见 *Kaufmann*, Schuldprinzip, S. 156 ff.。对无意识过失的举止的可罚性的批判见 *Köhler*, AT, S. 177 ff.。

由于过失举止的两种形式同等地满足过失构成要件，因此在**鉴定报告**中进行区分无论如何都是没有意义的。[9] 比如，司机完全没有意识到其驾驶速度时，其超速驾驶仍然违背了注意义务。相应地，它不需要对司机是否认识到了速度或其危险进行详细阐述，而只需要指出，他无论如何都必须认识。

6　　进一步需要的是对过失的**不同严重程度**进行区分。可罚性在原则上并不取决于过失的程度，轻微[10]的过失因而与中等和严重的过失同样可罚。不过，在一些构成要件中，法律要求过失的升高形式，即所谓的**轻率**（Leichtfertigkeit）（比如《刑法典》第138条第3款、第251条、第306c条）。[11] 轻率成立的条件是，行为人在异常高的程度上损害了必要的注意义务并因而在客观上符合了民法中的严重过失。[12]

二、过失可罚性的要件

7　　如同在结果犯及作为犯与不真正不作为犯中一样，在行为犯中也要考虑到过失的可罚性。**其与故意犯的区别不应当被高估**。因为在客观方面上，故意犯与过失犯中的法益损害基本上是相同的，其区别在于对法益损害的内心态度。[13]

---

〔9〕 参见 Freund/Rostalski，AT，§ 5 Rn. 9；Kaspar，JuS 2012，17. 但是也存在例外：如果过失的行为者同时也被认为是间接正犯人的工具，那么在涉及无意识过失的行动者时，凭借占据优势的认知进行支配就能使得工具性质成立，而在涉及行为时是有意识过失的幕前人时，幕后人的优势只能出自凭借占据优势的意志进行的支配（这里存在争议，见第 27 章边码 28）。

〔10〕 不过，也有人提出了合理的疑虑反对处罚轻微过失，比如基于违反最后手段原则，比如可见 Freund/Rostalski，AT，§ 5 Rn. 9 f.；Köhler，AT，S. 177；Roxin/Greco，AT I，§ 24 Rn. 85；深入阐述可见 Koch，Die Entkriminalisierung im Bereich der fahrlässigen Körperverletzung und Tötung，1998，S. 123 ff.。

〔11〕 关于轻率详见 Steinberg ZStW 131(2019)，888 ff.。

〔12〕 参见 E 1962，S. 132；BGHSt 33，66，67；BGH StV 1994，480；Beck，JA 2009，112；Wessels/Beulke/Satzger，AT，Rn. 1107。

〔13〕 参见 Hardtung/Putzke，AT，Rn. 255 f.，303 ff.；Kindhäuser/Hilgendorf LPK - StGB § 15 Rn. 41；Menrath，Einwilligung，S. 71；Puppe，AT，§ 7 Rn. 1；Schladitz Jura 2022，54(57)；另一种观点见 MüKoStGB/Duttge § 15 Rn. 103；Kudlich，HBStR，Bd. 2，§ 29 Rn. 34 ff.。

> **示例：**
> 行为人没有弄清是否会砸到行人就从屋顶扔瓦片，那么他的行为在客观上就违背了义务。如果瓦片伤到了行人，那么当行为人至少容认这一结果时，就成立故意的身体伤害。相反，如果他完全没有认识到危险或者相信不会发生，那么只要谨慎行为对于他来说本是可能的，就成立过失身体伤害。

（一）过失犯罪的构造

在实践中最重要的是以**作为犯**为形式的过失的**结果犯**，对此有下列**粗略构造**：

I. 构成要件符合性

1. 发生结果
2. （等价理论意义上的）因果关系
3. 客观的注意义务损害（＝创设法不容许的危险）
4. 将危险实现为结果（客观归属）
   a. 义务违反性关联
   b. 保护目的关联

II. 违法性

III. 罪责

包含：

1. 主观的注意义务损害（这是通说；另有观点认为这是主观构成要件的对象）
2. 合规范举止无期待可能性的宽恕罪责事由

这一构造很明了地表现出了与故意犯罪的相似性。[14] 在内容上有

---

[14] 按照完全的通说，(故意犯与过失犯中)"古典的"构造已经过时了，在该构造中，满足构成要件仅仅要求引发结果,过失——以及故意——被作为罪责层面的罪责形式进行考查；不过还可见于 *Baumann/Weber/Mitsch*, AT, 11. Aufl. 2003, § 22 Rn. 15 ff.；关于"古典的观点"及对其的克服见 *Laue*, JA 2000, 666；*Roxin*, AT I, § 24 Rn. 3 ff.；*Schönke/Schröder/Sternberg-Lieben/Schuster*, § 15 Rn. 111 ff. 。

所偏差的,仅仅只是要求一个涉及过失犯罪行为人特殊内心态度的"主观的注意义务损害"及无期待可能性的宽恕事由。相反,**过失犯的客观要件相当于故意犯的客观构成要件**。[15]

9 这经常——至少是在术语方面——存在不同的看法。大多数人认为,过失行为的特征不是要求创设法不容许的危险,而是"**客观的注意义务损害**"与构成要件实现的"**可预见性**"(或"**可认知性**")[16]。对故意犯与过失犯进行不同的处理将造成更多的混乱,而不是澄清。在这其中,损害所要求的注意义务与损害一个用来保护法益的举止规范——也就是创设一个法不容许的危险——并没有什么不同。[17] 对可预见性的要求不应当被孤立地看待,而应被视为法不容许的危险[18](更确切地说,客观的注意义务损害[19])或者保护目的关联[20]的组成

---

[15] 参见 Frisch, Tatbestandsmäßiges Verhalten, S. 40 mit Fn. 155;ders. JuS 2011,23;HK-StrafR/Duttge StGB § 15 Rn. 28;Hardtung/Putzke, AT, Rn. 255 f.,303 ff.;Kindhäuser/Hilgendorf LPK-StGB § 15 Rn. 41;Roxin, AT I, § 24 Rn. 10;限制的观点见 Schünemann GA 1977,268:"大体相同";ders. GA 1999,220 f.;另一种观点见 Hirsch FS Lenckner, 1998, 139 f.;Kudlich JuS 1998,598 f.;Nestler JURA 2015,564(看来只想在过失行为时才要求义务违反性关联)。原则上不同的有 Herzberg(JuS 1986,253 ff.;ders. JuS 1987,780 ff.;ders. JZ 1988,638 ff.;ders. JZ 1989,476 f.)与 Puppe[Vorsatz, S. 38 ff.;dies. ZStW 103 (1991),14 ff.],他想以各种不同的方式在客观上区分故意危险与过失危险。

[16] 持这一观点的比如有 BGHSt 59, 292(Rn. 41);Kühl, AT, § 17 Rn. 14 ff.;Jescheck/Weigend, AT, S. 564;Fischer, § 15 Rn. 23;其出自判决 BGHSt 10, 369;仅依据构成要件实现的可认知性的主要是 Schroeder, JZ 1989,776 ff. (反对的观点见 Kühl, AT, § 17 Rn. 14 ff.)。

[17] 参见 Freund, FS Maiwald, 2010, S. 213 f.;Frisch, Tatbestandsmäßiges Verhalten, S. 40 mit Fn. 155;Grünewald, GA 2012,368;Hardtung, NStZ 2001,208;Kaspar, JuS 2012, 18 f.;Mitsch, JuS 2001,107;Schönke/Schröder/Eisele, Vorb. § § 13 ff. Rn. 93;Otto, AT, § 10 Rn. 2;Roxin Greco, AT I, § 24 Rn. 10 f.;Schladitz Jura 2022,54(57);Trifferer, AT, 8. Kap. Rn. 86 ff.,13. Kap. Rn. 9 ff.;Walter, NStZ 2013,674。

[18] 也可见 Freund, FS Maiwald, 2010, S. 218 f.;Roxin/Greco, AT I, § 24 Rn. 13。

[19] 参见 Fischer StGB § 15 Rn. 20, 23;Lackner/Kühl/Kühl StGB § 15 Rn. 36;Wessels/Beulke/Satzger, AT, Rn. 1115. 对此的深入阐述可见 Kaminski, Der objektive Maßstab, S. 38 ff.。

[20] 反对的观点见 Kühl, AT, § 17 Rn. 18 ff.,他在 Rn. 20 中认为,可认知性"在调整注意规范适应异常情况方面"有一个特殊的任务。但是这只是表明,如果这一调整成功了,该可认知性就没有额外的意义了。在 Kühl 提到的例子中,限速是出自环境政策的理由,因此注意规范的保护目的的问题在于,超速(比如因为其他交通参与者被允许调整至许可的速度)对于其他参与者的身体与生命而言是否是法所不容许的——但是这一结果风险恰好已经反映在了不容许的判断中。

部分。[21] 因为不被容许的危险的观点已经暗示着涉及具体的结果，结果的发生处于人们应当考虑到的范围之内。

不过，过失犯中符合构成要件的法不容许的危险创设的范围要宽于故意犯。原因在于，在故意犯中考虑到与共犯（Teilnahme）的区分，只有当法不容许的危险创设同时为行为人实现犯罪支配时，才是符合构成要件的。相反，特定的共犯形式的举止规范损害——也就是对他人主行为决意的引发或者对他人主行为的支持——被排除在了故意犯的构成要件之外并被分配至了共犯构成要件之中（《刑法典》第26条、第27条）。这些在故意犯中仅能成立共犯的法不容许的危险创设，在过失构成要件中却可以被包含。但是，故意犯与过失犯的客观内容的结构相同性没有因此而被改变。

故意犯与过失犯在客观不法内涵上的一致性，尤其清楚地体现在**过失的行为犯**中，比如《刑法典》第161条的"过失虚假宣誓罪"。这些犯罪在客观上要求着与在故意举止中相同的犯罪行为，比如在法庭上进行虚假的发誓。区别仅仅在于，对于实现他的举止的构成要件符合性的情状，行为人仅仅只是（个别）过失地实行。 **10**

最后，这也适用于过失的**不真正不作为犯**。在客观上——与故意犯中没有不同——**表现为结果的对保证人义务的损害**是必要的（可客观归属性）。如果行为人损害了他的保证人义务，那么他当然也在客观上违反了注意义务。[22] 这一损害可以指的是，他完全没有采取行动，或者实施的是不充分（而不是必要的）的救援行为（并因而同样没做符合义 **11**

---

〔21〕 鉴于其定位要么在对法不容许的危险创设中，要么在保护目的关联中，第23章边码121应如此适用：若可预见性涉及具体结果，则将其放在法不容许的危险创设中。但是，如果这里只是一般性地要求对于特定法益的危险，那么将可预见性包含在内的具体化就发生在保护目的的关联的层面上（参见 *Kaspar*, JuS 2012, 19）。

〔22〕 这样认为的还有 *Kühl*, AT, § 19 Rn. 3。然而，在很多时候，保证人义务与注意义务是并存的。由此，*Stratenwerth/Kuhlen*, § 16 Rn. 2 想将注意义务理解为一个从保证人义务中推导出来的、由被允许的风险所具体化的义务。但是这样一来也就没有得出与保证人义务不同的东西。也可参见 *Fünfsinn*, Der Aufbau des fahrlässigen Verletzungsdelikts durch Unterlassen im Strafrecht, 1985, S. 98 ff. 。

务的行为）。[23] 不过，保证人损害其义务的原因不是客观的注意义务损害的主题，而应在个别注意义务损害中被研究。

> **示例**：
>
> 如果保证人由于错误地判断天气而没有履行撒沙防滑的义务[24]，那么他的举止当然在客观上就是违反义务的，因为它没有履行基于（对于理性第三人来说）可被认知的情况而存在的撒沙防滑义务。[25] 保证人对天气的想法如何，在这里完全起不到任何作用。归于保证人个人的错误判断原因在个别注意义务损害中才是主题。这里能够出现的问题是，保证人义务损害是否建立在一个保证人无法避免的错误观念上，比如，从外面回来的邻居告诉他路面并不滑。

12 人们关于**对主观**（或**个人**）**过失的要求**存在着**一致观点**。因为根据罪责原则（第16章边码2及以下），达到客观要求尚不足以导致可罚性，行为人必须还要依据**其个人的知识与能力**能够**避免违反义务**。不过**有争议的是，主观的注意义务损害**是应在**构成要件层面**上还是在**罪责层面**上作为讨论的主题。

13 **一种少数派观点**意图将个人知识与能力放在构成要件层面的注意义务要求的范围内进行考量（见第23章边码37及以下）。客观注意义务损害与主观注意义务损害的区别因而消失，需要考查的仅仅只有一个全面的**个别注意义务违反**。[26] 与之不同，**通说**在客观的注意义务要求中仅仅考虑的是那些提升了对行为人的要求的特别知识与特别能力（见第

---

[23] 在实践中当然经常会出现以下情况，即故意的行为人更有可能完全不实施任何营救行为，而过失的行为人更有可能实施不充分的营救行为。但也不一定如此：完全不作为可能是由（个人过失的）对情况的错误判断所导致的，不充分的行为者可能会对结果抱有容认态度。

[24] 示例见 *Rengier*, AT, § 54 Rn. 4，他认为这是一个违反客观注意义务的问题。

[25] 如果在客观上就已经无法期待行为人认识到成立撒沙义务的情状，那么对于他来说也就没有关于撒沙的保证人义务。

[26] 参见 *Rostalski*, GA 2016, 75 ff.。对此的总结性内容可见 *Kühl*, AT, § 17 Rn. 27 ff.。

23章边码28及以下）。[27] 相反，如果行为人未能达到标准化要求，那么，当他根据他的个人知识与能力无法完成要求时，他也是**在客观上违反了注意义务**。[28]

另一种少数派观点意图将主观的注意义务损害放在**构成要件层面进行考查**。[29] 从中得出客观构成要件与主观构成要件之中构成要件符合性的细分，类似于故意犯罪。这一观点援引了**人格不法论（personale Unrechtslehre）**[30]，因为只有当行为人未达到他本身的能力时，犯罪行为才作为个人失误出现，这一失误表明其对他人法益有疏忽。另一个论据是，故意犯与过失犯中的主观方面分别属于不法与罪责的认识并不恰当。[31]

这一观点的现实难点在于将个人的避免可能性从排除罪责事由中区分出来。[32] 虽然个人的避免可能性涉及法益损害，而罪责取决于法的动机可引导性（Motivierbarkeit）[33]，但是一个无罪责能力的行为人也往往没有能力去认识到自己举止的注意义务违反性，因为认识（时常是相对较小的）危险的能力取决于一定的智识条件。[34]

14

---

[27] 深入阐述可见 Murmann, FS Herzberg, 2008, S. 123 ff. 。

[28] 比如可参见 Roxin/Greco, AT I, § 24 Rn. 50。

[29] 参见 Frisch, in: Wolter/Freund(Hrsg.), Straftat, Strafzumessung und Strafprozess im gesamten Straftatsystem, 1996, S. 193, 197; Maurach/Gössel/Zipf, AT/2, 7. Aufl. 1989, § 43 Rn. 111 ff.; Schmoller, FS Frisch, 2013, S. 253 ff.; Wolter, FS GA, 1993, S. 279 f. 。

[30] 参见 Frisch, in: Wolter/Freund(Hrsg.), Straftat, Strafzumessung und Strafprozess im gesamten Strafrechtssystem 1996, S. 194; Gössel, FS Bengl, 1984, S. 35。

[31] 参见 Kindhäuser/Hilgendorf LPK-StGB § 15 Rn. 81; Otto, AT, § 10 Rn. 14。

[32] 参见 Schünemann, JA 1975, 133；在构成要件阶层对个人的避免可能性予以考量可能"会将建立在不法与罪责之区分上的犯罪论埋葬", ders., FS Schaffstein, 1975, S. 160 ff.；此外还可见 Kaminski, Der objektive Maßstab, S. 80 ff.; Hardtung/Putzke, AT, Rn. 914 ff.。深入批判可见 Stratenwerth, FS Jescheck, 1985, S. 286 ff.；此外还可见 Castaldo, „Non intelligere, quod omnes intelligunt", 1992, S. 121 ff.。

[33] 在故意犯罪中也有这种区分，其中属于故意的有，行为人知晓其举止的社会意义内涵（外行人领域的平行评价）。

[34] 当然，无罪责能力也可以排除故意，比如行为人由于智力低下而没有认识到他的行为具有杀人意义，参见 Herzberg, JURA 1984, 408。

15 与此相反，**通说**将个人的避免可能性放在**罪责**之中。[35] 这就是边码 8 中的构造图表。在**鉴定报告**中，选择该构造不需要说明理由。

（二）构成要件符合性

16 过失结果犯的（客观）构成要件表现出的不仅仅是**术语方面**的特殊性，因为通常会使用客观的注意义务损害替代创设一个法不容许的危险。在这里要求结果发生、符合构成要件的举止与客观归属，正如在第 23 章中阐述过的那样。许多在那里提及的过失犯例子也适用于此。

17 在实践中，如同客观归属的其他问题一样，对法不容许的危险创设与被容许的风险进行划界，**在过失犯中的重要性比在故意犯中大得多**。[36] 这是由于故意行为人通常创设了很高的风险，以至于其法不容许的危险根本不成问题。与此不同，典型的过失风险在大多数情况下都明显更小，而且更常出现在如下生活领域中——在此，被容许的风险由于特定举止方式的社会有益性发挥着特殊的作用（比如道路交通中或者工业生产中）。从中也可以说明的是，注意义务违反在教义学历史上首先是作为过失犯中的问题被讨论的，并因而成为了与之后发展起来的客观归属教义学并列的事物，尽管这里涉及的是同一个问题。

（三）违法性

18 与故意犯罪一样，在过失犯中也要考虑到存在正当化事由时对违法性的排除。实践中主要涉及紧急防卫、正当化的紧急避险及——倘若未被判定有排除构成要件效果的——被害人的承诺。

19 关于实现正当化，首先应当考虑的是，行为人**甚至被允许故意地引发被害人的过失损害**。[37]

---

[35] 这么做的比如有 *Herzberg*, JURA 1984, 406 ff.；*Jescheck/Weigend*, AT, S. 594 ff.；*Kühl*, AT, § 17 Rn. 8, 90 ff.；Lackner/*Kühl/Kühl*, § 15 Rn. 49；Schönke/Schröder/*Sternberg-Lieben/Schuster*, § 15 Rn. 190, 194 ff.；*Wessels/Beulke/Satzger*, AT, Rn. 1143 ff.。

[36] 参见 *Frisch*, JuS 2011, 23。

[37] 参见 Schönke/Schröder/*Lenckner/Sternberg-Lieben*, Vorb. § § 32 ff. Rn. 95/96。

> **示例**[38]：
> 行为人仅仅只想开枪警告，但是无意间击伤了攻击者的大腿。如果故意的伤害都被认可是抵御违法攻击的必要手段，那么行为人使用一种更轻缓的手段且不想对攻击者造成强制损伤并不影响《刑法典》第 32 条的正当化。

此外，如果行为人必要的营救或防卫行为的风险被实现为损害结果，那么他的行为也是合法的。因为在必要性考查中就已应考虑，行为人所选择的手段是否尽管伴随着风险，但还是表现为最轻缓的手段。如果该风险实现为构成要件的结果，那么这一情况并没有改变行为人所选手段的必要性。 **20**

> **示例**[39]：
> 行为人用手枪把手击打攻击者，在此期间触发了扳机，开枪重伤了攻击者。如果用手枪作为击打武器进行防御尽管伴随着引发开火的风险，但却是必要的，那么行为人在实现风险时也根据《刑法典》第 32 条得以正当化。

在实践中最重要的问题是被害人对行为人的危险化予以**承诺**。[40] 这一相关问题已经在第 25 章边码 136 及以下通过参加非法道路竞赛的例子详细讨论过了。 **21**

关于承诺至少**值得讨论**的其他示例有：O 让微醉了的 A 开车搭

---

[38] 参见 *OLG Hamm* NJW 1962, 1169 f. (对此可见 *Schmitt*, JuS 1963, 64 ff.); BGHSt 25, 229; BGH NJW 2001, 3200 = NStZ 2001, 591 mit Anm. *Otto*; 对此可见 *Eisele*, JA 2001, 922; *Kretschmer*, JURA 2002, 114 ff.; *Seelmann*, JR 2002, 249 ff. 。

[39] 参见 BGHSt 27, 313; Schönke/Schröder/Lenckner/Sternberg-Lieben, Vorb. §§ 32 ff. Rn. 101。

[40] 对此可见 *Kühl*, AT, § 17 Rn. 82 ff.; Schönke/Schröder/Lenckner/Sternberg-Lieben, Vorb. §§ 32 ff. Rn. 102 ff. 。

载自己，在由于醉酒发生的事故中受了伤。[41] 或者：O 参与了足球比赛，被他人的轻微犯规致伤。[42] 或者：O 与一名艾滋病患者进行了没有安全措施的合意性交并被传染。[43] 或者：O 参与了一场"汽车冲浪"，他趴在 A 驾驶的汽车的车顶，最终在转弯时摔了下来。[44]

22 在过失举止中，对于所有正当化事由都有争议的是，除了存在客观要件之外，是否如同故意犯中那样还要求一个**主观的正当化要素**。正确的是，在过失犯中**不需要**主观的正当化要素。[45] 原因在于，即使缺少了对正当化情况的认识，行为人的举止在客观上仍与法秩序保持了一致，因而欠缺了结果无价值。剩余的主观行为无价值在故意犯中可以使得处罚未遂具有可能性（第 25 章边码 10），但是这在过失犯中是被禁止的，因为不存在可罚的"过失未遂"。

---

[41] 参见 BGHSt 6,232; *BayObLG* JR 1963,27; *OLG* Celle NJW 1964,736; *OLG* Hamm VRS 4,39; MDR 1971,67; DAR 1972,77; *OLG* Koblenz DAR 1973,219; *OLG* Köln NJW 1966,895; *OLG* Schleswig DAR 1961,310; *OLG* Zweibrücken OLGSt, § 226a StGB, 1. 其他升高乘客风险的情况，比如，他被带入载货区 (*OLG* Hamm VRS 7,202; *OLG* Oldenburg DAR 1959,128; *OLG* Zweibrücken JR 1994,518 m. Anm. *Dölling*) 或以其他违反规定的方式 (BGH MDR 1959,856; 四个人骑一辆小型摩托车)，或者乘车时司机没有所需的驾驶执照因而表现出能力不足 (*KG* JR 1954,428)。见 LK/*Hirsch*, 11. Aufl., § 228 Rn. 13; *Zaczyk*, Strafrechtliches Unrecht, S. 59; 深入阐述可见 *Geppert*, ZStW 83 (1971), 947 ff. 。

[42] 参见 *OLG* Braunschweig NdsRpfl 1960, 233; *BayObLG* JR 1961, 72; *BayObLG* NJW 1961, 2072; 此外还可见 *LG* Bielefeld VersR 1993, 108; *Jescheck/Weigend*, AT, S. 591; *Kühl*, AT, § 17 Rn. 84; 深入阐述可见 *Eser* JZ 1978, 368 ff. ; *Murmann*, Selbstverantwortung, S. 403 ff. ; 关于足球运动中造成伤害的一般阐述见 *Sternberg-Lieben* FS Merkel, 2020, 1223 ff. ，对于不同情况也有不同的解决方案。

[43] 参见 *BayObLG* NJW 1990, 131 (Vorinstanzen: *AG* Kempten NJW 1988, 2313; *LG* Kempten NJW 1989, 2068) = JR 1990, 473 mit Anm. *Dölling*; 对此可见 *Helgerth*, NStZ 1988, 261 ff. ; *Hugger*, JuS 1990, 972 ff. ; *H.-W. Mayer*, JuS 1990, 784 ff. 。

[44] 参见 *OLG* Düsseldorf NStZ-RR 1997, 325; 对此可见 *Hammer*, JuS 1998, 785 ff. ; *Saal*, NZV 1998, 49 ff. ; *Trüg*, JA 2002, 214 ff. ; Vorinstanz: *LG* Mönchengladbach NStZ-RR 1997, 169; 案例解答见 *Putzke*, JURA 2009, 631 ff. 。

[45] 参见 Matt/Renzikowski/*Engländer* StGB Vor. §§ 32 ff. Rn. 9; *Frisch* FS Lackner, 1987, 130 ff. ; *Jescheck/Weigend*, AT, S. 589; *Kaspar* JuS 2012, 116; *Kühl*, AT, § 17 Rn. 80; *Rönnau* JuS 2009, 596; *Schmitt* JuS 1963, 68; *Stratenwerth/Kuhlen*, § 15 Rn. 39 f. ; a. A. *Eser*, II, Fall 21 A Rn. 21 b; *Maurach/Gössel/Zipf*, AT/2, 7. Aufl. 1989, § 44 Rn. 18; 区分化的观点见 Baumann/Weber/*Mitsch*/Eisele, AT, § 14 Rn. 56 ff. 。

示例[46]：

O伪装出了事故，打算强迫路过的汽车司机停车并将其洗劫一空。司机A对这一情况并没有认清，在最后一刻由于笨拙撞到了O，通过这种方式对O的攻击进行了防御。在客观上A的举止根据《刑法典》第32条实现了正当化。因为A对于实现正当化的情况没有认识，所以，虽然过失身体伤害的行为无价值是存在的，但是对于《刑法典》第229条的可罚性来说，必要的结果无价值却由于客观的合法举止而消失了。[47]

（四）罪责

根据占据压倒性地位的观点，**主观过失**属于罪责（见边码12及以下）。只有不当举止**对于行为人个人可以被避免**时，才可以予以过失非难。根据通说，这一方面以个人**对客观注意义务的可认识性与可履行性**为前提；另一方面以**结果与因果历程的主观可预见性**作为前提。[48] 由于客观注意义务的成立无疑最主要是通过将对特定法益的危险附着于行为之上，因此，结果缺少主观的可预见性通常也阻断了对举止的客观注意义务违反性的认识。 **23**

如果具体行为人未能达到"标准个体"（Maßstabsperson）而**缺少基准点**，那么在鉴定报告中应当假定行为人也有能力避免危险创设。[49] 但是，举一个例子，如果工厂负责人长年违反安全规定，但是主管此事的行业协会却从来没有投诉过，那么个人的避免可能性就可能缺失。[50] 另一个例子，医生不知晓新的流程，违反义务 **24**

---

[46] 依照 Stratenwerth/Kuhlen, § 15 Rn. 41。
[47] 持这一观点的还有 Jescheck/Weigend, AT, S. 589; Stratenwerth/Kuhlen, § 15 Rn. 41 f.。
[48] 参见 Jescheck/Weigend, AT, S. 594 ff.; Kühl, AT, § 17 Rn. 90 ff.; Wessels/Beulke/Satzger, AT, Rn. 1143 ff.。
[49] 参见 Maiwald, JuS 1989, 189 f.; 批判该判决中忽视个体特殊性倾向的有 Schönke/Schröder/Sternberg-Lieben/Schuster, § 15 Rn. 181。
[50] 参见 BGH StV 2001, 108; 对此可见 Duttge, NStZ 2006, 268, 但是他在这里已经否定了义务违反性。

地采用了过时方法给病人做手术（见第23章边码42及以下）。在手术时，医生可能由于知识欠缺而无法履行谨慎手术医生的要求。当然他可以被难的是他毕竟承担了做手术的任务（承担性过失，见第23章边码44）。还有一个例子：A"出于教育的原因"强迫她的小女儿O吃下致命分量的食盐（32克）。她在此并未认识到这对她女儿的危险。[51] 对于外行人来说，这一相对较小的食盐分量会产生生命危险是非常意外的，因此，A根据她个人的能力无法认识到盐的致命效果。因而这一结果对于她个人是无法预知的。[52] 从这一想法出发，当然也可以质疑，A是否有能力刚好在她女儿生命的方面认识到她举止的义务违反性。[53]

25 此外，一般的**排除罪责事由**与**宽恕罪责事由**也能在过失犯中发挥作用。尤其是根据《刑法典》第20条，过失行为人可能是无罪责能力的。如果行为人自己——比如喝酒——导致了这一状况，那么就产生了根据**原因自由行为**基本原则的答责性的问题，它在实践中的重要性几乎只存在于过失的原因自由行为的形态（见第26章边码11及以下）。

26 最后，过失犯中的通说认可，符合规范的举止由于**无期待可能性**而**宽恕罪责**，而这在故意犯中是不被承认的。[54] 这一宽恕罪责事由的重要意义主要体现在冲突情况中，在这种情况下行为人履行义务极其困难。

> **示例**（"癖马案"）[55]：
> 马车夫A驾驭的马车中有一匹马被称为"捕绳者"，因为它有着

---

[51] 参见 BGHSt 51, 18。

[52] 参见 BGHSt 51, 18 (Rn. 10)。

[53] 在儿童的身体完整性方面当然甚至成立一个故意的义务损害。但是，对危险创设的主观关系应当根据每一个构成要件进行分别评价。

[54] 参见 *Jescheck/Weigend*, AT, S. 597 f.; *Kühl*, AT, § 17 Rn. 97; Lackner/Kühl/*Kühl* StGB § 15 Rn. 51. 批判的观点见 *Maiwald* FS Schüler-Springorum, 1993, 475 ff.; SK-StGB/*Hoyer* § 16 Rn. 103 f.; MüKoStGB/*Schlehofer* Vor § 32 Rn. 340 ff.; *Zieschang*, HBStrR, Bd. 8, § 45 Rn. 125 ff.

[55] 参见 RGSt 30, 25; 对此可见 *Eser*, II, Fall 24; *Maiwald*, FS Schüler-Springorum, 1993, S. 481 ff.。

把尾巴顶住车绳并将其紧紧压在身体上的习惯，这会影响马车的操控性。对此A和他的雇主都是明知的，这之后导致了A驾驭马车撞伤了一名行人。如果A拒绝驾驭马车，那么就会有失业的危险。在该案中，《刑法典》第34条的正当化事由无法成立，因为A并没有一个显著具有优势地位的利益。《刑法典》第35条的宽恕罪责事由也被排除，因为A并非是为了一个适宜于紧急避险的法益而实施行为。帝国法院认为，A拒绝驾驭"捕绳者"是无期待可能性的，因为这会让他冒着丧失工作岗位的风险。

案例与问题

97. 对过失进行处罚的正当性来自何处？
98. 有意识的过失与无意识的过失之间有何区别？
99. 在犯罪构造中的何处对主观过失进行考查？

第 31 章 竞合理论

1 　　竞合理论无疑是复杂与混乱的。但是,这一主题对于学生而言非常重要,因为几乎没有哪个刑法的案例解答不需要阐述竞合问题。[1] 此外,竞合对于鉴定报告的构造与个罪的考查而言也十分重要。简便法则是,退让(zurücktreten)的构成要件对于鉴定报告的撰写不太重要。

　　所以,这里不能"勇于留下漏洞"。竞合理论那令人迷茫的图景对于学生来说也有好处:可以不要求对细节知识予以掌握,而且各方观点众多,因此恰当运用基本知识就足以解决实务案件。

一、竞合理论的意义与目的

2 　　竞合理论构成了犯罪理论与犯罪后果理论之间的"缝合点"[2]。它要回答的问题是,当行为人实现了数个构成要件(或者数次实现了同一个构成要件)时应该怎么办。其用处在于为量刑作准备,因为它决定了**提取哪些构成要件的量刑幅度**并**按照哪些原则进行量刑**。竞合理论的**必要性**来源于,一个犯罪的量刑幅度的设置所依据的是只基于一个构成要件的定罪。对单独刑(Einzelstrafe)进行单纯的相加(所谓的"累

---

〔1〕 关于竞合理论的深入阐述见 Bauerkamp/Chastenier ZJS 2020, 347 ff., 432 ff.; Dorn-Haag JURA 2020, 322 ff.。

〔2〕 参见 Blei, AT, S.337; Maurach/Gössel/Zipf, AT/2, 7. Aufl. 1989, § 54 Rn.18; Naucke GA 1998, 268; Schmidhäuser FS GA, 1993, 195; Steinberg/Bergmann JURA 2009, 905 f.; Wessels/Beulke/Satzger, AT, Rn.1238。

加")会超出行为人的不法与罪责的程度。[3] 在对**正义**的追求中,法律规定了一个区分化的解决方案[4],这一方案被司法判决与理论所完善与具体化。

二、犯罪单数(第52条)、犯罪复数(第53条)与法条单数

法律上区分化的出发点是基于这一想法:通过一个行为满足了数个**构成要件**(或者多次满足了同一个构成要件)的行为人,相比于那些实施数个行为实现数个构成要件的人来说,实现了**较小的不法**。[5] 第一种情况"只成立一个反对法的决定"[6],人们称之为**行为单数**。在这里,量刑在原则上采用**犯罪单数**(=**想象竞合**,《**刑法典**》第52条)的规则。第二种情况人们称为**行为复数**,它通常会导致按照**犯罪复数**(=**实质竞合**,《**刑法典**》第53条及以下)的规则进行量刑。

3

在以威慑最重刑罚的法条作为基础的**犯罪单数**方面,仅会判处一个刑罚[所谓的"吸收原则"(Absorptionsprinzip)[7],而**犯罪复数**成立导致的是科处一个**总和刑**(Gesamtstrafe)——这对于行为人是不利的。也就是说,总和刑首先要形成各个被实现的构成要件的单独刑,然后在考虑整体犯罪与行为人人格的情况下提升最重的单独刑[所谓的加重处罚原则或"**加重原则**"(Asperationsprinzip)[8]。这里不允许达到单独刑的总和数(详见《刑法典》第54条)。

4

---

[3] 尤其形象的阐述见 Schmidhäuser, FS GA, 1993, S. 191;相似的阐述可见 Köhler, AT, S. 686;SK-StGB/*Jäger*, Vor §52 Rn. 5;此外还可见 Wessels/Beulke/Satzger, AT, Rn. 1237; Eser, II, Fall 49 A Rn. 2。

[4] 因此,立法者拒绝了所谓的"单一刑罚原则"(Einheitsstrafen-Prinzip),按照该原则,不管成立犯罪单数还是犯罪复数都只判决一个刑罚(也就是在犯罪复数时不确定单独刑)。论证理由见 E 1962, S. 190;一般性阐述见 Geppert, JURA 2000, 599 f. 在实践中,这些模式之所以趋于一致,是因为法院倾向于在整体评估的基础上进行量刑;Roxin, AT II, §33 Rn. 8。

[5] 参见 AnwK-StGB/*Rackow*, §52 Rn. 1;SK-StGB/*Jäger*, Vor §52 Rn. 9. 批判的观点见 Kritisch *Rönnau* JuS 2021, 17(19)。

[6] 持这一观点的有 Köhler, AT, S. 685。

[7] 比如可参见 Eser, II, Fall 49 A 4。

[8] 比如可见 SSW-StGB/*Eschelbach*, §54 Rn. 1。

5　　所谓的**法条单数**（=**法条竞合、不真正竞合或者假性竞合**）[9]并未被法律规定。它涉及的情况是由法律技术所造成的，即从形式的、遵循法律条文的视角看，许多平行设置的构成要件的适用范围相互重合。[10] 对于这种情况，当然不能基于一个不法按照数个构成要件对其予以数次处罚，而应当决定**多个（形式上被实现的）犯罪构成要件中的哪一个在实质上应得以适用**——或者从反面说——哪些构成要件应被排除，也就是不会得以适用。只要法条单数会导致构成要件在实质上不被适用，那么就欠缺了《刑法典》第52条与第53条的法定要件，因为这些竞合规则要求损害了"多个刑法条文"（《刑法典》第52条）或者实行了"多个犯罪行为"（《刑法典》第53条）。依此，法条单数并非竞合的"真正"形式，因为它并不决定量刑时应适用的规则。它涉及的只是**对多个相互关联的构成要件的解释**。

三、竞合考查的定位与构造

6　　竞合考查的前提是已经确定了行为人（至少是形式上）实现了哪些犯罪构成要件。所以，它的出现之处必然是**鉴定报告的结尾**。不过，有时候某些竞合问题应在更早的地方——比如在行为的部分之后或者在对一个犯罪参与者进行单独考查之后——进行探讨。[11]

7　　**在竞合考查之中**，通常推荐以下方法：出发点是已经提及的对行为单数与行为复数的区分。[12] 如果已经作出了区分，那么应考查是否属于法条单数的情形，因为这样一来《刑法典》第52条等就无法适用。如果并非法条单数，那么就可以在行为单数的情形中适用犯罪单数的规

---

[9]　关于概念上的不明确性比如可见 *Eser*, II, Fall 49 A Rn. 43; *Mitsch*, JuS 1993, 385; *Seier*, JURA 1983, 225 f.; *Vogler*, FS Bockelmann, 1978, S. 715; *Wessels/Beulke/Satzger*, AT, Rn. 1265。

[10]　参见 *Vogler*, FS Bockelmann, 1978, S. 718。

[11]　参见 *Kühl*, JA 1978, 475; *ders.*, AT, § 21 Rn. 75 ff.。

[12]　参见 *Geppert*, JURA 2000, 600; *Eser*, II, Fall 49 A Rn. 9; *Kühl*, AT, § 21 Rn. 2, 72 ff.; *ders.*, JA 1978, 478; *Steinberg/Bergmann*, JURA 2009, 906; *Tiedemann*, Die Anfängerübung, S. 93 ff.; *Wessels/Beulke/Satzger*, AT, Rn. 1240。

则（《刑法典》第 52 条），在行为复数的情形中适用犯罪复数的规则（《刑法典》第 53 条）。[13] 下文的阐述就遵循着这一构造。[14]

不过这里也适用着以下原则，即当出于**考查经济性的原因**可以突破时，一个考查顺序并不一定要被顽固地遵守。比如，在很多时候提前探讨法条单数的问题就很有意义[15]，而且这样一来就为"本来的"竞合考查减了负。

> **示例**：
>
> 如果先考查了《刑法典》第 223 条，然后又肯定同一举止满足了《刑法典》第 224 条的加重构成要件，那么只要接下来提示按照特别关系原则（边码 53 及以下）对《刑法典》第 223 条排除适用就足够了。

对于**简单的案件**，有时也**无需单独考查**那些形式上符合、但由于不真正竞合而被排除适用的构成要件，而只需要在竞合考查中几笔带过即可。

> **示例**：
>
> 行为人故意杀人的同时也实施了故意的身体伤害，后者是导致死亡的经历阶段。[16] 但是，对于这一身体伤害行为（通常符合《刑法典》第 224 条第 1 款第 2 项、第 5 项与第 227 条）并不适宜进行详细的考查。只要以补充关系原则（边码 57 及以下）为由确定身体伤害罪退让至杀人罪之后即可。

---

[13] 同样的比如还有 Dorn‑Haag JURA 2020, 322 (323); Wessels/Beulke/Satzger, AT, Rn. 1243 und 1292 ff. 。

[14] 对于这一考查顺序的原则性批判见 Schmidhäuser, FS GA, 1993, S. 201; Hauf, AT, S. 226(原则上提前考查法条单数)。

[15] 持该观点的还有 Bauerkamp/Chastenier ZJS 2020, 347 (348); Gropp/Sinn, AT, § 14 Rn. 22 ff.; Kühl JA 1978, 476; ders., AT, § 21 Rn. 79 ff. 。详情见 Seier JURA 1983, 237。

[16] 参见 BGHSt 16, 122, 123 f. 。

四、行为单数与行为复数的区分

10   按照《刑法典》第 52 条第 1 款,对**犯罪单数**(= 想象竞合)规则适用的前提是"一个行为违反了数个刑法条文或者(数次违反了)一个刑法条文"。通过连接至**"同一个行为"**,犯罪单数以行为单数的成立作为要件。[17] 不过,犯罪单数并不仅仅要求着行为的单一性,还进一步要求行为人通过该行为数次损害法条。因此,行为单数与犯罪单数的概念被严格地予以区分。

11   按照《刑法典》第 53 条第 1 款,**犯罪复数**(= 实质竞合)的前提是行为人实行了**"数个犯罪"**。这无异于是指,通过数个行为违反数个刑法条文(或者数次违反了同一刑法条文)。[18] 因此,犯罪复数既要求数次损害法条,又要求以行为复数为前提——所以行为复数与犯罪复数也应被区分。

12   **只有对行为单数才需要进行主动论证**。如果行为单数不成立,那么人们就会"自动"得出行为复数的结论。[19]

13   在**多种不同的**情形中会成立行为单数:如果行为人只要实施一个自然意义上的行为就可以实现对数个刑法条文的违反,那么行为单数——这里不存在疑问——就成立了[下文标题(一)]。此外还有以下情形,即从正义的理由出发行为单数显得合理(进而能够适用对行为人更有利的《刑法典》第 52 条)。这些就是所谓的"自然的行为单数"[下文标题(二)]与"法律上的行为单数"[下文标题(三)]。

(一)自然行为

14   行为人只实施了**一个意志实现活动**(Willensbestätigung)或者——

---

[17] 原则上的批判见 NK/*Puppe*, § 52 Rn. 34 ff. ; *dies.* , GA 1982, 143 ff. ; *dies.* , Idealkonkurrenz und Einzelverbrechen,1979,S. 247 ff. 。

[18] 参见 *Mitsch*, JuS 1993, 387; *Warda*, FS Oehler, 1985, S. 243; 批判的观点见 *Schmidhäuser*,FS GA,1993,S. 201。

[19] 比如可见 *Eser*,II,Fall 49 A 11,38;*Kühl*,JA 1978,480。

在不作为犯中——违反义务地没有实施意志实现活动。[20]

> **示例：**
> 数人吃了被下毒的菜。或者：炸弹炸死或炸伤了数人。或者（不作为的情形）：父亲眼睁睁地看着自己的两个孩子吃下被下毒的菜。[21] 或者（共犯的情形）：帮助人通过提供武器支持了数个杀人犯罪。[22]

如果该意志实现活动导致了**数个对刑法条文的违反**，那么它们（只要不成立法条单数）相互之间就属于犯罪单数的关系（《刑法典》第52条）。[23] 但是，一个导致了数个损害后果的自然行为**并不总是需要创设出数个对刑法条文的违反**。

15

> **示例：**
> 炸弹爆炸毁坏了大量属于不同人所有的物品。或者：小偷将整辆货车偷走，货车的所有权人与货车上货品的所有权人并非同一人。

在这些示例中，尽管发生了多个损害结果（甚至针对的是不同的法益承载者），但是行为人所实施的自然行为仅实现了构成要件（《刑法典》第303条或第242条）一次而已。在实行一个自然行为时，是否只有一次违反刑法条文，或者是否多次违反刑法条文，则是一个**对各个构成要件进行解释的问题**。这里起决定性作用的是，引发数个损害结果是

16

---

[20] 参见 BGHSt 1,20; *Eser*, II, Fall 49 A 12; *Kühl*, AT, § 21 Rn. 7; *ders*. JA 1978,478; Lackner/Kühl/*Kühl* StGB Vor § 52 Rn. 3. ; *Roxin*, AT II, § 33 Rn. 17,61 ff. ; *Werle*, Die Konkurrenz, S. 25 f. 当然，这一定义也需要规范上的具体化，因为一个单一的符合构成要件的实行行为通常是由大量动作结合而成，比如一个盗窃的拿走过程，正确的有 *Bauerkamp/Chastenier* ZJS 2020,347(349 f.)。

[21] 相反，如果父亲要救孩子本应拿走两个盘子，也就是本应实施两个行为，那么他不这么做就成立两个不作为；*Roxin*, AT II, § 33 Rn. 61。

[22] 参见 BGHSt 40, 374 (377); BGH StraFo 2012, 239; SSW StGB/*Murmann*, § 27 Rn. 15. 相应的情形有，数个主行为因一个教唆而被实行; SSW StGB/*Murmann*, § 26 Rn. 19; 或者当它没有导致犯罪实行，因而要按照《刑法典》第30条进行处罚; BGHSt 56,170 (对此可见 *Duttge*, NStZ 2012,438 f.)。

[23] 参见 BGH NStZ-RR 2019,9 f.

否仅仅会导致一个量上的不法提升（＝仅一次违反刑法条文），或者数个损害结果是否会赋予不法一个新的质量（＝数次违反刑法条文）。后者尤其出现在以下案件中，即行为人通过一个行为损害了不同人的高度属人法益（höchstpersönliches Rechtsgut）。在前述的示例案件中，这一差异非常明显。比如在炸弹示例中，伤害数人是数次违反法律条文。每一条人命都具有个别性，因而不能认为仅仅在量上提升了不法。换言之，不能认为成立一个程度上特别严重的杀人罪。所以，自然行为导致要适用《刑法典》第52条。相反，侵犯多人的所有权则仅仅成立一个在量上提升了不法内涵的损坏物品罪（《刑法典》第303条）——根本不成立竞合关系，因为只违反了一次法律条文。

在鉴定报告中，在分别考查犯罪时就应当得出，是一次违反法条，还是多次违反法条。如果只实现了一次构成要件，那么在引导句中就要对此予以表达，比如："可以按照《刑法典》第303条对A进行处罚，因为他……"如果该构成要件被多次实现，那么就可以这样表述："可以按照三个《刑法典》第212条的杀人罪对A进行处罚，因为他引爆炸弹炸死了X、Y与Z。"这样一来，在考查犯罪结束后（在罪责之后）应当指出的是，通过一个自然行为实行的犯罪实现彼此之间成立犯罪单数（《刑法典》第52条）。

（二）自然的行为单数

17 所谓的"自然的行为单数"（natürliche Handlungseinheit）的存在根据与范围是**有争议的**。[24] 司法判决长期以来认为，自然的行为单数在以下情况中存在，即"基于一个统一的意志实施多个基本类同的（gleichartig）行为，由于其空间与时间上的紧密关联，这些行为相互联系，以至于整个行动对于第三人而言也表现为同一事件"[25]。据此，自然的

---

[24] 专著可见 Maiwald, Handlungseinheit。持否定观点的有 Schönke/Schröder/Sternberg-Lieben/Bosch, Vorb. §§ 52 ff. Rn. 22。

[25] BGHR StGB Vor § 1/natürliche Handlungseinheit, Entschluss, einheitlicher 9; ebenso BGHSt 10,230(231); 41,368; BGHR StGB Vor § 1/natürliche Handlungseinheit, Entschluss, einheitlicher 3,4 und 7; BGH NStZ 1990,490(491); NJW 1995,1766; NStZ-RR 1998,68; NStZ-RR 2019,9。关于早前判决发展的详细阐述可见 Maiwald, Handlungseinheit, S. 13 ff.。BGHSt(GrS) 61,1(6)在定义中放弃了对行为类同性的要求。

行为单数需要四个要件。它必须是：

- 涉及"**多个基本类同的行为**"；
- "**基于一个统一的意志**"；
- "由于其空间与时间上的**紧密关联**，这些行为被相互联系"；
- "整个行动对于**第三人**而言也表现为同一事件"（部分人同义地表达为必须在"自然观察方式"[26]或"生活观念"下成立事件同一性[27]）。

自然的行为单数这一法形象造成了重大困难，因为不同行为之间的"类同"及"生活观念"都是相对**不明确的**。这里应当对行为间"类同"的概念进行广义理解：只要求这些行为都属于同一种犯罪类型，而无需属于同一个构成要件。[28] 相应地，自然的行为单数的适用范围也需要进行区分判断，尤其司法判决的评判侧重各不相同，有时候也完全没有一个标准。[29]

自然的行为单数这一概念与**两种不同的教义学功能**相关，这导致了额外的混乱。[30] 一方面，自然的行为单数这一法形象使**数个自然行为结合成为一个构成要件上的损害**。由于仅仅实现了一个构成要件，因此自然的行为单数在这一功能中排除了真正的竞合关系（参见下文标题1）。但是另一方面，在司法判决中，自然的行为单数主要是用来将**数个犯罪行为结合为一个行为单数**(并导致犯罪单数的结果)。只有在这一功能中，自然的行为单数才能用来开辟竞合关系（参见下文标题2）。

18

1. 自然的行为单数作用解释构成要件的辅助手段

自然的行为单数的第一个适用领域是**将数个自然行为融合为对一个构成要件的实现**。这一功能包含两种情形：一是逐步地(**循序地**) 实现

19

---

[26] 参见 BGH NStZ 1990,490,491。
[27] 参见 BGHSt 4,219,220。
[28] 参见 SSW StGB/*Eschelbach* § 52 Rn. 58,65。
[29] 参见 SSW StGB/*Eschelbach*, § 52 Rn. 58。
[30] 对此的基础性阐述有 *Warda*, FS Oehler, 1985, S. 242 ff. ;也可见 *dens.* ,JuS 1964,86;同样的还有 *Bauerkamp/Chastenier* ZJS 2020, 432;*Rönnau* JuS 2021, 17(19 f.) ; *Sowada*, JURA 1995, 247;*Wolter*, StV 1986, 319 f. 。

第 31 章 竞合理论 743

构成要件，二是反复地(**重复地**) 实现构成要件。

> **示例 1**（循序式构成要件实现）：
> A 想开枪杀死 O。第一枪没有击中目标，第二枪射中了心脏。
> **示例 2**（循序式构成要件实现）[31]：
> A 与 B 决定杀死 O。在 A 用斧头砍了 O 后，二人以为 O 死了，于是 A 就离开了。后来，B 发现 O 还活着。半个小时后，他打电话叫 A 回来。A 到达后又用斧头砍 O，O 终于死去。
> **示例 3**（重复式构成要件实现）：
> A 殴打 O 的脸，并穿着重型登山靴踢他。

20 在这些案件中，司法判决要求，要论证只实现一个构成要件，需要满足自然的行为单数的前述四个标准。**部分文献尤其批评"自然的观察方式"这一标准**，其理由是，将数个自然行为融合为对一个对构成要件的实现会导致**规范上的疑问**，而解决这个疑问的关键是对各个构成要件予以分别解释。[32] 在文献中，循序式构成要件实现与重复式构成要件实现有时候不被称为"自然的行为单数"，而是被称为"构成要件的行为单数"[33]。这些观点之间的**差异不应被高估**[34]，因为司法判决并未忽视各个构成要件的特点，而且文献也为了具化其规范的出发点而考虑

---

[31] 参见 BGH NStZ 1990, 490。

[32] 参见 *Freund/Rostalski*, AT, § 11 Rn. 4; *Jescheck/Weigend*, AT, S. 711; LK-StGB/*Rissing-van Saan* Vor § 52 Rn. 20; 总结性内容可见 *Sowada*, JURA 1995, 248 ff.；dort, S. 250 也提示了司法判决中的相对化。不过，捍卫"自然的观察方式"的标准可见 *Warda*, FS Oehler, 1985, S. 258, 260 f.。

[33] 持这一观点的有 *Jescheck/Weigend*, AT, S. 712 f.。这里所讨论的情形被称为"广义上的构成要件的行为单数"，因而要与"狭义上的构成要件的行为单数"相区分，在后者中只有当实施多个行为时才会满足一个构成要件的最低要求（比如在《刑法典》第 249 条中的强制与拿走）；此外，继续犯也属于此。总结性内容可见 *Kühl*, AT, § 21 Rn. 22，它自己也提到了自然的行为单数。

[34] 在 BGHSt 41, 368, 369["达戈伯特案"(Dagobert-Fall)]中，联邦最高法院也在循序式实行中提到了"构成要件的行为单数"。

到了司法判决中提出的标准。[35] 在这个问题上人们可以达成一致的是，仅实现一个构成要件的关键之处最终（与自然行为一样，边码16）在于，单个行动只会导致**量上的不法提升**，而且只存在一个**统一的动机状态**（Motivationslage）。[36]

最近，关于循序式构成要件实现，联邦最高法院提到了**多动作未遂中整体观察理论的基本原则**，这里同样涉及以下问题，即数个单独动作是否应被视为一个"犯罪行为"（对此见第28章边码120及以下）。[37] 在著名的**"达戈伯特案"**（Dagobert-Fall）中[38]，对于一系列无果的针对某商场集团的敲诈动作，联邦最高法院认定成立实体法意义上的犯罪行为。其理由在于："如果用来实现构成要件既遂的动作之间组成了一个单一的活动历程（Lebensvorgang）……那么一个法意义上的犯罪行为就成立了。如果这些单个行为在空间与时间上相互紧密关联，那么这一意义上的单一活动历程就成立了。这一要求在敲诈中是，影响被害人意志决意的单独动作最后仅仅只是维持着最初的威胁。如果按照中止的规则行为人不再能够不受处罚地中止，即要么完全达到了目标，要么成立了失败未遂，那么敲诈在构成要件上的单一性就终结了。"[39]

21

在**鉴定报告**中，循序式构成要件实现与重复式构成要件实现应当在构成要件阶层受到考查，因为不能将案情中叙述的一个事件进行人为地

22

---

[35] 总结性内容可见 *Sowada*, JURA 1995, 249 f.。

[36] 参见 *Eser*, II, Fall 49 A 24; *Jescheck/Weigend*, AT, S. 712; *Kühl*, AT, § 21 Rn. 18; *Maiwald*, Handlungseinheit, S. 73 ff.; *ders.*, NJW 1978, 301 f.。

[37] 但是，《刑法典》第24条的犯罪行为概念指向的是中止的原理，以至于人们经常声称有各种事实难题的疑难混合，见 *Bergmann*, ZStW 100 (1988), 341; *Otto*, JURA 1992, 427; *Paeffgen*, FS Puppe, 2011, S. 804; 另一种观点见 *Kühl*, AT, § 21 Rn. 25a; *Steinberg/Bergmann*, JURA 2009, 907.

[38] 参见 BGHSt 41, 368. *Lesch*, JA 1996, 631 中肯地指出："自然的行为单数现在已经完成了向构成要件的行为单数的形变。"

[39] BGHSt 41, 368, 369, 对此可见 *Beulke/Satzger*, NStZ 1996, 432 f.; *Kühl*, AT, § 21 Rn. 25a; *Puppe*, JR 1996, 413 ff.

拆分。[40] 因此，在**示例 1** 中，首先要考查未遂，因为如果人们遵循整体观察说（第 28 章边码 120 及以下）[41]，那么所有处于实行阶段之中的、由一个单一故意所承载的、具有直接时空关联的、以造成结果为目标的行为都属于"杀害"。在**示例 3** 中，不应部分按照《刑法典》第 223 条、部分按照《刑法典》第 224 条地对数个身体伤害进行考查，因为对被害人的击打成立《刑法典》第 223 条、第 224 条第 1 款第 2 项中的一个虐待身体与损害健康。[42] 因此，在这类案件中，从竞合理论的角度看并不成问题。

23 最后，在**示例 2** 中存疑的是，事件发生中有着超过半小时的**时间中断**，是否仍应作为《刑法典》第 212 条的一个构成要件实现进行评价。反对的观点认为，在知道 A 仍旧活着之后，A 必须**重新产生**首次暴力行为后"被用尽了的"杀人故意。因此，他第二次进入了杀人计划的实行。有待讨论的问题是，在首次实施的杀人未遂与之后既遂的杀人之间是否成立一个自然的行为单数，进而导致《刑法典》第 52 条的犯罪单数。联邦最高法院肯定了自然的行为单数，其理由是，两个动作都是基于同一个行为意志并服务于同一个目标，所以，尽管从自然观察的角度上看有中断，但是仍应被视为一个事件。[43]

24 通过多个不同的动作侵害了数个**法益承载者**，被认为仅是一次构成要件实现，这种情况**存在疑难**。

---

[40] 比如可见 *Bauerkamp/Chastenier* ZJS 2020, 432（434）；*Steinberg/Bergmann*, JURA 2009, 907（与考查单独动作相比"更为雅致"）；*Tiedemann*, Die Anfängerübung, S. 91；*Wessels/Beulke/Satzger*, AT, Rn. 1260。

[41] 如果人们遵循单独动作理论（见第 28 章边码 117 及以下），那么每一次开枪都表现为一个独立的犯罪行为。在该案中，应当对两个行为分别考查。如果在事件发生的时间轴上开始第一次（失败的）射击，那么在讨论《刑法典》第 24 条的中止时就要论证，该次射击已经表现为一个"犯罪行为"，由于这次未命中而成立失败未遂。

[42] 参见 BGH NStZ 2019, 471 f.；*Warda* JuS 1964, 86。

[43] 参见 BGH NStZ 1990, 490, 491；赞同的有 *Roxin*, AT II, § 33 Rn. 49. Ähnlich BGH NStZ 2020, 345（346）。

> **示例 1**[44]：
> A 进入他人房屋，伸手 20 次拿走分别属于多人所有的许多财物。
> **示例 2**[45]：
> A 快速打死了 X、Y 和 Z。

在**示例 1** 中，侵害数个法益承载者在构成要件上仅成立《刑法典》第 242 条意义上的**一个拿走行为**。这些钱包属于一个人还是几个人，在原则上并不影响其不法内涵。[46] 相反，在**示例 2** 中，对数人的**高度属人法益**进行侵害，不仅仅在量上提升了不法，还成立**三次不法**。[47] 其原因在于，高度属人法益与其承载者被不可分割地捆绑在一起，因而每一次侵害都创设了一个独立的不法内涵。所以，如果说无论如何都无法将三个行为在构成要件上合并为一次杀人，那么，这类情形中是否可能存在犯罪单数，是一个开放（且存在争议）的问题（对此见标题 2）。

25

2. 自然的行为单数作为犯罪单数的前提

如果人们像司法判决所作的那样[48]，将自然的行为单数这一概念扩张至前述情形之外，那么自然的行为单数这一概念作为竞合问题就具有扩散性（virulent）。[49] 这里不再涉及将数个自然行为合并为一次对构成要件的实现，而是提出了以下问题，即**满足各自犯罪构成要件的数个行为**之间是否能够处于自然的行为单数的关系。如果人们对此予以肯

26

---

[44] 依照 *Maiwald*, NJW 1978, 301。
[45] 依照 BGHSt 16, 397。
[46] 参见 *Maiwald*, Handlungseinheit, S. 80; *Reinbacher*, HBStR, Bd. 3, § 61 Rn. 44; LK-StGB/*Rissing-van Saan* § 52 Rn. 42; Schönke/Schröder/*Sternberg-Lieben*/*Bosch* StGB § 52 Rn. 29; 但是另一种观点见 *Jescheck*/*Weigend*, AT, S. 720。
[47] 参见 BGHSt 16, 397, 398; *Maiwald*, Handlungseinheit, S. 80 ff.; *ders.*, NJW 1978, 301; *Warda*, JuS 1964, 84。
[48] 对此的更多证明可见 Schönke/Schröder/*Sternberg-Lieben*/*Bosch*, Vorb. §§ 52 ff. Rn. 23 f.。
[49] 反对的批评意见有 *Eser*, II, Fall 49 A 29; *Jescheck*/*Weigend*, AT, S. 713; *Kühl*, AT, § 21 Rn. 17; *ders.*, JA 1978, 478; *Maiwald*, NJW 1978, 302 f.; Schönke/Schröder/*Sternberg-Lieben*/*Bosch*, Vorb. §§ 52 ff. Rn. 22。*Warda*, FS Oehler, 1985, S. 250 ff.; *ders.*, JuS 1964, 84; *Wessels*/*Beulke*/*Satzger*, AT, Rn. 1254 f.。

定,那么"同一个行为损害了数个刑法条文",且(当不成立法条单数时)成立犯罪单数(《刑法典》第52条)。对于——并非总是一致的——司法判决所承认的自然的行为单数的大量各类案件,最好的方式是通过几个示例进行说明:

> **示例1**[50]:
> A在地下车库中接连砸破了三辆车,并从每辆车中都取走了贵重物品。
>
> **示例2**[51]:
> A决定殴打X与Y。他先击倒了X,然后击倒了Y。
>
> **示例3**[52]:
> A基于一个意志决意向随机挑选的人群中开数枪杀死了多人。

27　　**在所有这些案件中**,联邦最高法院都基于行为之间的相似性、时间与空间上的紧密关联、统一的意志决意认为,这些单个行为在生活观念中表现为一个整体,所以应当承认**自然的行为单数**。但是,联邦最高法院并没有(像前述标题1那样)得出仅一次对构成要件予以实现的结论,而认为是犯罪单数(《刑法典》第52条)。首先要在**示例1**中强调这一区别:从一辆车中取走多个(分别属人不同人所有的)贵重物品仅是一个盗窃(见前文边码24);相反,如果这些贵重物品分别在不同的汽车中,那么,尽管有着时间与空间上的关联及一个统一的动机状态,也成立数个法益侵犯与数个《刑法典》第242条意义上的犯罪。这可以从以下事实中看出,即在第一次砸车后,行为人尚未进入从下一辆车中拿走财物的未遂阶段,后者必须开始于第二次犯罪行为的着手(《刑法典》第22条)。

28　　尤其**存在争议**的问题是,当涉及对不同人的**高度属人法益**的侵害时,应在何种程度上考量(作为犯罪单数的前提的)自然的行为单数(**示例2**与

---

[50] 依照 BGH StV 1996,605。相似的阐述可见 BGH NStZ-RR 2016,274。
[51] 参见 BGH NStZ 1985,217。
[52] 参见 BGH JR 1985,512 mit ablehnender Anm. *Maiwald*。

示例3)。绝大多数文献都正确地站在批判的立场上。[53] **司法判决**无法给出一条清晰的界限[54],而是想将**对自然的行为单数的认可**限制在**例外情形**中。联邦最高法院在后来的判决中虽然证实了,若行为人侵害不同人的高度属人法益,那么原则上承认自然的行为单数,但是又限制性地补充道:"然而,不能忘记的是,不同人的高度属人法益——尤其是人的生命——只有在例外情形下才可以采用累加的考查方法,而自然的行为单数正是以这种方法作为基础。因此,如果行为人一个接一个地攻击他人,以消灭每一个独立个体,那么无论是在自然视角下,还是在法伦理评价视角下,即使有着一个统一的犯罪决意及空间与时间上的紧密关联,通常也没有理由将这些历程在法律上合并为一个犯罪。"[55] 例外情形成立的情况是,"由于一个**非同寻常的**紧密的时间与情境上的关联,比如在数秒之内进行刀刺或枪击[56],或者从行为人视角出发针对非个别化的多人的攻击(示例3),拆分为数个犯罪会表现得恣意与做作(gekünstelt)"[57]。

但是,即使是这类例外情形,对于认定自然的行为单数也**不具有说服力**[58]:当实施数个自然行为时,行为人在杀死每一个人时都作出了一个独立的决意。杀死数个人并非一个"加重的"杀害,而是数个分别独立的侵害。在示例3中,如果人群中单个成员的个体性在行为人眼中是无关紧要的,那么,比起侵害单个人的个体性,这种无关紧要的态度

---

[53] 参见 *Bauerkamp/Chastenier* ZJS 2020, 432 (434); *Maiwald* NJW 1978, 301; ders. JR 1985, 514; *Mitsch* JuS 1993, 388; *Reinbacher*, HBStrR, Bd. 3, § 61 Rn. 49; *Roxin*, AT II, § 33 Rn. 41; *Warda*, FS Oehler, 1985, S. 247;但是倾向于司法判决的观点比如有 Lackner/Kühl/*Kühl*, Vor § 52 Rn. 7; *Sowada*, JURA 1995, 252 f.。

[54] 对此可见 *Maiwald*, JR 1985, 515。

[55] 参见 BGH NStZ 1996, 129; NStZ 2016, 207, 208; NStZ 2016, 594; NStZ-RR 2020, 136 (137);也可见 BGHSt 16, 397; BGH StV 1994, 537。

[56] BGHR StGB Vor § 1 natürliche Handlungseinheit, Entschluss, einheitlicher 2 = StV 1990, 544; BGHR StGB Vor § 1 natürliche Handlungseinheit, Entschluss, einheitlicher 5; BGH NStZ-RR 2001, 82; NStZ 2012, 562; 2016, 207, 208; 2021, 729 f.。

[57] BGH StV 1994, 537 (只在此处是重点); BGH NStZ-RR 1998, 233 处理一个这样的例外情形;BGH NStZ-RR 2000, 139 也没有进行详细的论证。

[58] 参见 *Maiwald*, NJW 1978, 301。

并未使得损害降低。[59] 因此，认定犯罪单数并没有恰当地表达出被实现的不法内涵，因为犯罪单数只能科处一个刑罚，使得杀死数人最终也只能作为量刑因素得到考量。

30 在文献一致反对的情况下[60]，司法判决还是将自然行为单数特别扩张至了所谓的"逃避警察案"中。[61]

> **示例**[62]：
>
> 喝了酒的A（血液酒精浓度为1.2‰）遇到了交通管制。当警察O向他索要汽车证件时，A由于害怕受到处罚而突然开车并拖走了抓住车门内侧的O。为了不停下来，A闯了红灯，迫使一辆本有先行权的汽车踩了急刹车。当A驶上高高的路肩时，O不再能抓住而摔了下来，受到重伤。A明知这一切，仍旧继续逃跑。为了阻止追捕他的警察超车，他在马路上蛇形行驶，迫使对面开来的汽车进行带有风险的避让操作。[63]

31 **联邦最高法院**认为，在这类案件中，从逃跑开始所实施的所有犯罪行为（比如《刑法典》第113条、第142条、第223条、第224条、第315b条、第315c条）都表现为一个自然的行为单数。如果主要创设了一个统一的、以逃避警察为指向的意志，那么基于这一意志，整体事件在客观的观察者看来就是一个完整的举止。

与此相反，**文献**正确地对过度扩张自然的行为单数的做法予以批评。一个统一的动机状态并不足以证成行为单数，"因为关键不在于目的的单一，而在于行为的单一"[64]。在这类案件中仍然多次成立了行为

---

[59] 正确的观点有 *Maiwald*，JR 1985,514。

[60] 参见 LK-StGB/*Vogler*，10. Aufl.，Vor § 52 Rn. 12；*Roxin*，AT II，§ 33 Rn. 50 ff.；Schönke/Schröder/Sternberg-Lieben/Bosch StGB Vorb. §§ 52 ff. Rn. 24；*Sowada* JURA 1995,253；*Warda* FS Oehler,1985,248 ff.；*Wessels/Beulke/Satzger*,AT,Rn. 1255。

[61] 参见 BGHSt 22,67,76；BGH VRS 28(1965),359；48(1975),191；57(1979),277；65(1983),428；66(1984),20；BGH NJW 1989,2550；也可参见 *Meyer-Goßner*,NStZ 1986,52 m. w. N.；案例解答参见 *Hilgendorf*,Fallsammlung,Fall 14。

[62] 参见 BGH VRS 28(1965),359。

[63] 参见 BGHSt 22,67。

[64] *Sowada* JURA 1995,253；也可参见 *Bauerkamp/Chastenier* ZJS 2020,432(433)。

单数,这不能用一个"自然的"行为单数来解释,而应用一个"法律上的"行为单数来解释[对此见标题(三)]。

(三)法律上的行为单数

法律上的行为单数(rechtliche Handlungseinheit)基于特定的**规范思考**将多个意志实现活动合并为一个竞合法意义上的行为。法律上的行为单数要么导致仅仅实现一个构成要件(比如在多动作犯与结合犯中,边码33),要么导致数个构成要件的实现在竞合法意义上形成了一个单数,也就是适用《刑法典》第52条(比如夹结效应,边码41)。主要涉及的情形是,基于各个被实现的构成要件的意义与目的证成了行为的单一性(所谓的构成要件上的行为单数)。[65]

32

在上文标题(二)中已经指出,所谓的"自然的行为单数"实际上只是在规范上被创设的。基于这一认识,很多作者将法律上的行为单数的适用范围扩张至了那些属于自然的行为单数的情形。因而,循序式构成要件实现与重复式构成要件实现被完全称为法律上的行为单数[66](或者构成要件上的行为单数[67])。[68]这一概念问题虽然导致了严重的混淆,但它本质上是一个次要问题。[69]

1. 多动作犯与结合犯及统合的行为描述

在**多动作犯**(mehraktiges Delikt)[70]中,法定的构成要件将多个意志实现活动合并为一个符合构成要件的举止(一个"评价单数"[71])。这种情况也出现在**结合犯**(zusammengesetztes Delikt)中,但结合犯的特殊之处在于,每一个意志实现活动自身都满足了一个犯罪构成要件,也

33

---

[65] 参见BGHSt(GrS)61,1(6)。
[66] 持这一观点的比如有 Tiedemann, Die Anfängerübung, S. 91。
[67] 持这一观点的比如有 Gropp/Sinn, AT;§ 14 Rn. 55。最近,联邦最高法院(St 41,368)在数个没有引发结果的未遂动作中也是如此(对此,联邦最高法院在这里实际上也接受了构成要件的行为单数,Beulke/Satzger, NStZ 1996, 432)。
[68] 反对的观点见 Warda, JuS 1964, 84。
[69] 参见 Kühl, AT,§ 21 Rn. 25;Roxin, AT II,§ 33 Rn. 29。
[70] 关于此概念见 Jescheck/Weigend, AT, S. 265 f.。
[71] 参见 Kühl, AT,§ 21 Rn. 23。

就是说，结合犯是用来保护数个法益的。[72] **统合的行为描述（pauschalierte Handlungsbeschreibung）** 指的是，法律将多个相同方向的行为合并成为一个单独的实行行为。[73]

> **示例：**
> 在《刑法典》第267条第1款中，行为人伪造了证件，然后按计划凭借该证件与他人进行社会交往，是多动作犯。[74] 相反，抢劫就是一个强制行为（《刑法典》第240条）与一个拿走行为（《刑法典》第242条）形成的结合犯。在《刑法典》第238条中，一个个缠扰行为只有在"持久"实行时才会满足构成要件。因而成立统合的行为描述。[75] 同样的情况是，对被保护人反复施加痛苦与苦难是《刑法典》第225条意义上的"折磨"。[76]

34 将数个不同的行为合并为一个构成要件上的行为单数，这通过构成要件上的连接是没有什么问题的。[77] 只有当在"犯罪实行的同一性"与"夹结效应"方面还加入了其他法条损害时，成立行为单数才具有竞合法上的冲击力（Brisanz）（下文标题3与4）。[78]

2. 继续犯

35 在继续犯中，行为人满足构成要件，不仅要**创设**违法状态，还要**维持**这种状态，这一维持导致了构成要件上的不法的（量的）提升。[79]

---

[72] 参见 Werle, Die Konkurrenz, S. 29。

[73] 参见 Bauerkamp/Chastenier ZJS 2020, 347 (350); Dorn-Haag JURA 2020, 322 (325)。

[74] 参见 Wessels/Beulke/Satzger, AT, Rn. 1248, 在这里多动作性并不是该构成要件的必要特征，因为该构成要件也可以通过只实施两个犯罪行为中的一个得以实现。

[75] 参见 Bauerkamp/Chastenier ZJS 2020, 347 (350); Dorn-Haag JURA 2020, 322 (325); NK-StGB/Puppe § 52 Rn. 16。

[76] 参见 BGHSt 41, 113 (115); Dorn-Haag JURA 2020, 322 (323); 另一种观点见 NK-StGB/Puppe § 52 Rn. 16。

[77] 参见 Steinberg/Bergmann, JURA 2009, 907 f.; Kühl, AT, § 21 Rn. 23。

[78] 参见 Stratenwerth/Kuhlen, § 17 Rn. 4。

[79] 参见 Baumann/Weber/Mitsch/Eisele, AT, § 27 Rn. 26; Geppert, JURA 2000, 602; Jescheck/Weigend, AT, S. 263, 712; Werle, Die Konkurrenz, S. 31 ff.。

> **示例：**
> 侵入房屋罪（《刑法典》第123条）的实现，不仅要闯入他人住宅，还要在该住宅中逗留。剥夺自由罪（《刑法典》第239条）的实现，不仅要实行对被害人的监禁，还要采取维持这一状态的所有措施，比如以暴力阻止逃跑，但也可以是违反义务的（危险先行为）不予释放。

在未遂至终结期间所实施的**用来创设与维持不法状态的那些自然行为彼此之间属于构成要件上的行为单数**。[80] 由于每个继续犯只被那些行为满足一次，因此，只有当单个行为在创设或维持不法状态之外还满足了其他犯罪构成要件时，行为的单一性才在竞合法上有意义（对此见下文标题3与4）。

由于行为单数随着继续犯的终结而结束，因此该问题在实务中的重要性是，**发生历程中的停顿（Zäsur）** 在何种程度上会成立两个继续犯（并进而成立两个行为单数）。这在交通刑法的继续犯中尤其重要，比如《刑法典》第316条的醉酒驾驶。[81] 司法判决与文献一致认为，短暂的驾驶中断——比如等红灯、加油或进餐馆——并不会让《刑法典》第316条的犯罪的单一性产生问题。[82] 引发大量争议的情形主要是，醉酒驾驶**发生交通事故后驾驶员随即逃逸**（《刑法典》第142条）。

36

> **示例**[83]：
> 完全没有驾驶能力的A撞倒了过街行人O，致其受伤死亡。正在驾驶中的他明知该严重事故后果，却决意通过逃逸来躲避调查，因此毫无停顿地继续行驶。

这类案件的问题是，是否《刑法典》第316条只被实现了一次，因

37

---

[80] 参见 Lackner/Kühl/*Kühl*, Vor § 52 Rn. 11；*Warda*, JuS 1964, 87。

[81] 对此可见 *Geppert*, JURA 2000, 602；案例解答见 *Tiedemann*, Die Anfängerübung, Fall 1, S. 169 ff.。

[82] 比如可见 *Eser*, II, Fall 49 A 17；*Geppert*, JURA 2000, 602。

[83] 参见 BGHSt 21, 203。

而从行驶的开始到结束这一整体过程只表现为一个法律上的行为单数，或者说，是否该事故与接下来发生的驾驶员逃逸表现为一个停顿，使得事故发生之后继续行驶再次实现了《刑法典》第316条，因而成立两个法律上的行为单数。**联邦最高法院**以意志方向被改变为由肯定了**停顿效果**："行驶的第二阶段完全出于另一个动机，在这一阶段，即使行驶的目的地未变，也转变为了一个以妨碍对事故参与类型的调查为目的的逃逸。"在这种情况下，尽管A没有停车，但是只能够"在技术意义上称其为'继续驾驶'"。[84]

38　**绝大多数文献对这一判决持否定态度**，因为对于实现《刑法典》第316条而言非常关键的是驾驶汽车的决意，该决意"没有被逃逸故意的出现所消除或改变"。[85] 必要的反而是一个处于内在与外在事件中的中断，比如，如果行为人先停车并下车，然后再决定逃逸，那么就可以成立中断。[86]

3. 实行行为之间的部分同一

39　《刑法典》第52条中的"同一个行为"不仅仅在实行行为完全同一时才成立，**当为了实现多个不同的构成要件所作出的数个实行行为彼此部分重叠时，就已经足够了**。[87]

> **示例1：**
> A为了拿走O的贵重财物而打倒他。
>
> **示例2：**
> A闯入了O的住宅。当他见到O时，下意识地决定强奸她。
>
> **示例3**[88]**：**
> A为了强奸O而闯入她的住宅。

---

[84] BGHSt 21, 203, 205; 出于刑事政策考量而表示赞同的有 LK/*Vogler*, 10. Aufl., Vor § 52 Rn. 20。

[85] 持这一观点的有 Schönke/Schröder/Sternberg-Lieben/Bosch, Vorb. §§ 52 ff. Rn. 85。

[86] 参见 Schönke/Schröder/Sternberg-Lieben/Bosch, Vorb. §§ 52 ff. Rn. 85。

[87] 参见 *Kühl*, AT, § 21 Rn. 33; *ders.*, JA 1978, 479 f.; Lackner/Kühl/*Kühl*, § 52 Rn. 4; Schönke/Schröder/Sternberg-Lieben/Bosch, § 52 Rn. 9; *Warda*, JuS 1964, 87; *Werle*, Die Konkurrenz, S. 43 ff.。

[88] 对此可见 BGHSt 18, 29, 32 f.。

在示例 1 中，一个单动作犯（身体伤害）与一个结合犯（抢劫）之 **40**
间成立部分同一：身体伤害的实行行为与《刑法典》第 249 条所要求的
使用暴力相重叠，行为单数因而成立。拿走行为不存在重叠，由于部分
同一，并未改变对行为单数的认定。**在示例 2 中**，《刑法典》第 177 条
第 2 款的实行行为并未与继续犯的实行相重叠。它虽然仍旧持续，但是
强奸只是侵入住宅时**偶然**发生的。在这类仅仅只有时间重叠的情形中欠
缺了实行行为的部分同一，因而在这一方面无法成立行为单数。[89] 然
而有争议的是，若实行继续犯**正是为了**实施另一个犯罪行为，比如**在示
例 3 中**，那么是否成立行为单数。[90] 对此，有人认为应当放弃实行行
为的部分同一，在主观上具有手段与目的的关联就足够了。[91]

4. 夹结效应

按照通说，通过所谓的"夹结效应"（Klammerwirkung）也能成立 **41**
法律上的行为单数。[92] 据此，如果两个行为都与第三个构成要件的实
行行为部分同一，那么这两个彼此之间没有表现出（部分）同一的行为
也能够形成一个行为单数。

> **示例**[93]：
> A 关押了 O 四天。在这期间 O 两次试图逃跑，都被 A 通过殴打阻
> 止了。

---

[89] 参见 Schönke/Schröder/Sternberg-Lieben/Bosch, Vorb. §§ 52 ff. Rn. 90。
[90] 对此可见 Schönke/Schröder/Sternberg-Lieben/Bosch, Vorb. §§ 52 ff. Rn. 91。
[91] 参见 Eser, II, Fall 49 A 21；Wessels/Beulke/Satzger, AT, Rn. 1283；持否定观点的有 Bauerkamp/Chastenier ZJS 2020, 347 (351)；Roxin, AT II, § 33 Rn. 95。
[92] 比如可见 Bauerkamp/Chastenier ZJS 2020, 432 (435 f.)；Kühl, AT, § 21 Rn. 35；Schönke/Schröder/Sternberg-Lieben/Bosch, § 52 Rn. 14 ff.；Steinberg/Bergmann, JURA 2009, 908；Wessels/Beulke/Satzger, AT, Rn. 1284 深入阐述可见 Werle, Die Konkurrenz, S. 46 ff.；批判的观点有 ders., S. 157 ff.；ders., JR 1979, 96 f.；Puppe, Idealkonkurrenz und Einzelverbrechen, 1979, S. 199 ff.；Wahle, GA 1968, 103 ff.。
[93] 参见 Mitsch, JuS 1993, 389。夹结效应不仅存在于继续犯中，还可以存在于多动作犯中，比如抢劫者先对被害人实施了身体虐待，然后以拿走为目的破坏了容器，那么抢劫罪就夹结了身体伤害罪与损坏物品罪；Roxin, AT II, § 33 Rn. 101；关于《刑法典》第 252 条可参见 Dorn-Haag JURA 2020, 322 (328)。最后，缠扰罪的构成要件（《刑法典》第 238 条）可以将数个不同的单动作合并为一个构成要件的行为单数（统合的行为描述，见边码 33 及以下），因而也能产生夹结效应；BGHSt 54, 189, 200f. (Rn. 30 ff.)。

42 由于身体伤害是用来维持剥夺自由的,因此两次伤害行为由于实行行为的部分同一分别与《刑法典》第239条之间成立行为单数。**如果不承认夹结效应**,那么两次身体伤害之间就成立行为复数,因为它们是在不同的时间分别基于新的意志动作而被实行的。这样一来,在竞合法上处理这类案件时会得出以下结果,即两个身体伤害之间成立犯罪复数(《刑法典》第53条),而它们分别与剥夺自由之间属于犯罪单数(《刑法典》第52条)而合并处罚。这样便**两次考虑了继续犯的不法**(《刑法典》第239条)。**为了避免这一结果**,通说认为,两个身体伤害由于剥夺自由而夹结为一个行为单数,在此基础上三个罪之间都成立犯罪单数。[94]

43 但是通说认为,若相对于处于行为单数的罪名,**夹结之前的罪名反而表现出更大的无价值**,夹结效应原则则会造成不合理的结果。[95]

> **示例**[96]:
> A 非法持有一把半自动装载枪支(《武器法》第53条第1款第2b项的犯罪),他用它实施了危险身体伤害未遂(《刑法典》第223条、第224条第1款第2项与第5项,第22条、第24条),并在三个月后用它实施了故意杀人未遂(《刑法典》第212条、第22条、第23条)。

44 在这一案件中,两个侵犯个人的罪名的具体分量[97]都要大于违反《武器法》的分量。所以,联邦最高法院维持了上诉法院的判决,将 A 以危险身体伤害罪未遂与杀人罪未遂定罪,并认为成立犯罪复数的这两个犯罪分别与非法持枪行为成立犯罪单数。如此一来,持有枪支就受到

---

[94] 参见 Reinbacher, HBStrR, Bd. 3, § 61 Rn. 67。

[95] 参见 AnwK-StGB/*Rackow*, § 52 Rn. 12。

[96] 依照 BGH NStZ 1993,133。另一个示例见 BGH NJW 1998,619(对此可见 *Momsen*, NJW 1999,982 ff.):一个对严重的抢劫型勒索循序实施的力图,不能将多个针对不同人的本身独立的谋杀力图夹结为《刑法典》第52条上的一个犯罪行为。

[97] 关键不在于这些法条损害的抽象分量(比如:一个重罪始终比一个轻罪重),而是取决于具体案件中对损害的评估。见 BGH NStZ 1993,133,134; *Wessels/Beulke/Satzger*, AT, Rn. 1284。

了两次考量。不过与这一缺点相比,夹结所得出的不合理结果则更为严重。因为在涉及严重犯罪时,通过实现额外的不法所成立的夹结效应恰恰在很大程度上宽纵了行为人。所以,通说将夹结效应限制在了以下情形中,即最多只能有一个应被夹结的罪名表现出比夹结的罪名更大的无价值。[98][99]

5. 连续关系

根据早期的司法判决,在连续犯(fortgesetzte Tat)中,数个"本身"独立的犯罪之间成立一个法律上的行为单数。要成立连续犯,主要取决于单独动作行为方式的相似性与一个"整体故意"[100]。之所以要引入这一连续关系,"一方面是以下努力非常重要,即让自然观察下相互关联的历程与提供正义结果顺应生活的需求,另一方面是以下合目的性权衡,即必须将刑事法官调查大量相似不当行为时的任务划定在能够忍受的范围内"[101]。

> **示例**[102]:
> 医生 A 向医师协会提交的 31 个季度账单中都有虚假的治疗。在此,他非常清楚所获得的不法利益数额。A 最迟在每一个动作结束之前都会产生实行下一个的故意。联邦最高法院按照一个由 31 个动作构成的连续诈骗予以定罪。

---

[98] 基础性的阐述见 BGHSt 31,29(同样的还有 BGH StV 1983,148;Schönke/Schröder/Sternberg-Lieben/Bosch,§ 52 Rn. 18)对之前司法判决(BGHSt 3,165)的背离,按照原来的判决实行一个更严重的犯罪就已经会排除夹结。

[99] 联邦最高法院最近——与所引用的示例案件不同——在几个判决中的立场是,非法持枪的夹结效应之所以通常不成立,是因为决定使用武器实行一个犯罪行为通常表现为一个停顿,这导致非法持枪在犯罪之前与之后都应被独立评价;BGHSt 36,151,153 f. = JR 1990,161 mit. Anm. *Mitsch* = StV 1990,341 mit Anm. *Neuhaus*;BGH NStZ-RR 1999,8;对此可见 *Geppert*,JK 99,StGB § 52/11;也可参见 *Roxin*,AT II,§ 33 Rn. 105。

[100] 这一观点的总结性内容可见 BGHSt(*GrS*)40,138(146)(只在这里强调);此外还可参见的比如有 Baumann/Weber/*Mitsch*/Eisele,AT,§ 27 Rn. 28;Lackner/Kühl/*Kühl*,Vor § 52 Rn. 12;*Reinbacher*,HBStrR,Bd. 3,§ 61 Rn. 54 ff.;*Wessels*/Beulke/Satzger,AT,Rn. 1264。

[101] BGHSt 3,165,167 f.;36,105,109。

[102] 参见 BGHR StGB Vor § 1/fortgesetzte Handlung,Gesamtvorsatz,erweiterter 12。

46 连续犯这一法形象在文献中长期受到猛烈批评，后来，联邦最高法院的大刑事审判庭在一个具有根本性的判决中最终（至少在事实上[103]）对**该机制的任务**作出了决定。[104] 其首先论证了，虽然连续犯在法律上没有规定，但它会给被告人带来一系列的不利（比如：追诉期限会延长，因为追诉期限以最后一个动作为起算点[105]）。所以，联邦最高法院（指导性语句）指出[106]："要将数个本身各满足一个犯罪构成要件的举止方式结合为一个连续犯，其前提条件是，用来衡量犯罪构成要件的东西对于恰当理解被实现的不法与罪责是**必不可少的**。"基于关键取决于在各个构成要件中被类型化的不法这一认识，连续行为**在构成要件的行为单数之外不能有额外的规则内涵**。[107]

五、犯罪单数与犯罪复数

47 若**行为单数**成立，则应考虑犯罪单数（= 想象竞合，《刑法典》第52条）。不过，行为单数的成立仅仅只是适用《刑法典》第52条的第一个条件。另一个必要条件是，单一的行为导致了**多个对法条的损害**。

前文（边码19及以下）已经阐释了几种情形，在这些情形中，行为单数仅仅导致了一个对法条的损害，比如循序式构成要件实现与重复式构成要件实现、多动作犯与结合犯、继续犯。这些情形并没有创设真正的竞合关系。有竞合法意义的是被如下创设的行为单数，即另一个犯罪的构成要件也被实现了，该构成要件通过实行行为的部分同一（Teilidentität）或者夹结效应（Klammerwirkung）而

---

[103] 参见 Kühl, AT, § 21 Rn. 27-32; Lackner/Kühl/*Kühl*, Vor § 52 Rn. 13。也可参见 Baumann/Weber/*Mitsch*/Eisele, § 27 Rn. 27 关于用连续犯来解决的问题的继续存在，以及关于被修改的解决策略。

[104] 参见 BGHSt(*Großer Senat*)40,138；对此比如可见 *Arzt*, JZ 1994, 1000 ff.；*Geisler*, JURA 1995, 74 ff.；*Geppert*, NStZ 1996, 57 ff., 118 ff.；Baumann/Weber/*Mitsch*/Eisele AT § 27 Rn. 27。

[105] 参见 BGHSt(*Großer Senat*)40,138,153。

[106] 参见 BGHSt(*Großer Senat*)40,138,162 ff.。

[107] 参见 Kühl, AT, § 21 Rn. 27-32。

与其他的法条损害形成了犯罪单数。[108] 据此，部分同一与夹结效应始终会得出犯罪单数的结论。[109]

犯罪复数（＝实质竞合，《刑法典》第53条）的首要条件是**行为复数**(通过否定行为单数的成立而得以消极证成）的成立。如果行为复数成立，那么就通常但非必然地导致对《刑法典》第53条的适用。因为实质竞合的另一个条件是成立**数个对法条的损害**。 48

无论是犯罪单数，还是犯罪复数，如果尽管形式上满足了数个构成要件，但却成立了法条单数，那么就**不成立数个对法条的损害**。在证成法条单数时，也需要事先（至少在思维上）考查成立的是行为单数还是行为复数。因为法条单数的形式部分会在行为单数成立时进行讨论［下文标题六中的（一）至（三）］，部分会在行为复数成立时进行讨论［下文标题六中的（四）］。因此，在从行为单数得出犯罪单数、行为复数得出犯罪复数之前，应当考查适用法条单数的规则是否会导致仅成立一个对法条的损害。 49

六、法条单数

法条单数（＝法条竞合或者不真正竞合）描述的是一种表面上的竞合关系，在此《刑法典》第52条等**不能被适用**(所以也被称为"假性竞合"）。处罚只能依据以下犯罪构成要件，即对该构成要件进行解释，会排斥对在形式上被同等实现的其他构成要件的适用。在方法上，这意味着对被实现的、但是却被排斥的构成要件的条文进行目的论上的限缩。[110] 50

没有争议的是，被排斥的法条并**不会**出现在判决**主文**（Tenor）中。[111] 但是有争议的是，在宣告法律后果（Rechtsfolgenausspruch） 51

---

[108] 参见 *Warda*, JuS 1964, 86。
[109] 所以构成要件实行行为之间的部分同一与夹结效应通常（如同在这里一样）没有在行为单数中讨论，而是直到犯罪单数才讨论；对此可参见 *Kühl*, AT, § 21 Rn. 44。
[110] 参见 *Reinbacher*, HBStrR, Bd. 3, § 62 Rn. 6。
[111] 比如可见 SSW-StGB/*Eschelbach*, § 52 Rn. 6; LK-StGB/*Rissing-van-Saan* Vor. § 52 Rn. 113。

时，被排斥的罪名所设定的法律后果在多大程度上可以或者必须得到考虑。[112] 基于关键词"较轻法条的阻断作用"（Sperrwirkung），部分人认为，刑罚不允许低于被排斥的罪名所设定的最低刑。而且，与被排斥的构成要件相关联的附加刑与处分应当被允许科处。此外，司法判决也在量刑时考虑了被排斥的罪名，只要加重处罚的情状没有在优先的罪名中得到考量。[113] 这样一来，在法律后果方面，想象竞合与法条单数之间的区别就所剩无几了。[114]

52 排斥一个构成要件有着以下**两个不同的法律原因**[115]：其一，一个构成要件所追求的目的已经通过适用另一个构成要件**完全达到**了。其二，一个构成要件之所以被排斥，是因为适用它会**阻碍**一个法律上的重大**目**的实现，而该目的是发挥排斥作用的那个构成要件所追求的。在这些背景考量之下，人们提出了一些（通常是不成文的）**法规则**，按照这些规则可以得出，什么时候一个在形式上被实现的构成要件不得被适用。[116] 如果成立行为单数，那么——在这一（思维上的）顺序上[117]——应考虑到"特别关系"（Spezialität）［标题（一）］、"补充关系"（Subsidiarität）［标题（二）］与"吸收关系"（Konsumtion）［标题（三）］。在涉及行为复数时，法条单数可能以"共罚的事前行为或事后行

---

[112] 参见 Schönke/Schröder/Sternberg-Lieben/Bosch, Vorb. § § 52 ff. Rn. 144；深入阐述可见 Reinbacher, HBStrR, Bd. 3, § 62 Rn. 70 ff.；Seier, JURA 1983, 232 ff.；也可参见 Puppe, JuS 2016, 961 f.。

[113] 对此见 LK-StGB/Rissing-van-Saan Vor. § 52 Rn. 138, 159, 169；批判的观点比如有 SSW StGB/Eschelbach § 52 Rn. 29。

[114] 参见 LK-StGB/Rissing-van-Saan Vor. § 52 Rn. 113；Schönke/Schröder/Sternberg-Lieben/Bosch StGB Vorb. § § 52 ff. Rn. 103. 在此背景下，法条单数的假定受到了批判，取而代之的是对犯罪单数的提倡，因为这样一来在起诉书和判决主文中也明确了哪些构成要件对于不法与罪责内涵而言是重要的；详见 Puppe ZStW 132 (2020), 1 (5 ff.)；同样的还有 SSW StGB/Eschelbach § 52 Rn. 29 f.。

[115] 对此进行了很好阐述的可见 Mitsch, JuS 1993, 473。

[116] 参见 Mitsch, JuS 1993, 473。

[117] 比如可见 Geppert, JURA 1982, 425；另一种观点（认为吸收关系应放在补充关系之前）见 Tiedemann, Die Anfängerübung, S. 92。

为"(mitbestrafte Vor- oder Nachtat）的形式成立［标题（四）］。[118]

（一）特别关系

特别关系指的是，**一个犯罪构成要件在概念上必然被另一个构成要件所包含**。[119] 因此，这两个构成要件彼此处于这样一个**逻辑关系**之中[120]：一个构成要件除了包含另一个构成要件的全部要素之外，还具有其他的要素（这构成了它的特别性）。

该特别构成要件（spezieller Tatbestand）**要么容纳了一般构成要件**（allgemeiner Tatbestand）的不法并提出了**额外的加重事由**（zusätzliche Erschwerungsgründe），以至于依据特别构成要件所得出的刑罚会涵盖作为一般构成要件之条件的不法，**要么相比于一般构成要件体现出了减轻**，以至于依据一般构成要件所得出的刑罚会阻碍特别构成要件的目的的实现。[121] 据此，特别关系主要成立于加重犯与减轻犯之于基本构成要件的关系之中。不过，独立的犯罪也可能包含另一个犯罪的全部要件。

> **示例：**
> 《刑法典》第 224 条之于《刑法典》第 223 条具有特别性（加重犯）。《刑法典》第 211 条之于《刑法典》第 212 条具有特别性（即使司法判决并未将《刑法典》第 211 条理解为《刑法典》第 212 条的加

---

[118] 该阐述基于一个被广泛使用的分类。不过，术语（对此可见 *Vogler*, FS Bockelmann, 1978, S. 715 ff.）与内容（比如可见 die abweichende Konzeption von NK/*Puppe*, Vor § 52 Rn. 8 ff.; *dies.*, Idealkonkurrenz und Einzelverbrechen, 1979, S. 313 ff.; 总结性内容可见 *Seier*, JURA 1983, 230 f.）上的差异是巨大的。

[119] 比如可参见 *Steinberg/Bergmann*, JURA 2009, 909; *Wessels/Beulke/Satzger*, AT, Rn. 1266。

[120] 参见 Baumann/Weber/*Mitsch*/Eisele, AT, § 27 Rn. 12; *Geppert*, JURA 2000, 654; *Seier*, JURA 1983, 228; *Tiedemann*, Die Anfängerübung, S. 92。*Puppe*, JuS 2016, 963 想将以下情况认定为特别关系，即一个构成要件实现出于经验原因必然被另一个所包含时，比如身体伤害就是杀人的经历阶段。但是这里正确的做法是认定为补充关系，比如 SSW-StGB/*Eschelbach*, § 52 Rn. 20。

[121] 参见 Baumann/Weber/*Mitsch*/Eisele, AT, § 27 Rn. 13 f.。

> 重犯，也依然如此，参见第21章边码6及以下）。[122]《刑法典》第216条之于《刑法典》第212条具有特别性（与人们是否将《刑法典》第216条视为一个减轻犯无关）。《刑法典》第249条至第251条之于《刑法典》第240条与第242条具有特别性（独立的犯罪）。

55 相反，如果**一般犯罪既遂**，而**特别犯罪仅仅是未遂**，那么就不成立特别关系。因此，行为人虽然对被害人进行了身体上的虐待（《刑法典》第223条），但是尚未实现一个基于故意所造成的严重后果（《刑法典》第226条第2款、第22条、第23条），那么这些构成要件之间就属于犯罪单数。这是因为未遂的加重犯没有表达出基本犯的结果不法，而基本犯也没有包含未遂的加重犯所实现的行为无价值。所以，对于这类情形，人们经常会提出"**想象竞合的澄清功能**"（Klarstellungsfunktion）：与被排斥的法条不同，犯罪单数中所有被实现的构成要件都会出现在判决主文中。[123]

56 在很多时候，恰当的做法是在构成要件阶层就指出特别关系，其方式是（联系基本构成要件）对特别条文进行考查。[124] 比如，在查明依据《刑法典》第223条与第224条的可罚性时，需要探讨《刑法典》第224条排斥了《刑法典》第223条。

（二）补充关系

57 补充关系指的是，"被完全具备犯罪性地（volldeliktisch）实现的数个刑法条文追求着同一个保护方向（=同一或类似的法益），但是对各个犯罪构成要件进行比较（这里尤其是：比较各个刑罚威慑）之后会得出一个构成要件排斥另一个构成要件的结论"[125]。因此，一个构成要件的优先性并非产生于与被排斥的构成要件的概念逻辑关系之中（特别关系），补

---

[122] 参见 *Reinbacher*, HBStrR, Bd. 3, § 62 Rn. 26。
[123] 参见 *Geppert*, JURA 2000, 655; AnwK-StGB/*Rackow*, § 52 Rn. 16。
[124] 参见 *Seier*, JURA 1983, 237; *Tiedemann*, Die Anfängerübung, S. 92 f.; 也可见上文边码8。
[125] *Geppert*, JURA 1982, 423.

充性构成要件的不可适用性产生于**规范的位阶关系**（Stufenverhältnis）之中。[126]

有时，这一关系**被法律所规定**，于是，人们会说"明示的""法定的"或"形式的"补充关系。[127]

58

> **示例：**
> 《刑法典》第 145d 条（只有"当该犯罪行为没有受到《刑法典》第 164 条、第 258 条或第 258a 条的刑罚威慑时"，才能予以处罚）；《刑法典》第 246 条、第 248b 条（只有"当该犯罪行为没有受到另一个条文的更重刑罚的威慑时"[128]，才能予以处罚）；《刑法典》第 316 条（只有"当该犯罪行为没有受到第 315a 条或第 315c 条的刑罚威慑时"，才能予以处罚）。

相反，如果**没有一个法定规则**（所谓的"沉默的"或"实质的"补充关系），那么法律工作者必须通过解释来探寻这一被描述的位阶关系。这里产生了以下补充关系的**案件类型**[129]：

59

☞ **未遂**只是**既遂**的一个纯粹的过渡阶段，因而具有补充性。[130]

60

联邦最高法院早期的判决认为，**既遂的身体伤害罪相对于未遂的杀人犯罪**具有补充性，因为"杀人犯罪是伤害的强化形式，（包含了）该犯罪唯一的加重犯"[131]。后来，这一判决被联邦最高法院所抛弃，其考量是，杀人未遂的不法没有表达出身体伤害的结果无

---

[126] 比如可见 Baumann/Weber/*Mitsch*/Eisele, § 27 Rn. 15;*Eser*,II,Fall 49 A 46。
[127] 参见 SSW-StGB/*Eschelbach*, § 52 Rn. 17。
[128] 关于《刑法典》第 246 条中与此款相关的问题参见 *Murmann*,NStZ 1999,15 ff.。
[129] 对此详见 *Reinbacher*, HBStrR, Bd. 3, § 62 Rn. 40 ff.; Schönke/Schröder/*Sternberg-Lieben/Bosch* StGB Vorb. §§ 52 ff. Rn. 107 ff.。
[130] 参见 SSW-StGB/*Eschelbach*, § 52 Rn. 19;另一种观点（认为属于特别关系）见 *Puppe*,JuS 2016,963。在鉴定报告中无需对此作任何说明，因为在这类案件中必须考查一次既遂（循序式构成要件实现，见边码 19,22）。
[131] BGHSt 16,122,123;此外还可见 BGHSt 21,265;22,248。总结性内容可见 *Maatz*,NStZ 1995,209 ff.。

价值。"犯罪单数的澄清功能"反而要求,既遂的身体伤害在犯罪单数上被实现了,应被纳入判决书的定罪之中。[132] 相反,杀人既遂背后的身体伤害则因其补充性而退让。[133]

61 ☞ 抽象危险犯相对于具体危险犯具有补充性。[134]
62 ☞ 危险犯相对于保护同一法益的实害犯具有补充性。[135]

> **示例:**
>
> 遗弃罪(《刑法典》第221条)作为危害生命的犯罪,相对于杀人犯罪(《刑法典》第212条、第211条)具有补充性。[136] 但是,如果危险犯所保护的除了被侵害的法益之外,还有其他法益,尤其是公共利益,那么补充性就被排除了。
>
> **示例:**
>
> 汽车司机A因饮酒而丧失驾驶能力,其开车撞伤了行人O,那么《刑法典》第229条就不能排斥《刑法典》第315c条,因为后者不仅仅保护着身体完整性,还主要保护着道路交通的安全。所以,二者成立想象竞合。[137]

---

[132] 参见BGHSt 44,196 = BGH NJW 1999,69,70 f. = NStZ 1999,30 = JR 1999,201m. zustimmender Anm. *Satzger* = JuS 1999,298(*Martin*);对此可见 *Geppert*,JK 1999,StGB § 212/4;*Kudlich*,JA 1999,452 ff.;这样认为的还有 Schönke/Schröder/*Eser/Sternberg-Lieben*,§ 212 Rn. 23。紧接着BGHSt 44,196(以及 BGH GA 1975,85的任务),联邦最高法院(StV 1999,251)现在考虑到澄清功能也许可通过折磨方式虐待被保护人(原第223b条,现第225条第1款)与严重身体伤害(原第224条,现第226条)之间属于犯罪单数(同样的情况还有BGHSt 41,113 关于《刑法典》第225条在"折磨"的选项中与第227条之间的关系);按照BGHSt 46,24 = JuS 2000,925 (*S. P. Martin*) = StV 2000,667 mit Anm. *Kudlich* = JR 2001,70 mit Anm. *Stein*,同样的还有未遂的抢劫致死(《刑法典》第251条、第22条、第23条)与身体伤害致死(《刑法典》第227条)之间的关系;对此可见 *Kindhäuser*,NStZ 2001,31 f.;*Kudlich*,JA 2000,748 ff.。

[133] 参见 *Reinbacher*,HBStrR,Bd. 3,§ 62 Rn. 44。

[134] 参见 SSW-StGB/*Eschelbach*,§ 52 Rn. 20;另一种观点(认为属于特别关系)见 *Puppe*,JuS 2016,963。也可参见 BGH NStZ 2016,673 认为《刑法典》第224条第1款第5项(加重处罚的根据:抽象的生命危险)之于《刑法典》第225条第3款第1项(加重处罚的根据:具体的死亡危险)属于补充关系。

[135] 参见 SSW-StGB/*Eschelbach*,§ 52 Rn. 20。

[136] 参见 Baumann/Weber/Mitsch/Eisele,AT,§ 27 Rn. 16。

[137] 参见 Schönke/Schröder/*Sternberg-Lieben*/*Hecker*,§ 315c Rn. 53。

较轻的参与形式相对于较重的参与形式具有补充性。所以，共犯应退让至正犯之后。

> **示例：**
> A教唆B去实施盗窃，同时又向他提示如何实现犯罪——教唆行为排斥了帮助行为。[138]

（三）吸收关系

只有当特别关系与补充关系都不成立时，才会考虑吸收关系。[139] 其条件是，一个犯罪构成要件的实现**按照其犯罪学上的形象通常**会与另一个构成要件的实现同时出现，后者的不法内涵通常要用刑罚来抵偿。[140]

> **示例：**[141]
> 以拆信的方式侵犯通信秘密（《刑法典》第202条第1款第1项）通常也会造成对信的损坏，所以《刑法典》第303条的损坏物品罪会被《刑法典》第202条第1款第1项所吸收。[142] 扣押文书通常会造成对文书的损坏，所以损坏物品罪会被《刑法典》第274条第1款第1项所吸收。未经授权而使用他人的机动车（《刑法典》第248b条）通常伴随着对所消耗燃料的盗窃，所以《刑法典》第242条的犯罪行为会被吸收。[143]

---

[138] 参见 SK-StGB/*Hoyer*, § 26 Rn. 33。

[139] 有人认为该形象是多余的，人们应当"只是不对补充关系与特别关系的概念进行不必要的限制"（持这一观点的有 Schönke/Schröder/*Sternberg-Lieben/Bosch*, Vorb. §§ 52 ff. Rn. 131）。

[140] 参见 Geppert, JURA 2000, 655; *Wessels/Beulke/Satzger*, AT, Rn. 1270。

[141] 参见 Geppert, JURA 2000, 655。

[142] 参见 Schönke/Schröder/*Lenckner/Eisele* StGB § 201 Rn. 22。在司法判决发生变化的背景下存在的怀疑见边码65 *Fahl* GA 2019, 721 (725)。

[143] 参见 *Reinbacher*, HBStrR, Bd. 3, § 62 Rn. 52。

65 长期以来，吸收关系的经典例子是（既遂的）[144] **入室盗窃罪**（《刑法典》第 244 条第 1 款第 3 项或者第 4 项）、侵入房屋罪（《刑法典》第 123 条）与损坏物品罪（《刑法典》第 303 条）的竞合。就**侵入房屋罪**而言，吸收关系得到了广泛的认可。[145] 因为几乎不可能出现行为人入室盗窃却没有破坏被盗者屋主权的情形。刑罚威慑已经考虑到了其所具有的不法内涵，这恰恰体现在侵入"被长期使用的私人住所"会面临更重的处罚（《刑法典》第 244 条第 4 款）。与之相反，近年来关于**损坏物品罪**的观点却发生了明显的转变，这体现在了联邦最高法院一个**判决的**——令人信服的——**变化**之中：按照这一判决，损坏物品罪不是被侵入房屋罪所吸收，而是与其形成**犯罪单数**。[146] 联邦最高法院对此阐述了**多个理由**。[147] 首先，认为闯入通常会伴随物品毁损的观点是不正确的。因为并非用较大的力气破解锁闭装置（＝侵入）就一定会导致毁损，比如对于未紧锁（verschloßen）的门用简单的辅助工具破解锁闭状态。其次，从法律体系上看，按照《刑法典》第 244 条第 1 款第 3 项的各种行为方式对竞合进行不同评价也并不合理。比如，用万能钥匙盗窃时，毁损物品实际上根本就不是典型的犯罪图景。而且会导致的悖论是，毁损物品与入室盗窃未遂之间形成犯罪单数，但是在更严重的入室盗窃既遂时被排斥了。最后，如果行为人造成重大损失或者侵害了被盗者之外的另一个法益承载者，比如闯入了一间出租屋，那么毁损物品尤其表现出了独有的无价值。[148] 对于这种情况，有一种区分化观点认为，仅在毁

---

[144] 只要该犯罪停留在未遂阶段，人们从一开始就不能认定伴随行为得到类型化实现，见 BGH NJW 2019, 1086 (1087)；BGH NJW 2002, 105 (152)；BGHSt 61, 285；SSW StGB/*Kudlich*，§ 243 Rn. 51；Schönke/Schröder/*Bosch*，§ 243 Rn. 59。

[145] 参见 SSW StGB/*Kudlich*，§ 244 Rn. 52. 但是参见 *Fahl*, JR 2019, 他在新的判决中看到了对吸收关系这一形象的抛弃, 与《刑法典》第 123 条之间的关系也必然包含在其中。

[146] 参见 BGH NJW 2019, 1086 m. Anm. *Mitsch*（主张认定为犯罪复数）；*Jäger* JA 2019, 386 ff.；批判的观点见 *Bauerkamp/Chastenier* ZJS 2020, 432 (437 f.)；*Fahl* JR 2019, 114 ff.；*Reinbacher*, HBStrR, Bd. 3, § 62 Rn. 55. 在该判决之前，对其他刑事审判庭提供了一项询问决议（BGH NStZ 2018, 708），所有审判庭都对该观点予以赞同。关于该决定对其他（过去的）吸收关系案件的影响后果见 *Fahl* GA 2019, 721 ff.。

[147] 后文内容见 BGH NJW 2019, 1086 (1088 ff.)。

[148] 持这一观点的有 BGH NStZ 2014, 40；赞同的有 *Zöller*, ZJS 2014, 214 ff.。

损物品自身具有重大不法内涵的前述情形中才承认犯罪单数,这遭到了联邦最高法院的否定。[149] 因为这样的区分会带来严重的不确定性(比如在确定损害赔偿金额时)与划定界限的困难(在价值界限方面),并在联系物品毁损的损失与盗窃损失时会产生评价上的悖论,因为这样一来,那些盗得的赃物价值远远大过物品毁损价值的窃贼就受到了优待。

还存在一个反对吸收损坏物品罪的理由,这涉及《刑法典》第242条、第243条第1款第1项和第2项中的**特别严重情形的盗窃**,只要这里也要求行为人闯入了一个紧锁的空间。不过这里还有一个问题,也就是在侵入房屋罪(《刑法典》第123条)方面尚存疑问的是,该罪是否可以被入室盗窃罪所吸收。联邦最高法院在此指出,**常例**(Regelbeispiel)在性质上是单纯的量刑规则,不能排斥任何构成要件。[150]

66

不同加重构成要件之间的关系是存疑的,比如当行为人使用危险身体伤害罪(《刑法典》第224条)的工具实行了严重身体伤害罪(《刑法典》第226条)时。尽管《刑法典》第226条已经在刑量方面体现了重大的不法,但是,不仅《刑法典》第224条没有被这一构成要件所包含(也就是没有特别关系),而且构成要件之间也不存在规范上的位阶关系,因为危险身体伤害罪的特定的行为无价值并不是追求《刑法典》第226条所要求结果之路上的必然经历过程(没有补充关系)。同样不能说实行《刑法典》第226条的犯罪行为时通常会同时实现共同实行(《刑法典》第224条第1款第4项),所以也不能一般性地认定为吸收关系。所以,**澄清功能**在这里也支持判定为犯罪单数,只要《刑法典》第224条在具体案件中表现出了一个没有被《刑法典》第226条所包含

66a

---

[149] 表达了相同含义的有 *Wessels/Beulke/Satzger*, AT, Rn. 1271。

[150] 参见 BGH NStZ 2001, 642 = JA 2002, 541(*Fahl*);*Steinberg/Bergmann*, JURA 2009, 909;反对的观点见 *Bauerkamp/Chastenier* ZJS 2020, 432(437 f.);SSW StGB/*Kudlich*, § 243 Rn. 51;*Wessels/Beulke/Satzger*, AT, Rn. 1271。

的不法内涵。[151]

（四）共罚的事前行为或事后行为

67　共罚的事前行为或事后行为是**行为复数**时的法条竞合情形。它的依据部分来源于补充关系的基本思想，部分来源于吸收关系的基本思想。[152]

68　**共罚的事前行为**可以基于补充关系而被排斥。比如，《刑法典》第30条的商议犯罪（Verbrechensverabredung）相对于之后的实行行为而言属于较早的犯罪阶段，因而具有补充性。[153] 相反，如果一个犯罪行为通常只是用来服务于之后的犯罪实行，而且其不法内涵被对事后行为的处罚完全抵偿，那么就应基于吸收关系的基本思想来对它进行排斥。

> **示例**[154]：
> A侵占了O的汽车钥匙，旨在以后找机会盗窃O的汽车。在这里，侵占（《刑法典》第246条）之于后来的盗窃（《刑法典》第242条）是一个共罚的前行为，因为该钥匙的价值恰恰在于其可以实现之后的犯罪。

69　**共罚的事后行为**则来源于吸收关系的理念。[155] "若它仅限于保护或使用那些通过事前行为所获得的处境"，那么它是不可罚的。[156] "对主

---

[151] 整体上具有说服力的有 *Reinbacher*, HBStrR, Bd. 3, §62 Rn. 28 f.。
[152] 参见 *Geppert* JURA 2000, 656; Lackner/Kühl/*Kühl* StGB Vor §52 Rn. 31; *Wessels/Beulke/Satzger*, AT, Rn. 1265, 1274. 深入阐论见 *Hoven* GA 2020, 724 ff.。
[153] 参见 *Geppert* JURA 2000, 656; Schönke/Schröder/*Heine/Weißer* StGB §30 Rn. 37; AnwK-StGB/*Rackow* §53 Rn. 5; *Wessels/Beulke/Satzger*, AT, Rn. 1275.
[154] 参见 *OLG Hamm* MDR 1979, 421; AnwK-StGB/*Rackow* §53 Rn. 5; *Reinbacher*, HBStrR, Bd. 3, §62 Rn. 21.
[155] 参见 SK-StGB/*Jäger*, Vor §52 Rn. 105 ff.; LK-StGB/*Vogler*, 10. Aufl., Vor §52 Rn. 137; *Otto* JURA 1994, 276; *Wessels/Beulke/Satzger*, AT, Rn. 1277.
[156] 参见 Lackner/Kühl/*Kühl*, Vor §52 Rn. 32; 也可参见 Schönke/Schröder/*Sternberg-Lieben/Bosch*, Vorb. §§52 ff. Rn. 131.

要的应罚的主行为予以处罚,抵偿了(共罚的)事后行为的不法内涵"[157]。

> **示例:**
> A 取走了他所盗窃的存折上的存款(《刑法典》第 263 条的诈骗[158]是盗窃的共罚的事后行为)。[159] A 损坏了他所盗窃或侵占的物品(《刑法典》第 303 条的损坏物品是盗窃或侵占的共罚的事后行为)。[160]

如果后续的犯罪行为使得损害进一步加深、影响到了被害人的其他法益或者损害了第三人的法益,那么就应当**排除共罚的事后行为的成立**。[161]

> **示例 1:**
> A 将他所盗窃(《刑法典》第 242 条)的自行车卖给了轻信他的 O。这一针对 O 的诈骗(《刑法典》第 263 条)并非盗窃的共罚的事后行为,因为这一行为侵害了另一个法益,也就是 O 的财产——O 无法取得该被盗自行车的所有权(参见《民法典》第 935 条)。在此,《刑法典》第 242 条与第 263 条处于实质竞合的关系。[162]
>
> **示例 2:**
> 盗窃支票簿与之后所进行的伪造与兑现支票(针对账户所有者的诈骗)之间属于实质竞合。联邦最高法院的论证理由是:"盗窃支票簿

---

[157] BGHSt 38,366,369.

[158] 用不当的不记名证券进行诈骗(《民法典》第 808 条第 1 款,比如存折)参见 *Arzt/Weber/Heinrich/Hilgendorf*,BT,§ 20 Rn. 57。

[159] 参见 BGH StV 1992,272. 不过,若行为人解除账户冻结或者伪造授权书提交给银行以获得付款,则不适用;见 BGH NStZ 1993,591。

[160] 参见 *Geppert*,JURA 2000, 656;Lackner/Kühl/*Kühl*, Vor § 52 Rn. 32; Schönke/Schröder/*Sternberg-Lieben/Bosch*,Vorb.§§ 52 ff. Rn. 131。

[161] 参见 LK-StGB/*Rissing-van Saan* Vor § 52 Rn. 175,181。

[162] 参见 RGSt 49,16;*Geppert*,JURA 2000,656。

> 对于其所有权人而言仅仅只是财产的危险化。只有兑现了被伪造的支票，才会出现一个具体的损害。"[163]

71 由于共罚的事前行为或事后行为仍作为违法行为存在，因此共犯（《刑法典》第 26 条及以下）、**包庇罪**（《刑法典》第 257 条）与**窝藏罪**（《刑法典》第 259 条）可能与之相关联。[164]

72 如果**发挥排斥作用的犯罪行为**由于欠缺实质的犯罪要件（比如欠缺罪责）或者欠缺可证明性而**无法被处罚**，那么**事前行为或者事后行为的可罚性又会重新出现**。[165] 有争议的是，如果发挥排斥作用的犯罪因为**程序原因（欠缺刑事告诉、超过追诉时效）而无法被处罚**，是否可以基于事前行为或者事后行为进行处罚。[166] 在超过追诉时效的情形中，联邦最高法院肯定了事后行为的可罚性，其理由是，如果不能处罚这一犯罪行为，那么支撑不可罚性的法思想——通过处罚发挥排斥作用的犯罪行为来抵消不法——就没有发挥效果。[167]

七、竞合考查概览

72a 下文的图示说明了竞合考查的**思维过程**。它并不意味着在鉴定报告中必须完成每一个步骤。比如，如果一个被实现的构成要件显然是具有补充性的，那么直接"**跳**"到后一个考查点在很多时候就是合理的。

---

[163] BGH bei *Holtz*, MDR 1982, 280.

[164] 参见 LK-StGB/*Rissing-van Saan* Vor §§ 52 ff. Rn. 186。

[165] 参见 LK-StGB/*Rissing-van Saan* Vor §§ 52 ff. Rn. 187；Schönke/Schröder/*Sternberg-Lieben/Bosch* Vorb. §§ 52 ff. Rn. 135, 142/143。

[166] 对此的总结性内容可见 *Geppert*, JURA 2000, 657；Schönke/Schröder/*Sternberg-Lieben/Bosch*, Vorb. §§ 52 ff. Rn. 136。

[167] 参见 BGHSt 38, 366 (369)；赞同的有 *Wessels/Beulke/Satzger*, AT, Rn. 1279。然而这种主张是令人怀疑的，因为每一次对违法状态的新造法宣告都会让追诉时效（重新）开始，以至于尽管法益损害没有实质深化，但是超过追诉时效在实践中会被无限期地推迟，所以对该司法判决的批判有 *Stree*, JZ 1993, 476 f. 。

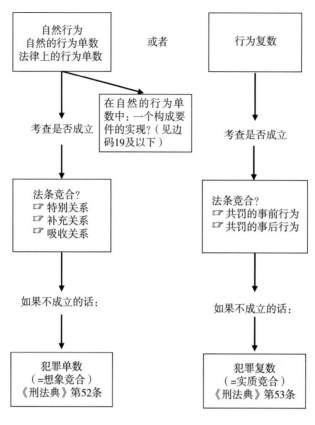

图 31-1　竞合考查

八、犯罪事实不清时发生竞合的犯罪构成要件

当犯罪事实不明确而导致犯罪构成要件的适用被不确定性所充斥时，人们也可以在延伸意义上探讨竞合问题。[168] 这类不确定性在原则上是有利于行为人的：由于罪责原则要求行为人的罪责必须要让法庭得以确信（《刑事诉讼法》第 261 条），因此事实方面存疑会导致适用"**存**

---

[168] 表达了相同含义的还有 Rengier, AT, § 57。

疑有利于被告"原则（见第4章边码8）。[169] 如果无法排除嫌疑人完全没有实现任何犯罪构成，那么就会作出无罪判决。相反，如果仅仅是特定的加重处罚情形无法得到证明，那么还可以基于较轻的犯罪进行处罚。比如，如果法庭无法确定故意杀人中是否有卑劣动机，那么就应当按照《刑法典》第212条而不是《刑法典》第211条进行处罚（无论人们认为《刑法典》第211条是一个加重犯还是一个独立的构成要件）。

不过，这样的**位阶关系**不仅存在于**逻辑**方面，即一个构成要件被另一个构成要件所完整包含（也就是特别关系）[170] 或属于一个必要的经历阶段（比如未遂之于既遂的关系）[171]，还存在于**规范**的多与少中，如同补充关系中通常具有的特征那样。[172] 比如，如果在事实方面无法确定一个参与者是否达到了共同正犯所要求的分量，那么仍可以按照帮助犯予以定罪。[173] 在无法查明行为人到底是容认了犯罪结果还是相信结果不会发生时，通说想基于同一原则按照过失构成要件予以定罪。[174] 如果还无法弄清行为人是自己实施了损害行为，还是违反义务地没有阻止侵害行为，那么最终可以考虑以不作为进行处罚。[175] 在逻辑的位阶关系中，定罪所依据的案件事实是明确肯定的。相比之下，在规范的位阶关系中，由于按照一个在评价性视角中更小分量的构成要件进行定罪，因此长期存在的不确定性也被认为无关紧要。

在**鉴定报告**中，首先要在位阶关系中考查广泛的可罚性，然后通过存疑有利于被告原则确定其事实要件不成立。接下来考查更轻

---

[169] 恰当的观点有 Frister, AT, 3/35；Wessels/Beulke/Satzger, AT, Rn. 1298。《基本法》第103条第2款与《欧洲人权公约》第6条第2款经常被作为存疑原则的根据而被提起（参见 Heinrich, AT, Rn. 1450；Kindhäuser/Zimmermann, AT, § 48 Rn. 1；Rengier, AT, § 57 Rn. 1），用以最终保障对罪责原则的遵守。

[170] 参见 Kühl, AT, § 21 Rn. 68b。

[171] 参见 Kindhäuser/Zimmermann, AT, § 48 Rn. 4。

[172] 参见 Kühl, AT, § 21 Rn. 68b。

[173] 参见 BGH Urt. v. 10.10. 2017-1 StR 496/16（只有部分印在 NStZ 2018, 462）；Kühl, AT, § 21 Rn. 68b；Rengier, AT, § 57 Rn. 10。

[174] 参见 Schönke/Schröder/Sternberg-Lieben/Schuster StGB § 15 Rn. 4；主张逻辑的阶层关系的有 Kindhäuser/Zimmermann, AT, § 48 Rn. 4。

[175] 参见 BGH NStZ 2018, 462（463 f.）m. Anm. Drees。

的构成要件的可罚性，如果必要的话还要在构成要件符合性的框架内论证规范的位阶关系的成立。如果两个涉及的要素都处于客观构成要件这一层面（比如考虑是共同正犯还是帮助犯），那么这一问题就属于客观构成要件之中。如果尚不清楚是按照故意构成要件还是过失构成要件处罚，那么该规范的位阶关系只有在个人过失（按照通说处于罪责之中，第30章边码15）时才提及。因为就（客观）构成要件方面而言，故意的举止与过失的举止没有任何区分（第30章边码8及以下，边码16）。

在**后置确定**（Postpendenzfeststellung）中涉及的是在定罪中持续存 **74**
在的不确定性是否能够保持隐没的问题。[176] 这里所指的情形是，两个可能的案件事实中只能够查明后一个举止，而这一举止的可罚性因为先发生的举止的不确定性而存在疑问。后举止的这种依赖性的首要来源是，前置举止若成立则会将后举止作为共罚的事后行为予以排斥。这里没有争议的是，只要依存疑有利于被告原则排除掉对排斥性规范的适用，就应当以确定的案情作为基础作出单一含义的（eindeutig）定罪[**"竞合相关的后置确定"**（konkurrenzrelevante Postpendenz）]。[177]

> **例如**，如果只能确定损坏了他人的自行车，但是不能确定这辆自行车之前是否由盗窃而得，那么《刑法典》第303条的可罚性就与这一不确定性不冲突，因为只有当行为人可按《刑法典》第242条被处罚时，《刑法典》第303条才会作为共罚的事后行为退居《刑法典》第242条之后（见边码72）。

与之相反，存在争议的是"**构成要件相关的后置确定**"（tatbestand- **74a**
srelevante Postpendenz）。这些案件的特点在于，如果先前的事件发生会导致可罚性成立，那么二次行为就不符合构成要件了。

---

[176] 对此比如可见 *Kindhäuser/Zimmermann*, AT, § 48 Rn. 19 f.; *Kühl*, AT, § 21 Rn. 68c.; *Wessels/Beulke/Satzger*, AT, Rn. 1315.

[177] 参见 *Bosch*, HBStrR, Bd. 3, § 63 Rn. 7.

对此这一情形最常见的**示例**是，无法查明A是否是盗窃的共同正犯人（先发生的事实），但是可以无疑明确的是，他从一名（共同）正犯人那里获得了赃物的一部分（后发生的事实）。[178] 基于存疑有利于被告原则，这里不能定盗窃罪。如果人们适用存疑原则额外地适用于后发生的事实，那么A也不能因为购买赃物而被按照窝藏罪定罪，因为《刑法典》第259条不能适用于盗窃罪的共同正犯（"他人"盗得的物品）。

尽管有着持续存在的不确定性，但大体的**通说**在此还是从后置确定的途径按照《刑法典》第259条进行明确的定罪。[179] 其背后的考量是，无论如何购买赃物都是确定的，购买赃物加深了对财产权的损害，创设了窝藏罪的不法。[180] 据此，之所以排除对共同正犯的刑罚威慑，不是因为窝藏罪的不法不适用于共同正犯，而是因为以下思想，即用《刑法典》第242条中的可罚性就可以充分包含对他人财产的侵犯。[181] 但是，如果因为存疑有利于被告原则而排除按照《刑法典》第242条进行处罚时，那么这一想法就没有发挥作用。按照通说，这赋予了以下情形的正当性，即在已查明事实的基础上按照《刑法典》第259条进行定罪。相反，一个重要的**少数派观点**[182]提出了反对意见，该观点认为，无法排除的是，《刑法典》第259条中被窝藏的物品必须由"他人"盗窃而得的法律要件没有被满足。因此，按窝藏罪进行单一含义的（eindeutig）定罪就违反了《刑法典》第259条的文字表述（《基本法》第103条第2款）。只要其（狭义）要件得以满足，那么就只能考虑进行选择含义的（wahldeutig）定罪（边码78）。[183] 因此，通说指出了二次行为的不

---

[178] 对此比如可参见 *Kindhäuser/Zimmermann*, AT, § 48 Rn. 19。

[179] 参见 BGHSt 35, 86 (88 ff.)；*Heinrich*, AT, Rn. 1454 ff.；*Kindhäuser/Zimmermann*, AT, § 48 Rn. 19 f.；*Kühl*, AT, § 21 Rn. 68 c。

[180] 对此比如可见 SSW-StGB/*Jahn*, § 259 Rn. 1。

[181] 也就是说，实质上这里涉及的是一个在法定构成要件中对共罚的事后行为予以规定的情形。

[182] 参见 SSW-StGB/*Satzger*, § 1 Rn. 75。

[183] 参见 *Frister*, AT, 3/36；SSW StGB/*Jahn*, § 259 Rn. 55；SSW-StGB/*Satzger*, § 1 Rn. 75。

法内涵,而少数派观点强调这些构成要件的文字表述所提供的形式保护(第10章边码4及以下)。

与之完全相反的是**前置确定**（Präpendenz）的情形,即前一个举止可以被确定,而后一个举止却无法被查明,通说的解决方案是基于一个被查明的案情科处一个单一含义的处罚。因而这里只能基于先发生的事实进行处罚。比如,先发生的帮助行为可以被确定,但是对主行为的共同正犯式参与却无法被确定[184]。再如,在商议犯罪（《刑法典》第30条）的案件中,无法查明一个参与了商议的人之后是否也参与了其所计划的犯罪[185]。仅按照前一个举止进行处罚是合理且易论证的：因为后一个举止无法回溯清除前一个举止的构成要件符合性,因此其构成要件被实现是没有任何疑问的。后一个举止的可证明性会导致的仅仅只是以法条竞合（共罚的事前行为）来排斥前一个被实现的构成要件。当然,只有本可以基于后一个举止进行处罚时,才会出现这种情况——基于存疑原则这里恰恰欠缺了这一点。

此外,还存在一些情形,在这些情形中,**无法查明**两个可能的发生历程中实际发生了哪一个,但无论哪一个发生了,嫌疑人都会实现一个构成要件。如果可能的犯罪行为之间**不存在位阶关系**,那么对两个案件事实都适用存疑有利于被告原则就会得出不可罚的结论。

75

76

> 这体现在以下示例中[186]：
> A向O的方向开了一枪,但是子弹没有击中任何东西。在诉讼中无法查明,他是抱有杀O的故意,还是抱有杀死其狗的故意。

在该案中,按照存疑有利于被告原则,既欠缺了杀人的故意,又欠

---

[184] 参见 Kühl, AT, § 21 Rn. 68c。
[185] 参见 Heinrich, AT, 1457。
[186] 参见 Freund/Rostalski, JZ 2015, 165 f.；其他例子见 Frister, AT, 3/39。

缺了损坏物品的故意。[187] 这样一来，就不允许按照较轻的罪，即损坏物品罪未遂（《刑法典》第 303 条、第 22 条、第 23 条）来处罚 A。在该罪与杀人罪未遂（《刑法典》第 212 条、第 22 条、第 23 条）之间并不存在位阶关系，而是涉及完全不同的犯罪行为。鉴于尚存的不确定性，尽管 A 可能没有作出实现该构成要件的犯罪决意，但是依损坏物品罪未遂来处罚 A，这种做法会违背罪责原则。明确性原则（《基本法》第 103 条第 2 款）也强化了这一观点，因为定罪所（可能）依据的规范可能与行为人无关且对他没有指引功能。

77　这一结论得到了一致认可，不过，如果不管实际发生哪一事件，本质上都是同一个**罪责**时，那么无罪判决在通说看来就显得不合理了。建立在不确定事实基础之上的有罪判决被认为部分符合正义的要求。[188] 若行为人无论按照哪一个案件事实选项都**实现了**同一个构成要件，那么基于罪责非难而存在的可类比性就成立了。

> **示例 1**[189]：
> A 没有告知其妻子 O 自己感染了艾滋病毒。不知情的 O 因此感染了艾滋病，但无法查清是哪一次性交所导致的。
>
> **示例 2**[190]：
> A 在不同的法庭上作为证人作出了相互矛盾的陈述。可以确定的是，他在一个诉讼中说了谎话（《刑法典》第 153 条），但是无法查清是哪一个诉讼。
>
> **示例 3**：
> 最后应回忆起的案件是，A 与 B 共同决定将一些石头从斜坡上滚下去，没有考虑到有人会被石头砸中的风险。无法查明的是，哪一块石

---

[187] 因此，不能将这类案件与择一故意的案件相混淆，对此可见第 24 章边码 33 及以下。

[188] 对此比可参见 BGHSt 12,386,388。

[189] 参见 BGHSt 36,262；*Heinrich*, AT, Rn. 1474；*Wagner*, ZJS 2014,436。

[190] 参见 *Heinrich*, AT, Rn. 1474；*Kühl*, AT, § 21 Rn. 68a。

> 头砸死了被害人。在这里，A 与 B 都是要么滚下了致死的石头，要么违背注意义务地参与了另一人作出滚石头的决意之中。在两种情况下都成立过失杀人罪（《刑法典》第 222 条）的非难（见第 27 章边码 54 及以下）。

在这类案件中，不管以哪一个案件事实作为基础，罪责非难都是保持不变的，因为实现的是同一个构成要件。所以，在这类情形中以所谓**不真正（＝同类）选择确定**作出有罪判决并不违反罪责原则：对行为人的有罪判决建立在具有选择含义的基础之上（所以也是"事实选项"），后者出自被确定的构成要件。[191] 如果具体的罪责非难存在差异（比如在示例 3 中，将致死的石头滚下山要比强化另一人的决意更重[192]），那么当然在具体的量刑中要依据存疑有利于被告原则以更有利于被告人的选项作为出发点。

有疑问的是，如果两个可选事实虽然会成立不同的构成要件（事实与法律选项），但是两个非难之间表现出实质上的相近（这与边码 76 所描述的情形不同），那么是否也可以考虑运用选择确定。司法判决在以下情况中肯定了这样的**真正（＝异类）选择确定**，即被考虑的两个构成要件**"在法伦理与心理学上是同类的"**[193]。法伦理上的可类比性以损害相同或相似的法益[194]且成立具有可类比性的罪责为前提。心理学上的可类比性"以行为人对于数个所涉及的举止方式的一个在某种程度上具有同类性的内心关联为前提"[195]。

---

[191] 比如可见 Bosch, HBStrR, Bd. 3, § 63 Rn. 10 f.；Heinrich, AT, Rn. 1474；Kühl, AT, § 21 Rn. 68a。
[192] 类似的例子见 Kühl, AT, § 21 Rn. 68a：无法查明行为人是因为自己驾驶失误撞到了行人，还是因为他让一名无驾照的人开车导致了事故。
[193] BGHSt 9,390(393 f.)；11,26(28 f.)；23,360 f.；Heinrich, AT, Rn. 1470；Kühl, AT, § 21 Rn. 68d。对此及文献中的替代方案可参见 Bosch, HBStrR, Bd. 3, § 63 Rn. 13 ff.。
[194] 参见 BGHSt 30,77(78)。
[195] BGHSt 9,390(394)。

> **示例：**
> 　　被认为在法伦理与心理学上具有同类性的是盗窃罪（《刑法典》第242条）与窝藏罪（《刑法典》第259条）之间的关系：如果无法查明在A处发现的盗窃赃物是他自己盗窃所得（《刑法典》第242条）还是从盗贼那里所获得的（《刑法典》第259条），那么就可以在可选的案件事实基础之上定盗窃罪或窝藏罪。[196] 相反，在无法查明昏醉是否排除了归属能力的情况下，联邦最高法院否定了昏醉罪（《刑法典》第323a条）与在该状态之下所实施的犯罪之间的同类性。[197] 在抢劫罪（《刑法典》第249条）与窝藏罪（《刑法典》第259条）之间也欠缺了可类比性，但是可以考虑的是在抢劫中所包含的盗窃（《刑法典》第242条）与窝藏罪（《刑法典》第259条）之间成立选择确定。[198]

　　这一判决被联邦最高法院第二刑事审判庭认定为因**违背《基本法》第103条第2款**而违宪：从可选的数个构成要件中作出建立在法官法上的、具有选择含义性的有罪判决，欠缺了科处刑罚所必需的法律基础。[199] 对此，其他的刑事审判庭及大刑事审判庭有着不同的观点，其理由是，由于选择确定是一个诉讼法上对于具有不确定性的特定案件的存疑规则，因此不受制于实体法上的明确性原则。此外，即使是可选

---

[196]　参见BGHSt 1,302(304)；12,386(388)；批判的观点比如有 Pohlreich, ZStW 128 (2016),702 ff.。其与边码74中所提及的不确定性情形的区别在于，在两个案件事实选项中都存在收购盗窃赃物，不确定的仅仅是，行为人是否也作为共同正犯人参与了盗窃。同类性被肯定的其他情形：窝藏与侵占[BGHSt 16,184(187)]，抢劫与抢劫型敲诈(BGHSt 5,280)，诈骗与背信(BGH GA 1970,24)。

[197]　参见BGHSt 9,390(394 ff.)。在这类情形中应当按照《刑法典》第323a条定罪，因为当无法排除无罪责能力时，就符合适用它的条件了，见第26章边码34。

[198]　参见BGHSt 25,182(185 f.)。

[199]　参见BGH NStZ 2014,392 sowie Vorlagebeschlüsse BGH StV 2016,212 und BGH, Vorlagebeschluss v. 2. 11. 2016-2 StR 495/12 (= HRRS 2017 Nr. 258)。对此比如可以参见 Freund FS Wolter,2019, 627 (35 ff.)；Freund/Rostalski, JZ 2015, 164 ff.；Frister, StV 2014, 580 ff.；Gaede, FS Neumann, 2017, S. 811 ff.；Haas, HRRS 2016, 190 ff.；Kröpil, JR 2015, 116 ff.；Pohlreich, ZStW 128(2016),676 ff.；Schuhr, NStZ 2015,437 ff.；Stuckenberg, ZIS 2014,461 ff.；Wagner, ZJS 2014,436 ff.。早期的文献有 Köhler, AT, S. 96。

的，也应当按照法律规定的构成要件进行定罪，定罪对于受法律约束者应当具有可预见性。[200]

在**鉴定报告**中，应当先承认案件事实存疑，然后再仔细考查是否也可以对案件事实进行单一含义解释的问题。如果成立**不真正（＝同类）选择确定**的情形，那么就可以在包含两个可选案件事实的基础上统一地对犯罪进行考查。正如在导言中所说的："可以按照《刑法典》第 229 条对 A 进行处罚，因为他要么是在 2015 年 1 月 1 日，要么是在 2015 年 1 月 20 日通过无保护的性交使得 O 感染了艾滋病毒。"然后在考查该构成要件时要阐释，A 满足了构成要件要素而无论是早还是晚，案件事实的不确定性与按照不真正选择确定原则进行处罚之间并不冲突。在**真正（异类）选择确定**中，首先要分别考查每一个案件事实的可罚性。[201] 如果按照每一个案件事实行为人都是可罚的，那么就单独考查以下问题，即是否可以基于选择含义的基础进行处罚。然后，必须阐释这些构成要件在法伦理与心理学上具有可类比性。如果选择确定依此是可能的，那么最终要提出的问题是，这一法形象从根本上说是否应当得到承认。

案例与问题

100. 为什么行为单数与行为复数之间的区别对于竞合而言具有基础性的意义？

101. 如何理解重复式构成要件实现及其法律后果？

102. 承认夹结效应是基于哪一正义思想？

---

[200] 参见 BGHSt 62,164；BGH NStZ-RR 2014, 308；NStZ-RR 2015, 39；NStZ-RR 2015, 40；NStZ-RR 2014, 307；auch Baumann/Weber/Mitsch/*Eisele*, AT, § 28 Rn. 57；SSW StGB/*Satzger* § 1 Rn. 93 f.；深入阐述见 *Bosch*, HBStrR, Bd. 3, § 63 Rn. 17 ff.；*Stuckenberg* ZIS 2014, 467 ff. 。现在联邦宪法法院（NJW 2019, 2837 ff.）也在一个不兑现决议（Nichtannahmebeschluss）中认定，真正选择确定既没有违反《基本法》第 103 条第 2 款，也没有违反无罪推定。

[201] 参见 *Heinrich*, AT, Rn. 1473；*Jäger*, AT, Rn. 594b f.；*Kindhäuser/Zimmermann*, AT, § 48 Rn. 18。

103. 如何理解法条单数?

104. A对一个空置工厂进行了入室盗窃,在进入工厂时撬坏了一扇门。极其严重情形的盗窃罪(《刑法典》第242条、第243条第1款第1项)与损坏物品罪(《刑法典》第303条)之间是何种关系?(参见BGH NStZ 2001, 642)

105. A将他盗得的自行车扔进了湖中。盗窃罪(《刑法典》第242条)与损坏物品罪(《刑法典》第303条)之间处于何种竞合关系?

106. 如何理解后置确定?

107. 不真正选择确定与真正选择确定之间的区别是什么?

"案例与问题"的答案提示

第3章：

1. 站在法实证主义的立场上，法是实际有效的规范的总和（见第3章边码1）。

2. 刑法是公法的一部分，因为行使刑罚权表现为主权的任务（见第3章边码4至6）。

3. 刑罚表达了社会伦理上的无价值评价。相反，罚款仅仅只是用来威慑单纯的行政不法，其目的在于对行为人进行预防性影响（见第3章边码7）。

第4章：

4. 实体刑法规定着刑事犯罪的要件与法律后果（见第4章边码2）。

5. 通说认为，刑事诉讼有助于实现法和平的状态，在这一状态中人民能够合理地满意于诉讼结果。

第7章：

6. 《刑法典》始于1871年（见第7章边码1）。

7. 人们将《刑法典》中包含的犯罪构成要件称为"核心刑法"。"附属刑法"则是对于存在于诸如《外国人法》《税法》等其他法律中的犯罪构成要件的称呼。

8. 分则主要包含的是各种犯罪构成要件（比如杀人罪、身体伤害罪），总则中包含的则是那些对于全部或者许多分则规范具有重要意义的条文，比如未遂或者正犯与共犯的规定（见第7章边码8）。

第8章：

9. 保护义务理论认为，国家有义务保护其公民，根据情况也可以使用刑法。因此国家履行《基本法》第1条第1款中的保护任务，并考虑到以下这一观点，即若没有一定程度的安全，宪法保障的自由权也将丧失殆尽（见第8章边码2及以下）。

10. 刑法包含了制裁规范，制裁规范包含了对法官的指示，即哪些举止方式应受到何种处罚。前置于刑法的举止规范针对的则是公民，规定了哪些举止方式是被允许或禁止的。只有严重违反举止规范才可罚（见第8章边码5至7）。

11. 法益是自由的前提要件，比如生命、身体完整性或者一个完好的环境。国家只能保护法益，公民的道德被排除在了国家的规制主张之外。不过，按照联邦宪法法院的判决，立法者有权在宪法所确立的范围内决定什么是法益（见第8章边码8至15）。

12. 应当区分"绝对主义"刑罚理论与"相对主义"刑罚理论。绝对主义认为，之所以科处刑罚，是因为有人实施了不法（镇压）；相对主义认为，之所以科处刑罚，是为了不再出现不法（预防）。

属于绝对主义理论的主要是报应理论，按照这一理论，刑罚的目的是正义（康德）或者法的恢复（黑格尔）。在该案中，按报应理论应当科处与罪责相适应的刑罚。报应理论受到的批评是，"实现正义这一形而上学的理念"并非国家的任务（罗克辛）。此外，报应理论是"纯粹地施加不利"，并不能实现再社会化的目的（罗克辛）。最后，报应理论以犯罪的个体可非难性与无法被证明的意志自由作为前提。

属于绝对主义理论的还有赎罪理论，它要求行为人在内心中认可刑罚是正义的罪责抵偿、改过自新，从而实现自身的和谐及与法的和谐。这一观点已经过时了，因为国家不能强制执行这样的赎罪。

属于相对主义理论的有消极的一般预防，该理论认为，刑罚的目的在于威吓其他社会成员。在该案中，刑罚是对自行车盗窃猖獗的反应。它所受到的主要批评是，罪责丧失了其限制作用，因为刑罚的严厉程度取决于对其他社会成员的威慑需求。与此相关的另一个指责是，这损害了人的尊严，因为为了他人而处罚行为人导致行为人在此被工具化了。

积极的一般预防认为，通过科处刑罚可以向法共同体的全体成员展示规范的效力，这有助于"实践法忠诚"及实现信赖与法和平。在该案中，这会消除其他公民关于自行车盗窃的漠视态度。对此的批评也主要是，罪责会失去其限制作用，而且为了他人的需求而处罚行为人会损害人的尊严。

特殊预防认为，刑罚的目的在于威吓或者矫正具体的行为人。对于那些无法再社会化的行为人实行直接强制（监禁），是出于保护社会的目的（现在的保安处分）。在该案中，法官对教育培训被告人的考量涉及了特殊预防。对此理论的批评：国家变成了教育机构；罪责失去了限制作用；当既没有矫正需求也没有威吓需求时，要确立刑罚就存在困难了。

最后要讨论并合主义理论，该理论通过不同方式将各种方法合并在了一起。如果主张"累加型"并合主义理论，即认为各种方法彼此之间平等共存，那么当按照不同的理论会得出不同刑罚时，就不清楚究竟应当如何决定。如果以报应理论作为出发点，那么就应当在与罪责相适应的刑罚范围中考虑预防的刑罚目的（见第8章边码16至45）。

第9章：

13. 这分为两类，一是刑罚，二是矫正与保安处分。与刑罚相反，矫正与保安处分并不以行为人的罪责能力作为必然前提（见第9章边码1）。

14. 刑罚受到罪责程度的限制（罪责原则，《刑法典》第46条第1款第1句）（第8章边码23）。处分的科处则应当注重比例性原则（《刑法典》第62条）（见第9章边码4）。

15. 按照《刑法典》第57a条，对于终身自由刑，也可以在执行15年后考虑适用缓刑考验（第9章边码10）。有期自由刑的最高期限为15年（见第9章边码8）。

16. 罚金刑是按照日额体系来科处的。日额的数量主要是根据负有罪责的不法进行确定，而日额的额度则取决于经济情况（见第9章边码 12）。

17.《刑法典》第 46b 条的污点证人规定通常以成功帮助查明严重犯罪为条件。行为人必须在主程序开启之前就已经坦白了他的所知（见第 9 章边码 20 至 22）。

第 10 章：

18.《基本法》第 103 条第 2 款的背景是民主原则与权力分立原则。其内容之一是法定原则，也就是要求可罚性由法律所规定，这确保了在刑事司法领域的裁判权受到法律的约束（《基本法》第 20 条第 3 款、第 97 条第 1 款），并为公民提供了指引安定性。从中还可以得出禁止不利于行为人的习惯法与类推。明确性原则要求对可罚性条件的规定足够明确，从侧面维护着法定原则。禁止溯及既往则规定，在犯罪发生之后，不能对其犯罪构成要件的条件或法律后果进行不利于行为人的修改（《刑法典》第 2 条的详细规定）（见第 10 章边码 4 至 8）。

第 11 章：

19. 由于犯罪行为与犯罪结果均未发生在德国（《刑法典》第 9 条），因此不能根据《刑法典》第 3 条的属地原则适用德国刑法。但是，可以考虑依据《刑法典》第 7 条第 2 款第 1 项的积极属人原则将德国刑法适用于国外的犯罪：由于 A 在犯罪时是德国人，而且身体伤害行为在奥地利也是可罚的，因此可以按照德国刑法对 A 进行判罚（见第 11 章边码 11）。

20. 欧盟仅在条约授权的范围内具有衍生的立法权（见第 11 章边码 23）。

21.《欧洲联盟运作条约》第 83 条包含了指令权，它授权欧盟在所提及的范围内颁布规定犯罪与刑罚的最低限度规则（第 11 章边码 30）。有争议的是，除此之外，从《欧洲联盟运作条约》第 325 条中是否也会得出颁布打击那些针对欧盟金融利益的诈骗的刑事条款的权力（见第 11 章边码 31）。

22. 国内刑法适用法定原则（《基本法》第 103 条第 2 款），而国际刑法以国际条约及受到普遍认可的法律原则与国际习惯法为基础（见第11章边码41）。

23. 国际刑事法院是在业务上管辖种族灭绝、危害人类犯罪、战争罪与侵略罪的常设机构，只要该民族国家不能或不愿自行追诉这些犯罪（见第11章边码42、第44章及以下）。

第12章：

24. 首先要考查构成要件符合性。这里涉及的问题是，行为人是否实现了分则中一个构成要件的类型化不法（必要时还要通过总则中的规则予以补充）。

第二个考查阶层是违法性。这里涉及的问题是，是否成立例外允许实现构成要件的正当化事由。如果不成立正当化事由，那么就成立一个违法的举止。

第三个步骤是考查罪责。罪责考查的对象是法损害的个体可非难性，当成立排除罪责事由（比如精神障碍，《刑法典》第20条）或宽恕罪责事由（比如宽恕罪责的紧急避险，《刑法典》第35条）时，这一可非难性就不成立（见第12章边码1至10）。

25. 违法性与不法都同样表达出了行为人的举止违反了法秩序。但是，违法性仅表示在构成要件成立的情况下不成立正当化事由，而不法是可量化的（见第12章边码8及以下）。

第13章：

26. 按照因果行为论，行为以基于意志的身体动作为要件，但与意志内容并不相关。相反，目的行为论将行为理解为对因果历程的支配性决定。因此，操控的意志也属于行为（见第13章边码3与9）。

27. 如果将行为局限于基于意志的身体动作，那么构成要件（尤其是结果犯）就仅仅是与符合构成要件的结果具有因果关联的身体动作。由于仅仅具有原因性尚不一定能够说明行为人举止的无价值，因此该构成要件不具有将不法予以类型化的功能。在因果行为论的基础上成立的是价值无涉的构成要件。按照这一古典犯罪论体系，意志内容不属于行为，因此，要到罪责阶层才被考查（见第 13 章边码 5）。

28. 属于人格不法的还有行为人之于结果的主观联系，也就是故意，所以它在构成要件中就应当得到考查。这与目的行为论是相配的，后者认为意志内容属于行为的组成部分。

29. 行为要求基于意志的身体动作。痉挛发作并无任何意志的参与。因此，在事故发生时，A 没有实施任何行为（因而在此也就没有因为《刑法典》第 222 条的过失杀人罪而遭受处罚）。但是，A 作为汽车司机参与道路交通是一个基于意志的身体动作。（由于 A 知道自己生病的危险，因此这构成了对注意义务的违背，应按照《刑法典》第 222 条进行处罚）（见第 13 章边码 16 至 18）。

第 14 章：

30. 构成要件描述了"类型化的不法"，这指的是，构成要件要素在整体上表现为一个特定的不法类型（见第 14 章边码 1）。

31. （按照目前的通说）在故意犯中故意属于主观构成要件，因为故意行为人所作出的侵犯法益的决定提升了不法内涵，为其犯罪行为赋予了特征。此外，在一些构成要件中，属于主观构成要件的还有特殊的主观不法要素，比如盗窃罪中的据为己有的目的（《刑法典》第 242 条），因为这样的主观心态同样也展现出了不法的类型。因此，据为己有的目的将盗窃与单纯的非法使用区分开来（见第 14 章边码 6 及以下）。

32. 客观的处罚条件不属于犯罪的不法，因此也并非故意的对象，故意仅仅针对不法构成要件（见第 14 章边码 9）。

33. 基本犯是一个特定犯罪类型的"普通情形"。同一不法类型的减轻处罚变体被称为减轻犯；加重处罚变体被称为加重犯。

第 15 章：

34. 通过构成要件符合性仅仅能够确定一个举止展现了类型化的不法，而在违法性阶层要考查的是该举止是否例外地获得了允许（见第 15 章边码 1）。

35. 单凭另一个法益承载者的更高价值的利益处于危险之中的情况尚无法解释，为什么一个局外人必须容忍自己受到侵犯。只有以下观点才能够论证局外人必须容忍他人因保护更高价值的利益而实施的侵犯，即局外人在一定程度上负有与其他法益承载者之间实现团结的义务（第15章边码7）。

第16章：

36. 刑罚所提出的社会伦理上的责难以行为人对于其所实施的不法负有个人责任为前提，也就是说，他自己本可以决定反对不法。从个体的尊严与自我答责性中推导出了罪责原则，该原则要求刑罚以罪责为前提（见第16章边码2）。

37. 排除罪责事由指的是使得行为人在实行犯罪时没有可能自己决定支持法并反对不法的事由（比如《刑法典》第19条、第20条）。相反，宽恕罪责事由并未排除支持法的决定。不过，它的成立并未使得犯罪与不法与罪责内涵减轻到低于应罚的罪责的门槛（比如《刑法典》第33条、第35条）（见第16章边码9至11）。

第17章：

38. 告诉要求属于"处罚的其他要件"，在犯罪构造中位于罪责之后进行考查。在绝对亲告罪中，刑事追诉的决定权完全处于被损害人的手中（比如：《刑法典》第123条的侵入房屋罪）。在相对亲告罪中，当被损害人未提出追诉要求时，国家检察机关可以基于特殊的公共利益对犯罪进行追诉，（比如《刑法典》第223条、第229条的犯罪；见《刑法典》第230条）（见第17章边码4）。

第18章：

39. 具体的量刑要考虑到大量细节。大学案例所能提供的信息基础无法支撑量刑的复杂过程（见第18章边码1）。

40. 常例的目的在于通过特别严重情形通常会成立的示例对特别严重情形的量刑条款予以具体化（比如《刑法典》第243条）。因此，常例并非构成要件要素，而是量刑规则。所以，他们应在罪责的考查阶段之后被提及（见第 18 章边码 3 及以下）。

第 19 章：

41. 引导性语句必须给出以下内容，即要考查谁的可罚性、考查对象是哪个举止及通过哪个犯罪构成要件来考查可罚性（见第 19 章边码 7）。

42. 鉴定报告文体要求：第一步要列出应被考查的构成要件要素；第二步要对该要素进行定义；第三步进行所谓的涵摄，也就是考查具体案例事实是否满足了抽象要素的要件的问题；最后第四步中表达结论（见第 19 章边码 14 及以下）。

第 20 章：

43. 文义解释（见第 20 章边码 3）、历史解释（见第 20 章边码 8）、体系解释（见第 20 章边码 10)、目的解释（见第 20 章边码 12）与合宪性解释（见第 20 章边码 15）。

44. 类推指的是将一个规范按照该规范的意义与目的适用于依其最大外延语义无法被适用的案件事实。不利于行为人的类推在刑法中是不被允许的（《基本法》第 103 条第 2 款）（见第 20 章边码 7 第 10 章边码 5)。

45. 目的解释是以一个规范的意义与目的为指向的（见第 20 章边码 12 及以下）。

第 21 章：

46. 司法判决认为《刑法典》第 211 条与第 212 条是两个独立的构成要件，而文献则认为《刑法典》第 211 条是《刑法典》第 212 条的加重犯。司法判决的依据是法律条文区分了"杀人者"与"谋杀者"，表达了不法在质上的区别。此外，体系解释也反对加重犯的观点，因为不同于基本犯与加重犯的通常顺序，《刑法典》第 211 条被规定在前面。相反，文献正确地指出，谋杀罪不法的核心就在于故意杀死他人。谋杀要素虽然提升了这一杀害行为的卑劣性，但是并未导致不法发生质的变化（见第 21 章边码 6 至 8）。

47. 通说认为，人的出生之时为分娩开始之时。这一观点可以追溯至（目前已被删除的）《刑法典》第 217 条，其正当化根据在于杀人犯罪的原理（之于终止妊娠罪的条文）。这是因为，从法益保护的角度出发，自分娩开始保护人的生命免受过失的伤害（尤其是医护人员所造成的过失伤害）是恰当的。终止妊娠罪的条文只能处罚故意举止，无法提供这样的保护（见第 21 章边码 14 及以下）。目前的通说认为生命结束于脑死亡（见第 21 章边码 16）。

48. 之所以需要对《刑法典》第 211 条进行合宪性解释，主要是因为终身自由刑是绝对刑。可能存在一些案件尽管表面上符合《刑法典》第 211 条条文中的谋杀要素，但是对其科处这一刑罚却不相适应（见第 21 章边码 24）。

49.《刑法典》第 212 条的要件显然被实现了。问题在于，除此之外，A 是否还实现了《刑法典》第 211 条。这里要考虑阴险这一谋杀要素。阴险指的是在敌对的意志方向上有意利用了被害人的无疑心与无防卫（见第 21 章边码 33）。当前存疑的是，睡着的 O 究竟是否是无疑心的，因为睡着的人不会感受任何怀疑。不过，由于 O 是无疑心地睡着的，因此他"带着无疑心进入了睡眠"，这足以认定他无疑心（见第 21 章边码 39）。O 因无疑心而也无防卫，也就是说，他的防卫机会受到了限制。由于 A 最终也是在敌对的意志方向上实行了行为，因此阴险要件原则上是成立的。不过，基于绝对刑而对谋杀罪构成要件进行限制适用的努力提出了多种方案来限制谋杀构成要件的可适用性或者至少减轻其效果。对此，文献经常要求存在"卑劣地破坏了信赖"。但是，鉴于这对夫妻之间的关系早已破裂，因此本案中是否存在信赖关系是存疑的。破坏信赖这一标准的模糊性也是反对这一观点的理由。此外还存在消极的类型修正理论，该理论主张，当一个谋杀要素成立时，应当通过全面整体评价来阐明以下问题，即在具体案件中是否成立一个特别卑劣的杀害行为。在本案中，考虑到 O 的暴虐举止，这一点是受到质疑的。持相应观点的还有积极的类型修正理论，该理论要求积极地证成卑劣性，换言之，与消极的类型修正理论不同，当成立谋杀要素时，也不承认《刑法典》第 211 条的处罚至少在常例中具有恰当性。反对类型修正理论的理由也主要是欠缺明确性。司法判决最终提出了所谓的法后果方案，它虽然坚持适用谋杀罪构成要件，但是希望在非常有限的例外情形中通过《刑法典》第 49 条第 1 款第 1 项减轻处罚。这样的例外情形主要指的是被害人亦负有责任的紧急、绝望处境。依此，本案中应当减轻处罚。反对这一方案的理由主要是，它逾越了法律明确的文字表述，后者并未规定减轻处罚（见第 21 章边码 46 至 51）。

第 22 章：

50. 身体虐待是一种对身体安适性或身体完好性的侵害超出了轻微程度的恶劣与不当的对待（见第 22 章边码 7）。

51. 让他人饮用酒精并非恶劣与不当的对待。但是要考虑到可能成立健康损害。健康损害是一个偏离于正常状态的病理状态。酒精造成的意识障碍只要达到一定的严重程度，无论如何都显示了一个病理状态，此外过度饮酒也经常会导致不适［参见 BGHSt 49, 34（37 f.）；BGH NStZ 2021, 364 f.］（见第 22 章边码 9）。

52. 这里应当考查《刑法典》第 223 条的故意的身体伤害，因为医生虽然并不希望手术出现这一令人不满的结果，但是却希望进行这样的手术。在客观构成要件的考查范围内，首先提出的问题是，A 是否对 O 进行了身体虐待。关于医疗手术的争议（见第 22 章边码 54 至 56）与此无关，因为该手术并非是为了改善健康状况，而是为了改善外在的形象。在美容手术中成立身体虐待（见第 22 章边码 57）。但是，这一手术因承诺而实现了正当化，即使受到承诺的行为的已知风险——这里指的是手术失败——得到了实现（见第 25 章边码 124 及以下）。

如果先考查《刑法典》第 223 条并基于承诺否定了可罚性，那么就无需再考查《刑法典》第 224 条第 1 款第 2 项，即外科医生的手术刀是否属于危险工具这一问题（见第 22 章边码 19）。《刑法典》第 226 条第 1 款第 3 项（"被以重大方式造成长久的外貌毁损"）也因为对身体伤害行为的承诺而失去了依据。

53. 《刑法典》第 224 条加重处罚的原因是行为有更高的危险性，

而《刑法典》第226条加重处罚是因为所发生的结果更严重（见第22章边码10与28）。

54. 鉴于违背风尚的概念明确性较小，因此应当对其进行限制解释。司法判决认为受到承诺的侵犯的分量是关键所在，因此违背风尚成立的情形主要是造成了具体的死亡危险。相反，侵犯的目的对于违背风尚的成立并无影响。不过，追求一个具有认可价值的目标（比如治疗严重疾病）可以让严重的或造成生命危险的侵犯不被视作违背风尚（见第22章边码50及以下）。

55. 《刑法典》第231条是抽象危险犯（见第22章边码59）。

第23章：

56. 按照必要条件公式，当一个行为不被设想排除，具体形态中的结果就不会消失时，等价理论意义上的因果关系就成立了（见第23章边码6及以下）。如果人们将生产刀具的行为设想排除，那么D最终也就不能使用这把刀去刺O。因此，A对于O的死亡是具有原因性的。所造成的结果的客观可归属性首先要求A通过其举止创设了一个法不容许的危险。虽然生产与销售刀具始终存在滥用的危险，但是考虑到其举止的社会益处，所创设的这一轻微危险并非法所不容许。因此，O的死亡并不能在客观上归属于A（见第23章边码54至62，68及以下）。

57. 当行为人的举止创设了结果发生的法不容许的风险，并也实际上将这一危险实现为了结果，那么这一被引发的结果就具有客观可归属性（见第23章边码31）。

58. 关于A的举止的因果关系，首先应当确定死亡结果已经发生了。如果人们将A的举止设想排除，那么就不会有批准外出，因此也就不会有X的犯罪行为。在这里，X有可能通过医院不够牢固的窗户来逃脱这一情况并无任何影响。因为这样假设的替代原因无法消除实际存在的原因关联。

在客观归属方面首先存在疑问的是，A是否通过其决意在他人生命的方向上创设了一个法不容许的危险。（人们可以同义地问——在过失犯中常用的术语——A是否在客观上违背注意义务地实施了举止，见第

30章边码9）预测型决定——比如在执行决定背景下作出的预测型决定——原则上都存在评估错误的风险。这一风险的发生是被允许的，只要它旨在为囚犯的自由利益与治疗利益与民众的安全利益之间实现适当的平衡。但是，这要求负责作出决定的人正确调查事实基础并根据受到认可的评价标准作出决定［BGHSt 49, 1 (6)］。X 的危险性是已知且得到专家确认的，A 却作出了错误的决定，这严重损害了公众的安全利益，因而超出了合理的预测空间。所以 A 创设了一个法不容许的危险。这一危险还必须被实现为 O 的死亡。所以，人们可以质疑必要的义务违反性关联的成立，因为若 A 实施了合法的替代举止，X 仍可未经允许地逃离医院（对此见第 23 章边码 103）。风险升高理论的支持者之所以赞同结果归属，是因为批准外出无论如何都提升了实行犯罪的风险。不过，占据统治地位的可避免性理论也会得出同样的结论，该理论要求在合法替代举止的情况下不能存在任何与结果的不发生有相关性的怀疑（参见第 23 章边码 107 及以下）。因为对义务违反性关联的考查旨在查明举止错误与所发生的结果之间的实际关联。所以只有本应与所设想的合义务举止具有相关性的假设历程会得到考虑。"因此，能被设想排除并被相应的谨慎举止所替代的只有可对行为人予以非难的犯罪情状。此外，不允许对具体的犯罪处境排除任何事物、设想加入任何事物或者对该犯罪处境予以改变"［BGHSt 49, 1 (4)］。由于必须忽略未经允许而逃离医院的可能性，因此，在合法替代举止的情况下结果就会消失。依此，无论是按照风险升高理论还是可避免性理论，都成立义务违反性关联。最后，由于不批准 X 外出的义务恰恰是用来防止这类结果的发生的，因此保护目的关联也得以成立。所以，死亡结果在客观上可以归属于 A。（关于该案可以参见 Neubacher JURA 2005, 857 ff. und Roxin StV 2004, 485 ff.）

59. 结果已经发生了。如果 A 没有造成事故，那么 O 就不会死亡。因此 A 对于死亡结果是具有原因性的。存疑的是，该结果是否可客观归属于 A。A 通过其违反交通的举止给其他交通参与者的生命创设了一个法不容许的危险。义务违反性关联是成立的，因为当存在一个合法替代举止时，即谨慎驾驶避免了事故，这一结果就不会发生。不过有疑问的是，是否成立保护目的关联。因为若B没有违背义务地推迟手术，结果就不会发生。这里提出的问题是，在道路交通中遵守交通规则的义务是否也是用来避免发生因医疗错误举止所导致的死亡结果的。对于这一问题的回答是有争议的（见第23章边码119）。司法判决主要着眼于医生违反义务的程度，其认为当医生方面只成立轻微至中等的过失时，结果就可以归属于首次侵害者。因为这与严重的医疗错误不同，人们必须考虑到这类错误举止的存在。部分文献则认为医疗是医生的答责领域，因此无论医生的过失程度如何都不能将错误归咎于首次侵害者。除了这一争议，本案中还应注意到以下特殊性，即实现为结果的并不是错误的治疗，而是治疗的欠缺：O死于与A发生事故所造成的伤害。在道路交通中遵守交通规则的义务恰恰是要避免因事故造成的伤害而死亡。只要医生的错误举止没有为受伤的被害人创设新的危险，而是被害人死于首次肇事者所造成的危害生命的伤害，那么就可以不考虑医生疏忽程度，将这一历程置于首次肇事者所损害的举止规范的保护目的之中。此外，对于这一结论还可以作以下引证，即医生提供帮助的义务并不是为了减轻首次肇事者的责任。O的死亡结果可以客观归属于A。

60. O发生了神经性休克，这属于《刑法典》第223条意义上的健康损害。A对此是具有原因性的，因为若不将该交通事故设想排除，神经性休克就不会消失。存在疑问的是，该结果是否也可客观归属于A。虽然A通过其违反交通规则的举止为他人创设了一个法不容许的危险，而且若谨慎驾驶就不会发生结果，因此义务违法性关联也是成立的，但是保护目的关联是存在疑问的，因为只有当注意优先通行权的义务也是用来避免事故被害人的妻子产生神经性休克的时候，保护目的关联才会成立。正确的认识是，道路交通的举止规范仅仅是用来避免那些具有交通特定性的损害，这也包括事故被害人的休克伤害。因此，那些仅仅在心理上促成的、并非直接源自道路交通危险的健康侵害处于保护目的关联之外。所以，在O身上发生的神经性休克不能客观归属于A。

61. 刀刺行为无论如何都表现为《刑法典》第223条的身体伤害。

此外还要考虑到《刑法典》第 224 条第 1 款第 2 项的可罚性。厨刀虽然不是该条款意义上的武器，因为制造它并非为了伤人（见第 22 章边码 21），但是按照其客观性质与具体使用方式能够造成严重的伤害，因此属于一个危险工具（见第 22 章边码 17 及以下）。人们也可以想到《刑法典》第 224 条第 1 款第 5 项的危及生命的对待方式。由于这样的刀刺对生命的危害并不明显，因此要论证其危险性建立在致死逃脱的风险之上。然而，司法判决认为因被害人举止而产生的危险创设尚未达到条件，因为该危险必须恰恰是"借助"那个能够危害生命的对待方式所引起的。因此，没有危及生命的刀刺尚不足以引发危及生命的被害人举止。在主观构成要件方面应当指出，A 既对身体伤害具有故意，也对使用危险工具具有故意。

由于 A 没有意识到其举止会危及生命，因此不用考虑成立故意的杀人犯罪（所以完全无需提及）。

但是，要考查基于《刑法典》第 227 条的可罚性。严重后果已经发生了。不过存在疑问的是，身体伤害行为是否也对结果的发生具有原因性。这取决于，原因关联是否必须与身体伤害结果相联结，或者它是否也可以与身体伤害行为相联结。按照部分文献所主张的致死理论，身体伤害的危险必须实现为该严重后果。在本案中，由于刀刺行为本身并没有导致死亡，因此按照这一观点就欠缺了原因性。相反，司法判决与另一部分文献认为，当伤害行为对于死亡结果之间具有因果性，就足以肯定因果关系成立，因为该身体伤害行为促使了 O 逃跑。（关于这一论据存在多种观点，见第 23 章边码 127 及以下）。只有认为对身体伤害行为的因果关系的联结已经足够了，才能够进一步考查构成要件上特定的关联。这要求，恰恰是基本构成要件所具备的特定危险实现为了严重后果（见第 23 章边码 129 及以下）。这之所以是存疑的，是因为 O 最终通过她自己的举止导致了死亡。但是，"如果被害人的举止是直接导致死亡的原因，只要这一自我伤害的举止表现为明显且在犯罪中典型的反应，比如因恐慌与畏惧死亡而逃跑的情况"，联邦最高法院就肯定了——同样对于本案——具有构成要件类型化的危险的成立（BGH NStZ 2008,

278)。如果人们遵从这一观点并肯定了构成要件的特定关联,那么也可以肯定的是,A在发生死亡的方向上做出了客观上过失的举止(见第23章边码134)。最后还应考查个体的过失(按照通说是在罪责阶层中),也就是以下问题,即A依其个人的知识与能力是否能够作出合乎注意义务的举止并认识到其举止的危险性?由于没有否定A具备这一能力的因素,因此他的行为也在死亡结果方向上具有个体的过失。所以,按照通说,可以按照《刑法典》第227条对A进行处罚。

第24章:

62. 按照当前的通说,应当在主观构成要件中考查故意,因为它属于各个犯罪的不法类型(见第24章边码2)。

63. 故意必须涉及客观构成要件的全部要素(见第24章边码8至11)。

64. 在目的中,行为人正是要实现符合构成要件的举止;意志要素处于重要地位,与此相对,只要行为人认为构成要件有可能得以实现,认识要素就满足了。在直接故意中,行为人知晓或者确信地预见到其举止实现了构成要件;认识要素处于重要地位。在间接故意中,行为人认为构成要件有可能得以实现,并且对此予以容认(司法判决的观点)或者对结果发生的风险予以认真对待(学界通说的观点)(见第24章边码15及以下)。

65. (该案同时包含了对侮辱构成要件的小小"概览",不过核心疑难在于主观构成要件)在引导性语句中应当提出的问题是,是否可以因A辱骂O而按照《刑法典》第185条对A进行处罚。侮辱罪在客观构成要件中要求对一个人予以蔑视或轻视。这一要件因恶毒辱骂而得以轻易实现。即使打错了电话也不会对此有所改变,因为侮辱的接收者并没有意识到侮辱指向的是另一个人。在客观上,A的话语侮辱了O。不过存疑的是,A是否满足了主观构成要件,即是否故意地实施了行为。A的故意无论如何都是指向去X的侮辱。存在疑问的是,这一侮辱故意是否也可以涵盖实际上针对O所实施的侮辱。如果打错电话属于打击错误的话,那么按照通说就没有成立实现针对实际发生的侮辱的故意。支持成立打击错误的理由是，A 的侮辱言语是由打错电话错误导致的，以至于人们可以说这偏离了原本针对 X 的犯罪。不过，对这一观点的质疑是，这一偏离在时间上存在于原本的犯罪行为之前。被害人拿起话筒时还没有受到损害，直到听到话语时才受到损害。但是，最终起决定性作用的观点是，行为人没有将他的故意具体化到那个在电话线另一端接听的人。他想要侮辱这个人，尽管他误认了他的身份。在这里，无论是 A 自认为认出了接电话的被害人的声音而有感性地对被害人予以个体化，还是他完全没有给 O 时间说话的机会而直接开骂，都没有任何影响。在每一种情形中，他的行为都是想要贬低电话线另一端的人，仅仅只是弄错了他的身份。所以，通说对于这类案件正确地主张成立身份错误。按照占据统治地位地通说，这一错误无关紧要，因为行为人实现了他想要损害在构成要件上具有特定类型的一个对象的故意，不取决于法益承载者的身份。所以，侮辱故意仅仅只须针对一名人类，而不需要针对一个特定的人。依此，A 在行为时具有故意。由于他的行为也是违法与有罪责的，以及也成立了《刑法典》第 194 条要求的刑事告诉，因此可以按照《刑法典》第 185 条对他进行处罚。

第 25 章：

66. 有争议的是，公职人员在履行其职责时是否也能援引刑法上的正当化事由。通说认可了公职人员主张刑法上的正当化，但是同时也指出同一举止可能在公务法上是不当行为（详见第 25 章边码 2 至 5）。

67. 《民法典》第 228 条、第 904 条的民法上的紧急避险只能够使得对他人财产的侵犯实现正当化，而《刑法典》第 34 条还能够使得对其他法益的侵犯实现正当化。《刑法典》第 228 条与第 904 条的区别在于，防御性紧急避险仅仅只允许侵犯那些作为危险来源的物品，而攻击性紧急避险还可以使得对于无关者的财产的侵犯实现正当化，不过这里实现正当化的门槛要高于防御性紧急避险（见第 25 章边码 24、26、34）。

68. 《刑法典》第 34 条原则上不会使得对已出生生命的侵犯实现正当化，从而避免对生命权的相对化。但是，可以考虑按照《刑法典》第 34 条将对生命造成危险的行为实现正当化（见第 25 章边码 49）。按照

《刑法典》第 34 条实现正当化的还有所谓的"穿孔",即杀死一名正在出生中(并因而应被视为已出生,见第 21 章边码 14 及以下)的孩子以挽救其母亲。间接安乐死有时也按照《刑法典》第 34 条得以实现正当化(见第 21 章边码 78)。最后,有争议的是,以牺牲一个不再能被挽救的人类生命作为代价去挽救生命是否能够按照《刑法典》第 34 条实现正当化(见第 25 章边码 49 至 51)。

69. 紧急防卫权不受比例性的限制,其限制仅仅来源于妥当性。紧急防卫权特别凌厉的背后基础是法确证思想:法无需向不法屈服(见第 25 章边码 70 及以下、边码 90)。

70. 至少《刑法典》第 227 条在构成要件上得以实现。如果人们也想认可杀人故意(不过案情对此的支持很少),那么《刑法典》第 212 条就会得以满足。《刑法典》第 32 条的正当化的核心问题并不依赖于此。它首先以紧急防卫处境的成立为前提。对 O 的现时的攻击无论如何都是成立的(定义见第 25 章边码 73 与 79)。存在疑问的是,该攻击是否违法。如果 O 的行为实现了正当化,那么就欠缺了违法性。之所以不按《刑法典》第 32 条对 O 的行为实现正当化,是因为对 O 的财产的攻击已经终了,即不存在任何不利于 O 的现时攻击。相反,可以考虑按照《刑事诉讼法》第 127 条第 1 款实现对 O 的正当化。但是,就此而言,对 A 的击打并非适合的拘捕行为。此外,《刑事诉讼法》第 127 条第 1 款仅仅允许对于拘捕而言必要且合比例的暴力使用(见第 25 章边码 165)。依此,O 对 A 所采取的行动无法实现正当化,因此成立一个违法的攻击。进一步的问题是,一个按照《刑法典》第 32 条得以正当化的紧急防卫行为是否成立。它以防御行为的必要性为前提,也就是采取最温和的适合手段。用刀刺来制止攻击显然是适合的。在回答它是否是最温和的手段时,应当注意的是,被攻击者无需冒任何风险。比如,当该攻击是否可被有效制止存疑时,就不能要求他用刀去刺手臂。所以,鉴于 O 进行了猛烈攻击,不能要求 A 用一个更温和的——以至于安全性更小的——手段。但是存疑的是,致死的刀刺是否也是妥当的。《刑法典》第 32 条第 1 款的妥当性可以基于社会伦理上的考量来限制紧急防卫权

（见第 25 章边码 95 及以下）。这类限制尤其可以源自防卫者的事前举止。在本案中，不考虑取消紧急防卫权的目的性挑拨，因为 A 的举止并不是为了挑起 O 的攻击（第 25 章边码 101）。但是可以考虑其他可非难地造成的紧急防卫情形（第 25 章边码 102）。由于 A 损坏汽车及随后的逃逸是违法的，且创设了这类事前举止之后可能导致紧急防卫情形的明显的可能性，因此成立一个可非难的事前举止。这样一来 A 的紧急防卫权就受到了限制：他有义务逃避攻击，只有在不可能逃避的情况下才允许防卫，而且首先应通过单纯的保护性防卫，其次才能通过尽最大可能慎重的攻击性防卫。A 必须在可期待的范围内容忍对自己的侵害。从本案的案情中尚无法推断出，A 通过单纯的持刀威胁或以更轻的侵害相威胁是否必然会制止攻击而面临仍可期待的侵害。所以，联邦最高法院将该案发回地方法院重审（《刑事诉讼法》第 354 条第 2 款）。在考试中应当得出有利于 A 的结论，认可对于他而言没有可期待的防卫可能性可选。

71. 假设承诺指的是，对医疗手术的承诺因欠缺告知而无效，但是病人若得到合规定的告知本也会赞同。由于在这里欠缺告知最终没有实现为病人的决定，因此司法判决与学界通说都认可能够实现正当化（见第 25 章边码 132）。

72. 无论是涉及（间接）故意身体伤害罪、过失身体伤害罪还是杀人罪，同意在这里都要么具有排除构成要件的性质，要么具有实现正当化的性质。这取决于，人们认为 A 是参与了 O 的自己危险化举止还是成立一个合意的他者危险化。通说认为区分二者的依据是，支配犯罪的是被害人（＝自己危险化）还是局外人（＝他者危险化）（详见第 23 章边码 91 及以下）。对于本案而言，部分人认为支配犯罪的是作为病毒携带者的 A。巴伐利亚高等法院在其判决中基于合意实施性交的事实而认可成立共同支配，但是将危险化分配至被害人的答责领域。这样一来（即使）A 存在犯罪支配亦在实践中无关紧要。更具有说服力的做法是在这之后提出以下问题，即未得到被害人同意的举止应被允许（＝自己危险化）还是被禁止（＝他者危险化）（见第 23 章边码 99）。从这一出发点可以得出：违背被害人意愿而强行让其与艾滋病感染者进行无保护的性交（也）鉴于被害人的身体与生命所遭受的危险是被法所不容许的。因此，被害人不是自己危险化，而是成立他者危险化的情形。通说认为，被害人的同意并没有阻却构成要件的实现，但是可以对该举止实现正当化。因而问题在于，O 的承诺是否具有正当化的效果。这之所以是值得怀疑的，一方面是因为 O 肯定不想对自身感染予以承诺，而仅仅只是对所涉及的风险予以承诺。正确的做法是，对风险的承诺也包含了其实现为损害结果。这是因为，如果同意了危险行为，那么也就缺失了无价值结果的发生（对此详见第 25 章边码 136 及以下）。O 的承诺能力也存在疑问。这里应当注意，O 未成年与有效承诺之间并不冲突。相反，关键在于，O 依其智力与成熟程度是否有能力认识并合理评价其举止，尤其是考虑到面临危险的法益的价值（第 25 章边码 126）。巴伐利亚高等法院肯定了 17 岁的女高中生具备这一能力。因为 O 被告知了传染的风险与患病的过程，所以不存在意志缺陷（对此见第 25 章边码 127 及以下）。因此，O 作出了一个无缺陷的承诺声明。但是存在疑问的是，O 究竟是否享有对于被危害的法益的处置权。因为艾滋病感染也有致死的危险，以至于《刑法典》第 216 条会阻却承诺。不过这一条文不仅在体系地位上还是按照其文字表述都仅可适用于目的性的杀害。这是合理的，因为否则的话，所有对身体危险的承诺（比如在危险的体育活动中）都会由于实际存在生命危险而变得无效。然而，应当考虑到在《刑法典》第 228 条范围内对《刑法典》第 216 条的评价，通说认为，这不仅仅可适用于对身体完整性的故意侵害，还可以适用于过失侵害。有争议的是，对无保护的性交予以承诺是否违反了善良风尚。有的人认为这违背了所有公正思考者的礼俗感受，因为 O 没有合理理由地承担起了一个重大的风险。正确的做法是，人们应当认可这一风险是性自主权的表达。依此，承诺就并不违背风尚，A 的举止也就因承诺而不具有违法性。

第 26 章：

73. 2‰ 以上可以考虑减轻罪责能力，3‰ 以上可以考虑无罪责能力。绝对无驾驶能力是 1.1‰ 以上。（见第 26 章边码 7 及以下）

74. 对于纯正结果犯而言，每一个在发生结果的方向上创设法不容许的危险的举止都满足了构成要件。在饮酒中也可以看到这样的危险创设。相反，举止定式犯要求一个特定的符合构成要件的举止。饮酒仅仅导致发生构成要件中所描述的举止，尚不足以实现构成要件（见第26章边码31）。

75. 其核心区别在于，《刑法典》第34条会使得行为人的举止实现正当化，而《刑法典》第35条仅仅只有宽恕罪责的效果。这一区别也体现在要件中：《刑法典》第34条在支持团结主张时要求被保护的利益具有显著优越性，而《刑法典》第35条的要件则遵循着期待可能性的指导思想：重要的、符合紧急避险资格的法益被完整列出，面临危险的人员的范围也受到了限制（见第26章边码55）。

76. 《刑法典》第35条第1款首先要求的前提是，对于行为人或其亲属而言，所列举的法益面临着危险。在本案中，A及其亲属的自由处于危险之中。危险是现时的，它可能立即或在最近的时间内导致损害发生。（见第26章边码60）之所以这里也成立这种情形，是因为A抓住了避免损害的最后机会；长时间拒绝出具证件显然会引发巨大的拘捕风险。此外，该危险也无法通过其他方式得以避免，也就是说，行为人必须采取一个适合的、且在多个适合的手段中最温和的手段来防御危险（见第26章边码62至64）。该手段无论如何都是适合的。由于O拥有武器，因此也看不出有其他更温和的手段来防卫危险。但是联邦最高法院（BGH NJW 2000，3079）仍旧拒绝对A宽恕罪责："对于他而言……尽管有着难以忍受的与家人分离的局面及违反人权地剥夺出境自由的背景情况，但是考虑到相关边防人员生命权的重大性，仍可期待他容忍这一危险，而不允许通过故意杀人的方法来避免这一危险。"联邦最高法院对期待可能性的认可所依据的是《刑法典》第35条第1款第2句，将A视为危险的引发者："在他明知所有风险地进入与武装边防人员之间可预见的冲突处境之后，他就必须远离这样的杀害行为。"人们可以对此质疑，因为考虑到联邦最高法院也强调的违反人权的剥夺出境自由，有充分的理由认为A进入了一个危险的处境。这样一来，不让他试图使用武器以解放家人就显得没有说服力了。

77. 反对包含程度上的防卫过当的理由主要是《刑法典》第 33 条的原理：该条文建立在双重罪责减轻的基础上，即一是基于违法攻击者的损害而减轻了应负责的不法，二是在防卫人类攻击时值得对防卫中的不当反应予以容忍。在涉及程度上的防卫过当时，紧急防卫处境不（再）存在，因此也就欠缺了《刑法典》第 33 条的一根支柱，即对应负责的不法的减轻（见第 26 章边码 82）。

第 27 章：

78. 如果实现构成要件仅限为基于有意志的举止引发符合构成要件的结果，那么共犯人也可以实现构成要件。从这一扩张的正犯人概念出发，只能按照主观标准对正犯与共犯进行法律上所要求的区分，因为在客观上所有的犯罪贡献都是等价的（等价理论）。这就是主观说的基础。相反，如果人们将正犯理解为实现构成要件（限制的正犯人概念），那么正犯与共犯的区分就依赖于对构成要件的解释。这是形式客观说与犯罪支配理论的基础（见第 27 章边码 4）。

79. 主观说的极端形式完全不考虑客观情状，认为那些自己完成了所有构成要件要素的人也有可能单纯成立共犯。这不但不当地过分强调了思想，而且也与法律条文相违背。因为《刑法典》第 25 条第 1 款将那些自己实行犯罪的人称为正犯人。

80. 特别犯的不法主要是损害了行为人对于被侵害的法益的特殊义务地位。相反，支配外部的事件发生历程则是次要的。如果人们在工具的意义上将犯罪支配理解为操控外部的事件发生历程，那么犯罪支配在这里就不能作为成立正犯的核心标准。因此，认为义务损害创立了正犯是合理的（所谓的义务犯）。但是，也可能在规范的意义上解释犯罪支配。这样看来，负有特别义务者恰恰是通过损害他的义务实现了对被保护利益的支配（见第 27 章边码 16 及以下）。

81. 该案与"农场主案"（见第 27 章边码 115）的区别仅仅在于，在本案中陷入身份错误的直接行为人是无罪责能力的。那么就要在间接正犯的范围内提出以下问题，即工具的身份错误会对幕后人产生何种影响。占据压倒性地位的观点认为,幕前人的身份错误对于幕后人而言是打击错误。因为是一个机械工具还是一个人类工具违反计划地错失目标没有任何区别。但是,正确的观点应当是(与第27章边码117一样),这里的关键也在于该错误风险是否为幕后人所创设的法不容许的危险所固有。如果已存在于使用工具的类型中的错误风险得以实现,那么幕后人必须对他所创设的风险承担全部责任,即使他希望的是发生另一个历程。

82. 显然至少可以按照《刑法典》第212条对B进行处罚。由于A并没有自己实行原本的杀害行为,因此只有当他应将B的举止按照《刑法典》第25条第2款作为自己的举止进行归属时,才能够被视为《刑法典》第212条的正犯人。共同正犯的实际联结点可以是与B一起作出的——且通过杀害O来执行的——使用射击类武器来阻止拘捕的决意、向B给出追踪的警察的提示及最后A出现在犯罪地点。这些贡献是否会让A成立共同正犯的参与,取决于对共同正犯所提出的要求,对此存在多种不同的学说(见第27章边码5及以下):联邦最高法院主张整体观察说,这一学说认为有必要进行整体评价,不过在其中最重要的是按照正犯人意思与共犯人意思进行区分的主观说。在这之后,正犯成立的重要基准点是"对犯罪结果的自身利益程度、犯罪参与的程度与至少有犯罪支配的意志"〔BGHSt 37, 289 (291)〕。在本案中,联邦最高法院认为A有重大的犯罪利益,因为否则他就会面临拘捕〔BGHSt 37, 289 (293)〕。当然,反对这一观点的理由是,在拘捕情况下A的举止消极。因为A的犯罪利益显然还没有大到足以让他使用射击武器(Roxin JR 1991, 208)。联邦最高法院还进一步在整体评价的框架下对本案进行了确认:A对于其共同犯罪计划"做出了重要的贡献",其方式是他向B"保证不让他一个人面对警察"。A实施了犯罪支配,因为他"通过自身的存在及长期携带枪支"没有放弃他的心理支持,尽管他有机会要求B不要开枪〔BGHSt 37, 289 (291, 293)〕。所以,从整体上看,应将A视为共同正犯人。即使是根据联邦最高法院所主张的整体观察说,这也是存疑的(参见Erb JuS 1992, 198):在整体观察说的框架内可以更有说服力地指出，A 通过"自身的存在"所进行的单纯的心理支持对于 B 的犯罪贡献而言完全是次要的，因为 B 在行为时所带有的犯罪能量显然并不需要这一支持。这些考量也反着联邦最高法院所宣称的犯罪支配，因为 A 将整个事件发生形态都交给了 B。也就是说，即使是基于联邦最高法院所主张的观点，反对成立共同正犯的理由也更强一些。如果人们遵循绝大多数文献所主张的犯罪支配理论，以对符合构成要件的事件发生的掌控为标准，那么就更是如此。依此，正确的做法是否定 A 成立共同正犯。那么接下来要考查的是，A 是否实施了《刑法典》第 27 条所规定的帮助犯。暗示保证在必要时候提供"保护性帮助"没有表现出事前的升高风险的心理强化。这一风险升高也始终未被 A 撤回，以至于在犯罪实行阶段这一强化的影响仍旧发挥着作用。因此，这里成立一个被通说所认可的以强化犯罪决意为形式的帮助犯。（见第 27 章边码 130）最后，在鉴定报告中还要考查《刑法典》第 30 条第 2 款的商议犯罪（并予以肯定），因为 A 一开始就关于杀害警察允诺了共同正犯式的共同作用。

83. 有争议的是，预备阶段的贡献是否也可以使共同正犯得以成立。一些犯罪支配理论的支持者指出，犯罪支配必须针对构成要件的实现，这要求一个实行阶段的贡献。但是，反对的观点认为，预备阶段的贡献也可以参与决定犯罪实行的种类与方式（比如团伙头目）（见第 27 章边码 68）。

84. 人们将从属性理解为共犯对主行为的依赖。这一从属性之所以是限制的，是因为共犯仅以一个符合构成要件且违法的（无需有罪责的）主行为为前提（见第 27 章边码 73）。

85.《刑法典》第 26 条的"指使"以至少唤起犯罪决意为前提，也就是对主行为人的犯罪决意的因果贡献。有的人要求在教唆人与主行为人之间存在一个精神上的联系，这样一来创设引诱犯罪的情形就不满足条件，而另一些人则要求教唆人必须敦促主行为人去实行犯罪（详见第 27 章边码 97 至 102）。

第 28 章：

86. 绝大多数观点认为,处罚《刑法典》第 30 条的预备行为的正当性来源是阴谋联络的危险性。对于《刑法典》第 30 条第 1 款的教唆犯的未遂与《刑法典》第 30 条第 2 款第 2 变体的接受自告奋勇,还需补充说明的是,行为人通过犯罪敦促以及接受自告奋勇使得事件发生脱离了他的掌控。不过,《刑法典》第 30 条的正当性在以下方面是脆弱的,即这些条文处罚了那些在客观上不适宜的——也就是没有危险性的——预备行为。对此更具有说服力的观点是,《刑法典》第 30 条的正当性基础在于通过预备行为所展示出的对法的精神攻击(见第 28 章边码 6)。

87. 印象说认为未遂的不法在于被践行的法敌对意志,给公众留下法动摇的印象。反对印象说的几个理由是:一方面是它非常不清晰,因为很难查明哪个举止实际上给了法共同体一个这样的印象;另一方面,更重要的是,这一理论使得不法取决于法共同体其他成员的感受。但是这些感受顶多也就是所实行的不法的反射(见第 28 章边码 31 及以下)。

88. 如果未遂的行为人实行了一个前置于符合构成要件的举止的行为,那么他就尚未实现类型化的不法。通常而言,对于这类前置的举止方式,尚无法看出它是否及在哪一阶段以损害他人的法益为目标。要回答这一问题,需要预先考查主观构成要件(见第 28 章边码 33)。

89. 通说按照中间动作理论认可以下情形中成立直接着手,即对于行为人而言,依他的构想并没有重要的中间步骤与实行阶段隔离开来(见第 28 章边码 66)。

90. 刑事政策理论(金桥理论)认为对中止免除刑罚的正当性在于,通过这种方式给行为人提供一个回归合法的诱惑。这也应当同时考虑到了被害人保护。恩惠或奖励理论想给予中止功绩以回报。占据统治地位的刑罚目的理论认为,中止反映了需罚性的欠缺(详见第 28 章边码 101 至 106)。

91. 在鉴定式考查中,建议将两个行为部分(浇汽油与扼喉咙)合并为一个对杀人罪的考查。因为这样一来能最好地讨论以下问题,即 A 通过单纯停止扼喉咙能否在整体上(也就是还包括浇汽油)实现杀人中止。因此,首先应当考查的是,A 想点燃 O 且之后将其扼喉至失去意识是否可按《刑法典》第 212 条、第 22 条、第 23 条的杀人未遂进行处罚。预先考查不存在任何疑难：杀人未遂是可罚的（《刑法典》第 23 条第 1 款、第 12 条第 1 款），而且没有发生既遂。主观构成要件也得以实现了，因为 A 在行为时具备杀人故意。最迟在尝试点燃 O 时，A 就已经直接着手于犯罪。该举止是违法且有罪责的，所以最后提出的问题是，A 是否成立免除处罚的中止。成立中止首先要求不成立失败。失败成立的条件是，行为人依其构想尚未实现犯罪既遂。在本案中，失败与否是存在疑问的，因为 A 虽然最终没能点燃 O，但是仍有机会扼她的喉咙。这里涉及的情形是所谓的暂时失败未遂。因此存在疑问的是，不继续扼喉咙是否也可以让第一个犯罪动作实现中止。这取决于点火与扼喉是否属于《刑法典》第 24 条第 1 款意义上的一个单一的可中止的犯罪行为。关于这一问题存在着各种不同的学说：被早期司法判决所青睐的犯罪计划理论将行为人犯罪计划所包含的全部动作都合并为一个犯罪行为。由于 A 本来计划点燃 O，因此，后一个扼喉行为就不在其最初的犯罪计划之中。依此，他不再能够从点燃行为中中止。相反，目前的司法判决主张整体观察说。据此，所有已经被实行的行为与被行为人认为适合引发结果的进一步行为构成了《刑法典》第 24 条第 1 款意义上的一个犯罪行为，只要这些不同行为表现为一个统一的活动历程。哪些行为应被整体观察所包含，应当按照中止视野进行判断，即行为人在实行其最后的实行行为之后还能够通过哪些机会达成结果。因此，在本案中，联邦最高法院认为，A"通过扼他妻子的喉咙，已经没有任何构成要件上重要停顿地使用一个紧接着的犯罪手段直接继续追求其目标"〔BGH NStZ 1986，264（265）〕。这样一来，就不成立失败未遂，因为 A 本可以通过继续扼喉咙仍旧造成死亡结果。不过，人们基于整体观察说也可以质疑这一结论，因为人们可以将 O 的逃脱与随后必要地采用新的犯罪手段完全视为一个停顿，以至于不成立统一的活动历程。单独动作理论主张另一个方案，试图依照中止优待的原理去考查每一个行为是否具备中止的能力。如果行为人实行了一个行为，并认为这适宜于引发结果且其影响不再可控，那么就应排除中止的成立。其背后的思想是，如果行为人想让事件脱离自己的掌控，但结果却因偶然而未发生，那么他就不能获得优待。对于本案而言，这意味着：由于 A 认为可以放火杀死他的妻子，而且一旦汽油燃烧就不再（确保）可能撤回这一袭击，因此这里成立一个对于构成要件实现而言适宜的、其影响不再可控的举止。因此这一单独动作——也就是已经不再可控的未遂行为——就表现为一个《刑法典》第 24 条第 1 款意义上的"犯罪行为"，因 O 的逃脱而未能既遂，按照单独动作理论对此就应排除中止的成立。所以，只有根据整体观察说（正如由联邦最高法院所解释的那样）才有可能认为成立免除处罚的中止。由于 A 要造成结果必须继续扼住 O 的喉咙，因此站在这一立场上就成立未终了的未遂，A 可以通过自愿放弃继续实行犯罪而成立免除处罚的中止。如果人们遵循另两种观点的其中一个，那么就成立两个未遂的犯罪行为，A 仅仅只能在第二个犯罪行为中成立免除处罚的中止（关于全部情况，尤其是各种观点之间的批评对立，见第 28 章边码 112 至 123）。

第 29 章:

92. 不真正不作为犯是构成要件上的特殊类型。在不真正不作为犯中，其可罚性源自分则的构成要件与关联的《刑法典》第 13 条（见第 29 章边码 5 至 7）。

93. 通说按照可非难性的重心区分作为与不作为。在文献中，部分观点认为，当积极的能量投入与结果之间具有因果关系时，就应当始终认为属于积极的作为（见第 29 章边码 9 至 17）。

94. 不作为对于结果具有（准）因果关系的前提是，若设想加入了一个被要求的行为，则结果避免具有接近于确定的高度可能性（见第 29 章边码 23 至 26）。

95. 单凭合同约定尚不能充分确保对保护义务的实际承担（见第 29 章边码 31）。

96. 首先的问题是，是否可以按照《刑法典》第 222 条处罚 A 向 O 提供海洛因的行为：A 通过交付海洛因而与 O 的死亡具有因果关系。存疑的是，A 是否对于死亡的发生创设了一个法不容许的风险。交付使用虽然在麻醉品法所保护的"民众健康"法益方面是被法所不容许的

（《麻醉品法》第29条第1款第6b项），但是无法肯定的是，这一法不容许性是否在每一个情形中都涉及对单次吸食海洛因的生命风险的实现。这里之所以不存在疑问，是因为O是自由答责地接受并吸食了该海洛因。既无法看出O没有意识到吸食海洛因的风险，也无法看出A在具体案件中能更清楚地了解与之相关的风险。因此，A仅仅只是创设了一个自我答责的自己危险化的机会，它处于O的答责领域内。所以，在死亡发生的风险方面不成立法不容许性。这样一来，就不能按照《刑法典》第222条对A进行处罚（对此参见第23章边码81及以下）。接下来的问题是，是否可以因为A没有叫来医生按照《刑法典》第222条、第13条对他进行处罚：死亡后果发生了。由于O本可通过急诊医生的救治而获救，因此也成立必要的准因果关系。A在心理—现实上也有能力去实施必要的行为，即打电话给急诊医生。但是存在疑问的是，A对此是否承担着保证人义务。一个这样的保证人义务只能从危险先行为中产生。支持的理由是，A通过交付海洛因共同造成了这一危险。但是，通说认为，源自危险先行为的保证人义务还额外要求事前举止具有义务违反性。交付海洛因虽然在麻醉品法方面表现为一个义务损害，但是问题在于，这样是否也创设了一个关于《刑法典》第222条所保护的个体法益的义务违反性。联邦最高法院对此予以肯定：交付海洛因的不可罚性"因引发了风险而不能排除在风险被明知地实现的时间点创设了保证人义务"。这一结论的论据在于，O并不想死，而至多只是同意了吸食海洛因的危险化（BGH NStZ 1984, 452）。部分文献（s. Stree JuS 1985, 184）正确地对此进行了批评：如果人们像学界通说那样对于危险先行为的保证人义务要求一个违反义务的事前举止，那么合乎逻辑的是，也应当要求恰恰是事前举止的义务违反性实现为了因不作为而发生的结果。相反，如果按照自我答责的自己危险化原则将答责性转移到吸毒者身上，那么当危险将被实现时就不能再将这一答责性转由他人承担。因此，只有完全放弃对义务违反性的要求，才能够证成危险先行为的保证人地位。但是，只有当行为义务在一定程度上是为行为人利益所授予的行为自由的反面时，保证人地位才会因创设了被容许的危险而获得正当性。（详见第 29 章边码 69）不过如此一来，这在被害人希望毒品交付的情形中就不能成立。所以正确的做法是否定保证人义务（A 仍保留着基于《刑法典》第 323c 条的责任）。

第 30 章：

97. 过失可罚性的正当性基础在于，行为人通过犯罪表达出了对他人法益的蔑视或不认真对待（见第 30 章边码 4）。

98. 在无意识的过失中，行为人没有意识到其举止的危险性，而在有意识的过失中，行为人不仅认识到了危险，而且相信他不会实现为结果（见第 30 章边码 5）。

99. 通说认为，主观过失——也就是行为人依其个体能力能否作出合乎注意义务的举止的问题——应在罪责中得到考查。相反，部分文献想将这一问题放在主观构成要件中进行讨论（见第 30 章边码 14 及以下）。

第 31 章：

100. 法律建立在以下设想的基础之上，即相比于数个行为满足数个构成要件，一个行为满足数个构成要件所实现的不法更小。所以，行为单数与行为复数的区分是区分犯罪单数（《刑法典》第 52 条）与犯罪复数（《刑法典》第 53 条及以下）的基础（见第 31 章边码 3 及以下）。

101. 重复式构成要件的实现指的是反复地实现构成要件，成立的情况比如有一连串本身就具有侮辱性的骂人话语。在重复式构成要件中，仅仅成立一个构成要件实现（见第 31 章边码 19 至 22）。

102. 继续犯可以将多个不同的行为（这些行为表现为与继续犯部分同一的实行行为）夹结为一个犯罪单数。如果没有夹结效应，那么就会导致以下后果，即每一个与继续犯部分同一的行为都会与继续犯构成一个行为单数，以至于行为人最终会因继续犯而被处罚多次——这是不公正的（见第 31 章边码 41 及以下）。

103. 当数个在法律条文上得到满足的构成要件在具体案件中以同一不法为对象，那么就成立法条单数。于是，在其相互关系中解释构成要件的问题是，哪一个构成要件应被适用，哪一个应被排斥（也就是不被适用）？依此，在这些构成要件中不成立《刑法典》第52条及以下条文意义上的竞合关系，因为它始终以满足数个构成要件（或多次满足同一个构成要件）为前提（见第31章边码5）。

104. 存在疑问的是，损坏物品罪（《刑法典》第303条）是否被盗窃罪的特别严重情形（《刑法典》第242条、第243条第1款第1项）所排斥。支持的观点是基于吸收关系的规则，认为入室盗窃通常伴有对锁和门的损坏，以至于犯罪的不法可由基于《刑法典》第242条、第243条第1款第1项的处罚所抵偿。但是这一类型化是受到质疑的，因为不是每一个侵入（这并未涉及《刑法典》第243条第1款第1项的其他变体中的行为，比如使用万能钥匙盗窃）都必然会导致损坏。此外，当损坏物品罪相比于盗窃罪有显著的分量或更大的分量时，那么吸收关系也是不恰当的（见第31章边码65）。进一步的理由是，《刑法典》第243条仅仅只是一个量刑规则，它不能排斥其他构成要件（见第31章边码66）。

105. 损坏物品罪（《刑法典》第303条）是《刑法典》第242条的共罚的事前行为，因为按照《刑法典》第242条作为财产犯罪进行处罚就已经可以抵偿其不法内涵了（见第31章边码69）。

106. 后置确定使得基于案件事实的定罪成为可能而不受以下情况的影响，即无法查明行为人是否通过一个先前的举止实现了另一个犯罪构成要件，而未实现该构成要件恰恰是后一个举止的构成要件符合性的前提。比如，尽管无法查明窝藏者是否作为共同正犯人参与了盗窃（这正是赃物的来源），但是被查明的窝藏行为仍旧是可罚的（见第31章边码74）。

107. 在不真正（＝同类）选择确定中，不确定的只有案件事实（事实选项），而不是应被适用的构成要件（法律选项）。在真正（＝异类）选择确定中既有事实选项又有法律选项。绝大多数人认为，只有当应被适用的构成要件之间在法伦理与心理学上具有可类比性时，才认可成立真正选择确定（见第31章边码77及以下）。

关键词目录[1]

德文关键词	本书的中文译法
A	
Abbruch rettender Kausalverläufe 23-23 f.	打断营救因果历程
Abbruch von Rettungsbemühungen 29-13 ff.	中断营救努力
Aberratio ictus 24-52 ff.	打击错误
—Abgrenzung zum error in persona 24-61 ff.	—与身份错误的区别
Absicht, s. Vorsatz	目的（见故意）
Absichtsprovokation 25-101	目的性挑拨
Abwehrprovokation 25-102	防卫挑拨
Abweichungen vom vorgestellten Kausalverlauf 24-64 ff.	所构想之因果历程的偏离
Actio illicita in causa 25-106 f.	原因不法行为
Actio libera in causa 26-11 ff.	原因自由行为
—Ausnahmemodell 26-15 ff., 27 ff.	—例外模式
—bei reinen Erfolgsdelikten 26-14 ff.	—纯正结果犯中的原因自由行为
—bei verhaltensgebundenen Delikten 26-25 ff.	—举止定式犯中原因自由行为

---

[1] 23-23 f. 表示第 23 章边码 23，下同；"f." 表示"及下一段"；"ff." 表示"及以下数段"。——译者注

(续表)

德文关键词	本书的中文译法
—und Versuch 26-23	—原因自由行为与未遂
—Vorverlegungstheorie 26-22, 31	—前置理论
Adäquanztheorie 23-26 f.	相当理论
Affekt 26-9	激动
—verschuldeter 26-39 ff.	—有罪责的激动
Agent provocateur, s. Anstiftung	陷害教唆（见教唆）
Aggressivnotstand, s. Notstand	攻击性紧急避险（见紧急避险）
Akzessorietät, s. Teilnahme	从属性（见共犯）
Alternativer Vorsatz, s. Vorsatz	择一故意（见故意）
Analogie（verbot） 10-5 f.；20-7a	（禁止）类推
Anstiftung 27-93 ff.	教唆
—Abstiftung 27-107	—降格教唆
—agent provocateur 27-112	—陷害教唆
—Aufstiftung 27-107	—升格教唆
—geistiger Kontakt 27-100	—有精神联系的教唆
—omnimodo facturus 27-105	—决意正犯人
—versuchte 28-10 ff.	—教唆犯的未遂
—Umstiftung 27-107	—转化教唆
—Verursachungstheorie 27-98	—惹起说
Äquivalenztheorie 23-6 ff.	等价理论
Ärztlicher Heileingriff 22-54 ff.	医学治疗
—Aufklärung 22-56；25-131	—告知
Aufklärung, s. ärztlicher Heileingriff	告知（见医学治疗）

(续表)

德文关键词	本书的中文译法
Aufstiftung, s. Anstiftung	升格教唆（见教唆犯）
Auschwitz, s. Beihilfe	奥斯维辛集中营（见帮助犯）
Auslegung 20	解释
—grammatische 20-3 ff.	—文义解释
—historische 20-8 f.	—历史解释
—systematische 20-10 f.	—体系解释
—teleologische 20-12 ff.	—目的解释
—verfassungskonforme 20-15	—合宪性解释
—verfassungskonforme beim Mord 21-24 ff., 46 ff.	—谋杀罪中的合宪性解释
Autorennen, illegale	非法汽车竞赛
—Einwilligung in Gefahr 25-136 ff.	—对危险的承诺
—Gemeingefährlichkeit 21-27	—危害公众性
—Tötungsvorsatz 24-24	—杀害故意
B	
Bandenchef 27-68	团伙头目
Bayerwaldbärwurz-Fall 28-74	巴伐利亚森林熊根酒案
Bedingter Vorsatz, s. Vorsatz	间接故意（见故意）
Beendigung 14-31 ff.	终结
Befriedigung des Geschlechtstriebs 21-54 ff.	满足性冲动
Behandlungsabbruch 21-79	终止治疗
Beihilfe 27-120 ff.	帮助犯
—durch Dienst in Auschwitz 27-127	—在奥斯维辛集中营中提供服务

(续表)

德文关键词	本书的中文译法
—durch neutrale Handlungen 27-132 ff.	—通过中立行为的帮助犯
—physische 27-129	—物理帮助
—psychische 27-130	—心理帮助
—sukzessive 27-139	—承继的帮助
—versuchte 28-7	—未遂的帮助
Bergsteiger-Fall 25-48 ff.	登山者案
Beschneidung, s. Knabenbeschneidung	割礼（见男童割礼）
Beschützergaranten 29-33, 38 ff.	保护型保证人
Besitzdelikte 13-15	持有型犯罪
Bestimmtheitsgrundsatz 10-7	明确性原则
Bestleistungstheorie 28-145	最佳功绩理论
Beteiligung, s. Täterschaft und Teilnahme	参与（见正犯与共犯）
Beteiligung an einer Schlägerei 22-58 ff.	参与斗殴罪
Billigungstheorie 24-24	认可理论
Blutalkoholkonzentration 26-7 f.	血液酒精浓度
Blutspende-Fall 25-60 ff.	献血案
Brückenpfeiler-Fall 24-67 ff.	桥墩案
C	
Compliance Beauftragter 29-64	合规专员
Conditio sine qua non-Formel 23-7 ff.	必要条件公式
D	
Dauerdelikte 14-26; 31-35 ff.	继续犯
Dauergefahr 25-47	持续危险

(续表)

德文关键词	本书的中文译法
Defensivnotstand, s. Notstand	防御性紧急避险（见紧急避险）
Deliktsaufbau 12	犯罪构造
Deliktstypen 14-12 ff.	犯罪类型
Denkzettel-Fall 28-128 ff.	教训案
Direkter Vorsatz 1. und 2. Grades, s. Vorsatz	一级直接故意与二级直接故意（见故意）
Dohna-Fall 27-40	多纳案
Dolus	故意
—alternativus, s. Vorsatz —Alternativer Vorsatz	—择一故意
—antecedens 24-12	—事前故意
—cumulativus 24-36	—累加故意
—directus 1. Grades, s. Vorsatz —Absicht	——级直接故意
—directus 2. Grades, s. Vorsatz —direkter Vorsatz	—二级直接故意
—eventualis, s. Vorsatz —bedingter Vorsatz	—间接故意
—generalis 24-70 ff.	—概括故意
—subsequens 24-12	—事后故意
Doppelirrtum 25-12	双重错误
E	
Ehrenmord 21-63	荣誉谋杀
Eigenhändige Delikte 14-17; 27-14 f.	亲手犯
—und Unterlassen 29-20	—亲手犯与不作为
Eigenverantwortliche Selbstgefährdung 23-81 ff.	自我答责的自己危险化
—Abgrenzung zur Fremdgefährdung 23-91 ff.	—与他者危险化的区别

(续表)

德文关键词	本书的中文译法
Eigenverantwortliche Selbstschädigung 23-72 ff.	自我答责的自己损害
—Abgrenzung zur Fremdschädigung 23-91 ff.	—与他者损害的区别
Eigenverantwortliches Opferverhalten 23-70 ff.	自我答责的被害人举止
Eindruckstheorie, s. Versuch, s. Rücktritt	印象说（见未遂、中止）
Einheit der Rechtsordnung 15-4; 20-10; 25-110	法秩序的统一
Einheitstäter 27-2	单一正犯人
Einverständnis 25-118 ff.	同意
—mutmaßliches 25-146a	—推定同意
Einwilligung 22-48 ff.; 25-115 ff.	承诺
—in Heileingriff 22-56	—医疗手术中的承诺
—hypothetische 25-132	—假设承诺
—mutmaßliche 25-117, 143 ff.	—推定承诺
—in Rechtsgutsgefährdungen 25-136 ff.; 30-21	—对法益危险化的承诺
—Sittenwidrigkeit trotz 22-50 ff.	—承诺但违背风尚
—durch Sorgeberechtigten 25-126	—监护人的承诺
—beim Sport 22-51a	—体育竞技中的承诺
—Willensmängel 25-127 ff.	—意志缺陷
Einwilligungsfähigkeit 25-126	承诺能力
Entscheidungsfreiheit 16-6 ff.	决定自由
Entschuldigender Notstand, s. Notstand	宽恕罪责的紧急避险（见紧急避险）
Entschuldigungsgründe 19-9 ff.	宽恕罪责事由

(续表)

德文关键词	本书的中文译法
Entsprechungsklausel, s. unechte Unterlassungsdelikte	相符性条款（见不真正不作为犯）
Entstellung, erheblich und dauernd 22-34 ff.	重大与长久的外貌毁损
Erbonkelfall 23-68 f.	遗产叔父案
Erfolgsdelikte 14-20; 23-2	结果犯
Erfolgsqualifizierte Delikte 23-122 ff.	结果加重犯
—Unmittelbarkeitszusammenhang 23-129	直接关联
Erfolgsqualifizierter Versuch, s. Versuch	结果加重的未遂
Erfolgsunwert 23-30	结果无价值
Erlaubnisnormen, s. Rechtfertigungsgründe	容许规范
Erlaubnistatbestandsirrtum 25-11 ff.	容许构成要件错误
—beim Versuch 28-41	未遂中的容许构成要件错误
—umgekehrter 25-7	反向容许构成要件错误
Erlaubnistatbestandszweifel, s. Subjektives Rechtfertigungselement-Zweifel	容许构成要件怀疑（见主观正当化要素—怀疑）
Erlaubnistatumstandsirrtum, s. Erlaubnistatbestandsirrtum	容许情状错误（见容许构成要件错误）
Erlaubtes Risiko 23-36	被容许的风险
Ermöglichungsabsicht 21-65 ff.	促成目的
Ernstnahmetheorie 24-25	认真对待理论
Error in persona vel in obiecto 24-42 ff.	身份或对象错误
—Abgrenzung zur aberratio ictus 24-61 ff.	—与打击错误的区分
—beim Angestifteten 27-115 ff.	—被教唆者的身份或对象错误
Erziehungsrecht 25-159 f.	教育权

(续表)

德文关键词	本书的中文译法
Europäisierung 11-17 ff.	欧洲化
Eventualvorsatz, s. Vorsatz—bedingter	间接故意
Exzess	过限
—des Haupttäters 27-114, 142	—主行为人的过限
—des Mittäters 27-57 f.	—共同正犯的过限
F	
Fahrlässige Tötung 21-86 ff.	过失杀人罪
Fahrlässigkeit 30	过失
—Abgrenzung zum bedingten Vorsatz 24-21 ff.	—过失与间接故意的区别
—Aufbau 30-8	—过失的构造
—bewusste 30-5	—有意识的过失
—Leichtfertigkeit 30-6	—轻率
—unbewusste 30-5	—无意识的过失
—bei unechtem Unterlassen 30-11	—不真正不作为中的过失
Fehlgeschlagener Versuch, s. Rücktritt	失败未遂（见中止）
Feindstrafrecht 10-2	敌人刑法
Festnahmerecht 25-161 ff.	拘捕权
Formal-objektive Theorie, s. Täterschaft und Teilnahme	形式客观说（见正犯与共犯）
Fortsetzungszusammenhang 31-45 f.	连续关系
Freiheitsstrafe 9-7 ff.	自由刑
—Strafaussetzung zur Bewährung 9-9 ff.	—缓刑考验
G	
Garantiefunktion des Strafgesetzes 10-4 ff.	刑法的保障功能

(续表)

德文关键词	本书的中文译法
Gefährdungsdelikte 14-23 f.	危险犯
—abstrakte 14-24	—抽象危险犯
—konkrete 14-23	—具体危险犯
Gefahrengemeinschaften 29-48	危险共同体
Gefährliches Werkzeug, s. Werkzeug	危险工具（见工具）
Gemeingefährliche Mittel 21-27 ff.	危害公众的手段
Gemeinschaftlich mit einem anderen Beteiligten 22-24 f.	与其他参与者共同行为
Gesamtbetrachtungslehre, s. Rücktritt, s. Täterschaft und Teilnahme	整体观察说（见中止、正犯与共犯）
Geschäftsherrenhaftung 29-64	经营主责任
Geschäftsleitung	企业管理层
—Generalverantwortung und Allzuständigkeit 29-61	——般责任与总体责任
Gesetzeseinheit 31-5, 50 ff.	法条单数
Gesetzeskonkurrenz, s. Gesetzeseinheit	法条竞合（见法条单数）
Gesetzlichkeit 10-5 ff.	法定性
Gesundheitsschädliche Stoffe 22-14	损害健康的物质
Gewissenstat 26-96	良知行为
Gewohnheitsrecht, Verbot von 10-5 f.	禁止习惯法
Gift 22-11 ff.	毒药
Gisela-Fall 23-91 ff.	吉泽拉案
Gleichgültigkeitstheorie 24-26	无所谓理论
Grausamkeit 21-31 f.	残忍
Gremienentscheidungen 23-113 ff.	团队决定

(续表)

德文关键词	本书的中文译法
Grunddelikt 14-40	基本犯
Gubener-Verfolgungsjagd 28-97 ff., 134	古本人追赶案
Gutachten 19; 20	鉴定报告
Gutachtenstil, s. Subsumtionstechnik	鉴定报告文体（见涵摄方法）
Gutachtentechnik 19-1 ff.	鉴定报告写作技巧
H	
Habgier 21-57 ff.	贪财
Handeln für einen anderen 14-16	为他人而行为
Handlung 13	行为
—automatisierte 13-18	—自动化行为
—Handlungsqualität 13-16 ff.	—行为资格
Handlungseinheit 31-10 ff.	行为单数
—natürliche 31-17 ff.	—自然的行为单数
—natürliche Handlung 31-14 ff.	—自然行为
—rechtliche 31-32 ff.	—法律上的行为单数
Handlungslehren 13-2 ff.	行为理论
—finale 13-8 ff.	—目的行为论
—kausale 13-3 ff.	—因果行为论
—personale 13-14	—人格行为论
—soziale 13-13	—社会行为论
Handlungsmehrheit 31-11	行为复数
Heimtücke 21-33 ff.	阴险
Hemmschwellentheorie 19-18; 21-19	心理障碍理论

(续表)

德文关键词	本书的中文译法
Herausforderungsfälle, s. Verfolgerfälle	挑战情形（见追捕者案）
Heroinspritzenfall 23-81 ff.	注射海洛因案
Herz-Lungen-Maschine-Fall 29-11, 14 f., 17	心肺装置案
Hinterlistiger Überfall 22-23	险恶的突袭
Hochsitz-Fall 23-131	高椅案
Hoferben-Fall 27-115 ff.	农场主案
Hypothetische Kausalverläufe	假设的因果历程
—Unbeachtlichkeit bei Beihilfe 27-128	—帮助犯中的无关紧要性
—Verbot des Hinzudenkens 23-10	—禁止设想加入
I	
In dubio pro reo 4-8; 19-17; 20-6; 23-15, 21, 107 ff.; 31-73	存疑有利于被告
Ingerenz 29-65 ff.	危险先行为
Irrtum	错误
—über den Kausalverlauf 24-64 ff.	—关于因果历程的错误
—über privilegierende Tatbestandmerkmale 24-41	—关于减轻处罚的构成要件要素的错误
Iterative Tatbestandserfüllung 31-19 ff.	重复式构成要件实现
J	
Jauchegrubenfall 24-70 ff.	粪坑案
K	
Katzenkönig-Fall 27-42 ff.	猫王案
Kausalität 23-5 ff.	因果关系
—alternative 23-19 ff.	—择一因果关系

(续表)

德文关键词	本书的中文译法
—kumulative 23-18	—累加因果关系
—bei Unterlassen 23-22	—不作为中的因果关系
Kausalverläufe, atypische 23-8, 116, 118; 29-73	非典型的因果历程
Kettenanstiftung 27-119	连锁教唆
Kettenbeihilfe 27-144	连锁帮助
Klammerwirkung 31-41 ff.	夹结效应
Knabenbeschneidung 25-126	男童割礼
Körperglied, wichtiges 22-31 ff.	重要肢体
Körperverletzung 22-6 ff.	身体伤害罪
—fahrlässige 22-47	—过失身体伤害罪
—gefährliche 22-10 ff.	—危险身体伤害罪
—schwere 22-28 ff.	—严重身体伤害罪
—mit Todesfolge 22-39; 23-122	—身体伤害致人死亡罪
Konkurrenzen 31	竞合
—Aufbau 31-6 ff.	—构造
—scheinbare, s. Gesetzeseinheit	—假性竞合（见法条单数）
—unechte, s. Gesetzeseinheit	—不真正竞合（见法条单数）
Konsumtion 31-64 ff.	吸收关系
Kriminalistik 5-5 ff.	刑事侦查学
Kriminalpolitik 6	刑事政策
Kriminologie 5-2 ff.	犯罪学
Kronzeuge 9-20 ff.	污点证人

(续表)

德文关键词	本书的中文译法
L	
Lähmung 22-37	瘫痪
Leben gefährdende Behandlung 22-26 f.	危及生命的对待方式
Lederriemen-Fall 24-22 f.	皮带案
Lehre von den begrenzten Verantwortungsbereichen, s. Vertrauensgrundsatz	限制的答责领域理论（见信赖原则）
Lehre von der gesetzmäßigen Bedingung 23-12 ff.	合规律条件理论
Lehre von den negativen Tatbestandsmerkmalen 25-15	消极构成要件要素理论
Lehre von der objektiven Zurechnung 23-28 ff.	客观归属理论
—Grundformel 23-31	—基本公式
—Prüfungsaufbau 23-32	—考查构造
Leichtfertigkeit, s. Fahrlässigkeit	轻率（见过失）
Letalitätslehre 23-127	致死理论
M	
Maßregeln 9-2 ff.	处分
Mehraktige Delikte 31-33 f.	多动作犯
Mensch	人
—Beginn des Menschseins 21-14 f.	—人的生命的起始
—Ende des Menschseins 21-16	—人的生命的结束
Misshandlung von Schutzbefohlenen 22-40 ff.	虐待被保护人罪
Mitbestrafte Vor- und Nachtat 31-67 ff.	共罚的事前行为与事后行为

(续表)

德文关键词	本书的中文译法
Mitglieder des Nationalen Verteidigungsrats – Fall 27-45 ff.	国防委员会成员案
Mittäterschaft, s. auch Täterschaft	共同正犯（也见正犯）
—additive 27-67	—累加的共同正犯
—alternative 27-66	—择一的共同正犯
—fahrlässige 27-54 f.	—过失共同正犯
—Schein-Mittäter 28-95	—表象共同正犯人
—sukzessive 27-59 ff.	—承继的共同正犯
Mittelbare Täterschaft, s. Täterschaft	间接正犯（见正犯）
Möglichkeitstheorie 24-31	可能性理论
Mord	谋杀罪
—Verhältnis zum Totschlag 21-6 ff., 21 ff.	—与杀人罪的关系
Mordlust 21-53	谋杀欲
Mordmerkmale	谋杀要素
—besondere persönliche 27-75 ff.	—特殊的属人谋杀要素
—gekreuzte 27-89 ff.	—交叉的谋杀要素
Motivbündel 21-61	动机集合
Motivirrtum 24-46	动机错误
Münzhändler-Fall 28-95	钱币经销商案
N	
Nachschlüssel-Fall 27-123 ff.	备用钥匙案
Natürliche Handlung, s. Handlungseinheit	自然行为（见行为单数）
Nebentäterschaft, s. Täterschaft	同时正犯（见正犯）
Neutrale Handlungen, s. Beihilfe	中立行为（见帮助犯）

(续表)

德文关键词	本书的中文译法
Niedrige Beweggründe 21-60 ff.	低劣动机
Normative Risikotheorie 24-32	规范的风险理论
Nötigungsnotstand, s. Notstand	强制紧急避险（见紧急避险）
Nothilfe 25-69	紧急救助
—Eingriff in Rechtsgüter des Angegriffenen 25-90	—侵犯被攻击者的法益的紧急救助
—zugunsten Embryo 25-85	—对于胎儿的紧急救助
—zugunsten von Tieren 25-76	—对于动物的紧急救助
Notstand	紧急避险
—Aggressiv- 25-33 ff.	—攻击性紧急避险
—Defensiv- 25-25 ff., 43, 47a	—防御性紧急避险
—entschuldigender 26-55 ff.	—宽恕罪责的紧急避险
—Nötigungs- 25-53 ff.	—强制紧急避险
—Notstandshilfe 25-42	—紧急避险救助
—rechtfertigender 25-22 ff.	—正当化的紧急避险
—übergesetzlicher entschuldigender 26-93 ff.	—非法定的宽恕罪责的紧急避险
Notwehr 25-68 ff.	紧急防卫
—antizipierte 25-81	—预期性紧急防卫
—präventive 25-81	—预防性紧急防卫
Notwehrexzess 26-76 ff.	紧急防卫过当
—bewusster 26-83	—有意识的防卫过当
—extensiver 26-80 ff.	—范围上的防卫过当
—intensiver 26-79	—程度上的防卫过当

(续表)

德文关键词	本书的中文译法
O	
Objektive Bedingung der Strafbarkeit 14-9 ff.	客观的处罚条件
—bei § 231 StGB 22-67 ff.	—《刑法典》第231条中客观的处罚条件
—bei § 323a StGB 26-37	—《刑法典》第323a条中客观的处罚条件
Omissio libera in causa 29-22	原因自由不作为
Omnimodo facturus, s. Anstiftung	决意正犯人（见教唆犯）
P	
Parallelwertung in der Laiensphäre 24-11	外行人领域的平行评价
Patientenverfügung 21-79; 25-146	病人处分
Personalitätsprinzip 8-10 f.	属人原则
Pflichtdelikte 27-17, 25	义务犯
Pflichtwidrigkeitszusammenhang 23-101 ff.	义务违反性关联
—bei Unterlassen 29-73	—不作为中的义务违反性关联
Planverwirklichungskriterium 24-59 f., 69, 76	计划实现标准
Polizeiflucht-Fälle 31-30 f.	逃避警察案
Polizeipistolen-Fall 23-72 ff.	警察手枪案
Postpendenzfeststellung 31-74	后置确定
Präpendenzfeststellung 31-75	前置确定
Primärordnung, s. Verhaltensnormen	原生性秩序（见举止规范）
Privilegierung 14-41	减轻犯
Produkthaftung 29-62	产品责任
Prozessvoraussetzungen 17-4 f.	诉讼程序要件

关键词目录 825

(续表)

德文关键词	本书的中文译法
Putativnotwehrexzess 26-91a	误想防卫过当
Q	
Qualifikation 14-41	加重犯
R	
Radfahrerfall 23-106 ff.	自行车手案
Recht 3-1	法
—als Freiheitsordnung 3-2	—作为自由秩序的法
Rechtfertigende Pflichtenkollision 25-64 ff.	正当化的义务冲突
Rechtfertigender Notstand, s. Notstand	正当化的紧急避险（见紧急避险）
Rechtfertigungsgründe 15-1 ff.; 25-22 ff.	正当化事由
—bei hoheitlichem Handeln 25-2 ff.	—主权行为中的正当化事由
Rechtlich missbilligte Gefahrschaffung 23-34 ff.	法不容许的危险创设
Rechtmäßiges Alternativverhalten, s. Pflichtwidrigkeitszusammenhang	合法替代举止（见义务违反性关联）
Rechtsfolgenlösung 21-50 f.	法后果方案
Rechtsgebiete 3-4 ff.	法领域
Rechtsgut 8-8 ff.	法益
—kritische Funktion 8-13	—批判功能
Rechtspositivismus 3-1	法实证主义
Rechtswidrigkeit 12-8; 15; 25	违法性
—materiale Prinzipien 15-6 ff.	—实质原则
—Struktur 15-10 ff.	—结构

(续表)

德文关键词	本书的中文译法
Reflexbewegung 13-18	反射动作
Regelbeispiele 18-3	常例
—und Teilnahme 27-74a	—常例与共犯
—und Versuch 28-80 ff.	—常例与未遂
Regressverbot 23-54 ff.	回溯禁止
Retterunfälle 23-87 ff.	营救者事故
Rettungsfolter 25-104	营救性酷刑
Risikoerhöhungslehre 23-108 ff.	风险升高理论
Risikoersetzung 23-66 f.	风险替代
Risikoverminderungstheorie 29-25 f.	风险减低理论
Risikoverringerung 23-65	风险降低
Rose-Rosahl-Fall 27-116	罗斯-罗萨尔案
Rötzel-Fall 23-133	罗策案
Rückruf 29-62	召回
Rücktritt 28-101 ff.	中止
—antizipierter 28-146	—预期性中止
—außertatbestandliches Handlungsziel 28-128 ff.	—构成要件之外的行为目的
—vom beendeten Versuch 28-140 ff.	—已终了未遂的中止
—Eindruckstheorie 28-105	—印象说
—Einzelakttheorie 28-117 ff.	—单独动作理论
—fehlgeschlagener Versuch 28-109 ff.	—失败未遂
—Freiwilligkeit 28-152 ff.	—自愿性
—Gesamtbetrachtungslehre 28-120 ff.	—整体观察说

(续表)

德文关键词	本书的中文译法
—Gnadentheorie 28-104	—恩惠理论
—goldene Brücke 28-102	—金桥
—bei mehreren Tatbeteiligten 28-156 ff.	—多个犯罪参与人时的中止
—Prämientheorie 28-104	—奖励理论
—Rücktrittshorizont 28-115, 120, 125 ff.	—中止视野
—Strafzwecktheorie 28-105	—刑罚目的理论
—Tatplantheorie 28-114 ff.	—犯罪计划理论
—Teilrücktritt 28-133a	—部分中止
—Teilrücktritt, irregulärer 28-133b	—非常规的部分中止
—vom unbeendeten Versuch 28-135 ff.	—未终了未遂的中止
—beim unechten Unterlassungsdelikt, s. dort	—不真正不作为犯中的中止
—vom Versuch der Beteiligung 28-27 f.	—参与未遂的中止
—vorläufig fehlgeschlagener Versuch 28-112 ff.	—暂时失败未遂
Rückwirkungsverbot 10-8	禁止溯及既往
S	
Sachgedankliches Mitbewusstsein 24-14	事实思维上的附随意识
Salzsäure-Fall 28-84 ff.	盐酸案
Sanktionenlehre 9	制裁理论
Sanktionsnormen 8-5; 23-29	制裁规范
Schein-Mittäter, s. Mittäterschaft	表象共同正犯人（见共同正犯）
Scheunen-Fall 24-75	谷仓案

(续表)

德文关键词	本书的中文译法
Schmiere-Fall 27-124 ff.	把风案
Schuld 12-10；16；26	罪责
—Schuldbegriff, normativer 16-4 f.	—规范的罪责概念
—Schuldbegriff, psychologischer 16-5	—心理的罪责概念
Schuldausschließungsgründe 16-9 ff.	排除罪责事由
Schuldfähigkeit 26-2 ff.	罪责能力
Schuldgrundsatz, s. Schuldprinzip	罪责基本原则（见罪责原则）
Schuldprinzip 16-2 f.	罪责原则
Schuldtheorie	罪责理论
—eingeschränkte 25-17 f.	—限制罪责理论
—rechtsfolgenverweisende eingeschränkte 25-19	—法效果准用的限制罪责理论
—strenge 25-16	—严格罪责理论
Schuldunfähigkeit 26-5 ff.	无罪责能力
—bei Jugendlichen 26-4	—青少年的无罪责能力
—bei Kindern 26-3	—儿童的无罪责能力
Schutzbereich des deutschen Strafrechts 11-13 f.	德国刑法的保护范围
Schutzpflichtenlehre 8-2 f.；25-67a	保护义务理论
Schutzprinzip 11-7	保护原则
Schutzzweckzusammenhang 23-116 ff.	保护目的关联
—bei Unterlassen 29-73	—不作为中的保护目的关联
Schwangerschaftsabbruch 8-3；25-85；26-73a	终止妊娠

(续表)

德文关键词	本书的中文译法
Selbsthilferecht 25-108 ff.	自助权
Selbsttötung, s. auch Suizid	自杀
—geschäftsmäßige Förderung 21-79c	—业务性促成自杀罪
Siechtum 22-37	衰弱
Siriusfall 27-22 ff.	天狼星案
Sittenwidrigkeit, s. Einwilligung	违反风尚（见承诺）
Sonderdelikte 14-14 ff.; 27-16	特别犯
Sonderfähigkeiten 23-40	特别能力
Sonderwissen 23-38 f.	特别知识
Spanner-Fall 25-45 ff.	偷窥者案
Spezialität 31-53 ff.	特别关系
Spielraumtheorie 8-44	幅的理论
Spontanreaktion 13-18	下意识反应
Stellvertretende Strafrechtspflege 11-12	代理刑事司法
Sterbehilfe 21-76 ff.	安乐死
—aktive 21-81 ff.	—积极安乐死
—indirekte 21-78	—间接安乐死
—passive 21-79	—消极安乐死
Strafantrag 17-4	刑事告诉
Strafanwendungsrecht 11-3 ff.	刑法适用法
Strafaufhebungsgründe 17-3	刑罚撤销事由
Strafausschließungsgründe 17-2	刑罚排除事由
Strafe	刑罚
—Abgrenzung von der Geldbuße 3-7	—与罚款的区别

(续表)

德文关键词	本书的中文译法
—Abgrenzung zum Schadensersatz 3-8	—与损害赔偿的区别
—Fahrverbot 9-14	—禁止驾驶
—Freiheitsstrafe, s. dort	—自由刑
—Geldstrafe 9-12 f.	—罚金刑
—Legitimation von 8	—刑罚的正当性
—Nebenfolge 9-15	—附随后果
—Nebenstrafe 9-14	—附加刑
—repressiver Charakter 3-6	—镇压特征
—Strafarten 9-6 ff.	—刑罚种类
—Straftheorien, s. dort	—刑罚理论
—Strafzumessung 9-16 f.	—量刑
Strafprozess 4-3 ff.	刑事诉讼
—Sanktionen des Strafprozessrechts 9-24 f.	—刑事诉讼法中的制裁
Strafrecht	刑法
—Abgrenzung zum Ordnungswidrigkeitenrecht 3-7	—刑法与违反秩序法的区别
—Anwendungsbereich des deutschen, s. Strafanwendungsrecht	—德国刑法的适用范围（见刑法适用法）
—kein Gesinnungsstrafrecht 3-3	—不是思想刑法
—materielles 4-2	—实体刑法
—Rechtsquellen 7	—法源
—Tatstrafrecht 3-3	—行为人刑法
Straftheorien 8-16 ff.	刑罚理论
—absolute 8-17 f., 21 ff.	—绝对主义（刑罚理论）

(续表)

德文关键词	本书的中文译法
—negative Generalprävention 8-34 f.	—消极的一般预防（刑罚理论）
—positive Generalprävention 8-36 ff.	—积极的一般预防（刑罚理论）
—relative 8-19 f., 28 ff.	—相对主义（刑罚理论）
—Spezialprävention 8-29 ff.	—特殊预防
—Sühnetheorie 8-27	—赎罪理论
—Vereinigungstheorien 8-39 ff.	—并合主义理论
—Vergeltungstheorie 8-22 ff.	—报应理论
Strafvollstreckung 4-9	刑事执行
Strafvollzug 4-10	监狱执行
Subjektive Theorie, s. Täterschaft und Teilnahme	主观说（见正犯与共犯）
Subjektive Unrechtselemente 24-4 ff.	主观不法要素
Subjektives Rechtfertigungselement 15-11 f., 25-6 ff	主观正当化要素
—bei Fahrlässigkeit 30-22	—过失中的主观正当化要素
—fehlendes 25-6 ff.	—欠缺主观正当化要素
—Willenselement 25-10b	—意志要素
—Zweifel 25-10a	—怀疑
Subsidiarität 31-57 ff.	补充关系
Subsumtionsirrtum 24-11	涵摄错误
Subsumtionstechnik 19-9 ff.	涵摄方法
Suizid 21-79b; 23-76; 25-42, s. a. Selbsttötung	自杀

(续表)

德文关键词	本书的中文译法
Sukzessive Tatbestandserfüllung 31-19 ff.	循序式构成要件实现
T	
Tankstellen-Fall 28-62 ff.	加油站案
Tatbestand 14-1 ff.	构成要件
—objektiver 14-4 f.	客观（构成要件）
—subjektiver 14-6 ff.；24	主观（构成要件）
Tatbestandsirrtum 24-38 ff.	构成要件错误
—doppelter 24-48 ff.	双重构成要件错误
Tatbestandsmäßigkeit 12-7；14	构成要件符合性
Tatbestandsmerkmale 14-1	构成要件要素
—deskriptive 24-9	—记叙性构成要件要素
—normative 24-10	—规范性构成要件要素
Tateinheit 31-3 f.，10，47 ff.	犯罪单数
Tatentschluss（Versuch） 28-38 ff.	犯罪决意（未遂）
Täter hinter dem Täter 27-37 ff.	正犯人背后的正犯人
Täterbegriff	正犯人概念
—extensiver 27-4	—扩张的正犯人概念
—restriktiver 27-4	—限制的正犯人概念
Täter-Opfer-Ausgleich 9-18 f.	行为人与被害人的和解
Täterschaft 27-18 ff.	正犯
—Mittäterschaft 27-52 ff.	—共同正犯
—mittelbare 27-20 ff.	—间接正犯
—Nebentäter 27-19	—同时正犯人
—unmittelbarer 27-18	—直接正犯

(续表)

德文关键词	本书的中文译法
Täterschaft und Teilnahme 27	正犯与共犯
—Abgrenzung von 27-3 ff.	—正犯与共犯的区分
—formal objektive Theorie 27-7	—形式客观说
—Gesamtbetrachtungslehre 27-10 ff.	—整体观察说
—subjektive Theorie 27-5 f.	—主观说
—Tatherrschaftslehre 27 f.	—犯罪支配理论
—bei unechten Unterlassungsdelikten, s. dort	—不真正不作为犯中的正犯与共犯
Tatherrschaftslehre, s. Täterschaft und Teilnahme	犯罪支配理论（见正犯与共犯）
Tätigkeitsdelikte 14-19	行为犯
—und Unterlassen 29-19	—行为犯与不作为
Tatmehrheit 31-3 f., 11, 48 f.	犯罪复数
Tatumstandsirrtum, s. Tatbestandsirrtum	犯罪情状错误（见构成要件错误）
Teilnahme 27-70 ff.	共犯
—Akzessorietät 27-73 ff.	—从属性
—Akzessorietätslockerungen 27-75 ff.	—从属性的松动
—Strafgrund der 27-71 f.	—共犯的处罚根据
Teilnahmeargument 23-73 f., 83 f.	共犯论据
Teilrücktritt, s. Rücktritt	部分中止（见中止）
Territorialitätsprinzip 11-4 ff.	属地原则
Totschlag 21-4 f., 17 ff.	杀人罪
—minder schwerer Fall 21-20	—杀人罪的较轻情形
Tötung auf Verlangen 21-9, 76 ff.	受嘱托杀人罪

(续表)

德文关键词	本书的中文译法
Triage 25-67a f.	分诊
—ex-ante- 25-67a	—事前分诊
—ex-post- 25-67b；26-95a	—事后分诊
Typenkorrektur	类型修正
—negative 21-48	—消极的类型修正
—positive 21-49	—积极的类型修正
U	
Übergesetzlicher entschuldigender Notstand, s. Notstand	非法定的宽恕罪责的紧急避险（见紧急避险）
Überschießende Innentendenzen 24-4	超过的内心倾向
Überwachungsgaranten 29-33, 58 ff.	监督型保证人
Unechte Unterlassungsdelikte 14-30；29	不真正不作为犯
—Abgrenzung zu echten 29-5 ff.	—与真正不作为犯的区别
—Abgrenzung von Tun und Unterlassen 29-9 ff.	—作为与不作为的区别
—Aufbau 29-3 f.	—不真正不作为犯的结构
—Entsprechungsklausel 29-74 ff.	—相符性条款
—Garantenpflichten 29-27 ff.	—不真正不作为犯的保证人义务
—Kausalität 29-23 ff.	—不真正不作为犯的因果关系
—objektive Zurechnung 29-72 ff.	—不真正不作为犯的客观归属
—Rücktritt 29-114 ff.	—不真正不作为犯的中止
—Täterschaft und Teilnahme 29-84 ff.	—不真正不作为犯的正犯与共犯

(续表)

德文关键词	本书的中文译法
—Versuch 29-103 ff.	—不真正不作为犯的未遂
Unmittelbarkeitszusammenhang, s. erfolgsqualifizierte Delikte	直接关联（见结果加重犯）
Unrecht 12-6 ff.	不法
—personales 13-10; 24-6; 30-14	—人格不法
Unterlassungsdelikte 14-28 ff.	不作为犯
—echte 14-29; 29-6	—真正不作为犯
—unechte, s. unechte Unterlassungsdelikte	—不真正不作为犯
Unternehmensdelikte 14-36 f.	企行犯
—echte 14-36	—真正企行犯
—unechte 14-37	—不真正企行犯
Unternehmensstrafbarkeit 8-25	企业的可罚性
V	
Verbotsirrtum 26-42 ff.	禁止错误
—direkter 26-45	直接禁止错误
—indirekter 26-45	间接禁止错误
Verbrechenssystem, klassisches 13-5	古典犯罪论体系
Verbrechensverabredung 28-25 f.	商议犯罪
Verdeckungsabsicht 21-69 ff.	掩盖目的
Verfolgerfälle 23-90a	追捕者案
Verhaltensgebundene Delikte 14-21	举止定式犯
Verhaltensnormen 8-6 f.; 23-29, 46 ff.	举止规范
Verkehrsnormen 23-48	交往规范
Verkehrssicherungspflichten 29-59 ff.	交往安全保障义务

(续表)

德文关键词	本书的中文译法
Verklammerung, s. Klammerwirkung	夹结（见夹结效应）
Verlöbnis（garantenpflichtbegründendes） 29-47	（成立保证人义务的）订婚
Vermeidbarkeitstheorie 23-107	可避免性理论
Vermeidungstheorie 24-27	避免理论
Versuch 28-29 ff.	未遂
—abergläubischer 28-56 f.	—迷信未遂
—Eindruckstheorie 28-31	—印象说
—der Erfolgsqualifikation 28-96	—结果加重犯中的未遂
—erfolgsqualifizierter 28-97 ff.	—结果加重的未遂
—fehlgeschlagener, s. Rücktritt	—失败未遂
—grob unverständiger 28-55	—重大无知未遂
—Prüfungsaufbau 28-33 f.	—考查构造
—Strafgrund 28-29 ff.	—未遂的处罚根据
—bei unechten Unterlassungsdelikten, s. dort	—不真正不作为犯中的未遂
—untauglicher 28-45 ff.	—不能未遂
—versuchte Erfolgsqualifizierung 28-96	—未遂的结果加重
—Vorprüfung 28-35 ff.	—预先考查
Versuchsbeginn 28-61 ff.	未遂的开始
—beim beendeten Versuch 28-71 ff.	—已终了未遂中未遂的开始
—bei Mittäterschaft 28-92 ff.	—共同正犯中未遂的开始
—bei mittelbarer Täterschaft 28-84 ff.	—间接正犯中未遂的开始

(续表)

德文关键词	本书的中文译法
—bei Qualifikationstatbeständen 28-79	—加重构成要件中未遂的开始
—bei Regelbeispielen 28-80	—常例中未遂的开始
—beim unbeendeten Versuch 28-62 ff.	—未终了未遂中未遂的开始
—bei zusammengesetzten Delikten 28-78	—结合犯中未遂的开始
—Zwischenakttheorie 28-66 ff.	—中间动作理论
Versuchte Erfolgsqualifizierung, s. Versuch	未遂的结果加重犯
Vertrauensgrundsatz 23-50 ff., 61 f.	信赖原则
Verwerflicher Vertrauensbruch 21-47	卑劣破坏信赖
Völkerstrafrecht 11-39 ff.	国际刑法
Vollendung 14-31	既遂
Vollrausch 26-32 ff.	昏醉罪
Vorangegangenes gefährliches Tun, s. Ingerenz	事前的危险行为（见危险先行为）
Vorbereitungshandlungen, strafbare 28-4 ff.	可罚的预备行为
Vorhersehbarkeit	可预见性
—und Adäquanz 23-27	—可预见性与相当性
—und Fahrlässigkeit 23-134; 30-9	—可预见性与过失
—subjektive 30-23	—主观的可预见性
Vorsatz 24-7 ff.	故意
—Absicht 24-16	—目的
—alternativer Vorsatz 24-33 ff.	—择一故意
—bedingter Vorsatz 24-18, 21 ff.	—间接故意
—direkter Vorsatz 24-17	—直接故意

(续表)

德文关键词	本书的中文译法
—Formen 24-15 ff.	—故意的形式
—Gegenstand 24-8 ff.	—故意的对象
—Intensität des Wissens 24-13 f.	—明知的程度
—Zeitpunkt 24-12	—故意的时间
Vorsatz-Fahrlässigkeitskombinationen 14-39	故意与过失的组合
Vorsatztheorie 25-14	故意理论
Vorstellungstheorien 24-29 ff.	构想理论
W	
Waffe 22-21	武器
Wahlfeststellung 27-55	选择确定
—echte (ungleichartige) 31-78	—真正（异类）选择确定
—unechte (gleichartige) 27-55；31-77	—不真正（同类）选择确定
Wahndelikt 28-42 ff.	幻觉犯
Wahrscheinlichkeitstheorie 24-30	高度可能性理论
Weichenwärter-Fall 29-12, 14 f., 22	扳道工案
Weltrechtsprinzip 11-9	世界法原则
Werkzeug, gefährliches 22-17 ff.	危险的工具
Willensfreiheit 8-26	意志自由
Willenstheorien 24-24 ff.	意志理论
Z	
Ziegenhaar-Fall 29-10, 14 f.	山羊毛案
Züchtigungsrecht, elterliches 25-148 ff.	父母的惩戒权
Zumutbarkeit	期待可能性

(续表)

德文关键词	本书的中文译法
—bei Fahrlässigkeit 30-26	—过失中的期待可能性
—bei unechtem Unterlassen 29-80 ff.	—不真正不作为中的期待可能性
Zusammengesetzte Delikte 31-33 f.	结合犯
Zustandsdelikte 14-25	状态犯
Zweifelssatz, s. in dubio pro reo	存疑原则（见存疑有利于被告）
Zwischenakttheorie, s. Versuchsbeginn	中间动作理论（见未遂的开始）

缩写目录

缩写	全写
aA	andere(r) Ansicht
aaO	am angegebenen Ort
abl.	ablehnend
Abs.	Absatz
aE	am Ende
AEUV	Vertrag über die Arbeitsweise der Europäischen Union
aF	alter Fassung
AG	Amtsgericht
AIFO	AIDS-Forschung
allg.	allgemein(e)
Anm.	Anmerkung
Aufl.	Auflage
BayObLG	Bayerisches Oberstes Landesgericht
Bd.	Band
Begr.	Begründung/Begründer
BGB	Bürgerliches Gesetzbuch
BGBl.	Bundesgesetzblatt
BGH	Bundesgerichtshof
BGHR	BGH-Rechtsprechung Strafsachen

(续表)

缩写	全写
BGHSt	Entscheidungen des Bundesgerichtshofs in Strafsachen
BNatSchG	Gesetz über Naturschutz und Landschaftspflege
BRat	Bundesrat
BR-Drs.	Drucksache des Bundesrates
BT-Drs.	Drucksache des Bundestages
BVerfG	Bundesverfassungsgericht
BVerfGE	Entscheidungen des Bundesverfassungsgerichts
BVerfGG	Bundesverfassungsgerichtsgesetz
CR	Computer und Recht
Def.	Definition
ders.	derselbe
dh	dasheißt
DIVI	Deutsche interdisziplinäre Vereinigung für Intensiv- und Notfallmedizin
DRiZ	Deutsche Richterzeitung
E 1962	Entwurf eines Strafgesetzbuches (BR-Drs. 200/62; BT-Drs. IV/650)
EG	Europäische Gemeinschaft
EGGVG	Einführungsgesetz zum Gerichtsverfassungsgesetz
EGMR	Europäischer Gerichtshof für Menschenrechte
EGStGB	Einführungsgesetz zum Strafgesetzbuch
EGStPO	Einführungsgesetz zur Strafprozessordnung
EGV	Vertrag zur Gründung der Europäischen Gemeinschaft
Einl.	Einleitung

(续表)

缩写	全写
EMRK	Europäische Konvention zum Schutz der Menschenrechte und Grundfreiheiten vom 4. 11. 1950 (BGBl. 1952 II 685)
etc.	et cetera
EU	Europäische Union
EuGH	Europäischer Gerichtshof
EuGHE	Sammlung der Entscheidungen des Europäischen Gerichtshofes
EUV	Vertrag über die Europäische Union
f.	folgende(r)
FamRZ	Zeitschrift für das gesamte Familienrecht
ff.	folgende
FG	Festgabe
Fn.	Fußnote
FS	Festschrift
GA	Goltdammer's Archiv für Strafrecht
gem.	gemäß
GG	Grundgesetz
ggf.	gegebenenfalls
GmbH	Gesellschaftmit beschränkter Haftung
GrS	Großer Senat
GS	Gedächtnisschrift/Der Gerichtssaal (Zeitschrift)
GVG	Gerichtsverfassungsgesetz
GWB	Gesetz gegen Wettbewerbsbeschränkungen
HGB	Handelsgesetzbuch
hL	herrschende Lehre

(续表)

缩写	全写
hM	herrschende Meinung
HRRS	Online – Zeitschrift für Höchstrichterliche Rechtsprechung im Strafrecht (www.hrr-strafrecht.de)
Hrsg.	Herausgeber
hrsg.	herausgegeben
idR	in der Regel
inkl.	inklusive
insb.	insbesondere
iSd	im Sinne des
IStGH	Internationaler Strafgerichtshof
iSv	im Sinne von
i. V. m.	in Verbindung mit
JA	Juristische Arbeitsblätter
JAmt	Das Jugendamt-Zeitschrift für Jugendhilfe und Familienrecht
JGG	Jugendgerichtsgesetz
JK	JURA-Rechtsprechungskartei
JR	Juristische Rundschau
JURA	Juristische Ausbildung
JuS	Juristische Schulung
JVA	Justizvollzugsanstalt
JW	Juristische Wochenschrift
JZ	Juristenzeitung
KG	Kammergericht
KJ	Kritische Justiz

(续表)

缩写	全写
krit.	kritisch
LG	Landgericht
Lief.	Lieferung
Lit.	Literatur
lit.	Buchstabe
LS	Leitsatz
LuftSiG	Luftsicherheitsgesetz
mablAnm	mit ablehnender Anmerkung
mAnm.	mit Anmerkung
mkritAnm	mit kritischer Anmerkung
mzustAnm	mit zustimmender Anmerkung
MDR	Monatsschrift für Deutsches Recht
MedR	Medizinrecht (Zeitschrift)
medstra	Zeitschrift für Medizinstrafrecht
MM	Mindermeinung
MschrKrim	Monatsschrift für Kriminologie und Strafrechtsreform
mwN	mit weiteren Nachweisen
nF	neue Fassung
NJW	NeueJuristische Wochenschrift
NK	NeueKriminalpolitik
NPOG	Niedersächsisches Polizei- und Ordnungsbehördengesetz
Nr.	Nummer
NStZ	Neue Zeitschrift für Strafrecht
NStZ-RR	NStZ-Rechtsprechungs-Report

(续表)

缩写	全写
NZFam	Neue Zeitschrift für Familienrecht
NZV	Neue Zeitschrift für Verkehrsrecht
og	oben genannt
OLG	Oberlandesgericht
OWiG	Gesetz über Ordnungswidrigkeiten
RG	Reichsgericht
RGSt	Entscheidungen des Reichsgerichts in Strafsachen
Rn.	Randnummer
s.	siehe
S.	Satz
SchwZStr	Schweizerische Zeitschrift für Strafrecht
sog.	sogenannte(r, s)
SR	Soziales Recht. Wissenschaftliche Zeitschrift für Arbeits- und Sozialrecht
StA	Staatsanwaltschaft/Staatsanwalt
StÄG	Strafrechtsänderungsgesetz
StGB	Strafgesetzbuch
StPO	Strafprozessordnung
str.	streitig
StrRG	Gesetz zur Reform des Strafrechts
StV	Strafverteidiger
StVG	Straßenverkehrsgesetz
StVO	Straßenverkehrsordnung

(续表)

缩写	全 写
StVollzG	Gesetz über den Vollzug der Freiheitsstrafe und der freiheitsentziehenden Maßregeln der Besserung und Sicherung
Tb.	Teilband
ua	unter anderem
uU	unter Umständen
UWG	Gesetz gegen den unlauteren Wettbewerb
vgl.	vergleiche
Vorb.	Vorbemerkung(en)
VRS	Verkehrsrechtssammlung
VStGB	Völkerstrafgesetzbuch
WaffG	Waffengesetz
WeinG	Weingesetz
wistra	Zeitschrift für Wirtschafts- und Steuerstrafrecht
zB	zum Beispiel
zT	zum Teil
ZDRW	Zeitschrift für Didaktik der Rechtswissenschaft
ZIS	Zeitschrift für Internationale Strafrechtsdogmatik (www.zis-online.com)
ZJS	Zeitschrift für das Juristische Studium (www.zjs-online.de)
ZMGR	Zeitschrift für das gesamte Medizin- und Gesundheitsrecht
ZStW	Zeitschrift für die gesamte Strafrechtswissenschaft

文献目录

文献缩写	文献全称
AK-StGB/*Bearbeiter*	*Hassemer/Seelmann/Albrecht*, Alternativkommentar zum Strafgesetzbuch, Bd. 1, 1990
Ambos Fälle IntStrafR	*Ambos*, Fälle zum internationalen Strafrecht, 2. Aufl. 2019
Ambos IntStrafR	*Ambos*, Internationales Strafrecht, 5. Aufl. 2018
Ambos Treatise	*Ambos*, Treatise on international criminal law, Bd. 1, 2013
AnwK-StGB/*Bearbeiter*	*Leipold/Tsambikakis/Zöller*, AnwaltKommentar StGB, 3. Aufl. 2020
Arzt StrafR-Klausur	*Arzt*, Die Strafrechtsklausur, 7. Aufl. 2006
Arzt Willensmängel	*Arzt*, Willensmängel bei der Einwilligung, 1970
Arzt/Weber/Heinrich/Hilgendorf StrafR BT	*Arzt/Weber/Heinrich/Hilgendorf*, Strafrecht – Besonderer Teil, 4. Aufl. 2021
Baumann/Weber/Mitsch AT	*Baumann/Weber/Mitsch*, Strafrecht Allgemeiner Teil, 11. Aufl. 2003
Baumann/Weber/Mitsch/Eisele AT	*Baumann/Weber/Mitsch/Eisele*, Strafrecht Allgemeiner Teil, 13. Aufl. 2021
Baunack Beihilfe	*Baunack*, Grenzfragen der strafrechtlichen Beihilfe, 1999

(续表)

文献缩写	文献全称
Becker Verbrechensverabredung	*Becker*, Der Strafgrund der Verbrechensverabredung gem. § 30 Abs. 2, Alt. 3 StGB, 2012
BeckOK StGB/*Bearbeiter*	v. Heintschel-Heinegg (Hrsg.), Beck'scher Online-Kommentar StGB, 52. Edition Stand: 01. 02. 2022
Beling Verbrechen	*Beling*, Die Lehre vom Verbrechen, 1906
Beulke/Swoboda StrafProzR	*Beulke/Swoboda*, Strafprozessrecht, 15. Aufl. 2020
Beulke Klausurenkurs I	*Beulke*, Klausurenkurs im Strafrecht I, 8. Aufl. 2020
Beulke Klausurenkurs III	*Beulke*, Klausurenkurs im Strafrecht III, 5. Aufl. 2018
Binding Normen I, II, III	*Binding*, Die Normen und ihre Übertretung, Bd. 1, 4. Aufl. 1922; Bd. 2, 2. Hälfte, 2. Aufl. 1916, Bd. 3, 1918
Blei AT	*Blei*, Strafrecht-Allgemeiner Teil, 12. Aufl. 1996
Bloy Beteiligungsform	*Bloy*, Die Beteiligungsform als Zurechnungstypus, 1985
Bock AT	*Bock*, Strafrecht-Allgemeiner Teil, 2. Aufl. 2021
Bockelmann/Volk	*Bockelmann/Volk*, Strafrecht-Allgemeiner Teil, 4. Aufl. 1987
Bottke Methodik	*Bottke*, Strafrechtswissenschaftliche Methodik und Systematik bei der Lehre vom strafbefreienden und strafmildernden Täterverhalten, 1979
Bringewat Methodik	*Bringewat*, Methodik der juristischen Fallbearbeitung, 4. Aufl. 2020
Burkhardt Rücktritt	*Burkhardt*, Der „Rücktritt" als Rechtsfolgenbestimmung, 1975

(续表)

文献缩写	文献全称
Dold Rücktritt vom Versuch	*Dold*, Eine Revision der Lehre vom Rücktritt vom Versuch, 2017
Duttge Zur Bestimmtheit	*Duttge*, Zur Bestimmtheit des Handlungsunwerts von Fahrlässigkeitsdelikten, 2001
Ebert AT	*Ebert*, Strafrecht-Allgemeiner Teil, 2. Aufl. 1994
Eisele BT I	*Eisele*, Strafrecht – Besonderer Teil I, 6. Aufl. 2021
Eisele/Heinrich BT	*Eisele/Heinrich*, Strafrecht. Besonderer Teil für Studienanfänger, 2020
Eisele/Heinrich/Mitsch Strafrechtsfälle	*Eisele/Heinrich/Mitsch*, Strafrechtsfälle und Lösungen, 7. Aufl. 2019
Engisch Kausalität	*Engisch*, Die Kausalität als Merkmal der strafrechtlichen Tatbestände, 1931
Eser/Burkhardt	*Eser/Burkhardt*, Strafrecht, 4. Aufl. 1992
Eser II	*Eser*, Strafrecht 2 – Schwerpunkte: Fahrlässigkeit, Unterlassung, Versuch, Tatbeteiligung, Konkurrenzen, 3. Aufl. 1980
Fischer	*Fischer*, Strafgesetzbuch, 69. Aufl. 2022
Frank	*Frank*, Das Strafgesetzbuch für das Deutsche Reich, 18. Aufl. 1931
Freund Erfolgsdelikt	*Freund*, Erfolgsdelikt und Unterlassen, 1992
Freund/Rostalski AT	*Freund/Rostalski*, Strafrecht-Allgemeiner Teil, 3. Aufl. 2019
Frisch Irrtum	*Frisch*, Der Irrtum als Unrechts- und/oder Schuldausschluss im deutschen Strafrecht, in Eser/Perron (Hrsg.), Rechtfertigung und Entschuldigung III, 1991, S. 217

(续表)

文献缩写	文献全称
Frisch Tatbestandsmäßiges Verhalten	*Frisch*, Tatbestandsmäßiges Verhalten und Zurechnung des Erfolgs, 1988
Frisch Vorsatz	*Frisch*, Vorsatz und Risiko, 1983
Frister AT	*Frister*, Strafrecht – Allgemeiner Teil, 9. Aufl. 2020
FS GA	140 Jahre Goltdammer's Archiv für Strafrecht. Eine Würdigung zum 70. Geburtstag von Paul-Günter Pötz, 1993
Gallas Täterschaft	*Gallas*, Täterschaft und Teilnahme, in ders., Beiträge zur Verbrechenslehre, 1968
Goeckenjan Revision	*Goeckenjan*, Revision der Lehre von der objektiven Zurechnung, 2017
Gössel BT I	*Gössel*, Strafrecht–Besonderer Teil 1, 1987
Gössel/Dölling BT I	*Gössel/Dölling*, Strafrecht–Besonderer Teil 1, 2. Aufl. 2004
Gropp/Sinn AT	*Gropp/Sinn*, Strafrecht – Allgemeiner Teil, 5. Aufl. 2020
Grünewald Tötungsdelikt	*Grünewald*, Das vorsätzliche Tötungsdelikt, 2010
Grünhut-Erinnerungsgabe	Erinnerungsgabe für Max Grünhut, 1965
Haft AT	*Haft*, Strafrecht–Allgemeiner Teil, 9. Aufl. 2004
Haft BT II	*Haft*, Strafrecht–Besonderer Teil II, 8. Aufl. 2005
Hardtung/Putzke AT	*Hardtung/Putzke*, Examinatorium Strafrecht AT, 2016
Hauf AT	*Hauf*, Strafrecht–Allgemeiner Teil, 2. Aufl. 2001
Heghmanns BT	*Heghmanns*, Strafrecht für alle Semester–Besonderer Teil, 2009

(续表)

文献缩写	文献全称
Heghmanns/Scheffler StrafVerf-HdB/*Bearbeiter*	*Heghmanns/Scheffler*, Handbuch zum Strafverfahren, 2008
Heinrich AT	*Heinrich, B.*, Strafrecht – Allgemeiner Teil, 6. Aufl. 2019
Herbertz Ingerenz	*Herbertz*, Die Ingerenz, 2020
Herzberg Täterschaft	*Herzberg*, Täterschaft und Teilnahme, 1977
Hettinger actio libera	*Hettinger*, Die „actio libera in causa": Strafbarkeit wegen Begehungstat trotz Schuldunfähigkeit?, 1988
Hilgendorf Fallsammlung	*Hilgendorf*, Fallsammlung zum Strafrecht, 5. Aufl. 2008
Hilgendorf Produzentenhaftung	*Hilgendorf*, Strafrechtliche Produzentenhaftung in der „Risikogesellschaft", 1993
Hillenkamp/Cornelius AT	*Hillenkamp/Cornelius*, 32 Probleme aus dem Strafrecht – Allgemeiner Teil, 15. Aufl. 2017
Hillenkamp BT	*Hillenkamp*, 40 Probleme aus dem Strafrecht – Besonderer Teil, 13. Aufl. 2020
Hillenkamp Vorsatzkonkretisierungen	*Hillenkamp*, Die Bedeutung von Vorsatzkonkretisierungen bei abweichendem Tatverlauf, 1971
HK-StrafR/*Bearbeiter*	*Dölling/Duttge/König/Rössner*, Gesamtes Strafrecht, Handkommentar, 5. Aufl. 2022
HKV StrafR-HdB/*Bearbeiter*	*Hilgendorf/Kudlich/Valerius* (Hrsg.), Handbuch des Strafrechts, Bd. 1, 2, 3, 6 2019 ff.
Hoffmann-Holland AT	*Hoffmann-Holland*, Strafrecht Allgemeiner Teil, 3. Aufl. 2015
Horn Einführung	*Horn*, Einführung in die Rechtswissenschaft und Rechtsphilosophie, 6. Aufl. 2016
Hruschka Strafrecht	*Hruschka*, Strafrecht nach logisch-analytischer Methode, 2. Aufl. 1997

(续表)

文献缩写	文献全称
Ibold StrafR I	*Ibold*, Strafrecht I, Allgemeiner Teil, Besonderer Teil 1, 2019
Ingelfinger Anstiftervorsatz	*Ingelfinger*, Anstiftervorsatz und Tatbestimmtheit, 1992
Jäger AT	*Jäger*, Examens-Repetitorium Strafrecht-Allgemeiner Teil, 10. Aufl. 2021
Jäger BT	*Jäger*, Examens-Repetitorium Strafrecht-Besonderer Teil, 9. Aufl. 2021
Jäger Rücktritt	*Jäger*, Der Rücktritt vom Versuch als zurechenbare Gefährdungsumkehr, 1996
Jakobs AT	*Jakobs*, Strafrecht – Allgemeiner Teil, 2. Aufl. 1991
Jakobs Studien	*Jakobs*, Studien zum fahrlässigen Erfolgsdelikt, 1972
Jarass/Pieroth/ Bearbeiter	*Jarass/Pieroth*, Grundgesetz Kommentar, 16. Aufl. 2020
Jehle Strafrechtspflege	*Jehle*, Strafrechtspflege in Deutschland, 7. Aufl. 2019
Jehle/Albrecht/Hohmann – Fricke/ Tetal Legalbewährung	*Jehle/Albrecht/Hohmann – Fricke/Tetal*, Legalbewährung nach strafrechtlichen Sanktionen 2020 (kostenloser Download auf der Internetseite des Bundesministeriums der Justiz: www.bmjv.de)
Jescheck/Weigend AT	*Jescheck/Weigend*, Lehrbuch des Strafrechts – Allgemeiner Teil, 5. Aufl. 1996
Joecks/Jäger	*Joecks/Jäger*, Strafgesetzbuch: Studienkommentar, 13. Aufl. 2021
Kahlo Pflichtwidrigkeitszusammenhang	*Kahlo*, Das Problem des Pflichtwidrigkeitszusammenhanges bei den unechten Unterlassungsdelikten, 1990

(续表)

文献缩写	文献全称
Kahlo Unterlassung	*Kahlo*, Die Handlungsform der Unterlassung als Kriminaldelikt, 2001
Kaminski Der objektive Maßstab	*Kaminski*, Der objektive Maßstab im Tatbestand des Fahrlässigkeitsdelikts, 1992
Kaspar AT	*Kaspar*, Strafrecht – Allgemeiner Teil, 3. Aufl. 2020
Kaspar/Reinbacher Casebook	*Kaspar/Reinbacher*, Casebook Strafrecht. Allgemeiner Teil, 2020
Kaufmann Schuldprinzip	*Kaufmann*, Das Schuldprinzip, 2. Aufl. 1976
Kindhäuser/Hilgendorf LPK-StGB	*Kindhäuser/Hilgendorf*, Strafgesetzbuch, Lehr – und Praxiskommentar, 9.Aufl. 2022
Kindhäuser/Schramm BT I	*Kindhäuser/Schramm*, Strafrecht–Besonderer Teil 1, 10. Aufl. 2022
Kindhäuser/Zimmermann AT	*Kindhäuser/Zimmermann*, Strafrecht – Allgemeiner Teil, 10. Aufl. 2022
KK-OWiG/*Bearbeiter*	*Senge*, Karlsruher Kommentar zum Gesetz über Ordnungswidrigkeiten, 5. Aufl. 2018
Klesczewski AT	*Klesczewski*, Strafrecht–Allgemeiner Teil, 3. Aufl. 2017
Klesczewski BT	*Klesczewski*, Strafrecht–Besonderer Teil, 2016
Klesczewski StrafProzR	*Klesczewski*, Strafprozessrecht, 2. Aufl. 2013
Koch, Täterschaft	*Koch*, Täterschaft und Teilnahme (1949 – 1990). Über die zeithistorischen Hintergründe dogmatischer Figuren, in: Steinberg/Koch/Popp (Hrsg.), Strafrecht in der alten Bundesrepublik 1949 – 1990, 2020.S. 413
Köhler AT	*Köhler*, Strafrecht–Allgemeiner Teil, 1997

(续表)

文献缩写	文献全称
Köhler Strafrechtsbegründung	*Köhler*, Über den Zusammenhang von Strafrechtsbegründung und Strafzumessung, 1983
Krey AT I	*Krey*, Deutsches Strafrecht–Allgemeiner Teil, Bd. 1, 3. Aufl. 2008
Krey/Esser AT	*Krey/Esser*, Deutsches Strafrecht – Allgemeiner Teil, 6. Aufl. 2016
Krey/Hellmann/Heinrich BT I	*Krey/Hellmann/Heinrich*, Strafrecht – Besonderer Teil ohne Vermögensdelikte, 17. Aufl. 2021 *Kubiciel* Wissenschaft *Kubiciel*, Die Wissenschaft vom Besonderen Teil des Strafrechts, 2013
Kudlich Fälle StrafR AT	*Kudlich*, Fälle zum Strafrecht–Allgemeiner Teil, 4. Aufl. 2021
Kühl AT	*Kühl*, Strafrecht–Allgemeiner Teil, 8. Aufl. 2017
Kuhlen Irrtum	*Kuhlen*, Die Unterscheidung von vorsatzausschließendem und nichtvorsatzausschließendem Irrtum, 1987
Küper Notstand	*Küper*, Der „verschuldete" rechtfertigende Notstand, 1983
Küper Versuchsbeginn	*Küper*, Versuchsbeginn und Mittäterschaft, 1978
Küper/Zopfs BT	*Küper/Zopfs*, Strafrecht–Besonderer Teil, 10. Aufl. 2018
Küpper Grenzen	*Küpper*, Grenzen der normativierenden Strafrechtsdogmatik, 1990
Lackner/Kühl /*Bearbeiter*	*Lackner/Kühl*, Strafgesetzbuch – Kommentar, 29. Aufl. 2018
Lagodny Grundrechte	*Lagodny*, Strafrecht vor den Schranken der Grundrechte, 1996
Larenz/Canaris Methodenlehre	*Larenz/Canaris*, Methodenlehre der Rechtswissenschaft, 3. Aufl. 1995

(续表)

文献缩写	文献全称
Liao Einwilligung	*Liao,* Die Grundlage der Einwilligung im Strafrecht, 2020
v. *Liszt/Schmidt*	*von Liszt/Schmidt,* Lehrbuch des deutschen Strafrechts, 1932
LK-StGB/*Bearbeiter*	Laufhütte/Rissing-van Saan/Tiedemann ua, Leipziger Kommentar zum Strafgesetzbuch, 12. Aufl. 2006 ff.; Bd. 1, 2, 3, 4, 6, 7, 8, 17, 13. Aufl. 2019 ff.
Lotz Fremdschädigung	*Lotz,* Die einverständliche, beidseitig bewusst fahrlässige Fremdschädigung, 2017
LR/*Bearbeiter*	Erb/Esser/Franke/Graalmann-Scheerer/Hilger/Ignor, Die Strafprozessordnung und das Gerichtsverfassungsgesetz, 26. Aufl. 2000 ff.
Maiwald Handlungseinheit	*Maiwald,* Die natürliche Handlungseinheit, 1964
v. Mangoldt/Klein/Starck/ *Bearbeiter*	*v. Mangoldt/Klein/Starck,* Kommentar zum Grundgesetz, 7. Aufl. 2018
Matt AT	*Matt,* Strafrecht AT, 1996
Matt/Renzikowski/*Bearbeiter*	*Matt/Renzikowski* (Hrsg.), Strafgesetzbuch Kommentar, 2. Aufl. 2020
Maunz/Dürig/*Bearbeiter*	*Maunz/Dürig,* Grundgesetz Kommentar, Bd. 1, Stand: Lfg. 95, 2021
Maurach/Schroeder/Maiwald/Hoyer/Momsen BT I	*Maurach/Schroeder/Maiwald/Hoyer/Momsen,* Strafrecht-Besonderer Teil, Teilband 1, 11. Aufl. 2019
Maurach/Zipf AT I	*Maurach/Zipf,* Grundlehren des Strafrechts und Aufbau der Straftat, 8. Aufl. 1992
Maurach/Gössel/Zipf AT/2	*Maurach/Gössel/Zipf,* Erscheinungsformen des Verbrechens und Rechtsfolgen der Tat, 8. Aufl. 2014

(续表)

文献缩写	文献全称
H. Mayer AT	Mayer, Hellmuth, Strafrecht – Allgemeiner Teil, 1953
Menrath Einwilligung	Menrath, Die Einwilligung in ein Risiko, 2013
M.-K. Meyer Autonomie	Meyer, Maria-Katharina, Ausschluss der Autonomie durch Irrtum, 1984
Meyer-Goßner/Schmitt	Meyer – Goßner/Schmitt, Strafprozessordnung, Kommentar, 64. Aufl. 2021
Mitsch Rechtfertigung	Mitsch, Rechtfertigung und Opferverhalten, 2004
Möllers Juristische Arbeitstechnik	Möllers, Juristische Arbeitstechnik und wissenschaftliches Arbeiten, 10. Aufl. 2021
Montenbruck Straftheorie	Montenbruck, Deutsche Straftheorie, 3. Aufl. 2018
MüKoStGB/*Bearbeiter*	Joecks/Miebach, Münchener Kommentar zum Strafgesetzbuch, 4. Aufl. 2020
Müller § 216 StGB	Müller, § 216 StGB als Verbot abstrakter Gefährdung, 2010
Müller-Gugenberger/Bearbeiter	Müller – Gugenberger, Handbuch des Wirtschaftsstraf – und Ordnungswidrigkeitenrechts, 7. Aufl. 2021
Murmann Nebentäterschaft	Murmann, Die Nebentäterschaft im Strafrecht, 1993
Murmann StrafProzR	Murmann, Prüfungswissen Strafprozessrecht, 4. Aufl. 2019
Murmann Selbstverantwortung	Murmann, Die Selbstverantwortung des Opfers im Strafrecht, 2005
Murmann Unternehmensstrafrecht	Murmann, Unternehmensstrafrecht, in Ambos/Bock (Hrsg.), Aktuelle und grundsätzliche Frage des Wirtschaftsstrafrechts, 2019, S. 57 ff.

(续表)

文献缩写	文献全称
Murmann Versuchsunrecht	*Murmann*, Versuchsunrecht und Rücktritt, 1999
Naucke	*Naucke*, Strafrecht, 10. Aufl. 2002
Neumann Zurechnung	*Neumann*, Zurechnung und Vorverschulden, 1985
NK-StGB/*Bearbeiter*	Kindhäuser/Neumann/Paeffgen, Strafgesetzbuch, 5. Aufl. 2017
Noltenius Kriterien der Abgrenzung	*Noltenius*, Kriterien der Abgrenzung von Anstiftung und mittelbarer Täterschaft, 2003
Otto AT	*Otto*, Grundkurs Strafrecht – Allgemeine Strafrechtslehre, 7. Aufl. 2004
Otto BT	*Otto*, Grundkurs Strafrecht, Die einzelnen Delikte, 7. Aufl. 2005
Otto Übungen	*Otto*, Übungen im Strafrecht, 8. Aufl. 2017
Palandt/*Bearbeiter*	*Palandt*, Bürgerliches Gesetzbuch, 81. Aufl. 2022
Puppe AT	*Puppe*, Strafrecht – Allgemeiner Teil im Spiegel der Rechtsprechung, 4. Aufl. 2019
Puppe Kleine Schule	*Puppe*, Kleine Schule des juristischen Denkens, 4. Aufl. 2019
Puppe Vorsatz	*Puppe*, Vorsatz und Zurechnung, 1992
Putzke Juristische Arbeiten	*Putzke*, Juristische Arbeiten erfolgreich schreiben, 6. Aufl. 2018
Ranft StrafProzR	*Ranft*, Strafprozessrecht, 3. Aufl. 2005
Rath aberratio ictus	*Rath*, Zur strafrechtlichen Behandlung der aberratio ictus und des error in objecto des Täters, 1993
Rath Zur Unerheblichkeit	*Rath*, Zur Unerheblichkeit des error in persona vel in objecto, 1996
Rengier AT	*Rengier*, Strafrecht – Allgemeiner Teil, 13. Aufl. 2021

(续表)

文献缩写	文献全称
Rengier BT I	*Rengier*, Strafrecht – Besonderer Teil I, 24. Aufl. 2022
Rengier BT II	*Rengier*, Strafrecht – Besonderer Teil II, 23. Aufl. 2022
Renzikowski Täterbegriff	*Renzikowski*, Restriktiver Täterbegriff und fahrlässige Beteiligung, 1997
Röhl/Röhl Rechtslehre	*Röhl/Röhl*, Allgemeine Rechtslehre, 3. Aufl. 2008
Rönnau Willensmängel	*Rönnau*, Willensmängel bei der Einwilligung im Strafrecht, 2001
Rotsch StrafR	*Rotsch*, Strafrechtliche Klausrenlehre, 3. Aufl. 2021
Roxin AT II	*Roxin*, Strafrecht–Allgemeiner Teil II, 2003
Roxin Täterschaft	*Roxin*, Täterschaft und Tatherrschaft, 10. Aufl. 2019
Roxin/Greco AT I	*Roxin/Greco*, Strafrecht – Allgemeiner Teil I, 5. Aufl. 2020
Samson I	*Samson*, Strafrecht 1, 7. Aufl. 1988
Satzger	*Satzger*, Internationales und Europäisches Strafrecht, 9. Aufl. 2020
SBJL/ *Bearbeiter*	*Schwind/Böhm/Jehle/Laubenthal* (Hrsg.), Strafvollzugsgesetz – Bund und Länder, Kommentar, 7. Aufl. 2020
Schäfer/Sander/van Gemmeren	*Schäfer/Sander/van Gemmeren*, Praxis der Strafzumessung, 6. Aufl. 2017
Schilling Verbrechensversuch	*Schilling*, Der Verbrechensversuch des Mittäters und des mittelbaren Täters, 1975
Schlehofer Vorsatz	*Schlehofer*, Vorsatz und Tatabweichung, 1996

(续表)

文献缩写	文献全称
Schmidhäuser Lehrbuch	*Schmidhäuser*, Strafrecht – Allgemeiner Teil, 2. Aufl. 1975
Schmidhäuser Studienbuch	*Schmidhäuser*, Strafrecht – Allgemeiner Teil, 2. Aufl. 1984
Schönke/Schröder/*Bearbeiter*	*Schönke/Schröder*, Kommentar zum Strafgesetzbuch, 30. Aufl. 2019
Schramm Ehe und Familie	*Schramm*, Ehe und Familie im Strafrecht, 2011
F.-C. *Schroeder* Täter	*Schroeder, Friedrich-Christian*, Der Täter hinter dem Täter, 1965
Schumann Selbstverantwortung	*Schumann*, Strafrechtliches Handlungsunrecht und das Prinzip der Selbstverantwortung der Anderen, 1986
Schwind Kriminologie	*Schwind*, Kriminologie und Kriminalpolitik, 24. Aufl. 2021
Seesko Notwehr	*Seesko*, Notwehr gegen Erpressung durch Drohung mit erlaubtem Verhalten, 2004
SK-StGB/*Bearbeiter*	*Wolter* (Hrsg.), Systematischer Kommentar zum Strafgesetzbuch, 9. Aufl. 2019
SSW StGB/*Bearbeiter*	*Satzger/Schluckebier/Widmaier*, Kommentar zum Strafgesetzbuch, 5. Aufl. 2021
SSW StPO/*Bearbeiter*	*Satzger/Schluckebier/Widmaier*, Kommentar zur Strafprozessordnung, 4. Aufl. 2020
Stam/Werkmeister, Der Allgemeine Teil	Stam/Werkmeister (Hrsg.), Der Allgemeine Teil des Strafrechts in der aktuellen Rechtsprechung, 2019
Stein Beteiligungsformenlehre	*Stein*, Die strafrechtliche Beteiligungsformenlehre, 1988
Sternberg-Lieben Einwilligung	*Sternberg-Lieben*, Die objektiven Schranken der Einwilligung im Strafrecht, 1997

(续表)

文献缩写	文献全称
Stratenwerth/Kuhlen	*Stratenwerth/Kuhlen*, Strafrecht, Allgemeiner Teil, Die Straftat, 6. Aufl. 2011
Stratenwerth/Kuhlen, 5. Aufl.	*Stratenwerth/Kuhlen*, Strafrecht 1, Die Straftat, 5. Aufl. 2004
Streng Strafrechtliche Sanktionen	*Streng*, Strafrechtliche Sanktionen, 3. Aufl. 2012
Tiedemann Anfängerübung	*Tiedemann*, Die Anfängerübung im Strafrecht, 4. Aufl. 1999
Triffterer AT	*Triffterer*, Österreichisches Strafrecht – Allgemeiner Teil, 2. Aufl. 1994
Ulsenheimer Grundfragen	*Ulsenheimer*, Grundfragen des Rücktritts vom Versuch in Theorie und Praxis, 1976
Valerius Einführung	*Valerius*, Einführung in den Gutachtenstil, 4. Aufl. 2017
Vormbaum Einführung	*Vormbaum*, Einführung in die moderne Strafrechtsgeschichte, 3. Aufl. 2016
Wank Auslegung	*Wank*, Die Auslegung von Gesetzen, 6. Aufl. 2015
Wege Rücktritt	*Wege*, Rücktritt und Normgeltung, 2011
Weinhold Rettungsverhalten	*Weinhold*, Rettungsverhalten und Rettungsvorsatz beim Rücktritt vom Versuch, 1990
Welzel	*Welzel*, Das deutsche Strafrecht, 11. Aufl. 1969
Welzel Das neue Bild	*Welzel*, Das neue Bild des Strafrechtssystems, 4. Aufl. 1961
Welzel Handlungslehre	*Welzel*, Um die finale Handlungslehre, 1949
Werle Konkurrenz	*Werle*, Die Konkurrenz bei Dauerdelikt, Fortsetzungstat und zeitlich gestreckter Gesetzesverletzung, 1981

(续表)

文献缩写	文献全称
Wessels/Beulke/Satzger AT	Wessels/Beulke/Satzger, Strafrecht – Allgemeiner Teil, 51. Aufl. 2021
Wessels/Hettinger/Engländer BT I	Wessels/Hettinger/Engländer, Strafrecht – Besonderer Teil 1, 45. Aufl. 2022
Wessels/Hillenkamp/Schuhr BT II	Wessels/Hillenkamp/Schuhr, Strafrecht – Besonderer Teil 2, 44. Aufl. 2021
Wohlers/Schuhr/Kudlich	Wohlers/Schuhr/Kudlich, Klausuren und Hausarbeiten im Strafrecht, 6. Aufl. 2020
E. A. Wolff Handlungsbegriff	Wolff, Ernst Amadeus, Der Handlungsbegriff in der Lehre vom Verbrechen, 1964
E. A. Wolff Kausalität	Wolff, Ernst Amadeus, Kausalität von Tun und Unterlassen, 1965
Zaczyk Unrecht	Zaczyk, Das Unrecht der versuchten Tat, 1989
Zaczyk Strafrechtliches Unrecht	Zaczyk, Strafrechtliches Unrecht und die Selbstverantwortung des Verletzten, 1993
Zippelius Methodenlehre	Zippelius, Juristische Methodenlehre, 12. Aufl. 2021
Zieschang AT	Zieschang, Strafrecht-Allgemeiner Teil, 6. Aufl. 2020
Zorn Heimtücke	Zorn, Die Heimtücke im Sinne des § 211 Abs. 2 StGB-ein das vortatliche Opferverhalten berücksichtigendes Tatbestandsmerkmal?, 2013

法律人进阶译丛

⊙ 法学启蒙

《法律研习的方法：作业、考试和论文写作（第9版）》，〔德〕托马斯·M. J. 默勒斯 著，2019年出版

《如何高效学习法律（第8版）》，〔德〕芭芭拉·朗格 著，2020年出版

《如何解答法律题：解题三段论、正确的表达和格式（第11版增补本）》，〔德〕罗兰德·史梅尔 著，2019年出版

《法律职业成长：训练机构、机遇与申请（第2版增补本）》，〔德〕托尔斯滕·维斯拉格 等著，2021年出版

《法学之门：学会思考与说理（第4版）》，〔日〕道垣内正人 著，2021年出版

⊙ 法学基础

《法律解释（第6版）》，〔德〕罗尔夫·旺克 著，2020年出版

《法理学：主题与概念（第3版）》，〔英〕斯科特·维奇 等著，2023年出版

《基本权利（第8版）》，〔德〕福尔克尔·埃平 等著，2023年出版

《德国刑法基础课（第7版）》，〔德〕乌韦·穆尔曼 著，2023年出版

《刑法分则I：针对财产的犯罪（第21版）》，〔德〕伦吉尔 著

《刑法分则II：针对人身与国家的犯罪（第20版）》，〔德〕伦吉尔 著

《民法学入门：民法总则讲义·序论（第2版增订本）》，〔日〕河上正二 著，2019年出版

《民法的基本概念（第2版）》，〔德〕汉斯·哈腾豪尔 著

《民法总论》，〔意〕弗朗切斯科·桑多罗·帕萨雷里 著

《德国民法总论（第44版）》，〔德〕赫尔穆特·科勒 著，2022年出版

《德国物权法（第32版）》，〔德〕曼弗雷德·沃尔夫 等著

《德国债法各论（第17版）》，〔德〕迪尔克·罗歇尔德斯 著，2023年出版

⊙ 法学拓展

《奥地利民法概论：与德国法相比较》，〔奥〕伽布里菈·库齐奥 等著，2019年出版

《所有权的终结：数字时代的财产保护》，〔美〕亚伦·普赞诺斯基 等著，2022年出版

《合同设计方法与实务（第3版）》，〔德〕阿德霍尔德 等著，2022年出版

《合同的完美设计（第5版）》，〔德〕苏达贝·卡玛纳布罗 著，2022年出版

《民事诉讼法（第4版）》，〔德〕彼得拉·波尔曼 著
《消费者保护法》，〔德〕克里斯蒂安·亚历山大 著
《日本典型担保法》，〔日〕道垣内弘人 著，2022年出版
《日本非典型担保法》，〔日〕道垣内弘人 著，2022年出版
《担保物权法（第4版）》，〔日〕道垣内弘人 著
《日本信托法（第2版）》，〔日〕道垣内弘人 著
《公司法的精神：欧陆公司法的核心原则》，〔德〕根特·H. 罗斯 等著

⊙ **案例研习**

《德国大学刑法案例辅导（新生卷·第三版）》，〔德〕埃里克·希尔根多夫著，2019年出版
《德国大学刑法案例辅导（进阶卷·第二版）》，〔德〕埃里克·希尔根多夫著，2019年出版
《德国大学刑法案例辅导（司法考试备考卷·第二版）》，〔德〕埃里克·希尔根多夫著，2019年出版
《德国民法总则案例研习（第5版）》，〔德〕尤科·弗里茨舍 著，2022年出版
《德国债法案例研习I：合同之债（第6版）》，〔德〕尤科·弗里茨舍 著，2023年出版
《德国债法案例研习II：法定之债（第3版）》，〔德〕尤科·弗里茨舍 著
《德国物权法案例研习（第4版）》，〔德〕延斯·科赫·马丁·洛尼希著，2020年出版
《德国家庭法案例研习（第13版）》，〔德〕施瓦布著
《德国劳动法案例研习（第4版）》，〔德〕阿博·容克尔 著
《德国商法案例研习（第3版）》，〔德〕托比亚斯·勒特 著，2021年出版

⊙ **经典阅读**

《法学方法论（第4版）》，〔德〕托马斯·M. J. 默勒斯 著，2022年出版
《法学中的体系思维和体系概念（第2版）》，〔德〕克劳斯-威廉·卡纳里斯 著，2023年出版
《法律漏洞的确定（第2版）》，〔德〕克劳斯-威廉·卡纳里斯 著，2023年出版
《欧洲民法的一般原则》，〔德〕诺伯特·赖希 著
《欧洲合同法（第2版）》，〔德〕海因·克茨 著
《德国民法总论（第4版）》，〔德〕莱因哈德·博克 著
《合同法基础原理》，〔美〕梅尔文·A. 艾森伯格 著，2023年出版
《日本新债法总论（上下卷）》，〔日〕潮见佳男 著
《法政策学（第2版）》，〔日〕平井宜雄 著